D0836479

HARRAP'S MINI

DICTIONNAIRE

Français-Espagnol/ Espagnol-Français

HARRAP'S
MINI

DICTIONNAIRE
Français-Espagnol/ Espagnol-Français

par
Jean-Paul Vidal

© Larousse-Bordas, 2002
ISBN: **0 245 50469 9**
Larousse-Bordas, Paris

Toute représentation ou reproduction intégrale ou partielle, par quelque procédé que ce soit,
du texte et/ou de la nomenclature contenus dans le présent ouvrage,
et qui sont la propriété de l'Éditeur, est strictement interdite.

Esta obra no puede ser reproducida, total o parcialmente,
sin la autorización escrita del editor.

Préface

Voici un petit dictionnaire, entièrement nouveau, du français et de l'espagnol d'aujourd'hui.

Son vocabulaire est avant tout pratique : il rassemble les mots et les expressions les plus employés dans la **langue courante actuelle** (écrite, parlée), ainsi que quelques américanismes usuels dans la partie espagnol-français.

Une des caractéristiques de cet ouvrage est sa richesse en **exemples**, exceptionnelle dans un dictionnaire de ce format réduit. Généralement choisis pour illustrer des irrégularités grammaticales ou des relations syntaxiques, ces exemples sont tous empruntés au langage quotidien : ils font ainsi vivre les mots en les replaçant dans un contexte naturel.

Précis, ce dictionnaire différencie clairement les sens lorsqu'un terme a plusieurs acceptions ; il indique les niveaux de langue, signale les verbes irréguliers et donne les principales formes verbales irrégulières à leur place alphabétique, avec un renvoi à l'infinitif du verbe.

Les mots sont présentés dans l'ordre alphabétique, mais on remarquera qu'ils sont souvent groupés, lorsqu'ils ont une parenté de forme et de sens. Ces regroupements n'ont toutefois rien de systématique et, par souci de clarté, nous les avons toujours voulus très courts.

Quant à la prononciation, elle n'est transcrite phonétiquement que lorsqu'elle peut présenter une difficulté, en l'occurrence dans la partie français-espagnol essentiellement, à l'intention des hispanophones.

L'auteur tient à exprimer ici sa vive gratitude à María de los Desamparados Brisa Ferrandiz, docteur ès lettres, et à Nora Haddad, professeur d'espagnol, qui ont relu et corrigé tout le manuscrit. Par avance, il remercie également ceux qui voudront bien lui faire part de leurs suggestions.

Jean-Paul Vidal

Prólogo

Les presentamos un pequeño diccionario, completamente nuevo, del francés y del español de hoy.

Su vocabulario es, ante todo, práctico: reúne las palabras y las expresiones más empleadas en la **lengua corriente actual** (escrita, hablada), así como algunos americanismos usuales en la parte español-francés.

Una de las características de esta obra es su riqueza en **ejemplos**, excepcional en un diccionario de formato reducido. Escogidos generalmente para ilustrar irregularidades gramaticales o relaciones sintácticas, estos ejemplos han sido tomados del lenguaje cotidiano: dan así vida a las palabras, situándolas en un contexto natural.

Este diccionario, cuando un término tiene varias acepciones, diferencia claramente los sentidos; indica los niveles de lengua, señala los verbos irregulares y da las principales formas verbales irregulares en su orden alfabético, remitiendo al infinitivo del verbo.

Si bien las palabras se presentan en orden alfabético, se notará que se han agrupado cuando tienen un parentesco de forma y de sentido. No obstante, dichos grupos no son nunca sistemáticos y, con vistas a la claridad, son siempre muy breves.

En cuanto a la transcripción fonética, no figura sino cuando la pronunciación ofrece una dificultad, o sea en la parte francés-español especialmente.

El autor da aquí sus más expresivas gracias a María de los Desamparados Brisa Ferrandiz, doctor en letras, y a Nora Haddad, profesora de español, que han leído y corregido todo el manuscrito. Mucho agradecerá a los que tengan a bien indicarle sus sugerencias.

Jean-Paul Vidal

Abréviations employées dans ce dictionnaire
Abreviaturas usadas en este diccionario

a	adjectif	adjetivo
a/f	adjectif et substantif féminin	adjetivo y sustantivo femenino
a/m	adjectif et substantif masculin	adjetivo y sustantivo masculino
a/s	adjectif et substantif	adjetivo y sustantivo
adv	adverbe	adverbio
AMER	américanisme	americanismo
art	article	artículo
auxil	auxiliaire	auxiliar
COM	commerce, finances	comercio, finanzas
conj	conjonction	conjunción
dém	démonstratif	demostrativo
ÉLECTR	électricité	electricidad
f	féminin	femenino
FAM	familier	familiar
FIG	figuré	figurado
i	intransitif	intransitivo
impers	impersonnel	impersonal
indéf	indéfini	indefinido
interj	interjection	interjección
interr	interrogatif	interrogativo
loc	locution	locución
m	masculin	masculino
MAR	marine	marina
MÉD	médecine	medicina
MIL	militaire	militar
MUS	musique	música
n p	nom propre	nombre propio
pers	personnel	personal
pl	pluriel	plural
POP	populaire	popular
pos	possessif	posesivo
p p	participe passé	participio pasado
pr	pronominal	pronominal
prép	préposition	preposición
pron	pronom	pronombre
rel	relatif	relativo
s	substantif	sustantivo
sing	singulier	singular
TAUROM	tauromachie	tauromaquia
TECHN	technique, technologie	
TÉCN		técnica
t	transitif	transitivo
VULG	vulgaire ou très familier	vulgar o muy familiar

Autres signes employés
Otros símbolos usados

~	Remplace le mot (au singulier) ou l'infinitif du verbe dans les exemples ou les locutions.	Sustituye a la palabra (en singular) o al infinitivo del verbo considerado en los ejemplos y locuciones.
■	Indique un changement de catégorie grammaticale à l'intérieur du mot considéré.	Indica que la palabra considerada cambia de categoría gramatical.
|	Précède les idiotismes ou les locutions.	Precede a los modismos o locuciones.
⇒	Signifie : voir.	Significa: ver.
°	Indique un verbe irrégulier.	Indica un verbo irregular.
	Le genre et le nombre des substantifs ne sont mentionnés dans la traduction que s'ils diffèrent d'une langue à l'autre.	El género y el número de los sustantivos se mencionan en la traducción sólo cuando difieren de una lengua a otra.

Présentation des articles

action... -naire
   se lit actionnaire.

accélér/er... -ateur
   se lit accélérateur.
   -ation
   se lit accélération.

Presentación de los artículos

arroz... -al
   se lee arrozal.

acumul/ar... -ación
   se lee acumulación.
   -ador
   se lee acumulador.

Signes phonétiques et transcription
Signos fonéticos y transcripción

Voyelles	signes	français	espagnol
Vocales	*signos*	*francés*	*castellano*
	[a]	lac	calle
	[ɑ]	âme	laurel
	[e]	dé, donner	cabeza, hablé
	[ə]	le, repas	
	[ɛ]	lait, peine, très, forêt	guerra
	[i]	vite, cygne	vida
	[ɔ]	robe, fort	roca
	[o]	dos, gauche, agneau	habló
	[u]	mou, où, goût	agudo
	[y]	lune, mûr	
	[ø]	peu, nœud, jeûne	
	[œ]	œuf, peur	
	[ɑ̃]	ancre, vent	
	[ɛ̃]	vin, examen, main	
	[ɔ̃]	mon, ombre	
	[œ̃]	un, parfum	

Semi-consonnes			
Semiconsonantes	[j]	avion, yeux, billet	labio
	[w]	oui, toi	luego
	[ɥ]	huile, lui	

Consonnes			
Consonantes	[b]	balle	banco, vela
	[d]	dire	dar
	[f]	fin, photo	fuego
	[g]	gare, guerre	gato
	[k]	café, queue, écho	copa
	[l]	lit, mollet	lista
	[m]	mur, femme	maleta
	[n]	navet, canne	noche
	[p]	père	padre
	[r]		arte
	[r̄]		radio, ahorro
	[R]	rue, arrondi	
	[s]	soupe, cela, garçon, notion	silencio
	[ʃ]	chat, schéma	chico (sin t)
	[t]	tapis	tambor
	[v]	vie	
	[z]	zèle, prison	asno
	[ʒ]	jeune, gigot	beige
	[θ]		hacer
	[x]		ojo (la jota)
	[ʎ]		llave
	[ɲ]	agneau	año
	[ŋ]	camping	camping

Abrégé de grammaire française
Compendio de gramática francesa

Pronunciación del francés

■ Consonantes finales

Las consonantes finales no se pronuncian (*chaud* [ʒo]), a excepción de *c*, *f*, *l* y *r*. Sin embargo, existen casos particulares como la *r* de la terminación *er* del infinitivo que no se pronuncia (*aimer* [eme]).

■ Acento tónico

El acento tónico recae siempre en la última sílaba (*ami*), o en la penúltima si la última acaba en *e* muda (*école*).

■ Enlace de las palabras

El enlace (*liaison*) consiste en la pronunciación de la consonante final de una palabra cuando la palabra siguiente empieza por vocal o *h* muda: *avant elle* [avãtɛl], *cent hommes* [sãtɔm]. Algunas consonantes finales cambian de pronunciación en el enlace: *d* toma el sonido *t* (*grand arbre* [gʀãtaʀbʀ]), *s* y *x* el sonido *z*: *des enfants* [dezãfã], *six heures* [sizœʀ]. No hay enlace entre la conjunción *et* y la palabra siguiente ni tampoco con una palabra que lleve *h* aspirada.

■ Elisión

Consiste en la sustitución por un apóstrofo de las vocales finales *a*, *e*, o *i* cuando la palabra que sigue empieza por vocal o *h* muda (*l'arbre*, *l'heure*, *j'arrive*, *tu l'entends*, *s'il pleut*, etc.).

Apuntes gramaticales

■ Plural (sustantivos y adjetivos)

En regla general, se forma el plural añadiendo una **s** al singular (*un livre*, *des livres*). Esta **s** es muda, excepto en el enlace.
Casos particulares: Los nombres y adjetivos terminados en *s*, *x*, *z* son invariables en plural: *le bras*, *les bras*, *un prix*, *des prix*. La mayoría de los que acaban en **au**, **eau**, **eu**, **œu** forman el plural tomando una **x**: *un bateau*, *des bateaux*, *un cheveu*, *des cheveux*. **Excepciones:** *landau*, *sarrau*, *bleu*, *pneu* toman una **s**.
Los que terminan en **al** cambian la terminación en **aux**: *un journal*, *des journaux*. Se exceptúan los sustantivos *bal*, *carnaval*, *cérémonial*, *chacal*, *festival*, *nopal*, *récital*, *régal*, etc., y los adjetivos *banal*, *bancal*, *final*, *glacial*, *natal*, *naval*, etc., que toman una **s**.
Los terminados en **ou** siguen la regla general tomando una **s** salvo *bijou*, *caillou*, *chou*, *genou*, *hibou*, *joujou*, *pou* que toman una **x**.
Bail, *corail*, *émail*, *soupirail*, *travail*, *vantail*, *vitrail* forman el plural en **aux**: *un vitrail*, *des vitraux*.

Numerales

■ Numerales cardinales

0	zéro	30	trente
1	un	40	quarante
2	deux	50	cinquante
3	trois	60	soixante
4	quatre	70	soixante-dix
5	cinq	71	soixante et onze
6	six	72	soixante-douze
7	sept	80	quatre-vingts
8	huit	81	quatre-vingt-un
9	neuf	82	quatre-vingt-deux
10	dix	90	quatre-vingt-dix
11	onze	91	quatre-vingt-onze
12	douze	100	cent
13	treize	101	cent un
14	quatorze	200	deux cents
15	quinze	300	trois cents
16	seize	1 000	mille
17	dix-sept	2 000	deux mille
18	dix-huit	1 000 000	un million
19	dix-neuf	1 000 000 000	un milliard
20	vingt		
21	vingt et un		
22	vingt-deux		

Entre decenas y unidades se coloca un guión siempre que no haya la conjunción *et*: así 32 se escribe *trente-deux*, 33 *trente-trois*, etc.

Vingt (20) y **cent** (100) toman la s del plural cuando van precedidos de un número que los multiplica (*quatre-vingts, deux cents*) pero permanecen invariables cuando están seguidos de otro numeral (*quatre-vingt-deux, deux cent huit*) o cuando se emplean como ordinales (*page deux cent*).

Mille (1 000) es invariable. En las fechas, se admite la forma *mil*: **en l'an mil quatre cent quatre-vingt-douze** en el año 1492; **l'an deux mille** el año 2000.

■ Numerales ordinales

Se forman añadiendo el sufijo **ième** a los cardinales correspondientes salvo *premier, deuxième, troisième, dix-septième, centième*, etc. *Deuxième* y *second* son sinónimos aunque *second* suele preferirse a *deuxième* cuando no se trata más que de dos personas o cosas.

Pronombres personales

El pronombre sujeto no debe omitirse nunca en francés: **je** *suis* (soy); *que* dis-**tu**? (¿qué dices?); **nous** *allions* (íbamos).

El verbo

■ Verbos auxiliares

infinitivo		avoir		être
indicativo presente	j'	ai	je	suis
	tu	as	tu	es
	il, elle	a	il, elle	est
	nous	avons	nous	sommes
	vous	avez	vous	êtes
	ils, elles	ont	ils, elles	sont
imperfecto	j'	avais	j'	étais
	tu	avais	tu	étais
	il, elle	avait	il, elle	était
	nous	avions	nous	étions
	vous	aviez	vous	étiez
	ils, elles	avaient	ils, elles	étaient
pretérito indefinido	j'	eus	je	fus
	tu	eus	tu	fus
	il, elle	eut	il, elle	fut
	nous	eûmes	nous	fûmes
	vous	eûtes	vous	fûtes
	ils, elles	eurent	ils, elles	furent
futuro	j'	aurai	je	serai
	tu	auras	tu	seras
	il, elle	aura	il, elle	sera
	nous	aurons	nous	serons
	vous	aurez	vous	serez
	ils, elles	auront	ils, elles	seront
potencial simple	j'	aurais	je	serais
	tu	aurais	tu	serais
	il, elle	aurait	il, elle	serait
	nous	aurions	nous	serions
	vous	auriez	vous	seriez
	ils, elles	auraient	ils, elles	seraient
subjuntivo presente	que j'	aie	que je	sois
	que tu	aies	que tu	sois
	qu'il, elle	ait	qu'il, elle	soit
	que nous	ayons	que nous	soyons
	que vous	ayez	que vous	soyez
	qu'ils, elles	aient	qu'ils, elles	soient
subjuntivo imperfecto	que j'	eusse	que je	fusse
	que tu	eusses	que tu	fusses
	qu'il, elle	eût	qu'il, elle	fût
	que nous	eussions	que nous	fussions
	que vous	eussiez	que vous	fussiez
	qu'ils, elles	eussent	qu'ils, elles	fussent

imperativo	aie	sois
	ayons	soyons
	ayez	soyez
gerundio *(participe présent)*	ayant	étant
participio pasado	eu, eue	été

Tiempos compuestos: Se forman con **avoir** (verbos transitivos y la mayor parte de los intransitivos) o **être** (pronominales y algunos intransitivos) más el participio pasado. Conjugado con *être*, el participio pasado concuerda con el sujeto de la oración: **Carmen s'est levée** Carmen se ha levantado; **elle est arrivée** ha llegado.

■ **Verbos regulares**

infinitivo	chant/er *(cantar)*		fin/ir *(acabar)*		vend/re *(vender)*	
indicativo	je	chante	je	finis	je	vends
presente	tu	chantes	tu	finis	tu	vends
	il	chante	il	finit	il	vend
	nous	chantons	nous	finissons	nous	vendons
	vous	chantez	vous	finissez	vous	vendez
	ils	chantent	ils	finissent	ils	vendent
imperfecto	je	chantais	je	finissais	je	vendais
	tu	chantais	tu	finissais	tu	vendais
	il	chantait	il	finissait	il	vendait
	nous	chantions	nous	finissions	nous	vendions
	vous	chantiez	vous	finissiez	vous	vendiez
	ils	chantaient	ils	finissaient	ils	vendaient
pretérito	je	chantai	je	finis	je	vendis
indefinido	tu	chantas	tu	finis	tu	vendis
	il	chanta	il	finit	il	vendit
	nous	chantâmes	nous	finîmes	nous	vendîmes
	vous	chantâtes	vous	finîtes	vous	vendîtes
	ils	chantèrent	ils	finirent	ils	vendirent
futuro	je	chanterai	je	finirai	je	vendrai
	tu	chanteras	tu	finiras	tu	vendras
	il	chantera	il	finira	il	vendra
	nous	chanterons	nous	finirons	nous	vendrons
	vous	chanterez	vous	finirez	vous	vendrez
	ils	chanteront	ils	finiront	ils	vendront
condicional	je	chanterais	je	finirais	je	vendrais
(o potencial)	tu	chanterais	tu	finirais	tu	vendrais
	il	chanterait	il	finirait	il	vendrait
	nous	chanterions	nous	finirions	nous	vendrions
	vous	chanteriez	vous	finiriez	vous	vendriez
	ils	chanteraient	ils	finiraient	ils	vendraient

	subjuntivo presente					
subjuntivo	q. je	chante	q. je	finisse	q. je	vende
presente	q. tu	chantes	q. tu	finisses	q. tu	vendes
	q. il	chante	q. il	finisse	q. il	vende
	q. n.	chantions	q. n.	finissions	q. n.	vendions
	q. v.	chantiez	q. v.	finissiez	q. v.	vendiez
	q. ils	chantent	q. ils	finissent	q. ils	vendent
imperfecto	q. je	chantasse	q. je	finisse	q. je	vendisse
	q. tu	chantasses	q. tu	finisses	q. tu	vendisses
	q. il	chantât	q. il	finît	q. il	vendît
	q. n.	chantassions	q. n.	finissions	q. n.	vendissions
	q. v.	chantassiez	q. v.	finissiez	q. v.	vendissiez
	q. ils	chantassent	q. ils	finissent	q. ils	vendissent
imperativo		chante		finis		vends
		chantons		finissons		vendons
		chantez		finissez		vendez
gerundio (participe présent)		chantant		finissant		vendant
participio pasado		chanté, e		fini, e		vendu, e

El cuadro anterior da la conjugación de los tiempos simples de los tres grupos de verbos franceses. El tercer grupo abarca, además de los verbos cuyo infinitivo termina en **-re**, verbos en **-ir** (que no forman el gerundio en *-issant* sino en *-ant*) y los verbos en **-oir** (como *recevoir*). Los verbos de este grupo, que son muy usuales, presentan muchas irregularidades. Entre los verbos con infinitivo terminado en **-er**, algunos sufren ciertas modificaciones ortográficas que señalamos a continuación:

1. Verbos en **-cer** (como *commencer, lacer*...). Cambian la *c* en ç delante de *a, o* (*je commençais, nous commençons, commençant*).

2. Verbos en **-ger** (como *manger, avantager*...). Añaden una *e* después de la g delante de *a, o* (*je mangeais, nous mangeons, mangeant*).

3. Verbos en **-eler, -eter.** Duplican la *l* o la *t* delante de una *e* muda (*appeler*: j'appelle, nous appelons; j'appellerai; jeter: je jette, nous jetons, je jetterai). Otros verbos no duplican la consonante sino que cambian la *e* muda en *è* abierta (*peler*: je pèle, nous pelons; je pèlerai; *acheter*: j'achète, nous achetons; j'achèterai). Pertenecen a esta categoría de verbos: *ciseler, congeler, déceler, dégeler, démanteler, écarteler, geler, marteler, modeler, peler, receler, acheter, fureter, haleter, racheter.*

4. Verbos con **e** muda en la penúltima sílaba del infinitivo (como *lever, mener, peser, semer, soulever*). Cambian esta *e* en *è* delante de sílaba muda (*je lève, nous levons, ils lèvent; je lèverai*).

5. Asimismo, los verbos con **é** cerrada en la penúltima sílaba del infinitivo (como *espérer, accélérer*...) cambian esta *é* en *è* cuando la sílaba siguiente es

muda, salvo en futuro y condicional (*j'espère, nous espérons, ils espèrent; j'espérai*).

6. Verbos en -**yer** (como *employer, appuyer*) sustituyen la y en i delante de e muda (*j'emploie, nous employons, ils emploient; j'emploierai, nous emploierons*). Los verbos en -**ayer** pueden conservar la y (*je paye o je paie*).

■ Principales verbos irregulares

Los verbos irregulares están señalados en este diccionario con el signo °. A continuación, damos una lista de los verbos irregulares franceses más importantes mencionando solamente la conjugación de los tiempos simples.

Sólo se dan las formas irregulares y en el orden siguiente: *I. pr.* = indicativo presente; *Imperf.* = imperfecto; *Pret.* = pretérito; *Fut.* = futuro; *S. pr.* = subjuntivo presente; *Imperat.* = imperativo; *Ger.* = gerundio; *P. p.* = participio pasado. n. = nous; v. = vous; Q. = que; *verbos conjugados con *être*.

Absoudre *I. pr.* J'absous, n. absolvons. *Imperf.* J'absolvais. *S. pr.* Q. j'absolve. *Ger.* absolvant. *P. p.* absous, absoute.

acquérir *I. pr.* J'acquiers, n. acquérons. *Imperf.* J'acquérais. *Pret.* J'acquis. *Fut.* J'acquerrai. *S. pr.* Q. j'acquière. *Ger.* acquérant. *P. p.* acquis.

***aller** *I. pr.* Je vais, tu vas, il va, n. allons, v. allez, ils vont. *Fut.* J'irai. *Imperat.* va, allons, allez. *S. pr.* Q. j'aille, q. n. allions, qu'ils aillent.

apercevoir *Conj. c.* recevoir.

appartenir *Conj. c.* tenir.

asseoir *I. pr.* J'assieds, n. asseyons, ils asseyent. *Imperf.* J'asseyais. *Pret.* J'assis. *Fut.* J'assiérai. *S. pr.* Q. j'asseye. *Ger.* asseyant. *P. p.* assis.

astreindre *Conj. c.* atteindre.

atteindre *I. pr.* J'atteins, n. atteignons, ils atteignent. *Imperf.* J'atteignais. *Pret.* J'atteignis. *Fut.* J'atteindrai. *S. pr.* Q. j'atteigne. *Ger.* atteignant. *P. p.* atteint.

Battre *I. pr.* Je bats, n. battons. *S. pr.* Q. je batte.

boire *I. pr.* Je bois, n. buvons, ils boivent. *Imperf.* Je buvais. *Pret.* Je bus. *S. pr.* Q. je boive, q. n. buvions. *Ger.* buvant. *P. p.* bu.

bouillir *I. pr.* Je bous, n. bouillons. *Imperf.* Je bouillais. *Fut.* Je bouillirai. *S. pr.* Q. je bouille. *Ger.* bouillant.

Concevoir *Conj. c.* recevoir.

conclure *I. pr.* Je conclus, n. concluons.

conduire *I. pr.* Je conduis, n. conduisons. *Pret.* Je conduisis. *P. p.* conduit.

connaître *Conj. c.* paraître.

conquérir *Conj. c.* acquérir.

construire *Conj. c.* conduire.

contraindre *Conj. c.* atteindre.

contredire *Conj. c.* dire, salvo *I. pr.* v. contredisez.

coudre *I. pr.* Je couds, n. cousons. *Pret.* Je cousis. *S. pr.* Q. je couse. *Ger.* cousant. *P. p.* cousu.

courir *I. pr.* Je cours, n. courons. *Pret.* Je courus. *Fut.* Je courrai. *S. pr.* Q. je coure. *P. p.* couru.

couvrir *Conj. c.* ouvrir.

craindre *Conj. c.* atteindre.

croire *I. pr.* Je crois, n. croyons. *Imperf.* Je croyais. *Pret.* Je crus. *S. pr.* Q. je croie. *Ger.* croyant. *P. p.* cru.

croître *I. pr.* Je croîs, tu croîs, il croît, n. croissons, v. croissez, ils croissent. *Imperf.* Je croissais. *Pret.* Je crûs. *S. pr.* Q. je croisse. *Ger.* croissant. *P. p.* crû, crue.

cueillir *I. pr.* Je cueille, n. cueillons. *Imperf.* Je cueillais. *Fut.* Je cueillerai. *S. pr.* Q. je cueille. *Ger.* cueillant.

cuire *Conj. c.* conduire.

Décevoir *Conj. c.* recevoir.

détruire *Conj. c.* conduire.

*devenir *Conj. c.* tenir.

devoir *I. pr.* Je dois, n. devons. *Imperf.* Je devais. *Pret.* Je dus. *Fut.* Je devrai. *S. pr.* Q. je doive, q. n. devions. *Ger.* devant. *P. p.* dû, due.

dire *I. pr.* Je dis, n. disons, v. dites. *Imperf.* Je disais. *Pret.* Je dis. *S. pr.* Q. je dise. *Ger.* disant. *P. p.* dit.

dissoudre *Conj. c.* absoudre.

distraire *Conj. c.* traire.

dormir *I. pr.* Je dors, n. dormons.

Écrire *I. pr.* J'écris, n. écrivons. *Imperf.* J'écrivais. *Pret.* J'écrivis. *S. pr.* Q. j'écrive. *Ger.* écrivant. *P. p.* écrit.

émouvoir *I. pr.* J'émeus, n. émouvons, ils émeuvent. *Fut.* J'émouvrai. *S. pr.* Q. j'émeuve. *P. p.* ému.

enduire *Conj. c.* conduire.

envoyer *I. pr.* J'envoie. *Fut.* J'enverrai.

éteindre *Conj. c.* atteindre.

extraire *Conj. c.* traire.

Faillir *Pret.* Je faillis. *P. p.* failli.

faire *I. pr.* Je fais, n. faisons, v. faites, ils font. *Imperf.* Je faisais. *Pret.* Je fis. *Fut.* Je ferai. *S. pr.* Q. je fasse. *Ger.* faisant. *P. p.* fait.

falloir *I. pr.* Il faut. *Imperf.* Il fallait. *Pret.* Il fallut. *Fut.* Il faudra. *S. pr.* Qu'il faille. *P. p.* fallu.

feindre *Conj. c.* atteindre.

frire *I. pr.* Je fris, tu fris, il frit. *Fut.* Je frirai. *Imperat.* fris. *P. p.* frit.

fuir *I. pr.* Je fuis, n. fuyons, ils fuient. *Imperf.* Je fuyais. *Pret.* Je fuis. *Fut.* Je fuirai. *S. pr.* Q. je fuie, q. n. fuyions. *Ger.* fuyant.

Haïr *I. pr.* Je hais, il hait, n. haïssons.

Inscrire *Conj. c.* écrire.

instruire *Conj. c.* conduire.

interdire *Conj. c.* dire, salvo *I. pr.* v. interdisez.

introduire *Conj. c.* conduire.

Joindre *Conj. c.* atteindre.

Lire *I. pr.* Je lis, n. lisons. *Imperf.* Je lisais. *Pret.* Je lus. *S. pr.* Q. je lise. *Ger.* lisant. *P. p.* lu.

Maudire *I. pr.* Je maudis, n. maudissons. *Imperf.* Je maudissais. *Pret.* Je maudis. *Fut.* Je maudirai. *S. pr.* Q. je maudisse. *Ger.* maudissant. *P. p.* maudit.

médire *Conj. c.* dire, *excepto en la 2.ª pers. del pl. del I. pr.* vous médisez, *y del imperat.* médisez.

mentir *Conj. c.* sentir.

mettre *I. pr.* Je mets, n. mettons. *Imperf.* Je mettais. *S. pr.* Q. je mette. *Ger.* mettant. *P. p.* mis.

moudre *I. pr.* Je mouds, n. moulons. *Imperf.* Je moulais. *Pret.* Je moulus. *S. pr.* Q. je moule. *Ger.* moulant. *P. p.* moulu.

*mourir *I. pr.* Je meurs, n. mourons, ils meurent. *Imperf.* Je mourais. *Pret.* Je mourus. *Fut.* Je mourrai. *S. pr.* Q. je meure, q. n. mourions. *Ger.* mourant. *P. p.* mort.

Naître *Conj. c.* paraître, salvo *Pret.* Je naquis. *P. p.* né.

nuire *Conj. c.* conduire. *P. p.* nui.

Offrir *Conj. c.* ouvrir.

ouvrir *I. pr.* J'ouvre, n. ouvrons. *Imperf.* J'ouvrais. *Pret.* J'ouvris. *Fut.* J'ouvrirai. *S. pr.* Q. j'ouvre. *Ger.* ouvrant. *P. p.* ouvert.

Paraître *I. pr.* Je parais, il paraît, n. paraissons. *Imperf.* Je paraissais. *Pret.* Je parus. *Fut.* Je paraîtrai. *S. pr.* Q. je paraisse. *P. p.* paru.

*partir *Conj. c.* sentir.

*parvenir *Conj. c.* tenir.

peindre *Conj. c.* atteindre.

plaindre *Conj. c.* atteindre.

plaire *I. pr.* Je plais, n. plaisons. *Imperf.* Je plaisais. *Pret.* Je plus. *S. pr.* Q. je plaise. *Ger.* plaisant. *P. p.* plu.

pleuvoir *I. pr.* Il pleut. *Imperf.* Il pleuvait. *Pret.* Il plut. *Fut.* Il pleuvra. *S. pr.* Qu'il pleuve. *Ger.* pleuvant. *P. p.* plu.

pouvoir *I. pr.* Je peux, tu peux, il peut, n. pouvons, v. pouvez, ils peuvent. *Imperf.* Je pouvais. *Pret.* Je pus. *Fut.* Je pourrai. *S. pr.* Q. je puisse. *Ger.* pouvant. *P. p.* pu.

prédire *Conj. c.* dire, *salvo I. pr.* v. prédisez.

prendre *I. pr.* Je prends, n. prenons, ils prennent. *Imperf.* Je prenais. *Pret.* Je pris. *S. pr.* Q. je prenne. *Ger.* prenant. *P. p.* pris.

prévoir *Conj. c.* voir, *excepto el fut.* Je prévoirai.

Recevoir *I. pr.* Je reçois, n. recevons, ils reçoivent. *Imperf.* Je recevais. *Pret.* Je reçus. *Fut.* Je recevrai. *S. pr.* Q. je reçoive, q. n. recevions, qu'ils reçoivent. *Ger.* recevant. *P. p.* reçu.

réduire *Conj. c.* conduire.

résoudre *Conj. c.* absoudre, *salvo P. p.* résolu.

rire *I. pr.* Je ris, n. rions. *Imperf.* Je riais. *Pret.* Je ris. *S. pr.* Q. je rie, q. n. riions. *Ger.* riant. *P. p.* ri.

rompre *I. pr.* Je romps, tu romps, il rompt.

Savoir *I. pr.* Je sais, n. savons. *Imperf.* Je savais. *Pret.* Je sus. *Fut.* Je saurai. *Imperat.* sache, sachons, sachez. *S. pr.* Q. je sache. *Ger.* sachant. *P. p.* su.

séduire *Conj. c.* conduire.

sentir *I. pr.* Je sens, n. sentons. *Imperf.* Je sentais. *Pret.* Je sentis. *Fut.* Je sentirai. *S. pr.* Q. je sente. *Ger.* sentant. *P. p.* senti.

servir *Conj. c.* sentir; *I. pr.* Je sers, n. servons.

sortir *Conj. c.* sentir.

souffrir *Conj. c.* couvrir.

soustraire *Conj. c.* traire.

suffire *I. pr.* Je suffis, n. suffisons. *Imperf.* Je suffisais. *Pret.* Je suffis. *S. pr.* Q. je suffise. *Ger.* suffisant. *P. p.* suffi.

suivre *I. pr.* Je suis, n. suivons. *Imperf.* Je suivais. *Pret.* Je suivis. *S. pr.* Q. je suive. *Ger.* suivant. *P. p.* suivi.

Taire *Conj. c.* plaire.

teindre *Conj. c.* atteindre.

tenir *I. pr.* Je tiens, n. tenons, ils tiennent. *Imperf.* Je tenais. *Pret.* Je, tu tins, il tint, n. tînmes, v. tîntes, ils tinrent. *Fut.* Je tiendrai. *S. pr.* Q. je tienne. *Ger.* tenant. *P. p.* tenu.

traire *I. pr.* Je trais, n. trayons. *Imperf.* Je trayais. *Fut.* Je trairai. *S. pr.* Q. je traie. *Ger.* trayant. *P. p.* trait.

Vaincre *I. pr.* Je vaincs, tu vaincs, il vainc, n. vainquons, v. vainquez, ils vainquent. *Imperf.* Je vainquais. *Pret.* Je vainquis. *S. pr.* Q. je vainque. *Ger.* vainquant. *P. p.* vaincu.

valoir *I. pr.* Je vaux, n. valons. *Imperf.* Je valais. *Pret.* Je valus. *Fut.* Je vaudrai. *S. pr.* Q. je vaille. *Ger.* valant. *P. p.* valu.

*venir *Conj. c.* tenir.

vêtir *I. pr.* Je vêts, n. vêtons. *Imperf.* Je vêtais. *S. pr.* Q. je vête. *Ger.* vêtant. *P. p.* vêtu.

vivre *I. pr.* Je vis, n. vivons. *Imperf.* Je vivais. *Pret.* Je vécus. *S. pr.* Q. je vive. *Ger.* vivant. *P. p.* vécu.

voir *I. pr.* Je vois, n. voyons. *Imperf.* Je voyais. *Pret.* Je vis. *Fut.* Je verrai. *S. pr.* Q. je voie, q. n. voyions. *Ger.* voyant. *P. p.* vu.

vouloir *I. pr.* Je veux, n. voulons, ils veulent. *Imperf.* Je voulais. *Pret.* Je voulus. *Fut.* Je voudrai. *Imperat.* veux, voulons, voulez (*o* veuille, veuillons, veuillez). *S. pr.* Q. je veuille. *Ger.* voulant. *P. p.* voulu.

Sigles français usuels et abréviations

Siglas y abreviaturas francesas más usuales

Afnor	Association française de normalisation.
bd	boulevard (bulevar).
C.A.P.	Certificat d'aptitude professionnelle.
C.C.P.	Compte courant postal.
Cedex	Courrier d'entreprise à distribution exceptionnelle.
C.H.U.	Centre hospitalo-universitaire.
Cie	Compagnie (Compañía).
C.N.R.S.	Centre national de la recherche scientifique ($\simeq$ CSIS).
C.R.S.	Compagnie républicaine de sécurité.
E.N.A.	École nationale d'administration.
E.V.	En ville (Ciudad).
H.L.M.	Habitation à loyer modéré.
I.F.O.P.	Institut français d'opinion publique.
I.N.S.E.E.	Institut national de la statistique et des études économiques.
J.O.	Journal officiel ($\simeq$ Boletín Oficial del Estado) ; Jeux olympiques.
M., MM.	Monsieur, messieurs (señor, señores).
Mme	Madame (señora).
Mlle	Mademoiselle (señorita).
N.-D.	Notre-Dame (Nuestra Señora).
P.C.	Poste de commandement.
P-D.G.	Président-directeur général.
P.J.	Police judiciaire.
P.M.U.	Pari mutuel urbain.
P.-S.	*Post-scriptum* (Posdata).
P.V.	Procès verbal ($\simeq$ multa).
Q.G.	Quartier général.
R.S.V.P.	Répondez, s'il vous plaît (Esperamos su respuesta).
S.A.	Société anonyme (Sociedad anónima).
S.A.M.U.	Service d'aide médicale d'urgence.
S.A.R.L.	Société à responsabilité limitée ($\simeq$ SL, Sociedad limitada).
S.M.I.C.	Salaire minimum interprofessionnel de croissance.
S.N.C.F.	Société nationale des chemins de fer français.
S.O.F.R.E.S.	Société française d'enquêtes pour sondages d'opinion.
S.P.A.	Société protectrice des animaux.
S.V.P.	S'il vous plaît (Por favor).
T.G.V.	Train à grande vitesse ($\simeq$ AVE).
T.S.V.P.	Tournez s'il vous plaît (Véase al dorso).
T.V.A.	Taxe sur la valeur ajoutée ($\simeq$ IVA).
Vve	Veuve (Viuda).

Dictionnaire français-espagnol

Diccionario francés-español

A

¹a *m a f*: **un ~**, una a.

²a ⇒ **avoir**.

à *prép* (se contrae en **au** con le, en **aux** con les) **1.** *(mouvement vers)* a: **aller ~ Rome**, ~ **l'aéroport**, ir a Roma, al aeropuerto. **2.** *(lieu sans mouvement)* en: **être ~ Rome**, estar en Roma. **3.** *(moment précis, attribution)* a: **~ trois heures**, a las tres; **donner un bonbon ~ un enfant**, dar un caramelo a un niño. **4.** *(moment imprécis)* en: **au printemps**, en la primavera. **5.** *(appartenance, caractéristique, prix)* de: **~ qui est-ce?**, ¿de quién es?; **c'est ~ Jean**, es de Juan; **bateau ~ voile**, barco de vela; **machine ~ coudre**, máquina de coser; **la fille aux yeux noirs**, la muchacha de los ojos negros; **timbre ~ un euro**, sello de un euro. **6.** con: **café au lait**, café con leche. **7.** por: **une lettre ~ écrire**, una carta por escribir; **maison ~ louer**, casa por alquilar; **100 km ~ l'heure**, 100 km por hora. **8.** *(association)* entre: **~ nous trois, nous ne sommes pas arrivés à ...**, entre los tres no conseguimos ... **9.** hasta: **~ demain**, hasta mañana; **~ samedi!**, ¡hasta el sábado! **10.** **c'est ~ toi de jouer**, a ti te toca jugar.

abaiss/er *t* **1.** bajar. **2.** humillar. ■ **s'~ à demander une faveur**, rebajarse a pedir un favor. **-ement** *m* baja *f*, descenso.

abandon *m* abandono. | **à l'~**, abandonado, a, descuidado, a.

abandonner *t* abandonar. ■ **s'~ au désespoir**, abandonarse a la desesperación.

abasourd/ir *t* **1.** ensordecer. **2.** FIG aturdir, asombrar. **-issant, e** *e* ensordecedor, a.

abat-jour *m* pantalla *f*.

abats *m pl* **1.** *(de volailles)* menudos. **2.** *(boucherie)* despojos.

abattage *m* **1.** *(arbres)* corta *f*, tala *f*. **2.** *(animaux)* matanza *f*. **3.** FAM brío.

abattement *m* **1.** abatimiento. **2.** *(sur une somme)* deducción *f*.

abattis *m pl* menudillos.

abattoir *m* matadero.

abatt/re° *t* **1.** derribar. **2.** *(tuer)* matar. **3.** *(fatiguer)* debilitar. **4.** *(moralement)* deprimir, desmoralizar. ■ *pr* **1.** *(tomber)* caerse. **2.** **s'~ sur**, abatirse sobre. **-u, ue** *a* FIG abatido, a, deprimido, a.

abbaye [abei] *f* abadía.

abb/é *m* **1.** abad. **2.** padre, cura: **monsieur l'~**, padre, cura. **-esse** *f* abadesa.

abcès [apsɛ] *m* absceso.

abdi/quer *t/i* abdicar. **-cation** *f* abdicación.

abdom/en [abdɔmɛn] *m* abdomen. **-inal, e** *a/s* abdominal: **les abdominaux**, los abdominales.

abeille *f* abeja.

aberr/ation *f* aberración. **-ant, e** *a* FIG absurdo, a.

abîme *m* abismo.

abîmer t deteriorar, estropear. ■ **s'~**, estropearse, echarse a perder.

abject, e a abyecto, a.

abjurer t abjurar.

ablutions f pl abluciones.

abnégation f abnegación.

aboiement m ladrido.

abois (aux) [oʒabwa] loc acosado, a.

abol/ir t abolir. **-ition** f abolición.

abominable a abominable.

abondamment adv abundantemente.

abond/er i abundar. **-ance** f abundancia. **-ant, e** a abundante.

abonné, e s 1. abonado, a. 2. (à une publication) suscriptor, a.

abonn/er (s') pr 1. (spectacle, téléphone, chemin de fer, etc.) abonarse. 2. abonarse, suscribirse: je me suis abonné à ce journal, me he suscrito a este periódico. **-ement** m 1. abono. 2. (à une publication) suscripción f.

abord m acceso. | d'~, tout d'~, primero; de prime ~, a primera vista. ■ pl alrededores, inmediaciones f.

abord/er i/t abordar. **-able** a 1. abordable 2. prix ~, precio asequible. 3. (personne) afable. **-age** m abordaje.

about/ir i 1. ~ à, llevar a, acabar en. 2. (réussir) tener éxito, dar resultado: les recherches ont abouti, las investigaciones dieron resultado. **-issement** m resultado.

aboyer° [abwaje] i ladrar.

abrasif, ive a/m abrasivo, a.

abrégé m compendio, epítome.

abréger° t 1. abreviar. 2. (un texte) compendiar, resumir.

abreuv/er t abrevar. ■ **s'~**, beber. **-oir** m abrevadero.

abréviation f (mot abrégé) abreviatura, abreviación.

abri m abrigo, refugio. | à l'~, al abrigo, a cubierto; à l'~ de, al abrigo de.

abricot m albaricoque. **-ier** m albaricoquero.

abriter t abrigar. ■ **s'~**, resguardarse.

abroger° t abrogar.

abrupt, e a abrupto, a.

abrut/ir t 1. embrutecer, atontar. 2. ~ de travail, agobiar de trabajo. **-i, ie** s estúpido, a. **-issement** m embrutecimiento.

abs/ence f 1. ausencia: en l'~ de, en ausencia de. 2. (manque) falta. **-ent, e** a/s ausente. **-enter (s')** pr ausentarse.

abside f ábside m.

absinthe f ajenjo m.

absolu, e a absoluto, a. **-ment** adv 1. absolutamente. 2. (à tout prix) a toda costa. 3. (oui) sí, por supuesto.

absolution f absolución.

absorb/er t absorber. **-ant, e** a absorbente.

abs/oudre° t absolver. **-ous, oute** a absuelto, a.

absten/ir (s')° pr abstenerse: abstenez-vous de fumer, absténgase de fumar. **-tion** f abstención.

abstinence f abstinencia.

abstraction f abstracción. | faire ~ de, hacer caso omiso de; ~ faite de, prescindiendo de.

abstr/aire° t abstraer. **-ait, e** a abstracto, a.

absurd/e a absurdo, a. **-ité** f absurdo m.

abus m 1. abuso. 2. ~ de confiance, abuso de confianza. ■ t/i abusar: ~ de sa force, abusar de su fuerza. ■ **s'~**, equivocarse. **-if, ive** a abusivo, a.

acacia m acacia f.

académ/ie f academia. **-icien, enne** s académico, a. **-ique** a académico, a.

acajou m caoba f.

acariâtre a gruñón, ona.

accabl/er t abrumar, agobiar: **accablé de travail**, agobiado de trabajo. **-ant, e** a 1. abrumador, a. 2. (*chaleur*) agobiante.

accalmie f 1. calma. 2. (*trève*) tregua.

accaparer t acaparar.

accéder° i ~ à, acceder a. 2. ~ à une prière, acceder a una petición.

accélér/er° i/t acelerar. **-ateur** m acelerador. **-ation** f aceleración.

accent m acento. | FIG mettre l'~ sur, hacer hincapié en. **-uation** f acentuación. **-uer** t acentuar.

accept/er t 1. aceptar. 2. ~ de ..., acceder a ... **-able** a aceptable.

acception f acepción.

accès m 1. acceso: **avoir ~ à**, tener acceso a. 2. ~ de fièvre, acceso de fiebre; ~ de colère, de folie, arrebato de cólera, de locura.

accessible a 1. accesible. 2. prix ~, precio asequible, razonable.

accession f accesión.

accessoire a/m accesorio, a. ■ pl (*du vêtement féminin*) complementos.

accident m accidente: ~ de la route, d'avion, du travail, accidente de tráfico, aéreo, de trabajo. **-é, ée** a 1. (*terrain*) accidentado, a. 2. (*véhicule*) estropeado, a, averiado, a. ■ s (*personne*) accidentado, a. **-el, elle** a accidental, casual.

acclam/er t aclamar. **-ation** f aclamación.

acclimat/er t aclimatar. **-ation** f aclimatación.

accolade f 1. abrazo m. 2. (*}*) llave.

accommodant, e a complaciente.

accommodement m arreglo, acuerdo.

accommoder t 1. acomodar. 2. (*un mets*) preparar, aderezar, condimentar. ■ pr 1. s'~ à, acomodarse a. 2. s'~ de, contentarse con, conformarse con.

accompagn/er t acompañar. ■ s'~ au piano, acompañarse con el piano. **-ateur, trice** s 1. acompañante. 2. (*guide*) guía. **-ement** m acompañamiento.

accompli, e a consumado, a, acabado, a: un artiste ~, un consumado artista.

accompl/ir t 1. realizar. 2. cumplir: ~ son devoir, cumplir (con) su deber. **-issement** m 1. realización f. 2. cumplimiento.

accord m 1. acuerdo: se mettre d'~, ponerse de acuerdo. | d'~!, ¡de acuerdo!, ¡vale! 2. aprobación f. 3. (*grammaire*) concordancia f. 4. MUS acorde.

accordéon m acordeón.

accord/er t 1. (*octroyer*) conceder, otorgar: ~ une faveur, conceder un favor. 2. (*mettre d'accord*) poner de acuerdo. 3. MUS afinar. ■ s'~, concordarse: le verbe s'accorde avec son sujet, el verbo concuerda con el sujeto. **-age** m MUS afinación f.

accoster t ~ quelqu'un, abordar a alguien. ■ t/i MAR atracar.

accotement m arcén.

accouch/er t dar a luz, parir: ~ d'une fille, dar a luz una niña. **-ement** m parto.

accouder (s') pr ~ au parapet, acodarse en el pretil.

accoupl/er t acoplar. **-ement** m acoplamiento.

accourir° i acudir: elle est accourue, ha acudido.

accoutrement m atavío ridículo.

accoutumance f 1. hábito m. 2. (à une drogue) habituación.

accoutumer (s') pr acostumbrarse.

accréditer t acreditar.

accro a/s FAM ~ à, de, adicto, a a.

accroc [akʀo] m 1. desgarrón. 2. FIG dificultad f, contratiempo.

accroch/er t 1. enganchar. 2. (suspendre) ~ au portemanteau, colgar de la percha. 3. (heurter) chocar. ■ s'~ à une branche, agarrarse a una rama. **-age** m 1. enganche. 2. (de véhicules) choque. 3. FAM agarrada f, disputa f.

accr/oître° t acrecentar, incrementar, aumentar. **-oissement** m crecimiento, incremento.

accroupir (s') pr ponerse en cuclillas, agacharse.

accu m FAM acumulador, batería f: recharger les accus, cargar la batería.

accueil m acogida f. **-lant, e** a acogedor, a. **-lir**° t acoger.

accumul/er t acumular. **-ateur** m acumulador. **-ation** f acumulación.

accus/er t 1. acusar, culpar. 2. (faire ressortir) hacer resaltar. **-ateur, trice** a/s acusador, a. **-ation** f acusación. **-é, ée** s acusado, a, reo, a. ■ m ~ de réception, acuse de recibo.

acerbe a acerbo, a.

acéré, e a acerado, a.

acétone f acetona.

acétylène m acetileno.

acharné, e a encarnizado, a.

acharnement m 1. encarnizamiento. 2. (opiniâtreté) empeño.

acharner (s') pr 1. ~ sur, cebarse en. 2. ~ à, empeñarse a.

achat m compra f. | faire l'~ de, comprar.

acheminer (s') pr encaminarse.

achet/er° t comprar. **-eur, euse** s comprador, a.

ach/ever° t 1. acabar. 2. ~ un blessé, rematar a un herido. **-èvement** m terminación f.

acide a/m ácido, a. **-ité** f acidez.

acier m acero.

acné f acné.

acompte [akɔ̃t] m anticipo.

Açores n p f pl Azores.

à-côtés m pl 1. pormenores. 2. (gains) extras.

à-coup [aku] m sacudida f. | par à-coups, a trompicones.

acoustique a acústico, a. ■ f acústica.

acquér/ir° t adquirir. **-eur, euse** s comprador, a.

acquiescer [akjese] i ~ à, consentir en.

acquis, e a adquirido, a. ■ m 1. experiencia f. 2. ~ sociaux, logros sociales.

acquisition f adquisición.

acquit m 1. recibo. | pour ~, recibí. 2. par ~ de conscience, para mayor tranquilidad.

acquitt/er t 1. (une dette) pagar. 2. ~ un accusé, absolver a un reo. ■ s'~ d'une dette, d'une mission, pagar una deuda, cumplir una misión. **-ement** m 1. pago. 2. absolución f.

âcre a acre.

acrobat/e s acróbata. **-ie** [akʀɔbasi] f acrobacia.

acrylique a/m acrílico, a.

acte m 1. acto. 2. (notarié) acta f, escritura f. 3. ~ de naissance, de

... décès), partida ∫ de nacimiento, de defunción. (théâtre) acto.

acteur, trice s actor, triz.

actif, ive a/m activo, a. ■ m com activo.

action ∫ 1. acción. 2. société par actions, sociedad por acciones. **-naire** s accionista. **-ner** t accionar, mover.

activer t activar. ■ s'~, afanarse. **-ité** ∫ actividad.

actuel/le, elle a actual. **-alité** ∫ actualidad. ■ pl (film) les actualités, el noticiario m sing. **-ellement** adv actualmente.

acuité ∫ agudeza.

acupuncture ∫ acupuntura.

adapter t adaptar. **-ation** ∫ adaptación.

addition ∫ 1. adición, suma. 2. (au restaurant) cuenta: l'~, la cuenta. **-ner** t 1. adicionar. 2. (arithmétique) sumar.

adepte s adepto, a.

adhérer i afiliarse, adherirse: j'adhère à ce club, me he afiliado a este club. **-ent, e** a adherente. ■ s (membre) miembro, socio.

adhésif, ive a/m adhesivo, a.

adhésion ∫ adhesión.

adieu m adiós: les adieux, los adioses; adieu!, ¡adiós! | faire ses adieux à, despedirse de.

adipeux, euse a adiposo, a.

adjacent, e a adyacente.

adjectif, ive a/m adjetivo, a.

adjoindre t agregar, añadir.

adjoint, e a/s 1. adjunto, a. 2. ~ au maire, teniente de alcalde.

adjudant m ayudante.

adjudication ∫ adjudicación.

adjuger t adjudicar.

admettre t 1. admitir. 2. il a été admis à l'hôpital, fue ingresado en el hospital. 3. en admettant que ..., suponiendo que ...

administr/er t administrar. **-ateur, trice** s administrador, a. **-atif, ive** a administrativo, a. **-ation** ∫ administración.

admir/er t admirar. **-able** a admirable. **-ateur, trice** a/s admirador, a. **-ation** ∫ admiración.

admissible a admisible.

admission ∫ 1. admisión. 2. (dans un hôpital, une école) ingreso m.

adolescent, e a/s adolescente. **-ence** ∫ adolescencia.

adonner (s') pr entregarse.

adopter t adoptar. **-if, ive** a adoptivo, a. **-ion** ∫ adopción. | patrie d'~, patria adoptiva.

adorer t 1. adorar. 2. j'adore lire, me encanta leer; j'adore les bandes dessinées, me encantan los comics. **-able** a adorable, encantador, a. **-ation** ∫ adoración.

adosser (s') pr ~ au mur, respaldarse contra, adosarse a la pared.

adoucir t suavizar. ■ s'~, templarse: le temps s'est adouci, el tiempo se ha templado. **-issement** m 1. (temps) mejora. 2. (douleur) alivio (m).

adresse ∫ 1. destreza, habilidad. 2. (domicile) dirección, señas pl: écrire l'~ sur l'enveloppe, escribir la dirección, las señas en el sobre.

adresser t dirigir. ■ s'~ à, dirigirse a: je m'adresse à vous, me dirijo a usted.

Adriatique n p f l'~, el Adriático m.

adroit, e a hábil, diestro, a.

aduler t adular.

adulte a/s adulto, a.

adultère m adulterio. ■ a adúltero, a.

advenir i acaecer, advenir. | **advienne que pourra**, pase lo que pase.

adverbe m adverbio.

adversaire s adversario, a.

adverse a adverso, a, contrario, a.

aérer† t airear, ventilar. **-ation** f ventilación.

aérien, enne a aéreo, a.

aérobic m aerobic.

aérodrome m aeródromo.

aérodynamique a aerodinámico, a.

aérogare f terminal.

aéroglisseur m hovercraft.

aéronaute s aeronauta. **-ique** a aeronáutico, a. ∥ f aeronáutica.

aérophagie f aerofagia.

aéroport m aeropuerto. **-é, ée** a aerotransportado, a.

aérosol m aerosol.

affable a afable.

affablir† t debilitar. **-issement** m debilitación f.

affaire f asunto m: une ~ urgente, un asunto urgente; la belle ~!, ¡vaya!; faire l'~, convenir; c'est mon ~, es cosa mía. 2. cuestión: c'est l'~ d'une journée, es cuestión de un día. 3. negocio m: un mauvaise ~, un mal negocio. | une bonne ~, un buen negocio, una ganga. 4. JUR (procès) caso m, pleito m. 5. (scandale) affaire f. ∥ pl 1. asuntos m: affaires étrangères, asuntos exteriores. 2. negocios m: homme d'affaires, hombre de negocios. 3. cosas: range tes affaires!, ¡guarda tus cosas!

affairer (s') pr afanarse. **-é, ée** a atareado, a.

affaisser (s') pr 1. (terrain) hundirse. 2. (personne) desplomarse. **-ement** m hundimiento.

affaler (s') pr desplomarse.

affamé, ée a hambriento, a.

affectation f 1. (poste) destino m. 2. (manque de naturel) afectación.

affecter t 1. (simuler) fingir. 2. - à un poste, destinar, asignar a un cargo. 3. afectar, afligir: affecté par la mort de ..., afligido por la muerte de ...

affection f afecto m, cariño m: il a de l'~ pour elle, le tiene cariño a ella. **-ueux, euse** a afectuoso, a, cariñoso, a.

affermir t afirmar, fortalecer.

affiche f cartel m, anuncio m: poser une ~, fijar un cartel. **-er** t fijar: défense d'~, prohibido fijar carteles. **-age** m 1. fijación f de carteles. 2. INFORM visualización f.

affilée (d') adv seguido, a: six jours d'~, seis días seguidos.

affiler t afilar.

affilier (s') pr ~ à, afiliarse a. **-ation** f afinidad.

affiner t afinar. **-ité** f afinidad.

affirmer t afirmar. **-atif, ive** a afirmativo, a. ∥ dans l'affirmative, en caso afirmativo: répondre par l'affirmative, contestar de modo afirmativo. **-ation** f afirmación.

affleurer i aflorar.

affliger† t 1. afligir. 2. affligé, e de, aquejado, a de.

affluer i afluir. **-ent** m afluente. **-ence** f afluencia: heures d'~, metro en las horas de afluencia.

affoler t enloquecer. ∥ s'~, perder la cabeza. **-ant, e** a enloquecedor, a. **-ement** m pánico.

affranch/ir t 1. (esclaves) manumitir. 2. ~ **une lettre**, franquear una carta. **-issement** m 1. manumición f, liberación f. 2. (lettre) franqueo.

affr/éter° t fletar. **-ètement** m fletamiento.

affreux, euse a horroroso, a.

affront m afrenta f.

affronter t afrontar, arrostrar. ■ **s'~,** enfrentarse.

affût m 1. **être à l'~,** estar al acecho. 2. (de canon) cureña f.

affût/er t afilar. **-age** m afilado.

afghan, e a/s afgano, a.

Afghanistan n p m Afganistán.

afin loc 1. ~ **de,** a fin de. 2. ~ **que,** a fin de que.

africain, e a/s africano, a.

Afrique n p f Africa: **l'~ du Nord, du Sud,** Africa del Norte, del Sur.

afro-asiatique a afroasiático, a.

agaçant, e a molesto, a, irritante.

agac/er° t molestar, irritar. **-ement** m irritación f.

agate f ágata.

agave m pita f.

âge m edad f: **enfant d'~ scolaire,** niño en edad escolar; **en bas ~,** de poca edad; **quel ~ as-tu?,** ¿qué edad tienes?, ¿cuántos años tienes?; **le troisième ~,** la tercera edad; **Le Moyen Âge,** la Edad Media. | **prendre de l'~,** envejecer.

âgé, e a 1. **un homme ~,** un hombre de edad; **~ de 70 ans,** de 70 años de edad; **il est très ~,** es muy mayor. 2. **les personnes âgées,** los ancianos.

agence f agencia.

agencer t arreglar, disponer.

agenda [aʒɛda] m agenda f.

agenouiller (s') pr arrodillarse.

agent m 1. agente. | ~ **de change,** agente de Bolsa. 2. (de police) policía, guardia.

agglomération f 1. aglomeración. 2. (ville) población, pueblo m.

aggloméré m aglomerado.

agglutiner t aglutinar.

aggrav/er t agravar. **-ation** f agravación.

agil/e a ágil. **-ité** f agilidad.

ag/ir i obrar, actuar: **tu as bien agi,** obraste bien. ■ pr 1. tratarse: **de quoi s'agit-il?,** ¿de qué se trata? 2. **il s'agit maintenant de se dépêcher,** ahora hay que darse prisa. **-issements** m pl maniobras f.

agit/er t 1. agitar. 2. (une question) remover. **-ateur, trice** s agitador, a. **-ation** f agitación.

agneau m cordero.

Agnès [apɛs] n p f Inés.

agon/ie f agonía. | **être à l'~,** agonizar. **-isant, e** a/s agonizante. **-iser** i agonizar.

agraf/e f 1. (de vêtements) corchete m. 2. (pour papiers, fermer une plaie) grapa. **-er** t 1. (vêtements) abrochar. 2. (papiers) grapar. **-euse** f grapadora.

agrand/ir t 1. ampliar. 2. (élargir) ensanchar. **-issement** m ampliación f: ~ **photographique,** ampliación fotográfica.

agréable a agradable.

agréer t veuillez ~ **mes salutations empressées,** reciba mis atentos saludos.

agrégé, e s catedrático, a.

agrément m 1. (charme) encanto, atractivo. 2. **d'~,** de recreo. **-er** t adornar.

agrès m pl aparatos de gimnasia.

agress/er t agredir. **-eur** m agresor.
-if, ive a agresivo, a. **-ion** agresión.

agricole a agrícola.

agricult/ure ∫ agricultura. **-eur** m agricultor.

agripper t agarrar. ■ s'~ à, agarrarse a.

agronom/ie ∫ agronomía. **-e** m agrónomo.

agrumes m pl cítricos, agrios.

aguerri, e a avezado, a.

aguets (aux) [ozagɛ] loc al acecho.

aguicher t provocar.

ahur/ir t atontar. **-i, ie** a/s alelado, a: **d'un air ~**, con aire alelado. **-issement** m estupefacción ∫.

ai ⇒ **avoir.**

aid/e ∫ ayuda: **à l'~ de**, con ayuda de. | **à l'~!**, ¡socorro!; **venir en ~ à**, ayudar. ■ s ayudante, auxiliar: **~ -soignant**, auxiliar de clínica. **-er** t ayudar. ■ s'~ **de**, valerse de: **il s'aide d'une canne pour marcher**, se vale de un bastón para andar.

aïe! [aj] interj ¡ay!

aïeul, e [ajœl] s abuelo, a. ■ pl **1.** aïeuls, abuelos. **2.** aïeux, antepasados.

aigle m águila.

aiglefin m bacalao.

aigr/e a agrio, a. | **aigre-doux**, agridulce. **-elet, ette** a agrete. **-eur** ∫ agrura, acritud. ■ pl **aigreurs d'estomac**, acedia sing. **-ir** t **1.** agriar. **2.** FIG agriar, amargar.

aigu, uë [egy] a agudo, a.

aiguillage [egɥijaʒ] m cambio de agujas.

aiguille [egɥij] ∫ aguja: **à tricoter**, aguja de hacer punto. | **grande ~**, minutero m; **petite ~**, horario m.

aiguilleur [egɥijœʀ] m **1.** guardagujas. **2. ~ du ciel**, controlador aéreo.

aiguillon [egɥijɔ̃] m aguijón. **-ner** t aguijonear.

aiguiser [eg(ɥ)iʒe] t (couteau) afilar, amolar.

ail [aj] m ajo.

ail/e ∫ **1.** ala. **2.** (d'un moulin) aspa. **3.** (d'une voiture) aleta. **-é, ée** a alado, a. **-eron** m **1.** (de requin) aleta ∫. **2.** (d'un avion) alerón. **-ier** m (sport) extremo.

aille ⇒ **aller.**

ailleurs [ajœʀ] adv **1.** en otra parte. **2. d'~**, por otra parte.

aimable a amable.

aimant m imán.

aimer t **1.** (amour, affection) querer: **elle aime son mari**, quiere a su marido; (style soutenu) amar: **~ son prochain**, amar al prójimo; **aimez-vous les uns les autres**, amaos los unos a los otros. **2.** (plaisir) gustar: **j'aime le football**, me gusta el fútbol; **j'aime les bonbons**, me gustan los caramelos; **ma mère aime coudre**, a mi madre le gusta coser; **je n'ai pas aimé le film**, no me gustó la película. | **~ mieux**, preferir. ■ pr **ils s'aiment beaucoup**, se quieren mucho.

aine ∫ ingle.

aîn/é, e s primogénito, a. ■ a mayor: **sœur aînée**, hermana mayor; **elle est mon aînée de trois ans**, es tres años mayor que yo. **-esse** ∫ primogenitura.

ainsi adv/conj así: **c'est ~ que j'agirais**, así es como actuaría yo; **~ que**, así como; **et ~ de suite**, y así sucesivamente; **pour ~ dire**, por decirlo así.

air m **1.** aire: **au grand ~, en plein ~**, al aire libre; **changer d'~**, mudar de aires. | **regarder en l'~**, mirar hacia

arriba. **2.** aire: **d'un ~ décidé**, con aire decidido; **il a l'~ d'un Anglais**, tiene aire de inglés. **3.** aspecto: **un drôle d'~**, un aspecto extraño. | **il a l'~ de s'ennuyer**, parece que se aburre. **4.** (*visage*) cara f, pinta f. | **prendre un ~ affolé, dégoûté**, poner cara de susto, de asco. **5.** (*d'une chanson*) aire.

airain m bronce.

aire f área.

aisance f **1.** (*facilité*) soltura. **2.** holgura, desahogo m: **vivre dans l'~**, vivir con holgura.

aise f **être à son ~**, estar a gusto; **mettez-vous à l'~**, póngase cómodo, a; **mal à l'~**, incómodo, a.

aisé, e a **1.** fácil. **2.** (*fortuné*) acomodado, a.

aisselle f sobaco m, axila.

ajonc m aulaga f.

ait ⇒ **avoir**.

ajourn/er t aplazar. **-ement** m aplazamiento.

ajouter t añadir.

ajust/er t **1.** ajustar. **2.** (*viser*) apuntar a. ■ **s'~**, ajustarse. | **robe ajustée**, vestido ceñido, ajustado. **-age** m ajuste. **-eur** m ajustador.

alambic [alabik] m alambique.

alarm/e f alarma. **-ant, e** a alarmante. **-er** t alarmar.

Albanie n p f Albania.

albatros m albatros.

albâtre m alabastro.

album [albɔm] m álbum.

albumine f albúmina.

alcal/i m álcali. **-in, e** a alcalino, a.

alcool [alkɔl] m alcohol: **~ à 90 degrés**, alcohol de 90 grados. **-ique** a/s alcohólico, a. **-isme** m alcoholismo.

alcootest m (*épreuve*) control de alcoholemia.

alcôve f alcoba.

aléa m azar, suerte f. **-toire** a aleatorio, a.

alentour adv alrededor. ■ pl **les alentours de la ville**, los alrededores de la ciudad.

alert/e a (*vif*) vivo, a, despierto, a. ■ f alarma, alerta: **donner l'~**, dar la alarma; **~ à la bombe**, alarma de bomba; **~ rouge**, alerta roja. **-er** t alertar.

aléser t escariar.

Alexandre n p m Alejandro.

alfa m esparto.

algèbre f álgebra.

Alger n p Argel.

Algérie n p f Argelia.

algérien, enne a/s argelino, a.

algue f alga.

alién/er t alienar. **-é, ée** a/s alienado, a. **-ation** f alienación.

align/er t alinear. **-ement** m alineación f, fila f.

aliment m alimento. **-aire** a **1.** (*produit*) alimenticio, a. **2.** (*industrie*) alimentario, a. **-ation** f alimentación. **-er** t alimentar.

aliter (s') pr meterse en cama.

allait/er t amamantar, criar. **-ement** m amamantamiento, lactancia f.

allant m empuje, brío.

alléch/er° t atraer, seducir. **-ant, e** a **1.** apetitoso, a. **2.** FIG atractivo, a.

allée f **1.** (*d'arbres*) alameda. **2.** (*dans un jardin*) calle. **3.** **allées et venues**, trámites m.

alléger° t aliviar, aligerar.

allégor/ie f alegoría. **-ique** a alegórico, ca.

all/ègre a alegre, ágil. **-ègrement** adv animosamente. **-égresse** f alegría, júbilo m.

alléguer° t alegar.

Allemagne n p f Alemania.

allemand, e a/s alemán, ana.

'aller° t **1.** ir: **je vais à la gare,** voy a la estación; **nous irons en Suisse en voiture,** iremos a Suiza en coche; **j'y suis allé à pied,** fui allí andando; **j'y vais!,** ¡voy!; **allons-y!,** ¡vamos! **2.** (+ infinitif) ir a: **je vais sortir,** voy a salir; **tu vas voir,** vas a ver; **j'allais t'écrire,** iba a escribirte. **3.** estar: **comment allez-vous?, comment ça va?,** ¿cómo está usted?, ¿qué tal?; **ça va mieux,** estoy mejor. **4.** sentar: **ce chemisier te va bien,** esta blusa te sienta bien. **5.** convenir: **ça me va, me conviene. | ça va!,** ¡de acuerdo!, ¡vale! **6. allons donc!,** ¡vaya!, ¡anda! ■ **s'en ~,** irse, marcharse: **je m'en vais,** me voy; **va-t'en!,** ¡vete!; **ne t'en va pas,** no te vayas.

'aller m ida f: **~ et retour,** ida y vuelta; **un billet ~, un ~,** un billete de ida.

allerg/ie f alergia. **-ique** a alérgico, a.

alliage m aleación f.

alli/er t unir. ■ **s'~,** aliarse. **-ance** f **1.** alianza. **2. cousin par ~,** primo político. **3.** (anneau) anillo m de boda, alianza. **-é, ée** s aliado, a.

alligator m aligátor.

allô! interj (appel) ¡oiga!; (réponse) ¡diga!

allocation f subsidio m: **allocations familiales,** subsidios familiares.

allocution f alocución.

allonger° t alargar. ■ i alargarse: **les jours allongent,** los días se alargan. ■ **s'~,** echarse: **il s'allongea sur le lit,** se echó en la cama; **allonge-toi,** échate.

allouer t conceder, asignar.

allum/er t encender: **allume l'électricité!,** ¡enciende la luz! **-age** m

encendido. **-ette** f fósforo m, cerilla.

allure f **1.** velocidad, marcha. | **à toute ~,** a toda mecha. **2.** paso m. **3.** garbo m, facha, porte m: **une ~ majestueuse,** un porte majestuoso; **elle a de l'~!,** ¡tiene garbo!, ¡tiene buena facha! **4.** aspecto m.

allusion f alusión. | **faire ~ à,** aludir a.

alluvion f aluvión m.

almanach [almana] m almanaque.

aloès [alɔɛs] m áloe.

alors adv **1.** entonces. **2. ~, on fume en cachette?,** conque, ¿fumando a escondidas? **3. et ~?,** ¿y qué? **4. ~ que,** (lorsque) cuando; (tandis que) mientras que.

alouette f alondra.

alourdir t hacer más pesado, a, cargar.

aloyau [alwajo] m lomo de vaca, solomillo.

alpaga m alpaca f.

Alpes n p f **les ~,** los Alpes m.

alphab/et m alfabeto. **-étique** a alfabético, a: **par ordre ~,** por orden alfabético. **-étiser** t alfabetizar.

alpin/isme m alpinismo, montañismo. **-iste** s alpinista.

altération f alteración.

altercation f altercado m.

altérer° t **1.** alterar. **2.** dar sed: **cette course m'a altéré,** esta carrera me ha dado sed.

altern/er t alternar. **-ance** f alternancia. **-atif, ive** a alternativo, a. ■ f alternativa.

altesse f alteza.

altier, ère a altanero, a.

altitude f altitud.

altru/isme m altruismo. **-iste** a/s altruista.

aluminium [alyminjɔm] *m* aluminio.

alunir *i* alunizar.

alvéole *m* alvéolo.

amabilité *f* amabilidad.

amadou *m* yesca *f*. **-er** *t* engatusar.

amaigr/i, e *a* adelgazado, a, enflaquecido, a. **-issant, e** *a* **régime ~**, régimen adelgazante.

amalgame *m* amalgama *f*.

amand/e *f* almendra. **-ier** *m* almendro.

amant *m* amante, querido.

amarr/er *t* amarrar. **-age** *f* amarradura *f*. **-e** *f* amarra.

amas *m* montón. **-ser** *t* **1.** amontonar. **2.** (*argent*) atesorar.

amateur *a/m* aficionado, a: **~ de musique pop**, aficionado a la música pop; **photographe ~**, fotógrafo aficionado.

Amazone *n p m* **l'~**, el Amazonas.

amazone *f* amazona.

ambages *f pl* **sans ~**, sin ambages.

ambassad/e *f* embajada. **-eur, drice** *s* embajador, a.

ambiance *f* ambiente *m*.

ambigu, uë *a* ambiguo, a.

ambiti/eux, euse [ābisjø, øz] *a/s* ambicioso, a. **-on** *f* ambición.

ambre *m* ámbar.

ambulance *f* ambulancia.

ambulant, e *a* ambulante: **marchand ~**, vendedor ambulante.

âme *f* alma: **rendre l'~**, entregar el alma; **~ qui vive**, alma viviente.

amélior/er *t* mejorar. **-ation** *f* **1.** mejora, mejoramiento *m*. **2.** (*santé*) mejoría.

amen [amɛn] *adv* amén.

aménag/er° *t* **1.** (*lieu*) acondicionar, habilitar. **2.** instalar. **-ement**

m **1.** (*d'un lieu*) acondicionamiento. **2.** instalación *f*.

amende *f* **1.** multa. **2.** **faire ~ honorable**, excusarse.

amend/er *t* **1.** enmendar. **2.** (*un terrain*) abonar. **-ement** *m* **1.** enmienda *f*. **2.** (*engrais*) abono.

amener° *t* **1.** traer: **amenez votre frère**, traiga a su hermano. **2.** inducir: **ils l'ont amené à changer d'avis**, le indujeron a cambiar de parecer. **3.** (*occasionner*) ocasionar.

amenuiser (s') *pr* disminuir.

amer, ère [amɛr] *a* amargo, a.

améric/ain, e *a/s* americano, a. **-anisme** *m* americanismo.

Amérique *n p f* América: **l'~ du Nord, Centrale, du Sud**, América del Norte, Central, del Sur; **l'~ latine**, América latina.

amerr/ir *i* amarar, acuatizar. **-issage** *m* amaraje.

amertume *f* amargura.

améthyste *f* amatista.

ameublement *m* moblaje, mobiliario. | **rayon d'~**, sección *f* de muebles; **tissu d'~**, tapicería *f*.

ami, e *a/s* **1.** amigo, a: **~ d'enfance**, amigo de la infancia. **2.** **bonne, petite amie**, amiga, novia; **petit ~**, novio.

amiable *a* **arrangement à l'~**, arreglo amistoso.

amiante *m* amianto.

amibe *f* ameba.

amical, e *a* amistoso, a.

amicale *f* sociedad, asociación, peña.

amidon *m* almidón. **-ner** *t* almidonar.

amincir *t* adelgazar.

amir/al *m* almirante. **-auté** *f* almirantazgo *m*.

amitié f amistad. ■ pl mes amitiés à ..., recuerdos m a ...

ammoniaque f amoniaco m.

amnésie f amnesia.

amnistie f amnistía.

amoindrir t aminorar.

amollir t ablandar.

amoncel/er° t amontonar. **-lement** m amontonamiento.

amont m en ~, río arriba.

amorc/er t 1. (hameçon, pompe, bombe) cebar. 2. (commencer) iniciar. **-e** f 1. cebo m. 2. (début) principio m.

amorphe a amorfo, a.

amort/ir t 1. amortiguar. 2. (dette, dépense) amortizar. **-issement** m (d'une dette) amortización f. **-isseur** m amortiguador.

amour m amor: l'~ du prochain, de la musique, el amor al prójimo, a la música; **pour l'~ de**, por amor a. **-eux, euse** a/s enamorado, a.

amour-propre m amor propio.

amovible a amovible.

ampère m amperio.

amphétamine f anfetamina.

amphibie a anfibio, a.

amphithéâtre m 1. anfiteatro. 2. (université) aula f.

amphore f ánfora.

ampl/e a amplio, a. **-eur** f 1. amplitud. 2. (d'un vêtement) vuelo m.

amplifi/er t amplificar. **-cateur** m amplificador.

ampoule f 1. (électrique) bombilla. 2. (pour médicament, sous la peau) ampolla.

amputer t amputar.

amulette f amuleto m.

amusant, e a divertido, a.

amuse-gueule [amyzgœl] m tapa f.

amus/er t divertir. ■ pr 1. **nous nous sommes bien amusés**, nos hemos divertido mucho; **amusez-vous bien!**, ¡que se divierta! 2. entretenerse: **elle s'amuse à sauter**, se entretiene saltando. **-ement** m diversión f, entretenimiento.

amygdale f amígdala.

an m año: **il y a six ans**, hace seis años; **nouvel ~**, año nuevo; **le jour de l'~**, el día de Año Nuevo.

anachronisme [anakʀɔnism] m anacronismo.

anagramme f anagrama m.

analo/gie f analogía. **-gique** a analógico, a. **-gue** a análogo, a.

analpha/bète a/s analfabeto, a. **-bétisme** m analfabetismo.

analy/se f análisis. **-ser** t analizar. **-tique** a analítico, a.

ananas [anana] m piña f.

anarch/ie f anarquía. **-iste** a/s anarquista.

anathème m anatema.

anatom/ie f anatomía. **-ique** a anatómico, a.

ancestral, e a ancestral.

ancêtres m pl antepasados.

anchois m (en conserve) anchoa f.

ancien, enne a 1. antiguo, a. 2. ~ **président**, ex presidente. ■ s antiguo, a. **-neté** f antigüedad.

ancr/e f ancla. **-er** t 1. anclar. 2. FIG arraigar.

andalou, se a/s andaluz, a: **les Andalous**, los andaluces.

Andalousie n p f Andalucía.

Andes n p f pl **les ~**, los Andes m.

andin, e a andino, a.

Andorre n p f Andorra.

andouille f 1. embutido m. 2. FAM imbécil m, bobo m.

âne m 1. burro, asno. 2. **en dos d'~**, formando lomo. 3. FAM burro.

anéant/ir t **1.** aniquilar. **2.** FIG anonadar. **-issement** m aniquilación f, anonadamiento.

anecdote f anécdota.

aném/ie f anemia. **-ique** a anémico, a.

anémone f anémona.

ânerie f burrada, estupidez.

ânesse f burra.

anesthés/ie f anestesia: ~ générale, locale, anestesia general, local. **-ier** t anestesiar. **-ique** a/m anestésico, a. **-iste** s anestesista.

anfractuosité f anfractuosidad.

ang/e m ángel. | **être aux anges**, estar en la gloria. **-élique** a angélico, a. | **sourire ~**, sonrisa angelical. **-élus** [ɑ̃ʒelys] m ángelus.

angine f angina.

anglais, e a/s inglés, esa: **les Anglais**, los ingleses. | **filer à l'anglaise**, despedirse a la francesa.

angle m **1.** ángulo. **2.** (d'une rue) esquina f: **à l'~ de la rue Bonaparte**, esquina a Bonaparte; **juste à l'~**, en la misma esquina; **faire l'~**, hacer esquina.

Angleterre n p f Inglaterra.

anglo-saxon, onne a/s anglosajón, ona.

angoiss/e f angustia, congoja. **-ant, e** a angustioso, a. **-er** t angustiar. **-é, ée** a angustiado, a.

anguille f anguila.

anguleux, euse a anguloso, a.

anicroche f dificultad.

aniline f anilina.

animal, e a/s animal: **animaux sauvages**, animales salvajes.

anim/er t animar. **-ateur, trice** s animador, a. **-ation** f animación.

animosité f animosidad.

anis [ani(s)] m anís. **-ette** f anís m, anisete m.

ankyloser (s') pr anquilosarse.

annales f pl anales m.

Anne n p f Ana.

anneau m **1.** anillo. **2.** (de rideaux) anilla f.

année f año m: **bonne ~!**, ¡feliz Año Nuevo! | **l'~ scolaire**, el curso, el año escolar.

annex/e [anɛks] a anejo, a. ■ f anexo m: **coucher à l'~ de l'hôtel**, dormir en el anexo del hotel. **-er** t anexar. **-ion** f anexión.

annihiler t aniquilar.

anniversaire m **1.** cumpleaños: **c'est aujourd'hui mon ~**, hoy es mi cumpleaños; **bon ~!**, ¡feliz cumpleaños! **2.** (d'un événement) aniversario.

annonc/er° t anunciar. **-e** f anuncio m: **petites annonces**, anuncios por palabras. **-eur** m anunciante. **-iation** f **l'Annonciation**, la Anunciación.

annot/er t anotar. **-ation** f anotación.

annuaire m **1.** anuario. **2.** ~ **des téléphones**, guía f telefónica.

annuel, le a anual.

annulaire m anular.

annul/er t anular, cancelar. **-ation** f anulación.

anoblir t ennoblecer.

anodin, e a anodino, a.

anomalie f anomalía.

ânonner t/i balbucear.

anonym/e a/s anónimo, a. **-at** m anonimato.

anorak m anorak.

anormal, e a anormal. ■ a/s (personne) subnormal.

anse f **1.** asa: **l'~ d'un panier**, el asa de una cesta. **2.** (baie) ensenada.

antagon/isme m antagonismo. **-iste** a/s angagonista.

antarctique a antártico, a.

antécédent m antecedente.

antenne f antena.

antérieur, e a anterior.

anthologie f antología.

anthracite m antracita f.

anthrax m ántrax.

anthropologie f antropología.

anthropophage a/s antropófago, a.

antibiotique a/m antibiótico, a.

antibrouillard a antiniebla.

antichambre f antesala, antecámara.

anticip/er t anticipar. **-ation** f anticipación. | **roman d'~**, novela de ciencia ficción.

anticonceptionnel, elle a anticonceptivo, a.

anticyclone m anticiclón.

antidater t antedatar.

antidépresseur m antidepresivo.

antidérapant, e a/m antideslizante.

antidopage a antidopaje.

antidote m antídoto.

antigel m anticongelante.

antillais, e a/s antillano, a.

Antilles n p f pl Antillas.

antilope f antílope m.

antiparasite a/m antiparásito, a.

antipath/ie f antipatía. **-ique** a antipático, a.

antipode m antípoda: **aux antipodes de**, en las antípodas de.

antiqu/e a antiguo, a. **-aire** s anticuario. **-ité** f antigüedad: **magasin d'antiquités**, tienda de antigüedades.

antisémite a/s antisemita.

antiseptique a/m antiséptico, a.

antiterroriste a antiterrorista.

antithèse f antítesis.

antivol m antirrobo.

Antoine n p m Antonio.

antre m antro.

anus [anys] m ano.

Anvers [ɑ̃vɛʀ] n p Amberes.

anxi/eux, euse a ansioso, a. **-été** f ansiedad.

aorte f aorta.

août [u(t)] m agosto: **le 15 ~**, el 15 de agosto.

apais/er t apaciguar, sosegar. **-ement** m sosiego.

aparté m aparte.

apath/ie f apatía. **-ique** a apático, a.

Apennins n p m pl Apeninos.

apercevoir° t percibir, distinguir. ■ **s'~**, darse cuenta: **il s'est aperçu qu'il n'avait pas sa clef**, se dio cuenta de que no tenía la llave; **je ne m'en suis pas aperçu**, no me di cuenta de ello.

aperçu m idea f.

apéritif m aperitivo.

à-peu-près m aproximación f.

aphone a afónico, a.

aphte [aft] m afta f.

apicult/ure f apicultura. **-eur** m apicultor.

apitoyer (s')° [apitwaje] pr ~ **sur**, apiadarse de.

aplanir t allanar.

aplatir t aplastar, achatar. ■ **s'~**, (s'humilier) rebajarse.

aplomb [aplɔ̃] m **1.** verticalidad f, aplomo. | **d' ~**, a plomo, en equilibrio; FIG **se sentir d'~**, encontrarse bien. **2.** (assurance) aplomo. **3.** (audace) descaro.

apocalypse f apocalipsis m.

apogée m apogeo: **à l'~ de ...**, en el apogeo de ...

apolitique a apolítico, a.

Apollon n p m Apolo.

apologie f apología.

apople/xie f apoplejía. **-ctique** a/s apoplético, a.

apostol/at m apostolado. **-ique** a apostólico, a.

apostrophe f 1. (interpellation) apóstrofe m. 2. (orthographe) apóstrofo m.

apothéose f apoteosis.

apôtre m apóstol.

apparaître° i 1. aparecer. 2. il apparaît que ..., resulta que ...

apparat m aparato.

appareil [aparεj] m 1. aparato. 2. ~ photo, cámara f fotográfica. 3. (téléphone) qui est à l'~?, ¿quién está al aparato?, ¿con quién hablo? 4. ~ auditif, audífono.

appareill/age m 1. MAR salida f. 2. (ensemble d'appareils) equipo. **-er** i MAR hacerse a la mar, zarpar.

appar/ent, e a aparente. **-emment** [aparamã] adv al parecer, aparentemente. **-ence** f apariencia: sauver les apparences, guardar las apariencias; se fier aux apparences, fiarse de las apariencias.

apparenté, e a emparentado, a.

appariteur m bedel.

apparition f aparición.

appartement m piso: ~ de cinq pièces, piso de cinco habitaciones.

apparten/ir° i pertenecer: ce disque m'appartient, este disco me pertenece. ■ impers incumbir: il vous appartient de prendre cette décision, le incumbe tomar esta decisión. **-ance** f pertenencia.

appât m 1. cebo. 2. FIG incentivo. **-er** t 1. cebar. 2. FIG atraer.

appauvr/ir t empobrecer. **-issement** m empobrecimiento.

appeau m reclamo.

appel m 1. (téléphonique, etc.) llamada f. 2. llamamiento: lancer un ~ au public, dirigir un llamamiento al público. 3. faire l'~, pasar lista. 4. faire ~ à, recurrir a, acudir a, apelar a: je fais ~ à votre bon sens, recurro a su buen juicio. 5. JUR faire ~, apelar, recurrir.

appelé m MIL recluta.

appeler° t 1. llamar. 2. ~ le médecin, avisar al médico. 3. ~ au secours, pedir socorro. 4. ~ quelqu'un en justice, citar a alguien. ■ pr comment t'appelles-tu?, ¿cómo te llamas?; je m'appelle Vincent, me llamo Vicente.

appellation f denominación: ~ contrôlée, denominación de origen.

appendic/e [apɛ̃dis] m apéndice. **-ite** f apendicitis.

appentis m cobertizo.

appesantir (s') pr 1. hacerse más pesado, a. 2. ~ sur, insistir en.

appét/it m apetito. | bon ~!, ¡que aproveche!, ¡buen provecho! **-issant, e** a apetitoso, a.

applaud/ir i/t aplaudir. **-issement** m aplauso.

application f aplicación.

applique f aplique m.

appliquer t aplicar. ■ s'~, aplicarse.

appoint m 1. complemento. 2. faire l'~, dar el importe exacto. 3. d'~, suplementario, a.

appointements m pl sueldo sing.

apporter t 1. traer: apportez-moi mon petit déjeuner, tráigame mi desayuno. 2. (capitaux, preuves) aportar.

apposer t 1. (affiche) fijar. 2. (signature) poner.

apposition f (grammaire) aposición.

apprécier t apreciar. **-able** a apreciable. **-ation** f apreciación.

appréhen/der t 1. (arrêter) aprehender, prender. 2. (craindre) temer. **-sion** f aprensión, temor m.

apprendre t 1. aprender: il apprend le russe, está aprendiendo el ruso. 2. enseñar: il m'a appris à nager, él me enseñó a nadar. 3. enterarse de: j'ai appris qu'elle était malade, me he enterado de que estaba enferma.

apprenti, e s aprendiz. **-issage** m aprendizaje.

apprêté, e a afectado, a.

apprêter t preparar. ■ s'~, disponerse: nous nous apprêtons à partir, nos disponemos para salir.

appris ⇒ **apprendre**.

apprivoiser t domesticar, amansar.

approba/tion f aprobación. **-teur, -trice** a aprobador, a.

approchant, e a semejante.

approche f 1. proximidad. | aux approches de l'hiver, al aproximarse el invierno. 2. (manière d'aborder une étude) enfoque m.

approcher t acercar, aproximar. ■ i acercarse: nous approchons de Bordeaux, nos acercamos a Burdeos. ■ s'~ de, acercarse a: il s'approche de moi, se acerca a mí.

approfondir t ahondar, profundizar: ~ un sujet, ahondar en un tema.

approprié, e a apropiado, a, adecuado, a.

approprier (s') pr apropiarse.

approuver t aprobar: j'approuve ton idée, apruebo tu idea. | lu et approuvé, conforme.

approvisionner t abastecer, proveer. **-ement** m ~ en pétrole, abastecimiento, aprovisionamiento, suministro de petróleo.

approximatif, ive a aproximativo, a. **-ivement** adv aproximativamente.

appui m apoyo.

appuyer [apɥije] t 1. apoyar. 2. ~ sur un bouton, oprimir, pulsar un botón. 3. ~ sur l'accélérateur, pisar el acelerador. ■ s'~ sur une canne, apoyarse en un bastón.

âpre a 1. áspero, a. 2. ~ au gain, ávido, a de ganancias.

après [apre] prép 1. después de: il est parti ~ moi, marchó después de mí. 2. ~ dîner, después de cenar. | courir ~ quelqu'un, correr tras alguien; ~ une hésitation, tras una vacilación. 3. ~ que, después que; luego que. ■ adv después: toi, selon yo, tú, según yo; peu de temps ~, poco tiempo después.

après-demain adv [apredmɛ̃] pasado mañana.

après-guerre m posguerra f.

après-midi m/f dans l'~, por la tarde.

après-ski m pl descansos, botas f après-ski.

après-vente f service ~, servicio posventa.

âpreté f aspereza.

à-propos m ocurrencia f.

apte a apto, a: ~ à, apto para. **-itude** f aptitud.

aquarelle [akwarɛl] f acuarela.

aquarium [akwarjɔm] m acuario.

aquatique [akwatik] a acuático, a.

aqueduc [akdyk] m acueducto.

aquilin a nez ~, nariz aguileña.

arb/le a/m árabe. ■ a chiffres ara-bes, cifras arábigas. **-esque** f ara-besco m.

Arabie n p f Arabia

arable a arable

arachide f cacahuete m.

aragonais, e a/s aragonés, esa.

araignée f 1. araña. 2. ~ de mer.

arbalète f ballesta.

arbitr/e m 1. árbitro. 2. libre ~, libre albedrío. **-age** m arbitraje. **-aire** a arbitrario, a. **-er** t arbitrar.

arborer t ostentar, lucir.

arbousier m madroño.

arbr/e m árbol. **-isseau** m arboli-llo, arbolito. **-uste** m arbusto.

arc [ark] m arco: ~ de triomphe, arco de triunfo; tirer à l'~, tirar con arco.

arcade f 1. soportal m. 2. ~ sourci-lière, ceja.

arc-boutant [arkbutã] m arbotan-te.

arc-bouter (s') [arkbute] pr apo-yarse.

arceau m arco pequeño.

arc-en-ciel [arksjɛl] m arco iris.

archaïque [arkaik] a arcaico, a.

archange [arkãʒ] m arcángel.

arche f 1. (de pont) arco m. 2. l'~ de Noé, el arca de Noé.

archéolog/ie [arkeɔlɔʒi] f arqueo-logía. **-ue** s arqueólogo, a.

archer m arquero.

archet m arco.

archevêque m arzobispo.

archi préfixe archi, muy.

archiduc m archiduque.

archipel m archipiélago.

architect/e s arquitecto, a. **-ure** f arquitectura.

archiv/es f pl archivo m sing. **-iste** s archivero, a.

arctique a ártico, a.

ard/ent, e a ardiente. **-emment** [ardamã] adv ardientemente. **-eur** f ardor m.

ardoise f pizarra.

ardu, e a arduo, a.

are m área f.

arène f 1. arena. 2. TAUROM arena. ■ pl TAUROM el toro sale al ruedo; le taureau rentre dans l'~, ruedo m.

arête f 1. (de poisson) espina, raspa. 2. (d'un cube) arista.

argent m 1. plata f: médaille en ~, medalla de plata. 2. dinero: il gagne beaucoup d'~, gana mucho dinero. **-erie** f vajilla, cubiertos m pl de plata.

argentin, e a/s argentino, a.

Argentine n p f Argentina.

argile f arcilla.

argot [argo] m argot, jerga f.

argument m argumento. **-er** i argumentar.

arid/e a árido, a. **-ité** f aridez.

aristocrat/ie [aristɔkrasi] f aristo-cracia. **-e** a/s aristócrata. **-ique** a aristocrático, a.

arithmétique f aritmética.

arlequin m arlequín.

armateur m armador.

armature f armazón.

arme f arma: ~ à feu, arma de fuego. ■ pl prendre les armes, tomar las armas; déposer les armes, rendirse.

armée f ejército m: l'~ de l'air, el ejército del aire.

Arménie n p f Armenia.

arm/er t armar. **-ement** m arma-mento.

armistice m armisticio.

armoire f armario m: ~ à glace, armario de luna. | ~ à pharmacie, botiquín m.

armoiries f pl armas.

armure f armadura. **-ier** m armero.

arnaquer t POP estafar. **-e** f estafa.

arnica f árnica.

arôme m aroma.

aromate m aroma. **-ique** a aromático, a. **-iser** t aromatizar.

arpège m arpegio.

arpenter t (parcourir) recorrer a trancos. **-eur** m agrimensor.

arqué, e a arqueado, a.

arrache-pied (d') loc adv denodadamente, sin descansar.

arracher t 1. (arbre, etc.) arrancar. 2. (dent) sacar. | se faire ~ une dent, sacarse una muela. | s'~ les cheveux, mesarse los cabellos.

arrangeant, e a acomodaticio, a.

arranger t 1. arreglar. 2. cela m'arrange, esto me viene bien. □ pr 1. arreglarse. 2. arrange-toi pour être à l'heure, arréglatelas para estar a hora. **-ement** m arreglo.

arrérages m pl atrasos.

arrestation f detención.

arrêt [aʀɛ] m 1. parada f: l'~ de l'autobus, la parada del autobús. | ~ de travail, baja f. 2. ~ de travail, baja f: donner un ~ de travail de 48 heures, dar de baja por 48 horas. 3. MÉD ~ cardiaque, paro cardíaco. 4. (d'un tribunal) fallo. ■ pl MIL arresto sing.

arrêté m decreto, decisión f.

arrêter t 1. detener, parar. 2. (faire prisonnier) detener: el ladrón ha sido detenido. ■ i ~ de, dejar de: elle n'arrête pas de pleurer, no para de llo-

rar; arrête de crier!, ¡deja de gritar! □ pr 1. detenerse, pararse, parar: je me suis arrêté au café, me detuve en el café; la pendule s'est arrêtée, el reloj se ha parado; le train s'arrête à toutes les gares, el tren para en todas las estaciones. 2. s'arrêter à des détails, parar mientes en detalles.

arrhes [aʀ] f pl señal sing: laisser des ~, dejar una señal.

arrière adv en ~, atrás; rester en ~, quedarse atrás; faire un pas en ~, dar un paso atrás; mouvement en ~, movimiento hacia atrás; en ~ de, detrás de. ■ m 1. l'~ de la voiture, la parte de atrás del coche. 2. (sport) les arrières, la defensa. ■ a (invar) roues arrières, ruedas traseras.

arriéré, e a atrasado, a. ■ s (personne) retrasado, a mental. ■ m (dette) atrasos pl.

arrière-boutique f trastienda.

arrière-garde f retaguardia.

arrière-goût m resabio, gustillo.

arrière-grand-mère f bisabuela.

arrière-grand-père m bisabuelo.

arrière-grands-parents m pl bisabuelos.

arrière-pays m interior.

arrière-pensée f segunda intención.

arrière-petite-fille f biznieta.

arrière-petit-fils m biznieto.

arrière-petits-enfants m pl biznietos.

arrière-plan m segundo término.

arrière-saison f fin m del otoño.

arrimer t 1. MAR estibar. 2. amarrar.

arrimage m estiba f.

arriver i 1. llegar: elle est arrivée hier, ha llegado ayer. 2. conseguir: je n'arrive pas à fermer la porte, no

consigo cerrar la puerta. **3.** suceder, pasar, ocurrir: cela ne m'est jamais arrivé, esto no me ha ocurrido nunca; ça n'arrive qu'à moi, sólo a mí me sucede; quoi qu'il arrive, pase lo que pase. **-ée** f llegada. | ligne d'~, meta.

arrog/ant, e a arrogante. **-ance** f arrogancia.

arrondir t redondear.

arrondissement m distrito municipal.

arros/er t **1.** (plante) regar. **2.** FAM (un succès) remojar. **-age** m riego. **-oir** m regadera f.

arsenal m arsenal.

arsenic m arsénico.

art [aʀ] m arte: œuvre d'~, obra de arte. ■ pl artes f: les arts décoratifs, las artes decorativas.

art/ère f arteria. **-ériel, elle** a arterial.

arthrite f artritis.

artichaut m alcachofa f.

article m artículo.

articul/er t articular. **-ation** f articulación.

artific/e m **1.** artificio. **2.** feu d'~, fuegos pl artificiales. **-iel, elle** a artificial.

artill/erie f artillería. **-eur** m artillero.

artisan, e s artesano, a. **-al, e** a artesanal, de artesanía. **-at** m (art) artesanía f.

artist/e s artista. **-ique** a artístico, a.

¹as [as] m **1.** as. **2.** FAM un ~ du volant, un as del volante.

²as [a] ⇒ **avoir**.

ascend/ant m ascendiente. **-ance** f ascendencia.

ascenseur m ascensor.

ascension f l'~ de l'Everest, la ascensión del Everest. **2.** l'Ascension, la Ascensión.

asc/ète s asceta. **-étique** a ascético, a. **-étisme** m ascetismo.

aseptique a aséptico, a.

asiatique a/s asiático, a.

Asie n p f l'~, el Asia.

asile m **1.** asilo. **2.** ~ d'aliénés, manicomio.

aspect [aspɛ] m aspecto.

asperge f espárrago m.

asperger° t rociar, asperjar.

aspérité f aspereza.

asphalte m asfalto.

asphyx/ie f asfixia. **-ier** t asfixiar.

aspir/er t/i aspirar. **-ation** f aspiración. **-ateur** m aspirador.

aspirine f aspirina.

assagir (s') pr formalizarse.

assaill/ir° t asaltar, acometer. **-ant, e** s asaltante, agresor, a.

assain/ir t sanear. **-issement** m saneamiento.

assaisonn/er t aliñar, condimentar, sazonar. **-ement** m aliño, condimento.

assassin m asesino. **-at** m asesinato. **-er** t asesinar.

assaut m asalto: prendre d'~, tomar por asalto.

ass/écher° t desecar. **-èchement** m desecación f.

assemblage m **1.** reunión f. **2.** TECHN ensambladura f.

assemblée f asamblea.

assembler t **1.** reunir. **2.** TECHN ensamblar. ■ s'~, juntarse, reunirse: la foule s'assemble, la muchedumbre se junta.

asséner° t (un coup) asestar.

assentiment m asentimiento, asenso.

asseoir [əswaːr] t sentar ■ s'~ sur, sentarse en; **asseyez-vous**, siéntese; **asseds-toi**, siéntate.

assermenté, e a jurado, a.

assermenter t sojuzgar, avasallar, esclavizar.

assez [ase] adv **1.** bastante: il fait froid, hace bastante frío. **2.** ~ de, bastante, suficiente: ~ de choses, bastantes cosas; as-tu ~ d'argent?, ¿tienes bastante dinero? **3.** j'en ai ~ de toujours répéter la même chose, estoy harto de repetir siempre lo mismo; j'en ai ~!, ¡ya estoy harto!; en voilà ~!, ¡basta ya!

assid/u, a asiduo, a. **-uité** f asiduidad. **-ûment** adv con asiduidad.

assiéger t sitiar, asediar.

assiette f **1.** plato m: ~ plate, à soupe, creuse, plato llano, sopero, hondo. **2.** ~ anglaise, plato de fiambres. **3.** FIG ne pas être dans son ~, no sentirse bien.

assigner t **1.** asignar. **2.** (en justice) citar. **-ation** f citación.

assimiler t asimilar.

assis ⇒ **asseoir**.

assises f pl JUR audiencia sing de lo criminal.

assistance f **1.** asistencia. **2.** l'Assistance publique, la Beneficencia.

assistant, e s **1.** (auditeur) asistente. **2.** (aide) ayudante, auxiliar. **3.** assistante sociale, asistente social.

assister t ~ à, asistir a, presenciar ■ t asistir.

associer t asociar. ■ pr les deux architectes se sont associés, los dos arquitectos se han asociado **-é, e** s socio, a.

assoiffé, e a sediento, a.

assombrir t **1.** oscurecer. **2.** FIG ensombrecer.

assommer t **1.** acogotar, matar. **2.** FAM (ennuyer) fastidiar. **-ant, e** a FAM fastidioso, a, pesado, a.

Assomption f la Asunción.

assortir t combinar. **-i, ie** a **1.** chemisier ~ à la jupe, blusa haciendo juego con la falda. **2.** gâteaux secs assortis, galletas surtidas. **-iment** m **1.** combinación f, juego. **2.** surtido: un ~ de gâteaux, un surtido de pasteles.

assoupir (s') pr adormecerse. **-issement** m modorra f, sopor.

assouplir t dar flexibilidad a. **-issement** m flexibilidad f: exercices d'~, ejercicios de flexibilidad.

assourdir t **1.** ensordecer. **2.** (rendre moins sonore) amortiguar. **-issant, e** a ensordecedor, a.

assouvir t ~ la faim, saciar el hambre.

assujettir t sujetar.

assumer t asumir.

assurance f **1.** (certitude) seguridad | recevez l'~ de mes sentiments distingués, queda de usted seguro servidor. **2.** firmeza, aplomo m: con ~, contestar con convicción. **3.** seguro m: ~ contre les accidents, seguro contra accidentes; assurance-vie, seguro de vida.

assuré, e a **1.** (sûr) seguro, a. **2.** d'un pas ~, con paso firme. ■ s l'~, el asegurado. **-ment** adv ciertamente.

assurer t asegurar. ■ s'~ contre le vol, asegurarse contra robo; s'~ que ..., asegurarse de que ... **-eur** m asegurador.

astérisque m asterisco.

asthme [asm] m asma f. **-atique** a/s asmático, a.

astic m gusano, larva f.

astiquer t dar brillo a.

astrakan m astracán m.

astre m astro.

astreindre° t obligar.

astrologie f astrología. **-gue** m astrólogo.

astronaute s astronauta. **-ique** a astronáutica.

astronomie f astronomía. **-e** s astrónomo, a. **-ique** a astronómico, a.

astuce f 1. (ruse) astucia. 2. chiste m: faire des astuces, contar chistes. **-ieux, euse** a astuto, a.

Asturies n pl les ~, Asturias.

atelier m 1. taller. 2. (d'artiste) estudio.

atermoyer i andar con dilaciones, aplazar.

athée a/s ateo. **-isme** m ateísmo.

Athènes n p Atenas.

athlète s atleta. **-étique** a atlético. **-étisme** m atletismo.

atlantique a atlántico. | océan Atlantique, océano Atlántico.

atlas [atlas] m atlas.

atmosphère f atmósfera. **-érique** a atmosférico, a.

atoll [atɔl] m atolón.

atome m átomo. **-ique** a atómico, a. **-iseur** m spray atomizador.

atout m 1. (carte) triunfo. 2. FIG baza f.

âtre m hogar.

atroce a atroz. **-ité** f atrocidad.

attabler (s') pr sentarse a la mesa.

attachant, e a cautivador, a.

attache f 1. atadura, ligadura. 2. (pour papiers) grapa, clip m.

attaché m ~ d'ambassade, culturel, agregado diplomático, cultural. **attaché-case** [ataʃekɛz] m maletín.

attachement m afecto, cariño.

attacher t 1. atar, sujetar. 2. attachez vos ceintures!, ¡abróchense los cinturones! 3. (liens affectifs) ligar, vincular. 4. ~ de l'importance, de la valeur à, dar importancia, valor a. □ pr le chien s'attache à son maître, el perro toma afecto a su amo; je me suis attaché à ce village, me he encariñado con este pueblo.

attaque f | avoir une ~, tener un ataque de apoplejía. **attaquer** t atacar. ■ s'~, a, atacar. **-e** ...

attarder (s') pr retrasarse, rezagarse: elle s'est attardée en route, se ha retrasado en el camino. **-é, ée** a/s retrasado, a.

atteindre° t 1. alcanzar. 2. il est atteint d'une paralysie complète, está aquejado de una parálisis total. **-te** f | hors d'~, fuera de alcance; porter ~ à, atentar a.

atteler t 1. enganchar. 2. (bœufs) uncir. **-age** m 1. enganche. 2. (chevaux) tiro; (bœufs) yunta f.

attenant, e a contiguo, a.

attendre° t 1. esperar, aguardar: nous attendons le médecin, estamos esperando al médico; nous attendons qu'il arrive, aguardamos a que llegue; elle attend un enfant, espera un niño. 2. en attendant, entretanto; en attendant que, hasta que. ■ s'~, esperarse, contar con: je m'y attendais, me lo esperaba; il faut s'~ à tout, puede uno esperárselo todo.

attendrir t 1. ablandar. 2. FIG enternecer. **-issant, e** a enternecedor, a.

attendu, e *a* esperado, a. ■ *conj* ~ **que**, visto que.

attentat *m* atentado: ~ **à la bombe**, atentado con bomba.

attente *f* espera: **salle d'~**, sala de espera; **dans l'~ de**, en espera de.

attenter *i* ~ **à**, atentar contra.

attent/ion *f* 1. atención. 2. **faire ~ à**, tener cuidado de; **attention!**, ¡cuidado!, ¡ojo!; ~ **à l'auto!**, ¡cuidado con el coche! 3. **il ne fait pas ~ à ce que je lui dis**, no hace caso de lo que le digo; **ne fais pas ~**, no hagas caso. 4. **une ~ délicate**, un detalle. **-if, ive** *a* atento, a. **-ivement** *adv* atentamente.

atténuer *t* atenuar.

atterrer *t* consternar, abatir.

atterr/ir *i* aterrizar. **-issage** *m* aterrizaje.

attest/er *t* atestiguar, atestar. **-ation** *f* certificado *m*, atestado *m*.

attiédir *t* entibiar.

attirail *m* pertrechos *pl*, avíos *pl*.

attir/er *t* 1. atraer. 2. ~ **l'attention**, llamar la atención. ■ **s'~ la sympathie**, granjearse la simpatía; **s'~ des ennuis**, ganarse disgustos. **-ance** *f* atracción. **-ant, e** *a* atractivo, a.

attiser *t* (*le feu*) atizar.

attitré, e *a* habitual.

attitude *f* actitud.

attraction *f* atracción. ■ *pl* (*spectacle*) atracciones.

attrait *m* atractivo.

attrape *f* broma.

attraper *t* 1. (*prendre*) coger. 2. ~ **un rhume**, pillar un resfriado. 3. (*tromper*) engañar. | **j'ai été bien attrapé**, me quedé chasqueado. 4. (*réprimander*) regañar, reñir.

attrayant, e [atʀɛjɑ̃, ɑ̃t] *a* atrayente, atractivo, a.

attribuer *t* atribuir: **on attribue ce tableau à Rubens**, se atribuye este cuadro a Rubens.

attribut *m* atributo.

attribution *f* atribución.

attrister *t* entristecer.

attroupement *m* aglomeración *f* de gente, grupo.

au *prép* al: **aller ~ cinéma**, ir al cine. ⇒ **À**.

aubaine *f* ganga. | **quelle ~!**, ¡qué suerte!

aube *f* 1. alba: **à l'~**, al rayar el alba. 2. (*de roue hydraulique*) álabe *m*, paleta.

aubépine *f* espino *m* albar.

auberg/e *f* posada, mesón *m*, fonda. | ~ **de jeunesse**, albergue *m* juvenil. **-iste** *s* posadero, a, mesonero, a.

aubergine *f* berenjena.

aucun, e *a/pron indéf* ninguno, a (**ningún** *devant un substantif masculin*): ~ **homme**, ningún hombre; **aucune femme**, ninguna mujer. | **d'aucuns**, algunos. **-ement** *adv* de ningún modo.

audac/e *f* 1. (*courage*) audacia. 2. (*insolence*) osadía. **-ieux, euse** *a* audaz.

au-dehors, au-delà, etc. ⇒ **dehors, delà**, etc.

audible *a* audible.

audience *f* audiencia.

audiovisuel, elle *a* audiovisual. ■ *m* **l'~**, los medios audiovisuales.

auditeur, trice *s* 1. oyente. 2. (*à la radio*) radioyente, radioescucha.

audit/ion *f* audición. **-if, ive** *a* auditivo, a. **-oire** *m* auditorio. **-orium** *m* auditorio.

auge *f* pila, bebedero *m*.

augment/er *t/i* 1. aumentar. 2. (*prix*) subir, aumentar: **l'essence a**

augmenté, ha subido la gasolina. **-ation** f **1.** aumento m, incremento m. **2.** (des prix) subida, aumento m. **3.** demander une ~, pedir un aumento (de sueldo).

augure m agüero: de bon, mauvais ~, de buen, mal agüero ■ **-er** t augurar.

aujourd'hui adv **1.** hoy. **2.** (à l'époque actuelle) hoy día.

aumône f limosna: demander l'~, pedir limosna. **-ier** m capellán.

auparavant adv antes.

auprès de loc prép **1.** (à côté de) cerca de. **2.** comparado, a con.

auquel pron rel (choses) le livre ~ je fais allusion, el libro al cual, al que aludo; (personnes) l'homme ~ je parle, el hombre a quien hablo; les personnes auxquelles je parle, las personas a quienes hablo. | ~ cas, en cuyo caso.

aura, aurai ⇒ **avoir**.

auréole f **1.** aureola. **2.** (trace sur un tissu) cerco m.

auriculaire a/m auricular.

aurore f aurora.

ausculter t auscultar. **-ation** f auscultación.

auspices m pl auspicios.

aussi adv **1.** también: toi ~, tú también. **2.** tan: il est ~ grand que moi, es tan alto como yo; je ne le croyais pas ~ jeune, no lo creía tan joven ■ conj **1.** (pour cette raison) por eso. **2.** ~ bien que, tanto como.

aussitôt adv **1.** en seguida. | ~ après, inmediatamente después; ~ dit ⇒ fait ~. **2.** ~ que, tan pronto como.

austère a austero. **-érité** f austeridad.

austral, e a austral.

Australie n p f Australia.

Australien, enne a/s australiano, a.

autant adv **1.** otro tanto, lo mismo: je suis capable d'en faire ~, soy capaz de hacer otro tanto. **2.** tanto, a: il y a ~ de chaises que d'invités, hay tantas sillas como invitados. **3.** d'~ plus que, tanto más cuanto que; d'~ plus, tanto más. **4.** pour ~ que je sache, que yo sepa. | ~ que, tanto como.

autel m altar: maître-autel m altar mayor.

auteur m autor, a.

authentique a auténtico. **-cité** f autenticidad.

auto f coche, auto m.

autobiographie f autobiografía. **-ique** a autobiográfico, a.

autobus [otobys] m autobús.

autocar m autocar.

autochtone [ɔtɔktɔn] a/s autóctono, a.

autoclave m autoclave.

autocollant m pegatina f.

autocrate m autócrata. **-ratie** f autocracia.

autocuiseur m olla f a presión.

autodidacte a/s autodidacto, a.

autodrome m autódromo.

auto-école f autoescuela.

autographe a/m autógrafo, a.

automate m autómata. **-ion** f automática.

automatique a automático, a. **-isation** f automatización. **-iser** t automatizar. **-isme** m automatismo.

automne [ɔtɔn] m otoño.

automobile a automóvil. | industrie ~, industria del automóvil; course ~, carrera automovilística ■ f une ~, un automóvil m. **-iste** s automovilista.

automotrice f automotor m, auto-motriz f.

automoteur a automotor m, via m.

autonome a autónomo. **-ie** f autonomía. **-iste** a/s autonomista.

autoportrait m autorretrato.

autopsie f autopsia.

autoradio m autorradio f.

autorail [otʀaj] m autovía.

autoris/er t autorizar. **-ation** f autorización.

autorité f autoridad. **-aire** a/s autoritario, a.

autoroute f autopista.

auto-stop m autostop: faire de l'~, hacer autostop. **-peur, euse** s autoestopista.

autour adv 1. alrededor. | tout ~, por todos lados. 2. ~ de lui, alrededor de él, alrededor suyo.

autre a/pron otro, a: un ~ jour, otro día; il a une ~ sœur, tiene otra hermana; deux autres sœurs, otras dos hermanas; donne-m'en un ~, dame otro; l'~ jour, el otro día; ... chose ... chose, una ... otra cosa; l'un ..., l'~, el uno ... el otro; les uns ... les autres, unos ... otros; aimez-vous les uns les autres, amaos los unos a los otros. | les autres, los demás, personne d'~, nadie más; rien d'~, nada más.

autrefois adv en otro tiempo.

autrement adv de otro modo: ~ dit, dicho de otro modo. | si no, o: tiens-toi, tu vas tomber, agárrate o vas a caer.

Autriche n p f Austria.

autrichien, enne a/s austríaco, a.

autruche f avestruz m.

autrui pron 1. el prójimo. 2. d'~, ajeno.

auvent m colgadizo, tejadillo.

aux ⇒ à.

auxiliaire a/s auxiliar.

auxquels ⇒ auquel.

avachi, e a deformado, a.

aval m en ~, río abajo.

avalanche f alud m, avalancha.

avaler t tragar, tragarse.

avance f adelanto m. | arriver en ~, llegar con adelanto; je suis en ~ d'une heure, llevo una hora de adelanto; être en ~ sur, prendre de l'~ sur, adelantarse a; je vous remercie d'~, par ~, te agradezco de antemano; prévenir à l'~, avisar con antelación. 2. (acompte) anticipo m. | payer par ~, pagar por anticipado. ■ pl faire des avances, dar los primeros pasos.

avancé, e a 1. il est très ~ pour son âge, está muy adelantado para su edad. 2. à une heure avancée de la nuit, muy entrada la noche. 3. idées avancées, ideas avanzadas.

avancer t 1. adelantar: j'ai avancé mon bras, mon départ, he adelantado mi brazo, mi salida. 2. ~ de l'argent, anticipar dinero. ■ i 1. adelantar, avanzar: ~ d'un mètre, adelantar un metro; ma montre avance de cinq minutes, mi reloj adelanta cinco minutos; je me suis avancé, me he adelantado. ■ pr je m'avance, me aventuro.

avant prép 1. antes de: ~ lundi, antes del lunes. | ~ tout, ante todo. 2. antes que: bien ~ lui, mucho antes que él. | ~ qu'il n'arrive, antes (de) que llegue. □ adv 1. antes: un mois ~, un mes antes; le jour d'~, la víspera. 2. en ~ de, delante de; en ~!, ¡adelante! ■ m 1. roues ~, ruedas delanteras. 2. parte f delantera, delantera f. (sport) delantero. ■ avant-centre, delantero centro.

avantage m -e° 1. ventaja f. 1. aventajar. 2. favorecer: cette coiffure t'avantage, te favorece este pei-

avantageux, -euse *a* ventajoso, a, favorable.

avant-bras *m* antebrazo.

avant-centre ⇒ **avant**.

avant-coureur *a* precursor, a.

avant-dernier, ère *a/s* penúltimo.

avant-garde *f* vanguardia.

avant-hier [avɑ̃tjɛʀ] *adv* anteayer.

avant-première *f* ensayo *m* general.

avant-propos *m* prefacio.

avant-scène *f* 1. proscenio *m*. 2. (loge) palco *m* de proscenio.

avant-veille *f* antevíspera.

avare *a/s* avaro. **-ice** *f* avaricia.

avarie *f* avería. **-é, ée** *a* averiado.

avec *prep* 1. con. 2. ~ **moi, toi, soi,** conmigo, contigo, consigo.

avenant, e *a* 1. agradable, afable. 2. **à l'~,** en proporción. ■ *m* 1. acta *f* adicional. 2. (assurances) póliza *f* adicional.

avènement *m* advenimiento.

avenir *m* porvenir, futuro. **à l'~,** en el porvenir, en lo sucesivo.

avent *m* adviento.

aventure *f* 1. aventura. 2. **à la bonne ~,** la buenaventura. 2. **à l'~,** a la ventura, al azar. **-er (s')** *pr* aventurarse. **-eux, euse** *a* 1. (hardi) aventurado, a. 2. (risqué) aventurado, vido, a. **-ier, ère** *s* aventurero, a.

avenue [avny] *f* avenida.

avérer (s') [?] *pr* revelarse, resultar.

averse *f* aguacero *m*, chaparrón *m*.

aversion *f* aversión; **avoir en ~,** tener aversión a.

avertir *t* advertir, avisar: **je t'avertis que ...,** te advierto que ...; **il a été averti,** se le ha avisado, a. **-issement** *m* 1. aviso, a. **-isseur** *m* 1. (d'automobile) bocina *f*. 2. ~ **d'incendie,** sirena *f*.

aveu *m* 1. confesión *f*. 2. **de l'~ de,** según testimonio de.

aveugle *a/s* ciego. **-ment** *m* ceguedad *f*, ceguera *f*. **-ément** *adv* ciegamente. **-er** *t* cegar.

aveuglette (à l') *loc adv* a ciegas.

aviateur, trice *s* aviador, a. **-ion** *f* aviación.

aviculture *f* avicultura.

avide *a* ávido, a. **-ité** *f* avidez.

avilir *t* envilecer, degradar. **-issant, e** *a* envilecedor, a. **-issement** *m* envilecimiento.

avion *m* avión.

aviron *m* remo.

avis [avi] *m* 1. parecer, opinión *f*: **à mon ~,** en mi opinión, a mi parecer; **j'ai changé d'~,** he cambiado de opinión; **je suis d'~ de partir,** mi parecer es que debemos marcharnos; **prendre l'~ de,** consultar a. 2. ~ **au public,** aviso al público, a.

aviser *t* avisar. ■ *pr* atreverse: **ne t'avise pas de ...,** no te atrevas a ... **-é, ée** *a* avisado, a.

[2]**avocat** *m* s abogado, a.

[1]**avocat** *m* (fruit) aguacate.

avoine *f* avena.

[1]**avoir*** 1. (posséder, éprouver) tener: **j'ai beaucoup d'amis,** tengo muchos amigos; **il a huit ans,** tiene ocho años. ~, **as-tu soif?** ¿tienes sed? ■ à, tener que: **je n'ai rien à faire,** no tengo nada que hacer. 2. pasar: **qu'avez-vous?** ¿qué le pasa? 3. **j'en ai pour une heure,** tardaré una hora. ■ *auxil* haber: **j'ai lu et il a écrit,** he leído y él ha escrito. ■ *impers* 1. **il y a,** hay: **y a-t-il ici un interprète?** ¿hay aquí un intérprete?; **il n'y a pas de quoi,** no hay de

qué. **2.** (*temps*) hacer: **il y a cinq ans,** hace cinco años.

²**avoir** *m* haber: **doit et ~,** debe y haber.

avoisin/er *t* **1.** lindar con. **2.** FIG rondar. **-ant, e** *a* vecino, a.

avort/er *i* abortar. | **elle s'est fait ~,** ha abortado. **-ement** *m* aborto. **-on** *m* aborto.

avouable *a* confesable.

avoué *m* procurador judicial.

avouer *t* confesar: **j'avoue que je me suis trompé,** confieso que me he equivocado. ■ **s'~ coupable,** declararse culpable.

avril *m* abril: **le premier ~,** el primero de abril. | **poisson d'~,** inocentada *f* del primero de abril.

ax/e *m* eje. **-er** *t* ~ **sur,** centrar en.

axiome *m* axioma.

ayant, ayez, ayons ⇒ **avoir**.

azalée *f* azalea.

azimut [azimyt] *m* **1.** acimut. **2.** FAM **dans tous les azimuts,** en todas las direcciones.

azot/e *m* nitrógeno, ázoe. **-é, ée** *a* nitrogenado, a.

aztèque *a/s* azteca.

azur *m* azul.

azyme *a* **pain ~,** pan ácimo.

B

b m b f: **un ~**, una be.

¹baba m **~ au rhum**, bizcocho borracho.

²baba a FAM **en rester ~**, quedarse bizco, a.

babill/er i charlar, parlotear. **-age** m cháchara f.

babines f pl belfos m.

babiole f baratija.

bâbord m **à ~**, a babor.

babouche f babucha.

babouin m babuino.

baby-foot [babifut] m inv futbolín.

baby-sitter [babisitœr] f canguro.

¹bac m **1.** (bateau) barca f. **2.** (récipient) cubeta f, recipiente.

²bac m FAM bachillerato.

baccalauréat m bachillerato.

bâche f toldo m.

bachelier, ère s bachiller.

bachot m FAM bachillerato.

bacille m bacilo.

bâcler t chapucear, frangollar.

bactérie f bacteria.

badaud, e s mirón, ona, papanatas.

badigeon [badiʒõ] m enlucido. **-ner** t **1.** enlucir. **2.** MÉD untar.

badiner i bromear.

baffe f FAM tortazo m.

bafouer t ridiculizar.

bafouill/er i farfullar. **-age** m farfulla f.

bagage m **1.** equipaje (toujours au singulier): **je n'ai pas de bagages**, no llevo equipaje; **mes bagages sont à la consigne**, mi equipaje está en la consigna. **2. ~ intellectuel**, bagaje intelectual.

bagarr/e f riña, pelea. **-er (se)** pr pelearse.

bagatelle f bagatela, friolera.

bagn/e m presidio. **-ard** m presidiario.

bagnole f FAM coche m.

bagou(t) m labia f, facundia f.

bague f sortija, anillo m.

baguette f **1.** varilla. | **~ magique**, varita mágica. **2.** (de chef d'orchestre) batuta. **3.** (de pain) barra. **4.** (électrique) cajetín m. ■ pl (de tambour, pour le riz) palillos m.

bah! interj ¡bah!

bahut m armario rústico bajo.

baie f **1.** (golfe) bahía. **2.** (fenêtre) abertura. **3.** (fruit) baya.

baign/er t bañar. | **baigné de sueur**, bañado en sudor. ■ **se ~**, bañarse. **-ade** f baño m. **-eur, euse** s bañista. **-oire** f **1.** bañera. **2.** (théâtre) palco m de platea.

bail [baj] m arrendamiento. | **~ à céder**, se traspasa.

bâill/er i bostezar. **-ement** m bostezo.

bâillon m mordaza f. **-ner** t amordazar.

bain m baño.

bain-marie m baño María.

baïonnette f bayoneta.

baiser t **1.** besar: **~ la main**, besar la mano. **2.** VULG joder. ■ m beso.

baisse f **1.** (prix) baja. **2.** (température) descenso m.

baisser t/i ~ **les yeux, la voix, la
radio,** bajar los ojos, la voz, la
radio; **le sucre va ~,** el azúcar va a
bajar. ■ **se ~,** bajarse, agacharse. ■
m ~ **du rideau,** bajada f del telón.
bal m baile.
balad/e f FAM paseo m, garbeo m:
faire une ~, darse un garbeo. **-er
(se)** pr pasearse, darse un garbeo. **-eur** m walkman. **-euse** f lámpara eléctrica móvil.
balafre f chirlo m.
balai m escoba f.
balanc/e f 1. balanza. 2. ASTR la
Balance, Libra. **-ement** m balanceo. **-er** t 1. mecer. 2. FAM (jeter)
echar. ■ **se ~,** balancearse, colum-
piarse. | FAM **je m'en balance,** me
importa un bledo. **-ier** m péndulo.
balançoire f columpio m.
balay/er° [baleje] t barrer. **-age** m
barrido. **-ette** f escobilla. **-eur** m
barrendero. **-ures** f pl barreduras.
balbuti/er [balbysje] i balbucear. ■
t mascullar. **-ement** m balbuceo.
balcon m 1. balcón. 2. (théâtre)
anfiteatro.
Bâle n p Basilea.
Baléares n p f pl Baleares.
baleine f 1. ballena. 2. (de parapluie) varilla.
balis/e f baliza. **-age** m balizamien-
to. **-er** t balizar.
baliveau m resalvo.
balivernes f pl pamplinas, sande-
ces.
Balkans n p m pl **les ~,** los Balcanes.
balkanique a balcánico, a.
ballade f balada.
ballast m balasto.
balle f 1. (jeu) pelota. 2. (projectile)
bala. 3. (paquet) bala.
ballerine [balʁin] f bailarina.
ballet [balɛ] m ballet.

ballon m 1. balón. 2. (en baudruche,
aérostat) globo. **-né, ée** a hinchado, a.
ballot m 1. fardo, bulto. 2. FAM (sot)
bobo.
ballottage m empate. | **scrutin de
~,** votación f de desempate, segunda vuelta.
ballotter i bambolear, zangolo-
tearse.
balluchon m hatillo, hato.
balnéaire a balneario, a.
balourdise f 1. tosquedad. 2. (parole ou action) patochada.
balsa m balsa f.
Baltique n p f **la ~,** el Báltico m.
baluchon ⇒ **balluchon.**
balustrade f barandilla, balaustrada.
bambin m niñito.
bambou m bambú.
banal, e a trivial, común. **-ité** f trivialidad.
banan/e f 1. (fruit) plátano m. 2.
(sac) riñonera. **-ier** m (arbre) plátano.
banc [bɑ̃] m 1. banco. 2. ~ **de poissons, de sable,** banco de peces, de
arena. 3. (des accusés, de touche) banquillo. 3. ~ **d'essai,** banco de pruebas.
bancaire a bancario, a.
bancal, e a 1. (personne) patituerto,
a. 2. (meuble) cojo, a.
bandage m venda f, vendaje m.
bande f 1. (pansement) venda. 2. (de
terrain, pour entourer un journal) faja.
3. (de papier, tissu) tira. 4. ~ **magnétique,** cinta magnetofónica. 5. ~
dessinée, comic m. 6. (de personnes)
grupo m, pandilla, banda: **une ~ de
voleurs,** una pandilla de ladrones.
bandeau m 1. (pour ceindre la tête)
cinta f. 2. (pour les yeux) venda f.

bandelette f venda.

bander t 1. (blessure, yeux) vendar. 2. (tendre) poner tirante. 3. ~ un arc, armar un arco.

banderille f banderilla.

banderole f banderola.

bandit m bandido. -**isme** m crimi-nalidad f.

bandoulière (en) loc adv en ban-dolera.

banjo m banjo.

banlieue f afueras pl, cercanías pl. | nous habitons en ~, vivimos en las afueras; train de ~, tren de cercanías. | la grande ~, el extrarradio. -**sard, e** s habitante de las afueras.

bannière f pendón m.

bannir t desterrar. -**issement** m destierro.

banque f 1. banco m: déposer de l'argent à la ~, depositar dinero en el banco; ~ du sang, de données, banco de sangre, de datos. 2. (com-merce de l'argent, jeu) banca. **banqueroute** f bancarrota, quie-bra. | faire ~, quebrar.

banquet m banquete.

banquette f asiento m.

banquier m banquero.

banquise f banco m de hielo.

baptême [batεm] m bautismo. | nom de ~, nombre de pila. -**iser** t bautizar. -**ismal, e** a bautismal. -**istère** m bautisterio.

baquet m tina f, cubeta f.

1bar m (établissement) bar. 2. (comptoir) barra f: prendre un whisky au ~, tomar un whisky en la barra.

2bar m (poisson) lubina f, róbalo.

baragouin m galimatías. -**er** t cha-purrar.

baraque f 1. (de jardins) barraca, caseta. 2. (maison) casucha. -**ment** m conjunto de barracas.

baratin m FAM camelo. -**er** t came-lar.

baratte f mantequera.

barbant, e a FAM latoso, a, pesado, a.

barbare a/s bárbaro, a. -**ie** f barba-rie, crueldad. -**isme** m barbarismo.

barbe f 1. barba. | à la ~ de quel-qu'un, en las barbas de alguien; se faire la ~, afeitarse; rire dans sa ~, reír para sus adentros. 2. ~ à papa, algodón m. 3. FAM ~, ¡ya basta!; quelle ~!, ¡qué lata!; ¡vaya una lata!

barbecue [barbəkju] m barbacoa f.

barbelé a/m fil de fer ~, alambre de espino, espino artificial.

barber t FAM fastidiar, dar la lata: tu me barbes, me fastidias. ■ se ~, aburrirse.

barbiche f perilla.

barbiturique m barbitúrico.

barboter i chapotear. ■ t FAM (voler) afanar.

barbouill/er t 1. (salir) embadur-nar. 2. (peindre) pintarrajear. 3. (écrire) emborronar. -**age** m 1. embadurnamiento. 2. (peinture) pintarrajo, mamarracho. 3. (écritu-re) garabatos pl.

barbu, e a barbudo, a.

Barcelone n p Barcelona.

barème m baremo.

baril m (de pétrole) barril.

barioler t abigarrar. -**age** m abiga-rramiento.

baromètre m barómetro.

baron, onne s barón, onesa.

baroque a/m barroco, a.

barque f barca.

barquette f (récipient) tarrina.

barrage m **1.** (sur un cours d'eau) presa f. **2.** (retenue d'eau) embalse. **3.** ~ de police, cordón de policía.

barre f **1.** barra. **2.** (du gouvernail) caña. | être à la ~, llevar el timón.

barreau m **1.** barrote. | derrière les barreaux, entre rejas. **2.** (profession d'avocat) foro, abogacía f.

barrer t **1.** ~ le passage, cerrar el paso. **2.** ~ une porte, atrancar una puerta. **3.** ~ un mot, tachar una palabra. **4.** ~ un chèque, cruzar un cheque; **chèque barré**, cheque cruzado. ■ FAM se ~, largarse.

barrette f (pour les cheveux) pasador m.

barreur, euse s timonel.

barricad/e f barricada. **-er (se)** pr atrincherarse.

barrière f barrera.

barrique f barrica.

Barthélemy n p m Bartolomé.

baryton m barítono.

bas, basse a **1.** bajo, a. | à voix basse, en voz baja. **2.** ciel ~, cielo nublado. ■ adv **1.** bajo. | en ~, abajo; plus ~, más abajo; parler tout ~, hablar en voz baja. **2.** mettre ~, parir. **3.** à ~ le tyran!, ¡abajo el tirano! ■ m **1.** le ~ du visage, la parte baja de la cara. **2.** media f: une paire de ~, un par de medias.

basalte m basalto.

basané, e a curtido, a, atezado, a.

bas-côté [bakote] m **1.** (d'une église) nave f lateral. **2.** (d'une route) arcén m.

bascul/e f báscula. **-er** i (culbuter) voltear.

bas/e f **1.** base. **2.** à ~ de, a base de; de ~, básico, a. **3.** INFORM ~ de données, base de datos. **-er** t basar.

bas-fond m **1.** hondonada f. **2.** (mer) bajo. ■ pl FIG bajos fondos.

basilique f basílica.

basket(-ball) [basket(bol)] m baloncesto.

baskets [basket] m pl zapatillas f de deporte.

basque a/s vasco, a, vascongado, a. ■ m (langue) vascuence.

bas-relief [baʀəljɛf] m bajorrelieve.

basse f MUS bajo m.

basse-cour f corral m.

bassesse f bajeza, vileza.

basset m perro pachón.

bassin m **1.** (dans un parc) estanque, alberca f. **2.** (port) dársena f. **3.** le ~ de l'Èbre, la cuenca del Ebro; ~ houiller, cuenca hullera. **4.** (anatomie) pelvis f.

bassine f lebrillo m.

basson m **1.** bajón, fagot. **2.** (musicien) bajonista.

bastingage m empalletado.

bas-ventre m bajo vientre.

bât m albarda f.

bataill/e f batalla. **-eur, euse** a/s batallador, a. **-on** m batallón.

bâtard, e a/s bastardo, a.

bateau m barco: ~ à voile, barco de vela. | **bateau-citerne**, buque cisterna. ■ a FAM sujet ~, tema trillado.

bâti m armazón f.

batifoler i retozar.

bâtiment m **1.** construcción f: les ouvriers du ~, los obreros de la construcción. **2.** edificio: un ~ moderne, un edificio moderno. **3.** (navire) buque.

bâtir t **1.** edificar, construir. | terrain à ~, solar. **2.** (couture) hilvanar, montar.

bâtisse f edificio m.

batiste f batista.

bâton m **1.** palo. | donner des coups de ~, dar palos; à bâtons rompus, sin orden; mettre des bâtons dans

les roues, poner estorbos. 2. (de ski) bastón. 3. ~ de commandement, bastón de mando. 4. ~ de rouge à lèvres, barra *f* de labios, lápiz de labios. **-net** *m* bastoncillo.

battage *m* 1. (*du grain*) trilla *f*. 2. (*publicité*) publicidad *f* a bombos y platillos.

battant, e *a* sous une pluie battante, bajo una lluvia diluviana. ■ *m* 1. hoja *f*: porte à deux battants, puerta de dos hojas. 2. (*de cloche*) badajo.

battement *m* 1. (*du cœur*) latido. | avoir des battements de cœur, tener palpitaciones. 2. ~ de paupières, parpadeo. 3. 10 minutes de ~, 10 minutos de intervalo.

batterie *f* batería.

batteur *m* 1. (*musicien*) batería. 2. (*appareil ménager*) batidora *f*.

batteuse *f* trilladora.

battre° *t* 1. pegar, golpear. 2. (*les œufs*) batir. 3. ~ les cartes, barajar los naipes. 4. ~ le tambour, tocar el tambor. 5. dérrotar, vencer; battir: notre équipe a battu l'équipe adverse, nuestro equipo ha derrotado al equipo contrario. 6. ~ la mesure, llevar el compás. ■ *i* 1. ~ des mains, palmotear, aplaudir. 2. (*cœur*) latir. □ *pr* 1. pelearse: ils se sont battus à coups de poing, se han peleado a puñetazos. 2. se ~ en duel, battirse en duelo. 3. (*lutter*) luchar. **-u, ue** *a* 1. terre battue, tierra batida. 2. yeux battus, ojos cansados.

baudet *m* borrico.

baume *m* bálsamo.

baux *pl de* bail.

bauxite *f* bauxita.

bavard, e *a/s* charlatán, ana, parlanchín, ina. **-age** *m* charla *f*. **-er** *i* charlar, parlotear.

bave *f* baba. **-er** *i* babear. **-ette** *f*. **-oir** *m* babero *m*.

Bavière *n p f* Baviera.

bavure *f* (*erreur*) desacierto *m*.

bazar *m* bazar | FAM quel ~!, ¡qué desorden!, ¡qué leonera! **-der** *t* FAM vender.

béant, e *a* abierto, a.

béat, e *a* plácido, a. **-itude** *f* beatitud.

Béatrice *n p f* Beatriz.

beau, bel, belle [bo, bɛl] *a* 1. hermoso, a: un ~ paysage, un hermoso paisaje; un bel arbre, un hermoso árbol. 2. (*une personne*) hermoso, a, guapo, a: une belle femme, una mujer guapa. 3. bello, a: la vie est belle, la vida es bella; le ~ sexe, el bello sexo. 4. bueno, buen, a: un ~ menteur, un buen embustero; quel temps! ¡qué tiempo más bueno!; un ~ jour, un buen día. 5. il a ~ faire, dire, por más que haga, diga. ■ *adv* bel et bien, completamente; de plus belle, a más y mejor. ■ *m* le temps est au ~, il fait ~, hace buen tiempo; c'est du ~!, ¡qué vergüenza! ■ *f* 1. jouer la belle, jugar un partido de desempate. 2. en faire de belles, hacer tonterías.

beaucoup [boku] *adv* 1. mucho: il a travaillé, ha trabajado mucho; de ~, con mucho. 2. ~ de, mucho, a, os, as: ~ de bruit, d'eau, d'enfants, mucho ruido, mucha agua, muchos niños. 3. ~ trop, demasiado.

beau-fils [bofis] *m* 1. yerno, hijo político. 2. (*fils de l'autre conjoint*) hijastro.

beau-frère *m* cuñado.

beau-père *m* 1. suegro, padre político. 2. (*second mari de la mère*) padrastro.

beauté f belleza: produits de ~, productos de belleza. | de toute ~, hermosísimo.

beaux-arts [bozar] m pl bellas artes f.

beaux-parents [bɔparã] m pl suegros.

bébé m bebé, nene, a.

bec m 1. pico. | coup de ~, picotazo. 2. - de gaz, farola f. 3. ~ Bunsen, mechero Bunsen.

bécane f FAM bici.

bécasse f chocha, bécada.

bêche f laya.

bêcher t cavar.

bécoter (se) pr besuquearse.

bêcheur, euse a FAM fantasmón, ona.

bedaine f FAM panza, barriga.

bédeau m pertiguero.

bedonnant, e a barrigón, ona.

bédouin, e a/s beduino, a.

bée a rester bouche ~, quedar boquiabierto, a.

beffroi m atalaya f.

bégayer [begeje] i tartamudear. ■ t ~ une excuse: balbucir una excusa. **-aiement** m tartamudeo.

bégonia m begonia f.

bègue a/s tartamudo, a.

beige² [bɛʒ] a/m beige.

beignet m buñuelo.

bel ⇒ **beau**.

bêler i balar. **-ement** m balido.

belette f comadreja.

belge a/s belga.

Belgique n p f Bélgica.

bélier m 1. morueco. 2. (machine) ariete. 3. ASTR le Bélier Aries.

belladone f belladona.

belle ⇒ **beau**.

belle-fille [bɛlfij] f 1. nuera, hija política. 2. (fille de l'autre conjoint) hijastra.

belle-mère [bɛlmɛr] f 1. suegra, madre política. 2. (seconde femme du père) madrastra.

belle-sœur [bɛlsœr] f cuñada, hermana política.

belligérant, e a/s beligerante.

belliqueux, euse a belicoso, a.

belvédère m mirador.

bémol m bemol.

bénédictin, e a/s benedictino, a. | (liqueur, marque déposée) benedictino m.

bénédiction f bendición.

bénéfice m beneficio. **-ier** a/s beneficiario. **-ier** i ~ d'une ristourne, beneficiar de un descuento.

bénévole a voluntario, a.

bénin, igne a benigno, a.

bénir t bendecir: le pape a béni les fidèles, el Papa bendijo a los fieles; Dieu soit béni!, ¡bendito sea Dios! | eau bénite, agua bendita. | pain ~, pan bendito. **-itier** m pila.

benjamin, e s el, la más joven, el benjamín.

benne f 1. vagoneta. 2. ~ basculante, volquete m.

Benoît n p m Benito.

benzine f bencina.

béquille f 1. muleta. 2. (de moto) soporte m.

berbère a/s bereber.

bercer° t mecer: ~ un enfant, mecer a un niño. **-eau** m cuna f. **-euse** f canción de cuna.

béret m boina f.

berge f ribera.

berger, ère s pastor, a. | (fauteuil) poltrona. **-erie** f redil m, aprisco m.

bergeronnette f aguzanieves.

Berlin n p Berlín.

berline f berlina.

berlingot m (bonbon) caramelo.

berlinois, e a/s berlinés, esa.

bermuda m bermudas f pl.

Bernard n p m Bernardo.

berne (en) loc a media asta.

berner t poner en ridículo a.

besace f alforjas pl.

besogne f trabajo m, tarea.

besoin m necesidad f. | **au ~**, en caso de necesidad; **avoir ~ de**, necesitar; **j'ai ~ de votre aide**, necesito su ayuda; **j'ai ~ de toi**, necesito de ti.

bestial, e a bestial.

bestiaux m pl ganado sing, reses f.

bestiole f bicho m, bichito m.

bétail [betaj] m ganado: **gros, menu ~**, ganado mayor, menor.

bête f 1. animal m, bestia: **~ de trait**, animal de tiro; **~ de somme**, bestia de carga; **~ féroce**, fiera, animal feroz. 2. (petite) bicho m. 3. (sot) **faire la ~**, hacer el tonto a 1. | tonto, a, bobo, a: **que tu es ~!**, ¡qué tonto eres!; **que c'est ~!**, ¡qué lástima! **-ise** f tontería, necedad.

béton m hormigón: **~ armé**, hormigón armado. **-neuse** f hormigonera.

betterave [betrav] f remolacha.

beugler i 1. mugir. 2. FAM berrear. **-ement** m mugido.

beurre m mantequilla f. **-er** t untar con mantequilla. **-ier** m mantequera f.

bévue f error m, desacierto m.

biais [bjɛ] m 1. **de ~, en ~**, oblicuamente, de bies.

bibelot [biblo] m bibelot.

biberon [bibrɔ̃] m biberón.

Bible f Biblia.

biblio/graphie f bibliografía. **-phile** s bibliófilo, a. **-thécaire** s bibliotecario, a. **-thèque** f biblioteca.

biblique a bíblico, a.

bicarbonate m bicarbonato.

biceps [biseps] m bíceps.

biche f cierva.

bicoque f FAM casita, casucha.

bicyclette f bicicleta: **à ~**, en bicicleta.

bidet m bidé, bidet.

bidon m 1. bidón: **~ d'essence**, bidón de gasolina. 2. (de soldat) cantimplora f.

bidonville m barrio de chabolas.

bidule m FAM chisme.

bielle f biela.

bien adv 1. bien: **tu as ~ fait de t'en aller**, hiciste bien marchándote; **est-ce que vous vous portez ~?**, ¿está usted bien de salud?; **très ~!**, ¡muy bien!; **tu aurais ~ pu me prévenir**, bien podías haberme avisado. | **nous voilà ~!**, ¡estamos apañados! 2. (très) muy: **~ content**, muy contento. 3. (beaucoup) mucho: **~ mieux**, mucho mejor; **~ des fois**, muchas veces. 4. ya: **nous verrons ~**, ya veremos. 5. **~ que**, aunque. 6. **eh ~!**, ¡bueno!; **eh ~, peut-être**, pues, quizá. ■ m 1. bien: **biens meubles et immeubles**, bienes muebles e inmuebles. 2. **dire du ~ de**, hablar bien de.

bien-aimé, e a amado, a.

bien-être [bjɛnɛtr] m bienestar.

bienfais/ant [bjɛfɛzɑ̃, ɑ̃t] a benéfico, a. **-ance** f beneficencia.

bienfait m beneficio, favor. **-eur, -trice** s bienhechor, a.

bienheureux, euse a/s bienaventurado, a, beato, a.

biennal, e a/f bienal.

bienséance f decoro m, urbanidad.

bientôt adv pronto, dentro de poco: **je reviendrai ~**, volveré dentro de poco; **à ~!**, ¡hasta pronto!

bienveill/ant, e a benévolo, a. **-ance** f benevolencia.

bienvenu, e a/s bienvenido, a: **soyez le ~**, sea usted bienvenido. ■ f **souhaiter la bienvenue**, dar la bienvenida.

¹**bière** f cerveza: **~ blonde, brune**, cerveza rubia, negra; **~ à la pression**, cerveza de barril.

²**bière** f (cercueil) ataúd m.

biffer t borrar, tachar.

bifteck m bistec.

bifur/quer i bifurcarse: **la route bifurque**, la carretera se bifurca. **-cation** f bifurcación.

bigamie f bigamia.

bigarré, e a abigarrado, a.

bigorneau m bígaro.

bigot, e a/s santurrón, ona.

bigoudi m bigudí.

bijou m joya f, alhaja f. **-terie** f joyería. **-tier, ière** s joyero, a.

bikini m biquini, bikini.

bilan m balance. | **déposer son ~**, declararse en quiebra; **~ de santé**, chequeo.

bilatéral, e a bilateral.

bile f bilis. | FAM **se faire de la ~**, apurarse, inquietarse.

bilingue a bilingüe.

billard m 1. billar. 2. FAM **passer sur le ~**, pasar por quirófano.

bille f 1. (jeu d'enfants) canica. 2. (de billard) bola. 3. **roulement à billes**, rodamiento de bolas.

billet m 1. billete: **~ de banque, d'avion**, billete de banco, de avión. 2. **~ doux**, cartita f de amor. 3. **~ à ordre**, pagaré. **-erie** f 1. (de banque) cajero m automático. 2. (de gare) taquilla.

billion m billón.

billot m tajo.

bimbeloterie f comercio m de baratijas.

bimensuel, elle a bimensual.

bimoteur a/m bimotor.

bin/er t binar. **-ette** f 1. azadilla. 2. FAM (visage) cara.

biodégradable a biodegradable.

biograph/ie f biografía. **-ique** a biográfico, a.

biolog/ie f biología. **-ique** a biológico, a. **-iste** s biólogo, a.

bipède a/s bípedo, a.

biplace a de dos plazas.

bique f cabra.

biréacteur a/m birreactor.

¹**bis, e** [bi, biz] a bazo, a. | **pain ~**, pan moreno.

²**bis** [bis] adv bis: **8 ~, rue ...**, 8 bis, calle ... ■ interj ¡otra!, ¡otra!

bisaïeul, e [bizajœl] s bisabuelo, a.

bisannuel, elle a bienal, bisanual.

biscaïen, enne [biskajɛ̃, ɛn] a/s vizcaíno, a.

biscornu, e a 1. irregular. 2. (idée) extravagante, estrambótico, a.

biscotte f biscote m, tostada.

biscuit m 1. galleta f. 2. **~ de Savoie**, bizcocho. 3. (porcelaine) bizcocho, biscuit.

bise f 1. (vent) cierzo m. 2. FAM (baiser) besito m, beso m: **faire la ~**, dar un beso; **grosses bises**, muchos besos.

bismuth [bismyt] m bismuto.

bison m bisonte.

bisou m FAM besito.

bissextile a **année ~**, año bisiesto.

bistouri m bisturí.

bistre a/m bistre.

bistro(t) m FAM tasca f, taberna f.

bitume m asfalto.

bivouac m vivaque.

bizarre *a* raro, a, extraño, a. **-rie** *f* rareza, singularidad.

blackbouler *t* derrotar.

blafard, e *a* descolorido, a, pálido, a.

blague *f* **1.** ~ à tabac, petaca. **2.** (*mensonge*) bola, mentira: **raconter des blagues**, meter bolas. | **sans ~!**, ¡en serio! **3.** (*plaisanterie*) broma, chanza: **faire une ~ à quelqu'un**, gastar una broma a alguien.

blagu/er *i* bromear. **-eur, euse** *a/s* bromista.

blaireau *m* **1.** tejón. **2.** (*pour la barbe*) brocha *f* de afeitar.

blâm/er *t* reprobar, censurar. **-e** *m* reprobación *f*, censura *f*.

blanc, blanche [blã, ãʃ] *a/s* blanco, a. ■ *m* **1.** blanco. **2.** **saigner à ~**, desangrar. **3.** ~ de poulet, pechuga *f*. **4.** ~ d'œuf, clara *f* de huevo. **5.** (*linge*) lencería *f*: **exposition de ~**, exposición de lencería. ■ *f* MUS blanca.

blanchâtre *a* blanquecino, a.

blancheur *f* blancura.

blanch/ir *t* **1.** blanquear. **2.** ~ le linge, lavar la ropa. ■ *i* encanecer: **ses cheveux blanchissent**, sus cabellos encanecen. **-iment** *m* (*de l'argent*) blanqueo. **-issage** *m* lavado de ropa. **-isserie** *f* lavadero *m* de ropa. **-isseur, euse** *s* lavandero, a.

blanquette *f* ~ de veau, estofado *m* de ternera con salsa de yema.

blasé, e *a* hastiado, a de todo, de vuelta de todo.

blason *m* blasón.

blasph/ème *m* blasfemia *f*. **-émer°** *i* blasfemar.

blatte *f* cucaracha, blata.

blé *m* trigo.

bled [blɛd] *m* FAM (*village*) poblacho.

blêm/e *a* muy pálido, a. **-ir** *i* palidecer.

blessant, e *a* ofensivo, a, mortificante.

bless/er *t* herir: **la pierre l'a blessé au front**, la piedra le hirió en la frente; ~ l'amour-propre, herir el amor propio. ■ *pr* herirse, lesionarse: **il s'est blessé en tombant**, se hirió al caerse. **-é, ée** *a/s* herido, a: **mortellement ~**, herido de muerte. **-ure** *f* herida.

blet, ette *a* pasado, a.

bleu, e *a* azul: **yeux bleus**, ojos azules. ■ *m* **1.** azul. **2.** (*ecchymose*) moretón, cardenal. **3.** mono: ~ de mécanicien, mono de mecánico. **-âtre** *a* azulado, a. **-et** *m* aciano. **-ir** *t* azular. ■ *i* volverse azul.

blind/er *t* blindar. **-age** *m* blindaje.

bloc *m* **1.** bloque. **2.** (*de papiers*) taco, bloc. **3.** coalición *f*. | **faire ~**, formar una piña; **en ~**, en conjunto, en bloque. **4.** ~ opératoire, quirófano. **5.** à ~, a fondo.

blocage *m* **1.** bloqueo. **2.** (*des prix, salaires*) congelación *f*.

blockhaus [blɔkos] *m* blocao.

bloc-notes *m* bloc.

blocus [blɔkys] *m* bloqueo.

blond, e *a/s* rubio, a.

bloquer *t* **1.** bloquear. **2.** (*prix, salaires*) congelar. ■ **se ~**, agarrotarse.

blottir (se) *pr* acurrucarse, agazaparse.

blouse *f* **1.** (*d'infirmière, etc.*) bata. **2.** (*de travail*) guardapolvo *m*. **3.** (*chemisier*) blusa.

blouson *m* cazadora *f*.

blue-jean [bludʒin] *m* pantalón vaquero, tejano: **des blue-jeans**, pantalones vaqueros, tejanos.

bluet *m* aciano.

bluff [blœf] *m* bluff, farol. **-er** *i* farolear. **-eur, euse** *s* farolero, a.

boa *m* boa *f*.

bobard *m* FAM bulo.

bobine *f* **1.** carrete *m*: une ~ de fil, de film, un carrete de hilo, de película. **2.** (*électrique*) bobina.

bobo *m* FAM pupa *f*.

bocal *m* tarro.

bock *m* caña *f* pequeña.

bœuf [bœf, *pl* bø] *m* **1.** buey. **2.** (*viande*) vaca *f*.

boh/ème *a/s* bohemio, a. | vie de ~, vida bohemia. **-émien, enne** *a/s* bohemio, a, gitano, a.

boire° *t/i* **1.** beber: il ne boit que de l'eau, sólo bebe agua; j'ai trop bu, he bebido demasiado. | ~ un coup, echar un trago. **2.** brindar: buvons au succès de ..., brindemos por el éxito de ...; je bois à notre amitié, bebo por nuestra amistad. ■ *m* le ~ et le manger, el beber y el comer.

bois *m* **1.** (*forêt*) bosque. **2.** madera *f*: une table en ~ blanc, una mesa de madera blanca. **3.** (*de chauffage*) leña *f*: feu de ~, fuego de leña. **4.** ~ de lit, armazón *f* de cama. ■ *pl* MUS les ~, los instrumentos de viento. **-é, ée** *a* poblado, a de árboles. **-erie** *f* revestimiento *m* de madera.

boisson *f* bebida.

boîte *f* **1.** caja: ~ à outils, caja de herramientas. **2.** (*en fer blanc*) lata: conserves en ~, conservas en lata. **3.** (*généralement cylindrique*) bote *m*. **4.** ~ aux lettres, buzón *m*; ~ postale, apartado *m* de correos. **5.** ~ de vitesses, caja de cambios. **6.** ~ de nuit, discoteca, boite. **7.** (*entreprise*) une grosse ~, una empresa importante.

boit/er *i* cojear. **-eux, euse** *a/s* cojo, a.

boîtier *m* caja *f*.

bol *m* tazón. | FAM manquer de ~, tener mala pata; ras le bol, ⇒ ras.

boléro *m* bolero.

bolide *m* bólido.

Bolivie *n p f* Bolivia.

bolivien, enne *a/s* boliviano, a.

bombard/er *t* bombardear. **-ement** *m* bombardeo. **-ier** *m* bombardero.

bombe *f* **1.** bomba. **2.** FAM faire la ~, ir de juerga. **3.** (*atomiseur*) spray *m*.

bombé, e *a* abombado, a.

bomber *t* **1.** ~ la poitrine, sacar el pecho. **2.** (*peindre*) pintar con spray.

¹**bon, bonne** *a* **1.** bueno (buen *devant un masculin*), buena: ~ à manger, bueno de comer; ~ voyage!, ¡buen viaje!; c'est ~ à savoir, bueno es saberlo. **2.** ~ pour le service, apto para el servicio.

²**bon** *adv* **1.** sentir ~, oler bien; il fait ~ ici, se está bien aquí. **2.** tenir ~, aguantar, resistir. **3.** à quoi ~?, ¿para qué?; pour de ~, de veras. ■ *interj* ¡bueno!, ¡bien!

³**bon** *m* **1.** vale, bono. **1.** ~ du Trésor, bono del Tesoro; ~ pour cent euros, vale por cien euros. **2.** un ~ à rien, un inútil, un cero.

bonbon *m* caramelo.

bonbonne *f* bombona.

bonbonnière *f* bombonera.

bond *m* salto, brinco: faire un ~, pegar un salto.

bondé, e *a* abarrotado, a, atestado, a: un train ~, un tren atestado de gente.

bond/ir *i* **1.** saltar, brincar. **2.** ~ sur, arrojarse sobre. **3.** FIG faire ~, indignar. **-issant, e** *a* brincador, a.

bonheur m **1.** felicidad f, dicha f. **2.** (*chance*) suerte: **cela porte ~,** eso trae suerte. | **par ~,** por suerte; **au petit ~,** a lo que salga.

bonhomie f bondad.

bonhomme m **1.** hombre, tío. **2.** monigote, muñeco: **dessiner des bonshommes,** dibujar monigotes. **3. ~ de neige,** muñeco de nieve.

boniment m **1.** perorata f. **2.** mentira f, camelo.

bonjour m **1.** (*le matin*) buenos días. **2.** (*l'après-midi*) buenas tardes. | **dire ~,** saludar. ■ *interj* FAM ¡hola!

bonne a ⇒ **bon.** ■ f criada: **~ à tout faire,** criada para todo. | **~ d'enfants,** niñera.

bonnet m **1.** gorro: **~ de bain,** gorro de baño. **2. ~ de police,** gorra f de cuartel. **3.** FAM **gros ~,** pez gordo.

bonnet/erie [bɔnɛtʀi] f géneros m pl de punto. **-ier** m fabricante, vendedor de géneros de punto.

bonsoir m **1.** buenas noches f pl. **2.** (*avant la nuit*) buenas tardes f pl.

bonté f bondad.

bord m **1.** borde: **plein jusqu'au ~,** lleno hasta el borde; FIG **au ~ de la faillite,** al borde de la quiebra. **2.** orilla f: **au ~ de la mer,** a orillas del mar. **3.** (*de chapeau*) ala f. **4.** bordo: **monter à ~ d'un voilier,** subir a bordo de un velero. | **jeter par-dessus ~,** echar por la borda; FIG **être du même ~,** tener la misma opinión.

Bordeaux [bɔʀdo] n p Burdeos.

bord/eaux m vino de Burdeos. **-elais, e** a/s bordelés, esa.

bordel m FAM **1.** burdel. **2. quel ~!,** ¡menudo follón!

border t **1.** bordear: **route bordée d'arbres,** carretera bordeada de árboles. **2.** (*un vêtement*) ribetear. **3. ~ le lit,** remeter la ropa de cama.

bordereau m borderó, nota f.

bordure f **1.** borde: **en ~ de la route,** en el borde de la carretera. **2.** (*d'un trottoir*) bordillo m.

boréal, e a boreal.

borgne a **1.** tuerto, a. **2. hôtel ~,** hotel de mala fama.

borne f **1.** mojón m. **2. ~ kilométrique,** poste kilométrico. **3. dépasser les bornes,** pasarse de la raya. **4.** ELECTR borne m.

borné, e a **esprit ~,** espíritu corto, de pocos alcances.

borner t limitar. ■ **se ~ à,** limitarse a.

bosniaque a/s bosnio, a.

bosquet m bosquecillo.

bosse f **1.** giba, joroba. **2.** chichón m: **je me suis fait une ~ au front,** me he hecho un chichón en la frente. **3.** (*saillie*) abolladura.

bossel/er° t abollar. **-ure** f abolladura.

bosser i FAM currar.

bossu, e a/s jorobado, a.

bot a **pied ~,** pie zopo.

botan/ique a botánico, a. ■ f botánica. **-iste** s botánico, a.

¹botte f **1.** (*de paille*) haz m, gavilla. **2.** manojo m: **une ~ d'asperges,** un manojo de espárragos.

²bott/e f (*chaussure*) bota. **-illon** m botín. **-ine** f botina.

Bottin m guía f telefónica.

bouc m **1.** macho cabrío. **2. ~ émissaire,** chivo expiatorio. **3.** (*barbe*) perilla f.

boucan m FAM jaleo.

bouch/e f **1.** boca. | **faire la fine ~,** hacer remilgos; **une fine ~,** un gastrónomo. **2. ~ d'eau, de métro,**

boca de riego, de metro. **-ée** f bocado m.

¹**boucher** t 1. tapar. 2. (engorger) atascar. ■ se ~ le nez, les oreilles, taparse la nariz, los oídos.

²**bouch/er, ère** s carnicero, a. **-erie** f carnicería.

bouche-trou m tapagujeros, suplente.

bouchon m 1. tapón. 2. ~ de liège, corcho. 3. (d'une ligne de pêche) flotador. 4. (sur la route) atasco, retención f.

boucle f 1. hebilla. 2. ~ d'oreille, pendiente m, zarcillo m. 3. (cheveux) rizo m, bucle. 4. (courbe) curva.

boucler t 1. ~ une ceinture, abrochar un cinturón. 2. ~ les valises, cerrar las maletas. 3. FAM boucle-la!, ¡cállate!, ¡cierra el pico! ■ i ses cheveux bouclent, se le riza el pelo.

bouclier m escudo.

bouddh/isme m budismo. **-iste** a/s budista.

boud/er i estar enfurruñado, a. ■ t le voisin nous boude, el vecino nos pone mala cara. **-eur, euse** a/s mohíno, a.

boudin m 1. morcilla f. 2. ressort à ~, muelle en espiral.

boue f barro m, lodo m.

bouée f 1. boya. 2. ~ de sauvetage, salvavidas m. 3. (pour nager) flotador m.

boueux, euse a fangoso, a. ■ m (éboueur) basurero.

bouffant, e a pantalon ~, pantalón bombacho.

bouffe f FAM manduca.

bouffée f 1. bocanada. 2. ~ de chaleur, bochorno m.

bouffer i ahuecarse. ■ i/t FAM (manger) jalar, jamar.

bouffi, e a hinchado, a.

bouffon, onne a/m bufón, ona.

bougeoir [buʒwaʀ] m palmatoria f.

bouger° i moverse: ne bougez pas!, ¡no se mueva! ■ t mover.

bougie f bujía.

bougon, onne a/s gruñón, ona. **-ner** i refunfuñar.

bouillabaisse f sopa de pescado.

bouill/ir° i hervir: l'eau bout, el agua hierve; faire ~, hervir. **-ant, e** a 1. eau bouillante, agua hirviendo. 2. FIG ardiente. **-ie** f papilla. | réduire en ~, hacer papilla. **-oire** f hervidor m.

bouill/on m 1. caldo. 2. à gros bouillons, a borbotones. **-onnement** m borboteo. **-onner** i borbotear. **-ote** f bolsa de agua caliente.

boulang/er, ère s panadero, a. **-erie** f panadería.

boule f 1. bola. 2. jouer aux boules, jugar a las bochas. 3. FAM perdre la ~, perder la chaveta.

bouleau m abedul.

bouledogue m buldog.

boulet m ~ de canon, bala f.

boulette f 1. bolita. 2. (cuisine) albóndiga. 3. FAM faire une ~, meter la pata.

boulevard [bulvaʀ] m bulevar.

boulevers/er t trastornar. **-ant, e** a patético, a. **-ement** m trastorno.

boulon m perno.

boulot m FAM curre, curro. | au ~!, ¡a trabajar!

boum f FAM fiesta, guateque m.

bouquet m 1. ramillete, ramo: ~ de fleurs, ramo de flores. 2. ~ d'arbres, bosquecillo. 3. (vin) aroma, buqué.

bouquin m FAM libro. **-er** i leer. **-iste** s librero, a de viejo.

bourb/e f cieno m. **-eux, euse** a cenagoso, a. **-ier** m cenagal.

Bourbon n p m Borbón.

bourde f FAM pifia.

bourdon m (insecte) abejorro. **-ner** i zumbar: **mes oreilles bourdonnent**, me zumban los oídos. **-nement** m zumbido.

bourg [buʀ] m población f. **-ade** f aldea.

bourgeois, e [buʀʒwa, waz] a/s burgués, esa. **-ement** adv de manera burguesa. **-ie** f burguesía.

bourgeon [buʀʒɔ̃] m yema f, botón. **-ner** i brotar.

bourgmestre m alcalde.

Bourgogne n p f Borgoña.

bour/gogne m vino de Borgoña. **-guignon, onne** a/s borgoñón, ona.

bourlinguer i FAM correr mundo.

bourrade f golpe m, empujón m.

bourrasque f borrasca.

bourreau m verdugo.

bourré, e a être ~ **de**, estar repleto, a de, atiborrado, a de.

bourrelet m 1. burlete. 2. (de graisse) **des bourrelets**, michelines.

bourrelier m guarnicionero.

bourrer t 1. atestar, atiborrar. 2. (de nourriture) atracar, atiborrar.

bourri/que f borrica. **-cot** m borriquito.

bourru, e a brusco, a.

¹bourse f 1. (sac) bolsa. 2. (d'études) beca.

²Bourse f Bolsa.

boursier, ère s (étudiant) becario, a. ■ a (de la Bourse) bursátil.

boursoufler t hinchar.

bouscul/er t atropellar, empujar. ■ **se ~**, atropellarse. **-ade** f empujón m, atropello m.

bouse f boñiga.

bousiller t FAM cargarse, estropear.

boussole f brújula.

¹bout m 1. punta f, extremo: **au ~ de la table**, en el extremo de la mesa; **le ~ du nez, des doigts**, la punta de la nariz, de los dedos. | **à ~ portant**, a quemarropa; **au ~ du compte**, después de todo; **au ~ d'un an**, al cabo de un año; **d'un ~ à l'autre**, de cabo a rabo; **être à ~**, estar rendido, a; **venir à ~ de**, llevar a cabo. 2. fin, final: **jusqu'au ~**, hasta el fin; **le ~ de la rue**, el final de la calle. 3. (morceau) pedacito, trozo: **un ~ de pain**, un pedacito de pan. 4. FAM **mettre les bouts**, largarse.

²bout ⇒ **bouillir**.

boutade f ocurrencia, ex abrupto m.

bouteille f botella. | **mettre en ~**, embotellar.

boutique f tienda.

bouton m 1. botón: **il manque un ~ à ma veste**, falta un botón a mi chaqueta; **appuyer sur le ~**, pulsar el botón. | **boutons de manchette**, gemelos; **bouton-pression**, automático. 2. (de porte) pomo. 3. (sur la peau) grano. 4. (bourgeon) botón, yema f. 5. **bouton-d'or**, botón de oro.

boutonn/er t abotonar, abrochar. **-ière** f ojal m.

bouture f esqueje m.

bouvreuil m pardillo.

bovin, e a/m bovino, a, vacuno, a.

bowling [boliŋ] m 1. (jeu) bolos pl 2. (lieu) bolera f.

box m 1. compartimento. 2. garaje individual.

box/e f boxeo m. **-eur** m boxeador.

boyau [bwajo] m 1. tripa f. 2. (pneu) tubular.

boy/cotter [bɔjkɔte] t boicotear. **-cott, -cottage** m boicoteo.

bracelet m pulsera f. | **bracelet-montre**, reloj de pulsera.

braconnier m cazador furtivo.

brader t liquidar. **-ie** f mercado m de ropavejería.

braguette f bragueta.

braill/er i gritar, chillar. **-ard, e** a/s chillón, ona.

brai/re° i rebuznar. **-ment** m rebuzno.

braise f brasa: **sur la ~**, a la brasa.

brancard m camilla f. **-ier** m camillero.

branchage m ramaje.

branche f 1. rama. 2. (de lunette) varilla. 3. FIG (de l'industrie) ramo m.

branché, e a FAM en la onda, al día.

branch/er t conectar, empalmar: **~ un appareil électrique**, conectar un aparato eléctrico. **-ement** m empalme, conexión f.

branchies f pl branquias.

brandir t blandir.

branl/er t menear. ■ i tambalearse. **-ant, e** a tambaleante. **-e** m **mettre en ~**, poner en movimiento.

braquer t 1. (arme) apuntar. 2. **~ les yeux sur**, fijar la mirada en. 3. FAM (une banque) asaltar. ■ i **voiture qui braque bien**, coche que gira bien.

bras m 1. brazo: **elle entra au ~ de son mari**, entró del brazo de su marido; **ils allaient ~ dessus, ~ dessous**, iban cogidos del brazo; **à ~ ouverts**, con los brazos abiertos. | **à ~ raccourcis**, con violencia; **en ~ de chemise**, en mangas de camisa; FIG **un ~ de fer**, un pulso. 2. (d'un fauteuil) brazo.

brasier m hoguera f.

brassard m brazal.

brasse f braza.

brassée f brazada.

brasser t 1. (la pâte) amasar. 2. (la bière) fabricar. 3. (des affaires) manejar.

brasserie f cervecería.

brassière f camisita de bebé.

bravade f bravata.

brave a 1. (courageux) valiente. 2. bueno, a: **un ~ garçon**, un buen chico; **de braves gens**, buena gente.

braver t 1. **~ l'ennemi**, desafiar al enemigo. 2. **~ un danger**, arrostrar un peligro.

bravo! interj ¡bravo! ■ m aclamación f.

bravoure f valentía.

brebis f oveja.

brèche f brecha.

bredouille a **rentrer ~**, volver con las manos vacías.

bredouiller i farfullar, balbucir.

bref, brève a breve. ■ adv en una palabra.

breloque f dije m.

Brésil n p m Brasil.

brésilien, enne a/s brasileño, a.

Bretagne n p f Bretaña.

bretelle f 1. correa. 2. (d'autoroute) carretera de enlace. ■ pl (de pantalon, etc.) tirantes m: **les bretelles d'un soutien-gorge**, los tirantes de un sujetador.

breton, onne a/s bretón, ona.

breuvage m brebaje.

brève ⇒ **bref**.

brevet m 1. **~ d'invention**, patente f de invención. 2. diploma. 3. (professionnel) título. **-er°** t patentar.

bréviaire m breviario.

bribes f pl 1. migajas, retazos. 2. (restes) restos m.

bric-à-brac m baratillo.

bricolage m 1. bricolaje. 2. (réparation) remiendo.

bricol/e ƒ chapuza, chapuz *m.* **-er** i hacer bricolaje. **-eur** *a* mañoso.

bride ƒ brida. | **à ~ abattue,** a rienda suelta.

bridé *a* yeux bridés, ojos oblicuos.

bridge *m* **1. jouer au ~,** jugar al bridge. **2.** (*dent*) puente.

briève/té ƒ brevedad, concisión. **-ment** *adv* brevemente.

brigad/e ƒ brigada. **-ier** *m* cabo.

brigand *m* bandido. **-age** *m* bandidaje.

Brigitte *n p* ƒ Brígida.

brill/er i brillar. **-ant, e** *a* brillante. ■ *m* **1.** (*éclat*) brillo. **2.** (*diamant*) brillante.

brim/er *t* molestar, humillar. **-ade** ƒ **1.** (*scolaire*) novatada. **2.** vejación.

brin *m* **1. ~ d'herbe,** tallito de hierba. **2. ~ de paille,** brizna ƒ de paja. **3.** (*de corde*) hebra ƒ **4.** (*petit peu*) **un ~ de,** un poquito de.

brindille ƒ ramita.

brioche ƒ bollo *m.*

brique ƒ ladrillo *m.*

briquet *m* encendedor, mechero.

bris *m* rotura ƒ.

brise ƒ brisa, airecillo *m.*

brise-lames *m* rompeolas.

briser *t* **1.** romper: **~ un verre,** romper un vaso. **2.** quebrar: **ligne brisée,** línea quebrada. **3. ~ la résistance,** quebrantar la resistencia. **4.** (*fatiguer*) moler, rendir: **brisé de fatigue,** molido. ■ *pr* **sa voix se brise,** se le quiebra la voz.

bristol *m* cartulina ƒ.

britannique *a/s* británico, a.

broc [BRO] *m* jarro grande.

brocant/e ƒ (*marché*) mercadillo *m* de antigüedades. **-eur** *m* chamarilero.

broche ƒ **1.** asador *m.* | **poulet à la ~,** pollo asado. **2.** (*bijou*) broche *m,* alfiler *m.*

broché, e *a* **livre ~,** libro en rústica.

brochet *m* lucio.

brochette ƒ broqueta.

brochure ƒ (*petit livre*) folleto *m.*

brocoli *m* brécol.

brodequin *m* borceguí.

brod/er *t* bordar. **-erie** ƒ bordado *m.*

bronche ƒ bronquio *m.*

broncher i **1.** tropezar. **2. sans ~,** sin chistar.

bronchite ƒ bronquitis.

bronz/e *m* bronce. **-age** *m* bronceado. **-ant, e** *a* bronceador, a. **-er** *t* broncear. ■ *i/pr* **être bronzé,** estar moreno; **elle a bronzé cet été,** se ha puesto morena este verano; **se ~ au soleil,** broncearse al sol.

bross/e ƒ **1.** cepillo *m:* **~ à dents,** cepillo de dientes; **~ à habits,** cepillo para la ropa. **2.** (*pinceau*) brocha. **-er** *t* cepillar. ■ **se ~ les dents,** limpiarse los dientes.

brouette ƒ carretilla.

brouhaha [BRUAA] *m* batahola ƒ, ruido.

brouillard *m* niebla ƒ.

brouiller *t* **1.** (*mêler*) revolver, mezclar. | **œufs brouillés,** huevos revueltos. **2.** (*émission de radio*) interferir. **3. ~ les idées,** confundir las ideas. ■ *pr* **1. le ciel se brouille,** el cielo se está nublando. **2. ils se sont brouillés,** han reñido; **il s'est brouillé avec sa famille,** se ha enemistado con su familia.

brouillon *m* borrador. | **au ~,** en sucio.

broussaille ƒ maleza, broza. | **cheveux en ~,** pelo enmarañado.

brousse ƒ sabana arbolada.

brouter *t* pacer, ramonear. ■ *i* (*un mécanisme*) vibrar.

broyer° [bʀwaje] *t* **1.** moler, triturar. **2.** FIG ~ du noir, tener ideas negras.

bru *f* nuera.

Bruges *n p* Brujas.

bruin/e *f* llovizna, cernidillo *m*. **-er** *i* lloviznar.

bruissement *m* susurro.

bruit *m* **1.** ruido: faire du ~, hacer ruido. **2.** le ~ court que ..., corre el rumor de que ...; faux ~, bulo.

brûlant, e *a* muy caliente, ardiente, abrasador, a.

brûlé *m* sentir le ~, oler a quemado.

brûle-pourpoint (à) *loc adv* a quema ropa.

brûl/er *t* **1.** quemar. **2.** (*café*) tostar. **3.** ~ un feu rouge, saltarse un semáforo en rojo. ■ *i* **1.** arder: le bois brûle, la leña arde. **2.** quemarse: le rôti brûle!, ¡el asado se quema!; peau brûlée par le soleil, piel quemada del sol. **3.** ~ d'envie, arder en deseos. ■ *pr* je me suis brûlé la langue, me he quemado la lengua. **-ure** *f* **1.** quemadura. **2.** brûlures d'estomac, ardor *sing* de estómago.

brum/e *f* bruma. **-eux, euse** *a* brumoso, a.

brun, e *a* pardo, a: ours ~, oso pardo. ■ *a/s* moreno, a: il a les cheveux bruns, tiene el pelo moreno; c'est un ~, es un moreno.

brunir *t* tostar. ■ *i* ponerse moreno, a, broncearse: il a bruni pendant les vacances, se ha puesto moreno durante las vacaciones.

brusqu/e *a* brusco, a. **-er** *t* **1.** tratar con dureza a. **2.** ~ son départ, apresurar la salida. **-erie** *f* brusquedad.

brut, e [bʀyt] *a* poids ~, peso bruto; diamant ~, diamante en bruto. |

pétrole ~, petróleo crudo; champagne ~, champán seco.

brutal, e *a* brutal. **-ement** *adv* brutalmente. **-iser** *t* maltratar. **-ité** *f* brutalidad.

brute *f* une ~, un bruto.

Bruxelles [bʀysɛl] *n p* Bruselas.

bruy/ant, e [bʀɥijã, ãt] *a* ruidoso, a. **-amment** *adv* ruidosamente.

bruyère [bʀɥjɛʀ] *f* brezo *m*.

buanderie *f* lavadero *m*.

bu ⇒ **boire**.

bûche *f* **1.** leño *m*. **2.** FAM ramasser une ~, pegarse un batacazo.

¹bûcher *m* **1.** (*pour le bois*) leñera *f*. **2.** mourir sur le ~, morir en la hoguera.

²bûch/er *t/i* FAM empollar, trabajar afanosamente. **-eur, euse** *a/s* empollón, ona.

bûcheron *m* leñador.

bucolique *a/f* bucólico, a.

budg/et *m* presupuesto. **-étaire** *a* presupuestario, a.

buée *f* vaho *m*. | couvert de ~, empañado.

buffet [byfɛ] *m* **1.** (*meuble*) aparador. **2.** (*table garnie de mets*) bufé: ~ froid, bufé frío. **3.** le ~ de la gare, la fonda de la estación.

buffle *m* búfalo.

buis [bɥi] *m* boj.

buisson *m* matorral, zarzal. **-nier, ère** *a* faire l'école buissonnière, hacer novillos.

bulb/e *m* bulbo. **-eux, euse** *a* bulboso, a.

bulgare *a/s* búlgaro, a.

Bulgarie *n p f* Bulgaria.

bulldozer [byldozœʀ] *m* excavadora *f*, bulldózer.

bulle *f* **1.** (*d'air*) burbuja. **2.** ~ de savon, pompa de jabón. **3.** (*de bande dessinée*) bocadillo *m*.

bulletin [byltɛ̃] *m* **1.** boletín. **2.** ~ météorologique, de santé, parte meteorológico, facultativo. **3.** ~ de bagages, talón de equipaje. **4.** ~ de vote, papeleta *f* de voto; ~ blanc, papeleta en blanco. **5.** ~ de paie, de salaire, hoja *f* de paga.

buraliste *s* estanquero, a.

bureau *m* **1.** (*table*) escritorio, mesa *f* de despacho. **2.** (*pièce*) despacho. **3.** oficina *f*: les bureaux d'une agence, las oficinas de una agencia; ~ de poste, oficina de correos. **4.** (*spectacles*) ~ de location, contaduría *f*. **5.** ~ de tabac, estanco. **6.** (*d'une assemblée*) mesa *f*.

bureaucrat/e *m* burócrata. **-ie** [byʀɔkʀasi] *f* burocracia. **-ique** *a* burocrático, a.

burette *f* **1.** alcuza. **2.** (*d'église*) vinajera.

burin *m* buril.

burlesque *a* burlesco, a.

burnous [byʀnu(s)] *m* albornoz.

bus [bys] *m* FAM bus.

buse *f* (*oiseau*) cernícalo *m*.

busqué, e *a* nez ~, nariz corva.

buste *m* busto.

but [by, byt] *m* **1.** blanco; atteindre le ~, dar en el blanco. **2.** objeto, fin: dans le ~ de ..., con el fin de ... | aller droit au ~, ir al grano. **3.** (*sports*) meta *f*, portería *f*: les buts, la portería; (*point*) tanto: deux buts à zéro, dos a cero; (*football*) marquer un ~, meter un gol. **4.** de ~ en blanc, de golpe y porrazo.

butane *m* butano.

buté, e *a* terco, a.

buter *i* ~ contre, tropezar con. ■ se ~, obstinarse, emperrarse.

butin *m* botín.

butiner *i/t* libar.

butoir *m* tope. | date ~, fecha tope.

butte *f* **1.** loma, cerro *m*. **2.** être en ~ à, estar expuesto, a a.

buvable *a* bebible.

buvard *a/m* papier ~, papel secante.

buvette *f* cantina, aguaducho *m*.

buveur, euse *a/s* bebedor, a.

buvez, buvons ⇒ **boire**.

byzantin, e *a/s* bizantino, a.

C

c m c f: un ~, una c.

c' ⇒ **ce**.

ça pron dém eso, esto, (loin) aquello: **qu'est-ce que c'est que ~?** ¿qué es esto?; **prends ~**, toma eso. | **c'est ~**, eso es; **c'est comme ~**, así es; **alors, comme ~, tu t'en vas?** ¿de modo que te vas?; **comment ~ va?** ⇒ **aller**. **où ~?** ¿dónde?; **quand ~?** ¿cuándo? ⇒ **cela**.

ça adv ~ **et là**, aquí y allá.

cabane f choza, cabaña. | ~ **à lapins**, conejar m.

caban m (veste) chaquetón.

cabaret m cabaret, sala f de fiestas.

cabas m capacho.

cabestan m cabrestante.

cabillaud m bacalao fresco.

cabine f 1. (d'un bateau) camarote m. 2. (avion, ascenseur) cabina. | ~ **téléphonique**, cabina telefónica, locutorio m. 3. ~ **de bain**, caseta de baño. 4. ~ **d'essayage**, probador m.

cabinet m 1. ~ **de toilette**, cuarto de aseo. 2. **les cabinets**, el retrete. 3. ~ **de travail**, despacho. 4. (d'un médecin) consultorio, consulta f. 5. (d'un avocat) bufete. 6. (ministres) gabinete.

câble m cable. **-er** t cablegrafiar.

cabochard, e a/s FAM cabezón, ona. cabezota.

cabosser t abollar.

cabotage m cabotaje.

cabotin m farsante, histrión.

cabrer (se) pr 1. encabritarse. 2. (une personne) irritarse, rebelarse.

cabri m cabrito.

cabriole f voltereta, cabriola.

caca m FAM caca f.

cacahouète f [kakawɛt] cacahuete m.

cacao m cacao.

cacatoès m [kakatɔɛs] cacatúa f.

cachalot m cachalote.

cache-cache m escondite.

cache-col m bufanda f.

Cachemire n p m Cachemira f. **cachemire** m cachemir.

cache-nez [kaʃne] m bufanda f.

cacher t esconder, ocultar. ■ **se ~**, esconderse, ocultarse: **le soleil s'est caché**, el sol se ha ocultado.

cache-sexe m inv taparrabos.

cachet m 1. (marque) matasellos. 2. (médicament) sello.

cacheter° t ~ **une lettre**, cerrar una carta.

cachette f escondrijo m, escondite m. | **en ~**, a escondidas.

cachot m calabozo.

cachotterie f tapujo m.

cactus [kaktys] m cacto.

cadastre m catastro.

cadavre m cadáver.

Caddie m (nom déposé) carrito.

cadeau m regalo. | **faire ~ de**, regalar.

cadenas [kadna] m candado.

cadence f cadencia, compás m: **en ~**, a compás.

cadet, ette a menor: **ma sœur cadette**, mi hermana menor. ■ s 1.

hijo, hija menor. 2. il est mon ~ d'un an, es un año menor que yo.

Cadix n p Cádiz.

cadran m 1. esfera f. 2. ~ solaire, reloj de sol.

cadre m 1. (d'un tableau) marco. 2. (d'une bicyclette) cuadro. 3. FIG dans le ~ de, en el marco de. 4. les cadres d'une entreprise, los dirigentes de una empresa; ~ supérieur, ejecutivo, alto cargo.

cadrer i cuadrar.

caduc, uque [kadyk] a caduco, a.

cafard m 1. (insecte) cucaracha f. 2. FAM avoir le ~, tener murria. 3. FAM (dénonciateur) chivato; ~er t chivar-se.

café m en café: ~ noir, café solo; ~ au lait, crème, café con leche; la terras-se d'un ~, la terraza de un café; ~ière f cafetera. -éteria f cafetería.

cage f 1. jaula. 2. (d'escalier d'ascen-seur) hueco m, caja f.

cageot [kaʒo] m caja f.

cagneux, euse a patizambo, a.

cagnotte f banca, hucha.

cagoule f 1. (de pénitent) capirote m. 2. (de bandit) capucha. 3. (d'en-fant) verdugo m.

cahier [kaje] m cuaderno.

cahot [kao] m tumbo, traqueteo. -er i traquetear.

cahute f chabola, choza.

caille f codorniz.

cailler t cuajar: lait caillé, leche cuajada. -ot m coágulo, cuajarón.

caillou m guijarro, china f. -teux, -teuse a pedregoso. -tis m grava f.

caïman m caimán.

Caire (Le) n p m El Cairo.

caisse f 1. caja: ~ enregistreuse, caja registradora; ~ d'épargne, caja de ahorros. | passer à la ~, ir a cobrar. 2. grosse ~, bombo m. -ier, -ère s cajero, a.

caisson m 1. (de plongeur) campana f de buzo. 2. (plafond) artesón.

cajoler t mimar. -erie f mimo m, zalamería. -eur, -euse a/s zalame-ro, a.

cake [kek] m cake.

calandre f (d'automobile) calandria, rejilla del radiador.

calcaire a calcáreo, a. ■ m caliza f.

calciner t calcinar.

calcium [kalsjɔm] m calcio.

calcul [kalkyl] m cálculo.

calculer t calcular. | machine à ~, calculadora. -ateur, -trice a/s cal-culador, a. | calculatrice de poche, calculadora de bolsillo. -ette f calculadora de bolsillo.

cale f 1. (d'un navire) bodega. | ~ sèche, dique m seco. 2. (pour caler) calce m, cuña.

calé, e a 1. (personne) empollado, a. 2. difícil.

calebasse f calabaza.

caleçon m calzoncillos pl.

calembour m retruécano.

calendrier m calendario.

calepin m carnet, agenda.

caler t (mettre une cale) calzar. ■ i (moteur) calarse: le moteur a calé, el motor se ha calado.

calfater t MAR calafatear.

calfeutrer t tapar con burletes. ■ se ~, encerrarse.

calibre m 1. calibre. 2. (instrument) calibrador. -er t calibrar.

calice m cáliz.

calicot m calicó.

califourchon (à) loc adv a horcaja-das.

câlin, e *a/s* mimoso, a. **-er** *t* mimar. **-erie** *f* mimo *m*.

calligraphie *f* caligrafía.

calmant, e *a/m* calmante, sedante.

calmar *m* calamar.

calm/e *a* tranquilo, a. | **la mer est ~**, el mar está en calma. ■ *m* calma *f*: **perdre son ~**, perder la calma; **du ~!**, ¡tranquilo!, ¡calma! **-er** *t* calmar. ■ **se ~**, calmarse.

calomni/e *f* calumnia. **-er** *t* calumniar. **-eux, euse** *a* calumnioso, a.

calor/ie *f* caloría. **-ifique** *a* calorífico, a.

calotte *f* **1.** (*d'ecclésiastique*) solideo *m*. **2.** FAM (*gifle*) torta.

calqu/er *t* calcar. **-e** *m* calco.

calvaire *m* calvario.

calvin/isme *m* calvinismo. **-iste** *s* calvinista.

calvitie [kalvisi] *f* calvicie.

camarad/e *s* camarada, compañero, a. **-erie** *f* camaradería, compañerismo *m*.

Cambodge *n p m* Camboya *f*.

cambouis [kãbwi] *m* grasa *f* sucia.

cambrer *t* **~ les reins**, arquear el lomo.

cambriol/er *t* robar. **-age** *m* robo. **-eur, euse** *s* ladrón, ona.

came *f* **1.** (*mécanique*) leva. **2.** POP droga.

camée *m* camafeo.

caméléon *m* camaleón.

camélia *m* camelia *f*.

camelot [kamlo] *m* vendedor callejero.

camelote *f* **1.** baratija. | **ce briquet, c'est de la ~**, este encendedor es una baratija, una porquería. **2.** (*ouvrage mal fait*) chapucería.

caméra *f* cámara. **-man** *m* cámara.

Caméscope *m* (*nom déposé*) videocámara.

camion *m* camión. **-nette** *f* camioneta. **-neur** *m* camionero.

camisole *f* **~ de force**, camisa de fuerza.

camomille *f* manzanilla.

camoufl/er *t* **1.** disimular. **2.** MIL camuflar. **-age** *m* MIL camuflaje.

camp [kã] *m* campo. | FAM **ficher le ~**, largarse.

campagnard, e *a/s* campesino, a.

campagne *f* **1.** campo *m*: **il vit à la ~**, vive en el campo. **2.** (*militaire, électorale, etc.*) campaña.

campanile *m* campanil.

camp/er *i* acampar, hacer camping. **-ement** *m* campamento. **-eur, euse** *s* campista.

camphre [kãfʀ] *m* alcanfor.

camping *m* camping.

camping-car *m* caravana *f*.

campus [kãpys] *m* campus.

camus *a* **nez ~**, nariz chata.

Canada *n p m* Canadá.

canadien, enne *a/s* canadiense. ■ *f* (*veste*) chaqueta forrada de piel.

canaill/e *f* canalla *m*. **-erie** *f* canallada.

canal *m* canal: **des canaux**, canales.

canalis/er *t* canalizar. **-ation** *f* canalización.

canapé *m* **1.** sofá, canapé: **~-lit**, sofá cama. **2.** (*tranche de pain*) canapé.

canard *m* pato.

canari *m* canario.

canarien, enne *a/s* canario, a.

Canaries *n p f pl* Canarias.

cancan *m* chisme. **-er** *i* chismear. **-ier, ère** *a/s* chismoso, a.

canc/er [kãsɛʀ] *m* **1.** cáncer. **2.** ASTR **le Cancer**, Cáncer. **-éreux, euse** *a* canceroso, a. **-érigène** *a* cancerígeno, a.

candélabre *m* candelabro.

candeur *f* candor *m*.

candidat, e s candidato, a. **-ure** f candidatura.

candide a cándido, a.

cane f pata. **-ton** m ánador.

canette f (de bière) botellín m.

canevas [kanva] m cañamazo.

caniche m caniche.

canicule f canícula. **-aire** a canicular.

canif m navaja f, cortaplumas.

canin, e a canino. **canine** f colmillo m, canino m.

caniveau m arroyo.

cannabis [kanabis] m cannabis.

canne f 1. bastión m. 2. ~ à sucre, caña de azúcar. 3. ~ à pêche, caña de pescar. **cannée, ée** a chaise cannée, silla de rejilla.

cannelle f canela.

cannelure f acanaladura.

cannibale a/s caníbal. **-isme** m canibalismo.

canoë [kanoe] m 1. canoa f. 2. (sport) piragüismo. **-éiste** s piragüista.

¹canon m cañón. | coup de ~, cañonazo.

²canon m (règles, en musique) canon.

canoniser t canonizar.

canonnade f cañoneo.

canot [kano] m bote, lancha f: | ~ de sauvetage, bote salvavidas; ~ automobile, lancha motora. **-age** m remo. **-er** i pasearse en bote.

cantate f cantata.

cantatrice f cantatriz.

cantine f 1. cantina, refectorio m. 2. (malle) baúl m metálico.

cantique m cántico.

canton m cantón.

cantonade f parler à la ~, hablar al paño.

cantonn/er i acomodarse. □ se ~, limitarse. **-ement** m acantonamiento.

cantonnier m peón caminero.

canular [kanylar] m FAM broma f.

caoutchouc [kautʃu] m 1. caucho. 2. goma f: bottes, semelles en ~, botas, suelas de goma. **-é** ~ mousse, gomaespuma. **-outer** t encauchar.

cap [kap] m 1. (de terre) cabo. 2. (direction) rumbo: mettre le ~ sur, hacer rumbo a.

capable a capaz: capables de ..., capaces de ...

capacité f capacidad.

cape f capa. | rire sous ~, reír para sus adentros.

capillaire a/m capilar.

capitaine m capitán.

capital, e a capital. ■ m capital: il a investi tout son ~ dans cette entreprise, ha invertido todo su capital en esta empresa. ■ f 1. capital: Madrid est la ~ de l'Espagne, Madrid es la capital de España. 2. (lettre) mayúscula, versal.

capital/isme m capitalismo. **-iste** s capitalista.

capiton/ner t acolchar.

capitul/er i capitular. **-ation** f capitulación.

caporal m cabo.

capot [kapo] m capó, morro.

capote f 1. (manteau) capote m. 2. (de voiture) capota. 3. FAM (anglaise), condón m, goma.

capoter i volcar.

câpre f alcaparra.

caprice m capricho. **-ieux, euse** a caprichoso, a.

Capricorne m ASTR Capricornio:

capsule f 1. cápsula. 2. (d'une bouteille) chapa.

capt/er t captar. **-age** m captación f.

capti/f, ive a/s cautivo, a. **-vant, e** a cautivador, a. **-ver** t cautivar. **-vité** f cautividad, cautiverio m.

captur/e f captura. **-er** t capturar.

capuch/e f capucha. **-on** m 1. capucha f. 2. (d'un stylo) capuchón m.

capucine f capuchina.

caqueter i 1. (poule) cacarear. 2. FIG charlar.

¹**car** conj porque, pues: je prends mon parapluie ~ il pleut, tomo mi paraguas porque está lloviendo.

²**car** m autocar.

carabine f carabina.

caractère m 1. carácter, letra f: caractères typographiques, caracteres tipográficos; **en petits caractères**, en letra pequeña. 2. carácter, genio, índole f: il a bon, mauvais ~, tiene buen, mal genio. 3. FIG originalidad f, carácter.

caractéris/er t caracterizar. **-tique** a/f característico, a.

caraf/e f jarra. **-on** m jarrita f.

caraïbe a/s caribe.

carambol/er t chocar. ■ se ~, chocar: **plusieurs voitures se sont carambolées**, han chocado varios coches. **-age** m (de véhicules) serie f de colisiones.

caramel m 1. caramelo. 2. (bonbon) pastilla f de café, de chocolate con leche. 3. **crème ~**, flan m.

carapace f caparazón m.

carat m quilate.

caravan/e f caravana. **-ing** m caravaning.

caravelle f carabela.

carbon/e m 1. carbono. 2. papier ~, papel carbón. **-ique** a carbónico, a. **-iser** t carbonizar.

carbur/e m carburo. **-ant** m carburante. **-ateur** m carburador. **-er** i carburar.

carcasse f 1. osamenta, esqueleto m. 2. (d'une volaille) caparazón m. 3. (armature) armazón.

cardiaque a/s cardíaco, a.

cardigan m cárdigan.

cardinal, e a cardinal: points cardinaux, puntos cardinales. ■ m (prélat) cardenal.

cardio/logie f cardiología. **-logue** s cardiólogo, a.

cardio-vasculaire a cardiovascular.

carême m cuaresma f.

carence f MÉD carencia.

carène f MAR obra viva.

caréner° t MAR carenar.

caress/e f caricia. **-er** t acariciar. **-ant, e** a acariciador, a.

cargaison f cargamento m.

cargo m carguero, buque de carga.

caricatur/e f caricatura. **-er** t caricaturizar. **-iste** m caricaturista.

cari/e f caries. **-er** t cariar: dent cariée, diente cariado.

carillon m 1. (ensemble de cloches) carillón. 2. (sonnerie) campanilleo. **-ner** i 1. (cloches) repicar. 2. (à la porte) campanillear. **-neur** m campanero.

carlingue f (d'avion) carlinga.

carmélite f carmelita.

carmin m carmín.

carnage m matanza f.

carnassier, ère a/m carnicero, a.

carnaval m carnaval.

carnet [kaʀnɛ] m libreta f. | ~ de chèques, talonario de cheques; ~ de commandes, cartera f de pedidos.

carnivore a/m carnívoro, a.

carotte f zanahoria.

caroubier m algarrobo.

carpe f carpa.

carpette f alfombrilla.

carre f (de ski) canto m.

carré, e a/m cuadrado, a.

carreau m 1. (sol) baldosa f. | ~ **de faïence,** azulejo. 3. (vitre) cristal: **les carreaux d'une fenêtre,** los cristales de una ventana. 3. **chemise à carreaux,** camisa de cuadros. 4. (cartes) diamante.

carrefour m encrucijada f.

carrelage [karlaʒ] m embaldosado. **-eur** m solador.

carrelet [karlɛ] m platija.

carrément adv rotundamente, francamente.

carrière f 1. (de pierres) cantera. 2. (profession) carrera.

carriole f carricoche m.

carrosse m carroza f. **-erie** f carrocería.

carrure f anchura de espaldas.

cartable m cartera f, cartapacio.

carte f 1. tarjeta: ~ **de visite,** tarjeta de visita. ~ **bancaire, de crédit,** tarjeta bancaria, de crédito. | ~ **postale,** postal, tarjeta postal. 2. ~ **d'identité,** carnet m de identidad, documento m nacional de identidad. ~ **grise,** documentación de un automóvil. 3. (dans un restaurant) carta, minuta, lista: **à la** ~, a la carta. ~ **(géographique)** mapa m: **une** ~ **routière,** un mapa de carreteras. 5. (à jouer) naipe m, carta. | **un jeu de cartes,** una baraja. **donner** ~ **blanche à,** dar carta blanca a.

carter [karter] m 1. (auto) cárter. 2. (bicyclette) cubrecadena.

cartilage m cartílago.

carton m 1. cartón: **boîte en** ~, caja de cartón. 2. ~ **à dessin,** cartapacio (de dibujo). 3. ~ **jaune, rouge,** tarjeta amarilla, roja. **-ner** t encartonar.

cartouch/e f 1. cartucho m. 2. (stylo, briquet) recambio m. carga. **-ière** f 1. cartuchera. 2. (chasse) canana.

cas [ka] m 1. caso: **en** ~ **de besoin,** en caso de necesidad. **faire** ~ **de,** hacer caso de. | **au** ~ **où tu ne pourrais pas venir,** (en) caso de que no puedas venir, **en ce** ~, en ese caso; **en tout** ~, en todo caso; **le** ~ **échéant,** llegado el caso. 2. ~ **de conscience,** cargo de conciencia.

casanier, ère a/s casero, a.

cascade f cascada.

cascadeur, euse s 1. acróbata. 2. (cinéma) doble.

case f 1. (cabane) choza. 2. (d'un damier, papier quadrillé, etc.) casilla.

caser t colocar.

caserne f cuartel m.

casier m 1. casillero. 2. ~ **à bouteilles,** botellero. 2. ~ **judiciaire,** registro de antecedentes penales.

casino m casino.

casque m casco.

casquette f gorra.

cassant, e a 1. quebradizo, a. 2. fig tono tajante.

cassation f casación. | **Cour de** ~, Tribunal m Supremo.

casse f 1. rotura. | **payer la** ~, pagar lo roto. 2. (de voitures) desguace m.

casse-cou m atolondrado, temerario.

casse-croûte m inv refrigerio, tentempié, bocadillo.

casse-noisettes m cascanueces.

casse-pieds a/m pesado, a, pelmazo.

casser t 1. romper: **il a cassé un carreau,** ha roto un cristal. 2. (en fendant) cascar, quebrantar. | **voix cassée,** voz cascada. 3. fig ~ **la tête,**

cansar, fastidiar. ■ se ~, romperse: il s'est cassé un bras, se ha roto un brazo.

casserole f cazo m, cacerola.

casse-tête m rompecabezas.

cassette f 1. (de magnétophone) casete, cassette. | ~ **vidéo**, videocasete m, video m. 2. (coffret) cofrecito m, arqueta f.

cassis [kasis] m 1. (fruit) grosella f negra. 2. (liqueur) licor de casis. 3. (de route) baden.

cassoulet m especie de fabada f.

cassure f 1. rotura, fractura.

castagnettes f pl castañuelas.

caste f casta.

castillan, e a/s castellano, a.

Castille n p f Castilla.

castor m castor.

casuiste s casuista. **-ique** f casuística.

cataclysme m cataclismo.

catacombes f pl catacumbas.

catalan, e a/s catalán, ana.

Catalogne n p f Cataluña.

catalogue m catálogo. **-er** t catalogar.

cataly/se f catálisis. **-tique** a catalítico, a. | pot ~, catalizador.

catamaran m catamarán.

cataplasme m cataplasma f.

catapulte f catapulta.

cataracte f catarata.

catastrophe f catástrofe. | en ~, a la desesperada. **-ique** a catastrófico, a.

catch m catch. **-eur** m pugilista.

catéchisme m catecismo. **-iser** t catequizar.

catégorie f categoría.

catégorique a categórico, a. **-ment** adv categóricamente, rotundamente.

cathédrale f catedral.

Catherine n p f Catalina.

catholique a/s católico, a. **-cisme** m catolicismo.

cauchemar m pesadilla f.

cause f 1. causa, motivo m. | à ~ **de**, a causa de; **pour** ~ **de**, por causa de; **et pour** ~, y con razón. 2. **mettre en** ~, acusar.

¹**causer** t (provoquer) causar.

²**causer** f hablar, conversar. **-erie** f charla. **-ette** f charla. | **faire la** ~, estar de palique. **-eur, euse** a/s conversador, a.

cautériser t cauterizar.

caution f 1. fianza, caución: **liberté sous** ~, libertad bajo fianza. 2. garantía, aval. 3. **sujet à** ~, dudoso, sospechoso. 4. **se porter** ~, salir fiador, garantizar. **-nement** m fianza f. **-ner** t abonar, garantizar.

cavalcade f cabalgata.

cavalerie f caballería.

¹**cavalier** m 1. jinete. 2. (danse) pareja f. 3. (échecs) caballo.

²**cavalier, ère** a (désinvolte) desenvuelto, a, impertinente, libre. ■ f 1. (danse) pareja. 2. amazona. **-ièrement** adv con desenfado.

cave f 1. (à vin) bodega. 2. (sous-sol) cueva, sótano m. **-eau** m (sépulture) panteón, tumba f.

caverne f caverna. **-eux, euse** a cavernoso, a.

caviar m caviar.

cavité f cavidad.

²**ce, c'** pron dém 1. lo: ~ **que je dis**, lo que digo; ~ **qui est certain**, lo que es cierto. 2. (+ être, ne se traduit souvent pas) **c'est vrai**, es verdad. | **c'est moi**, soy yo; **c'est toi**, eres tú; ~ **sont eux**, son ellos; **c'est là qu'il s'est marié**, allí se casó; **c'est** ~ **qui va t'arriver**,

eso se te va a pasar a ti. **3.** ~ **disant,** diciendo esto; **sur** ~, en esto.

²**ce, cet, cette,** pl **ces** [sə, sɛt, se] *a dém (ce qui est ici)* este, esta, estos, estas; *(ce qui est là)* ese, esa, esos, esas; *(ce qui est très éloigné, dans l'espace ou dans le temps)* aquel, aquella, aquellos, aquellas: ~ **livre-ci,** este libro; **cet arbre-là,** ese, aquel árbol; **en** ~ **temps-là,** en aquel tiempo; **cette nuit-là,** aquella noche.

ceci *pron dém* esto: ~ **et cela,** esto y aquello.

Cécile *n p f* Cecilia.

cécité *f* ceguera, ceguedad.

céder° *t* **1.** ceder. **2.** *(un commerce, etc.)* traspasar. ■ *i* ceder: **la corde a cédé,** ha cedido la cuerda.

cédérom [sedeʀɔm] *m* CD ROM.

cédille *f* cedilla.

cèdre *m* cedro.

ceindre° *t* ceñir.

ceintur/e *f* **1.** cinturón *m*: ~ **de sauvetage,** cinturón salvavidas; ~ **de sécurité,** cinturón de seguridad; *(judo)* ~ **noire,** cinturón negro. **2.** *(en tissu, orthopédique)* faja. **3.** *(partie du corps)* cintura. **-on** *m* cinturón.

cela *pron dém* eso, esto, *(loin)* aquello: **prends** ~, toma eso; **c'est** ~, eso es; ~ **dit,** dicho esto. ⇒ **ça.**

célèbre *a* célebre, famoso, a.

célébr/er° *t* celebrar. **-ation** *f* celebración. **-ité** *f* **1.** celebridad. **2.** **une** ~, una celebridad, un famoso.

céleri *m* apio.

céleste *a* **1.** celeste. **2.** *(en religion)* celestial.

célibat *m* celibato. **-aire** *s* soltero, a.

celle ⇒ **celui.**

cellier *m* bodega *f.*

cellophane *f* celofán *m.*

cellul/e *f* **1.** *(de couvent, prison)* celda. **2.** *(biologie)* célula. **3.** *(ruche)* celdilla. **4.** ~ **photo-électrique,** célula fotoeléctrica. **-aire** *a* celular. | **téléphone** ~, teléfono celular.

cellulite *f* celulitis.

celluloïd [selylɔid] *m* celuloide.

cellulose *f* celulosa.

celui, celle, pl **ceux, celles** *pron dém (+ de, que, qui)* el, la, los, las: ~ **de mon oncle,** el de mi tío. **2.** *(+ dont, avec, pour, etc.)* aquel, aquella, aquellos, aquellas: **celle dont je parle,** aquella de quien hablo. **3. celui-ci, celle-ci, ceux-ci, celles-ci,** éste, ésta, éstos, éstas. **4. celui-là, celle-là, ceux-là, celles-là,** aquél, aquélla, aquéllos, aquéllas *(l'accent écrit les distingue des adjectifs).*

cendr/e *f* ceniza. | **mercredi des Cendres,** miércoles de Ceniza. **-ier** *m* cenicero.

cène *f* cena.

cénotaphe *m* cenotafio.

censé, e *a* il est ~ être dans son **bureau,** se supone que está en su despacho; **je ne suis pas** ~ **le savoir,** no tengo por qué saberlo.

censeur *m* **1.** censor. **2.** *(de lycée)* subdirector.

censur/e *f* censura. **-er** *t* censurar.

cent *a* **1.** ciento: ~ **deux,** ciento dos; **deux cents,** doscientos, as. **2.** *(devant un nom ou devant mille, million)* cien: ~ **pages,** cien páginas. | ~ **pour** ~, cien por cien. ■ *m* ciento. | **dix pour** ~, diez por ciento.

centaine *f* centenar *m,* centena: **par centaines,** a centenares. | **une** ~ **d'euros,** unos cien euros.

centenaire *a/s* centenario, a.

centième *a/s* centésimo, a.

centi/grade a/m centígrado- **-gramme** m centigramo- **-litre** m centilitro.

centime m céntimo.

centimètre m centímetro.

central, e a 1. central. 2. céntrico. **a:** quartiers centraux, barrios céntricos. ■ m ~ téléphonique, central telefónica. **f** centrale électrique, nucléaire, central eléctrica, nuclear. **centraliser** t centralizar. **-ation** f centralización.

centre m centro: au ~, en el centro; ~ commercial, centro comercial; le ~-ville, el casco urbano. **-er** t centrar.

centrifuge a/m centrífugo, a.

centuple a/m céntuplo, a.

cep [sep] m cepa f.

cèpe m seta f comestible, boleto.

cependant conj (toutefois) sin embargo. ■ adv entretanto, mientras tanto.

céramique f cerámica.

cerceau m aro.

cercle m círculo.

cercueil [sɛʁkœj] m ataúd, féretro.

céréale f cereal m.

cérébral, e a cerebral.

cérémonie f ceremonia, acto m. ■ pl cumplidos m: faire des cérémonies, hacer cumplidos. **-ial** m ceremonial. **-ieux, -ieuse** a ceremonioso, a.

cerf [sɛʁ] m ciervo.

cerfeuil m perifollo.

cerf-volant [sɛʁvɔlɑ̃] m (jouet) cometa f.

cerise f cereza. **-ier** m cerezo.

cerne m 1. (d'une tache) cerco. 2. (des yeux) ojera f. **-er** t 1. cercar. 2. avoir les yeux cernés, tener ojeras. estar ojeroso, a.

certain, e a 1. cierto, a, seguro, a: c'est ~, es cierto; je suis ~ de ce que je dis, estoy seguro de lo que digo. 2. (avant le nom, pas d'article en espagnol) d'un ~ âge, de cierta edad; jusqu'à un ~ point, hasta cierto punto. ■ pron certains disent, algunos dicen. **-ement** adv por supuesto. **certes** [sɛʁt] adv desde luego, por cierto.

certificat m certificado. **certifier** t asegurar, garantizar, certificar. **certitude** f certeza, certidumbre.

cerveau m cerebro. **cervelle** f 1. sesos m pl. | se brûler la ~, levantarse la tapa de los sesos; se devanarse los sesos, calentarse la cabeza. 2. ~ de mouton, sesos de cordero.

ces ⇒ **ce**.

césarienne f MED cesárea.

cessation f cesación, suspensión. **cesse** f sans ~, sin cesar, sin tregua. **cesser** i 1. cesar. 2. il ne cesse pas de se plaindre, no deja de quejarse. ■ t interrumpir, suspender: ~ le travail, interrumpir el trabajo.

cessez-le-feu m alto el fuego.

cession f cesión.

c'est-à-dire [sɛtadiʁ] loc conj es decir.

cet, cette ⇒ **ce**.

ceux ⇒ **celui**.

chacun, e pron indéf 1. cada uno, cada una: ~ de vous, cada uno de vosotros. 2. todos, cada cual: ~ le pense, todos lo piensan.

chagrin m pena f, pesar. **-er** t afligir, apenar.

chahut [ʃay] m 1. jaleo, follón. 2. alboroto: faire du ~, armar jaleo, armar follón. ■ t ~ un professeur, abuchear a un profesor.

chai m bodega f.

chaîne f 1. cadena | travail à la ~, trabajo en cadena. 2. ~ de montagnes, cordillera. 3. (de télévision) canal m, cadena. 4. ~ hi-fi, equipo m de alta fidelidad. -ette f cadenilla.

chair f carne | ~ à saucisse, carne picada; en ~ et en os, en carne y hueso; être bien en ~, estar metido, a en carnes; avoir la ~ de poule, tener carne de gallina.

chaire f 1. (d'église) púlpito m. 2. (d'un professeur) cátedra.

chaise f silla. | ~ longue, meridiana.

chaland m chalana f.

châle m mantón, chal.

chalet [ʃalɛ] m chalet.

chaleur f calor m; une ~ accablante, un calor agobiante.

chaleureux, euse t caluroso, a, efusivo, a.

chaloupe f chalupa, lancha.

chalumeau m (pour souder) soplete.

chalutier m trainera f.

chamailler (se) pr reñir.

chambarder t FAM alborotar, trastornar.

chambranle m marco, jambaje.

chambre f 1. cuarto m, habitación. ~ pour deux personnes, habitación doble. | ~ à coucher, dormitorio m. 2. cámara: ~ de commerce, des députés, cámara de comercio, de diputados. 3. ~ à air, cámara de aire; ~ froide, cámara frigorífica; ~ noire, cámara oscura. -ée f dormitorio m de tropas. -er t (vin) poner a la temperatura ambiente.

chameau m camello.

chamois m gamuza f. | peau de ~, gamuza.

champ [ʃã] m 1. campo: à travers champs, a campo traviesa. | ~ de course, hipódromo; ~ de foire, ferial. 2. ~ magnétique, visuel, campo magnético, visual. 3. à tout bout de ~, a cada instante; sur-le-champ, en el acto.

champagne m champaña, champán. | f J coñac m.

champêtre a campestre. | garde ~, guardia rural.

champignon m 1. hongo, seta f. 2. ~ de couche, de Paris, champiñón 3. FAM appuyer sur le ~, pisar el acelerador.

champion, onne s campeón, ona. -nat m campeonato.

chance f. suerte: avoir de la ~, tener suerte; bonne ~!, ¡suerte! 2. (probabilité) posibilidad: il y a peu de chances que ..., es poco probable que ...

chanceler° i vacilar. -ant, e a vacilante.

chancelier m canciller. -lerie f cancillería.

chanceux, euse a afortunado, a.

chandail [ʃãdaj] m jersey.

chandelle f vela, candela. | en voir trente-six chandelles, ver las estrellas. -ier m candelero.

change m 1. cambio: bureau de ~, oficina de cambio. 2. FIG donner le ~, dar el pego. 3. (pour bébé) pañal.

changeant, e [ʃãʒã, ãt] a mudable.

changer° t 1. cambiar: ~ des francs contre des euros, cambiar francos en euros. 2. ~ en, convertir en. ■ i 1. ~ de voiture, cambiar de coche; il a beaucoup changé, ha cambiado mucho. 2. (de train) ~ à Limoges, hacer trasbordo en Limoges. ■ se ~, cambiarse. -ement m 1. cambio. 2. (de train) trasbordo.

chanoine m canónigo.

chanson f canción. **-nier** m cuple-
tista.

chant m canto.

chantage m chantaje.

chanter i/t cantar. **-eur, -euse** s
cantante.

chantier m 1. (de construction) obra
f 2. depósito m 3. ~ **naval,** astillero.

chanvre m cáñamo.

chaos [kao] m caos. **-tique** a caótico, a.

chapeau m 1. sombrero. 2. FAM ~!,
¡muy bien!, ¡bravo!

chapelet [ʃaplɛ] m 1. rosario: **dire
son ~,** rezar el rosario. 2. (d'oignons,
etc.) ristra f.

chapelier m sombrero.

chapelle f capilla.

chapelure f [ʃaplyr] f pan m rallado.

chapiteau m 1. (de colonne) capitel.
2. (de cirque) carpa f, toldo.

chapitre m capítulo.

chapon m capón.

chaque a indéf cada.

char m 1. carro: ~ **d'assaut,** carro de
combate. 2. (de carnaval) carroza f.

charabia m galimatías, algarabía f.

charade f charada.

charbon m carbón: ~ **de bois,** car-
bón vegetal. | **être sur des charbons
ardents,** estar en ascuas. **-nier, ère**
a/m carbonero, a.

charcuterie f 1. (boutique) charcutería, salchichería. 2. (produits)
embutidos m pl. **-ier, -ière** s salchi-
chero, a.

chardon m cardo.

chardonneret m jilguero.

charge f 1. (poids, impôt) carga: ~
charges sociales, cargas sociales. 2.
(emploi, responsabilité) cargo m. |
être à la ~ de, estar a cargo de;
prendre en ~, hacerse cargo de. 3.

MIL carga. | **revenir à la ~,** volver a la
carga. 4. **témoin à ~,** testigo de
cargo. 5. caricatura.

chargé, e a cargado, a. ■ m ~ **d'affaires,** encargado de negocios; ~ **de
cours,** profesor adjunto.

charger t 1. cargar. 2. encargar: **il
m'a chargé de te remercier,** me ha
encargado que te dé las gracias. ■
se ~ de, encargarse de: **je m'en
charge,** me encargo de ello.
-ement m 1. cargamento. 2. (d'une
arme) carga f.

chariot m 1. carro. 2. (de supermarché) carrito.

charisme [karism] m carisma.

charité f caridad. **-able** a caritativo, a.

charlatan m charlatán. **-isme** m
charlatanismo.

Charles n p m Carlos.

charmant, e a encantador, a.

¹charme m (arbre) carpe.

²charme m encanto. **-er** t encantar.
-eur, euse a/s encantador, a.

charnel, elle a carnal.

charnière f bisagra.

charnu, e a carnoso, a.

charpente f armazón. **-ier** m carpintero.

charrette f carreta. **-ier** m carretero.

charrier t acarrear. ■ FAM **tu char-
ries!,** ¡desvarías!

charrue f arado m.

charter m (vol) [xarter] a/m (vuelo)
charter.

chart/euse f 1. cartuja. 2. (liqueur)
-euse m cartujo.

chasse f 1. caza: **aller à la ~,** ir de
caza. 2. **la ~ au tigre,** la caza del tigre.
| ~ **d'eau,** cisterna del inodoro. |
tirer la ~, tirar de la cadena.

châsse f relicario m.

chasse-neige m quitanieves.

chasser t 1. cazar. 2. (une personne) echar, expulsar. 3. FIG (une idée) ahuyentar. ■ i cazar. -eur m 1. cazador. 2. (groom) botones. 3. (avion) caza.

châssis [ʃasi] m 1. bastidor. 2. (auto) chasis. 3. (photo) chasis.

chaste a casto, a. -té f castidad.

chasuble f casulla.

chat, chatte s gato, a. | il n'y a pas un ~, no hay un alma. | avoir un ~ dans la gorge, tener carraspera.

châtaigne f castaña. -ier m castaño.

châtain a/m castaño, a.

château m 1. (fortifié) castillo. | ~ fort, castillo. FIG châteaux en Espagne, castillos en el aire. 2. palacio: le ~ de Versailles, el palacio de Versalles. 3. ~ d'eau, depósito de agua.

châtelain, e s castellano, a.

châtier t castigar. -ment m castigo.

chatoiement [ʃatwamɑ̃] m viso, cambiante, tornasol.

chaton m (jeune chat) gatito.

chatouiller t hacer cosquillas. -ement m cosquillas f pl, cosquilleo. -eux, euse a cosquilloso, a.

chatoyer i [ʃatwaje] hacer visos, -ant, e a tornasolado, a, cambiante.

chatte ⇒ chat.

châtrer t castrar.

chaud, e a 1. caliente: eau chaude, agua caliente. 2. climat ~, clima cálido. ■ m 1. calor: il fait ~, très ~, hace calor, mucho calor: j'ai ~, tengo calor. 2. un ~ et froid, un enfriamiento. ■ adv boire ~, beber caliente. -ement adv 1. s'habiller ~, abrigarse. 2. FIG calurosamente.

chaudière f caldera.

chaudron m caldero. -nier m calderero.

chauffage m calefacción f: le ~ central, la calefacción central.

chauffard m FAM mal conductor.

chauffe-bain m calentador.

chauffe-eau m calentador.

chauffer t calentar: ■ i calentarse: la soupe chauffe, se calienta la sopa. | faire ~ de l'eau, calentar agua. ■ se ~, calentarse.

chauffeur m conductor, chófer. | ~ de taxi, taxista.

chaume m 1. (paille) balago. 2. (champ) rastrojo. -ière f choza.

chaussée f 1. calzada. 2. ~ glissante, déformée, firme deslizante, en mal estado.

chausse-pied m calzador.

chausser t calzar: je chausse du 40, calzo un 40. ~ des espadrilles, calzado con alpargatas. -ette f calcetín m: une paire de chaussettes, un par de calcetines.

chausson m 1. zapatilla f. 2. (de bébé) peúco. 3. (pâtisserie) empanadilla f.

chaussure f 1. zapato m: une paire de chaussures, un par de zapatos. 2. (montante, de ski) bota. 3. (de sport) zapatilla. 4. l'industrie de la ~, la industria del calzado.

chauve a/s calvo, a.

chauve-souris f murciélago m.

chauvin, e a/s patriotero, a. -isme m chovinismo.

chaux [ʃo] f cal. | blanchir à la ~, encalar.

chavirer i (bateau) volcar.

check-up [(t)ʃekœp] m chequeo.

1a. ~ **de famille**, cabeza *f* de familia. 2. (*cuisinier*) chef. 3. **de son propre** ~, de por sí.

chef-d'œuvre [ʃedœvʀ] *m* obra *f* maestra

chef-lieu [ʃefljø] *m* 1. (*de département, province*) capital *f*. 2. ~ **de canton**, cabeza *f* de partido.

chemin *m* 1. camino. | ~ **faisant**, de paso. 2. ~ **de fer**, ferrocarril. 3. ~ **de croix**, vía crucis.

chemineau *m* vagabundo.

cheminée *f* chimenea.

cheminot *m* ferroviario.

chemise *f* 1. camisa. | ~ **de nuit**, (*pour documents*) carpeta. **-ette** *f* camiseta. **-ier** *m* 1. (*marchand*) camisero. 2. (*corsage*) blusa. | **un** ~ **en soie**, una blusa de seda.

chenal *m* canal.

chêne *m* 1. (*rouvre*) roble. 2. ~ **vert**, encina *f*. 3. ~ **chêne-liège**, alcornoque.

chenet *m* morillo.

chenil [ʃani(l)] *m* perrera *f*.

chenille *f* oruga.

cheptel *m* (*bétail*) ganado, cabaña *f*.

chèque *m* cheque, talón. | **faire un** ~, extender un cheque; ~ **barré, sans provision**, cheque cruzado, sin fondos. **-équier** *m* talonario de cheques.

cher, ère *a* 1. (*prix*) caro. 2. (*affection*) querido, a. ~ **ami**, querido amigo. ■ *adv* **coûter** ~, costar caro.

chércher *t* 1. buscar. 2. **aller** ~, ir a buscar, ir (a) por; **va** ~ **le pain!**, ¡ve a por pan!; **va** ~ **le médecin**, ve a buscar al médico. 3. ~ **à ...**, tratar de ... **-eur, -euse** *s* buscador de; **chercheur d'or**, buscador de oro. 2. (*scientifique*) investigador, a.

chère *f* 1. comida. | **il aime la bonne** ~, le gusta comer bien.

chéri, -ie *a* querido, a.

chérir *t* amar.

cherté *f* carestía.

chérubin *m* querubín.

chétif, ive *a* enclenque, débil.

cheval *m* 1. caballo: **monter à** ~, montar a caballo; **faire du** ~, practicar equitación. | **une deux chevaux**, un dos caballos, *ric* **être à** ~ **sur**, ser inflexible respecto a. 2. **chevaux de bois**, tiovivo sing.

cheval-vapeur *m* caballo de vapor.

chevalet *m* 1. (*de peintre*) caballete. 2. (*de violon*) puente.

chevalier *m* 1. caballero. 2. ~ **d'in-dustrie**, estafador.

chevaline *a* (*race*) caballar. 2. (*profil*) caballuno, a.

chevauchée *f* 1. (*promenade*) paseo a caballo. 2. cabalgada.

chevaucher *i* cabalgar. ■ **se** ~, superponerse.

chevelu, e *a* cabelludo, a.

chevelure *f* cabellera.

chevet *m* 1. cabecera *f*. | **au** ~ **du lit**, a la cabecera de la cama. 2. (*d'église se*) ábside.

cheveu *m* 1. cabello. 2. **les cheveux**, el pelo: **il a les cheveux noirs**, tiene el pelo negro. | **ce film m'a fait dresser les cheveux sur la tête**, esta película me ha puesto los pelos de punta; **couper les cheveux en quatre**, sutilizar.

cheville *f* 1. (*articulation du pied*) tobillo *m*. 2. (*en bois, plastique*) taco *m*.

chèvre *f* cabra

chevreau *m* 1. cabrito. 2. (*peau*) cabritilla *f*.

chèvrefeuille *m* madreselva *f*.

chevreuil m corzo.

chevron m 1. (de toit) cabrio. 2. tissu à chevrons, tejido de espiga.

chevroter vi hablar con voz tremula. **-ant, e** a voix chevrotante, voz trémula.

chevrotine f posta.

chewing-gum m chicle.

chez [ʃe] prép 1. (sans mouvement) ~ mon oncle, en casa de mi tío; ~ moi, en mi casa. 2. (avec mouvement) je vais ~ mon oncle, ~ toi, ~ le dentiste, voy a casa de mi tío, a tu casa, al dentista. 3. (parmi) entre: ~ les Grecs, entre los griegos. 4. en: c'est ~ lui une habitude, es una costumbre en él.

chic 1. m 1. elegancia f, buen gusto. 2. habilidad f. ■ a 1. elegante, chic: une robe ~, un vestido elegante. 2. ~ type, un tío simpático. ■ interj ~ alors!, ¡estupendo!, ¡qué bien!

chicane f 1. pleitos m pl. 2. (querelle) ~, buscar líos. 2. paso m en zigzag.

chicaner i tergiversar. **-eur, euse** a/s loso, a, pleitista.

chiche a mezquino, a. **-ment** adv mezquinamente.

chichi m FAM faire des chichis, hacer melindres.

chicorée f achicoria.

chien, enne s perro, a. | entre ~ et loup, al anochecer; un temps de ~, un tiempo de perros. ■ m 1. (d'une arme à feu) gatillo. 2. FAM avoir du ~, tener gancho.

chiendent m grama f.

chien-loup m perro lobo.

chienne ⇒ **chien**.

chier m vulg cagar. | faire ~,

chiffon m trapo. **-ner** t 1. arrugar, ajar. 2. FIG contrariar. **-nier, ère** s trapero, a.

chiffre m 1. cifra f. | en chiffres ronds, en números redondos. 2. (monnaie) suma f, importe total. 3. ~ d'affaires, volumen m de negocios. **-er** t 1. (numéroter) numerar. 2. (message codé) cifrar. ■ message chiffré, mensaje en cifra, cifrado.

chignon m moño.

Chili n p m Chile.

chilien, enne a/s chileno, a.

chimère f quimera. **-érique** a quimérico, a.

chimie f química. **-ique** a químico, a. **-iothérapie** f quimioterapia. **-iste** s químico, a.

chimpanzé m chimpancé.

Chine n p f China.

chiner i (brocanter) chamarilear.

chinois, e a/s chino, a. **-erie** f sutilleza, complicación.

chiot [ʃjo] m cachorro.

chiper t FAM birlar, hurtar.

chips [ʃps] m pl patatas fritas.

chiquenaude f capirotazo m.

chiromancie [kiRomãsi] f quiromancia.

chirurgie f cirugía. **-ical, e** a quirúrgico, a. **-ien** m cirujano. | ~ dentiste, dentista, odontólogo.

chlore [klɔR] m cloro. **-hydrique** a clorhídrico, a.

chiure f cagada.

chloroforme [klɔRɔfRm] m cloroformo. **-er** t clorofotimizar.

chlorophylle [klɔRɔfil] f clorofila.

chlorure [klɔRyR] m cloruro.

choc m 1. choque. 2. en état de ~, en estado de choque.

chocolat m chocolate: ~ au lait, chocolate con leche. | (confiserie) un ~, un bombón.

chœur [kœR] m coro. | en ~, en coro.

choir i caer.

choisir t 1. escoger, elegir. 2. ~ de,

choix [ʃwa] m 1. elección f. | au ~, à elegir. 2. opción f. | il n'y a pas le ~, no hay opción. 3. selección f.

choléra [kɔleʀa] m cólera.

cholestérol [kɔlɛsteʀɔl] m colesterol.

chômer i 1. (un chômeur) estar en paro (forzoso). 2. (ne pas travailler) descansar, holgar. | jour chômé, día inhábil. -age m paro, desempleo: le ~ des jeunes, el paro juvenil. | être en ~, estar en paro; réduire au ~, dejar en el paro. -eur, -euse s parado, a.

chope f jarra.

choquer t 1. ~ les verres, brindar. 2. (déplaire) chocar, sorprender. -ant, e a chocante.

choral, e [kɔʀal] a/m coral. ■ f choral [kɔʀal].

chorégraphie [kɔʀegʀafi] f coreografía.

choriste [kʀist] s corista.

chose f 1. cosa. | bien des choses à ..., recuerdos a ...; de deux choses l'une, una de dos; quelque ~, algo. 2. se sentir tout ~, sentirse mal a gusto.

chou m 1. col f. | choux de Bruxelles, coles de Bruselas. | FAM mon petit ~, querido mío. 2. ~ à la crème, pastelillo m, lionesa f.

chouchou, -te f chucho... ■ interj FAM

choucroute f chucrut.

chouette f lechuza. ■ interj FAM ¡estupendo!, ¡qué guay!

chou-fleur m coliflor f.

choyer [ʃwaje] t mimar.

chrétien, enne [kʀetjɛ̃, ɛn] a/s cristiano, a. -té f cristiandad.

Christ [kʀist] m le ~, Cristo.

christianisme [kʀistjanism] m cristianismo.

Christine [kʀistin] n p f Cristina.

Christophe [kʀistɔf] n p m Cristóbal.

chrome [kʀom] m cromo. -é, e a cromado, a.

chromosome [kʀɔmozom] m cromosoma.

chronique [kʀɔnik] a crónico, a. ■ f crónica. -eur m cronista.

chronologie [kʀɔnɔlɔʒi] f cronología. -ique a cronológico, a.

chrono/mètre [kʀɔnɔmɛtʀ] m cronómetro. -métrer t cronometrar. -métreur m cronometrador.

chrysanthème [kʀizɑ̃tɛm] m crisantemo.

chuchoter t cuchichear. -ement m cuchicheo, murmullo.

chut! [ʃyt] interj ¡chis!, ¡chitón! ■ m cuchicheo, murmullo.

chute f 1. caída. | faire une ~, caerse. 2. ~ d'eau, salto m de agua. | les chutes du Niagara, las cataratas del Niagara.

ci adv 1. ci-gît, aquí yace. | ci-après, a continuación, ci-contre, al lado, en la página de enfrente; ci-dessous, más abajo; ci-dessus, más arriba, ci-joint, adjunto, a; de-ci, de-là, par-ci, par-là, aquí y allí.

ci- 1. inclus ⇒ inclus. 3. celui-ci ⇒ celui.

cible f blanco m.

ciboire m copón.

ciboulette f cebolleta.

cicatrice f cicatriz: des cicatrices, cicatrices. -ser t cicatrizar. ■ pr la plaie s'est cicatrisée, la llaga se ha cicatrizado.

cidre m sidra f.

ciel m cielo: le royaume des cieux, el reino de los cielos; à ~ ouvert, a cielo abierto.

cierge m cirio.

cieux ⇒ **ciel.**

cigale f cigarra.

cigare m puro. **-ette** f cigarrillo m.

cigogne f cigüeña.

ciguë [sigy] f cicuta.

ci-joint ⇒ **ci.**

cil m pestaña.

cime f cima, cumbre.

ciment m cemento: ~ **armé**, cemento armado. **-er** t unir con cemento.

cimetière m cementerio.

ciné m cine. **-ma** parlant, cine sonoro. **-thèque** f cinemateca.

cinéaste s cineasta.

cinglé, e a/s FAM chiflado, a.

cingler t (frapper) azotar.

cinq [sɛ̃k] a/m cinco. | ~ **cents**, quinientos, as.

cinquantaine f cincuentena.

cinquante a/m cincuenta: ~ **deux**, cincuenta y dos. **-ième** a/s quincuagésimo.

cinquième a/s quinto, a: au ~ **étage**, en el quinto piso. **-ment** adv en quinto lugar.

cintre m 1. (architecture) cimbra f. 2. (pour vêtements) percha f. **-er** t (un vêtement) ajustar, entallar: veste cintrée, chaqueta entallada.

cirage m betún.

circoncision f circuncisión.

circonférence f circunferencia.

circonflexe a accent ~, acento circunflejo.

circonlocution f circunloquio m.

circonscrire t circunscribir. **-ption** f circunscripción.

circonspect, e [sirkɔ̃spe(kt), ekt] a circunspecto, a.

circonstance f circunstancia.

circuit m circuito.

circulaire a circular. ■ f (lettre) carta circular.

circuler i circular: circulez!, ¡circulen! / **-ation** f 1. circulación. 2. (des véhicules) tráfico m, circulación.

cire f cera. **-é, -e** impermeable. **-er** t 1. encerar. 2. ~ **ses chaussures,** sacar brillo a los zapatos. 3. toile cirée, hule m. **-eur** m (de chaussures) limpiabotas. **-euse** f (machine) enceradora.

cirque m circo.

cisaille f cizalla.

ciseau m (outil) cincel. ■ pl des ciseaux, une paire de ciseaux, tijeras f, unas tijeras.

ciseler t cincelar. **-eur** m cincelador. **-ure** f cinceladura.

citadelle f ciudadela.

citadin, e s ciudadano, a.

citation f (d'un auteur) cita.

cité f ciudad: ~ **universitaire,** ciudad universitaria.

citer t citar.

citerne f cisterna.

citoyen, enne s [sitwajɛ̃, ɛn] ciudadano, a.

citron m limón. **-nade** f limonada. **-nier** m limonero.

citrouille f calabaza.

civet m ~ **de lièvre,** guisado de liebre.

civière f camilla, parihuelas pl: transporter sur une ~, transportar en camilla.

civil, e a civil. ■ m paisano: s'habiller en ~, vestirse de paisano; dans le ~, en la vida civil. **-ement** adv se marier ~, casarse por lo civil. **-isé/er** t civilizar. **-ateur, trice** a/s civilizador, a. **-ation** f civilización.

civique a cívico. **-isme** m civismo.

claie f zarco m.

clair, e a claro, a. ■ m ~ **de lune,** claro de luna. | **tirer au** ~, sacar en claro; **le plus ~ de son temps,** la mayor parte de su tiempo. ■ adv **voir** ~, ver claro.

Claire n p f Clara.

claire-voie f enrejado m, rejilla.

clairière f claro m.

clair-obscur m claroscuro.

clairon m 1. clarín. 2. (militaire) corneta f.

clairsemé, e a ralo, a.

clairvoy/ant, e [klɛrvwajã, ãt] a clarividente. **-ance** f clarividencia.

clameur f clamor m.

clan m clan.

clandestin, e a clandestino, a. ■ a/s 1. (immigrant, etc.) ilegal. 2. **pas-sager** ~, polizón.

clapet m válvula f.

clapier m conejar, jaula f para conejos.

clapot/er i chapotear. **-ement, -is** m chapoteo.

claque f (gifle) torta.

claqu/er i 1. (fouet, langue) chascar, chasquear: **il fit** ~ **sa langue,** chascó la lengua. 2. **il claque des dents,** le castañetean los dientes. 3. (volet, porte) golpear. 4. FAM (mourir) palmarla. ■ t 1. (gifler) abofetear. 2. ~ **la porte,** dar un portazo. ■ pr 1. **se ~ un muscle,** distenderse un músculo. 2. FAM reventarse: **je suis cla-qué,** estoy reventado. **-ement** m 1. chasquido. 2. (dents) castañeteo. 3. (porte) portazo.

clarifier t clarificar, purificar.

clarinette f clarinete m.

clarté f claridad.

classe f 1. clase: **wagon de premiè-re** ~, vagón de primera clase; ~ **moyenne,** clase media. 2. (cours,

salle de classe) clase. | **aller en** ~, ir a la escuela. 3. (soldats) quinta.

class/er t clasificar. ■ **se** ~ **premier,** clasificarse primero. **-ement** m clasificación f. **-eur** m 1. (chemise) carpeta f. 2. (meuble) papelera f.

classifi/er t clasificar. **-cation** f clasificación.

classique a/m clásico, a.

Claude n p Claudio, a.

clause f cláusula.

claustrophobie f claustrofobia.

clavecin m clavicordio.

clavicule f clavícula.

clavier m teclado.

clef, clé [kle] f 1. llave: **fermer à** ~, cerrar con llave; ~ **anglaise,** llave inglesa. 2. MUS clave. ■ a **position** ~, posición clave.

clématite f clemátide.

clém/ence f clemencia. **-ent, e** a clemente.

cleptomane a/s cleptómano, a.

clerc [klɛr] m 1. clérigo. 2. (de notai-re) pasante.

clergé m clero.

clérical, e a clerical. **-isme** m clericalismo.

clic m INFORM clic.

cliché m 1. clisé, cliché. 2. (lieu com-mun) tópico, clisé.

client, e s cliente. **-èle** f clientela.

clign/er t ~ **les yeux,** pestañear. ■ i ~ **de l'œil,** guiñar el ojo. **-ement** m 1. ~ **d'yeux,** pestañeo. 2. (volon-taire) guiño.

clignotant m intermitente.

clignot/er i 1. pestañear, parpadear. 2. (lumière) parpadear. **-ement** m parpadeo.

climat m clima. **-ique** a climático, a.

climatiser t 1 climatizar. **-ation** f climatización. **-eur** m acondicionador de aire.

clin d'œil [klidœj] m guiño, pestañeo. | en un ~, en un abrir y cerrar de ojos.

clinique a clínico, a. ■ f clínica.

clinquant, e a brillante. ■ m oropel.

clip m clip.

clique f 1. pandilla. 2. (fanfare) banda.

cliquer i INFORM hacer clic.

cliqueter° i sonar entrechocándose. **-is** m tintineo.

clochard m vagabundo.

cloche f 1. campana. 2. FAM (sot) bobo, a. lelo, a.

cloche-pied (à) loc adv a la pata coja.

clocher m campanario.

clocher° 1. cojear. 2. il y a quelque chose qui cloche, hay algo que no funciona.

clochette f campanilla.

cloison f tabique m. **-ner** tabicar.

cloître m clausura.

clone m BIOL clon. **-age** m clonación. f i clonar.

clopin-clopant loc adv cojeando.

clopiner i cojear, renquear, renqueando.

cloporte m cochinilla.

cloque f ampolla, vejiga.

clore° t cerrar.

clos, e a cerrado, a. | à la nuit close, entrada la noche. ■ m cercado.

clôture f 1. cercado m, cerca. 2. (d'une séance) clausura, cierre m. **-er** t 1. cercar. 2. cerrar. | clôturer une session.

clou m 1. clavo. 2. ~ de girofle, clavo. 3. (furoncle) divieso. 4. le ~

du spectacle, lo más sobresaliente del espectáculo. 5. FAM un vieux ~, un cacharro. **-er** t clavar. | FIG ~ sur place, apabullar. **-ter** t clavetear. | passage clouté, paso de peatones.

clovisse f almeja.

clown [klun] m payaso.

club [klœb] m club.

coaguler t coagular. **-ation** f coagulación.

coaliser (se) pr coligarse. **-tion** f coalición.

coasser i croar. **-ement** m canto de la rana.

cobalt m cobalto.

cobaye [kɔbaj] m cobaya, conejillo de Indias.

cobra m cobra f.

coca f coca. **-ïne** f cocaína.

Coca-Cola (Coca-Cola, nom déposé) un ~, una Coca Cola.

cocagne f pays de ~, Jauja.

cocarde f escarapela.

cocasse a chusco, a.

coccinelle [kɔksinɛl] f mariquita.

coche m diligencia f.

cochenille [kɔʃnij] f cochinilla.

cocher m cochero.

cocher° t marcar (con una muesca).

cochère a porte ~, puerta cochera.

cochon m 1. cerdo. | ~ de lait, lechón. 2. ~ d'Inde, conejillo de Indias. **-nerie** f FAM porquería.

cocktail [kɔktɛl] m cóctel.

coco m 1. noix de ~, coco. 2. (bois-son) agua f de regaliz. 3. FAM indivi-duo.

cocon m capullo.

cocorico m quiquiriquí.

cocotier m cocotero.

cocotte f 1. (marmite) olla, cazuela. | ~ minute (marque déposée) olla a presión. 2. ~ en papier, pajarita.

cod/e m 1. código: ~ **de la route**, código de circulación; ~-**barres**, código de barras; ~ **postal**, código postal. 2. **phares** ~, luces f de cruce. **-ifier** t codificar.

coefficient m coeficiente.

coéquipier, ère s compañero, a de equipo.

cœur m 1. corazón | **avoir mal au** ~, tener náuseas; **cela soulève le** ~, esto da náuseas; **presser quelqu'un contre son** ~, estrechar a alguien contra el pecho. 2. FIG **parler à** ~ **ouvert**, hablar francamente; **de bon** ~, de buena gana; **aimer de tout son** ~, querer de todo corazón; **s'en donner à** ~ **joie**, disfrutar de lo lindo; **si le** ~ **vous en dit**, si se apetece; **en avoir le** ~ **net**, saber a qué atenerse; **apprendre par** ~, aprender de memoria. 3. **au** ~ **de l'hiver**, en pleno invierno. 4. (d'une salade, etc.) cogollo.

coexistence f coexistencia

coffre m 1. cofre, arca f. 2. (d'une voiture) maletero, portaequipajes. **coffre-fort** m caja f de caudales.

coffret m cofrecito, arqueta f.

cognac m coñac.

cognassier m membrillo.

cognée f hacha.

cogner t 1. golpear. 2. FAM (battre) pegar ■ i 1. ~ **à la porte**, llamar a la puerta. 2. (moteur) picar. ■ pr **je me suis cogné à la table**, me he dado un golpe con la mesa.

cohabiter i cohabitar

cohérent, e a coherente. **-sion** f cohesión

cohue [kɔy] f muchedumbre, gentío m.

coiffe f cofia, toca.

coiffer t peinar. ■ pr 1. **elle se coiffe seule**, se peina sola. 2. **se ~ d'une** casquette, ponerse una gorra | **coiffée d'une mantille**, tocada con mantilla.

coiffeur, euse s peluquero, a. ■ f (meuble) tocador m.

coiffure f 1. (chapeau) sombrero m. 2. (arrangement des cheveux) peinado m, tocado m. | **salon de** ~, peluquería f.

coin m 1. (saillant) esquina f | **le café du** ~, el café de la esquina. 2. (rentrant) rincón | **au** ~ **du feu**, al amor de la lumbre. 3. (endroit) lugar, rincón; **un** ~ **tranquille**, un lugar tranquilo. | **j'habite dans le** ~, vivo aquí cerca. 4. FAM **le petit** ~, el retrete. 5. (à fendre le bois) cuña f.

coinc/er t 1. (un mécanisme) sujetar. 2. ~ **un doigt**, pillar un dedo. 2. FAM ~ **un voleur**, coger, pillar a un ladrón. ■ pr **le mécanisme s'est coincé**, el mecanismo se ha agarrotado.

coïncid/er i [kɔɛ̃side] coincidir. **-ence** f coincidencia.

coing [kwɛ̃] m membrillo.

coke m coque.

col m 1. cuello: ~ **roulé**, cuello alto, cuello de cisne; **faux** ~, cuello postizo; ~ **du fémur**, cuello del fémur. 2. (en montagne) puerto, paso.

coléoptère m coleóptero.

colère f cólera, ira. | **être en** ~, estar furioso, a; **se mettre en** ~, ponerse furioso, a. **-eux, euse** a colérico, a, iracundo, a.

colibacillose f colibacilosis.

colibri m colibrí.

colifichet m perifollo.

colimaçon m caracol: **escalier en** ~, escalera de caracol.

colin m merluza f.

colique f cólico m.

colis [kɔli] m paquete: ~ postal, paquete postal; ~ piégé paquete bomba.

collabor/er i colaborar. -ateur, -trice s colaborador, a. -ation f colaboración.

collant, e a 1. pegajoso, a. | papier ~, papel engomado. 2. (ajusté) ceñido, a. 3. FAM (ennuyeux) pesado, a. ■ m 1. (bas) panty. 2. (de danse) leotardos pl.

collation f colación.

colle f 1. cola, pegamento m. 2. FAM poser une ~, poner una pega.

collect/if, ive a colectivo, a. -ivité f colectividad.

collection f colección. -ner t coleccionar. -neur, -euse s coleccionista.

coll/ège m colegio. -égien, enne s colegial.

collègue s colega.

coller t 1. pegar. 2. FAM ~ un candidat à l'examen, suspender a un candidato en el examen; je me suis fait ~, me han dado un cate. ■ i 1. pegarse, adherirse. 2. (vêtement) ceñirse. 3. FAM ça colle?, ¿vale?

collet m (nœud coulant) lazo. ■ a FIG ~ monté, estirado, a, tieso, a.

collier m collar.

colline f colina.

collision f colisión, choque m. | entrer en ~, chocar.

colloque m coloquio.

Colomb n p m Colón.

colombe f paloma.

Colombie n p f Colombia.

colombien, enne a/s colombiano, a.

colombier m palomar.

colon m colono.

côlon m colon.

colonel m coronel.

colonial, e a colonial. -isme m colonialismo. -iste a/s colonialista.

colon/ie f colonia. coloniser t colonizar. -ation f colonización.

colonne f columna. -ade f columnata.

color/er t colorear. -ant, e a/m colorante. -ation f coloración.

color/ier t iluminar. -age m iluminación.

coloris [kɔlɔri] m colorido.

colossal, e a colosal.

coloss/e m coloso. -al, e a colosal.

colporter t (des nouvelles) propagar. -eur m buhonero.

colza m colza f.

coma m coma: dans le ~, en coma.

combat m 1. combate. 2. ~ de coqs, riña f de gallos. -if, ive a combativo, a, luchador, a. combattre° i/t combatir. -ant, e a/m combatiente.

combien adv 1. cuánto: ~ vous dois-je?, ¿cuánto le debo? | c'est ~?, ¿cuánto es?; c'est ~ le kilo?, ¿a cuánto es el kilo?; ~ de, cuánto, a, os, as: ~ de frères as-tu?, ¿cuántos hermanos tienes?; ~ de fois?, ¿cuántas veces? 3. (+ adjectif) ~ il est timide, cuán tímido es, lo tímido que es. ■ m le ~ sommes-nous?, ¿a cuántos estamos?

combinaison f 1. combinación. 2. (pour le travail, ski) mono m.

combine f FAM truco m, tejemaneje m.

combiner t combinar.

comble m 1. colmo: pour ~ de malheur, para colmo de desgracias; c'est un ~!, ¡es el colmo! 2. desván. ■ loger sous les combles, vivir en el desván. | de fond en ~, de arriba

abajo, enteramente. ■ *a* **salle ~**, sala abarrotada, repleta de gente.

combler *t* colmar. | **je suis comblé**, estoy a la mar de contento, estoy en la gloria.

combust/ion *f* combustión. **-ible** *a/m* combustible.

coméd/ie *f* comedia. **-ien, enne** *s* cómico, a, comediante.

comestible *a/m* comestible.

comète *f* cometa *m*.

comique *a* cómico, a. ■ *m* actor cómico.

comité *m* comité. **~ d'entreprise**, comité de empresa.

commandant *m* comandante.

commande *f* **1.** pedido *m*, encargo *m*: **passer une ~**, hacer un pedido; **sur ~**, de encargo. **2.** mando *m*, órgano *m* de transmisión: **~ à distance**, mando a distancia.

commandement *m* **1.** mando. **2.** (*de Dieu, de l'Église*) mandamiento.

commander *t* **1.** mandar: **je te commande de sortir**, te mando que salgas. **2.** encargar, pedir: **j'ai commandé une pizza par téléphone**, he encargado una pizza por teléfono; **j'ai commandé un dessert**, he pedido un postre. **3.** (*un mécanisme*) accionar, hacer funcionar. **4. ~ à ses passions**, dominar sus pasiones. ■ *i* **ici, c'est moi qui commande**, aquí mando yo. ■ *pr* **se ~**, dominarse.

commandeur *m* comendador.

commandit/er *t* comanditar. **-aire** *m* comanditario.

commando *m* comando.

comme *adv/conj* **1.** como: **blanc ~ neige**, blanco como la nieve. | **~ ci, ~ ça**, así, así; **jolie ~ tout**, muy guapa; **c'est tout ~**, es lo mismo; **~ si**, como si (+ *subjonctif*): **~ s'il était ...**, como si fuera ... **2.** (*excla-*

matif) qué, cuán: **~ tu es pâle!**, ¡qué pálido estás! **3.** (*au moment où*) cuando: **je m'en allais ~ il arriva**, me marchaba cuando llegó. **4. ~ dessert**, de postre.

commémor/er *t* conmemorar. **-ation** *f* conmemoración.

commenc/er *t/i* empezar, comenzar: **le match commence à 4 heures**, el partido empieza a las 4. **-ement** *m* comienzo, principio: **au ~**, al principio.

comment *adv* cómo: **~ allez-vous?**, ¿cómo está usted?; **grand ~?**, ¿cómo de grande? | **et ~!**, ¡ya lo creo!; **mais ~ donc!**, ¡claro!

comment/er *t* comentar. **-aire** *m* comentario. **-ateur, trice** *s* comentarista.

commérage *m* comadreo, chisme.

commer/ce *m* comercio. | **faire du ~**, comerciar. **-çant, e** *a/s* comerciante. **-cial, e** *a* comercial.

commère *f* comadre.

commettre° *t* cometer.

commis *m* **1.** dependiente. **2. ~ voyageur**, viajante.

commisération *f* conmiseración.

commiss/aire *m* comisario: **~ de police**, comisario de policía. **-ariat** *m* comisaría *f*.

commission *f* **1.** encargo *m*, recado *m*: **voudriez-vous faire une ~ à votre père?**, ¿quiere usted darle un recado a su padre? **2. faire les commissions**, ir de compras. **3.** (*prime, réunion de personnes*) comisión. **-naire** *m* **1.** (*coursier*) recadero. **2.** COM comisionista.

commod/e *a* cómodo, a. ■ *f* (*meuble*) cómoda. **-ément** *adv* cómodamente. **-ité** *f* comodidad.

commotion *f* conmoción.

commun, e *a* común: **des caractè-res communs**, caracteres comunes; **avoir en ~**, tener en común.

communauté *f* comunidad.

commune *f* municipio *m*, ayunta-miento *m*.

communément *adv* comúnmente.

communiant, e *s* comulgante.

communicat/ion *f* comunicación. **-if, ive** *a* comunicativo, a.

communi/er *i* comulgar. **-on** *f* comunión.

communiqué *m* parte oficial, comunicado.

communiquer *t/i* comunicar.

commun/isme *m* comunismo. **-iste** *a/s* comunista.

commutateur *m* conmutador.

compact, e [kɔ̃pakt] *a* compacto, a.

compagne *f* compañera.

compagnie *f* **1.** compañía. | **fausser ~ à**, dejar plantado a; **tenir ~ à**, hacer compañía a. **2.** (*d'oiseaux*) bandada.

compagnon *m* compañero.

comparable *a* comparable.

comparaison *f* comparación: **en ~ de**, en comparación con.

comparaître° *i* comparecer.

compar/er *t* comparar. **-atif, ive** *a/m* comparativo, a.

compartiment *m* compartimien-to.

comparution *f* comparecencia.

compas [kɔ̃pa] *m* **1.** compás. **2.** (*boussole*) brújula *f*.

compassion *f* compasión.

compatible *a* compatible.

compat/ir *i* **~ à**, compadecerse de. **-issant, e** *a* compasivo, a.

compatriote *s* compatriota.

compens/er *t* compensar. **-ation** *f* compensación.

compère *m* compadre, compinche.

compét/ent, e *a* competente. **-ence** *f* competencia.

compétit/ion *f* competición. | **être en ~**, competir. **-if, ive** *a* competi-tivo, a.

compil/er *t* compilar. **-ation** *f* compilación.

complainte *f* endecha.

complais/ance *f* amabilidad: **auriez-vous la ~ de ...**, tendría usted la amabilidad de ... **-ant, e** *a* com-placiente.

complément *m* complemento. **-aire** *a* complementario, a.

compl/et, ète *a* completo, a. | **au (grand) ~**, sin que falte nadie. ■ *m* (*costume*) traje, terno. **-ètement** *adv* completamente.

compléter° *t* completar.

complex/e *a* complejo, a. ■ *m* com-plejo. **-é, ée** *a* acomplejado, a. **-ité** *f* complejidad.

complication *f* complicación.

complic/e *a/s* cómplice. **-ité** *f* com-plicidad.

compliment *m* enhorabuena *f*, cumplidos *pl*, parabién: **faire des compliments à quelqu'un**, hacer cumplidos a alguien. ■ *pl* (*politesse°*) saludos. | **vous présenterez mes compliments à ...**, salude de mi parte a ..., saludos a ... **-er** *t* felici-tar, cumplimentar.

compliqu/er *t* complicar. **-é, ée** *a* complicado, a.

complot [kɔ̃plo] *m* complot. **-er** *t* tramar, maquinar. ■ *i* conspirar.

componction *f* gravedad.

comportement *m* comportamien-to.

comporter *t* incluir, comportar. ■ *pr* comportarse, portarse: **il s'est bien comporté avec moi**, se ha por-tado bien conmigo.

composer *t* **1.** componer. **2.** ~ **un numéro de téléphone**, marcar un número de teléfono. ■ **se** ~ **de**, componerse de. **-ant, -e** *a/m/f* componente *de*. **-é, -ée** *a/m* compuesto, a. **-iteur, trice** *s* (*musicien*) compositor, a. **-ition** *f* composición.

composter *t* (*un billet*) picar.

compote *f* compota. **-ier** *m* compotera *f*.

compréhension *f* comprensión. **-ible** *a* comprensible. **-if, ive** *a* comprensivo, a.

comprendre *t* **1.** comprender, incluir: **service compris**, servicio incluido | **y compris**, incluso, inclusive. **2.** comprender, entender: **je ne comprends pas ce que tu dis**, no entiendo lo que dices. | **j'ai compris!**, ¡ya caigo!, ¡ya entiendo!; **je comprends!**, ¡ya caigo!; **ça se comprend**, es comprensible.

compresse *f* compresa.

compression *f* compresión.

comprimer *t* comprimir. **-é, ée** *a* comprimido, a. ■ *m* (*médicament*) comprimido.

compris ⇒ **comprendre**.

compromettre¹ *t* comprometer. **-ant, e** *a* comprometedor, a.

compromis *m* convenio, avenencia *f*.

comptabi/lité [kɔ̃tabilite] *f* contabilidad. **-ble** *m* contable, tenedor de libros. | **expert-comptable**, perito mercantil.

comptant [kɔ̃tɑ̃] *a* **argent** ~, dinero contante. ■ *adv* **payer** ~, pagar al contado.

compte [kɔ̃t] *m* **1.** cuenta *f*: ~ **en banque, courant**, cuenta bancaria, corriente. | **en fin de** ~, en resumidas cuentas; **tout** ~ **fait**, bien mirado a...

compte-gouttes [kɔ̃tgut] *m* cuentagotas.

compter [kɔ̃te] *t/i* **1.** contar: ~ **sur ses doigts**, contar con los dedos. | **à ... de**, a partir de; **ça ne compte pas!**, ¡no vale! **2.** pensar: **je pense partir demain**, pienso marcharme mañana. **3.** ~ **sur**, contar con: **je compte sur toi**, cuento contigo.

compte-tours [kɔ̃ttur] *m* cuentarrevoluciones.

compteur [kɔ̃tœr] *m* **1.** contador. **2.** (*kilométrique*) cuentakilómetros.

comptoir [kɔ̃twar] *m* **1.** (*d'un magasin*) mostrador. **2.** (*d'un café*) barra *f*: **prendre une bière au** ~, tomar una cerveza en la barra. **3.** ~ **d'escompte**, banco de descuento.

compulser *t* compulsar.

comté *m* condado. **-esse** *f* condesa.

con, conne *a vulg* tonto, a, idiota. ■ *s* gilipollas.

concasser *t* triturar, machacar.

concave *a* cóncavo, a.

concéder¹ *t* conceder.

concentr/er *t* concentrar. **-ation** *f* concentración. **-é** *a* concentrado, a.

concept [kɔ̃sɛpt] *m* concepto. **-ique** *a* concéntrico, a.

conception *f* concepción.

concerner *t* concernir: **ça ne me concerne pas**, esto no me concierne. | **en ce qui concerne ...**, en lo que concierne a ...; en lo que se refiere a .... | **en ce qui me concerne**, en lo que a mí ... a ...

concert *m* concierto.

concerter (se) *pr* concertarse.

concerto *m* concierto.

concession *f* concesión. **-naire** *a/s* concesionario.

concevoir *t* concebir. | bien conçu, bien concebido. **-able** *a* concebible.

concierge *s* 1. portero, a. 2. (*d'un édifice public*) conserje.

concile *m* concilio.

conciliabule *m* conciliábulo.

concilier *t* conciliar. **-ant, e** *a* conciliador, a. **-ation** *f* conciliación.

concis, e *a* conciso, a. **-ion** *f* concisión.

conciticoyen, enne *s* conciudadano, a.

conclure/re' *t* 1. concluir, terminar. 2. ~ un marché, cerrar un trato. 3. j'en conclus ..., de lo que deduzco ... **-ant, e** *a* concluyente. **-sion** *f* conclusión: en ~, en conclusión.

concombre *m* pepino.

concordance *f* concordancia. **-ant, e** *a* concordante.

concordat *m* concordato.

concorde *f* concordia.

concourir' 1. (*pour un prix*) competir. 2. ~ au succès, concurrir al éxito.

concours *m* 1. concurso. 2. ~ de circonstances, concurso de circunstancias.

concret/ète *a* concreto, a. **-ter** *t* concretar, hacer concreto, a. **-ment** *adv* concretamente. **-étiser** *t* concretar, hacer concreto, a.

conçu ⇒ **concevoir**.

concubin, e *s* concubino, a. **-age** *m* concubinato.

concurrence *f* competencia: se faire ~, hacerse la competencia. **-er** *t* hacer la competencia a.

concurrent, e *a/s* competidor, a. **-iel, elle** *a* competitivo, a.

condamner' [kɔ̃dane] *t* 1. ~ un coupable, une porte, condenar a un reo, una puerta. 2. ~ un malade, deshauciar a un enfermo. **-ation** *f* condena. **-é, ée** *s* condenado, a.

condenser/ *t* condensar: lait condensé, leche condensada. **-ateur** *m* condensador. **-ation** *f* condensación.

condescendre/re *t* condescender. **-ance** *f* condescendencia. **-ant, e** *a* condescendiente.

condiment *m* condimento.

condisciple *m* condiscípulo.

condition *f* condición: conditions de paiement, condiciones de pago. | à ~ de, con la condición de; à ~ que, con tal que, siempre que. **-nel, elle** *a* condicional. ■ *m* (*mode*) potencial, condicional. **-ner** *t* 1. (*un produit*) envasar. 2. acondicionar: air conditionné, aire acondicionado. **-ement** *m* envase.

condoléances *f pl* pésame *m sing*: présenter ses ~, dar el pésame.

condor *m* cóndor.

conducteur, trice *a/s* conductor, a.

conduire' *t/i* conducir: ce chauffeur de taxi conduit bien, este taxista conduce bien. ■ *t* (*mener*) conducir, llevar: conduisez-moi à la gare, lléveme a la estación ■ se ~, portarse: il s'est bien conduit avec elle, se ha portado bien con ella. **-te** *f* 1. (*d'un véhicule*) conducta. 2. (*d'une affaire*) dirección. 3. (*canalisation*) conducción, cañería. conducto *m*. 4. (*comportement*)

conducta: **bonne ~**, buena conduc-ta.

cône m cono.

confection f 1. confección. 2. cos-tume de ~, traje de confección; s'habiller en ~, vestirse con ropa de confección. **-ner** t confeccionar.

confédération f confederación. **-é, e** a/s confederado, a.

conférence f 1. conferencia. 2. ~ de presse, rueda de prensa. **-ier, ère** s conferenciante.

conférer t (donner) conferir. ■ i (s'entretenir) conversar.

confesser t confesar. ■ se ~, con-fesarse. **-eur** m confesor. **-ion** f confesión. **-ionnal** m confesiona-rio.

confetti m pl confeti.

confiance f confianza. | j'ai ~ en lui, tengo confianza en él, confío en él; il n'a ~ en personne, no se fía de nadie. **-ant, e** a confiado, a.

confidence f confidencia. **-iel, -ielle** a confidencial. **-iellement** adv confidencialmente.

confident, e s confidente.

confier t confiar. ■ se ~, confiarse.

configuration f configuración.

confiner i ~ à, confinar con. ■ t confinar, recluir.

confins m pl aux ~ de, en los confi-nes de.

confirmer t confirmar. **-ation** f confirmación.

confiscation f confiscación.

confiserie f 1. confitería. 2. (frian-dise) dulce m. **-eur, euse** s confite-ro, a.

confisquer t confiscar.

confit, e a fruits confits, frutas con-fitadas. ■ m confit: ~ d'oie, confit de oca.

confiture f mermelada, confitura.

conflit m conflicto.

confluent m confluencia f.

confondre t pr 1. confundir. 2. se ~ en excusas, deshacerse en excusas. **-ément** adv

conforme a conforme. **-ément** adv ~ à, con arreglo a. ■ se ~ à, conformarse a, con-... **-iste** a/s conformista. **-ité** f conformi-dad.

confort m confort, comodidad f: tout ~, con todas las comodidades. **-able** a confortable.

confrère m 1. (d'une confrérie) cofrade. 2. (collègue) colega. **-érie** f cofradía.

confronter t confrontar. **-ation** f confrontación.

confus, e a 1. confuso, a. 2. je suis ~, lo siento. **-ément** adv confusa-mente.

confusion f confusión.

congé m 1. demander un ~ d'une semaine, pedir permiso para ausentarse una semana, on lui a donné un ~ de 48 heures, le han dado de baja por 48 horas, être en ~ de maladie, estar de baja por enfermedad. 2. vacaciones f pl: être en ~, estar de vacaciones, congés payés, vacaciones pagadas. 3. un jour, une semaine de ~, un día, una semana de asueto. 4. (renvoi) despi-do. | donner ~ à, despedir a; pren-dre ~ de, despedirse de.

congédier t despedir.

congeler t congelar. **-é, e** a viande con-gelée, carne congelada. **-ateur** m congelador. **-ation** f congela-ción.

congestion f congestión. **-ner** t congestionar.

congrès m congreso.

congrégation f congregación.

congrès [kɔ̃gʀɛ] *m* congreso. **-essiste** *m* congresista.

congru, e *a* conferida *f*.

conique *a* cónico, a.

conjecture *f* conjetura.

conjoint, e *a* unido, a. ■ *s* cónyuge, consorte. **-ement** *adv* juntamente.

conjonction *f* conjunción.

conjonctivite *f* conjuntivitis.

conjoncture *f* coyuntura.

conjugaison *f* conjugación.

conjugal, e *a* conyugal.

conjuguer *t* conjugar.

conjuration *f* conjuración, conjura. **-é, ée** *s* conjurado, a. **-er** *t* conjurar.

connaiss/ance *f* 1. conocimiento *m*: en ~ de cause, con conocimiento de causa; | à ma ~, que yo sepa; faire ~, conocer: nous avons fait ~, nos hemos conocido; elle a perdu ~, ha perdido el conocimiento. 2. conocido *m*: de vieilles connaissances, viejos conocidos. | une personne de ~, un conocido mío. **-eur, euse** *a/s* conocedor, a, entendido, a.

connaître *t* conocer: je ne connais pas l'allemand, cette personne, no conozco el alemán, a esta persona; un artiste très connu, un artista muy conocido; se faire ~, darse a conocer. ■ *pr* 1. conocerse: nous nous sommes connus en Angleterre, nos conocimos en Inglaterra. 2. s'y ~ en peinture, entender de pintura.

conne ⇒ **con.**

connecter *t* conectar. ■ se ~ à Internet, conectarse a Internet.

connerie *f* *vulg* gilipollez.

connexe *a* conexo, a.

connexion *f* conexión.

conquérir *t* conquistar. **-ant, e** *a/s* conquistador, a.

conquête *f* conquista.

consacrer *t* consagrar. ■ se ~ à, dedicarse a.

consanguin, e *a* consanguíneo, a.

consciemment [kɔ̃sjamɑ̃] *adv* conscientemente.

conscience *f* 1. conciencia: ~ professionnelle, conciencia profesional. 2. perdre ~, perder el conocimiento. **-encieux, euse** *a* concienzudo, a. **-ent, e** *a* consciente.

conscrit *m* *mil* quinto, recluta. **-ption** *f* reclutamiento *m*.

consécration *f* consagración.

consécutif, ive *a* consecutivo, a.

conseil [kɔ̃sɛj] *m* consejo. **-ler** *t* aconsejar: je te conseille d'être prudent, te aconsejo que seas prudente. **-ler, ère** *s* consejero, a. | ~ municipal, concejal.

consensus [kɔ̃sɛ̃sys] *m* consenso.

consentir *i* ~ à, consentir en. **-ement** *m* consentimiento.

conséquence *f* consecuencia. | tirer à ~, tener importancia.

conséquent, e *a* 1. consecuente. 2. par ~, por consiguiente.

conservateur, trice *a/s* conservador, a.

conservation *f* conservación.

conservatoire *m* conservatorio.

conserver *t* conservar. **-e** *f* conserva. **-erie** *f* conservería.

considérable *a* considerable.

considérer *t* considerar. **-ation** *f* consideración.

consigne *f* 1. *(ordre)* consigna. 2. laisser une valise à la ~, dejar una maleta en la consigna.

consigner t 1. (par écrit) consignar. 2. (un emballage) facturar. | emballage non consigné, envase sin vuelta.

consist/er i ~ à, en, dans, consistir en. **-ance** f consistencia. **-ant, e** a consistente.

consistoire m consistorio.

console f INFORM consola.

consol/er t consolar: cela me console, esto me consuela. **-ant, e** a consolador, a. **-ateur, trice** a/s consolador, a. **-ation** f consuelo m.

consolid/er t consolidar. **-ation** f consolidación.

consomm/er t consumir. **-ateur, trice** s consumidor, a. **-ation** f 1. consumo m: la ~ d'essence d'une voiture, el consumo de gasolina de un coche; société de ~, sociedad de consumo. 2. (dans un café) consumición: payer les consommations, pagar las consumiciones. 3. la ~ des siècles, la consumación de los siglos; **-é, ée** a (accompli) consumado, a. ■ m (bouillon) consomé.

consonance f consonancia.

consonne f consonante.

consort a prince ~, príncipe consorte.

consortium [kɔ̃sɔʀsjɔm] m consorcio.

conspir/er i conspirar. **-ateur, trice** s conspirador, a. **-ation** f conspiración.

conspuer t abuchear.

const/ant, e a constante. **-amment** adv constantemente. **-ance** f constancia.

constat m atestado, acta f.

constat/er t 1. observar, constatar, notar. 2. (vérifier) comprobar. **-ation** f comprobación.

constellation f constelación.

constern/er t consternar. **-ation** f consternación.

constip/er t estreñir. **-ation** f estreñimiento m.

constitu/er t constituir: les joueurs qui constituent l'équipe, los jugadores que constituyen el equipo. **-ant, e** a constituyente.

constitution f constitución. **-nel, elle** a constitucional.

construc/tion f construcción. **-teur, trice** a/s constructor, a. **-tif, ive** a constructivo, a.

construire° t construir.

consul m cónsul. **-aire** a consular. **-at** m consulado.

consult/er t consultar: ~ son médecin, consultar con su médico. ■ i (le médecin) tener la consulta. **-atif, ive** a consultivo, a. **-ation** f consulta.

consumer t consumir.

contact [kɔ̃takt] m contacto: prendre ~ avec quelqu'un, ponerse en contacto con alguien. ■ t FAM ~ quelqu'un, contactar con alguien.

contagi/on f contagio m. **-eux, euse** a contagioso, a.

container ⇒ **conteneur**.

contamin/er t contaminar. **-ation** f contaminación.

conte m cuento.

contempl/er t contemplar. **-atif, ive** a/s contemplativo, a. **-ation** f contemplación.

contemporain, e a/s contemporáneo, a.

contenance f 1. cabida, capacidad. 2. (attitude) continente m, actitud. | perdre ~, turbarse.

conteneur m contenedor.

contenir° t contener: ce réservoir contient cent litres, este depósito

contiene cien litros; ~ **sa colère**, contener la ira. ■ **se** ~, contenerse.

content, e a contento, a: ~ **de**, contento con. **-er** t contentar. ■ **se** ~ **de**, contentarse, conformarse con. **-ement** m contento.

contentieux, euse a/m contencioso, a.

contenu m contenido.

conter t contar.

contest/ation f polémica, controversia. **-able** a contestable, dudoso, a. **-ataire** a/s contestatario, a.

conteste (sans) loc adv sin duda alguna.

contester t negar, discutir. ■ i disputar.

conteur, euse s 1. contador, a. 2. (auteur) cuentista.

contexte m contexto.

contigu, uë [kɔ̃tigy] a contiguo, a.

contin/ence f continencia. **-ent, e** a continente.

continent m continente. **-al, e** a continental.

contingence f contingencia.

contingent m contingente. **-er** t limitar, racionar. **-ement** m limitación f.

continu, e a continuo, a.

continuation f continuación.

continuel, elle a continuo, a. **-lement** adv continuamente.

continu/er t/i continuar, seguir: **la crise continue**, continúa la crisis; **il continua à, de marcher**, siguió andando; **continuez!**, ¡siga! **-ité** f continuidad.

contorsion f contorsión.

contour m contorno. **-ner** t 1. ~ un lac, dar la vuelta a un lago. 2. ~ une difficulté, eludir, evitar una dificultad.

contracept/if, ive a/m anticonceptivo, a. **-ion** f anticoncepción.

contracter t ~ un muscle, une habitude, une dette, contraer un músculo, una costumbre, una deuda, | **il est très contracté**, está muy nervioso.

contraction f contracción.

contradict/ion f contradicción. **-oire** a contradictorio, a.

contrain/dre° t forzar. **-te** f 1. coacción, violencia, fuerza. 2. (gêne) molestia.

contraire a contrario, a. ■ m le ~, lo contrario. | **au** ~, al contrario; **bien, tout au** ~, todo lo contrario. **-ment** adv à ce que je pensais, al contrario de lo que pensaba.

contrari/er t contrariar. **-ant, e** a (ennuyeux) enojoso, a. **-été** f contrariedad.

contrast/e m contraste. **-er** i contrastar.

contrat m contrato.

contravention f 1. (amende) multa. 2. (délit) contravención.

contre prép 1. contra: **lutter ~ quelqu'un**, luchar contra alguien; **serrer ~ sa poitrine**, estrechar contra su pecho. 2. (près de) junto a. | **tout ~**, muy cerca. 3. por: **échanger ~**, cambiar por. ■ adv en contra: **voter ~**, votar en contra. | **par ~**, en cambio. ■ m **le pour et le ~**, el pro y el contra.

contre-amiral m contraalmirante.

contre-attaqu/e f contraataque m. **-er** t contraatacar.

contreband/e f contrabando m. **-ier** m contrabandista.

contrebas (en) loc adv más abajo.

contrebasse f contrabajo m.

contrecarrer t contrarrestar.

contribuable s contribuyente.

contribuer i contribuir. ■ mesure qui contribue à... medida que contribuye a... **-tion** f contribución.

contrit, e a contrito, a.

contrôle m 1. control. 2. le ~ de soi-même, el dominio de sí mismo. 3. ~ des naissances, control de natalidad. 4. ~ technique, inspección técnica. **-er** t 1. controlar. 2. (billets) revisar. **-eur, euse** s 1. inspector. 2. (train, autobus) revisor, a.

contrordre m contraorden f.

controverse f controversia.

contusion f contusión.

convaincre t convencer. **-ant, e** a convincente. **-u, e** a convencido, a.

convalescent, e a/s convaleciente. **-ence** f convalecencia.

convenable a 1. conveniente. 2. (correct) correcto, a, decente.

convenance f conveniencia.

convenir i 1. convenir: il convient de..., conviene. 2. acordar: ils ont convenu de rester, han acordado quedarse; comme convenu, según lo acordado. 3. ~ de ses torts, reconocer sus errores.

convention f 1. (accord) convenio m. 2. (en politique) convención. **-nel, elle** a convencional.

conversation f conversación.

converser i conversar. **-ation** f conversación.

conversion f conversión.

convertir t convertir. ■ se ~, con-vertirse. **-isseur** m convertidor.

convexe a convexo, a.

conviction f convicción.

convier t convidar. **-ve** s convida-do, a.

contrecœur (à) loc adv de mala gana.

contrecoup m FIG repercusión f. | par ~, de rechazo.

contredire t contradecir. ■ pr il se contredit toujours, se contradice siempre.

contredit (sans) loc adv sin dispu-ta.

contrée f comarca.

contre-espionnage m contraes-pionaje.

contrefaçon f falsificación, imita-ción.

contrefaire ° t 1. (imiter) remedar. 2. (frauduleusement) falsificar. 3. (déguiser) disfrazar. **-fait, e** a con-trahecho, a.

contrefort m 1. contrafuerte. 2. (montagne) estribación f.

contre-indiqué, e a contraindica-do, a.

contre-jour m contraluz.

contremaître m capataz.

contremarque f contraseña.

contrepartie f 1. contrapartida: en ~, como contrapartida. 2. opinión contraria.

contre-pied m le ~, lo contrario.

contre-plaqué m contrachapado.

contrepoids [kɔ̃trəpwa] m contra-peso. | faire ~, compensar.

contrepoison m contraveneno, antídoto.

contresens [kɔ̃trəsɑ̃s] m contrasen-tido. | à ~, en sentido contrario.

contresigner t refrendar.

contretemps [kɔ̃trətɑ̃] m contra-tiempo. | à ~, a destiempo.

contre-torpilleur m cazatorpede-ro.

contrevenir ° i contravenir. **-ant, e** s contraventor, a.

contrevent m postigo.

convivial, e a/m sociable.

convocation f convocatoria.

convoi m 1. MIL, MAR convoy. 2. (train) tren. 3. (enterrement) entierro.

convoiter t codiciar. **-ise** f codicia.

convoquer t convocar.

convulser t convulsionar | visage convulsé, rostro convulso. 2. ~**if, ive** a convulsivo. **-ion** f convulsión.

coopérer i cooperar. **-atif, ive** a/s cooperativo, a. **-ation** f cooperación.

coordonner t coordinar. **-onnées** f pl FAM (adresse) señas. **-ination** f coordinación.

copain m FAM camarada, compañero, amigote.

copeau m viruta f.

copie f 1. copia. 2. (d'écolier) cuartilla.

copier t copiar.

copieux, euse a copioso, a, abundante.

copilote m copiloto.

copine f FAM camarada, compañera.

copiste s copista.

copra(h) m copra f.

copropriétaire s copropietario, a.

copropriété f copropiedad.

copulation f cópula.

coq m 1. gallo. 2. passer du ~ à l'âne, pasar de un tema a otro.

coq-à-l'âne m despropósito.

coque f 1. ~ œuf à la ~, huevo pasado por agua. 2. (de noix) cáscara. 3. (d'un navire) casco m. 4. (mollusque) berberecho m.

coquelicot [kɔkliko] m amapola f.

coqueluche f tos ferina.

coquet, ette a 1. coquetón, ona. 2. (femme) coqueta. **-tement** adv con coquetería. **-terie** f coquetería.

coquetier m huevera f.

coquillage m 1. (mollusque) marisco. 2. (coquille) concha f.

coquille f 1. (de mollusque) concha. | ~ Saint-Jacques, venera. 2. (d'œuf, de noix) cáscara. 3. (imprimerie) errata.

coquin, e s pillo, a.

cor m 1. ~ de chasse, trompa f de caza. 2. ~ anglais, cuerno inglés. 2. (au pied) callo.

corail [kɔraj] m coral; des coraux corales.

Coran n p m le ~, el Corán.

corbeau m cuervo.

corbeille f canasta, canastilla. | ~ à papier, cesto m de los papeles.

corbillard m coche fúnebre.

corde f 1. cuerda. | ~ raide, cuerda floja; cordes vocales, cuerdas vocales. 2. ~ à sauter, comba. 3. (d'un tissu) trama. | usé jusqu'à la ~, raído. **-age** m cabo. ■ pl MAR jarcias f. **-eau** m cordel. **-ée** f cordada. **-elette** f cuerdecita. **-elière** f cordón m.

cordial, e a/m cordial. **-ement** adv cordialmente. **-ité** f cordialidad.

cordillère f cordillera.

cordon m 1. cordón. | ~ ombilical, cordón umbilical. 2. ~ de police, cordón de policía.

cordonnerie f zapatería.

cordonnet m cordoncillo.

cordonnier, ère s zapatero, a.

Cordoue n p f Córdoba.

coriace a coriáceo, a.

Corée n p f Corea.

corne f 1. cuerno m. | coup de corne, cornada f. 2. ~ d'abondance, cornucopia. 3. ~ à chaussures, calzador m. 4. (coin) cuerno m, pico m.

cornée f córnea.

corridor m corredor, pasillo.

corriger t corregir.

corroborer t corroborar.

corroder t corroer.

corrompre t corromper; **homme corrompu**, hombre corrupto.

corrosion f corrosión. **-if, ive** a corrosivo, a.

corruption f corrupción. **-teur, trice** a/s corruptor, a.

corsage m blusa f.

corsaire m corsario.

Corse n p f Córcega. | **corse** a/s corso, a.

corser t 1. fuerte. 2. *fig* verde, a.

corset m corsé.

cortège m 1. cortejo, séquito. 2. (*défilé*) desfile.

cortisone f cortisona.

corvée f 1. *mil* faena. 2. lata, incordio m: **quelle ~!**, ¡qué lata!

coryza m coriza f.

cosmétique a/m cosmético, a.

cosmique a cósmico, a.

cosmonaute s cosmonauta.

cosmopolite a cosmopolita.

cosmos [kɔsmɔs] m cosmos.

cossard, a/s *pop* gandul.

cosse f (*de légumes*) vaina.

cossu, e a rico, a.

costaud, e a robusto, a. ■ m fortachón.

costume m traje. **-er** t disfrazar. | **bal costumé**, baile de disfraces.

cote f 1. (*en Bourse*) cotización. | *fig* **avoir la ~**, estar cotizado, a. 2. (*topographie*) cota.

côte f 1. (*os*) costilla. | **~ à ~**, uno al lado del otro. 2. (*en boucherie*) chuleta. 3. (*pente*) cuesta. 4. (*rivage*) costa: **~ d'Azur**, Costa Azul.

côté m 1. lado. | **~ de**, al lado de; **de tous côtés**, por todas partes; de

corneille f corneja.

cornemuse f gaita, cornamusa.

corner i (*auto*) tocar la bocina.

cornet m 1. *mus* corneta f. | **~ à pistons**, cornetín. 2. (*de papier, de glace*) cucurucho.

corniche f cornisa.

cornichon m pepinillo.

cornu, e a cornudo, a.

cornue f retorta.

corolle f corola.

corollaire m corolario.

corporation f corporación. **-if, -ive** a corporativo, a.

corps [kɔr] m 1. cuerpo: **~ à ~**, cuerpo a cuerpo; **et âme**, en cuerpo y alma. | **à ~ perdu**, sin vacilar; **à son corps défendant**, a pesar suyo.

corpulent, e a corpulento, a. **-ence** f corpulencia.

corpuscule m corpúsculo.

correct, e [kɔrɛkt] a correcto, a. **-ement** adv correctamente. **-eur, trice** a/s corrector, a. **-ion** f corrección. **-ionnel, elle** a correccional.

corrélation f correlación.

correspondance f 1. correspondencia. 2. (*trains, etc.*) empalme m, enlace m. 3. (*courrier*) correo m: **par ~**, por correo.

correspondant, e a correspondiente. ■ s 1. (*par lettres*) comunicante. 2. (*d'un journal*) corresponsal. 3. (*d'une académie*) correspondiente.

correspondre i 1. corresponder. 2. (*des locaux*) corresponderse, comunicarse: **chambres qui correspondent**, habitaciones que se comunican. 3. (*par lettres*) cartearse. 4. **train qui correspond avec un autre**, tren que empalma, enlaza con otro.

l'autre ~ **de**, al otro lado de; **d'un autre ~**, por otro lado; **laisser de ~**, dejar aparte. **2.** *(flanc)* costado.

coteau m loma f, otero.

côtelette [kotlɛt] f chuleta.

coter t **1.** cotizar. | **être bien coté**, estar apreciado, a. **2.** *(topographie)* acotar.

coterie f corrillo m, camarilla.

côtier, ière a costero, a.

cotis/er i pagar su cuota, cotizar. **-ation** f cuota.

coton m algodón. | **Coton-tige** *(nom déposé)*, bastoncillo con algodón. **-nade** f cotonada. **-nier** m algodonero.

côtoyer° [kotwaje] t bordear.

cou m cuello.

couchage m lecho, cama f. | **sac de ~**, saco de dormir.

couchant a **soleil ~**, sol poniente. ■ m **le ~**, el poniente.

couche f **1.** *(lit)* lecho m. **2.** *(de peinture, atmosphérique, etc.)* capa. **3. les couches d'un bébé**, los pañales de un bebé. ■ pl *(enfantement)* parto m sing. | **fausse-couche**, aborto m espontáneo.

¹**coucher** t **1.** *(dans un lit)* acostar. **2.** *(sur le sol)* tender. ■ i dormir: **nous avons couché dans une pension**, dormimos en una pensión. ■ pr **1.** acostarse: **je me couche tôt**, me acuesto temprano; **le malade s'est couché**, el enfermo se ha acostado. **2.** *(s'allonger)* tumbarse, echarse. **3. le soleil se couche**, el sol se pone.

²**coucher** m **1. l'heure du ~**, la hora de acostarse. **2. le ~ du soleil**, la puesta del sol.

couchette f litera.

coucou m **1.** *(oiseau)* cuclillo. **2.** *(pendule)* reloj de cucú. **3.** *(plante)* narciso silvestre.

coude m **1.** codo. | **coup de ~**, codazo. **2.** *(d'un chemin)* recodo.

cou-de-pied [kudpje] m garganta f del pie.

couder t acodar.

coudoyer° [kudwaje] t codearse con.

coudre° t coser. | **machine à ~**, máquina de coser.

couenne [kwan] f corteza de tocino.

couette f *(édredon)* funda nórdica.

couiner i chillar, gritar.

coulant a **nœud ~**, nudo corredizo.

coulée f ~ **de lave**, corriente de lava.

couler i **1.** *(liquides)* correr: **l'eau coule**, el agua corre. **2.** hundirse, zozobrar: **le navire a coulé**, el barco se ha hundido; **~ à pic**, irse a pique. ■ t **1.** *(mouler)* vaciar. **2.** *(un bateau)* hundir. ■ FAM **se la ~ douce**, darse la gran vida.

couleur f color m: **photo en couleurs**, foto en color; **les couleurs nationales**, los colores nacionales. | **changer de ~**, demudarse.

couleuvre f culebra.

couliss/e f **1.** *(rainure)* corredera, ranura. **2. les coulisses**, los bastidores; **dans les coulisses**, entre bastidores. **-ant, e** a **porte coulissante**, puerta de corredera.

couloir m **1.** pasillo, corredor. **2.** *(aérien)* corredor. **3.** *(d'autobus)* carril-bus.

coup [ku] m **1.** golpe. | ~ **de poing**, puñetazo; ~ **de pied**, patada f; ~ **de couteau, de fouet, de marteau**, cuchillada f, latigazo, martillazo; ~ **de tête**, capricho, acción f irreflexiva; **sur le ~ de six heures**, a las seis; **tenir le ~**, aguantar. **2.** ~ **de feu**, disparo, tiro. **3. boire un ~**, echar

coupant, e a 1. cortante. 2. FIG tajante.

coupe f 1. (récipient, trophée) copa. 2. (de cheveux, vêtements, etc.) corte m. 3. (dessin en coupe) sección f.

coupage m mezcla f de vinos.

coupe-circuit m cortacircuitos.

coupe-file m pase.

coupe-gorge m sitio peligroso.

coupe-papier m plegadera f.

couper t/i 1. cortar. 2. (au téléphone) cortar: on vous coupe!, ¡no corte!; on ne coupe pas!; on nous a coupés, se ha cortado la línea. 3. (une boisson) aguar. ■ pr 1. je me suis coupé au doigt, me he cortado en el dedo. 2. (se contredire) contradecirse.

couperet m cuchilla f.

couperose, e a rosado, a.

coupe-vent m chubasquero.

couple m 1. pareja f. 2. (mécanique) par. ■ t 1. acoplar. 2. ELECTR conectar.

couplet m estrofa f.

coupole f cúpula.

coupon m 1. (d'étoffe) retal. 2. (ban-que) cupón.

coupure f 1. corte m. 2. billete de banco. 3. ~ de presse, recorte m de prensa.

cour f 1. (d'une maison, de récréation) patio m. 2. (d'une ferme) corral m. 3. (d'un souverain) corte. 4. tribunal m, audiencia: ~ de cassation, tribunal de casación. 5. faire la ~, hacer la corte, cortejar.

courage m valor, ánimo; courage!, ¡ánimo! **-eux, euse** a valiente, animoso, a.

couramment adv corrientemente.

courant, e a corriente: le 16 ~, el 16 del corriente. ■ m (d'air, électri-que) corriente f. | dans le ~ de l'année, en el transcurso del año; être au ~, estar al corriente, mettre au ~, poner al corriente.

courbature f agujetas pl. **-é, ée** a molido, a, dolorido, a.

courbe a curva. ■ f curva. **-er** t doblar, encorvar. ■ se ~, encorvar-se. **-ure** f curvatura.

coureur, euse a/s corredor, a.

courge f calabaza. **-ette** f calaba-cín m.

courir i correr: j'y cours, voy corriendo; le bruit court, corre el rumor. | par le temps qui court, actualmente. ■ t ~ un risque, correr un riesgo.

couronne f corona. **-ement** m 1. (sacre) coronación. 2. (partie supé-rieure) coronamiento. **-er** t 1. coro-nar. 2. (un ouvrage) premiar.

courrier m correo: ~ électronique, correo electrónico.

courroie f correa.

cours [kur] m 1. curso. 2. ~ d'eau, río. 3. au ~ de l'hiver, en el trans-curso del invierno; l'année en ~, el año en curso; donner libre ~ à, dar rienda suelta a. 3. (en Bourse) coti-zación f. | avoir ~, tener curso. 4. (du change) cambio. 5. (prix) precio. 6. clase f. | cours particuliers, clases particulares. 7. curso: faire un ~ de physique, dar un curso de física. 8. (établissement) academia f: ~ de comptabilité, academia de contabi-lidad.

course f 1. carrera. | ~ de taureaux, corrida. 2. (commission) encargo m.

court ■ pl (achats) compras: faire ses courses, ir de compras.

¹court, e a 1. corto, a. 2. être à ~ de, estar falto de. ■ adv corto | tout ~, a secas.

²court m pista f de tenis.

court métrage ⇒ **métrage**

courtois, e a cortés, esa. **-ie** f cortesía.

courtier m corredor.

court-circuit m corto circuito.

courtage m corretaje.

courtisan/e s cortesano. **-er** t cortejar.

couru, e pp de **courir** ■ a (recherché) en boga, concurrido, a.

couscous [kuskus] m alcuzcuz.

¹cousin, e s primo, a: ~ germain, primo hermano.

²cousin m mosquito.

coussin m cojín. **-et** m 1. cojinillo. 2. TECHN cojinete.

cousu, e pp de **coudre** ■ a cosido, a.

coût [ku] m coste, cosio: le ~ de la vie, el coste de la vida.

couteau m 1. cuchillo. 2. ~ de poche, navaja. 3. (mollusque) navaja f. **-elas** m cuchilla. **-ellerie** f cuchillería.

coûter i costar: combien coûte cette robe?, ¿cuánto cuesta este vestido? | coûte que coûte, cueste lo que cueste. **-eux, -euse** a costoso, a.

coutil [kuti] m coti, dril.

coutume f costumbre. **-ier, -ière** a modista.

couture f costura. **-ier** m modista. **-ière** f modista.

couvée f pollada, nidada.

couver 1. (œufs) empollar. 2. ~ une maladie, incubar una enfermedad. ■ i estar latente.

couvercle m tapa f.

couvert, e a cubierto, a. ■ m cubierto. | mettre le ~, poner la mesa.

couverture f 1. (de lit) manta | ~ de voyage, manta de viaje. 2. (livre) cubierta. 3. (de magazine) portada.

couveuse f incubadora.

couvre-feu m queda f.

couvre-lit m cubrecama.

couvre-pieds m cubrecama.

couvrir 1. cubrir. 2. (une casserole, etc) tapar. ■ pr 1. abrigarse, taparse: couvre-toi bien, abrígate bien. 2. se ~ de gloire, cubrirse de gloria. 3. le temps se couvre, se nubla el cielo.

crabe m cangrejo de mar.

cracher t/i escupir: c'est son père tout craché, es clavado a su padre. **-at** m escupitajo, esputo.

crachin m llovizna f.

craie f 1. (minéral) creta. 2. (pour écrire) tiza.

craindre° 1. temer: il est à ~, es de temer; je crains qu'il ne soit malade, me temo que esté enfermo. 2. craint l'humidité, se altera con la humedad.

crainte f temor m | de ~ de, por temor a, por miedo a. **-if, ive** a temeroso, a.

cramoisi, e a carmesí.

crampe f calambre m.

crampon m 1. grapa f. 2. (pour chaussures) taco. 3. FAM (personne) pelma. **-ner (se)** pr agarrarse.

cran m 1. (entaille) muesca f. | ~ d'arrêt, muelle. 2. (d'une ceinture) punto. 3. avoir du ~, tener arrojo, agallas.

crâne m cráneo. ■ a arrogante. **-er** i fanfarronear. **-eur, euse** s fanfarrón, ona.

crapaud m sapo.

crapule f granuja, pillo **-eux, euse** a crapuloso, a.

craqueler i resquebrajadura.

craquer i 1. chasquear, crujir: plein à ~, lleno hasta los topes. 2. (échouer) venirse abajo: ses nerfs ont craqué, il a craqué, le fallaron los nervios. **-ement** m crujido.

crash [kraʃ] m accidente aéreo. **-er** (se) pr estrellarse.

crasse f mugre. **-eux, -euse** a mugriento, a.

cratère m cráter.

cravache f fusta.

cravate f corbata.

crawl [kroːl] m crol.

crayeux, euse [krɛjø, øz] a yesoso, a.

crayon [krɛjɔ̃] m lápiz: des crayons, lápices. | ~ à bille, bolígrafo; ~-feutre, rotulador.

créance f 1. crédito m. 2. lettres de ~, credenciales. **-ier, ère** s acreedor, a.

créateur, trice a/s creador, a. **-ion** f creación. **-ure** f criatura.

crécelle f carraca.

crèche f 1. (mangeoire) pesebre m. 2. (de Noël) nacimiento, belén m. 3. (pour enfants) casa cuna.

crédible a creíble. **-ilité** f credibilidad.

crédit m crédito. | acheter à ~, comprar a plazos. **-er** t abonar en cuenta. **-eur, trice** a/s acreedor, a.

credo m inv credo.

crédule a crédulo, a. **-ité** f credulidad.

créer t crear.

crémaillère f 1. llares pl. | pendre la ~, estrenar la casa. 2. chemin de fer à ~, ferrocarril de cremallera.

crématoire a/m crematorio.

crème f 1. (du lait) nata: ~ fraîche, nata fresca. 2. (entremets) crema, natillas pl. | ~ caramel, ~ renversée, flan m. 3. a raser, crema de afeitar. ■ a couleur ~, color crema. **-erie** f lechería, mantequería. **-eux, euse** a cremoso, a. **-ier, ère** s lechero, a.

créneau m 1. almena f. 2. com segmento de mercado. **-elé, e** a almenado, a, dentado, a.

créole a/s criollo, a.

crêpe f 1. (galette) crepe, hojuela. ■ m 1. (tissu) crespón. 2. (de deuil) gasa f. 3. semelles de ~, suelas de crep, de crep. **-er** t ~ les cheveux, cardar el pelo.

crépi m enlucido. **-ir** t enlucir.

crépiter i crepitar. **-ement** m chisporroteo, crepitación f.

crépu, e a crespo, a.

crépuscule m crepúsculo. **-aire** a crepuscular.

cresson [krɛsɔ̃] m berro.

crête f cresta.

crétin, e a/s cretino, a, bobo, a.

cretonne f cretona.

creuser t 1. clavar. 2. ~ l'estomac, dar apetito. 3. ~ une question, profundizar, ahondar una cuestión. ■ se ~ la cervelle, devanarse los sesos.

creuset m crisol.

creux, creuse [krø, øz] a 1. hueco, a: arbre ~, árbol hueco; voix creuse, voz hueca. 2. des yeux ~, ojos hundidos. ■ m sonner le ~, sonar a hueco.

crevaison f pinchazo m.

crevasse f grieta. **-er** t agrietar.

crever i 1. reventar. 2. FAM ~ de faim, de rire, morirse de hambre, de risa; je suis crevé, estoy hecho polvo. 3. (pneu) pinchar ◊ t reventar. | cela crève les yeux, esto salta a la vista. ■ FAM se ~ à la tâche, matarse trabajando.

crevette f (grise) camarón m, quisquilla

cri m 1. grito; pousser des cris, dar gritos; à grands cris, a gritos; jeter les hauts cris, poner el grito en el cielo. 2. ~ perçant, chillido.

criailler i chillar.

criard, e a 1. chillón, ona. 2. couleurs criardes, colores chillones.

crible m criba f. | ~ -er 1. cribar. 2. ~ de balles, acribillar a balazos; criblé de dettes, cubierto de deudas.

cric [krik] m cric, gato.

criée f almoneda.

crier i 1. gritar. | ~ au secours, pedir socorro. 2. ~ contre, après quelqu'un, reñir a alguien. ■ t 1. gritar. 2. (une nouvelle) pregonar. 3. ~ vengeance, clamar venganza.

crime m crimen. -**inel, elle** a/s criminal.

crin m crin f. -**ière** f 1. (du cheval) crines pl. 2. (du lion) melena.

criquet m langosta f.

crique f cala.

crise f 1. crisis. 2. ~ cardiaque, ataque m al corazón; ~ de nerfs, ataque de nervios.

crisp/er t 1. crispar. 2. FAM irritar. -**ant, e** a irritante. -**ation** f crispadura.

criss/er i 1. (dents) rechinar. 2. (gravier, etc) crujir. -**ement** m rechinamiento, crujido.

cristal m 1. ~ de roche, cristal de roca. 2. (verre) cristal fino. -**lin, e**

a/m cristalino. -**liser** t/i cristalizar.

critère m criterio.

critiqu/e a/m crítico, a. ◊ f crítica. -**able** a criticable. -**er** t criticar. -**eur, euse** s criticón, ona.

croasser t graznar.

croate [kroas] a p f Croacia.

croc [kro] m 1. garfio. 2. (d'un carnivore) colmillo.

croc-en-jambe [krokãʒãb] m faire un ~, poner una zancadilla.

croche f mus corchea.

croche-pied ⇒ croc-en-jambe

crochet m 1. (pour suspendre, coup de poing) gancho. 2. (pour serrures) ganzúa f. 3. (aiguille) ganchillo. | bonnet au ~, gorro de ganchillo, de croché. 4. FIG vivre aux crochets de, vivir a costas de. 5. (typographie) corchete. 6. (détour) rodeo. | faire un ~, dar un rodeo.

crochu, e a ganchudo, a.

crocodile m cocodrilo.

croire° t/i 1. ~ en Dieu, à la magie, creer en Dios, en la magia; je crois bien!, ¡ya lo creo!; vous ne croyez pas?, ¿no cree usted?; à l'en ~, según él; ¡y tú te lo creas!; 2. on croirait qu'il dort, parece que está durmiendo. ■ pr il se croit supérieur, se cree superior; elle se croit belle, presume de guapa.

croisade f cruzada.

croisé, e f 1. ~ des chemins, encrucijada. 2. (fenêtre) ventana.

croiser t 1. cruzar. 2. cruzarse: je l'ai croisé dans l'escalier, me crucé con él en la escalera. ◊ i (navire) cruzar. ■ se ~ les bras, cruzarse de brazos. -**ment** m 1. cruce. 2. (de races) cruzamiento.

croiseur m crucero.

croisière f crucero m.

croissance f crecimiento m.

croissant, e a creciente. ■ m 1. media luna f. 2. (pâtisserie) croissant.

crotre° t crecer: les jours croissent, los días van creciendo.

croix [kʀwa] f cruz: des ~, cruces; la Croix-Rouge, la Cruz Roja.

croquant, e a crujiente. ■ m FAM (paysan) paleto, cateto.

croque-mitaine [kʀɔkmiten] m coco.

croque-monsieur [kʀɔkməsjø] m bocadillo caliente de jamón y queso.

croque-mort [kʀɔkmɔʀ] m FAM empleado de funeraria.

croquer i crujir. ■ t 1. (manger) comer. 2. (dessiner) bosquejar.

croquet m croquet.

croquette f croqueta.

croquis [kʀɔki] m croquis.

crosse f 1. (d'évêque) báculo m pastoral, cayado m. 2. (de fusil) culata f. 3. (de hockey) palo m.

crotte f 1. caca. 2. (boue) barro m. 3. bombón m de chocolate. **-in** m estiércol de caballo.

crouler i hundirse, desplomarse.

croupe f grupa. | en ~, a ancas.

croupier m croupier.

croupir i estancarse: eau croupie, agua estancada. 2. FIG estar sumido, a.

croûte f 1. corteza. | FAM casser la ~, tomar un bocado. 2. (d'une pluie) costra, postilla. 3. FAM (tableau) churro m, mamarracho m. **-on** m cuscurro.

croyable [kʀwajabl] a creíble.

croy/ance [kʀwajɑ̃s] f creencia. **-ant, -e** a/s creyente.

croire ⇒ crire.

¹cru m 1. vin du | vinedo. | vino del país. 2. de son ~, de su cosecha.

²cru, e a crudo, a.

cruauté f crueldad.

cruche f 1. cántaro m 2. (à bec) botijo m. **-on** m cantarillo.

crucifier t crucificar. **-fix** [kʀysifi] m crucifijo. **-fixion** f crucifixión.

crudité f crudeza. ■ pl verduras frescas variadas.

crue f crecida riada.

cruel, elle a cruel.

cruellement adv crudamente.

crûment adv crudamente.

crustacé m crustáceo.

crypte f cripta.

cubain, e a/s cubano, a.

cube m cubo. ■ a metre ~, metro cúbico. **-ique** a cúbico, a. **-isme** m cubismo. **-iste** a/s cubista.

cueillir t coger. **-ette** f recolección, cosecha.

cuillère f [kɥijɛʀ] cuchara. | ~ à café, petite ~, cucharilla. **-erée** f cucharada.

cuir m 1. cuero. 2. piel f: valise en ~, maleta de piel.

cuirasse/e f coraza. **-é, ée** a/m acorazado, a.

cuire° t 1. cocer: faire ~ à la vapeur, cocer al vapor. 2. (au four) asar. 3. (frire) freír. ■ i 1. cocer: cocerse: ces lentilles cuisent mal, estas lentejas no se cuecen. 2. (douleur) escocer. | il t'en cuira, te arrepentirás de esto. **-sant, e** a agudo, a.

cuisine f cocina. | faire la ~, guisar, cocinar. **-ier, -ère** s cocinero, a. ■ f cocinar: cuisinière électrique, cocina eléctrica.

cuisse f 1. muslo m. 2. cuisses de grenouille, ancas de rana.

cuisson f cocción.

cuit, e a cocido, a. ■ f FAM (ivresse) curda.

cuivre m cobre: en ~, de cobre. **-é, ée** a cobrizo, a.

cul [ky] m culo.

culasse f culata.

culbuter i caer, rodar por el suelo. ■ t derribar. **-e** f 1. (cabriole) volte-reta. 2. (chute) caída. | faire une ~, caer, rodar por el suelo. **-eur** m TECHN balancín.

cul-de-sac [kydsak] m callejón sin salida.

culinaire a culinario, a.

culminant, e a culminante.

culot [kylo] m FAM avoir du ~, tener cara, caradura: quel ~!, ¡qué cara más dura!; ¡qué rostro!

culotte f 1. calzón m, pantalón m: culottes courtes, pantalones cortos. 2. (de femme) bragas pl. **-er** t 1. (pipe) curar. 2. FAM être culotte, ser un fresco.

culpabilité f culpabilidad.

culte m culto: rendre un ~ à, rendir culto a; le ~ de ..., el culto a ...

cultiver t cultivar. **-ateur, trice** s labrador, a. **-é, e** a (personne) culto, a.

culture f 1. cultivo m. 2. (instruc-tion) cultura. 3. ~ physique, cultura física. **-el, elle** a cultural.

cumin m comino.

cumuler t acumular.

cupide a codicioso, a, ávido, a. **-ité** f codicia, avidez.

Cupidon n p m Cupido.

¹cure f cura: ~ de repos, cura de reposo.

²cure f 1. (fonction de curé) curato m. 2. (presbytère) casa del cura.

curé m cura, párroco.

cure-dent(s) m mondadientes.

curer t limpiar, mondar.

curieux, euse a/s curioso, a: ~ de savoir, curioso por saber. **-osité** f curiosidad.

cutané, e a cutáneo, a.

cuve f cuba, tina. **-ette** f 1. palan-gana. 2. (des cabinets) taza. 3. (creux de terrain) hondonada.

cyanure m cianuro.

cyber/nétique f cibernética. **-café** m cibercafé. **-naute** s cibernauta.

cyclable a piste ~, carril-bici m.

cycle m 1. ciclo. 2. bicicleta f. **-isme** m ciclismo. **-iste** s ciclista.

cyclamen m ciclamen.

cyclomoteur m ciclomotor.

cyclone m ciclón.

cyclope m cíclope.

cygne m cisne.

cylindre m cilindro. **-ée** f cilin-drada: grosse ~, gran cilindrada. **-ique** a cilíndrico, a.

cymbales f pl platillos m.

cynique a/s cínico, a. **-isme** m cinismo.

cyprès [sipre] m ciprés.

cytise m citiso.

D

d m d f; un ~, una d.

d' ⇒ **de**.

dactylo f mecanógrafa. **-graphier** t mecanografiar.

dada m (manie) tema.

dadais m bobo.

dague f daga.

dahlia m dalia f.

daigner t dignarse: il a enfin daigné m'écouter, se dignó por fin a escucharme.

daim [dɛ] m 1. gamo. 2. chaussures de ~, zapatos de ante.

dais [dɛ] m dosel.

dalle f losa. **-age** m enlosado.

Damas [dama] n p Damasco.

dame f 1. señora. 2. jeu de dames, juego de damas. 3. ~ oui!; ¡claro que sí!

damier m tablero.

damner [dane] t condenar: un damné, un condenado. **-ation** f condenación.

dancing m sala f de baile, dancing.

dandin/er (se) pr contonearse. **-ement** m contoneo.

Danemark n p Dinamarca f.

danger m peligro: en ~ de mort, en peligro de muerte; pas de ~ qu'il vienne me voir!, ¡no hay peligro de que venga a verme! | sa vie est en ~, su vida peligra. **-eux, -euse** a peligroso, a.

danois, e a/s danés, esa.

dans [dɑ̃] prép 1. (sans mouvement) en: il est ~ sa chambre, está en su habitación; il vit ~ l'aisance, vive en el ocio. 2. (avec mouvement) por: se por el campo. 3. (vers) a: elle monte ~ sa chambre, subió a su habitación. 4. (délai) dentro de: ~ un mois, dentro de un mes. 5. (époque) en: ~ le temps, en otros tiempos. 6. ça coûte ~ les cent euros, esto cuesta alrededor de cien euros.

danse f baile. **-er** i/t bailar. **-eur, -euse** f bailarín, ina. 2. ~ de corde, volatinero.

Danube n p m Danubio.

dard m aguijón. **-er** t arrojar. **dard-dare** [dardar] loc adv FAM a escape, a toda mecha.

date f fecha: à quelle ~?, ¿en qué fecha? | de longue ~, de muy antiguo; faire ~, hacer época. **-er** t fechar. ■ i 1. ~ du Moyen Age, datar de la Edad Media. | à ~ de, a partir de. 2. (être démodé) estar pasado, a de moda.

datte f dátil m. **-ier** m datilera f.

dauphin m delfín.

daurade f dorada.

davantage adv 1. más: bien ~, mucho más. 2. (plus longtemps) más tiempo. 3. ~ de, más.

de prép (delante de vocal o h muda, se elide en **d'**) 1. de: en sortant de l'église, al salir de la iglesia; la voiture de Paul, el coche de Pablo. | voyager ~ nuit, viajar de noche. 2. (manière, moyen) con: parler d'une voix forte, hablar con voz fuerte; saluer de la main, saludar con la mano. 3. por:

aimé ~ **tous**, querido por todos: 15 euros ~ **l'heure**, 15 euros por hora. **4.** en: augmenter ~ **10%**, aumentar en un 10%. **5.** (partitif) quelque chose ~ **bon**, algo bueno. **6.** (explétif) un moment ~ **libre**, un momento libre; six hommes ~ **blessés**, seis hombres heridos. **7.** (+ infinitif) **dites-lui** ~ **venir**, dígale que venga. ■ art partitif (ne se traduit pas) **manger** ~ **la viande**, comer carne; je n'ai pas ~ **voiture**, no tengo coche. ■ art indéf (= des) unos, as: ~ **beaux meubles**, unos hermosos muebles.

dé m **1.** dado. **2.** ~ à coudre, dedal.

dealer [dilœr] m camello.

débâcle f (déroute) derrota, desastre m.

déballer t desembalar. **-age** m desembalaje.

débandade f desbandada.

débarbouiller (se) pr lavarse la cara.

débarcadère m desembarcadero.

débardeur m **1.** descargador. **2.** (tricot) camiseta f.

débarquer t/i desembarcar. ■ i FAM llegar. **-ment** m desembarco.

débarras m **1.** (pièce) trastera f. **2.** ¡bon ~!, ¡muy buenas! **-ser** t **1.** vaciar. **2.** ~ la table, quitar la mesa. **3.** ~ quelqu'un de son manteau, coger el abrigo a alguien. **4.** FAM se ~ de son manteau, quitarse el abrigo; se ~ de quelque chose, deshacerse de algo; se ~ de quelqu'un, quitarse a alguien de encima.

débat m debate.

débattre¹ t debatir, discutir | salaire à ~, sueldo a convenir. ■ se ~ forcejear, bregar.

débauche f libertinaje m, relajamiento m. **2.** une ~ d'énergie, un derroche de energía. **-é, ée** a/s libertino, a.

débaucher t (renvoyer) despedir.

débile a débil. ■ m ~ mental, atrasado mental.

débit m **1.** (vente) ~ de boisson, establecimiento de bebidas. ~ de tabac, estanco. **2.** (d'un fleuve) caudal. **3.** (d'une rivière) caudal. **4.** COM (d'un compte) débe.

débitant, e s vendedor, a.

débiter t **1.** (du bois) cortar en trozos. **2.** des mensonges, soltar mentiras. **3.** COM (d'une somme) cargar una cantidad en una cuenta. **-eur, trice** a/s deudor, a.

déblayer [debleje] t despejar, desescombrar. **-ais** m pl escombros.

débloquer t desbloquear. **-cage** m desbloqueo.

déboire m desengaño, sinsabor.

déboiser t desmontar. **-ement** m desmonte.

déboîter t dislocar. ■ pr il s'est déboîté l'épaule, se ha dislocado el hombro. ■ i (voiture) salirse de la fila.

débonnaire a bonachón, ona.

déborder i **1.** (rivière) desbordarse. **2.** (récipient) rebosar. **3.** ~ de joie, ~ de alegría. **4.** débordé de travail, agobiado de trabajo. **-ant, -e** a ~ d'enthousiasme, desbordante de entusiasmo.

débouché m (marché, emploi) salida f.

déboucher t **1.** ~ une bouteille, destapar una botella. **2.** ~ un lavabo, desatascar un lavabo. ■ i ~ sur, desembocar en.

débourser t desembolsar.

debout adv 1. de pie, en pie: se mettre ~, ponerse de pie; rester ~, mantenerse de pie; FIG ça ne tient pas ~, eso no tiene sentido. 2. ce matin, Jean était ~ à 6 heures, esta mañana, Juan estaba levantado a las 6. | debout!, ¡arriba! 3. vent ~, viento contrario.

déboutonner t desabrochar.

débrailler (se) a/e desaliñado, a, descuidado, a. ■ m desaliño.

débrancher t desenchufar, desconectar.

débray/er [debʀeje] t (mécanique) desembragar. ■ i FAM (arrêter de travailler) suspender el trabajo. **-age** m 1. desembrague. 2. (grève) paro.

débris m pl pedazos, restos.

débrouillard, e a/s listo, a, despabilado, a. **-ise** f maña, astucia.

débrouiller t desenredar, desembrollar. ■ se ~ seul, arreglárselas solo: débrouille-toi!, ¡arréglatelas!

débroussailler t desbrozar.

début [deby] m principio: au ~, al principio. ■ pl (d'un artiste) debut sing: ses débuts comme acteur, su debut como actor. **-ant, e** a/s 1. principiante. 2. (artiste) debutante. **-er** i 1. principiar, comenzar. 2. (un artiste) debutar.

décade f década.

décadent, e a decadente. **-ence** f decadencia.

décaféiné a café ~, café descafeinado.

décalquer t calcar.

décaler t 1. (avancer) adelantar. 2. (retarder) retrasar. **-age** m 1. ~ horaire, diferencia f horaria. 2. FIG desfase.

décamètre m decámetro.

décamper i largarse.

décanter t 1. decantar. 2. FIG aclarar. **-ation** f decantación.

décaper t 1. desoxidar. 2. limpiar.

décapiter t decapitar.

décapotable a descapotable. ■ f une ~, un descapotable.

décapsuler t abrir, destapar. **-eur** m abridor.

décatir (se) pr ajarse.

décéder i fallecer.

déceler t descubrir, revelar.

décembre m diciembre: le 2 ~, el 2 de diciembre.

décence f decencia.

décennie f decenio m.

décent, e a decente.

décentraliser t descentralizar. **-ation** f descentralización.

déception f decepción, desengaño m.

décerner t otorgar.

décès [desε] m 1. fallecimiento. 2. (terme administratif) defunción f: acte de ~, partida de defunción.

décevoir t decepcionar, desilusionar: le film m'a déçu, la película me ha decepcionado. **-ant, e** a decepcionante.

déchaîner t desencadenar. ■ se ~, desencadenarse: cet enfant est déchaîné, este niño está muy excitado, está imposible. **-ement** m desencadenamiento.

décharge f 1. descarga. 2. ~ publique, vertedero m. 3. témoin à ~, testigo de descargo.

décharger t descargar. ■ se ~ d'une responsabilité sur quelqu'un, descargarse de una responsabilidad en alguien. **-ement** m descarga f.

décharné, e a demacrado, a.

déchausser (se) pr 1. descalzarse. 2. (dent) descarnarse.

déchéance f 1. decadencia. 2. (d'un souverain) deposición.

déchet m desperdicio. ■ pl residuos: **déchets radioactifs**, residuos radiactivos.

déchiffrer t 1. descifrar. 2. MUS repentizar.

déchiqueter° t 1. despedazar, hacer trizas. 2. **littoral déchiqueté**, litoral muy recortado.

déchir/er t 1. romper, desgarrar: ~ **une lettre**, romper una carta; **elle a déchiré sa robe**, se ha roto el vestido. 2. ~ **le cœur**, desgarrar el corazón. **-ant, e** a desgarrador, a. **-ement** m 1. desgarramiento. 2. FIG aflicción f. **-ure** f 1. desgarrón m, rasgón m. 2. (d'un muscle) desgarro m.

décibel m decibelio, decibel.

déch/oir° i decaer. **-u, ue** a 1. decaído, a. 2. **ange** ~, ángel caído.

décid/er t decidir: **il a décidé de partir**, ha decidido marcharse. ■ se ~, decidirse. **-é, ée** a decidido, a. | **d'un pas** ~, con paso firme. **-ément** adv decididamente.

décigramme m decigramo.

décimal, e a decimal.

décimer t diezmar.

décimètre m decímetro.

décision f decisión.

décisif, ive a decisivo, a.

déclam/er t/i declamar. **-ation** f declamación.

déclar/er t declarar. ■ pr **un incendie s'est déclaré**, se ha declarado un incendio. **-ation** f declaración.

déclench/er t 1. soltar, disparar: ~ **un ressort**, soltar un muelle. 2. ~ **une sonnerie**, poner en marcha un timbre. 3. FIG ~ **une crise**, desencadenar una crisis. **-ement** m 1. dis-

paro. 2. FIG desencadenamiento. **-eur** m disparador.

déclic m 1. disparador. 2. (bruit) ruido seco.

déclin m 1. **le** ~ **du jour**, el ocaso, la caída de la tarde. 2. **le** ~ **de la vie**, el ocaso de la vida. | **civilisation sur son** ~, civilización en decadencia.

déclin/er i declinar. ■ t 1. ~ **une invitation**, rehusar una invitación. 2. (grammaire) declinar. ■ pr COM **ce modèle se décline en plusieurs couleurs**, este modelo se presenta en varios colores. **-aison** f declinación.

déclivité f declive m, pendiente f.

déclouer t desclavar.

décocher t soltar, lanzar.

décoder t descodificar.

décoiffer t despeinar.

décoll/er t/i despegar. ■ se ~, despegarse. **-age** m ~ **d'un avion**, despegue de un avión. **-ement** m 1. despegadura f. 2. ~ **de la rétine**, desprendimiento de la retina.

décolleté, e [dekɔlte] a **robe décolletée**, vestido escotado. ■ m escote.

décolor/er t 1. descolorir. 2. (cheveux) decolorar. **-ation** f 1. descoloramiento m. 2. (cheveux) decoloración.

décombres m pl 1. escombros. 2. ruinas f.

décommander t cancelar, anular. ■ se ~, excusarse.

décompos/er t descomponer. ■ se ~, descomponerse: **son visage se décompose**, se le descompuso la cara. **-ition** f descomposición.

décompte [dekɔ̃t] m detalle (de una cuenta).

déconcert/er t desconcertar. **-ant, e** a desconcertante.

décongeler° t descongelar.

déconfit, e a confuso, a, desconcertado, a. **-ure** f derrota.

déconnecter t desconectar.

déconseiller t desaconsejar: je vous déconseille d'acheter ce magnétophone, le desaconsejo que compre ese magnetófono.

décontenancer t turbar.

décontracter t relajar | il est très décontracté, está muy tranquilo; il arrive très décontracté, llego tan campante. ■ se ~, relajarse.

décor m 1. (ornementation) decoración f 2. (cadre) marco f 3. (théâtre) decorado, m. 4. FAM entrer dans les décors, patinar, derrapar.

décorer t 1. decorar, adornar. 2. ~ d'une médaille, condecorar con una medalla. **-ateur, trice** s decorador, a. **-atif, ive** a decorativo, a. **-ation** f 1. decoración. 2. (insigne) condecoración.

décortiquer t pelar.

décorum [dekɔrɔm] m etiqueta f.

découcher° dormir fuera de casa.

découdre° t descoser.

découler t ~ de, resultar de, desprenderse de.

découper t 1. recortar. 2. ~ un poulet, trinchar un pollo. ■ se ~ sur, recortarse en. **-age** m 1. recorte. 2. (viande) trinchado. 3. (image à découper) recortable. **-ure** f recorte m.

décourager° t desalentar, desanimar. ■ se ~, desanimarse. **-eant, e** a desalentador, a. **-ement** m desaliento, desánimo.

décousu, e a 1. descosido, a. 2. propos décousus, palabras deshilvanadas.

découvert, e a descubierto, a. ■ m (banque) descubierto: être à ~, estar en descubierto.

découverte f descubrimiento m.

découvrir° t descubrir: il a découvert un trésor, le secret, ha descubierto un tesoro, el secreto. ■ se ~ (pour saluer) descubrirse; (dans son lit) destaparse.

décrépit, e a decrépito, a. **-ude** f decrepitud.

décret m decreto.

décréter° t 1. decretar. 2. ~ que, decidir que.

décrire° t describir.

décrocher t 1. descolgar: décrochez le récepteur, descuelgue el auricular. 2. (wagon) desenganchar. 3. FAM (obtenir) lograr, pescar. ■ i FAM (abandonner) desconectar.

décroître° t 1. decrecer, menguar: les jours décroissent, los días menguan. 2. (lune) menguar. **-croissance** f disminución.

décrotter t limpiar de barro.

déçu, e a 1. decepcionado, a. 2. espérance fallie, esperanza fallida.

dédaigner t desdeñar, despreciar. **-eux, euse** a desdeñoso, a.

dédain m desdén, desprecio.

dedans [dədɑ̃] adv dentro | en ~, dentro; là-dedans, ahí dentro. ■ m interior | au-dedans, dentro, en el interior. **-er** a dedicar.

dédicace f dedicatoria. **-er** t dedicar.

dédier t dedicar.

dédire (se)° pr ~ d'une promesse desdecirse de, no cumplir una promesa.

dédommager° t resarcir, indemnizar. **-ement** m 1. resarcimiento,

indemnización f 2. compensación f, desagravio.

dédouaner t pagar los derechos de aduana por.

déduire t deducir; j'en déduis ..., de lo cual deduzco **-tion** f deducción.

déesse f diosa.

défaillir° i 1. desfallecer, desmayarse. 2. (forces, mémoire) fallar. **-ance** f 1. desfallecimiento m, desmayo m; tomber en ~, coger en falta. 2. (de mémoire, d'un mécanisme) fallo m.

défaire° t 1. deshacer. 2. ~ un paquet, un nœud, desatar un paquete, aflojar un nudo; il défit sa cravate, se aflojó la corbata ■ se ~ de, deshacerse de. **-fait, e** a 1. deshecho, a. 2. (nœud) desatado, a. 3. visage ~, cara descompuesta.

défaite f derrota.

défaut m 1. defecto. 2. (manque) falta f; à ~ de, a falta de; faire ~, faltar; prendre en ~, coger en falta.

défaveur f descrédito m.

défavorable a desfavorable.

défavoriser t perjudicar, desfavorecer.

défection f defección.

défectu/eux, euse a defectuoso, a. **-osité** f imperfección.

défendre t 1. defender. 2. prohibir: il est défendu de fumer, se prohibe fumar. 3. ~ du froid, proteger del frío. ■ pr 1. défenderse. 2. FAM il se défend bien pour son âge, con la edad que tiene, se defiende bien. **défense** f 1. defensa. 2. ~ d'entrer, se prohibe la entrada. ~ d'afficher, de stationner, prohibido fijar carteles. 3. (d'éléphant) colmillo m.

-eur m defensor. 2. **-if, ive** a defensivo, a. ■ se tenir sur la défensive, estar a la defensiva.

défér/ent, e a deferente. **-ence** f deferencia.

déferler t 1. les vagues déferlent, rompen las olas. 2. (la joule) afluir.

défi m desafío, reto. | mettre au ~, desafiar.

défi/ance f desconfianza, recelo m. **-ant, e** a desconfiado, a, receloso, a.

défic/it [defisit] m déficit. **-aire** a deficitario, a.

défier t 1. desafiar, retar. 2. je vous défie de le faire, apuesto a que usted no lo hace. ■ se ~ de, desconfiar de.

défigurer t desfigurar.

défilé m 1. (entre deux montagnes) desfiladero. 2. (cortège) desfile.

défiler t desfilar. ■ pr FAM escabullirse.

défin/ir t definir. **-i, ie** a definido, a.

défin/itif, ive a definitivo, a. | en définitive, en definitiva, finalmente. **-ivement** adv definitivamente.

définition f definición.

déflagration f deflagración.

déflation f deflación.

défonc/er t 1. ~ une porte, derribar una puerta. 2. (briser) romper. 3. (enfoncer) hundir. ~ route défoncée, carretera llena de baches. ■ pr FAM (un drogué) colocarse.

déform/er t deformar. **-ation** f deformación.

défouler (se) pr FAM desahogarse, desfogarse.

défraîchi, e a ajado, a, deslucido, a.

défrich/er t roturar. **-age, -ement** m roturación f, desmonte.

défroisser t desarrugar.

défroque f pingajos pl. **-er (se)** pr colgar los hábitos.

défunt, e a/s difunto, a.

dégagé, e a. **1.** (ciel) despejado, a. **2.** (allure) desenvuelto, a.

dégag/er t **1.** ~ **un blessé des décombres**, sacar a un herido de los escombros. **2.** ~ **sa parole**, retirar su palabra. **3.** (voie publique) despejar: **dégagez, s'il vous plaît!**, ¡despejen, por favor! **5.** (odeur) despedir. ■ pr **1.** (d'une promesse) librarse. **2.** (odeur) desprenderse. **3.** le ciel se dégage, el cielo se esta despejando. ■ **se** ~, hastiarse. **-ement** m **1.** despejo. **2.** (odeur) desprendimiento. **3.** (passage) pasadizo. **4.** itinéraire de ~, ruta f alternativa. **5.** (football) saque.

dégaîner t (pistolet) desenfundar.

dégarnir t desguarnecer. ■ pr **1.** son crâne se dégarnit, su cráneo se despuebla. **2.** la salle se dégarnit, la sala va vaciándose.

dégât m [dega] m daño, estrago: **dégâts matériels**, daños materiales; **faire des dégâts**, causar daños.

dégel m deshielo.

dégel/er t **1.** deshelar. **2.** (des crédits) descongelar. **3.** FIG animar. ■ i deshelarse.

dégénér/er i degenerar. **-é, ée** a/s degenerado, a. **-escence** f degeneración.

dégingandé, e [deʒɛ̃gɑ̃de] a desgalichado, a, desgarbado, a.

dégivr/er t descongelar. **-eur** m descongelador.

déglinguer t FAM desvenciar.

déglutir t/i deglutir. **-ition** f deglución.

---

dégonfler t desinflar, deshinchar. ■ pr **1.** pneu qui se dégonfle, neumático que se desinfla. **2.** FAM rajarse. | **un dégonflé**, un rajado.

dégorger t (déboucher) desatascar.

dégouliner i chorrear.

dégourdir t FIG despabilar: **se** ~ **les jambes**, estirar las piernas, desentumecerse las piernas. **2.** FIG **il n'est pas très dégourdi**, no es muy espabilado.

dégoût [degu] m asco. **-er** t dar asco, asquear: **la viande me dégoûte**, la carne me da asco. **sa lâcheté me dégoûte**, su cobardía me asquea. ■ **se** ~, hastiarse. **-é, ée** a/s hastiado de todo, a, delicado, a. **faire le** ~, hacerse el asco, a. | **prendre un air** ~, poner cara de asco. | **de tout**, hastiado de todo. **-ant, e** a asqueroso, a, repelente: **c'est** ~!, ¡da asco!

dégrad/er t **1.** (quelqu'un) degradar. **2.** deteriorar. ■ **se** ~, deteriorarse. **-ation** f **1.** degradación. **2.** (détérioration) deterioro m.

dégrafer t desabrochar.

degré m **1.** grado: **un** ~ **au-dessous de zéro**, un grado bajo cero; **parvenir au premier** ~, parientes en primer grado. | **par degrés**, gradualmente. **2.** (marche) peldaño.

dégressif, ive a decreciente.

dégringoler t FAM caer. ■ i **les** ~ **l'escalier**, rodar por las escaleras. **-ade** f caída.

dégrossir t desbastar, afinar.

déguenillé, e [degnije] a andrajoso, a, harapiento, a.

déguerpir t largarse, huir, salir pitando.

déguis/er t disfrazar. ■ **se** ~ **en fée**, disfrazarse de hada. **-ement** m disfraz.

déguster t 1. (goûter) catar, probar. 2. (savourer) saborear. -ation f 1. (d'un vin) cata. degustación.

déhancher (se) pr contonearse.

dehors [dəɔr] adv fuera, afuera. | en ~ de, fuera de. ■ m exterior: se pencher au ~, asomarse al exterior; au-dehors, fuera. ■ pl apariencias: sous des ~ agréables, bajo apariencias agradables.

déjà adv ya: j'ai fini, ya he terminado; ~ six heures!, ¡ya son las seis!; ¡las seis ya!

¹**déjeuner** i 1. (matin) desayunar. 2. (midi) almorzar, comer.

²**déjeuner** m 1. petit ~, desayuno. 2. (midi) almuerzo, comida f.

delà prép/adv par-delà les mers, allende los mares; au-delà, más allá, allende; au-delà du pont, más allá del puente. ■ m l'au-delà, el más allá.

délabrer t arruinar, deteriorar. ■ se ~, arruinarse: vieille maison délabrée, vieja casa desvencijada. -ement m ruina f.

délacer t ~ ses chaussures, desatar se los zapatos.

délai m 1. plazo: dans un ~ d'un mois, en el plazo de un mes; à bref ~, a breve plazo. 2. demora f, dilación f: sans ~, sin demora.

délaisser t abandonar.

délasser t descansar. ■ se ~, descansar. -ement m descanso, recreo.

délaver t deslavar. -é, e a descolorido, a.

délayer [deleje] t 1. desleír, diluir. 2. (discours, pensée) diluir. -age m (remplissage) FIG relleno. 2. Délaiement... ripio.

délecter (se) pr deleitarse. -able a deleitoso, a.

délégu/er t delegar. -ation f delegación. -ué, ée a/s delegado, a. | ~ syndical, enlace sindical.

délétère a deletéreo, a.

délibération f deliberación.

délibéré, e a deliberado, a. | de propos ~, adrede. -ément adv deliberadamente.

délibérer i deliberar.

délicat, e a delicado, a. -ement adv delicadamente. -esse f delicadeza.

délice m delicia f: ce gâteau est un ~, este pastel es una delicia. -ieux, euse a 1. delicioso, a. 2. (un mets) delicioso, a, rico, a.

délier t 1. desatar. 2. FIG avoir la langue bien déliée, no tener pelos en la lengua.

délimiter t delimitar.

délinqu/ant, e a/s delincuente. -ance f delincuencia.

délire m delirio. -ant, e a 1. délirante m delirio. 2. joie délirante, alegría desbordante. -er i delirar, desvariar.

délit m delito.

délivr/er t 1. librar, libertar. 2. (d'une crainte, d'un mal) librar. 3. ~ un certificat, un passeport, expedir un certificado, un pasaporte. -ance f 1. liberación. 2. (soulagement) alivio m. 3. (remise d'un passeport, etc.) entrega.

déloger t desalojar, expulsar.

déloyal/al, e [delwajal] a desleal. -auté f deslealtad.

delta m delta.

deltaplane m ala f delta.

déluge m diluvio. | cela remonte au déluge, esto es de tiempos de Maricastaña.

déluré, e a vivo, a, despabilado, a.

démago/gie f demagogia. **-gique** a demagógico. **-gue** m demago-go.

demain adv/m mañana: ~ **matin,** mañana por la mañana; ~ **en huit,** de mañana en ocho días; **à** ~, hasta mañana. **après-demain,** pasado mañana.

demande f petición: **à la** ~ **géné-rale,** a petición general. | ~ **d'emploi,** solicitud de empleo. **l'offre et la** ~, la oferta y la demanda. 3. (ques-tion) pregunta.

demander t 1. pedir: ~ **la permis-sion,** pedir permiso; **je vous deman-de de vous taire,** le pido que se calle. 2. (questionner) preguntar: **je lui ai demandé pourquoi il n'était pas venu,** le pregunté por qué no había venido. 3. requerir: **cela demande du temps,** eso requiere tiempo. 4. **on vous demande au téléphone,** le llaman al teléfono. ■ **se** ~, preguntarse.

demandeur m ~ **d'asile, d'emploi,** solicitante de asilo, de empleo.

démangeaison f [demãʒɛz] comezón, pica-zón.

démang/er° i picar, dar picor. **-eai-son** f picar, dar picor.

démanteler t (un gang) desarticular.

démantibuler t FAM romper, des-componer, descuajaringar.

démaquillant m desmaquillador.

démaquiller t desmaquillar: **se** ~, desmaquillarse.

démarcation f demarcación.

démarche f 1. paso m, andares pl: **une** ~ **légère,** unos andares ligeros. 2. diligencia, gestión, trámite m: **faire des** ~, hacer diligencias, ges-tiones. **-eur** m vendedor a domici-lio.

démarque f COM rebaja.

démarr/er i 1. arrancar: **l'auto démarre,** el coche arranca. 2. (une affaire) ponerse en marcha. **-age** m

démêler t 1. (cheveux, fils) desen-marañar. 2. FIG desembrollar, des-enredar.

démembrer t desmembrar. **-ement** m desmembración.

déménag/er° i 1. mudarse: **nous déménageons ce mois-ci,** nos mudamos de casa este mes. 2. FAM **tu déménages!** ¡dispa-ratas! **-ement** m mudanza: **-eur** m mozo de mudanzas.

démence f demencia, locura.

démener (se)° pr agitarse, ajetre-arse.

dément, e a/s demente.

dément/ir t desmentir, contrade-cir. ■ **se** ~, desdecirse: **-i** m menti-ra.

démesuré, e a desmedido, des-mesurado. **-ment** adv desmesu-radamente.

démettre (se)° pr 1. **se** ~ **la chevi-lle,** dislocarse el tobillo. 2. **se** ~ **de ses fonctions,** dimitir de su cargo.

demeurant (au) loc adv en fin de cuentas.

demeure f 1. morada. 2. (logement) vivienda. 3. **à** ~, para siempre.

demeurer i 1. (res-ter) quedar, permanecer. 2. (resi-der) residir, vivir.

demi, e a medio, a: **il est deux heu-res et demie,** son las dos y media; **à** ~ **mort,** medio muerto; **à** ~, **faire les choses à** ~, hacer las cosas a medias. ■ m 1. medio. 2. (de bière) caña f: **un** ~, una caña. ■ **il est la demie,** es la media.

demi-cercle m semicírculo.

demi-douzaine f media docena.

demi-finale f semifinal.

demi-frère m hermanastro.

demi-heure f media hora: dans une ~, dentro de media hora.

demi-litre m medio litro.

demi-mesure f FIG término m medio, paliativo m.

demi-mot (à) loc adv a medias palabras.

demi-pension f media pensión. **-naire** s medio pensionista.

demi-place f medio billete m.

demi-saison f entretiempo m.

demi-sœur f hermanastra.

demi-tarif m media tarifa f.

demi-tour m media vuelta f: faire ~, dar media vuelta.

démobiliser t desmovilizar. **-ation** f desmovilización.

démocrate a/s demócrata. **-ique** a democrático, a.

démocratie [demɔkrasi] f democracia.

démodé, e a pasado, a de moda, anticuado, a.

démographie f demografía.

demoiselle [dəmwazɛl] f 1. señorita. 2. ~ d'honneur, dama de honor.

démolir t 1. derribar. 2. (projets) destrozar. 3. (mettre en pièces) echar por tierra. **-ition** f derribo m. | chantier de ~, derribo m. | pl derribos m.

démon m demonio.

démonstrateur, trice s demostrador, a.

démonstratif, ive a 1. (en gram.) démostrativo, a. 2. expresivo, a.

démonstration f demostración.

démonter t 1. desmontar, desarmar. 2. mer démontée, mar enfurecida. 3. (troubler) desconcertar, turbar: il ne se démonte pas pour si peu, no se inmuta por tan poca cosa. ■ se ~, inmutarse, alterarse. **-able** a desmontable. **-age** m

démontrer t demostrar.

démoraliser t desmoralizar. **-ant, e** a desmoralizador, a. **-ation** f desmoralización.

démunir (se) pr desprenderse: | démuni de, desprovisto de.

dénaturer t 1. desnaturalizar: | fils dénaturé, hijo desnaturalizado. 2. (propos, etc.) tergiversar.

dénégation f denegación.

dénicher t 1. sacar del nido. 2. (trouver) encontrar, hallar.

dénier t denegar.

dénigrer t denigrar, desprestigiar. **-ement** m desprestigio.

dénivellation f desnivel m.

Denis, e n p Dionisio, a.

dénombrer t 1. enumerar. 2. (recenser) hacer el censo de. **-ement** m 1. enumeración f 2. (recensement) censo, empadronamiento.

dénominateur m denominador.

dénomination f denominación.

dénommer t 1. denominar. 2. le dénommé Marc, el llamado Marcos.

dénoncer t 1. denunciar. **-iateur, -iatrice** a/s denunciador, a. **-iation** f denuncia, denunciación.

dénoter t denotar.

dénouer t 1. desanudar, desatar. 2. FIG resolver. **-ement** m desenlace.

dénoyauter [denwajote] t deshuesar.

denrée f producto m, género m. | denrées alimentaires, comestibles m, productos alimenticios.

dense a denso, a. **-ité** f densidad.

dent f 1. ~ de lait, diente de leche; | coup de ~, dentellada f 2. muela: ~ de sagesse, muela del juicio; mal aux dents, dolor de muelas | Fig être sur les dents, ir de cabeza; avoir la ~, tener carpanta. 3. (d'une scie, roue) diente m. -aire a dental. -é, -ée a roue dentée, rueda dentada. -elé, -ée a dentado, a. -elle f encaje m, -ière f encaje-

ra.

dentelure f borde m dentado.

dentier m dentadura f postiza.

dentifrice a/m dentífrico, a.

dentiste s dentista.

dentition f 1. dentición. 2. (dents) dentadura.

dénuder t 1. desnudar. 2. crâne, terrain dénudé, cabeza pelada, terreno pelado.

dénué, e a 1. ~ de ressources, falto de recursos. 2. ~ de raison, privado de razón; -d'intérêt, carente de interés. -ment m miseria f, indigencia f.

déodorant m desodorante.

déontologie f deontología.

dépanner t 1. reparar, arreglar. 2. FAM sacar de apuros, aviar. -age m reparación f. -eur m reparador, mecánico. -euse f grúa remolque.

départ m 1. salida f: le ~ du train, la salida del tren | être sur le ~, estar a punto de partir 2. comienzo m. | point de ~, punto de partida.

départager t desempatar.

département m departamento.

dépasser t 1. ~ une voiture, adelantar un coche. 2. ~ une limite, rebasar un límite; | il me dépasse de trois centimètres, me lleva, me sobrepasa tres centímetros; le trajet ne dépasse pas une heure, el tra-

yecto no dura más de una hora. 3. ~ en intelligence, superar en inteligencia. 4. cela me dépasse, eso me puede, no me lo creo. ■ i sobrepasar. -é, e (dépassé) a desfasado, a, anticuado, a.

dépayser t desorientar.

dépecer t despedazar.

dépêche f 1. despacho m. 2. telegrama m.

dépêcher (se) pr apresurarse, darse prisa: je me dépêche de ..., me apresuro a ...; dépêche-toi!, ¡date prisa!

dépeindre t describir.

dépeigner t despeinar.

dépénaliser t despenalizar.

dépendance f 1. ~ de, dependencia. 2. FAM dependencia f.

dépendre i 1. ~ de, depender de; ça dépend, eso depende, según. -ant, e a dependiente.

dépens [depã] m pl aux ~ de, a expensas de; à ses ~, a costa suya.

dépense f gasto m. ■ pr cet enfant a besoin de se ~, este niño necesita gastar. -er t gastar. -ier, ère a/s gastador, a.

dépérir i desmedrar, debilitarse.

dépeupler t despoblar. -ement m despoblación f.

dépister t descubrir. -age m MED cribado.

dépit [depi] m despecho. | en ~ de, pese a, a pesar de; à despecho de; en ~ du bon sens, atropelladamente.

déplacer t 1. desplazar, trasladar. 2. (une question) desviar ■ se ~, desplazarse, trasladarse. -é, -ée a 1. personas desplazadas. 2. propos déplacés, palabras fuera de lugar. -ement m desplazamiento | en ~, de viaje.

déplaire t disgustar, desagradar. ■ pr il se déplaît ici, no está a gusto aquí. -sant, e a desagradable.

dépliant m prospecto, folleto.

déplorer t deplorar, lamentar. -able a deplorable, lamentable.

déployer [deplwaje] t 1. desplegar. 2. (montrer) hacer alarde de.

dépoli, e a verre ~, vidrio esmerilado.

déporter t 1. deportar. 2. (véhicule) desviar. -ation f deportación.

déposer t 1. depositar. 2. (déposez-le) deponer. 3. ~ ici, déjeme aquí. 3. ~ une plainte, presentar una denuncia. 4. ~ les armes, deponer las armas. 5. marque déposée, marca registrada. ■ se ~, depositarse. -itaire s depositario, a. -ition f deposición.

dépôt [depo] m depósito.

dépouille f ~ mortelle, despojos m pl, restos m pl mortales.

dépouiller t 1. despojar. 2. (animaux) desollar. 3. (un texte) examinar. 4. (un livre) vaciar. 5. ~ le scrutin, hacer el escrutinio. 6. ~ style, estilo escueto. ■ se ~, despojarse. -ement m (élections) escrutinio, recuento de votos.

dépourvu, e a 1. ~ de, desprovisto, a de, carente de. 2. prendre au ~, coger desprevenido.

déprécier t/s despreciar, desvalorizar. -ation f depreciación.

dépressif, ive a/s depresivo, a.

dépression f depresión.

déprimer t deprimir. -ant, e a deprimente. -e s FAM depre.

depuis [dəpµi] prép 1. (temps, lieu) desde: ~ quand?, ¿desde cuándo?. ~ toujours, desde siempre. 2. (temps) desde hace: ~ une heure.

desde hace una hora. ~ peu, desde hace poco. | ~ que, desde que. ■ adv on ne l'a pas vu ~, no se le ha visto después.

député m diputado.

déraciner t 1. desarraigar. 2. FIG un déraciné, un desarraigado.

dérailler i 1. descarrilar. 2. FAM il déraille!, ¡desvaría! -ement m descarrilamiento.

déraisonner i desatinar. -able a poco razonable.

déranger t 1. desarreglar, desordenar. 2. (gêner) molestar, estorbar: excusez-moi de vous ~, siento molestarle. | ça ne me dérange pas, no es ninguna molestia. ■ se ~, no se moleste usted. -ement m 1. desarreglo. | ligne téléphonique en ~, línea telefónica averiada. "en ~", "no funciona". 2. (gêne) molestia f. 3. (intestinal) descomposición f de vientre.

déraper i patinar, derrapar. -age m 1. patinazo. 2. (des prix) disparo.

dérégler t 1. desarreglar. 2. (mécanisme) desajustar. 3. desordenar: vie déréglée, vida desordenada. -ement m desarreglo, desorden.

dérider t alegrar.

dérision f irrisión. | tourner en ~, hacer burla de. -oire a irrisorio, a.

dérivatif m derivativo.

dérivation f derivación.

dérive f 1. aller à la ~, ir a la deriva. 2. (d'un avion) timón m de dirección. 3. MAR orza.

dériver t 1. derivar. 2. ~ de, derivarse de. ■ i desviar.

dermatologue s dermatólogo, a.

dernier, ère a 1. último, a: la dernière fois, la última vez. 2. pasado.

estar disconforme con, en des-acuerdo con.

désagréable *a* desagradable.

désagrég/er *t* disgregar. **-ation** *f* disgregación.

désagrément *m* disgusto, sinsa-bor.

désaltér/er *t* apagar la sed. ■ se ~, beber. **-ant, e** *a* refrescante.

désappointer *t* decepcionar, con-trariar. **-ement** *m* decepción *f*.

désapprobateur, trice *a* des-aprobador, a. **-ion** *f* desaprobación.

désapprouver *t* desaprobar.

désarm/er *t* desarmar. **-ement** *m* desarme.

désarroi *m* confusión *f*.

désastre *m* desastre. **-eux, euse** *a* desastroso, a.

désavantage *m* desventaja *f*. **-er** *t* perjudicar, desfavorecer. **-eux, euse** *a* desventajoso, a.

dés/avouer *t* desaprobar, desauto-rizar. ■ se ~, desdecirse, retractar-se. **-aveu** *m* desaprobación *f*.

désaxé, e *a* desequilibrado, a.

descend/ance *f* descendencia. **-ant, e** *s* descendiente.

descendre *i* 1. bajar: elle est des-cendue dans la rue, ha bajado a la calle; tout le monde descend!, ¡bajen todos!; je descends à la pro-chaine, me bajo en la próxima. 2. ~ à l'hôtel, parar en el hotel. 3. des-cender d'une famille noble, descende de una familia noble. ■ *t* 1. ~ l'escalier, bajar la escalera. 2. ~ la rivière, el río abajo. 3. ~ un avion, derribar un avión. 4. FAM (tuer) cargarse.

descente *f* 1. bajada. 2. (à ski) des-censo *m*. 3. ~ dangereuse, pendien-te peligrosa. 4. ~ de police, redada

a: le mois ~, el mes pasado; jeudi ~, el jueves pasado. **3. de la dernière importance**, de la mayor importan-cia ■ *s* 1. le ~ à partir, el último en marcharse. **2. le dernier-né**, el hijo último. **-èrement** *adv* últimamen-te.

dérob/er *t* hurtar, robar. ■ se ~ à, sustraerse a, esquivar. **-ade** *f* esca-patoria. **-é, ée** *a* 1. porte dérobée, puerta falsa. 2. à la dérobée a hur-tadillas, a escondidas.

dérouler *t* desenrollar. ■ se ~, cele-brarse, desarrollarse: la cérémonie s'est déroulée sans incident, la cere-monia se celebró sin incidente. **-ement** *m* desarrollo.

déroute *f* derrota.

dérouter *t* 1. desviar. 2. FIG descon-certar.

derrick *m* torre *f* de perforación, derrick.

derrière *prép* detrás de, tras: ~ la porte, detrás de la puerta. ■ *adv* detrás, atrás: aller ~, ir detrás; reste ~, quédate atrás. ■ *m* 1. parte *f* pos-terior. | pattes de ~, patas traseras. 2. (les fesses) trasero.

dés [de] *art déf* (= de les) de los, de las: le prix ~ oranges, el precio de las naranjas. ■ *art partitif* (ne se tra-duit pas) manger ~ fraises, comer fresas. ■ *art indéf* unos, as: vous êtes ~ menteurs, sois unos menti-rosos.

dès [de] *prép* 1. desde ~ le début, desde el comienzo. | ~ à présent, desde ahora; ~ lors, desde enton-ces. 2. ~ que je pourrais, tan pronto como pueda.

désabuser *t* desengañar.

désaccord [dezakɔr] *m* desacuerdo, disconformidad *f*. | être en ~ avec,

policiaca. **5.** ~ de croix, desprendimiento m. **6.** ~ de lit, alfombrilla.
f descripción.
descriptif, ive a descriptivo, a.
-ion f descripción.
désemparé, e a perdido, a.
déséquilibre m desequilibrio. **-er**
t desequilibrar. **-é, ée** a/s desequilibrado, a.
désert, e a/m desierto, a.
déserter t abandonar. ■ i desertar.
-eur m desertor. **-ion** f deserción.
désertique a desértico, a.
désespérer t/i desesperar. ■ se ~,
desesperarse. **-ant, e** a desespe-
rante. **-é, ée** a/s desesperado, a.
désespoir m desesperación f. | être
au ~, estar desconsolado, a; en ~ de
cause, en último recurso.
déshabiller t desnudar. ■ se ~,
desnudarse. **-é** m deshabillé.
déshabituer t deshabituar.
désherber t desherbar.
déshériter t desheredar.
déshonneur m deshonra f.
déshonorer t deshonrar. **-ant, e** a
deshonroso, a.
déshydrate, é a deshidratado, a.
design [dizajn] m diseño.
désigner t designar. **-ation** f
designación.
désillusion f desilusión.
désinfecter t desinfectar. **-ion** f
desinfección. **-ant, e** a/m desinfec-
tante.
désintégrer t desintegrar. **-ation**
f desintegración.
désintéresser (se) pr desintere-
sarse. **-ement** m desinterés, desprendimiento.
désintoxication f desintoxicación.
désinvolte a desenvuelto, a. **-ure**
f desenvoltura, desenfado m.

désir m deseo. **-able** a deseable.
désirer t desear. | laisser à ~, dejar bas-
tante que desear. **-eux, euse** a
deseoso, a.
désister (se) pr desistir, renunciar.
désobéir i ~ à un ordre, desobede-
cer una orden. **-issance** f desobe-
diencia. **-issant, e** a desobediente.
désobliger t disgustar. **-eant, e** a
desobligante, e
désodorisant, e a/m desodorante.
désœuvré, e a/s desocupado, a.
-ement m ociosidad f, ocio.
désoler t afligir, desconsolar. | je
suis désolé, mais ..., lo siento
mucho, pero ... je suis désolé de ne
pas pouvoir ..., siento mucho no
poder ... ■ se ~, afligirse. **-ant, e** a
triste. **-ation** f desolación. **-é, ée** a
(endroit) desolado, a.
désopilant, e a jocoso, a, desopi-
lante.
désordonné, e a desordenado, a.
désordre m desorden.
désorganiser t desorganizar.
désorienter t desorientar.
désormais [dezɔrmɛ] adv en adelante.
désosser t deshuesar.
despote m déspota. **-ique** a des-
pótico, a. **-isme** m despotismo.
dessécher t desecar, secar. **-éche-
ment** m desecación f.
dessein m propósito, designio,
intención f. | dans le ~ de, con el
propósito de. | à ~, adrede, aposta.
desserrer t aflojar. | ne pas ~ les
dents, no despegar los labios.
dessert m postre; | comme ~, de pos-
tre; au ~, a los postres.
desservir t **1.** ~ la table, quitar la
mesa. **2.** un autocar dessert ce village, un autocar lleva a este pueblo.

3. ~ **une paroisse**, servir una parroquia. 4. *(nuire)* perjudicar.

dessin m 1. dibujo: **dessins animés**, dibujos animados. 2. ~ **industriel**, diseño. 3. contorno. **-er** t dibujar. ■ **se ~**, destacarse, perfilarse. **-ateur, trice** s dibujante. | ~ **industriel**, delineante.

dessous [dəsu] adv debajo. | **en ~**, debajo; **par-dessous**, por debajo; **au-dessous de**, debajo de; **dix degrés au-dessous de zéro**, diez grados bajo cero. ■ m **le ~**, la parte inferior. | **avoir le ~**, hallarse en desventaja. ■ pl 1. **des ~ en soie**, ropa f sing interior de seda. 2. **les ~ de la politique**, los arcanos de la política.

dessous-de-plat [dəsudpla] m salvamanteles.

dessous-de-table m soborno.

dessus [dəsy] adv encima. | **en ~**, encima; **au-dessus de**, encima de; **dix degrés au-dessus de zéro**, diez grados sobre cero; **par-dessus tout**, por encima de todo. ■ m **le ~**, la parte de arriba. | **avoir le ~**, llevar la ventaja; **reprendre le ~**, rehacerse; **dessus-de-lit** m, cubrecama, colcha f.

destin m destino, hado.

destinat/ion f destino m: **à ~ de**, con destino a; **arriver à ~**, llegar a su destino. **-aire** s destinatario, a.

destinée f destino m, hado m.

destiner t destinar. ■ pr **elle se destine à l'enseignement**, piensa dedicarse a la enseñanza

destituer t destituir.

destruc/tion f destrucción. **-teur, trice** a/s destructor, a.

désu/et, ète [desɥɛ, ɛt] a anticuado, a. **-étude** f **tomber en ~**, caer en desuso.

désunir t desunir.

détach/age m limpiado. **-ant** m quitamanchas.

détaché, e a 1. **pièces détachées**, piezas de recambio. 2. **ton ~**, tono indiferente.

détachement m 1. desapego, indiferencia f. 2. MIL destacamiento.

¹**détacher** t 1. soltar, desatar: ~ **un chien**, soltar un perro. 2. *(décoller)* despegar. 3. FIG apartar, separar. ■ **se ~**, destacarse: **couleur qui se détache sur le fond blanc**, color que se destaca sobre el fondo blanco.

²**détacher** t *(nettoyer)* limpiar.

détail [detaj] m 1. detalle, pormenor. | **en ~**, detalladamente. 2. COM **venta** f al por menor, menudeo. | **au ~**, al por menor, al detalle. **-lant, e** s detallista. **-ler** t 1. *(vendre)* vender al por menor, detallar. 2. *(raconter)* detallar, pormenorizar.

détaler i FAM tomar el portante, huir.

détaxe f desgravación.

détective m detective.

déteindre° i desteñirse.

détendre t 1. aflojar. 2. FIG calmar. ■ pr 1. **le ressort s'est détendu**, el muelle se ha aflojado. 2. *(une personne)* relajarse: **détends-toi**, relájate. | **visage détendu**, cara descansada.

détenir° t 1. guardar, tener. 2. *(un record)* poseer. 3. *(en captivité)* mantener preso, a.

détente f 1. distensión. 2. *(sports)* resorte m. 3. *(repos)* descanso m. 4. *(d'une arme à feu)* disparador m.

détention f 1. detención, prisión: ~ **provisoire**, prisión preventiva. 2. *(d'armes)* tenencia.

détenu, e s detenido, a, preso, a.

détergent, e a/m detergente.

détérior/er t deteriorar. **-ation** f deterioro m.

détermin/er t determinar. **-ation** f determinación.

déterrer t desenterrar.

détest/er t aborrecer, detestar. **-able** a detestable.

déton/er i detonar. **-ant, e** a detonante. **-ateur** m detonador. **-ation** f detonación, estampido m.

détonner i desentonar.

détour m rodeo: faire un ~, dar un rodeo; parler sans ~, hablar sin rodeos.

détourn/er t 1. desviar. 2. (des fonds) desfalcar. 3. (un avion) secuestrar. **-é, e** a indirecto, a. **-ement** m 1. desvío. 2. (de fonds) desfalco. 3. ~ d'avion, secuestro aéreo.

détraqu/er t descomponer, estropear. ■ se ~ l'estomac, descomponerse el estómago. **-é, ée** a descompuesto, a. ■ a/s (fou) desequilibrado, a, chiflado, a.

détremper t empapar, remojar.

détresse f 1. desamparo m. 2. (danger) peligro m.

détriment m au ~ de, en detrimento de.

détritus [detritys] m pl desperdicios, detritos.

détroit m estrecho.

détromper t desengañar. ■ pr détrompez-vous, desengáñese usted.

détrôner t destronar.

détruire° t destruir.

dette f deuda: faire des dettes, contraer deudas.

deuil [dœj] m 1. duelo. 2. (vêtements) luto: être en ~, ir de luto.

deux [dø] a/m 1. dos: ~ fois, dos veces; à ~, entre dos. | tous ~, ambos, los dos; des ~ sexes, de ambos sexos; ~ par ~, por parejas. 2. Philippe ~, Felipe segundo. **-ième** a/s segundo, a: au ~ étage, en el segundo piso. **-ièmement** adv en segundo lugar.

deux-pièces m (vêtement) dos piezas.

deux-roues m inv vehículo de dos ruedas.

dévaler i/t bajar rápidamente.

dévaliser t desvalijar.

dévalu/er t devaluar. **-ation** f devaluación.

devanc/er° t 1. ~ son siècle, adelantarse a su siglo. 2. (surpasser) aventajar. **-ier, ère** s antecesor, a.

devant prép 1. delante de: ~ la porte, delante de la puerta. 2. (en présence de) ante: ~ Dieu, ante Dios; égaux ~ la loi, iguales ante la ley. ■ adv delante. ■ m 1. delantera f. | pattes de ~, patas delanteras; prendre les devants, tomar la delantera. 2. au-devant de, al encuentro de.

devanture f escaparate m.

dévast/er t devastar, asolar. **-ation** f devastación.

déveine f FAM mala pata.

développ/er t 1. desarrollar. 2. (photo) revelar. **-ement** m 1. desarrollo. 2. (photo) revelado.

devenir° i 1. ~ fou, volverse loco; ~ riche, hacerse rico. 2. ~ président, llegar a ser presidente. 3. (passagèrement) ponerse: elle est devenue rouge, se puso colorada. 3. ser de: qu'allons-nous ~?, ¿qué va a ser de nosotros?; que devenez-vous?, ¿qué es de usted?

déverser t derramar, verter.

déviation f desviación, desvío m.

dévider t devanar.

dévier t desviar. ■ i desviarse.

devin m adivino.

devin/er t adivinar. **-ette** f adivinanza.

devis [dəvi] m presupuesto.

dévisager t mirar de hito en hito.

devise f 1. divisa, lema. 2. (mon-naie) divisa.

dévisser t destornillar.

dévoiler t descubrir.

¹devoir t 1. deber: il me doit mille euros, me debe mil euros. 2. (obli-gation) tener que, deber: je dois m'en aller, vous faire un aveu, me tengo que marchar, tengo que haceros una confesión; vous devriez lire ce roman, debería usted leer esta novela; tu aurais dû le dire avant, deberías haberlo dicho antes. 3. (supposition) deber de, haber de: il doit être tard, debe de, ha de ser tarde; (le futur peut expri-mer l'hypothèse) vous devez avoir faim, tendrá usted hambre. 4. dussé-je, aunque debiera.

²devoir m 1. deber: faire son ~, cumplir con su deber. 2. (scolaire) deber: faire ses devoirs, hacer los deberes.

dévorer t devorar.

dévot, e a/s devoto, a. **-ion** f devo-ción.

dévou/er (se) pr dedicarse, consa-grarse. **-é, ée** a adicto, a, fiel: un serviteur ~, un servidor fiel. **-ement** m 1. sacrificio. 2. abnega-ción f 3. consagración f

dextérité f destreza.

diab/ète m diabetes f **-étique** a/s diabético, a.

¹diable m diablo: que ~! ¡qué demonios!; ¡qué diablos!; habiter au ~, vivir en los quintos infiernos. **-otin** m diablillo.

²diable m (chariot) carretilla f

diabolique a diabólico, a.

diacre m diácono.

diadème m diadema f

diagnostic [djagnɔstik] m diagnós-tico. **-quer** t diagnosticar.

diagonale f diagonal.

diagramme m diagrama.

dialect/e m dialecto. **-al, -ale** a dia-lectal.

dialectique a dialéctico, a. ■ f dia-léctica.

dialogue m diálogo. **-er** i dialogar.

diamant m diamante.

diamètre m diámetro.

diane f MIL diana.

diapason m 1. diapasón. 2. FIG au ~ de, a tono con.

diaphragme m diafragma.

diapositive f diapositiva.

diarrhée f diarrea.

dictateur m dictador. **-orial, e** a **-uré** f dictadura.

dicter t dictar. **-ée** f dictado m.

diction f dicción.

dictionnaire m diccionario.

dicton m dicho, refrán.

didactique a didáctico, a.

dièse f/m MUS sostenido, a.

diète f dieta: être à la ~, estar a dieta

diététique a dietético, a. ■ f dieté-tica. **-icien, enne** s bromatólogo, a.

Dieu n p m Dios. l ~ merci!; ¡a Dios gracias!; le bon ~, Dios; mon ~!, ¡Dios mío! ■ m les dieux, los dio-ses.

diffamer t difamar. **-ation** f difa-mación. **-atoire** a difamatorio, a.

différé => **différer**.

différemment [diferamã] adv dife-rentemente.

différence f diferencia: à la ~ de, a diferencia de. **-ier** t diferenciar.

différend m desavenencia f

différent, e a diferente. | **différer** v/t différer | émission en différé; retransmission en différé. ◆ v/i différer en diferido; ~ à faire qch.

difficile a 1. difícil: ~ à faire, difícil de hacer. 2. exigente: faire le ~, ser exigente. □ **difficulté** f dificultad: faire des difficultés, poner dificul-tades.

difforme a deforme. **-ité** f defor-midad.

diffuser t 1. difundir. 2. (par radio) radiar. **-ion** f difusión.

digérer t digerir. **-estible** a digerible. **-tif, ive** a digestivo, a. ■ m licor digestivo. **-ion** f diges-tión.

digital, e a 1. empreintes digitales, huellas dactilares. 2. INFORM digital. □ (plante) digital, dedalera.

digne a digno, a. **-itaire** m digna-tario. **-ité** f dignidad.

digression f digresión.

digue f dique m.

dilapider t dilapidar. **-ation** f dilapidación.

dilater t dilatar. **-ation** f dilatación.

dilemme m dilema.

dilettante s diletante. **-isme** m diletantismo.

diligent, e a diligente. **-ence** f diligencia.

diluer t diluir.

dimanche m domingo: ~ dernier, el domingo pasado.

dimension f dimensión.

diminuer v/t 1. disminuir. 2. (prix) bajar: le café a diminué, el café ha bajado. **-é, ée** a 1. tricot ~, jersey menguado. 2. (physiquement) dismi-nuido, a, desmejorado, a. **-tif, ive** a/m diminutivo. **-tion** f 1. dismi-nución. 2. (d'un prix) rebaja.

dinde f 1. (en cuisine) pavo m. 2. ~**on** m pavo, **-onneau** m pavi-pollo.

¹**dîner** i cenar. ■ m cena.

²**dîner** m cena f: le ~, la cena. **-ette** f comidita.

dinguer i FAM envoyer ~, mandar al cuerno. **-go, -gue** a/s FAM chiflado, a, loco, a.

dinosaure m dinosaurio.

diocèse m diócesis f.

diphtérie [difteri] f difteria.

diphtongue [diftõg] f diptongo m.

diplomate a/m diplomático, a. **-ie** [diplomasi] f diplomacia. **-ique** a diplomático, a.

diplôme m diploma. **-é, ée** a/s diplomado, a, titulado, a.

dire t 1. decir: dites-lui de se taire, dígale que se calle; je vous l'avais bien dit!, ¡ya se lo había dicho!; il fallait le ~!, ¡haberlo dicho! | à vrai ~, a decir verdad; cela va sans ~, ni que decir tiene; c'est tout ~, con lo que dicho basta; il n'y a pas à ~, digan lo que digan; inutile de ~ que ..., ni qu'il le dise; à qui le dites-vous, dígamelo usted a mí; dis donc, oiga. 2. sonar: ce nom me dit quelque chose, me suena ese apelli-do. 3. on dirait que ..., parece que ... 4. aller au cinéma, ça ne me dit rien, no me apetece ir al cine. ■ au ~ de, al decir de.

direct, e [direkt] a/m directo, a. | retransmission en ~, retransmisión en directo. **-ement** adv directa-mente.

directeur, trice s director, a. □ 1. ligne directrice, línea directriz. 2. comité ~, directiva f, junta directi-va.

direction f 1. dirección. 2. (orienta-tion) dirección, rumbo m: en ~ de, en dirección a.

directive ∫ directiva. ■ pl directrices.
dirigeable [diriʒabl] m dirigible.
dirigeant, e [diriʒã, ãt] a/s dirigente.
-isme m dirigismo.
diriger t dirigir. ■ se ~, dirigirse.
discerne/r t discernir. **-ment** m
discernimiento.
disciple m discípulo.
discipline ∫ disciplina. **-er** t disci-
plinar.
discontinuer i sans ~, sin cesar.
discordant, e a discordante.
discorde ∫ discordia.
discothèque ∫ discoteca.
discours m discurso.
discrédit m descrédito. **-er** t desacreditar.
discret/ète, ète a discreto, a. **-ion** ∫
discreción.
discrimination ∫ discriminación.
-oire a discriminatorio, a.
discussion ∫ discusión. | pas de ~,
¡se acabó!, ¡basta!
discuter t/i discutir. **-able** a discu-
tible.
disette ∫ (famine) hambre.
disgrâce ∫ desgracia. **-ié, e** a
caído, a en desgracia.
disgracieux, euse a sin gracia.
disloquer t dislocar. **-cation** ∫ dis-
locación.
disons ⇒ **dire**.
disparate a heterogéneo, a, dispar.
inconexo, a.
disparition ∫ desaparición.
disparu, e a desaparecido, a. ■ s
difunto, a. | **soldat porté ~**, soldado
dado de baja.
dispensaire m dispensario, consultorio.
dispense ∫ dispensa.

dispenser 1. dispensar: **cet élève
est dispensé de gymnastique**, este
alumno está dispensado de hacer
gimnasia. 2. (accorder) dar, prodigar. ■ **se ~ de**, abstenerse de.
disper/ser t dispersar. ■ **se ~**, dis-
persarse, desperdigarse. **-ion** ∫ dis-
persión.
disponib/le a disponible. **-ilité** ∫
disponibilidad. | **en ~**, disponible. ■
pl disponibilidades.
dispos, e a en forma, dispuesto, a.
disposer t/i disponer: **les moyens
dont je dispose**, los recursos de que
dispongo. | **être bien, mal disposé**,
estar bien, mal dispuesto. ■ **se ~ à
partir**, disponerse a marchar.
dispositif m dispositivo.
disposition ∫ disposición. | **à la ~ de**,
a disposición de. ■ pl **prendre ses
dispositions**, tomar sus disposicio-
nes.
disproportion ∫ desproporción.
-né, e a desproporcionado, a.
dispute ∫ riña, disputa.
disputer t disputar. ■ pr **il
s'est disputé avec sa sœur**, ha reñido con su hermana.
disqualifier t descalificar.
disque m disco: **~ compact, dur**,
disco compacto, duro.
disquette ∫ disquete m.
dissemblable a desemejante, diferente, dispar.
dissection ∫ disección.
dissémin/er t diseminar. **-ation** ∫
diseminación.
dissension ∫ disensión.
dissentiment m disentimiento.
disser/ter i disertar. **-tation** ∫ diser-
tación.
dissid/ent, e a/s disidente. **-ence** ∫
disidencia.

dissimuler t disimular. ■ se ~, disimularse. **-ation** f disimulación.

dissiper t 1. (brouillard, soupçons, etc.) disipar. 2. (un élève) distraer. ■ pr 1. disiparse 2. (s'amuser) distraerse: élève dissipé alumno distraído. **-ation** f 1. disipación. 2. (d'un élève) falta de atención, indisciplina.

dissocier t disociar.

dissolu, e a disoluto, a.

dissolution f disolución.

dissolvant, e a/m disolvente. ■ m (pour les ongles) quitaesmalte.

dissonance f disonancia. **-ant, e** a disonante.

dissoudre° t disolver: pr le sucre se dissout dans l'eau, el azúcar se disuelve en el agua; assemblée dissoute, asamblea disuelta.

dissuader t disuadir. **-sion** f disuasión.

distance f distancia. | garder ses distances, guardar las distancias. **-er** t adelantar, dejar atrás.

distant, e a 1. distante: ~ de 10 mètres, distante 10 metros. 2. FIG reservado, a.

distendre t distender. ■ se ~, distenderse. **-sion** f distensión.

distiller t/i destilar. **-ation** f destilación. **-erie** f destilería.

distinct, e [distɛ̃, ɛkt] a distinto, a. **-ement** adv distintamente. **-if, ive** a distintivo, a.

distinction f distinción.

distingué, e a distinguido, a. | recevez l'assurance de mes sentiments distingués, queda de usted seguro servidor.

distinguer t distinguir. ■ se ~, distinguirse.

distraction f distracción.

distraire° t distraer. ■ se ~, distraerse, entretenerse. **-ait, e** a/s

distraído, a. **-ayant, e** [distrɛjɑ̃, ɑ̃t] a entretenido, a.

distribuer t distribuir. **-teur** m 1. distribuidor. 2. ~ automatique (banque) cajero automático; (expendedor) expendedor automático. **-tion** f 1. distribución, reparto m: la ~ du courrier, el reparto del correo. 2. (d'une pièce de théâtre, d'un film) reparto m. 3. (agencement d'un logement) distribución.

district [distʀikt] m distrito.

dit, e pp de **dire** ■ a 1. dicho, a. | aussitôt dit, aussitôt fait, dicho y hecho; autrement ~, dicho de otro modo; ce qui est ~ est ~, lo dicho. 2. Alphonse ~ le Sage, Alfonso, llamado el Sabio. 3. à l'heure dite, a la hora fijada.

diurne a diurno, a.

divaguer (déraisonner) desatinar, delirar. **-ation** f divagación.

divan m diván, sofá.

diverger° i divergir. **-ence** f 1. divergencia. 2. (d'opinions) discrepancia. **-ent, e** a 1. divergente. 2. opiniones divergentes, opiniones discrepantes.

divers, e a diverso, vario, a. **-ifier** t diversificar. **-ion** f diversión. **-ité** f diversidad.

divertir t divertir, distraer. ■ se ~, divertirse, distraerse, disfrutar. **-issant, e** a divertido, a. **-issement** m diversión f, recreo.

dividende m dividendo.

divin, e a divino, a. **-ité** f divinidad.

diviser t dividir. **-eur** m divisor. **-ion** f división.

divorce m divorcio. **-er** i divorciarse: ils ont divorcé, se han divorciado.

divulguer t divulgar.

dix [dis, di] a/m 1. diez: le ~ mars, el diez de marzo. 2. Charles ~, Carlos décimo.

dix-huit [dizɥit] a/m dieciocho. **-ième** a/s decimoctavo, a. | le ~ siè-cle, el siglo dieciocho.

dixième [dizjɛm] a/m décimo, a.

dix-neuf [diznœf] a/m diecinueve. **-ième** a/s decimonono, a. | le ~ siècle, el siglo diecinueve.

dix-sept [disset] a/m diecisiete. **-ième** a/s decimoséptimo, a. | le ~ siècle, el siglo diecisiete.

dizaine f 1. decena. 2. une ~ de jours, unos diez días.

do m mús do.

docile a dócil. **-ité** f docilidad.

dock [dɔk] m dock. **-er** [dɔkɛr] m descargador de muelle, estibador portua-rio.

docteur m doctor. **-oral**, e a docto-rado. **-oresse** f doctora.

doctrine f doctrina.

document m documento. **-aire** a/m documental. **-ation** f documen-tación. **-er** t documentar. ■ se documentarse.

dodeliner : ~ de la tête, cabecear.

dodo m FAM faire ~, dormir, aller au ~, irse a la cama.

dodu, e a rollizo, a, regordete, a.

dogme m dogma. **-atique** a dog-mático, a.

dogue m dogo.

doigt [dwa] m dedo. | ~ de pied, dedo del pie; petit ~, meñique; montrer du ~, señalar con el dedo; FIG être à deux doigts de, estar a dos dedos de; se mettre le ~ dans l'œil, equivocarse; savoir sur le bout du ~, saber al dedillo.

dois, doit, doivent ⇒ **devoir**.

dollar m dólar: cent dollars, cien dólares.

domaine m 1. (agricole) finca f. 2. (d'une science, etc.) hacienda f. | ~ public, dominio público, campo. 3. cela n'est pas de mon ~, esto no es de mi competen-cia.

dôme m cúpula f.

domestique a doméstico, a. ■ s criado, a.

domicile m domicilio: à ~, a domi-cilio. **-ié, e** a residente, domicilia-do, a.

dominer v t/i dominar. **-ant, e** a/f dominante, trice. **-ation** f dominio m.

dominicain, e a/s 1. (religieux) dominico, a. 2. (de la République Dominicaine) dominicano, a.

Dominique n p Domingo, a.

dominical, e a dominical.

domino m dominó.

dommage m 1. daño, perjuicio. | dommages et intérêts, daños y per-juicios. 2. c'est ~, es una lástima. quel ~!, ¡qué lástima!

dompter [dõte] t domar. **-eur, euse** s domador, a.

don m 1. donativo. | faire ~ de, hacer donación de. 2. (aptitude) don: ~ pour les langues, don para las lenguas.

donation f JUR donación. **-teur, trice** s donante.

donc [dõk] conj luego, pues: je pense ~ je suis, pienso luego existo. ■ adv ~, vous partez?, así pues, ¿se marcha usted?; mais tais-toi ~!, pero, ¡cállate!; asseyez-vous ~!, ¡siéntese usted!

donjon m torre f del homenaje.

données f pl 1. (d'un problème) datos m. 2. bases.

donner t **1.** dar; *je te le donne,* te lo doy | ~ **à boire,** dar de beber; ~ **à penser,** dar que pensar; ~ **de la tête contre,** dar de cabeza contra; ~ **dans le piège,** caer en la trampa; ~ **sur,** dar; *la fenêtre qui donne sur la mer,* ventana que da al mar; *10 euros, c'est donné!,* 10 euros, ¡está tirado!; **2.** echar; *quel âge lui donnez-vous?,* ¿qué edad le echa usted? **3.** *étant donné un carré* ..., dado un cuadrado ...; *étant donné que,* dado que; ■ se pr **1.** se ~ **à,** darse a. **2.** *s'en* ~, pasarlo en grande.

donneur m ~ **de sang,** donante de sangre.

Don Quichotte n p m Don Quijote. ■ *un* ~, un quijote.

dont pron rel **1.** *(personnes)* de quien, de quienes: *la femme* ~ *je parle,* la mujer de quien hablo. **2.** *(choses)* del cual, de la cual, de las cuales, del que, etc.: *la ville* ~ *je parle,* la ciudad de la que hablo; *ce* ~, de lo que. **3.** *(avec idée de possession)* cuyo, a, os, as: *mon voisin,* ~ *le fils est médecin,* mi vecino, cuyo hijo es médico; ~ *tu connais la femme,* a cuya mujer conoces **4.** *(d'où)* de donde.

doper t dopar. ■ **se** ~, doparse. **-age** m dopaje.

dorénavant adv en adelante.

dorer t dorar.

dorloter t mimar.

dormir i dormir; *l'enfant dort,* el niño duerme | ~ **debout,** caerse de sueño; ~ **sur ses deux oreilles,** dormir en paz. **-ant, e** a *eaux dormantes,* aguas estancadas. **-eur, euse** s dormilón, ona.

dorsal, e a dorsal.

dortoir m dormitorio.

dorure f dorado m.

dos [do] m **1.** *(de l'homme)* espalda f, espaldas f pl: *le* ~ *au feu,* de espaldas al fuego | *porter sur le* ~, llevar a cuestas; *de* ~, por detrás; *il est toujours sur mon* ~, está siempre encima de mí; *en avoir plein le* ~, estar hasta la coronilla; *se mettre quelqu'un à* ~, enemistarse con alguien. **2.** *(d'un animal, livre)* lomo. **3.** *(de la main, d'une page)* dorso. **4.** *(d'une chaise)* respaldo.

dosage m dosificación.

dose f dosis. **-er** t dosificar.

dossier m **1.** *(d'un siège)* respaldo. **2.** *(documents)* expediente, dossier.

dot [dɔt] f dote m/f.

doter t dotar.

douane f aduana. | *droits de* ~, derechos arancelarios. **-ier, ère** a aduanero, a, arancelario. ■ *barrière douanière,* barrera arancelaria. ■ m aduanero.

doublage m *(d'un film)* doblaje.

double a/m doble. ■ m **1.** *(duplicata)* doble. *en* ~, por duplicado. **2.** *(tennis)* doble. ■ adv *voir* ~, ver doble.

doubler t **1.** duplicar. **2.** ~ *une voiture,* adelantar un coche. *défense de* ~, prohibido adelantar. **3.** *(un vêtement)* forrar. **3.** *(un acteur)* sustituir. ■ *(un film)* doblar. ■ *les dépenses ont doublé,* los gastos se han duplicado.

doublure f **1.** forro m. **2.** *(acteur)* suplente m, doble m.

douce ⇒ **doux.**

douceâtre [dusatr] a dulzón, ona.

doucement adv **1.** suavemente. **2.** lentamente. | *tout* ~, despacito. **3.** *parlez* ~, hable bajito.

douceur f **1.** dulzura, dulzor m. **2.** (au toucher, du climat) suavidad. **3.** en ~, despacio ■ pl (friandises) golosinas.

douche f ducha. ■ **-er** se ~, ducharse. ■ se ~, duchar, tomar una ducha.

douille f casquillo m.

douillet, te a **1.** blando, a. **2.** (personne) delicado, a.

douleur f dolor m. **-oureux, euse** a doloroso, a.

doute m duda f. ■ il n'y a pas de ~, no cabe duda; sans ~, sin duda; sans aucun ~, sin duda alguna; mettre en ~, poner en duda, en tela de jui-cio.

douter i dudar: j'en doute, lo dudo; je n'en doute pas, no dudo de ello. ■ se ~, sospechar: je m'en doutais, lo sospechaba.

douteux, euse a dudoso, a.

doux, douce [du, dus] a **1.** (au goût) dulce. **2.** (au toucher) suave. **3.** (calme) manso, a. **4.** pente douce, cuesta suave. **5.** à feu ~, a fuego lento. **6.** en douce, a la chita callan-do.

douze a/m doce. **-aine** f **1.** docena | à la ~, por docenas. **2.** une ~ de, unos doce, unas doce: une ~ de jours, unos doce días. **-ième** a/s duodéci-mo, a | le ~ siècle, el siglo doce.

doyen, enne [dwajɛ̃, ɛn] s decano, a.

dragée f **1.** (bonbon) peladilla. **2.** (médicament) gragea.

drague f draga. **-er** t **1.** (rivière) dragar. **2.** FAM (racoler) ligar con.

drame m drama. **-atique** a dramá-tico, a. **-atiser** t dramatizar. **-aturge** m dramaturgo.

drap [dra] m **1.** (tissu) paño. **2.** (de lit) sábana f. ■ FAM être dans de beaux draps, estar aviado, a.

drapeau m bandera f | appeler sous les drapeaux, llamar a filas.

draper t revestir. ■ se ~, envolver-se. **-erie** f pl colgaduras. **-ier** m pañero, a.

dressage m doma f.

dresser t **1.** poner derecho, a. **2.** (la tête) levantar. **3.** (une tente) armar. **4.** (un plan) trazar, elaborar. **5.** (ani-maux) amaestrar, adiestrar, domar: ~ des fauves, domar fieras. ■ se ~, levantarse.

dresseur m domador.

droguer/se pr drogarse. **-erie** f droguería. **-iste** s droguista.

drogue f droga. **-é, e** s drogadic-to, a.

'droit, e a **1.** derecho, a: main droi-te, mano derecha. **2.** recto, a: ligne droite, línea recta. **3.** (esprit) espíri-tu recto. ■ adv recto: continuez tout ~, siga todo recto. ■ à droite, tuerza a la derecha, appu-yez sur la droite, cíñase a la dere-cha.

'droit m derecho: être dans son ~, estar en su derecho; les droits de l'homme, los derechos humanos; tu n'as pas le ~ de te plaindre, no tienes derecho a quejarte; à bon ~, con razón; de plein ~, con pleno derecho.

droiture f rectitud.

drôle a **1.** gracioso, a. | ce n'est pas ~, no tiene gracia. **2.** (bizarre) raro, a, extraño, a: un ~ de type, un tío raro | quelle ~ d'idée!, ¡qué idea más rara! | c'est un ~ de flemmard!, ¡menudo gandul es!; ~ d'histoire!, ¡menudo lío! **-ment** adv FAM **1.** extra-ñamente. **2.** FAM ~ sympathique.

muy simpático, la mar de simpático; **on s'est ~ ennuyé,** nos aburri-
mos de lo lindo. **-rie** f gracia.

dromadaire m dromedario.

dru, e a tupido, espeso, a. ■ adv
abundantemente.

du art (= de le) del: revenir ~ lycée,
volver del colegio. ■ art partitif (ne
se traduit pas) **boire ~ vin,** beber
vino. ⇒ **de.**

dû, e pp de **devoir.** ◻ a debido, a.
■ m voici votre ~, aquí está lo que
se le debe a usted.

duc m duque. **-ché** m ducado.
-chesse f duquesa.

duel m duelo, desafío.

dûment adv debidamente.

dune f duna.

dupe a engañado, a, fácil de enga-
ñar. | **je ne suis pas ~,** ya lo sé. **-er** t
engañar. **-erie** f engaño m.

duplex m dúplex.

duplicata m duplicado. **-eur** m
multicopista.

duplicité f doblez.

duquel pron rel del cual, del que: |
desquels, de los que.

dur, e a 1. duro, a. | être ~ d'oreille,
ser duro de oído. 2. ~ à avaler, difí-

cil de tragar. ■ adv travailler ~, trabajar firme. ■ f coucher sur la dure,
dormir en el suelo. ■ m FAM un ~,
un matón.

durable a duradero, a.

durant prep durante.

durcir t endurecer ■ i le ciment
durcit en séchant, el cemento se
endurece al secarse. **-issement** m
endurecimiento.

durée f duración.

durer i durar.

dureté f dureza.

durillon m callo.

duvet m 1. (des oiseaux) plumón. 2.
(poils) bozo. 3. (sac de couchage)
saco de dormir. **-é, ée, eux, euse**
a velloso, a.

dynamique a dinámico, a. **-isme**
m dinamismo.

dynamite f dinamita.

dynamo f dínamo.

dynastie f dinastía.

dysenterie f disentería.

dysfonctionnement m disfunción f.

dyslexique a/s disléxico, a.

E

e *m* e *f*: **un ~**, una e.

eau [o] *f* **1.** agua: **~ douce**, agua dulce; **~ chaude**, agua caliente. | **cours d'eau**, río; *FIG* **projet qui tombe à l'~**, proyecto que fracasa. **2. ~ de Cologne**, agua de Colonia. **3. ville d'eaux**, balneario *m*.

eau-de-vie [odvi] *f* aguardiente *m*.

eau-forte *f* aguafuerte *m*.

ébah/ir *t* pasmar, asombrar. **-issement** *m* asombro.

ébattre (s')° *pr* retozar.

ébauch/e *f* esbozo *m*, boceto *m*. **-er** *t* esbozar, bosquejar.

éb/ène *f* ébano *m*. **-éniste** *m* ebanista.

éblou/ir *t* deslumbrar. **-issant, e** *a* deslumbrador, a. **-issement** *m* deslumbramiento.

éboueur *m* basurero.

ébouillanter *t* escaldar.

éboul/er (s') *pr* derrumbarse, desprenderse. **-ement** *m* desprendimiento. **-is** *m* escombros *pl*.

ébouriffer *t* desgreñar.

ébranl/er *t* **1.** estremecer, sacudir. **2.** (*santé, moral*) quebrantar. ■ *pr* **le train s'ébranle**, el tren se pone en movimiento. **-ement** *m* sacudida *f*, estremecimiento.

Èbre *n p m* Ebro.

ébrécher° *t* mellar, desportillar: **couteau ébréché**, navaja mellada; **assiette ébréchée**, plato desportillado.

ébriété *f* embriaguez.

ébullition *f* ebullición.

écaill/e *f* **1.** (*de poisson*) escama. **2.** concha, carey *m*: **peigne en ~**, peine de concha. **-er** *t* (*un poisson*) escamar. ■ *pr* **la peinture s'écaille**, la pintura se descascarilla, se desconcha.

écarlate *a/f* escarlata. ■ *a* **devenir ~**, ruborizarse.

écarquiller *t* **~ les yeux**, abrir desmesuradamente los ojos.

écart *m* **1.** distancia *f*. **2.** intervalo. **3.** diferencia *f*. **4.** (*du corps*) esguince. | **le cycliste fit un ~**, el ciclista se echó a un lado. **5. se tenir à l'~**, mantenerse apartado. | **un endroit écarté**, un lugar apartado. **-ement** *m* distancia *f*.

écart/er *t* **1. ~ les jambes**, abrir las piernas. **2.** (*éloigner*) apartar. ■ **s'~ du sujet**, apartarse del tema. | **un endroit écarté**, un lugar apartado. **-ement** *m* distancia *f*.

ecchymose [ekimoz] *f* equimosis.

ecclésiastique *a/m* eclesiástico, a.

écervelé, e *a* atolondrado, a, ligero, a de cascos.

échafaud *m* cadalso, patíbulo.

échafaud/er *t FIG* combinar, echar las bases de. **-age** *m* **1.** andamio. **2.** (*amas*) pila *f*, montón.

échalote *f* chalote *m*.

échancr/er *t* escotar. **-ure** *f* escote *m*, escotadura.

échang/e *m* **1.** cambio: **en ~**, a cambio; **en ~ de**, a cambio de. **2.** intercambio: **échanges commerciaux, de politesses**, intercambios comerciales, de cumplidos. **-er** *t* **1. ~ des timbres, des impressions**, cambiar

sellos, impresiones. 2. (prisonniers, notes diplomatiques, bons) ~ contre, canjear por. -eur m cruce a distinto nivel, intercambiador.

échantillon m muestra f.

échappatoire f escapatoria, eludió m.

échappée f 1. (de coureurs) escapada. 2. (vue) vista.

échapper 1. échapper: ~ à un danger, escapar de un peligro. | laisser ~ un soupir, dejar escapar un suspiro; rien ne lui échappe, no se le escapa nada. 2. ~ des mains, irse de las manos. 3. votre nom m'échappe, no recuerdo su apellido. ■ pr le prisonnier s'est échappé, el prisionero se ha escapado.

écharpe f 1. faja. 2. le bras en ~, el brazo en cabestrillo. 3. (foulard) echarpe m. 4. (cache-col) bufanda.

échasse f zanco m.

échauder t escaldar.

échauffer t calentar. | s'~, calentarse. **-ement** m calentamiento.

échéance f 1. vencimiento m. término m. 2. à brève, longue ~, a corto, largo plazo.

échéant a le cas ~, si llega el caso.

échec m 1. (insuccès) fracaso. | tenir en ~, tener en jaque. ■ pl (jeu) ajedrez sing; jouer aux échecs, jugar al ajedrez.

échelle f 1. escalera. ~ double escalera de tijera. 2. escala: sur une grande ~, en gran escala; à l'~ mondiale, a escala mundial.

échelon m escalón m | escalonner **-ner** t escalonar.

échevelé, e a desgreñado, a.

échine f 1. espinazo m. 2. (boucherie) lomo m.

échiquier m tablero.

écho [eko] m eco. | se faire l'~ de, hacerse eco de.

échographie f ecografía.

échoir* t 1. tocar: le gros lot m'est échu, me ha tocado el gordo. 2. (un délai) vencer.

échouer t 1. (un navire) encallar. 2. fracasar: salir mal; projet qui échoue, proyecto que fracasa. | il a échoué à l'examen, le suspendieron en el examen. 3. nous avons échoué dans un self-service, hemos ido a parar a un autoservicio.

éclabousser t salpicar. **-ure** f salpicadura.

éclair m 1. relámpago. 2. (de génie) chispa f. 3. (gâteau) pastelillo de crema.

éclairage m alumbrado, iluminación f. | ~ électrique, alumbrado eléctrico. ~ insuffisant, iluminación insuficiente.

éclairci m escampada, claro m.

éclaircir t aclarar. | pr le temps s'est éclairci, se ha aclarado el tiempo. | s'~ la voix, aclararse la voz. **-issement** m aclaración f.

éclairer t 1. alumbrar, iluminar: ~ au néon, alumbrar con neón. 2. (expliquer) aclarar. ■ i cette lampe éclaire mal, esta lámpara alumbra mal. ■ s'~, alumbrarse. **-eur, euse** s explorador, a.

éclat m 1. ~ d'obus, casco de obús. | volar en éclats, estallar. 2. ~ de rire, carcajada f; rire aux éclats, reír a carcajadas. 3. (lumière) brillo. 4. esplendor, magnificencia f. 5. faire un ~, armar un escándalo.

éclatant, e a 1. (*son*) estrupepioso, a. 2. (*lumière*) brillante. 3. succès ~, éxito clamoroso.

éclater i 1. estallar, reventar. 2. ~ de rire, en sanglots, prorrumpir en carcajadas, en sollozos. 3. (*incendie, guerre, etc.*) estallar. **-ement** m estallido.

éclipse f eclipse m. ■ **-er** t eclipsar. s'~, eclipsarse, escabullirse.

éclopé, e a/s cojo, a.

éclore° i abrirse. **-sion** f nacimiento m.

écluse f esclusa.

écœurer t asquear, repugnar, dar asco. **-ant, e** a repugnante, asqueroso, a. **-ement** m asco, repugnancia.

école f escuela: ~ maternelle, escuela de párvulos. | faire l'~, formar escuela. **-ier, ère** s escolar, alumno, a.

écologie f ecología. **-ique** a ecológico, a. **-iste** a/s ecologista.

économe a económico, a. ■ s (*intendant*) ecónomo.

économie f economía. | faire des économies, ahorrar. **-ique** a económico, a. **-iser** t 1. economizar, ahorrar. 2. ~ son temps, ahorrar tiempo. **-iste** s economista.

écoper t (*l'eau*) achicar.

écorce f corteza.

écorcher t desollar. | ~ les oreilles, lastimar los oídos. s'~ le genou, arañarse la rodilla. **-ure** f desolladura.

écossais, e a/s escocés, esa.

Écosse n p f Escocia.

écosser t pelar, desgranar.

écouler t despachar, vender. ■ pr 1. (*liquides*) correr, fluir, derramarse. 2. (*temps*) transcurrir. **-ement** m 1. (*des liquides*) derrame, salida f. 2. (*d'une foule*) circulación f 3. (*des marchandises*) salida f, despacho. venta f.

écourter t acortar.

écoute f 1. à l'~ de, a la escucha de. 2. aux écoutes, al acecho. 3. indice d'~, índice de audiencia.

écouter t escuchar. | n'~ que d'une oreille, prestar poca atención; écoutez!, ¡oiga! **-eur** m (*téléphone*) auricular.

écoutille f MAR escotilla.

écrabouiller t FAM aplastar.

écran m pantalla f: le petit ~, la pequeña pantalla.

écraser t 1. aplastar. 2. (*en voiture*) atropellar: il s'est fait ~ par une voiture, ha sido atropellado por un coche. 3. écrasé de travail, agobiado de trabajo. □ pr 1. estrellarse: l'avion s'est écrasé, el avión se ha estrellado. 2. (*s'entasser*) estrujarse. **-ant, e** a aplastante. **-ement** m aplastamiento.

écrémer t desnatar: lait écrémé, leche desnatada.

écrevisse f cangrejo m de río.

écrier (s') pr exclamar.

écrin m 1. joyero 2. (*pour l'argenterie*) estuche.

écrire° i escribir: j'ai écrit une lettre à mon oncle, he escrito una carta a mi tío. □ pr ils s'écrivent tous les jours, se escriben todos los días. **écrit** m 1. escrito. | par ~, por escrito. 2. examen escrito. **-eau** m letrero. **-ure** f 1. escritura. 2. letra: avoir une belle ~, tener buena letra. 3. l'Écriture sainte, la Sagrada Escritura.

écrivain m escritor, a.

écrou m 1. tuerca f 2. levée d'~, puesta en libertad. **-er** t encarcelar.

écroul/er (s') *pr* **1.** hundirse, derrumbarse. **2.** (*personne*) desplomarse. **-ement** *m* hundimiento, derrumbamiento.

écu *m* escudo.

écueil [ekœj] *m* escollo.

écuelle *f* escudilla.

écum/e *f* **1.** (*mousse*) espuma. **2.** (*bave*) espumarajo *m*. **-er** *t* (*enlever l'écume*) espumar. ■ *i* espumear. | ~ **de rage**, estar uno que bufa. **-eux, euse** *a* espumoso, a. **-oire** *f* espumadera.

écureuil [ekyʀœj] *m* ardilla *f*.

écurie *f* **1.** (*local*) cuadra. **2.** (*de chevaux, voitures de course*) caballeriza.

écusson *m* emblema.

écuy/er [ekɥije] *m* **1.** (*cavalier*) jinete. **2.** (*de cirque*) caballista. **-ère** *f* amazona.

eczéma [egzema] *m* eccema.

édenté, e *a* desdentado, a.

édifi/er *t* edificar. **-cation** *f* edificación. **-ce** *m* edificio.

Édimbourg [edɛ̃buʀ] *n p* Edimburgo.

édit *m* edicto.

édi/ter *t* editar. **-teur, trice** *s* editor, a. **-tion** *f* edición. | **maison d'~**, editorial.

éditorial *m* editorial. **-iste** *s* editorialista.

édredon *m* edredón.

édu/quer *t* educar. **-cateur, trice** *s* educador, a. **-catif, ive** *a* educativo, a. **-cation** *f* educación.

effac/er° *t* borrar. ■ *pr* **1.** borrarse. **2.** (*pour laisser passer*) echarse a un lado. **-é, ée** *a* **1.** borrado, a. **2.** FIG modesto, a, retraído, a. **-ement** *m* **1.** borradura *f*. **2.** FIG reserva *f*.

effar/er *t* azorrar, asustar. **-ant, e** *a* increíble. **-ement** *m* azoramiento, susto.

effarouch/er *t* **1.** espantar. **2.** (*faire peur*) asustar. **-ement** *m* alarma *f*, miedo.

effectif, ive *a* efectivo, a. ■ *m pl* efectivos.

effectuer *t* efectuar.

efféminé, e *a* afeminado, a.

effervesc/ent, e *a* efervescente. **-ence** *f* efervescencia.

effet [efe] *m* **1.** efecto. | **à cet ~**, a tal efecto; **en ~**, en efecto; **faire de l'~**, causar efecto; **prendre ~**, surtir efecto. **2.** **~ de commerce**, efecto de comercio. ■ *pl* (*vêtements*) vestidos.

effeuiller *t* deshojar.

effica/ce *a* eficaz. **-ité** *f* eficacia.

effigie *f* efigie.

effilé, e *a* afilado, a, fino, a.

effilocher *t* deshilachar. ■ *s'~*, desflecarse.

efflanqué, e *a* flaco, a, enjuto, a.

effleurer *t* rozar.

effondr/er (s') *pr* hundirse, derrumbarse. **-ement** *m* hundimiento.

efforcer (s')° *pr* esforzarse: **il s'efforce de sourire**, se esfuerza en, por sonreír.

effort *m* esfuerzo.

effraction *f* fractura.

effranger° *t* desflecar.

effray/er [efʀeje] *t* espantar, asustar. **-ant, e** *a* espantoso, a.

effréné, e *a* desenfrenado, a.

effriter (s') *pr* desmenuzarse, pulverizarse.

effroi *m* terror, espanto.

effront/é, e *a* descarado, a, desvergonzado, a. **-ément** *adv* descaradamente. **-erie** *f* descaro *m*.

effroyable [efʀwajabl] *a* espantoso, a.

effusion *f* efusión.

égal, e a/s **1.** igual: deux nombres égaux, dos números iguales. **2.** ça m'est (bien) ~, me da igual, me es lo mismo. **-ement** adv igualmente. **-er** t igualar. | 2 et 2 égalent 4, 2 y 2 son 4.

égaliser t igualar. ■ i (sports) empatar.

égalit/é f **1.** igualdad. **2.** les deux équipes sont à ~, los dos equipos están empatados, están igualados. **-aire** a igualitario, a.

égard m consideración f. | à l'~ de, con respecto a; à cet ~, a este respecto; eu ~ à, teniendo en cuenta. ■ pl avoir des égards pour, tener miramientos, atenciones para.

égar/er t extraviar. ■ pr nous nous sommes égarés, nos hemos extraviado. **-ement** m perturbación f, ofuscación f.

égayer° [egeje] t alegrar.

églantier m escaramujo. **-ine** f gavanza.

église f iglesia.

égoïs/te a/s egoísta. **-me** m egoísmo.

égorger° t degollar.

égosiller (s') pr desgañitarse.

égout m alcantarilla f. **-ier** m alcantarillero.

égoutt/er t escurrir. ■ s'~, escurrirse. **-oir** m escurreplatos.

égratign/er t arañar, rasguñar. **-ure** f arañazo m.

Égypte n p f Egipto m.

égyptien, enne a/s egipcio, a.

eh! interj eh! | ~ bien!, ¡bueno!; ~ bien, peut-être, pues, quizá.

éject/er t expulsar. **-able** a eyectable.

élabor/er t elaborar. **-ation** f elaboración.

élaguer t podar, escamondar.

¹élan m **1.** impulso: prendre son ~, tomar impulso. **2.** FIG impulso, arrebato: ~ de générosité, impulso de generosidad.

²élan m (cerf) alce, anta f.

élancé, e a esbelto, a.

élancement m punzada f.

élancer i dar punzadas. ■ pr **1.** lanzarse, arrojarse, abalanzarse: il s'élança vers la sortie, se abalanzó hacia la salida. **2.** (s'élever) levantarse.

élarg/ir t **1.** ensanchar. **2.** FIG ampliar. **3.** (un prisonnier) poner en libertad. ■ s'~, ensancharse. **-issement** m **1.** ensanchamiento. **2.** ampliación f.

élasti/que a/m elástico, a. ■ m (ruban) goma f. **-cité** f elasticidad.

élect/eur, trice s elector, a. **-ion** f elección. **-oral, e** a electoral.

électr/icité f electricidad. **-icien** m electricista. **-ification** f electrificación. **-ifier** t electrificar. **-ique** a eléctrico, a. **-iser** t electrizar.

électroaimant m electroimán.

électrocardiogramme m electrocardiograma.

électrochoc m electroshock, electrochoque.

électrocut/er t electrocutar. **-ion** f electrocución.

électrode f electrodo m.

électroménager a/m appareil ~, aparato electrodoméstico; l' ~, los electrodomésticos.

électron m electrón. **-ique** a electrónico, a. ■ f electrónica.

électrophone m electrófono.

élég/ant, e a/s elegante. **-amment** adv elegantemente. **-ance** f elegancia.

élégie f elegía.

élément m elemento. **-aire** a elemental.

éléphant m elefante.

élevage m 1. cría f; l'~ du bétail, la cría del ganado. 2. un ~ de taureaux, una ganadería (de toros). 3. (de truites, etc.) criadero f, d'~, de crianza.

élévation f 1. elevación. 2. (de l'hostie) elevación, alzar m.

élévateur, trice a elevador, a.

élève s alumno, a, discípulo. **-er** t 1. elevar, levantar. 2. ~ la voix, le ton, alzar la voz, el tono. 3. (un enfant, un animal) criar: ~ au biberon, criar con biberón. 4. (la température) subir. 3. ascender: les dégats s'élèvent à un million, los daños ascienden a un millón. s'~, contre, protestar contra. **-eur, euse** s 1. criador, a. 2. (de bestiaux) ganadero, a.

éligible a elegible.

éliminer t eliminar. **-ation** f eliminación. **-atoire** a eliminatorio, a.

élire t elegir: il a été élu, ha sido elegido.

Elisabeth [elizabet] n p f Isabel.

élite f élite.

elle, elles pron pers f ella, ellas: (généralement omis, servent à insister: ~ est jolie, es bonita). ~ elle-même, ella misma.

ellipse f 1. (courbe) elipse. 2. (grammaire) elipsis.

élocution f elocución.

éloge m elogio : faire l'~ de, elogiar, encomiar a. **-ieux, euse** a elogioso, a.

éloigner t alejar, apartar. ■ s'~, alejarse, apartarse. **-é, ée** a lejano, a. **-ement** m alejamiento.

éloquent, e a elocuente. **-ence** f elocuencia.

élu, a/s elegido, a.

élucider t elucidar.

éluder t eludir.

Elysée n p m Eliseo. | Champs élysées, Campos Elíseos.

émacié, e a demacrado, a, emaciado, a.

émail [emaj] m esmalte. **-ler** t esmaltar. **-leur, euse** s esmaltador, a.

émanciper t emancipar. **-ation** f emancipación.

émaner t emanar.

émaux pl de émail.

emballer t 1. embalar, empacar. 2. ~ un moteur, embalar un motor. 3. FAM encantar, entusiasmar. ■ pr 1. (cheval) desbocarse. 2. (moteur) embalarse. 3. FAM entusiasmarse. **-age** m 1. embalaje. 2. (pour liquides) envase. **-ement** m FAM entusiasmo.

embarcadère m embarcadero.

embarcation f embarcación.

embardée f bandazo: faire une ~, dar un bandazo.

embargo m embargo.

embarquer t i/pr embarcar. **-ement** m 1. (personnes) embarco. 2. (marchandises) embarque.

embarras m 1. apuro; être dans l'~, estar en un apuro; tirer d'~, sacar de apuro. 2. perplejidad f. 3. ~ gastrique, desarreglo gástrico.

embarrasser t 1. estorbar: cette valise m'embarrasse, esta maleta me estorba. 2. (troubler) confundir.

turbar. | **un air embarrassé**, un aire confuso. **-ant, e** *a* embarazoso, a.

embauch/er *t* contratar, ajustar. **-e** *f*, **-age** *m* contratación *f*.

embaumer *t* embalsamar. ■ *i* oler muy bien: **ces roses embaument**, estas rosas huelen muy bien.

embell/ir *t* embellecer. ■ *i* **elle embellit de jour en jour**, cada día está más guapa. **-issement** *m* embellecimiento.

embêt/er *t* FAM fastidiar. ■ **s'~**, aburrirse. **-ant, e** *a* **1.** (*ennuyeux*) fastidioso, a, cargante. **2.** (*contrariant*) molesto, a. **-ement** *m* lío, contrariedad *f*.

emblée (d') *loc adv* de golpe.

emblème *m* emblema.

emboîter *t* **1.** encajar, ajustar. **2.** ~ **le pas à quelqu'un**, seguir los pasos a alguien.

embolie *f* embolia.

embonpoint *m* gordura *f*. | **prendre de l'~**, engordar.

embouchure *f* **1.** (*d'un fleuve*) desembocadura. **2.** (*d'un instrument de musique*) boquilla.

embouteill/er *t* embotellar. **-age** *m* (*d'une rue*) embotellamiento, atasco.

emboutir *t* **1.** (*métal*) embutir. **2.** **le camion a embouti la voiture**, el camión ha chocado contra el coche.

embranchement *m* **1.** ramificación *f*. **2.** (*bifurcation*) cruce, bifurcación *f*, empalme.

embras/er *t* abrasar, inflamar. **-ement** *m* **1.** incendio. **2.** iluminación *f*.

embrass/er *t* **1.** besar: ~ **sur la bouche**, besar en la boca. **2.** (*serrer dans ses bras*) abrazar. **3.** abarcar: **qui trop embrasse, mal étreint**, quien

mucho abarca, poco aprieta. ■ *pr* **ils s'embrassèrent tendrement**, se besaron con ternura. **-ade** *f* abrazo *m*, beso *m*.

embrasure *f* hueco *m*, vano *m*.

embray/er° [ãbʀeje] *t/i* embragar. **-age** *m* embrague.

embrocher *t* espetar, ensartar.

embrouiller *t* embrollar, enmarañar. ■ **s'~ dans ses explications**, embrollarse con sus propias explicaciones, liarse.

embruns *m pl* roción *sing* de las olas.

embryon *m* embrión.

embûches *f pl* dificultades, obstáculos *m*.

embuer *t* empañar.

embuscade *f* emboscada.

éméché, e *a* bebido, a, achispado, a.

émeraude *f* esmeralda.

émerger° *i* emerger.

émeri *m* esmeril.

émerveill/er *t* maravillar. **-ement** *m* admiración *f*.

émetteur, trice *a* emisor, a: **poste ~**, estación emisora. ■ *m* emisora *f*.

émettre° *t* emitir.

émeut/e *f* revuelta, motín *m*. **-ier, ère** *s* amotinador, a, amotinado, a.

émietter *t* desmigajar, migar.

émigr/er *i* emigrar. **-ant, e** *s* emigrante. **-ation** *f* emigración. **-é, ée** *s* emigrado, a.

émin/ent, e *f* eminente. **-emment** *adv* eminentemente. **-ence** *f* eminencia.

émir *m* emir. **-at** *m* emirato.

émissaire *m* emisario.

émission *f* emisión.

emmagasiner [ãmagazine] *t* almacenar.

emmancher [ãmãʃe] *t* poner un mango a.

Emmanuel, le *n p* Manuel, Manuela.

emmêler [ãmele] *t* enmarañar, enredar.

emménager° [ãmenaʒe] *i* instalarse.

emmener° [ãmne] *t* llevar, conducir: **il a emmené sa fille au cirque**, ha llevado a su hija al circo.

emmerd/er *t POP* jorobar. **-ant, e** pesado, a. **-eur, euse** *s* pelmazo, a.

emmitoufler [ãmitufle] *t* abrigar, arropar. ■ **s'~**, abrigarse.

émoi *m* emoción *f*.

émonder *t* podar, escamondar.

émot/ion *f* emoción. **-if, ive** *a/s* emotivo, a.

émousser *t* embotar.

émoustiller *t* alegrar.

émouv/oir° *t* emocionar, conmover. **-ant, e** *a* emocionante, conmovedor, a.

empailler *t (un animal)* disecar.

empaqueter° *t* empaquetar.

emparer (s') *pr* **s'~ de**, apoderarse de, adueñarse de.

empêch/er *t* impedir: **il m'empêche de parler**, me impide hablar. | **(il) n'empêche que ...**, eso no quita para que ... ■ *pr* **je n'ai pas pu m'~ de rire**, no pude remediar el echarme a reír. **-ement** *m* impedimento.

empereur *m* emperador.

empes/er° *t* almidonar. **-age** *m* almidonado.

empester *t/i* apestar.

empêtrer *t* **1.** trabar. **2.** *FIG* enredar.

empha/se *f* énfasis *m*. **-tique** *a* enfático, a.

empierrer *t* empedrar.

empiét/er° *i* **1. ~ sur**, desbordar en. **2. ~ sur un droit**, usurpar un derecho. **-ement** *m* usurpación *f*.

empiffrer (s') *pr FAM* atracarse.

empiler *t* **1.** apilar. **2.** *FAM (duper)* estafar. ■ **s'~**, amontonarse.

empire *m* imperio.

empirer *i* empeorar.

empirique *a* empírico, a.

emplacement *m* sitio.

emplâtre *m* emplasto.

emplette *f* compra: **faire ses emplettes**, ir de compras.

emploi *m* **1.** empleo: **~ du temps**, horario. **2.** *(situation)* empleo, destino: **offre d'~**, oferta de empleo. **3.** *(rôle)* papel.

employ/er° *t* emplear. **-é, ée** *s* empleado, a. | **~ de bureau**, oficinista. **-eur, euse** *s* patrono, a, empresario, a.

empocher *t* embolsarse.

empoigner *t* agarrar.

empoisonn/er *t* **1.** envenenar. **2.** *(odeur)* apestar. **3.** *FAM (ennuyer)* fastidiar, chinchar. ■ **s'~**, envenenarse. **-ant, e** *a FAM* pesadísimo, a. **-ement** *m* **1.** envenenamiento. **2.** *FAM* fastidio. **-eur, euse** *s* **1.** envenenador, a. **2.** *FAM* tostón, ona.

emport/é, e *a* violento, a, colérico, a. **-ement** *m* arrebato.

emporter *t* **1.** llevarse: **il a tout emporté chez lui**, se lo ha llevado todo a casa; **pizza à emporter**, pizza para llevar. **2.** *(arracher)* arrancar. **3. l'~ sur quelqu'un**, superar a alguien. ■ **s'~**, arrebatarse, encolerizarse.

empreinte *f* **1.** huella: **empreintes digitales**, huellas dactilares. **2.** *FIG* impronta.

empress/er (s') *pr* **1. s'~ de**, apresurarse de. **2. s'~ auprès de**, desvi-

virse por. **-é, ée** *a* **1.** afanoso, a. **2.** *(dévoué)* solícito, a, atento, a. **-ement** *m* diligencia *f*, afán.

emprisonn/er *t* encarcelar, aprisionar. **-ement** *m* encarcelamiento.

emprunt [ãprœ̃] *m* **1.** *(privé)* préstamo. **2.** *(public)* empréstito. **3. nom d'~**, nombre falso. **-er** *t* **1.** **~ de l'argent**, pedir dinero prestado. **2.** *(prendre)* tomar. **-eur, euse** *s* gorrón, ona.

empuantir *t* apestar.

ému, e *a* emocionado, a, conmovido, a.

émulation *f* emulación.

¹**en** *prép* **1.** *(lieu)* en: **être ~ Belgique**, estar en Bélgica. **2.** *(avec déplacement)* a: **aller ~ Amérique**, ir a América; **conduire ~ prison**, llevar a la cárcel. **3.** *(temps)* en: **né ~ 2001**, nacido en 2001; **~ été**, en verano. **4.** *(matière, couleur)* de: **sac ~ plastique**, bolsa de plástico; **~ jaune**, de amarillo. **5. agir ~ soldat**, actuar como soldado. **6** *devant un gérondif, ne se traduit pas*: **~ lisant**, leyendo, *ou se traduit par* al + *infinitif*: **~ arrivant**, al llegar.

²**en** *adv* de allí, de ahí: **j'~ viens**, de allí vengo. ■ *pron* **1.** *(= de cela)*, de él, de ella, de ello: **qu'~ pensez-vous?**, ¿qué piensa usted de ello? **2.** *(partitif, ne se traduit généralement pas)* **combien ~ voulez-vous?**, ¿cuántos quiere usted?; **j'~ veux deux**, quiero dos; **je n'~ peux plus**, no puedo más. **3. il y ~ a**, los hay, las hay.

encadr/er *t* encuadrar. **-ement** *m* **1.** *(cadre)* marco. **2.** *(des troupes, du personnel)* encuadramiento.

encaissé, e *a (rivière)* encajonado, a.

encaiss/er *t* **1.** cobrar. **2.** *FAM* **~ un coup**, encajar un golpe; **je ne peux pas l'~**, no le puedo tragar. **-ement** *m* cobranza *f*, cobro. **-eur** *m* cobrador.

en-cas [ãka] *m* tentempié, piscolabis.

encastrer *t* empotrar.

encaustique *f* encáustico *m*.

¹**enceinte** *f* **1.** cerco *m*, recinto *m*. **2.** **~ acoustique**, pantalla acústica.

²**enceinte** *a* **femme ~**, mujer embarazada.

encens [ãsã] *m* incienso. **-er** *t* incensar. **-oir** *m* incensario.

encéphale *m* encéfalo.

encercler *t* cercar, circundar.

enchaîn/er *t* encadenar. **-ement** *m* encadenamiento.

enchanté, e *a* encantado, a.

enchant/er *t* encantar. **-ement** *m* encanto. **-eur, eresse** *a/s* encantador, a.

enchère *f* puja. | **vente aux enchères**, subasta; **vendre aux enchères**, subastar, vender en pública subasta.

enchevêtr/er *t* enredar. **-ement** *m* confusión *f*.

enclave *f* enclave *m*.

enclin, e *a* inclinado, a, propenso, a.

enclos *m* cercado.

enclume *f* yunque *m*.

encoche *f* muesca.

encoignure [ãkɔɲyr] *f* **1.** rincón *m*. **2.** *(meuble)* rinconera.

encolure *f* **1.** cuello *m*. **2.** *(mesure)* medida del cuello.

encombr/er *t* estorbar, embarazar. **-ant, e** *a* voluminoso, a. **-ement** *m* **1.** estorbo. **2.** acumulación *f*. **3.** *(de voitures)* atasco.

encontre (à l') loc ~ de, en contra de.

encore adv 1. aún, todavía: il n'est pas ~ arrivé, no ha llegado todavía; elle est ~ jeune, aún es joven; pas ~, todavía no. 2. más: ~ un peu de café?, ¿un poco más de café?; ~ une fois, una vez más; mais ~?, ¿y qué más? 3. si ~, si al menos. 4. ~ que, aunque.

encourage/er t 1. alentar, animar. 2. à, incitar a 3. (favoriser) fomentar, estimular. -eant, e a alentador, a. -ement m 1. estímulo. 2. fomento.

encourir t incurrir en.

encrasser (s') pr ensuciarse.

encre f tinta: ~ de Chine, tinta china. -ier m tintero.

encyclopédie f enciclopedia. -ique a enciclopédico.

endetter (s') pr contraer deudas. | être endetté, estar lleno de deudas.

endiablé, e a endiablado, a.

endiguer t encauzar.

endimanché, e a endomingado, a.

endive f endibia.

endolori, e a dolorido, a.

endommager t dañar, estropear, deteriorar.

endormi/r t 1. ~ un enfant, dormir a un niño. 2. (anesthésier) anestesiar. 3. (la douleur) adormecer. 4. (ennuyer) aburrir. ■ pr je me suis endormi, me he dormido. -ant, e a soporífero, a. -i, ie a dormido, a.

endosser t 1. (vêtement) ponerse 2. (chèque) endosar.

endroit m 1. lugar, sitio: un ~ tranquille, un lugar tranquilo. 2. (partie) parte f. | par endroits, acá y allá. 3. (d'un tissu) derecho: remettre à l'~, poner del derecho. 4. à l'~ de, para con.

endui/re t ~ de, untar con. -it m enlucido.

endur/ant, e a resistente. -ance f resistencia.

endurcir t endurecer. -issement m endurecimiento.

endurer t soportar, aguantar.

énerg/ie f energía. -ique a enérgico, a.

énergétique a energético, a.

énerver t poner nervioso, a, irritar. ■ pr ne t'énerve pas!, ¡no te pongas nervioso, a!, -ant, e a irritante. -ement m nerviosidad f.

enfance f infancia: ami d'~, amigo de la infancia. | retomber en ~, chochear.

enfant s 1. niño, a: livres pour enfants, libros para niños; livres infantiles. 2. (fils, fille) hijo, a: il a trois enfants, tiene tres hijos; ménage sans enfants, matrimonio sin hijos. 3. ~ de chœur, monaguillo. ■ a bon ~, campechano, a, bonachón, ona.

enfanter t dar a luz. -ement m alumbramiento, parto.

enfantillage m niñería f.

enfantin, e a 1. infantil 2. (simple) muy fácil.

enfer [ãfɛr] m infierno. | bruit d'~, ruido infernal; d'~, genial.

enfermer t encerrar. ■ s'~, encerrarse.

enfilade f fila.

enfiler t 1. ~ une aiguille, enhebrar una aguja. ~ des perles, ensartar perlas. 2. ~ son pantalon, ponerse el pantalón. 3. (une rue) tomar.

enfin adv 1. por fin, al fin: ~ seuls!, ¡al fin solos! 2. (dans une liste) por último. 3. (bref) en fin.

enflammer t inflamar. ■ s'~, inflamarse.

enfler t 1. hinchar, inflar: joue enflée, mejilla hinchada. 2. ~ la voix, ahuecar la voz. ■ i hincharse: se me ha hinchado el tobillo, **-ure** f hinchazón.

enfoncer t 1. hundir. 2. (clou) clavar. 3. (chapeau) encasquetar. 4. (porte) derribar. ■ i/pr (dans la boue, etc.) hundirse. ■ pr s'~ dans un bois, internarse en un bosque. **-ement** m 1. hundimiento. 2. (renfoncement) hueco.

enfouir t enterrar.

enfourcher t ~ sa bicyclette, montar en su bicicleta.

enfourner t meter en el horno.

enfreindre t infringir.

enfuir (s')° pr huir.

enfumer t llenar de humo, ahumar.

engager t 1. (un objet, sa parole) empeñar. 2. (domestique, artiste) contratar. 3. (introduire) meter. 4. (discussion, négociations) entablar. ■ pr 1. comprometerse: il s'est engagé à m'aider, se ha comprometido a ayudarme; écrivain engagé, escritor comprometido. 2. s'~ dans, meterse en. 3. MIL alistarse. **-eant, e** a atractivo, a, prometedor, a. **-ement** m 1. compromiso: sans ~, sin compromiso. 2. (d'un acteur) contrata. 3. (combat) combate, encuentro.

englue f sabón m.

engendrer t engendrar.

engin m 1. artefacto. 2. MIL misil. pl 1. (de pêche) artes f. 2. engins blindés, vehículos blindados.

engloutir t 1. (avaler) engullir. 2. FIG tragar, tragarse.

engorger t atascar. **-ement** m atasco.

engouement [ãgumã] m apasionamiento, entusiasmo.

engouffrer (s') pr precipitarse.

engourdir (s') pr 1. entumecerse: doigts engourdis, dedos entumecidos. 2. FIG entorpecerse. **-issement** m 1. entumecimiento. 2. FIG entorpecimiento.

engrais m abono.

engraisser t/i engordar.

engrenage m engranaje.

engueuler t POP echar una bronca a. ■ s'~, regañar. **-ade** f bronca.

enhardir (s') pr atreverse.

énigme f enigma m. **-atique** a enigmático, a.

enivrer [ãnivre] t embriagar. **-ant, e** a embriagador, a. **-ement** m embriaguez f.

enjambée f tranco m, zancada. **enjamber** t saltar atravesar.

enjeu m puesta f.

enjôler t engatusar. **-eur, euse** a/s engatusador, a, zalamero, a.

enjoliver t adornar, embellecer. **-ure** f adorno m. **-eur** m (de roue) tapacubos.

enjoué, e a alegre, jovial. **-ement** m jovialidad f, buen humor.

enlacer t abrazar.

enlaidir t afear, hacer feo, a. ■ i volverse feo, a. **-issement** m afeamiento.

enlever t 1. (ôter) quitar. 2. (vêtement) quitarse: enlève ton manteau, quítate el abrigo. 3. (kidnapper) secuestrar, raptar. 4. (soulever) levantar. **-èvement** m 1. (rapt) secuestro. 2. (kidnapping) rapto, secuestro.

enliser (s') pr atascarse. **-ement** m hundimiento.

enluminure f 1. (art) iluminación. 2. miniatura.

enneig/é, e a nevado, a. **-ement** m estado de la nieve. | **bulletin d'~,** parte de nieve.

ennemi, e [ɛnmi] a/s enemigo, a.

ennoblir [ɑ̃nɔbliʀ] t ennoblecer.

ennui [ɑ̃nɥi] m 1. aburrimiento, fastidio. 2. (tracas) disgusto. ■ pl 1. problemas. 2. **ennuis d'argent,** apuros de dinero; **ennuis de santé,** achaques.

ennuy/er [ɑ̃nɥije] t 1. fastidiar. 2. contrariar. ■ s'~, aburrirse. **-eux, euse** a 1. (contrariant) fastidioso, a, molesto, a. 2. aburrido, a, pesado, a: **discours ~,** discurso pesado.

énonc/er° t enunciar. **-é** m enunciado. **-iation** f enunciación.

enorgueillir (s') [ɑ̃nɔʀgœjiʀ] pr engreírse, enorgullecerse.

énorm/e a enorme. **-ément** adv muchísimo: ~ **d'argent, de choses,** muchísimo dinero, muchísimas cosas. **-ité** f enormidad.

enquérir (s')° pr ~ **de,** informarse sobre, preguntar por.

enquêt/e f 1. (sondage) encuesta. 2. (de police) investigación, pesquisa. **-er** i investigar el caso, conducir una investigación.

enquiquiner t FAM chinchar, incordiar.

enraciner t arraigar. ■ s'~, arraigarse.

enrag/é, e a rabioso, a. ■ a/s fanático, a, entusiasta.

enrager° i rabiar.

enrayer t (stopper) detener, atajar: ~ **une épidémie,** atajar una epidemia. ■ s'~, encasquillarse.

enregistr/er t 1. registrar. 2. faire ~ **ses bagages,** facturar su equipaje. 3. (sur disque, bande, etc.) grabar. **-ement** m 1. ~ **des bagages,** facturación f del equipaje. 2. (son, images) grabación f. **-eur, euse** a/m registrador, a.

enrhumer (s') pr resfriarse, constiparse. | **être enrhumé,** estar resfriado.

enrich/ir t enriquecer. ■ s'~, enriquecerse. **-issant, e** a instructivo, a. **-issement** m enriquecimiento.

enrober t bañar.

enrôl/er t alistar. **-ement** m alistamiento.

enrou/é, e a ronco, a. **-ement** [ɑ̃ʀumɑ̃] m ronquera f. **-er (s')** pr enronquecerse.

enroul/er t enrollar. **-ement** m enroscadura f.

ensanglanter t ensangrentar.

enseignant, e a corps ~, personal docente. ■ pl profesores.

enseigne f letrero m, rótulo m: une ~ au néon, un letrero de neón.

enseign/er t/i enseñar. **-ement** m enseñanza f: ~ **secondaire,** enseñanza media.

ensemble adv 1. juntos, as: **ils travaillent ~,** trabajan juntos. 2. (simultanément) a un tiempo. ■ m 1. conjunto. | dans l'~, en líneas generales, en conjunto. 2. **grand ~,** urbanización f.

ensemencer° t sembrar.

ensevelir t 1. amortajar. 2. (enfouir) sepultar.

ensoleillé, e a soleado, a.

ensorceler t hechizar, embrujar.

ensuite adv después, luego, a continuación.

ensuivre (s')° pr resultar.

entaill/e f corte m. **-er** t cortar.

entamer t 1. (commencer) empezar. 2. ~ **une conversation,** entablar una conversación.

entasser t amontonar. ■ s'~, amontonarse; (personnes) apiñarse.

entendement m entendimiento.

entendre t 1. oír: j'entends des pas, oigo pasos; j'ai entendu dire que ..., he oído decir que ... 2. (comprendre) comprender, entender: bien **entendu!**, ¡por supuesto!; ¡desde luego! ■ i oír: il entend mal, oye mal. ■ pr 1. elle ne s'entend pas avec sa bru, no se entiende con su nuera. 2. s'y ~ en ~, entender de. 3. cela s'entend, desde luego.

entente f 1. armonía. 2. acuerdo m, alianza. 3. mot à double ~, palabra de doble sentido.

entériner t enterar. -**ement** m enterramiento.

entérite f enteritis.

enterrer t enterrar. -**ement** m entierro.

en-tête m 1. papier à ~, papel con membrete. 2. encabezamiento.

entêter (s') pr ~ à, obstinarse, empecinarse en. -**é, ée** a testarudo, a, terco, a. -**ement** m testarudez f, terquedad f.

enthousiasme m entusiasmo. -**mer** t entusiasmar. -**té** a/s entusiasta.

enticher (s') pr ~ de, encapricharse con.

entier, ère a/m entero, a. 1 en ~, por entero, completamente; l'assemblée tout entière, toda la asamblea. -**èrement** adv enteramente.

entonner t entonar.

entonnoir m embudo.

entorse f 1. esguince m. 2. FIG infracción.

entortiller t 1. envolver. 2. (trom- per) embaucar.

entourage m 1. cerco. 2. (d'une per- sonne) allegados pl, familiares pl: une personne de son ~, uno de sus familiares.

entourloupette f FAM jugarreta.

entourer t rodear. ■ s'~ de, rodear- se de.

entracte m intermedio, entreacto.

entraide f ayuda mutua. -**er (s')** pr ayudarse mutuamente.

entrailles f pl entrañas.

entrain m 1. brío, viveza f: être plein d'~, tener muchos bríos. 2. animación f.

entraîn/er t 1. arrastrar, llevar. 2. (des conséquences) acarrear. 3. (trans- mettre un mouvement) poner en movimiento. 4. (sport) entrenar. ■ s'~, entrenarse. -**ant, ante** a musi- que entraînante, música alegre. -**ement** m (sport) entrenamiento. -**eur** m entrenador.

entrave f traba. -**er** t 1. trabar. 2. FIG dificultar, obstaculizar.

entre prép entre: l'un d'~ eux, uno de ellos; ~ nous soit dit, dicho sea entre nosotros.

entrebâiller t entornar, entreabrir.

entrechoquer (s') pr chocar entre sí.

entrecôte f entrecot m.

entrecouper t entrecortar.

entrecroiser t entrecruzar. -**ement** m entrecruzamiento.

entrée f 1. entrada: ~ interdite, pro- hibida la entrada. 2. (vestibule) reci- bidor m, vestíbulo m. 3. examen d'~, examen de ingreso. 4. (plat) entrada, primer plato m.

entrefaites (sur ces) loc adv en esto.

entrefilet m recuadro.

entrelacer t entrelazar.

entremets m postre de cocina.

entre/mettre (s') pr mediar, interventir: -**mise** f par l'~ de, por mediación de.

entreposer t almacenar.

entrepôt m almacén, depósito.

entreprenant, e *a* 1. emprende-
dor, a. 2. (*hardi*) atrevido, a.
entreprendre° *e t* emprender.
entrepreneur *m* 1. empresario. 2.
(*travaux publics*) contratista.
entreprise *f* empresa | chef d'~,
empresario.
entrer *t* 1. entrar | défense d'~, se
prohibe la entrada; faites-le ~, dígale que pase; entrez!, ¡adelante! 2. ~
à l'Université, ingresar en la
Universidad. 3. ~ en scène, salir a
escena.
entresol *m* entresuelo.
entre-temps *adv* entre tanto,
mientras tanto.
entretenir° *t* 1. mantener. 2. (*en
bon état*) cuidar. ■ s'~, conversar:
nous nous sommes entretenus de ...,
hemos conversado sobre ...
entretien *m* 1. mantenimiento.
2. (frais d'~, gastos de
mantenimiento.) l'~ d'une route, la
conservación de una carretera. |
produits d'~, artículos de limpieza.
2. (*d'une famille*) sustento, manutención *f*. 3. conversación *f*, entre-
vista *f*. | avoir un ~ avec, tener una
conversación con, entrevistarse
con.
entrevoir° *t* vislumbrar, entrever.
entrevue *f* entrevista.
entrouvrir° *t* entreabrir, entornar:
porte entrouverte, puerta entreabierta.
énumérer° *t* enumerar. **-ation** *f*
enumeración.
envahir° *t* invadir. **-issant, e** *a*
(*personne*) entrometido, a. **-isse-
ment** *m* invasión *f*. **-isseur** *m*
invasor.
enveloppe [avlɔp] *f* 1. (*d'une lettre*)
sobre *m*: une ~ et un timbre, un

sobre y un sello. 2. (*de pneu*)
cubierta.
envelopper *t* envolver: enveloppé
dans un papier, envuelto en un
papel. ■ s'~, envolverse.
envenimer *t* inficionar, enconar.
envergure *f* envergadura.
envers *m* revés; l à l'~, al revés;
avoir la tête à l'~, disparatar. ■ *prép*
para con, con: devoirs ~ son prochain, deberes para con el prójimo.
l ~ et contre tous, a despecho de
todos.
envie *f* 1. envidia: faire ~, dar envidia. 2. avoir ~ de danser, tener
ganas de bailar; j'ai ~ d'une glace,
me apetece un helado; il meurt d'~
d'avoir une moto, se muere por una
moto. **-er** *t* envidiar. **-eux, euse**
a/s envidioso, a.
environ *adv* 1. aproximadamente,
alrededor de, unos, unas: 60 kilos
~, unos 60 kilos. ■ *pl* les envi-
rons, los alrededores. | aux environs
de Noël, por Navidad.
environner *t* circundar, rodear.
-ant, e *a* circundante. **-ement** *m*
medio ambiente.
envisager° *t* 1. considerar, enfo-
car. 2. proyectar: il envisage d'apprendre le russe, proyecta aprender
el ruso. **-eable** *a* posible.
envoi *m* 1. envío. 2. coup d'~,
saque.
envol *m* 1. (*d'un oiseau*) vuelo. 2.
(*d'un avion*) despegue.
envoler (s') *pr* 1. echarse a volar,
alzar el vuelo. 2. despegar: l'avion
s'est envolé, el avión ha despegado.
3. (*être emporté par le vent*) volar,
volarse: les copies qui étaient sur la
table se sont envolées, se volaron
las cuartillas que estaban en la

mesa. 4. FAM desaparecer. 5. (les prix) dispararse.

envoûter t hechizar. **-ement** m hechizo.

envoyer [ɑ̃vwaje] t 1. enviar, mandar: **je vous enverrai une carte postale**, le enviaré una postal. | ~ **chercher**, mandar por. FAM ~ **promener**, mandar a paseo. 2. (*juste, etc.*) lanzar, tirar. **-é, ée** s enviado, a: ~ **spécial**, enviado especial. **-eur** m remitente.

épagneul, e s podenco, a.

épais, se a espeso, a.

épaisseur f 1. espesor m, grosor m: **l'~ d'un mur**, el espesor de un muro. 2. (*du feuillage etc*) espesura f. **-ir** t espesar. ■ i 1. espesarse. 2. (*grossir*) engordar.

épancher t ~ **son cœur**, desahogar su corazón. ■ **s'~**, desahogarse.

épandre t esparcir, derramar. **-ement** m 1. (*écoulement*) derrame m. 2. FIG efusión.

épanouir t 1. (*fleur*) ale-grar ■ **visage épanoui**, cara alegre. ■ pr 1. (*fleur*) abrirse. 2. (*personne*) desahogarse. **-issement** m 1. (*d'une fleur*) apertura f. 2. FIG pleni-tud f.

épargnant, e a/s ahorrador, a.

épargne f ahorro m: | **caisse d'~**, caja de ahorros. **-er** t 1. ahorrar. 2. **la grippe l'a épargné**, la gripe no le ha atacado.

éparpiller t esparcir, dispersar. **-ement** m esparcimiento.

épars, e [epar, ars] a disperso, a. | **cheveux ~**, cabellos sueltos.

épatant, e a FAM estupendo, a.

épaté, e a FAM **à nez ~**, nariz aplastada.

épater t FAM dejar pasmado, a, dejar asombrado, a.

épaule f 1. hombro m: **le fusil sur l'~**, con la escopeta al hombro. 2. ~ **de mouton**, paletilla de cordero. **-er** t 1. ~ **un fusil**, echarse el fusil al hombro. 2. (*aider quelqu'un*) apoyar, ayudar. **-ette** f 1. (*lingerie*) tirante m. 2. (*rembourrage*) hombrera. 3. MIL charretera.

épave f restos m pl.

épée f espada.

épeler t deletrear.

éperdu, e a loco, a.

éperon m 1. espuela f. 2. (*du coq, d'un navire, rocher*) espolón m. **-ner** t espolear.

épervier m gavilán.

éphémère a efímero, a.

épi m 1. espiga f. 2. (*de cheveux*) remolino. 3. (*du maïs*) mazorca f.

épice f especia. **-er** t sazonar. **-é, ée** a picante. **-erie** f 1. tienda de ultramarinos, tienda de comesti-bles. 2. (*produits*) comestibles m pl. **-ier, ère** s tendero, a.

épidémie f epidemia. **-ique** a epi-démico, a.

épiderme m epidermis f.

épier t espiar, acechar.

épilepsie f epilepsia. **-tique** a/s epiléptico, a.

épiler t depilar.

épilogue m epílogo.

épinard m espinaca f.

épine f 1. espina. 2. ~ **dorsale**, espi-na dorsal. **-eux, euse** a espinoso, a.

épingle f 1. alfiler m. 2. ~ **de nour-rice, de sûreté**, imperdible m. 3. ~ **à cheveux**, horquilla. | **virage en ~ à cheveux**, curva muy cerrada. **-er** t 1. prender con alfileres. 2. FAM (*arrêter*) prender.

Épiphanie (l') n p f el día de Reyes.

épique a épico, a.

épisod/e m episodio. **-ique** a episódico, a.

épistolaire a epistolar.

épitaphe f epitafio m.

épithète f epíteto m.

épître f epístola.

épluch/er t 1. mondar. 2. FIG expulgar. **-age** m monda f. **-ure** f mondadura, peladura.

épong/e f esponja. | tissu-éponge, tela de rizo; FIG jeter l'~, tirar la toalla. **-er** t 1. secar con una esponja. 2. ~ son front, s'~ le front, enjugarse la frente.

épopée f epopeya.

époque f época: à l'~ de, en la época de; à cette ~-là, por aquel entonces.

épouse ⇒ **époux.**

épouser t 1. casarse con. 2. (une idée) abrazar.

épousseter° t limpiar el polvo de.

époustoufl/er t FAM pasmar. **-ant, e** a asombroso, a.

épouvantable a espantoso, a.

épouvantail [epuvãtaj] m espantajo.

épouvant/e f espanto m, terror m. | film d'~, película de terror. **-er** t espantar.

époux, se [epu, uz] s esposo, a.

éprendre (s')° pr enamorarse.

épreuve f 1. prueba. | à l'~, a prueba; mettre à l'~, poner a prueba. 2. (malheur) desgracia. 3. (scolaire) examen m.

épris, e a enamorado, a.

éprouv/er t 1. (essayer) probar, ensayar. 2. ~ une déception, sufrir, llevarse un desengaño. 3. ~ une sensation, experimentar una sensación. 4. (frapper) castigar. **-ant, e** a duro, a. **-ette** f probeta.

épuis/er t agotar. **-ant, e** a agotador, a. **-ement** m agotamiento.

épur/er t depurar, purificar. **-ation** f depuración.

équat/eur [ekwatœr] m ecuador. **-orial, e** a ecuatorial. **-orien, enne** a/s ecuatoriano, a.

équation [ekwasjõ] f ecuación.

équerre f escuadra.

équestre a ecuestre.

équilibr/e m equilibrio: en ~, en equilibrio. **-er** t equilibrar. **-iste** s equilibrista.

équinoxe m equinoccio.

équipage m tripulación f. | membre de l'~, tripulante.

équipe f 1. (de sauveteurs, de football) equipo m. 2. (d'ouvriers) cuadrilla.

équip/er t equipar. **-ement** m 1. equipo. 2. **équipements sportifs,** equipamientos deportivos.

équipier, ère s (sport) jugador, a.

équitable a equitativo, a.

équitation f equitación.

équité f equidad.

équival/oir° i ~ à, equivaler a. **-ent, e** a/m equivalente.

équivoque a equívoco, a. ■ f equívoco m.

érable m arce.

érafl/er t rasguñar. **-ure** f rasguño m.

ère f era.

érection f erección.

éreint/er t 1. (fatiguer) extenuar, derrengar. 2. (critiquer) vapulear, despellejar. **-ant, e** a extenuante.

ergot m (du coq) espolón.

ériger° t erigir.

ermit/e m ermitaño. **-age** m ermita f.

éroder t erosionar.

érosion f erosión.

érot/ique *a* erótico, a. **-isme** *m* erotismo.

err/er *i* andar errante, vagabundear. **-ant,** *e a* errante.

erreur *f* error *m*: **faire une ~,** cometer un error; **être dans l'~,** estar en un error. | **faire ~,** equivocarse.

erroné, e *a* erróneo, a.

ersatz [ɛʀzats] *m* sucedáneo.

érudit, e *a/s* erudito, a. **-ion** *f* erudición.

éruption *f* erupción.

es ⇒ **être.**

ès [ɛs] *prép* en: **docteur ~ lettres,** doctor en letras.

esbroufe *f* FAM faroleo *m*. | **faire de l'~,** farolear, darse postín.

escabeau *m* escabel.

escadr/e *f* escuadra. **-ille** *f* escuadrilla. **-on** *m* escuadrón.

escalad/e *f* escalada. **-er** *t* escalar.

escalator *m* escalera *f* mecánica.

escale *f* escala: **faire ~ à,** hacer escala en.

escalier *m* escalera *f*: **~ roulant,** escalera mecánica.

escalope *f* escalope *m*.

escamoter *t* escamotear.

escapade *f* escapada.

escargot *m* caracol.

escarmouche *f* escaramuza.

escarp/é, e *a* escarpado, a. **-ement** *m* escarpadura *f*, declive.

Escaut *n p m* Escalda.

escient (à bon) *loc adv* a sabiendas.

esclaffer (s') *pr* soltar la carcajada.

esclav/e *a/s* esclavo, a. **-age** *m* esclavitud *f*.

escompt/e [ɛskɔ̃t] *m* COM descuento.

escompter [ɛskɔ̃te] *t* **1.** COM descontar. **2.** (*espérer*) contar con.

escort/e *f* escolta. **-er** *t* escoltar.

escouade *f* cuadrilla.

escrim/e *f* esgrima. **-eur** *m* esgrimidor.

escro/c [ɛskʀo] *m* estafador, timador. **-quer** *t* estafar, timar. **-querie** *f* estafa, timo *m*.

espac/e *m* espacio. | **en l'~ d'une heure,** por espacio de una hora; **espaces verts,** zonas *f* verdes. **-er** *t* espaciar.

espadon *m* pez espada.

espadrille *f* alpargata.

Espagne *n p f* España.

espagnol, e *a/s* español, a: **les Espagnols,** los españoles.

espèce *f* **1.** especie. **2.** FAM **~ d'idiot!,** ¡so idiota! ■ *pl* COM **en espèces,** en metálico.

espér/er° *t* esperar. **-ance** *f* esperanza.

espiègl/e *a/s* travieso, a. **-erie** *f* travesura.

espion, ne *s* espía. **-nage** *m* espionaje. **-ner** *t* espiar.

esplanade *f* esplanada.

espoir *m* esperanza *f*: **j'ai peu d'~ d'être reçu à l'examen,** tengo pocas esperanzas de que me aprueben el examen.

esprit *m* **1.** espíritu. | **le Saint-Esprit,** el Espíritu Santo. **2.** mente *f*, pensamiento: **venir à l'~,** venir al pensamiento. **3.** (*finesse*) ingenio, agudeza *f*: **avoir beaucoup d'~,** tener mucho ingenio. **4. avoir mauvais ~,** ser mal pensado; **état d'~,** estado de ánimo. **5. reprendre ses esprits,** recobrar los sentidos, volver en sí.

esquif *m* esquife.

esquimau, aude *a/s* esquimal. ■ *m* (*glace*) polo.

esquinter *t* FAM **1.** (*abîmer*) estropear. **2.** (*fatiguer*) derrengar. **3.** (*critiquer*) echar por tierra.

esquiss/e f esbozo m, bosquejo m. **-er** t esbozar.

esquiver t esquivar. ■ s'~, escabullirse.

essai m 1. prueba f. | à l'~, a prueba; mettre à l'~, poner a prueba; un coup d'~, un primer intento, una tentativa. 2. (au rugby) ensayo. 3. (ouvrage littéraire) ensayo.

essaim [esɛ̃] m enjambre. **-er** [eseme] i enjambrar.

essay/er° [eseje] t 1. probar: ~ une robe, probarse un vestido; je vais l'~, voy a probármelo. 2. ~ de, tratar de, intentar, procurar; j'essaie de le convaincre, trato de convencerle. **-age** m prueba f. | salon d'~, probador.

essayiste [esejist] m ensayista.

essence f 1. (carburant) gasolina. 2. (parfum, en philosophie) esencia. 3. (d'arbre) especie.

essentiel, elle a esencial. ■ m l'~, lo esencial.

essieu m eje.

essor m 1. vuelo. 2. (développement) desarrollo. | en plein ~, en (pleno) auge.

essor/er t escurrir. **-age** m secado. **-euse** f secadora.

essouffl/er t ahogar. **-ement** m ahogo.

essuie-glace [esɥiglas] m limpiaparabrisas.

essuie-mains [esɥimɛ̃] m toalla f.

essuie-tout m papel de cocina.

essuy/er° [esɥije] t 1. ~ la vaisselle, secar los platos. 2. (la sueur, les larmes) enjugar. 3. (la poussière) limpiar. 4. (un reproche) aguantar, sufrir. ■ s'~ les mains, secarse las manos. **-age** m secado.

¹est [ɛst] m este.

²est [ɛ] ⇒ **être**.

estafilade f chirlo m.

estamp/e f estampa. **-er** t 1. estampar. 2. FAM (voler) estafar. **-ille** f sello m, estampilla.

est-ce que [ɛskə] adv (ne se traduit pas) est-ce qu'il est arrivé?, ¿ha llegado?

esth/étique a/f estético, a. **-ète** s esteta. **-éticienne** f estheticienne.

estim/er t 1. estimar. 2. (expertiser) valorar. **-able** a estimable. **-ation** f estimación. **-e** f estima.

estival, e a veraniego, a, estival.

estivant, e s veraneante.

estoma/c [ɛstɔma] m estómago. **-quer** t FAM dejar estupefacto, a.

estomper t esfuminar.

estrade f tarima.

estragon m estragón.

estropier° t lisiar. | un estropié, un lisiado.

estuaire m estuario.

esturgeon [ɛstyrʒɔ̃] m esturión.

et [e] conj 1. y. 2. (devant un mot commençant par i ou hi) e: père ~ fils, padre e hijo.

étable f establo m.

établi m banco.

établ/ir t establecer. **-issement** m establecimiento.

étage m 1. piso: immeuble de six étages, casa de seis pisos; au troisième ~, en el tercer piso. 2. gens de bas ~, gente de baja estofa. 3. (d'une fusée) cuerpo.

étagère f estante m.

étain m estaño.

étal/e m 1. (vitrine) escaparate. 2. exposición f. 3. FIG faire ~ de, hacer alarde de. **-iste** s escaparatista.

étaler t 1. (pour montrer) exponer. 2. (étendre) extender. | ~ du beurre sur du pain, untar el pan con mante-

quilla. **3.** (*échelonner*) escalonar. **4.** FIG (*luxe, etc.*) ostentar. ■ FAM (*tomber*) s'~, caerse.

étalon m **1.** (*cheval*) semental. **2.** ~ or, patrón oro.

étanche a **1.** estanco. **2.** (*montre*) sumergible. **-éité** f hermeticidad.

étancher t **1.** (*le sang*) restañar. **2.** ~ la soif, apagar la sed.

étang [etã] m **1.** estanque. **2.** laguna.

étant ⇒ **être**.

étape f etapa.

état m **1.** estado: en bon, mauvais ~, en buen, mal estado. | ~ d'esprit, estado de ánimo. être en ~ de, estar en condiciones de. **2.** Estado: chef d'État, jefe de Estado; coup d'État, golpe de Estado.

état-major m estado mayor.

États-Unis [etazyni] n pl pr Estados Unidos.

étau m tornillo de banco.

étayer° [eteje] t **1.** apuntalar. **2.** FIG apoyar.

¹été m verano. | résidence d'~, residencia veraniega.

²été p p de **être**.

éteindre° t apagar. ■ pr **1.** le feu s'est éteint, el fuego se ha apagado. **2.** (*mourir*) apagarse.

étendard m estandarte.

étendre t **1.** extender. **2.** ~ le linge, tender la ropa. **3.** (*coucher*) tender. ■ s'~, **1.** la plaine s'étend jusqu'à l'horizon, la llanura se extiende hasta el horizonte. **2.** s'~ sur l'herbe, tenderse, tumbarse en la hierba. **-u, ue** a (*vaste*) extenso, amplio, a. **-ue** f extensión.

éternel, elle a **1.** eterno, a. **2.** neiges éternelles, nieves perpetuas. **-iser** t eternizar. **-ité** f eternidad.

éternuer t estornudar. **-ement** m estornudo.

éther m éter.

Éthiopie n p f Etiopía.

éthiopien, enne a/s etíope.

éthique a ético, a. ■ f ética.

ethnique a étnico, a. **-ologie** f etnología. **-ologue** s etnólogo, a.

Étienne n p m Esteban.

étinceler° t centellear. **-ant, e** a **1.** centelleante, relumbrante. **2.** FIG brillante.

étincelle f chispa.

étioler (s') pr marchitarse.

étiquette f etiqueta. **-er** t etiquetar, rotular.

étirer t estirar. ■ s'~ (*une personne*), estirarse, desperezarse.

étoffe f **1.** tela. **2.** il a l'~ d'un chef, tiene madera de jefe.

étoile f **1.** estrella: ~ filante, estrella fugaz. | coucher à la belle ~, dormir al raso. **2.** ~ de mer, estrella de mar. **-é, ée** a estrellado, a.

étonner t asombrar, extrañar: ça m'étonne que, je suis étonné que ..., me extraña que ■ ne s'~ de rien, no asombrarse por nada. **-ant, e** a asombroso, a. **-ement** m asombro.

étouffer t **1.** ahogar. **2.** (*un son*) amortiguar. ■ i ahogarse: on étouffe ici, aquí se ahoga uno. **-ant, e** a sofocante. **-ement** m ahogo, sofocación f.

étourderie f **1.** atolondramiento m. **2.** une ~, un descuido. **-i, ie** a/s atolondrado, a.

étourdir t aturdir. **-issant, e** a **1.** aturdidor, a. **2.** FIG extraordinario, a. **-issement** m mareo, vértigo.

étourneau m estornino.

étrange a extraño, a, raro, a.

étranger, ère a/s 1. extranjero, a. 2. (d'une autre ville) forastero, a. 3. (d'un autre groupe familial, social) extraño, a. | corps ~, cuerpo extraño. □ a ~ à, ajeno, a a. ■ m voyager à l'~, viajar al extranjero.

étrangeté f extrañeza, rareza.

étrangler t estrangular. ■ pr 1. (de colère) ahogarse. 2. (en avalant) atragantarse. **-ement** m 1. estrangulación f. 2. (rétrécissement) estrechamiento.

étrave f roda.

être 1. (pour définir, exprimer une qualité essentielle du sujet, avec un possessif, un numéral) ser: je suis comme je suis, soy como soy; il est architecte, es arquitecto; cette chemise est en coton, esta camisa es de algodón; Sophie est française, elle est très belle, Sofía es francesa es muy guapa; ce disque est à moi, à mon frère, este disco es mío, de mi hermano; nous sommes cinq, somos cinco. 2. (exprime le lieu, le temps, un état, une situation momentanée) estar: je suis dans le salon, estoy en el salón; nous sommes en été, le 10 août, estamos en verano, a 10 de agosto; cette chemise est sale, esta camisa está sucia; aujourd'hui, Sophie est ravissante avec sa nouvelle robe, hoy, Sofía está preciosa con su traje nuevo; elle est très contente de son achat, está muy contenta con su compra; taxi! ¿está libre? 3. es, c'est vrai, es verdad; c'est aujourd'hui lundi, hoy es lunes; qui est-ce?, ¿quién es?; c'est moi, soy yo; ce sont mes cousins, son mis primos.

4. ça y est!, ¡ya está!; j'y suis!, ¡ya caigo!; tout est à refaire, todo está por rehacer. ■ impers ser: il est trois heures, son las tres; il est tard, es tarde. □ auxil 1. (temps composés) haber: il est arrivé, ha llegado; nous sommes allés, hemos ido (ou le prétérit fuimos). 2. (voix passive) quant à l'action, ser: son discours a été très applaudi, su discurso fue muy aplaudido; indiquant l'état résultant, estar: la voiture est réparée, el coche está arreglado. On peut aussi traduire être par resultar ou quedar pour exprimer une conséquence (il a été élu, resultó elegido; l'assemblée est dissoute, queda disuelta la asamblea), par ir ou andar pour indiquer un certain mouvement (l'autobus était bondé, el autobús iba abarrotado; il est très affaire, anda muy atareado), par seguir pour exprimer une durée (il est toujours à l'hôpital, sigue en el hospital).

être m ser: les êtres vivants, los seres vivos.

étreindre 1. (dans ses bras) abrazar. 2. FIG oprimir. **-te** f abrazo m.

étrennes f pl aguinaldo m sing. **-er** t estrenar.

étrier m estribo.

étriqué, a 1. estrecho, a. 2. mezquino, a.

étroit, e a estrecho, a. | être logés à l'~, vivir hacinados; ~ d'esprit, mezquino. **-esse** f estrechez.

étude f 1. estudio m. 2. (de notaire) bufete m. ■ pl carrera sing: j'ai terminé mes études, he terminado la carrera. | faire ses études d'ingénieur, estudiar para ingeniero; il n'a pas fait d'études, no tiene estudios. **étudier** t estudiar. **-ant, e** s estudiante. ■ a estudiantil.

étui *m* funda *f*, estuche.

étuve *f* estufa.

étymologie *f* etimología.

eu [v] ⇒ **avoir**.

eucalyptus [økaliptys] *m* eucalipto.

eucharist/ie [økaʀisti] *f* eucaristía. **-ique** *a* eucarístico.

euh! [ø] *interj* ¡pues!

euphémisme *m* eufemismo.

euphorie [øfɔʀi] *f* euforia.

Europe *n p f* Europa.

européen, enne *a/s* europeo, a.

euthanasie *f* eutanasia.

eux [ø] *pron pers* ellos.

évacu/er *t* evacuar. **-ation** *f* evacuación.

évader (s') *pr* evadirse, fugarse.

évalu/er *t* ~ à, evaluar, valorar en. **-ation** *f* evaluación.

évangél/ique *a* evangélico, a. **-iser** *t* evangelizar. **-iste** *m* evangelista.

Évangile *n p m* Evangelio.

évanou/ir (s') *pr* **1.** (*une personne*) desmayarse. **2.** (*chose*) desvanecerse. **-issement** *m* desmayo.

évapor/er (s') *pr* evaporarse. **-ation** *f* evaporación.

évasé, e *a* abocinado, a.

évasi/f, ve *a* evasivo, a.

évasion *f* evasión.

Ève *n p f* Eva.

évêché *m* obispado.

éveil [evej] *m* **1.** despertar. **2.** donner l'~, llamar la atención; être en ~, estar alerta.

éveill/er *t* despertar. **-é, ée** *a* despierto, a.

événement *m* acontecimiento, suceso.

éventail [evãtaj] *m* abanico.

éventer (s') *pr* **1.** abanicarse. **2.** (*un vin*) echarse a perder.

éventrer *t* destripar.

éventu/el, elle *a* eventual. **-alité** *f* eventualidad.

évêque *m* obispo.

évertuer (s') *pr* ~ à, esforzarse en.

éviction *f* evicción.

évidemment [evidamã] *adv* desde luego, evidentemente.

évid/ence *f* evidencia. | de toute ~, a todas luces; mettre en ~, poner de manifiesto. **-ent, e** *a* evidente: c'est bien ~, es evidente.

évider *t* vaciar.

évier *m* fregadero.

évincer *t* excluir.

éviter *t* evitar.

évoca/tion *f* evocación. **-teur, trice** *a* evocador, a.

évolu/er *i* evolucionar. | pays évolué, país desarrollado, adelantado. **-tion** *f* evolución.

évoquer *t* evocar.

ex- *prép* ex: ~-président, ex presidente.

exact, e [ɛgza(kt)] *a* exacto, a. **-ement** *adv* exactamente. **-itude** *f* exactitud.

exagér/er° [ɛgzaʒeʀe] *t/i* exagerar. **-ation** *f* exageración.

exalt/er [ɛgzalte] *t* exaltar. **-ation** *f* exaltación.

exam/en [ɛgzamɛ̃] *m* **1.** examen. **2.** ~ médical, reconocimiento médico. **3.** *JUR* mettre en ~, inculpar; mise en ~, inculpación. **-inateur, trice** *a/s* examinador, a. **-iner** *t* **1.** examinar. **2.** (*un malade*) reconocer, visitar.

exaspér/er° [ɛgzaspeʀe] *t* exasperar. **-ant, e** *a* exasperante. **-ation** *f* exasperación.

exaucer [ɛgzose] *t* atender.

excavation *f* excavación.

excédent *m* **1.** excedente. **2.** ~ de bagages, exceso de equipaje.

excéder° t **1.** exceder. **2.** (irriter) exasperar, crispar.

excell/er i sobresalir. **-ence** f excelencia. | **par ~**, por excelencia. **-ent, e** a excelente.

excentri/que a excéntrico, a. **-cité** f excentricidad.

excepté prép excepto, salvo.

except/er t exceptuar. **-ion** f excepción: **à l'~ de**, con excepción de. **-ionnel, elle** a excepcional. **-ionnellement** adv excepcionalmente.

excès [ɛksɛ] m exceso. **-essif, ive** a excesivo, a.

excit/er t excitar. **-able** a excitable. **-ant, e** a/m excitante. **-ation** f excitación.

exclam/er (s') pr exclamar. **-ation** f exclamación. | **point d'~**, signo de admiración.

exclu/re° t excluir. **-sif, ive** a/f exclusivo, a. **-sivement** adv exclusivamente. **-sivité** f exclusiva: **en ~**, en exclusiva. **-sion** f exclusión.

excommuni/er t excomulgar. **-cation** f excomunión.

excrément m excremento.

excroissance f excrecencia.

excursion f excursión. **-niste** s excursionista.

excusable a excusable, disculpable.

excus/e f excusa, disculpa. | **je vous fais mes excuses**, le ruego me disculpe. **-er** t disculpar, excusar, dispensar, perdonar: **excusez-moi**, dispense, perdone. ■ **s'~ auprès de quelqu'un**, disculparse con alguien; **je m'excuse**, perdone.

exécr/er° [ɛgzekʀe] t execrar. **-able** a execrable.

exécut/er [ɛgzekyte] t ejecutar. ■ **s'~**, decidirse. **-ant, e** s ejecutante. **-if** a/m ejecutivo. **-ion** f ejecución. | **mettre à ~**, poner en ejecución.

exemplaire [ɛgzãplɛʀ] a/m ejemplar.

exemple [ɛgzãpl] m ejemplo: **par ~**, por ejemplo. | **(ça) par ~!**, ¡vaya!, ¡anda!

exempt, e [ɛgzã, ãt] a exento, a. **-er** t eximir.

exerc/er [ɛgzɛʀse] t ejercer. ■ **s'~ à**, ejercitarse en. **-ice** m ejercicio. | **en ~**, en activo; **faire de l'~**, hacer ejercicio.

exhaler [ɛgzale] t exhalar.

exhib/er [ɛgzibe] t exhibir. **-ition** f exhibición. **-itionniste** s exhibicionista.

exhorter [ɛgzɔʀte] t exhortar.

exhumer [ɛgzyme] t exhumar.

exig/er° [ɛgziʒe] t exigir. **-eant, e** a exigente. **-ence** f exigencia.

exigu, ë [ɛgzigy] a exiguo, a. **-ïté** f exigüidad.

exil [ɛgzil] m exilio, destierro. **-é, ée** s exiliado, desterrado, a. **-er** t desterrar. ■ **s'~**, exiliarse, expatriarse.

exist/er [ɛgziste] i existir. **-ant, e** a existente. **-ence** f existencia.

exode [ɛgzɔd] m éxodo.

exonérer [ɛgzɔneʀe] t exonerar.

exorbitant, e [ɛgzɔʀbitã, ãt] a exorbitante.

exorcis/er [ɛgzɔʀsize] t exorcizar. **-me** m exorcismo.

exotique [ɛgzɔtik] a exótico, a.

expans/ion f expansión. **-if, ive** a expansivo, a.

expatri/er (s') pr expatriarse. **-ation** f expatriación.

expectative f dans l'~, a la expectativa.

expédients m pl vivre d'~, ir tirando.

expéd/ier t **1.** enviar, expedir, remitir. **2.** (faire rapidement) despachar. **-iteur, trice** s remitente. **-ition** f expedición.

expér/ience f **1.** experiencia. **2.** (de chimie) experimento m. **-imenter** t experimentar.

expert, e a experto, a. ■ m perito. **-ise** f peritaje m, peritación.

expi/er t expiar. **-ation** f expiación.

expir/er t (l'air) espirar. ■ i **1.** (mourir) expirar. **2.** (délai) vencer. **-ation** f (d'un délai) vencimiento m.

expli/quer t explicar. **-cable** a explicable. **-cation** f explicación. **-cite** a explícito, a.

exploit m hazaña f.

exploit/er t explotar. **-ation** f explotación.

explor/er t explorar. **-ateur, trice** s explorador, a. **-ation** f exploración.

explos/er i estallar. **-if, ive** a/m explosivo, a. **-ion** f explosión.

export/er t exportar. **-ateur, trice** a/s exportador, a. **-ation** f exportación.

exposant, e s (exposition, foire) expositor, a. ■ m (matemáticas) exponente.

exposé m exposición f.

expos/er t exponer: **exposé au soleil,** expuesto al sol. ■ s'~ à, exponerse a. **-ition** f exposición.

¹**exprès, esse** [ɛkspʀɛs] a **1.** expreso, a. **2. lettre ~,** carta urgente.

²**exprès** [ɛkspʀɛ] adv adrede, aposta. | **on dirait un fait ~,** parece que sea adrede; **je ne l'ai pas fait ~,** lo hice sin querer.

express [ɛkspʀɛs] a **train ~,** tren expreso. ■ m (train, café) exprés.

expressif, ive a expresivo, a.

expression f expresión. | **~ toute faite,** frase hecha.

exprimer t **1.** (sa pensée) expresar. **2.** (un liquide) exprimir. ■ s'~, expresarse.

expropr/ier t expropiar. **-iation** f expropiación.

expuls/er t **1.** expulsar. **2.** (un locataire) desahuciar. **-ion** f expulsión, desahucio m.

exquis, e [ɛksi, iz] a exquisito, a.

extas/e f éxtasis m. **-ier (s')** pr extasiarse.

extens/ion f extensión. | **par ~,** por extensión. **-ible** a extensible.

exténu/er t extenuar. **-ant, e** a extenuante.

extérieur, e a/m exterior. | **à l'~,** fuera.

extermin/er t exterminar. **-ation** f exterminación.

extern/e a/s externo, a. **-at** m externado.

extincteur m extintor.

extinction f **1.** extinción. **2. ~ de voix,** afonía.

extirper t extirpar.

extor/quer t arrancar. **-sion** f extorsión.

extra a extra. ■ m **faire un ~,** hacer un extra.

extraction f extracción.

extradition f extradición.

extra-fin, e a superfino, a.

extraire° t extraer.

extrait m **1.** extracto. **2. ~ de naissance,** partida f de nacimiento.

extraordinaire a extraordinario, a.

extraterrestre a/s extraterrestre.

extravag/ant, e *a* extravagante.
-ance *f* extravagancia.
extrême *a* **1.** extremo, a. **2.** sumo,
a: **avec une prudence ~**, con suma
prudencia. ■ *m* extremo. | **pousser
à l'~**, extremar. **-ment** *adv* extre-
madamente, sumamente.
extrême-onction *f* extremaun-
ción.
Extrême-Orient ⇒ **orient**.

extrémiste *a/s* extremista.
extrémité *f* extremidad, extremo
m: **à l'~ de l'aile**, en el extremo del
ala. | **être à la dernière ~**, estar en
las últimas. ■ *pl* *(pieds, mains)*
extremidades.
exubér/ant, e [ɛgzyberɑ̃, ɑ̃t] *a*
exuberante. **-ance** *f* exuberancia.
exulter [ɛgzylte] *i* exultar.
ex-voto *m* exvoto.

f [ɛf] m f ∫ un ~, una f.

fa m MÚS fa.

fable ∫ fábula.

fabricant, e s fabricante.

fabrication ∫ fabricación.

fabrique ∫ fábrica.

fabriquer t 1. fabricar. 2. FAM qu'est-ce que tu fabriques?, ¿qué es lo que haces?

fabuleux, euse a fabuloso, a.

fac m FAM facu, facultad.

façade ∫ fachada.

face ∫ cara: les os de la ~, los huesos de la cara | perdre la ~, quedar mal, salir malparado, a. 2. (côté) cara: la ~ cachée de la lune, la cara oculta de la luna | ~ à ~, cara a cara, de ~, de frente; en ~, enfrente; en ~ de, frente a, enfrente de: chambre ~ à la mer, habitación frente al mar. faire ~ à un adversaire, hacer frente a un adversario.

face-à-face m debate.

facétie [fasesi] ∫ chanza. **-ieux, euse** a bromista.

facette ∫ faceta.

fâcher t enfadar, disgustar. ■ pr 1. enfadarse. 2. ils se sont fâchés, han reñido; nous sommes fâchés, estamos reñidos. **-ié** ∫ disgusto m.

fâcheux, euse a enojoso, a.

facho s FAM facha.

facile a fácil: ~ à nettoyer, fácil de limpiar. **-ement** adv fácilmente. **-ité** ∫ facilidad. ■ pl facilidades. **-iter** t facilitar.

façon ∫ 1. manera, modo m, forma. | de toute ~, de todos modos, de todas formas. | de ~ à, de tal modo que; en aucune ~, de ningún modo. 2. (confection) hechura. 3. **bureau ~ acajou**, escritorio imitación caoba. 4. faire des façons, hacer cumplidos: sans ~, con sencillez, sin cumplidos.

faconde ∫ facundia.

façonner t 1. dar forma a. 2. fabricar.

fac-similé m facsímil.

facteur m 1. (des postes) cartero. 2. (élément, mathématiques) factor.

factice a facticio, a.

faction ∫ 1. facción. 2. MIL guardia.

facture ∫ factura. **-er** t facturar.

facultatif, ive a facultativo, a.

faculté ∫ facultad. ■ pl facultades.

fade a soso, a. **-eur** ∫ sosería.

fagot m haz de leña.

faible a 1. débil. 2. flojo, a: ~ vent, viento flojo; ~ en calcul, flojo en cálculo. 2. (personne) débil. **-esse** ∫ 1. debilidad. 2. (évanouissement) desmayo m. **-ir** i decaer, flaquear (point faible, penchant) flaco, a.

faïence [fajãs] ∫ loza | carreau de ~, azulejo.

faille ∫ falla.

faillir i 1. j'ai failli manquer le train, he estado a punto de perder el tren. 2. il a failli se noyer, casi se ha ahogado, por poco se ahoga, falto poco para que se ahogara.

faillite f quiebra.

faim f hambre: la ~, el hambre; j'ai très ~, tengo mucha hambre. | manger à sa ~, comer hasta saciar-se.

fainéant, e a/s gandul, holgazán, ana. **-ise** f holgazanería.

faire ° 1. hacer: je ferai ça demain, haré esto mañana; fais quelque chose, haz algo. | 3 et 3 font 6, 3 y 3 son 6. ~ de la bronchite, tener bronquitis. 2. ~ sa chambre, arreglar su cuarto; ~ du piano, tocar el piano. ~ du tennis, jugar al tenis; ~ sa médecine, estudiar para médico. 3. ~ une promenade, dar un paseo; ~ peur, pitié, dar miedo, lástima. 4. (paraître) il ne fait pas 60 ans, no aparenta 60 años. 5. ~ du 100 à l'heure, ir a 100 kilómetros por hora. 6. combien ça fait?, ¿cuánto es? ■ i 1. hacer: tu as bien fait de ..., has hecho bien en ...; il ne faisait que crier, no hacía más que gritar. | je ne fais que d'arriver, acabo de llegar. 2. (dire) décir: c'est vrai, fit-il, es verdad, dijo él. 3. qu'y a-t-il ~?, ¿qué le vamos a hacer? 4. (+ infinitif) il nous a fait rire, nos hizo reír; j'ai fait réparer mon réveil, mandé arreglar mi despertador; fai-tes-le entrer, dígale que entre. ■ impers il fait froid, hace frío; demain il fera beau, mañana hará buen tiempo; il fait nuit, es de noche. ■ pr 1. se ~ bouddhiste, hacerse budista. | comment se fait-il que ...?, ¿cómo es que ...?; il se fait tard, se hace tarde. 2. elle s'est fait ~ une robe, se ha encargado un vestido. 3. se ~ à, acostumbrarse a. 4. FAM s'en ~, preocuparse: ne vous en faites pas, no se preocupe.

faire-part m ~ de mariage, participación f de boda; ~ de décès, esquela f de defunción.

faisan [fazã] m faisán.

faisable [fəzabl] a factible.

faisceau m haz: des faisceaux lumineux, haces luminosos.

fait, e p p de **faire**: hecho, a. | vêtements tout faits, ropa hecha, de confección; c'est bien ~ pour toi, te está bien empleado, aún te pasa poco. ■ m 1. hecho. | un ~ divers, un caso; faits divers, sucesos; être au ~ de, estar al corriente de. 2. au ~, a propósito; de ce ~, por esto; en ~, de hecho.

faîte m 1. (d'un toit) remate. 2. (montagne, arbre) cima f.

faitout m cacerola f.

fakir m faquir.

falloir impers 1. (besoin) necesitar: il me faut deux enveloppes, necesito, me hacen falta dos sobres. 2. haber que, ser necesario: il faut changer la roue, hay que cambiar la rueda; il le faut, es necesario. 3. (+ subjonctif) tener que, ser preciso: il faut que je m'en aille, que j'aille chez le coiffeur, me tengo que marchar, tengo que ir a la peluquería; il faut que nous voyions, es preciso que nos vea-mos. | comme il faut, como Dios manda. 4. il s'en est fallu de peu qu'il ne tombe, poco ha faltado para caer. | tant s'en faut, ni mucho menos.

falsifier t falsificar. **-cation** f falsificación.

fameux, euse a 1. famoso, a. 2. delicioso, a.

familial, e a familiar. **familiariser (se)** pr familiarizarse.

famille f familia.

familier, ère a/m familiar. **-arité** f familiaridad.

famine f hambre.

fan [fan] s FAM fan.

fanatique a/s fanático, a. **-isme** m fanatismo.

faner (se) pr marchitarse.

fanfare f 1. (air) marcha militar. 2. (orchestre) charanga, banda.

fanfaron, onne a/s fanfarrón, ona.

fange f fango m.

fanion [fanjɔ̃] m banderín.

fantaisie f 1. fantasía. 2. (caprice) capricho m. **-iste** a caprichoso, a.

fantasme m fantasma.

fantasque a antojadizo, a.

fantassin m soldado de infantería, infante.

fantastique a fantástico, a.

fantoche m fantoche, títere.

fantôme m fantasma.

faon [fɑ̃] m cervato.

farce f 1. (hachis) relleno m. 2. (plaisanterie) broma: faire une ~, gastar una broma.

farceur, euse a/s bromista.

farcir t rellenar: tomates farcies, tomates rellenos.

fard [far] m cosmético, maquillaje.

fardeau m carga f, peso.

farder (se) pr maquillarse.

farfelu, e a FAM extravagante.

farine f harina.

farouche a arisco, a, huraño, a.

fascicule m fascículo.

fasciner t fascinar. **-ant, e** a fasci-nante. **-ation** f fascinación.

fascisme [fasism] m fascismo.

faste m fausto. ~ jour, día fasto. **-iste** a/s fascista.

fastidieux, euse a fastidioso, a.

fastueux, euse a fastuoso, a.

fat, e [fa(t)] a fatuo, a.

fatal, e a fatal. **-isme** m fatalismo. **-iste** a/s fatalista. **-ité** f fatalidad.

fatigant, e a 1. cansado, a. 2. (ennuyeux) pesado, a.

fatigue f cansancio m.

fatiguer t cansar, fatigar: je suis fatigué, estoy cansado. ■ se ~, can-sarse. **-é, ée** a FIG vêtements fati-gués, ropa usada.

fatras [fatra] m fárrago.

fatuité f fatuidad.

faubourg [fobur] m arrabal, subur-bio.

faucher t 1. segar. 2. FAM (voler) birlar. 1 être fauché, estar pelado. **-eur, euse** s segador, a.

faucille f hoz.

faucon m halcón.

faufiler (se) pr colarse, deslizarse.

faune f fauna.

faux, fausse ⇒ ²faux.

fausser t 1. (rendre faux) falsear. 2. (tordre) torcer. **-aire** s falsificador, a.

fausseté f falsedad.

faut ⇒ falloir.

faute f 1. falta, error m: ~ d'ortho-graphe, falta de ortografía. 1 – de mieux, a falta de otra cosa; sans ~, sin falta. 2. culpa: à qui la ~?, ¿de quién es la culpa?; c'est (de) ma ~, es culpa mía.

fauteuil [fotœj] m 1. sillón. 1 – à bascule, mecedora f. 1 – roulant, silla f de ruedas. 2. – d'orchestre, butaca f de patio.

fautif, ive a 1. culpable. 2. erró-neo, a.

fauve a (couleur) leonado, a. ■ m (animal) fiera f.

fauvette f curruca.

¹faux [fo] f guadaña.

²faux, fausse [fo, fos] a 1. falso, a: une fausse nouvelle, una noticia

falsa; **fausse clef,** llave falsa; **fausse note,** nota falsa. **2.** postizo, a: ~ **col,** cuello postizo; **un** ~ **nez,** una nariz postiza. ■ *adv* **chanter, jouer** ~, desafinar. ■ *m* ce Goya est un ~, este cuadro de Goya es falso.

faux-filet [fofilɛ] *m* solomillo.

faux-monnayeur [fomɔnɛjœʀ] *m* falsificador, monedero falso.

faveur *f* favor *m*: **à la** ~ **de,** aprovechando; **en** ~ **de,** en favor de.

favorable *a* favorable.

favori, ite *a/s* favorito, a. ■ *pl* (*barbe*) patillas *f*.

favoriser *t* favorecer.

fax *m* fax. **-er** *t* mandar por fax.

fécond, e *a* fecundo, a. **-ation** *f* fecundación. **-er** *t* fecundar. **-ité** *f* fecundidad.

fécule *f* fécula.

fédéral, e *a* federal. **-isme** *m* federalismo.

fédération *f* federación.

fée *f* hada. **-rique** *a* maravilloso, a.

fein/dre *t* **1.** fingir: **douleur feinte,** dolor fingido. **2.** il feint de ne pas comprendre, hace como que no entiende. **-te** *f* (*sports*) finta.

fêler *t* rajar, cascar.

félicitations *f pl* felicitaciones, enhorabuena *sing*: **adresser des** ~, dar la enhorabuena; **mes** ~ **pour ...,** mi enhorabuena por ...

félicité *f* felicidad.

féliciter *t* felicitar.

félin, e *a/s* felino, a.

fêlure *f* raja, cascadura.

femelle *a/f* hembra.

féminin, e *a/m* femenino, a. **-iste** *a/s* feminista.

femme [fam] *f* **1.** mujer: **les femmes,** las mujeres. | **professeur** ~, profesora. **2.** ~ **de chambre,** donce-

lla; ~ **de ménage,** asistenta. **3.** FAM **une bonne** ~, una tía.

fémur *m* fémur.

fendiller (se) *pr* resquebrajarse.

fendre *t* **1.** hender, rajar. **2.** (*le cœur*) partir. **3.** ~ **la foule,** abrirse paso en la muchedumbre.

fenêtre *f* ventana.

fenouil [fənuj] *m* hinojo.

fente *f* **1.** hendidura, raja. **2.** (*téléphone public, machine à sous*) ranura. **3.** (*de jupe*) abertura.

féodal, e *a* feudal. **-isme** *m* feudalismo.

fer [fɛʀ] *m* **1.** hierro: ~ **forgé,** hierro forjado. **2.** ~ **à repasser,** plancha *f*. **3.** ~ **à cheval,** herradura *f*.

fera, ferai ⇒ **faire.**

fer-blanc [fɛʀblɑ̃] *m* hojalata *f*.

Ferdinand *n p m* Fernando.

férié, e *a* **jour** ~, día festivo.

¹**ferme** *a* firme. | **de pied** ~, a pie firme. ■ *adv* **travailler** ~, trabajar firme.

²**ferme** *f* granja, alquería.

ferment *m* fermento. **-ation** *f* fermentación. **-er** *i* fermentar.

fermer *t* cerrar: **ferme la porte!,** ¡cierra la puerta! **| pop ferme-la!,** ¡cierra la boca!, ¡cállate! ■ *i* cerrar: **cette fenêtre ferme mal,** esta ventana cierra mal; **magasin qui ferme le lundi,** almacén que cierra los lunes.

fermeté *f* firmeza.

fermeture *f* **1.** cierre *m*. | ~ **Éclair,** cremallera. **2.** (*chasse, pêche*) veda.

fermier, ère *s* granjero, a.

fermoir *m* **1.** cierre. **2.** (*d'un sac à main*) boquilla *f*.

féroc/e *a* feroz: **bêtes féroces,** animales feroces. **-ité** *f* ferocidad.

ferraill/e *f* chatarra. **-eur** *m* chatarrero.

ferré, e *a* **voie ferrée,** vía férrea.

ferrer t (cheval) herrar.

ferroviaire a ferroviario, a.

fertile a fértil. **-iser** t fertilizar. **-ité** f fertilidad.

ferveur f fervor m. **-ent, e** a ferviente.

fesse f nalga. **-ée** f azotaina.

festin m festín.

festival m festival.

festivités f pl festejos m.

feston m festón.

fête f 1. fiesta. | faire ~ à festejar a; faire la ~, irse de juerga. 2. (quelqu'un) santo m: c'est aujourd'hui ma ~, hoy es mi santo; bonne ~!, ¡feli-cidades! 3. la ~ des mères, el día de la madre; la Fête-Dieu, el día del Corpus. 4. ~ foraine, feria. **-er** t 1. (quelque chose) celebrar. 2. (quel-qu'un) festejar.

fétiche m fetiche.

fétide a fétido, a.

feu m 1. fuego. | ~ d'artifice, fuegos artificiales; ~ de joie, hoguera f; ~ de Bengale, luz f de Bengala; au ~!, ¡fuego!; à petit ~, a fuego lento; jouer avec le ~, jugar con fuego. 2. joues en ~, mejillas encendidas. 2. ... au coin du ~, al amor de la lumbre. 3. armes à ~, armas de fuego; faire ~, disparar, hacer fuego. 4. (auto) luz f: feux de posi-tion, de croisement, luces de situa-ción, de cruce; ~ arrière, luz trase-ra, piloto. 5. feux tricolores, sema-foro: brûler un ~ rouge, saltarse un semáforo en rojo. | feu donner le ~ vert, dar luz verde.

feu, e a difunto, a: ~ mon père, mi difunto padre.

feuille f hoja: ~ morte, de papier, hoja seca, de papel. **-age** m follaje m. **-et** m (page) hoja f. **-été, e** a pâte feuilletée, hojaldre m. **-oje-**
ar. **-eton** m 1. folletín. 2. (radio, télévision) serial.

feutre m 1. fieltro. 2. (stylo) rotula-dor.

février m febrero: le 5 ~, el 5 de febrero.

fi! loc faire ~ de, no hacer caso de.

fiable a fiable.

fiacre m simón.

fiancer (se) pr prometerse. **-çail-les** f pl esponsales, noviazgo m sing. **-é, -ée** s novio, a: les fiancés, los novios.

fiasco m fiasco. | faire ~, fracasar.

fibre f fibra.

ficelle f bramante m, cuerda fina. **-er** t atar.

fiche f ficha.

ficher 1. (planter) hincar. 2. FAM (= foutre) il ne fiche rien, no hace nada; je l'ai fichu à la porte, le eché a la calle; fiche-moi la paix!, ¡déjame en paz!; ~ se ~ de, tomar el pelo a; je m'en fiche, me da igual.

fichier m fichero.

fichu, e p p de ficher ~ a FAM 1. maldito, a. 2. (perdu) perdido, a. 3. mal ~ (souffrant) malucho, a: je suis mal ~, mal fotu, estoy malucho. 4. ... de, capaz de.

fichu m (écharpe) pañoleta f.

fiction f ficción.

fictif, ive a ficticio, a.

fidèle a/s fiel. | les fidèles, los fie-les. **-ité** f fidelidad.

fief m hiel f.

fier (se) pr fiarse: tu peux te ~ à moi, puedes fiarte de mí.

fier, ère [fjεr] a 1. arrogante. 2. être ~ de, estar orgulloso de; et j'en suis ~!, ¡y a mucha honra! **-té** f orgullo m, arrogancia.

fièvre f fiebre: **j'ai de la ~,** tengo fiebre.

fiévreux, euse a febril, calenturiento, a.

figer t coagular, cuajar. ■ pr 1. coagularse. 2. **figé sur place,** petrificado. 3. **sourire figé,** sonrisa estereotipado.

fignoler t perfilar.

figue f higo m: ~ **de Barbarie,** higo chumbo. **-ier** m higuera f.

figurant, e s 1. comparsa 2. (cinéma) extra.

figuratif, ive a figurativo, a.

figure f 1. figura 2. (visage) cara, rostro m. 3. **il fait ~ de** ..., pasa por ...

figurer t figurar | **au sens figuré,** en sentido figurado. ■ **se ~,** figurarse.

fil m 1. hilo | ~ **à plomb,** plomada f. 2. ~ **de fer,** alambre. 3. FAM **donner un coup de ~,** llamar por teléfono, telefonear. 4. (tranchant) filo. 5. **au ~ de l'eau,** río abajo.

filament m filamento.

filature f fábrica de hilados.

file f fila: **à la ~,** en fila; **en ~ indienne,** en fila india; **en double ~,** en doble fila.

filer t 1. (la laine) hilar. 2. (suivre) seguir la pista de. ■ i 1. correr, ir de prisa. 2. FAM **file!,** ¡lárgate!

filet m 1. (à mailles) red. | ~ **à provisions,** red | **coup de ~,** redada | 2. (à bagages) rejilla f.
²**filet** m 1. (d'un liquide) hilo. 2. (de poisson, de bœuf) filete. 3. ~ **de voix,** hilillo de voz.

filial, e a filial. ■ f filial.

filigrane m filigrana.

fille f 1. hija: **ma ~ aînée,** mi hija mayor. 2. muchacha, chica: **une jolie ~,** una chica bonita; **les filles et les garçons,** las chicas y los chicos. | **petite ~,** niña; **jeune ~,** joven; **vieille ~,** solterona. **-ette** f niña, chiquilla.

filleul, e s ahijado, a.

film m película f, filme. **-er** t filmar.

filon m filón.

filou m ratero.

fils [fis] m hijo | ~ **à papa,** hijo de papá, señorito.

filtre m filtro. **-er** t filtrar. ■ i filtrarse.

¹**fin** f fin m, final m: **la ~ du monde,** el fin del mundo | **à la ~ du mois,** a fines del mes; ~ **juin,** a fines de junio; **en ~ de compte,** al fin y al cabo. **prendre ~,** finalizar, terminar; **tirer à sa ~,** estar acabándose.

²**fin, e** a 1. fino, a: **sable ~,** arena fina. 2. **avoir l'oreille fine,** tener el oído fino.

final, e a final. ■ f (sports) final. **-iste** s/a finalista.

finance f financiero m ■ pl hacienda sing: **ministère des Finances,** ministerio de Hacienda. **-ement** m financiación. **-er** t financiar. **-ier, ière** a financiero, a. ■ m financiero, hacendista.

fine f aguardiente m de calidad.

finesse f 1. finura. 2. (subtilité) agudeza, sutileza.

fini, e a acabado, a. | **c'est ~,** ¡se acabó! ■ m perfección f.

finir t acabar, terminar. ■ i acabar: **mal ~,** acabar mal; **j'ai fini par accepter,** acabé aceptando; **en ~ avec,** acabar con. **-ition** f acabado m.

finlandais, e a/s finlandés, esa.

Finlande n p f Finlandia.

fiole f frasquito m.

fioul m fuel.

firmament m firmamento.

firme f firma.

fisc m fisco. **-al, e** a fiscal. **-alité** f sistema m tributario.

fission f fisión.

fissur/e f grieta. **-er (se)** pr agrietarse.

fit ⇒ **faire**.

fixation f fijación.

fixe a fijo, a. ■ interj MIL ¡firmes!

fixer t 1. fijar. 2. ~ **quelqu'un**, mirar fijamente a alguien. 3. **je ne suis pas encore fixé**, no me he decidido todavía. ■ **se ~**, establecerse, afincarse: **il s'est fixé à Lima**, se estableció en Lima.

fjord [fjɔr(d)] m fiordo.

flacon m frasco.

flageoler [flaʒɔle] i temblar, vacilar.

flageolet [flaʒɔlɛ] m (haricot) frijol.

flagrant, e a flagrante. | **en ~ délit**, in fraganti.

flair m olfato. **-er** t olfatear, husmear.

flamand, e a/s flamenco, a.

flamant m flamenco.

flambant, e a ~ **neuf**, flamante.

flambeau m 1. antorcha f. 2. candelero.

flambée f 1. fogata. 2. ~ **de terrorisme**, ola de terrorismo. 3. **la ~ du dollar**, el disparo del dólar.

flamber t 1. (pour stériliser) flamear. 2. **banane flambée**, plátano flameado. ■ i 1. arder. 2. (prix) dispararse.

flamboy/er° [flãbwaje] i llamear. -**ant, e** a 1. resplandeciente. 2. **gothique ~**, gótico flamígero.

flamm/e f llama. **-èche** f pavesa.

flan m flan.

flanc [flã] m 1. costado. 2. **à ~ de coteau**, en la falda del cerro. 3. (d'une armée) flanco. | **prêter le ~**, dar pie.

flancher i FAM flaquear, fallar.

Flandre n p f Flandes m pl.

flanelle f franela.

flân/er i callejear. **-erie** f callejeo m. **-eur, euse** s paseante.

flanquer t FAM ~ **un coup de poing**, arrear, atizar un puñetazo; ~ **à la porte**, echar a la calle.

flaque f charco m.

flasque a fofo, a.

flash [flaʃ] m flash.

flatt/er t 1. halagar, lisonjear. 2. (caresser) acariciar. ■ **se ~ de**, preciarse de. **-erie** f adulación, lisonja. **-eur, euse** a halagüeño, a, lisonjero, a. ■ s adulador, a.

fléau m (calamité) plaga f, lacra f, azote, calamidad f.

flèch/e f 1. flecha. | **monter en ~**, subir rápidamente; (les prix) dispararse. 2. (d'un clocher) aguja. **fléchette** f dardo m.

fléch/ir t (plier) doblar. ■ i 1. doblarse. 2. FIG ceder. **-issement** m 1. flexión f. 2. (des cours en Bourse) baja f.

flegm/e m flema f, calma f. **-atique** a flemático, a.

flemm/e f FAM galbana. | **j'ai la ~ de sortir**, me da pereza salir. **-ard, e** a/s gandul.

flétrir t 1. (fleur) marchitar. 2. (la réputation) mancillar.

fleur f 1. flor: **un bouquet de fleurs**, un ramo de flores. 2. **à ~ d'eau**, a flor de agua; **yeux à ~ de tête**, ojos saltones. **-i, ie** a florido, a. **-ir** i florecer. ■ t adornar con flores. **-iste** s florista.

fleuve m río.

flexib/le a flexible. **-ilité** f flexibilidad.

flexion f flexión.

flic m FAM poli. | **les flics**, la poli.

flipper [flipœr] m (jeu) flipper.

flirt [flœrt] m flirteo, flirt, plan. -**er** i flirtear, coquetear.

flocon m copo.

floraison f floración.

flore f flora.

Florence n p f Florencia.

floral, e a floral.

florissant, e a floreciente.

flot m 1. les flots, las olas. 2. remettre à ~, sacar a flote.

flottaison f línea de flotación.

flotte f 1. flota. 2. (de guerre) flota, armada. 3. FAM (eau) agua; (pluie) lluvia.

flotter i flotar. -**ement** m 1. flotación. 2. (hésitation) vacilación f. -**eur** m flotador. -**ille** f flotilla.

flou, e a 1. borroso, a. 2. (photo) movido, a. 3. vaporoso, a. 4. (idée) impreciso, a, confuso, a.

fluctuation f fluctuación.

fluet, ette a delgado, a.

fluide a/m fluido, a.

fluor m flúor. -**escent, e** a fluorescente.

flûte f 1. flauta. 2. (verre à pied) copa. -**iste** s flautista.

fluvial, e a fluvial.

flux [fly] m flujo.

fluxion f fluxión.

foc m MAR foque.

fœtus [fetys] m feto.

foi f fe. l. ~ de ~, a fe de; ma ~ oui, por supuesto que sí; de bonne ~, ~ fidèle, digno, a.

foie m hígado.

foin m heno.

foire f 1. feria. 2. FAM faire la ~ ir de juerga.

fois [fwa] f vez: une ~, una vez; à la ~, a la vez, al mismo tiempo; une ~ par an, una vez al año; cent ~, cien veces; à la ~, ... pour toutes, de una vez para siem-pre; il était une ~, érase una vez. deux ~ deux .... dos por dos ...

foison f abundancia. à la ~, con abundancia. -**ner** i abundar.

folie f locura. à la ~, con locura.

folklore m folklore. -**ique** a folklórico, a.

folle ⇒ **fou**.

follement adv locamente.

fomenter t fomentar, atizar.

foncé, e a oscuro, a.

foncer i 1. ~ sur, arremeter contra, abalanzarse sobre. 2. (aller très vite) correr.

foncier, ère a propiété foncière, hacienda. crédit ~, crédito hipotecario. -**èrement** adv profundamente.

fonction f función. faire ~ de, hacer las veces de; en ~ de, en función de.

fonctionnaire s funcionario, a.

fonctionnel, elle a funcional.

fonctionner i funcionar. -**ement** m funcionamiento.

fond [fõ] m 1. fondo. au ~, dans le ~, en el fondo; à ~, a fondo; de ~ en comble, completamente. 2. (d'un pantalon) fondillos pl. 3. (d'un teint) maquillaje.

fondamental, e a fundamental.

fonder t fundar. ■ se ~ sur, fundar-se en. -**ateur, trice** s fundador, a. -**ation** f fundación. ■ pl (d'une maison) cimientos m. -**é de pouvoir** m apoderado. -**ement** m funda-mento.

fonderie f fundición.

fondre t 1. (un métal) fundir. 2. faire ~ du beurre, derretir mante-quilla. ■ i 1. derretirse: la neige fond au soleil, la nieve se derrite con el sol. 2. ~ en larmes, prorrum-pir en lágrimas.

fondrière f bache m, hoyo m.

fonds [fɔ̃] *m* **1.** ~ de commerce, comercio, negocio. **2.** *(d'érudition)* fondo. ■ *pl* fondos: ~ publics, fondos públicos.

font ⇒ faire.

fontaine *f* fuente.

fonte *f* **1.** *(des neiges)* fusión. **2.** *(alliage)* hierro *m* colado, fundición.

fonts [fɔ̃] *m pl* ~ baptismaux, pila *f sing* bautismal.

football [futbol] *m* fútbol. **-eur** *m* futbolista.

for *m* dans mon ~ intérieur, en mi fuero interno.

forage *m* perforación *f*.

forain, e *a* marchand ~, feriante; fête foraine, feria. ■ *m* feriante.

forban *m* pirata.

forçat *m* forzado, presidiario.

force *f* **1.** fuerza. | être à bout de forces, estar agotado, a; à ~ de, a fuerza de; de ~, a la fuerza; de toutes ses forces, con todas sus fuerzas. **2.** ~ de frappe, poder *m* disuasivo.

forcé, e *a* *(inévitable)* forzoso, a. **-ment** *adv* forzosamente.

forcené, e *a/s* loco, a.

forcer *t* forzar. ■ se ~, esforzarse.

forer *t* perforar, horadar, taladrar.

forestier, ère *a* forestal.

forêt *f* **1.** bosque *m*. **2.** selva: ~ vierge, selva virgen.

forfait *m* **1.** à ~, a destajo, a tanto alzado; travail à ~, trabajo a destajo. **2.** *(prix)* precio fijo. **3.** déclarer ~, retirarse. **-aire** *a* prix ~, precio fijo todo incluido.

forg/e *f* **1.** fragua, forja. **2.** *(atelier)* herrería. **-er** *t* forjar. **-eron** *m* herrero.

formaliser (se) *pr* ofenderse.

formalité *f* trámite *m*, formalidad: c'est une simple ~, es una mera formalidad.

format *m* formato. **-er** *t* formatear.

formation *f* formación.

forme *f* forma: en ~ de, en forma de. | pour la ~, por fórmula; être en pleine ~, estar en plena forma.

formel, elle *a* **1.** categórico, a. **2.** formal. **-lement** *adv* terminantemente.

former *t* formar.

formidable *a* formidable.

formulaire *m* formulario.

formul/e *f* fórmula. **-er** *t* formular.

fort, e *a* **1.** fuerte. | c'est plus ~ que moi, eso me puede, no lo puedo remediar; c'est un peu ~!, ¡es un poco fuerte! **2.** *(corpulent)* grueso, a. ■ *adv* **1.** parler ~, hablar fuerte. **2.** *(beaucoup)* mucho; *(très)* muy. **3.** tu y vas ~, exageras. ■ *m* fuerte. **-eresse** *f* fortaleza.

fortifi/er *t* **1.** fortificar: ville fortifiée, ciudad fortificada. **2.** *(le corps)* fortalecer. **-ant, e** *a/m* reconstituyente. **-cation** *f* fortificación.

fortin *m* fortín.

fortuit, e *a* fortuito, a.

fortun/e *f* fortuna. | de ~, improvisado, a. **-é, ée** *a* rico, a.

forum [fɔʀɔm] *m* foro.

foss/e *f* fosa, hoya: ~ commune, fosa común. **-é** *m* **1.** zanja *f*. **2.** *(au bord de la route)* cuneta *f*. **3.** *(fortification)* foso.

fossette *f* hoyuelo *m*.

fossile *a/m* fósil.

fossoyeur [foswajœʀ] *m* sepulturero.

fou, folle *a/s* loco, a. | être ~ de joie, estar loco de alegría; un travail ~, un trabajo monumental; une vitesse folle, una velocidad tremen-

da; une envie folle, unas ganas locas. ■ m (échecs) alfil.

foudre f 1. rayo m. 2. (amour) coup de ~, flechazo. **-oyer**° [fudwaje] t fulminar. | ~ du regard, fulminar con la mirada. **-oyant, e** a fulminante.

fouet [fwε] m 1. látigo | coup de ~, latigazo. 2. (de cuisine) batidor. **-ter** t 1. azotar. 2. (cuisine) batir.

fougère f helecho m.

fougue f fogosidad, ardor m. **-eux, -euse** a fogoso, a.

fouille f 1. (archéologique) excavación. 2. (à la douane) registro m. 3. (d'un suspect) cacheo m. **-er** t 1. excavar. 2. (bagages, quelqu'un) cachear. ■ i ~ dans ses poches, registrarse los bolsillos. ■ pr FAM tu peux te ~!, ¡espérate sentado!

fouillis [fuji] m revoltijo.

fouine f garduña. **-er** f FAM fisgonear.

foulard [fular] m fular, pañuelo.

foule f muchedumbre, multitud. | en ~, en masa; une ~ de, un montón de, la mar de.

fouler t pisar. | se ~ la cheville, torcerse el tobillo. **-ure** f esguince m.

four m 1. horno. 2. petits-fours, pastas f de té. 3. FAM (échec) fracaso, fiasco.

fourbe a taimado, a.

fourche f 1. horca. 2. (de bicyclette) horquilla.

fourchette f tenedor m.

fourchu, e a hendido, a.

fourgon m furgón. **-nette** f furgoneta.

fourmi f 1. hormiga. 2. avoir des fourmis, tener hormigueo. **-lière** f hormiguero m. **-llement** m hormi-

gueo. **-ller**¹ i 1. hormiguear. 2. ~ de, abundar en.

fournaise f horno m.

fourneau m 1. horno: haut ~, alto horno. 2. (de cuisine) hornillo: ~ à gaz, hornillo de gas.

fournée f hornada.

fournir t 1. suministrar, proveer. | magasin bien fourni, almacén bien surtido, bien abastecido. 2. ~ des renseignements, facilitar datos. 3. ~ un effort, hacer un esfuerzo. **-isseur** m proveedor. **-iture** f suministro m. | fournitures scolaires, material m sing escolar.

fourrage m forraje.

fourreau m 1. vaina f, funda f. 2. (robe) vestido tubo.

fourrer t 1. (de fourrure) forrar. 2. (pâtisserie) rellenar: bonbons fourrés, caramelos rellenos. 3. meter | ~ son nez partout, meterse en todo. ■ se ~, meterse: fourre-toi ça dans la tête, métetelo en la cabeza. **-eur** m peletero.

fourrière f (pour véhicules) depósito m.

fourrure f 1. piel: manteau de ~, abrigo de pieles. 2. pelaje m.

fourvoyer (se) [furvwaje] pr extraviarse.

foutoir m FAM cajón de sastre.

foutre, foutu, e ⇒ **ficher**.

foyer [fwaje] m 1. (âtre, maison) hogar. | femme au ~, ama de casa. 2. (théâtre) sala f de descanso. 3. foco: ~ lumineux, d'infection, foco luminoso, de infección.

fracas m estrépito, fragor. **-ser** t romper. ■ se ~, estrellarse.

fraction f fracción.

fracture f fractura. **-er** t fracturar.

fragile a frágil. **-ité** f fragilidad.

fragment m fragmento.

'fr/ais, fraîche a fresco, a. ■ m prendre le ~, tomar el fresco. ■ adv il fait ~, hace fresco. **-aîchement** adv **1.** fleur ~ coupée, flor recién cortada. **2.** recevoir ~, recibir fríamente. **-aîcheur** ƒ frescor m, frescura.

²frais m pl gastos. | aux ~ de, a expensas de; **faux** ~, gastos imprevistos.

frais/e ƒ fresa. **-ier** m fresa ƒ.

frambois/e ƒ frambuesa. **-ier** m frambueso.

'franc [frɑ̃] m franco.

²franc, franche a franco, a.

français, e a/s francés, esa: les Français, los franceses.

France n p ƒ Francia.

franchement adv francamente.

franchir t **1.** (un obstacle) salvar. **2.** atravesar. **3.** ~ le mur du son, pasar la barrera del sonido.

franchise ƒ **1.** franqueza: en toute ~, con toda franqueza. **2.** ~ postale, franquicia postal. **3.** COM franquicia.

franciscain, e a/s franciscano, a.

franciser t afrancesar.

franc-maçon, onne [frɑ̃masɔ̃, ɔn] a/s francmasón, ona, masón, ona. **-nerie** ƒ francmasonería, masonería.

franco adv ~ de port, franco de porte.

François, e n p Francisco, a.

francophone a/s francófono, a.

franc-tireur [frɑ̃tirœr] m francotirador, guerrillero.

frange ƒ **1.** franja. **2.** (de cheveux) flequillo m.

frappant, e a sorprendente.

frappe ƒ faute de ~, error m de máquina.

frapper t/i **1.** golpear. **2.** ~ à la porte, llamar a la puerta; entrez sans ~, entrar sin llamar. **3.** la balle alla ~ contre le mur, la pelota fue a dar contra la pared. **4.** (la monnaie) acuñar. **5.** champagne frappé, champán helado. **6.** FIG impresionar, sorprender. ■ FAM se ~, impresionarse.

fraternel, elle a fraternal, fraterno, a.

fraterni/ser t fraternizar. **-té** ƒ fraternidad.

fraud/e ƒ fraude m. | passer en ~, pasar de contrabando. **-er** t defraudar. **-eur, euse** s defraudador, a. **-uleux, euse** a fraudulento, a.

frayer° [freje] t abrir. ■ se ~ un chemin, abrirse paso.

frayeur [frejœr] ƒ pavor m, espanto m.

Frédéric n p m Federico.

fredonner t tatarear, canturrear.

freezer [frizœr] m congelador.

frégate ƒ fragata.

frein m freno: ~ à main, freno de mano. | coup de ~, frenazo. **-er** i/t frenar.

frêle a endeble.

frelon m avispón.

frém/ir i estremecerse. **-issement** m estremecimiento.

frêne m fresno.

fréné/sie ƒ frenesí m. **-tique** a frenético, a.

fréqu/ent, e a frecuente. **-emment** adv frecuentemente. **-ence** ƒ frecuencia.

fréquent/er t **1.** (un endroit) frecuentar. **2.** ~ quelqu'un, tratar con, alternar con alguien. ■ se ~, tratarse. **-ation** ƒ frecuentación. ■ pl relaciones.

frère m hermano.

fresque f fresco m.

fret [fre] m flete.

frétiller i bullir.

friable a friable, deleznable.

friand, e a ~ de, aficionado, a a. ■ m (pâté) empanada f. **-ise** f golosina.

fric m FAM pasta f, parné, tela f.

friche f erial m. | en ~, sin cultivo, yermo, a.

fricoter t FAM tramar.

friction f fricción. **-ner** t friccionar.

frigidité f frigidez.

frigo m FAM (réfrigérateur) nevera f.

frigorifi/er t 1. congelar. 2. FAM être frigorifié, estar helado. **-que** a/m frigorífico, a.

frileux, euse a friolero, a.

frim/e f FAM camelo m. **-er** i fanfarronear. **-eur, euse** s fardón, ona.

fringale f FAM carpanta.

fringant, e a vivaracho, a.

fringues f pl FAM trapos m, ropa sing.

friper t arrugar, ajar.

frip/erie f (boutique) prendería. **-ier, ère** s prendero, a, ropavejero, a.

fripon, onne a/s bribón, ona.

frire° t freír. ■ i freírse. | faire ~ du poisson, freír pescado.

frise f friso m.

friser t 1. rizar: cheveux frisés, pelo rizado. 2. il frise la cinquantaine, raya en los cincuenta años. ■ i rizarse.

frisson m escalofrío. **-nement** m estremecimiento, temblor. **-ner** i estremecerse, temblar.

frit, e a frito, a. ■ f des frites, patatas fritas. **-ure** f fritura.

frivol/e a frívolo, a. **-ité** f frivolidad.

froid, e a/m frío, a: eau froide, agua fría; il fait très ~, hace mucho frío;

j'ai ~, tengo frío. | à ~, en frío; prendre ~, coger frío, enfriarse; être en ~, estar reñido, a. **-eur** f frialdad.

froisser t 1. arrugar. 2. (moralement) herir, ofender. ■ se ~, ofenderse.

frôl/er t rozar ligeramente. **-ement** m roce.

fromag/e m queso. | ~ blanc, requesón. **-er, ère** a/s quesero, a.

froment m trigo candeal.

fronc/er° t fruncir. | ~ les sourcils, fruncir el entrecejo, arrugar el entrecejo. **-e** f frunce m.

fronde f honda. **-er** t criticar, censurar.

front m 1. (partie de la face) frente f. | faire ~, hacer frente. 2. (ligne de bataille, groupe politique) frente. 3. de ~, de frente, al mismo tiempo.

front/ière f frontera. | ville ~, ciudad fronteriza. **-alier, ère** a fronterizo, a.

frontispice m frontispicio.

fronton m frontón.

frott/er t frotar, restregar. ■ i rozar. ■ se ~ les yeux, restregarse los ojos. **-ement** m 1. frotamiento, frote. 2. FIG roce. 3. (en mécanique) rozamiento.

frouss/e f FAM avoir la ~, tener miedítis. **-ard, e** a/s miedoso, a.

fruct/ifier i fructificar. **-ueux, euse** a fructífero, a.

frugal, e a frugal. **-ité** f frugalidad.

fruit m 1. fruto: le ~ défendu, el fruto prohibido. 2. (comestible) fruta f: avez-vous des fruits?, ¿tiene fruta?; fruits de saison, fruta del tiempo. | fruits de mer, mariscos. **-é, e** a afrutado, a. **-ier, ère** a arbres fruitiers, árboles frutales. ■ s (marchand) frutero, a.

frustration f frustración.

frustre a zafio, a, torpe.

frustrer t frustrar.

fuel, fuel-oil ⇒ fioul.

fugitif, ive a/s fugitivo, a.

fugue f 1. fuga. 2. faire une ~, fugarse de casa.

fuir i 1. huir. 2. salirse: ce tonneau fuit, este tonel se sale. ■ 1. ~ le danger, huir del peligro. 2. rehuir: il fuit ma compagnie, rehúye mi compañía. **-ite** f 1. huida. | prendre la ~, darse a la fuga. 2. (d'eau, de gaz) escape m, fuga.

fulgurant, e a fulgurante.

fumée f humo m.

fumant, e a humeante.

fumer i 1. (cheminée, etc.) echar humo. 2. défense de ~, prohibido fumar. ■ 1. ~ une cigarette, fumar un cigarrillo. 2. (les aliments) ahumar: saumon fumé, salmón ahumado. **-eur, euse** s fumador, a.

fumier m estiércol.

fumiste s FAM cuentista, camelista.

funèbre a fúnebre.

funérailles f pl funerales m.

funéraire a funerario, a.

funeste a funesto, a.

funiculaire m funicular.

fur au ~ et à mesure, poco a poco; au ~ et à mesure que, conforme.

furet m hurón. **-er** i huronear.

furent ⇒ être.

fureur f furor m. | faire ~, hacer furor.

furibond, e a furibundo, a.

furie f furia. **-ieux, euse** a furioso, a.

furoncle m forúnculo.

furtif, ive a furtivo, a.

fus ⇒ être.

fusain m 1. (arbrisseau) bonetero. 2. (pour dessiner) carboncillo.

fuseau m 1. huso. 2. ~ horaire, huso horario. 3. pantalon ~, pantalón tubo.

fusée f cohete m.

fuselage m fuselaje.

fuselé, e a ahusado, a.

fuser i brotar.

fusible a/m fusible.

fusil [fyzi] m 1. (de guerre) fusil. 2. (de chasse) escopeta f. | coup de ~, disparo, escopetazo. **-lade** f tiroteo m. **-ler** i fusilar. | ~ du regard, fulminar con la mirada.

fusion f fusión. **-ner** i fusionarse.

fût m 1. (tonneau) tonel. 2. (de colonne) fuste. 2. (d'arbre) tronco.

fûtaie f monte m alto.

fûté, e a FAM listo, a.

futile a fútil. **-ité** f futilidad.

futur, e a/m futuro, a.

fuyant, e [fɥijã, ãt] a 1. regard ~, mirada huidiza. 2. front ~, frente deprimida.

fuyard, e [fɥijar, ard] s fugitivo, a.

G

g [ʒe] *m* g *f*: **un ~**, una g.

gabardine *f* gabardina.

gâcher *t* **1.** *(gaspiller)* malgastar, desperdiciar **2.** *(soirée, etc.)* fastidiar.

gâchette *f* gatillo *m*.

gâchis [gaʃi] *m* **1.** despilfarro. **2.** *(situation confuse)* lío.

gaff/e *f* **1.** *(perche)* bichero *m*. **2.** FAM metedura de pata, plancha. | **faire une ~**, meter la pata. **3.** POP **faire ~**, tener cuidado. **-er** *i* FAM meter la pata.

gag *m* gag.

gage *m* prenda *f*. | **mettre en ~**, empeñar. ■ *pl* *(salaire)* sueldo *sing*.

gagnant, e *a/s* **1.** ganador, a. **2.** *(à la loterie)* premiado, a. | **heureux ~**, agraciado.

gagne-pain *m* sustento, medio de subsistencia.

gagner *t* **1.** ganar. | **~ sa vie, son pain**, ganarse la vida, el pan. **2.** *(atteindre)* alcanzar. **3.** dirigirse. ■ *i* *(se propager)* extenderse.

gai, e *a* alegre. **-ement** *adv* alegremente. **-eté** *f* alegría.

gaillard [gajaʀ] *m* **1.** **un grand ~**, un buen mozo. **2.** MAR castillo.

gain *m* **1.** ganancia *f*. **~ de temps**, economía *f* de tiempo.

gaine *f* **1.** funda. **2.** *(sous-vêtement)* faja.

gala *m* gala *f*.

galant, e *a* galante. ■ *m* galán. **-erie** *f* **1.** galantería. **2.** *(propos galant)* requiebro *m*, piropo *m*.

galantine *f* galantina.

galaxie *f* galaxia.

galbe *m* contorno, perfil.

gale *f* sarna.

galère *f* **1.** galera. **2.** FAM infierno *m*.

galerie *f* **1.** galería. | **~ marchande**, galerías *pl*. **2.** *(porte-bagages)* baca.

galérien *m* galeote.

galet [gale] *m* canto rodado.

galette *f* **1.** torta. | **~ des Rois**, roscón *m* de Reyes. **2.** FAM *(argent)* guita.

galeux, euse *a* sarnoso, a. | **la brebis galeuse**, la oveja negra, el garbanzo negro.

Galice *n p f* Galicia.

galicien, enne *a/s* gallego.

Galilée *n p m* Galilea.

galimatias [galimatja] *m* galimatías.

Galles [gal] *n p m* **le pays de ~**, el país de Gales.

gallicisme *m* galicismo.

gallois, e *a/s* galés, esa.

galoche *f* galocha, zueco *m*.

galon *m* galón.

galop [galo] *m* galope: **au ~**, a galope. **-ade** *f* galopada. **-er** *i* **1.** galopar. **2.** correr.

galopin *m* pilluelo.

galvaniser *t* galvanizar.

galvauder *t* mancillar, prostituir.

gambad/e *f* brinco *m*. **-er** *i* brincar.

gamelle *f* fiambrera.

gamin, e *s* chiquillo, a. **-erie** *f* niñada.

gamme f 1. MUS gama, escala. 2. (série) gama.

Gand [gā] n p Gante.

gang [gāg] m pandilla f, gang.

Gange n p m Ganges.

gangrène f gangrena.

gangster m gángster.

gant m guante. | **boîte à gants** guantera f. | ~ **de toilette**, manopla f. | **aller comme un** ~, venir como anillo al dedo. **-é, ée** a engantado, a.

garage m 1. garaje. 2. **vole de** ~, apartadero m. **-iste** s garajista.

garant, e a/s fiador, a. | **se porter** ~, salir fiador.

garantie f garantía.

garantir t 1. garantizar. 2. (protéger) preservar, resguardar.

garçon m 1. muchacho, chico: les garçons et les filles, los chicos y las chicas. | **petit** ~, niño. | **beau, vieux** ~, soltero. 2. (célibataire) soltero. | **vieux** ~, soltero. 3. (employé) mozo. | ~ **de café**, camarero, mozo. **-net** m niño.

garde f 1. guardia, custodia. | **être de** ~, estar de guardia. | **être sur ses gardes**, estar sobre aviso. | **prendre** ~ **de**, tener cuidado con. | **prenez** ~!, ¡cuidado! 2. VIII guardia. | **garde-à-vous!** ¡firmes!; **se mettre, rester au garde-à-vous**, cuadrarse, estar cuadrado. 3. JCR **à vue**, detención preventiva. ■ m guarda: ~ **champê-tre**, guarda rural. | ~ **forestier**, guarda-bosque. | ~ **du corps**, guardaespal-das. | ~ **des Sceaux**, ministro de Justicia.

garde-barrière s guardabarrera.

garde-boue m guardabarros.

garde-chasse m guarda de caza.

garde-côte a/m guardacostas.

garde-fou m antepecho, pretil.

garde-malade s enfermero, a.

garde-manger m fresquera f, des-pensa f.

gardénia m gardenia.

garde-meuble m guardamuebles.

garder t 1. guardar: ~ **le silence**, guardar silencio. 2. quedarse con: garder la monnaie, quédese con la vuelta. ■ pr 1. conservarse. 2. je me garderai bien de lui répondre, me guardaré de contestarle. **-ie** f conse-jería.

garde-robe f 1. (armoire) guarda-rropa m. 2. (vêtements) guardarropa m, vestuario m.

gardien, enne s 1. (jardin, musée) guardián. 2. (concierge) portero, a. 3. ~ **de but**, guardameta, portero. 4. ~ **de nuit**, vigilante nocturno. 5. ~ **de la paix**, policía.

gare f estación. ■ interj ¡atención!, ¡cuidado! ¡ojo!

garenne f lapin de ~, conejo de campo.

garer t ~ **une voiture**, aparcar un coche: voiture mal garée, coche mal aparcado. ■ se ~, aparcar: je me suis garé devant l'hôtel, he aparca-do delante del hotel.

gargariser (se) pr hacer gárgaras.

gargote f bodegón m, taberna.

gargouille f gárgola.

garnement m pillo.

garni m habitación f amueblada.

garnir t 1. guarnecer. 2. **plat de vian-de garni**, plato de carne con guar-nición. 2. (remplir) llenar. 3. (orner) adornar.

garnison f guarnición. 2. (d'une voiture) tapicería.

garniture f 1. guarnición. 2. (d'une

Garonne n p f Garona m.

garrot m torniquete, garrote.

gars [ga] m mozo.

Gascogne n p f Gascuña.

gascon, onne a/s gascón, ona.

gaspiller t despilfarrar, desperdiciar, malgastar. **-age** m despilfarro.

gastrique a gástrico.

gastronome s gastrónomo, a. **-ie** f gastronomía. **-ique** a gastronómico, a.

gâteau m pastel. | ~ sec, galleta f.

gâter t 1. echar a perder, dañar, estropear. 2. dent gâtée, diente picado. 3. (un enfant) mimar, consentir. ■ pr le temps se gâte, empeora el tiempo. **-ie** f mimo m.

gâteux, euse a/s chocho, a.

gauche a 1. izquierdo, a. 2. (maladroit) torpe. ■ f izquierda: à ~, a la izquierda. **-ement** adv torpemente. **-er, ère** a/s zurdo, a. **-erie** f torpeza.

gaufre f barquillo m. **-ette** f barquillo m.

gaule f 1. (perche) vara. 2. (de pêcheur) caña de pescar. **-er** t varear.

Gaule n p f Galia.

gaulois, e a/s galo, a.

gaver t cebar. ■ se ~, atiborrarse.

gaz m gas.

gaze f gasa.

gazelle f gacela.

gazeux, euse a gaseoso, a. | eau gazeuse, non gazeuse, agua con gas, sin gas.

gazole m gasóleo.

gazon m césped.

gazouiller i 1. (oiseau) gorjear. 2. murmullar, susurrar. **-ement** m 1. gorjeo. 2. murmullo, susurro.

geai [ʒɛ] m arrendajo.

géant, e a/m gigante. | à pas de ~, a pasos agigantados. ■ m giganta.

geindre[1] t quejarse, gimotear.

gel m 1. (glace) helada f. 2. (de bain, etc.) gel.

gélatine f gelatina. **-eux, euse** a gelatinoso, a.

gelée f 1. helada. | ~ blanche, escarcha. 2. (de fruits) jalea. 3. (de viande) gelatina.

geler t helar: ■ i helarse: on gèle ici!, ¡aquí se hiela uno! ■ se ~, helarse.

gélule f cápsula.

Gémeaux m astr Géminis.

gémir i gemir: il gémissait, estaba gimiendo. **-issement** m gemido.

gemme f gema. | sel ~, sal gema.

gênant, e a molesto, a.

gencive f encía.

gendarme m 1. (en Espagne) guardia civil. 2. (en France) gendarme. **-rie** f gendarmería, guardia civil.

gendre m yerno.

gène m biol gen.

gêne f 1. molestia. 2. apuro m: être dans la ~, estar en un apuro de dinero. **-é, ée** a 1. (mal à l'aise) molesto, a, incómodo, a, violento, a. 2. (sans argent) apurado, a.

généalogie f genealogía. **-ique** a genealógico, a.

gêner t 1. molestar. | si ça ne vous gêne pas, si no le es molesta. 2. (embarrasser) estorbar, dificultar. ■ pr ne vous gênez pas pour moi, no se moleste por mí.

général, e a/m general. | en ~, en general. | f 1. (répétition) ensayo m general. 2. (femme) generala.

généralisation f generalización. **-té** f generalidad.

généraliser t generalizar. **-ste** s generalista.

génération f generación.

générateur, trice a/m generador, a.

généreux, euse a generoso, a.

générique *a* genérico, a. ■ *m* (ciné-ma) ficha técnica.

générosité *f* generosidad.

Gênes [ʒɛn] *n p f* Génova.

genèse *f* génesis.

genêt *m* retama.

génétique *a* genético, a. ■ *f* genética.

Genève *n p f* Ginebra.

Geneviève *n p f* Genoveva.

genevois, e *a/s* ginebrino, a.

genévrier *m* enebro.

génial, e *a* genial.

génie *m* 1. genio. 2. ~ militaire, cuerpo de ingenieros militares; ~ civil, ingeniería. 3. talento, don.

genièvre *m* (alcool) ginebra *f*.

génique *a* biol. génico, a.

génisse *f* becerra, ternera.

génital, e *a* genital.

génocide *m* genocidio.

génois, e *a/s* genovés, esa. ■ *f* (gâteau) bizcocho *m*.

génome *m* biol. genoma.

genou *m* rodilla *f*. | à genoux, de ro-dillas; se mettre à genoux, arrodi-llarse.

genre *m* 1. género. 2. clase *f*: en tous genres, de toda clase. 3. avoir mauvais ~, tener mala pinta.

gens [ʒɑ̃] *s pl* gente *f sing*: les ~ se bousculent, la gente se atropella; beaucoup de ~, mucha gente; de braves ~, buena gente; les jeunes ~, los jóvenes.

gentil, ille [ʒɑ̃, ij] *a* 1. amable, bueno, a: vous êtes trop ~, usted es muy amable. 2. (mignon), mono, a.

gentilhomme [ʒɑ̃tijɔm] *m* hidalgo, gentilhombre.

gentillesse *f* 1. amabilidad: ayez la ~ de ..., tenga la amabilidad de ...; une ~, una fineza. **-ment** *adv* 1. amablemente. 2. lindamente.

génuflexion *f* genuflexión.

géographe *s* geógrafo, a. **-ie** *f* geo-grafía. **-ique** *a* geográfico, a.

geôle [ʒol] *f* cárcel. **-ier** *m* carcele-ro.

géologie *f* geología. **-ique** *a* geo-lógico, a. **-ue** *m* geólogo.

géomètre *s* (arpenteur) agrimen-sor. **-étrie** *f* geometría. **-étrique** *a* geométrico.

Georges [ʒɔrʒ] *n p m* Jorge.

géranium [ʒeranjɔm] *m* geranio.

gérant, e *s* gerente.

gerbe *f* 1. gavilla, haz. 2. (de fleurs) ramo *m*.

gercer *t* agrietar. **-çure** *f* grieta.

gérer *t* gestionar, administrar.

germain, e *a/s* germano, a. ■ *a* cousins germains, primos herma-nos. **-anique** *a* germánico.

germe *m* germen. **-er** *i* germinar.

gérondif *m* gerundio.

gésier *m* molleja *f*.

gésir *i* yacer: ci-gît, aquí yace.

gestation *f* gestación.

geste *m* 1. ademán, d'un ~ rapide, con ademán rápido. 2. (acte) gesto, acción *f*.

gesticuler *i* hacer ademanes, ges-ticular. **-ations** *f pl* ademanes *m*.

gestion *f* gestión.

ghetto [geto] *m* gueto.

gibet *m* horca *f*.

gibecière *f* cartapacio *m*.

gibier *m* caza *f*: gros ~, menu ~, caza mayor, menor.

giboulée *f* aguacero *m*, chaparrón *m*.

gicler *i* brotar, saltar. **-eur** *m* surti-dor, chiclet.

gifle *f* bofetada. **-er** *t* abofetear.

gigantesque *a* gigantesco, a.

gigot *m* pierna *f* de cordero.

gigoter *i* patalear, menearse.

gilet *m* **1.** chaleco. | **~ de sauvetage**, chaleco salvavidas. **2. ~ de corps**, camiseta *f*.

Gilles [ʒil] *n p m* Gil.

gin [dʒin] *m* ginebra *f*.

gingembre *m* jengibre.

girafe *f* jirafa.

giratoire *a* giratorio, a.

girofle *m* **clou de ~**, clavo de olor.

giroflée *f* alhelí *m*.

giron *m* regazo.

girouette *f* veleta.

gisement *m* yacimiento.

gît ⇒ **gésir**.

gitan, e *a/s* gitano, a.

gîte *m* **1.** albergue. **2.** *(du gibier)* madriguera *f*. ■ *f* MAR escora.

givre *m* escarcha *f*.

glace *f* **1.** hielo *m*. **2.** *(crème glacée)* helado *m*: **une ~ à la vanille**, un helado de vainilla. **3.** *(miroir)* espejo *m*. | **armoire à ~**, armario de luna. **4.** *(d'une voiture)* ventanilla.

glac/er° *t* **1.** helar. **2. ~ d'horreur**, petrificar. **3.** *(papier, étoffe)* glasear. **-ial, e** *a* glacial. **-ier** *m* *(en montagne)* glaciar. **-ière** *f* nevera.

glaçon *m* **1.** témpano, carámbano. **2.** *(petit cube)* cubito de hielo.

glaïeul [glajœl] *m* gladiolo.

glaise *f* arcilla, greda.

gland [glɑ̃] *m* **1.** *(de chêne)* bellota *f*. **2.** *(pompon)* borla *f*.

glande *f* glándula.

glaner *t* **1.** espigar. **2.** FIG rebuscar.

glapir *i* *(une personne)* chillar.

glas [gla] *m* toque de ánimas. | **sonner le ~**, tocar a muerto, doblar.

glissade *f* resbalón *m*.

glissant, e *a* resbaladizo, a.

gliss/er *i* **1.** resbalar, resbalarse: **j'ai glissé sur une peau de banane**, me resbalé con una piel de plátano. **2.** *(volontairement)* deslizarse. **3. ~ des**

mains, escurrirse de entre las manos. ■ *t* deslizar, introducir. ■ **se ~**, colarse, deslizarse. **-ement** *m* **1.** deslizamiento. **2.** *(de terrain)* corrimiento. **-ière** *f* corredera: **porte à ~**, puerta de corredera. | **fermeture à ~**, cremallera.

global, e *a* global. **-isation** *f* globalización.

globe *m* globo.

globul/e *m* glóbulo. **-aire** *a* globular.

gloire *f* gloria.

glorieux, euse *a* glorioso, a.

glorifier *t* glorificar. ■ **se ~ de**, gloriarse de.

glossaire *m* glosario.

glouss/er *i* *(la poule)* cloquear. **-ement** *m* **1.** cloqueo. **2.** FIG risita *f*.

glouton, onne *a/s* glotón, ona. **-nement** *adv* con glotonería. **-nerie** *f* glotonería.

glu *f* liga. **-ant, e** *a* viscoso, a, pegajoso, a.

glucose *m* glucosa *f*.

glycérine *f* glicerina.

glycine *f* glicina.

gnome [gnom] *m* gnomo.

go (tout de) *loc adv* de sopetón.

goal [gol] *m* portero.

gobelet [gɔblɛ] *m* **1.** cubilete. **2.** *(en plastique)* vaso.

gober *t* sorber, tragar.

godasse *f* FAM zapato *m*.

godet *m* **1.** *(de peintre)* salserilla *f*. **2.** *(de drague)* cangilón.

godille *f* espadilla.

goéland *m* gaviota *f*.

goélette *f* goleta.

goémon *m* fuco.

gogo (à) *loc adv* FAM a pedir de boca.

goinfre *a/m* glotón.

goitre m bocio.

golf m golf: ~ miniature, minigolf.

golfe m golfo.

gomme f 1. goma. 2. (pour effacer) goma de borrar. **-er** t (effacer) borrar.

gond [gɔ̃] m gozne. | sortir de ses gonds, salirse de sus casillas.

gondole f góndola.

gondoler i alabearse, abarquillar-se.

gonfler t ~ un pneu, inflar, hin-char, un neumático. ■ i 1. hinchar-se: mon genou a gonflé, se me ha hinchado la rodilla. 2. FAM il est gonflé!, ¡tiene cara! **-able** a hin-chable. **-age** m inflado. **-ement** m (enflure) hinchazón f. **-eur** m infla-dor.

gong [gɔ̃g] m batintín, gong.

goret m gorrino.

gorge f 1. garganta | rire à ~ dé-ployée, reír a carcajadas. 2. (de fem-me) pecho m.

gorgée f trago m, sorbo m.

gorger (se)° pr se ~ de, atracarse de.

gorille m 1. gorila. 2. FAM guardaes-paldas, gorila.

gosier m gaznate.

gosse s FAM chaval, a, chiquillo, a.

gothique a/m gótico, a.

gouache f gouache m, aguada.

gouaille f guasa.

goudron m alquitrán. **-ner** s alqui-tranar. | route goudronnée, carrete-ra asfaltada.

gouffre m abismo, sima f.

goujon m gobio.

goulot m gollete, cuello: boire au ~, beber a morro.

goulu/u, ona, **-ûment** adv con glotonería.

goupille f chaveta.

goupillon m hisopo.

gourde f cantimplora. ■ a/f FAM bobo, a.

gourdin m garrote.

gourmand, e a/s goloso, a. **-ise** f 1. (défaut) gula. 2. (friandise) golosina.

gourmet [gurmɛ] m gourmet.

gourmette f esclava.

gourou m gurú.

gousset m bolsillo.

gousse f 1. vaina. 2. ~ d'ail, diente m de ajo.

goût [gu] m 1. gusto: mauvais ~, mal gusto. 2. sabor: un ~ de citron, un sabor a limón. 3. afición f: elle a du ~ pour la musique, tiene afición a la música. | prendre ~ à, aficionar-se a.

¹goûter t probar: goûtez cette liqueur, pruebe este licor. ■ i merendar: les enfants goûtent à 4 heures, los chicos meriendan a las 4.

²goûter m merienda f.

goutte f 1. gota: à ~, gota a gota. 2. FAM boire la ~, tomar una copita. 3. je n'y vois ~, no veo ni jota. **-elette** f gotita. **-er** i gotear. **-ière** f canalón m.

gouvernail [guvɛrnaj] m timón.

gouvernant f 1. (d'un enfant) aya. 2. (d'un homme seul) ama de llaves.

gouvernants m pl gobernantes.

gouvernement m gobierno. **-al, e** a gubernamental.

gouverner t gobernar.

gouverneur m gobernador.

goyave f guayaba.

grabat m camastro.

grabuge m FAM gresca f.

grâce f 1. gracia. | de bonne ~, de buena gana. 2. (faveur) favor m | de ~!, ¡por favor!, demander ~, pedir piedad; rendre ~ à, darle gracias a.

3. ~ **à**, gracias a. **4.** (*d'un condamné*) indulto *m*, gracia. **-ier** *t* indultar.

gracieux, euse *a* **1.** gracioso, a. **2.** gratuito, a. | **à titre** ~, gratuitamente.

grade *m* grado.

gradé *m* suboficial.

gradin *m* grada *f*. ■ *pl* graderías *f*.

graduation *f* graduación.

graduel, elle *a* gradual.

graduer *t* graduar.

graffiti *m pl* pintadas *f*.

grain *m* **1.** grano. **2.** (*d'un chapelet*) cuenta *f*. **3.** ~ **de beauté**, lunar. **4.** (*giboulée*) turbión, aguacero.

graine *f* semilla. | **monter en** ~, espigarse. **-terie** *f* comercio *m* de granos.

graiss/e *f* grasa. **-age** *m* engrase. **-er** *t* engrasar. **-eux, euse** *a* grasiento, a.

gramm/aire *f* gramática. **-airien, enne** *s* gramático, a. **-atical, e** *a* gramatical.

gramme *m* gramo.

grand, e *a* **1.** grande (gran *devant un substantif sing.*): **une grande salle**, una sala grande; **un** ~ **peintre**, un gran pintor; **en grande partie**, en gran parte; **ce costume est trop** ~ **pour moi**, este traje me está grande. **2.** (*taille*) alto, a: **un homme** ~, un hombre alto. **3.** mayor: **les grandes personnes**, las personas mayores. **4.** **pas grand-chose**, poca cosa. ■ *adv* **voir** ~, ver en grande; **en** ~, a lo grande, en gran escala.

Grande-Bretagne *n p f* Gran Bretaña.

grandeur *f* **1.** tamaño *m*: ~ **nature**, tamaño natural. **2.** (*morale*) grandeza.

grandiose *a* grandioso, a.

grand/ir *i* crecer: **il a beaucoup grandi**, ha crecido mucho. ■ *t* **1.** aumentar. **2.** FIG engrandecer. **-issant, e** *a* creciente.

grand-mère *f* abuela.

grand-messe *f* misa mayor.

grand-oncle *m* tío abuelo.

grand-père *m* abuelo.

grand-rue *f* calle mayor.

grands-parents *m pl* abuelos.

grand-tante *f* tía abuela.

grange *f* granero *m*.

granit [granit] *m* granito. **-é** *m* (*sorbet*) granizado.

granul/é *m* gránulo. **-eux, euse** *a* granujoso, a.

graphique *a* gráfico, a. ■ *m* gráfico, gráfica *f*.

graphite *m* grafito.

graphologie *f* grafología.

grappe *f* racimo *m*: **une** ~ **de raisin**, un racimo de uvas.

gras, grasse *a* **1.** graso, a: **corps, fromage** ~, cuerpo, queso graso. | **faire** ~, comer carne. **2.** gordo, a: **son chat est trop** ~, su gato está demasiado gordo. **3.** grasiento, a, pringoso, a: **cheveux** ~, pelo grasiento; **papiers** ~, papeles pringosos. **4.** **plante grasse**, planta carnosa, crasa. **5.** **caractères** ~, negritas *f*. ■ *m* **le** ~, la grasa. **-souillet, ette** *a* regordete.

gratifiant, e *a* gratificante.

gratification *f* gratificación, plus *m*.

gratin *m* **1.** **au** ~, al gratén. **2.** FAM **le** ~, la flor y nata.

gratis [gratis] *adv* gratis, de balde.

gratitude *f* gratitud.

gratte-ciel *m* rascacielos.

gratte-papier *m* chupatintas.

gratt/er *t* **1.** raspar. **2.** (*avec l'ongle*) rascar. **3.** FAM **ce col me gratte**, este

cuello me pica, me da picor. ■ **se ~**, rascarse. **-oir** m raspador.

gratuit, e a gratuito, a. **-ement** adv gratuitamente. **-é** f gratuidad.

gravats m pl cascotes.

grave a grave.

grav/er t grabar: **~ sur cuivre**, grabar en cobre. **-eur** m grabador.

grav/ier m grava f. **-illon** m gravilla f.

gravir t subir.

gravité f gravedad.

graviter i gravitar.

gravure f grabado m: **~ sur bois**, grabado en madera.

gré m à mon **~**, a mi gusto; **bon ~, mal ~**, de buen o mal grado; **contre mon ~**, mal de mi grado; **de ~ ou de force**, por las buenas o por las malas; **de mon plein ~**, por mi propia voluntad; **savoir ~ de**, agradecer.

grec, grecque a/s griego, a.

Grèce n p f Grecia.

gréement m MAR aparejo.

greff/e f 1. injerto m. 2. (d'organe) transplante m. **-er** t injertar.

greffier m escribano.

Grégoire n p m Gregorio.

¹**grêle** a 1. delgado, a. 2. **voix ~**, voz ahilada, tenue.

²**grêl/e** f 1. granizo m. 2. (de coups) granizada. **-er** impers granizar. **-on** m granizo.

grelot m cascabel.

grelotter i tiritar.

Grenade n p Granada.

grenad/e f granada. **-ier** m MIL granadero. **-ine** f granadina.

grenat m granate.

grenier m 1. (à grains) granero. 2. (sous les combles) desván.

grenouille f rana.

grenu, e a granoso, a.

grès [grɛ] m 1. asperón, arenisca f. 2. (céramique) gres.

grésil [grezi(l)] m granizo menudo.

grésill/er i chisporrotear. **-ement** m chisporroteo.

grève f 1. huelga: **se mettre en ~**, declararse en huelga; **être en ~, faire ~**, estar en huelga; **~ de la faim, du zèle**, huelga de hambre, de celo. 2. (plage) playa.

grever t gravar.

gréviste s huelguista.

gribouill/er t/i garabatear. **-age** m garabato.

grief [grijɛf] m queja f.

grièvement adv gravemente.

griff/e f 1. uña, garra, zarpa. | **coup de ~**, zarpazo, arañazo; **tomber sous la ~ de**, caer en las garras de. 2. (signature) firma. 3. (marque) marca. **-é, ée** a (vêtement) de marca. **-er** t arañar.

griffonner t garrapatear, borronear.

grignoter t roer.

gril [gri(l)] m parrilla f: **bifteck sur le ~**, bistec a la parrilla. **-lade** f parrillada de carne.

grillage m alambrera f, reja f.

grille f 1. (clôture) verja. 2. (fenêtre) reja. 3. (fourneau) rejilla. 4. (mots croisés) cuadrícula.

grille-pain m tostador (de pan).

griller t 1. (viande, poisson) asar; (pain, café) tostar. 2. **l'ampoule est grillée**, se ha fundido la bombilla. 3. FAM **~ un feu rouge**, saltarse un semáforo en rojo.

grillon m grillo.

grimac/e f mueca, gesto m: **faire une ~**, torcer el gesto; **faire des grimaces**, hacer muecas. | **faire la ~**, poner mala cara. **-er** i **~ de douleur**,

torcer el gesto de dolor.

grimer (se) *pr* maquillarse.

grimp/er i 1. ~ **aux arbres**, trepar a los árboles. 2. ~ **sur une chaise**, subirse a una silla. 3. **la route grimpe dur**, la carretera está muy empinada. 4. (*les prix*) dispararse. ∎ *t* subir. **-ant, e** *a* trepador, a. **-ette** *f* repecho m.

grinc/er° i rechinar, chirriar. | **il grince des dents**, le rechinan los dientes. **-ement** m rechinamiento, chirrido.

grincheux, euse a/s gruñón, ona.

gringalet m alfeñique.

griotte f guinda.

gripp/e f 1. gripe. 2. **prendre en ~**, coger manía a. **-é, ée** a **elle est grippée**, está con gripe.

gripper (se) pr agarrotarse.

gris, e [gri, iz] a 1. gris: **des tons ~**, tonos grises. 2. (*ivre*) achispado, a. ∎ m **peindre en ~**, pintar de gris. **-âtre** a grisáceo, a.

gris/er t 1. achispar. 2. FIG embriagar. ∎ **se ~**, embriagarse. **-erie** f embriaguez.

grisonner i encanecer.

grisou m grisú.

grive f tordo m.

grivois, e a licencioso, a, verde.

Groenland [grɔɛn(lãd)] n p m Groenlandia f.

grog m grog.

grogn/er i gruñir. **-ement** m gruñido. **-on, onne** a/s gruñón, ona.

groin m hocico, jeta f.

grommeler i refunfuñar, rezongar. ∎ t mascullar.

grond/er i 1. (*canon, tonnerre*) retumbar. 2. (*animal*) gruñir. ∎ t ~ **un enfant**, reñir, regañar a un niño. **-ement** m 1. retumbo, fragor. 2. gruñido.

groom [grum] m botones.

gros, grosse a 1. grueso, a: **un ~ arbre**, un árbol grueso. 2. gordo, a: **un ~ chat**, un gato gordo; **une grosse femme**, una mujer gorda. | **avoir le cœur ~**, tener el corazón encogido. 3. **un ~ bébé**, un bebé rollizo. 4. grande, gran: **une grosse voiture**, un coche grande; **de ~ efforts**, grandes esfuerzos; **une grosse erreur**, un gran error. 5. fuerte: **un ~ rhume**, un catarro fuerte. 6. **une grosse dépense**, un gasto importante. 7. **grosse faute**, falta grave. 8. ~ **mot**, palabrota f. ∎ adv 1. **écrire ~**, escribir grueso. 2. **gagner ~**, ganar mucho. 3. **en ~**, en líneas generales. ∎ m **prix de ~**, precio al por mayor. | **négociant en ~**, mayorista. ∎ f (*douze douzaine*) gruesa, doce docenas.

groseill/e f grosella. **-ier** m grosellero.

grosse ⇒ **gros**.

grossesse f embarazo m.

grosseur f 1. grueso m, grosor. 2. (*enflure*) bulto m.

grossi/er, ère a 1. grosero, a. | **erreur grossière**, error de bulto. 2. (*rudimentaire*) tosco, a. **-èreté** f 1. grosería. 2. tosquedad.

gross/ir i/t 1. engordar: **il a beaucoup grossi**, ha engordado mucho. | **faire ~**, engordar. 2. aumentar. ∎ t exagerar. **-issant, e** a 1. creciente. 2. **verres grossissants**, lentes de aumento. **-issement** m aumento.

grossiste m mayorista.

grotesque a grotesco, a.

grotte f gruta, cueva.

grouill/er i hormiguear, bullir. ∎ POP **se ~**, aligerar, arrear: **grouille-**

grouiller i hormiguear, bullir. ■ pr POP se ~, darse prisa: grouille-toi!, ¡aligera! -ement m hormigueo.

groupe m grupo. -ement m agrupación f. -er t agrupar. ■ se ~, agruparse.

grue f 1. (oiseau) grulla. | faire le pied de ~, estar de plantón. 2. (machine) grúa.

grumeau m grumo.

Guadeloupe n p f Guadalupe.

gué m vado. | passer à ~, vadear.

guenille f harapo m, andrajo m. | en guenilles, harapiento, a.

guenon f mona.

guépard m onza f.

guêpe f avispa. -ier m avispero: tomber dans un ~, meterse en un lío.

guère adv tu n'es ~ aimable, eres poco amable; je n'ai ~ faim, no tengo mucha hambre.

guéridon m velador.

guérilla [gerija] f guerrilla.

guérir t curar. ■ i curar, curarse, sanar: j'espère qu'il guérira bientôt, espero que curará pronto; je suis guéri, me he curado. -ison f curación, cura. -issable a curable. -isseur, euse s curandero, a.

guérite f garita.

guerre f guerra. | de guerre lasse, cansado, a de luchar; de bonne ~, en buena lid. -ier, ière a/s guerrero, a. -oyer i guerrear.

guet m acecho: faire le ~, estar al acecho.

guet-apens [gεtapã] m emboscada f.

guêtre f polaina.

guetter t 1. acechar. 2. (attendre) aguardar. -eur m vigía.

gueule f 1. boca. 2. POP ta ~!, ¡cállate!; avoir la ~ de bois, tener resaca; une fine ~, un gastrónomo. 3. POP (visage) cara, jeta: se casser la ~, romperse la cara; faire la ~, estar de jeta. -er i FAM gritar, vociferar. -eton m comilona f.

gui m muérdago.

guichet m taquilla f, ventanilla f. -ier s taquillero, a.

guide m 1. (personne) guía. 2. (livre) guía f: un ~ touristique, una guía turística. | pl riendas.

guider t guiar, dirigir. -on m (bicyclette, moto) manillar.

guigne f FAM mala suerte. | avoir la ~, tener la negra.

guignol m guiñol.

Guillaume n p m Guillermo.

guillemet [gijmε] m comilla f.

guilleret, ette [gijrε, εt] a alegre.

guillotine f guillotina.

guimauve f (pâte) melcocha.

guimbarde f carricoche m.

guindé, e a afectado, a, estirado, a.

Guinée n p f Guinea.

guinguette f merendero m.

guirlande f guirnalda.

guise f à sa ~, a su antojo: en ~ de, a guisa de.

guitare f guitarra. -iste s guitarrista.

guttural, e a gutural.

Guyane [gijan] n p f Guayana.

gymnase m gimnasio. -te s gimnasia. -tique f gimnasia.

gynécologie f ginecología. -gue s ginecólogo, a.

gypse [ʒips] m yeso.

gyroscope m giroscopio.

el signo ' indica que la h es aspirada.

H

h [aʃ] m/f h j: un ~, una h.
'ha! interj ah! ha, ha! ¡ja, ja!
habile a hábil. -eté f habilidad.
habiller t/i vestir. l habillé en clown, vestido de payaso. ■ s'~, vestirse: elle s'habille élégamment, se viste con elegancia. -ement m vestido, indumentaria f.
habit [abi] m 1. traje, vestido. 2. (tenue de soirée) traje de etiqueta, frac. 3. prendre l'~, tomar el hábito. ■ pl ropa sing: ôter ses habits, quitarse la ropa.
habitable a habitable.
habitant, e s habitante.
habiter t/i vivir, habitar: il habite (à) la campagne, vive en el campo. -ation f vivienda. l ~ à loyer modéré (HLM), vivienda de renta limitada.
habitude f costumbre. l d'~, generalmente.
habitué, e s asiduo, a, cliente.
habituer t habituar. ■ s'~ à, acostumbrarse, habituarse: -el, elle a habitual.
hâbleur, euse a/s fanfarrón, ona.
'hache f hacha. l coup de ~, hachazo. -ette f hacha pequeña.
'hacher t 1. picar: viande hachée, carne picada. 2. style haché, estilo cortado. -is m picadillo. -oir m tajadera f.
hachisch ⇒ haschisch.
'hachure f plumeado m -er t plumear.

'hagard, e a azorado. a l yeux hagards, ojos extraviados.
'haie f 1. seto m. 2. (de personnes) fila, cordón m. l faire la ~, alinearse. 3. (sport) vallas pl.
'haillon m harapo, andrajo.
'haine f odio m: prendre en ~, tomar odio a renco-roso. a -'-issable a odioso, a.
'haïr t odiar, aborrecer.
'haïti [ait] n p Haïti.
'halage m sirga f.
'hâle m bronceado. -é, ée a bronceado, a, tostado, a.
'haleine f aliento m l hors d'~, jadeando: reprendre ~, tomar aliento; travail de longue ~, trabajo de larga duración.
'haler t 1. halar. 2. (une péniche) sirgar.
'hâler t (la peau) broncear, curtir.
'haleter i jadear. -tant, e a jadeante. -ètement m jadeo.
'hall [ol] m hall, vestíbulo.
'halle f mercado m.
'hallucination f alucinación.
'halo m halo.
'halte f 1. parada. l faire ~, pararse. 2. (chemin de fer) apeadero m. 3. -- l alto!, halte-là!, ¡alto ahí!
'haltère f pesa f de gimnasia.
'hamac [amak] m hamaca f.
'Hambourg n p Hamburgo.
'hamburger [ãburgœr] m hamburguesa f.

hameau m caserío, aldea f.

hameçon [amsɔ̃] m anzuelo.

hampe f (de drapeau) asta.

hanche f cadera.

handball [ãdbal] m balonmano.

handicap m 1. (sports) handicap. 2. (infirmité) minusvalía f. 3. desventaja f. **-é, ée** s minusválido, a. **-er** t desfavorecer.

hangar m 1. cobertizo. 2. (pour avions) hangar.

hanneton m abejorro.

hanter t 1. obsesionar. 2. maison hantée, casa encantada. **-ise** f obsesión.

happer t atrapar.

harangue f arenga. **-er** t arengar.

haras [aʀa] m acaballadero.

harasser t agobiar, agotar, cansar.

harceler t hostigar, acosar. **-èlement** m acoso.

hardi, e a atrevido, a. **-esse** f autrevimiento, osadía.

harem [aʀɛm] m harén.

hareng [aʀɑ̃] m arenque. | FAM serrés comme des harengs, como en lata de sardinas.

hargneux, euse a huraño, a, aris-co, a.

haricot m judía f, alubia f. haricots verts, blancs, judías verdes, blan-cas.

harmonica m armónica f.

harmonie f armonía f. **-ieux, euse** a armonioso, a.

harmoniser t armonizar. ■ s'~, armonizar, entonar, combinar: couleurs qui s'harmonisent, colores que armonizan.

harmonium [aʀmɔnjɔm] m armo-nio.

harnacher t enjaezar. **-ement** m 1. enjaezamiento. 2. (harnais) arre-os pl. 3. (accoutrement) atavío ridí-culo.

harnais m arreos pl, arnese.

harpe f arpa. **-iste** s arpista.

harpon m arpón. **-ner** t arponear.

hasard [azaʀ] m 1. casualidad f, azar: c'est un heureux ~, es una feliz casualidad. | au ~, al azar; à tout ~, por si acaso; par ~, por casualidad; jeu de ~, juego de azar. 2. un coup du ~, un lance de fortu-na.

hasarder t arriesgar. ■ se ~, arriesgarse. **-eux, euse** a arriesga-do, a, aventurado, a.

hâchisch [aʃiʃ] m hachís.

hâte f prisa: j'ai ~ de partir, tengo prisa por marcharme; en ~, de prisa. **-er** t apresurar: | ~ le pas, ali-gerar el paso. ■ se ~ de, apresurar-se a. | hâtez-vous, dése prisa. **-if, ive** a 1. (légumes) temprano, a. 2. apresurado, a.

hausse f subida: en ~, en alza.

hausser t alzar, levantar: | ~ les épaules, encogerse de hombros. ■ se ~ sur la pointe des pieds, empi-narse. **-ement** m ~ d'épaules, encogimiento de hombros.

haut, e [o, ot] a/adv alto, a. à la haute voix, en voz alta. ■ en couleurs, subido de color. ■ adv 1. voler ~, volar alto. | ~ les mains!, ¡manos arriba! 2. parler ~, hablar fuerte. ■ m 1. alto: six mètres de ~, seis metros de alto. | de ~ en bas, de arriba abajo; du ~ de, desde lo alto de; en ~, arriba; des hauts et des bas, altibajos. 2. le Très-Haut, el Altísimo.

hautain, e a altivo, a.

hautbois [obwa] m oboe.

haut-de-forme [odfɔʀm] m som-brero de copa, chistera f.

hauteur f 1. altura; saut en ~, salto de altura; prendre de la ~, tomar altura. 2. (arrogance) altanería, altivez.

haut-fond m bajo.

haut-le-cœur m [olkœr] m náusea f.

haut-le-corps [olkɔr] m sobresalto.

haut-parleur m altavoz: des haut-parleurs, altavoces.

havane a/m habano, a.

Havane (La) n p f La Habana.

hâve a pálido, a.

havre m fig refugio.

Havre (Le) n p El Havre.

havresac m mochila f.

Haye (La) [la ε] n p f La Haya.

hé! interj ¡eh!

hebdomadaire a semanal. ■ m (publication) semanario.

héberger t albergar, hospedar. **-ement** m alojamiento.

hébéter t atontar.

hébraïque a [ebraik] hebraico, a.

hébreu a/m [ebrø] hebreo, a.

hécatombe f hecatombe.

hectare m hectárea f.

hectomètre m hectómetro.

Hector n p m Héctor.

héli! interj ¡eh!

hélas! [elas] interj ¡ay!

Hélène n p f Elena.

héler° t llamar.

hélice f [elis] hélice.

hélicoptère m helicóptero. -**port** m helipuerto.

hellénique a helénico, a.

helvétique a helvético, a.

hem! [εm] interj ¡ejem, ejem!

hématome m hematoma.

hémicycle m hemiciclo.

hémiplégie f hemiplejia.

hémisphère m hemisferio. -**éri-que** a hemisférico, a.

hémorragie f hemorragia.

hémorroïdes f pl [emɔrɔid] hemorroides, almorranas.

hennir i relinchar. **-issement** m relincho.

hep! [εp] interj ¡eh!

hépatique a/f hepático, a. **-te** f hepatitis.

héraldique a/f heráldico, a.

héraut m heraldo.

herbage m pasto, herbazal.

herbe f 1. hierba; fines herbes, hierbas finas; mauvaise ~, mala hierba. 2. (gazon) césped m. 3. en ~, en cierne. -**ier** m herbario. -**ivore** a/m herbívoro, a. -**oriste** s herborista.

Hercule n p m Hércules.

herculéen, enne a hercúleo, a.

hérédité f herencia. -**aire** a hereditario, a.

hérésie f herejía. -**tique** a herético, a.

hérisser t erizar. ■ pr 1. erizarse. 2. (se fâcher) enfadarse.

hérisson m erizo.

hériter t/i d'une maison, heredar una casa; ~ de son oncle, heredar de su tío. -**age** m herencia f. -**ier, -ière** s heredero, a.

hermétique a hermético, a.

hermine f armiño.

hernie f hernia.

héroïne f [eroin] heroína.

héroïque a [eroik] heroico, a. -**isme** m heroísmo.

héron m garza f.

héros [ero] m héroe.

herse f grada.

hésiter i vacilar, dudar: ~ à, vacilar en, dudar en; n'hésitez pas à nous consulter, no duden en consultar-

hétéroclite a heteróclito, a.

hétérodoxe a heterodoxo, a.

hétérogène a heterogéneo, a.

hêtre m haya f.

heure f 1. hora: cent kilomètres à l'~, cien kilómetros por hora; heures supplémentaires, horas extraordinarias; 15 euros de l'~, a 15 euros la hora; quelle ~ est-il?, ¿qué hora es? | il est une ~, es la una; il est six heures, huit heures dix, son las seis, las ocho y diez; à neuf heures juste, a las nueve en punto; être à l'~, ser puntual; mettre sa montre à l'~, poner el reloj en hora. 2. à l'~ actuelle, en la actualidad; à la bonne ~!, ¡muy bien!; de bonne ~, temprano; à tout à l'~!, ¡hasta luego!; tout à l'~, [~i, (bientôt) pronto; (il n'y a pas longtemps) hace poco.

heureux, euse a 1. feliz: être ~, ser feliz; rendre les autres ~, hacer felices a los demás; | c'est ~!, ¡menos mal! 2. ~ ceux qui ..., dichosos los que ... 3. (choix, idée, formule) feliz; acertado, a. **-sement** adv afortunadamente.

'heurt m choque. **-er** t/i tropezar con, chocar contra: ~ un piéton, tropezar con un transeúnte ■ se ~ à un poteau, chocar contra un poste; se ~ à une difficulté, tropezar con una dificultad. **-oir** m aldaba f.

hexagone m 1. hexágono. 2. l'Hexagone, Francia.

hiatus [jatys] m hiato.

hiberner i hibernar.

'hibou m búho.

'hideux, euse a horroroso, a, horrible.

'hier [jɛr] adv ayer: ~ matin, ayer por la mañana. | ~ soir, anoche.

-ant, e a indeciso, a. **-ation** f vacilación.

'hiérarch/ie f jerarquía. **-ique** a jerárquico, a.

hiéroglyphe m jeroglífico.

hilar/ité f hilaridad.

hindou a/s hindú.

hippie s hippy.

hippique a hípico, a.

hippodrome m hipódromo.

hippopotame m hipopótamo.

hirondelle f golondrina.

hirsute a hirsuto, a.

hispan/ique a hispánico, a. **-isant,** e s hispanista. **-isme** m hispanismo.

hispano-américain, e a/s hispanoamericano.

hispanophone a/s hispanohablante.

'hisser t izar ■ se ~, subirse.

hist/oire f 1. historia: ~ sainte, historia sagrada. 2. cuento m: tu nous racontes des histoires, nos vienes con cuentos. 3. **~ drôle,** chiste m. 4. (ennuis) lío m, cuestión: je ne veux pas d'histoires, no quiero líos; faire des histoires, armar líos, poner dificultades. **-orique** a histórico, a. ■ m historial.

histor/ien, enne s historiador, a.

historiette f historieta.

hiver [ivɛr] m invierno. **-nal, e** a invernal. **-ner** i invernar.

HLM ⇒ **habitation.**

'hoch/er t: ~ la tête, menear la cabeza. **-ement** m cabeceo.

'hochet m sonajero.

hockey [ɔkɛ] m hockey.

'holà! interj ¡holá!; ¡eh!

'hold-up [ɔldœp] m atraco.

hollandais, e a/s holandés, esa.

'Hollande n p f Holanda.

'homard [ɔmar] m bogavante.

homélie f homilía.

homéopathie f homeopatía.
-ique a homeopático, a.

Homère n p m Homero.

homicide ■ s (personne) homicida. ■ m (crime) homicidio.

hommage m homenaje: rendre ~ à, rendir homenaje a ■ pl respetos.

homme m 1. hombre: un brave ~, un buen hombre. | de lettres, literato. - d'État, estadista; les grands hommes, los hombres célebres. 2. un jeune ~, un joven. 3. **homme-grenouille** m hombre rana.

homogène a homogéneo, a.

homologue a homólogo, a. ■ m colega. **-er** homologar.

homonyme a/m homónimo, a.

homosexuel, elle a/s homosexual.

Honduras n p m Honduras f.

hongrois, e a/s húngaro, a.

Hongrie n p f Hungría.

honnête a 1. honrado, a. 2. (vertueux) honesto, a. 3. razonable 4. (passable) regular. **-té** f (probité) honradez.

honneur m 1. honor, homme, parole d'~, hombre, palabra de honor. | point d'~, pundonor; | en l'~ de, en honor de: faire ~ à, hacer honor a; j'ai l'~ de vous informer, tengo el honor de comunicarle 2. (réputation) honra f ■ pl 1. rendre les honneurs, rendir los honores. 2. honneurs funèbres, honras f fúnebres.

honorable a honorable. **-ilité** f honorabilidad.

honoraire a honorario, a. ■ pl honorarios.

honorer 1. honrar: ~ de sa présence, honrar con su presencia. | en réponse à votre honorée du ..., en respuesta a su atenta del ... 2. COM (payer) pagar. ■ s'~ de, honrarse con. **-ifique** a honorífico, a.

honte f vergüenza: avoir ~, tener vergüenza, avergonzarse: j'ai ~ de ..., me da vergüenza de ...; tu me fais ~, me das vergüenza de ... **-eux, euse** a 1. vergonzoso, a. 2. (confus) avergonzado, a. | c'est ~!, ¡es una vergüenza!

hop! [ɔp] interj ¡hala!, ¡upa!

hôpital m hospital.

hoquet m hipo: avoir le ~, tener hipo.

horaire a/m horario, a.

horde f horda.

horizon m horizonte: à l'~, en el horizonte. **-tal, e** a horizontal.

horloge f reloj m. **-er, ère** a/s relojero, a. **-erie** f relojería.

hormis [ɔʀmi] prep excepto, salvo.

hormone f hormona.

horn (cap) n p m cabo de Hornos.

horoscope m horóscopo.

horreur f horror m: faire ~, dar horror; j'ai des hypocrites, j'ai les hypocrites en ~, tengo horror a los hipócritas; quelle ~!, ¡qué horror!

horrible a horrible, horroroso, a. **-ifier** t horrorizar.

horripiler t exasperar. **-ant, e** a exasperante.

hors [ɔʀ] prep 1. fuera de: ~ série, fuera de serie. 2. - de danger, fuera de peligro; être - de soi, estar fuera de sí. - d'ici, ¡fuera de aquí! | ~ de prix, carísimo, a.

hors-bord [ɔʀbɔʀ] m fueraborda.

hors-concours [ɔʀkɔ̃kuʀ] a/m fuera de concurso.

hors-d'œuvre [ɔʀdœvʀ] m entremeses pl.

hors-jeu [ɔʀʒø] m fuera de juego.

hors-la-loi [ɔʀlalwa] m fuera de la ley.

hortensia m hortensia f.

horticulture f horticultura f. -eur m horticultor.

hospice m hospicio.

hospitalier, ère a hospitalario, a.

hospitaliser t hospitalizar, internar; se faire ~, hospitalizarse.

hospitalité f hospitalidad.

hostellerie f hostal m.

hostie f hostia.

hostile a hostil. -ité f hostilidad. | pl (guerre) hostilidades.

hot dog m perrito caliente.

hôte, esse s huésped, a. ■ f (d'accueil) azafata. | hôtesse de l'air, aza-fata.

hôtel m 1. hotel: passer une nuit à l'~, pasar una noche en el hotel. 2. ~ particulier, palacete. 3. ~ de ville, ayuntamiento.

hôtelier, ère a/s hotelero, a. -ierie f hostelería.

hôtesse ⇒ hôte.

hotte f 1. (panier) cuévano m. 2. (de cheminée) campana.

houblon m lúpulo.

houe f azada.

houille f hulla. | ~ blanche, hulla blanca. -er, ère a hullera ■ hullera f bassin ~, cuenca

houle f marejada. -eux, euse a agitado, a.

houppe f 1. borla. 2. (cheveux) copete m. -ette f borla.

hourra! interj ¡hurra!

houspiller t reprender, reñir.

housse f funda.

houx [u] m acebo.

hublot m 1. MAR portilla f. 2. (d'a-vion) ventanilla f.

huche f arcón m.

huer t ~ un orateur, abuchear a un orador. -ée f abucheo m.

Hugues [yg] n p m Hugo.

huile f 1. aceite m: ~ d'olive, aceite de oliva. | vérifier le niveau d'~, comprobar el nivel de aceite. 2. peinture à l'~, pintura al óleo. -er t aceitar. -eux, euse a aceitoso, a. -ier m vinagreras f pl.

huis [ɥi] m à ~ clos, a puerta cerrada. -sier m ujier, ordenanza.

huit [ɥit] a/s ocho. | ~ cents, ochocientos, as; d'aujourd'hui en ~, dentro de una semana; mardi en ~, el martes de la semana próxima. -aine f 1. unos ocho, unas ocho. 2. dans une ~, dentro de una semana.

huître f ostra. | ~ perlière, madre-perla.

-ième a/s octavo, a.

humain, e a humano, a. -isme m humanismo. -iste s humanis-ta. -itaire a humanitario, a. -ité f humanidad.

humble [œbl] a/s humilde.

humecter t humedecer.

humer t 1. aspirar. 2. (sentir) oler.

humérus [ymerys] m húmero.

humeur f humor m: être de bonne, de mauvaise ~, estar de buen, de mal humor; je ne suis pas d'~ à plaisanter, no estoy para bromas.

humide a húmedo, a. -ité f humedad.

humilier t humillar. -ant, e a humillante. -ation f humillación.

humilité f humildad.

humoriste a/s humorista. -ique a humorístico, a.

humour m humor: avoir de l'~, tener sentido del humor; ~ noir, humor negro.

humus [ymys] m humus.

hune f cola.

huppe f FAM encopetado, a.

'**hurl/er** i **1.** (*animaux*) aullar. **2.** (*vent*) rugir. ■ i/t (*personnes*) gritar. **-ement** m **1.** aullido. **2.** (*personnes*) alarido.

hurluberlu m atolondrado.

'**hutte** f choza.

hybride a/m híbrido, a.

hydratant, e a hidratante.

hydraulique a/f hidráulico, a.

hydravion m hidroavión.

hydre f hidra.

hydro-électrique a hidroeléctri-co, a.

hydrogène m hidrógeno.

hydrophile a hidrófilo, a.

hyène f hiena.

hygi/ène f higiene. **-énique** a higiénico, a.

hymne m/f himno m.

hypermarché m hipermercado.

hypertension f hipertensión.

hypertexte m INFORM hipertexto.

hypertrophie f hipertrofia.

hypno/se f hipnosis. **-tiser** t hip-notizar. **-tisme** m hipnotismo.

hypocri/sie f hipocresía. **-te** a/s hipócrita.

hypoth/èque f hipoteca. **-équer**° t hipotecar.

hypoth/èse f hipótesis. **-étique** a hipotético, a.

hystér/ie f histeria. **-ique** a/s histé-rico, a.

i m 1 f : un ~, una i.

ibère a/s íbero, a.

ibérique a ibérico, a.

ibis m ibis.

iceberg [aisberg] m iceberg.

ici adv aquí. | ici-bas, en este bajo mundo; d'~ demain, de aquí a mañana; d'~ là, entretanto; d'~ peu, dentro de poco.

icône f icono m.

idéal, e a/m ideal. | -isme m idealismo. | -iste s idealista.

idée f idea : ~ fixe, idea fija; aucune ~!, ¡ni idea! | quelle drôle d'~!, ¡qué ocurrencia!; j'ai ~ que, me parece que; il m'est venu à l'~ de ..., se me ha ocurrido ...; faire à son ~, obrar a su antojo.

identifier t identificar. -cation f identificación.

identique a idéntico, a.

identité f identidad.

idéologie f ideología

idiome m idioma.

idiot, e a/s idiota. | faire l'~, hacer el tonto. -ie [idsi] f idiotez.

idôle f ídolo m. -âtre a/s idólatra. -âtrie f idolatría.

idylle f idilio m. -ique a idílico, a.

if m tejo.

igloo [iglu] m iglú.

ignare a/s ignorante, ignaro, a.

ignifuge [-igniy3] a ignífugo, a.

ignoble a innoble.

ignominie f ignominia.

ignorer t ignorar, desconocer: on ignore les causes de l'incendie, se ignore / desconocen las causas del incendio. -ance f ignorancia. -ant, e a/s ignorante.

il, ils pron pers él, ellos (généralement omis, servent à insister : ~ est maçon, es albañil; ils sont jeunes, son jóvenes). ■ pron impers (ne se traduit pas) ~ pleut, llueve; ~ paraît que, parece que.

île f isla.

illégal, e a ilegal. -ité f ilegalidad.

illégitime a ilegítimo, a.

illettré, e a/s iletrado, a, analfabeto, a.

illicite a ilícito, a.

illimité, e a ilimitado, a.

illisible a ilegible.

illogique a ilógico, a.

illuminer t iluminar. -ation f iluminación.

illusion f ilusión: se faire des illusions, forjarse ilusiones. -ionner (s') pr ilusionarse. -ionniste s ilusionista. -oire a ilusorio, a.

illustrer t ilustrar. -ation f ilustración. -ateur m ilustrador. -e a ilustre.

îlot m 1. islote. 2. (de maisons) manzana f.

image f 1. imagen. 2. (illustration) estampa, estampita: ~ pieuse, estampa religiosa. | ~ d'Épinal, ale-

luya. **-é, ée** a rico, a en imágenes, gráfico, a.

imagin/er t imaginar. ■ s'~, imaginarse, figurarse. **-aire** a imaginario, a. **-atif, ive** a imaginativo, a. **-ation** ƒ imaginación.

imbattable a invencible.

imbécil/e a/s imbécil. **-lité** ƒ imbecilidad.

imberbe a imberbe.

imbiber t empapar, embeber: ~ d'eau, empapar en agua.

imbroglio [ɛ̃brɔljo] m embrollo, lío.

imbu, e a ~ de, imbuido, a de. | ~ de soi-même, pagado de sí mismo.

imbuvable a no potable.

imit/er t imitar. **-ateur, trice** s imitador, a. **-ation** ƒ imitación.

immaculé, e a inmaculado, a.

immangeable [ɛ̃mɑ̃ʒabl] a incomible.

immanquable [ɛ̃mɑ̃kabl] a infalible.

immatricul/er t matricular. **-ation** ƒ matrícula. | plaque d'~, matrícula.

immédiat a inmediato, a. **-ement** adv inmediatamente.

immens/e a inmenso, a. **-ité** ƒ inmensidad.

immer/ger° t sumergir. **-sion** ƒ inmersión.

immeuble a inmueble. ■ m un ~ de six étages, un edificio de seis pisos.

inmigr/er t inmigrar. **-ant, e** a/s inmigrante. **-ation** ƒ inmigración.

immin/ent, e a inminente. **-ence** ƒ inminencia.

immiscer (s')° pr inmiscuirse.

immobile a inmóvil.

immobilier, ère a inmobiliario, a. | société inmobilière, inmobiliaria; l'~, el sector inmobiliario.

immobil/iser t inmovilizar. **-isation** ƒ inmovilización. **-ité** ƒ inmovilidad.

immodéré, e a inmoderado, a.

immoler t inmolar.

immond/e a inmundo, a. **-ices** ƒ pl inmundicias.

immoral, e a inmoral.

immort/aliser t inmortalizar. **-alité** ƒ inmortalidad. **-el, elle** a inmortal. ■ ƒ (plante) siempreviva.

immuable a inmutable.

immun/iser t inmunizar: immunisé contre ..., inmunizado contra ... **-ité** ƒ inmunidad.

impact [ɛ̃pakt] m impacto.

impair, e a impar: **nombres impairs**, números impares. ■ m desacierto, pifia ƒ.

impalpable a impalpable.

impardonnable a imperdonable.

imparfait, e a imperfecto, a. ■ m (temps) pretérito imperfecto.

impartial, e [ɛ̃paʀsjal] a imparcial. **-ité** ƒ imparcialidad.

impasse ƒ callejón m sin salida.

impassib/le a impasible. **-ilité** ƒ impasibilidad.

impati/ence [ɛ̃pasjɑ̃s] ƒ impaciencia. **-ent, e** a/s impaciente: ~ de, impaciente por. **-enter** t impacientar. ■ s'~, impacientarse.

impayable [ɛ̃pejabl] a FAM graciosísimo, a, la monda.

impeccable a impecable.

impénétrable a impenetrable.

impénitent, e a impenitente.

impensable a increíble.

imper m FAM impermeable.

impératif, ive a/m imperativo, a.

impératrice ƒ emperatriz.

imperceptible a imperceptible.

imperfection ƒ imperfección.

impérial, e a/f imperial. **-isme** m imperialismo. **-iste** a/s imperialista.

impérieux, euse a imperioso, a.

impérissable a imperecedero, a.

imperméab/le a/m impermeable. **-iliser** t impermeabilizar.

impersonnel, elle a impersonal.

impertin/ent, e a/s impertinente. **-ence** f impertinencia.

imperturbable a imperturbable.

impétu/eux, euse a impetuoso, a. **-osité** f impetuosidad.

impi/e a/s impío, a. **-été** f impiedad.

impitoyable [ɛ̃pitwajabl] a despiadado, a.

implacable a implacable.

implanter t implantar.

implicite a implícito, a.

impliquer t implicar.

implorer t implorar.

impoli, e a descortés, mal educado, a. **-ment** adv descortésmente. **-tesse** f descortesía, falta de educación.

impondérable a/m imponderable.

impopul/aire a impopular. **-arité** f impopularidad.

import/ance f importancia: attacher de l'~ à, dar importancia a; ça n'a aucune ~, no tiene ninguna importancia. | d'~, importante. **-ant, e** a importante. | l'~ c'est de ..., lo importante es ...; faire l'~, darse tono.

¹**import/er** t importar. **-ateur, trice** a/s importador, a. **-ation** f importación.

²**importer** i importar: il importe que ..., importa que ...; peu importe, no importa. | n'importe qui, cualquiera; n'importe quoi, cualquier cosa; n'importe comment, de

cualquier modo; n'importe où, en cualquier lugar; n'importe quand, en cualquier momento; à n'importe quelle heure, a cualquier hora.

importun, e a/s importuno, a. **-er** t importunar.

imposant, e a impotente.

impos/er t **1.** imponer: il nous a imposé ses conditions, nos impuso sus condiciones; ~ le respect, le silence, les mains, imponer respeto, silencio, las manos. **2.** (taxer) gravar con un impuesto. **3. en ~,** imponer, impresionar. ■ pr **1.** imponerse. **2. cette visite ne s'impose pas,** esta visita no es indispensable. **-ition** f imposición.

impossib/le a imposible. ■ m faire l'~, hacer lo imposible. **-ilité** f imposibilidad.

impost/eur m impostor, a. **-ure** f impostura.

impôt [ɛ̃po] m impuesto.

impotent, e a baldado, a, tullido, a.

impracticable a **1.** impracticable. **2.** (chemin) intransitable.

imprécation f imprecación.

imprécis, e a impreciso, a. **-ion** f imprecisión.

imprégner° t impregnar.

imprenable a inexpugnable.

imprésario m empresario, apoderado.

impression f **1.** impresión: il m'a fait bonne ~, me ha causado buena impresión; quelles sont vos impressions?, ¿cuáles son sus impresiones?; j'ai l'~ que ..., tengo la impresión de que ... **2. fautes d'~,** errores de imprenta.

impressionn/er t impresionar. **-able** a impresionable. **-ant, e** a

impressionante. **-isme** m impresionismo. **-iste** a/s impresionista.

imprévisible a imprevisible.

imprévoy/ant, e [ɛ̃prevwajɑ̃, ɑ̃t] a/s imprevisor, a. **-ance** f imprevisión.

imprévu, e a/m imprevisto, a.

imprimante f INFORM impresora.

imprimé m 1. (publication) impreso. 2. (tissu) estampado.

imprim/er t 1. imprimir: livre imprimé en Espagne, libro impreso en España. 2. (tissu) estampar. **-erie** f imprenta. **-eur** m impresor.

improbab/le a improbable. **-ilité** f improbabilidad.

improductif, ive a improductivo, a.

impromptu, e [ɛ̃prɔ̃pty] a improvisado, a. ■ adv improvisadamente. ■ m improvisación f.

impropr/e a impropio, a. **-iété** f impropiedad.

improvis/er t improvisar. **-ation** f improvisación.

improviste (à l') loc adv de improviso.

imprud/ent, e a imprudente. **-emment** adv imprudentemente. **-ence** f imprudencia.

impudence f impudencia.

impudique a impúdico, a.

impuiss/ant, e a/m impotente. **-ance** f impotencia.

impuls/ion f impulso m. | **sous l'~ de la colère**, impulsado por la ira. **-if, ive** a/s impulsivo, a.

impun/i, e a impune. **-ément** adv impunemente.

impur, e a impuro, a. **-eté** f impureza.

imput/er t imputar. **-able** a imputable.

imputrescible a imputrescible.

inabordable a 1. inabordable. 2. (cher) carísimo, a.

inacceptable a inaceptable.

inaccessible a inaccesible, inasequible.

inaccoutumé, e a desacostumbrado, a, insólito, a.

inachevé, e a sin acabar, incompleto, a.

inact/if, ive a inactivo, a. **-ion** f inacción. **-ivité** f inactividad.

inadapté, e a/s inadaptado, a.

inadmissible a inadmisible.

inadvertance (par) loc adv por inadvertencia.

inaliénable a inalienable.

inaltérable a inalterable.

inamovible a inamovible.

inanimé, e a inanimado, a.

inanition f inanición.

inaperçu, e a passer ~, pasar inadvertido, a.

inapplicable a inaplicable.

inappréciable a inapreciable.

inapt/e a ~ à, no apto, a, incapaz, inútil para. **-itude** f incapacidad.

inarticulé, e a inarticulado, a.

inattaquable a inatacable.

inattendu, e a inesperado, a.

inattent/ion f descuido m, distracción. | **faute d'~**, descuido m. **-if, ive** a distraído, a.

inaudible a inaudible.

inaugur/er t inaugurar. **-al, e** a inaugural. **-ation** f inauguración.

inavouable a inconfesable, vergonzoso, a.

inca a incaico, a. ■ s Inca.

incalculable a incalculable.

incandescent, e a incandescente.

incantation f hechizo m.

incapa/ble a/s incapaz: **des dirigeants incapables**, unos dirigentes incapaces. **-cité** f incapacidad.

incarcér/er° *t* encarcelar. **-ation** *f* encarcelamiento *m*.

incarn/er *t* encarnar. **-ation** *f* encarnación.

incartade *f* extravagancia, locura.

incassable *a* irrompible.

incendi/e *m* incendio: ~ de forêt, criminel, incendio forestal, intencionado. **-aire** *a/s* incendiario, a. **-er** *t* incendiar.

incert/ain, e *a* **1.** incierto, a, dudoso, a. **2.** *(temps)* inestable. **-itude** *f* incertidumbre.

incessamment *adv* muy pronto.

incessant, e *a* incesante.

inceste *m* incesto.

incidemment [ɛ̃sidamã] *adv* incidentalmente.

incident *m* **1.** incidente. **2.** ~ technique, fallo, avería *f*.

incinér/er° *t* incinerar. **-ation** *f* incineración.

inciser *t* hacer una incisión en.

incisif, ive *a* incisivo, a. ■ *f (dent)* incisivo *m*.

incision *f* incisión.

incit/er *t* incitar. **-ation** *f* incitation.

inclin/er *t* inclinar. ■ **s'~**, inclinarse. **-aison** *f* inclinación. **-ation** *f* inclinación.

incl/ure° *t* incluir. **-us, e** *a* incluso, a, incluido, a. | jusqu'à jeudi ~, hasta el jueves inclusive; **la note ci-incluse**, la nota adjunta; **ci-inclus notre facture**, adjunta nuestra factura. **-usion** *f* inclusión. **-usivement** *adv* inclusive.

incognito [ɛ̃kɔnito] *m* incógnito. | voyager ~, viajar de incógnito.

incohér/ent, e *a* incoherente. **-ence** *f* incoherencia.

incolore *a* incoloro, a.

incomber *i/impers* incumbir: il incombe au notaire de ..., incumbe al notario ...

incombustible *a* incombustible.

incommensurable *a* inconmensurable.

incommode *a* incómodo, a.

incommoder *t* incomodar, molestar. | être incommodé, estar indispuesto.

incomparable *a* incomparable.

incompatib/le *a* incompatible. **-ilité** *f* incompatibilidad.

incompét/ent, e *a* incompetente. **-ence** *f* incompetencia.

incomplet, ète *a* incompleto, a.

incompréhensible *a* incomprensible.

incompréhens/ion *f* incomprensión. **-if, ive** *a* incomprensivo, a.

incompris, e *a/s* incomprendido, a.

inconcevable *a* inconcebible.

inconciliable *a* inconciliable.

inconditionnel, elle *a/s* incondicional.

inconduite *f* mala conducta.

inconfort *m* incomodidad *f*. **-able** *a* incómodo, a.

incongru, e *a* incongruente. **-ité** *f* incongruencia.

inconnu, e *a/s* desconocido, a: l'~, lo desconocido. ■ *f (d'une équation)* incógnita.

inconsci/ent *a* inconsciente. **-emment** [ɛ̃kɔ̃sjamã] *adv* inconscientemente. **-ence** *f* inconsciencia.

inconsistant, e *a* inconsistente.

inconsolable *a* inconsolable.

inconst/ant, e *a* inconstante. **-ance** *f* inconstancia.

incontestable *a* incontestable.

incontesté, e *a* indiscutido, a.

incontinence f incontinencia.

incontournable a ineludible, insoslayable.

inconvenant, e a inconveniente.

inconvénient m inconveniente. | **les inconvénients du métier,** los gajes del oficio.

incorpor/er t incorporar. **-ation** f incorporación.

incorrect, e a incorrecto, a. **-ion** f incorrección.

incorrigible a incorregible.

incorruptible a incorruptible.

incrédul/e a/s incrédulo, a. **-ité** f incredulidad.

increvable a 1. **un pneu ~,** un neumático que no se pincha. 2. FAM incansable, infatigable.

incriminer t incriminar.

incroyable [ɛ̃kʀwajabl] a increíble.

incroyant, e [ɛ̃kʀwajɑ̃, ɑ̃t] a/s incrédulo, a.

incrust/er t incrustar. ■ s'~, incrustarse. **-ation** f incrustación.

incubat/ion f incubación. **-eur** m incubadora f.

inculp/er t inculpar. **-ation** f inculpación. **-é, ée** s procesado, a, acusado, a.

inculquer t inculcar.

inculte a inculto, a.

incurable a/s incurable.

incurie f incuria.

incursion f incursión.

Inde n p f India.

indéc/ent, e a indecente. **-ence** f indecencia.

indéchiffrable a indescifrable.

indécis, e a/s indeciso, a.

indéfendable f indefendible.

indéfini, e f indefinido, a. **-ment** adv indefinidamente. **-ssable** f indefinible.

indéfrisable f permanente.

indélébile a indeleble.

indélicat, e a indelicado, a. **-esse** f falta de delicadeza.

indémaillable a indesmayable.

indemne [ɛ̃demn] a indemne.

indemnis/er t indemnizar. **-ation** f indemnización.

indemnité f 1. indemnización. 2. (de déplacement, parlementaire) dietas pl.

indéniable a innegable.

indépend/ant, e a 1. independiente. 2. (travailleur, etc.) autónomo, a. **-amment** adv independientemente. **-ance** f independencia. **-antiste** a/s independentista.

indescriptible a indescriptible.

indésirable a/s indeseable.

indestructible a indestructible.

indéterminé, e a indeterminado, a.

index [ɛ̃deks] m índice.

indicateur, trice a/m indicador, a: **poteau ~,** poste indicador. ■ m 1. (des chemins de fer) guía f. 2. (de police) confidente, soplón.

indicatif, ive a/m indicativo, a. ■ m 1. (radio) sintonía f. 2. (téléphonique) prefijo.

indication f indicación.

indice m 1. (signe) indicio. 2. (nombre) índice: **~ des prix, d'octane,** índice de precios, de octano.

indicible a indecible.

indien, enne a/s indio, a. ■ f (toile) indiana.

indiffér/ent, e a indiferente. **-ence** f indiferencia.

indigence f indigencia.

indigène a/s indígena.

indigent, e a/s indigente.

indigest/e a indigesto, a. **-ion** f indigestión.

indignation f indignación.

indigne *a* indigno, a.

indign/er *t* indignar. ■ **s'~**, indignarse. **-ité** *f* indignidad.

indigo *m* índigo, añil.

indiquer *t* indicar: **je lui ai indiqué un hôtel tranquille**, le indiqué un hotel tranquilo. | **ce traitement est tout indiqué**, este tratamiento conviene perfectamente.

indirect, e *a* indirecto, a.

indiscipliné, e *a* indisciplinado, a.

indiscr/et, ète *a/s* indiscreto, a. **-étion** *f* indiscreción.

indiscutable *a* indiscutible. **-ment** *adv* indiscutiblemente.

indispensable *a* indispensable, imprescindible.

indispos/er *t* indisponer: **la chaleur m'a indisposé**, el calor me ha indispuesto; **je suis indisposé**, estoy indispuesto. **-ition** *f* indisposición.

indissoluble *a* indisoluble.

indistinct, e [ɛ̃distɛ̃(kt), ɛ̃kt] *a* indistinto, a.

individu *m* individuo. **-aliste** *a/m* individualista. **-alité** *f* individualidad. **-el, elle** *a* individual.

indivisible *a* indivisible.

Indochine *n p f* Indochina.

indol/ent, e *a* indolente. **-ence** *f* indolencia.

indolore *a* indoloro, a.

indomptable [ɛ̃dɔ̃tabl] *a* indomable.

Indonésie *n p f* Indonesia.

indu, e *a* indebido, a. | **à une heure indue**, a deshora.

indubitable *a* indubitable.

induction *f* inducción.

induire° *t* inducir: **il nous a induit en erreur**, nos indujo a error.

indulg/ent, e *a* indulgente. **-ence** *f* indulgencia.

industrialis/er *t* industrializar. **-ation** *f* industrialización.

industri/e *f* industria. **-el, elle** *a/m* industrial.

inébranlable *a* 1. *(personne)* inconmovible. 2. *(croyance)* inquebrantable.

inédit, e *a* inédito, a.

ineffable *a* inefable.

inefficac/e *a* ineficaz. **-ité** *f* ineficacia.

inégal, e *a* desigual: **combats inégaux**, combates desiguales. **-able** *a* inigualable. **-ité** *f* desigualdad.

inélégant, e *a* inelegante.

inéluctable *a* ineluctable.

inept/e *a* inepto, a. **-ie** [inɛpsi] *f* necedad.

inépuisable *a* inagotable.

inert/e *a* inerte. **-ie** [inɛʀsi] *f* inercia.

inespéré, e *a* inesperado, a.

inestimable *a* inestimable.

inévitable *a* inevitable.

inexact, e [inɛgza(kt)] *a* inexacto, a. **-itude** *f* inexactitud.

inexcusable *a* inexcusable.

inexistant, e *a* inexistente.

inexorable *a* inexorable.

inexpér/ience *f* inexperiencia. **-imenté, e** *a (personne)* inexperto, a.

inexplicable *a* inexplicable.

inexploré, e *a* inexplorado, a.

inexpressif, ive *a* inexpresivo, a.

inexprimable *a* indecible.

inextricable *a* inextricable.

infaillib/le *a* infalible. **-ilité** *f* infalibilidad.

inf/âme *a* infame. **-amie** *f* infamia.

infanterie *f* infantería.

infantil/e *a* infantil. **-isme** *m* infantilismo.

infarctus [ɛ̃faʀktys] *m* infarto; **avoir un ~**, sufrir un infarto.

infatigable *a* infatigable, incansable.

infatué, e *a* ~ **de soi-même**, engreído de sí mismo.

infect, e [ɛ̃fɛkt] *a* infecto, a.

infect/er *t* infectar, inficionar. ■ *pr* la plaie s'est infectée, la llaga se ha infectado. **-ieux, euse** *a* infeccioso, a. **-ion** *f* **1.** infección. **2.** (*puanteur*) hedor *m*.

inféri/eur, e *a/s* inferior. **-orité** *f* inferioridad.

infernal, e *a* infernal.

infester *t* infestar.

infid/èle *a* infiel. ■ *pl* les infidèles, los infieles. **-élité** *f* infidelidad.

infiltr/er (s') *pr* infiltrarse. **-ation** *f* infiltración.

infime *a* ínfimo, a.

infini, e *a/m* infinito, a. | **à l'~**, hasta lo infinito; (*indéfiniment*) indefinidamente. **-ment** *adv* infinitamente. | **merci ~**, muchísimas gracias. **-té** *f* infinidad.

infinitésimal, e *a* infinitesimal.

infinitif, ive *a/m* infinitivo.

infirm/e *a/s* impedido, a. **-erie** *f* enfermería. **-ier, ère** *s* enfermero, a. **-ité** *f* invalidez, achaque *m*.

inflamm/able *a* inflamable. **-ation** *f* inflamación. **-atoire** *a* inflamatorio, a.

inflation *f* inflación. **-niste** *a* inflacionista.

inflexible *a* inflexible.

infliger° *t* infligir.

influ/ence *f* influencia: **il a eu beaucoup d'~ sur son fils**, ha tenido mucha influencia sobre su hijo. **-encer°** *t* influir en. | **se laisser ~**,

dejarse influenciar. **-ent, e** *a* influyente.

influer *i* ~ **sur**, influir en: **le climat influe sur la végétation**, el clima influye en la vegetación.

informaticien, enne *s* informático, a.

information *f* información: **informations sportives**, informaciones deportivas. | **bulletin d'~**, parte informativo. ■ *pl* **écouter les informations à la radio**, escuchar las noticias en la radio.

informati/que *f* informática. **-ser** *t* informatizar.

informe *a* informe.

informer *t* informar. ■ **s'~**, informarse.

infortun/e *f* infortunio *m*. **-é, ée** *a* infortunado, a.

infraction *f* infracción.

infranchissable *a* infranqueable.

infrarouge *a/m* infrarrojo, a.

infrastructure *f* infraestructura.

infroissable *a* inarrugable.

infructueux, euse *a* infructuoso, a.

infusion *f* infusión.

ingénier (s') *pr* ~ **à**, ingeniárselas para.

ingénieur *m* ingeniero.

ingéni/eux, euse *a* ingenioso, a. **-osité** *f* ingeniosidad.

ingénu, e *a/s* ingenuo, a. **-ité** *f* ingenuidad.

ingérence *f* injerencia.

ingrat, e *a/s* ingrato, a. | **l'âge ~**, la edad del pavo. **-itude** *f* ingratitud.

ingrédient *m* ingrediente.

inguérissable *a* incurable.

ingurgiter *t* engullir.

inhabit/able *a* inhabitable. **-é, ée** *a* deshabitado, a, inhabitado, a.

inhal/er *t* inhalar. **-ation** *f* inhalación.

inhérent, e *a* inherente.

inhospitalier, ère *a* inhóspito, a.

inhumain, e *a* inhumano, a.

inhum/er *t* inhumar. **-ation** *f* inhumación.

inimaginable *a* inimaginable.

inimitable *a* inimitable.

inimitié *f* enemistad.

ininflammable *a* ininflamable.

inintelligible *a* ininteligible.

ininterrompu, e *a* ininterrumpido, a.

iniquité *f* iniquidad.

initial, e [inisjal] *a/f* inicial.

initiation [inisjasjɔ̃] *f* iniciación.

initiative [inisjativ] *f* iniciativa.

initi/er [inisje] *t* ~ à, iniciar en. ■ **s'-à**, iniciarse en. **-é, ée** *s* iniciado, a.

inject/er *t* inyectar. **-ion** *f* inyección.

injur/e *f* injuria. **-ier** *t* injuriar. **-ieux, euse** *a* injurioso, a.

injust/e *a* injusto, a. **-ice** *f* injusticia.

injustifi/able *a* injustificable. **-é, ée** *a* injustificado, a.

inlassable *a* incansable.

inné, e *a* innato, a.

innoc/ent, e *a/s* inocente. **-ence** *f* inocencia.

innombrable *a* innumerable.

innov/er *t* innovar. **-ation** *f* innovación.

inoccupé, e *a* desocupado, a.

inoculer *t* inocular.

inodore *a* inodoro, a.

inoffensif, ive *a* inofensivo, a.

inond/er *t* inundar. **-ation** *f* inundación.

inopiné, e *a* inopinado, a.

inopportun, e *a* inoportuno, a.

inoubliable *a* inolvidable.

inouï, e [inwi] *a* inaudito, a.

inox *m* acero inoxidable.

inoxydable *a* inoxidable.

inqui/et, ète *a* preocupado, a, inquieto, a. **-éter** *t* preocupar, inquietar. ■ **s'-**, preocuparse: **ne vous inquiétez pas**, no se preocupe. **-étant, e** *a* inquietante. **-étude** *f* inquietud.

inquisit/ion *f* inquisición. **-eur, trice** *a/m* inquisidor, a.

insaisissable *a* **1.** que no se puede coger. **2.** FIG imperceptible.

insalubre *a* insalubre.

insatiable [ɛ̃sasjabl] *a* insaciable.

insatisfait, e *a* insatisfecho, a.

inscription *f* **1.** inscripción. **2.** matrícula: l'~ d'un élève dans une faculté, la matrícula de un alumno en una facultad; ~ maritime, matrícula de buques.

inscrire° *t* **1.** inscribir: **inscrivez votre nom**, inscriba su apellido. **2.** (*un élève*) matricular. ■ **s'-**, matricularse: **elle s'est inscrite à la faculté de droit**, se ha matriculado en la facultad de derecho; **s'- sur une liste**, apuntarse en una lista.

insect/e *m* insecto. **-icide** *m* insecticida.

insécurité *f* inseguridad.

insémination *f* ~ artificielle, inseminación artificial.

insensé, e *a/s* insensato, a.

insensibilis/er *t* insensibilizar. **-ation** *f* insensibilización.

insensib/le *a* insensible. **-ilité** *f* insensibilidad.

inséparable *a* inseparable.

ins/érer° *t* insertar. **-ertion** *f* inserción.

insidieux, euse *a* insidioso, a.

insigne a insigne. ■ m insignia f: un ~ **honorifique**, una insignia honorífica.

insignifiant, e a insignificante.

insinu/er t insinuar. ■ s'~, insinuarse. **-ation** f insinuación.

insipide a insípido, a.

insist/er i ~ **sur**, insistir en; n'insistez pas, no insista; ~ **auprès de quelqu'un**, insistir a alguien. **-ance** f insistencia. | **avec** ~, insistentemente, con insistencia.

insociable a insociable.

insolation f insolación.

insol/ent, e a insolente. **-ence** f insolencia.

insolite a insólito, a.

insoluble a insoluble.

insolvable a insolvente.

insomnie f insomnio m.

insondable a insondable.

insonoris/er t insonorizar. **-ation** f insonorización.

insouci/ant, e a despreocupado, a. **-ance** f despreocupación.

insoupçonné, e a insospechado, a.

inspect/er t inspeccionar. **-eur, trice** s inspector, a. **-ion** f inspección.

inspir/er t inspirar. ■ s'~ **de**, inspirarse en. **-ation** f inspiración.

instab/le a inestable. **-ilité** f inestabilidad.

install/er t instalar. ■ pr **1.** il s'est installé chez moi, se ha instalado en mi casa. **2.** (s'asseoir) acomodarse. **-ation** f instalación.

instamment adv encarecidamente.

instance f instancia. | **en** ~, pendiente.

instant m instante: **à chaque** ~, a cada instante; **à l'**~, al instante. | **dans un** ~, dentro de un momento; **pour l'instant**, por el momento, de momento.

instantané, e a instantáneo, a. ■ m (photo) instantánea f.

instaurer t instaurar.

instiga/tion f instigación. **-teur, trice** s instigador, a.

instinct [ɛstɛ̃] m instinto. | **d'**~, instintivamente. **-if, ive** a instintivo, a.

instituer t instituir.

institut m instituto.

instituteur, trice s maestro, a.

institution f institución.

instruct/ion f instrucción. ■ pl instrucciones. **-eur** m instructor. **-if, ive** a instructivo, a.

instru/ire° t instruir. ■ s'~, instruirse, aprender. **-it, e** a instruido, a.

instrument m instrumento: ~ **à cordes, à vent**, instrumento de cuerda, de viento.

insu de (à l') loc prép à l'~ de ses parents, sin que lo sepan sus padres; **à mon** ~, sin saberlo yo.

insubordination f insubordinación.

insuccès [ɛsyksɛ] m fracaso.

insuffis/ant, e a insuficiente. **-ance** f insuficiencia.

insulaire a/s insular.

insult/e f insulto m. **-er** t insultar.

insupportable a insoportable.

insurgé, e a/s insurrecto, a.

insurger (s')° pr sublevarse.

insurmontable a insuperable.

insurrection f insurrección.

intact, e [ɛtakt] a intacto, a.

intarissable a inagotable.

intégral, e a integral. **-ité** f totalidad.

int/ègre a íntegro, a. **-égrer** t integrar. ■ s'~ **à**, integrarse en. **-égris-**

te a/s integrista. **-égrité** f integridad.

intellectuel, elle a/s intelectual.

intellig/ent, e a inteligente. **-ence** f inteligencia. **-ible** a inteligible.

intempéries f pl intemperie sing: **exposé aux ~,** expuesto a la intemperie.

intenable a insoportable.

intend/ance f intendencia. **-ant, e** s intendente, intendenta.

intens/e a intenso, a. **-if, ive** a intensivo, a. **-ifier** t intensificar. **-ité** f intensidad.

intention f 1. intención: **mauvaise ~,** mala intención. 2. **quelles sont vos intentions?,** ¿cuáles son sus propósitos?; **j'ai l'~ de partir,** tengo la intención, el propósito de marcharme. | **à l'~ de,** para; **à ton ~,** por ti; **dans l'~ de,** con intención de.

intentionné, e a **bien, mal ~,** bien, mal intencionado, a.

intentionnel, elle a intencional.

interacti/f, ive a interactivo, a. **-on** f interacción.

intercaler t intercalar.

intercéder° i interceder.

intercepter t interceptar.

intercession f intercesión.

interchangeable [ɛ̃tɛʀʃɑ̃ʒabl] a intercambiable.

interdiction f interdicción. | **~ de stationner,** prohibido aparcar.

inter/dire° t prohibir: **je vous interdis d'entrer,** le prohibo entrar; **il est interdit de fumer,** se prohibe fumar. **-dit, e** a 1. prohibido, a: **entrée interdite,** prohibida la entrada. 2. (ébahi) desconcertado, a. ■ m tabú.

intéress/er t interesar. ■ **s'~ à,** interesarse por: **il ne s'intéresse à rien,** no se interesa por nada. **-ant, e** a

interesante. **-é, ée** a/s interesado, a.

intérêt m interés: **dans l'~ de,** en interés de; **dans ton ~,** en interés tuyo; **avoir ~ à,** tener interés en; **intérêts composés,** intereses compuestos. | **porter de l'~ à,** interesarse por.

interface f INFORM interfaz.

interférence f interferencia.

intérieur, e a interior. ■ m 1. interior. | **à l'~,** dentro. 2. (maison) casa f. 3. **ministère de l'~,** ministerio del Interior.

intérim [ɛ̃teʀim] m interinidad f. | **président par ~,** presidente interino. **-aire** a/s interino, a.

interjection f interjección.

interlocuteur, trice s interlocutor, a.

interloquer t desconcertar.

intermède m 1. intermedio. 2. (théâtre) entremés.

intermédiaire a/s intermediario, a. | **par l'~ de,** por medio de, a través de.

interminable a interminable.

intermitt/ent, e a intermitente. **-ence** f intermitencia.

internat m internado.

international, e a/s internacional: **organismes internationaux,** organismos internacionales.

internaute s internauta.

interne a/s interno, a.

intern/er t internar. **-ement** m reclusión f.

interpeller [ɛ̃tɛʀpele] t interpelar.

interphone m 1. interfono. 2. (à la porte) portero automático.

interplanétaire a interplanetario, a.

interposer t interponer. ■ pr il s'interposa entre eux, se interpuso entre ellos.

interprète s intérprete.

interprét/er° t interpretar. **-ation** f interpretación.

interroga/tion f 1. interrogación. | point d'~, signo de interrogación. 2. (scolaire) prueba. **-teur, trice** a interrogante. ■ s examinador, a. **-tif, ive** a interrogativo, a. **-toire** m interrogatorio.

interroger t interrogar.

interrompre t interrumpir. ■ s'~, interrumpirse.

interrupt/ion f interrupción. **-eur** m interruptor.

intersection f intersección.

interstice m intersticio.

interurbain m teléfono interurbano.

intervalle m intervalo: par intervalles, a intervalos. | dans l'~, entretanto.

interven/ir° i intervenir: la police est intervenue rapidement, la policía intervino rápidamente. **-tion** f intervención.

intervertir t invertir.

interview [ɛ̃tɛrvju] f interviú m, entrevista. **-er** t ~ un ministre, interviuvar a, entrevistarse con un ministro.

intestin m intestino: ~ grêle, intestino delgado; gros ~, intestino grueso. **-al, e** a intestinal.

intime a/s íntimo, a.

intimider t intimidar.

intimité f intimidad: dans l'~, en la intimidad.

intituler t titular. ■ s'~, titularse.

intolérable a intolerable.

intolér/ant, e a intolerante. **-ance** f intolerancia.

intonation f entonación.

intoxi/quer t intoxicar. **-cation** f intoxicación.

intraitable a intratable, intransigente.

intransig/eant, e a intransigente. **-eance** f intransigencia.

intransitif, ive a/m intransitivo, a.

intrépide a/s intrépido, a.

intrigant, e a/s intrigante.

intrigu/e f 1. intriga. 2. aventura galante. **-er** i/t intrigar.

introduction f introducción.

introduire° t introducir: introduisez le jeton dans la fente, introduzca la ficha en la ranura. ■ pr il s'est introduit dans le salon, se introdujo en el salón.

introuvable a imposible de encontrar.

intrus, use [ɛ̃try, yz] s intruso, a. **-ion** f intrusión.

intuit/ion f intuición. **-if, ive** a/s intuitivo, a.

inusable a muy resistente.

inutil/e a/s inútil. **-isable** a inservible. **-ité** f inutilidad.

invalide a/s inválido, a.

invariable a invariable.

invasión f invasión.

invective f invectiva.

invendable a invendible.

inventaire m inventario.

invent/er t inventar. **-eur, trice** s inventor, a. **-ion** f 1. invención. 2. (chose inventée) invento m, invención: c'est une ~ à moi, es un invento mío.

inverse a inverso, a. ■ m l'~, lo contrario.

invers/er t invertir. **-ion** f inversión.

invest/ir t (des capitaux) invertir.
-**issement** m inversión f. -**isseur,**
euse s inversor, a.

invétéré, a a inveterado, a.

invincible a invencible.

inviolable a inviolable.

invisible a invisible.

invit/er t invitar. | **les invités,** los
invitados. -**ation** f invitación.

invivable a insoportable.

invocation f invocación.

involontaire a involuntario, a.

invoquer t invocar.

invraisembl/able a inverosímil.
-**ance** f inverosimilitud.

invulnérable a invulnerable.

iode m yodo.

ionique a jónico, a.

ira, etc. ⇒ aller.

Irak n p m Irak.

irakien, enne a/s iraquí.

Iran n p m Irán.

iranien, enne a/s iraní.

irascible a irascible.

iris [iris] m 1. (de l'œil) iris. 2. (plante) lirio.

irlandais, e a/s irlandés, esa.

Irlande n p f Irlanda.

iron/ie f ironía. -**ique** a irónico, a.

irradier i/t irradiar.

irrationnel, elle a irracional.

irréalisable a irrealizable.

irréconciliable a irreconciliable.

irréel, elle a irreal.

irréfléchi, e a irreflexivo, a.

irréfutable a irrefutable, irrebatible.

irrégul/arité f irregularidad. -**ier,**
ère a irregular.

irrémédiable a irremediable.

irremplaçable a insustituible.

irréparable a irreparable.

irréprochable a irreprochable,
intachable.

irrésistible a irresistible.

irrespectueux, euse a irrespetuoso, a.

irrespirable a irrespirable.

irresponsable a irresponsable.

irrévocable a irrevocable.

irrig/uer t irrigar, regar. -**ation** f
irrigación, riego m. | **canal d'~,** ace-
quia f.

irrit/er t irritar. -**able** a irritable.
-**ant, e** a irritante. -**ation** f irritación.

irruption f irrupción. | **faire ~ dans,**
irrumpir en.

Isabelle n p f Isabel.

islam m islam. -**ique** a islámico, a.

Islande n p f Islandia.

isolant, e a/m aislante.

isolateur m aislador.

isolation f aislamiento m.

isol/er t aislar: **village, cas isolé,**
pueblo, caso aislado. ■ **s'~,** aislarse.
-**ement** m aislamiento. -**oir** m
cabina f.

Israël n p m Israel.

israél/ien, enne a/s israelí. -**ite** a/s
israelita.

issu, e a descendiente, nacido, a.

issue f 1. salida: **~ de secours,** salida
de emergencia. 2. fin m. | **à l'~ de,**
al final de.

Istanbul n p Estambul.

isthme [ism] m istmo.

Italie n p f Italia.

italien, enne a/s italiano, a.

italique f (imprimerie) cursiva.

itinéraire m itinerario.

itinérant, e a ambulante.

ivoire m marfil.

ivraie f cizaña.

ivr/e a ebrio, a, borracho, a. -**esse** f
embriaguez. -**ogne** m borracho,
borrachín.

j [ʒi] m j. | **un** f, una j.

j' ⇒ **je**

jabot m 1. (des oiseaux) buche. 2. (de chemise) chorrera f.

jacasser (parler) cotorrear.

jachère f barbecho m.

jacinthe [ʒasɛ̃t] f jacinto m.

Jacques [ʒak] n p m Jaime. Santiago, Diego.

jade m jade.

jadis [ʒadis] adv antiguamente. | au temps ~, antaño.

jaguar [ʒagwar] m jaguar.

jaillir i 1. brotar: l'eau jaillissait, el agua brotaba. 2. surgir. -issement m chorro.

jais [ʒɛ] m azabache.

jalon m jalón. -ner t jalonar.

jalouser t envidiar.

jalousie f 1. envidia. 2. (en amour) celos m pl. 3. (persienne) celosía.

jaloux, ouse a/s 1. (envieux) envidioso, a. 2. (en amour) celoso, a: il est ~ de sa petite sœur, está celoso de su hermanita. | rendre ~, dar celos.

jamaïque [ʒamaik] n p f Jamaica.

jamais [ʒamɛ] adv nunca: je n'ai ~ vu de corrida, nunca he visto una corrida. | ~, au grand ~, nunca jamás; à ~, para siempre; si ~, si por casualidad; ~ de la vie!, ni hablar!

jambe f pierna. | à toutes jambes, a todo correr; prendre ses jambes à son cou, echar a correr; FAM tenir la ~ à quelqu'un, dar la lata a alguien.

jambon m jamón: ~ cru, de pays, jamón serrano; ~ blanc, jamón en dulce. -neau m brazuelo de cerdo.

jante f llanta.

janvier m enero: le 1er ~, el (día) primero de enero.

japon n p m Japón.

japonais, e a/s japonés, esa.

japp/er i ladrar. -ement m ladrido.

jaquette f 1. (d'homme) chaqué m. 2. (de femme) chaqueta. 3. (de livre) sobrecubierta.

jardin m 1. (d'agrément) jardín. | ~ des plantes, jardín botánico; ~ public, parque. 2. ~ potager, huerto. 3. ~ d'enfants, jardín de infancia, guardería f infantil. -age m 1. jardinería f. 2. horticultura f. -er i cultivar el jardín. -ier, ière s 1. jardinero, a. 2. hortelano, a. | ~ dinero. -ière f ~ de légumes, menestra.

jargon m jerga f, jerigonza f.

jarre f tinaja.

jarret m 1. (de l'homme) corva f. 2. (de l'animal) corvejón, jarrete.

jarretière f liga.

jarretelle f liga.

jaser i 1. parlotear, charlar. 2. (médire) cotillear.

jasmin m jazmín.

jaspe m jaspe.

jatte f cuenco m.

jauge f 1. (d'un navire) arqueo m. 2. (de niveau d'huile) varilla graduada. indicador m de nivel. -er t 1. medir.

la capacidad de. **2.** MAR arquear. **3.** FIG juzgar.

jaune a amarillo, a. ■ m **1.** amari-llo. **2.** ~ **d'œuf**, yema de huevo. **3.** (ouvrier) esquirol. **4.** **rire** ~, reír con risa forzada. **-âtre** a amarillento. a **-ir** t poner amarillo. a ■ i ponerse amarillo, amarillear.

jaunisse f ictericia.

Javanais, e a/s javanés, esa.

Javel (eau de) f lejía.

javelliser t esterilizar con lejía.

javelot [ʒavlo] m **1.** (arme) venablo. **2.** (sport) jabalina f.

jazz [dʒaz] m jazz.

je, j' pron pers yo (souvent omis, sert à insister): ~ **suis français**, (yo) soy francés; **j'ai soif**, tengo sed.

Jean, jeanne [ʒɑ̃] n p m Juan, f Juana.

jean [dʒin] m **1.** (tissu) tejano. **2.** pantalón vaquero: **des jeans**, **un** ~, vaqueros, tejanos.

jeep [dʒip] f jeep m.

jéhovah n p m Jehová.

jerrycan [(d)ʒerikan] m bidón de alrededor de 20 litros.

Jérusalem n p Jerusalén.

jésuite a/m jesuita.

Jésus [ʒezy] n p m Jesús; ~ **-Christ**, Jesucristo.

¹jet [ʒɛ] m **1.** (d'un liquide, de vapeur) chorro. | ~ **d'eau**, surtidor; **du premier** ~, a la primera.

²jet [dʒɛt] m (avion) jet.

jetée f escollera.

jeter t **1.** tirar: ~ **une pierre, par terre**, tirar una piedra, al suelo; **ces vieux journaux sont bons à** ~, estos viejos periódicos están para tirar-los. **2.** echar: ~ **l'ancre, les bras autour du cou, un regard**, echar el ancla, los brazos al cuello, una mirada. □ pr **1.** arrojarse, tirarse, lanzarse: **le chien s'est jeté sur lui**, el perro se arrojó sobre él; **se** ~ **par la fenêtre**, tirarse por la ventana. **2.** **le fleuve se jette dans la mer**, el río desemboca en el mar.

jeton m ficha f.

jeu m **1.** juego. **jeux de hasard**, jue-gos de azar. | **un** ~ **de cartes**, una baraja, un juego de naipes. ~ **de mots**, juego de palabras. **faites vos jeux**, hagan sus apuestas. **2.** (d'un acteur) actuación f. **3.** (d'un mécanis-me) juego, holgura f.

jeudi m jueves.

jeun (à) loc adv en ayunas.

jeune a **1.** joven: **un** ~ **professeur**, un profesor joven; **un** ~ **homme**, un joven; **une** ~ **fille**, una joven. **2.** **jeunes gens**, jóvenes. □ s joven: **les jeunes**, los jóve-nes.

jeûne m ayuno. **-er** i ayunar.

jeunesse f juventud.

joaillier, -ère [ʒɔaje] f joyería. **-ier, -ère** s joyero, a.

job m FAM curro.

jogging m **1.** **faire du** ~, hacer jog-ging. **2.** (vêtement) chándal.

joie f alegría. | **je me fais une** ~ **de ...**, me alegro ... □ pl **les joies de la vie**, los placeres de la vida.

joindre t **1.** juntar: **elle joignit les mains**, juntó las manos. **2.** (quel-qu'un) dar con, entrar en contacto con. **3.** ~ **un chèque à une lettre**, acompañar la carta con un cheque. □ **se** ~ **à**, unirse con.

joint, e a. | **ci-joint**, adjun-to, a. ■ m **1.** TECHN junta f. **2.** FAM (drogue) porro. **-ure** f **1.** (des os) coyuntura. **2.** junta.

joli, e *a* bonito, a, lindo, a: **une jolie fille**, una chica bonita.

jonc [ʒõ] *m* junco.

joncher *t* sembrar, cubrir.

jonction *f* unión, reunión, confluencia.

jongl/er *t* hacer juegos malabares. **-erie** *f* juegos *m pl* malabares. **-eur, euse** *s* malabarista.

jonquille *f* junquillo *m*.

Jordanie *n p f* Jordania.

Joseph [ʒozɛf] *n p m* José.

joue *f* mejilla, carrillo *m*. | **mettre en ~**, apuntar; **en ~!**, ¡apunten!, ¡armas!

jouer *i* **1.** jugar: **~ au tennis**, jugar al tenis; **à moi de ~**, ahora juego yo. **2. ~ du piano, du violon, de la guitare**, tocar el piano, el violín, la guitarra. **3.** (*un acteur*) actuar. **4.** funcionar. **5. ~ sur les mots**, andar con equívocos. ■ *t* **1.** jugar. **2.** MUS tocar. **3.** (*un acteur*) representar, interpretar. | **~ un rôle**, desempeñar un papel. ■ **se ~ de**, (*se moquer*) burlarse de.

jouet *m* juguete.

joueur, euse *s* **1.** jugador, a. **2.** (*musique*) tocador, a. ■ *a* juguetón, ona.

joufflu, e *a* mofletudo, a.

joug [ʒu] *m* yugo.

jou/ir *i* **1.** gozar: **il jouit d'une bonne santé**, goza de buena salud. **2.** disfrutar: **~ du paysage**, disfrutar del paisaje. **-issance** *f* goce *m*, disfrute *m*.

jour *m* **1.** día: **il fait ~**, es de día. | le **~ se lève**, sale el sol; **au petit ~**, al amanecer; **donner le ~ à une fille**, dar a luz a una niña. **2.** día: **quel ~ sommes-nous?**, ¿qué día es hoy? | **un beau ~**, un buen día; **de nos jours**, en nuestros días; **du ~ au lendemain**, de la noche a la mañana;

vivre au ~ le ~, vivir al día; **vieux jours**, vejez *f sing*. **3.** aspecto.

journal *m* **1.** periódico. | **~ parlé**, diario hablado; **~ télévisé**, telediario. **2. ~ intime**, diario íntimo.

journalier, ère *a* diario, a. ■ *m* un **~**, un jornalero.

journal/isme *m* periodismo. **-iste** *s* periodista.

journée *f* **1.** día *m*: **toute la ~**, todo el día. **2. ~ de travail**, jornada; **~ continue**, jornada intensiva.

journellement *adv* diariamente, a diario.

jovial, e *a* jovial. **-ité** *f* jovialidad.

joyau [ʒwajo] *m* joya *f*.

joyeux, euse [ʒwajø, øz] *a* **1.** alegre. **2.** feliz: **~ Noël!**, ¡felices Pascuas!

jubilé *m* jubileo.

jubiler *i* regocijarse.

jucher *t* encaramar.

judaïsme *m* judaísmo.

judas [ʒyda] *f* (*de porte*) mirilla *f*.

judiciaire *a* judicial.

judicieux, euse *a* juicioso, a.

judo *m* judo.

juge *m* juez: **~ de paix**, juez municipal; **les juges**, los jueces.

jugé (au) *loc adv* a bulto.

jugement *m* **1.** juicio. | **~ dernier**, juicio final. **2.** JUR fallo.

jugeote [ʒyʒɔt] *f* FAM juicio *m*, caletre *m*.

juger *t* **1.** juzgar. | **à en ~ par**, a juzgar por. **2. jugez de ma surprise**, imagínese mi sorpresa.

jugulaire *a* veine ~, vena yugular. ■ *f* barboquejo *m*.

juguler *a* yugular.

juif, ive *a/s* judío, a.

juillet *m* julio: **le 14 ~**, el 14 de julio.

juin *m* junio: **le 24 ~**, el 24 de junio.

Jules [ʒyl] *n p m* Julio.

jumeau, elle *a/s* gemelo, a, mellizo, a: *frères jumeaux,* hermanos gemelos.

jumeler *t* 1. acoplar. 2. (villes) hermanar.

jumelles *f pl* gemelos *m.*

jument *f* yegua.

jungle [ʒœgl] *f* jungla, selva.

jupe *f* falda: *~ droite, plissée,* falda recta, plisada. **-on** *m* enaguas *f pl.*

juré *a/m* jurado.

jurer *t/i* jurar: *je vous le jure!,* ¡se lo juro!

juridiction *f* jurisdicción.

juridique *a* jurídico, a.

jurisprudence *f* jurisprudencia.

juron *m* juramento, taco.

jury *m* 1. (justice) jurado. 2. (examen) tribunal.

jus [ʒy] *m* 1. zumo: *~ d'orange, de tomate,* zumo de naranja, de tomate. 2. (de viande) jugo. 3. POP café. 4. POP corriente *f* eléctrica.

jusque *prép* hasta: *jusqu'à la frontière,* hasta la frontera; *jusqu'à présent,* hasta ahora; *jusqu'à ce que tu reviennes,* hasta que vuelvas.

juste *a* ■ *adv* justo. | *chanter ~,* cantar entonado; *tomber ~,* dar en el clavo; *dix heures ~,* las diez en punto; *au ~,* exactamente; *comme de ~,* como es natural. **-ement** *adv* justamente. **-esse** *f* exactitud. | *de ~,* por los pelos.

justice *f* justicia: *rendre la ~,* administrar justicia; *rendre ~ à,* hacer justicia a.

justifier *t* justificar. **-catif** *a* justificante. **-cation** *f* justificación.

jute *m* yute.

juteux, euse *a* jugoso, a.

juvénile *a* juvenil.

juxtaposer *t* yuxtaponer. **-ition** *f* yuxtaposición.

k m & f: un ~, una k.
K7 [kaset] f casete.
kaki a/m caqui.
kangourou m canguro.
kaolin m caolín.
karaté m kárate.
kayak m kayac.
képi m quepis.
kermesse f kermese.
kérosène m queroseno.
kidnapper t secuestrar.
kilo(gramme) m kilo(gramo).
kilomètre m kilómetro. **-métra- ge** m kilometraje. **-métrique** a kilométrico, a.

kilowatt [kilwat] m kilovatio.
kinésithérapeute s kinesitera- peuta.
kiosque m quiosco, kiosco: ~ à journaux, quiosco de periódicos.
kiwi m kiwi.
klaxon [klaksɔn] m (nom déposé) claxon, bocina. | coup de ~, claxo- nazo. **-ner** i tocar el claxon.
kleptomane a/s cleptómano, a.
knock-out [nɔkawt], **K.-O.** [kao] m knock-out, KO.
Koweït n p m Kuwait.
krach [krak] m crac, quiebra f.
kyste m quiste.

L

l [εl] m l f; un l.
¹la art/pron pers la. ⇒ le.
²la m mús la.
là adv 1. (près) ahí, (loin) allí; c'est ~ ahí está; c'est là qu'il s'est marié allí se casó; de ~, de ahí; par ~ por ahí; là-bas, allá; là-haut, allá arriba. 2. restons-en ~, quedémonos en esto. ■ interj oh ~ ~!, ¡oh!, ¡anda!; ¡ay!

label m etiqueta f.
labeur m trabajo.
laborantin, e a auxiliar de laboratorio.
laboratoire m laboratorio.
laborieux, euse a laborioso, a.
labour m labranza f.
labourage m labranza f.
labourer/ t arar. **-eur** m labrador.
labyrinthe m laberinto.
lac m lago.
lacer/ t ~ ses chaussures, atarse los zapatos.
lacérer/ t desgarrar.
lacet m 1. cordón. 2. route en lacets, carretera en zigzag.
lâche a (non serré) flojo, a. ■ a/s (poltron) cobarde.
lâcher/ t soltar: ~ un ballon, soltar un globo; lâchez-moi!, ¡suéltame!; ~ une bêtise, soltar una tontería. 2. FAM (abandonner) plantar. ■ i la poutre a lâché, se soltó, se rompió la viga; ses nerfs ont lâché, le fallaron los nervios. ■ m un ~ de pigeons, una suelta de palomas.
lâcheté f cobardía.
laconique a lacónico, a.

lacrymogène a gaz ~, gas lacrimógeno.
lacté, e a 1. lácteo, a. | Voie lactée, Vía láctea. 2. farine lactée, harina lacteada.
lacune f laguna.
ladre a roñoso, a.
lagune f laguna.
là-haut ⇒ là.
laïc, laïque [laik] a/m laico, a. **-iser** t laicizar. **-ité** f laicismo m.
laid, e a feo, a. **-eur** f fealdad.
lain/e f lana. **-age** m 1. (étoffe) lana f. 2. (vêtement) prenda f de lana. **-eux, euse** a lanoso, a.
laïque ⇒ laïc.
laisse f correa, trailla. | chien en ~, perro atado.
laisser/ t dejar: laisse-moi tranquille, déjame en paz; laissez-le sortir, dejadle que salga; ~ tomber ⇒ tomber. | ~ à penser, dar que pensar. ■ se ~ aller, dejarse, abandonarse; se ~ faire, dejarse llevar.
laisser-aller m abandono, descuido.
laissez-passer m pase, permiso de circulación.
lait m 1. leche f. | ~ écrémé, condensé, en poudre, leche desnatada, condensada, en polvo. 2. ~ de chaux, lechada f de cal. **-age** m producto lácteo, leche f. **-erie** f lechería. **-eux, euse** a lechoso, a. **-ier, ère** a/s lechero, a: vache laitière, vaca lechera.
laiton m latón.

laitue f lechuga.

laïus [lajys] m FAM discurso.

lama m (animal) llama f.

lambeau m jirón: **chemise en lambeaux**, camisa hecha jirones.

lambris m revestimiento decorativo.

lam/e f 1. (d'instrument coupant) hoja: ~ **de rasoir**, hoja de afeitar. 2. ~ **de parquet**, tabla. 3. (vague) ola. **-elle** f laminilla.

lamentable a lamentable.

lament/er (se) pr lamentarse. **-ation** f lamentación, lamento m.

lamin/er t laminar. **-age** m laminado. **-oir** m laminador.

lampadaire m 1. (de rue) farola f 2. (d'intérieur) lámpara f de pie.

lampe f 1. lámpara: ~ **à pétrole**, lámpara de petróleo. | ~ **de poche**, linterna de bolsillo. 2. (ampoule) bombilla.

lampion m farolillo veneciano.

lamproie f lamprea.

lance f lanza. | **coup de ~**, lanzada f; ~ **d'incendie**, lanza.

lancement m 1. lanzamiento. 2. (d'un navire) botadura f.

lance-pierres m tirachinas.

lancer⁰ t 1. lanzar, arrojar: ~ **le disque, une fusée dans l'espace**, lanzar el disco, un cohete al espacio. 2. ~ **un regard**, lanzar, echar una mirada. 3. ~ **un produit nouveau, une mode**, lanzar un producto nuevo, una moda. 4. (un navire) botar. ■ **se ~**, lanzarse. ■ m 1. **pêche au ~**, pesca al lanzado. 2. (du disque, du javelot, etc.) lanzamiento.

lancinant, e a lancinante.

landau m (d'enfant) cochecito de niño.

lande f landa, páramo m.

langage m lenguaje.

lange m pañal, mantilla f.

langoureux, euse a lánguido, a.

langoust/e f langosta. **-ine** f cigala.

langue f 1. lengua: **tirer la ~**, sacar la lengua. | **avoir la ~ bien pendue**, hablar por los codos; **je donne ma ~ au chat**, me rindo. 2. lengua, idioma m: **il parle trois langues**, habla tres idiomas; ~ **vivante**, lengua viva. | ~ **verte**, germanía.

languette f lengüeta.

langu/ir i 1. languidecer, consumirse. 2. (conversation) alargarse. **-eur** f languidez. **-issant, e** a lánguido, a, mustio, a.

lanière f tira.

lanterne f 1. linterna. 2. ~ **vénitienne**, farolillo m veneciano. ■ pl (d'automobile) luces de población.

lapalissade f perogrullada.

lapider t lapidar, apedrear.

lapin, e s 1. conejo, a. | ~ **de garenne**, conejo de monte. 2. **poser un ~**, dar un plantón.

lapon, e a/s lapón, ona.

laps [laps] m ~ **de temps**, lapso de tiempo.

lapsus [lapsys] m lapsus.

laquais m lacayo.

laqu/e f laca. **-er** t lacar.

laquelle ⇒ **lequel**.

larbin m FAM criado.

larcin m hurto.

lard [laʀ] m tocino. **-on** m pedacito de tocino, torrezno.

larg/e a 1. ancho, a: ~ **trottoir**, acera ancha. 2. (vêtement) holgado, a. 3. (ample) amplio, a, extenso, a. 4. (esprit) amplio, a. 5. generoso, a. ■ m 1. **six mètres de ~**, seis metros de ancho. 2. MAR **gagner le ~**, hacerse a la mar; **au ~**, en alta mar; **au ~ de Brest**, a la altura de Brest. **-ement** adv 1. ampliamente. 2. generosa-

larme f 1. lágrima; pleurer à chaudes larmes, llorar a lágrima viva. 2. FAM rire aux larmes, llorar de risa. 3. gota.

larmoyer [larmwaje] i lagrimear. -**oiement** m lagrimeo.

larve f larva.

laryngite [larɛ̃ʒit] f laringitis.

las, lasse [la, las] a cansado, a.

lascif, ive a/m lascivo, a.

laser [lazɛr] m láser.

lasser t cansar. -**ant, e** a cansado, a. -**itude** f cansancio m.

lasso m lazo.

latent, e a latente.

latéral, e a lateral.

latin, e a/s latino, a. ■ m (langue) latín; ~ de cuisine, latín macarrónico; j'y perds mon ~, no ~ nada claro en esto.

latitude f latitud.

latrines f pl letrina sing.

latte f tabla.

lauréat, e a/s laureado, a.

Laurent n p m Lorenzo.

laurier m 1. laurel. 2. laurier-rose, adelfa f.

Lausanne n p Lausana.

lavable a lavable.

lavabo m lavabo.

lavage m lavado.

lavande f lavanda, espliego m.

lave f lava.

lave-glace m lavaparabrisas.

lave-linge m lavadora f.

lave-vaisselle m lavavajillas.

lavement m MED lavativa f.

laver t lavar. 2. ~ la vaisselle, fregar los platos. ■ se ~, lavarse. -**erie** f lavandería. -**ette** f estropajo m. -**eur, euse** s lavador, a. -**is** m aguada f. -**oir** m lavadero.

laxatif, ive a/m laxante.

layette [lɛjɛt] f canastilla de recién nacido.

Lazare n p m Lázaro.

lazzi [la(d)zi] m burla f.

le, la, les, l' art el, la, los, las: ~ père et la mère et l'enfant, el padre, la madre y el niño; les garçons et les filles, los chicos y las chicas. □ pron pers lo, le, la, les, los, las: je le sais, ya lo sé; dis-le-moi, dímelo; je le connais, le conozco; je l'ai vue, la he visto; en la voyant, viéndola; il les montra du doigt, los señaló con el dedo.

lécher t lamer; FIG lamer; ~ les bottes à, de quelqu'un, hacer la pelotilla a alguien; ~ les vitrines, mirar los escaparates. ■ se ~, lamerse; s'en ~ les doigts, les babines, relamerse de gusto.

leçon f 1. lección; les leçons, las lecciones. 2. (cours) clase.

lecteur, trice s lector, a. | ~ de cassettes, lector de casetes.

lecture f lectura.

légal, e a legal. -**ement** adv legalmente. -**iser** t legalizar. -**ité** f legalidad.

légat m legado.

légataire s legatario, a.

légation f legación.

légende f 1. leyenda. 2. (d'une image, photo) pie m. -**aire** a legendario, a.

léger, ère a 1. ligero, a. 2. (peu important, peu grave) leve. 3. à la légère, a la ligera. -**èrement** adv ligeramente. -**èreté** f ligereza.

légion f legión. **-naire** m legionario.

législa/teur, trice a/s legislador, a. **-tif, ive** a legislativo, a. **-tion** f legislación. **-ture** f legislatura.

légiste m legista. | **médecin ~,** médico forense.

légitim/e a legítimo, a: **en état de ~ défense,** en legítima defensa. **-ité** f legitimidad.

legs [lɛg] m legado.

léguer o t legar.

légume m verdura f: **manger des légumes,** comer verdura; **légumes verts,** verduras. | **légumes secs,** legumbres f. ■ f FAM **une grosse ~,** un pez gordo.

lendemain m día siguiente: **le ~ matin,** el día siguiente por la mañana.

lent, e a lento, a. **-ement** adv lentamente. **-eur** f lentitud.

lentille f 1. lenteja. 2. (en optique) lente.

léopard m leopardo.

lèpre f lepra.

lépreux, euse a/s leproso, a.

lequel, laquelle, lesquels, lesquelles pron rel el cual, la cual, los cuales, las cuales. ■ pron interr cuál, cuales: **~ préfères-tu?,** ¿cuál te gusta más?

les ⇒ **le.**

lesbienne f lesbiana.

léser o t perjudicar.

lésiner i escatimar, cicatear.

lésion f lesión.

lesquels ⇒ **lequel.**

lessiv/e f 1. (poudre) detergente m. 2. **faire la ~,** hacer la colada. 3. (linge) ropa. **-er** t lavar.

lest [lɛst] m lastre.

leste a 1. ligero, a, ágil. 2. (osé) atrevido, a, libre.

létharg/ie f letargo m. **-ique** a letárgico, a.

lettre f 1. letra: **écrire en toutes lettres,** escribir con todas las letras; **au pied de la ~,** al pie de la letra. 2. carta: **répondre à une ~,** contestar una carta; **~ recommandée,** carta certificada. 3. COM **~ de change,** letra de cambio; **~ de crédit,** carta de crédito. ■ pl letras.

lettré, e a/s erudito, a.

leucémie f leucemia.

¹**leur** a poss su: **leurs cousins,** sus primos. | **le ~, la ~, les leurs,** el suyo, la suya, los suyos.

²**leur** pron pers 1. les: **je ~ ai demandé,** les pregunté. 2. (+ autre pronom de la 3 personne) se: **je le ~ dirai,** se lo diré.

leurr/e m señuelo. **-er** t embaucar. ■ **se ~,** hacerse ilusiones.

levain m levadura f.

levant a **soleil ~,** sol naciente. ■ m levante.

levé, e a 1. **vote à main levée,** votación a mano alzada. 2. **au pied ~,** sin preparación.

levée f 1. levantamiento m. 2. (du courrier) recogida. 3. (aux cartes) baza. 4. **~ de boucliers,** protesta general.

¹**lever** o t 1. levantar, alzar. 2. (le courrier) recoger. 3. (les impôts) percibir. ■ i (la pâte) fermentar. ■ pr 1. levantarse: **je me suis levé à six heures,** me he levantado a las seis; **lève-toi,** levántate. 2. salir: **le soleil se lève,** sale el sol. 3. **le jour se lève,** está amaneciendo.

²**lever** m 1. à son **~,** al levantarse de la cama. 2. **le ~ du soleil,** la salida del sol. 3. **le ~ du rideau,** la subida del telón.

levier m palanca f.

lèvre f labio m. | **du bout des lèvres,** con desgana.

lévrier m galgo.

levure f levadura.

lexique m léxico.

lézard m lagarto. **-e** f (gente) gente: **-er** i FAM (crevasser) agrietar.

liaison f 1. enlace m. 2. (entre personnes) relación. 3. (aérienne, etc.) conexión.

liane f bejuco m, liana.

liant, e a sociable.

liasse f 1. (de billets) fajo m. 2. (de papiers) legajo m.

Liban n p Líbano.

libelle m libelo.

libeller t redactar. **-é** m redacción f.

libellule f libélula.

libéral, e a liberal. **-isme** m liberalismo. **-ité** f liberalidad.

libér/er t 1. libertar. 2. (d'une obligation) librar. 3. ~ **de l'énergie,** liberar energía. **-ateur, -atrice** a/s libertador, a. **-ation** f liberación.

liberté f 1. libertad: en toute ~, con toda libertad: je prends la ~ de ..., me tomo la libertad de. 2. prendre des libertés, tomarse libertades.

libertin, e a/s libertino, a.

libraire s librero, a.

librairie f librería.

libre a 1. libre: taxi, vous êtes ~?, ¡taxi!, ¿está libre? 2. école ~, escuela la privada.

libre-échange m libre cambio.

libre-service m autoservicio.

Libye n p f Libia.

licenci/er t (renvoyer) despedir. **-ement** m (renvoi) despido. 2. (de soldats) licenciamiento.

licenci/é f 1. (universitaire) licencia. 2. licenciatura. **-ié, e** s licenciado, a.

licencieux, euse a licencioso, a.

lichen [liken] m liquen.

licite a lícito, a.

licou m cabestro.

lie [li] f hez, heces pl.

Liège n p Lieja.

liège m corcho.

lien m 1. ligadura, atadura f. 2. FIG lazo, vínculo: ~ **de parenté,** vínculo de parentesco.

lier t 1. atar, ligar. 2. ~ **une sauce,** espesar, ligar una salsa. 3. ~ **amitié, conversation,** trabar amistad, conversación. ■ **se** ~ **avec quelqu'un,** ligarse con alguien: ils sont très liés, están muy unidos.

lierre m hiedra f.

lieu m 1. lugar. | au ~ de, en lugar de; en dernier ~, por último: avoir ~, tener lugar, verificarse: donner ~ à, dar motivos para. tenir ~ de, servir de. 2. ~ **commun,** lugar común, tópico. □ pl les Lieux Saints, los Santos Lugares.

lieue f legua.

lieutenant m teniente.

lièvre m liebre f.

liftier m ascensorista.

ligament m ligamento.

ligature f ligadura.

lignage m linaje.

ligne f 1. línea: ~ **droite, téléphonique,** línea recta, telefónica. 2. (de la main) la ~, guardar la línea. | raya f. (pour la pêche) sedal. | pêcher à la ~, pescar con caña. 4. en ~ **pour le départ,** en fila para la salida. 5. INFORM en ~, en línea. 6. **hors** ~, fuera de serie: entrer en ~ de compte, entrar en cuenta.

lignée f descendencia.

lignite m lignito.

ligoter t atar de pies y manos.

ligue f liga.

lilas m lila f. ■ a (couleur) lila.

lilliputien, enne a/s liliputiense.

lima/ce f babosa. **-çon** m caracol.

limaille f limaduras pl.

limande f platija.

lim/e f lima: ~ **à ongles**, lima de uñas. **-er** t limar.

limier m sabueso.

limitation f limitación.

limit/e f límite m: ~ **d'âge**, límite de edad; **dépasser les limites**, rebasar los límites. ■ a **date, prix ~**, fecha, precio tope; **cas ~**, caso extremo. **-er** t limitar. **-rophe** a limítrofe.

limoger° t FAM destituir.

limon m limo, légamo.

limonade f gaseosa.

limpid/e a límpido, a. **-ité** f limpidez.

lin m lino. | **huile de ~**, aceite de linaza.

linceul m sudario.

linge m 1. ropa f: **laver le ~**, lavar la ropa. | ~ **de corps**, ropa interior; ~ **de maison**, ropa de casa; ~ **de table**, mantelería f. 2. **essuyer avec un ~ doux**, secar con un trapo suave. **-rie** f lencería.

lingot m lingote.

linguist/e s lingüista. **-ique** a lingüístico, a. ■ f lingüística.

linoléum [linɔleɔm] m linóleo.

linotte f pardillo m. | **tête de ~**, cabeza de chorlito.

linotypiste m linotipista.

linteau m dintel.

lion, onne s león, ona. ■ m ASTR Leo. **-ceau** m leoncillo.

lippe f bezo m.

liquéfi/er t licuar. **-able** a licuable.

liqueur f licor m.

liquidation f liquidación.

liquide a 1. líquido, a. 2. **argent ~**, dinero en efectivo. ■ m líquido.

liquider t liquidar.

liquoreux, euse a licoroso, a.

¹**lire**° t leer: **en lisant mon journal**, leyendo en el periódico.

²**lire** f (monnaie) lira.

lis, lys [lis] m azucena f. | **fleur de ~**, flor de lis.

Lisbonne n p Lisboa.

liseron m enredadera f.

lisible a legible.

lisière f 1. (d'un bois) linde m, lindero m. 2. (d'une étoffe) orilla.

lisse a 1. liso, a. 2. (peau) terso, a.

lisser t 1. alisar. 2. lustrar.

liste f lista.

lit [li] m 1. cama f: ~ **à deux places**, cama de matrimonio; ~ **pliant**, cama plegable; **se mettre au ~**, meterse en la cama; **garder le ~**, guardar cama. 2. (d'une rivière) madre f, lecho. 3. (couche) lecho.

litanie f letanía.

literie f ropa de cama.

lithographie f litografía.

litière f (dans une étable) cama de paja.

litig/e m litigio. **-ieux, euse** a litigioso, a.

litre m litro.

littéraire a literario, a.

littéral, e a literal.

littérature f literatura.

littoral, e a/m litoral.

liturg/ie f liturgia. **-ique** a litúrgico, a.

livide a lívido, a.

livraison f 1. entrega: **payable à la ~**, pagadero a la entrega. 2. ~ **à domicile**, reparto m a domicilio. | **prendre ~ de**, recoger.

¹**livre** m libro: ~ **de poche**, libro de bolsillo.

'livre (monnaie) libra.

livrée f librea.

livrer t 1. entregar. 2. ~ le vin à domicile, repartir el vino a domicilio. 3. (un secret) revelar. 4. ~ bataille, librar batalla. ■ se ~, entregarse a.

livret m 1. ~ de caisse d'épargne, cartilla f, libreta f de ahorros; ~ scolaire, cartilla f de escolaridad. 2. ~ de famille, libro de familia. 3. (opéra) libreto.

livreur m repartidor.

lobe m lóbulo.

local, e a/m local. **-iser** t localizar. **-ité** f localidad.

location f 1. alquiler m: voiture en ~, coche de alquiler. 2. (d'une place) reserva. | bureau de ~, contaduría. **-aire** s inquilino, a.

lock-out [lɔkawt] m cierre patronal.

locomotive f locomotora.

locution f locución.

loge f 1. (de concierge) portería. 2. (théâtre) palco m. | être aux premières loges, estar en primera fila. 3. (d'acteur) camarín m. 4. (maçonnique) logia.

logement m 1. alojamiento. 2. vivienda f: la crise du ~, la crisis de la vivienda. ~ spacieux, una vivienda espaciosa.

loger i vivir: il loge chez son frère, vive en casa de su hermano. ■ t 1. alojar, albergar. 2. (mettre) alojar.

loggia [lɔdʒja] f mirador m.

logiciel m software.

logique a lógico, a. ■ f lógica.

logis m vivienda f, casa f.

logistique f logística.

logo m logo.

loi f ley: les lois, las leyes. | faire la ~, mandar.

loin adv lejos; au ~, a lo lejos; de ~, desde lejos; | de ~ en ~, de cuando en cuando; ~ de là, al contrario; il ira ~, ...llegará lejos.

lointain, e a lejano, a. ■ m dans le ~, en la lontananza.

loir m lirón.

Loire n p f la ~, el Loira.

loisir m tiempo libre, ocio; | à ses moments de ~, en sus ratos de ocio; à ~, sin prisas; | pl distracciones f.

londonien, enne a/s londinense.

Londres n p Londres.

long, longue a largo, a; | à la longue, a la larga. ■ m largo: dix mètres de ~, diez metros de largo; | de ~ en large, de un lado a otro; le ~ de, a lo largo de; il est tombé de tout son ~, se ha caído cuan largo era.

long-courrier a avion ~, avión de larga distancia.

longer t 1. MAR costear. 2. bordear.

longitude [lɔ̃ʒityd] f longitud.

longtemps [lɔ̃tɑ̃] adv mucho tiempo: depuis ~, desde hace mucho tiempo.

longue ⇒ **long**, **-ement** adv detenidamente.

longueur f 1. longitud. 2. (durée) duración; | à ~ de journée, todo el santo día. 3. (dans une course) largo m.

longue-vue f anteojo m de larga vista, catalejo m.

lopin m parcela f.

loquace [lɔkas] a locuaz.

loque f 1. andrajo m. 2. (personne) guiñapo m.

loquet m picaporte.

loqueteux, euse a harapiento, a.

lorgner t (convoiter) echar el ojo a.

lors adv [lɔr] ~ de, cuando; depuis ~, desde entonces.

lorsque conj cuando.

losange m rombo.

lot [lo] m 1. lote. 2. le gros ~, el premio gordo.

loterie f lotería.

lotion f loción.

lotir t dividir en lotes. | bien loti, favorecido por la suerte. **-issement** m 1. parcela f. 2. urbanización f.

lotte f [lys] rape m.

lotus [lotys] m loto.

louange f alabanza.

louche a sospechoso, a, turbio, a.

louche f cucharón m.

loucher i bizquear.

louer t alquilar. appartement à ~, piso por alquilar. ive ~, se alquila.

louer 1. (une place) reservar.

²**louer** t alabar: Dieu soit loué! ¡alabado sea Dios! ■ se ~ de, felicitarse de.

Louis, e n p Luis, Luisa.

loufoque a FAM chiflado, a.

loup [lu] m 1. lobo. | faim de ~, hambre canina. froid de ~, frío que pela. 2. (masque) antifaz. 3. (poisson) lubina f.

loupe f 1. lupa: regarder à la ~, mirar con lupa. 2. (tumeur) lobanillo m.

louper t FAM 1. (rater) fallar. 2. (le train, etc) perder.

lourd, e a pesado, a. ■ adv cette valise pèse ~, esta maleta pesa mucho. **-aud, e** a/s torpe. **-eur** f pesadez.

loutre f nutria.

Louvain n p Lovaina.

louve f loba. **-teau** m lobezno, lobato.

louvoyer i 1. MAR barloventear. 2. FIG andar con rodeos.

loyal, e [lwajal] a leal. **-alisme** m fidelidad f. **-auté** f lealtad.

loyer [lwaje] m alquiler.

lu ⇒ lire.

lubie f capricho m.

lubrifi/er t lubrificar. **-ant** m lubrificante.

Luc n p m Lucas.

lucarne f buhardilla.

lucid/e a lúcido, a. **-ité** f lucidez.

lucratif, ive a lucrativo, a.

lueur f 1. luz. 2. (d'un éclair) fulgor m. 3. (d'espoir) atisbo m, vislumbre m.

luge f pequeño trineo m.

lugubre a lúgubre.

lui pron pers 1. él: ~ et sa femme, el y su mujer. qui, c'est ~ qui ..., es él quien ...; je pense à ~, pienso en él. il ne pense qu'à ~, sólo piensa en sí. lui-même, él mismo. 2. (réfléchi) si: il ne pense qu'à ~, sólo piensa en sí. 3. le: je ~ demandai, le pregunté. dis-lui de venir, dile que venga. 4. (+ autre pronom de la 3 personne) se: dis-le-~, díselo; je le ~ dirai, yo se lo diré.

luire° i lucir, brillar. **-sant, e** a 1. brillante. ive ~, luciérnaga f. 2. ver ~, poner en ~, mettre en ~, poner de relieve; le Siècle des lumières, el Siglo de las luces.

lumineux, euse a luminoso, a.

lunaire a lunar.

lunch [lœ] m lunch.

lundi m lunes: ~ prochain, el lunes que viene.

lune f luna: pleine ~, luna llena; nouvelle ~, luna nueva. | ~ de miel, luna de miel.

luné, e a bien, mal ~, de buena, de mala luna.

lunette f 1. ~ d'approche, anteojo m de larga vista. 2. (des W.-C.) aber-

tura. **3.** (*d'une auto*) ~ **arrière**, luneta trasera. ▪ *pl* gafas: **porter des lunettes**, llevar gafas; **lunettes de soleil**, gafas de sol; **lunettes de plongée**, gafas de bucear.

lustre *m* **1.** (*éclat*) lustre. **2.** (*appareil d'éclairage*) araña *f*.

lustrer *t* lustrar.

luth [lyt] *m* laúd.

luthérien, enne *a/s* luterano, a.

lutin *m* duendecillo.

lutrin *m* fascistol.

lutt/e *f* lucha. **-er** *i* luchar. **-eur, euse** *s* luchador, a.

luxe *m* lujo.

Luxembourg [lyksãbuʀ] *n p m* Luxemburgo.

luxueux, euse *a* lujoso, a.

luxure *f* lujuria.

luxuriant, e *a* exuberante, lujuriante.

luzerne *f* alfalfa.

lyc/ée *m* instituto de enseñanza media. **-éen, enne** *s* alumno, a de un instituto.

lymphatique *a* linfático, a.

lyncher *t* linchar.

lyophilisé, e *a* liofilizado, a.

lynx [lɛ̃ks] *m* lince.

lyre *f* lira.

lyrique *a/f* lírico, a.

lys ⇒ **lis**.

M

m [ɛm] m 1. m f: una m. 2. M.
Dumont, Sr. Dumont; MM.

m' ⇒ **me**.

me
me a mí. ⇒ **mon**.

maboul, e a FAM chiflado, a.

macabre a macabro, a.

macadam m macadam.

macaron m (gâteau) mostachón.

macaroni m macarrones pl.

macédoine f macedonia.

macérer t macerar.

mâcher t 1. masticar. 2. ne pas ~ ses mots, no tener pelos en la lengua.

machette f machete m.

machiavélisme [makjavelism] m maquiavelismo.

machin m FAM 1. (personne) fulano. 2. (chose) ~ a máquina.

machinal, e a maquinal.

machine f máquina: ~ à vapeur, máquina de vapor. ~ à coudre, à écrire, máquina de coser, de escribir. ~ à sous ⇒ **sou**. | ~ à laver, lavadora.

machine-outil [maʃinuti] f máquina herramienta.

machiniste m 1. maquinista. 2. (théâtre) tramoyista.

macho a/s machista.

mâchoire f mandíbula.

mâchonner t masticar, mascullar.

maçon m albañil. **-nerie** f albañilería.

macrobiotique a macrobiótico, a. ■ f macrobiótica.

madame f señora: merci, ~, gracias. – Dupuis: la señora Dupuis. – la directrice: la señora directora. ~ n'est pas là: la señora no está. ■ pl mesdames, messieurs: señoras y señores.

mademoiselle [madmwazɛl] f señorita: ~ Anne, la señorita Ana.

madère m vino de Madeira.

madone f madona.

madrier m madero.

madrilène a/s madrileño, a.

magasin m 1. almacén: les grands magasins, los grandes almacenes. 2. tienda f: – d'alimentation, tienda de comestibles.

magazine m 1. revista f ilustrada. 2. (télévisé) magazine.

mage m mago.

Magellan n p m Magallanes.

magicien, enne s mago, a.

magie f magia. **-ique** a mágico, a.

magistral, e a magistral. **-ure** f magistratura.

magistrat m magistrado.

magma m magma.

magnanime a magnánimo, a.

magnésie f magnesia. **-ium** m magnesio.

magnétiser t magnetizar. **-isme** m magnetismo.

magnétique a magnético, a. **-iser-** mo.

magnétophone m magnetófono.

magnétoscope m vídeo.

magnifique a magnífico, a. **-icence** f magnificencia.

magnolia

magnolia m magnolia f

Mahomet n p m Mahoma.

mai m mayo: le 2 ~, el 2 de mayo.

maigre a 1. delgado, a, flaco, a. 2. (viande) magro, a. lard ~, tocino magro. 3. jour ~, día de abstinencia. | faire ~, comer de vigilia. 4. ric escaso, a, pobre: ~ salaire, escaso sueldo. ■ m lo magro: carne f magra. **-eur** f delgadez, flacura. **-elet, ette, -ichon, onne** a delgaducho, a. **-ir** i adelgazar: il a beaucoup maigri, ha adelgazado mucho. | faire ~, adelgazar.

mail [maj] m paseo público.

maille f 1. (de filet) malla. 2. (d'un tricot) punto m.

maillet m mazo.

maillon m eslabón.

maillot m 1. (de cycliste) ~, camiseta. 2. ~ de bain, bañador, traje de baño. 3. ~ de corps, camiseta f.

main f 1. mano: la ~ dans la ~, cogidos de la mano; à pleines mains, a manos llenas; fait à la ~, hecho a mano; avoir sous la ~, tener a mano; donner un coup de ~, echar una mano a; en venir aux mains, venir a las manos; haut les mains!, ¡manos arriba!; ne pas y aller de main morte, no andarse con chiquitas. 2. homme de ~, pistolero. 3. ~ courante, pasamano m.

main-d'œuvre f mano de obra.

main-forte f ayuda.

maintenant adv ahora.

maintenance f mantenimiento m.

maintenir t mantener: je maintiens mon point de vue, mantengo mi punto de vista. ■ se ~ en equilibre, mantenerse en equilibrio.

maintien m 1. mantenimiento 2. (attitude) porte.

maire m alcalde. **-ie** f ayuntamiento m, alcaldía.

mais [mε] conj 1. pero: l'hôtel est vieux ~ confortable, el hotel es viejo pero confortable. 2. (après négation) sino: pas celui-ci ~ l'autre, no éste sino el otro. 3. ~ oui, claro que sí; ~ non, claro que no; ah ~!, ¡por Dios!

maïs [mais] m maíz.

maison f 1. casa: à la ~, en casa. | ~ de retraite, residencia de ancianos. 2. de santé, clínica. 3. gâteau ~, pastel casero; confiture ~, mermelada casera. **-née** f familia. **-nette** f casita.

maître, esse s 1. amo, a: la maîtresse de maison, el ama de casa. 2. (propriétaire) dueño, a. | se rendre ~, adueñarse de. 3. (instituteur) maestro, a. 4. (professeur) profesor, a. 5. ~ d'hôtel, maître, jefe de comedor. ■ m (artiste) maestro. ■ a maître-autel, altar mayor. ■ f (amante) querida.

maîtrise f 1. dominio m: ~ de soi, dominio de sí mismo. 2. (habileté) maestría. 3. grado m universitario. **-er** t dominar.

majesté f majestad. **-ueux, -euse** a majestuoso, a.

majeur, e a 1. mayor: la majeure partie, la mayor parte. 2. Sophie est majeure, Sofía es mayor de edad. ■ m (doigt) dedo medio.

majorer t recargar, aumentar. **-ation** f recargo m.

majorité f 1. mayoría: en ~, en su mayoría. 2. (âge) mayoría de edad.

Majorque n p f Mallorca.

majuscule a f mayúscula.

mal m 1. daño: je me suis fait ~, me he hecho daño. 2. dolor: maux

d'estomac, dolores de estómago. | j'ai ~ à la tête, aux dents, me duele la cabeza, me duelen las muelas; ~ de mer, mareo; avoir ~ au cœur, au ~. 3. mal: le ~ est fait, el mal está hecho; dire du ~ de, hablar mal de. 4. se donner du ~, tomarse trabajo; j'ai eu du ~ à faire cela, me ha costado trabajo hacer esto. ■ adv 1. mal: ~ élevé, mal educado. 2. se trouver ~, desmayarse. 3. pas ~, bastante bien; pas ~ de choses, bastantes cosas, un rato de cosas; pas ~ de monde, un montón de gente.

malade a/s enfermo, a; tomber ~, caer, ponerse enfermo, a. **-ie** f enfermedad. **-if, ive** a enfermizo, a.

maladresse f torpeza.

maladroit, e a/s torpe.

malais, e a/s malayo, a.

Malaisie n p Malasia.

malaise m 1. malestar. 2. indisposición f.

malaisé, e a dificultoso, a.

malaxer t amasar.

malchance f mala suerte, desgracia. **-eux, euse** a desgraciado, a.

mâle a/m macho. ■ a 1. viril. 2. (enfant) varón.

malédiction f maldición.

malencontreux, euse a desgraciado, a.

malentendu m malentendido, equivoco.

malfaisant, e [malfəzɑ̃, ɑ̃t] a dañino, a, maléfico.

malfamé, e a de mala fama.

malfaiteur m malhechor.

malformation f malformación.

malgré prép a pesar de: ~ moi, lui, a pesar mío, suyo; ~ tout, a pesar de todo.

malhabile a torpe.

malheur m desgracia f, desdicha f. | par ~, por desgracia. **-eux, euse** a/s desgraciado, a, infeliz. ■ a pour un ~ centimètre, por un miserable centímetro. **-eusement** adv desgraciadamente.

malhonnête a poco honrado, a. **-té** f falta de honradez.

malice f malicia, picardía. **-ieux, euse** a malicioso, a.

malin, igne a 1. (ruse) listo, a. | faire le ~, dárselas de listo; c'est ~!, ¡vaya una broma! 2. ¡qué astuto!, (mauvais) maligno, a. | tumeur maligne, tumor maligno.

malingre a enclenque.

malle f baúl m. **-ette** f maletín m.

malléable a maleable.

malmener t maltratar.

malodorant, e a maloliente.

malpoli, e a/s maleducado, a.

malpropre a sucio, a, desaseado, a. **-té** f suciedad, desaseo m.

malsain, e a indecoroso, a.

malséant, e a indecoroso, a.

malsonnant, e a malsonante.

malt m malta f.

Malte n p Malta.

maltraiter t maltratar.

malveillant, e a malevolente. **-ance** f malevolencia.

maman f mamá.

mamelle f mama, teta. **-elon** m 1. pezón. 2. (colline) colina f, cerro. **-mifère** a mamífero.

mamie f abuelita.

manche f 1. manga: corsage sans manche, blusa sin mangas. 2. ~ à air, manga de aire. 3. (au jeu) partida. ■ m 1. (de couteau, etc.) mango. 2. ~ à balai, palo de escoba.

Manche (la) n p f la Mancha. | **le tunnel sous la ~**, el túnel bajo el canal de la Mancha.

manchette f **1.** (d'une chemise) puño. **2.** (d'un journal) titular m.

manchon m manguito.

manchot, e a/s manco, a. ■ m (oiseau) pájaro bobo.

mandarine f mandarina.

mandat m **1.** (pouvoir) mandato. **2.** (postal) giro: **toucher un ~**, cobrar un giro. **3.** **~ d'arrêt**, orden f de detención. **-aire** m mandatario.

mandibule f mandíbula.

mandoline f mandolina.

manège m **1.** picadero. **2.** (de chevaux de bois) tiovivo. **3.** (intrigue) manejo.

manette f manecilla.

mang/er° t comer. **-eable** a comible. **-eaille** f FAM manduca. **-eoire** f pesebre m. **-eur, euse** s comedor, a. | **gros ~**, tragón, comilón.

mangue f mango m.

maniable a manejable.

mani/e [mani] f manía. **-aque** a/s maniático, a.

mani/er t manejar. **-ement** m manejo.

manière f manera, modo m. | **en aucune ~**, de ningún modo; **de ~ à**, a fin de; **de ~ à ce que**, de manera que. ■ pl **1.** **bonnes manières**, buenos modales. **2.** **faire des manières**, hacer melindres.

maniéré, e a amanerado, a.

manif f FAM mani.

manifest/ation f manifestación. **-ant, e** a/s manifestante.

manifeste a evidente. ■ m manifiesto.

manifester t manifestar. ■ i **plus de mille personnes ont manifesté**, más

de mil personas se han manifestado. ■ **se ~**, manifestarse.

maniganc/e f tejemaneje m. **-er** t tramar.

Manille n p Manila.

manioc m mandioca f.

manipul/er t manipular. **-ation** f manipulación.

manivelle f manivela, manubrio m.

mannequin m **1.** maniquí: **des mannequins**, maniquíes. **2.** (femme) modelo, maniquí.

manœuvr/e f maniobra. ■ m (ouvrier) peón, bracero. **-er** i maniobrar. ■ t manejar.

manoir m casa f solariega.

manomètre m manómetro.

manque m falta f, carencia f.

manquer impers faltar: **il manque deux verres sur la table**, faltan dos vasos en la mesa; **il ne manquait plus que cela!**, ¡no faltaba más! ■ i **1.** faltar: **~ à sa parole**, faltar a su palabra. **2.** (échouer) fallar, fracasar. | **coup manqué**, golpe fallido. **3.** **~ de patience**, carecer de paciencia. **4. il a manqué (de) se noyer**, estuvo a punto de ahogarse, a poco más se ahoga. **5. vous me manquez beaucoup**, le echo mucho de menos. ■ t **1.** **~ la cible**, errar el blanco. **2.** **~ l'occasion, le train**, perder la ocasión, el tren.

mansarde f buhardilla.

mansuétude f mansedumbre.

manteau m abrigo: **~ de fourrure**, abrigo de pieles.

mantille f mantilla.

manucure s manicuro, a.

manuel a/m manual.

manufactur/e f manufactura. **-er** t manufacturar.

manuscrit, e a/m manuscrito, a.

manutention ƒ manipulación.
-naire m almacenista.
mappemonde ƒ mapamundi m.
maquereau [makʀo] m (poisson) caballa ƒ.
maquette ƒ maqueta.
maquill/er t maquillar. ■ **se ~**, maquillarse. **-age** m maquillaje.
maquis [maki] m monte. | **prendre le ~**, irse al monte.
maraîcher, ère s hortelano, a. ■ a culture maraîchère, cultivo de hortalizas.
marais m 1. pantano. 2. (en bordure de mer) marisma ƒ. | ~ **salant**, salina ƒ.
marasme m marasmo.
marathon m maratón.
maraudeur m ladrón.
marbre m mármol.
marbré, e a jaspeado, a.
Marc [maʀk] n p m Marcos.
marc [maʀ] m 1. (de raisin) orujo. 2. (eau-de-vie) aguardiente.
marcassin m jabato.
marchand, e s vendedor, a, comerciante: ~ **de journaux**, vendedor de periódicos. | ~ **de couleurs**, droguero; ~ **de biens**, agente inmobiliario; ~ **de légumes**, verdulero. ■ a marine marchande, marina mercante.
marchand/er t regatear. **-age** m regateo.
marchandise ƒ mercancía.
marche ƒ 1. (d'escalier) peldaño m, escalón m. 2. (action de marcher) marcha. | **j'aime la ~**, me gusta andar; **à une heure de ~**, a una hora andando; **ralentir la ~**, aflojar el paso; **faire ~ arrière**, dar marcha atrás. | **mettre en ~**, poner en marcha. 4. MUS marcha.
marché m mercado. | **bon ~**, barato, a; **à bon ~**, barato; **par-dessus le ~**,

además, por añadidura; **Marché commun**, Mercado Común.
marchepied [maʀʃpje] m estribo.
march/er i 1. andar: ~ **d'un bon pas**, andar a buen paso. 2. ~ **sur les pieds**, pisar los pies. 3. marchar, andar, funcionar: **ma radio ne marche pas**, mi radio no funciona. 4. **les affaires marchent bien**, los negocios marchan bien. | **ça marche?**, ¿todo va bien? 5. FAM (accepter) aceptar, conformarse. | **il nous fait ~**, nos la pega. **-eur, euse** a/s andarín, ina.
mardi m martes: ~ **gras**, martes de Carnaval.
mare ƒ 1. charca. 2. (de sang) charco m.
marécag/e m ciénaga ƒ. **-eux, euse** a pantanoso, a.
maréchal m mariscal. | ~ **des logis**, sargento de caballería; **maréchal-ferrant**, herrador.
marée ƒ 1. marea: ~ **noire**, marea negra. | **à ~ haute, basse**, en pleamar, bajamar; ~ **montante**, flujo m. 2. (poisson) pescado m fresco.
marelle ƒ rayuela.
margarine ƒ margarina.
marg/e ƒ margen m: **en ~**, al margen. **-inal, e** a marginal. ■ a/s (asocial) marginado, a: **les marginaux**, los marginados. **-inaliser** t marginar.
marguerite ƒ margarita.
mari m marido.
mariage m 1. (sacrement) matrimonio. 2. (noce) boda ƒ, casamiento, enlace matrimonial: **cadeau de ~**, regalo de boda.
Marie n p ƒ María.
marié, e s 1. **nouveaux mariés**, recién casados. 2. **le ~**, el novio; **la mariée**, la novia.

marier t casar. ■ **se ~**, casarse: **il s'est marié avec sa voisine**, se casó con su vecina.

marin, e a marino, a. ■ m marinero. ■ f marina.

marin/er t escabechar, adobar. | **sardines marinées**, sardinas en escabeche. **-ade** f escabeche m.

marinière f marinera.

marionnette f marioneta. | **montreur de marionnettes**, titiritero.

maritime a marítimo, a.

mark m marco.

marmelade f mermelada.

marmite f olla, marmita.

marmiton m pinche, marmitón.

marmonner i refunfuñar. ■ t mascullar.

marmot [marmo] m FAM chaval.

marmotte f marmota.

marmotter t mascullar.

marne f marga.

Maroc n p m Marruecos.

marocain, e a/s marroquí.

maroquin m tafilete. **-erie** f marroquinería.

marotte f manía.

marquant, e a notable.

marque f **1.** marca: **~ de fabrique**, marca de fábrica. **2.** (trace) señal, huella. **3.** (score) tanteo m.

marquer t **1.** marcar. **2.** señalar: **la pendule marque midi**, el reloj señala las doce. **3.** (noter) apuntar. **4.** FIG impresionar. **5. traits marqués**, rasgos acentuados.

marqueterie f marquetería, taracea.

marqueur m (crayon) rotulador.

marquis, e s marqués, esa. ■ f (auvent) marquesina.

marraine f madrina.

marrant, e a FAM chusco, a. | **ce n'est pas ~**, tiene muy poca gracia.

marre adv FAM **j'en ai ~**, estoy harto, a, estoy hasta la coronilla.

marrer (se) pr FAM troncharse de risa; (s'amuser) cachondearse, pasarlo en grande.

marron m castaña f: **~ glacé**, castaña confitada. ■ a/m (couleur) marrón. **-nier** m castaño.

Mars [mars] n p m Marte.

mars [mars] m marzo: **le 6 ~**, el 6 de marzo.

marseillais, e a/s marsellés, esa.

Marseille n p Marsella.

marsouin m marsopa f.

marteau m martillo. | **coup de ~**, martillazo.

mart/eler° t martillar. **-èlement** m martilleo.

martial [marsjal] a marcial.

martien, enne [marsjɛ̃, jen] a/s marciano, a.

martingale f martingala.

martre f marta.

martyr, e s mártir. **-e** m martirio. **-iser** t martirizar.

marx/isme m marxismo. **-iste** a/s marxista.

mascarade f mascarada.

mascotte f mascota.

masculin, e a/m masculino, a.

masochiste a/s masoquista.

masqu/e m máscara f. **-er** t **1.** enmascarar. | **bal masqué**, baile de disfraces, de máscaras. **2.** (cacher) ocultar.

massacrante a **être d'une humeur ~**, estar de un humor de perros, de mala leche.

massacr/e m **1.** matanza f, degollina f. **2. jeu de ~**, pim pam pum. **-er** t **1.** exterminar, matar. **2.** (égorger) degollar, masacrar. **3.** FAM (abîmer) destrozar.

massage m masaje.

masse f 1. masa: en ~, en masa. 2. (tas) montón.

massepain m mazapán.

¹**masser** ■ se ~ (grouper) agruparse, congregarse, amontonarse.

²**masser** t dar masaje, masajear. | se faire ~, hacerse dar un masaje. **-eur, euse** s masajista.

massif, ive a 1. macizo, a: or ~, oro macizo. 2. masivo, a: dose massive, dosis masiva. ■ m macizo.

massue f cachiporra, maza. | coup de ~, cachiporrazo.

mastic m masilla f.

¹**mastiquer** t masticar. **-cation** f masticación.

²**mastiquer** (avec du mastic) enmasillar.

masure f casucha.

mat, e [mat] a mate.

mât [ma] m palo.

match m 1. partido. | ~ nul, empate. 2. (de boxe) combate.

matelas [matla] m colchón. | ~ pneumatique, colchoneta f. **-ser** t acolchar.

matelot [matlo] m marinero.

mater t (dompter) domar.

matérialiser t materializar. **-isme** m materialismo. **-iste** s materialista.

matériau m material: ~ pl materiales.

matériel, elle a/m material: ~ de camping, material para el camping. ■ m material, material técnico.

maternel, elle a materno, a: elle a langue maternelle, lengua materna. ■ f (école) maternelle, parvulario m, escuela de párvulos, parvularios m.

maternité f maternidad.

mathématique a matemático, a. ■ f pl matemáticas. **-icien, enne** s matemático, a.

maths [mat] f pl FAM mates.

matière f 1. materia: ~ première, materia prima. ~ grasse, materia grasa; ~ plastique, materia plástica. 2. ~ d'enseignement, asignatura, materia. 3. (sujet) tema m.

matin m 1. mañana f. | de bon ~, de madrugada; du ~ au soir, todo el día. 2. lundi ~, lunes por la mañana; six heures du ~, las seis de la mañana; demain ~, mañana por la mañana. **-al, e** a 1. matutino, a. 2. (qui se lève tôt) madrugador, a.

matinée f 1. mañana: dans la ~, por la mañana. | faire la grasse ~, levantarse tarde. 2. (spectacle) función de tarde.

matou m gato.

matraque f porra. | coup de ~, porrazo. **-er** t aporrear.

matrice f matriz.

matricule f matrícula. ■ m número de registro.

matrimonial, e a matrimonial.

Matthieu n p m Mateo.

maturité f madurez.

mâture f arboladura.

maudire t maldecir. **-it, e** a/s maldito, a.

maugréer i refunfuñar.

Maurice n p m Mauricio.

mauresque a/s morisco, a; moruno, a.

maure a/s moro, a.

mausolée m mausoleo.

maussade a 1. huraño, a, hosco, a. 2. (temps) desapacible.

mauvais, e a (mal) devant malo, a: a malo. | ~ pour la santé, malo para la salud; ~ moment, mal rato. | plus ~, peor. ■ adv sent ~, huele mal; il fait ~, hace mal tiempo.

mauve a/s malva.

maux ⇒ **mal**.

maxillaire a/m maxilar.

maximum [maksimɔm] m máximo: **au ~**, como máximo. ■ a máximo, a.

Mayence n p Maguncia.

mayonnaise f mayonesa.

mazout [mazut] m fuel oil.

me pron pers me: **je ~ lève**, me levanto; **je vais ~ lever**, voy a levantarme; **il m'ennuie**, me aburre. | **~ voici**, aquí estoy yo.

méandre m meandro.

mec m POP tío, gacho.

mécanicien, enne s mecánico, a. ■ m (de locomotive) maquinista.

mécanique a mecánico, a. ■ f mecánica.

mécanisme m mecanismo.

mécanographie f mecanografía.

mécène m mecenas.

méchamment adv con maldad.

méchanceté f maldad.

méchant, e a malo, a: **il est ~**, es malo; **attention, chien ~**, cuidado con el perro; **de méchante humeur**, de mal humor.

mèche f 1. mecha. | **éventer la ~**, descubrir el pastel. 2. (de bougie) pabilo m. 3. (de cheveux) mechón m. 4. (d'une perceuse) broca.

méconnaître° t desconocer. **-naissable** a desconocido, a. **-nu, e** a ignorado, a.

mécontent, e a/s descontento, a. **-ement** m descontento. **-er** t descontentar.

mécréant, e a/s descreído, a.

Mecque (La) [mɛk] n p f La Meca.

médaille f medalla. **-on** m medallón.

médecin m médico: **~ de famille**, médico de cabecera. | **femme ~**, médica.

médecine f medicina.

média ⇒ **les médias**, los medios de comunicación.

média/tion f mediación. **-teur, -trice** a/s mediador, a.

médiatique a mediático, a.

médical, e a médico, a.

médicament m medicamento, e medicinal.

médicinal, e a medicinal.

médiéval, e a medieval.

médiocre a mediocre. **-ité** f mediocridad.

médire° t murmurar: **il médit de tout le monde**, murmura de todos. **-isance** f maledicencia, murmuración. **-isant, e** a/s maldiciente, murmurador, a.

méditer t/i meditar. **-atif, ive** a meditabundo, a. **-ation** f meditación.

méditerrané/e a **la (mer) Méditerranée**, el (mar) Mediterráneo. **-een, enne** a mediterráneo, a.

méduse f medusa.

méduser t dejar estupefacto, e.

meeting [mitiŋ] m mitin: **des meetings**, mítines.

méfait m fechoría f.

méfier (se) pr desconfiar. | **méfiez-vous**, cuidado. **-ance** f desconfianza. **-ant, e** a desconfiado, a.

mégalomane a/s megalómano, a.

mégarde (par) loc adv por descuido.

mégère f arpía, furia.

mégot m colilla f.

meilleur, e a/m mejor: **bien ~**, mucho mejor; **les meilleures chansons**, las mejores canciones. ■ adv **il fait ~**, hace mejor tiempo.

mélancolie f melancolía. **-ique** a melancólico, a.

mélang/e *m* mezcla *f.* **-er**° *t* mezclar.

mélasse *f* melaza.

mêlée *f* **1.** refriega, pelea. **2.** *(rugby)* melée.

mêler *t* mezclar. ■ **se ~ à la foule,** mezclarse en la muchedumbre; **se ~ de,** meterse en: **de quoi te mêles-tu?,** ¿por qué te metes?

mélèze *m* alerce.

méli-mélo *m* FAM baturrillo.

mélod/ie *f* melodía. **-ieux, euse** *a* melodioso, a. **-ique** *a* melódico, a.

mélodrame *m* melodrama.

mélomane *a/s* melómano, a.

melon *m* **1.** melón. | **~ d'eau,** sandía *f.* **2. chapeau ~,** sombrero hongo, bombín.

membrane *f* membrana.

membre *m* miembro.

même *a* mismo, a: **en ~ temps,** al mismo tiempo. | **c'est cela ~,** eso es; **eux-mêmes,** ellos mismos; **Jean lui-même,** el mismo Juan, el propio Juan. ■ *pron indéf* mismo: **cela revient au ~,** es lo mismo. ■ *adv* **1.** aún, hasta, incluso: **tous, ~ le directeur,** todos, hasta el director. | **pas ~, ~ pas,** ni siquiera; **je ne veux ~ pas y penser,** no quiero ni pensarlo; **~ si je voulais,** aunque quisiera. **2. ici ~,** aquí mismo; **aujourd'hui ~,** hoy mismo. **3. de ~,** del mismo modo, asimismo; **de ~ que,** así como; **être à ~ de,** estar en condiciones de; **quand ~, tout de ~,** sin embargo.

mémoire *f* **1.** memoria. | **à la ~ de,** en memoria de; **si j'ai bonne ~,** si mal no recuerdo. **2.** INFORM memoria. ■ *m* memoria *f.*

mémorable *a* memorable.

mémorandum *m* memorándum.

mena/ce *f* amenaza. **-çant, e** *a* amenazador, a. **-cer** *t* amenazar: **il le menaça de le renvoyer,** le amenazó con despedirle.

ménage *m* **1. faire le ~,** limpiar, hacer la limpieza; **femme de ~,** asistenta. **2.** *(couple)* matrimonio: **jeune ~,** matrimonio joven. | **faire bon ~ avec,** llevarse bien con. **3.** familia *f.*

¹ménag/er° *t* **1. ~ une surprise à,** preparar una sorpresa a; **~ une entrevue,** arreglar una entrevista. **2. ~ sa santé,** cuidar de su salud; **~ ses forces,** no abusar de sus fuerzas. **3. ~ quelqu'un,** tratar con consideración a alguien. ■ **se ~,** cuidarse. **-ement** *m* miramiento.

²ménager, ère *a* casero, a, doméstico, a: **travaux ménagers,** faenas domésticas. | **appareils ménagers,** electrodomésticos; **arts ménagers,** artes del hogar. ■ *f (femme)* ama de casa.

ménagerie *f* casa de fieras.

mendi/er *t* mendigar. **-ant, e** *a/s* mendigo, a. **-cité** *f* mendicidad.

menées *f pl* intrigas.

men/er *t* **1.** llevar, conducir: **~ son fils à l'école,** llevar a su hijo a la escuela. **2. ~ une vie tranquille,** llevar una vida tranquila. **3.** dirigir. | **~ à bien,** llevar a cabo. **4. l'équipe mène par 3 à 2,** el equipo gana por 3 a 2. **-eur, euse** *s* cabecilla, jefe.

méningite *f* meningitis.

ménopause *f* menopausia.

menottes *pl* esposas.

mensong/e *m* mentira *f.* **-er, ère** *a* mentiroso, a.

menstruation *f* menstruación.

mensualité *f* mensualidad.

mensuel, elle *a* mensual.

mental, e *a* mental. **-ité** *f* mentalidad.

menteur, euse *a/s* mentiroso, a, embustero, a.

menthe [mɑ̃t] *f* menta.

mention *f* mención. **-ner** *t* mencionar.

mentir° *i* mentir: **il ment comme il respire,** miente más que habla.

menton *m* barbilla *f*. | **double ~,** papada *f*.

¹**menu, e** *a* menudo, a. | **menue monnaie,** calderilla; **menues dépenses,** gastos menores. ■ *adv* **par le ~,** detalladamente. | **hacher ~,** picar.

²**menu** *m* **1.** menú, minuta *f*: **~ touristique,** menú turístico. **2.** INFORM menú.

menuis/erie *f* carpintería. **-ier** *m* carpintero.

méprendre (se)° *pr* equivocarse.

mépris [mepri] *m* desprecio. **-able** *a* despreciable. **-ant, e** *a* despreciativo, a.

méprise *f* error *m*, confusión.

mépriser *t* despreciar.

mer [mɛʀ] *f* mar (*m* et *f*, *mais le plus souvent m*): **la ~ Noire,** el mar Negro. | **pleine ~,** pleamar; **prendre la ~,** hacerse a la mar; **un homme à la ~!,** ¡hombre al agua!

mercantile *a* mercantil.

mercenaire *a/m* mercenario, a.

mercerie *f* mercería.

merci *m* gracias: **~ beaucoup,** muchas gracias, **~ de votre accueil,** gracias por su acogida; **dire ~,** dar las gracias. ■ *f* **à la ~ de,** a la merced de.

mercier, ère *s* mercero, a.

mercredi *m* miércoles.

mercure *m* mercurio.

merde *f* VULG mierda.

mère *f* **1.** madre. | **maison ~,** casa madre. **2.** FAM **la ~ Jeanne,** la tía Juana.

méridien *m* meridiano.

méridional, e *a* meridional.

meringue *f* merengue *m*.

mérinos [meʀinos] *m* merino.

mérit/e *m* mérito. **-er** *t* merecer. **-oire** *a* meritorio, a.

merlan *m* pescadilla *f*.

merle *m* mirlo.

merlu *m* merluza *f*.

merou *m* mero.

merveill/e *f* maravilla. | **à ~,** de maravilla. **-eux, euse** *a* maravilloso, a.

mes *a poss* **1.** mis: **~ cousins,** mis primos. **2.** mío, a: **un de ~ cousins,** un primo mío. ⇒ **mon**.

mésalliance *f* casamiento *m* desigual.

mésange *f* paro *m*.

mésaventure *f* contratiempo *m*.

mesdames, mesdemoiselles *pl* de **madame, mademoiselle**.

mesquin, e *a* mezquino, a. **-erie** *f* mezquindad.

messag/e *m* mensaje. **-er, ère** *s* mensajero, a. **-erie** *f* mensajería.

messe *f* misa: **aller à la ~,** ir a misa; **~ de minuit,** misa del gallo.

Messie *m* Mesías.

messieurs *pl* de **monsieur**.

mesure *f* **1.** medida. | **sur ~,** a la medida; **à ~ que,** a medida que, conforme; **dépasser la ~,** pasarse de la raya. **2.** moderación, mesura. **3.** MUS compás *m*: **battre la ~,** llevar el compás; **en ~,** a compás. **4.** **être en ~ de,** estar en condiciones de.

mesuré, e *a* mesurado, a.

mesurer *t* **1.** medir: **Antoine mesure 1 mètre 80,** Antonio mide 1 metro 80. ■ **se ~ avec quelqu'un,** medirse con alguien.

métal *m* metal: **métaux précieux,** metales preciosos. **-lique** *a* metáli-

co, a. **-lurgie** f metalurgia. **-lurgi-
que** a metalúrgico, a. **-lurgiste**
a/m metalúrgico.
métamorphos/e f metamorfosis.
-er t metamorfosear.
métaphore f metáfora.
métaphysique a metafísico, a. ■ f
metafísica.
météo f FAM la météo, el tiempo.
météore m meteoro.
météorolog/ie f meteorología.
-ique a meteorológico, a: bulletin
~, parte meteorológico. **-iste** s
meteorólogo, a.
méthod/e f método m. **-ique** a
metódico, a.
méticuleux, euse a meticuloso, a.
métier m 1. oficio: être du ~, ser del
oficio. 2. ~ à tisser, telar.
métis, isse [metis] a/s mestizo, a.
métrage m 1. medición f. 2. (film)
court, long ~, cortometraje, largometraje.
mètre m metro: ~ carré, cube,
metro cuadrado, cúbico.
métrique a métrico, a.
métro m metro.
métropole f metrópoli.
mets [me] m plato, manjar.
mettable a cette robe n'est plus ~,
este vestido ya no se puede llevar.
metteur m 1. ~ en scène (théâtre)
escenógrafo; (cinéma) realizador. 2.
~ en ondes, director de emisión. 3.
~ en pages, compaginador.
mettre° t 1. poner: ~ la table, poner
la mesa; il a mis son fils en apprentissage, ha puesto a su hijo de
aprendiz. 2. (introduire) meter. 3.
echar: ~ une lettre à la poste, echar
una carta al correo. 4. ponerse: il
mit sa gabardine, se puso la gabardina; mets ton pull, ponte el jersey.
5. ~ une heure à, tardar una hora

en; combien de temps mettrez-vous
à ...?, ¿cuánto tiempo tardará en ...?
6. mettons que je n'ai rien dit, pongamos por caso que no he dicho
nada. ■ pr 1. se ~ au travail, ponerse a trabajar. 2. se ~ au lit, meterse
en la cama. 3. se ~ à la fenêtre, asomarse a la ventana. 4. se ~ à, echarse a, romper a: se ~ à courir, echarse a correr; il s'est mis à pleuvoir,
rompió a llover.
meubl/e m mueble. **-er** t amueblar.
| un meublé, un piso amueblado.
meugl/er i mugir. **-ement** m
mugido.
meule f 1. muela. 2. (de foin, paille)
almiar m.
meun/ier, ère s molinero, a. **-erie**
f molinería.
meurtr/e m asesinato, homicidio.
-ier, ère s asesino, a. ■ a mortífe-
ro, a.
meurtrière f (fente) tronera.
meurtr/ir t magullar. **-issure** f 1.
magulladura. 2. (des fruits) maca.
meute f jauría.
mévente f mala venta.
mexicain, e a/s mexicano, a, mejicano, a.
Mexique n p m México, Méjico.
¹**mi** m MUS mi.
²**mi** adv 1. à la mi-octobre, a media-
dos de octubre. 2. à mi-hauteur, a
media altura.
miaou m miau.
miaul/er i maullar. **-ement** m
maullido.
mica m mica f.
mi-carême f la ~, el jueves de la
tercera semana de cuaresma.
miche f pan m redondo, hogaza.
Michel n p m Miguel.
micheline f autovía m.

mi-chemin (à) loc adv a mitad de camino.

mi-corps (à) loc adv hasta medio cuerpo.

micro m micro.

microbe m microbio.

microfilm m microfilm.

micro-ondes m (four) microondas.

micro-ordinateur m microorde-nador.

microphone m micrófono.

microscope/e m microscopio. **-ique** a microscópico.

microsillon m microsurco.

midi m 1. mediodía. 2. il est ~, son las doce; ~ et demi, las doce y media. | chercher ~ à quatorze heu-res, buscar tres pies al gato. 3. Sur: chambre exposée au ~, habitación que da al Sur; | le Midi de la France, el Mediodía de Francia.

mie f miga.

miel m miel.| **-leux, -euse** a melo-so, a.

mien, enne a/pron poss mío, a. ■ pl les miens, los míos.

miette f migaja. | réduire en miet-tes, hacer añicos.

mieux [mjø] adv mejor. | à qui ~, a cual mejor; j'aime ~, me gusta más, prefiero; le malade va ~, el enfermo va mejor, está mejorado; il vaut ~ que tu t'en ailles, es mejor que te marches; ~ vaut ne pas insis-ter, más vale no insistir; | je me sens ~, me encuentro mejor; | le ~, lo mejor; | j'ai fait de mon ~, hice todo lo que pude.

mièvre a alambicado, a, remilgado, a. | noño, a. **-rie** f noñería.

mignon, onne a 1. (joli) mono, a, bonito, a: un ~ petit chat, un gatito muy mono. 2. (gentil) bueno, a. ■ s mon ~, ma mignonne, rico, rica.

migraine f jaqueca, dolor m de cabeza.

migration f migración. **-eur** a / **-oire** a: oiseau ~, ave de paso.

mi-jambe (à) adv a media pierna.

mijoter t/i cocer a fuego lento. ■ t FIG tramar, maquinar.

mil a (mille) mil.

Milan n p Milán.

milice f milicia. **-ien, enne** s mili-ciano, a.

milieu m 1. medio: au ~ de, en medio de; au beau ~ de, justo en medio de; el justo medio. 2. (motié) mitad f. 3. vers le ~ du mois, a mediados del mes. 4. medio, círculo: dans les milieux autorisés, en los medios autoriza-dos. 5. le ~ (la pègre), el hampa. |

militaire a/m militar.

militant, e a/s militante.

militariser t militarizar. ■ i militar.

mille [mil] a (mil): deux ~, dos mil. ■ m 1. mettre dans le ~, dar en el blanco. 2. (mesure) milla f.

mille-feuille m milhojas.

millénaire [millen(n)er] a milenario, a. ■ m milenio.

millésime [mil(l)ezim] m fecha f.

millet [mijε] m mijo.

milliard [miljar] m mil millones. **-aire** a/s multimillonario, a.

millième [mil(l)em] a/s milésimo, a.

millier [milje] m millar: des mi-lliers de, miles de; par milliers, a millares.

millimètre [mil(l)imetr] m milíme-tro.

million [miljɔ̃] m millón: dix mi-llions, diez millones. **-ième** a/s millonésimo, a. **-naire** a/s millona-rio, a.

mime *m* mimo. -**er** *t* 1. representar en pantomima, mimar. 2. imitar, remedar. -**ique** *f* mímica.

mimosa *m* mimosa *f*.

minable *a* lamentable.

minaret *m* alminar.

minauder *i* hacer melindres. -**erie** *f* melindre *m*

mince *a* 1. delgado, a. 2. (*tranche*) fino, a. -**eur** *f* delgadez. -**ir** *i* adel-

¹mine *f* (*de crayon, gisement, engin explosif*) mina.

²mine *f* 1. cara, aspecto *m*: *avoir bonne, mauvaise ~*, tener buena, mala cara: *~ renfrognée*, cara de pocos amigos. 2. *faire ~ de*, hacer como si.

miner *t* minar.

minéral, e *a/m* mineral: *les minéraux*, los minerales.

minéralogique *a* 1. mineralógico, a. *número ~*, número de matrícula.

minet, ette *s* (*chat*) gatito, a.

¹mineur, e *a/s* menor de edad. ■ **²mineur** *m* minero.

miniature *f* 1. miniatura. -**iser** *t* miniaturizar.

minichaîne *f* minicadena.

minier, ère *a* minero, a.

minijupe *f* minifalda.

minime *a* mínimo, a.

minimum [minimom] *a/m* mínimo, | *au ~*, como mínimo.

ministère *m* ministerio. -**riel, elle** *a* ministerial.

ministre *m* ministro.

minorité *f* 1. minoría. 2. (*âge*) minoría de edad. -**aire** *a* minoritario, a.

Minorque *n p f* Menorca.

minotier *m* harinero.

minuit *f* 1. medianoche *f*. 2. *il est ~*, son las doce de la noche; *~ et demi*, las doce y media de la noche.

minuscule *a/f* minúsculo, a.

minute *f* 1. minuto *m*: *dans une ~*, dentro de un minuto. | *d'une ~ à l'autre*, de un momento a otro. 2. FAM *minute!*, ¡espere! 3. (*de notaire*) minuta.

minuterie *f* interruptor *m* automático.

minutie [minysi] *f* minuciosidad.

minutieux, euse *a* minucioso, a.

mioche *s* POP chaval, a.

mirage *m* espejismo.

miroir *m* espejo.

miroiter *i* espejear, brillar. -**ement** *m* reflejo, brillo.

mis, e *p p de* **mettre**.

misanthrope *a/s* misántropo, a.

mise *f* 1. puesta: *~ en marche, à jour*, puesta en marcha, al día; *~ en bouteilles*, embotellado *m*. | *~ en état*, arreglo *m*; *~ en place*, colocación. 2. *~ en scène*, escenificación. 3. *~ de fonds*, inversión. 4. (*au jeu*) puesta. 5. (*habillement*) arreglo *m* personal.

miser *t* apostar.

misérable *a/s* miserable.

misère *f* miseria.

miséricorde *f* misericordia. -**ieux, euse** *a* misericordioso, a.

missel *m* misal.

mission *f* misión. -**naire** *a/m* misionero, a.

missile *m* misil.

missive *f* misiva.

mite *f* polilla. -**é, ée** *a* apolillado, a.

mi-temps f 1. la première, la deuxième ~, el primer, el segundo tiempo. 2. (pause) descanso m. 3. travailler à ~, trabajar a media jornada.

mitiger t mitigar.

mitonner t/i cocer a fuego lento.

mitraille f metralla. **-ette** f metrallar. **-euse** f ametralladora.

mitre f mitra.

mi-voix (à) adv a media voz.

mixer [miksœr] m batidora f.

mixte a mixto, a.

mobile a/m móvil. | téléphone ~, teléfono móvil.

mobilier, ère a mobiliario. □ m mobiliario, muebles pl.

mobilité f movilidad.

mobiliser t movilizar. **-ation** f movilización.

mocassin m mocasín.

moche a FAM (laid) feucho, a.

¹**mode** f moda: une plage à la ~, una playa de moda; cette couleur est très à la ~, este color está muy de moda.

²**mode** m 1. modo: ~ de vie, modo de vida. 2. ~ d'emploi, instrucciones f pl para el uso.

modelage m modelado.

modèle m modelo.

modeler t modelar. | pâte à ~, plastilina. **-é** m modelado.

modem m INFORM módem.

modérer t moderar. □ se ~, moderarse. **-ation** f moderación.

moderne a moderno, a. **-iser** t modernizar. **-isation** f modernización.

modeste a modesto, a. **-ie** f modestia.

modifier t modificar. **-cation** f modificación.

modique a módico, a.

modiste f sombrerera.

moduler t modular. **-ation** f modulación. | ~ de fréquence, frecuencia modulada.

¹**moelle** [mwal] f 1. médula. **-épinière**, médula espinal. 2. os à ~, hueso de caña. 3. FIG tuétano m, meollo m.

moelleux, euse [mwalo, oz] a 1. (siège, lit) mullido, a. 2. (tissu, vin) suave.

mœurs [mœr(s)] f pl costumbres, hábitos m.

moi pron pers 1. yo: c'est ~ qui ..., soy yo quien ...; toi et ~, tú y yo. 2. (complément) mí: pour ~, para mí | à ~!, ¡a mí!; avec ~, conmigo; ce livre est à ~, este libro es mío. 3. (avec impératif) me: laisse-moi tranquille, déjame en paz; donne-le-moi, dámelo □ m le ~, el yo.

moignon m muñón.

moindre a menor: un ~ mal, un mal menor | le ~ effort, el mínimo esfuerzo.

moine m monje, fraile.

moineau m gorrión.

moins [mwε] adv menos: 5 ans de ~, 5 años menos; ~ de vent, menos viento; l'hôtel le ~ cher, el hotel menos caro | là ~ que, a menos que; au ~, du ~, por lo menos; de ~ en ~, cada vez menos; en ~ de rien, en ~ de deux, en un santiamén; le ~ du monde, de ningún modo, en absoluto, lo más mínimo. ■ prep menos: trois heures ~ dix, las tres menos diez.

mois m mes: au ~ de mai, en el mes de mayo; douze ~, doce meses.

Moïse [mɔiz] n p m Moisés.

moisi, e a enmohecido, a. ■ m sentir le ~, oler a moho.

mois/ir i/t enmohecer. **-issure** f moho m.

moisson f siega, cosecha. **-ner** t (faucher) segar; (récolter) cosechar. **-neur, euse** s segador, a. ■ f moissonneuse-batteuse, segadora trilladora.

moite a húmedo, a.

moitié f mitad: **réduire de ~,** reducir a la mitad. | **à ~ pleine,** medio llena; **à ~ cuit,** a medio cocer; **à ~ prix,** a mitad de precio; **moitié-moitié,** a medias.

mol ⇒ **mou.**

molaire f molar m, muela.

môle m malecón.

molécul/e f molécula. **-aire** a molecular.

molester t maltratar, atropellar.

mollasse a blandengue.

molle ⇒ **mou.**

mollesse f 1. blandura. 2. (indolence) flojera, apatía.

mollet m pantorrilla f.

molleton [mɔltɔ̃] m muletón.

mollusque m molusco.

môme s POP chaval, a.

moment m momento, rato. | **au bon ~,** en el momento oportuno; **au ~ de,** en el momento de; **à tout ~,** a cada momento; **d'un ~ à l'autre,** de un momento a otro; **du ~ que,** puesto que; **en ce ~,** ahora; **par moments,** a veces. **-ané, e** a momentáneo, a.

momie f momia.

mon, ma, mes a poss mi, mis: **~ passeport,** mi pasaporte; **ma fille,** mi hija. | **~ Dieu!,** ¡Dios mío!

Monaco n p Mónaco.

monarch/ie f monarquía. **-ique** a monárquico, a. **-iste** a/s monárquico, a.

monarque m monarca.

monast/ère m monasterio. **-ique** a monástico, a.

monceau m montón.

mondain, e a/s mundano, a.

monde m 1. mundo. | **mettre au ~,** dar a luz; **venir au ~,** nacer. 2. **le beau ~,** la buena sociedad. 3. gente f: **beaucoup de ~,** mucha gente; **que de ~!,** ¡cuánta gente!; **un ~ fou,** muchísima gente. | **tout le ~,** todo el mundo, todos.

mondial, e a mundial. **-isation** f globalización, mundialización.

monégasque a/s monegasco, a.

monétaire a monetario, a.

mongol, e a/s mongol.

Monique n p f Mónica.

moniteur, trice s monitor, a.

monnaie f 1. moneda: **la ~ unique,** la moneda única. 2. suelto m: **avez-vous de la ~?,** ¿tiene usted suelto? | **petite ~,** calderilla. 3. cambio m: **la ~ de dix euros,** el cambio de diez euros. | **rendre la ~,** dar la vuelta.

monocle m monóculo.

monogramme m monograma.

monolithe m monolito.

monologu/e m monólogo. **-er** i monologar.

monopol/e m monopolio. **-iser** t monopolizar.

monospace m monovolumen.

monosyllabe m monosílabo.

monoton/e a monótono, a. **-ie** f monotonía.

monseigneur m monseñor.

monsieur [məsjø] m 1. señor: **merci, ~,** gracias, señor; **~ Laporte,** el señor Laporte; **~ le directeur, le curé,** el señor director, el señor cura; **~ n'est pas là,** el señor no está. 2. (en tête d'une lettre) **cher ~,** muy señor mío. ■ pl **messieurs,** señores, caballeros.

monstr/e *m* monstruo. **-ueux, euse** *a* monstruoso, a. **-uosité** *f* monstruosidad.

mont *m* monte.

montage *m* montaje.

montagn/e *f* montaña. **-ard, e** *a/s* montañés, esa. **-eux, euse** *a* montañoso, a.

montant, e *a* ascendente. ■ *m* **1.** (*d'une fenêtre, etc.*) larguero, montante. **2.** importe: **le ~ des frais**, el importe de los gastos.

mont-de-piété *m* monte de piedad.

monte-charge *m* montacargas.

montée *f* subida.

monter *i* **1.** subir: **~ au grenier, dans le train, en voiture**, subir al desván, al tren, al coche; **la rivière a monté**, ha subido el río. **2. ~ à cheval, à bicyclette**, montar a caballo, en bicicleta. **3. ~ en grade**, ascender. ■ *t* **1.** subir. **2.** (*une machine, etc.*) montar, armar: **~ une tente**, armar una tienda de campaña. **3.** (*un spectacle, une affaire*) montar. ■ *pr* **1. se ~ en**, proveerse de. **2. être monté contre quelqu'un**, estar irritado contra alguien.

monticule *m* montículo.

montre *f* reloj *m*: **montre-bracelet**, reloj de pulsera. | **contre la ~**, contra reloj.

montrer *t* **1.** mostrar, enseñar: **montrez-moi votre photo**, enséñeme su foto; **il montre sa surprise**, muestra su sorpresa. **2. ~ du doigt**, señalar con el dedo. ■ **se ~**, mostrarse.

monture *f* montura.

monument *m* monumento: **~ aux morts**, monumento a los caídos. **-al, e** *a* monumental.

moqu/er (se) *pr* **1.** burlarse, reírse. **2. je me moque pas mal de tes conseils**, me importan un pepino tus consejos; **je m'en moque**, me da igual. **-erie** *f* burla. **-eur, euse** *a/s* burlón, ona.

moquette *f* moqueta.

¹**moral, e** *a* moral. ■ *m* ánimo, moral *f*: **remonter le ~**, levantar el ánimo, la moral.

²**moral/e** *f* **1.** moral. **2.** (*d'une fable*) moraleja. **-iste** *s* moralista. **-ité** *f* **1.** moralidad. **2.** (*d'une fable*) moraleja.

morbide *a* morboso, a.

morceau *m* **1.** pedazo, trozo. **2. ~ de sucre**, terrón de azúcar. **3. morceaux choisis**, trozos escogidos. **4.** (*de musique*) fragmento.

morc/eler° *t* dividir. **-ellement** *m* división *f*, partición *f*.

mordant, e *a* mordaz.

mordiller *t* mordisquear.

mor/dre *t/i* **1.** morder: **un chien m'a mordu**, me ha mordido un perro; **la lime mord le métal**, la lima muerde el metal. **2.** (*poisson*) picar: **ça mord?**, ¿pican? **-du, e** *s* FAM (*fanatique*) forofo, a.

morfondre (se) *pr* aburrirse.

morgue *f* **1.** (*arrogance*) altanería. **2.** morgue, depósito *m* de cadáveres.

moribond, e *a/s* moribundo, a.

morne *a* **1.** sombrío, a. **2.** triste.

morose *a* sombrío, a.

morphine *f* morfina.

mors [mɔʀ] *m* bocado.

morse *m* **1.** (*animal*) morsa *f*. **2.** (*alphabet*) morse.

morsure *f* mordedura.

¹**mort** *f* muerte. | **à ~!**, ¡muera!; **mettre à ~**, matar; **se donner la ~**, quitarse la vida.

²**mort, e** *p p* de **mourir**. ■ *a* **1.** muerto, a: **~ de fatigue**, muerto de

cansancio; **point ~**, punto muerto. 2. **feuille morte**, hoja seca. ■ s muerto, a. | **jour des Morts**, día de Difuntos.

mortalité f mortalidad.

mortel, elle a/s mortal.

mortier m mortero.

mortifier t mortificar.

mortuaire a mortuorio, a.

morue f bacalao m.

mosaïque [mɔzaik] f mosaico m.

Moscou n p Moscú.

moscovite a/s moscovita.

mosquée f mezquita.

mot [mo] m 1. palabra f. | **bon ~**, chiste; **gros ~**, palabrota f. | ~ **à** ~, literalmente; **je te prends au ~**, te tomo la palabra; ⇒ **de passe** ⇒ **passe**. 2. **mots croisés**, crucigrama sing. 3. **écrire un ~**, escribir unas líneas.

motard m motorista, motociclista.

motel m motel.

moteur, trice a motor, triz. ■ m motor: ~ **à explosion**, motor de explosión.

motif m motivo.

motion f moción.

motiver t motivar. -**ation** f motivación.

moto f moto.

motoculteur m motocultor.

motocyclette f motocicleta. -**iste** s motociclista.

motoriser t motorizar.

motrice ⇒ **moteur** ■ f locomotora.

motte f 1. (de terre) terrón m. 2. (de beurre) pella.

mou, mol, molle a 1. blando, a. 2. (sans énergie) flojo, a. 3. (temps) húmedo, a.

mou m (abats) bofes pl.

mouchard, e s FAM soplón, ona; chivato, a.

mouche f 1. mosca. | **prendre la ~**, amoscarse. 2. **fine ~**, persona astuta. 3. **poids ~**, peso mosca. 4. **faire ~**, dar en el blanco.

moucher (se) pr sonarse, limpiarse las narices: **mouche-toi**, suénate.

moucheron m mosquita f.

mouchoir m pañuelo.

moudre° t moler.

moue f mohín m. | **faire la ~**, poner hocico.

mouette f gaviota.

moufle f (gant) manopla.

mouiller t 1. mojar. 2. (le lait, le vin) aguar. 3. ~ **l'ancre** echar el ancla. ■ i MAR fondear. □ **se ~**, mojarse. -**age** m MAR (abri) fondeadero, ancladero.

moulant, e a ceñido, a.

moule f mejillón m: **moules marinières**, mejillones a la marinera.

moule m molde. -**age** m vaciado. -**er** t 1. vaciar, moldear. 2. ceñir: **robe qui moule**, vestido que ciñe.

moulin m molino: ~ **à vent**, molino de viento. 2. ~ **à café**, molinillo de café. -**et** m 1. (de pêche) carrete. 2. (mouvement) molinete.

moulu, e a molido, a.

moulure f moldura.

mourir° i morir, morirse: **il est mort**, ha muerto; **je meurs de faim, de soif**, me muero de hambre, de sed; ~ **de rire**, morirse de risa. -**ant, e** a/s moribundo, a.

mousse f 1. (plante) musgo m. 2. (écume) espuma. | ~ **à raser**, espuma de afeitar. 3. ~ **au chocolat**, mousse de chocolate.

mousse m MAR grumete.

mousseline f muselina.

mouss/er i espumar, hacer espuma. **-eux, euse** a espumoso, a. ■ m (vin) espumoso.

moustach/e f bigote m. **-u, ue** a bigotudo, a.

moustiqu/e m mosquito. **-aire** f mosquitero m.

moutard m POP chaval.

moutard/e f mostaza. **-ier** m mostacera f.

mouton m **1.** carnero, borrego. **2.** (viande) cordero. ■ pl **1.** (vagues) cabrillas f. **2.** (poussière) pelusa f sing.

moutonn/er i **1.** (mer) cabrillear. **2.** ciel moutonné, cielo aborregado. **-ement** m cabrilleo.

mouvant, e a movedizo, a: **sables mouvants**, arenas movedizas.

mouvement m **1.** movimiento. **2.** (d'une horloge) mecanismo.

mouvementé, e a **1.** animado, a, movido, a: **séance mouvementée**, sesión movida. **2.** (terrain) accidentado, a.

mouvoir° t mover. | **mû par l'envie**, movido por la envidia. ■ **se ~**, moverse.

¹**moyen, enne** [mwajɛ̃, ɛn] a **1.** medio, a: **le Moyen Âge**, la Edad Media; **classes moyennes**, clases medias; **le Français ~**, el francés medio. **2.** (ni bon ni mauvais) mediano, a, regular: **élève ~**, alumno regular. ■ m medio: **il n'y a pas ~ de ...**, no hay medio de ... | **au ~ de**, por medio de. ■ m pl **1.** (capacités) aptitudes f. **2.** (pécuniaires) medios, recursos, posibles. **-nant** prép mediante. | **~ quoi**, gracias a lo cual.

²**moyenne** f promedio m, media: **du 80 de ~**, un promedio de 80

km/h. | **en ~**, por término medio. **-ment** adv medianamente.

Moyen-Orient ⇒ **orient**.

moyeu [mwajø] m cubo.

mû, mue ⇒ **mouvoir**.

mu/e f muda. **-er** i mudar.

muet, ette a/s mudo, a.

mufle m **1.** morro, hocico. **2.** FAM (personne) patán. **-rie** f grosería.

mug/ir i mugir. **-issement** m mugido.

muguet m muguete.

mulâtre, esse a/s mulato, a.

¹**mule** f mula.

²**mule** f (pantoufle) chinela.

¹**mulet** m mulo. **-ier** m arriero, mulero.

²**mulet** m (poisson) mújol.

multicolore a multicolor.

multimédia a multimedia.

multinationale f multinacional.

multiple a múltiple. ■ a/m (mathématiques) múltiplo, a.

multipli/er t multiplicar. ■ **se ~**, multiplicarse. **-cation** f multiplicación. **-cité** f multiplicidad.

multitude f multitud.

municipal, e a municipal. **-ité** f municipalidad.

munir t proveer, dotar: **appareil de photo muni d'un téléobjectif**, máquina fotográfica provista de un teleobjetivo. ■ **se ~ de**, proveerse de.

munitions f pl municiones.

mur m **1.** (d'une maison) pared f. **2.** (d'une ville) muro. **3.** (clôture) tapia f. **4. le ~ du son**, la barrera del sonido. **-aille** f muralla.

mûr, e a maduro, a.

mûre f **1.** mora. **2.** (fruit de la ronce) zarzamora.

murer t tapiar. ■ **se ~**, alistarse.

mûrier m morera f.

mûrir *t/i* madurar.

murmur/e *m* murmullo. **-er** *i/t* murmurar.

muscade *a* moscada.

muscat *a/m* moscatel.

mus/cle *m* músculo. **-clé, e** *a* **1.** musculoso, a. **2.** *FIG* brutal, enérgico, a. **-culaire** *a* muscular. **-culature** *f* musculatura.

muse *f* musa.

museau *m* hocico.

musée *m* museo.

muselière *f* bozal *m*.

musette *f* (*sac*) morral *m*.

muséum [myzɛɔm] *m* museo de ciencias naturales.

musical, e *a* musical.

music-hall [myzikɔl] *m* music hall.

musicien, enne *a/s* músico, a.

musique *f* **1.** música. **2.** (*fanfare*) banda.

musulman, e *a/s* musulmán, ana.

mut/er *t* trasladar. **-ation** *f* **1.** (*d'un fonctionnaire*) traslado *m*, cambio *m*. **2.** *BIOL* mutación.

mutil/er *t* mutilar. | **un mutilé,** un mutilado. **-ation** *f* mutilación.

mutiner (se) *pr* amotinarse.

mutinerie *f* motín *m*.

mutisme *m* mutismo.

mutualité *f* mutualidad.

mutuel, elle *a* mutuo, a. ■ *f* mutualidad. **-lement** *adv* mutuamente.

myop/e *a/s* miope. **-ie** *f* miopía.

myosotis [mjozɔtis] *m* nomeolvides.

myriade *f* miríada.

myrtille *f* arándano *m*.

myst/ère *m* misterio. **-érieux, euse** *a* misterioso, a.

mystifi/er *t* engañar. **-cateur, trice** *s* embaucador, a. **-cation** *f* engaño *m*.

mystique *a/s* místico, a.

mythe *m* mito.

mytholog/ie *f* mitología. **-ique** *a* mitológico, a.

N

n [ɛn] *m* n *f*: **un ~**, una n.

n' ⇒ **ne**.

nacelle *f* barquilla.

nacr/e *f* nácar *m*. **-é, ée** *a* nacarado, a.

nage *f* 1. natación. | **à la ~**, a nado. 2. **être en ~**, estar bañado, a en sudor.

nageoire [naʒwaʀ] *f* aleta.

nag/er° *i/t* nadar. **-eur, euse** *a/s* nadador, a. | **maître ~**, profesor de natación.

naguère *adv* hace poco.

naïf, ive [naif, iv] *a/s* ingenuo, a.

nain, e *a/s* enano, a.

naissance *f* 1. nacimiento *m*. | **donner ~ à une fille**, dar a luz una niña. 2. origen *m*. | **donner ~ à**, originar.

naître° *i* nacer: **il est né à Paris en 2000**, nació en París en 2000. | **faire ~**, originar, provocar.

naïveté [naivte] *f* ingenuidad.

napht/e [naft] *m* nafta *f*. **-aline** *f* naftalina.

Naples [napl] *n p* Nápoles.

Napoléon *n p m* Napoleón.

napolitain, e *a/s* napolitano, a.

nappe *f* 1. mantel *m*. 2. **~ d'eau**, capa de agua. **-ron** *m* mantelito.

narcisse *m* narciso.

narco/tique *a/m* narcótico, a. **-trafiquant, e** *s* narcotraficante.

narine *f* ventana de la nariz.

narquois, e *a* socarrón, ona, burlón, ona.

narra/tion *f* narración. **-teur, trice** *s* narrador, a.

nasal, e *a/f* nasal.

naseau *m* ollar.

nasill/er *i* ganguear. **-ard, e** *a* gangoso, a.

natal, e *a* natal. **-ité** *f* natalidad.

natation *f* natación.

natif, ive *a/s* nativo, a.

nation *f* nación: **Nations Unies**, Naciones Unidas.

national, e *a* nacional. **-iser** *t* nacionalizar. **-isme** *m* nacionalismo. **-iste** *a/s* nacionalista. **-ité** *f* nacionalidad.

nativité *f* natividad.

natte *f* 1. (*de cheveux*) trenza. 2. (*tapis*) estera.

naturalis/er *t* naturalizar. | **se faire ~**, naturalizarse, nacionalizarse. **-ation** *f* naturalización.

naturaliste *s* naturalista.

nature *f* 1. naturaleza. 2. carácter *m*, índole, natural *m*: **timide de ~**, de índole tímida. 3. **d'après ~**, del natural: **payer en ~**, pagar en especie. 4. **~ morte**, bodegón *m*. ■ *a* 1. natural: **grandeur ~**, tamaño natural. 2. **café ~**, café solo.

naturel, elle *a* natural. ■ *m* 1. natural, carácter. 2. (*simplicité*) naturalidad *f*. 3. **au ~**, al natural. **-lement** *adv* naturalmente.

naufrag/e *m* naufragio. | **faire ~**, naufragar. **-é, ée** *s* náufrago, a.

nausé/e *f* náusea. **-abond, e** *a* nauseabundo, a.

nautique *a* náutico, a.

naval, e *a* naval.

Navarre n p f Navarra.

navet m **1.** nabo. **2.** FAM (film) churro.

navette f **1.** faire la ~, ir y venir; **un car fait la ~ entre ...**, un autocar asegura la comunicación entre ... **2.** ~ **spatiale**, transbordador m espacial.

navigable a navegable.

navigant, e a personnel ~, personal de vuelo.

navig/uer i navegar. **-ateur** m navegante. **-ation** f navegación.

navire m buque.

navr/er t afligir. **je suis navré de ...**, siento en el alma ... **-ant, e** a lamentable.

nazi, e a/s nazi.

ne, n' adv no: **je ~ l'ai pas vu**, no lo he visto; **il n'a qu'un enfant**, no tiene más que un hijo, sólo tiene un hijo.

né, née ⇒ **naître.**

néanmoins [neãmwɛ̃] adv sin embargo, no obstante.

néant m nada f: **le ~**, la nada.

nébuleux, euse a/f nebuloso, a.

nécess/aire a necesario, a. ■ m **1.** faire le ~, hacer lo necesario. **2.** ~ **de toilette**, neceser (de tocador). **-ité** f necesidad. **-iteux, euse** a/s necesitado, a.

nectar m néctar.

néerlandais, e a/s neerlandés, esa.

nef f nave.

néfaste a nefasto, a.

nèfle f níspero m.

négatif, ive a negativo, a. ■ m (photo) negativo.

négation f negación.

négligé m desaliño.

néglig/er° t **1.** descuidar, desatender. **2.** ~ **un conseil**, no hacer caso de, desdeñar un consejo. ■ **se ~**, descuidarse. **-eable** a despreciable. **-ence** f negligencia, descuido m. **-ent, e** a negligente, descuidado, a. **-emment** adv descuidadamente.

négoc/e m negocio. **-iant, e** s negociante.

négoci/er i/t negociar. **-ateur, trice** s negociador, a. **-ation** f negociación.

nègre, négresse a/s negro, a.

neig/e f nieve. | ~ **fondue**, aguanieve; **chute de ~**, nevada. **-er**° impers nevar. **-eux, euse** a nevado, a.

nénuphar m nenúfar.

néologisme m neologismo.

néon m neón: **tube au ~**, tubo de neón.

néophyte s neófito, a.

néphrite f nefritis.

nerf [nɛʀ] m nervio: **une crise de nerfs**, un ataque de nervios; **taper sur les nerfs**, poner los nervios de punta.

nerv/eux, euse a/s nervioso, a. **-osité** f nerviosismo m, nerviosidad.

n'est-ce pas? adv ¿verdad?

net, nette [nɛt] a **1.** (propre) limpio, a. | **mettre au ~**, poner en limpio. **2.** (image, photo) nítido, a. **3.** (idées, etc.) claro, a. **4.** (poids, bénéfice, prix) neto, a. ■ adv **s'arrêter ~**, pararse en seco; **refuser ~**, negarse rotundamente. **-tement** adv claramente. | ~ **mieux**, mucho mejor. **-teté** f limpieza, nitidez, claridad.

nett/oyer° [netwaje] t limpiar. **-oiement** m limpieza f. **-oyage** m limpieza f: ~ **à sec**, limpieza en seco.

¹neuf a/m **1.** nueve. | **il est ~ heures**, son las nueve. **2.** Charles IX, Carlos noveno.

'neuf, neuve *a* nuevo, a. | **quoi de ~?**, ¿qué hay de nuevo?; **remettre à ~**, poner como nuevo.

neurasthén/ie *f* neurastenia. **-ique** *a/s* neurasténico, a.

neurologue *m* neurólogo.

neutralis/er *t* neutralizar. **-ation** *f* neutralización.

neutralité *f* neutralidad.

neutre *a* **1.** neutro, a. **2.** (*pays*) neutral.

neutron *m* neutrón.

neuvième *a/s* noveno, a.

neveu *m* sobrino.

névralgie *f* neuralgia.

névros/e *f* neurosis. **-é, ée** *a/s* neurótico, a.

New York *n p* Nueva York.

nez [ne] *m* **1.** nariz *f*. | **~ à ~**, cara a cara; **parler du ~**, hablar por la nariz; **rire au ~ de**, reírse en las narices de. **2. avoir le ~ fin**, tener olfato. **3.** (*d'un avion*) morro.

ni *conj* ni: **~ l'un ~ l'autre**, ni uno ni otro.

niais, e *a/s* necio, a, bobo, a. **-erie** *f* bobería.

nicaraguayen, enne *a/s* nicaragüense.

Nice *n p* Niza.

niche *f* **1.** nicho *m*. **2.** (*à chien*) casilla. **3.** (*farce*) broma.

nicher *i* **1.** anidar. **2.** FAM vivir. ■ *pr* (*se cacher*) meterse.

nickel *m* níquel. **-er°** *t* niquelar.

niçois, e *a/s* nizardo, a.

Nicolas *n p m* Nicolás.

nicotine *f* nicotina.

nid [ni] *m* **1.** nido. **2. nid-de-poule**, bache.

nièce *f* sobrina.

nier *t* negar: **il nie les faits**, niega los hechos.

nigaud, e *a/s* bobo, a.

Nil *n p m* **le ~**, el Nilo.

nipp/es *f pl* FAM pingos *m*. **-er** *t* ataviar.

nippon, e *a/s* nipón, ona.

nitrate *m* nitrato.

niveau *m* nivel: **~ de vie**, nivel de vida.

nivel/er° *t* nivelar. **-lement** *m* nivelación *f*.

nobl/e *a/s* noble. **-esse** *f* nobleza.

noc/e *f* **1.** boda: **noces d'or**, bodas de oro. **2.** FAM **faire la ~**, ir de juerga. **-eur, euse** *a/s* juerguista.

nocif, ive *a* nocivo, a.

noctambule *a/s* noctámbulo, a.

nocturne *a/m* nocturno, a. ■ *f* (*match*) partido *m* nocturno.

Noël [nɔɛl] *m* **1.** Navidad *f*. | **nuit de ~**, nochebuena; **joyeux ~!**, ¡felices Pascuas!; **cadeau de ~**, regalo navideño. **2.** (*chant*) villancico. **3. le Père ~**, papá Noel.

nœud [nø] *m* nudo.

noir, e *a* **1.** negro, a. **2.** oscuro, a: **nuit noire**, noche oscura; **il fait ~**, está oscuro. ■ *m* **1.** negro. **2.** (*obscurité*) oscuridad *f*. ■ *s* negro, a: **les Noirs d'Afrique**, los negros de África. **-âtre** *a* negruzco, a. **-aud, e** *a/s* moreno, a.

noirc/ir *t* ennegrecer. ■ *i* ennegrecerse. **-eur** *f* **1.** negrura. **2.** (*méchanceté*) maldad *f*.

noire *f* MUS negra.

noiset/te *f* avellana. **-ier** *m* avellano.

noix [nwa] *f* nuez: **des ~**, nueces. | **~ de coco**, coco *m*.

nom *m* **1.** (*de famille*) apellido. **2.** nombre: **~ de baptême, petit ~**, nombre de pila; **~ propre**, nombre propio; **au ~ de**, en nombre de. **3.** FAM **~ d'un chien!**, ¡caracoles!

nomade *a/s* nómada.

nombr/e *m* número. | **le plus grand ~**, la mayoría, la mayor parte. **-eux, euse** *a* numeroso.

nombril [nɔ̃bʀil] *m* ombligo.

nomenclature *f* nomenclatura.

nominal, e *a* nominal.

nomination *f* nombramiento *m*.

nommer *t* **1.** llamar, poner de nombre: **ses parents l'ont nommée Anne**, sus padres le pusieron de nombre Ana. **2.** nombrar: **on l'a nommé directeur**, le nombraron director. ■ **se ~**, llamarse.

non *adv* **1.** no: **oui ou ~?**, ¿sí o no?; **répondre ~**, contestar que no. **2. moi ~ plus**, yo tampoco. ■ *m* no: **un ~ catégorique**, un no rotundo.

nonagénaire *a/s* nonagenario, a.

non-agression *f* no agresión.

nonante *a* noventa.

nonce *m* nuncio.

nonchal/ant, e *a* indolente. **-ance** *f* indolencia, flojedad.

non-conformiste *a/s* inconformista.

non-ingérence *f* no ingerencia.

non-sens [nɔ̃sãs] *m* absurdo, disparate.

nord [nɔʀ] *a/m* norte: **au ~ de**, al norte de. | FAM **perdre le ~**, perder la chaveta.

nord-africain, e *a/s* norteafricano, a.

nord-américain, e *a/s* norteamericano, a.

nord-est [nɔʀɛst] *m* nordeste.

nordique *a* nórdico, a.

nord-ouest [nɔʀwɛst] *m* noroeste.

normal, e *a* normal. | **redevenir ~**, volver a la normalidad. ■ *f* **la normale**, la normalidad, lo normal. **-ement** *adv* normalmente. **-iser** *t* normalizar.

normand, e *a/s* normando, a.

Normandie *n p f* Normandía.

norme *f* norma, pauta.

Norvège *n p f* Noruega.

norvégien, enne *a/s* noruego, a.

nos [no] *a pos* nuestros, as.

nostalg/ie *f* nostalgia. **-ique** *a* nostálgico, a.

nota/bilité *f* notabilidad. **-ble** *a/m* notable.

notaire *m* notario.

notamment *adv* especialmente, en particular.

note *f* **1.** nota: **fausse ~**, nota falsa; **prendre ~ de**, tomar nota de. **2.** apunte *m*: **prendre des notes**, ir tomando notas, tomar apuntes. **3.** (*facture*) cuenta, factura.

noter *t* **1.** (*inscrire*) anotar, apuntar. **2.** (*remarquer*) notar.

notice *f* folleto *m*, reseña, nota: **~ explicative**, folleto explicativo.

notifier *t* notificar.

notion *f* noción.

notoire *a* notorio, a.

notoriété *f* notoriedad.

notre *a pos* nuestro, a.

Notre-Dame *n p f* Nuestra Señora.

nôtre *pron poss* nuestro, a. ■ *m* **les nôtres**, los nuestros.

nou/er *t* **1.** atar, anudar. | **~ sa cravate**, anudarse la corbata. **2.** (*une amitié, etc.*) trabar. **-eux, euse** *a* nudoso, a.

nougat *m* turrón.

nouille *f* **1. des nouilles**, tallarines *m*. **2.** FAM **quelle ~!**, ¡qué bobo!

nourrice *f* nodriza.

nourr/ir *t* **1.** alimentar, mantener. **2.** (*allaiter*) criar. **3.** (*des préjugés*) nutrir. **4.** (*un espoir*) abrigar. ■ **se ~**, alimentarse. **-issant, e** *a* nutritivo, a. **-isson** *m* niño de pecho, lactante. **-iture** *f* comida.

nous *pron pers* **1.** *(sujet)* nosotros *(souvent omis, sert à insister)*: ~ **voulons**, queremos; ~ **autres**, **Français**, nosotros franceses; **nous-mêmes**, nosotros mismos. **2.** *(complément)* nos: **il** ~ **appelle**, él nos llama; **asseyons-~**, sentémonos. **3.** **à** ~, nuestro, a.

nouveau, nouvel, nouvelle *a* **1.** nuevo, a: **le nouvel an**, el día de Año Nuevo. **2.** recién: **nouveaux mariés**, recién casados. ■ *m* nuevo: **du** ~, algo nuevo; **rien de** ~, nada nuevo. | **à** ~, **de** ~, de nuevo, otra vez.

nouveau-né, née *a/s* recién nacido, a.

nouveauté *f* **1.** novedad. **2.** **magasin de nouveautés**, tienda de novedades.

nouvelle *f* **1.** noticia: **je suis sans nouvelles de lui**, estoy sin noticias suyas. | **demander des nouvelles de**, preguntar por. **2.** novela corta: **romans et nouvelles**, novelas y novelas cortas.

nouvellement [nuvɛlmã] *adv* recientemente.

Nouvelle-Zélande *n p f* Nueva Zelanda.

novembre *m* noviembre: **le 11** ~, el 11 de noviembre.

novice *a/s* **1.** novato, a. **2.** *(religieux)* novicio, a.

noyade [nwajad] *f* ahogamiento *m*.

noyau [nwajo] *m* **1.** *(d'un fruit)* hueso. **2.** *(biologie, physique, petit groupe)* núcleo.

¹**noyer** [nwaje] *t* **1.** ahogar. **2.** **yeux noyés de larmes**, ojos bañados de lágrimas. ■ **se** ~, ahogarse. **-é, ée** *a/s* ahogado, a.

²**noyer** *m (arbre)* nogal.

nu, e *a* **1.** desnudo, a. | **nu-pieds**, **pieds nus**, descalzo, a; **nu-tête**, con la cabeza descubierta; **à l'œil** ~, a simple vista; **tout** ~, en cueros. **2.** **mettre à** ~, poner al descubierto.

nuag/e *m* nube *f*. | **gros** ~, nubarrón. **-eux, euse** *a* nuboso, a.

nuanc/e *f* matiz *m*: **toutes les nuances**, todos los matices. **-er**° *t* matizar.

nucléaire *a* nuclear.

nudis/me *m* desnudismo, nudismo. **-te** *a/s* nudista.

nudité *f* desnudez.

nu/es [ny] *f pl* nubes: **porter aux** ~, poner por las nubes; **tomber des** ~, caerse de las nubes. **-ée** *f* **une** ~ **de**, una nube de.

nui/re° *i* perjudicar, dañar: **le tabac nuit à la santé**, el tabaco perjudica la salud. **-sible** *a* dañino, a.

nuit *f* noche: **il fait** ~, es de noche; **bonne ~!**, ¡buenas noches!; ~ **noire**, noche cerrada; ~ **blanche**, noche en claro. | **à la** ~ **tombante**, al anochecer.

nul, nulle *a* **1.** nulo, a. | **match** ~, empate. **2.** ningún, una: **nulle part**, en ninguna parte. ■ *pron* nadie: ~ **ne le sait**, nadie lo sabe. **-lement** *adv* de ningún modo. **-lité** *f* nulidad.

numéral, e *a/m* numeral.

numération *f* numeración.

numéri/que *a* **1.** numérico, a. **2.** INFORM digital. **-ser** *t* digitalizar.

numéro *m* número. | ~ **d'immatriculation**, matrícula *f*. **-ter** *t* numerar.

nu-pieds *m* sandalia *f*.

nuptial, e [nypsjal] *a* nupcial.

nuque *f* nuca.

nutrit/ion *f* nutrición. **-if, ive** *a* nutritivo, a.

nylon *m* nylon, nilón.

nymphe *f* ninfa.

O

o *m* o f: **un ~**, una o.

ô! *interj* ¡oh!

oasis [ɔazis] *f* oasis *m*.

obé/ir *i* obedecer. **-issance** *f* obediencia. **-issant, e** *a* obediente.

obélisque *m* obelisco.

ob/èse *a* obeso, a. **-ésité** *f* obesidad.

object/er *t* objetar. **-eur** *m* ~ **de conscience**, objetor de conciencia.

objectif, ive *a* objetivo, a. ■ *m* objetivo.

objection *f* objeción.

objet *m* **1.** objeto. | **faire l'~ de**, ser objeto de. **2. complément d'~**, complemento.

obligation *f* obligación.

obligatoire *a* obligatorio, a.

oblig/eance [ɔbliʒɑ̃s] *f* complacencia, cortesía. | **auriez-vous l'~ de ...?**, ¿tendría usted la amabilidad de ...? **-eant, e** *a* complaciente, servicial.

obliger° *t* **1.** obligar. **2. être obligé de ...**, tener que ... **3. vous m'obligeriez beaucoup si ...**, le estaría muy agradecido si ...

obliqu/e *a* oblicuo, a. | **en ~**, diagonalmente. **-er** *i* torcer.

oblitér/er° *t* (*un timbre*) matar. **-ation** *f* (*marque*) matasellos *m*.

oblong, gue *a* oblongo, a.

obole *f* óbolo *m*.

obsc/ène *a* obsceno, a. **-énité** *f* obscenidad.

obscur, e *a* oscuro, a, obscuro, a. **-cir** *t* oscurecer. **-cissement** *m* oscurecimiento. **-ité** *f* oscuridad.

obséd/er° *t* obsesionar. **-ant, e** *a* obsesivo, a. **-é, ée** *a/s* obseso, a: **un ~ sexuel**, un obseso sexual.

obsèques *f pl* exequias, funerales *m*.

obséquieux, euse *a* obsequioso, a.

observ/er *t* observar. **-ance** *f* observancia. **-ateur, trice** *a/s* observador, a. **-ation** *f* observación. | **malade en ~**, enfermo en observación. **-atoire** *m* observatorio.

obsession *f* obsesión.

obstacle *m* obstáculo. | **faire ~ à**, poner obstáculos a.

obstin/er (s') *pr* ~ **à**, obstinarse en. **-ation** *f* obstinación. **-é, ée** *a/s* obstinado, a.

obstru/er *t* obstruir. **-ction** *f* obstrucción.

obtenir° *t* obtener, conseguir: **comment as-tu obtenu ce résultat?**, ¿cómo obtuviste este resultado?

obtur/er *t* obturar. **-ateur** *m* obturador. **-ation** *f* obturación.

obtus, e [ɔpty, yz] *a* obtuso, a.

obus [ɔby] *m* obús.

occasion *f* **1.** ocasión: **d'~**, de ocasión, de segunda mano. **2.** motivo *m*: **à l'~ de**, con motivo de. **-nel, elle** *a* ocasional. **-ner** *t* ocasionar.

occident *m* occidente. **-al, e** *a* occidental.

occulte *a* oculto, a.

occup/er *t* **1.** ocupar. **2.** (*téléphone*) **c'est occupé**, está comunicando. ■

pr **1.** ocuparse. **2. on s'occupe de vous?**, ¿le atienden? **-ant**, **e** *a/s* ocupante. **-ation** *f* ocupación.

occurrence *f* **en l'~**, en este caso.

océan *m* océano.

Océanie *n p f* Oceanía.

ocre *a/f* ocre m.

octave *f* MUS octava.

octobre *m* octubre: **le 5 ~**, el 5 de octubre.

octogénaire *a/s* octogenario, a.

octogon/e *m* octógono. **-al**, **e** *a* octogonal.

octroyer° [ɔktʀwaje] *t* otorgar, conceder.

ocul/aire *a/m* ocular. **-iste** *s* oculista.

ode *f* oda.

odeur *f* olor *m*: **une ~ d'essence, de brûlé**, un olor a gasolina, a quemado; **bonne, mauvaise ~**, buen, mal olor.

odieux, euse *a* odioso, a.

odorant, e *a* oloroso, a.

odorat *m* olfato.

odyssée *f* odisea.

œcuménique [ekymenik] *a* ecuménico, a.

œdème [edɛm] *m* edema.

Œdipe [edip] *n p m* Edipo.

œil [œj] *m* (*pl* **yeux** [jø]) *m* **1.** ojo: **elle a les yeux bleus**, tiene los ojos azules. | **à l'~ nu**, a simple vista; **à vue d'~**, a ojos vistas; **avoir l'~**, andarse con ojo; **ça saute aux yeux**, eso salta a la vista; **coûter les yeux de la tête**, costar un ojo de la cara; **jeter un coup d'~**, echar una mirada, un vistazo. **2.** FAM **à l'~**, de balde, gratis; **mon ~!**, ¡ni hablar!, ¡qué va! **-lade** *f* guiño m.

œillet [œjɛ] *m* **1.** (*fleur*) clavel. **2.** (*trou*) ojete.

œsophage [ezɔfaʒ] *m* esófago.

œuf [œf] (*pl* **œufs** [ø]) *m* huevo: ~ **à la coque**, mollet, huevo pasado por agua; ~ **dur**, huevo duro; ~ **sur le plat**, huevo frito, huevo al plato; **œufs brouillés**, huevos revueltos.

œuvre *f* obra. | **se mettre à l'~**, ponerse manos a la obra; **mettre en ~**, poner en acción.

offensant, e *a* ofensivo, a.

offens/e *f* **1.** ofensa. **2. pardonne-nous nos offenses**, perdónanos nuestras deudas. **-er** *t* ofender. ■ **s'~**, ofenderse. **-eur** *m* ofensor.

offensif, ive *a/f* ofensivo, a.

offert ⇒ **offrir**.

offertoire *m* ofertorio.

office *m* **1.** oficio. | **faire ~ de**, hacer de. **2.** agencia *f*, oficina *f*: ~ **du tourisme**, oficina de turismo. ■ *f/m* (*pièce*) antecocina *f*.

officiel, elle *a* oficial. ■ *m* **les officiels**, las autoridades.

¹**officier** *m* oficial.

²**officier°** *i* celebrar.

officieux, euse *a* oficioso, a.

offrande *f* ofrenda.

offre *f* oferta.

offrir° *t* **1.** ofrecer. **2.** regalar: ~ **un collier**, regalar un collar. | ~ **un cadeau**, obsequiar con, ofrecer un regalo. **3.** proponer: **je lui ai offert de l'aider**, le he propuesto ayudarle. **4.** ~ **l'occasion**, brindar la oportunidad; ~ **des avantages**, presentar ventajas. ■ *pr* **1. je me suis offert un disque**, me he comprado un disco; **il s'est offert à m'accompagner**, se brindó a acompañarme.

offusquer *t* chocar. ■ **s'~**, ofenderse.

ogiv/e *f* ojiva. **-al, e** *a* ojival.

ogre, esse *s* ogro, ogresa.

oh! *interj* ¡oh!

ohé! *interj* ¡eh!, ¡hola!

oie [wa] *f* ganso *m*. | **jeu de l'~,** juego de la oca.

oignon [ɔɲɔ̃] *m* **1.** cebolla *f*. **2.** (*de tulipe*) bulbo.

oiseau *m* **1.** (*grand*) ave *f*; (*petit*) pájaro. **2.** FIG **un drôle d'~,** un pajarraco, un bicho raro. **3.** **oiseaumouche,** pájaro mosca.

oiseux, euse *a* vano, a, ocioso, a.

ois/if, ive *a* ocioso, a. **-iveté** *f* ociosidad.

oléagineux, euse *a* oleaginoso, a.

olfactif, ive *a* olfativo, a.

oliv/e *f* aceituna. | **huile d'~,** aceite de oliva. **-âtre** *a* aceitunado, a. **-eraie** *f* olivar *m*. **-ier** *m* olivo.

Olivier *n p m* Oliverio.

Olympe *n p m* Olimpo.

olympique *a* olímpico, a.

ombrag/e *m* umbría *f*. **-er°** *t* dar sombra. | **lieu ombragé,** lugar sombreado.

ombrageux, euse *a* **1.** desconfiado, a. **2.** (*cheval*) espantadizo, a.

ombre *f* **1.** sombra: **faire de l'~,** hacer sombra. **2.** **il n'y a pas l'~ d'un doute,** no hay ni sombra de duda.

ombrelle *f* sombrilla.

omelette [ɔmlɛt] *f* tortilla: **~ au jambon, nature,** tortilla de jamón, a la francesa.

om/ettre° *t* omitir: **j'ai omis d'écrire la date,** omití escribir la fecha. **-ission** *f* omisión.

omnibus [ɔmnibys] *m* ómnibus.

omnipotent, e *a* omnipotente.

omoplate *f* omóplato *m*.

on *pron indéf* **1.** se: **~ entendait des cris,** se oían a gritos; **quand ~ est jeune,** cuando se es joven. **2.** 3e personne du pl: **~ dit,** dicen; **~ frappe,** llaman a la puerta. **3.** uno, a: **~ s'ennuie ici,** se aburre uno aquí; **~**

ne peut pas se fier à lui, no se puede uno fiar de él. **4.** (= *nous*) 1re *personne du pl*: **~ est allé au cinéma,** hemos ido al cine.

once *f* onza.

oncle *m* tío.

onction *f* unción.

onctueux, euse *a* untuoso, a.

onde *f* onda: **longueur d'~,** longitud de onda; **grandes ondes,** onda larga. | **les ondes,** la radio.

ondée *f* aguacero *m*.

on-dit *m* rumor, hablilla *f*: **les ~,** los rumores, las hablillas.

ondoy/er° [ɔ̃dwaje] *i* ondear, ondular. **-ant, e** *a* **1.** ondulante. **2.** FIG variable.

ondul/er *i/t* ondular. **-ation** *f* ondulación. **-eux, euse** *a* ondulante.

onéreux, euse *a* oneroso, a.

ongle *m* uña *f*.

onguent [ɔ̃gɑ̃] *m* ungüento.

ont ⇒ **avoir.**

onz/e [ɔ̃z] *a/m* once. **-ième** *a* undécimo, a.

opal/e *f* ópalo *m*. **-in, e** *a/f* opalino, a.

opaque *a* opaco, a.

opéra *m* ópera *f*.

opérateur, trice *s* operador, a.

opération *f* **1.** operación. **2.** **salle d'~,** quirófano *m*.

opérer° *t* operar: **~ un malade de l'appendicite,** operar a un enfermo de apendicitis; **se faire ~,** operarse. ■ **s'~,** operarse, producirse.

opérette *f* opereta.

ophtalmolog/ie *f* oftalmología. **-iste** *s* oftalmólogo, a.

opiner *i* asentir.

opiniâtre *a* terco, a, porfiado, a. **-té** *f* terquedad.

opinion *f* opinión.

opium [ɔpjɔm] *m* opio.

opportun, e *a* oportuno, a. **-iste** *a/s* oportunista. **-ité** *f* oportunidad.

opposé, e *a* opuesto, a. ■ *m* lo contrario. | **à l'~,** en el lado opuesto.

oppos/er *t* **1.** oponer. **2.** *(deux équipes, etc.)* enfrentar. ■ **s'~,** oponerse: **il s'est opposé à mon projet,** se opuso a mi proyecto. **-ition** *f* oposición.

oppress/er *t* oprimir, ahogar. **-ant, e** *a* opresor. **-eur** *m* opresor. **-if, ive** *a* opresivo, a. **-ion** *f* opresión.

opprimer *t* oprimir.

opter *i* ~ **pour,** optar por.

opticien, enne *s* óptico, a.

optim/al, e *a* óptimo, a. **-iser** *t* optimizar.

optim/isme *m* optimismo. **-iste** *a/s* optimista.

option *f* opción. | **matière à ~,** asignatura optativa.

optique *a* óptico, a. ■ *f* óptica.

opul/ent, e *a* opulente. **-ence** *f* opulencia.

opuscule *m* opúsculo.

¹or *m* oro: **bijoux en ~,** joyas de oro. | **une affaire en ~,** un negocio magnífico; **rouler sur l'~,** estar forrado, a.

²or *conj* ahora bien, pues.

oracle *m* oráculo.

orag/e *m* tormenta *f*, tempestad *f*. **-eux, euse** *a* tempestuoso, a, borrascoso, a.

oraison *f* oración.

oral, e *a* oral: **examens oraux,** exámenes orales. ■ *m* examen oral.

orang/e *f* naranja. ■ *m* color naranja. **-é, ée** *a* anaranjado, a. **-eade** *f* naranjada. **-er** *m* naranjo. | **fleur d'~,** azahar *m*. **-eraie** *f* naranjal *m*.

orat/eur *m* orador, a. **-oire** *a* oratorio, a. | **art ~,** oratoria *f*. ■ *m* oratorio. **-orio** *m* oratorio.

orbite *f* **1.** órbita: **mise sur ~,** puesta en órbita. **2.** *(de l'œil)* órbita, cuenca.

orchestr/e [ɔrkɛstr] *m* **1.** orquesta *f*. **2.** *(dans une salle de spectacle)* patio de butacas. **-ation** *f* orquestación. **-er** *t* orquestar.

orchidée [ɔrkide] *f* orquídea.

ordinaire *a* **1.** corriente, ordinario, a: **vin ~,** vino corriente. **2.** *(médiocre)* ordinario, a. **3. pas ~,** sorprendente, increíble. ■ *m* lo corriente, lo común. | **à l'~, d'~,** habitualmente, comúnmente.

ordinal, e *a* ordinal.

ordinateur *m* ordenador.

ordonnance *f* **1.** MED receta, prescripción: **médicament délivré sur ~,** medicamento vendido con receta médica. **2.** *(arrangement)* disposición. **3.** *(règlement)* ordenanza. **4.** *(d'un officier)* ordenanza *m*.

ordonné, e *a* ordenado, a.

ordonner *t* **1.** mandar: **je vous ordonne de vous lever,** le mando que se levante. **2.** ~ **un médicament,** recetar un medicamento. **3.** ~ **prêtre,** ordenar de sacerdote.

ordre *m* **1.** orden: ~ **alphabétique,** orden alfabético; **mettre en ~,** poner en orden; **rappeler à l'~,** llamar al orden. **2.** *(commandement)* orden *f*: **à vos ordres!,** ¡a la orden! | **sous les ordres de,** bajo el mando de. **3.** **à l'~ du jour,** a la orden del día. **4.** *(religieux)* orden *f*. | **entrer dans les ordres,** ordenarse. **5.** COM **payer à l'~ de,** páguese a la orden de; **billet à ~,** pagaré.

ordur/e *f* **1.** basura. | **ordures ménagères,** basura *sing*; **boîte aux ordu-**

res, cubo *m* de la basura. **2.** FIG porquería. **-ier, ère** *a* obsceno, a.

oreille/e *f* **1.** (*pavillon*) oreja; (*organe, ouïe*) oído *m*. | **faire la sourde ~,** hacerse el sordo; **dresser, tendre l'~,** aguzar el oído. **2.** (*de fauteuil*) orejera. **3.** (*anse*) oreja. **-er** *m* almohada *f*. **-ons** *m pl* paperas.

Orénoque *n p m* Orinoco.

orfèvre *m* orfebre, platero. **-rie** *f* orfebrería.

organe *m* órgano.

organique *a* orgánico, a.

organis/er *t* organizar. ■ **s'~,** organizarse. **-ateur, trice** *a/s* organizador, a. **-ation** *f* organización.

organisme *m* organismo.

organiste *s* organista.

orgasme *m* orgasmo.

orge *f* cebada. ■ *m* ~ **perlé,** cebada perlada.

orgeat [ɔRʒa] *m* horchata *f*.

orgie *f* orgía.

orgue *m* (*f* en *pl*) **1.** órgano. | **les grandes orgues,** los órganos. **2.** ~ **de barbarie,** organillo.

orgueil [ɔRgœj] *m* orgullo. **-leux, euse** *a/s* orgulloso, a.

orient *m* oriente. | **Extrême-Orient,** Extremo Oriente; **Moyen-Orient,** Oriente Medio; **Proche-Orient,** Cercano Oriente. **-al, e** *a* oriental.

orient/er *t* orientar. ■ **s'~,** orientarse. **-ation** *f* orientación.

orifice *m* orificio.

origan *m* orégano.

originaire *a* oriundo, a, originario, a.

original, e *a/s* original. **-ité** *f* originalidad.

origin/e *f* origen *m*: **les origines du christianisme,** los orígenes del cristianismo. | **à l'~,** al principio. **-el, elle** *a* original.

orme *m* olmo.

ornement *m* ornamento, adorno. **-al, e** *a* ornamental. **-ation** *f* ornamentación. **-er** *t* ornar, adornar.

orner *t* ornar, adornar.

ornière *f* carril *m*, rodada.

ornithologie *f* ornitología.

orphelin, ine *a/s* huérfano, a. **-at** *m* orfanato.

orteil [ɔRtɛj] *m* dedo del pie.

orthodox/e *a/s* ortodoxo, a. **-ie** *f* ortodoxia.

orthographe *f* ortografía.

orthopéd/ie *f* ortopedia. **-ique** *a* ortopédico, a. **-iste** *s* ortopédico, a.

ortie *f* ortiga.

orvet *m* lución.

os [ɔs; *pl* o] *m* hueso: **trempé jusqu'aux ~,** calado hasta los huesos.

oscill/er [ɔsile] *i* oscilar. **-ation** *f* oscilación. **-atoire** *a* oscilatorio, a.

osé, e *a* atrevido, a.

oseille *f* acedera.

oser *t/i* atreverse: **je n'ose pas sauter,** no me atrevo a saltar. | **si j'ose dire,** si se me permite la expresión.

osier *m* mimbre.

ossature *f* **1.** osamenta, esqueleto *m*. **2.** (*charpente*) armazón *m*.

osselet [ɔslɛ] *m* (*jeu*) taba *f*.

ossements [ɔsmã] *m pl* osamenta *f sing*.

osseux, euse *a* **1.** (*tissu, cellule*) óseo, a. **2.** (*aux os saillants*) huesudo, a.

ossuaire *m* osario.

ostensible *a* ostensible.

ostensoir *m* custodia *f*.

ostentation *f* ostentación.

ostréiculture *f* ostricultura.

otage *f* rehén. | **prise d'otages,** secuestro *m*.

otarie *f* otaria.

ôter t **1.** quitar. **2.** (vêtement) quitarse: il ôta sa casquette, se quitó la gorra. **3.** restar: 2 ôté de 5 égale 3, 2 restado de 5 quedan 3. ■ pr ôte-toi de là!, ¡quítate de ahí!

ôté f útiles.

oto-rhino s FAM otorrino.

¹ou conj o (u devant un mot commençant par o ou o): trois ~ quatre, tres o cuatro.

²où adv interr **1.** donde: ~ habitez-vous?, ¿dónde vive usted? **2.** (avec mouvement) adónde: ~ vas-tu?, ¿adónde vas?; je ne sais pas ~ aller, no sé adónde ir. ■ adv rel **1.** donde: la maison ~ j'habite, la casa donde vivo; c'est là ~ nous habitons, allí es donde vivimos. | n'importe ~, donde sea. **2.** adónde: la ville ~ je vais, la ciudad adonde voy. **3.** (temps) en que: le jour ~ je me marierai, el día en que yo me case. **4.** ~ que vous soyez, dondequiera que esté; ~ que tu ailles, por donde

ouais [wɛ] interj FAM sí, ya.

ouate f guata. ◆ **-er** t enguatar.

oubli m olvido: tomber dans l'~, caer en el olvido. ◆ **-er** t olvidar, olvidarse: j'ai oublié son adresse, se me ha olvidado su dirección; il a oublié de me prévenir, se ha olvidado de avisarme.

oubliette f mazmorra.

ouest [west] m oeste.

ouf! interj ¡al fin!

oui adv sí: ~ ou non?, ¿sí o no?; mais ~, claro que sí. ■ m sí. | pour un ~ pour un non, por un quítame allá esas pajas.

ouï-dire [widir] m par ~, de oídas.

ouïe [wi] f oído m: avoir l'~ fine, tener el oído fino; être tout ~, ser todo oídos. ◆ **pl** (de poisson) agallas.

ouragan m huracán.

Oural n p m Ural.

ourler t dobladillar, repulgar. ◆ **-et** m dobladillo.

ours [urs] m oso.

ourse f **1.** osa. **2.** la Grande, Petite Ourse, la Osa Mayor, Menor.

oursin m erizo de mar.

ourson m osezno.

ouste! interj FAM ¡fuera!

outil [uti] m herramienta. ◆ **-iller** t proveer de herramientas, de máquinas. ◆ **-illage** m **1.** herramienta f, maquinaria f. **2.** herramienta f.

outrage m ultraje, injuria f. ◆ **-er** t ultrajar, injuriar.

outrance f exageración, exceso m. | à ~ a ultranza.

¹outre f odre m, pellejo m.

²outre prép **1.** además de. | ~ mesure, excesivamente. | ~ que, además de que: en ~, además. **2.** passer ~, ir más allá; passer ~ à, no hacer caso de. **3.** outre-Rhin, allende el Rin: outre-Atlantique, al otro lado del Atlántico.

outré, e a **1.** exagerado, a. **2.** (indigné) indignado, a.

outremer m (bleu) azul de ultramar.

outre-mer loc adv ultramar.

outrecuidance f presunción.

outrecuidant, e a presuntuoso.

outrepasser t exceder.

outrer t **1.** exagerar. **2.** (indigner) indignar.

outre-tombe loc adv ultratumba.

ouvert, e a abierto, a: fenêtre grande ~, ventana abierta de par en par.

ouverture f **1.** apertura: heures d'~, horas de apertura; ~ des hostilités, apertura de las hostilidades. | ~ de la chasse, pêche, levantamiento m de la veda. **2.** (d'un parachute) aper-

tura. **3.** ~ **d'esprit,** anchura de miras. **4.** mus obertura.

ouvrable *a* jour ~, día laborable.

ouvrage *m* **1.** trabajo, labor *f*. **2.** (livre) obra *f*. **3.** ~ **d'art,** obra *f* de fábrica.

ouvre-boîtes *m* abrelatas.

ouvre-bouteilles *m* abridor.

ouvreuse *f* acomodadora.

ouvrier, ère *a/s* obrero, a.

ouvrir *t/i* **1.** abrir: **ouvre-moi la porte,** ábreme la puerta. **2.** ~ **le feu,** romper el fuego. ■ *pr* **1. le parachute s'est ouvert,** el paracaídas se ha abierto; **s'~ à un ami,** abrirse con un amigo. **2. s'~ sur,** dar a: **la porte s'ouvre sur la rue,** la puerta da a la calle.

ovaire *m* ovario.

ovale *a* ovalado, a, oval. ■ *m* óvalo.

ovation *f* ovación.

overdose *f* sobredosis.

oxyde *m* óxido. **-er** *t* oxidar. ■ **s'~,** oxidarse.

oxygène *m* oxígeno. **-éner** *t* oxigenar. | **eau oxygénée,** agua oxigenada.

ozone *m* ozono: **la couche d'~,** la capa de ozono.

P

p m p ʃ: **un ~**, una p.

pacifi/er t pacificar. **-cateur, trice** a/s pacificador, a. **-cation** ʃ pacificación.

pacifique a pacífico, a.

Pacifique a l'**océan ~**, el océano Pacífico.

pacotille ʃ pacotilla.

pacte m pacto.

pagaie ʃ canalete m.

pagaïe, pagaille [pagaj] ʃ 1. FAM desorden m. | **quelle ~!**, ¡qué follón! 2. **en ~**, en abundancia, a porrillo.

paganisme m paganismo.

pagayer° [pageje] i remar con un canalete.

¹page ʃ página. | **être à la ~**, estar al día; **tournons la ~**, borrón y cuenta nueva.

²page m paje, doncel.

pagne m taparrabo.

pagode ʃ pagoda.

paie ⇒ **paye**.

paiement [pɛmɑ̃] m pago.

païen, enne [pajɛ̃, jɛn] a/s pagano, a.

paillasse ʃ jergón m.

paillasson m esterilla ʃ, felpudo.

paille ʃ 1. paja. | FIG **être sur la ~**, estar en la miseria; **tirer à la courte ~**, echar pajas. 2. (pour boire) pajita.

paillette ʃ 1. lentejuela. 2. (d'or) pepita. 3. (savon) escama.

pain m 1. pan: **~ frais, grillé**, pan tierno, tostado; **~ complet**, pan integral; **~ de mie**, pan de molde. 2. **petit ~**, bollo.

pair, e a par: **jours pairs**, días pares. ■ m igual. | **aller de ~**, correr parejas; **au ~**, au pair, con la retribución de comida y alojamiento; **hors ~**, sin par.

paire ʃ 1. par m: **une ~ de gants**, un par de guantes; **une ~ de ciseaux, de lunettes**, unas tijeras, unas gafas. 2. (de bœufs) yunta.

paisible a 1. apacible. 2. tranquilo, a.

paître° i 1. pastar. 2. FAM **envoyer ~**, mandar a hacer gárgaras.

paix [pɛ] ʃ paz: **faire la ~**, hacer las paces. | FAM **fichez-moi la ~!**, ¡déjeme en paz!

Pakistan n p m Paquistán, Pakistán.

pakistanais, e a/s paquistaní.

palace m hotel de lujo.

¹palais m 1. palacio. 2. **~ de justice**, palacio de justicia, audiencia ʃ.

²palais m paladar: **avoir le ~ fin**, tener paladar.

pale ʃ paleta.

pâle a pálido, a.

Palestine n p ʃ Palestina.

palestinien, enne a/s palestino, a.

palet m tejo.

paletot [palto] m paletó.

palette ʃ paleta.

pâleur ʃ palidez.

palier m 1. (d'escalier) rellano, descansillo. 2. **par paliers**, progresivamente.

pâlir i palidecer.

palissade f empalizada, valla.

palli/er t paliar. **-atif** m paliativo.

palmarès [palmaʀɛs] m palmarés, lista f de premiados.

palm/e f 1. palma. 2. (de nageur) aleta. **-é, ée** a palmeado, a. **-eraie** f palmar m. **-ier** m palmera f.

palombe f paloma torcaz.

pâlot, otte a paliducho, a.

palourde f almeja.

palp/er t palpar. **-able** a palpable.

palpit/er i palpitar. **-ant, e** a palpitante. **-ation** f palpitación.

paludisme m paludismo.

Pampelune n p Pamplona.

pamphlet [pɑ̃flɛ] m libelo.

pamplemousse m pomelo.

pan m 1. (d'un vêtement) faldón. 2. ~ de mur, lienzo de pared. 3. ~ coupé, chaflán.

panacée f panacea.

panache m penacho.

panacher t entremezclar. | **un demi panaché**, una clara, una cerveza con gaseosa.

Panama n p Panamá.

panama m jipijapa, panamá.

panaris [panaʀi] m panadizo.

pancarte f letrero m, pancarta.

pancréas [pɑ̃kʀeas] m páncreas.

paner t empanar, rebozar: **escalope panée**, filete empanado.

panier m 1. cesta f, cesto: ~ à provisions, cesta de la compra. | FIG ~ percé, manirroto; **mettre au ~,** echar al cesto de los papeles. 2. (basket-ball) cesto. 3. FAM ~ à salade, coche celular.

paniqu/e f pánico m. ■ a peur ~, miedo cerval. **-er** i FAM asustarse.

panne f avería. | **ma voiture est en ~,** mi coche está averiado; **le téléviseur est tombé en ~,** se ha averiado

el televisor; ~ **sèche,** falta de gasolina; **rester en ~,** quedarse parado, a.

panneau m 1. tablero. 2. ~ **de signalisation,** señal de tráfico. 3. ~ **publicitaire,** valla f publicitaria. 4. FIG **tomber dans le ~,** caer en la trampa.

panoplie f panoplia.

panoram/a m panorama. **-ique** a panorámico, a.

panse f panza.

pans/er t 1. (un blessé) curar; (une plaie) vendar. 2. (un cheval) almohazar. **-ement** m vendaje, apósito: **faire un ~,** poner un vendaje.

pantalon m pantalón: **des pantalons,** pantalones.

panthéon m panteón.

panthère f pantera.

pantin m títere.

pantomime f pantomima.

pantoufl/e f zapatilla. **-ard, e** a/s FAM casero, a.

paon [pɑ̃] m pavo real.

papa m papá. | **bon ~,** abuelito.

papaye [papaj] f papaya.

pap/e m papa. **-auté** f papado m.

paperass/e [papʀas] f papelotes m pl. **-erie** f papeleo m.

papet/erie [papɛtʀi] f papelería. **-ier, ère** s papelero, a.

papier m papel: ~ **à lettres,** papel de cartas; ~ **à cigarettes,** papel de fumar; ~ **hygiénique,** ~ **toilette,** papel higiénico. ■ pl papeles, documentación f: **vos papiers!,** ¡la documentación!

papille f papila.

papillon m mariposa f. **-ner** i mariposear.

papilloter i pestañear.

papoter i FAM charlar, parlotear.

papy m abuelito.

paquebot [pakbo] *m* paquebote, buque.

pâquerette *f* margarita silvestre.

Pâques [pak] *n p f pl* Pascua. | **dimanche de ~**, domingo de Resurrección; **vacances de ~**, vacaciones de Semana Santa.

paquet *m* **1.** paquete. **2. ~ de mer**, ola *f* grande.

par *prép* **1.** por: regarder ~ la fenê-tre, mirar por la ventana; ~ avion, por avión; ~ écrit, por escrito. **2. ~ une triste matinée d'hiver**, en una mañana triste de invierno. **3. ~ le froid qu'il fait**, con el frío que hace. **4.** (*distributif*) **trois fois ~ an**, ~ mois, ~ jour, tres veces al año, al mes, al día. **5. ~ trop**, demasiado.

parabol/e *f* parábola. **-ique** *a* parabólico, a.

parachever *t* rematar, concluir.

parachut/e *m* paracaídas. **-er** *t* lanzar en paracaídas. **-iste** *s* paracaidista.

parad/e *f* **1.** (*défilé*) parada. **2.** (*à un coup*) quite *m*. **-er** *i* pavonearse.

paradis [paradi] *m* paraíso.

paradox/e *m* paradoja *f*. **-al, e** *a* paradójico, a.

parafe ⇒ **paraphe.**

paraffine *f* parafina.

paragraphe *m* párrafo.

paraguayen, enne *a/s* paraguayo, a.

paraître° *i* **1.** aparecer. **2.** (*publica-tion*) **faire ~**, publicar; **vient de ~**, acaba de publicarse; **cette revue paraît le lundi**, esta revista sale los lunes; **article paru dans un journal**, artículo aparecido en un periódico. **3.** (*briller*) lucir. **4.** parecer: **il paraît fâché**, parece enfadado. **5.** aparen-tar: **il paraît 60 ans**, aparenta unos 60 años. ■ *impers* **il paraît que tu vas déménager**, parece que vas a mudarte de casa; **à ce qu'il paraît**, a lo que parece, según parece.

parallèle *a/m* paralelo, a. ■ *f* paralela.

paraly/ser *t* paralizar. **-sie** *f* parálisis. **-tique** *a/s* paralítico, a.

paranoïaque *a* paranoico, a.

parapente *m* parapente.

parapet *m* parapeto.

paraphe *m* rúbrica *f*.

paraphrase *f* paráfrasis.

parapluie *m* paraguas.

parasite *a/m* parásito, a.

parasol *m* quitasol, sombrilla *f*.

paratonnerre *m* pararrayos.

paravent *m* biombo.

parc *m* **1.** parque. **2. ~ de stationne-ment**, aparcamiento. **3. ~ à huîtres**, vivero de ostras.

parcelle *f* parcela.

parce que *loc conj* porque.

parchemin *m* pergamino.

parcimon/ie *f* parsimonia. **-ieux, euse** *a* parsimonioso, a.

parcmètre *m* parquímetro.

parcourir° *t* **1.** recorrer. **2.** (*un jour-nal, une lettre*) hojear.

parcours *m* recorrido.

par-dessus ⇒ **dessus.**

pardessus *m* abrigo, gabán.

pardi! *interj* ¡pues claro!

pardon *m* perdón. | **je vous deman-de ~**, dispense usted, disculpe.

pardonn/er *t/i* perdonar. | **pardon-nez-moi**, dispénseme, perdóneme. **-able** *a* perdonable.

pare-balles *a* gilet ~, chaleco anti-balas.

pare-boue [parbu] *m* guardaba-rros.

pare-brise [parbriz] *m* parabrisas.

pare-chocs [parʃɔk] *m* parachoques.

pareil, elle [parɛj] *a* semejante, igual: *deux robes pareilles*, dos vestidos iguales. | *c'est toujours ~*, siempre es lo mismo; *en ~ cas*, en semejante caso; *je n'ai jamais vu un ~ désordre*, nunca he visto semejante desorden. ■ *s* **1.** *il n'a pas son ~*, no hay quien le iguale. **2.** *sans ~*, sin par. **3.** *rendre la pareille*, pagar con la misma moneda. **-lement** *adv* igualmente, asimismo.

parent, e [parã] *s* (*le père et la mère*) padres. ■ *s/pl* parientes *m*.

parenthèse *f* paréntesis *m*: *entre parenthèses*, entre paréntesis.

¹parer **1.** (*un coup*) esquivar. **2.** *~ à*, prevenirse contra.

²parer adornar. ■ *se ~*, engalanarse, ataviarse.

parfois *adv* a veces.

parfait, e *a/m* perfecto, a. | *un ~ imbécile*, un imbécil rematado.

parfum [parfœ̃] *m* **1.** perfume. **2.** *glace ~ fraise*, helado con aroma de fresa.

parfum/er *t* **1.** perfumar. **2.** aromatizar. **-erie** *f* perfumería.

pari *m* apuesta *f*.

parier *je parie que tu ne me rattrapes pas*, apuesto a que no me alcanzas.

Paris [pari] *n p* Paris.

parisien, enne *a/s* parisino, a. parisiense.

parjure *m* perjurio. ■ *a/s* (*personne*) perjuro, a.

parking *m* parking, aparcamiento.

parlant, e *a* **1.** *cinéma ~*, cine sonoro. **2.** expresivo, a.

parlement *m* parlamento. **-aire** *a/s* parlamentario. **-er** *i* parlamentar.

parlementer *i* parlamentar.

parler *i/t* hablar | FAM *tu parles!*, ¡qué va! ■ *m* **1.** habla *f*. **2.** dialecto.

parloir *m* locutorio.

parmi *prép* entre.

parodie *f* parodia. **-er** *t* parodiar.

paroi *f* **1.** pared. **2.** (*cloison*) tabique *m*.

paroisse *f* parroquia. **-ial, e** *a* parroquial. **-ien, enne** *s* feligrés, esa. ■ *m* (*livre*) devocionario.

parole *f* palabra: *croire sur ~*, creer bajo palabra; *prendre la ~*, tomar la palabra; *tenir ~*, cumplir su palabra. ■ *pl* *les paroles d'une chanson*, la letra de una canción.

paroxysme *m* paroxismo.

parpaing [parpɛ̃] *m* perpiaño.

parquer *t* **1.** (*animaux*) acorralar. **2.** (*voiture*) aparcar.

parquet [parkɛ] *m* **1.** entarimado, parqué. **2.** (*magistrats*) ministerio fiscal.

parrain *m* **1.** padrino. **-er** *t* **1.** apadrinar. **2.** (*sponsoriser*) patrocinar.

parsemer *t* sembrar, esparcir.

part [par] *f* **1.** parte: *prendre ~ à*, tomar parte en; *il m'a fait ~ de son mariage*, me ha dado parte de su boda; *c'est de la ~ de qui?*, ¿de parte de quién? | *pour ma ~*, en cuanto a mí. **2.** *autre ~*, en otra parte, *nulle ~*, en ninguna parte; *de ~ et d'autre*, de una y otra parte; *de ~ en ~*, de parte en parte; *quelque ~*, en algún sitio, *en partie*, en parte; *d'autre ~*, por una parte, *d'une ~ ... d'autre ~*, por una parte, por otra par- te ... **3.** *à ~*, por otra parte. | *à ~ cela*, eso aparte.

partage *m* reparto, partición *f*.

partager ¹ **1.** partir, dividir: ~ une propriété, partir una finca. **2.** compartir: ~ le repas, l'opinion de quelqu'un, compartir la comida, la opinión de alguien; je partage votre joie, comparto su alegría; les avis sont partagés, las opiniones están divididas. ■ se ~, repartirse.

partance f en ~, a punto de partir.

partant m (dans une course) participante.

partenaire s **1.** pareja f. **2.** com socio, a.

parterre m **1.** cuadro, arriate. **2.** (théâtre) patio de butacas, platea f.

parti m **1.** partido. **2.** prendre son ~ de, resignarse a; tirer ~ de, sacar partido de. | ~ pris, prejuicio.

partial, e [parsjal] a parcial. **-ité** f parcialidad.

participant, e a/s participante.

participation f participación.

participe m participio.

participer i ~ à, participar en.

particule f partícula.

particularité f particularidad.

particulier, ère a particular. ■ m particular; en ~, en particular, particularmente.

partie f **1.** parte: en grande ~, en gran parte; faire ~ de, formar parte de. **2.** (jeux) partida: une ~ d'échecs, una partida de ajedrez; | ~ de campagne, excursión.

partiel, elle [parsjɛl] a parcial.

partir ¹ i **1.** marcharse, irse: je pense ~ demain, pienso marcharme mañana; il est parti pour le Canada, se ha marchado al Canadá. **2.** salir: le train part dans cinq minutes, el tren sale dentro de cinco minutos. **3.** (un moteur) arrancar. **4.** desaparecer: la tache est partie, la mancha ha desaparecido. **5.** ~ d'une hypo- thèse, partir de una hipótesis; à ~ de, a partir de.

partisan a/s partidario, a. ■ m guerrillero.

partition f mus partitura.

partout adv en todas partes, por todas partes: il me suit ~, me va siguiendo por todas partes. | ~ où, dondequiera.

paru ⇒ **paraître.**

parure f **1.** (bijoux) aderezo m. **2.** (lingerie) juego m de ropa interior femenina.

parution f aparición, publicación.

parvenir ¹ i **1.** llegar: nous sommes parvenus au pied de la montagne, llegamos al pie del monte. **2.** conseguir: je ne parviens pas à ouvrir cette porte, no consigo abrir esta puerta. **-u, ue** s advenedizo, a.

parvis [parvi] m plaza f delante de una iglesia.

pas ¹ m [pa] **1.** paso: faire un ~ en arrière, dar un paso atrás; faire un faux ~, dar un paso en falso; d'un bon ~, a buen paso; à grands ~, a zancadas; à ~ de loup, sigilosamente. | faire les cent ~, dar vueltas y más vueltas; revenir sur ses ~, volver atrás. **2.** mettre quelqu'un au ~, poner a uno en vereda. **3.** le ~ de la porte, el umbral.

pas ² adv (ne se traduit générale- ment pas: je ne sais ~, no sé; je n'ai- me ~ beaucoup ça, no me gusta mucho esto). | ~ moi, yo no; ~ du tout, en absoluto; ~ un, ~ une, ni uno, ni una.

pas-de-porte m com traspaso.

pascal, e a pascual.

passable a **1.** pasable, mediano, a, regular. **2.** (note) aprobado. a. **-ment** adv **1.** medianamente. **2.** (assez) bastante.

passage m **1.** paso: **cédez le ~,** ceda el paso; **se frayer un ~,** abrirse paso; **~ à niveau,** paso a nivel; **~ clouté,** paso de peatones; **~ interdit,** prohibido el paso. **2.** (d'un état à l'autre) paso, tránsito. **3.** (prix d'une traversée, chemin, dans un livre, dans un discours) pasaje.

passager, ère a/s pasajero, a. | **~ clandestin,** polizón.

passant, e a rue passante, calle concurrida. ■ s transeúnte.

passe f **1.** pase m. **2.** mot de **~,** contraseña f, santo y seña. **3.** être dans une mauvaise **~,** tener mala racha.

passé, e a pasado, a. | 60 ans passés, 60 años cumplidos. ■ m **1.** pasado. **2.** pretérito: verbe au **~,** verbo en el pretérito; **~ simple,** composé, pretérito indefinido, compuesto. ■ prép **~ 6 heures,** después de las 6.

passe-partout m llave f maestra.

passe-passe m tour de **~,** juego de manos, pasapasa.

passeport [paspɔʀ] m pasaporte.

passer i **1.** pasar: **le facteur est passé chez moi,** el cartero ha pasado por mi casa; **comme le temps passe!,** ¡cómo pasa el tiempo! | **en passant,** de paso. **2.** pasarse: **ma migraine a passé,** se me ha pasado la jaqueca. **3.** ascender a: **il est passé colonel,** ha ascendido a coronel. **4.** (couleur) marchitarse. **5. ~ à la télé,** salir en la tele. **6. ~ pour riche,** pasar por rico. ■ t **1. ~ la frontière,** pasar la frontera. **2.** alcanzar, dar: **passe-moi le sel,** alcánzame la sal. **3.** (téléphone) **passez-moi le directeur,** dígale al director que se ponga al aparato. **4.** pasarse: **j'ai passé la journée à écrire,** me pasé el día escribiendo. **5.**

(film) poner, dar. **6.** (vêtement) ponerse. **7.** (liquide) colar. **8.** j'ai passé une ligne, me he saltado una línea. **9. ~ un examen,** examinarse. ■ pr **1.** pasar, ocurrir: **que se passet-il?,** ¿qué pasa?; **que s'est-il passé?,** ¿qué ha pasado? **2.** se **~ de,** prescindir, pasarse sin: **je me passe bien de voiture,** prescindo de coche.

passereau [pasʀo] m pájaro.

passerelle [pasʀɛl] f pasarela.

passe-temps [pastɑ̃] m pasatiempo.

passible a **~ de,** merecedor, a de.

passif, ive a/m pasivo, a.

passion f pasión. **-nant, e** a apasionante. **-né, e** a/s apasionado, a. **-nel, elle** a pasional. **-ner** t apasionar. ■ se **~ pour,** apasionarse por.

passivité f pasividad.

passoire f colador m.

pastel m pastel.

pastèque f sandía.

pasteur m pastor.

pasteuriser t pasteurizar.

pastille f pastilla.

pastis [pastis] m licor anisado.

pastoral, e a/f pastoral.

patagon, e a/s patagón, ona.

patate f **1. ~ douce,** batata. **2.** FAM (pomme de terre) patata. **3.** FAM (personne) pasmado m, cernícalo m.

patatras! [patatʀa] interj ¡cataplum!

patauger i chapotear.

pâte f **1.** masa. | **~ à pain,** masa. **2.** pasta: **~ à tartes,** pasta para tartas; **~ dentifrice,** pasta dentífrica. | **~ de coings,** carne de membrillo. **~ de fruits,** dulce m de frutas. ■ pl **pâtes alimentaires,** pastas alimenticias.

pâté m **1.** (charcuterie) paté, foie gras. | **~ en croûte,** empanada f. **2. ~**

de maisons, manzana *f*. **3.** (*d'encre*)
borrón. **4.** (*de sable*) flan.

pâtée *f* comida.

patente *f* patente.

patelin [patlɛ̃] *m* FAM pueblecito.

patère *f* percha.

paternel, elle *a* paternal, paterno,
a: *amour* ~, amor paternal.

paternité *f* paternidad.

pâteux, euse *a* pastoso, a.

pathétique *a* patético, a.

patholog/ie *f* patología. **-ique** *a*
patológico, a.

pati/ence [pasjãs] *f* paciencia. **-ent,
e** *a/s* paciente. **-emment** *adv*
pacientemente. **-enter** *i* esperar
con paciencia.

patin *m* ~ à glace, à roulettes, patín
de cuchilla, de ruedas. **-age** *m*
patinaje.

patine *f* pátina.

patin/er *i* patinar. **-eur, euse** *s*
patinador, a. **-oire** *f* pista para patinar.

pâtiss/erie *f* **1.** pastelería, repostería. **2.** (*gâteau*) pastel *m*. **-ier, ère** *s*
pastelero, a.

patois *m* habla *f* regional.

patraque *a* FAM pachucho, a.

patriar/che *m* patriarca. **-cal, e** *a*
patriarcal.

patrie *f* patria.

patrimoine *m* patrimonio.

patriot/e *a/s* patriota. **-ique** *a*
patriótico, a. **-isme** *m* patriotismo.

patron, onne *s* **1.** (*saint*) patrono,
a. **2.** (*employeur*) patrono, a. **3.** (*d'un
café, etc.*) dueño, a. ■ *m* (*modèle*)
patrón.

patronage *m* **1.** (*protection*) patro-
cinio: *sous le* ~ *de*, con el patroci-
nio de. **2.** círculo recreativo para
jóvenes.

patronat *m* empresariado.

patronner *t* patrocinar.

patrouill/e *f* patrulla. **-er** *i* patru-
llar.

patte *f* pata. | *marcher à quatre pat-
tes*, andar a gatas; FIG *graisser la* ~,
untar la mano.

pâturage *m* pasto.

Paul *n p m* Pablo.

paume *f* (*de la main*) palma.

paum/er *t* FAM perder, extraviar. **-é,
ée** *s* FAM perdido, a, despistado, a.

paupière *f* párpado *m*.

pause *f* pausa.

pauvre *a/s* pobre. **-té** *f* pobreza.

pavage *m* adoquinado.

pavaner (se) *pr* pavonearse.

pav/é *m* **1.** (*pierre*) adoquín. **2.** (*sol
pavé*) pavimento, adoquinado. **3.**
(*rue*) calle *f*. **-er** *t* pavimentar con
adoquines, adoquinar: *rue pavée*,
calle adoquinada.

pavillon *m* **1.** pabellón. **2.** (*maison
de banlieue*) chalet.

pavoiser *t* adornar con banderas.

pavot *m* adormidera *f*.

payable [pɛjabl] *a* pagadero, a.

payant, e [pɛjã, ãt] *a* de pago.

paye [pɛ] *f* paga.

pay/er° [peje] *t* **1.** pagar: *qui paie?*,
¿quién paga? | *tu me le paieras!*,
¡me las pagarás! **2.** ofrecer. ■ *pr* **1.**
payez-vous, cóbrese. **2.** *se* ~ *un bon
repas*, ofrecerse una comilona. **3.**
FAM *se* ~ *la tête de quelqu'un*, tomar
el pelo a alguien. **-eur, euse** *s*
pagador, a.

pays [pei] *m* **1.** país: *les* ~ *chauds*,
los países cálidos. | *avoir le mal du*
~, tener nostalgia, morriña; *voir du*
~, correr mundo. **2.** región *f*, tierra
f.

paysag/e [peizaʒ] *m* paisaje. **-iste**
a/m paisajista.

paysan, anne [peizɑ̃, an] a/s campesino, a.

Pays-Bas [peibɑ] n p m pl Países Bajos.

P-DG [pedeʒe] ⇒ **président.**

péage m peaje: à ~, de peaje.

peau f 1. piel. 2. (du visage) cutis m. 3. FAM risquer sa ~, jugarse el pellejo. 4. (du lait) nata.

¹pêche f (fruit) melocotón m.

²pêche f pesca: ~ à la ligne, pesca con caña.

péché m pecado. **-er¹** i pecar.

¹pêcher m (arbre) melocotonero.

²pêcher i pescar: ~ à la ligne, pescar con caña.

pêcheur, eresse s pecador, a.

pécheur, euse s pescador, a.

pécuniaire a pecuniario, a.

pédagogie f pedagogía. **-ique** a pedagógico, a.

pédale f pedal m. **-er¹** i pedalear. **-ier** m pedales pl. **-o** m patín m

pédant, e a/s pedante. **-isme** m pedantería f.

pédéraste m pederasta.

pédiatre s pediatra. **-ie** f pediatría f.

pédicure s pedicuro, a.

pédophile a/s pedófilo, a.

peigne m peine | coup de ~, reto-que. **-er¹** t peinar: se ~, peinarse.

peignoir m 1. (de bain) albornoz. 2. (de femme) peinador.

peinard, e a/s POP tranquilote.

peindre¹ t pintar: ~ en vert, pintar de verde; papier peint, papel pinta-do.

peine f 1. pena. | faire de la ~, dar pena, apenar. 2. à grand-peine, a duras penas; se donner de la ~, tra-bajar mucho; ça ne vaut pas la ~, no vale la pena; j'ai ~ à le croire, me

peiner ■ t afligir, apenar. ■ i sufrir.

peintre m 1. pintor. | une femme ~, una pintora. 2. ~ en bâtiment, pin-tor de brocha gorda. **-ure** f pintura.

péjoratif, ive a despectivo, a.

Pékin n p Pekín.

pékinois, e a/s pequinés, esa.

pelage m pelaje.

pêle-mêle [pɛlmɛl] adv en desor-den.

peler¹ t pelar. ■ i son nez pèle, se le está pelando la nariz.

pèlerin, e [pɛlʁɛ̃, in] s peregrino, a. **-age** m peregrinación f. **-e** f (vête-ment) esclavina.

pélican m pelícano.

pelisse f pelliza.

pelle f pala. FAM à la ~, a paladas. **-tée** f palada.

pelleterie [pɛltʁi] f peletería.

pelletier [pɛltje] m peletero.

pellicule f película. ■ pl (du cuir chevelu) caspa sing.

peloton m 1. (de laine) madeja. | avoir les nerfs en ~, tener los nervios de punta. 2. ~ basque, pelota vasca.

pelotonner (se) pr acurrucarse.

pelouse f césped m.

peluche f peluche m.

pelure f 1. mondadura. 2. ~ d'oi-gnon, tela de cebolla.

pénal, e a penal.

pénalisation f castigo m.

penaud, e a avergonzado, a.

penchant m inclinación f, propen-sión f.

pencher ■ t inclinar. ■ i inclinarse. 2. se ~ au-dehors, asomarse. 3. se ~ sur, examinar.

pendant prép 1. durante: ~ l'été, durante el verano. l ~ ce temps, mientras tanto, entretanto. 2. ~ que, mientras: ~ qu'il dort, mientras está durmiendo.

²**pendant, e** a colgante. ■ m 1. ~ d'oreille, pendiente. 2. se faire ~, ser simétricos, as, hacer juego.

pendentif m [bijou] colgante.

penderie f [pãdri] f guardarropa.

pendre t colgar: une lampe pend au plafond, una lámpara cuelga del techo. ■ t 1. colgar, suspender. 2. (un condamné) ahorcar. ■ se ~, (se suicider) ahorcarse. ■ -u, ue s ahorcado, a.

pendule f reloj m ■ m péndulo.

pénétrer¹ i/t penetrar. ■ t ~ les intentions de, calarle las intenciones a. ■ -ant, e a penetrante. -ation f penetración.

pénible a 1. penoso, a. 2. (agaçant) pesado, a.

péninsule f península. -aire a peninsular.

pénis [penis] m pene.

pénitence f penitencia. -encier m penal. -ent, e a/s penitente.

pénombre f penumbra.

pensée f pensamiento m.

penser¹ i/t pensar: ~ à, pensar en; je pense rester ici un mois, pienso quedarme aquí un mes; pensez-y, piénselo; je vais y ~, voy a pensarlo. l penses-tu!, ¡qué va!, ¡qu'en penses-tu?, ¿qué te parece?; ¿qué opinas? -eur, euse s pensador, a. -if, ive a pensativo, a.

pension f 1. pensión. 2. ~ de famille, casa de huéspedes: prendre en ~, hospedar; prendre ~, hospedarse. 3. (pensionnat) pensionado m. inter-nado m. -naire s 1. huésped, a. 2. (élève) pensionista. -nat m pensionado. -ner t pensionar.

pentagone m pentágono.

pente f pendiente, cuesta. l en ~, en declive, en ~ raide, empinado, a.

Pentecôte f Pentecostés m.

pénurie f penuria, escasez.

pépier i piar.

pépin m 1. pepita, pipa f. 2. FAM (ennui) problema, engorro. 3. FAM (parapluie) paraguas.

pépinière f vivero m, semillero m. -iériste m viverista, arbolista.

pépite f pepita.

percale f percal m.

percement m abertura f.

perce-neige m narciso de las nieves.

percepteur m recaudador de contribuciones.

perceptible a perceptible.

perception f percepción.

percer¹ t 1. perforar, horadar. 2. (avec une perceuse) taladrar. 3. ~ un mur, un abcès, abrir un muro, un absceso. 4. atravesar. 5. ~ un secret, penetrar un secreto. ■ i aparecer. -euse f taladradora, taladro m.

percevoir¹ t 1. percibir. 2. (de l'argent) percibir, cobrar.

¹**perche** f 1. pértiga. saut à la ~, salto de pértiga. 2. (pour gauler) vara.

²**perche** f (poisson) perca.

percher¹ i posarse. -oir m percha f.

percolateur m cafetera f.

percussion f percusión: instruments à ~, instrumentos de percusión.

percuter t/i ~ un arbre, contre un arbre, chocar contra un árbol. ■ -ant, e a/s perdedor, a.

perdre t perder: **tu perds ton temps,** pierdes el tiempo. ■ **se ~,** perderse: **nous nous sommes perdus,** nos hemos perdido.

perdrix [pɛrdri] f perdiz. **-eau** m perdigón.

perdu, e a perdido, a. **à corps ~,** impetuosamente; **à temps ~, à ses** moments perdidos, a ratos perdidos.

père m **1.** padre: **de ~ en fils, de** padre a hijos. | **Notre Père ..., Padre** Nuestro. **2.** le Saint-Père, el Padre Santo. **3.** FAM le ~ François, el tío Paco. **4.** le ~ Noël, papá Noel.

péremptoire a perentorio, a.

perfection f perfección. **-ner** t per-feccionar. **-nement** m perfeccio-namiento.

perforer t perforar. **-atrice** f per-foradora. **-ation** f perforación.

perfide a pérfido, a.

perfusion f perfusión.

performance f marca. **-mant, e** a muy eficiente.

péricliter i periclitar.

péridurale f peridural.

péril [peril] m peligro, riesgo. | **au** péril de sa vie, con riesgo de su vida. **-leux, euse** a peligroso, a.

périmètre m perímetro.

périmé, e a caducado, a.

période f período m. **-ique** a periódico, a. ■ m publicación f periódica.

péripétie [peripesi] f peripecia.

périphérie f periferia. **-ique** a/m periférico, a.

périphrase f perífrasis.

périr i perecer.

périscope m periscopio.

périssable a perecedero, a: **denrée** ~, producto perecedero.

péritonite f peritonitis.

perle f **1.** perla. **2.** (erreur) gazapo m.

permanence f **1.** permanencia. | **en** ~, sin interrupción. **2.** (dans un collège) estudio m.

permanent, e a **1.** permanente. **2.** (spectacle) continuo, a: **~ à partir de** **10 h.,** continua desde las 10. ■ f (coiffure) permanente.

perméable a permeable.

permettre t permitir: **vous per-mettez?** ¿me permite? ■ **se ~,** per-mitirse: **je me suis permis de ...,** me he permitido.

permis, e [pɛrmi, iz] a permitido. ■ m **1.** permiso: **~ de séjour,** per-miso de residencia. **~ de conduire,** carné de conducir. **2.** (de chasse, péché) licencia f.

permission f permiso m: **deman-der, donner la ~ de,** pedir, dar per-miso para; **soldat en ~,** soldado de permiso.

permuter t permutar.

pernicieux, euse a pernicioso, a.

Pérou n p m Perú.

perpendiculaire a/f perpendicu-lar.

perpétrer t perpetrar.

perpétuel, elle a perpetuo, a. **-ité** f perpetuidad. | **à** ~, para siempre.

perpétuer t perpetuar.

perplexe a perplejo, a. **-ité** f per-plejidad.

perquisition f registro m policiaco. **-ner** t registrar.

perron m escalinata f.

perroquet m loro, papagayo.

perruche f cotorra.

perruque f peluca.

persan, e a/s persa.

Perse n p f Persia.

persécut/er t perseguir. **-eur, trice** a/s perseguidor, a. **-ion** f persecución.

persévér/er° i perseverar. **-ance** f perseverancia. **-ant, e** a perseverante.

persienne f persiana.

persil [pɛʀsi] m perejil.

persist/er i persistir. **-ance** f persistencia. **-ant, e** a persistente.

personnage m personaje.

personnalité f personalidad.

personne f persona: en ~, en persona; **les grandes personnes**, las personas mayores. ■ pron indéf nadie: je n'ai vu ~, no he visto a nadie; ~ n'est venu, nadie ha venido.

personnel, elle a personal. ■ m (d'une entreprise) plantilla f, personal.

personnifi/er t personificar. **-cation** f personificación.

perspective f perspectiva.

perspicac/e a perspicaz. **-ité** f perspicacia.

persua/der t persuadir. **-sif, ive** a persuasivo, a. **-sion** f persuasión.

perte f pérdida. | vendre à ~, vender con pérdidas; à ~ de vue, hasta perderse de vista; **en pure** ~, inútilmente, en balde. ■ pl MIL bajas.

pertinent, e a pertinente.

perturb/er t perturbar. **-ation** f perturbación.

péruvien, enne a/s peruano, a.

pervenche f vincapervinca.

pervers, e a/s perverso, a. **-ion** f perversión. **-ité** f perversidad.

pervertir t pervertir.

pesage m peso, pesaje.

pes/ant, e a pesado, a. **-amment** adv pesadamente.

pesanteur f 1. (en physique) gravedad. 2. pesadez. 3. (d'esprit) torpeza.

pèse-bébé m pesabebés.

pèse-lettre m pesacartas.

pèse-personne m báscula f de baño.

peser° t/i pesar: ~ **lourd**, pesar mucho. | ~ **ses mots**, medir sus palabras.

pessim/isme m pesimismo. **-iste** a/s pesimista.

pest/e f peste. **-ilentiel, elle** a pestilente.

pétale m pétalo.

pétarader i zumbar.

pétard [petaʀ] m petardo.

péter° i FAM (exploser) estallar; (se casser) romperse.

pétill/er i 1. (feu) chisporrotear. 2. (eau gazeuse, vin) burbujear. **-ant, e** a 1. **eau pétillante**, agua con gas. 2. ~ **d'esprit**, chispeante de ingenio. **-ement** m chisporroteo.

petit, e a 1. pequeño, a (se traduit souvent par un diminutif): **une petite maison**, una casa pequeña, una casita; ~ **frère**, hermanito; **tout** ~, muy pequeño. 2. (de taille) bajo, a: **il n'est ni grand ni** ~, no es alto ni bajo. 3. ~ **à** ~, poco a poco. ■ s pequeño, a. ■ m (d'animal) cría f.

petit-beurre m galleta f.

petite-fille f nieta f.

petitesse f pequeñez.

petit-fils [pətifis] m nieto.

petit-four ⇒ **four**.

pétition f petición.

petit-lait m suero.

petits-enfants [pətizɑ̃fɑ̃] m pl nietos.

pétrifier t petrificar.

pétrin m 1. artesa f. 2. FAM **être dans le** ~, estar en un apuro.

pétr/ir t **1.** amasar. **2.** pétri d'orgueil, lleno de orgullo. **-issage** m amasamiento.

pétrol/e m petróleo. **-ier, ère** a/m petrolero, a. **-ifère** a petrolífero, a.

pétulant, e a impetuoso, a.

pétunia m petunia f.

peu adv **1.** poco: - à ~, poco a poco; à ~ près, poco más o menos. **2.** ~ de, poco, a, os, as: ~ de temps, poco tiempo; ~ de monde, poca gente; ~ de clients, pocos clientes. **3.** un ~ de, un poco de; un petit ~, un poquito; un ~ triste, un poco triste; algo triste; quelque ~, algo. **4.** depuis ~, desde hace poco; sous ~, dentro de poco. **5.** pour un ~ il se noyait, por poco se ahoga; pour ~ que, a poco que.

peuplade f pueblo m, tribu.

peupl/e m pueblo. **-ement** m población f. **-er** t poblar.

peuplier m álamo.

peur f miedo m: ~ bleue, miedo cerval; de ~ que, por miedo de que. | avoir ~ de, tener miedo a, temer; je n'ai pas ~ de toi, no te tengo miedo; n'aie pas ~, no temas; j'ai ~ que, (me) temo que; faire ~, dar miedo, asustar. **-eux, euse** a/s miedoso, a.

peut ⇒ **pouvoir.**

peut-être adv quizás, acaso, tal vez, quizá, puede ser: ~ viendra-t-il, acaso venga, puede ser que venga; ~ bien, quizá; ~ pas, tal vez no.

phalange f falange.

phare m faro.

pharmac/ie f **1.** farmacia. **2.** ~ portative, armoire à ~, botiquín m. **-eutique** a farmacéutico, a. **-ien, enne** s farmacéutico, a.

pharyngite f faringitis.

phase f fase.

phénom/ène m fenómeno. **-énal, e** a fenomenal.

philanthrop/e s filántropo, a. **-ie** f filantropía. **-ique** a filantrópico, a.

philatél/ie f filatelia. **-iste** s filatelista.

Philippe n p m Felipe.

Philippines n p f pl Filipinas.

philologie f filología.

philosoph/e a/s filósofo, a. **-ie** f filosofía. **-ique** a filosófico, a.

phobie f fobia.

phonétique a fonético, a. ■ f fonética.

phonographe m gramola f, fonógrafo.

phoque m foca f.

phosphate m fosfato.

phosphor/e m fósforo. **-escent, e** a fosforescente.

photo f foto: prendre une ~, sacar, tomar una foto; prendre quelqu'un en ~, hacer una foto a alguien; ~ d'identité foto de carné.

photocop/ie f fotocopia. **-ier** t fotocopiar. **-ieuse** f fotocopiadora.

photograph/e s fotógrafo, a. **-ie** f fotografía. **-ier** t fotografiar. **-ique** a fotográfico, a.

phrase f frase.

physicien, enne s físico, a.

physiolog/ie f fisiología. **-ique** a fisiológico, a.

physionomie f fisonomía.

physique a físico, a: éducation ~, educación física. ■ f física. ■ m físico: un ~ agréable, un físico agradable.

piailler i FAM chillar.

pian/o m piano: ~ à queue, piano de cola. **-iste** s pianista.

pic m **1.** pico. **2.** à ~, vertical; FIG tomber à ~, venir de perlas.

picaresque a picaresco, a.

pichet m jarro, jarrito.

pickpocket [pikpɔkɛt] m ratero, carterista.

picorer t picotear, picar.

picot/er t 1. picotear. 2. (démanger) escocer. **-ement** f picor, picazón f.

Pie [pi] n p m Pío.

pie [pi] f (oiseau) urraca.

pièce f 1. pieza: **pièces détachées**, piezas de recambio. | **mettre en pièces**, destrozar; **~ d'eau**, estanque m. 2. pieza, habitación: **appartement de cinq pièces**, piso de cinco habitaciones. 3. **~ de théâtre**, obra de teatro. 4. (monnaie) pieza, moneda. 5. **~ d'identité**, documento m de identidad.

pied [pje] m 1. pie. | **coup de ~**, patada f; **aller à ~**, ir andando; **être pieds nus**, ir descalzo, a; **à pieds joints**, a pie juntillas; **à ~ sec**, a pie enjuto; **avoir ~**, hacer pie; **lâcher ~**, cejar; **il n'a jamais mis les pieds à l'église**, nunca pisó la iglesia; FAM **casser les pieds**, fastidiar, incordiar. 2. (d'un meuble) pata f. 3. **~ de porc**, mano m de cerdo.

pied-à-terre [pjetatɛʀ] m apartamento, piso pequeño.

piédestal m pedestal.

pied-noir s francés, francesa de Argelia.

piège m trampa f: **tendre un ~**, poner una trampa.

piéger° t 1. coger en la trampa. 2. **voiture piégée**, coche-bomba.

Pierre n p m Pedro.

pierr/e f piedra. | **~ à aiguiser**, piedra de amolar; **~ de taille**, sillar m; **~ tombale**, lápida sepulcral; **faire d'une ~ deux coups**, matar dos pájaros de un tiro. **-aille** f cascajo m. **-eries** f pl piedras preciosas. **-eux, euse** a pedregoso, a.

piété f piedad.

piétin/er i 1. (de colère) patalear. 2. FIG no adelantar. ■ t pisotear. **-ement** m 1. pisoteo. 2. FIG estancamiento.

piéton m peatón, transeúnte: **passage pour piétons**, paso de peatones. **-nier, ère** a (rue) peatonal.

piètre a pobre, ruin.

pieu m estaca f.

pieuvre f pulpo m.

pieux, euse a piadoso, a.

pigeon [piʒɔ̃] m paloma f: **~ voyageur**, paloma mensajera. **-nier** m palomar.

pigment m pigmento.

pignon m 1. (d'un mur) aguilón. 2. (roue, graine) piñón.

¹pile f (d'un pont, tas) pila. 2. (électrique, atomique) pila.

²pile f **~ ou face**, cara o cruz. ■ adv **s'arrêter ~**, pararse en seco; **ça tombe ~**, viene de perlas; **six heures ~**, las seis en punto.

piler t machacar, moler. | **glace pilée**, hielo picado.

pilier m pilar.

pill/er t saquear, pillar. **-age** m saqueo, pillaje. **-ard, e** s saqueador, a, ladrón, ona.

pilon m mano f de almirez.

pilori m picota f.

pilot/e m piloto: **~ d'essai**, piloto de pruebas. **-age** m pilotaje. **-er** t 1. pilotar. 2. **~ quelqu'un dans Paris**, guiar a alguien en París.

pilotis [piloti] m pilote: **sur ~**, sobre pilotes.

pilule f píldora: **prendre la ~**, tomar la píldora; **la ~ du lendemain**, la píldora del día siguiente.

piment m pimiento. | **~ rouge**, guindilla f.

pimpant, e a pimpante.

pin *m* pino.

pince *f* **1.** pinzas *pl*: ~ à épiler, pinzas de depilar. | ~ à linge, pinza (de tender la ropa). **2.** (*outil*) alicates *m pl*. | pince-monseigneur, palanqueta. **3.** (*de crustacé*) pinza.

pincé, e *a* afectado, a, tieso, a: **air** ~, aire afectado.

pinceau *m* pincel. | coup de ~, pincelada *f*.

pincée *f* pellizco *m*.

pinc/er *t* **1.** pellizcar. **2.** (*les lèvres*) apretar. **3.** FAM (*un voleur*) pillar. **4.** le froid pince, pica el frío. ■ **se** ~ **le doigt**, pillarse, cogerse el dedo. **-ement** *m* pellizco.

pincettes *f pl* tenazas.

pinède *f* pinar *m*.

pingouin *m* pingüino.

ping-pong *m* ping-pong.

pingre *a/s* agarrado, a. **-rie** *f* tacañería.

pinson *m* pinzón.

pintade *f* pintada.

pioch/e *f* pico *m*. **-er** *t* **1.** cavar. **2.** FAM empollar: il pioche son anglais, está empollando inglés.

piolet *m* piolet.

pion *m* **1.** peón. **2.** FAM (*surveillant*) vigilante.

pionnier *m* **1.** colonizador. **2.** (*précurseur*) pionero.

pipe *f* **1.** pipa. **2.** FAM casser sa ~, estirar la pata.

pipeline [piplin] *m* oleoducto.

pipi *m* pipí: faire ~, hacer pis, hacer pipí.

piquant, e *a* **1.** que pincha: sa barbe est piquante, su barba pincha. **2.** sauce piquante, salsa picante. **3.** (*drôle*) picante. ■ *m* púa *f*.

pique *f* pica.

piqué, e *a* **1.** picado, a. **2.** FAM (*un peu fou*) chiflado, a. ■ *m* **1.** (*tissu*) piqué. **2.** (*avion*) picado.

pique-niqu/e [piknik] *m* comida *f* campestre, picnic. **-er** *i* ir de picnic.

piquer *t* **1.** picar. **2.** ~ à la machine, coser a máquina. **3.** ~ une tête, echarse de cabeza. **4.** FAM (*voler*) afanar, birlar. ■ *pr* attention de ne pas te ~, cuidado con pincharte. **2.** se ~ de, jactarse de.

piquet *m* **1.** piquete, estaca *f*. **2.** ~ de grève, piquete de huelga.

piqûre *f* **1.** (*d'insecte*) picadura. **2.** (*d'épingle, etc.*) pinchazo *m*. **3.** inyección: faire une ~ à un malade, poner una inyección a un enfermo.

pirate *m* pirata. | ~ de l'air, secuestrador aéreo.

pire *a* **1.** peor: les pires ennuis, los peores disgustos. **2.** le ~, lo peor; c'est la ~ des choses, es lo peor de todo.

pirogue *f* piragua.

pirouette *f* pirueta.

¹pis [pi] *m* ubre *f*, teta *f*.

²pis *adv/a* **1.** peor. | de mal en ~, de mal en peor; tant ~, tanto peor; tant ~ pour toi, peor para ti; au ~ aller, en el peor de los casos. **2.** le ~, lo peor.

pis-aller [pizale] *m* mal menor.

piscine *f* piscina.

pissenlit *m* diente de león.

pisser *i* POP mear.

pistache *f* pistacho *m*.

piste *f* **1.** pista. **2.** ~ cyclable, carril-bici *m*.

pistolet *m* pistola *f*.

piston *m* **1.** (*de moteur*) émbolo, pistón. **2.** MUS pistón. **3.** FAM avoir du ~, tener enchufe. **-ner** *t* enchufar.

piteux, euse *a* lamentable.

pitié f lástima, piedad: **faire ~**, dar lástima; **par ~**, por piedad; **prends ~ de nous**, apiádate de nosotros.

piton m **1.** armella f. **2.** (pic) pico.

pitoyable [pitwajabl] a lastimoso, a, lamentable.

pitre m payaso.

pittoresque m pintoresco, a.

pivert m pico verde.

pivoine f peonía.

pivot m pivote, eje. **-ant, e** a giratorio, a. **-er** i girar sobre su eje.

placard [plakaʀ] m **1.** armario empotrado. **2.** (affiche) cartel. **-er** t fijar.

place f **1.** (lieu public) plaza. **2.** sitio m, lugar m: **chaque chose à sa ~**, cada cosa en su lugar; **il y a de la ~**, hay sitio; **prendre beaucoup de ~**, ocupar mucho sitio; **il faudra remettre les outils en ~**, habrá que guardar las herramientas en su sitio. | **à la ~ de**, en lugar de; **à ta ~**, yo que tú; **rester sur ~**, quedarse en el mismo lugar. **2.** (dans un véhicule) plaza, asiento m. **3.** (dans une salle de spectacle) localidad, entrada. **4.** (emploi) empleo m, plaza, colocación.

placement m **1.** colocación f: **bureau de ~**, agencia de colocación. **2.** (investissement) inversión f.

¹**placer°** t **1.** colocar. **2.** (un spectateur) acomodar. **3.** (de l'argent) invertir.

²**placer** [plasɛʀ] m (d'or) placer.

placid/e a plácido, a. **-ité** f placidez.

plaf/ond m **1.** techo. **2.** (avion) altura f máxima. **3.** tope, límite: **prix ~**, precio tope. **-onner** i **1.** volar a la altura máxima. **2.** llegar al límite.

plage f playa.

plagi/aire s plagiario, a. **-at** m plagio. **-er** t plagiar.

plaid/er i pleitar. | **~ pour**, abogar por. ■ t defender. **-eur, euse** s litigante.

plaidoyer [plɛdwaje] m alegato.

plaie f **1.** llaga, herida. **2.** (fléau) plaga.

plaignant, e s JUR demandante.

plaindre° t **1.** compadecer de alguien; **je vous plains**, le compadezco. ■ **se ~**, quejarse.

plaine f llanura.

plaint/e f **1.** queja. **2.** porter ~, presentar una denuncia. **-if, ive** a lastimero, a, quejumbroso, a.

plaire° i **1.** ~ à, gustar a; **cela m'a beaucoup plu**, esto me ha gustado mucho. ■ impers **s'il vous (te) plaît**, por favor; **plaît-il?**, ¿cómo? ■ **se ~**, estar a gusto.

plaisance (de) loc adj de recreo.

plaisant, e a **1.** agradable. **2.** (drôle) divertido, a.

plaisant/er i bromear, chancear. **-erie** f broma, chanza. | **mauvaise ~**, broma pesada. **-in** m bromista.

plaisir m **1.** placer: **les plaisirs de la vie**, los placeres de la vida. **2.** gusto, agrado: **j'ai le ~ de vous informer**, tengo el gusto de informarle. | **avec ~**, con gusto; **faire ~ à quelqu'un**, agradar a alguien; **ta réussite m'a fait ~**, tu éxito me ha dado mucho gusto; **faites-moi le ~ de ...**, hágame el favor de ...

plan, e a plano, a. ■ m **1.** plano, término: **au premier ~**, en el primer plano. **2.** plano: **le ~ de la ville**, el plano de la ciudad. **3.** (projet) plan. | FAM **en ~**, en suspenso. **4.** sur **le ~ politique**, desde el punto de vista político.

planche f 1. tabla. | ~ à dessin, tablero m de dibujo; ~ à voile, tabla de windsurf; **faire de la ~ à voile**, hacer windsurf. 2. (*gravure*) lámina. ■ *pl* **monter sur les planches**, pisar las tablas.

plancher m piso, suelo.

planer i 1. (*oiseaux, une menace*) cernerse. 2. (*avion*) planear.

planète f planeta.

planeur m planeador.

planifi/er t planificar. **-cation** f planificación.

planisphère m planisferio.

plantation f plantación.

plante f planta.

planter t 1. plantar. 2. ~ un clou, un pieu, clavar un clavo, hincar una estaca. ■ **se ~ devant ...**, plantarse ante ...

planton m ordenanza.

plantureux, euse a copioso, a.

plaque f 1. placa, chapa: ~ d'immatriculation, placa de matrícula. 2. (*chocolat*) tableta. 3. ~ dentaire, placa dental.

plaquer t 1. chapar: **plaqué or**, chapado de oro. 2. (*aplatir*) pegar. 3. FAM (*abandonner*) plantar.

plaquette f 1. (*de frein*) pastilla. 2. (*livre*) librito m, folleto m.

plastic m plástico.

plastique a plástico, a. ■ m plástico: **sac en ~**, bolsa de plástico.

plat, e a 1. llano, a. 2. (*pied, écran, etc.*) plano, a. 3. à ~, horizontalmente; **pneu à ~**, neumático desinflado; FAM **être à ~**, estar hecho polvo. 4. (*fade*) insulso, a, soso, a. 5. **eau plate**, agua sin gas. ■ m 1. (*vaisselle*) fuente f. | **mettre les pieds dans le ~**, meter la pata. 2. (*mets*) plato: ~ **garni**, plato con guarnición.

platane m plátano.

plateau m 1. bandeja f. 2. (*d'une balance*) platillo. 3. (*en géographie*) meseta f. 4. (*de cinéma*) plató m.

plate-bande f arriate m.

plate-forme f plataforma.

platine m platino. ■ f (*de tourne-disque*) platina, plato m.

platitude f banalidad, trivialidad.

platonique a platónico, a.

plâtras [platʀa] m cascote.

plâtr/e m 1. yeso. 2. MED escayola f | **jambe dans le ~**, pierna escayolada. **-er** t enyesar. **-ier** m yesero.

plausible a plausible.

plébiscite m plebiscito.

plein, e a 1. lleno, a: **le verre est ~**, el vaso está lleno; **robe pleine de taches**, vestido lleno de manchas. 2. pleno, a: **en ~ été, jour**, en pleno verano, día. | **en pleine mer**, en alta mar. ■ m 1. **faire le ~**, llenar totalmente el depósito. 2. **battre son ~**, estar en pleno apogeo; **en ~ sur**, justo en. 3. ~ **de monde**, mucha gente; ~ **de choses**, un rato de cosas. **-ement** adv plenamente.

plein-emploi [plɛnɑ̃plwa] m pleno empleo.

plénipotentiaire a/m plenipotenciario, a.

plénitude f plenitud.

pléonasme m pleonasmo.

pleur/er i/t llorar. **-eur, euse** a/s llorón, ona.

pleurnich/er i FAM lloriquear. **-eur, euse** a/s llorica.

pleutre a cobarde.

pleuvoir° impers llover: **il pleut à verse**, llueve a cántaros; **il a plu**, ha llovido.

pli m 1. pliegue. 2. **jupe à plis**, falda de tablas. 3. (*du pantalon*) raya f. 4. (*faux pli, ride*) arruga f. 5. **mise en**

plis, marcado *m.* **6.** (*lettre*) pliego, carta *f.* **-able** *a* plegable. **-ant-**, *e a* plegable. ■ *m* (*siège*) silla *f* de tijera. **-er** *t* doblar. | ~ **bagages**, liar el petate. ■ *i* **1.** doblarse. **2.** ceder, doblegarse. ■ **se** ~ **à**, someterse a.

plinthe *f* rodapié *m*, zócalo *m.*

pliss/er *t* **1.** plisar. | **jupe plissée**, falda tableada. **2.** (*le front*) fruncir. **-ement** *m* **1.** (*du sol*) pliegue. **2.** fruncimiento.

plomb [plɔ̃] *m* **1.** plomo. **2.** (*de chasse*) perdigón. **3. fil à** ~, plomada *f*; **à** ~, a plomo. **4. faire sauter les plombs**, fundir los plomos; **les plombs ont sauté**, se fundieron los plomos.

plomb/age *m* (*dent*) empaste. **-er** *t* empastar.

plomb/erie *f* fontanería. **-ier** *m* fontanero.

plongée *f* inmersión. | ~ **sous-marine**, buceo *m*, submarinismo *m.*

plong/er° *i* **1.** zambullirse. **2.** (*vue*) dominar. ■ *t* (*enfoncer*) hundir. ■ **se** ~ **dans**, sumirse en. **-eoir** *m* trampolín. **-eon** *m* zambullida *f.* **-eur, euse** *s* **1.** buceador, a. **2.** (*de restaurant*) lavaplatos.

ployer° [plwaje] *t* doblar. ■ *i* doblarse, encorvarse.

plu ⇒ **plaire, pleuvoir**.

pluie *f* lluvia.

plum/e *f* pluma. | **dessin à la** ~, dibujo a pluma. **-age** *m* plumaje. **-eau** *m* plumero. **-er** *t* desplumar. **-ier** *m* plumier.

plupart (la) *f* la mayor parte, la mayoría. | **la** ~ **du temps**, la mayoría de las veces, casi siempre.

pluriel *m* plural.

plus [ply, plys] *adv* **1.** más: **deux fois** ~, dos veces más; **deux ans de** ~ **que moi**, dos años más que yo;

une fois de ~, una vez más; **prenez** ~ **de potage**, tome más sopa; ~ **ou moins**, más o menos. | **de** ~ **en** ~, cada vez más; **en** ~, además; **non** ~, tampoco; **tout au** ~, a lo sumo. **2. ne** ... ~, ya no, no ... más: **je n'ai** ~ **faim**, ya no tengo hambre. ■ *m* más.

plusieurs *a/pron* varios, as.

plus-value [plyvaly] *f* plusvalía.

plutôt *adv* **1.** más bien: ~ **grand**, más bien alto. **2.** ~ **que de te plaindre**, antes que quejarte. **3.** (*pour être plus précis*) mejor dicho. **4.** (*très*) muy.

pluvieux, euse *a* lluvioso, a.

pneu *m* neumático.

pneumatique *a/m* neumático, a.

pneumonie *f* neumonía, pulmonía.

poche *f* **1.** (*d'un vêtement*) bolsillo *m.* **2.** (*petit sac, faux pli, sous les yeux, de gaz naturel*) bolsa.

pocher *t* **1.** (*œuf*) escalfar. **2. œil poché**, ojo a la funeral.

pochette *f* **1.** (*enveloppe*) sobre *m.* **2.** (*mouchoir*) pañuelo *m.* **3.** (*en cuir*) bolso *m.*

podium [pɔdjɔm] *m* **1.** podio: **monter sur le** ~, subir al podio. **2.** (*mode*) pasarela *f.*

¹poêle [pwal] *m* estufa *f.*

²poêl/e [pwal] *f* (*à frire*) sartén *f.* **-on** *m* cazo.

poème *m* poema.

poésie *f* poesía.

poète *a/m* poeta.

poétesse *f* poetisa.

poétique *a* poético, a.

pognon *m* FAM guita *f*, pasta *f.*

poids [pwa] *m* **1.** peso: **vendre au** ~, vender a peso. **2.** (*pour peser, d'une horloge*) pesa *f.* **3.** ~ **lourd**, camión.

poignant, e *a* punzante, desgarrador, a.

poignard m puñal | coup de ~, puñalada f. **-er** t apuñalar.

poignée f **1.** puñado m. **2.** ~ de main, apretón m de mano. **3.** (de porte) picaporte m. **4.** (de valise) asa.

poignet m **1.** muñeca f. **2.** (d'une chemise) puño.

poil m **1.** pelo | FAM à ~, en cueros, en pelotas; se mettre à ~, ponerse en cueros. **2.** FAM au ~!, ¡muy bien!; ¡macanudo!; de mauvais ~, de mal café. **-u, ue** a velludo, a.

poinçon m punzón m. **-ner** t (un billet) picar.

poindre° i apuntar, rayar.

poing [pwɛ̃] m puño | coup de ~, puñetazo; dormir à poings fermés, dormir a pierna suelta.

¹point [pwɛ̃] m **1.** punto: ~ à la ligne, punto y aparte; point-virgule, punto y coma; au ~ mort, en punto muerto; cuit à ~, cocido en su punto; à tel ~ que, hasta tal punto que. | au plus haut ~, en sumo grado; sur le ~ de, a punto de; próximo a. **2.** ~ de côté, dolor de costado. **3.** ~ de vue, punto de vista. (lieu) mirador. **4.** mise au ~, puntualización; (photo) enfoque m.

²point adv (pas) no. | ~ du tout, en absoluto.

pointe f **1.** punta | sur la ~ des pieds, de puntillas. **2.** heures de ~, horas punta; vitesse de ~, velocidad punta.

pointer 1. (sur une liste) apuntar. **2.** dirigir. **3.** ~ son fusil sur, apuntar con la escopeta a. ■ i (ouvriers, employés) fichar.

pointillé m **1.** punteado. **2.** (ligne) linea f de puntos.

pointilleux, euse a quisquilloso, a, puntilloso, a.

pointu, e a puntiagudo, a.

pointure f número m.

poire f **1.** pera. **2.** FAM primo m: quelle ~!, ¡vaya primo!

poireau m puerro.

poirier m peral.

pois [pwa] m **1.** petits ~, guisantes: ~ de senteur, guisante de olor; ~ chiche, garbanzo. **2.** cravate à ~, corbata de lunares.

poison m veneno, ponzoña f.

poisse f FAM mala pata | avoir la ~, tener la negra; porter la ~, ser gafe.

poisseux, euse a pegajoso, a.

poisson m **1.** (vivant) pez: poissons rouges, peces de colores. **2.** (pêché et comestible) pescado: ~ frit, pescado frito. **3.** ~ d'avril, inocentada f. **4.** ASTR les Poissons, Piscis. **-nerie** f pescadería. **-nier, ère** s pescadero, a.

poitrine f pecho m.

poivre m pimienta f. **-er** t sazonar con pimienta. **-on** m pimiento.

polaire a polar.

polar m novela f policíaca.

polariser t polarizar.

pôle m polo.

polémique f polémica.

poli, e a **1.** (lisse) pulido, a, liso, a. **2.** (courtois) cortés, bien educado.

¹police f policía: ~ de la route, policía de tráfico.

²police f (d'assurance) póliza.

policier, ère a policíaco, a: roman ~, novela policíaca ■ s policía.

poliment adv cortésmente.

poliomyélite f poliomielitis.

polir t pulir.

polisson, onne s bribonzuelo, a ■ a licencioso, a, verde.

politesse f cortesía.

politique a/m político, a. | un homme ~, un político. ■ f política. **-cien, enne** s político, a.

polluer t contaminar: air pollué, aire contaminado. **-ant, e** a/m contaminante. **-tion** f contaminación.

pollen m polen.

polo m polo.

Pologne n p f Polonia.

polonais, e a/s polaco, a. ■ f (danse) polonesa.

poltron, onne a/s cobarde.

polycopier t multicopiar.

polycopié m multicopia.

polyglotte a/s políglota, a.

polygone m polígono.

Polynésie n p f Polinesia.

polytechnique a politécnico, a.

polyvalent a polivalente.

pommade f pomada.

pomme f 1. manzana 2. ~ de terre, patata. | pommes frites, patatas fritas. 3. ~ de pin, piña. 4. ~ d'Adam, nuez.

pommelé, e a (ciel) aborregado, a.

pommette f pómulo m.

pommier m manzano.

pompe¹ f 1. bomba: ~ à incendie, bomba de incendios. 2. ~ à essence, surtidor m de gasolina. 3. FAM à toute ~, a toda mecha.

pompe² f pompa: en grande ~, con gran pompa. | pompes funèbres, pompas fúnebres.

pomper t 1. bombear, aspirar. 2. FAM être pompé, estar reventado.

pompier m bombero.

pompiste m encargado de una gasolinera.

pompeux, euse a pomposo, a.

pompon m borla f.

ponce a pierre ~, piedra pómez.

ponctualité f puntualidad.

ponctuation f puntuación.

ponctuel, elle a puntual.

pondéré, e a ponderado, a.

pondre t poner.

poney m poney, poni.

pont m 1. puente: ~ suspendu, puente colgante, aéreo. 2. faire le ~, hacer puente. 3. MAR cubierta f.

pontife m souverain ~, sumo pontífice. **-ical, e** a pontifical.

pont-levis [põlvi] m puente levadizo.

pop-corn m palomitas f pl.

popeline [poplin] f popelín m.

populace f populacho m.

populaire a popular. **-arité** f popularidad. **-ariser** t popularizar.

population f población, a. **-eux, euse** a populoso, a.

porc [pɔʀ] m 1. puerco, cerdo. 2. (viande) cerdo.

porcelaine f porcelana.

porc-épic [pɔʀkepik] m puerco espín.

porche m porche, portal.

porcherie f pocilga.

pore m poro. **-eux, euse** a poroso, a.

porno a FAM porno.

pornographie f pornografía. **-ique** a pornográfico, a.

port¹ m puerto: arriver à bon ~, llegar a buen puerto.

port² m 1. porte: ~ dû, payé, porte debido, pagado. 2. (allure) porte, aire. 3. le ~ du casque, el uso del casco.

portable a 1. (portatif) portátil: ordinateur ~, ordenador portátil. 2. téléphone ~, teléfono móvil: un ~, un móvil.

portail [pɔʀtaj] m 1. pórtico. 2. INFORM portal.

portant, e a être bien ~, estar bien de salud.

portatif, ive a portátil. **porté** f puerta | mettre à la ~, poner de patitas en la calle.

porte-avions m portaaviones.

porte-bagages m portaequipajes.

porte-bonheur m amuleto.

porte-clefs [parakle] m llavero.

porte-documents m portafolios.

porte-drapeau m abanderado.

portée f 1. (d'animaux) camada. 2. (arme m : à ~ de la main, al alcance de la mano; hors de ~, fuera de alcance. 3. mus pentagrama m.

porte-fenêtre f puerta vidriera.

portefeuille m cartera f.

portemanteau m percha f.

porte-mine m lapicero.

porte-monnaie m monedero.

porte-parapluie m paragüero.

porte-plume m portaplumas.

porter t 1. llevar : ~ une valise, un pull, llevar una maleta, un jersey 2. (apporter) ~ un nom sur une liste, poner un nombre en una lista. 3. ~ bonheur, traer suerte. ~ (ses regards) dirigir : 1. (arme) alcanzar: voix qui porte, voz potente. 2. sa remarque a porté, su observación ha surtido efecto. 3. (discours) qui porte sur la situation économique, discurso que trata de la situación económica. ■ pr 1. (vêtement) llevarse. 2. encontrarse, estar : comment vous portez-vous? ¿cómo se encuentra usted?; je me porte bien, estoy bien de salud. 3. se ~ candidat, presentarse como candidato.

porte-serviettes m toallero.

porteur, euse s portador, a : payable au ~, pagadero al portador. ■ m (dans une gare) mozo de equipajes.

porte-voix m megáfono.

portier, ère s portero, a.

portière f (de voiture) portezuela, puerta.

portillon m portillo.

portion f 1. porción. 2. (de nourriture) ración.

portique m pórtico.

porto m vino de Oporto.

Porto-Rico n p m Puerto Rico.

portrait m retrato. ~-**robot** m retrato robot. -**iste** s retratista.

Portugal n p m Portugal.

portugais, e a/s portugués, esa.

pose f 1. colocación: la ~ d'une moquette, la colocación de una moqueta. 2. (attitude) pose, postura. 3. (photo) exposición.

posé, e a comedido, a, ponderado, a. -**ment** adv pausadamente.

poser t 1. poner, colocar: elle pose son sac sur le lit, puso el bolso en la cama. 2. (installer) instalar, colocar. 3. ~ une question, hacer una pregunta. 4. ~ un problème, plantear un problema. ■ i (un modèle) posar. □ pr 1. (oiseau) posarse. 2. (avion) tomar tierra. 3. son regard se posa sur lui, su mirada se fijó en él.

poseur, euse a/s presumido, a. ■ m ~ de bombes, terrorista.

positif, ive a positivo, a. ■ m (photo) positiva.

position f posición.

posséder t poseer. ■ se ~, dominarse.

possession f posesión. -**eur** m poseedor. -**if, ive** a/m posesivo, a.

possible a posible : autant que ~, dentro de lo posible, a ser posible; pas ~!, ¡no es posible! ■ m dans la mesure du ~, en la medida de lo posible; faire tout son ~, hacer todo lo posible. -**ilité** f posibilidad.

pot-au-feu [pɔtofø] *m* cocido, puchero.

pot-de-vin [pɔdvɛ̃] *m* soborno.

pote *f* FAM amigote.

poteau *m* poste. | au ~!, ¡al poste!

potée *f* e rollizo, a.

potence *f* (*gibet*) horca.

potentiel, elle *a* potencial. ■ *m* potencial.

poterie *f* 1. (*fabrication*) alfarería. 2. (*objet*) vasija de barro.

potiche *f* jarrón *m* (de porcelana).

potier *m* alfarero.

potin *m* FAM jaleo, barullo. ■ *pl* (*commérages*) chismes.

potion *f* poción.

potiron *m* calabaza *f*.

pou *m* piojo.

pouah! *interj* ¡puah!

poubelle *f* cubo *m* de la basura. | sac-poubelle, bolsa *f* de basura.

pouce *m* 1. pulgar. | manger sur le ~, comer en un periquete. 2. (*du pied*) dedo gordo. 3. (*mesure*) pulgada *f*.

poudre *f* 1. polvo *m*: lait en ~, leche en polvo. 2. (*fard*) polvos *m pl*. 3. (*explosif*) pólvora. **-erie** *f* fábrica de pólvora. **-eux, -euse** *a* polvoriento, a. | neige poudreuse, nieve en polvo. **-ier** *m* polvera *f*. **-ière** *f* polvorín *m*.

pouf *m* puf.

pouffer *i* reventar de risa.

pouilleux, euse *a/s* piojoso, a.

poulailler *m* gallinero.

poulain *m* potro.

poule *f* 1. gallina. | une ~ mouillée, un, una gallina. avoir la chair de ~, tener la carne de gallina. 2. ~ d'eau, polla de agua. **-arde** *f* gallina ceba-da. **-et** *m* pollo: ~ rôti, pollo asado. **-ette** *f* pollita, polla.

poste¹ *f* correos *m pl*: un bureau de ~, una oficina de correos; aller à la ~, ir a correos. | mettre une lettre à la ~, echar una carta al correo; ~ restante, lista de correos. **-al, e** *a* postal.

poste² *m* 1. puesto: être à son ~, estar en su puesto. | ~ de police, prevención; puesto de policía. 2. (de radio, télévision) aparato. 3. (de ~ d'essence, gasolinera *f*.

poster¹ (*une lettre*) echar al correo.

poster² (**se**) *pr* apostarse.

poster³ [pɔster] *m* (*affiche*) póster.

postérieur, e *a* posterior. ■ *m* FAM trasero.

postérité *f* posteridad.

posthume *a* póstumo, a.

postiche *a/m* postizo, a.

postier, ère *s* empleado, a de correos.

postillon *m* (*salive*) cura.

post-scriptum [pɔstskriptɔm] *m* [posscriptom].

postuler *t* solicitar. **-ant, e** *s* postulante.

posture *f* postura.

pot [po] *m* 1. (*à eau*) jarro. 2. (de confiture, yaourt, etc.) tarro. 3. (de fleurs) tiesto *m*, maceta *f*: un ~ de géraniums, un tiesto de geranios. 5. ~ de chambre, orinal. 6. ~ d'échappement, silenciador. 7 FAM prendre un ~, tomar una copa. 8 FAM avoir du ~, tener potra, mala pata! | quel manque de ~!, ¡qué mala pata!

potable *a* potable.

potage *m* sopa *f*.

potager, ère *a* 1. plante potagère, hortaliza. 2. jardin ~, huerto *m*, huerta *f*.

potasse *f* potasa.

pouliche f potra, potranca.

poulie f polea.

poulpe m pulpo.

pouls [pu] m pulso; prendre le ~, tomar el pulso.

poumon m pulmón.

poupe f popa; avoir le vent en ~, ir viento en popa.

poupée f muñeca.

poupon m nene; -nière f guardería infantil.

pour prép 1. (but, destination, rapport) para: travailler ~ vivre, trabajar para vivir; tu es tout ~ moi, tu eres todo para mí; grand ~ son âge, alto para su edad. 2. (en faveur de) por: fais-le ~ moi, hazlo por mí; lutter ~ un idéal, luchar por un ideal. 3. (équivalence) por: dix ~ cent, diez por ciento; œil ~ œil, ojo por ojo. 4. (temps) je le veux ~ demain, lo quiero para mañana; ~ le moment, por ahora. 5. (cause) por: estimé ~ son sérieux, estimado por su seriedad; c'est ~ ça que je suis venu, por eso he venido. 6. ~ peu que, por poco que.

pourboire m propina; ~ compris, propina incluida.

pourcentage m porcentaje.

pourchasser t perseguir.

pourparlers m pl negociaciones f.

pourpre adj/f púrpura f.

pourquoi adv/conj por qué: ~ pas?, ¿por qué no?; je ne sais pas ~, no sé por qué. | m el porqué.

pourrir t pudrir: i pudrirse. -i, le a pudrirse, a podrido, a. -iture f podredumbre.

poursuite f 1. persecución. 2. (judiciaire) demanda. 3. (continuation) prosecución.

poursuivre t 1. perseguir: le chien poursuit le voleur, el perro persigue al ladrón. 2. (en justice) demandar. 3. (continuer) proseguir. | poursuivez!, ¡siga!

pourtant adv sin embargo, no obstante.

pourtour m contorno.

pourvoir i 1. ~ à, subvenir a. 2. (munir) ~ de, proveer, dotar. | siège à ~, escaño a cubrir. | se ~ de, proveerse de; pourvu de ..., provisto de. | pourvu que loc conj 1. con tal que, siempre que. 2. (souhait) ~ j'arrive à temps!, ¡ojalá llegue a tiempo!

pousse f 1. (croissance) crecimiento m. 2. (bourgeon) retoño m, brote m: ~ de bambou, brote de bambú.

poussée f 1. (d'une voûte, d'un fluide) empuje m. 2. ~ de fièvre, acceso m de fiebre. | (grand mouvement) ola.

pousser t 1. empujar. 2. fig ils le poussent à accepter, le empujan a que acepte; ~ un cri, un soupir, dar un grito, un suspiro. | (plante, dent, enfant) crecer: i pr 1. empujarse. 2. correrse, apartarse: pousse-toi un peu, córrete un poco.

poussette f 1. cochecito m de niño. 2. (de marché) carrito m.

poussière f polvo m. -eux, -euse polvoriento, a.

poussif, ive asmático, a.

poussin m polluelo.

poutre f viga. -elle f vigueta.

pouvoir t poder: je ne peux pas fermer ma valise, no puedo cerrar la maleta; je n'ai pas pu venir, no pude venir; pourriez-vous me dire ~?, ¿podría decirme ...?; puis-je entrer?, ¿puedo entrar?; se ... es? ¿puedo pasar?

puede?; **je n'en peux plus**, ya no puedo más. | **je n'y peux rien**, no lo puedo remediar; **on n'y peut rien**, ¿qué le vamos a hacer? ■ *impers* **il peut se faire que ...**, puede ser que ... ■ *pr* **il se pourrait qu'il pleuve**, puede ser que llueva; **ça se pourrait bien**, puede, podría ser.

²**pouvoir** *m* poder: **tomber au ~ de**, caer bajo el poder de; **pleins pouvoirs**, plenos poderes; **~ d'achat**, poder adquisitivo.

Prague *n p* Praga.

prairie *f* pradera, prado *m*.

praline *f* almendra garrapiñada.

praticable *a* 1. *(chemin)* transitable. 2. *(réalisable)* practicable.

praticien *m* facultativo.

pratiquant, e *a/s* practicante.

pratique *a* práctico, a. ■ *f* 1. práctica: **mettre en ~**, poner en práctica. 2. *(usage)* costumbre.

pratiquer *t* practicar.

pré *m* prado.

préalable *a* previo, a. | **au ~**, previamente.

préambule *m* preámbulo.

préavis [preavi] *m* preaviso.

précaire *a* precario, a.

précaution *f* precaución.

précéd/ent, e *a* anterior, precedente. ■ *m* precedente. **-emment** *adv* anteriormente.

précéder° *t* preceder.

précepte *m* precepto.

précepteur, trice *s* preceptor, a.

prêcher *t/i* predicar.

précieux, euse *a* 1. precioso, a. 2. *FIG* amanerado, a, afectado, a.

précipice *m* precipicio.

précipit/er *t* precipitar. ■ **se ~**, precipitarse. **-amment** *adv* precipitadamente. **-ation** *f* precipitación. **-é, ée** *a/m* precipitado, a.

précis, e *a* 1. preciso. 2. **à onze heures précises**, a las once en punto. ■ *m* compendio. **-ément** *adv* precisamente.

précis/er *t* precisar. **-ion** *f* precisión. ■ *pl* detalles *m*: **demander des précisions sur ...**, pedir detalles sobre ...

précoce *a* precoz. | **fruits précoces**, frutos precoces, tempranos.

précolombien, enne *a* precolombino, a.

préconçu, e *a* preconcebido, a.

préconiser *t* preconizar.

précurseur *a/m* precursor.

prédécesseur *m* predecesor.

prédestiné, e *a* predestinado, a.

prédicat/eur *m* predicador. **-ion** *f* predicación.

prédiction *f* predicción.

prédilection *f* predilección.

prédire° *t* predecir.

prédispos/er *t* predisponer. | **prédisposé à ...**, predispuesto a ... **-ition** *f* predisposición.

prédomin/er *i* predominar. **-ance** *f* predominio *m*. **-ant, e** *a* predominante.

prééminence *f* preeminencia.

préfabriqué, e *a* prefabricado, a.

préface *f* prólogo *m*, prefacio *m*.

préfecture *f* prefectura.

préfér/er° *t* preferir: **je préfère ça**, prefiero esto. **-able** *a* preferible. **-é, ée** *a/s* preferido, a. **-ence** *f* preferencia. | **de ~**, preferentemente. **-entiel, elle** *a* preferente.

préfet *m* prefecto, gobernador civil.

préfixe *m* prefijo.

préhist/oire *f* prehistoria. **-orique** *a* prehistórico, a.

préjudic/e m prejuicio. | porter ~ à quelqu'un, perjudicar a alguien. **-iable** a perjudicial.

préjugé m prejuicio.

prélat m prelado.

prélever° t **1.** sacar, tomar: ~ un échantillon, tomar una muestra. **2.** deducir.

préliminaire a/m preliminar.

prélude m preludio.

prématuré, e a/s prematuro, a.

prémédit/er t premeditar. **-ation** f premeditación.

prem/ier, ère a primero, a (primer devant un substantif masculin: le ~ homme, el primer hombre; il habite au ~ étage, vive en el primer piso). | du ~ coup, a la primera; le ~ venu, uno cualquiera. ■ m primero. ■ f **1.** (classe, vitesse) primera. **2.** (théâtre, cinéma) estreno m. **-ièrement** adv en primer lugar.

premier-né, première-née s primogénito, a.

prémunir (se) pr prevenirse.

prendre° t **1.** (saisir) tomar, coger. **2.** ~ l'avion, un médicament, un bain, tomar el avión, un medicamento, un baño; ~ au sérieux, au tragique, tomar en serio, por lo trágico. **3.** quitar: on lui a pris son vélo, le han quitado la bici. **4.** recoger: je passerai vous ~, pasaré a recogerle. **5.** (un billet, une photo) sacar. **6.** (un poisson) pescar. **7.** tomarse: j'ai pris mes vacances en juin, me tomé las vacaciones en junio. **8.** cobrar: combien t'a-t-il pris?, ¿cuánto te ha cobrado?; il prend très cher, cobra muy caro. **9.** ~ une personne pour une autre, tomar a una persona por otra: pour qui me prends-tu?, ¿por quién me tomas? **10.** qu'est-ce qui lui prend?,

¿qué le pasa? ■ i **1.** (feu) prender. **2.** (plante, vaccin) coger. **3.** (mode) cuajar. **4.** coger: prenez à droite, coja a la derecha. ■ pr **1.** se ~ pour, tomarse por. **2.** se ~ d'amitié pour, tomar cariño a. **3.** s'en ~ à quelqu'un, echar la culpa a alguien. **4.** il ne sait pas comment s'y ~, no sabe como arreglárselas.

prénom m nombre (de pila).

préoccup/er t preocupar. **-ation** f preocupación.

préparateur, trice s **1.** (laboratoire) auxiliar. **2.** (pharmacie) practicante.

prépar/er t preparar. ■ se ~, prepararse. **-atifs** m pl preparativos. **-ation** f preparación. **-atoire** a preparatorio, a.

prépondér/ant, e a preponderante. **-ance** f preponderancia.

préposé, e s **1.** encargado, a. **2.** (facteur) cartero.

préposition f preposición.

préretraite f prejubilación.

prérogative f prerrogativa.

près [PRE] adv **1.** cerca. | tout ~, muy cerca, cerquita; à cela ~, fuera de esto; à peu ~, casi; à peu de chose ~, aproximadamente. **2.** ~ de, cerca de.

présage m presagio.

presbyte a/s présbita.

presbytère m casa f del párroco.

prescr/ire° t **1.** prescribir. **2.** (un remède) recetar. **-iption** f prescripción.

présence f presencia. | ~ d'esprit, presencia de ánimo.

présent, e a presente. ■ m presente. | à ~, ahora.

présent/er t **1.** presentar. **2.** (montrer) exhibir. ■ se ~, presentarse. **-able** a presentable. **-ateur, trice**

s (*radio, télévision*) presentador, a.
-ation f 1. presentación. 2. (*d'une collection, d'un film*) exhibición.

préserv/er t preservar. **-atif** m preservativo. **-ation** f preservación.

présid/er t presidir. **-ence** f presidencia. **-ent, e** s presidente, a. | **~ directeur général, P-DG,** director gerente. **-entiel, elle** a presidencial.

presomp/tion f presunción. **-tif, ive** a presunto, a. **-tueux, euse** a presuntuoso, a.

presque adv casi: **j'ai ~ fini,** casi he terminado. | **~ pas,** apenas; **je ne l'ai ~ pas vu,** apenas le he visto, casi no le he visto.

presqu'île f península.

pressant, e a urgente.

presse f prensa. | **mettre sous ~,** poner en prensa; **avoir bonne ~,** tener buen cartel.

pressé, e a 1. **je suis très ~,** tengo mucha prisa. 2. urgente. 3. **orange pressée,** zumo m de naranja exprimida.

presse-citron m exprimidor.

pressent/ir° t presentir. **-iment** m presentimiento.

presse-papiers m pisapapeles.

presse-purée m pasapuré.

presser t 1. **~ un citron,** exprimir, estrujar un limón. 2. **~ contre sa poitrine,** apretar contra su pecho; **~ dans ses bras,** estrechar entre sus brazos. 3. **~ un bouton,** pulsar un botón. 4. **~ quelqu'un de faire quelque chose,** apremiar a alguien para hacer algo. 5. **~ le pas,** apretar el paso. ■ i 1. **l'affaire presse,** el asunto urge. 2. **le temps presse,** el tiempo apremia. ■ **pr** 1. (*se serrer*) apretujarse. 2. (*se hâter*) darse prisa: **pressez-vous!,** ¡daos prisa!

pressing [pR
esiŋ] m tintorería f.

pression f 1. presión. 2. **faire ~ sur quelqu'un,** presionar a alguien.

pressoir m 1. prensa f. 2. lagar.

pressurer t 1. prensar. 2. FIG estrujar.

pressuriser t presurizar.

prestation f prestación.

preste a pronto, a, ágil.

prestidigitat/eur m prestidigitador. **-ion** f prestidigitación.

prestig/e m prestigio. **-ieux, euse** a prestigioso, a.

présum/er t suponer, presumir.₀**-é, ée** a presunto, a.

¹**prêt, e** a listo, a, dispuesto, a: **tout est ~,** todo está listo; **~ à partir,** dispuesto para salir; **mes bagages sont prêts,** tengo el equipaje dispuesto.

²**prêt** m préstamo.

prêt-à-porter m prêt-à-porter.

prétendant, e s pretendiente.

prétend/re t pretender. **-u, ue** a supuesto, a.

prétent/ieux, euse a/s presuntuoso, a. **-ion** f pretensión.

prêt/er t prestar. | **~ attention, l'oreille,** prestar atención, oídos. **-eur, euse** s prestamista.

prétexte m pretexto: **sous ~ que,** con el pretexto de que; **sous aucun ~,** bajo ningún pretexto.

prêtre m sacerdote.

preuve f prueba: **faire ~ de,** dar pruebas de.

prévaloir° i prevalecer.

préven/ant, e a atento, a, solícito, a. **-ance** f atención.

préven/ir° t 1. avisar, advertir: **préviens-moi,** avísame; **~ le médecin,** avisar al médico; **je t'avais prévenu!,** ¡ya te lo había advertido!, ¡ya te había avisado! 2. prevenir:

mieux vaut ~ que guérir, más vale prevenir que curar.

préventif, ive a preventivo, a.

prévention f prevención.

prévenu, e s (inculpé) acusado, a.

prévis/ion f previsión. **-ible** a previsible.

prév/oir° t prever: **tout est prévu**, todo está previsto. **-oyance** f previsión. **-oyant, e** a previsor, a, precavido, a.

prie-Dieu m reclinatorio.

prier i/t orar, rezar: **~ pour les défunts**, orar por los difuntos; **~ Dieu**, orar a Dios. ■ t rogar: **nous vous prions de bien vouloir ...**, le rogamos tenga la amabilidad de ...; **je vous prie de vous taire**, le ruego que se calle; **se faire ~**, hacerse rogar. | **je vous en prie**, se lo ruego; (bien sûr) claro; **je vous prie**, por favor.

prière f 1. oración: **dire ses prières**, rezar sus oraciones. 2. **~ de frapper**, se ruega llamen a la puerta.

prieur, e s prior, a. **-é** m priorato.

primaire a primario, a.

prime f prima.

primer i dominar, sobresalir. ■ t (récompense) premiar.

primesautier, ère a espontáneo, a.

primeurs f pl frutas, hortalizas tempranas.

primevère f primavera.

primitif, ive a/s primitivo, a.

primordial, e a primordial.

princ/e m príncipe. **-esse** f princesa. | FAM **aux frais de la ~**, de gorra.

principal, e a principal: **les principaux pays**, los principales países. ■ m le ~ **est de gagner**, lo principal es ganar.

principauté f principado m.

principe m principio. | **en ~**, en principio.

prin/temps [prɛ̃tã] m primavera f. **-tanier, ère** a primaveral.

priorit/é f 1. prioridad. 2. (sur route) preferencia de paso: **avoir la ~**, tener preferencia. **-aire** a prioritario, a.

pris, e p p de **prendre**. ■ a 1. **je suis ~ ce soir**, no estoy libre esta noche. 2. **~ de boisson**, ebrio.

prise f 1. presa. | **~ de judo**, llave de judo; **être aux prises avec**, estar en lucha con; **lâcher ~**, ceder. 2. toma: **la ~ de la Bastille**, la toma de la Bastilla; **~ de position**, toma de posición; **~ de sang**, toma de sangre. | **~ de son**, registro m de sonido; **~ de vues**, rodaje m. 3. **~ de courant**, enchufe m.

priser t (apprécier) apreciar.

prisme m prisma.

prison f cárcel, prisión. **-nier, ère** a/s 1. preso, a. 2. (de guerre) prisionero, a.

privation f privación.

privatiser t privatizar.

privé, e a privado, a.

priver t privar. ■ **se ~**, privarse.

privil/ège m privilegio. **-égié, e** a/s privilegiado, a. **-égier** t privilegiar.

prix [pri] m 1. precio: **quel est le ~ de ...?**, ¿cuál es el precio de ...?; **~ de revient**, precio de coste. | **hors de ~**, carísimo; **à aucun ~**, de ningún modo; **à tout ~**, cueste lo que cueste; **au ~ de**, a costa de. 2. premio: **~ Nobel**, premio Nobel.

probabilité f probabilidad.

probable a probable. **-ment** adv probablemente.

probité f probidad.

problème m problema. **-émati-que** a problemático, a.

procédé m procedimiento.

procéd/er° i/t proceder. **-ure** f procedimiento m.

procès [prɔsɛ] m proceso, pleito.

processeur m INFORM procesador.

procession f procesión.

processus [prɔsesys] m proceso: ~ de paix, proceso de paz.

procès-verbal m 1. atestado. 2. (d'une séance) acta f. 3. (amende) multa f.

prochain, e a 1. próximo, a. 2. (date) le mois ~, el mes próximo, que viene. ■ m próximo. **-ement** adv próximamente.

proche a próximo, a, cercano, a: hôtel ~ de la gare, hotel próximo a la estación. ■ m pl parientes, allegados.

Proche-Orient ⇒ **orient**.

proclam/er t proclamar. **-ation** f proclamación.

procré/er t procrear. **-ation** f procreación.

procuration f poder m.

procurer t proporcionar, procurar, facilitar. ■ se ~, procurarse.

procureur m procurador.

prodigalité f prodigalidad.

prodig/e m prodigio. **-ieux, euse** a prodigioso, a.

prodigue a/s pródigo, a.

prodiguer t prodigar.

producteur, trice a/s productor, a.

product/if, ive a productivo, a. **-ivité** f productividad.

production f producción.

produire° t producir. ■ se ~, producirse: un incendie s'est produit à bord, un incendio se produjo a bordo.

produit m producto.

proémin/ent, e a prominente. **-ence** f prominencia.

prof s FAM profe.

profanation f profanación.

profane a/s profano, a.

profaner t profanar.

proférer° t proferir.

professer t profesar.

professeur m profesor, a: elle est ~ d'espagnol, es profesora de español.

profession f profesión. **-nel, elle** a/s profesional.

professorat m profesorado.

profil m perfil. **-er (se)** pr perfilarse.

profit m 1. provecho: tirer ~ de, sacar provecho de. | au ~ de, en beneficio de. 2. profits et pertes, pérdidas y ganancias. **-able** a provechoso, a.

profit/er i 1. ~ de, aprovechar: ~ de l'occasion, aprovechar la ocasión; il a profité de ce que son père était absent, aprovechó que su padre estaba ausente. 2. ~ à quelqu'un, ser provechoso a alguien. **-eur, euse** s aprovechado, a.

profond, e a profundo, a. **-ément** adv profundamente. **-eur** f profundidad.

profusion f profusión.

progéniture f prole.

programm/e m programa. **-ation** f programación. **-er** t programar. **-eur, euse** s programador, a.

progrès [prɔgrɛ] m progreso.

progress/er i progresar. **-if, ive** a progresivo, a. **-ion** f progresión. **-ivement** adv progresivamente.

prohib/er t prohibir. **-ition** f prohibición. **-itif, ive** a prohibitivo, a.

proie f presa. | être en ~ à, ser presa de: oiseau de ~, ave de rapiña.

projecteur m **1.** foco. **2.** (de cinéma) proyector.

projectile m proyectil.

projection f proyección.

projet m proyecto.

projeter° t proyectar.

prolét/aire a/s proletario, a. **-ariat** m proletariado.

proliférer° i proliferar.

prolifique a prolífico, a.

prolixe a prolijo, a.

prologue m prólogo.

prolong/er° t prolongar. **-ation** f **1.** prolongación. **2.** (match) prórroga. **-ement** m prolongación f, prolongamiento.

promenade f paseo m: faire une ~, dar un paseo.

promen/er° t pasear. | FAM envoyer ~, mandar a paseo. ■ se ~, pasearse: **je vais me** ~, voy a pasearme. **-eur, euse** s paseante.

promesse f promesa: **il a tenu sa** ~, ha cumplido su promesa.

promett/re° t/i prometer: **il m'a promis de m'aider**, me ha prometido ayudarme; **ce garçon promet**, este chico promete. | FAM **ça promet!**, ¡vaya una perspectiva! ■ se ~, prometerse. **-eur, euse** a prometedor, a.

promis, e a/s prometido, a.

promiscuité f promiscuidad.

promontoire m promontorio.

promoteur m promotor.

promotion f promoción.

promouvoir° t promover.

prompt, e [prɔ̃, prɔ̃t] a pronto, a, rápido, a. **-itude** f prontitud.

prôner t preconizar.

pronom m pronombre. **-inal, e** a pronominal.

prononc/er° t pronunciar. ■ se ~, pronunciarse. **-é, ée** a marcado, a,

pronunciado, a. **-iation** f pronunciación.

pronost/ic m pronóstico. **-iquer** t pronosticar.

propagande f propaganda.

propag/er° t propagar. ■ se ~, propagarse. **-ation** f propagación.

propane m propano.

propension f propensión.

proph/ète m profeta. **-étie** [prɔfesi] f profecía. **-étique** a profético, a. **-étiser** t profetizar.

prophy/laxie f profilaxis. **-lactique** a profiláctico, a.

propice a propicio, a.

proportion f proporción. ■ pl statue aux proportions gigantesques, estatua de proporciones gigantescas. **-nel, elle** a proporcional. **-ner** t proporcionar: **bien proportionné**, bien proporcionado.

propos [prɔpo] m propósito. | **à** ~, a propósito; **à ce** ~, a este respecto; **à tout** ~, a cada momento. ■ pl (paroles) palabras f.

propos/er t proponer. ■ pr **1.** se ~ de, proponerse. **2.** (s'offrir) ofrecerse, brindarse. **-ition** f **1.** proposición, propuesta. **2.** (grammaire) oración.

propr/e a **1.** propio, a: **nom** ~, nombre propio; **de mes propres yeux**, con mis propios ojos; **par ses propres moyens**, con sus propios medios; **en mains propres**, en sus propias manos. **2.** (pas sale) limpio, a: **une serviette** ~, una toalla limpia. | **mettre au** ~, poner en limpio. ■ m **un** ~ **à rien**, un cero. **-ement** adv **1.** ~ **dit**, propiamente dicho; **à** ~ **parler**, a decir verdad. **2.** (avec propreté) limpiamente. **-eté** f limpieza.

propriét/é ƒ **1.** propiedad. **2.** (*maison et terres*) finca, propiedad. **-aire** s propietario, a.

propuls/er t propulsar. **-eur** m propulsor. **-ion** ƒ propulsión.

proroger t prorrogar.

prosaïque [prozaik] a prosaico, a.

prosateur m prosista.

pros/crire t proscribir. **-crit, e** s proscrito, a.

prose ƒ prosa.

prospect/er t **1.** prospectar. **2.** com buscar clientes en. **-ion** ƒ prospección.

prospectus [prospektys] m prospecto.

prosp/ère a próspero, a. **-érer** i prosperar. **-érité** ƒ prosperidad.

prosterner (se) pr prosternarse: se ~ devant l'autel, prosternarse ante el altar.

prostitu/ée ƒ prostituta. **-tion** ƒ prostitución.

prostration ƒ postración.

protagoniste m protagonista.

protect/eur, trice a/s protector, a. **-ion** ƒ protección. **-orat** m protectorado.

protég/er t proteger. **-é, ée** s protegido, a.

protéine ƒ proteina.

protestant, e a/s protestante. **-isme** m protestantismo.

protest/er i protestar. **-ation** ƒ protesta.

prothèse ƒ prótesis.

protocol/e m protocolo. **-aire** a protocolar.

prototype m prototipo.

protubér/ant a protuberante. **-ance** ƒ protuberancia.

proue ƒ proa.

prouesse ƒ proeza.

prouver t probar, demostrar: cela prouve que ..., eso prueba que ...

provenance ƒ procedencia. | train en ~ de Bordeaux, tren procedente de Burdeos.

provençal, e a/s provenzal.

Provence n p ƒ Provenza.

provenir i provenir, proceder: d'où provient cette méprise?, ¿de dónde proviene esta confusión?

proverb/e m proverbio, refrán. **-ial, e** a proverbial.

providen/ce ƒ providencia. **-tiel, elle** a providencial.

provinc/e ƒ provincia: habiter en ~, vivir en provincias. **-ial, e** a provincial. ■ s provinciano, a.

proviseur m director de un instituto de enseñanza media.

provision ƒ provisión. | chèque sans ~, cheque sin fondos. ■ pl compra sing: aller faire ses provisions, ir a la compra; panier à provisions, cesta de la compra.

provisoire a provisional.

provo/quer t provocar. **-cant, e** a provocativo, a. **-cation** ƒ provocación.

proximité ƒ proximidad. | à ~ de, cerca de.

prude a/ƒ gazmoño, a, mojigato, a.

prud/ent, e a prudente. **-emment** [prydamã] adv prudentemente. **-ence** ƒ prudencia.

pruderie ƒ mojigatería.

prun/e ƒ ciruela. | FAM pour des prunes, en balde. **-eau** m ciruela ƒ pasa.

prunelle ƒ **1.** (*fruit*) endrina. **2.** (*de l'œil*) niña.

prunier m ciruelo.

Prusse n p ƒ Prusia.

psalmodier t/i salmodiar.

psaume m salmo.

pseudonyme *m* seudónimo.

psychana/lyse [psikanaliz] *f* psicoanálisis *m*. **-lyser** *t* psicoanalizar. **-lyste** *s* psicoanalista.

psychiatr/e [psikjatʀ] *s* psiquiatra. **-ie** *f* psiquiatría. **-ique** *a* psiquiátrico, a.

psychique *a* psíquico, a.

psycholo/gie [psikɔlɔʒi] *f* psicología. **-gique** *a* psicológico, a. **-gue** *s* psicólogo, a.

psycho/se [psikoz] *f* psicosis. **-thérapie** *f* psicoterapia.

pu ⇒ **pouvoir**.

puant, e *a* hediondo, a. **-eur** *f* hediondez, hedor *m*.

pub *f* FAM la ~, los anuncios.

puberté *f* pubertad.

public, ique *a* público, a: rendre ~, hacer público. ■ *m* público: le grand ~, el público en general; en ~, en público.

publication *f* publicación.

publicit/é *f* 1. publicidad. 2. les publicités, los anuncios. **-aire** *a* publicitario, a.

publier *t* publicar.

puce *f* 1. pulga. | avoir la ~ à l'oreille, tener la mosca detrás de la oreja. 2. INFORM chip *m*, microchip *m*: carte à ~, tarjeta con chip. **-ron** *m* pulgón.

pud/eur *f* pudor *m*. **-ibond, e** *a* pudibundo, a. **-ique** *a* púdico, a.

puer *i/t* heder, apestar: ~ l'essence, apestar a gasolina.

puéricul/ture *f* puericultura. **-trice** *f* puericultora.

puéril, e *a* pueril. **-ité** *f* puerilidad.

puis [pɥi] *adv* después, luego. | et ~ (en outre) y además; et ~ après?, ¿y qué?

puiser *t* sacar.

puisque *conj* puesto que, ya que.

puiss/ance *f* 1. potencia: la ~ d'un moteur, la potencia de un motor; les grandes puissances, las grandes potencias. | en ~, en potencia. 2. (pouvoir) poder *m*. **-ant, e** *a* potente. ■ *a/s (qui a du pouvoir)* poderoso, a.

puits [pɥi] *m* pozo.

pull-over [pulɔvœʀ], **pull** [pul] *m* jersey.

pulluler *i* pulular.

pulmonaire *a* pulmonar.

pulpe *f* pulpa.

pulsation *f* pulsación.

pulvéris/er *t* pulverizar. **-ateur** *m* pulverizador. **-ation** *f* pulverización.

punaise *f* 1. chinche *m*. 2. *(petit clou)* chincheta.

punch [pɔ̃ʃ] *m (boisson)* ponche.

pun/ir *t* castigar. **-ition** *f* castigo *m*.

¹pupille [pypil] *s* pupilo, a.

²pupille *f (de l'œil)* pupila.

pupitre *m* 1. pupitre. 2. MUS atril.

pur, e *a* puro, a: eau pure, agua pura; ~ et simple, puro y simple; un ~ hasard, una pura casualidad.

purée *f* puré *m*. | FAM être dans la ~, no tener dónde caerse muerto.

purement *adv* puramente. | ~ et simplement, pura y simplemente.

pureté *f* pureza.

purgatif, ive *a/m* purgante.

purgatoire *m* purgatorio.

purge *f* purga.

purger⁰ *t* purgar.

purifi/er *t* purificar. **-cation** *f* purificación.

purin *m* estiércol líquido.

puriste *a/s* purista.

puritain, e *a/s* puritano, a.

pur-sang [pyʀsɑ̃] *m* caballo de pura sangre.

purulent, e *a* purulento, a.

pus [py] *m* pus.
pusillanime [pyzi(l)lanim] *a* pusilánime.
pustule *f* pústula.
putain *f* FAM puta.
putois *m* turón.
putréf/ier (se) *pr* pudrirse.
  -action *f* putrefacción.
putsch [putʃ] *m* golpe de Estado.

puzzle [pœzl] *m* rompecabezas.
pygmée *m* pigmeo.
pyjama *m* pijama.
pylône *m* poste.
pyramide *f* pirámide.
pyrénéen, enne *a/s* pirenaico, a.
Pyrénées *n p f pl* les ~, los Pirineos.
pyromane s pirómano, a.
python *m* pitón.

Q

q m & f ~, una q.

qu' ⇒ **que**

quadragénaire [kwadraʒenɛr] a/s cuadragenario, a, cuarentón, ona.

quadrilatère [kwadrilatɛr] m cuadrilátero.

quadrille [kwadrij] *t* 1. cuadricular: papier quadrillé, papel cuadriculado. 2. (*ville, quartier*) ocupar. **-age** m cuadrícula f.

quadrupède [kwadrypɛd] a/m cuadrúpedo.

quadruple [kwadrypl] a/m cuádruplo, a. **-er** t cuadruplicar.

quai m 1. (*port*) muelle. 2. (*gare*) andén.

qualificatif, ive a/m calificativo, a. **-cation** f calificación.

qualifier t calificar. **-catif, ive** ⇒...

qualité f 1. calidad: tissu de bonne ~, tejido de buena calidad. 2. cualidad: Jean a beaucoup de qualités, Juan tiene muchas cualidades.

quand [kɑ̃] conj cuando: nous partirons ~ la voiture sera réparée, nos iremos cuando el coche esté arreglado. | ~ bien même, aun cuando. □ adv cuándo: ~ partez-vous?, ¿cuándo se marcha usted?

quant à [kɑ̃ta] loc prép en cuanto a.

quantité f cantidad.

quarantaine f 1. une ~ de manifestants, unos cuarenta manifestantes, una cuarentena de manifestantes; il frise la ~, raya en los cuarenta años. 3. mettre en ~, poner en cuarentena.

quarante a/m cuarenta. **-ième** a/s cuadragésimo, a.

quart m 1. cuarto: une heure et ~, la una y cuarto, menos cuarto; dans un ~ d'heure, dentro de un cuarto de hora. 2. 4 est le ~ de 16, 4 es la cuarta parte de 16. | les trois quarts du temps, la mayor parte del tiempo. 3. MAR être de ~, estar de guardia.

quartier m 1. (*d'une ville*) barrio: les bas quartiers, los barrios bajos; les vieux quartiers, los barrios antiguos. 2. (*d'orange*) gajo. 3. ~ général, cuartel general. 4. (*de lune*) cuarto.

quartz [kwarts] m cuarzo.

quasi [kazi] adv casi. **Quasimodo** f domingo m de Cuasimodo.

quatorze a/m catorce. **-ième** a/s decimocuarto, a. | le ~ siècle, el siglo catorce.

quatre a/m cuatro. | FAM se mettre en ~ pour..., desvivirse por.

quatre-vingt/t(s) a/m ochenta. **-ième** a/s octogésimo, a.

quatre-vingt-dix a/m noventa. **-ième** a/s nonagésimo, a.

quatrième a/s cuarto, a: au ~ étage, en el cuarto piso.

quatuor [kwatɥɔr] m cuarteto.

que conj 1. que: je veux ~ tu viennes, quiero que vengas; plus grand ~ lui, más alto que él. 2. aussi... ~, tan... como. 3. autant ... ~, tanto... como; de que: je suis content ~ tu sois

venu, me alegro de que hayas venido.

²**que** *pron rel* que: **la fleur ~ je préfère**, la flor que prefiero. ■ *pron interr* qué: **~ voulez-vous?**, ¿qué quiere usted?; **~ se passe-t-il?**, ¿qué pasa?; **qu'est-ce que tu dis?**, ¿qué dices?; **qu'est-ce que c'est que ça?**, ¿qué es esto?; **qu'est-ce qui est arrivé?**, ¿qué ha ocurrido?

³**que** *adv* **1.** **~ c'est joli!**, **qu'est-ce que c'est joli!**, ¡qué bonito! **2.** cuánto, a: **~ de monde!**, ¡cuánta gente!

québéquois, e *a/s* quebequés, esa.

quel, quelle *a* **1.** (*devant un nom*) qué: **quelle heure est-il?**, ¿qué hora es?; **quelle joie!**, ¡qué alegría! **2.** (*devant un verbe*) cuál: **~ est votre nom?**, ¿cuál es su apellido? **3.** **~ que, quelle que**, cualquiera: **quels que soient les résultats**, cualesquiera que sean los resultados.

quelconque *a* **1.** cualquiera: **donne-moi une lettre ~**, dime una letra cualquiera. **2.** mediocre, corriente.

quelque *a* alguno, a *(algún devant un substantif masculin sing.)* **depuis ~ temps**, desde algún tiempo; **quelques jours après**, algunos días después. | **~ chose**, algo; **et quelques**, y pico. ■ *adv* **1.** (*environ*) unos, as: **~ mille euros**, unos mil euros. **2.** **~ courageux qu'il soit**, por valiente que sea.

quelquefois *adv* a veces, algunas veces.

quelqu'un, une *pron indéf* **1.** alguien: **~ a appelé**, alguien ha llamado. **2.** alguno, a: **quelques-uns applaudirent**, algunos aplaudieron.

qu'en-dira-t-on *m* le **~**, el qué dirán.

querell/e *f* disputa. **-er (se)** *pr* reñir.

qu'est-ce que, qui ⇒ ²**que**.

question *f* **1.** pregunta: **poser une ~**, hacer una pregunta. **2.** cuestión: **résoudre diverses questions**, resolver diversas cuestiones. | **il est ~ de**, se trata de; **en ~**, en cuestión; **pas ~!**, ¡ni hablar! **-naire** *m* cuestionario. **-ner** *t* interrogar.

quêt/e *f* **1.** (*dans la rue*) cuestación. **2.** (*à l'église*) colecta. **3.** **en ~ de**, en busca de. **-er** *i* hacer una cuestación, una colecta.

queue [kØ] *f* **1.** cola. **2.** (*d'un fruit*) rabo *m*. **3.** (*d'une casserole*) mango *m*. **4.** **faire la ~**, hacer cola. | **à la ~ leu leu**, en fila. **5.** **n'avoir ni ~ ni tête**, no tener pies ni cabeza. **6.** **faire une ~ de poisson**, cerrar.

qui *pron rel* **1.** que: **celle ~ vient**, la que viene. **2.** (*avec préposition*) quien: **celui à ~ j'écris**, aquel a quien escribo. | **~ que ce soit**, quienquiera que sea. ■ *pron interr* quién: **~ sait?**, ¿quién sabe?; **~ est-ce?**, ¿quién es?; **~ est-ce qui a gagné?**, ¿quién ganó?; **~ sont ces jeunes filles?**, ¿quiénes son esas muchachas?; **à ~ est ce livre?**, ¿de quién es este libro?

quiconque *pron indéf* cualquiera, quienquiera que: **~ dira le contraire**, cualquiera diga lo contrario.

quignon *m* mendrugo.

Quichotte ⇒ **Don Quichotte**.

¹**quille** *f* (*jeu*) bolo *m*.

²**quille** *f* MAR quilla.

quincaill/erie [kɛ̃kajri] *f* ferretería. **-ier, ère** *s* ferretero, a.

quinconce *m* **en ~**, al tresbolillo.

quinine *f* quinina.

quinquagénaire *a/s* quincuagenario, a, cincuentón, ona.

quintal *m* quintal.

quinte *f* - **de toux**, acceso *m* de tos.

quintuple *a/m* quíntuplo, a.

quinzaine *f* quincena. | **dans une ~**, dentro de unos quince días.

quinz/e *a/m* quince. **-ième** *a/m* decimoquinto, a. | **le ~ siècle**, el siglo quince.

quiproquo [kipʀɔko] *m* quid pro quo.

quittance *f* recibo *m*.

quitte *a* **1. nous sommes quittes**, estamos en paz. **2. ~ à**, a riesgo de.

quitter *t* **1.** dejar: **~ ses parents**, dejar a sus padres. | *(téléphone)* **ne quittez pas!**, ¡no se retire! **2.** *(ôter)* quitarse: **il ne quitte jamais son béret**, no se quita nunca la boina. **3.** accident: **l'auto a quitté la route**, el coche se salió de la calzada. ■ **se ~**, separarse: **ils se sont quittés**, se han separado.

qui-vive? *interj* ¿quién vive? | **être sur le ~**, estar alerta.

quoi *pron rel/interr* **1.** qué: **il a de ~ vivre**, tiene con qué vivir; **à ~ penses-tu?**, ¿en qué piensas? | **à ~ bon?**, ¿para qué?; **sans ~**, sin lo cual; **~ donc?**, ¿cómo?, ¿qué? **2.** **qu'il en soit**, sea como sea.

quoique *conj* aunque.

quolibet *m* cuchufleta *f*.

quote-part *f* cuota.

quotidien, enne *m* diario, a. ■ *m* *(journal)* diario, periódico. **-nement** *adv* a diario.

quotient [kɔsjā] *m* cociente.

R

r [ɛʀ] *m* r f: **un ~**, una r.
rabâcher *i* repetirse. ■ *t* repetir.
rabais [ʀabɛ] *m* rebaja f: **vendre au ~**, vender con rebaja.
rabaisser *t* rebajar.
rabattre *t* **1.** bajar. **2.** (*une somme*) rebajar. **3.** (*le gibier*) ojear. **4.** **en ~**, ceder. ■ **se ~ sur**, conformarse con.
rabbin *m* rabino.
rabot *m* cepillo. **-er** *t* cepillar.
raboteux, euse *a* desigual.
rabougri, e *a* esmirriado, a.
rabrouer *t* regañar.
racaille *f* chusma.
raccommod/er *t* **1.** componer. **2.** (*rapiécer*) remendar. **3.** FIG reconciliar. **-age** *m* compostura f.
raccompagner *t* acompañar.
raccord *m* **1.** empalme. **2.** (*de peinture*) retoque. **-er** *t* **1.** empalmar. **2.** ELECTR conectar.
raccourci *m* (*chemin*) atajo.
raccourcir *t* acortar. ■ *i* **1.** (*rétrécir*) encoger. **2. les jours raccourcissent en automne**, los días se acortan en otoño.
raccrocher *t* **1.** volver a colgar. **2. ~ le récepteur**, colgar el auricular.
race *f* raza.
rachat *m* **1.** recompra f. **2.** (*d'un prisonnier*) rescate. **3.** redención f.
racheter° *t* **1.** volver a comprar. **2.** FIG rescatar.
rachitique *a* raquítico, a.
racial, e *a* racial.
racine *f* raíz: **des racines**, raíces.

rac/isme *m* racismo. **-iste** *a/s* racista.
racket [ʀakɛt] *m* timo, estafa f.
raclée *f* FAM paliza, tunda.
racler *t* rascar. ■ **se ~ la gorge**, carraspear.
racont/er *t* contar. **-ar** *m* chisme.
racornir *t* endurecer.
radar *m* radar.
rade *f* rada.
radeau *m* balsa f.
radiateur *m* radiador.
radiation *f* radiación.
radical, e *a/m* radical.
radier *t* borrar.
radieux, euse *a* radiante.
radin, e *a* FAM agarrado, a.
radio *f* **1.** radio: **entendre à la radio**, oír por la radio. **2.** radiografía.
radioact/if, ive *a* radiactivo, a. **-ivité** *f* radiactividad.
radioamateur *s* radioaficionado, a.
radiocassette *f* radiocasete *m*.
radiodiffus/er *t* radiar. **-ion** *f* radiodifusión.
radiograph/ie *f* radiografía. **-er** *t* radiografiar.
radiolo/gie *f* radiología. **-gue** *s* radiólogo, a.
radiophonique *a* radiofónico, a.
radioscopie *f* radioscopia.
radis [ʀadi] *m* rábano.
radium [ʀadjɔm] *m* radium.
radot/er *i* chochear. **-age** *m* chochez f. **-eur, euse** *s* chocho, a.

radouc/ir *t* templar, suavizar. ■ *pr*
1. le temps s'est radouci, el tiempo
se ha templado. **2.** (*personne*) templarse, calmarse. **-issement** *m*
mejoría *f*.

rafale *f* ráfaga.

raffermir *t* fortalecer.

raffin/er *t* refinar. **-age** *m* refinación *f*. **-ement** *m* refinamiento.
-erie *f* refinería.

raffoler *i* ~ **de**, estar loco, a por.

raffut *m* FAM barullo.

rafistoler *t* FAM componer.

rafl/e *f* **1.** redada. **-er** *t* **tout ~,** arramblar con todo.

rafraîch/ir *t* refrescar. ■ *pr* **1.** refrescarse. **2.** (*boire*) tomar un refresco.
-issant, e *a* refrescante. **-issement** *m* **1.** enfriamiento. **2.** (*boisson*) refresco.

ragaillardir *t* entonar.

rag/e *f* **1.** rabia. **2.** ~ **de dents,** dolor
m de muelas. **-er°** *i* FAM rabiar. |
c'est rageant, es para volverse
rabioso. **-eur, euse** *a* rabioso, a.

ragot *m* chisme.

ragoût *m* guisado.

raid [red] *m* raid.

raid/e *a* **1.** tieso, a. **2.** (*une pente*)
empinado, a. **3.** FAM **c'est un peu ~!,**
¡eso pasa de castaño oscuro! ■ *adv*
tomber ~ mort, caer muerto en el
acto. **-eur** *f* rigidez, tiesura. **-illon**
m repecho. **-ir** *t* poner rígido, a. ■
se ~, ponerse tieso, a.

raie *f* (*ligne, poisson*) raya.

rail [Raj] *m* riel: **les rails,** los rieles.

raill/er *t* burlarse de. **-erie** *f* burla.
-eur, euse *a/s* burlón, ona.

rainure *f* ranura.

raisin *m* uva *f*. | **raisins secs,** pasas *f*.

raison *f* **1.** razón. **~ d'être,** razón de
ser; **tu as ~,** tienes razón; **vous avez
eu ~ de ...,** ha tenido usted razón

en ...; **donner ~ à,** dar la razón a. | **à
~ de,** a razón de; **à plus forte ~,**
máxime; **en ~ de,** a causa de. **2. ~
sociale,** razón social. **-nable** *a*
razonable.

raisonn/er *i* razonar. **-ement** *m*
razonamiento.

rajeun/ir *t/i* rejuvenecer. **-issement** *m* rejuvenecimiento.

rajouter *t* añadir de nuevo.

rajuster *t* **1.** reajustar. **2.** (*arranger*)
arreglar.

ralenti *m* marcha *f* lenta, ralentí: **au
~,** al ralentí.

ralent/ir *t* ~ **la marche,** aminorar la
marcha. ■ *i* ir más despacio: **ralentissez!,** ¡vaya más despacio! **-issement** *m* **1.** disminución *f* de la
velocidad. **2.** ralentización *f*.

râl/er *i* **1.** tener estertor. **2.** FAM quejarse, piarlas: **cesse de ~,** no las pies
más. **-eur, euse** *s* gruñón, ona,
piante.

ralli/er *t* **1.** reunir. **2.** (*rejoindre*) volver a. ■ **se ~ à un parti,** adherirse a
un partido. **-ement** *m* **1.** reunión *f*.
2. adhesión *f*.

rallonge *f* **1.** (*de table*) larguero *m*.
2. (*électrique*) alargador *m*. **3.** FAM
suplemento *m*.

rallonger° *t* alargar.

rallumer *t* **1.** encender de nuevo. **2.**
FIG reanimar.

rallye [Rali] *m* rally.

ramage *m* à **ramages,** rameado, a.

ramass/er *t* recoger: ~ **une balle,
des champignons,** recoger una
pelota, setas. ■ **se ~,** acurrucarse.
-age *m* **1.** recogida *f*. **2.** ~ **scolaire,**
transporte escolar.

¹rame *f* (*aviron*) remo *m*.

²rame *f* **1.** (*de papier*) resma *f*. **2.** (*de
métro*) tren *m*.

rameau *m* ramo. ■ *pl* les Rameaux, el domingo de Ramos.

ramener° *t* 1. hacer volver. 2. (*reconduire*) acompañar. 3. (*rapporter*) traer. 4. ~ la paix, restablecer la paz; ~ à la vie, reanimar. ■ se ~ à, reducirse a.

ram/er *i* remar. **-eur, euse** *s* remero, a.

ramier *m* paloma *f* torcaz.

ramifi/er (se) *pr* ramificarse. **-cation** *f* ramificación.

ramoll/ir *t* reblandecer, ablandar. **-issement** *m* reblandecimiento.

ramon/er *t* deshollinar. **-age** *m* deshollinamiento. **-eur** *m* deshollinador.

rampant, e *a* rastrero, a.

rampe *f* 1. (*d'escalier*) barandilla. 2. (*plan incliné*) rampa. 3. (*théâtre*) candilejas *pl*.

ramper *i* arrastrarse, reptar.

rancart *m* FAM mettre au ~, arrumbar.

ranc/e *a* rancio, a. **-ir** *i* enranciarse.

rancœur *f* rencor *m*.

rançon *f* rescate *m*. **-ner** *t* exigir rescate por.

rancun/e *f* rencor *m*. | sans ~!, ¡borrón y cuenta nueva! **-ier, ère** *a/s* rencoroso, a.

randonnée *f* 1. excursión. 2. ~ pédestre, senderismo *m*.

rang [Rɑ̃] *m* 1. fila *f*: en ~, en fila; au premier ~, en primera fila. 2. (*social*) categoría *f*, clase *f*.

rangé, e *a* ordenado, a.

rangée *f* fila.

ranger° *t* 1. ordenar. 2. (*mettre en place*) guardar: ~ ses vêtements, guardar los vestidos. 3. (*mettre*) colocar. 4. (*une voiture*) aparcar. ■ *pr* 1. se ~ contre le trottoir, aparcar

junto a la acera. 2. se ~ à l'avis de, adoptar la opinión de.

ranimer *t* reanimar.

rapac/e *a* rapaz. ■ *m* rapaz *f*: rapaces nocturnes, rapaces nocturnas. **-ité** *f* rapacidad.

rapatrier *t* repatriar.

râp/e *f* 1. (*cuisine*) rallador *m*. 2. (*outil*) escofina, lima. **-er** *t* 1. rallar: fromage râpé, queso rallado. 2. raspar.

rapetisser *t* achicar. ■ *i* achicarse.

Raphaël [Rafael] *n p m* Rafael.

rapid/e *a/m* rápido, a. **-ement** *adv* rápidamente. **-ité** *f* rapidez.

rapiécer° *t* remendar.

rappel *m* 1. llamada *f*. 2. vaccination de ~, revacuna.

rappeler° *t* 1. (*au téléphone*) volver a llamar. 2. ~ à l'ordre, llamar al orden. 3. recordar: ce village me rappelle mon enfance, este pueblo me recuerda mi niñez. ■ se ~, acordarse de, recordar: je me rappelle fort bien notre première rencontre, recuerdo muy bien nuestro primer encuentro; rappelle-toi, acuérdate.

rapport *m* 1. (*revenu*) renta *f*, rendimiento. 2. (*compte rendu*) informe. 3. relación *f*: par ~ à, con relación a; entretenir de bons rapports, mantener buenas relaciones.

rapporter *t* 1. (*rendre*) devolver. 2. traer: j'ai rapporté un poncho du Pérou, he traído un poncho del Perú. 3. (*produire*) rendir, rentar. 4. (*raconter*) relatar. ■ se ~ à, corresponder a, referirse a. | s'en ~ à, remitirse a.

rapporteur, euse *a/s* (*mouchard*) soplón, ona, acusica. ■ *m* (*devant une assemblée*) ponente.

rapproch/er *t* acercar: il rapprocha sa chaise du lit, acercó su silla a la

cama; **autoroute qui rapproche Paris de Dijon**, autopista que acerca París a Dijon. ■ **se ~**, acercarse: **rapprochez-vous du feu**, acérquese al fuego. **-ement** m 1. acercamiento. 2. comparación f.

rapt m rapto, secuestro.

raquette f raqueta.

rar/e a 1. raro, a. 2. (cheveux) ralo, a. **-ement** adv raramente. **-eté** f rareza. **-éfier** t enrarecer, rarificar.

ras, e [RA, RAZ] a 1. corto, a: **à poil ~**, de pelo corto. 2. **en rase campagne**, en campo raso; **à ~ bord**, colmado, a; **au ~ de**, a ras de. 3. FAM **en avoir ~ le bol**, estar hasta las narices, hasta el moño. | **ras-le-bol**, insatisfacción f; **~!**, ¡basta!

rase-mottes (en) loc adv a ras de tierra.

ras/er t 1. afeitar. 2. (démolir) arrasar. 3. (frôler) pasar rasando, pasar rozando. 4. FAM (ennuyer) dar la lata. ■ pr 1. afeitarse. 2. FAM aburrirse. **-ant, e** a FAM latoso, a. **-eur m** FAM pelmazo. **-oir** m (mécanique, électrique) maquinilla f de afeitar. ■ a FAM **un type ~**, un tío pelmazo; **un film ~**, un rollo de película.

rassasier t saciar, hartar.

rassembl/er t reunir, juntar. **-ement** m 1. reunión f. 2. (groupe) grupo. 3. MIL **rassemblement!**, ¡a formar!

rasseoir (se) [RASWAR] pr sentarse de nuevo.

rasséréner t serenar.

rassis, e a **pain ~**, pan duro.

rassur/er t tranquilizar. | **rassurez-vous**, descuide. **-ant, e** a tranquilizador, a.

rat m 1. rata f. 2. **petit ~**, joven bailarina f.

ratage m fracaso.

ratatiner (se) pr arrugarse.

rate f (glande) bazo m.

raté, e a/s fracasado, a. ■ m (de moteur) fallo. | **avoir des ratés**, ratear.

râteau m rastrillo.

râtelier m 1. pesebre. 2. FAM dentadura f postiza.

rater i fracasar, fallar. ■ t 1. **~ la cible**, errar el blanco. 2. **~ son train**, perder el tren. 3. **~ sa vie**, fracasar uno en su vida. 4. (un examen) no aprobar.

ratifi/er t ratificar. **-cation** f ratificación.

ration f ración.

rationnel, elle a racional.

rationn/er t racionar. **-ement** m racionamiento.

ratisser t 1. rastrillar. 2. (armée, police) rastrear, peinar.

rattach/er t 1. (attacher) atar. 2. (un territoire) incorporar. 3. (relier) relacionar. 4. unir. **-ement** m incorporación f.

rattrap/er t 1. coger. 2. alcanzar: **j'ai couru pour le ~**, corrí para alcanzarle. 3. **~ un retard**, recuperar un retraso. ■ pr 1. **se ~ à une branche**, agarrarse a una rama. 2. FIG desquitarse. **-age** m **cours de ~**, clase de recuperación.

ratur/e f tachadura. **-er** t tachar.

rauque a ronco, a.

ravag/e m estrago. **-er°** t asolar.

ravalement m revoque.

ravauder t zurcir.

ravi, e a encantado, a.

ravin m barranco.

ravir t encantar. | **à ~**, maravillosamente.

raviser (se) pr cambiar de parecer.

ravissant, e a encantador, a.

ravisseur, euse s raptor, a.

ravitaill/er t abastecer. **-ement** m abastecimiento.

raviver t avivar.

rayer° [Reje] t **1.** rayar: **chemise rayée**, camisa rayada. **2.** (raturer) tachar.

¹**rayon** [REjɔ̃] m **1.** (lumière, soleil) rayo: **rayons x**, rayos equis. **2.** (géométrie, roue) radio. | ~ **d'action**, radio de acción.

²**rayon** m **1.** (de miel) panal. **2.** (étagère) estante, anaquel. **3.** (dans un magasin) sección f: **le ~ de parfumerie**, la sección de perfumería. **-nage** m estantería f.

rayonnant, e [Rejɔnɑ̃, ɑ̃t] a radiante.

rayonne [Rejɔn] f rayón m.

rayonn/er [Rejɔne] i **1.** radiar. **2.** son visage rayonne, le resplandece la cara de felicidad. **-ement** m **1.** irradiación f. **2.** FIG ascendiente, influencia f.

rayure [Rejyr] f raya. | **cravate à rayures**, corbata rayada, a rayas.

raz de marée [Rɑdmare] m maremoto.

ré m MUS re.

réacteur m reactor.

réaction f reacción. **-naire** a/s reaccionario, a.

réadaptation f readaptación.

réagir i reaccionar.

réalis/er t **1.** realizar. **2.** (se rendre compte de) darse cuenta de. **-ateur, trice** s realizador, a. **-ation** f realización.

réalis/me m realismo. **-te** a/s realista.

réalité f realidad: **en ~**, en realidad.

réanim/er t reanimar. **-ation** f reanimación.

réapparaître° i reaparecer.

réarmement m rearme.

rébarbatif, ive a ingrato, a. | **mine rébarbative**, cara de pocos amigos.

rebâtir t reedificar.

rebell/e a/s rebelde. **-er (se)** pr rebelarse.

rébellion f rebelión.

rebois/er t repoblar con árboles. **-ement** m reforestación f, repoblación f forestal.

rebondi, e a rollizo, a.

rebond/ir i **1.** rebotar. **2.** (une affaire) volver a cobrar actualidad. **-issement** m FIG vuelta f a la actualidad.

rebord m reborde.

rebours m à ~, al revés; **le compte à ~**, la cuenta atrás.

rebrousser t **1.** ~ **chemin**, volver sobre sus pasos. **2.** à rebrousse-poil, a contrapelo.

rébus [Rebys] m jeroglífico.

rebut m desecho. | **mettre au ~**, arrinconar, arrumbar.

rebut/er t **1.** (décourager) desanimar. **2.** repugnar. **-ant, e** a ingrato, a.

récalcitrant, e a recalcitrante.

recaler t suspender, catear.

récapitul/er t recapitular. **-ation** f recapitulación.

recel/er° t **1.** encerrar, contener. **2.** (objets volés) encubrir. **-eur, euse** s encubridor, a.

récemment [Resamɑ̃] adv recientemente.

recens/er t **1.** empadronar. **2.** inventariar. **-ement** m **1.** (de la population) empadronamiento, censo. **2.** (inventaire) recuento.

récent, e a reciente.

récépissé m recibo, resguardo.

récepteur, trice a/m receptor, a. ■ m (de téléphone) auricular.

réception *f* **1.** recepción. **2. accuser ~ de**, acusar recibo de. **-niste** *s* recepcionista.
recette *f* **1.** *(argent reçu)* recaudación, ingresos *m pl.* **2.** *(de cuisine)* receta.
receveur, euse *s* **1.** *(des contributions)* recaudador, a. **2.** *(d'autobus)* cobrador, a.
recevoir° *t* **1.** recibir: **j'ai reçu ta lettre**, recibí tu carta. **2. il a été reçu à l'examen**, ha aprobado el examen.
rechange *m* recambio: **pièces de ~**, piezas de recambio. | **du linge de ~**, una muda.
recharge *f* recarga.
recharger° *t* **1.** recargar. **2.** *(appareil photo, stylo)* cargar.
réchaud *m* **1.** *(à alcool)* infiernillo. **2.** *(à gaz, électrique)* hornillo.
réchauff/er *t* **1.** *(chauffer de nouveau)* recalentar. **2.** calentar. ■ **se ~**, calentarse. **-ement** *m* calentamiento.
rêche *a* áspero, a.
recherche *f* **1.** busca, búsqueda: **à la ~ de**, en busca de; **la ~ d'une solution**, la búsqueda de una solución. **2.** *(scientifique, etc.)* investigación: **des recherches**, investigaciones. | **la police continue ses recherches**, la policía sigue investigando. **3.** *(raffinement)* refinamiento *m.*
recherché, e *a* **1.** raro, a. **2.** *(raffiné)* refinado, a, rebuscado, a.
rechercher *t* buscar.
rechute *f* recaída.
récidiv/e *f* reincidencia. **-er** *i* reincidir. **-iste** *s* reincidente.
récif *m* arrecife.
récipient *m* recipiente.
récipro/que *a/f* recíproco, a. **-cité** *f* reciprocidad.
récit *m* relato.
récital *m* recital.
récit/er *t* recitar. **-ation** *f* recitación.
réclamation *f* reclamación.
réclame *f* propaganda: **faire de la ~ pour**, hacer propaganda de. | **articles en ~**, oportunidades *f.*
réclamer *t* reclamar, exigir.
reclus, e *a/s* recluso, a.
réclusion *f* reclusión.
recoin *m* rincón.
recoller *t* volver a pegar.
récolt/e *f* cosecha. **-er** *t* cosechar.
recommandable *a* recomendable.
recommand/er *t* **1.** recomendar: **je te recommande d'être prudent**, te recomiendo que seas prudente. **2.** *(lettre)* certificar: **lettre recommandée**, carta certificada. **-ation** *f* recomendación.
recommencer° *t* **1.** recomenzar. **2. ~ à**, volver a: **il recommence à gémir**, vuelve a gemir. ■ *i* empezar de nuevo, otra vez, volver a empezar: **recommencez!**, ¡a empezar otra vez! | **il recommence à pleuvoir, la pluie recommence**, vuelve a llover; **ne recommence pas!**, ¡no lo vuelvas a hacer!
récompens/e *f* recompensa. **-er** *t* recompensar.
réconcili/er *t* reconciliar. ■ **se ~**, reconciliarse. **-ation** *f* reconciliación.
reconduire° *t* acompañar.
réconfort *m* consuelo.
réconfort/er *t* reconfortar. **-ant, e** *a* reconfortante.
reconnaissable *a* reconocible.
reconnaiss/ance *f* **1.** reconocimiento *m.* **2.** *(gratitude)* agradecimiento *m.* **-ant, e** *a* agradecido, a.
reconnaître° *t* reconocer: **je reconnais sa voix**, reconozco su voz; **il**

a reconnu que ..., ha reconocido que

reconquête f reconquista.
reconstitu/er t reconstituir. **-ant** m reconstituyente. **-tion** f reconstitución.
reconstruire° t reconstruir. **-ction** f reconstrucción.
recopier t copiar.
record [rakɔr] m/a récord, marca f: battre un ~, batir un récord; chiffre ~, cifra récord.
recoucher (se) pr volver a acostarse.
recoudre° t recoser.
recourber t doblar.
recourir i ~ à, recurrir a.
recours m recurso. | avoir ~ à, recu-rrir a.
recouvrir° t cubrir: sol recouvert d'une moquette, suelo cubierto con una moqueta.
récréation f recreo m.
récrimin/er t recriminar. **-tion** f recriminación.
recroqueviller (se) [rakrɔkvije] pr acurrucarse.
recrudescence f recrudescencia.
recrue f recluta m. **-tement** m reclutamiento. **-ter** t reclutar.
rectangle a/m rectángulo. **-re** a rectangular.
recteur m rector.
rectifi/er t rectificar. **-catif** m, **-cation** f rectificación.
rectiligne a rectilíneo, a.
rectitude f rectitud.
recto m anverso.
reçu, e p p de **recevoir** ■ m reci-bo.
recueil [rakœj] m colección f.
recueillir° t recoger; se ~, reco-gerse. **-ement** m recogimiento.

recul m 1. retroceso. 2. FIG aleja-miento, perspectiva f 3. espacio. **reculer** i 1. retroceder, recular. 2. il ne recule devant rien, no retrocede ante nada. ■ t 1. apartar hacia atrás. 2. (ajourner) aplazar. ■ se ~, echar-se atrás. **-é, ée** a 1. (isolé) apartado, a. 2. (temps) remoto, a.
reculons (à) loc adv andando hacia atrás.
récupér/er° t recuperar. **-ation** f recuperación.
récurer t fregar. | tampon à ~, estro-pajo.
recycl/er t reciclar. **-age** m recicla-je.
réda/ction f redacción. **-teur, -trice** s redactor, a.
rédemption f redención.
redescendre° i/t volver a bajar.
redevance f canon m.
redevenir° t volver a ser.
rédiger° t redactar.
redire° t 1. repetir: redis-moi ton nom, repíteme tu apellido. 2. trou-ver à ~, a. criticar.
redonner t 1. dar de nuevo. 2. (ren-dre) devolver.
redoubler t 1. redoblar. 2. – une classe, repetir curso; cet élève redouble, este alumno repite. ■ i arreciar: la tempête redouble, arre-cia el temporal.
redoutable a temible.
redouter t temer. **-able** a temible.
redress/er t enderezar. ■ se ~, ponerse derecho, a: redresse-toi!, ¡ponte derecho! **-ement** m FIG res-tablecimiento, recuperación f.
réduction f 1. reducción. 2. (tarifs) descuento m.
réduire° t reducir. | ~ en cendres, reducir a cenizas.
réduit, e a reducido, a. ■ m (local exigu) cuartucho.

rééducation f reeducación, rehabilitación.

réel, elle a real.

réellement [reelmã] adv realmen-te.

réélire° t reelegir.

reéxpédier° t reexpedir.

refaire° t rehacer.

réfectoire m refectorio.

référence f referencia.

référendum [referɛdɔm] m refe-réndum.

référer (se)° pr : à, referirse a; rendu.

réfléchi, e a 1. (verbe, pronom) reflexivo, e a 1. 2. (personne) refle-xivo, a. 3. (action) pensado, a.

réfléchir t (refléter) reflejar ■ i reflexionar, pensar: réfléchissez à cela, piénselo; donner à ~, dar que pensar.

réflecteur m reflector.

reflet m reflejo.

refléter t reflejar.

réflexe a/m reflejo, a.

réflexion f reflexión: | ~ faite, pen-sándolo bien.

refluer i refluir.

reflux [rəfly] m reflujo.

refondre t refundir: **-te** refundi-

refonte f refundición.

réformateur, trice a/s reforma-dor, a.

réforme f reforma.

réformer t 1. reformar. 2. MIL dar de baja por inútil. **-é, ée** a protes-tante. ■ MIL militar licenciado por inútil.

refouler t 1. rechazar. 2. (passion, instincts) reprimir. **-ement** m (d'un sentiment, etc.) represión, a.

réfractaire a refractario, a.

refrain m estribillo.

réfréner t refrenar.

réfrigérateur m nevera f, frigorí-co.

refroidir t enfriar. ■ i/pr enfriarse. **-issement** m enfriamiento.

refuge m 1. refugio. 2. (au milieu de la chaussée) isleta f.

réfugier (se) pr refugiarse. **-é, ée** a/s refugiado, a.

refus m negativa f.

refuser t 1. rehusar, negar: | ~ une invitation, no aceptar una invita-ción. 2. negarse: il refuse d'obéir, se niega a obedecer. 3. ~ un candidat, suspender a un candidato; il a été refusé, ha sido suspendido. ■ se ~ à, negarse a, resistirse a: je me refu-se à le croire, me resisto a creerlo.

réfuter t refutar.

regagner t 1. recuperar. 2. ~ son domicile, volver a su domicilio.

régal m ce gâteau est un ~, este pas-tel es delicioso. **-er (se)** pr disfru-tar.

regard m mirada f : suivre du ~, seguir con la mirada.

regarder t 1. mirar. 2. cela ne vous regarde pas, esto no es asunto suyo; ça te regarde, allá tú ■ se ~ dans la glace, mirarse en el espejo.

régate f regata.

régence f regencia.

régénérer t regenerar.

régent, e s regente.

régie f 1. administración. 2. (radio, télévision) unidad de control.

regimber i respingar.

régime m 1. régimen: régimes poli-tiques, regímenes políticos; je suis au ~, estoy a régimen. 2. (de bana-nes) racimo.

régiment m regimiento.

région f región. **-al, e** a regional.

régir t regir.

régisseur *m* 1. administrador. 2. (*théâtre*) traspunte.

registre *m* registro.

réglage *m* reglaje.

règle *f* regla. 1. en ~, en regla; en règle générale, por regla general; *pl* (*menstrues*) avoir ses règles, tener la regla.

règlement *m* 1. reglamento. 2. (*d'une affaire*) solución *f*. 3. (*paiement*) pago. 4. ~ de comptes, ajuste de cuentas.

réglementaire *a* reglamentario, a.

réglementer *t* reglamentar. **-ation** *f* reglamentación.

régler *t* 1. (*un mécanisme*) ajustar. 2. (*une question, une affaire*) solucionar. 3. (*payer*) pagar.

réglisse *f/m* regaliz *m*.

règne *m* 1. reinado. 2. (*végétal, animal*) reino.

régner *i* reinar.

regorger *i* rebosar.

regret *m* 1. pesar; à ~, de mala gana; j'ai le ~ de vous dire, siento mucho decirle; nous sommes au ~ de ..., lamentamos. **-table** *a* lamentable. **-ter** *t* 1. sentir, lamentar: je regrette d'avoir dit cela, que tu t'en ailles, siento haber dicho esto, que te vayas, je regrette!, ¡lo siento! 2. ~ sa jeunesse, echar de menos su juventud. Je regrette mon ancien appartement, añoro mi antiguo piso.

regrouper *t* reagrupar.

régulariser *t* regularizar.

régularité *f* regularidad.

régulateur *m* regulador.

régulier, ère *a* regular. **-èrement** *adv* con regularidad.

réhabilitation *f* rehabilitación.

réhabiliter *t* rehabilitar.

rehausser *t* realzar.

réimpression *f* reimpresión.

rein *m* riñón: avoir mal aux reins, tener dolor de riñones.

reine *f* reina.

reine-claude *f* ciruela claudia.

réintégrer *t* 1. (*un fonctionnaire*) rehabilitar. 2. ~ son domicile, volver a su domicilio.

réitérer *t* reiterar.

rejaillir *i* ~ sur, recaer sobre.

rejet *m* rechazo.

rejeter *t* 1. (*expulser*) arrojar. 2. (*repousser*) rechazar.

rejeton *m* retoño.

rejoindre *t* 1. reunirse con: je vous rejoindrai à l'hôtel, me reuniré con ustedes en el hotel. 2. (*rattraper*) alcanzar: 3. llegar a: nous avons rejoint l'autoroute, hemos llegado a la autopista. 4. desembocar en: ce sentier rejoint la route, este sendero desemboca en la carretera. 5. ~ son poste, reintegrarse a su destino.

réjouir *t* alegrar, regocijar: se ~, alegrarse. **-issances** *f pl* festejos *m*, fiestas.

relâche *f* jour de ~, día de descanso; le théâtre fait ~, no hay función.

relâcher *t* 1. (*discipline*) relajar. 2. aflojar, relajar. 3. (*libérer*) liberar, soltar. **-ement** *m* relajamiento.

relais *m* 1. course de ~, carrera de relevos. 2. (*radio, télévision*) relé repetidor.

relancer *t* 1. (*lancer*) volver a lanzar. 2. (*l'économie, etc.*) reactivar, dar nuevo impulso a. 3. (*quelqu'un*) acosar.

relater *t* relatar.

relatif, ive *a* relativo, a. **relation** *f* relación. *pl* relaciones.

relax/er (se) *pr* relajarse. **-ation** *f* relajación.

relayer [rəleje] *t* relevar; se ~, turnarse, relevarse.

reléguer t relegar.

relent m mal olor.

relève f relevo m: **prendre la ~,** tomar el relevo.

relevé m extracto.

relèvement m 1. restablecimiento. 2. aumento.

relever° t 1. levantar: ~ **la tête,** levantar la cabeza; ~ **ses manches,** remangarse. 2. (un mur) reedificar. 3. (les salaires) subir. 4. (un pays, l'économie) sacar a flote. 5. (noter) apuntar. 6. ~ **une sauce,** sazonar una salsa. 7. (une sentinelle) relevar. ■ i 1. ~ **de maladie,** salir de una enfermedad. 2. ~ **de,** depender de. ■ pr 1. levantarse. 2. FIG recuperarse, restablecerse.

relief m relieve. | **mettre en ~,** poner de relieve.

relier° t 1. enlazar, unir: **route qui relie une ville à une autre,** carretera que enlaza una ciudad con otra. 2. (un livre) encuadernar. **-eur, euse** s encuadernador, a.

religion f religión. **-eux, euse** a/s religioso, a.

reliquaire m relicario.

reliquat [rəlika] m resto.

relique f reliquia.

relire° t releer.

reliure f encuadernación.

reluire° i relucir. **-sant, e** a 1. reluciente. 2. **peu ~,** mediocre.

remanier t modificar, cambiar.

remarier (se) pr volver a casarse. **-ement** m cambio.

remarquable a notable.

remarque f nota, observación.

remarquer t notar, advertir, observar. | **je vous fais ~ que ...,** le hago notar que ~; **se faire ~,** llamar la atención.

rembarquer t reembarcar.

remblai m terraplén.

rembourrer t rellenar.

rembours/er t reembolsar. **-ement** m reembolso.

remède m remedio.

remédier i ~ **à,** remediar.

remembrement m concentración f parcelaria.

remémorer (se) pr acordarse de.

remerci/er t 1. agradecer, dar las gracias: **je vous remercie de votre aimable lettre, d'être venu,** le agradezco su amable carta, que haya venido. 2. (renvoyer) despedir. **-ement** m agradecimiento ■ pl **adresser des remerciements,** dar las gracias.

remettre° t 1. volver a poner: **remettez votre manteau,** vuelva a ponerse el abrigo. 2. (ajouter) añadir. 3. ~ **une lettre à quelqu'un,** entregar una carta a alguien. 4. (ajourner) aplazar. | ~ **au lendemain,** dejar para mañana. 5. (reconnaître) reconocer. 6. (les péchés) remitir. ■ pr 1. **se ~ au travail,** volver al trabajo; **il s'est remis à fumer,** fuma de nuevo. 2. (aller mieux) restablecerse. 3. **s'en ~ à,** remitirse a.

réminiscence f reminiscencia.

remise f 1. entrega. 2. ~ **de la coupe au vainqueur,** entrega de la copa al vencedor. 2. (rabais) descuento m, rebaja. 3. (garage) cochera.

rémission f remisión.

remontant m tónico.

remontées f pl ~ **mécaniques,** remontes m.

remonte-pente m telesquí.

remonter t 1. (côte, etc.) volver a subir. 2. (relever) levantar. 3. ~ **une pendule,** dar cuerda a un reloj. 4. FIG estimular. | ~ **le moral,** levantar

el ánimo. ■ i ~ **au douzième siècle,** remontar al siglo doce.

remontrance f amonestación.

remords [ʀəmɔʀ] m remordimiento.

remorque f remolque m.

remorquer t remolcar. **-eur** m remolcador.

remous m remolino.

rempart m muralla f.

remplaçant, e s sustituto, a, reemplazante.

remplacer° t reemplazar, sustituir: **il remplace l'arbitre,** sustituye al árbitro. **-ement** m sustitución f, reemplazo.

remplir t 1. llenar. 2. ~ **un questionnaire,** rellenar un cuestionario 3. *(une fonction)* ejercer. 4. *(obligations, etc.)* cumplir con. **-issage** m relleno. 2. *(dans un écrit)* paja f, ripio.

remporter t llevarse: ~ **un vif succès, un prix,** llevarse un gran éxito, un premio.

remuant, e a bullicioso, a.

remue-ménage m barullo.

remuer 1. t mover. 2. remover: **remuez votre café!,** ¡remueva el café! ■ i *pr* moverse, menearse. | **remue-toi!,** ¡menéate!

rémunérer t remunerar. **-ation** f remuneración.

renaissance f renacimiento m.

renaître i renacer.

renard, e s zorro, a.

renchérir i encarecerse.

rencontre f encuentro m: **j'irai à votre ~,** iré a su encuentro. 2.

rencontrer 1. encontrar. 2. *(dans une compétition)* enfrentarse con ■ *(entrevue)* entrevista. | se ~, encontrarse.

rendement m rendimiento.

rendez-vous [ʀɑ̃devu] m cita f: **j'ai ~ à 7 heures,** tengo cita a las 7. | **se ~,** citarse; **demander un ~,** pedir hora; **fixer un ~,** dar hora; **prendre ~,** reservar hora; **sur ~,** previa petición de hora.

rendormir (se)° pr dormirse de nuevo.

rendre t 1. devolver: **rends-moi mon stylo,** devuélveme mi pluma. 2. devolver, vomitar: **il a rendu son déjeuner,** ha devuelto el almuerzo. 3. ~ **un son,** emitir un sonido. 4. *(traduire)* traducir. 5. *(exprimer)* expresar. 6. ~ **fou,** volver loco: ~ **heureux,** hacer feliz; ~ **célèbre,** hacer famoso. ■ i rendir: **terre qui rend peu,** tierra que rinde poco. ■ *pr* 1. *(capituler)* rendirse. 2. *(aller)* ir: **se ~ à Lyon,** ir a Lyon. 3. **se ~ utile, ridicule,** hacerse útil, ridículo. 4. **se ~ malade,** enfermar. **-u, ue** a *(fatigué)* rendido, a, molido, a.

rêne f rienda.

renégat, e a/s renegado, a.

renfermer t encerrar. **-é, ée** a retraído, a. ■ m **sentir le ~,** oler a cerrado.

renflouer t sacar a flote.

renfoncement m hueco.

renforcer° t reforzar.

renfort m refuerzo.

renfrogner (se) pr ponerse ceñudo, a.

rengaine f estribillo m.

renier t 1. negar. 2. ~ **sa foi,** renegar de su fe.

renifler t aspirar por la nariz. ■ t husmear, olfatear.

renne m reno.

renom m renombre, reputación f. **-mé, e** a célebre, famoso, a. **-mée** f fama.

renoncer i renunciar. **-ement** m renunciamiento. **-iation** f renuncia.

renouer t 1. volver a atar. 2. FIG volver a reanudar.

renouveler t 1. renovar. ■ pr 1. renovarse. 2. repetirse, volver a producirse. **-able** a renovable. **-lement** m renovación f.

rénover t 1. renovar. 2. (un local) renovar.

renseigner t informar. ■ se ~, informarse. **-ement** m información f: bureau des renseignements, oficina de información; à titre de ~, a título de información. 2. informe: donner un ~, dar un informe; prendre des renseignements, tomar informes.

rentable a rentable.

rente f renta. **-ier, -ière** s rentista.

rentrer → **rentrée** f 1. (retour) vuelta. 2. (des tribunaux, etc) apertura. | ~ des classes, vuelta al colegio, principio m de curso. 3. (d'argent) ingreso m. ■ i 1. volver, regresar. Il n'est pas encore rentré de vacances, no ha vuelto de vacaciones todavía. 2. (élèves) reanudar las clases. 3. (s'emboîter) encajar, entrar. 4. l'auto est rentrée dans un arbre, el coche se ha estrellado contra un árbol. | ~ t sa voiture au garage, meter el coche en el garaje.

renversant, e a asombroso, a.

renverse (à la) loc adv de espaldas.

renverser t 1. tumbar. 2. (un récipient) volcar. 3. atropellar: la voiture a renversé un piéton, el coche ha atropellado a un peatón. 4. (un liquide) derramar. 5. (gouverneur) destituir, derrocar. 6. ~ les rôles, invertir los papeles.

renvoi m 1. (d'une marchandise, etc) devolución f. 2. (licenciement) despido, (dans un écrit) llamada f 4. (éructation) eructo.

renvoyer t [Rãvwaje] 1. devolver. 2. (un employé) despedir a un empleado. 3. (un élève) expulsar. 4. (à un chapitre, etc) remitir.

réorganiser t reorganizar. **-ation** f reorganización.

réouverture f reapertura.

répaire m guarida f.

répandre t 1. (liquide) derramar. 2. (odeur) despedir. 3. (une nouvelle) difundir. ■ pr 1. (un liquide) derramarse. 2. (odeur, nouvelle, etc) difundirse, propagarse. | une croyance très répandue, una creencia muy extendida.

réparable a reparable.

reparaître i reaparecer.

réparer t reparar. **-ateur, -trice** s reparador, a. **-ation** f reparación f.

reparler i volver a hablar.

repartie f réplica.

repartir i marcharse de nuevo, volverse a marchar. | ~ à zéro, empezar de nuevo.

répartir t repartir. **-ition** f reparto m.

repas m comida f.

repasser i/t volver a pasar. ■ t 1. (le linge) planchar: fer à ~, plancha f. 2. (un couteau) afilar. 3. (une leçon, un rôle) repasar. **-age** m (du linge) planchado.

repêcher t 1. sacar del agua. 2. (naufragé) rescatar.

repeindre t repintar.

repenser a volver a pensar.

repentance f arrepentimiento m.

repentir (se)° pr arrepentirse: je m'en repens, me arrepiento.

repentir m arrepentimiento.

répercuter t repercutir: ■ se ~ sur, repercutir en. **-ssion** f repercusión.

repère m señal; **point de ~**, punto de referencia, hito.

repérer t localizar; ■ se ~, orientarse.

répertoire m 1. repertorio. 2. (carnet) agenda f.

répéter° t 1. repetir: répète la phrase, repite la frase. 2. (théâtre) ensayar. ■ se ~, repetirse.

répétiteur, trice s profesor, a particular.

répétition f 1. repetición. 2. (théâtre) ensayo m.

repeupler t repoblar.

répit m tregua f; **instant de ~**, momento de respiro.

replacer t colocar de nuevo.

repli m 1. pliegue. 2. mil. repliegue.

replier t doblar; ■ se ~, replegarse.

réplique f réplica.

répliquer t/i replicar.

répondre i/t 1. contestar: ~ à une question, à une lettre, contestar (a) una pregunta, (a) una carta; personne n'a répondu, no contestó nadie. 2. responder: je réponds de lui, respondo de él. 3. ~ à un besoin, satisfacer una necesidad. **-eur** m contestador.

réponse f respuesta, contestación.

reportage m reportaje.

reporter [ʀəpɔʀtɛʀ] m reportero.

reporter t 1. volver a llevar. 2. (renvoyer à plus tard) aplazar. ■ se ~ à, remitirse a.

repos m 1. descanso. 2. tranquilidad f, sosiego.

reposant, e a descansado, a.

reposer t 1. volver a poner. 2. (appuyer) descansar. 3. (un problème) replantear. ■ i 1. descansar: qu'il repose en paix, que en paz descanse. 2. ~ sur, fundarse en. ■ se ~, descansar: vous êtes-vous bien reposé? ¿ha descansado usted bien?; je me repose sur vous, descanso en usted.

repoussant, e a repugnante, repelente.

repousser t rechazar. ■ i (herbe, etc.) volver a crecer.

répréhensible a reprensible.

reprendre° t 1. volver a tomar. 2. recoger: reprenez votre ticket, recoger votre ticket. 3. ~ le travail, reemprender el trabajo. 4. reanudar, proseguir: reprenons notre conversation, reanudemos la conversación. 5. ~ courage, des forces, recobrar ánimo, las fuerzas. 6. (blâmer) censurar. ■ i 1. reanudarse: les cours ont repris, se han reanudado las clases. 2. la pluie reprend, vuelve a llover. 3. (les affaires) volver a marchar. ■ pr 1. serenarse. 2. corregirse.

représailles f pl represalias.

représentant m representante. **représenter** t/i representar. **-atif, ive** a representativo, a. **-ation** f representación.

répression f represión.

réprimande f reprimenda. **-er** t reprender.

réprimer t reprimir.

repris, e p p de **reprendre**. ■ m ~ de justice, criminal reincidente.

reprise f 1. (des relations, etc.) reanudación. | à plusieurs reprises, en varias ocasiones. 2. (économique) recuperación. 3. (dans un tissu) zurcido m. 4. (d'un moteur) reprise m.

5. (d'une pièce de théâtre) reposición.

6. (d'un appartement) traspaso m.

repriser t zurcir.

réprobation f reprobación.

reproch/e m reproche. **-er** t reprochar.

reproducteur, trice a/m reproductor, a.

reproduction f reproducción.

reproduire° t reproducir. ■ se ~, reproducirse.

réprouver t reprobar.

reptile m reptil.

repu, e a harto, a.

républi/que f república. **-cain, e** a/s republicano, a.

répudier t repudiar.

répugn/er i repugnar. **-ance** f repugnancia. **-ant, e** a repugnante.

répulsion f repulsión.

réputation f reputación.

réputé, e a reputado, a.

requête f demanda.

requiem [Rekɥijem] m réquiem.

requin m tiburón.

réquisition f requisición. **-ner** t requisar.

rescapé, e s superviviente.

rescousse (à la) loc adv en ayuda, en auxilio.

réseau m **1.** red f: ~ ferroviaire, routier, red ferroviaria, viaria. **2.** INFORM le ~, la red.

réservation f reserva.

réserve f **1.** reserva: mettre en ~, poner de reserva. | sous toute ~, sin garantía. **2.** (de chasse) coto m, vedado m.

réserv/er t reservar. ■ se ~, reservarse. **-iste** m reservista.

réservoir m depósito.

résid/er t residir. **-ent, e** a/s residente. **-ence** f **1.** residencia. **2.** ~ principale, vivienda habitual; ~

secondaire, segunda vivienda. **-entiel, elle** a residencial.

résidu m residuo.

résign/er (se) pr resignarse. **-ation** f resignación.

résilier t anular.

résin/e f resina. **-eux, euse** a resinoso, a. ■ m pl coníferas f.

résist/er i resistir. **-ance** f resistencia. **-ant, e** a resistente.

résolu, e a resuelto, a.

résolution f resolución.

réson/ner i resonar. **-ance** f resonancia.

résoudre° t resolver. ■ pr resolverse, decidirse: je me suis résolu à le faire, me resolví a hacerlo.

respect [Rɛspɛ] m respeto. **-able** a respetable. **-er** t respetar.

respectif a respectivo, a.

respectueux, euse a respetuoso, a.

respir/er i/t respirar. **-ation** f respiración. **-atoire** a respiratorio, a.

resplend/ir i resplandecer. **-issant, e** a resplandeciente.

responsab/le a/s responsable. **-ilité** f responsabilidad.

resquiller i FAM colarse.

ressac [Rəsak] m resaca f.

ressaisir (se) pr serenarse.

ressembl/er i ~ à, parecerse a: il ressemble à son père, se parece a su padre. ■ se ~, parecerse. **-ance** f parecido m. **-ant, e** a parecido, a.

ressemeler° t echar medias suelas a.

ressentiment m resentimiento.

ressentir° t sentir.

resserrer t **1.** apretar. **2.** (lien d'amitié) estrechar.

resservir° i servir de nuevo. ■ pr (d'un plat) servirse más.

retouche

ressort m 1. muelle. 2. FIG avoir du ~, tener aguante. 3. en dernier ~, en última instancia. 4. ce n'est pas de mon ~, no es de mi incumbencia.

ressortir i 1. salir de nuevo. 2. faire ~, color que resalta. | faire ~, destacar. 3. il ressort de ceci que ..., de esto se desprende que ...

ressortissant, e s súbdito, a.

ressource f recurso m. ■ pl recursos m humanos.

ressusciter t/i resucitar.

restant, e a poste restante, lista de correos. ■ m resto.

restaurant m restaurante.

restaurer t restaurar. -**ation** f restauración.

reste m resto. | de ~, de sobra; du ~, por lo demás. ■ pl (d'un repas) sobras f.

rester i quedarse: je suis resté chez moi, au lit, me he quedado en casa, en la cama; reste ici!, ¡quédate aquí! | IMPERS il me reste deux jours de vacances, me quedan dos días de vacaciones; il reste beaucoup à faire, queda mucho por hacer.

résultat m resultado. -**er** i resultar.

restreindre t restringir. ■ se ~, limitarse: -**ictif, ive** a restrictivo, a. -**iction** f restricción.

restituer t restituir. -**tion** f restitución.

résumer t resumir. -é m resumen: en ~, en resumen.

résumé m resumen.

résurrection f resurrección.

rétable m retablo.

rétablir t restablecer. ■ se ~, restablecerse; recuperarse. -**issement** m restablecimiento.

retaper f (reparer) arreglar.

---

retard m retraso: arriver en ~, llegar con retraso. | être en ~, estar retrasado. ■ excusez-moi, je suis en ~, discúlpe, me he retrasado; se mettre en ~, retrasarse; sans ~, sin demora. -**ataire** a/s retrasado, a.

retarder t atrasar. ■ atrasar: ma montre retarde d'une minute, mi reloj atrasa un minuto.

retenir° t 1. (garder) retener. 2. (une date) recordar una fecha. 3. (une chambre, une table, etc.) reservar una habitación, una mesa. 4. (attacher, pour empêcher de tomber, etc.) sujetar. 5. (sa respiration) contener la respiración. ■ pr 1. (s'accrocher) agarrarse. 2. contenerse: je me suis retenu pour ne pas crier, me contuve para no gritar.

rétention f (sur le salaire) retención f.

retentir i resonar. -**issant, e** a 1. estrepitoso, a. 2. succès ~, éxito clamoroso. -**issement** m resonancia f.

réticence f reticencia, reparo m. -**ent, e** a reacio, a, remiso, a.

rétif, ive a indócil, reacio, a.

rétine f retina.

retiré, e a retirado, a.

retirer t 1. (sortir) sacar. 2. ~ son manteau, quitarse el abrigo. 3. retirar: ~ sa candidature, de l'argent, retirar su candidatura, dinero; je retire ce que j'ai dit, retiro lo dicho. ■ se ~, retirarse.

retombées f pl FIG consecuencias.

retomber i 1. volver a caer. 2. (pendre) recaer. 3. FIG recaer sobre.

retouche f retoque m. -**er** t retocar.

retour *m* **1.** vuelta *f*: je serai de ~ à huit heures, estaré de vuelta a las ocho; **par ~ du courrier,** a vuelta de correo. **2.** regreso: **à votre ~,** a su regreso.

retourner *t* **1.** volver. **2.** *(lettre, paquet, etc.)* devolver, reexpedir. ■ *i* volver: je retourne chez le dentiste demain, vuelvo al dentista mañana. ■ *pr* **1.** volverse. **2.** *(une voiture)* volcar. **3.** s'en ~, regresar.

rétracter *t* retraer. ■ *FIG* se ~, retractarse.

retrait *m* **1.** retirada *f*. **2.** en ~, no alineado, a; *FIG* retirado, a.

retrait/e *f* **1.** *MIL* retirada. **2.** *(d'un fonctionnaire)* jubilación; *(d'un militaire)* retiro *m*. | ~ **anticipée,** jubilación anticipada; **prendre sa ~,** jubilarse, retirarse; **en ~,** jubilado, a, retirado, a. **-é, ée** *a/s* jubilado, a, retirado, a.

retranch/er *t* **1.** suprimir. **2.** *(déduire)* restar. ■ se ~ **derrière,** parapetarse tras. **-ement** *m* atrincheramiento.

retransmettre° *t* retransmitir.

rétréc/ir *t* estrechar. ■ *i* encogerse: ce tissu a rétréci, este tejido se ha encogido. **-issement** *m* estrechamiento.

rétribu/er *t* retribuir. **-tion** *f* retribución.

rétroactif, ive *a* retroactivo, a.

rétrograd/e *a* retrógrado, a. **-er** *i* retroceder.

rétrospectif, ive *a* retrospectivo, a. ■ *f* retrospectiva.

retrousser *t* ~ ses jupes, arremangarse las faldas. | nez retroussé, nariz respingona.

retrouver *t* **1.** encontrar. **2.** reunirse: je vous retrouverai à la sortie, me reuniré con vosotros a la salida.

3. *(santé, parole, etc.)* recobrar. ■ *pr* **1.** encontrarse. **2.** nous nous sommes retrouvés près du guichet, nos hemos reunido cerca de la taquilla.

rétroviseur *m* retrovisor.

réunion *f* reunión.

réunir *t* reunir. ■ se ~, reunirse.

réuss/ir *t* **1.** salir bien: mon projet a réussi, mi proyecto me ha salido bien. **2.** ~ dans la vie, tener éxito en la vida. **3.** lograr, conseguir: j'ai réussi à le consoler, logré consolarle. **4.** probar: le climat ne me réussit pas, el clima no me prueba. ■ *t* **1.** j'ai réussi mon gâteau, me ha salido bien el pastel. **2.** *(examen)* aprobar. **-ite** *f* éxito *m*.

revaloriser *t* revalorizar.

revanche *f* desquite *m*, revancha. | en ~, en cambio.

rêvasser *i* soñar despierto, a.

rêve *m* sueño. | de ~, de ensueño; mon ~, mi sueño dorado.

revêche *a* arisco, a.

réveil [revej] *m* **1.** despertar. **2.** *(pendule)* despertador.

réveille-matin *m* despertador.

réveiller *t* despertar. ■ se ~, despertarse: je me suis réveillé tôt, me he despertado temprano.

réveillon *m* *(Noël)* cena *f* de Nochebuena; *(Saint-Sylvestre)* cena *f* de Nochevieja.

révél/er° *t* revelar. **-ateur, trice** *a/m* revelador, a. **-ation** *f* revelación.

revenant *m* aparecido.

revendi/quer *t* reivindicar. **-cation** *f* reivindicación.

revendre *t* revender.

revenir° *i* **1.** volver: je reviendrai demain, volveré mañana; je reviens tout de suite, vuelvo en seguida; revenons à notre sujet, volvamos a

nuestro asunto; ~ **à soi,** volver en sí. **2.** acordarse: **son nom me revient à présent,** ahora me acuerdo de su nombre. **3.** gustar: **sa mine ne me revient pas,** no me gusta su facha. **4. je n'en reviens pas!,** ¡no me lo creo! **5.** salir: **le dîner m'est revenu à 20 euros,** la cena me ha salido por 20 euros. **6.** cela revient au même, lo mismo da. **7.** *(un aliment)* faire ~, rehogar.

revenu *m* renta *f.* ▪ *pl* ingresos.

rêver *i/t* soñar: **il rêve d'une moto,** sueña con una moto.

réverbération *f* reverberación.

réverbère *m (des rues)* farola *f.*

reverdir *i* reverdecer.

révér/er° *t* reverenciar. **-ence** *f* reverencia. **-end, e** *a/s* reverendo, a.

rêverie *f* ensueño *m.*

revers *m* **1.** revés. **2.** *(d'une médaille)* reverso. **3.** *(d'une veste)* solapa *f.* **4.** FIG **des ~ de fortune,** reveses de fortuna.

reversible *a* reversible.

revêt/ir° *t* **1.** ~ **de l'importance,** revestir importancia. **2.** *(vêtement)* ponerse. **-ement** *m* **1.** revestimiento. **2.** *(de route)* firme.

rêveur, euse *a/s* soñador, a.

revient ⇒ **revenir.** ▪ *m* **prix de ~,** precio de coste.

revirement *m* cambio.

révis/er *t* **1.** revisar. **2.** *(leçon, etc.)* repasar. **-ion** *f* **1.** revisión. **2.** repaso *m.*

revivre° *i* revivir.

revocation *f* revocación.

revoir° *t* **1.** volver a ver: **je ne l'ai jamais revu,** nunca le volví a ver. **2.** revisar. ▪ *m* **un au revoir,** un adiós. | **au revoir!,** ¡adiós!, ¡hasta la vista!

révoltant, e *a* indignante.

révolte *f* rebelión.

révolter (se) *pr* sublevarse.

révolution *f* revolución. **-naire** *a/s* revolucionario, a. **-ner** *t* revolucionar.

revolver [Revolvɛʀ] *m* revólver.

révoquer *t* **1.** *(un fonctionnaire)* destituir. **2.** JUR revocar.

revue *f* **1.** revista. **2.** **passer en ~,** pasar revista a.

rez-de-chaussée [Redʃose] *m* planta *f* baja: **au ~,** en la planta baja.

rhabiller (se) *pr* vestirse de nuevo.

rhéostat *m* reóstato.

rhétorique *f* retórica.

Rhin [ʀɛ̃] *n p m* Rin.

rhinocéros [ʀinɔseʀɔs] *m* rinoceronte.

rhododendron *m* rododendro.

Rhône *n p m* Ródano.

rhubarbe *f* ruibarbo *m.*

rhum [ʀɔm] *m* ron.

rhumatisme *m* reumatismo.

rhume *m* resfriado, catarro.

riant, e *a* risueño, a.

rican/er *i* reír burlonamente. **-ement** *m* risita *f* burlona.

rich/e *a/s* rico, a: **nouveau ~,** nuevo rico. **-esse** *f* riqueza.

ricin *m* **huile de ~,** aceite de ricino.

ricoch/er *i* rebotar. **-et** *m* **1.** rebote: **par ~,** de rebote. **2.** *(jeu)* **faire des ricochets,** jugar al juego de las cabrillas.

ride *f* arruga.

rideau *m* **1.** cortina *f.* **2.** *(transparent)* visillo. **3.** *(théâtre)* telón. **4.** **le ~ de fer,** el telón de acero.

rider *t* arrugar.

ridicul/e *a/m* ridículo, a. **-iser** *t* ridiculizar.

rien *pron indéf* nada: ~ **du tout,** absolutamente nada; ~ **de semblable,** nada semejante. | ~ **que d'y**

penser, sólo con pensarlo; **ça ne fait ~**, no importa; **en moins de ~, en un ~ de temps**, en un santiamén; **il n'y a rien de tel**, no hay como esto. ■ *m* pequeñez *f*. **| il pleure pour un ~**, llora por menos de nada; **des riens**, naderías *f*.

rieur, euse *a* reidor, a.

rigid/e *a* rígido, a. **-ité** *f* rigidez.

rigole *f* **1.** reguera. **2.** (filet d'eau) arroyuelo *m*.

rigol/er *i* FAM (rire) reírse; (plaisanter) bromear; (s'amuser) pasarlo en grande. **-o, ote** *a* chusco, a.

rigoureux, euse *a* riguroso, a.

rigueur *f* rigor *m*. **| à la ~**, en todo caso, si acaso.

rim/e *f* rima. **-er** *i* rimar. **|** FIG **cela ne rime à rien**, eso no viene a cuento.

rin/cer° *t* enjuagar, aclarar. **-çage** *m* enjuague, aclarado.

ripost/e *f* réplica. **-er** *i* replicar.

¹**rire**° *i* reír, reírse: **~ à gorge déployée**, reírse a mandíbula batiente; **de quoi ris-tu?, qu'est-ce qui te fait ~?**, ¿de qué te estás riendo? **2. vous voulez ~?**, ¿está usted de broma?; **pour ~**, de broma. **3. ~ de**, burlarse de.

²**rire** *m* risa *f*. **| le fou ~ m'a pris**, me dio la risa.

risée *f* burla. **| être la ~ de**, ser el hazmerreír de.

risible *a* risible.

risqu/e *m* riesgo: **groupe à ~**, grupo de riesgo. **| à ses risques et périls**, por su cuenta y riesgo; **au ~ de**, con riesgo de. **-er** *t* arriesgar. **| ~ de**, correr el riesgo de; **il risque de ne pas venir**, puede ser que no venga.

rissoler *t* dorar.

ristourne *f* descuento *m*.

rit/e *m* rito. **-uel, elle** *a/m* ritual.

rivage *m* orilla *f*, ribera *f*.

rival, e *a/s* rival. **-iser** *i* rivalizar: **~ de**, rivalizar en. **-ité** *f* rivalidad.

rive *f* orilla.

river *t* remachar.

riverain, e *a/s* ribereño, a.

rivet *m* roblón.

rivière *f* río *m*.

rixe *f* riña.

riz [Ri] *m* arroz. **-ière** *f* arrozal *m*.

robe *f* **1.** vestido *m*. **| ~ du soir**, traje *m* de noche; **~ de chambre**, bata. **2.** (de magistrat) toga.

robinet *m* grifo.

robot [Rɔbo] *m* robot. **| portrait-~**, retrato robot.

robust/e *a* robusto, a. **-esse** *f* robustez.

roc *m* roca *f*, peña *f*. **-ailleux, euse** *a* pedregoso, a.

rocade *f* vía de circunvalación.

roch/e *f* roca. **-er** *m* peñasco, peña *f*. **-eux, euse** *a* rocoso, a.

rocker [Rɔkœr] *s* rockero, a.

rod/er *t* rodar. **-age** *m* rodaje: **en ~**, en rodaje.

rôd/er *i* vagabundear, merodear. **-eur, euse** *s* vagabundo, a.

rogne *f* FAM rabieta. **| dès qu'on le contrarie, il se met en ~**, en cuanto se le lleva la contraria se cabrea, se pone hecho una furia.

rognon *m* riñón: **des rognons de porc**, riñones de cerdo.

roi *m* rey: **jour des Rois**, día de Reyes.

roitelet *m* reyezuelo.

rôle *m* **1.** papel: **jouer un ~**, desempeñar un papel. **2.** (liste) lista *f*. **| à tour de ~**, por turno.

romain, e *a/s* romano, a. ■ *m* letra *f* redonda.

¹**roman** *m* novela *f*: **~ policier**, novela policiaca.

²**roman, e** *a* (art) románico, a.

romancier, ère s novelista.

romanesque a novelesco, a.

romant/ique a romántico, a. **-isme** m romanticismo.

romarin m romero.

Rome n p f Roma.

romp/re t romper. ■ i **1.** romperse. **2.** romper: *ces fiancés ont rompu*, estos novios han roto. **3.** MIL **rompez!**, ¡rompan filas! **-u, ue** a (*fatigué*) molido, a.

ronce f zarza.

ronchonner i FAM refunfuñar.

rond, e a **1.** redondo, a. **2.** FAM (*ivre*) como una cuba. ■ m **1.** círculo. 2. en ~, en círculo. **2.** (*rondelle*) rodaja f. **3.** FAM (*sou*) perra f. ■ adv **tourner** ~, marchar bien. ■ f **1.** (*de police, danse*) ronda. **2.** à la ronde, a la redonda. **3.** (*lettre, note*) redonda. **-elle** f **1.** rodaja: *coupé en rondelles*, cortado en rodajas. **2.** (*en métal*) arandela.

rondement adv **1.** rápidamente. **2.** (*franchement*) sin rodeos.

rondeur f **1.** redondez. **2.** FAM (*du corps*) curva.

rond-point [Rɔ̃pwɛ̃] m glorieta f.

ronfl/er i **1.** roncar. **2.** (*moteur*) zumbar. **-ement** m **1.** ronquido. **2.** zumbido.

rong/er° t **1.** roer. **2.** (*le bois*) carcomer. **-eur, euse** a/m roedor, a.

ronronn/er i ronronear. **-ement** m ronroneo.

rosace f rosetón m.

rosâtre a rosáceo, a.

rosbif m rosbif.

rose f rosa. | ~ trémière, malvarrosa. ■ a/m color (de) rosa: *un ~ pâle*, un color rosa pálido; *voir tout en ~*, verlo todo color de rosa.

roseau m caña f.

rosé, e a rosado, a. | *vin ~*, vino rosado, clarete.

rosée f rocío m.

rosette f botón m de condecoración.

rosier m rosal.

rosse f mala persona.

rosser t zurrar, apalear.

rossignol m **1.** ruiseñor. **2.** (*clef*) ganzúa f.

rot [Ro] m POP eructo, regüeldo.

rotat/ion f rotación. **-if, ive** a/f rotativo, a.

roter i POP regoldar.

rôti m asado.

rotin m caña f (de Indias).

rôt/ir t asar. ■ i asarse. **-isserie** f grill-room m, parrilla. **-issoire** f asador m.

rotonde f rotonda.

rotondité f redondez.

rotule f rótula.

rouage m **1.** rueda f. **2.** mecanismo.

roublard, e a/s FAM astuto, a. **-ise** f astucia, picardía.

roucoul/er i arrullar. **-ement** m arrullo.

roue f rueda: *~ de secours*, rueda de repuesto.

Rouen n p Ruán.

rouer t ~ *quelqu'un de coups*, apalear a alguien.

roug/e a rojo, a, encarnado, a, colorado, a. | *vin ~*, vino tinto. ■ m **1.** rojo: *le feu est au ~*, el semáforo está en rojo. **2.** ~ *à lèvres*, carmín de labios, rouge. ■ adv *se fâcher tout ~*, sulfurarse. **-eâtre** a rojizo, a.

rouge-gorge m petirrojo.

rougeole [Ruʒɔl] f sarampión m.

rouget m salmonete.

rougeur f rojez, rubor m. ■ pl rojeces.

rougir ■ 1. enrojecer.
2. ~ **de honte**, ruborizarse de vergüenza. | **faire** ~, ruborizar.

rouille f orín m, herrumbre. **-er** t oxidar. ■ i oxidarse.

rouillé, e a i rojizo, a.

rouleau m 1. (de papier) rollo. 2. (à pâtisserie) rodillo. 3. (cheveux) rulo.

roulement m 1. circulación f, paso. 2. (de tambour) redoble. 3. ~ **de ton-nerre**, trueno. 4. ~ **à billes**, roda-miento de bolas. 5. **par** ~, por turno.

rouler t 1. hacer rodar. 2. (mettre en rouleau) enrollar. 3. FAM (tromper) timar. ■ i 1. rodar. 2. ir: **voiture qui roule à 100 à l'heure**, coche que va a 100 kilómetros por hora. 3. **la conversation roule sur la pollution**, la conversación trata de, gira en torno a la contaminación. ■ **se** ~, revolcarse.

roulette f 1. ruedecilla. | **aller comme sur des roulettes**, ir sobre ruedas. 2. (de dentiste) torno m. 3. (jeu) ruleta.

roulis [ʀuli] m balanceo.

roulotte f roulotte.

roumain, e a/s rumano, a.

Roumanie n p f Rumania.

roupiller i FAM dormir, hacer seda.

roupie f FAM rupia.

rouspéter i FAM refunfuñar.

rousse ⇒ **roux.**

rousseur f **tache de** ~, peca.

roussi m chamusquina | **sentir le rous-si**, oler a chamusquina.

roussir t chamuscar. ■ i ...

route f 1. carretera: ~ **nationale**, carretera nacio-nal, comarcal. | **départementale**, carretera nacio-nal, comarcal. 2. camino m. | **faire fausse** ~, equivocarse. 3. **se mettre en** ~, ponerse en marcha.

routier, ère a de carreteras: **réseau** ~, red de carreteras. ■ m camione-ro.

routine f rutina. **-ier, ère** a ruti-nario, a.

rouvrir t reabrir. ■ i abrir.

roux, rousse [ru, rus] a rojizo, a. ■ a/s (cheveux) pelirrojo, a.

royal, e [ʀwajal] a real. ■ **-iste** a/s monárquico, a, realista.

royaume [ʀwajom] m reino. **-té** f 1. realeza. 2. monarquía.

ruade f coz: **lancer des ruades**, tirar coces.

ruban m cinta f.

rubéole f rubéola.

rubis [ʀybi] m rubí.

rubrique f 1. rúbrica. 2. (dans un journal) sección.

ruche f colmena.

rude a 1. rudo. 2. (au toucher) áspero, a. 3. riguroso, a, duro, a. **-ement** adv 1. duramente. 2. FAM (très) muy. **-esse** f dureza, aspere-za.

rudiment m rudimento. **-aire** a rudimentario, a.

rudoyer [ʀydwaje] t maltratar.

rue f calle: **grand-rue**, calle mayor.

ruée f avalancha.

ruelle f callejuela.

ruer i cocear. ■ **se** ~ **vers, sur**, aba-lanzarse hacia.

rugby m rugby.

rugir i rugir. **-issement** m rugido.

rugueux, euse a rugoso, a. **-osité** f rugosidad.

ruine f ruina | **en** ~, en ruinas. **-er** t arruinar. ■ **se** ~, arruinarse. **-eux, euse** a ruinoso, a.

ruisseau m arroyo.

ruisseler i chorrear. | **ruisselant de sueur**, chorreando sudor.

rumeur f rumor m.

rumin/er *t/i* rumiar. **-ant** *m* rumiante.

rupestre *a* rupestre.

rupture *f* **1.** rotura. **2.** ~ de contrat, ruptura de contrato.

rural, e *a* rural. ■ *m pl* les ruraux, los campesinos.

rus/e *f* **1.** *(une ruse)* ardid *m*, artimaña. **2.** *(la ruse)* astucia. **-é, ée** *a* astuto, a.

russe *a/s* ruso, a.

Russie *n p f* Rusia.

rustine *f* *(nom déposé)* parche *m*.

rustique *a* rústico, a.

rustre *a* rústico, a. ■ *m* patán.

rutilant, e *a* rutilante.

rythm/e [ʀitm] *m* ritmo. **-é, ée** *a* acompasado, a. **-ique** *a* rítmico, a.

S

s [ɛs] m s f: **un s**, una s.

s' ⇒ **se, si**.

sa a poss su ⇒ **son**.

sabbat [saba] m **1.** sábado. **2.** (des sorcières) aquelarre.

sabl/e m arena f. **-é** m (gâteau) polvorón. **-er** t enarenar. **-ier** m reloj de arena. **-ière** f arenal m. **-onneux, euse** a arenoso, a.

sabord m MAR porta f. **-er** t dar barreno a.

sabot m **1.** zueco. **2.** (d'un cheval) casco.

sabot/er t **1.** (bâcler) frangollar. **2.** (détériorer volontairement) sabotear. **-age** m sabotaje.

sabre m sable. | **coup de ~**, sablazo.

¹sac m **1.** saco. | **~ de couchage**, saco de dormir. **2.** (à grains) costal. **3.** **~ à main**, bolso. **4.** **~ à dos**, mochila f; **~ de voyage**, bolsa f de viaje. **5.** (en papier, plastique) bolsa f.

²sac m **mettre à ~**, saquear.

saccad/e f sacudida. **-é, ée** a cortado, a, brusco, a.

saccager t **1.** saquear. **2.** (détériorer) destrozar.

saccharine [sakaʀin] f sacarina.

sacerdo/ce m sacerdocio. **-tal, e** a sacerdotal.

sache ⇒ **savoir**.

sachet m bolsita f, sobre, saquito.

sacoche f cartera.

sacre m consagración f.

sacré, e a **1.** sagrado, a. **2.** FAM maldito, a.

Sacré-Cœur m Sagrado Corazón.

sacrement m sacramento.

sacrer t consagrar, coronar.

sacrifice m sacrificio.

sacrifier t sacrificar.

sacril/ège a sacrílego, a. ■ m sacrilegio.

sacrist/ie f sacristía. **-ain** m sacristán.

sad/isme m sadismo. **-ique** a/s sádico, a.

safran m azafrán.

sagac/e a sagaz. **-ité** f sagacidad.

sage a **1.** prudente. **2.** (enfant) tranquilo, a, bueno, a. ■ m sabio.

sage-femme [saʒfam] f comadrona.

sagesse f **1.** prudencia. **2.** (bon sens) cordura. **3.** (d'un enfant) buena conducta. **4.** (connaissance) sabiduría.

Sagittaire m ASTR Sagitario.

Sahara n p m le ~, el Sáhara.

saharienne f sahariana.

saign/er t/i sangrar: **il saigne du nez**, le sangra la nariz. **-ant, e** a **1.** sangriento, a. **2.** viande saignante, carne poco hecha. **-ée** f sangría. **-ement** m hemorragia f.

saillant, e a saliente.

saillie f **1.** saliente m, saledizo m. **2.** (trait d'esprit) agudeza.

sain, e a sano, a. | **~ et sauf**, sano y salvo, ileso.

saindoux [sɛ̃du] m manteca f de cerdo.

saint, e a/s santo, a: **la semaine sainte**, la semana santa. ■ a **1.** (devant un nom de saint, sauf Domingo,

Tomás, Tomé, Toribio où l'on emploie *santo*) san: ~ **Pierre**, san Pedro. | **la Saint-Jean**, el día de San Juan; **la Saint-Sylvestre**, el día de Nochevieja. **2.** sagrado, a: **la sainte Famille**, la Sagrada Familia.

Saint-Esprit *m* Espíritu Santo.

sainteté *f* santidad.

Saint-Siège *m* **le ~**, la Santa Sede *f*.

sais ⇒ **savoir**.

saisie *f* **1.** embargo *m*. **2.** *(d'un journal)* secuestro *m*. **3.** INFORM recogida de datos.

sais/ir *t* **1.** agarrar, coger. | **~ l'occasion**, aprovechar la ocasión. **2.** comprender, entender; **je n'ai pas saisi votre explication**, no he entendido su explicación. **3.** JUR *(des biens)* embargar; *(journal, livre)* secuestrar. **4.** *(surprendre)* sorprender. ■ **se ~ de**, hacerse dueño de. **-issant, e** *a* sorprendente. **-issement** *m* sobrecogimiento, pasmo.

saison *f* **1.** estación: **les quatre saisons**, las cuatro estaciones. **2.** *(théâtrale, touristique, thermale)* temporada: **basse, haute ~**, temporada baja, alta.

sait ⇒ **savoir**.

salad/e *f* ensalada. | **~ russe**, ensaladilla rusa. **-ier** *m* ensaladera *f*.

sal/aire *m* salario, sueldo. **-arié, e** *a/s* asalariado, a.

salaison *f* salazón.

salaud *m* VULG cabrón.

sale *a* **1.** sucio, a. **2.** **une ~ affaire**, un asunto feo; **un ~ type**, una mala persona.

salé *m* **petit ~**, tocino salado.

saler *t* salar.

saleté *f* **1.** suciedad. **2.** FAM porquería.

salière *f* salero *m*.

sal/ir *t* ensuciar. **-issant, e** *a* sucio, a.

saliv/e *f* saliva. **-er** *i* salivar.

salle *f* sala. | **~ à manger**, comedor *m*; **~ de bains**, cuarto *m* de baño; **~ de séjour**, cuarto *m* de estar.

salon *m* **1.** salón. **2.** **~ de coiffure**, peluquería *f*.

salopette *f* **1.** *(de travail)* mono *m*. **2.** pantalón *m* de peto, peto *m*.

salpêtre *m* salitre.

salubr/e *a* salubre. **-ité** *f* salubridad.

saluer *t* saludar.

salut *m* **1.** *(fait d'être sauvé)* salvación *f*. **2.** saludo: **~ militaire**, saludo militar. ■ *interj* FAM ¡hola!

salutaire *a* saludable.

salutation *f* salutación. ■ *pl* **sincères salutations**, saludos *m* cordiales.

salve *f* salva.

samedi *m* sábado: **~ prochain**, el sábado próximo.

sanatorium [sanatɔʀjɔm] *m* sanatorio.

sanctifier *t* santificar.

sanction *f* sanción. **-ner** *t* sancionar.

sanctuaire *m* santuario.

sandale *f* sandalia.

sandwich [sɑ̃dwitʃ] *m* bocadillo.

sang [sɑ̃] *m* sangre *f*. | **coup de ~**, hemorragia *f* cerebral; **se faire du mauvais ~**, preocuparse, estar inquieto, a.

sang-froid [sɑ̃fʀwa] *m* sangre *f* fría: **de ~**, a sangre fría.

sanglant, e *a* sangriento, a.

sangle *f* cincha. | **lit de ~**, catre.

sanglier *m* jabalí.

sanglot *m* sollozo. **-er** *i* sollozar.

sangsue [sɑ̃sy] *f* sanguijuela.

sanguin, e *a* sanguíneo, a: **groupe ~**, grupo sanguíneo.

sanguinaire *a* sanguinario, a.

sanitaire *a* sanitario, a. ■ *m pl* sanitarios.

sans [sã] *prép* sin. | **~ quoi**, si no.

sans-abri *s* sin techo.

sans-cœur *a/s* desalmado, a.

sans-emploi *s* desempleado, a.

sans-gêne *a* descarado, a. ■ *m* desparpajo, frescura *f*.

sans-papiers *s* sin papeles.

santé *f* salud: **à votre ~!**, ¡a su salud! | **boire à la ~ de quelqu'un**, brindar por alguien.

saoudien, enne *a/s* saudí.

saoul ⇒ **soûl**.

sap/er *t* socavar. **-eur** *m* zapador. | **sapeur-pompier**, bombero.

saphir *m* zafiro.

sapin *m* abeto.

Saragosse *n p* Zaragoza.

sarbacane *f* cerbatana.

sarcas/me *m* sarcasmo. **-tique** *a* sarcástico, a.

sarcler *t* escardar.

sarcophage *m* sarcófago.

Sardaigne *n p f* Cerdeña.

sardine *f* sardina: **sardines à l'huile**, sardinas en aceite.

sarment *m* sarmiento.

sarrasin *m* (*plante*) alforfón.

Satan *n p m* Satanás.

satané, e *a* maldito, a.

satanique *a* satánico, a.

satellite *a/m* satélite.

satiété [sasjete] *f* saciedad: **à ~**, hasta la saciedad.

satin *m* satén, raso.

satir/e *f* sátira. **-ique** *a* satírico, a.

satisfaction *f* satisfacción.

satis/faire° *t* 1. satisfacer. 2. **~ à**, cumplir con. **-faisant, e** *a* satisfactorio, a. **-fait, e** *a* satisfecho, a.

satur/er *t* saturar. **-ation** *f* saturación.

satyre *m* sátiro.

sauc/e *f* salsa: **~ tomate**, salsa de tomate. **-ière** *f* salsera.

sauciss/e *f* salchicha. **-on** *m* salchichón.

¹sauf, sauve *a* salvo, a.

²sauf *prép* salvo, menos, excepto: **tous ~ lui**, todos salvo él.

sauge *f* salvia.

saugrenu, e *a* absurdo, a.

saule *m* sauce: **~ pleurer**, sauce llorón.

saumâtre *m* salobre.

saumon *m* salmón.

saumure *f* salmuera.

sauna *f* sauna *f*.

saupoudrer *t* espolvorear.

saurai, sauras ⇒ **savoir**.

saut *m* 1. salto: **~ en hauteur, en longueur**, périlleux, salto de altura, de longitud, mortal. 2. **je fais un ~ jusqu'à la banque**, voy en un santiamén al banco.

saute-mouton *m* pídola *f*: **jouer à ~**, jugar a pídola.

sauté, e *a/m* salteado, a: **pommes de terre sautées**, patatas salteadas.

sauter *i* 1. saltar. | **~ au cou de quelqu'un**, echarse en brazos de alguien. 2. (*exploser*) estallar. 3. **les plombs ont sauté**, se fundieron los plomos. 4. (*cuisine*) **faire ~**, saltear. ■ *t* 1. saltar, salvar. 2. **tu as sauté une page**, te saltaste una página.

sauterelle [sotʀɛl] *f* saltamontes *m*.

sautill/er *i* andar a saltitos. **-ement** *m* saltito.

sauvag/e *a* 1. salvaje. 2. (*plante*) silvestre. 3. (*insociable*) huraño, a. ■ *s* salvaje. **-erie** *f* 1. salvajismo *m*. 2. crueldad.

sauvegard/e _f_ salvaguardia. **-er** _t_
1. salvaguardar. **2.** _INFORM_ guardar.

sauve-qui-peut! _interj_ ¡sálvese
quien pueda! ■ _m_ desbandada _f_.

sauver _t_ salvar. ■ _pr_ **1.** escaparse. **2.**
(s'en aller) irse.

sauvet/age _m_ rescate, salvamento.
| canot de ~, bote salvavidas; **gilet
de ~**, chaleco salvavidas. **-eur** _m_
salvador.

sauvette (à la) _loc adv_ **1.** _(vendre)_
ilícitamente. **2.** _(vite)_ de prisa.

sauveur _m_ salvador. | **le Sauveur**, el
Salvador.

savane _f_ sabana.

savant, e _a_ sabio, a, docto, a. ■ _s_
sabio, a, científico, a.

savate _f_ chancleta.

saveur _f_ sabor _m_.

Savoie _n p f_ Saboya.

¹savoir° _t_ saber: je ne sais pas, no
sé; qui sait?, ¿quién sabe?; il ne l'a
jamais su, nunca lo supo; si j'avais
su!, ¡haberlo sabido!; que je sache,
que yo sepa; je n'en sais rien, no
tengo ni idea. | à ~, a saber; faire ~,
comunicar.

²savoir _m_ saber.

savoir-faire _m_ experiencia _f_.

savoir-vivre _m_ mundología _f_.

savon _m_ **1.** jabón. **2.** _FAM_ passer un
~ à quelqu'un, echar una bronca a
alguien. **-ner** _t_ enjabonar, jabonar.
-nette _f_ pastilla de jabón. **-neux,
euse** _a_ jabonoso, a.

savour/er _t_ saborear. **-eux, euse** _a_
sabroso, a.

Saxe _n p f_ Sajonia.

saxon, e _a/s_ sajón, ona.

saxophone _m_ saxofón, saxófono.

scabreux, euse _a_ escabroso, a.

scalpel _m_ escalpelo.

scandal/e _m_ escándalo: faire ~,
causar escándalo. **-eux, euse** _a_
escandaloso, a. **-iser** _t_ escandalizar.

scandinave _a/s_ escandinavo, a.

Scandinavie _n p f_ Escandinavia.

scanner [skanɛʀ] _m_ _(appareil)_ escáner.

scaphandr/e _m_ escafandra _f_. **-ier** _m_
buzo.

scarabée _m_ escarabajo.

scarlatine _f_ escarlatina.

sceau [so] _m_ sello.

scélérat, e [selera, at] _a/s_ desalmado, a.

scellé [sele] _m_ sello.

sceller [sele] _t_ **1.** sellar. **2.** _(fixer)_
empotrar.

scénar/io [senarjo] _m_ **1.** argumento. **2.** _(cinéma)_ guión. **-iste** _m_ guionista.

scène [sɛn] _f_ **1.** escena: entrer en ~,
salir a escena; mettre en ~, poner
en escena; sur ~, en escena. **2.** _(dispute)_ altercado _m_, riña. **-énique** _a_
escénico, a.

scepti/que [septik] _a/s_ escéptico, a.
-cisme _m_ escepticismo.

sceptre [sɛptʀ] _m_ cetro.

schéma [ʃema] _m_ esquema. **-tique**
_a_ esquemático, a.

schisme [ʃism] _m_ cisma.

schiste [ʃist] _m_ esquisto.

sciatique [sjatik] _a_ ciático, a. ■ _f_
ciática.

scie [si] _f_ sierra.

sciemment [sjamã] _adv_ a sabiendas.

scien/ce [sjãs] _f_ ciencia. | **science-
fiction**, ciencia ficción. **-tifique** _a/s_
científico, a.

scier [sie] _t_ aserrar. **-ie** [siʀi] _f_ aserradero _m_.

scinder (se) [sɛ̃de] _pr_ dividirse,
escindirse.

scintiller [sɛ̃tije] *i* centellear, destellar.

scission [sisjɔ̃] *f* escisión.

sciure [sjyʀ] *f* aserrín *m*.

sclérose *f* esclerosis.

scol/aire [a] escolar. **-arité** *f* escolaridad.

scoop [skup] *m* scoop, primicia *f*
informativa.

score *m* tanteo.

scorpion *m* **1.** escorpión. **2.** ASTR
Escorpio, Escorpión.

scotch *m* **1.** whisky escocés. **2.**
(ruban adhésif. Nom déposé) celo.

script *m* *(scénario)* guión.

scrupul/e *m* escrúpulo. **-eux, euse**
a escrupuloso, a.

scruter *t* escrutar.

scrutin *m* dépouiller le ~, efectuar
el escrutinio; **tour de** ~, votación *f*.

sculpt/er [skylte] *t* esculpir. **-eur** *a*
escultor. **-ure** *f* escultura.

se, s' *pron pers* se: **il** ~ **lève**, se levanta; ~ **lever**, levantarse; **s'asseoir**,
sentarse.

séance *f* sesión.

séant *m* se dresser sur son ~, incorporarse.

seau *m* cubo.

sec, sèche *a* **1.** seco, a. **2. la mare
est à** ~, la charca está seca; FAM **je
suis à** ~, estoy pelado.

sécateur *m* podadera *f*.

sécession *f* secesión.

sèche ⇒ **sec. -ment** *adv* secamen-
te.

sèche-cheveux *m* secador.

sèche-linge *m* secadora *f*.

sécher° *t* **1.** secar. **2.** FAM ~ **un cours**,
pelarse una clase. ■ *i* **1.** secarse. **2.**
FAM *(un candidat)* estar pez.

sécheresse *f* **1.** sequedad. **2.** *(du
temps)* sequía.

séchoir *m* **1.** *(appareil)* secador. **2.**
(à linge) tendedero.

second, e [sǝgɔ̃, ɔ̃d] *a* segundo, a. ■
m **1.** segundo. **2. habiter au** ~, vivir
en el segundo piso. ■ *f* **1.** *(vitesse,
classe)* segunda. **2.** *(temps)* segundo
m: **je reviens dans une seconde**,
vuelvo en un segundo. **-aire** *a*
secundario, a. | **enseignement** ~,
segunda enseñanza. **-er** *t* secundar.

secouer *t* **1.** sacudir. **2.** *(ébranler)*
trastornar. ■ FAM **se** ~, despabilarse.

secour/ir *t* socorrer. **-iste** *s* soco-
rrista.

secours *m* socorro. | **au** ~!, ¡soco-
rro!; **premiers** ~, primeros auxilios.

secousse *f* sacudida.

secret, ète *a/m* secreto, a. | **en** ~, en
secreto.

secrét/aire *s* secretario, a. ■ *m*
(meuble) escritorio, secreter. **-ariat**
m **1.** secretaría *f*. **2.** *(métier)* secreta-
riado.

sécrét/er° *t* segregar. **-ion** *f* secreción.

secte *f* secta.

secteur *m* **1.** sector. **2.** ELECTR red *f*.

section *f* sección.

séculaire *a* secular.

séculier, ère *a* secular, seglar.

sécurité *f* seguridad: ~ **sociale**,
seguridad social; ~ **routière**, seguridad vial.

sédatif *m* sedante.

sédentaire *a/s* sedentario, a.

sédiment *m* sedimento. **-aire** *a*
sedimentario, a.

sédit/ion *f* sedición. **-ieux, euse** *a*
sedicioso, a.

séducteur, trice *a/m* seductor, a.

sédu/ire° *t* seducir. **-isant, e** *a*
seductor, a, atractivo, a.

segment *m* segmento.

ségrégation f segregación.

seiche f sepia, jibia.

seigle m centeno.

seigneur m 1. señor. 2. **Notre-Seigneur**, Nuestro Señor.

sein m 1. pecho, seno: **donner le ~**, dar el pecho. 2. **au ~ de**, en el seno de, dentro de.

Seine n p f **la ~**, el Sena m.

séisme m seísmo.

seiz/e a/m dieciséis. **-ième** a/s decimosexto, a. | **~ siècle**, siglo dieciséis.

séjour m 1. estancia f. 2. temporada f: **faire un long ~ à la campagne**, pasar una larga temporada en el campo. | **carte de ~**, permiso m de residencia. 3. **salle de ~**, cuarto m de estar. **-ner** i vivir, permanecer.

sel m sal f.

sélection f selección. **-ner** t seleccionar.

self(-service) m autoservicio.

sell/e f 1. silla de montar. 2. (de bicyclette, moto) sillín m. 3. **aller à la ~**, hacer de vientre; **les selles**, las heces. **-er** t ensillar. **-ier** m guarnicionero.

selon prép 1. según. 2. **~ moi**, a mi modo de ver. 3. **c'est ~**, depende, según.

semaine f semana: **en ~**, durante la semana.

sémantique a semántico, a. ■ f semántica.

sémaphore m semáforo.

semblable a/s semejante.

semblant m apariencia f. | **il fait ~ de ne pas entendre**, hace como que no oye.

sembler t parecer. ■ impers il semble que ..., parece que ... | **ce me semble**, a mi parecer.

semelle f suela.

semence f semilla, simiente.

semer° t sembrar.

semestr/e m semestre. **-iel, elle** a semestral.

semeur, euse s sembrador, a.

sémin/aire m seminario. **-ariste** m seminarista.

semi-remorque f semirremolque m.

semis m 1. siembra f. 2. (terrain) sembrado.

sémite a/s semita.

semonce f represión.

semoule f sémola.

sénat m senado. **-eur** m senador.

sénil/e a senil. **-ité** f senilidad.

sens [sãs] m 1. sentido: **les cinq ~**, los cinco sentidos; | **bon ~**, sensatez f; **ça tombe sous le ~**, es evidente. 2. (d'un mot) sentido. 3. **~ unique**, dirección única, prohibida; **à double ~**, de doble dirección. | **~ dessus, dessous**, pata arriba, en desorden.

sensation f sensación: **faire ~**, causar sensación. | **presse à ~**, prensa sensacionalista. **-nel, elle** a sensacional.

sensé, e a sensato, a.

sensib/le a sensible. **-ilité** f sensibilidad.

sensu/el, elle a sensual. **-alité** f sensualidad.

sentence f sentencia.

sentencieux, euse a sentencioso, a.

senteur f olor m.

sentier m sendero, senda f.

sentiment m 1. sentimiento. 2. (opinion) parecer, sensación f. **-al, e** a sentimental.

sentinelle f centinela m.

sentir° t 1. sentir. 2. (par l'odorat) oler. 3. oler a: **ça sent l'essence, le**

brûlé, huele a gasolina, a quemado. **4.** (au goût) saber a. ■ i oler: ça sent bon, mauvais, esto huele bien, mal. ■ se ~, encontrarse, sentirse: je me sens fatigué, me encuentro cansado; il se sent malheureux, se siente desgraciado.

Séoul n p Seúl.

sépar/er t separar. ■ se ~, separarse. **-ation** f separación. **-atiste** a/s separatista. **-ément** adv separadamente.

sépia f sepia.

sept [sɛt] a/s siete.

septembre m septiembre: **4** ~, 4 de septiembre.

septentrional, e a septentrional.

septième [sɛtjɛm] a séptimo, a: **au** ~ **étage**, en el séptimo piso. ■ m séptima f parte.

septique a séptico, a.

septuagénaire a/s septuagenario, a, setentón, ona.

sépulc/re m sepulcro. **-al, e** a sepulcral.

sépulture f sepultura.

séquelle f secuela.

séquence f secuencia.

séquestr/er t secuestrar. **-ation** f secuestro m.

sera, etc. ⇒ **être**.

séraphin m serafín.

serbe a/s serbio, a.

Serbie n p f Serbia.

serein, e a/m sereno, a.

sérénade f serenata.

sérénité f serenidad.

serf m siervo.

serge f sarga.

sergent m sargento.

série f serie: **en** ~, en serie.

sérieu/x, euse a **1.** serio, a. **2.** grave. ■ m seriedad f. | prendre au

~, tomar en serio. **-sement** adv en serio.

serin m canario.

seringue f jeringuilla.

serment m juramento. | prêter ~, prestar juramento, jurar.

sermon m sermón. **-ner** t sermonear.

séropositif, ive a/s seropositivo, a.

serpent m serpiente f: ~ **à sonnettes**, serpiente de cascabel. **-er** i serpentear. **-in** m (de papier) serpentina f.

serpillière f bayeta.

serre f (pour plantes) invernadero m. | effet de ~, efecto invernadero. ■ pl (d'oiseau) garras.

serr/er t **1.** apretar, estrechar: ~ **un écrou**, apretar una tuerca; ~ **un enfant contre sa poitrine**, apretar a un niño contra su pecho; ~ **la main**, estrechar la mano. **2.** apretar, oprimir: **ces chaussures neuves me serrent**, estos zapatos nuevos me aprietan. ■ i ceñirse: **serrez à droite**, cíñase a la derecha. ■ pr (les uns contre les autres) estrecharse. **-ement** m apretón. | ~ **de cœur**, congoja f.

serrur/e f cerradura. **-ier** m cerrajero.

sérum [seʁɔm] m suero.

servante f sirvienta.

serveur, euse s camarero, a. ■ m INFORM servidor.

serviable a servicial.

service m **1.** servicio: ~ **compris**, servicio incluido; **rendre** ~ **à quelqu'un**, prestar servicio a alguien; **en** ~, de servicio. | **hors** ~, fuera de uso. **2.** ~ **à café**, juego de café. **3.** ~ **du personnel**, departamento de personal.

serviette f **1.** (de table) servilleta. | **rond de ~**, servilletero. **2.** (de toilette) toalla. **3.** **~ hygiénique**, compresa. **4.** (pour documents) cartera.

servil/e a servil. **-ité** f servilismo m.

servir° t **1.** servir. **2.** **~ un client**, atender a un cliente. **3.** **~ la messe**, ayudar a misa. **4.** **~ à**, servir para: **à quoi ça sert?**, ¿para qué sirve esto?; **ça ne sert à rien d'insister**, no sirve de nada insistir. ■ pr **1.** servirse: **servez-vous**, sírvase usted. **2.** **se ~ de**, servirse de, usar.

serviteur m servidor.

servitude f servidumbre.

ses a poss sus. ⇒ **son**.

session f **1.** sesión. **2.** exámenes pl.

seuil [sœj] m umbral.

seul, e a solo, a: **je l'ai fait tout ~**, lo hice yo solo. **2.** sólo: **~ un homme peut le faire**, sólo un hombre puede hacerlo. ■ **s le ~, la seule**, el único, la única; **pas un ~**, ni uno. **-ement** adv solamente. | **non ~ ... mais**, no sólo ... sino.

sève f savia.

sév/ère a severo, a. **-érité** f severidad.

Séville n p f Sevilla.

sévir i **1.** (punir) castigar. **2.** reinar.

sexagénaire a/s sexagenario, a, sesentón, ona.

sex/e m sexo. **-ualité** f sexualidad. **-uel, elle** a sexual.

shampooing [ʃɑ̃pwɛ̃] m champú.

short [ʃɔrt] m short.

si m MUS si.

si, s' conj si: **~ tu veux**, si quieres; **~ j'étais riche**, si yo fuera rico; **comme s'il ne le savait pas**, como si no lo supiera. ■ adv **1.** (affirmation) sí. **2.** (= tellement) tan: **il est si poli!**, ¡es tan cortés! **3.** **~ bien que**, así que.

siamois, e a/s siamés, esa: **frères ~**, hermanos siameses.

Sibérie n p f Siberia.

sibérien, enne a/s siberiano, a.

Sicile n p f Sicilia.

sicilien, enne a/s siciliano, a.

sida m sida.

sidéral, e a sideral.

sidér/er° t FAM dejar apabullado, a. **-ant, e** a FAM apabullante.

sidérurg/ie f siderurgia. **-ique** a siderúrgico, a.

siècle m siglo: **au XVI° ~**, en el siglo XVI.

siège m **1.** asiento: **prenez un ~**, tome asiento. **2.** (d'un organisme) sede f. | **le Saint-Siège**, la Santa Sede; **~ social**, domicilio social. **3.** (de député) escaño. **4.** MIL sitio: **état de ~**, estado de sitio.

siéger° i residir.

sien, sienne a/pron poss suyo, a. ■ pl **les siens**, los suyos.

sieste f siesta: **faire la ~**, dormir la siesta.

siffl/er i **1.** silbar. **2.** (avec un sifflet) pitar. ■ t **1.** **~ un acteur**, abuchear a un actor. **-ement** m silbido. **-et** m pito. | **coup de ~**, pitido. **-oter** i silbar despacio.

sigle m sigla f.

signal m señal f: **signaux acoustiques**, señales acústicas. **-ement** m filiación f, señas f pl. **-er** t señalar. | **rien à ~**, sin novedad. **-isation** f señalización. | **panneaux de ~**, señales de tráfico.

signat/ure f firma. **-aire** s firmante.

signe m **1.** signo. **2.** (geste) seña f, señal: **il lui fait ~ de venir**, le hace señas de que venga. | **~ de croix**, señal de la cruz; **faire un ~ de croix**, santiguarse; **en ~ de**, en señal de. **3.**

signes de fatigue, muestras *f* de cansancio.

signer *t* firmar. ■ **se ~**, santiguarse.

signifi/er *t* significar. **-catif, ive** *a* significativo, a. **-cation** *f* significación.

silenc/e *m* silencio. | garder le ~, guardar silencio; passer sous ~, pasar por alto, silenciar. **-ieux, euse** *a* silencioso, a. ■ *m* (de moteur, d'arme à feu) silenciador.

silex [sileks] *m* sílex.

silhouette *f* silueta.

sillage *m* estela *f*.

sillon *m* surco. **-ner** *t* surcar.

silo *m* silo.

simagrées *f pl* remilgos *m*.

similaire *a* similar.

similitude *f* similitud.

simpl/e *a* 1. simple. | ~ soldat, soldado raso. 2. (pas compliqué) sencillo, a. ■ *m* (tennis) individual. **-icité** *f* sencillez. **-ifier** *t* simplificar.

simulacre *m* simulacro.

simul/er *t* simular. **-ation** *f* simulación.

simultané, e *a* simultáneo, a. **-ment** *adv* simultáneamente.

sinc/ère *a* sincero, a. **-érité** *f* sinceridad.

sinécure *f* sinecura.

sing/e *m* mono. **-er**° *t* remedar, imitar.

singulariser (se) *pr* singularizarse.

singularité *f* singularidad.

singulier, ère *a* singular. ■ *m* au ~, en singular.

sinistre *a/m* siniestro, a.

sinistré, e *a/s* siniestrado, a, damnificado, a.

sinon *conj* 1. (ou alors) si no. 2. (excepté) sino.

sinu/eux, euse *a* sinuoso, a. **-osité** *f* sinuosidad.

sinusite *f* sinusitis.

siphon *m* sifón.

sirène *f* sirena.

sirop [siʀo] *m* 1. (médicament) jarabe. 2. pêches au ~, melocotones en almíbar.

site *m* 1. sitio, paisaje. 2. INFORM sitio.

sitôt *adv* ~ arrivé, il déjeuna, almorzó nada más llegar, tan pronto como llegó, almorzó.

situation *f* 1. situación. 2. (emploi) puesto *m*.

situer *t* situar.

six [si, sis, siz] *a* seis. | ~ cents, seiscientos, as. **-ième** [sizjɛm] *a/s* sexto, a: au ~ étage, en el sexto piso.

ski *m* esquí: une paire de skis, un par de esquís; ~ de fond, nautique, esquí de fondo, náutico. | faire du ~, esquiar. **-er** *i* esquiar. **-eur, euse** *s* esquiador, a.

skipper [skipœʀ] *m* patrón de yate.

slalom *m* slalom, eslalon.

slave *a/s* eslavo, a.

slip *m* 1. (d'homme) slip, calzoncillos *pl*. 2. (de femme) bragas *f pl*. 3. ~ de bain, bañador.

slogan *m* eslogan.

Slovaquie *n p f* Eslovaquia.

smoking *m* smoking.

snob *a/s* esnob, cursi. **-isme** *m* esnobismo.

sobr/e *a* sobrio, a. **-iété** *f* sobriedad.

sobriquet *m* apodo.

soc *m* reja *f*.

sociable *a* sociable.

social, e *a* social: conflits sociaux, conflictos sociales.

socialisme

socialisme *m* socialismo. **-iste** *a/s* socialista.

société *f* sociedad. **-aire** *s* socio. **-gue** *s* sociólogo, a.

sociolo/gie *f* sociología. **-gue** *s*

socle *m* zócalo.

socquette *f* calcetín *m* corto.

soda *m* soda *f*.

sœur *f* hermana.

soi *pron pers* sí. | avec ~, consigo; on est bien chez ~, se está bien en casa; sur ~, encima, soi-même, sí mismo; cela va de ~, es evidente. ■ *adv* apa-
soi-disant *a* supuesto, a. ■ *adv* aparentemente.

soie *f* seda. | papier de ~, papel de seda. **-rie** *f* sedería.

soif *f* sed; j'ai très ~, tengo mucha sed.

soigner *t* **1.** cuidar. | travail soigné, trabajo esmerado. **2.** ~ un malade, curar, asistir a un enfermo; il faut ~ votre grippe, tiene que curarse la gripe. □ se ~ cuidarse.

soigneux, euse *a* **1.** cuidadoso, a. **2.** *(fait avec soin)* esmerado, a.

soin *m* cuidado. | prendre ~ de ses affaires, cuidar de sus cosas. ■ *pl* *(médicaux)* asistencia *sing*. | premiers soins, primeros auxilios; soins intensifs, cuidados intensivos.

soir *m* **1.** tarde *f*. **2.** *(après le coucher du soleil)* noche *f*: onze heures du ~, las once de la noche; à ce ~, hasta la noche.

soirée *f* **1.** noche *f*. **2.** *(réunion)* velada. **3.** ~ dansante, baile *m* de noche; spectacle en ~, función de noche.

soit [swa] ⇒ **être** ■ *conj* o sea. | ~ l'un, ~ l'autre, ya uno, ya otro. ■ *adv* [swat] sea, bueno.

soixante [swasɑ̃t] *a/s* sesenta. **-aine** *f* unos sesenta. | il approche de la ~, raya en los sesenta. **-ième** *a/s* sexagésimo, a.

soja *m* soja *f*.

¹sol [sɔl] *m* suelo.

²sol *m mus* sol.

solaire *a* solar.

soldat *m* soldado.

¹solde *f mil* sueldo *m*. ■ *pl com* rebajas *f*: soldes d'hiver, rebajas de invierno. | en ~, rebajado, a. **-er** *t* **1.** *(un compte)* saldar. **2.** *(un article)* rebajar.

²solde *m* saldo. ■ **soldé** *a/m* saldado.

¹sole *f* lenguado *m*.

²soleil [sɔlɛj] *m* sol. | coup de ~, insolación *f*.

solennel, elle [sɔlanɛl] *a* solemne. **-ité** *f* solemnidad.

solfège *m* solfeo.

solidaire *a* solidario, a. **-iser (se)** *pr* solidarizarse. **-ité** *f* solidaridad.

solide *a/m* sólido, a. **-ifier** *t* solidificar. **-ité** *f* solidez.

soliste *s* solista.

solitaire *a/s* solitario, a.

solitude *f* soledad.

solive *f* viga.

sollicit/er *t* solicitar. **-ude** *f* solicitud.

solo *m* solo.

solstice *m* solsticio.

soluble *a* soluble.

solution *f* solución.

solvable *a* solvente.

sombre *a* **1.** oscuro, sombrío, a. **2.** *fig* melancólico, a.

sombrer *i* irse a pique, hundirse.

¹somme *f* **1.** suma. **2.** une ~ d'argent, una cantidad de dinero. **3.** en ~, ~ toute, en resumen.

¹**somme** f bête de ~, bestia de carga | ~ en somme m sueño. | faire un petit ~, echar una cabezada.

sommeil [smɛj] m sueño: j'ai très ~, tengo mucho sueño. **-er** i dormitar.

sommelier m bodeguero.

sommer t intimar.

sommet m cumbre f, cima f. | con-férence au ~, conferencia en la cumbre.

sommier m somier.

sommes ⇒ **être**.

somnambule m sonámbulo, a.

somnifère m somnífero.

somnoler i dormitar. **-ence** f som-nolencia. **-ent, e** a soñoliento, a.

somptueux, euse a suntuoso, a.

son, sa, ses a poss su, sus: ~ frère, su hermano; sa sœur, su hermana.

¹**son** m sonido: le mur du ~, la barre-ra del sonido. | au ~ de, al son de.

²**son** m (des céréales) salvado.

sonate f sonata.

sonde f sonda. **-age** m sondeo. **-er** t 1. sondar. 2. ric sondear. | les son-dés, los encuestados.

songe m sueño.

songer° i 1. soñar. 2. ~ à, pensar en. **-eur, euse** a pensativo, a, cavi-loso, a.

sonnant, e a à midi ~, a las doce en punto.

sonner i 1. sonar: le téléphone sonne, suena el teléfono. 2. (cloche) tañer. 3. dar: deux heures sonnent, dan las dos. 4. (à la porte) llamar ■ t 1. tocar: ~ le glas, tocar a difunto. 2. la pendule a sonné midi, el reloj ha dado las doce.

sonnerie f 1. timbre m. 2. (de clai-ron) toque m.

sonnet m soneto.

sonnette f 1. campanilla. 2. timbre m: appuyer sur la ~, pulsar el tim-bre. | coup de ~, timbrazo.

sonore a sonoro, a. **-isation** f sonorización. **-iser** t sonorizar. **-ité** f sonoridad.

Sophie n p f Sofía.

sophistiqué, e a sofisticado, a.

soprano s soprano.

sorbet m sorbete.

sorcier, ère s brujo, a. **-ellerie** f brujería, hechicería.

sordide a sórdido, a.

sort [sɔr] m 1. suerte f. | tirer au ~, sortear. 2. destino. 3. (sortilège) hechizar.

sortant, e a saliente.

sorte f 1. clase, especie: une ~ de, una especie de. 2. modo m, mane-ra: de ~ que, de modo que; de la ~, de este modo; en quelque ~, en cierto modo. 3. faire en ~ que, pro-curar que.

sortie f 1. salida. ~ de secours, sali-da de emergencia. 2. (d'un nouveau film) estreno m.

sortilège m sortilegio.

¹**sortir°** i 1. salir. | il est sorti, ha sali-do; je sortirai ce soir, saldré esta noche. 2. salirse: rivière qui sort de son lit, río que sale de su cauce; ~ du sujet, salirse del tema. | ~ de table, acabar de comer. ■ t 1. l'auto du garage, sacar el coche del gara-je. | sortez-le!, ¡fuera! ■ s'en ~, salir del apuro, arreglárselas.

²**sortir** m au ~ de, al salir de.

sosie m sosia.

sot, sotte a/s tonto, a. **-tise** f ton-tería, necedad.

sou m perra f chica: être sans le ~, no tener ni blanca; il est près de ses

sous, es un roñoso; **machine à sous**, máquina tragaperras.

soubresaut m sobresalto.

souche f **1.** (d'un arbre) tocón m. **2.** (d'une famille) cepa, origen m. **3.** talón m. | **carnet à ~**, talonario.

¹**souci** m preocupación f, cuidado. | **se faire du ~**, preocuparse.

²**souci** m (plante) maravilla f.

soucier (se) pr ~ **de**, preocuparse por.

soucieux, euse a **1.** preocupado, a, inquieto, a. **2.** ~ **de**, preocupado por.

soucoupe f platillo m. | ~ **volante**, platillo volante.

soudain, e a repentino, a. ■ adv de repente.

soude f sosa.

soud/er t soldar. **-ure** f soldadura.

souffle m **1.** soplo. **2.** (respiration) aliento: **à bout de ~**, sin aliento.

souffler i **1.** soplar. **2.** respirar. ■ t **1.** soplar. **2.** (par une explosion) volar.

soufflet m **1.** fuelle. **2.** (gifle) bofetada f.

souffleur m (théâtre) apuntador.

souffrance f **1.** sufrimiento m, padecimiento m. **2.** en ~, en suspenso.

souffrant, e a indispuesto, a.

souffrir° i sufrir, padecer: **il a beaucoup souffert**, ha sufrido mucho; **il souffre de névralgies**, padece neuralgias. ■ t **1.** soportar, sufrir. **2.** admitir.

soufre m azufre.

souhait m **1.** deseo. **2.** felicitación f: **souhaits de bonne année**, felicitaciones de Año Nuevo. **-able** a deseable. **-er 1.** desear: **je vous souhaite bonne route**, le deseo buen

viaje. **2.** ~ **la bonne année**, felicitar el día de Año Nuevo.

souill/er t **1.** marchar. **2.** FIG mancillar. **-ure** f mancha.

soûl, e [su, sul] a FAM borracho, a.

soulag/er° t aliviar. **-ement** m alivio.

soûler (se) pr FAM emborracharse.

soul/ever° t levantar. | ~ **le cœur**, revolver el estómago. **2.** (une question) plantear. ■ pr **1.** levantarse. **2.** (se révolter) sublevarse. **-èvement** m (révolte) levantamiento, sublevación f.

soulier m zapato.

souligner t subrayar.

sou/mettre° t someter. **-mis, e** a sumiso, a. **-mission** f sumisión.

soupape f válvula: ~ **de sûreté**, válvula de seguridad.

soupçon m sospecha f. **-ner** t sospechar. **-neux, euse** a suspicaz.

soupe f sopa: ~ **à l'oignon**, sopa de cebolla.

soupente f camaranchón m.

¹**souper** i **1.** cenar. **2.** FAM **j'en ai soupé**, estoy hasta la coronilla.

²**souper** m cena f.

soupeser° t sopesar.

soupière f sopera.

soupir m suspiro: **pousser un ~**, dar un suspiro.

soupirail [supiRaj] m respiradero, tragaluz.

soupirer i suspirar.

soupl/e a flexible. **-esse** f **1.** flexibilidad. **2.** agilidad.

source f **1.** fuente, manantial m. **2.** FIG fuente. | **savoir de bonne ~**, saber de buena tinta.

sourcil [suRsi] m ceja f.

sourd, e a/s sordo, a. | **sourd-muet, sourde-muette**, sordomudo, a. **-ine** f en ~, con sordina.

souriant, e *a* risueño, a.

souricière *f* ratonera.

¹sourire° i sonreír, sonreírse.

²sourire *m* sonrisa *f*.

souris [suʀi] *f* (*animal, d'ordinateur*) ratón *m*.

sournois, e *a/s* disimulado, a, taimado, a.

sous [su] *prép* **1.** debajo de, bajo: ~ l'armoire, debajo del armario. **2.** bajo: ~ **sa responsabilité**, bajo su responsabilidad. **3.** ~ **les yeux de**, en presencia de. **4.** ~ **peu**, dentro de poco. **5.** ~ **peine de**, so pena de.

sous-bois *m* bosque, soto.

sous-chef *m* subjefe.

souscr/ire° t **1.** suscribir. **2.** ~ **à une revue**, suscribirse a una revista. **-iption** *f* suscripción.

sous-développ/é, e *a* subdesarrollado, a. **-ement** *m* subdesarrollo.

sous-directeur *m* subdirector.

sous-entend/re t sobrentender. **-u, ue** *a* sobrentendido, a. ■ *m* supuesto.

sous-estimer t subestimar.

sous-locataire s subarrendatario, a.

sous-louer t subarrendar.

sous-main *m* carpeta *f*.

sous-marin, e *a/m* submarino, a.

sous-officier *m* suboficial.

soussign/é *e* *a/s* infrascrito, a. | **je ~**, el abajo firmante.

sous-sol *m* **1.** (*d'un édifice*) sótano: **le restaurant est au ~**, el restaurante está en el sótano. **2.** (*géologie*) subsuelo.

sous-titre *m* subtítulo.

soustraction *f* sustracción.

soustraire° t **1.** sustraer. **2.** (*mathématiques*) restar.

sous-vêtement *m* prenda *f* interior.

soutane *f* sotana.

soute *f* **1.** MAR pañol *m*. **2.** (*d'un avion*) bodega, depósito *m* de equipajes.

soutenir° t **1.** sostener: **des poutres soutiennent le plafond**, vigas sostienen el techo. **2.** FIG sostener, mantener.

souterrain, e *a/m* subterráneo, a.

soutien *m* sostén, apoyo, respaldo.

soutien-gorge *m* sujetador, sostén.

soutirer t FIG sonsacar.

¹souvenir *m* recuerdo. | **mon bon ~ à ta sœur**, recuerdos a tu hermana.

²souvenir (se)° *pr* acordarse, recordar: **je ne me souviens pas de votre nom**, no me acuerdo de, no recuerdo su apellido.

souvent *adv* a menudo.

souverain, e *a/s* soberano, a. **-eté** *f* soberanía.

sovi/et [sɔvjɛt] *m* soviet. **-étique** *a/s* soviético, a.

soyeux, euse [swajø, øz] *a* sedoso, a.

spacieux, euse *a* espacioso, a.

spaghetti *m* espagueti.

sparadrap *m* esparadrapo.

spasme *m* espasmo.

spatial, e [spasjal] *a* espacial.

spatule *f* espátula.

speaker, speakerine [spikœʀ, spikʀin] s locutor, a.

spécial, e *a* especial. **-iser (se)** *pr* especializarse. **-iste** s especialista. **-ité** *f* especialidad.

spécif/ier t especificar. **-ique** *a/m* específico, a.

spécimen [spesimɛn] *m* espécimen.

specta/cle *m* espectáculo. **-culaire** *a* espectacular. **-teur, trice** s espectador, a.

spectre *m* espectro.

spécul/er i especular. **-ateur, trice** s especulador, a. **-ation** f especulación.

spéléologie f espeleología.

sperme m esperma f, semen.

sph/ère f esfera. **-érique** a esférico, a.

sphinx [sfɛks] m esfinge f.

spirale f espiral.

spiritisme m espiritismo.

spirituel, elle a 1. espiritual. 2. (drôle) ingenioso, a.

spiritueux m licor espirituoso.

splend/eur f esplendor m. **-ide** a espléndido, a.

spongieux, euse a esponjoso, a.

sponsor m patrocinador. **-iser** t patrocinar.

spontané, e a espontáneo, a. **-ité** f espontaneidad.

sporadique a esporádico, a.

sport [spɔʀ] m 1. deporte: faire du ~, hacer deporte. 2. voiture de ~, coche deportivo; veste ~, chaqueta de sport. **-if, ive** a deportivo, a. ■ s deportista.

spot m 1. (lampe) foco. 2. (publicitaire) spot.

square m jardincillo público.

squatter [skwatœʀ] s okupa.

squelett/e m esqueleto. **-ique** a esquelético, a.

stabilis/er t estabilizar. **-ateur** m estabilizador. **-ation** f estabilización.

stab/le a estable. **-ilité** f estabilidad.

stade m estadio.

stag/e m período de pruebas, de prácticas, cursillo. **-iaire** s 1. cursillista. 2. (avocat) pasante.

stagn/ant, e a estancado, a. **-ation** f estancamiento m. **-er** i estancarse.

stalactite f estalactita.

stalagmite f estalagmita.

stalle f silla de coro.

stance f estancia.

stand [stɑ̃d] m 1. (de tir) barraca f de tiro al blanco. 2. (dans une exposition) stand, caseta f.

standard a/m estándar. | ~ de vie, estándar de vida. ■ m (téléphonique) centralita f. **-iser** t estandarizar. **-iste** s telefonista.

star f estrella de cine, star.

station f 1. estación. 2. (d'autobus, taxis) parada. 3. ~ de sports d'hiver, estación de esquí; ~ thermale, balneario m. 4. **station-service**, estación de servicio, gasolinera.

stationnaire a estacionario, a.

stationn/er i 1. (une personne) estacionarse. 2. (une voiture) aparcar: défense de ~, prohibido aparcar. **-ement** m estacionamiento.

station-service ⇒ **station**.

statique a estático, a.

statistique a/f estadístico, a.

statu/e f estatua. **-ette** f estatuilla.

stature f estatura.

statut m estatuto.

steak [stɛk] m bistec.

sténodactylo f taquimecanógrafa.

sténographie f taquigrafía, estenografía.

steppe f estepa.

stéréo a/f estéreo.

stéréophonie f estereofonía.

stéréotypé, e a estereotipado, a.

stéril/e a estéril. **-et** m DIU, espiral f. **-iser** t esterilizar. **-ité** f esterilidad.

sterling [stɛʀliŋ] a livre ~, libra esterlina.

steward [stiwaʀt] m 1. auxiliar de vuelo. 2. camarero.

stigmate m estigma.

stimul/er t estimular. **-ant, e** a/m estimulante. **-ateur** m ~ **cardiaque**, marcapasos.

stipuler t estipular.

stock m existencias f pl, stock. **-age** m almacenamiento. **-er** t almacenar.

Stockholm n p Estocolmo.

stoï/que a/s estoico, a. **-cisme** m estoicismo.

stop! interj ¡alto! ■ m **1.** (signal routier) stop. **2.** (feu arrière) luz f de freno. **3.** FAM autostop: **faire du ~**, hacer autostop.

stopper t **1.** parar, detener. **2.** (un vêtement) zurcir. ■ i (s'arrêter) pararse, detenerse.

store m **1.** persiana f, estor. **2.** (de magasin) toldo.

strapontin m traspuntín.

Strasbourg n p Estrasburgo.

stratagème m estratagema.

stratég/ie f estrategia. **-ique** a estratégico, a.

stress m estrés. **-ant, e** a estresante. **-er** t estresar.

strict, e a estricto, a.

strident, e a estridente.

stri/e f estría. **-er** t estriar.

strophe f estrofa.

structure f estructura.

stuc m estuco.

studieux, euse a estudioso, a.

studio m estudio.

stupé/faction f estupefacción. **-fait, e** a estupefacto, a. **-fiant, e** a estupefaciente. **-fier** t pasmar.

stupeur f estupor m.

stupid/e a estúpido, a. **-ité** f estupidez.

style m estilo.

styliste s diseñador, a de modas.

stylo m estilográfica f. | **~ à bille**, bolígrafo.

su ⇒ **savoir**.

suaire m sudario.

suave a suave.

subalterne a/s subalterno, a.

subconscient m subconsciente.

subdiviser t subdividir.

subir t sufrir.

subit, e a súbito, a, repentino, a.

subjectif, ive a subjetivo, a.

subjonctif m subjuntivo.

subjuguer t subyugar.

sublime a sublime.

submer/ger° t sumergir. **-sible** a/m sumergible.

subordonn/er t subordinar. **-é, ée** a/s subordinado, a.

subreptice a subrepticio, a.

subsidiaire a subsidiario, a.

subsist/er i subsistir. **-ance** f subsistencia.

substan/ce f sustancia, substancia. **-tiel, elle** a sustancial, substancioso, a.

substantif m substantivo.

substituer t sustituir.

subtil, e a sutil. **-ité** f sutileza.

subvenir° i ~ **à**, subvenir a.

subvention f subvención. **-ner** t subvencionar.

subversif, ive a subversivo, a.

suc m jugo.

succédané m sucedáneo.

succéder° i ~ **à**, suceder a.

succès [syksɛ] m éxito: **avoir du ~**, tener éxito.

successeur m sucesor.

success/if, ive a sucesivo, a. **-ive-ment** adv sucesivamente.

succession f sucesión.

succint, e [syksɛ̃, ɛ̃t] a sucinto, a.

succomber i sucumbir.

succulent, e a suculento, a.

succursale f sucursal.

sucer° t chupar.

sucette f pirulí m.

sucr/e m azúcar: *morceau de ~*, terrón de azúcar. **-é, ée** a azucarado, a. **-er** t echar azúcar en. **-eries** f pl (friandises) dulces m. **-ier, ière** a/m azucarero, a.

sud m sur: *au ~ de*, al sur de.

sud-africain, e a/s sudafricano, a.

sud-américain, e a/s sudamericano, a.

sud-est [sydɛst] m sudeste.

sud-ouest [sydwɛst] m sudoeste.

Suède n p f Suecia.

suédois, e a/s sueco, a.

su/er i **1.** sudar. **2.** FAM faire ~, fastidiar; *se faire ~*, aburrirse. **-eur** f sudor m.

suffire° i bastar: *il suffit de ...*, basta con ...; *il suffit que tu me préviennes la veille*, basta con que me avises la víspera; *ça suffit!*, ¡basta!, ¡basta ya!

suffisamment adv suficientemente. *| ~ de ...*, bastante ...

suffis/ant, e a **1.** suficiente. **2.** (vaniteux) engreído, a, suficiente. **-ance** f presunción, suficiencia.

suffixe m sufijo.

suffo/quer t sofocar. ■ i ahogarse. **-cant, e** a sofocante.

suffrage m **1.** sufragio. **2.** (voix) voto.

sugg/érer° t sugerir. **-estif, ive** a sugestivo, a. **-estion** f sugestión.

suicid/e m suicidio. **-aire** a suicida. **-er (se)** pr suicidarse.

suie f hollín m.

suif m cebo.

suinter i rezumar(se): *l'eau suinte le long des murs*, el agua rezuma por las paredes.

suis ⇒ **être, suivre.**

Suisse n p f Suiza.

suisse a/s suizo, a.

suite f **1.** continuación. *| donner ~ à*, dar curso a; *huit jours de ~*, ocho días seguidos; *et ainsi de ~*, y así sucesivamente; *par la ~*, más tarde; *tout de ~*, enseguida. **2.** consecuencia: *par ~ de, à la ~ de*, como consecuencia de. **3.** serie, sucesión. **4.** (escorte) séquito, comitiva f. **5.** (dans un hôtel) suite.

suivant, e a siguiente. ■ prép según: *~ vos instructions*, según sus instrucciones.

suivre° t seguir: *suivez-moi*, sígame. *| prière de faire ~*, remítase a las nuevas señas; *à ~*, se continuará.

¹sujet m **1.** tema: *~ de conversation*, tema de conversación. *| au ~ de*, a propósito de. **2.** (motif) motivo. **3.** (en grammaire) sujeto. **4.** *un mauvais ~*, una mala persona.

²sujet, ette a *~ à*, propenso a a. ■ s (d'un souverain) súbdito, a.

sulfurique a sulfúrico, a.

sultan m sultán.

super m (essence) súper f. ■ a FAM súper.

superbe a soberbio, a.

supercarburant m supercarburante.

supercherie f superchería.

supérette f pequeño supermercado m.

superfici/e f superficie. **-el, elle** a superficial.

superflu, e a superfluo, a.

supér/ieur, e a superior: *qualité supérieure*, calidad superior. ■ s superior, a. **-iorité** f superioridad.

superlatif, ive a/m superlativo, a.

supermarché m supermercado.

superposer t superponer: *étagères superposées*, estantes superpuestos.

supersonique a supersónico, a.

superstit/ion f superstición. **-ieux, euse** a supersticioso, a.

supplanter t suplantar.

suppléant, e a/s suplente.

suppléer t/i ~ **au manque de ...**, suplir la falta de ...

supplément m suplemento. **-aire** a suplementario, a. | **heures supplémentaires**, horas extraordinarias.

suppliant, e a suplicante.

supplication f suplicación.

supplice m suplicio.

supplier t suplicar: **je t'en supplie**, te lo suplico.

support m soporte.

¹support/er t soportar. **-able** a soportable.

²supporter [sypɔʀtɛʀ] m hincha, seguidor.

suppos/er t suponer: **supposons que ...**, supongamos que ... **-é, ée** a supuesto, a. **-ition** f suposición.

suppositoire m supositorio.

suppr/imer t suprimir. **-ession** f supresión.

suppurer i supurar.

suprématie f supremacía.

suprême a supremo, a.

¹sur prép **1.** sobre: **flotter ~ l'eau**, flotar sobre el agua; **conférence ~ Goya**, conferencia sobre Goya. **2.** en: **~ le littoral**, en el litoral; **assis ~ un banc**, sentado en un banco; **un baiser ~ le front**, un beso en la frente; **~ Canal +**, en Canal +. **3.** (mouvement vers) a, al: **sortir ~ le balcon**, salir al balcón. **4.** por: **se répandre ~ le sol**, derramarse por el suelo; **des larmes coulaient ~ ses joues**, lágrimas corrían por sus mejillas. **5.** un jour ~ deux, un día de cada dos; **une personne ~ trois**, una de cada tres personas; **neuf mètres ~ six**, nueve metros por seis. **6.** ~ ce,

en esto; **être ~ le départ**, estar para salir. **7.** avoir de l'argent ~ soi, llevar dinero encima.

²sur, e a (aigre) ácido, a.

sûr, e a seguro, a: **es-tu ~ qu'il viendra?**, ¿estás seguro de que vendrá? | à **coup ~**, con toda seguridad; **bien ~!**, ¡claro!, ¡desde luego!

surabondance f sobreabundancia.

suralimenter t sobrealimentar.

suranné, e a anticuado, a.

surcharge f **1.** sobrecarga. **2.** (de travail, etc.) exceso m.

surcharger° t **1.** sobrecargar. **2.** sur chargé de travail, agobiado de trabajo.

surchauffer t calentar demasiado.

surdité f sordera.

sureau m saúco.

surélever° t levantar.

sûrement adv seguramente.

surenchère f sobrepuja.

surestimer t supervalorar.

sûreté f seguridad. | **en ~**, a salvo.

surexciter t sobreexcitar.

surf [sœʀf] m surf: **faire du ~**, hacer surf.

surface f **1.** superficie. **2.** **grandes surfaces**, grandes superficies.

surfer i ~ **sur Internet**, navegar por Internet.

surgelé, e a congelado, a, ultracongelado, a.

surgir i surgir.

surhumain, e a sobrehumano, a.

sur-le-champ ⇒ **champ**.

surlendemain m **le ~**, dos días después.

surmen/er° t agotar de fatiga. **-age** m surmenaje.

surmonter t **1.** coronar. **2.** (une difficulté) superar.

surnager° i flotar.

surnaturel, elle a sobrenatural.

surnom m apodo. **-mer** t apodar.

surpasser t superar.

surpeuplé, e a superpoblado, a.

surplomber t dominar.

surplus [syʀply] m exceso, excedente.

surpr/endre° t sorprender. **-enant, e** a sorprendente.

surprise f 1. sorpresa: faire une ~, dar una sorpresa; par ~, por sorpresa. 2. **surprise-partie**, guateque m.

surréalisme m surrealismo.

sursaut m sobresalto. | se réveiller en ~, despertar sobresaltado. **-er** i sobresaltarse.

sursis [syʀsi] m 1. plazo. 2. MIL prórroga f.

surtout adv sobre todo.

surveill/er t vigilar. ■ se ~, cuidarse. **-ance** f vigilancia. **-ant, e** s vigilante.

survenir° i sobrevenir, ocurrir.

survêtement m chandal.

survie f supervivencia.

survivan/t, e s superviviente. **-ce** f supervivencia.

survivre° i sobrevivir.

survol m vuelo por encima. **-er** t sobrevolar.

suscept/ible a susceptible. **-ilité** f susceptibilidad.

susciter t suscitar.

suspect, e [syspɛ(kt), ɛkt] a/s sospechoso, a. **-er** t sospechar de.

suspend/re t 1. ~ à un clou, colgar de un clavo. 2. (interrompre) suspender. **-u, ue** a suspendido, a. | pont ~, puente colgante.

suspens (en) [ɑ̃syspɑ̃] loc adv en suspenso, pendiente.

suspense m suspense.

suspension f 1. suspensión. 2. (lustre) lámpara. 3. **points de ~**, puntos suspensivos.

suspicion f desconfianza.

susurrer i susurrar.

suture f sutura.

Suzanne n p f Susana.

svelte a esbelto, a.

sweat-shirt [switʃœʀt] m sudadera f.

sycomore m sicómoro.

syllabe f sílaba.

sylvestre a silvestre.

symbol/e m símbolo. **-ique** a simbólico, a. **-iser** t simbolizar.

symétr/ie f simetría. **-ique** a simétrico, a.

sympa a FAM simpático, a, majo, a.

sympath/ie f simpatía. **-ique** a simpático, a. **-iser** i simpatizar, congeniar.

symphonie f sinfonía.

symptôme m síntoma.

synagogue f sinagoga.

synchroniser t sincronizar.

syncope f 1. síncope m: avoir une ~, padecer un síncope. 2. MUS síncopa.

syndical, e a sindical: **délégués syndicaux**, enlaces sindicales. **-isme** m sindicalismo. **-iste** s sindicalista.

syndicat m 1. sindicato. 2. ~ d'initiative, oficina f de turismo.

syndiquer (se) pr sindicarse.

syndrome m síndrome.

synonyme a/m sinónimo, a.

syntaxe f sintaxis.

synth/èse f síntesis. **-étique** a sintético, a.

Syrie n p f Siria.

syrien, enne a/s sirio, a.

systématique a sistemático, a.

système m 1. sistema. 2. FAM taper sur le ~, incordiar.

T

t *m* t *f*: **un t**, una t.

t' ⇒ **te**.

ta *a poss* tu. ⇒ **ton**.

tabac [taba] *m* tabaco. | **bureau de ~**, estanco; FAM **faire un ~**, arrasar; **passer à ~**, moler a palos a.

tabernacle *m* tabernáculo.

table *f* 1. mesa: **se mettre à ~**, sentarse a la mesa; **à ~!**, ¡a comer! | **~ de nuit**, mesita de noche; **~ roulante**, carrito *m*; **~ ronde**, mesa redonda; **faire ~ rase**, hacer tabla rasa. 2. **~ des matières**, índice *m*. 3. **~ de multiplication**, tabla de multiplicar.

tableau *m* 1. cuadro. 2. **~ noir**, pizarra *f*. 3. **~ d'affichage**, tablón de anuncios. 4. **~ de bord**, tablero de mandos; (*d'une voiture*) salpicadero.

tablette *f* 1. (*rayon*) repisa. 2. (*de chocolat*) tableta.

tablier *m* delantal.

tabou *m* tabú.

tabouret *m* taburete.

tache *f* 1. mancha. 2. **~ de rousseur**, peca.

tâche *f* tarea, labor.

tacher *t* manchar.

tâcher *i* procurar, tratar de: **tâche d'arriver à l'heure**, procura llegar a hora.

tacheté, e *a* moteado, a.

tacite *a* tácito, a.

taciturne *a* taciturno, a.

tacot *m* FAM cacharro, coche viejo.

tact [takt] *m* tacto. **-ile** *a* táctil.

tactique *a* táctico, a. ■ *f* táctica.

taffetas [tafta] *m* tafetán.

tag *m* pintada *f*.

Tage *n p m* Tajo.

taie *f* **~ d'oreiller**, funda de almohada.

taille *f* 1. estatura: **par rang de ~**, por orden de estatura. 2. **talle** *m*: **~ fine**, talle esbelto. | **tour de ~**, medida *f* de la cintura. 3. (*dimension*) tamaño *m*. 4. (*des pierres*) talla, tallado *m*. | **pierre de ~**, sillar *m*. 5. (*des arbres*) poda, tala.

taille-crayon [tajkʀɛjõ] *m* sacapuntas.

tailler *t* 1. cortar. 2. (*pierre*) tallar. 3. (*arbre*) podar, talar: **~ un rosier**, podar un rosal. 4. (*crayons*) sacar punta a. ■ FAM **se ~**, largarse.

tailleur *m* 1. sastre. 2. (*costume de femme*) traje sastre, traje de chaqueta.

taillis [taji] *m* monte bajo.

taire° *t* callar. ■ **se ~**, callarse: **tais-toi!**, ¡cállate!; **taisez-vous!**, ¡cállese!, ¡cállense!

talc [talk] *m* talco.

talent *m* talento.

taloche *f* FAM torta, pescozón *m*.

talon *m* 1. (*du pied*) talón. 2. (*d'une chaussure*) tacón. 3. (*d'un carnet*) matriz *f*.

talonner *t* acosar.

talus [taly] *m* talud.

tambour *m* 1. tambor: **jouer du ~**, tocar el tambor. | **~ de basque**, pandereta *f*. 2. TECHN tambor. **-in** *m* tamboril.

tamis [tami] *m* tamiz.

Tamise n p f la ~, el Támesis.

tamiser t tamizar, cerner.

tampon m **1.** (bouchon) tapón. **2.** (pour encrer) tampón. **3.** ~ hygiéni-que, tampón. **4.** (cachet) sello. **5.** (oblitération) matasellos. **6.** (de wagon) tope.

tamponn/er (se) pr chocar. **-ement** m choque.

tanche f tenca.

tandis que [tɑ̃dikə] loc conj mien-tras que.

tangage m cabeceo.

tangente a/f tangente.

tangible a tangible.

tango m tango.

tanguer i cabecear.

tanière f guarida.

tanin m tanino.

tank [tɑ̃k] m tanque.

tann/er t **1.** curtir. **2.** FAM (agacer) fastidiar. **-erie** f curtiduría. **-eur** m curtidor.

tant adv **1.** tanto. | ~ bien que mal, mal que bien; ~ qu'à faire, puesto que no hay otro remedio; ~ s'en faut, ni mucho menos; ~ mieux!, ¡mejor que mejor!, ¡tanto mejor!; ~ mieux pour toi, mejor para ti; ~ pis!, ¡tanto peor!; ~ pis pour toi, peor para ti; en ~ que, en calidad de. **2.** ~ de, tanto, a, os, as: ~ de fleurs, tantas flores. **3.** ~ que, mien-tras; ~ que je vivrai, mientras viva. ■ m ~ pour cent, tanto por ciento; un ~ soit peu, un poquito.

tante f tía.

tantôt adv **1.** (cet après-midi) esta tarde. **2.** ~ triste, ~ gai, ya triste, ya alegre.

taon [tɑ̃] m tábano.

tapag/e m alboroto. | faire du ~, alborotar. **-eur, euse** a alborota-dor, a.

tape f palmada.

tape-à-l'œil [tapalœj] a llamativo, a.

tap/er t **1.** pegar, golpear. **2.** ~ à la machine, escribir a máquina. **3.** FAM ~ un ami de cent euros, dar un sablazo a un amigo pidiéndole cien euros. ■ i **1.** le soleil tape dur, el sol pega, aprieta de firme. **2.** ~ dans l'œil, caer en gracia. **3.** ~ sur les nerfs, crispar los nervios. ■ POP se ~ un travail ennuyeux, cargarse con un trabajo molesto. **-eur, euse** s FAM sablista m.

tapioca m tapioca f.

tapir (se) pr agazaparse.

tapis [tapi] m **1.** alfombra f. | **tapis-brosse**, felpudo. **2.** (de table) tapete. **3.** ~ roulant, transportador de cinta.

tapiss/er t **1.** (avec du papier) empa-pelar. **2.** cubrir. **-erie** f **1.** (étoffe) tapiz m. **2.** (art) tapicería. **-ier, ère** s tapicero, a.

tapoter t dar golpecitos en.

taquin, e a travieso, a. **-er** t hacer rabiar. **-erie** f provocación, broma fastidiosa.

tard [taʀ] adv tarde. | au plus ~, a más tardar. **-er** i tardar. ■ impers il me tarde de ..., estoy impaciente por ... **-if, ive** a tardío, a.

tare f tara.

targette f pestillo m.

tarif m tarifa f.

tarir t secar. ■ i secarse, agotarse.

tarte f tarta. **-lette** f tartaleta.

tartine f ~ de confiture, de beurre, rebanada de pan con mermelada, con mantequilla.

tartre m sarro.

tas [tɑ] m **1.** montón. **2.** FAM un ~ de, un montón de.

tasse f taza.

tasser t comprimir. ■ pr **1.** (s'affaisser) hundirse. **2.** (se serrer) apretujarse. **3.** (se recroqueviller) achapararrase. **4.** FAM (s'arranger) arreglarse.

tâter t **1.** palpar, tentar. | ~ le pouls, tomar el pulso. **2.** sondear. | ~ le terrain, tantear el terreno. ■ FIG se ~, reflexionar, preguntarse.

tâtonn/er i **1.** ir a tientas. **2.** FIG titubear. **-ement** m ensayo.

tâtons (à) loc adv a tientas.

tatou/er t tatuar. **-age** m tatuaje.

taudis [todi] m tugurio.

taup/e f topo m. **-inière** f topera.

taur/eau m toro: ~ de combat, toro de lidia. **-omachie** f tauromaquia.

taux [to] m **1.** ~ d'intérêt, tipo de interés; **placer de l'argent au ~ de 7%**, colocar dinero con interés del 7%. **2.** ~ de change, cambio. **3.** índice, tasa f: ~ de mortalité, tasa de mortalidad.

taverne f taberna.

tax/e f **1.** tasa. **2.** impuesto m: ~ sur le valeur ajoutée **(TVA)**, impuesto sobre el valor añadido (IVA). **-ation** f tasación. **-er** t **1.** (les prix) tasar. **2.** poner un impuesto a, gravar.

taxi m taxi. | chauffeur de ~, taxista.

taxiphone m teléfono público.

Tchécoslovaquie n p f Checoslovaquia.

tchèque a/s checo, a.

te, t' pron pers te.

technicien, enne [tɛknisjɛ̃, ɛn] s técnico m, especialista.

technique [tɛknik] a técnico, a. ■ f técnica.

technocrate [tɛtnɔkʀat] m tecnócrata.

technologie [tɛknɔlɔʒi] f tecnología.

tee-shirt [tiʃœʀt] m camiseta f.

teindre° t teñir: teint en bleu, teñido de azul. ■ pr **elle se teint les cheveux en noir**, se tiñe el pelo de negro.

teint m **1.** (du visage) tez f: un ~ hâlé, una tez tostada. **2.** tinte. | **tissu bon ~**, tejido de color sólido.

teint/e f tinte m, color m. **-er** t teñir.

teintur/e f tintura. **-erie** f tintorería. **-ier, ère** s tintorero, a.

tel, telle a tal: un ~ homme, tal hombre; **de telles dépenses**, tales gastos; ~ **jour, à telle heure**, tal día, a tal hora. **2.** ~ **que**, tal como. **3.** ~ **quel**, tal cual. ■ pron **1.** monsieur **Un ~, madame Une telle**, el señor fulano, la señora fulana. **2.** rien de ~ **que ...**, nada como ...; **il n'y a rien de ~**, no hay como esto.

télé f FAM tele: **à la ~**, en la tele.

télécommand/e f mando m a distancia. **-er** t teledirigir.

télécommunication f telecomunicación.

téléférique m teleférico.

téléfilm m telefilme.

télégramme m telegrama.

télégraph/e m telégrafo. **-ier** t telegrafiar. **-ique** a telegráfico, a. **-iste** m repartidor de telégrafos.

téléguid/er t teledirigir. **-age** m dirección f a distancia.

télématique f telemática.

télémètre m telémetro.

téléobjectif m teleobjetivo.

télépathie f telepatía.

téléphérique m teleférico.

téléphon/e m teléfono: ~ mobile, teléfono móvil; **appeler au ~**, llamar por teléfono. | **coup de ~**, llamada f telefónica, telefonazo. **-er** t/i telefonear. **-ique** a telefónico, a. **-iste** s telefonista.

télescope m telescopio.
télescoper t chocar. ■ pr **les deux trains se sont télescopés**, los dos trenes han chocado.
télescopique a telescópico, a.
télésiège m telesilla f.
téléski m telesquí.
téléspectateur, trice s televidente.
télévis/ion f televisión. **-er** t televisar. **-eur** m televisor.
telle ⇒ **tel**.
tellement [tɛlmã] adv 1. (= si) tan. 2. (= tant) tanto, a: **il a ~ souffert!**, ¡ha sufrido tanto!
témér/aire a temerario, a. **-ité** f temeridad.
témoign/er t 1. atestiguar, testimoniar. | ~ **de**, dar pruebas de. 2. (un sentiment) manifestar, mostrar. **-age** m 1. testimonio. 2. muestra f, prueba f: **un ~ d'affection**, una muestra de cariño.
témoin m 1. testigo: **prendre à ~**, poner por testigo. 2. (dans un mariage) padrino, madrina f. 3. (preuve) prueba f. 4. **appartement ~**, piso piloto.
tempe f sien: **les tempes**, las sienes.
tempérament m 1. temperamento. 2. **vente à ~**, venta a plazos.
tempérance f templanza.
température f temperatura.
tempér/er° t templar. **-é, ée** a templado, a.
tempête f 1. tempestad. 2. (sur terre) tormenta. | ~ **de neige**, ventisca.
temple m templo.
temporaire a temporal.
temporel, elle a temporal.
temporiser i diferir.
temps [tã] m 1. tiempo: **je n'ai pas le ~ de m'amuser**, no tengo tiempo

para divertirme; **perdre son ~**, perder el tiempo; **passer le ~**, hacer tiempo. | **à plein ~**, con plena dedicación; **de ~ en ~**, de cuando en cuando; **de mon ~**, en mis tiempos; **en même ~**, al mismo tiempo; **il est ~ de ...**, ya es hora de ... 2. tiempo: **quel ~ fait-il?**, ¿qué tiempo hace?; **mauvais ~**, mal tiempo. | **gros ~**, temporal suave.
tenac/e a tenaz. **-ité** f tenacidad.
tenailles f pl tenazas.
tendanc/e f tendencia. **-ieux, euse** a tendencioso, a.
tendon m tendón.
¹**tendre** a 1. tierno, a. | ~ **enfance**, tierna edad. 2. (mots) cariñoso, a. 3. (couleur) suave.
²**tendre** t 1. (une corde, etc.) tender. 2. (arc, piège) armar. 3. ~ **le bras**, alargar el brazo. 4. (donner) dar, alcanzar: **il tendit son billet au contrôleur**, dio, alcanzó el billete al revisor. ■ i ~ **à**, tender a: **la situation tend à s'améliorer**, la situación tiende a mejorar.
tendresse f ternura.
tendu, e a tenso, a.
tén/èbres f pl tinieblas. **-ébreux, euse** a tenebroso, a.
teneur f contenido m.
tenir° t 1. ~ **son enfant par la main**, llevar al niño de la mano. 2. (en serrant) sujetar: **tiens-moi la porte**, sujétame la puerta. 3. (contenir) contener. 4. (un espace) ocupar. 5. ~ **sa droite**, ir por la derecha. 6. (une réunion) celebrar. 7. (un commerce) llevar, regentar. 8. ~ **sa parole**, cumplir su palabra. 9. ~ **pour certain**, tener por cierto. ■ i 1. (être fixé) mantenerse sujeto. 2. **le malade ne tient pas sur ses jambes**, el enfermo no se aguanta de pie. 3.

~ **bon**, resistir. **4.** caber: **ça ne tient pas dans la valise**, esto no cabe en la maleta; **nous tiendrons bien à six dans la voiture**, cabremos los seis en el coche. **5.** (*durer*) durar. **6. je tiens à cet objet**, tengo apego a este objeto; **je tiens à y aller**, tengo empeño en ir allí; **je n'y tiens pas**, no me apetece. **7. son échec tient à deux raisons**, su fracaso se debe a dos razones. **8. il ne tient qu'à vous**, sólo depende de usted. **9. tiens!**, (*surprise*) ¡hombre! ■ *pr* **1. se ~ à la rampe**, agarrarse a la barandilla; **se ~ par la main**, ir cogidos de la mano. **2. se ~ debout**, quedarse de pie. **| tiens-toi droit!**, ¡ponte derecho! **3. se ~ tranquille**, estarse tranquilo; **se ~ mal**, portarse mal. **4. savoir à quoi s'en ~**, saber a qué atenerse.

tennis *m* tenis. | **chaussures de ~**, zapatillas de tenis; **joueur de ~**, tenista.

ténor *m* tenor.

tension *f* tensión.

tentacule *m* tentáculo.

tentant, e *a* tentador, a.

tentateur, trice *a/s* tentador, a.

tentation *f* tentación.

tentative *f* tentativa.

tente *f* tienda de campaña.

tenter *t* **1.** (*séduire*) tentar: **se laisser ~**, dejarse tentar. | **ça ne me tente pas**, no me apetece, no me tienta nada. **2.** (*essayer*) intentar. | **~ de**, tratar de, intentar. **3.** ~ **sa chance**, probar fortuna; **tentez votre chance!**, ¡pruebe su suerte!

tenture *f* colgadura.

tenu, e *a* **1. être ~ à**, estar obligado a. **2. bien ~**, bien cuidado, a.

ténu, e *a* tenue.

tenue *f* **1.** (*maintien*) modales *m pl*. **2.** traje *m*, uniforme *m*: ~ **de soirée**, traje de etiqueta; **en ~**, de uniforme. **3. en petite ~**, en paños menores. **4. tenue de route**, adherencia.

térébenthine *f* trementina.

tergiverser *i* andar con rodeos.

¹**terme** *m* **1.** (*délai*) término, plazo: **à court ~**, a corto plazo. **2.** (*loyer*) alquiler.

²**terme** *m* (*mot*) término. | **en d'autres termes**, dicho de otro modo.

termin/er *t* terminar, acabar. **-aison** *f* terminación. **-al, e** *a* terminal. ■ *m* **1.** (*aérogare, pétrolier*) terminal *f*. **2.** INFORM terminal.

terminus [tɛʀminys] *m* término.

termite *m* termita *f*, termes.

tern/e *a* apagado, a. **-ir** *t* empañar.

terrain *m* **1.** terreno. | ~ **vague**, descampado; ~ **à bâtir**, solar. **2.** (*de sports, d'aviation*) campo. **3.** ~ **de camping**, camping. **4. gagner, perdre du ~**, ganar, perder terreno.

terrasse *f* **1.** terraza. **2.** (*toiture plate*) azotea.

terrass/er *t* **1.** (*renverser*) tirar al suelo. **2.** abatir. **-ement** *m* excavación *f*, nivelación *f*. **-ier** *m* obrero.

terr/e *f* **1.** tierra. **2.** suelo *m*: **jeter par ~**, tirar al suelo; **assis par ~**, sentado en el suelo. **3.** ~ **glaise**, barro *m*, greda. | ~ **cuite**, barro cocido; **une ~ cuite**, una terracota. **-eau** *m* mantillo.

Terre-de-Feu *n p f* Tierra del Fuego.

terre-plein *m* terraplén.

terrestre *a* **1.** terrestre. **2.** (*paradis*) terrenal.

terreur *f* terror *m*.

terreux, euse *a* terroso, a.

terrible *a* **1.** terrible. **2.** FAM estupendo, a, fenomenal:

terrier *m* madriguera *f*.

terrifi/er *t* aterrar. **-ant, e** *a* terrorífico, a.

terrine *f* **1.** cazuela de barro. **2.** paté *m*.

territ/oire *m* territorio. **-orial, e** *a* territorial.

terroir *m* terruño.

terror/iser *t* aterrorizar. **-isme** *m* terrorismo. **-iste** *s* terrorista.

tertiaire [tɛRSJER] *a/m* terciario, a.

tertre *m* montículo.

tes *a poss* tus. ⇒ **ton**.

test *m* test, prueba *f*.

testament *m* testamento.

testicule *m* testículo.

tétanos *m* tétanos.

têtard [tɛtaR] *m* renacuajo.

tête *f* **1.** cabeza. | ~ **nue**, con la cabeza descubierta; **de la ~ aux pieds**, de pies a cabeza; **la ~ la première**, de cabeza; **mal de ~**, dolor de cabeza; **j'en ai par-dessus la ~**, estoy hasta la coronilla; **il n'en fait qu'à sa ~**, sólo hace lo que le da la gana; **tenir ~ à**, resistir a. **2.** ~ **de mort**, calavera. **3.** *(visage)* cara. | **faire la ~**, poner mala cara; **tu en fais une ~!**, ¡la cara que pones!; **faire la ~ à quelqu'un**, estar de morros con alguien. **4.** **la ~ du lit**, la cabecera de la cama.

tête-à-queue *m* vuelta completa.

tête-à-tête *m* entrevista *f* entre dos personas. | **en ~**, mano a mano.

tét/er *t* mamar. **-ine** *f* **1.** *(mamelle)* teta. **2.** *(d'un biberon)* tetina.

têtu, e *a* testarudo, a, terco, a.

Texas [tɛksas] *n p m* Tejas.

texte *m* texto.

textile *a/m* textil.

TGV [teʒeve] *m* AVE.

Thaïlande *n p f* Tailandia.

thé *m* té.

théâtr/e *m* teatro: **pièce de ~**, obra de teatro. | **coup de ~**, suceso imprevisto. **-al, e** *a* teatral.

théière *f* tetera.

thème *m* **1.** tema. **2.** traducción *f*.

théolog/ie *f* teología. **-ien** *m* teólogo.

théorème *m* teorema.

théor/ie *f* teoría. **-icien, enne** *s* teórico, a.

thérapeutique *a/f* terapéutico, a.

thérapie *f* terapia.

Thérèse *n p f* Teresa.

thermal, e *a* termal. | **station thermale**, balneario *m*.

thermomètre *m* termómetro.

thermos [tɛRmos] *f* termo *m*.

thermostat *m* termostato.

thèse *f* tesis.

Thomas *n p m* Tomás.

thon *m* atún.

thor/ax *m* tórax. **-acique** *a* torácico, a.

thym [tɛ̃] *m* tomillo.

tibia *m* tibia *f*.

tic *m* tic.

ticket [tikɛ] *m* billete, tiquet.

tiède *a* tibio, a, templado, a.

tiédeur *f* tibieza.

tiédir *t* templar. ■ *i* entibiarse.

tien, tienne *a/pr poss* tuyo, a. ■ *pl* **les tiens**, los tuyos.

tiens, tient ⇒ **tenir**.

tiers, tierce [tjɛR, tjɛRS] *a* tercer, a. | **une tierce personne**, una tercera persona; **le ~-monde**, el tercer mundo. ■ *m* tercera parte *f*: **les deux ~**, las dos terceras partes.

tige *f* **1.** *(de plante)* tallo *m*. **2.** *(barre)* varilla, barra.

tigr/e, esse *s* tigre. **-é, ée** *a* atigrado, a.

tilleul *m* **1.** *(arbre)* tilo. **2.** *(infusion)* tila *f*.

timbale f 1. MUS timbal m. 2. (gobelet) cubilete m.

timbre m 1. (sonnerie, son) timbre. 2. (postal, cachet) sello. | **timbre-poste**, sello. 3. (fiscal) timbre.

timbr/er t 1. (une lettre) franquear. 2. (un document) timbrar. **-é, ée** a 1. enveloppe timbrée, sobre sellado. 2. FAM (fou) chiflado, a.

timide a tímido, a. **-ité** f timidez.

timonier m timonel.

timoré, e a timorato, a.

tintamarre m estruendo.

tint/er i 1. tocar, tañer. 2. (oreilles) zumbar. **-ement** m 1. tañido, tintineo. 2. zumbido.

tir m 1. tiro: ~ au pistolet, tiro con pistola. 2. ~ forain, tiro al blanco.

tirade f 1. (au théâtre) parlamento m. 2. FIG parrafada.

tirage m 1. (d'une cheminée) tiro. 2. (impression) tirada f. 3. (photo) prueba f. 4. ~ au sort, sorteo.

tiraill/er t dar tirones. **-ement** m FIG desacuerdo.

tirant d'eau m MAR calado.

tiré, e a traits tirés, facciones cansadas.

tire-bouchon m sacacorchos.

tirelire f hucha.

tirer t 1. tirar de: ~ une remorque, tirar de un remolque. 2. ~ les rideaux, correr las cortinas. 3. ~ un coup de fusil, disparar la escopeta. 4. (un trait) trazar. 5. (extraire) sacar: ~ la langue, une conclusion, sacar la lengua, una conclusión. 6. (imprimer) tirar. 7. (photo) ~ une épreuve, sacar una copia. 8. ~ un chèque, extender un cheque. ■ i 1. (cheminée) tirar. 2. ~ sur une corde, tirar de una cuerda. 3. ~ sur le vert, tirar a verde. 4. (arme à feu) ~ sur quelqu'un, disparar a alguien. 5. ~

à l'arc, tirar con arco. ■ pr 1. POP (s'en aller) largarse. 2. s'en ~, salir adelante, salir bien.

tiret m 1. raya f. 2. (trait d'union) guión.

tireur, euse s tirador, a.

tiroir m cajón.

tisane f tisana.

tison m tizón. **-nier** m hurgón.

tiss/er t tejer. **-age** m tejido. **-erand** s tejedor, a.

tissu m tejido. | **tissu-éponge**, tela f de rizo.

titre m 1. título. 2. à juste ~, con toda la razón; à ~ de, en concepto de. 2. les gros titres, los grandes titulares. 3. ~ de transport, billete.

tituber i titubear.

titulaire a/s titular.

toast [tost] m 1. brindis. | porter un ~, brindar. 2. (pain grillé) tostada f.

toboggan m tobogán.

toc m bijou en ~, joya de bisutería.

tocsin m toque a rebato.

toi pron pers (sujet) tú, (complément) te, ti: ~, tais-toi!, ¡tú, cállate!; un autre que ~, otro que tú; c'est ~ qui commences, empiezas tú; à ~ de jouer, a ti te toca jugar. | avec ~, contigo; ce livre est à ~, este libro es tuyo.

toile f 1. tela. | ~ cirée, hule m; ~ d'araignée, telaraña. 2. (forte pour bâches, tentes, etc.) lona. 3. (peinture) lienzo m. 4. la Toile, la Web.

toilette f 1. aseo m: cabinet de ~, cuarto de aseo. | faire sa ~, lavarse. 2. (vêtement) traje m. ■ pl les toilettes, los servicios, el lavabo.

toison f vellón m.

toit m 1. tejado. 2. (d'une voiture) ~ ouvrant, techo corredizo. 3. FIG techo. **-ure** f techumbre.

tôle f chapa.

tolér/er° t tolerar. **-able** a tolerable. **-ance** f tolerancia. **-ant, e** a tolerante.

tomate f tomate m.

tomb/e f tumba, sepultura. **-eau** m sepulcro.

tombée f à la ~ de la nuit, al anochecer.

tomber i 1. caer, caerse: il est tombé, (se) ha caído; il est tombé à la renverse, se cayó de espaldas; ~ de sommeil, caerse de sueño; Noël tombe un jeudi, Navidad cae en jueves. 2. ~ malade, caer enfermo. 3. ça tombe bien, mal, esto viene bien, mal; vous tombez bien, llega usted en el momento oportuno. 4. FAM laisser ~, abandonar; laisse ~, déjalo, no hagas caso.

tombereau m volquete.

tombola f tómbola.

tome m tomo.

¹**ton, ta, tes** a poss tu, tus: ~ oncle et ta tante, tu tío y tu tía.

²**ton** m tono. **-alité** f 1. tonalidad. 2. (téléphone) señal.

tond/re t 1. (animaux) esquilar. 2. (cheveux) rapar. 3. (gazon) cortar. **-euse** f 1. maquinilla de cortar el pelo. 2. ~ à gazon, cortacésped m. **-u, e** (cheveux) rapado, a.

tong f chancla.

tonifier t tonificar.

tonique a/m tónico, a.

tonnage m MAR arqueo.

tonne f (poids) tonelada.

tonn/eau m 1. tonel, cuba f. 2. faire un ~, dar una vuelta de campana. **-elier** m tonelero.

tonnelle f cenador m.

tonner i tronar: il tonne, truena.

tonnerre m 1. trueno. | coup de ~, trueno. 2. FAM du ~, bárbaro, a, macanudo, a.

topaze f topacio m.

topographie f topografía.

toquade f FAM chifladura.

toque f gorro m.

toqu/é, e a FAM chiflado, a. **-er (se)** pr se ~ de, chiflarse por.

torche f antorcha, tea.

torchon m paño (de cocina), trapo.

tordant, e a FAM mondante.

tordre t torcer. ■ pr 1. je me suis tordu la cheville, me torcí el tobillo. 2. se ~ de rire, desternillarse de risa.

tornade f tornado m.

torpeur f entorpecimiento m.

torpill/e f torpedo m. **-er** t torpedear. **-eur** m torpedero.

torréfier t tostar. | café torréfié, café torrefacto.

torrent m torrente. | il pleut à torrents, llueve a cántaros. **-iel, elle** a torrencial.

torride a tórrido, a.

torse m torso. | ~ nu, desnudo de la cintura para arriba.

torsion f torsión.

tort [tɔʀ] m 1. (faute) culpa f. | avoir ~, estar equivocado, a; avoir ~ de, hacer mal en; à ~, injustamente; à ~ et à travers, a tontas y a locas. 2. faire du ~ à, perjudicar a.

torticolis [tɔʀtikɔli] m tortícolis.

tortiller t retorcer. ■ se ~, retorcerse.

tortue f tortuga.

tortueux, euse a tortuoso, a.

tortur/e f tortura. **-er** t torturar.

tôt [to] adv 1. pronto: le plus ~ possible, lo más pronto posible, lo antes posible. | au plus ~, cuanto antes. 2. temprano: se lever ~, levantarse temprano; plus ~, antes. | ~ ou tard, más tarde o más temprano.

total, e a/m total. **-iser** t totalizar. **-itaire** a totalitario, a. **-ité** f totalidad.

toubib m FAM médico.

touchant, e a conmovedor, a.

touche f 1. (de peinture) pincelada. 2. (d'un clavier) tecla. 3. ligne de ~, línea de banda.

¹**toucher** t 1. tocar. 2. où peut-on vous ~?, ¿dónde se le puede localizar? 3. ~ de l'argent, un chèque, cobrar dinero, un cheque. 4. (émouvoir) conmover. 5. (concerner) concernir, afectar a. 6. à, tocar: ne touche pas à ce vase, no toques este jarrón. 7. à sa fin, tocar a su fin. ■ se ~, tocarse.

²**toucher** m le ~, el tacto.

toubib m FAM médico.

touffe f 1. (d'herbe) mata. 2. (de cheveux) mechón m. **-u, ue** a 1. espeso, a. 2. (bois) frondoso, a.

toujours adv 1. siempre: pour ~, para siempre. 2. (encore) todavía: il n'est ~ pas là, todavía no ha llegado. 3. ~ est-il que ..., lo cierto es que ...

toupet m FAM cara f: avoir du ~, tener cara, tener la cara dura.

toupie f tompo m.

¹**tour** f torre.

²**tour** m 1. vuelta f: faire le ~ du monde, dar la vuelta al mundo; faire un ~, dar una vuelta. 2. circonférence f | ~ de hanches, medida f de las caderas. 3. turno, vez f: c'est mon ~, es mi turno, me toca a mí; à ~ de rôle, por turno; chacun son ~, cada uno a su vez. 4. mauvais ~, mala pasada f; jouer un ~, gastar una mala faena. 5. (machine) torno.

tourbe f turba.

tourbillon m torbellino. **-ner** i arremolinarse.

tourelle f 1. torrecilla. 2. (de char d'assaut, etc.) torreta.

tourisme m turismo. | une voiture de ~, un turismo. **-iste** s turista. **-istique** a turístico, a.

tourment m tormento. **-er** t atormentar. ■ se ~, inquietarse.

tournage m (d'un film) rodaje.

tournant, e a giratorio, a. ■ m curva f, viraje.

tourne-disque m tocadiscos.

tournedos [turnado] m filete de vacuno.

tournée f 1. (d'inspection, théâtrale) gira. 2. la ~ du facteur, la ronda del cartero. 3. FAM payer une ~, pagar la ronda.

tourner t 1. (une manivelle, etc.) girar. 2. ~ le dos, les yeux vers, volver la espalda, los ojos hacia. 3. ~ un film, rodar una película. 4. ~ en ridicule, ridiculizar. ■ i 1. girar. 2. ~ autour de, dar vueltas alrededor de. 3. torcer, doblar: tournez à droite, tuerza a la derecha. 4. le vent a tourné, el viento ha cambiado. 5. (le lait) cortarse. 6. ce garçon a mal tourné, este muchacho se ha descarriado, ha mal tornado. 7. la tête me tourne, me marea. ■ se ~, volverse hacia.

tournesol m girasol.

tournevis [turnavis] m destornillador.

tourniquet m torniquete.

tournoi m torneo.

tournure f 1. (expression) giro m. 2. (des événements) cariz m. 3. ~ d'esprit, manera de ver las cosas.

tourterelle f tórtola.

Toussaint f fiesta de todos los santos.

tousser i toser.

tout, toute, tous, toutes a/pron todo, a, os, as: toute la France, toda Francia; tous les jours, todos los días. | tous les huit jours, cada ocho días; tous les deux, ambos; toutes les deux, ambas. ■ adv 1. ~ blanc, todo blanco; ~ pourri, completamente podrido. 2. ~ triste, muy triste; ~ près, muy cerca; toute petite, pequeñita, muy pequeña; ~ seul, solo. | ~ à coup, de repente; ~ à fait, completamente; ~ en total, c'est ~, eso es todo, nada más. 3. il lit ~ en mangeant, lee mientras come. ■ m 1. todo. 2. le ~ est de, lo importante es. 3. du ~ au ~, completamente; pas du ~, de ningún modo; rien du ~, en absoluto; nada mal; pas mal du ~. **toutefois** [tutfwa] adv no obstante, sin embargo, no obstante.

toutou m FAM perrito.

tout-puissant, toute-puissante a/m todopoderoso, a.

tout-terrain a/m todoterreno.

toux [tu] f tos.

toxique a/m tóxico, a. **-comane** a/s toxicómano, a. **-comanie** f toxicomanía, drogodependencia.

trac m FAM avoir le ~, tener un canguelo, tener mieditis.

tracas m preocupación f. **-ser** t inquietar, preocupar. ■ se ~, inquietarse. **-serie** f complicación.

trace f huella.

tracer t trazar. **-é** m trazado.

trachée f tráquea.

tract m octavilla f.

tracteur m tractor.

traction f tracción.

tradition f tradición. **-nel, elle** a tradicional.

traduire° t traducir: ~ en anglais, traducir al inglés. **-cteur, -trice** s traductor, ora. **-ction** f traducción.

trafic m tráfico.

trafiqu/er i traficar. ■ t (frelater) adulterar. **-ant, e** s traficante. | ~ de drogue, narcotraficante.

tragédie f tragedia. **-ien, enne** s actor trágico, actriz trágica.

tragique a/m trágico, a. | prendre au ~, tomar por lo trágico.

trah/ir t 1. traicionar. 2. (un secret) descubrir, revelar. ■ se ~, descubrirse. **-ison** f traición.

train m 1. tren: voyager par le ~, viajar por tren. | aller à fond de ~, ir a toda mecha. 2. être en ~, estar en forma; mettre un travail en ~, empezar un trabajo. 3. être en ~ de, estar (+ gérondif): il est en ~ de dormir, está durmiendo. 4. ~ de vie, tren de vida.

traînard, e s rezagado, a.

traînasser i barzonear.

traîneau m trineo.

traînée f (trace) reguero m.

traîn/er t 1. arrastrar. ■ i 1. (pendre à terre) arrastrar, colgar. 2. andar rodando: ses vêtements traînent partout, sus vestidos andan rodando por todas partes. 3. ~ dans les rues, vagar por las calles. 4. cette affaire traîne (en longueur), este asunto no acaba nunca. 5. (un malade) ir tirando. ■ se ~, arrastrarse.

train-train m rutina f.

traire° t ordeñar.

trait m 1. (ligne) raya f. | ~ d'union, guión. 2. (détail marquant) rasgo. | ~ d'esprit, agudeza f. | ~ caractéristique, característica. 3. avoir ~ à, referirse a. 3. à partir d'un ~, salir pitando; boire comme un ~, beber de un trago. 4. animal d'un ~.

de ~, animal de tiro. ■ *pl (du visage)* rasgos, facciones *f.* | **à grands traits,** a grandes rasgos.

traite *f* 1. COM letra de cambio. 2. d'une seule ~, tout d'une ~, de un tirón. 3. *(du lait)* ordeño *m.*

traité *m* tratado.

traitement *m* 1. tratamiento. | **mauvais traitements,** malos tratos. 2. *(salaire)* sueldo. 3. INFORM procesamiento.

traiter *t* 1. tratar. 2. *(un malade)* asistir. 3. INFORM procesar. ■ *i* livre qui traite de ..., libro que trata de ...

traître/e, esse *a/s* traidor, a. | **en ~,** traidoramente. **-eusement** *adv* traidoramente. **-ise** *f* traición.

trajectoire *f* trayectoria.

trajet *f* trayecto.

trame *f* trama.

tramway [tʀamwɛ] *m* tranvía.

tranchant, e *a* cortante. ■ *m* filo, corte.

tranche *f* 1. *(de pain)* rebanada; *(de jambon, etc.)* loncha, lonja; *(de saucisson, etc.)* rodaja. 2. *(d'un livre)* canto *m.* 3. FIG sector *m.*

tranchée *f* 1. zanja. 2. MIL trinchera.

trancher *t* 1. cortar. 2. *(une difficulté)* zanjar. ■ *i* 1. decidir. 2. *(couleurs)* resaltar.

tranquill/e [tʀãkil] *a* tranquilo, a. **-isant** *m* tranquilizante. **-iser** *t* tranquilizar. **-ité** *f* tranquilidad.

transaction *f* transacción.

transat [tʀãzat] *m* tumbona *f.*

transatlantique *a/m* transatlántico, a.

transbord/er *t* transbordar. **-ement** *m* transbordo. **-eur** *m* transbordador.

transcendant, e *a* trascendente.

transcr/ire° *t* transcribir. **-iption** *f* transcripción.

transept [tʀãsɛpt] *m* crucero.

transférer° *t* trasladar, transferir.

transfert *m* 1. traslado. 2. *(de fonds, en psychologie)* transferencia *f.* 3. *(d'un joueur)* traspaso.

transfigurer *t* transfigurar.

transform/er *t* transformar. **-ateur** *m* transformador. **-ation** *f* transformación.

transfusion *f* transfusión.

transgénique *a* BIOL transgénico, a.

transgresser *t* transgredir.

transi, e *a (de froid)* aterido, a.

transiger° *i* transigir.

transistor *m* transistor.

transit [tʀãsit] *m* tránsito. **-er** *i* pasar de tránsito.

transitif, ive *a* transitivo, a.

transit/ion *f* transición. **-oire** *a* transitorio, a.

translucide *a* translúcido, a.

trans/mettre° *t* transmitir. **-metteur** *m* transmisor. **-mission** *f* transmisión.

transpar/aître° *i* transparentarse. **-ence** *f* transparencia. **-ent, e** *a* transparente.

transpercer° *t* atravesar.

transpir/er *i* transpirar. **-ation** *f* transpiración.

transplant/er *t* trasplantar. **-ation** *f* trasplante *m.*

transport *m* transporte. | **transports en commun,** transportes colectivos.

transport/er *t* 1. transportar. 2. FIG arrebatar, entusiasmar. **-eur** *m* transportista.

transpos/er *t* transponer. **-ition** *f* transposición.

transvaser *t* transvasar, trasegar.

transversal, e *a* transversal.

trap/èze *m* trapecio. **-éziste** *s* trapecista.

trapp/e *f* trampa. **-eur** *m* trampero.

trappiste *m* trapense.

trapu, e *a* rechoncho, a.

traquenard [tʀaknaʀ] *m* trampa *f*.

traquer *t* acosar, acorralar.

traumatisme *m* traumatismo, trauma.

travail [tʀavaj] *m* trabajo: ~ **manuel**, trabajo manual. | ~ **à la chaîne**, producción *f* en cadena. ■ *pl* **1. les travaux des champs**, las faenas del campo. **2.** obras *f*: **ministère des travaux publics**, ministerio de obras públicas; **attention, travaux!**, ¡cuidado, obras!

travaill/er *t* trabajar, labrar. ■ *i* **1.** trabajar. **2.** *(se rouiller)* alabearse. **-eur, euse** *a/s* trabajador, a.

travers *m* **1. en ~**, de través. **2. à ~ la vitre**, a través de los cristales; **au ~ de**, a través de. | **à ~ champs**, campo traviesa. **3. de ~**, de través. | **la bouche de ~**, la boca torcida; **regarder de ~**, mirar con mala cara. **4.** *(défaut)* defecto.

traverse *f* *(voie ferrée)* traviesa.

traversée *f* travesía.

traverser *t* **1.** atravesar. **2. ~ la rue**, cruzar la calle.

traversin *m* almohada *f*.

travest/ir *t* disfrazar. | **bal travesti**, baile de disfraces. **-i** *m* travestido, travesti. **-issement** *m* disfraz.

trébucher *i* ~ **sur**, tropezar con.

trèfle *m* trébol.

treillage *m* enrejado *m*.

treille *f* parra.

treillis [tʀɛji] *m* **1.** *(métallique)* enrejado. **2.** *(tenue militaire)* traje de maniobra.

treiz/e *a/m* trece. **-ième** *a/s* decimotercio, a. | **le ~ siècle**, el siglo trece.

tréma *m* diéresis *f*.

tremblant, e *a* tembloroso, a.

tremble *m* álamo temblón.

trembl/er *i* temblar: **il tremble de froid**, tiembla de frío; **sa voix tremble**, le tiembla la voz. **-ement** *m* **1.** temblor. **2. ~ de terre**, terremoto. **-oter** *i* temblequear.

trémousser (se) *pr* menearse.

trempe *f* *(d'un métal, caractère)* temple *m*.

tremper *t* **1.** *(mouiller)* calar. | **je suis trempé**, estoy hecho una sopa. **2.** *(du pain)* remojar. **3.** *(métaux)* templar. ■ *i* estar en remojo; **faire ~**, poner a remojo. ■ **se ~**, remojarse.

tremplin *m* trampolín.

trent/e *a/m* treinta. **-aine** *f* treintena. **-ième** *a/s* trigésimo, a.

trépaner *t* trepanar.

trépid/er *i* trepidar. **-ation** *f* trepidación.

trépied [tʀepje] *m* trípode.

trépigner *i* patalear.

très [tʀɛ] *adv* **1.** muy: ~ **joli**, muy bonito. **2. il fait ~ froid**, hace mucho frío.

trésor *m* tesoro. **-erie** *f* tesorería. **-ier, ère** *s* tesorero, a.

tressaill/ir° *i* estremecerse. **-ement** *m* estremecimiento.

tressauter *i* sobresaltarse.

tress/e *f* trenza. **-er** *t* trenzar.

tréteau *m* caballete. ■ *pl* tablas *f*, tablado *sing*.

treuil [tʀœj] *m* torno.

trève *f* tregua.

tri *m* **1.** selección *f*. **2.** clasificación *f*. **-age** *m* selección *f*.

triang/le m triángulo. **-ulaire** a triangular.

tribord m estribor.

tribu f tribu.

tribulation f tribulación.

tribunal m tribunal: *devant les tribunaux,* ante los tribunales.

tribune f tribuna.

tribut m tributo. **-aire** a tributario, a.

trich/er i hacer trampas. **-erie** f trampa. **-eur, euse** s tramposo, a.

tricolore a tricolor.

tricorne m tricornio.

tricot [tʀiko] m 1. tejido de punto. 2. *(chandail)* jersey. | **- de corps,** camiseta f. **-er** t/i hacer punto, hacer media: *elle tricote une écharpe,* hace una bufanda de punto.

trier t 1. *(choisir)* escoger. 2. clasificar.

trigonométrie f trigonometría.

trimbaler t FAM llevar a rastras.

trimestr/e m trimestre. **-iel, elle** a trimestral.

tringle f varilla.

trinité f trinidad.

trinquer i 1. brindar. 2. FAM *(subir un préjudice)* pagar el pato.

trio m trío.

triomph/e [tʀijɔ̃f] m triunfo. **-al, e** a triunfal. **-ateur, trice** s triunfador, a. **-er** i triunfar. | **- d'une difficulté,** vencer una dificultad, triunfar sobre una dificultad.

trip/es f pl 1. *(plat)* callos m. 2. POP *(de l'homme)* tripas. **-erie** f tripería.

tripl/e a/m triple. **-er** t triplicar.

tripot/er t manosear. **-age** m chanchullo.

triptyque m tríptico.

trique f garrote m.

trist/e a triste. **-esse** f tristeza.

triturer t triturar.

trivial, e a grosero, a. **-ité** f grosería.

troc m trueque.

troène m alheña f.

trognon m troncho.

trois [tʀwa] a/m tres. | **~ cents,** trescientos, as. **-ième** a/s tercero, a: *au ~ étage,* en el tercer piso.

trolleybus [tʀɔlebys] m trolebús.

trombe f tromba.

trombone m 1. trombón. 2. *(agrafe)* clip.

trompe f trompa.

tromper t engañar. ■ **se ~,** equivocarse: *je me suis trompé de route,* me equivoqué de carretera. **-ie** f engaño m.

trompette f 1. trompeta. 2. *nez en ~,* nariz respingona. ■ m trompeta.

trompeur, euse a engañoso, a.

tronc [tʀɔ̃] m 1. tronco. 2. *(dans une église)* cepo.

tronçon m 1. trozo. 2. *(de route)* tramo.

tronçonn/er t cortar en trozos. **-euse** f tronzadora.

trône m trono.

tronquer t truncar.

trop [tʀo] adv 1. demasiado: *c'est ~ cher,* es demasiado caro. | **de ~, en ~,** de más: *vingt grammes de ~,* veinte gramos de más. 2. **~ de,** demasiado, a, os, as: *~ de choses,* demasiadas cosas.

trophée m trofeo.

tropi/que m trópico. **-cal, e** a tropical.

trop-plein m 1. desaguadero. 2. exceso.

troquer t trocar, cambiar.

trot [tʀo] m trote.

trotte f FAM tirada: *d'ici chez toi, ça fait une ~,* hay una tirada de aquí a tu casa.

trott/er i trotar. **-iner** i andar a pasos cortos. **-inette** f patinete m.

trottoir m acera f.

trou m 1. agujero. 2. (dans la terre, au golf) hoyo. 3. ~ d'air, bache. 4. le ~ de la serrure, el ojo de la cerradura. 5. (de mémoire) fallo. 6. FAM (village) poblacho.

trouble a 1. turbio, a. 2. confuso, a. ■ m (émotion) turbación f. ■ pl 1. (émeute) disturbios. 2. (de la santé, du comportement) trastornos.

trouble-fête m aguafiestas.

troubler t 1. (liquide) enturbiar. 2. (l'ordre, l'esprit) turbar. ■ se ~, turbarse.

trouée f 1. abertura. 2. MIL brecha.

trouer t agujerear.

trouill/e f POP mieditis, canguelo m: avoir la ~, tener mieditis. **-ard, e** s cagueta.

troupe f 1. tropa. 2. (de comédiens) compañía.

troupeau m 1. (de moutons, etc.) rebaño. 2. (de bêtes sauvages) manada f.

trousse f estuche m: ~ de toilette, estuche de aseo. ■ pl la police est à ses trousses, la policía le va al alcance.

trousseau m 1. ~ de clefs, manojo de llaves. 2. (linge) ajuar, equipo.

trouvaille f hallazgo m.

trouver t 1. encontrar, hallar: je ne trouve pas mon porte-monnaie, no encuentro mi monedero. 2. (croire) vous trouvez?, ¿usted cree? ■ pr 1. (dans un endroit) encontrarse. 2. sentirse, encontrarse: je me trouve bien ici, me siento a gusto aquí. | se ~ mal, desmayarse. ■ impers il se trouve que ..., ocurre que ..., da la casualidad que ...

truand m gángster.

truc m 1. (procédé) truco. 2. FAM (chose) chisme.

trucage m trucaje.

truculent, e a pintoresco, a.

truelle f paleta.

truff/e f trufa. **-er** t trufar.

truie f cerda.

truite f trucha.

truqu/er t falsificar. **-age** m (au cinéma) trucaje.

tsar m zar.

tsigane a/s cíngaro, a.

¹tu pron pers tú (souvent omis, sert à renforcer): ~ es, eres. | dire ~, tutear.

²tu ⇒ **taire**.

tuant, e a (fatigant) agobiante.

tube m 1. tubo. 2. FAM canción f de éxito.

tubercule m tubérculo.

tubercul/ose f tuberculosis. **-eux, euse** a/s tuberculoso, a.

tubulaire a tubular.

tu/er t matar. ■ se ~ au travail, matarse trabajando. **-erie** f matanza.

tue-tête (à) [atytɛt] loc adv a grito pelado.

tueur, euse s asesino, a, pistolero, a.

tuile f 1. teja. 2. FAM quelle ~!, ¡qué chasco!

tulipe f tulipán m.

tulle m tul.

tuméfié, e a hinchado, a, tumefacto, a.

tumeur f tumor m.

tumult/e m tumulto. **-ueux, euse** a tumultuoso, a.

tunique f túnica.

Tunis [tynis] n p Túnez.

Tunisie n p f Túnez m.

tunisien, enne a/s tunecino, a.

tunnel m túnel.

turban m turbante.

turbine f turbina.
turbiner i POP currar, trajinar.
turboréacteur m turborreactor.
turbot m rodaballo.
turbul/ent, e a turbulento, a.
-ence f turbulencia.
turc, turque a/s turco, a.
turf m deporte hípico.
turlupiner t FAM preocupar, inquietar.
Turquie n p f Turquía.
turquoise f turquesa. ■ a color turquesa.
tutelle f tutela.
tuteur, trice s tutor, a.
tut/oyer° [tytwaje] t tutear, tratar de tú. **-oiement** m tuteo.
tuyau [tчijo] m **1.** tubo: ~ d'échappement, tubo de escape. | ~ d'arrosage, manga f de riego. **2.** FAM (renseignement) informe confidencial.
-terie f tubería.
tuyère [ty(ч i)jɛʀ] f tobera.
TVA ⇒ **taxe**.
tympan m tímpano.
type m **1.** tipo. **2.** FAM tipo, tío: **un chic ~**, un tío estupendo; **pauvre ~**, pobre tipo, desgraciado.
typhoïde [tifɔid] a/f tifoidea.
typhon [tifɔ̃] m tifón.
typhus [tifys] m tifus.
typique a típico, a.
typograph/e s tipógrafo, a. **-ie** f tipografía.
tyran m tirano. **-nie** f tiranía. **-nique** a tiránico, a. **-niser** t tiranizar.
tyrolien, enne a/s tirolés, esa.
tzigane ⇒ **tsigane**.

U

u *m* u *f*: un ~, una u.

ulc/ère *m* úlcera *f*: ~ à l'estomac, úlcera de estómago. **-érer**° *t* FIG herir, ofender.

ultérieur, e *a* ulterior.

ultimatum [yltimatɔm] *m* ultimátum.

ultime *a* último, a.

ultraviolet, ette *a* ultravioleta.

un, une *a* uno, a (*un devant un substantif masculin*): ~ mètre, un metro; **il est une heure,** es la una. | ~ à ~, de uno en uno, uno por uno; **pas ~,** ninguno, ni uno; **pas ~ seul survivant,** ningún superviviente. ■ *art indéf* un, a: ~ **bruit,** un ruido. ■ *pron* uno, a: **l'~ d'eux,** uno de ellos; **l'~ et l'autre,** uno y otro; **l'une après l'autre,** una tras otra; **aimez-vous les uns les autres,** amaos los unos a los otros; **les uns disent,** unos dicen. ■ *f (d'un journal)* **à la une,** en primera plana.

unanim/e *a* unánime. **-ité** *f* unanimidad: **à l'~,** por unanimidad.

uni, e *a* **1.** *(famille, etc.)* unido, a. **2.** *(surface, couleur)* liso, a: **étoffe unie,** tela lisa.

unifier *t* unificar.

uniform/e *a/m* uniforme. **-iser** *t* uniformar. **-ité** *f* uniformidad.

unilatéral, e *a* unilateral.

union *f* unión.

unique *a* único, a. **-ment** *adv* únicamente.

unir *t* unir. ■ s'~, unirse.

unisexe *a* unisex.

unisson *m* à l'~, al unísono.

unité *f* unidad.

univers *m* universo. **-el, elle** *a* universal.

universit/é *f* universidad. **-aire** *a* universitario, a. ■ s profesor, a de la Universidad.

uranium [yranjɔm] *m* uranio.

urb/ain, e *a* urbano, a. **-aniser** *t* urbanizar. **-anisme** *m* urbanismo.

urée *f* urea.

urg/ent, e *a* urgente. **-ence** *f* urgencia. | **d'~,** urgentemente; **de toute ~,** con toda urgencia; **état d'~,** estado de emergencia.

urin/e *f* orina. **-aire** *a* urinario, a. **-er** i orinar. **-oir** *m* urinario.

urne *f* urna.

urticaire *f* urticaria.

uruguayen, enne *a/s* uruguayo, a.

usag/e *m* **1.** uso: **à l'~ de,** para uso de; **à ~ externe,** con uso externo; **faire ~ de,** hacer uso de. | **hors d'~,** inservible. **2.** *(coutume)* costumbre *f*. **-é, ée** *a* usado, a.

usager, ère s usuario, a.

us/er i ~ **de,** hacer uso de. ■ *t* gastar. ■ s'~, gastarse. **-é, ée** *a* **1.** usado, a, gastado, a, desgastado, a: **pull ~ aux coudes,** jersey gastado en los codos. **2.** **un homme ~,** un hombre gastado.

usine *f* fábrica.

usité, e *a* usado, a.

ustensile *m* utensilio.

usuel, elle *a* usual.

¹**usure** f (*détérioration*) desgaste m.

²**usure** f usura. **-ier** m usurero.

usurp/er t usurpar. **-ateur, trice** s usurpador, a.

utérus [yterys] m útero.

util/e a útil. **-isateur, trice** s usua-rio, a. **-iser** t utilizar. **-itaire** a uti-litario, a. **-ité** f utilidad.

utop/ie f utopia. **-ique** a utópico, a.

v [ve] *m* v *f*: **un ~**, una v.

va ⇒ **aller**.

vacances *f pl* vacaciones: **partir en ~**, marcharse de vacaciones; **les grandes ~**, las vacaciones de verano.

vacant, e *a* **1.** *(sans titulaire)* vacante, desierto, a. **2.** *(logement)* libre.

vacarme *m* alboroto.

vaccin [vaksɛ̃] *m* vacuna *f*. **-ation** *f* vacunación. **-er** *t* vacunar. | **se faire ~**, vacunarse.

vache *f* **1.** vaca. **2.** FAM **une vieille ~**, un hueso.

vachement *adv* FAM **~ gentil**, la mar de amable.

vacher, ère *s* vaquero, a. **-ie** *f* FAM *(action)* jugada; *(parole)* pulla.

vachette *f* *(cuir)* vaqueta.

vacill/er *i* vacilar. **-ant, e** *a* vacilante. **-ement** *m*, **-ation** *f* vacilación *f*.

vadrouille *f* FAM garbeo *m*. | **en ~**, de paseo.

va-et-vient [vaevjɛ̃] *m* vaivén *f*.

vagabond, e *a/s* vagabundo, a. **-age** *m* vagabundeo. **-er** *i* vagabundear, vagar.

vagin *m* vagina *f*.

¹vague *f* ola. | **~ de chaleur**, ola de calor.

²vague *a* **1.** vago, a. **2. terrain ~**, descampado, solar.

vaill/ant, e *a* valiente. **-ance** *f* valentía.

vain, e *a* vano, a. | **en ~**, en vano.

vain/cre° *t* vencer. **-cu, ue** *a/s* vencido, a. **-queur** *a/m* vencedor, a.

vais ⇒ **aller**.

vaisseau *m* **1.** *(bateau)* buque, navío. | **~ spatial**, nave *f* espacial. **2.** vaso: **~ sanguin**, vaso sanguíneo.

vaisselle *f* vajilla. | **faire la ~**, fregar los platos.

val *m* valle.

valable *a* válido, a.

Valence *n p* *(en Espagne)* Valencia.

valet *m* **1.** criado, mozo. | **~ de chambre**, camarero. **2.** *(cartes)* sota *f*.

valeur *f* **1.** valor *m*. | **mettre en ~**, *(une terre)* beneficiar; *(mettre en évidence)* destacar. **2. homme de grande ~**, hombre de gran valía. ■ *pl* COM valores.

valide *a* válido, a.

validité *f* validez.

valise *f* **1.** maleta. **2. ~ diplomatique**, valija diplomática.

vallée *f* valle *m*.

vallon *m* vallecito, cañada *f*. **-né, e** *a* ondulado, a.

valoir° *i/t* valer: **combien vaut ce livre?**, ¿cuánto vale este libro?; **il vaudrait mieux partir**, más valdría marcharse. | **il vaut mieux qu'il ne le sache pas**, mejor que no se entere; **ça vaut mieux!**, ¡es preferible!; **cela ne me dit rien qui vaille**, eso me da mala espina. ■ **se ~**, ser equivalentes.

vals/e *f* vals *m*. **-er** *i* bailar un vals.

valve *f* válvula.

vampire *m* vampiro.

vandale s vándalo, a. ■ **-isme** m vandalismo.

vanille f vainilla.

vanité f vanidad. ■ **-eux, euse** a vanidoso.

vanne f compuerta.

vanner t ahechar. | FAM je suis vanné, estoy molido.

vannerie f cestería.

vantard, e a/s FAM jactancioso, a. **-ardise** f jactancia.

vanter t alabar. □ se ~, jactarse.

vapeur f vapor m: machine à ~, máquina de vapor; cuire à la ~, cocer al vapor; pommes ~, patatas al vapor.

vaporiser t vaporizar. **-ateur** m vaporizador.

varech [varɛk] m fuco.

variable a variable.

variante f variante.

variation f variación.

varice f varices pl.

varicelle f varicela.

varié, e a variado. ■ pl variedades.

varier t/i variar.

variole f viruela.

Varsovie n p Varsovia.

vas ⇒ **aller.**

¹vase m 1. vaso. 2. (à fleurs) jarrón.

²vase f (boue) cieno m. florero.

vaseline f vaselina.

vaseux, euse a 1. cenagoso, a. 2. FAM (fatigué) pachucho, a.

vasistas [vazistas] m tragaluz.

vasque f pilón m.

vaste a vasto, a, amplio, a.

Vatican n p m Vaticano.

vaurien, enne s granuja, golfo, a.

vaut ⇒ **valoir.**

vautour m buitre.

vautrer (se) pr revolcarse.

veau m 1. ternero. 2. (viande) terne-ra 3. (cuir) becerro.

vécu ⇒ **vivre.**

vedette f 1. (bateau) lancha moto-ra. 2. (artiste) estrella, vedette. 3. mettre en ~, destacar.

végétal, e a vegetal. ■ m les végé-taux, los vegetales.

végétarien, enne a/s vegetariano, a.

végétation f vegetación. ■ pl MED vegetaciones.

végéter i vegetar.

véhément, e a vehemente. **-ence** f vehemencia.

véhicule m vehículo.

veille f 1. vigilia. 2. víspera: la ~ de Noël, la víspera de Navidad; la ~ de ..., en vísperas de ...

veillée f velada.

veiller i 1. velar. 2. ~ sur quel-qu'un, cuidar de alguien. 3. ~ à ce que ..., procurar que ... □ t ~ un malade, velar a un enfermo. **-eur** m ~ de nuit, vigilante nocturno. **-euse** f 1. lamparilla. 2. (d'un chauf-fe-eau) llama piloto. ■ pl (d'auto) luces de posición.

veinard, e a/s FAM afortunado, a.

veine f 1. vena. 2. (filon) veta. 3. FAM (chance) potra, suerte: avoir de la ~, tener potra.

vélin m vitela.

véliplanchiste s windsurfista.

vélléité f veleidad.

vélo m FAM bici f: à ~, en bici; ~ de course, bicicleta f de carreras; ~ tout terrain, VTT, bicicleta de mon-taña.

vélodrome m velódromo.

vélomoteur m velomotor.

velours m 1. (uni) terciopelo. 2. ~ côtelé, pana f.

velouté, e *a* aterciopelado, a. ■ *m* (*potage*) crema *f*.

velu, e *a* velludo, a.

vénal, e *a* venal.

vendable *a* vendible.

vendang/e *f* vendimia. **-er**° *t/i* vendimiar. **-eur, euse** *s* vendimiador, a.

vendeur, euse *s* **1.** vendedor, a. **2.** (*dans un magasin*) dependiente, a.

vendre *t* vender: **à ~, se vende; vendu,** vendido.

vendredi *m* viernes: **~ saint,** viernes santo.

vénéneux, euse *a* venenoso, a.

vénér/er° *t* venerar. **-able** *a* venerable. **-ation** *f* veneración.

vénérien, enne *a* venéreo, a.

vénézuélien, enne *a/s* venezolano, a.

vengeance [vãʒãs] *f* venganza.

veng/er° *t* vengar. ■ **se ~,** vengarse. **-eur, eresse** *a/s* vengador, a.

véniel, elle *a* venial.

ven/in *m* veneno. **-imeux, euse** *a* venenoso, a.

venir° *i* **1.** venir: **il est venu hier,** vino ayer; **viens dîner avec nous,** ven a cenar con nosotros. | **faire ~ le médecin,** llamar al médico. **2.** llegar: **le moment est venu de ...,** ha llegado el momento de ... **3. ~ de,** acabar de: **il vient de sortir,** acaba de salir.

Venise *n p* Venecia.

vénitien, enne *a/s* veneciano, a.

vent *m* viento. | **coup de ~,** ráfaga *f* de viento, ventolera *f*; FAM **être dans le ~,** estar al día.

vente *f* venta: **mettre en ~,** poner a la venta.

venteux, euse *a* ventoso, a.

ventilateur *m* ventilador.

ventouse *f* ventosa.

ventr/e *m* vientre. | **à plat ~,** de bruces, boca abajo; **prendre du ~,** echar tripa. **-iloque** *s* ventrílocuo, a. **-u, ue** *a* ventrudo, a, panzudo, a.

venu, e *a/s* **nouveau ~,** recién llegado.

venue *f* llegada.

Vénus [venys] *n p f* Venus.

vêpres [vɛpʀ] *f pl* vísperas.

ver *m* gusano: **~ à soie,** gusano de seda. | **~ de terre,** lombriz; **~ luisant,** luciérnaga *f*.

véracité *f* veracidad.

véranda *f* veranda, mirador *m*.

verbal, e *a* verbal.

verb/e *m* verbo. **-eux, euse** *a* verboso, a. **-iage** *m* verborrea *f*.

verdâtre *a* verdoso, a.

verdict [vɛʀdik(t)] *m* veredicto.

verd/ir *i* verdear. **-oyant, e** *a* verdeante.

verdure *f* **1.** verde *m*. **2.** vegetación *f*.

véreux, euse *a* **1.** agusanado, a. **2.** FIG sospechoso, a.

verge *f* **1.** vara. **2.** (*anatomie*) pene *m*.

verger *m* vergel.

vergla/s *m* hielo: **plaques de ~,** placas de hielo. **-cé, e** *a* helado, a.

vergue *f* verga.

véridique *a* verídico, a.

vérifi/er *t* verificar, comprobar. **-cation** *f* verificación.

véritable *a* **1.** verdadero, a. **2. or ~,** oro legítimo.

vérité *f* verdad: **en ~,** en verdad.

vermeil, eille [vɛʀmɛj] *a* bermejo, a. ■ *m* plata *f* sobredorada.

vermicelle *m* fideo.

vermifuge *m* vermífugo.

vermillon *m* bermellón.

vermine *f* parásitos *m pl*.

vermoulu, e *a* carcomido, a.

vermouth [vɛʀmut] *m* vermut.

vert, e *a* verde. ■ *m* **1.** verde: le feu est au ~, el semáforo está en verde. **2.** les Verts, los Verdes.

vert-de-gris [verdəgri] *m* cardenillo.

vertèbre *f* vértebra. **-ébral, e** *a* vertebral.

vertical, e *a* vertical.

vertige *m* vértigo: avoir le ~, tener vértigo. **-ineux, euse** *a* vertiginoso.

vertu *f* virtud. | en ~ de ~, en virtud de. **-eux, euse** *a* virtuoso, a.

verve *f* inspiración, calor *m*.

verveine *f* verbena.

vésicule *f* vesícula.

vessie *f* vejiga.

veste *f* chaqueta: ~ croisée, droite, chaqueta cruzada, recta.

vestiaire *m* guardarropa, vestuario.

vestibule *m* vestíbulo.

vestige *m* vestigio.

veston *m* chaqueta *f*, americana *f*.

vêtement *m* vestido. ■ *pl* **1.** ropa *f sing*: vêtements usagés, ropa usada. | armoire à vêtements, armario ropero. **2.** prendas *f*: vêtements de sports, prendas de sport.

vétéran *m* veterano.

vétérinaire *a/s* veterinario, a.

vétille *f* fruslería.

vêtir *t* vestir.

véto [veto] *m* veto.

vétuste *a* vetusto, a.

veuf, veuve *a/s* viudo, a.

veuille, veut, etc. ⇒ **vouloir.**

vexer *t* ofender, vejar. ■ se ~, picarse. **-ant, e** *a* molesto, a. **-ation** *f* vejación. **-atoire** *a* vejatorio, a.

viable *a* viable.

viaduc *m* viaducto.

viager, ère *a* rente viagère, renta vitalicia. ■ *m* renta *f* vitalicia.

vernis *m* barniz. | ~ à ongles, esmalte de uñas. **-ir** *f* **1.** barnizar. **2.** (le cuir) charolar: souliers vernis, zapatos de charol. **3.** FAM être verni, tener suerte. **-issage** *m* **1.** barnizado. **2.** (d'une exposition) inauguración.

vérole *f* petite ~, viruelas *pl*.

Véronique *n p f* Verónica.

verre *m* **1.** vidrio. **2.** papier de ~, papel de lija. **2.** (de lunettes, montre, etc.) cristal. **3.** (à boire) vaso: un ~ de vin, un vaso de vino. | ~ à pied, copa. ■ *pl* (lunettes) gafas *f*: verres de contact, lentes *f* de contacto. **-erie** *f* cristalería. **-ière** *f* (d'une cathédrale) vidriera.

verrou *m* cerrojo. **-iller** *t* cerrar.

verrue *f* verruga.

¹vers [vɛr] *m* (poésie) verso.

²vers *prép* **1.** hacia: ~ le nord, hacia el norte. **2.** ~ cinq heures, a eso de las cinco, sobre las cinco.

Versailles [vɛrsaj] *n p* Versalles.

versant *m* vertiente *f*.

versatile *a* versátil.

verse (à) *loc adv* il pleut à ~, llueve a cántaros.

Verseau *m* ASTR Acuario.

versement *m* pago.

verser *t* **1.** ~ du vin dans un verre, echar vino en un vaso. **2.** ~ du sang, des larmes, derramar sangre, lágrimas. **3.** COM ~ au compte de ..., ingresar en cuenta de ~. | **1.** (culbuter) volcar. **2.** ~ dans, caer en.

version *f* **1.** versión. **2.** en ~ originale, en versión original. **2.** traducción directa.

verso *m* dorso, verso: lire la suite au ~, leer la continuación al dorso.

viande f carne.

vibr/er i vibrar. **-ant, e** a vibrante. **-ation** f vibración. **-atoire** a vibratorio, a.

vicaire m vicario.

vice m 1. vicio. 2. ~ de forme, defecto de forma.

vice-amiral m vicealmirante.

vice-roi m virrey.

vicier t viciar.

vicieux, euse a vicioso, a.

vicinal, e a vecinal.

vicissitude f vicisitud.

vicomte m vizconde. **-esse** f vizcondesa.

victime f víctima.

victoire f victoria.

victorieux, euse a victorioso, a.

victuailles f pl vituallas.

vidang/e f 1. (auto) faire la ~, cambiar el aceite del motor. 2. (d'une fosse) limpieza. **-er** t 1. cambiar el aceite. 2. limpiar.

vide a/m vacío, a: emballé sous ~, envasado al vacío.

vidéo f | jeu ~, videojuego. **-cassette** f videocasete m. **-disque** m videodisco.

vide-ordures m colector de basuras.

vide-poches m (d'auto) guantera f.

vider t 1. vaciar. 2. (un poisson, une volaille) limpiar. 3. ~ les lieux, irse. 4. FAM (épuiser) agotar. 5. FAM (expulser) echar.

vie f vida. | être en ~, estar vivo, a; avoir la ~ dure, tener siete vidas como los gatos; de la ~, en mi vida; jamais de la ~, nunca jamás; pour la ~, para siempre; de por vida; président à ~, presidente vitalicio.

vieil, vieille ⇒ **vieux**.

vieillard [vjɛjaʀ] m viejo.

vieillesse f vejez.

vieillir i/t envejecer. **-issement** m envejecimiento. **-ot-, e** a anticuado, a.

viendrai, viens, etc. ⇒ **venir**

Vienne n p Viena.

viennois, e a/s vienés, esa. **-erie** f bollería

vierge adj/f virgen. | la Sainte Vierge, la Virgen Santísima. ■ f ASTR Virgo m.

vietnamien, enne a/s vietnamita.

vieux, vieil, vieille [vjø, vjɛj] a viejo, a: un vieil homme, un hombre viejo; une vieille maison, una casa vieja; un vieil ami, un viejo amigo. | - garçon, vieille fille, solterón, ona; - jeu, chapado, a a la antigua. ■ s viejo, a: un petit ~ viejecito; mon ~!, ¡hombre!

vif, vive a 1. vivo, a | de vive voix, de viva voz. 2. intenso, a: froid ~, frío intenso. ■ m plaie a ~, llaga en carne viva; piquer au ~, herir en lo vivo.

vigie f vigía m.

vigilant, -ante a vigilante. **-ance** f vigilancia. **-e** m guarda jurado.

vigne f 1. (plante) vid. | pied de ~, cepa f. 2. (plantation de vignes) viña f. 3. - vierge, cepa virgen. **-ron, -onne** s viñador, a.

vignette f viñeta.

vignoble m viñedo.

vigoureux, euse a vigoroso, a.

vigueur f vigor m. | entrer en ~, entrar en vigor; la loi en ~, la ley vigente, que rige.

vil, e a vil.

vilain, e a 1. (laid) feo, a: quel ~ temps!, ¡qué tiempo más feo! 2. malo, a, desagradable: un ~ tour, una mala pasada.

vilebrequin m 1. berbiquí. 2. (de moteur) cigüeñal.

villa f [vila] chalet m.

village [vilaʒ] m pueblo. | petit ~, pueblecito. **-eois, -e** a/s aldeano, a.

ville [vil] f ciudad: habiter la ~, vivir en una ciudad. | ~ d'eau, balneario m; costume de ~, traje de calle; dîner en ~, comer fuera de casa.

villégiature [vileʒjatyR] f 1. vera-neo m: aller en ~, ir de veraneo. 2. (lieu) lugar m para pasar las vaca-ciones.

vin m vino: ~ rouge, vino tinto; ~ de table, vino de mesa.

vinaigre m vinagre. **-ette** f vina-greta. **-ier** m vinagrera f.

Vincent n p m Vicente.

vindicatif, ive a vengativo, a, vin-dicativo, a.

vingt [vɛ̃] a/m veinte. | vingt-quatre heures, veinticuatro horas. **-aine** f veintena. **-ième** a vigésimo, a. | le ~ et unième siècle, el siglo veintiu-no.

vinicole a vinícola.

vinylique a vinílico, a.

viol m violación, a.

violacé, e a violáceo, a.

violation f violación.

violent, e a violento, a. **-emment** adv violentamente. **-ence** f violen-cia.

violer t violar.

violet, ette a/m violeta, morado, a.

violette f violeta.

violon m violín. | ~ d'Ingres, pasa-tiempo favorito, hobby, violín de Ingres. **-iste** s violinista.

violoncelle m violoncelo. **-iste** s violoncelista.

violoniste s violinista.

vipère f víbora.

virage m 1. curva f: ~ dangereux, curva peligrosa. 2. (photo) viraje 3. fig giro.

virement m ~ bancaire, transferen-cia f bancaria: ~ postal, giro postal.

virer i virar. ■ t 1. COM ~ une somme au compte de, transferir, girar una cantidad a la cuenta de. 2. FAM (ren-voyer) poner de patitas en la calle.

virgule f coma.

viril, e a viril, varonil. **-ité** f virili-dad.

virtuel, elle a virtual.

virtuose a/s virtuoso, a. **-ité** f vir-tuosismo m.

virulent, e a virulento, a. **-ence** f virulencia.

virus [viRys] m virus.

vis [vis] f 1. tornillo m. 2. serrer la ~ à quelqu'un, meter en cintura a alguien.

visa m visado.

visage m cara f, rostro.

vis-à-vis [vizavi] adv uno frente a otro. ■ loc prép ~ de, (en face de) enfrente de; (à l'égard de) respecto a.

viscère m víscera f.

viser i 1. apuntar. 2. ~ à, tender a. ■ t 1. ~ la cible, apuntar al blanco 2. se sentir visé, darse por aludido 3. (un document) visar.

viseur m visor.

visible a visible. **-ilité** f visibili-dad. | atterrissage sans ~, aterrizaje a ciegas.

vision f visión. **-naire** a/s visiona-rio, a. **-ner** t visionar.

visite f 1. visita: être en ~, estar de visita; la ~ du château, la visita al castillo. | rendre ~ à quelqu'un, visi-tar a alguien. 2. ~ médicale, revi-

sión médica. **-er** m visitar. **-eur, -euse** s visitante.

vison m visón.

visqueux, euse a viscoso, a.

visser t atornillar.

vitamine f vitamina.

vital, e a vital. **-ité** f vitalidad.

vis, vit ⇒ **vivre, voir.**

visuel, elle a visual.

vite adv de prisa, aprisa; vous parlez trop ~, usted habla demasiado aprisa | au plus ~, lo más pronto posible; c'est ~ dit, pronto está dicho; vite!, ¡deprisa!, ¡rápido!

vitesse f velocidad: à toute ~, a toda velocidad; train à grande ~, tren de alta velocidad | change-ment de vitesses, cambio de mar-chas; en ~, muy de prisa.

viti/cole a vitícola. **-culteur, -cultrice** s viticultor. **-culture** f viticultura.

vitrail [vitraj] m vidriera: les vitraux de la cathédrale, las vidrieras de la catedral.

vitre f 1. cristal m. 2. (d'un train, d'une voiture) ventanilla. **-é, -e** a porte vitrée, puerta vidriera. **-ier** m vidriero.

vitrifier t vitrificar.

vitrine f 1. (d'un magasin) escapara-te m. 2. (armoire) vitrina.

vitriol m vitriolo.

vivable a soportable.

vivace a vivaz: plantes vivaces, plantas vivaces. **-ité** f vivacidad.

vivant, e a vivo, a: langue vivante, lengua viva; ~ estar ~ m les vivants, los vivos | de son ~, cuando vivía; du ~ de, en vida de.

vivats ⇒ **vif, vive.**

vive ⇒ **vif, vive.**

vivement adv ~ touché par ..., muy afectado por ...

vivier m vivero.

vivifier t vivificar.

'vivre i vivir: il a longtemps vécu en Australie, ha vivido mucho tiempo en Australia | qui vive?, ¿quién vive?; vive le roi!, ¡viva el rey!

²vivres m pl víveres.

vocabulaire m vocabulario.

vocal, e a vocal.

vocation f vocación.

vociférer i/t vociferar.

vœu m 1. (promesse des religieux, souhait) voto; faire des vœux pour, hacer votos por. 2. Felicitación f; vœux de nouvel an, felicitaciones de Año Nuevo; meilleurs vœux, muchas felicidades.

vogue f boga; être en ~, estar en boga.

voici, voilà prep 1. ~ une photo, he aquí una foto; ~ mon cousin, éste es mi primo; ~ mes enfants, éstos son mis hijos; ~ ma maison et voilà la sienne, ésta es mi casa y aquélla la suya, aquí está mi casa y ahí está la suya; l'homme que ~, este hombre; le ~, héle aquí. 2. (en donnant) ~ mon passeport, aquí tiene mi pasaporte. 3. ya ~ le train qui arrive, ya llega el tren; nous ~ arrivés, ya hemos llegado; voilà, voilà!, ¡ya voy! 4. hacer: ~ un an qu'il est parti, hace un año que se marchó. 5. en voilà assez!, ¡basta!; ¡se acabó!; en voilà une idée!, ¡vaya ocurrencia!; voilà tout, voilà, eso es todo, nada más.

voie f 1. ~ ferrée, vía férrea; ~ de garage, vía muerta. | mettre sur la ~, encaminar; être en bonne voie, estar en buen camino. 2. (d'une route) carril m; à trois voies, de tres carriles. 3. Voie lactée, Vía láctea.

voilà ⇒ **voici.**

voile m velo.

²voile f 1. vela: **bateau à voiles**, barco de vela. | **faire de la ~**, hacer vela, practicar vela. 2. **vol à ~**, vuelo sin motor.

voiler t 1. velar, cubrir con un velo. 2. (*cacher*) ocultar. 3. **photo voilée**, foto velada. 4. **~ une roue**, torcer una rueda. ■ **se ~**, velarse.

voilette f velito.

voilure f velamen m.

voir t/i 1. ver: **je n'avais pas vu l'a-gent**, no había visto al guardia; **fais ~!**, ¡déjame ver! | **~ page 40**, véase página 40; **on verra bien**, ya veremos. 2. (*réprobation*) **voyons!**, ¡vamos!; **on n'aura tout vu!**, ¡es el colmo! ■ **se ~**, verse: **ça se voit**, es evidente.

voirie f servicios m pl de limpie-za. 2. (*dépotoir*) vertedero m.

voisin, e a/s vecino, a. **-age** m 1. (*proximité*) vecindad, cercanía f. 2. (*les voisins*) vecindario.

voiture f 1. coche m: **~ de sport, de course**, coche deportivo, de carre-ras. 2. (*de train*) coche m. | **en ~!**, ¡al tren! | **~ à bras**, carrito de mano; **~ d'enfant**, cochecito de niño.

voix [vwa] f 1. voz: **des ~ rauques**, voces roncas, **parler d'une ~ aiguë**, hablar con voz aguda. | **à ~ haute, basse**, en voz alta, baja; **à mi-voix**, media voz. 2. (*suffrage*) voto m: **trois ~ pour**, tres votos a favor. | **mettre aux ~**, poner a votación.

¹vol m vuelo: **prendre son ~**, alzar el vuelo; **~ à voile**, vuelo sin motor; **~ libre**, vuelo libre; **à ~ d'oiseau**, en línea recta.

²vol m robo. | **~ à main armée**, atra-co, robo a mano armada.

volaille f 1. aves pl de corral. 2. **une ~**, un ave.

volant, e a volante. | **feuille volan-te**, hoja suelta. ■ m volante.

volatil, e a volátil. **-iser** t volatili-zar.

vol-au-vent [vɔlovɑ̃] m volován.

volcan m volcán. **-ique** a volcáni-co, a.

volée f 1. (*d'oiseaux*) bandada. 2. (*de coups*) paliza. 3. **les cloches sonnent à toute ~**, repican las campanas. 4. (*tennis*) volea.

¹voler i volar: **l'avion vole**, el avión vuela.

²voler t robar, hurtar.

volet m postigo.

voleter i revolotear.

voleur, euse a/s ladrón, ona. | **au ~!**, ¡ladrones!

volière f pajarera.

volley-ball [vɔlɛbol] m voleibol, balonvolea.

volontaire a/s 1. voluntario, a. 2. (*obstiné*) voluntarioso, a.

volonté f voluntad: **mettre de la ~**, poner mala volun-tad. ■ **à ~** ... | **vin à ~**, vino a discre-ción, a voluntad.

volontiers [vɔlɔ̃tje] adv de buena gana. | **très ~**, con mucho gusto.

volt m voltio. **-age** m voltaje.

volte-face f 1. **faire ~**, dar media vuelta. 2. fig cambio m de opinión.

voltige f acrobacia. **-er** i revolo-tear.

volubile a (*bavard*) locuaz.

volume m 1. volumen. 2. **diction-naire en cinq volumes**, diccionario en cinco volúmenes. **-ineux, euse** a voluminoso, a.

volupté f voluptuosidad. **-ueux, -euse** a voluptuoso, a.

volute f voluta.

vomir v/i vomitar. -**issement** m vómito.

vont ⇒ **aller**.

vorace a voraz. -**ité** f voracidad.

vos [vo] (pluriel de votre) a 1. vuestros, as. 2. (avec un autre complément) los, las.

votre a 1. vuestro, a. 2. (avec vouvoiement) su: ~ majesté, su majestad.

vôtre pron poss 1. (avec tutoiement) le ~, el vuestro: la ~, la vuestra. 2. (avec vouvoiement) le ~, el suyo: la ~, la suya.

vouer t consagrar.

vouloir 1. t querer: veux-tu un bonbon?, ¿quieres un caramelo?; je ne veux pas, no quiero; je voudrais savoir, quisiera saber; comme vous voudrez, como quiera; sans le ~, sin querer | en voulez-vous que j'y fasse?, ¿qué le vamos a hacer? ~ du bien à quelqu'un, desearle bien a alguien, en ~ à quelqu'un, guardar rencor a alguien. 2. veux-tu te taire!, ¡haz el favor de callarte!; veuillez vous asseoir, siéntese por favor. 3. en temps voulu, en el momento oportuno.

vous pron 1. (sujet avec tutoiement) vosotros, as. 2. (sujet singulier avec vouvoiement) usted: ~ êtes jeune, usted es joven 3. (sujet pluriel avec vouvoiement) ustedes: ~ êtes jeunes, ustedes sois jóvenes. 4. (complément avec tutoiement) os. 5. (complément avec vouvoiement) le, la: monsieur, je ~ écoute, señor, le escucho; j'ai tardé à ~ répondre, tardé en contestarle. 6. (complément pluriel avec vouvoiement) les, las. 7. (avec un autre complément) les, las.

voûte f bóveda.

voûter (se) -**er** pr encorvarse. | un vieillard voûté, un anciano encorvado.

vouvoyer [vuvwaje] t tratar de usted. -**voiement** m tratamiento de usted.

voyage [vwajaʒ] m viaje: être en ~, estar de viaje; il est de viaje; ~ d'agrément, de noces, organisé, viaje de recreo, de bodas, organizado; bon ~!, ¡buen viaje! -**er** i viajar. -**eur, euse** a viajero, a. ■ s (de commerce, voyante de comercio. -**iste** m tour operador.

voyant, e [vwajã, ãt] a (qui attire l'œil) llamativo, a. ■ s (devin) vidente. ■ m ~ lumineux, piloto.

voyelle [vwajɛl] f vocal.

voyou [vwaju] m golfo, granuja.

vrac (en) loc adv a granel.

vrai, e a verdadero, a | à la ~, a decir verdad; c'est ~, es verdad, es cierto; pas ~?, ¿verdad? ■ être dans le ~, estar en lo cierto. -**ment** adv verdaderamente, de veras. | ~?, ¿de verdad?

vraisembl/able a verosímil. -**ablement** adv probablemente. -**ance** f verosimilitud.

vrille f 1. (de plante) zarcillo m. 2. (outil) barrena.

vrombir i zumbar. -**issement** m zumbido.

VTT ⇒ **vélo**.

vu, e p p de **voir**. ■ a 1. ni ~ ni connu, ni visto ni oído. 2. être mal ~, estar mal visto. ■ prép ~ les cir-

...constances, en vista de las circunstancias.

vue f 1. vista. | à ~ d'œil, a ojos vistas; à première ~, a primera vista; bien en ~, bien a la vista; payable à ~, pagadero a la vista; point de ~, punto de vista. 2. en ~ de, con miras a.

vulg/aire a vulgar. **-ariser** t vulgarizar. **-arité** f vulgaridad.

vulnérable a vulnerable.

W [dublave] *m* w *f*; un ~, una w.

wagon [vagɔ̃] *m* vagón, coche: **wagon-citerne**, vagón cisterna; **wagon-lit**, coche cama; **wagon-res-taurant**, vagón restaurante. **-net** *m* vagoneta *f*.

wallon, onne [walɔ̃, ɔn] *a/s* valón, ona.

waters [watɛr] *m pl* les ~, el lavabo, el aseo, el water.

watt [wat] *m* vatio.

w.-c. [dublavese] *m pl* les ~, el lava-bo, los waters, los w.c.

week-end [wikɛnd] *m* fin de sema-na: *tous les* **week-ends**, todos los fines de semana.

western [wɛstɛrn] *m* película *f* del oeste.

whisky [wiski] *m* whisky.

x [iks] *m* x *f*; **un ~**, una x: **Monsieur ~**, el señor equis. | **rayons x**, rayos equis.

Xavier [gsavie] *n p m* Javier.

xénophob/e [ksenɔfɔb] *a/s* xenófo-bo, a. **-ie** *f* xenofobia.

xérès [gzerɛs] *m* Jerez.

xylophone [ksilɔfɔn] *m* xilófono.

Y

y [igʀɛk] *m* y *f*: **un ~**, una y.

y [i] *adv* allí, ahí: **allez-y à pied**, vaya usted allí andando; **j'~ vais!**, ¡voy!, ¡allá voy! | **allons-y!**, ¡vamos!; **ah!, j'~ suis**, ¡ah!, ya caigo. ■ *pron* **1.** a él, en él, etc.: **la conférence commence à six heures, j'essaierai d'~ assister**, la conferencia empieza a las seis, trataré de asistir a ella; **j'~ pense**, pienso en ello. | **pensez-y**, piénselo. **2.** *(explétif)* **il ~ a**, hay; **ça ~ est!**, ¡ya está!

yacht [jɔt] *m* yate.

yaourt [jauʀt] *m* yogur.

yeux ⇒ **œil**.

yoga *m* yoga.

yoghourt [jɔguʀ(t)] *m* yogur.

yougoslave *a/s* yugoslavo, a.

Yougoslavie *n p f* Yugoslavia.

Z

z [zɛd] *m* z *f* ; **un ~**, una z.

zapper *i* zapear; hacer zapping.

zèbre *m* cebra ; **-er** *t* rayar. **-ure** *f* raya.

zèle *m* celo: **grève du ~**, huelga de celo: **faire du ~**, obrar con excesivo celo.

zélé, e *a* celoso, a, afanoso, a.

zénith *m* cenit.

zéro *m* cero: **partir de ~**, partir de cero.

zeste *m* cáscara *f*.

zézayer [zezeje] *i* cecear.

zibeline *f* marta cebelina.

zig/zag *m* zigzag. **-zaguer** *i* zigzaguear.

zinc [zɛg] *m* 1. cinc. 2. FAM **sur le ~**, en el mostrador, en la barra.

zodiaque *m* zodíaco.

zone *f* zona: **~ piétonnière**, zona peatonal; **la ~ euro**, la zona euro. | **~ industrielle**, polígono *m* industrial.

zoo *m* zoo.

zoologie *f* zoología. **-ique** *a* zoológico, a.

zouave *m* zuavo. | FAM **faire le ~**, hacer el bobo.

zut! [zyt] *interj* FAM ¡cáscaras!

Compendio de gramática española
Abrégé de grammaire espagnole

Prononciation de l'espagnol

Toutes les lettres d'un mot espagnol se prononcent.

■ Voyelles

a, i, o se prononcent comme en français; **e** se prononce toujours *é* (comme dans *été*); **u** se prononce toujours *ou* (comme dans *fou*).
Les voyelles n'ont jamais le son nasal. Devant *m* ou *n*, elles gardent leur prononciation: **an** se prononce comme en français dans *Anne*, **en** comme en français dans *abdomen*, **in** comme en français dans *mine*, **on** comme en français dans *bonne*, **un** comme en français dans *toundra*. Lorsqu'elles sont placées l'une à côté de l'autre, elles gardent également leur prononciation: **ai** comme en français dans *maïs*, **au** comme en français dans *aoûtat*, **eu** comme en français dans *Séoul*, etc.

■ Consonnes

b et **v** se prononcent sensiblement de la même façon.
c devant *a, o, u* se prononce comme en français. Devant *e* et *i*, il se prononce approximativement comme le *th* anglais de *thing*.
d en position finale ou dans la terminaison *ado* est presque muet.
g devant *a, o, u* se prononce comme en français; devant *e* et *i*, il se prononce comme le *j* espagnol (*jota*). Le *u* de *gue, gui* est muet. Mais dans les groupes *gua, guo, güe, güi* il se prononce: *goua, gouo,* etc.; *gn* se prononce *g-n* comme dans *stagner*.
h n'est jamais aspiré.
que, qui se prononcent *ké, ki*.
r est toujours roulé; plus fortement en position initiale, après *l, n, s* et quand il est double.
s a toujours le son du *s* double français dans *laisse* (jamais *z*).
t a toujours le son *t*.
x se prononce toujours *cs* (jamais *gz*).
z a la même prononciation que le *c* devant *e* et *i* (comme le *th* anglais).

■ Lettres propres à l'espagnol

ch a le son *tch* comme *tchèque*.
j [x] (appelé *jota*) a un son guttural analogue au *ch* dur allemand.
ll [ ] se prononce comme le groupe *lli* dans *million*. En Argentine, il se prononce à peu près comme un *j* français.
ñ [ ] se prononce comme *gn* dans *agneau*.

■ Accent tonique

Un mot espagnol comporte toujours une syllabe qui est prononcée avec plus d'intensité.
1. les mots terminés par une *voyelle*, un *s* ou un *n* sont accentués sur l'avant-dernière syllabe (*ventana, acabas, dicen*).

2. les mots terminés par une *consonne* autre que *s* ou *n* sont accentués sur la dernière syllabe (*color, español, reloj*).

3. les mots qui font exception aux règles précédentes portent l'accent écrit sur la syllabe tonique (*fácil, acción, café*).

L'accent écrit permet également de distinguer les mots d'orthographe identique mais de fonction grammaticale distincte, par exemple *el* article (le) de *él* pronom (lui), *mas* conjonction (mais) de *más* adverbe (plus), *solo* adjectif (seul) de *sólo* adverbe (seulement), *te* pronom (te) de *té* nom (thé), *llamo*, j'appelle de *llamó*, il appela, etc.

Voir le tableau de transcription phonétique en tête du dictionnaire.

Notes de grammaire

■ Construction

L'ordre des mots dans la phrase espagnole est à peu près le même qu'en français. Toutefois, la construction espagnole est plus libre et les inversions sont fréquentes: **suena el teléfono** le téléphone sonne; **se acercan los exámenes** les examens approchent. Souvent, seule l'intonation indique s'il s'agit d'une interrogation ou d'une exclamation. C'est pourquoi dans la langue écrite, on fait précéder les phrases interrogatives ou exclamatives d'un signe ¿ ou ¡ (¿**llueve mucho en Santander?** est-ce qu'il pleut, pleut-il beaucoup à Santander?).

■ Le pluriel (noms et adjectifs)

Les mots terminés par une voyelle atone prennent un **s** : (*libro, libros*).

Les mots terminés par une consonne, un *y* ou un *í* prennent *es*: *el hotel, los hoteles; el rey, los reyes*. **Attention** : les mots terminés par **z** changent ce *z* en *c* devant *es*: *el juez, los jueces*.

■ Les suffixes

Les suffixes **diminutifs** sont d'un emploi très fréquent en espagnol. Leur fonction est d'exprimer la petitesse et surtout de nuancer les mots auxquels ils se lient en leur conférant une nuance affective: tendresse, amour, pitié, etc.

La terminaison **ito, a** est la plus usuelle (*pájaro > pajarito*, petit oiseau; *casa > casita*, petite maison, maisonnette; *solo > solito*, tout seul).

Cette terminaison devient **cito, a** pour les mots terminés par *e, n, r* (*pobre > pobrecito*) et **ecito, a** pour les monosyllabes (*flor > florecita*) ou les mots à diphtongue (*rueda > ruedecita*). Autres suffixes diminutifs: **illo, uelo**. Les suffixes **azo, ote, ucho** impliquent souvent une nuance péjorative.

■ Superlatif

Le superlatif absolu se forme avec **muy** + adjectif ou avec le suffixe **-ísimo, a** : *alto > muy alto, altísimo*, très haut.

V

Les nombres

■ Nombres cardinaux

0	cero	30	treinta
1	uno, una	31	treinta y uno
2	dos	32	treinta y dos
3	tres	40	cuarenta
4	cuatro	50	cincuenta
5	cinco	60	sesenta
6	seis	70	setenta
7	siete	80	ochenta
8	ocho	90	noventa
9	nueve	100	ciento, cien
10	diez	101	ciento uno
11	once	200	doscientos, -as
12	doce	300	trescientos, -as
13	trece	400	cuatrocientos, -as
14	catorce	500	quinientos, -as
15	quince	600	seiscientos, -as
16	dieciséis	700	setecientos, -as
17	diecisiete	800	ochocientos, -as
18	dieciocho	900	novecientos, -as
19	diecinueve	1.000	mil
20	veinte	1.000.000	un millón
21	veintiuno	1.000.000.000	mil millones
22	veintidós		

Attention : *un millar* un millier ; *mil millones* un milliard.

La conjonction *y* est toujours intercalée entre les dizaines et les unités :
treinta y tres 33 ; *cuarenta y cuatro* 44.
Les centaines s'accordent : **trescientas páginas** trois cents pages.

■ Nombres ordinaux

Dans le langage courant, on n'emploie guère que les dix ou douze premiers
(*primero, segundo, tercero, cuarto, quinto, sexto, séptimo, octavo, noveno, décimo, undécimo, duodécimo*), placés après le nom quand il s'agit de souverains,
papes, siècles, chapitres : **Felipe Segundo** Philippe II ; **capítulo décimo** chapitre dix. On remplace les autres par le nombre cardinal correspondant.

Pronoms personnels compléments

Ils se placent:
1. avant le verbe, comme en français, à l'indicatif et au subjonctif (**te avisaré** je te préviendrai; **nos llaman** on nous appelle).
2. après le verbe et soudé à lui à l'infinitif, à l'impératif et au gérondif (**lavarse** se laver; **créame** croyez-moi; **acercaos** approchez-vous; **diciéndole** en lui disant). Dans le cas où deux pronoms compléments se suivent, le complément indirect se place toujours le premier (**te lo daré** je te le donnerai; **démelo** donnez-le moi). Quand les deux pronoms sont de la 3ᵉ personne (le lui, la leur, vous le, etc.) le complément indirect (lui, leur, vous) se rend par **se** (**se lo diré** je le lui dirai, je le leur dirai, je vous le dirai: **dáselos** donneles-lui, donne-les-leur).

L'adverbe

Les adverbes de manière se forment en soudant la terminaison -**mente** à la forme féminine (s'il y en a une) de l'adjectif: *lento, a* > *lentamente*, lentement; *cortés* > *cortésmente*, poliment.
Si deux ou plusieurs adverbes se suivent, seul le dernier prend la terminaison -*mente*, le ou les adverbes précédents se présentent au féminin: **rápida y bruscamente** rapidement et brusquement.

VII

Les verbes

■ Verbes auxiliaires

infinitif	haber *(avoir)*		ser *(être)*	
indicatif	he		soy	
présent	has		eres	
	ha		es	
	hemos		somos	
	habéis		sois	
	han		son	
imparfait	había		era	
	habías		eras	
	había		era	
	habíamos		éramos	
	habíais		erais	
	habían		eran	
passé simple	hube		fui	
	hubiste		fuiste	
	hubo		fue	
	hubimos		fuimos	
	hubisteis		fuisteis	
	hubieron		fueron	
futur	habré		seré	
	habrás		serás	
	habrá		será	
	habremos		seremos	
	habréis		seréis	
	habrán		serán	
conditionnel	habría		sería	
	habrías		serías	
	habría		sería	
	habríamos		seríamos	
	habríais		seríais	
	habrían		serían	
subjonctif	haya		sea	
présent	hayas		seas	
	haya		sea	
	hayamos		seamos	
	hayáis		seáis	
	hayan		sean	
imparfait	hubiera	hubiese	fuera	fuese
	hubieras	hubieses	fueras	fueses
	hubiera	hubiese	fuera	fuese
	hubiéramos	hubiésemos	fuéramos	fuésemos
	hubierais	hubieseis	fuerais	fueseis
	hubieran	hubiesen	fueran	fuesen

futur	hubiere	fuere
	hubieres	fueres
	hubiere	fuere
	hubiéremos	fuéremos
	hubiereis	fuereis
	hubieren	fueren
impératif	*inusité*	sé
		sea
		seamos
		sed
		sean
gérondif	habiendo	siendo
part. pass.	habido	sido

■ Verbes réguliers

Il existe 3 conjugaisons caractérisées par la terminaison de l'infinitif, en **ar**, **er**, **ir**.

infinitif	am/ar *(aimer)*	beb/er *(boire)*	viv/ir *(vivre)*
indicatif	amo	bebo	vivo
présent	amas	bebes	vives
	ama	bebe	vive
	amamos	bebemos	vivimos
	amáis	bebéis	vivís
	aman	beben	viven
imparfait	amaba	bebía	vivía
	amabas	bebías	vivías
	amaba	bebía	vivía
	amábamos	bebíamos	vivíamos
	amabais	bebíais	vivíais
	amaban	bebían	vivían
passé simple	amé	bebí	viví
	amaste	bebiste	viviste
	amó	bebió	vivió
	amamos	bebimos	vivimos
	amasteis	bebisteis	vivisteis
	amaron	bebieron	vivieron
futur	amaré	beberé	viviré
	amarás	beberás	vivirás
	amará	beberá	vivirá
	amaremos	beberemos	viviremos
	amaréis	beberéis	viviréis
	amarán	beberán	vivirán

conditionnel	amaría	bebería	viviría
	amarías	beberías	vivirías
	amaría	bebería	viviría
	amaríamos	beberíamos	viviríamos
	amaríais	beberíais	viviríais
	amarían	beberían	vivirían
subjonctif *présent*	ame	beba	viva
	ames	bebas	vivas
	ame	beba	viva
	amemos	bebamos	vivamos
	améis	bebáis	viváis
	amen	beban	vivan
imparfait	amara	bebiera	viviera
	amaras	bebieras	vivieras
	amara	bebiera	viviera
	amáramos	bebiéramos	viviéramos
	amarais	bebierais	vivierais
	amaran	bebieran	vivieran
	amase	bebiese	viviese
	amases	bebieses	vivieses
	amase	bebiese	viviese
	amásemos	bebiésemos	viviésemos
	amaseis	bebieseis	vivieseis
	amasen	bebiesen	viviesen
subjonctif *futur*	amare	bebiere	viviere
	amares	bebieres	vivieres
	amare	bebiere	viviere
	amáremos	bebiéremos	viviéremos
	amareis	bebiereis	viviereis
	amaren	bebieren	vivieren
impératif	ama	bebe	vive
	ame	beba	viva
	amemos	bebamos	vivamos
	amad	bebed	vivid
	amen	beban	vivan
gérondif	amando	bebiendo	viviendo
part. pass.	amado	bebido	vivido

Temps composés : Tous les temps composés se forment avec l'auxiliaire **haber** et le participe passé : **he venido** je suis venu ; **ha salido** il est sorti. Ce dernier est invariable (**la postal que te he enviado** la carte postale que je t'ai envoyée) et ne doit jamais être séparé de l'auxiliaire : **he comido muy bien** j'ai très bien mangé.

Le passif : Se forme avec **ser** et le participe passé qui s'accorde avec le sujet (**fue mordida por un perro** elle a été mordue par un chien).

Modifications orthographiques des verbes :

1. verbes en **car, gar, guar, zar:** devant un *e*, le *c* > *qu* ; le *g* > *gu* ; le *gu* > *gü* ; le *z* > *c*. Ex. : *secar* > *seque, seques…*, *sequé*.

2. verbes en **cer, cir, ger, gir, guir, quir:** devant *o* et *a*, le *c* > *z*; le *g* > *j*; le *gu* > *g*; le *qu* > *c*. Ex. : *vencer* > *venzo, venzas…*

3. verbes en **eir, chir, llir, ñer, ñir:** le *i* atone disparaît après *i, ll, ñ, ch*. Ex. : *reír* > *riendo, rió, rieron ; bullir* > *bullendo, bulló, bulleron*.

4. verbes en **aer, eer, oer, oir, uir:** le *i* atone entre deux voyelles devient *y*. Ex. : *caer* > *cayendo, cayó, cayeron*.

■ **Verbes irréguliers**

Ils sont indiqués dans ce dictionnaire par le signe ° placé après l'entrée et souvent un ou plusieurs exemples illustrent leur irrégularité.

Dans la liste suivante figurent les verbes irréguliers les plus usuels. Pour les composés, se reporter au verbe simple : *anteponer*, par exemple, à *poner*, *atraer*, à *traer*, etc.

La plupart présentent des irrégularités semblables: soit altération de la dernière voyelle du radical sous l'influence de l'accent tonique (**e** devient **ie**, ex.: *cerrar*, cierro, cierras, cierra, cerramos, cerráis, cierran; **o** devient **ue**, ex.: *contar*, cuento, cuentas, cuenta, contamos, contáis, cuentan; **e** devient **i**, ex.: *pedir*, pido, pides, pide, pedimos, pedís, piden), soit, dans le cas des verbes en *acer, ecer, ocer, ucir*, transformation du *c* en *zc* devant *o* ou *a* (+, pour les verbes en *ducir*, passé simple en *duje*, etc), soit, pour les verbes en *uir*, insertion d'un *y* devant *o, a, e*. D'autres verbes présentent des irrégularités particulières. Nous donnons, ci-après, les irrégularités les plus usitées dans l'ordre suivant: *I. pr.* = indicatif présent; *Imparf.* = imparfait; *P. s.* = passé simple; *Fut.* = futur; *Cond.* = conditionnel; *S. pr.* = subjonctif présent; *S. imparf.* = subjonctif imparfait; *Impér.* = impératif; *P. pr.* = participe présent; *P. p.* = participe passé. Les composés ne figurent pas dans cette liste.

Andar *P. s.* anduve, anduviste. *S. imparf.* anduviera *ou* anduviese.

asir *I. pr.* asgo, ases. *S. pr.* asga.

Caber *I. pr.* quepo, cabes. *P. s.* cupe, cupiste. *Fut.* cabré. *Cond.* cabría. *S. pr.* quepa. *S. imparf.* cupiera *ou* cupiese.

caer *I. pr.* caigo, caes. *P. s.* caí, caíste, cayó, caímos, caísteis, cayeron. *S. pr.* caiga. *S. imparf.* cayera *ou* cayese. *P. pr.* cayendo.

Dar *I. pr.* doy, das. *P. s.* di, diste, dio. *S. imparf.* diera *ou* diese.

decir *I. pr.* digo, dices, dice, decimos, decís, dicen. *P. s.* dije, dijiste. *Fut.* diré. *Cond.* diría. *Impér.* di. *S. pr.* diga. *S. imparf.* dijera *ou* dijese. *P. pr.* diciendo. *P. p.* dicho.

Erguir *I. pr.* irgo *ou* yergo, irgues *ou* yergues. *P. s.* erguí, erguiste, irguió. *S. pr.* irga *ou* yerga. *P. pr.* irguiendo.

estar *I. pr.* estoy, estás, está, estamos, estáis, están. *P. s.* estuve, estuviste,

estuvo, estuvimos, estuvisteis, estuvieron. *S. pr.* esté. *S. imparf.* estuviera *ou* estuviese.

Hacer *I. pr.* hago, haces, hace. *P. s.* hice, hiciste, hizo, hicimos, hicisteis, hicieron. *Fut.* haré. *Cond.* haría. *Impér.* haz. *S. pr.* haga. *S. imparf.* hiciera *ou* hiciese. *P. p.* hecho.

Ir *I. pr.* voy, vas, va, vamos, vais, van. *Imparf.* iba. *P. s.* fui, fuiste, fue, fuimos, fuisteis, fueron. *S. pr.* vaya. *S. imparf.* fuera *ou* fuese. *P. pr.* yendo. *P. p.* ido.

Oír *I. pr.* oigo, oyes, oye, oímos, oís, oyen. *P. s.* oí, oíste, oyó, oímos, oísteis, oyeron. *S. pr.* oiga. *S. imparf.* oyera *ou* oyese. *P. pr.* oyendo.

Poder *I. pr.* puedo, puedes, puede, podemos, podéis, pueden. *P. s.* pude, pudiste. *Fut.* podré. *Cond.* podría. *S. pr.* pueda. *S. imparf.* pudiera *ou* pudiese. *P. pr.* pudiendo.

poner *I. pr.* pongo, pones. *P. s.* puse, pusiste. *Fut.* pondré. *Cond.* pondría. *Impér.* pon. *S. pr.* ponga. *S. imparf.* pusiera *ou* pusiese. *P. p.* puesto.

Querer *I. pr.* quiero, quieres, quiere, queremos, queréis, quieren. *P. s.* quise, quisiste. *Fut.* querré. *Cond.* querría. *S. pr.* quiera. *S. imparf.* quisiera *ou* quisiese.

Saber *I. pr.* sé, sabes. *P. s.* supe, supiste. *Fut.* sabré. *Cond.* sabría. *S. pr.* sepa. *S. imparf.* supiera *ou* supiese.

salir *I. pr.* salgo, sales. *Fut.* saldré. *Cond.* saldría. *Impér.* sal. *S. pr.* salga.

Tener *I. pr.* tengo, tienes, tiene, tenemos, tenéis, tienen. *P. s.* tuve, tuviste. *Fut.* tendré. *Cond.* tendría. *Impér.* ten. *S. pr.* tenga. *S. imparf.* tuviera *ou* tuviese.

traer *I. pr.* traigo, traes, trae. *P. s.* traje, trajiste. *S. pr.* traiga. *S. imparf.* trajera *ou* trajese. *P. pr.* trayendo.

Valer *I. pr.* valgo, vales. *Fut.* valdré. *Cond.* valdría. *Impér.* val *ou* vale. *S. pr.* valga.

venir *I. pr.* vengo, vienes, viene, venimos, venís, vienen. *P. s.* vine, viniste. *Fut.* vendré. *Cond.* vendría. *Impér.* ven. *S. pr.* venga. *S. imparf.* viniera *ou* viniese. *P. pr.* viniendo.

ver *I. pr.* veo, ves. *P. s.* vi, viste. *S. pr.* vea, veas. *P. pr.* viendo. *P. p.* visto.

volver *I. pr.* vuelvo. *S. pr.* vuelva. *P. p.* vuelto.

Sigles espagnols usuels et abréviations
Siglas y abreviaturas españolas más usuales

Admón.	Administración.
afmo.	afectísimo.
atto.	atento.
AVE	Alta Velocidad Española (≃ T.G.V.).
BOE	Boletín Oficial del Estado (≃ Journal officiel).
BUP	Bachillerato unificado polivalente.
CAMPSA	Compañía Arrendataria del Monopolio de Petróleos, Sociedad Anónima.
Cía.	Compañía (Compagnie).
CSIC	Consejo Superior de Investigaciones Científicas (≃ C.N.R.S.).
D., D.ª	Don, Doña (Monsieur, madame).
DF	Distrito federal.
DNI	Documento Nacional de Identidad.
EE UU	Estados Unidos (U.S.A., États-Unis).
EGB	Educación General Básica.
Excmo.	Excelentísimo.
Hnos.	Hermanos (Frères).
Ilmo.	Ilustrísimo.
INI	Instituto Nacional de Industria.
IVA	Impuesto sobre el valor añadido (≃ T.V.A.).
N.ª S.ª	Nuestra Señora (≃ Notre-Dame).
PD	Posdata (Post-scriptum).
pral.	principal.
pta.	peseta.
q.b.s.m.	que besa su mano.
q.e.p.d.	que en paz descanse.
q.e.s.m.	que estrecha su mano.
RENFE	Red Nacional de los Ferrocarriles Españoles (≃ S.N.C.F.).
RNE	Radio Nacional de España.
SA	Sociedad anónima (≃ Société anonyme).
Sr., Sres.	Señor, Señores (Monsieur, Messieurs).
Sra.	Señora (Madame).
Srta.	Señorita (Mademoiselle).
SSAA	Sus altezas.
s.s.s.	su seguro servidor (votre tout dévoué).
TVE	Televisión Española.
Ud., Vd.	Usted (Vous).
Uds., Vds.	Ustedes (Vous).
UVI	Unidad de Vigilancia Intensiva.
Vda.	Viuda (Veuve).
Vg., V.gr.	Verbigracia (par exemple).
Vº Bº	Visto bueno (lu et approuvé).

Dictionnaire espagnol-français
Diccionario español-francés

A

¹a ∫ *a m:* una ~, ɪɪn a.

²a *prep* (se contracte en **al** avec *el*) **1.** (*dirección*) à, au, en, dans: **ir ~ Londres, ~ Chile, ~ América**, aller à Londres, au Chili, en Amérique; **subió ~ su cuarto**, il monta dans sa chambre. **2.** à: **escribir ~ un amigo**, écrire à un ami; **~ las tres**, à trois heures; **~ diez kilómetros**, à dix kilomètres. **3.** pour: **le llamó ~ almorzar**, elle l'appela pour déjeuner. **4.** ne se traduit pas devant un complément d'objet direct désignant un être animé (**adora ~ sus hijos**, elle adore ses enfants; **¿sabes ~ quien he visto ayer?: ~ Pedro**, sais-tu qui j'ai vu hier? Pierre), ni devant un infinitif complément d'un verbe de mouvement: **regresó ~ cenar**, il rentra dîner. **5.** (+ *infinitif = parfois un impératif*): **¡~ trabajar!**, au travail!; **tú, ¡~ callar!**, toi, tais-toi! **6.** **~ que no lo sabes**, je parie que tu ne le sais pas. ⇒ **al**.

abad *m* abbé. **-esa** ∫ abbesse. **-ía** ∫ abbaye.

abajo *adv* **1.** en bas. | **más ~**, plus bas. **2.** **¡~ el dictador!**, à bas le dictateur! **3.** (*en un escrito*) ci-dessous.

abalanzarse *pr* s'élancer, se ruer.

abalizar *t* baliser.

abanderado *m* porte-drapeau.

abandon/ar *t* abandonner. ■ *pr* s'abandonner. **-o** *m* abandon.

abanic/arse *pr* s'éventer. **-o** *m* éventail.

abarat/ar *t* baisser le prix de. **-amiento** *m* baisse ∫.

abarcar *t* **1.** embrasser. **2.** comprendre.

abarquillarse *pr* (se) gondoler.

abarrotar *t* **1.** remplir. **2.** **sala abarrotada**, salle bondée, archicomble.

abarrot/es *m pl* AMER **tienda de ~**, épicerie, bazar. **-ero, a** *s* épicier, ère.

abastec/er *t* approvisionner, ravitailler: **~ de carbón**, approvisionner en charbon. **-edor** *m* fournisseur. **-imiento** *m* approvisionnement, ravitaillement.

abasto *m* **dar ~**, suffire à; **no dar ~**, ne pas y suffire, être débordé, e.

abat/ir *t* abattre. ■ *pr* FIG perdre courage. **-imiento** *m* abattement.

abdic/ar *t/i* abdiquer. **-ación** ∫ abdication.

abdom/en *m* abdomen. **-inal** *a/m* abdominal, e: **los abdominales**, les abdominaux.

abedul *m* bouleau.

abeja ∫ abeille.

abertura ∫ **1.** ouverture. **2.** (*en una falda, etc.*) fente.

abeto *m* sapin.

abierto, a *a* ouvert, e: **ventana abierta de par en par**, fenêtre grande ouverte.

abigarrado, a *a* bigarré, e, bariolé, e.

abism/o *m* abîme. **-arse** *pr* **~ en**, se plonger dans.

abjurar t/i ~ **(de) su religión**, abjurer sa religion.

ablandar t 1. ramollir. 2. (a alguien) attendrir.

ablución f ablution.

abnegación f abnégation, dévouement m.

abocar i ~ **en**, déboucher sur, aboutir à.

abochorn/ar t 1. suffoquer. 2. FIG faire rougir. **-ado, a** a FIG honteux, euse.

abocinado, a a évasé, e.

abofetear t gifler.

abog/ado m avocat. **-acía** f profession d'avocat, barreau m. **-ar** i plaider.

abolengo m ascendance f.

abol/ir° t abolir. **-ición** f abolition.

aboll/ar t cabosser, bosseler. **-adura** f bosse.

abombado, a a bombé, e.

abomin/ar t avoir en abomination. **-able** a abominable. **-ación** f abomination.

abon/ar t 1. payer: ~ **al contado, en metálico**, payer comptant, en espèces. | ~ **en cuenta de...**, porter au crédit du compte de... 2. cautionner. 3. ~ **un rumor**, accréditer un bruit. 4. (fertilizar) amender, fumer. ■ pr s'abonner. **-ado, a** s abonné, e. **-o** m 1. (pago) paiement. 2. abonnement: **sacar un ~**, prendre un abonnement. 3. (fertilizante) engrais.

abord/ar t/i aborder. **-able** a abordable. **-aje** m abordage.

aborrec/er° t détester, haïr. **-ible** a haïssable. **-imiento** m haine f, aversion f.

aborregado a **cielo ~**, ciel moutonné, pommelé.

abort/ar i 1. avorter. 2. (involuntariamente) faire une fausse couche. 3. FIG avorter. **-o** m 1. avortement. 2. (involuntario) fausse couche f. 3. FIG avorton, monstre.

abotagarse pr s'enfler, bouffir.

abotonar t boutonner.

abovedar t voûter.

abras/ar t brûler. ■ i être brûlant, e. **-ador, a** a brûlant, e.

abrasivo, a a/m abrasif, ive.

abraz/ar t serrer (dans ses bras), étreindre, enlacer: **abrazó a su pareja**, il enlaça sa cavalière. 2. (abarcar, adherirse) embrasser. **-o** m 1. embrassade f, accolade f. 2. (muy cariñoso) étreinte f. 3. (en cartas) **un fuerte ~**, bien amicalement, affectueusement.

abrelatas m ouvre-boîtes.

abrev/ar t abreuver. **-adero** m abreuvoir.

abrevi/ar t abréger. **-atura** f abréviation.

abridor m 1. décapsuleur, ouvrebouteilles. 2. (abrelatas) ouvre-boîtes.

abrig/ar t 1. abriter. 2. (tapar) couvrir. 3. tenir chaud, protéger du froid. 4. (afectos, ideas) nourrir. ■ pr 1. s'abriter. 2. se couvrir, s'habiller chaudement: **abrígate bien**, couvre-toi bien. **-o** m 1. abri. 2. (prenda de vestir para ambos sexos) manteau: ~ **de pieles**, manteau de fourrure. 3. (de hombre) pardessus.

abril m avril: **el primero de ~**, le premier avril.

abrir t 1. ouvrir: **ábreme la puerta**, ouvre-moi la porte; ~ **el apetito**, ouvrir l'appétit. 2. ~ **un libro**, couper les pages d'un livre. ■ pr 1. **el paracaídas se ha abierto**, le para-

chute s'est ouvert. **2. abrirse con un amigo**, s'ouvrir à un ami.

abrochar t **1.** boutonner. **2.** (con broche) agrafer. ■ pr **abróchense los cinturones**, attachez vos ceintures.

abrogar t abroger.

abrum/ar t accabler, écraser. **-ador, a** a accablant, e, écrasant, e.

abrupto, a a abrupt, e.

absceso m abcès.

ábside m abside f.

absolución f absolution.

absolut/o, a a absolu, e. | **en ~** (de ninguna manera), absolument pas, pas du tout. **-amente** adv absolument.

absolver° t **1.** (a un penitente) absoudre. **2.** (a un reo) acquitter.

absor/ber t absorber. **-bente** a absorbant, e. **-to, a** a **1. estar ~ en el juego**, être absorbé par le jeu. **2.** stupéfait, e.

abstención f abstention.

abstenerse° pr s'abstenir: **se abstuvo de votar**, il s'est abstenu de voter.

abstinencia f abstinence.

abstracción f abstraction.

abstra/er° t abstraire. **-cto, a** a abstrait, e. **-ído, a** a **1. estar ~ en sus lecturas**, être absorbé par ses lectures. **2.** distrait, e.

absuelto, a pp de **absolver**.

absurdo, a a absurde. ■ m absurdité f.

abuche/ar t **~ a un orador**, siffler, huer, conspuer un orateur. **-o** m huées f pl.

abuelo, a s grand-père, grand-mère. ■ m pl **1.** grands-parents. **2.** (antepasados) ancêtres, aïeux.

abult/ar t grossir. ■ i prendre de la place, faire du volume. **-ado, a** a **1.** gros, grosse. **2.** (hinchado) gonflé, e,

enflé, e. **-amiento** m protubérance f, renflement.

abund/ar i abonder. **-amiento** m **a mayor ~**, en outre, en plus. **-ancia** f abondance. **-ante** a abondant, e. **-antemente** adv abondamment.

aburr/ir t ennuyer. ■ pr s'ennuyer, s'embêter: **me aburro**, je m'ennuie. **-ido, a** a **1. estar ~**, s'ennuyer. **2.** (que aburre) ennuyeux, euse. **3.** las, lasse: **un aire ~**, un air las. **-imiento** m ennui.

abus/ar i abuser: **~ de su fuerza**, abuser de sa force. **-ivo, a** a abusif, ive. **-o** m **1.** abus. **2. ~ de confianza**, abus de confiance.

abyecto, a a abject, e.

acá adv **1.** ici: **¡ven ~!**, viens ici! | **más ~**, plus près; **~ y allá**, çà et là. **2.** depuis: **de ayer ~**, depuis hier.

acab/ar t finir, achever. ■ i **1.** finir: **acabé aceptando**, j'ai fini par accepter; **hemos acabado de cenar muy tarde**, nous avons fini de dîner très tard. **2. ~ con**, en finir avec, venir à bout de. **3. ~ de**, venir de: **acaba de salir el sol**, le soleil vient de se lever. ■ pr prendre fin. | **¡se acabó!**, un point c'est tout!, c'est fini! **-ado** m finition f. **-ose** m **es el ~**, c'est le comble, le bouquet.

acacia f acacia m.

aca/demia f **1.** académie. **2.** (establecimiento privado) école, cours m. **-démico, a** a académique.

acaecer° i avoir lieu, arriver.

acallar t faire taire.

acalor/ar t échauffer. ■ pr **1.** s'échauffer. **2.** (irritarse) s'emporter. **-ado, a** a vif, vive, violent, e.

acampada f camping m.

acampanado, a a très évasé, e, en forme de cloche.

acampar i/t camper.

acanaladura f cannelure.

acantilado m falaise f.

acanton/ar t MIL cantonner. **-amiento** m cantonnement.

acaparar t accaparer.

acariciar t caresser.

acarre/ar t 1. transporter. 2. amener, occasionner, entraîner: **esta imprudencia nos podría ~ muchos disgustos**, cette imprudence pourrait nous amener bien des ennuis. **-o** m transport.

acaso m hasard. ■ adv 1. peut-être: ~ **llegue esta tarde**, peut-être il arrivera-t-il cet après-midi. 2. ¿~ **me equivoco?**, est-ce que je me trompe? | **por si ~**, à tout hasard, au cas où.

acat/ar t 1. respecter. 2. se soumettre à, obéir à. **-amiento** m 1. respect. 2. soumission f.

acatarrarse pr s'enrhumer.

acaudalado, a a riche.

acaudillar t commander, être à la tête de.

acceder i 1. accepter, consentir: **accedió a acompañarnos**, il accepta de nous accompagner. 2. ~ **a una petición**, accéder à une prière.

accesible a accessible.

accesión f accession.

accésit m accessit.

acceso m 1. accès: **tener ~ a Internet**, avoir accès à Internet. 2. ~ **de celos**, crise f de jalousie; ~ **de fiebre**, poussée f de fièvre; ~ **de tos**, quinte f de toux.

accesorio, a a/m accessoire.

accidentado, a a/s accidenté, e.

accidental a 1. accidentel, elle. 2. intérimaire, par intérim.

accidente m accident: ~ **de carretera, aéreo**, accident de la route, d'avion.

acción f 1. action. 2. **sociedad por acciones**, société par actions.

accionar i gesticuler, faire des gestes. ■ t actionner.

accionista s actionnaire.

acebo m houx.

acech/ar t guetter. **-o** m guet. | **al, en ~**, à l'affût, aux aguets.

acedera f oseille.

acedía f 1. aigreur. 2. aigreurs pl d'estomac.

aceit/e m huile f: ~ **de oliva**, huile d'olive. **-ar** t huiler. **-oso, a** a huileux, euse.

aceitun/a f olive: ~ **rellena**, olive farcie. **-ado, a** a olivâtre. **-o** m olivier.

aceler/ar i/t accélérer. **-ación** f accélération. **-ador** m accélérateur.

acémila f bête de somme.

acento m accent.

acentu/ar t accentuer. **-ación** f accentuation.

acepción f acception.

acepillar t (la madera) raboter.

acept/ar t accepter. **-able** a acceptable. **-ación** f 1. acceptation. 2. (éxito) succès m: **tener general ~**, avoir beaucoup de succès, être très apprécié, e.

acequia f canal m d'irrigation.

acera f trottoir m: **en la ~**, sur le trottoir.

acerado, a a acéré, e.

acerbo, a a 1. âcre. 2. cruel, elle.

acerca de loc prep au sujet de.

acerc/ar t 1. s'approcher: **me acerqué a él**, je m'approchai de lui. 2. approcher: **nos acercamos a Cádiz**, nous approchons de Cadix; **se acercan las fiestas**, les fêtes approchent. 3. se rapprocher: **esto se acerca a mi punto de vista**, cela se rapproche de mon

point de vue. **-amiento** m rapprochement.

acero m acier.

acérrimo, a a acharné, e, ardent, e.

acertar t/i ▪ i 1. (atinar) voir
juste, avoir raison. 2. (hacer con
acierto) réussir. 2. (adivinar) con esta lluvia
acerté quedándome en casa, avec
cette pluie, j'ai eu raison de rester
chez moi. 3. arriver: no acierto a
consolarla, je n'arrive pas à la consoler. 3. ~ con, trouver. **-ado, a** a 1.
pertinent, e, judicieux, euse. 2.
adroit, e, habile.

acertijo m devinette f.

acervo m ~ cultural, patrimoine
culturel.

acetileno m acétylène.

acetona f acétone.

achacar t attribuer, imputer.

achacoso, a a maladif, ive.

achantar ▪ FAM faire peur. ▪ pr FAM
(rajarse) se dégonfler.

achaque m 1. ennui de santé. 2.
(malestar) indisposition f.

achatar t aplatir.

achicar t 1. diminuer. 2. (el agua)
écoper. 3. FIG intimider. ▪ pr FIG
reculer.

achicharrar t brûler, griller.

achicoria f chicorée.

achispado, a a éméché, e.

achuchar t 1. (empujar) écraser. 2.
bousculer. **-ón** m coup.

aciago, a a un peu vulgaire.

aciano m bleuet.

acicalarse pr se pomponner, se
bichonner.

acicate m FIG stimulant.

acidez f 1. acidité. 2. (de estómago)
acidité gastrique, aigreurs pl.

ácido, a a/m acide.

acierto m 1. (éxito) succès, réussite
f. 2. (destreza) habileté f, talent. 3.
riche idée f.

ácimo a pan ~, pain azyme.

acimut m azimut.

aclamar t acclamer. **-ación** f accla-
mation.

aclarar t 1. éclaircir. 2. ~ la ropa,
rincer le linge. 3. expliquer. ▪ pr
aclararse: se aclara el tiempo, le
temps s'éclaircit. **-ación** f éclaircis-
sement m, explication.

aclimatar t acclimater. ▪ pr s'acclimater. **-ación** f acclimatation.

acné f acné.

acobardar t faire peur. ▪ pr avoir
peur.

acodarse pr ~ en el pretil, s'accouder au parapet.

acoger t accueillir. **-edor, a** a a
accueillant, e. **-ida** f accueil m.

acogotar t assommer.

acolchar t 1. (muebles) capitonner.
2. (ropa) matelasser.

acometer t 1. assaillir, attaquer. 2.
(emprender) entreprendre. 3. prendre: me acometió un sueño irresistible, j'ai été pris d'un sommeil irrésistible. **-ida** f 1. attaque. 2. (en un
conducto) branchement m. **-ividad**
f combativité.

acomodado, a a (rico) fortuné, e,
aisé, e.

acomodador, a s placeur, ouvreuse f.

acomodar t 1. ajuster. 2. (poner en
sitio conveniente) placer, installer. 3.
(venir bien) arranger. ▪ pr 1. s'installer. 2. se placer: se acomodó de criado con un médico, il s'est placée
comme bonne chez un médecin. 3.
s'accommoder: me acomodo a
todo, je m'accommode à tout. **-ati-**

cio, **a** a incommodant, e, arrange-ant, e. ■ **o** *m* place *f*.

acompañar *t* 1. accompagner. 2. (adjuntar) joindre. ■ **acompañarse** con el piano, s'accompagner au piano. -**amiento** *m* accompagnement. -**ante** *a/s* accompagnateur, trice.

acompasado, a a cadencé, e.

acomplejado, a a complexé, e.

acondicionar *t* 1. (un local) amé-nager. 2. (mercancías, el aire) condi-tionner. aire acondicionado, air conditionné. -**ador** *m* ~ de aire, climatiseur. -**amiento** *m* 1. amé-nagement. 2. climatisation *f*.

aconsejar *t* conseiller: te aconsejo que..., je te conseille de...

acongojar *t* angoisser.

acontecer *i* arriver. -**imiento** *m* événement.

acopiar *t* amasser. -**o** *m* provision *f*.

acoplar *t* accoupler. -**amiento** *m* accouplement.

acoquinar *t* faire peur, terroriser.

acorazado, a a/m cuirassé, e.

acordar *t* 1. se mettre d'accord pour. 2. décider de: **el presidente ha acordado aplazar la reunión**, le président a décidé de remettre la réunion, **según lo acordado**, d'a-près ce qui a été décidé. ■ **acordar-se de una cosa**, se rappeler une chose, se souvenir d'une chose: **no me acuerdo de él**, je ne me sou-viens pas de lui; **acuérdese**, souve-nez-vous; **si mal no me acuerdo**, si j'ai bonne mémoire.

acorde *a* 1. **quedar acordes**, tomber d'accord. 2. ~ **con**, en accord, en harmonie avec. ■ *m* MÚS accord.

acordeón *m* accordéon.

acordonar *t* ~ **un barrio de policías**, entourer un quartier d'un cordon d'agents de police.

acorralar *t* 1. (el ganado) parquer. 2. (en una cárcel) traquer. 3. (arrinco-nar) acculer.

acortar *t/i* raccourcir: **los días se acortan en otoño**, les jours rac-courcissent en automne.

acosar *t* 1. poursuivre, harceler, traquer. 2. FIG ~ **a preguntas**, harce-ler de questions. -**o** *m* harcèlement.

acostar *t* coucher. ■ *pr* se coucher: **me acosté muy tarde**, je me suis couché très tard.

acostumbrar *t* i avoir l'habituer, coutume de: **acostum-bra a conducir muy de prisa**, il a l'habitude de conduire très vite. ■ **acostumbrarse** *pr* s'ha-bituer, s'accoutumer: **me voy acostumbrando poco a poco al clima**, je m'habitue peu à peu au climat. -**ado, a** a 1. habitué, e. 2. habituel, elle.

acotación *f* note, annotation.

¹**acotar** *t* (un terreno) borner, délimi-ter.

²**acotar** *t* 1. (un escrito) annoter. 2. (un plano) coter.

acre a 1. âcre. 2. FIG acerbe, aigre. 3. (desabrido) revêche.

acrecentar *t* accroître.

acrecer *t* accroître.

acreditar *t* 1. (atesti-guar) prouver. 2. COM créditer. 3. acquérir la réputation de: **este res-taurante no se ha acreditado toda-vía**, ce restaurant n'est pas encore connu. -**ado, a** a réputé, e: **un ciru-jano muy ~**, un chirurgien très réputé.

acreedor, a a/s créancier, ère. ■ **a ~ de**, digne de.

acribillar t **1.** ~ **a balazos,** cribler de balles. **2.** ~ **a preguntas,** harceler de questions.

acrílico, a a/m acrylique.

acriollarse pr AMER prendre les habitudes du pays.

acrisolar t affiner, purifier.

acritud f âcreté. **2.** FIG aigreur.

acrobacia f acrobatie.

acróbata s acrobate.

acta f **1.** (de una sesión) compte rendu m, procès-verbal m. **2.** ~ **notarial,** acte m notarié.

actitud f attitude.

activ/ar t activer. **-idad** f activité.

activo, a a actif, ive. **| en ~,** en activité. ■ m COM actif.

acto m **1.** acte. **2.** cérémonie f, séance f: **el ~ de inauguración,** la cérémonie d'inauguration; **el ~ del sepelio,** la cérémonie funèbre. **3.** (teatro) acte. **4.** ~ **seguido, continuo,** tout de suite après; **en el ~,** aussitôt, sur-le-champ.

actor, triz s acteur, trice.

actuación f **1.** conduite. **2.** (papel) rôle m. **3.** intervention: **la rápida ~ de los socorristas,** la rapide intervention des secouristes. **4.** (de un actor, de un deportista) jeu m, prestation. **| por orden de ~,** par ordre d'entrée en scène. ■ pl pièces d'un procès.

actual a actuel, elle. **-idad** f actualité. **| en la ~,** à l'heure actuelle. **-izar** t mettre à jour, actualiser. **-mente** adv actuellement.

actuar i **1.** agir. **2.** remplir une fonction. **3.** (un actor) jouer. **| un actor de cine que actúa también en televisión,** acteur de cinéma qui passe aussi à la télévision.

acuarela f aquarelle.

acuario m aquarium.

Acuario m ASTR Verseau.

acuartelar t caserner, consigner.

acuático, a a aquatique.

acuatizar i amerrir.

acuchillar t **1.** poignarder. **2.** (la madera) raboter, poncer.

acuciar° t presser.

acudir i **1.** aller, se rendre: **acudió al aeropuerto a recibirme,** il s'est rendu à l'aéroport pour me recevoir; **acude a la ventana,** il va vers la fenêtre. **2.** arriver: **un guardia acude en seguida,** un agent arrive aussitôt. **3.** ~ **a la mente,** venir à l'esprit. **4.** (con prisa) accourir. **5.** ~ **al teléfono,** répondre au téléphone. **6.** (auxiliar) venir en aide à. **7.** (recurrir) recourir, avoir recours, faire appel à.

acueducto m aqueduc.

acuerdo m **1.** accord: **ponerse de ~,** se mettre d'accord; **¡de ~!,** d'accord! **| de ~ con,** conformément à. **2.** décision f: **volver de su ~,** revenir sur sa décision.

acumul/ar t **1.** accumuler. **2.** (cargos, empleos) cumuler. **-ación** f **1.** accumulation. **2.** (de empleos) cumul m. **-ador** m accumulateur.

acunar t bercer.

acuñ/ar t (monedas) frapper. **-ación** f frappe.

acuoso, a a aqueux, euse.

acupuntura f acupuncture.

acurrucarse pr se pelotonner, se blottir.

acus/ar t accuser. **-ación** f accusation. **-ado, a** a/s accusé, e. **-ador, a** a/s accusateur, trice. **-e** m ~ **de recibo,** accusé de réception.

acusica s FAM mouchard, e.

acústico, a a/f acoustique.

adalid m **1.** chef. **2.** champion.

Adán n p m Adam.

adapt/ar t adapter. **-ación** f adaptation.

adecu/ar t adapter. **-ado, a** a approprié, e, adapté, e. | ~ **para niños**, qui convient aux enfants.

adefesio m (persona) épouvantail, horreur f.

adelantado, a a 1. avancé, e: **llevo bastante ~ mi trabajo**, mon travail est assez avancé. 2. **niño muy ~ para su edad**, enfant très en avance pour son âge. 3. **pago ~**, paiement anticipé.

adelant/ar t/i avancer: **mi reloj adelanta cinco minutos**, ma montre avance de cinq minutes. ■ t ~ **un coche**, dépasser, doubler une voiture: **prohibido ~**, défense de doubler. ■ pr 1. s'avancer, avancer: **adelantarse un paso**, avancer d'un pas. 2. **adelantarse a su época**, devancer son temps, être en avance sur son temps. **-amiento** m (de un coche) dépassement.

adelante adv 1. (más allá) plus loin. | **más ~**, plus loin, plus tard. 2. en avant: **dar un paso ~**, faire un pas en avant. | ¡**adelante**!, entrez!; (hablando) continuez!; **en ~, de hoy en ~**, désormais, dorénavant.

adelanto m 1. avance f: **llegar con ~**, arriver en avance; **llevo una hora de ~**, je suis en avance d'une heure. 2. (de dinero) avance f. 3. (progreso) progrès.

adelfa f laurier-rose m.

adelgaz/ar i maigrir: **ha adelgazado mucho**, il a beaucoup maigri; ~ **dos kilos**, maigrir de deux kilos. ■ t 1. faire maigrir. 2. amincir: **su vestido le adelgaza**, sa robe l'amincit. **-amiento** m amaigrissement. **-ante** a amaigrissant, e.

ademán m 1. geste. 2. attitude f | **hacer ~ de**, faire mine de. ■ pl (modales) manières f, façons f.

además adv en outre, en plus, par surcroît. | ~ **de poseer un coche, tiene una moto**, non seulement il possède une voiture, mais il a aussi une moto.

adentrarse pr ~ **en**, pénétrer dans.

adepto, a a/s adepte.

aderez/ar t 1. parer, orner. 2. (cocina) assaisonner, accommoder: ~ **con aceite y vinagre**, assaisonner avec de l'huile et du vinaigre. **-o** m 1. (joyas) parure f. 2. (condimento) assaisonnement.

adeudar t 1. (dinero) devoir. 2. ~ **en una cuenta...**, débiter un compte de...

adhe/rir i adhérer. ■ pr adhérer. **-rente** a adhérent, e. **-sión** f adhésion.

adhesivo, a a/m adhésif, ive.

adi/ción f addition. **-cionar** t additionner.

adicto, a a dévoué, e. ■ m 1. partisan, adepte. 2. (a una droga) accro.

adiestr/ar t 1. dresser. 2. ~ **en**, exercer, entraîner à. **-amiento** m entraînement, instruction f.

adinerado, a a riche.

adiós interj 1. adieu. 2. (hasta luego) au revoir. ■ m **los adioses**, les adieux.

adiposo, a a adipeux, euse.

adivin/ar t deviner. **-anza** f (acertijo) devinette. **-o** m devin.

adjetivo, a a/m adjectif, ive.

adjudic/ar t adjuger. **-ación** f adjudication.

adjuntar t joindre, inclure.

adjunto, a a ci-joint, e, ci-inclus, e: **la factura adjunta**, la facture ci-jointe; ~ **le remito un folleto**, je

vous envoie ci-joint une brochure. ■ *a/s* adjoint, e.

administr/ar *t* administrer. **-ación** *f* administration. **-ador** *m* administrateur. **-ativo, a** *a* administratif, ive. ■ *m* employé de bureau.

admir/ar *t* **1.** admirer. **2.** *(asombrar)* émerveiller. **3.** *(sorprender)* étonner. ■ *pr* me admiro de que..., je m'étonne que... **-able** *a* admirable. **-ación** *f* **1.** admiration. **2.** signo de ~, point d'exclamation. **-ador, a** *a/s* admirateur, trice.

admisible *a* admissible.

admisión *f* admission.

admitir *t* admettre: no admite que le critiquen, il n'admet pas qu'on le critique; no se admiten propinas, les pourboires ne sont pas admis.

adobar *t* **1.** apprêter. **2.** mettre à mariner: carne adobada, viande marinée.

adobe *m* brique *f* crue, adobe.

adobo *m* **1.** apprêt. **2.** *(salsa)* marinade *f*, saumure *f*.

adolecer° *i* ~ de, souffrir de.

adolescen/te *a* adolescent, e. **-cia** *f* adolescence.

adonde *adv* où. | ¿adónde vas?, où vas-tu?

adondequiera *adv* n'importe où.

adopción *f* adoption.

adopt/ar *t* adopter. **-ivo, a** *a* adoptif, ive. | patria adoptiva, patrie d'adoption.

adoqu/ín *m* pavé. **-inado** *m* pavage. **-inar** *t* paver.

ador/ar *t* adorer. **-able** *a* adorable. **-ación** *f* adoration.

adormec/er° *t* **1.** endormir, assoupir. **2.** FIG endormir, apaiser. ■ *pr* **1.** s'assoupir. **2.** *(un miembro)* s'engourdir. **-imiento** *m* assoupissement.

adormidera *f* pavot *m*.

adormilado, a *a* endormi, e, somnolent, e.

adorn/ar *t* **1.** orner, agrémenter. **2.** FIG parer. **-o** *m* ornement.

adquir/ir° *t* **1.** acquérir. **2.** *(comprar)* acheter. **-ido, a** *a* acquis, e.

adquisi/ción *f* acquisition. **-tivo, a** *a* poder ~, pouvoir d'achat.

adrede *adv* exprès, à dessein.

Adriático *n p m* Adriatique *f*.

adscribir *t* *(a un empleo, etc.)* affecter. ■ *pr* s'affilier.

aduan/a *f* douane. **-ero, a** *a/m* douanier, ère.

aducir° *t* alléguer.

adueñarse *pr* ~ de, s'emparer de, s'approprier.

adul/ar *t* aduler, flatter. **-ador, a** *a/s* flatteur, euse.

adulter/ar *t* frelater, falsifier. **-ación** *f* falsification.

adulterio *m* adultère.

adúltero, a *a* adultère.

adulto, a *a/s* adulte.

adusto, a *a* sévère, austère.

advenedizo, a *a/s* parvenu, e.

advenimiento *m* avènement.

adverbio *m* adverbe.

adversario, a *s* adversaire.

adversidad *f* adversité.

adverso, a *a* contraire, défavorable, adverse.

advert/ir° *t* **1.** *(avisar)* avertir, prévenir: te advierto que si no obedeces tendrás que vértelas conmigo, je t'avertis que si tu n'obéis pas tu auras affaire à moi. **2.** *(indicar)* signaler, faire remarquer. **3.** *(notar)* remarquer: nadie parecía ~ su presencia, personne ne semblait remarquer sa présence. **-encia** *f* avertissement *m*. | servir de ~, servir de leçon.

adviento *m* avent.

adyacente *a* adjacent, e.

aéreo, a *a* aérien, enne.

aerobic *m* aérobic.

aeroclub *m* aéro-club.

aerodinámico, a *a* aérodynamique.

aeródromo *m* aérodrome.

aerofagia *f* aérophagie.

aero/nauta *s* aéronaute. **-náutico, a** *a/f* aéronautique.

aeronave *f* aéronef *m*.

aeropuerto *m* aéroport.

aerosol *m* aérosol.

aerotransportado, a *a* aéroporté, e.

afable *a* affable.

afamado, a *a* renommé, e.

afán *m* 1. ardeur *f*, empressement. 2. désir, soif *f*: ~ **de independencia, de venganza**, désir d'indépendance, soif de vengeance. 3. souci. ■ *pl* efforts.

afanar *t POP (robar)* piquer, barboter. ■ *pr* s'affairer, se donner du mal.

afanoso, a *a* 1. actif, ive. 2. pénible.

afear *t* enlaidir.

afectación *f* affectation.

afect/ar *t* 1. affecter. 2. toucher, frapper: **este impuesto afecta a todos los contribuyentes**, cet impôt touche tous les contribuables. **-ado, a** *a* 1. affecté, e. 2. atteint, e: **los afectados por el sida**, les personnes atteintes du sida.

afect/o, a *a* attaché, e. ■ *m* affection *f*, attachement: **me ha tomado ~**, il m'a pris en affection. **-uoso, a** *a* affectueux, euse.

afeit/ar *t* raser. | **maquinilla de ~**, rasoir *m*. ■ *pr* se raser. **-adora** *f* rasoir *m* électrique.

afeminado, a *a/s* efféminé, e.

aferrar *t* saisir, accrocher. ■ *pr* s'accrocher, se cramponner.

affaire *m* affaire *f*.

Afganistán *n p m* Afghanistan.

afgano, a *a/s* afghan, e.

afianzar *t* 1. consolider: ~ **una alianza**, consolider une alliance. 2. renforcer.

afición *f* 1. goût *m*: **la ~ a los viajes**, le goût des voyages. | **tiene ~ al tenis**, il aime le tennis, il s'intéresse au tennis. 2. **fotógrafo de ~**, photographe amateur; **por ~**, en amateur, par goût. | **la ~**, les supporters, les aficionados. 3. *(cariño)* affection.

aficionado, a *a/s* amateur, passionné, e: ~ **a**, amateur de; **teatro de aficionados**, théâtre d'amateurs. ■ *m TAUROM* aficionado.

aficionarse *pr* 1. *(a alguien)* s'attacher. 2. *(a una cosa)* prendre goût. 3. *(cariño)* affection.

afil/ar *t* aiguiser, affûter, repasser. ■ *pr* s'effiler, s'amincir. **-ado, a** *a* *(dedo)* effilé, e. ■ *m* affûtage.

afiliarse *pr* ~ **a**, s'affilier à.

afín *a* 1. contigu, uë. 2. semblable, analogue. | **ideas afines**, idées affines.

afin/ar *t* 1. *(educar)* affiner. 2. *MÚS* accorder. **-ación** *f* accordage *m*.

afincarse *pr* s'établir, se fixer.

afinidad *f* affinité *f*.

afirm/ar *t* 1. affirmer, assurer. 2. *(poner firme)* consolider, affermir. **-ación** *f* affirmation. **-ativo, a** *a* affirmatif, ive. | **en caso ~**, dans l'affirmative.

afligir *t* affliger.

aflojar *t* 1. *(un tornillo, cinturón)* desserrer. 2. *(un nudo)* desserrer, défaire. 3. *(un muelle)* détendre. 3. *(soltar)* lâcher. ■ *i* 1. diminuer. 2. ~ **en el estudio**, se relâcher dans son travail. ■ *pr* se desserrer, se déten-

dre: **el muelle se ha aflojado,** le ressort s'est détendu.

aflorar *i* affleurer.

aflu/ir° *i* **1.** affluer. **2.** se jeter: **río que afluye a,** rivière qui se jette dans. **-encia** *f* **1.** affluence: **horas de ~,** heures d'affluence. **2.** afflux *m*: **~ de turistas en la frontera,** afflux de touristes à la frontière. **-ente** *a* affluent.

afónico, a *a* aphone.

aforo *m* (*de un teatro*) nombre de places.

afortunado, a *a* heureux, euse.

afrancesar *t* franciser.

afrecho *m* son.

afrent/a *a* affront *m*, outrage *m*. **-ar** *t* déshonorer.

África *n p f* Afrique: **~ del Norte, del Sur,** l'Afrique du Nord, du Sud.

africano, a *a/s* africain, e.

afrontar *t* affronter.

afta *f* aphte *m*.

afuera *adv* dehors: **no tan ~,** pas si loin dehors. | **¡afuera!,** dehors!, hors d'ici! ■ *f pl* **las afueras,** les alentours *m*, les environs *m*.

agachar *t* **~ la cabeza,** baisser la tête. ■ *pr* se baisser, s'accroupir.

agalla *f* (*en los peces*) ouïe. ■ *pl* **tener agallas,** avoir du cran, ne pas avoir froid aux yeux.

agarrada *f* empoignade.

agarradero *m* poignée *f*. ■ *pl FAM* (*amparo*) piston *sing*.

agarrado, a *a FAM* pingre, radin, e.

agarrar *t* **1.** saisir, empoigner: **~ del brazo,** saisir par le bras. **2.** **~ a un ladrón,** attraper un voleur. ■ *pr* **1.** s'agripper, se cramponner, se tenir: **¡agárrate al pasamanos!,** tiens-toi bien à la rampe! **3.** *FAM* (*reñir*) s'empoigner, se colleter.

agarrotar *t* serrer. | **la garganta agarrotada,** la gorge serrée, nouée. ■ *pr* (*un motor*) gripper, se gripper.

agasajar *t* accueillir chaleureusement, fêter.

ágata *f* agate.

agazaparse *pr* se blottir, se tapir.

agencia *f* agence.

agenciar *t* procurer. ■ *pr* **1.** se procurer. **2.** **agenciárselas,** se débrouiller.

agenda *f* agenda *m*.

agente *m* agent.

agigantado, a *a* **a pasos agigantados,** à pas de géant.

ágil *a* **1.** agile. **2.** alerte.

agilidad *f* **1.** agilité. **2.** souplesse.

agilizar *t* rendre plus souple, rendre plus facile.

agit/ar *t* agiter. **-ador, a** *s* agitateur, trice. **-ación** *f* agitation.

aglomer/arse *pr* s'agglutiner. **-ación** *f* **1.** agglomération. **2.** (*de personas*) attroupement *m*. **3.** (*de vehículos*) encombrement *m*, embouteillage *m*. **-ado** *m* aggloméré.

aglutinar *t* agglutiner.

agobi/ar *t* accabler, écraser: **agobiado de trabajo,** accablé de travail. **-ante** *a* accablant, e, écrasant, e: **calor ~,** chaleur accablante. **-o** *m* **1.** accablement. **2.** *FIG* angoisse *f*.

agolparse *pr* se presser, s'entasser.

agon/ía *f* agonie. **-izante** *a/s* agonisant, e. **-izar** *i* agoniser, être à l'agonie.

agostar *t* dessécher.

agosto *m* **1.** août: **el 15 de ~,** le 15 août. **2. hacer su ~,** faire son beurre.

agot/ar *t* épuiser. **-ado, a** *a* épuisé, e. **-ador, a** *a* épuisant, e. **-amiento** *m* épuisement.

agraci/ar t 1. avantager. 2. ~ con una merced, accorder une faveur. **-ado, a** a 1. (lindo) joli, e, avenant, e. 2. billete ~, billet gagnant. ■ m heureux gagnant.

agrad/ar i plaire. **-able** a agréable.

agradecer° t 1. remercier: **le agradezco su carta, que haya venido,** je vous remercie de votre lettre, d'être venu. 2. être reconnaissant, e: **le agradecería me facilite su dirección,** je vous serais reconnaissant de me donner votre adresse. **-ido, a** a reconnaissant, e. | **muy ~,** avec mes remerciements. **-imiento** m reconnaissance f.

agrado m plaisir: **tengo el ~ de informar a usted que...,** j'ai le plaisir de vous informer que... | **haga usted lo que sea de su ~,** faites à votre gré, ce qui vous fera plaisir; **con ~,** volontiers.

agrandar t 1. agrandir. 2. FIG amplifier.

agrario, a a agraire.

agrav/ar t aggraver. **-ación** f aggravation.

agravi/ar t 1. offenser. 2. (perjudicar) léser. **-o** m offense f, insulte f.

agraz m en ~, en herbe.

agredir° t agresser, attaquer.

agreg/ar t 1. incorporer. 2. (un barrio a otro) rattacher. 3. (a un servicio) affecter. **-ación** f rattachement m, incorporation. **-ado, a** a adjoint, e. ■ m attaché: ~ **cultural,** attaché culturel.

agre/sión f agression. **-sivo, a** a agressif, ive. **-sor, a** s agresseur m.

agriar t aigrir. ■ pr s'aigrir: **se le agrió el carácter,** son caractère s'est aigri.

agrícola a agricole.

agricult/ura f agriculture. **-or, a** s agriculteur, trice.

agridulce a aigre-doux, aigre-douce.

agrietar t 1. crevasser, fendiller. 2. lézarder: **pared agrietada,** mur lézardé.

agrimensor m arpenteur.

agrio, a a 1. aigre. 2. (carácter) revêche, acariâtre. ■ pl (frutas) agrumes.

agr/onomia f agronomie. **-ónomo** m agronome.

agropecuario, a a agricole.

agrup/ar t grouper. **-ación** f groupement m.

agua f eau. | ~ **de Colonia,** eau de Cologne; ~ **arriba,** en remontant le courant; ~ **abajo,** dans le sens du courant. ■ pl eaux.

aguacate m 1. (árbol) avocatier. 2. (fruto) avocat.

aguacero m averse f, ondée f.

aguada f (pintura) gouache f.

aguaducho m buvette f.

aguafiestas s trouble-fête.

aguafuerte f/m eau-forte f.

aguaitar t AMER guetter, épier.

aguamanil m 1. pot à eau. 2. (palangana) cuvette f.

aguamiel f hydromel m.

aguanieve f neige fondue.

aguant/ar t (sufrir) supporter, endurer. ■ i tenir bon. | **ya no puedo ~ más,** je n'en peux plus. ■ pr 1. se contenir, se retenir. 2. (resignarse) en prendre son parti. | **¡te aguantas!, ¡aguántate!,** tant pis pour toi! **-e** m 1. patience f. 2. endurance f.

aguapié m piquette f.

aguar t 1. (vino, leche) couper, mouiller. 2. gâcher, gâter, troubler:

~ **la fiesta**, troubler la fête, gâcher le plaisir.

aguardar t attendre: **aguardo a que llegue**, j'attends qu'il arrive.

aguardiente m eau-de-vie f.

aguarrás m essence f de térébenthine.

agudeza f **1.** acuité. **2.** finesse. **3.** (del ingenio) vivacité d'esprit. **4.** (dicho) trait m d'esprit, saillie.

agudiz/ar t accentuer, aggraver. **-ación** f aggravation.

agudo, a a **1.** aigu, ë: **grito ~**, cri aigu; **dolor ~**, douleur aiguë. **2.** (voz, vista) perçant, e. **3.** (ingenio) subtil, e. **4.** (gracioso) spirituel, elle, fin, e. | **dicho ~**, mot d'esprit.

agüero m augure: **de buen, mal ~**, de bon, mauvais augure.

aguerrido, a a aguerri, e.

aguij/ón m aiguillon. **-onear** t aiguillonner.

águila f aigle m.

aguileño, a a **nariz aguileña**, nez aquilin.

aguilucho m aiglon.

aguinaldo m étrennes f pl.

aguja f aiguille: ~ **de hacer media**, aiguille à tricoter. | ~ **de marear**, compas m, boussole. ■ pl (ferrocarril) aiguillage m sing.

agujer/o m trou. **-ear** t trouer, percer.

agujetas f pl courbatures.

agusanado, a a véreux, euse.

aguzanieves f bergeronnette.

aguzar t **1.** aiguiser. **2.** ~ **el oído**, tendre l'oreille, dresser l'oreille. **3.** ~ **la voz**, enfler la voix. **4.** FAM ~ **el ala**, se tailler, se tirer.

ahechar t vanner, cribler.

ahí adv **1.** là: **por ~**, par là. | ~ **está, he ~**, voilà; ~ **van algunas cifras**, voilà quelques chiffres. **2.** ~ **es nada**, ce n'est pas rien; ~ **me las den todas**, je m'en fiche.

ahijado, a s filleul, e.

ahínco m **1.** acharnement, ardeur f. **2.** insistance f.

ah/itarse pr se gaver, se bourrer. **-íto, a** a rassasié, e, repu, e.

ahog/ar t **1.** (en agua) noyer. **2.** (asfixiar) étouffer. **3.** étrangler. **4.** FIG ~ **un suspiro**, étouffer un soupir. ■ pr **1.** se noyer. **2.** s'étouffer. **3.** s'étrangler. **4.** (de calor) étouffer: **aquí se ahoga uno**, on étouffe ici. **-ado, a** a/s (en un río, en el mar) noyé, e. | a **con la voz ahogada**, d'une voix étranglée; **verse ~**, être pris à la gorge. **-o** m étouffement.

ahondar t approfondir. ■ i ~ **en un tema**, approfondir un sujet.

ahora adv **1.** maintenant, à présent. | **de ~ en adelante**, désormais; **hasta ~**, jusqu'à présent; **por ~**, pour l'instant; ~ **sí que me voy**, cette fois, je m'en vais. **2.** (después) dans un instant. **3.** (en seguida) tout de suite. | **¡~ mismo!**, j'arrive tout de suite!; **¡hasta ~!**, à tout de suite! ■ conj ~ **bien**, or.

ahorc/ar t pendre. ■ pr se pendre. **-ado, a** s pendu, e.

ahorr/ar t épargner, économiser. ■ i faire des économies. ■ pr **así me ahorro cien euros**, j'économise ainsi cent euros. **-ador, a** a économe. ■ s épargnant, e. **-o** m **1.** épargne f: **caja de ahorros**, caisse d'épargne. **2.** (lo que se ahorra) économie f.

ahuecar t **1.** (vaciar) évider. **2.** faire gonfler. **3.** ~ **la voz**, enfler la voix. **4.** FAM ~ **el ala**, se tailler, se tirer.

ahum/ar t **1.** fumer. **2.** (llenar de humo) enfumer. **-ado, a** a **jamón, cristal ~**, jambon, verre fumé.

ahusado, a a fuselé, e.

ahuyentar t chasser.

aindiado, a a d'Indien, enne.

airado, a a furieux, euse, irrité, e.

aire m 1. air, e. | las nalgas al ~, les fesses à l'air; disparar al ~, tirer en l'air. 2. ~ libre, au grand air, en plein air; mudar de aires, changer d'air. 2. air: con ~ decidido, d'un air décidé | tiene un ~ a mi tío, il ressemble un peu à mon oncle. 3. (aspecto, garbo) allure f. 4. (de una canción) air. 5. rythme.

airar t aérer. 2. FIG faire connaître. ■ pr 1. prendre l'air. 2. (resfriarse) prendre froid.

airoso/a a a 1. gracieux, euse, élégant, e. 2. salir ~ de ~, se tirer brillamment de. **-amente** adv très brillamment. 2. avec succès.

aislar t isoler. **-ado, a** a isolé, e. **-ador, a** a/m isolant, e. ■ m (de porcelana, etc.) isolateur. **-amiento** m isolement.

ajar t 1. flétrir. 2. (arrugar) friper, froisser, chiffonner.

ajedrez m échecs pl: jugar al ~, jouer aux échecs.

ajedrecista s joueur aux échecs.

ajenjo m absinthe f.

ajeno, a a 1. d'autrui: la opinión ajena, l'opinion d'autrui. 2. ~ a, étranger, ère à. 3. ~ de, libre de.

ajetre/arse pr se démener. **-o** m 1. agitation f. 2. affairement.

ají m AMER piment rouge.

ajo m 1. ail. 2. FAM andar metido en el ~, être dans le coup. 3. FAM soltar ajos, lâcher des jurons, jurer.

ajuar m 1. mobilier. 2. (de novia) trousseau.

ajustar t 1. ajuster. 2. régler. 3. (contratar) engager. ■ pr 1. s'ajuster (a, à). 2. s'adapter. 3. se mettre d'accord. 4. se conformer. **-ador** m (obrero) ajusteur. **-e** m 1. ajustage. 2. réglage. 3. ~ de cuentas, règlement de comptes. 4. (contrata) engagement.

al prep (contracción de a et el) 1. au, à l'; à la: ir a la ~ cine, ~ aeropuerto, aller au cinéma, à l'aéroport. ~ fin, à la fin. | salir ~ balcón, sortir sur le balcón. 2. (+ infinitivo) ~ llegar, en arrivant, ~ dar las 6, comme 6 heures sonnaient; ~ abrirse la puerta, crei que eras tú, lorsque la porte s'ouvrit, j'ai cru que c'était toi. ⇒ a.

ala f 1. aile. 2. (de sombrero) bord m. 3. ~ delta, deltaplane m. ■ pl FIG audace sing.

alabar t vanter, louer: | alabado sea Dios, Dieu soit loué. **-anza** f louange, éloge m.

alabastro m albâtre.

álabe m aube f.

alabearse pr gauchir, se gondoler. **-o** m gauchissement.

alacena f placard m.

alacrán m scorpion.

alambique m alambic.

alambra/da f barbelés m pl. **-ado** m clôture f en fil de fer. ■ m fil de fer: ~ de púas, de espino, fil de fer barbelé. **-era** f (red) grillage m.

álamo m 1. peuplier. 2. ~ temblón, tremble.

alameda f 1. allée de peupliers. 2. (paseo) promenade.

alarde m 1. étalage, déploiement. | hacer ~ de, faire étalage de, faire montre de. 2. démonstration f, manifestation f.

alargar t 1. allonger. 2. (dar) tendre, passer: me alargó su tarjeta, il me tendit sa carte. 3. prolonger: ~ su estancia, prolonger son séjour. ■ pr (días) rallonger. **-ador** m rallonge f électrique. **-amiento** m allongement.

alarido m hurlement, cri.

alarm/a f 1. alarme. 2. alerte: estado de ~, état d'alerte; falsa ~, fausse alerte; ~ de bomba, alerte à la bombe. **-ar** t alarmer.

alba f aube.

Albania n p f Albanie.

albañal m égout.

albañil m maçon. **-ería** f maçonnerie.

albarán m bordereau.

albarda f bât m.

albaricoque m abricot. **-ro** m abricotier.

albatros m albatros.

albedrío m 1. libre ~, libre arbitre. 2. fantaisie f.

alberca f 1. réservoir m. 2. AMER piscine.

albergar t héberger, loger. **-ue** m 1. abri, logis. 3. ~ juvenil, auberge f de jeunesse.

albóndiga f boulette.

albor m aube: en los albores de, à l'aube de. **-ada** f aube.

albornoz m 1. burnous. 2. (de baño) peignoir.

alborotar t 1. jeter le trouble, agiter. 2. mettre en désordre. ■ i faire du tapage. ■ pr 1. se troubler, s'affoler. 2. (encolerizarse) s'emporter. **-ador, a** a turbulent, e. ■ s agitateur, trice. **-o** m 1. tapage. 2. (motín) émeute f.

alborozo m joie f débordante.

albufera f lagune, étang m d'eau salée.

álbum m album.

albúmina f albumine.

alcachofa f artichaut m.

alcahuete, a s entremetteur, euse.

alcalde m maire. **-ada** f abus m de pouvoir, acte m arbitraire. **-esa** f 1. mairesse. 2. femme du maire. **-ía** f mairie.

alcalí m alcali, e.

alcalino, a a alcalin, e.

alcance m 1. portée f: ~ de la mano, à portée de la main. decisión de mucho ~, décision d'une grande portée. | fuera de ~, hors d'atteinte. 2. irle al ~ de alguien, poursuivre quelqu'un; dar ~ a alguien, rattraper quelqu'un. 3. ser de pocos alcances, être borné, e.

alcancía f tirelire.

alcanfor m camphre.

alcantarill/a f égout m. **-ado** m réseau d'égouts. **-ero** m égoutier.

alcanzar t 1. atteindre, toucher: ~ el blanco, atteindre le but; el avión fue alcanzado por un cohete, l'avion a été touché par une fusée. 2. rattraper: corrí para alcanzarle, j'ai couru pour le rattraper. 3. passer: alcánzame la sal, passe-moi le sel. 4. ~ una victoria, remporter une victoire. 5. comprendre, saisir: no alcanzo dónde quieres llegar, je ne comprends pas où tu veux en venir. ■ i 1. (un arma, un sonido) porter. 2. arriver: no alcanzo a ver..., je n'arrive pas à voir. 3. suffire, être suffisant: provisiones que alcanzan para todos, des provisions qui suffisent pour tout le monde. **-ado, a** 1. (con deudas) endetté, e. 2. ir ~ de dinero, être à court d'argent, gêné.

alcaparra f câpre.

alcázar m forteresse f, alcazar.

alce m (animal) élan.

alcoba f chambre à coucher.

alcohol m alcool: ~ de 90 grados, alcool à 90 degrés. **-olemia** f alcoolémie. **-ólico, a** a/s alcoolique. **-olismo** m alcoolisme.

alcor m coteau.

Alcorán n p m Coran.

alcornoque m 1. chêne-liège. 2. fig abruti.

alcurnia f lignage m. | de ~, de vieil-le souche.

aldaba f heurtoir m, marteau m de porte.

aldea f village m. **-ano, a** a/s villa-geois, e.

aleación f alliage m.

aleatorio, a a aléatoire.

aleccionar t 1. former, instruire. 2. (reprender) faire la leçon.

alegar t alléguer, invoquer, faire valoir. **-ato** m plaidoyer.

alegoría f allégorie. **-górico, a** a allégorique.

alegrar t 1. réjouir. □ el corazón. réjouir le cœur. 2. (hermosear) éga-yer. □ pr 1. alegrarse de, con, por, se réjouir de. 2. être heureux, euse, ravi. | me alegro de verle, je suis heureux de vous voir. □ me alegro, j'en suis ravi, tant mieux.

alegre a 1. joyeux, euse, gai, e. 2. heureux, euse: ~ de salir contigo, heureux de sortir avec toi. 3. (color) gai, e. 4. (achispado) gai, e. **-ía** f 1. joie. | loco de ~, fou de joie. 2. gaieté: se le ha acabado la ~, il a perdu sa gaieté. **-ón** m en grande joie. | dar un ~, faire un plaisir immen-se.

alejamiento m éloignement.

Alejandro n p m Alexandre.

alejar t éloigner. □ pr s'éloigner, s'é-carter.

alelado, a a hébété, e, ahuri, e: con aire ~, d'un air ahuri.

alelí m giroflée f.

aleluya m/f alléluia m. ■ f (estampi-ta) image de piété, sorte d'image d'Épinal.

alemán, ana a/s allemand, e. ■ **Alemania** n p f Allemagne.

alentada f de una ~, tout d'une traite.

alentar i respirer. ■ t 1. encoura-ger. 2. animer. **-ador, a** a encoura-geant, e.

alerce m mélèze.

alergia f allergie. **-érgico, a** a allergique.

alero m avant-toit.

alerón m aileron.

alerta adv estar ~, être sur le qui-vive, en éveil, sur ses gardes. ■ alerte: roja, alerte rouge. **-ar** t alerter.

aleta f 1. (de pez) nageoire. 2. (para nadar) palme. 3. (de un coche) aile.

aletear i (aves) battre des ailes.

alevosía f traîtrise.

alfa/alfabeto m alphabet. **-bético, a** a alphabétique.

alfalfa f luzerne.

alféizar m rebord, embrasure f.

alfarería f poterie. **-ero** m potier.

alférez m sous-lieutenant.

alfil m fou.

alfiler m épingle f. | ir de veintin-co alfileres, être tiré, e à quatre épingles; en esta sala no cabe un ~, cette salle est pleine à craquer.

alfombra f tapis m. **-ar** t recouvrir d'un tapis. **-illa** f 1. carpette. 2. (de cama) descente de lit.

alforza f pl besace sing.

alga f algue.

algarabía f 1. (lenguaje confuso) charabia m. 2. (ruido) brouhaha m.

algarrobo m caroubier m.

algazara f brouhaha m.

álgebra f algèbre.

algo pron indéf quelque chose: tengo ~ que decirte, j'ai quelque chose à te dire. | ~ así como, quel-que chose comme; ~ es ~, c'est tou-jours ça. ■ adv un peu: es ~ capri-

chosa, elle est un peu capricieuse. ■ m un ~ de, un petit quelque chose de.

algod/ón m **1.** coton. **2.** (golosina) barbe ƒ à papa. **-onero, a** a/m cotonnier, ère.

alguien pron indef quelqu'un.

alg/ún a (apocope de **alguno**) un: ~ día, un jour. | ~ tanto, un peu. **-uno, a** a **1.** (plural) quelque: algunos años después, quelques années plus tard. **2.** un, une: alguna vez, une fois. **3.** (negativo) aucun, e: sin garantía alguna, sans aucune garantie. ■ pron **1.** (alguien) quelqu'un. **2.** (en plural) quelques-uns, quelques-unes, certains, es.

alhaja ƒ bijou m.

alhelí m giroflée ƒ.

alheña ƒ troène m.

ali/ar t allier. **-ado, a** a/s allié, e. **-anza** ƒ alliance.

alias adv dit, alias.

alicaído, a a FIG abattu, e.

alicates m pl pince ƒ sing.

aliciente m **1.** attrait. **2.** stimulant.

alien/ar t aliéner. **-ación** ƒ aliénation. **-ado, a** a/s aliéné, e.

aliento m **1.** haleine ƒ: mal ~, mauvaise haleine. | llegó sin ~, il arriva hors d'haleine, à bout de souffle. **2.** FIG courage, énergie ƒ, vigueur ƒ.

aligátor m alligator.

aligerar t **1.** alléger. **2.** ~ el paso, presser le pas. ■ i FAM se grouiller: ¡aligera!, grouille-toi!

alijo m contrebande ƒ, marchandise ƒ de contrebande.

alimaña ƒ animal m nuisible.

aliment/o m aliment, nourriture ƒ. **-ación** ƒ alimentation, nourriture. **-ar** t **1.** nourrir. **2.** (una chaudière, le feu, etc.) alimenter. ■ pr se nourrir. **-ario, a, icio, a** a alimentaire.

alimón (al) loc adv à deux.

aline/ar t aligner. **-ación** ƒ **1.** alignement m. **2.** (deportes) formation.

aliñ/ar t **1.** (condimentar) assaisonner. **2.** arranger. **-o** m assaisonnement.

alisar t lisser.

alist/ar t enrôler, recruter. ■ pr **1.** s'enrôler. **2.** MIL s'engager, s'enrôler. **-amiento** m **1.** enrôlement, recrutement. **2.** (quinta) contingent.

alivi/ar t **1.** (una carga) alléger. **2.** FIG soulager. ■ pr (un enfermo) aller mieux. **-o** m soulagement.

aljibe m citerne ƒ.

aljofaina ƒ cuvette.

allá adv **1.** là-bas: ~ muy lejos, là-bas très loin. **2.** loin: muy ~, très loin. | más ~ de, au-delà de. **3.** autrefois: ~, a principios del siglo XVIII, autrefois, au début du XVIIIᵉ siècle.

allanar t **1.** aplanir. **2.** (un domicilio) violer. ■ pr se soumettre, se plier.

alleg/ar t rassembler, réunir. **-ado, a** s **1.** proche, proche parent. **2.** partisan.

allende adv au-delà: ~ los mares, au-delà des mers.

allí adv **1.** là: ~ se casó, c'est là qu'il s'est marié. | ~ está, he ~, voilà. **2.** y: vete ~, vas-y.

alma ƒ âme. | ~ viviente, âme qui vive; estar con el ~ en un hilo, être mort, e de peur; llegar al ~, aller droit au cœur; con toda el ~, de tout cœur; en el ~, sincèrement, profondément; lo siento en el ~, j'en suis navré.

almac/én m magasin. **-enaje** m stockage. **-enamiento** m **1.** stockage, emmagasinage. **2.** (existencias) stocks pl. **3.** INFORM mise ƒ en mémoire, stockage. **-enar** t stocker, emmagasiner.

almadraba f pêche au thon.

almadreña f sabot m.

almanaque m almanach.

almeja f clovisse, palourde.

almena f créneau m.

almendr/a f amande. | ~ garapiña-
da, praline. **-o** m amandier.

almiar m meule f.

almíbar m sirop: melocotones en ~,
pêches au sirop.

almid/ón m amidon. **-onar** t ami-
donner, empeser.

alminar m minaret.

almirant/e m amiral. **-azgo** m ami-
rauté f.

almirez m mortier.

almohad/a f 1. oreiller m. 2. (alar-
gada) traversin m. 3. (funda) taie
d'oreiller. **-illa** f 1. petit coussin m.
2. (con tinta) tampon m encreur.

almohazar t étriller, panser.

almorzar° i déjeuner. ■ t déjeuner
de: almorcé un bocadillo, j'ai déjeu-
né d'un sandwich.

almuerzo m déjeuner.

alocado, a a 1. un peu fou, folle. 2.
irréfléchi, e.

alocución f allocution.

áloe m aloès.

aloj/ar t loger. ■ pr loger. **-amien-
to** m logement.

alón m aile f.

alondra f alouette.

Alonso n p m Alphonse.

alpaca f 1. (animal) alpaga m. 2.
(metal) maillechort m.

alpargata f espadrille.

Alpes n p m pl los ~, les Alpes f.

alpin/ismo m alpinisme. **-ista** s
alpiniste.

alquería f ferme.

alquil/ar t louer: piso por ~, appar-
tement à louer; se alquila, à louer. |
madre alquilada, mère porteuse.

-er m 1. location f: coche de ~, voi-
ture en location. | casa de ~, mai-
son de rapport. 2. (precio) loyer.

alquitr/án m goudron. **-anar** t
goudronner.

alrededor adv 1. autour: miró ~ de
él, ~ suyo, il regarda autour de lui.
2. alentour: miró ~, il regarda alentour. 3. ~ de, environ, à peu près,
autour de: ~ de mil euros, environ
mille euros. ■ m pl los alrededores
de Bilbao, les environs de Bilbao.

alta f 1. inscription. | darse de ~ en
un club, s'inscrire dans un club. |
casa de ~ a un enfermo, donner son
bulletin de sortie, l'autorisation de
sortir à un malade. 3. MIL ser ~,
entrer dans un corps, reprendre du
service.

altaner/ía f hauteur, arrogance. **-o,
a** a hautain, e, altier, ère.

altar m autel. ~ mayor, maître-
autel.

altavoz m haut-parleur: altavoces,
des haut-parleurs.

alter/ar t 1. altérer. 2. (perturbar, turbar) troubler. 3. mettre en colère. ■
pr 1. se troubler. 2. se mettre en
colère, se fâcher. **-ación** f 1. altération. 2. trouble m.

altercado m altercation f.

altern/ar t faire alterner. ■ i 1.
alterner. 2. ~ con sus vecinos, fréquenter ses voisins. 3. su hija
empezó a ~ a los quince años, sa
fille a commencé à sortir à quinze
ans. ■ pr se relayer. **-ancia** f alter-
nance. **-ativa** f alternative. **-ativo,
a** a alternatif, ive. **-o, a** a 1. alter-
ne. 2. corriente alterna, courant
alternatif.

alteza f 1. (tratamiento) altesse. 2.
FIG hauteur.

altibajos *m pl* FIG des hauts et des bas.

altillo *m* **1.** coteau. **2.** (*piso intermedio*) soupente *f*. **3.** (*desván*) grenier.

altiplanicie *f* haut plateau *m*.

altiplano *m* AMER haut plateau.

altísimo, a *a* très haut, haute.

altitud *f* altitude.

altiv/o, a *a* hautain, e. **-ez** *f* hauteur.

¹alto, a *a* **1.** (*cosas*) haut, e, élevé, e. **2.** (*personas*) grand, e: **un hombre ~**, un homme grand. **3.** haut, e: **alta costura**, haute couture. **4. a altas horas de la noche**, à une heure avancée de la nuit. ■ *m* **1.** haut, hauteur *f*: **diez metros de ~**, dix mètres de haut; **desde lo ~ de**, du haut de. **2.** (*cerro*) hauteur *f*. **3.** (*piso*) étage élevé. **4. por lo ~**, largement: **calculando por lo ~**, en calculant largement. ■ *adv* haut: **volar ~**, voler haut; **los brazos en ~**, les bras en l'air; **hablar ~**, parler tout haut.

²alto *m* **1.** halte *f*: **hacer ~**, faire halte. **2. ~ el fuego**, cessez-le-feu. ■ *interj* halte!; **¡~ ahí!**, halte-là!

altoparlante *m* AMER haut-parleur.

altozano *m* coteau, mamelon.

altru/ismo *m* altruisme. **-ista** *s* altruiste.

altura *f* hauteur. ■ *pl* cieux *m*. | **a estas alturas**, maintenant, à présent.

alubia *f* haricot *m*.

alucin/ación *f* hallucination. **-ar** *t* fasciner, captiver. ■ *i* **1.** avoir des hallucinations. **2.** délirer.

alud *m* avalanche *f*.

alud/ir *i* faire allusion. **-ido, a** *a* dont il est question, visé, e. | **darse por ~**, se sentir visé.

alumbr/ar *t/i* éclairer. ■ *i* (*dar a luz*) accoucher. ■ *pr* s'éclairer. **-ado** *m*

éclairage: **~ de neón**, éclairage au néon. **-amiento** *m* (*parto*) accouchement.

aluminio *m* aluminium.

alumno, a *s* élève.

alunizar *i* alunir.

alusión *f* allusion.

aluvión *m* **1.** (*de agua*) crue *f*. **2.** alluvion *f*. **3.** (*gran cantidad*) flot *m*.

alvéolo *m* alvéole.

alza *f* hausse: **el ~ del dólar**, la hausse du dollar.

alzado, a *a* (*precio*) forfaitaire. | **a tanto ~**, à forfait.

alzamiento *m* **1.** soulèvement. **2.** COM banqueroute *f* frauduleuse.

alzar *t* **1.** lever: **alcé los ojos**, je levai les yeux. **2.** (*algo caído*) relever. **3.** (*a poca altura*) soulever: **alzó el visillo**, elle souleva le rideau. **4. ~ la voz**, hausser la voix. ■ *i* (*liturgia*) al ~, à l'élévation. ■ *pr* **1.** se lever: **el telón se alza**, le rideau se lève. **2.** s'élever, se dresser. **3.** (*amotinarse*) se soulever.

ama *f* **1. ~ de casa**, maîtresse de maison, femme au foyer. **2.** (*de un soltero*) gouvernante. **3. ~ de cría**, nourrice.

amab/le *a* aimable. **-ilidad** *f* amabilité.

amaestrar *t* dresser. | **perro amaestrado**, chien savant.

amag/ar *t* **1.** menacer. **2. ~ un saludo**, esquisser un salut. ■ *i* **1.** être imminent, e. **2.** menacer: **está amagando lluvia**, la pluie menace. **-o** *m* **1.** menace *f*. **2.** signe, indice, marque *f*. **3. un ~ de tristeza**, une pointe de tristesse.

amainar *i* FIG se calmer.

amalgam/a *f* amalgame *m*. **-ar** *t* amalgamer.

amamantar *t* allaiter.

'amanecer° *impers* commencer à faire jour. ■ *i* **1.** être au lever du jour: **el cielo amaneció nublado**, le ciel était nuageux au lever du jour. | **amanecimos en Toledo**, nous sommes arrivés à Tolède au lever du jour. **2.** *(despertar)* se réveiller.

²amanecer *m* point du jour, aube *f*: **al ~**, à l'aube.

amanerado, a *a* maniéré, e.

amaneramiento *m* affectation *f*.

amansar *t* **1.** apprivoiser. **2.** dompter. ■ *pr* se calmer.

amante *a/s* amoureux, euse. ■ *m* amant.

amañarse *pr* se débrouiller, s'arranger.

amapola *f* coquelicot *m*.

amar *t* aimer: **~ a Dios**, aimer Dieu; **amaos los unos a los otros**, aimez-vous les uns les autres.

amar/ar *i* amerrir. **-aje** *m* amerrissage.

amarg/o, a *a* amer, ère. **-ado, a** *a* aigri, e. **-ar** *t* **1.** rendre amer, ère. **2.** FIG aigrir. **3. ~ la existencia**, empoisonner, gâcher l'existence. **-or** *m* amertume *f*. **-ura** *f* amertume.

amarill/o, a *a/m* jaune. **-ear** *i* jaunir. **-ento, a** *a* jaunâtre.

amarr/a *f* amarre. ■ *pl* FAM piston *m* sing. **-adura** *f* MAR amarrage *m*. **-ar** *t* **1.** MAR amarrer. **2.** *(atar)* attacher.

amartelarse *pr* **~ con**, tomber amoureux, euse de.

amas/ar *t* **1.** pétrir. **2.** *(mortero)* gâcher. **3.** *(dinero)* amasser. **-adera** *f* pétrin *m*. **-amiento** *m* pétrissage. **-ijo** *m* FIG *(mezcla)* mélange, fatras.

amatista *f* améthyste.

amazacotado, a *a* **1.** compact, e. **2.** lourd, e, surchargé, e.

amazona *f* amazone.

Amazonas *n p m* **el ~**, l'Amazone.

ambages *m pl* **sin ~**, sans ambages.

ámbar *m* ambre.

Amberes *n p* Anvers.

ambi/ción *f* ambition. **-cioso, a** *a/s* ambitieux, euse.

ambient/e *a* ambiant, e. ■ *m* **1.** ambiance *f*, atmosphère *f*, climat: **un ~ hostil**, une ambiance hostile. **2.** milieu: **en los ambientes intelectuales**, dans les milieux intellectuels; **~ atmosférico**, milieu atmosphérique. **-ación** *f* cadre *m*, décor *m*.

ambigú *m* buffet.

ambiguo, a *a* ambigu, uë.

ámbito *m* **1.** étendue *f*. **2.** cadre, limites *f pl*.

ambos, as *a pl* les deux: **~ sexos**, les deux sexes. | **a ~ lados**, des deux côtés. ■ *pron pl* tous (les) deux, toutes (les) deux.

ambulan/cia *f* **1.** ambulance. **2. ~ de correos**, bureau *m* ambulant. **-te** *a* ambulant, e.

ameba *f* amibe.

amedrentar *t* faire peur.

amén *m/adv* **1.** amen. | **en un decir ~**, en un clin d'œil. **2. ~ de**, en plus de, outre.

amenaz/ar *t/i* menacer: **le ha amenazado con matarle**, il l'a menacé de le tuer; **está amenazando (con) llover**, il menace de pleuvoir. **-a** *f* menace. **-ador, a** *a* menaçant, e.

amenguar *t* diminuer.

amen/o, a *a* agréable. **-izar** *t* **1.** égayer. **2.** *(un baile, espectáculo)* animer.

América *n p f* Amérique: **~ del Norte, del Sur, Central**, l'Amérique du Nord, du Sud, centrale.

american/o, a *a/s* américain, e. ■ *f* *(chaqueta)* veste. **-ismo** *m* américanisme.

ametralladora f mitrailleuse.
amianto m amiante.
amiba f amibe.
amiga f amie.
amígdala f amygdale.
amig/o, a a/s ami, e: ~ **de la infancia**, ami d'enfance. | **ser ~ de**, aimer. **-ote** m FAM copain.
amilanar t faire peur, effrayer.
aminorar t (la marcha) ralentir.
amist/ad f amitié. ■ pl amis m. **-oso, a** a 1. amical, e. 2. **arreglo ~**, arrangement à l'amiable.
amnesia f amnésie.
amnistía f amnistie.
amo m 1. maître: **el ~ de la casa**, le maître de maison. 2. propriétaire. 3. (dueño) patron.
amodorrado, a a somnolent, e.
amolar° t aiguiser.
amoldar t ajuster.
amonestación f (del árbitro) avertissement m.
amoniaco m ammoniaque f.
amontonar t entasser, amonceler. ■ pr s'entasser.
amor m amour: **el ~ al prójimo**, l'amour du prochain. | ~ **propio**, amour-propre; **al ~ de la lumbre**, au coin du feu.
amoratado, a a violacé, e.
amordazar t bâillonner.
amorfo, a a amorphe.
amorío m amourette f.
amoroso, a a affectueux, euse, tendre.
amortajar t ensevelir.
amortigu/ar t amortir. **-ador** m amortisseur.
amortiz/ar t amortir. **-ación** f amortissement m.
amostazarse pr prendre la mouche, se monter.

amotin/arse pr se soulever. **-ado, a** a/s insurgé, e. **-amiento** m émeute f.
amovible a amovible.
ampar/ar t protéger. ■ **ampararse en una ley**, s'abriter derrière une loi. **-o** m 1. protección f: **al ~ de**, sous la protection de. 2. refuge. 3. (apoyo) soutien.
amperio m ampère.
ampli/ar t 1. (un local, una foto) agrandir. 2. (ensanchar) élargir. 3. prolonger. 4. (un número) augmenter: ~ **los créditos**, augmenter les crédits. 5. (un negocio, una explicación) développer. **-ación** f 1. agrandissement m: **una ~ fotográfica**, un agrandissement photographique. 2. élargissement m. 3. augmentation.
amplific/ar t amplifier. **-ador** m amplificateur.
ampli/o, a a 1. (prenda de vestir) ample. 2. (extenso) vaste, étendu, e. 3. large: **amplias repercusiones**, de larges répercussions; **espíritu ~**, esprit large. **-tud** f 1. ampleur. 2. ~ **de ideas**, largeur d'esprit.
ampolla f ampoule.
ampuloso, a a ampoulé, e.
amputar t amputer.
amueblar t meubler.
amuleto m amulette f.
Ana n p f Anne.
anacronismo m anachronisme.
ánade m canard.
anales m pl annales f.
analfabet/o, a a/s analphabète. **-ismo** m analphabétisme.
análisis m analyse f.
analizar t analyser.
anal/ogía f analogie. **-ógico, a** a analogique.
análogo, a a analogue.

ananás m ananas.

anaquel m étagère f, rayon. -ería f rayonnage.

anaranjado, a a/m orangé; c, orange.

anarquía f anarchie. -ista a/s anarchiste.

anatema m anathème.

anatomía f anatomie. -ómico, a a anatomique.

anca f 1. (de caballo) croupe: a ancas, en croupe. 2. (de rana) cuisse.

ancestral a ancestral, e.

ancho/a, a a 1. large. 2. (demasiado) trop grand, e: este abrigo me viene ~, ce manteau est trop grand pour moi. 3. a mis, tus, sus anchas, à mon, ton, son, leur aise. ■ m 1. largeur. 2. tres metros de ~, trois mètres de large. -ura f largeur.

anchoa f anchois m.

anciano, a a âgé, e. ■ s vieillard m, personne f âgée: asilo de ancianos, résidence pour personnes âgées.

ancla f ancre. -adero m mouillage. -ar i mouiller.

áncora f ancre.

andaderas f pl volver a las ~, retourner à ses erreurs.

andador, a a/s bon marcheur.

Andalucía n p f Andalousie.

andaluz, a a/s andalou, se.

andamio m échafaudage.

andanza f aventure.

¹andar 1. (moverse, funcionar) marcher: ~ despacio, marcher lentement. | ir andando, aller à pied. ¡andando!, en avant! 2. (estar) être: anda siempre bien vestida, elle est toujours bien habillée. | muy atareado, être très affairé. 3. aller, se porter: ¿qué tal anda el enfermo?, comment se porte le malade?: cada día anda peor, il va de plus en plus mal. 4. debe ~ por los 50 años, il doit avoir dans les 50 ans. 5. (+ gerundio) être en train de: anda siempre cantando, elle est toujours en train de chanter (souvent ne se traduit pas): ~ buscando, chercher). 6. ¡anda!, allons!; ¡ca alors! ■ t parcourir. ■ pr. parcourir: me anduve todo el barrio sin encontrar la casa, j'ai parcouru tout le quartier sans trouver la maison. 2. andarse con cuidado, faire attention.

²andar m démarche f. ■ pl démarche f sing, allure f sing: tiene unos andares muy rápidos, une démarche très rapide. -iego, a s bon marcheur, bonne marcheuse.

andas f pl brancard m sing.

andén m 1. quai: en el ~ de la estación, sur le quai de la gare. 2. (acera) trottoir.

Andes n p m pl los ~, les Andes f.

andino, a a/s andin, e.

Andorra n p f Andorre.

andrajo m guenille f, loque f. -oso, a a déguenillé, e, loqueteux, euse.

anduve, etc. ⇒ andar.

anécdota f anecdote.

anegar t noyer. | ojos anegados en lágrimas, yeux noyés de larmes.

anejo, a a annexe. ■ m annexe f.

anemia f anémie. -émico, a a anémique.

anémona f anémone.

anestesia f anesthésie: ~ general, local, anesthésie générale, locale. -tesiar t anesthésier. -tésico, a a/m anesthésique. -tesista s anesthésiste.

anexar t annexer. **-ión** f annexion. **-ionar** t annexer.

anexo a annexe. ■ m annexe: *dormir en ~ del hotel,* coucher à l'annexe de l'hôtel.

anfetamina f amphétamine.

anfibio, a a amphibie.

anfiteatro m amphithéâtre.

ánfora f amphore.

anfractuosidad f anfractuosité.

angarillas f pl brancard m sing.

ángel m 1. ange. 2. *tener ~,* avoir du charme.

angelical, angélico, a a angéli-que.

ángelus m angélus.

angina f angine.

anglosajón, ona a/s anglo-saxon, onne.

angosto, a a étroit, e.

anguila f anguille.

angula f angle m.

anguloso, a a anguleux, euse.

angustia f angoisse. **-ar** t angois-ser. **-oso, -a** a angoissant, e. **-iado, a**: *mirada angustiada,* regard angoissé.

anhelar t désirer vivement, aspirer à. **-o** m désir ardent.

anidar i nicher.

anilla f anneau m.

anillo m 1. anneau. 2. *~ de boda,* alliance f; *esto viene como ~ al dedo,* cela convient à merveille, ça tombe à pic.

ánima f âme (du Purgatoire).

animación f 1. animation. 2. (*en una persona*) entrain m, allant m.

animado, a a 1. animé, e. 2. (*una persona*) plein, e d'entrain, en forme.

animador, a s animateur, trice.

animal a animal, e. ■ m animal, bête f: *animales domésticos,* ani-

maux domestiques. **-ada** f (*tonte-ría*) ânerie.

animar t 1. (*alentar*) animer. 2. encourager, stimuler. 3. mettre de l'animation dans. ■ pr 1. s'animer. 2. se décider: *animarse a hablar,* se décider à parler. | *¡anímate!,* allons, décide-toi!

ánimo m 1. esprit. 2. (*valor*) coura-ge: *¡ánimo!,* courage!; *recobrar ~,* reprendre courage. 3. (*brío*) allant. 4. intention f.

aniñado, a a enfantin, e.

aniquilar t anéantir.

anís m 1. anis. 2. (*licor*) anisette f.

anisado m anisette f.

aniversario m anniversaire.

anoche adv hier soir.

anochecer¹ impers commencer à faire nuit. ■ i arriver, se trouver à la tombée de la nuit.

anochecer² m crépuscule, tombée f de la nuit: *al ~,* à la tombée de la nuit.

anodino, a a anodin, e.

anomalía f anomalie.

anonadar t anéantir.

anónimo, a a/s anonyme. ■ m anonimato a/s anonymat.

anorak m anorak.

anormal a/s anormal: *niños anor-males,* enfants anormaux.

anotar t 1. annoter. 2. (*apuntar*) noter, prendre note de. 3. inscrire.

anquilosarse pr s'ankyloser.

ánsar m oie f.

ansia f 1. (*angustia*) angoisse, anxiété. 2. désir m, soif: *~ de inde-pendencia,* soif d'indépendance. | *espera con ~ las vacaciones,* il attend les vacances avec impatien-ce. 3. *comer con ~,* manger avec

avidité. **-ar** t désirer ardemment.
-edad f anxiété. **-oso, a** a 1.
anxieux, euse. 2. ~ **de, por,** impatient, e de: ~ **de llegar,** impatient
d'arriver.

anta f élan m.

antagon/ismo m antagonisme.
-ista a/s antagoniste.

antaño adv autrefois, jadis.

antártico, a a antarctique.

¹ante prep devant. | ~ **todo,** avant
tout.

²ante m (ciervo) élan.

anteayer adv avant-hier.

antebrazo m avant-bras.

antecámara f antichambre.

antecedente a/m antécédent, e. |
JUR **antecedentes penales,** casier
sing judiciaire.

antecesor, a s prédécesseur.

antecocina f office.

antedatar t antidater.

antelación f avance: **con ~,** à l'avance; **con dos semanas de ~,** deux
semaines à l'avance.

antemano (de) loc adv d'avance.

antena f antenne.

anteojo m lunette f. | ~ **de larga
vista,** longue-vue f. ■ pl (prismáticos) jumelles f.

antepasados m pl ancêtres.

antepecho m 1. parapet, garde-fou. 2. (de ventana) appui.

anterior a 1. antérieur, e. 2. précédent, e.

antes adv 1. avant, auparavant: **un
mes ~,** un mois avant. 2. ~ **de,**
avant: ~ **del sábado,** avant samedi;
~ **de nada,** avant tout. 3. ~ **que,**
avant: **mucho ~ que él,** bien avant
lui. 4. (más bien) plutôt: ~ **que quejarte,** plutôt que de te plaindre. 5.
lo ~ posible, le plus tôt possible. ■
conj mais plutôt. | ~ **bien,** bien au

contraire. ■ **de avant,** précédent, e:
el día ~, le jour d'avant.

antesala f antichambre.

antibiótico, a a/m antibiotique.

anticiclón m anticyclone.

anticipación f anticipation. | **con ~,**
en avance.

anticip/ar t 1. avancer la date de, le
moment de: ~ **su regreso,** avancer
la date de son retour. 2. (dinero)
avancer. 3. (predecir) assurer d'avance, prédire. ■ a pr 1. devancer. 2.
être en avance: **el verano se ha anticipado este año,** l'été est en avance
cette année. **-o** m avance f.

anticoncep/ción f contraception.
-tivo, a a/m contraceptif, ive.

anticongelante m antigel.

anticuado, a a 1. vieilli, e, désuet,
ète. 2. (pasado de moda) démodé, e.

anticuario m antiquaire.

antidepresivo m antidépresseur.

antideslizante a/m antidérapant.

antidisturbios a antiémeute.

antidopaje m antidopage.

antídoto m antidote.

antifaz m 1. masque. 2. (sólo para
los ojos) loup.

antiguamente adv autrefois.

antigüedad f 1. antiquité. 2. (en un
empleo) ancienneté. ■ pl **tienda de
antigüedades,** magasin d'antiquités.

antiguo, a a 1. ancien, enne. | **de ~,**
depuis longtemps. 2. (de la
Antigüedad) antique. ■ m ancien.

antillano, a a/s antillais, e.

Antillas n p f pl Antilles.

antílope m antilope f.

antip/atía f antipathie. **-ático, a** a
antipathique.

antípodas f pl **en las ~,** aux antipodes m pl.

antiquísimo, a *a* très ancien, enne.

antirrobo *m* antivol.

antisemita *a/s* antisémite.

antiséptico, a *a/m* antiseptique.

antiterrorista *a* antiterroriste.

antítesis *f* antithèse.

antoj/arse *pr* **1.** avoir envie de. **2.** avoir dans l'idée, sembler: **se me antoja que no vendrá,** j'ai dans l'idée qu'il ne viendra pas. **3.** paraître, sembler: **el porvenir se me antoja sombrío,** l'avenir me paraît sombre. **-adizo, a** *a* capricieux, euse. **-o** *m* caprice. | **a su ~,** à sa guise.

antología *f* anthologie.

Antonio *n p m* Antoine.

antorcha *f* torche, flambeau *m*.

ántrax *m* anthrax.

antropófago, a *a/s* anthropophage.

antropología *f* anthropologie.

anual *a* annuel, elle.

anuario *m* annuaire.

anudar *t* **1.** nouer. **2.** *(una cosa interrumpida)* renouer.

¹**anular** *m* annulaire.

²**anul/ar** *t* annuler. **-ación** *f* annulation.

Anunciación (la) *n p f* l'Annonciation.

anunci/ar *t* **1.** annoncer. **2.** faire de la publicité pour. **-ante** *m* annonceur. **-o** *m* **1.** annonce *f*. | **anuncios por palabras,** petites annonces. **2.** *(cartel)* affiche *f*. **3.** anuncios (publicitarios), publicités *f*; *(en televisión)* pubs *f*.

anuo, a *a* annuel, elle.

anverso *m* **1.** face *f*. **2.** *(de página)* recto.

anzuelo *m* hameçon.

añad/ir *t* ajouter. **-ido** *m* ajout. **-idura** *f* por ~, en outre.

añejo, a *a* vieux, vieille.

añicos *m pl* hacer ~, réduire en morceaux, en miettes.

añil *a/m* indigo.

año *m* **1.** an: **tiene doce años,** il a douze ans: **dentro de dos años,** dans deux ans. **2.** année *f*: **~ escolar,** année scolaire; **en el transcurso del ~,** dans le courant de l'année. | **~ nuevo,** nouvel an; **¡feliz ~ nuevo!,** bonne année! ■ *pl* **1.** années *f*: **los años 60,** les années 60. **2.** âge *sing*: **a mis años,** à mon âge: **¿cuántos años tienes?,** quel âge as-tu?

añor/ar *t* regretter. **-anza** *f* nostalgie, regret *m*.

aorta *f* aorte.

apabullar *t* **1.** accabler. **2.** *(asombrar)* sidérer.

apacible *a* paisible, calme.

apaciguar *t* apaiser.

apadrinar *t* **1.** servir de parrain, de témoin. **2.** *(proteger)* parrainer.

apag/ar *t* **1.** éteindre: **¡apaga la luz!,** éteins la lumière! **2.** *(un sonido, una rebelión)* étouffer. **3.** *(la sed)* étancher. **-ado, a** *a* **1.** *(persona, color)* éteint, e. **2.** *(sonido)* étouffé, e. **-ón** *m* panne *f* de courant, coupure *f* d'électricité.

apalabrar *t* **1.** régler verbalement. **2.** *(contratar)* engager.

apalear *t* *(golpear)* battre.

apañ/ar *t* arranger. ■ *FAM* **apañárselas,** se débrouiller. **-ado, a** *a* *FAM* **1.** habile. **2.** pratique. **3.** **¡estamos apañados!,** nous voilà frais!

aparador *m* *(mueble)* buffet.

aparato *m* appareil.

aparatoso, a *a* **1.** impressionnant, e. **2.** spectaculaire.

aparc/ar t garer. ■ i se garer: **he aparcado delante del hotel**, je me suis garé devant l'hôtel. | **prohibido ~**, défense de stationner. **-amiento** m **1.** (acción) stationnement. **2.** parking: **~ subterráneo**, parking souterrain.

aparear t accoupler.

aparec/er° i **1.** apparaître. **2.** paraître: **artículo aparecido en un periódico**, article paru dans un journal. **-ido** m revenant.

aparejo m MAR gréement.

aparentar t **1.** feindre. **2.** (+ infinitivo) faire semblant de. **3.** faire: **no aparenta 60 años**, il ne fait pas 60 ans.

aparente a apparent, e.

aparición f apparition.

apariencia f apparence.

apartadero m **1.** voie f de garage. **2.** refuge.

apartado, a a à l'écart. ■ **1.** paragraphe, alinéa. **2.** **~ de correos**, boîte f postale.

apartamento m appartement.

apartar t **1.** écarter. **2.** **~ los ojos**, détacher les yeux. **3.** mettre de côté. ■ pr **1.** s'écarter, s'éloigner. **2.** se retirer. **3.** **¡apártate de en medio!**, ôte-toi de là!

aparte adv de côté, à part. | **~ de eso, eso ~**, cela mis à part, à part cela. ■ m **1.** aparté. **2.** **punto y ~**, point à la ligne.

apasion/ar t passionner. ■ **apasionarse por**, se passionner pour. **-ante** a passionnant, e.

ap/atía f apathie. **-ático, a** a apathique.

ape/arse pr descendre. **-adero** m (para viajeros) halte f.

apedrear t lancer des pierres sur, lapider.

apeg/arse pr s'attacher. **-o** m attachement.

apel/ar t JUR faire appel. **-ación** f appel m.

apelmazar t comprimer, tasser, presser.

apellid/o m nom (de famille). **-arse** pr s'appeler.

apenar t peiner, faire de la peine à.

apenas adv à peine. | **~ si**, c'est à peine si; **~ había acabado cuando...**, à peine avait-il fini que...

apéndice m appendice.

apendicitis f appendicite.

apercibir t **1.** préparer. **2.** avertir.

aperitivo m apéritif.

aperos m pl instruments, outils.

apertura f ouverture.

apestar i empester, puer: **~ a gasolina**, puer l'essence.

apetec/er° i faire envie, avoir envie: **no me apetece salir hoy**, je n'ai pas envie de sortir aujourd'hui. | **si le apetece**, si ça vous fait envie, vous dit. **-ido, a** a désiré, e, souhaité, e.

apetit/o m appétit. **-oso, a** m appétissant, e.

apiadarse pr **1.** **~ de**, s'apitoyer sur. **2.** **apiádate de nosotros**, aie pitié de nous.

ápice m **un ~**, un rien.

apicult/ura f apiculture. **-or** m apiculteur.

apilar t empiler.

apiñarse pr s'entasser, se presser.

apio m céleri.

apisonar t tasser.

aplacar t apaiser.

aplast/ar t **1.** aplatir. **2.** (fruta, pie, etc.) écraser. **3.** (a un adversario) écraser. **-ante** a écrasant, e.

aplau/dir i applaudir. **-so** m applaudissement.

aplaz/ar t ajourner, remettre, différer. **-amiento** m ajournement.
aplic/ar t appliquer. ■ pr s'appliquer. **-ación** f application.
aplique m (lámpara) applique f.
aplomo m 1. sérieux, pondération f. 2. (verticalidad) aplomb.
apocado, a a timide.
apocalipsis m apocalypse f.
apodar t surnommer.
apoderarse pr s'emparer. **-ado** m 1. fondé de pouvoir. 2. (de un artista) imprésario.
apodo m surnom.
apogeo m apogée.
apolillado, a a mité, e.
Apolo n p m Apollon.
apología f apologie.
apopl/ejía f apoplexie. **-éctico, a** a/s apoplectique.
aporrear t cogner sur.
aport/ar t apporter. **-ación** f apport m.
aposent/ar t loger. **-o** m chambre f.
aposición f apposition.
apósito m pansement.
aposta adv à dessein, exprès.
apostar° t parier: **apuesto a que...**, je parie que... ■ pr **¿qué te apuestas a que...?**, qu'est-ce que tu paries que...?
apóstata m apostat.
apóstol m apôtre.
apostólico, a a apostolique.
apóstrofe m/f apostrophe f.
apóstrofo m (signo) apostrophe f.
apoteosis f apothéose.
apoy/ar t appuyer. ■ **apoyarse en un bastón**, s'appuyer sur une canne. **-o** m appui.
apreci/ar t 1. apprécier. 2. distinguer, percevoir. **-able** a appréciable. **-ación** f appréciation. **-o** m estime f.

aprehen/der t 1. (persona) appréhender, arrêter. 2. (alijo) saisir. **-sión** f 1. capture. 2. saisie.
apremi/ar t/i presser. **-ante** a pressant, e. **-o** m contrainte f.
aprend/er t apprendre: **aprendió el italiano en Roma**, il a appris l'italien à Rome. **-iz, a** s apprenti, e. **-izaje** m apprentissage.
aprens/ión f appréhension, peur. **-ivo, a** a/s craintif, ive.
apresar t capturer.
apresur/ar t hâter. ■ **apresurarse a**, se hâter, s'empresser de, se dépêcher de. **-adamente** adv à la hâte. **-amiento** m hâte f, empressement.
apret/ar° t 1. serrer. 2. (gatillo, botón) appuyer sur. 3. ~ **el paso**, presser le pas. **-ón** m ~ **de manos**, poignée f de main. **-ujar** f FAM serrer, écraser. **-uras** f pl bousculadas.
aprieto m embarras, gêne f.
aprisa adv vite.
aprisionar t emprisonner.
aprob/ar° t 1. approuver: **apruebo tu idea**, j'approuve ton idée. 2. (un examen) réussir. 3. (a un candidato) recevoir: **salir aprobado**, être reçu. **-ación** f approbation. **-ador, a** a approbateur, trice.
apropi/arse pr ~ **de**, s'approprier. **-ado, a** a approprié, e.
aprovech/ar t ~ **la ocasión**, profiter de l'occasion; **aprovechó que su padre estaba ausente**, il a profité de ce que son père était absent. ■ i **¡que aproveche!**, bon appétit! 2. faire des progrès. ■ i/pr en profiter. ■ pr profiter. **-ado, a** a (alumno) appliqué, e. ■ s profiteur, euse. **-amiento** m profit.
aproxim/arse pr 1. ~ **a**, s'approcher de. 2. (fecha) approcher.

-ación f 1. approximation. 2. (acercamiento) rapprochement m. **-ado, a, -ativo, a** a approximatif, ive.

apt/o, a a ~ **para**, apte à. | ~ **para el servicio militar**, bon pour le service. **-itud** f aptitude.

apuesta f pari m.

apuntación f note.

apuntador m (teatro) souffleur.

apuntalar t étayer.

apunt/ar t 1. (un arma) pointer, braquer. 2. (el blanco) viser. 3. montrer. 4. (anotar) noter, prendre note de. 5. signaler, indiquer, faire remarquer. ■ i 1. (el día) poindre. 2. commencer à pousser, à se manifester. 3. (arma) mettre en joue. | ¡apunten! ¡armas!, en joue, feu! ■ pr (en una lista) s'inscrire. **-e** m note f: **tomar apuntes**, prendre des notes.

apur/ar t 1. (agotar) épuiser. 2. finir. 3. (apremiar) pousser. ■ pr 1. s'inquiéter, s'en faire: **no se apura por nada**, il ne s'en fait pas du tout. 2. AMER se dépêcher. **-ado, a** a 1. dans l'embarras. 2. (de dinero) gêné, e. **-o** m 1. embarras, gêne f: **estar en un ~**, être dans l'embarras. 2. AMER (prisa) hâte f.

aquejar t affliger. | **aquejado de**, atteint de, frappé de, affligé de.

¹**aquel, lla, llos, llas** a dem ce, cet, cette, ces (-là): **aquella montaña**, cette montagne; **en ~ tiempo**, en ce temps-là. ■ m **un ~**, un petit quelque chose.

²**aquél, lla, llos, llas** pron dem celui-là, celle-là, ceux-là, celles-là.

aquello pron dem cela, ça.

aquí adv ici. | **he ~, está**, voici; ~ **estoy**, me voici; **de ~ a poco**, d'ici peu; **de ~ en adelante**, désormais.

árabe a/s arabe.

arabesco m arabesque f.

Arabia n p f Arabie.

arábigo, a a/m arabe: **cifras arábigas**, chiffres arabes.

arado m charrue f.

aragonés, esa a/s aragonais, e.

arancel m tarif douanier. **-ario, a** a douanier, ère.

arándano m myrtille f.

arandela f rondelle.

araña f 1. araignée. 2. (lámpara) lustre m.

arañ/ar t 1. (con las uñas) griffer. 2. (raspar) égratigner, érafler, écorcher. **-azo** m 1. coup de griffe. 2. égratignure f.

arar t labourer.

arbitr/ar t arbitrer. **-aje** m arbitrage. **-ario, a** a arbitraire. **-ío** m 1. volonté f. 2. (capricho) bon vouloir.

árbitro m arbitre.

árbol m 1. arbre. 2. (en un barco) mât.

arbol/ado m bois. **-eda** f bois m. **-illo** m arbrisseau.

arbotante m arc-boutant.

arbusto m arbuste.

arca f 1. coffre m. 2. **el ~ de Noé**, l'arche de Noé.

arcaico, a a archaïque.

arce m érable.

arcén m accotement, bas-côté.

archiduque m archiduc.

archipiélago m archipel.

archiv/o m archives f pl. **-ar** t 1. classer. 2. (arrumbar) mettre au rancart. **-ero, a** s archiviste.

arcilla f argile.

arco m 1. arc: ~ **de triunfo**, arc de triomphe; **tirar con ~**, tirer à l'arc. 2. (de violín) archet. 3. ~ **iris**, arc-en-ciel.

arder i brûler. | ~ **en deseos**, brûler d'envie.

ardid m ruse f.

ardiente *a* ardent, e.

ardilla *f* écureuil *m*.

ardor *m* **1.** ardeur *f*. **2.** (*de estómago*) brûlure *f*.

arduo, a *a* ardu, e.

área *f* **1.** aire. **2.** zone.

arena *f* **1.** sable *m*. **2.** (*redondel*) arène.

areng/a *f* harangue. **-ar** *t* haranguer.

arenisca *f* grès *m*.

arenoso, a *a* sablonneux, euse.

arenque *m* hareng.

argamasa *f* mortier *m*.

Argel *n p* Alger. **-ia** *n p f* Algérie.

argelino, a *a/s* algérien, enne.

Argentina *n p f* Argentine.

argentino, a *a/s* argentin, e.

argolla *f* anneau *m*.

argot [argot] *m* argot.

argumento *m* **1.** argument. **2.** (*de película*) scénario.

aridez *f* aridité.

árido, a *a* aride. ■ *m pl* grains.

Aries *m* ASTR Bélier.

arisco, a *a* farouche, sauvage.

arista *f* arête.

arist/ocracia *f* aristocratie. **-ócrata** *s* aristocrate. **-ocrático, a** *a* aristocratique.

Aristóteles *n p m* Aristote.

aritmética *f* arithmétique.

arlequín *m* arlequin.

arma *f* arme: ~ de fuego, arme à feu; **tomar las armas**, prendre les armes.

armada *f* flotte, marine de guerre.

armadía *f* train *m* de bois.

armadillo *m* tatou.

armador *m* armateur.

armadura *f* **1.** armure. **2.** (*armazón*) armature. **3.** (*de un tejado*) charpente.

armar *t* **1.** armer. **2.** (*máquina, mueble, tienda de campaña*) monter. **3.** ~ jaleo, un escándalo, faire du tapage, un scandale. | **armarla**, faire un éclat.

armario *m* armoire *f*: ~ de luna, armoire à glace. | ~ empotrado, placard.

armazón *f/m* armature *f*, charpente *f*, carcasse *f*.

armella *f* piton *m*.

armero *m* armurier.

armiño *m* hermine *f*.

armonía *f* harmonie.

armónica *f* harmonica *m*.

armonio *m* harmonium.

armonioso, a *a* harmonieux, euse.

armonizar *t* harmoniser. ■ i s'harmoniser, être en harmonie: **colores que armonizan**, couleurs qui s'harmonisent.

arneses *m pl* harnais.

árnica *f* arnica *f*.

aro *m* **1.** cerceau. **2.** anneau.

arom/a *m* **1.** arôme. **2.** parfum. **-ático, a** *a* aromatique. **-atizar** *t* aromatiser.

arpa *f* harpe.

arpegio *m* arpège.

arpista *s* harpiste.

arpón *m* harpon.

arque/ar *t* **1.** arquer, courber. **2.** MAR jauger. **-o** *m* **1.** courbure *f*. **2.** MAR jauge *f*.

arque/ología *f* archéologie. **-ólogo, a** *s* archéologue.

arquero *m* archer.

arquitect/o, a *s* architecte. **-ura** *f* architecture.

arrabal *m* faubourg.

arraigar *i* s'enraciner, prendre racine. ■ *pr* se fixer.

arramblar *t* FAM ~ con todo, tout rafler.

arran/car t arracher. ■ i **1.** *(vehículo)* démarrer: **el coche arranca**, l'auto démarre. **2.** *(proceder)* provenir. **-cada** f démarrage m brusque. **-que** m **1.** démarrage. | **motor de ~**, démarreur. **2.** *(impulso)* élan. **3.** *(comienzo)* début. | **punto de ~**, point de départ. **4.** base f.

arrasar t *(destruir)* raser, dévaster. ■ i **1.** *(el cielo)* s'éclaircir. **2.** FAM faire un tabac.

arrastr/ar t **1.** traîner. **2.** *(llevar consigo, acarrear)* entraîner: **~ en su caída**, entraîner dans sa chute. ■ i traîner. ■ pr se traîner. **-ado, a** a/s misérable.

arrayán m myrte.

arrear t FAM *(dar)* flanquer. ■ i FAM se dépêcher, se grouiller: **¡arrea!**, grouille-toi!

arrebat/ar t **1.** arracher. **2.** FIG entraîner. ■ pr s'emporter. **-o** m **1.** emportement. **2.** *(de cólera, etc.)* accès, crise f.

arrechucho m FAM malaise.

arreciar i redoubler (de violence).

arrecife m récif.

arregl/ar t **1.** arranger. **2.** réparer. **3.** *(ordenar)* ranger. ■ **arreglárselas**, se débrouiller, s'arranger, s'y prendre. **-o** m arrangement. | **con ~ a**, conformément à.

arremangarse pr retrousser.

arremet/er i **~ contra**, foncer sur; FIG attaquer, s'en prendre à. **-ida** f attaque.

arremolinarse pr **1.** tourbillonner. **2.** *(la gente)* se rassembler.

arrendajo m geai.

arrend/ar° t louer. **-amiento** m **1.** location f. **2.** *(contrato)* bail. **-atario, a** a/s locataire.

arreos m pl harnais.

arrepent/irse° pr se repentir. **-imiento** m repentir.

arrestar t MIL mettre aux arrêts.

arresto m détention f. ■ pl audace f sing.

arriate m plate-bande f.

arriba adv **1.** en haut. | **allá ~**, là-haut; **de ~ abajo**, de haut en bas. **2.** **más ~ de veinte**, plus de vingt; **véase más ~**, voir ci-dessus. **3.** **calle, cuesta ~**, en montant la rue, la côte. **4.** **¡arriba!**, debout!, courage!; **¡manos ~!**, haut les mains!

arriendo m location f.

arriero m muletier.

arriesgar t risquer.

arrimar t **1.** *(acercar)* approcher. **2.** appuyer. **3.** FIG abandonner. ■ **arrimarse**, s'approcher de, s'appuyer contre.

arrinconar t **1.** mettre au rebut. **2.** *(a alguien)* délaisser.

arroba f INFORM arrobas.

arrobamiento m extase f.

arrodillarse pr s'agenouiller, se mettre à genoux.

arrogan/cia f arrogance. **-te** a arrogant, e.

arroj/ar t **1.** lancer. **2.** jeter. **3.** *(lava)* cracher. **4.** *(a alguien)* chasser. **5.** faire apparaître: **el balance arroja un saldo negativo**, le bilan fait apparaître un solde négatif; **~ una suma muy alta**, atteindre une somme très élevée. ■ pr se jeter, se lancer. **-o** m audace f.

arroll/ar t **1.** enrouler. **2.** *(arrastrar)* entraîner. **3.** renverser: **el ciclista fue arrollado por un coche**, le cycliste a été renversé par une voiture. **-ador, a** a **1.** irrésistible. **2.** **éxito**, succès retentissant.

arropar t couvrir.

arrostrar t affronter.

arroyo m ruisseau.

arroz m riz. **-al** m rizière f.

arrug/a f 1. (en la piel) ride. 2. (en la ropa) pli m. **-ar** t 1. rider. 2. (el entrecejo) froncer. 3. (ropa, papel) chiffonner, froisser.

arruinar t ruiner. ■ pr se ruiner.

arrullar i roucouler. ■ t (a un niño) endormir (en chantant).

arrumbar t mettre au rebut, au rancart.

arsenal m arsenal.

arsénico m arsenic.

arte m/f 1. art m. 2. ~ de pesca, engin m de pêche. ■ pl las bellas artes, les beaux-arts.

artefacto m engin.

arteri/a f artère. **-al** a artériel, elle.

artesa f pétrin m.

artesan/o, a s artisan, e. **-al** a artisanal, e. **-ía** f artisanat m. | de ~, artisanal, e.

artesonado m plafond à caissons.

ártico, a a arctique.

articul/ar t articuler. **-ación** f articulation.

artículo m article.

artífice m auteur, artiste.

artifici/o m artifice. **-al** a artificiel, elle. | fuegos artificiales, feu sing d'artifice.

artiller/ía f artillerie. **-o** m artilleur.

art/ista s artiste. **-ístico, a** a artistique.

artritis f arthrite.

arveja f AMER petit pois m.

arzobispo m archevêque.

as m as.

asa f 1. (de vasija) anse. 2. (de maleta) poignée.

asad/o m rôti. **-or** m rôtissoire f.

asaduras f pl abats m.

asalariado, a a/s salarié, e.

asalt/ar t assaillir, attaquer: ~ un banco, attaquer une banque. **-ante** a/s assaillant, e. **-o** m 1. assaut. 2. (en la calle) agression f.

asamblea f assemblée.

asar t 1. rôtir. 2. (en una parrilla) griller. ■ pr cuire, rôtir.

ascen/der° i 1. monter. 2. s'élever: los daños ascienden a un millón, les dégâts s'élèvent à un million. 3. monter en grade. ■ t ~ a capitán, élever au grade de capitaine. **-dencia** f ascendance. **-diente** m ascendant. **-sión** f ascension: la Ascensión, l'Ascension. **-so** m (promoción) avancement.

ascensor m ascenseur. **-ista** m liftier.

as/ceta s ascète. **-cético, a** a ascétique. **-cetismo** m ascétisme.

asco m dégoût. | dar ~, dégoûter; ¡da ~!, c'est dégoûtant!; hacer ascos, faire le dégoûté; tomar ~ a algo, prendre quelque chose en horreur.

ascua f charbon m ardent. | FIG estar en ascuas, être sur des charbons ardents.

ase/ar t nettoyer. **-ado, a** a (limpio) propre, soigné, e.

asechanza f embûche.

asedi/ar t assiéger. **-o** m siège.

asegur/ar t assurer. ■ asegurarse contra robo, s'assurer contre le vol. **-ado, a** s assuré, e. **-ador** m assureur.

asemejar t faire ressembler. ■ asemejarse a, ressembler à.

asenso m assentiment.

asent/ar° t 1. établir. 2. (anotar) inscrire. ■ pr s'établir, s'installer. **-amiento** m établissement.

asentir° i acquiescer.

aseo m 1. toilette f: **cuarto de ~**, cabinet de toilette. | **el ~**, les toilettes. 2. (limpieza) propreté f. 3. (pulcritud) soin. ■ pl toilettes f.

aséptico, a a aseptique.

asequible a 1. accessible. 2. (precio) abordable.

aserr/ar° t scier. **-adero** m scierie f. **-ín** f sciure f.

asesin/ar t assassiner. **-ato** m assassinat. **-o** m assassin.

asesor m conseil. **-ar** t conseiller.

asestar t 1. (dirigir) braquer. 2. (un golpe) assener.

asfalto m asphalte.

asfixi/a f asphyxie. **-ar** t asphyxier.

así adv 1. ainsi: **~ es como actuaría yo**, c'est ainsi que j'agirais; **por decirlo ~**, pour ainsi dire. | **~ es**, c'est comme ça; **~ ~**, comme ci, comme ça; **~ como**, comme ça; **~ de alto**, haut comme ça. 2. (de modo que) **~ pues**, **~ que**, aussi, alors, ainsi donc. 3. (aunque) même si.

Asia n p f Asie.

asiático, a a/s asiatique.

asidero m FIG appui, soutien.

asiduo/o, a a assidu, e. **-idad** f assiduité.

asiento m 1. siège. | **tomar ~**, s'asseoir, prendre un siège. 2. (localidad) place f. 3. base f. 4. (de las vasijas) fond.

asign/ar t 1. assigner. 2. (dinero) allouer. **-ación** f 1. attribution. 2. allocation. **-atura** f matière (d'enseignement).

asilo m asile.

asimilar t assimiler.

asimismo adv de même.

asir° t saisir, prendre. ■ **asirse de, a**, s'accrocher à. | **iban asidos del brazo**, ils allaient bras dessus, bras dessous.

asist/ir i/t assister. ■ t **~ a un herido**, soigner un blessé. **-encia** f assistance. | **~ médica**, soins m pl. **-enta** f (criada) femme de ménage. **-ente** s assistant, e: **la ~ social**, l'assistante sociale. ■ pl **había numerosos asistentes**, il y avait une assistance nombreuse. **-ido, a** a assisté, e.

asm/a f asthme m. **-ático, a** a/s asthmatique.

asno m âne.

asoci/ar t associer. **-ación** f association. **-ado, a** a/s associé, e.

asolar° t dévaster.

asomar i apparaître, se montrer. ■ **asomarse a la ventana**, se mettre à la fenêtre; **es peligroso asomarse a la ventanilla**, il est dangereux de se pencher au-dehors.

asombr/ar t étonner, stupéfier. | **quedarse asombrado**, être stupéfait. **-o** m surprise f, étonnement. **-oso, a** a étonnant, e.

asomo m soupçon. | **un ~ de malicia**, une pointe de malice; **ni por ~**, en aucune manière.

aspa f 1. croix en forme d'x. 2. (de molino) aile.

aspavientos m pl simagrées f.

aspecto m 1. aspect, air. 2. (cara) mine f.

aspereza f 1. rugosité. 2. (al gusto) âpreté. 3. (del terreno) aspérité. 4. FIG rudesse.

asperjar t asperger.

áspero, a a 1. (al tacto) rugueux, euse. 2. (al gusto) âpre. 3. FIG bourru, e.

asperón m grès.

aspir/ar t/i aspirer. **-ación** f aspiration. **-ador** m, **-adora** f aspirateur m.

aspirina f aspirine.

asquear t dégoûter. **-roso, a** a dégoûtant, e.

asta f 1. (de bandera) hampe. | a media ~, en berne. 2. (de toro) corne. **-do-** m taureau.

asterisco m astérisque.

astilla f éclat m, écharde.

astillero m chantier naval.

astracán m astrakan.

astro m astre. **astrología** f astrologie. **-ólogo, a** s astrologue. **astronomía** f astronomie. **-onómico, a** a astronomique. **-ónomo** m astronome. **astronauta** s astronaute. **-áutica** f astronautique.

Asturias n p pl Asturies. **astuto/a, a** 1. astucieux, euse. 2. malin, igne, rusé, e. **-cia** f astuce, ruse.

asueto m congé.

asumir t assumer.

Asunción f la ~, l'Assomption.

asunto m 1. (tema) sujet. 2. (incumbencia) affaire f. | Asuntos Exteriores, Affaires étrangères.

asustar t effrayer, faire peur. ■ pr avoir peur: no se asusta del agua, il n'a pas peur de l'eau.

atabal m timbale f.

atacar t attaquer.

atado m paquet.

atadura f 1. attache. 2. (esquíes) fixation.

atajar 1. barrer le chemin. 2. (detener) arrêter, enrayer: ~ una epidemia, enrayer une épidémie. 3. interrompre, couper la parole. **-o-** m raccourci.

atalaya f tour de guet.

atañer i concerner.

ataque m 1. attaque f. 2. ~ de nervios, cardíaca, de risa, crise f de nerfs, cardíaque, de fou rire.

atar t 1. attacher. 2. (anudar) nouer. ■ atarse los zapatos, lacer ses chaussures.

atardecer m al ~, à la tombée du jour.

atareado, a a occupé, e, affairé, e.

atascar t (una cañería) boucher. **-o-** m (de vehículos) engorger. ■ embouteillage, bouchon.

ataúd m cercueil.

atavío m toilette f.

ateísmo m athéisme.

atemorizar t effrayer.

Atenas n p Athènes.

atención f attention: llamar la ~, attirer l'attention. | en ~ a, eu égard a, compte tenu de.

atender t 1. s'occuper de: ¿le atienden?, on s'occupe de vous? 2. écouter. 3. ~ las necesidades, répondre aux besoins, satisfaire les besoins. ■ i 1. faire attention, être attentif, ive. 2. tenir compte de. **atenerse** pr s'en tenir.

atentado m attentat: ~ con bomba, attentat à la bombe.

atentar i ~ contra, attenter à.

atento, a a 1. attentif, ive. 2. (amable) prévenant, e. ■ f (carta) su atenta, votre honorée.

atenuar t atténuer.

ateo, a a/s athée.

aterido, a a transi, e, gelé, e.

aterrar t terrifier.

aterrizar i atterrir. **-aje** m atterrissage.

aterrorizar t terroriser.

atestar t attester. **-ado** m 1. attestation f. 2. procès-verbal, constat.

atestar ¹ (llenar) bourrer, remplir | tren atestado de gente, train bondé.

atestiguar t attester, témoigner.

atiborrarse pr se bourrer, se gaver.

ático m dernier étage d'un immeuble.

atinar t 1. ~ con, trouver. 2. (acertar) deviner. 3. (lograr) réussir.

atisbar t 1. (acechar) guetter. 2. (vislumbrar) entrevoir. **-o** m lueur f, trace f, soupçon.

atizar t (avivar) attiser. 2. FAM (golpe) flanquer.

atlántico, a a atlantique. | océano Atlántico, océan Atlantique.

atlas m atlas.

atleta s athlète. **-ético, a** a athlé-tique. **-etismo** m athlétisme.

atmósfera f atmosphère. **-osféri-co, a** a atmosphérique.

atolladero m bourbier.

atolón m atoll.

atolondrado, a a étourdi, e, écer-velé.

atómico, a a atomique.

átomo m atome.

atomizador m atomiseur.

atónito, a a stupéfait, e.

atontar t étourdir.

atormentar t tourmenter.

atornillar t visser.

atracador m voleur à main armée, gangster.

atracar t (para robar) attaquer. ■ i MAR accoster. ■ pr (hartarse) se bour-rer, se gaver.

atracción f attraction.

atraco m hold-up, vol à main armée.

atraer t attirer. **-ctivo, a** a atti-rant, e, attrayant, e. ■ m attrait.

atragantarse pr 1. s'étrangler. 2. FIG se troubler.

atrancar t 1. (puerta) barricader. 2. (conducto) boucher.

atrapar t attraper.

atrás adv 1. derrière, en arrière | ¡atrás!, restez en arrière | dar un paso ~, faire un pas en arrière | quedarse ~, rester en arrière | hacia ~, en arrière. 2. días ~, quel-ques jours plus tôt | tres años ~, il y a trois ans.

atrasar t retarder. ■ i mi reloj atra-sa un minuto, ma montre retarde d'une minute. ■ pr être en retard. **-ado, a** a 1. en retard. 2. (país) arriéré, e. **-o** m retard.

atravesar t traverser. ■ pr se met-tre en travers.

atrayente a attrayant, e.

atreverse pr oser: no me atrevo a saltar, je n'ose pas sauter. **-ido, a** a 1. audacieux, euse. 2. (indecoroso) osé, e. **-imiento** m 1. hardiesse f. 2. insolence f.

atribuir t attribuer. **-ción, -to** m attri-bution.

atril m pupitre.

atrocidad f atrocité.

atropellar t 1. (un vehículo) renver-ser. 2. (empujar) bousculer. ■ pr se bousculer. **-adamente** adv avec précipitation. **-o** m 1. bousculade f. 2. accident.

atroz a atroce.

atún m thon.

aturdir t 1. (turbar) étourdir. 2. abasourdir, déconcerter. **-idor, -idora** a étourdissant, e. **-imiento** m étourdissement.

audacia f audace. **-az** a audacieux, euse.

audible a audible.

audición f audition.

audiencia f 1. audience. 2. ~ terri-torial, cour d'appel.

audífono m appareil auditif.

audiovisual *a* audiovisuel, elle.

auditivo, a *a* auditif, ive.

auditorio *m* **1.** auditoire. **2.** *(sala)* auditorium.

auge *m* **1.** apogée. **2.** *(económico)* essor.

augurar *t* augurer, présager.

aula *f* **1.** salle. **2.** *(de universidad)* amphithéâtre *m*.

aulaga *f* ajonc *m*.

aull/ar *i* hurler. **-ido** *m* hurlement.

aument/ar *t/i* augmenter. **-o** *m* augmentation *f*.

¹aun *adv* même: ni ~, pas même. | ~ cuando, même si, quand bien même.

²aún *adv* encore: ~ es joven, il est encore jeune; ~ no, pas encore.

aunar *t* unir.

aunque *conj* quoique, bien que (+ *subjuntivo francés*), même si (+ *indicativo francés*): ~ es joven, bien qu'il soit jeune; ~ llueva, même s'il pleut.

aureola *f* auréole.

auricular *a/m* auriculaire. ■ *m (de teléfono)* écouteur.

aurora *f* aurore.

auscult/ar *t* ausculter. **-ación** *f* auscultation.

ausencia *f* absence: en ~ de, en l'absence de.

ausent/e *a/s* absent, e. **-arse** *pr* s'absenter.

auspicios *m pl* auspices.

auster/o, a *a* austère. **-idad** *f* austérité.

austral *a* austral, e.

Australia *n p f* Australie.

australiano, a *a/s* australien, enne.

Austria *n p f* Autriche.

austríaco, a *a/s* autrichien, enne.

aut/éntico, a *a* authentique. **-enticidad** *f* authenticité.

¹auto *m (de un juez)* arrêt.

²auto *m (coche)* auto *f*.

autoadhesivo, a *a* autocollant, e.

autobiografía *f* autobiographie.

autobús *m* autobus.

autocar *m* autocar, car.

autócrata *m* autocrate.

autóctono, a *a/s* autochtone.

autodidacta *a/s* autodidacte.

autódromo *m* autodrome.

autoescuela *f* auto-école.

autoestop ⇒ **autostop.**

autógrafo, a *a/m* autographe.

aut/ómata *m* automate. **-omático, a** *a* automatique. ■ *m* bouton-pression. **-omatismo** *m* automatisme. **-omatización** *f* automatisation. **-omatizar** *t* automatiser.

automotor *m* automotrice *f*, autorail.

auto/móvil *a* automobile. ■ *m* automobile *f*. **-movilista** *s* automobiliste. **-movilístico, a** *a* automobile.

aut/ónomo, a *a* **1.** autonome. **2.** *(trabajador)* indépendant, e. **-onomía** *f* autonomie. **-onómico, a** *a* autonome. **-onomista** *a/s* autonomiste.

autopista *f* autoroute.

autopsia *f* autopsie.

autor, a *s* auteur *m*.

autori/dad *f* autorité. **-tario, a** *a* autoritaire.

autorización *f* autorisation.

autorizar *t* **1.** autoriser: ~ para, autoriser à. **2.** légaliser.

autorradio *f* autoradio *m*.

autorretrato *m* autoportrait.

autoservicio *m* libre-service, self-service.

autostop *m* auto-stop: **hacer ~**, faire de l'auto-stop.

autovía *m* autorail. ■ *f* route à chaussées séparées, à quatre voies.

¹**auxiliar** *a/s* auxiliaire. ■ *a* *(mueble)* d'appoint. ■ *m* **1.** *(profesor)* assistant. **2. ~ de vuelo**, steward.

²**auxili/ar** *t* aider, porter secours à. **-o** *m* secours, aide *f*. | **¡auxilio!**, au secours!, à l'aide!

aval *m* **1.** aval. **2.** garantie *f*.

avalancha *f* avalanche.

avalar *t* avaliser, cautionner, garantir.

avance *m* **1.** avance *f*. **2.** progrès. **3.** *(radio, televisión)* sélection *f*, flash (d'information).

avanzar *t/i* avancer.

avar/o, a *a/s* avare. **-icia** *f* avarice.

avasallar *t* asservir.

ave *f* oiseau *m*. | **aves de corral**, oiseaux de basse-cour, volailles.

AVE *m* TGV.

avecinarse *pr* approcher, être imminent, e.

avellan/a *f* noisette. **-o** *m* noisetier.

avena *f* avoine.

avenencia *f* accord *m*.

avenida *f* **1.** *(calle)* avenue. **2.** *(de un río)* crue.

avenirse° *pr* **1.** se mettre d'accord. **2.** s'entendre: **se avienen bien**, ils s'entendent bien. **3. ~ a hacer...**, consentir à faire...

aventajar *t* **1.** *(dejar atrás)* dépasser. **2.** avantager.

aventur/a *f* aventure. **-ado, a** *a* risqué, e. **-arse** *pr* s'aventurer. **-ero, a** *s* aventurier, ère.

avergonz/ar° *t* faire honte. ■ *pr* avoir honte. **-ado, a** *a* honteux, euse.

aver/ía *f* **1.** *(motor, electricidad, etc.)* panne. **2.** MAR avarie. **-iado, a** *a* **1.**

en panne: **el ascensor está ~**, l'ascenseur est en panne. **2.** avarié, e. **-iarse** *pr* **1.** tomber en panne: **se ha averiado el televisor**, le téléviseur est tombé en panne. **2.** *(estropearse)* s'abîmer.

averiguar *t* **1.** rechercher, enquêter sur. **2.** découvrir, mettre au clair.

aversión *f* aversion: **tener ~ a**, avoir en aversion.

avestruz *f* autruche.

avia/ción *f* aviation. **-dor, a** *s* aviateur, trice.

aviar *t* **1.** arranger. **2.** préparer. **3.** *(sacar de apuros)* dépanner. ■ *pr* se débrouiller.

avicultura *f* aviculture.

avidez *f* avidité.

ávido, a *a* avide.

avieso, a *a* méchant, e.

avío *m* **1.** préparatifs *pl*. **2.** provisions *f pl*. ■ *pl* ustensiles, affaires *f*.

avión *m* avion.

avioneta *f* avion *m* de tourisme.

avis/ar *t* prévenir: **avísame**, préviens-moi; **~ al médico**, prévenir le médecin. **-o** *m* **1.** avis. | **sin previo ~**, sans préavis. **2.** *(advertencia)* avertissement.

avisp/a *f* guêpe. **-ado, a** *a* vif, vive. **-ero** *m* guêpier. **-ón** *m* frelon.

avivar *t* *(colores)* raviver.

axila *f* aisselle.

axioma *m* axiome.

¡ay! interj 1. *(dolor)* aïe! **2.** *(sobresalto)* oh là là! **3.** *(aflicción)* hélas! | **~ de mí**, pauvre de moi!

aya *f* gouvernante.

ayer *adv* hier: **~ (por la) noche**, hier soir; **antes de ~**, avant-hier.

ayo *m* précepteur.

ayud/ar *t* aider: **ayúdame, por favor**, aide-moi, s'il te plaît. ■ *pr* **1.** s'aider. **2.** *(mutuamente)* s'entraider.

-a f aide. | **~ mutua**, entraide. **-ante, a** s assistant, e, aide, auxiliaire. | **~ sanitario**, aide-soignant, infirmier.

ayun/o m jeûne. **-ar** i jeûner. **-as (en)** loc adv estar en ~, être à jeun; FIG ne pas être au courant.

ayuntamiento m **1.** conseil municipal. **2.** (edificio) hôtel de ville, mairie f.

azabache m jais.

azad/a f houe. **-ón** m houe f.

azafata f **1.** (avión) hôtesse de l'air. **2.** (congresos, ferias) hôtesse.

azafrán m safran.

azahar m fleur f d'oranger.

azalea f azalée.

azar m hasard: al ~, au hasard.

azararse pr se troubler.

azogue m mercure.

azorar t troubler.

Azores n p f pl Açores.

azot/ar t **1.** fouetter. **2.** (golpear, causar daño) frapper. **-aina** f volée, raclée. **-e** m **1.** fouet. **2.** FIG fléau.

azotea f terrasse.

azteca a/s aztèque.

azúcar m/f sucre m: terrón de ~, morceau de sucre.

azucar/ar t sucrer. **-ero, a** a/m sucrier, ère.

azucena f lis m.

azufre m soufre.

azul a/m bleu, e: ~ celeste, marino, bleu ciel, marine. | la Costa ~, la Côte d'Azur. **-ado, a** a bleuté, e, bleuâtre. **-ar** t bleuir.

azulejo m carreau de faïence, azulejo.

azuzar t exciter.

B

b f b m: una ~, un b.

bab/a f bave. **-ear** i baver. **-ero** m bavoir, bavette f.

babor m a ~, à bâbord.

babosa f limace.

babucha f babouche.

babuino m babouin.

baca f (de coche) galerie.

bacalao m morue f.

bache m 1. (en una carretera) trou, nid-de-poule. 2. (en avión) trou d'air. 3. fig contretemps, mauvaise passe.

bachiller s bachelier. **-ato** m 1. (grado) baccalauréat, bac. 2. études f pl secondaires.

bacilo m bacille.

bacteria f bactérie.

báculo m ~ pastoral, crosse f.

badajo m battant.

baden m 1. (en una carre-tera) cassis.

bagaje m bagage.

bagatela f bagatelle.

¡bah! interj bah!

bahía f baie.

bail/ar i/t danser. **-arín, ina** s dan-seur, euse. f (profesional) balleri-ne. **-e** m 1. danse f. 2. (reunión, lugar) bal; ~ de máscaras, bal mas-qué; | ~ de noche, soirée f dansan-te. 3. ballet.

baj/a f 1. baisse. 2. (de un empleado) arrêt m de travail, congé m; de ~ por 48 horas, donner un arrêt de travail de 48 heures; estar en congé de enfermedad, être en congé de maladie. 3. départ m. | darse de ~, se retirer, démissionner. 4. (despi-do) mise à pied. | dar de ~, conge-dier. 5. MIL perte, mort m | soldado dado de ~, soldat porté disparu; dar de ~ por inútil, réformer.

bajada f 1. descente. 2. del telón, baisser m du rideau. 3. (taxi) ~ de bandera, prise en charge.

bajamar f marée basse.

bajar i/t 1. descendre; ha bajado a la calle, il est descendu dans la rue; ¡bajen todos!, tout le monde des-cend! | s escalera, descendre l'es-calier. 2. baisser; el azúcar va a ~, le sucre va baisser; ~ los ojos, la voz, pr 1. se baisser les yeux, la voix. 2. descendre; me bajo aquí, je descends ici.

bajeza f bassesse.

bajío m banc de sable.

baj/o, a a 1. bas. nubes bajas, nuages bas. | en voz baja, à voix basse. 2. (de poca estatura) petit; e: no es alto ni ~, il n'est ni grand ni petit. 3. con los ojos bajos, les yeux baissés. ■ m 1. bas-fond. 2. (piso) rez-de-chaussée. 3. MUS basse f. ■ adv bas. ■ prep 1. sous: ~ tierra, sous terre; ~ el reinado de..., sous le règne de... 2. ~ cero, au-dessous de zéro. 3. ~ palabra, sur parole.

bajón m 1. chute f. 2. FIG MUS basson. dar un ~,

bajorrelieve m bas-relief.

bala f 1. balle. 2. (de cañón) boulet m. **-cera** f AMER fusillade.

balada f ballade.
baladí a insignifiant, e, futile.
balance m COM bilan.
balance/arse pr se balancer. **-o** m 1. balancement. 2. MAR roulis.
balancín m 1. (de motor) culbuteur. 2. (mecedora) rocking-chair.
balandro m cotre.
balanza f balance.
balar i bêler.
balasto m ballast.
balaustrada f balustrade.
balazo m balle f: recibió un ~ en el pecho, il a reçu une balle dans la poitrine.
balbuc/ear i balbutier. **-eo** m balbutiement. **-ir°** t balbutier.
Balcanes n p m pl los ~, les Balkans.
balcánico, a a balkanique.
balcón m balcon.
bald/ar t estropier. **-ado, a** a 1. impotent, e. 2. FAM (muy cansado) claqué, e, crevé, e.
balde m seau. ■ loc adv 1. de ~, gratis. 2. en ~, en vain.
baldío, a a 1. (terreno) inculte. 2. (esfuerzo) vain, e. ■ m terrain vague.
baldón m affront.
baldos/a f 1. carreau m. 2. (de tamaño mayor) dalle. **-ín** m carreau.
baldragas m chiffe f, lavette f.
Baleares n p f pl Baléares.
balido m bêlement.
baliz/a f balise. **-ar** t baliser.
ballena f baleine.
ballesta f arbalète.
ballet m ballet.
balneario, a a balnéaire. ■ m 1. station f thermale. 2. (en el mar) station f balnéaire.
balón m ballon.
baloncesto m basket-ball, basket.
balonmano m handball.

balonvolea m volley-ball, volley.
balsa f 1. (charca) mare. 2. (embarcación) radeau m. 3. (árbol, madera ligera) balsa m.
bálsamo m baume.
Báltico n p m el ~, la Baltique.
baluarte m bastion.
bambolearse pr chanceler.
bambú m bambou.
banan/a f banane. **-o** m bananier.
banasta f corbeille.
banc/a f 1. banque. 2. AMER (asiento) banc m.
bancal m 1. (en una huerta) carré, planche f. 2. terrasse f.
bancario, a a bancaire.
bancarrota f banqueroute.
banco m 1. sentarse en un ~, s'asseoir sur un banc. | ~ de pruebas, banc d'essai. 2. (de carpintero) établi. 3. banque f: depositar dinero en el ~, déposer de l'argent à la banque; ~ de sangre, de datos, banque du sang, de données. | ~ de descuento, comptoir d'escompte. 4. (de peces) banc. 5. (de niebla) nappe f. 6. ~ de hielo, banquise f.
banda f 1. bande. 2. (lado) côté m. 3. (conjunto de músicos) fanfare. 4. (fútbol) touche.
bandada f bande.
bandazo m 1. (de un barco) coup de roulis. 2. (de un coche) dar un ~, faire une embardée.
bandeja f plateau m.
bandera f 1. drapeau m. 2. (de un barco) pavillon m. 3. bajada de ~ ⇒ bajada.
banderilla f TAUROM banderille.
banderín m 1. fanion. 2. ~ de enganche, bureau de recrutement.
banderola f banderole.
bandid/o m bandit, brigand. **-aje** m brigandage.

bando m 1. (edicto) arrêté. 2. (facción) faction f.

bandolera f en ~, en bandoulière.

banjo m banjo.

banquero m banquier.

banqueta f 1. tabouret m. 2. (asiento corrido) banquette.

banquete m banquet.

banquillo m 1. JUR banc des accusés. (fútbol) banc de touche.

bañar t baigner. | bañado en lágrimas, en sudor, baigné de larmes, de sueur. ■ pr se baigner. **-ador** m maillot de bain. **-era** f baignoire. **-ista** s 1. baigneur, euse. 2. (que toma aguas medicinales) curiste. **-o** m 1. bain. 2. (cuarto) salle f de bains. 3. (retrete) toilettes f pl. 4. (capa) couche f. 5. FIG vernis, teinture f. 6. ~ María, bain-marie.

baptisterio m baptistère.

baquiano, a a expert, e. ■ m guide.

bar m bar.

baraja f jeu m de cartes. **-ar** t 1. (naipes) battre. 2. (citar) avancer, citer, évoquer.

barandilla f 1. (de escalera) rampe. 2. (de balcón) balustrade.

barato, a a/adv bon marché: salir ~, revenir bon marché; más ~, meilleur marché. **-ija** f bricole. **-illo** m bric-à-brac. **-ura** f bon marché f.

barba f 1. (pelo) barbe. | en las barbas de alguien, à la barbe de quelqu'un; tanto por ~, tant par tête de pipe. 2. (parte de la cara) menton m.

barbacoa f barbecue m.

barbaridad f 1. (necedad) bêtise. 2. (disparate) folie. | ¡qué ~!, c'est incroyable! 3. una ~, énormément. 4. (crueldad) atrocité.

barbarie f barbarie.

barbarismo m barbarisme.

bárbaro, a a/s barbare. ■ a FAM du tonnerre, formidable, terrible, super.

barbecho m jachère f.

barbero m barbier.

barbilla f menton m.

barbitúrico m barbiturique.

barbudo, a a barbu, e.

barca f barque.

Barcelona n p Barcelone.

barcelonés, esa a/s barcelonais, e.

barco m bateau: ~ de vela, bateau à voile.

baremo m barème.

bargueño m cabinet espagnol.

barítono m baryton.

barlovento i MAR louvoyer.

barniz m vernis. **-ado** m vernissage. **-ar** t 1. vernir. 2. (loza) vernisser.

barómetro m baromètre.

barón, onesa s baron, onne.

barquilla f nacelle.

barquillo m (golosina) gaufre f, cornet, oublie f.

barquito m petit bateau.

barra f 1. barre. 2. ~ de labios, bâton m de rouge à lèvres. 3. (de pan) baguette. 4. (mostrador) comptoir m: beber una cerveza en la ~, boire une bière au comptoir.

barrabasada f 1. sottise. 2. (trastada) tour m de cochon.

barraca f 1. baraque. 2. (en Valencia) chaumière. **-ón** m baraquement.

barranco m ravin.

barreduras f pl balayures.

barrena f 1. vrille. 2. (broca) mèche. **-ar** t percer.

barrendero m balayeur.

barreño m 1. grande ville f. 2. (aguero) trou de mine.

barreño m bassine f, cuvette f.

barrer t balayer.

barrera f barrière | ~ **del sonido,** mur m du son.

barretina f bonnet m catalan.

barriada f quartier m.

barricada f barricade.

barrido m balayage. | **dar un ~,** donner un coup de balai.

barriga f 1. ventre m; **echar ~,** prendre du ventre. 2. (de vasija) panse. **-ón, ona, -udo, a** a bedonnant, e.

barril m baril. | **cerveza de ~,** ⇒ **cerveza**

barrilla f soude.

barrio m quartier: **los barrios antiguos,** les vieux quartiers; **los barrios bajos,** les bas quartiers. | ~ **de chabolas,** bidonville; FAM **el otro ~,** l'autre monde.

¹barro m 1. (de los alfareros) boue f. 2. terre f glaise, argile f. **-izal** m bourbier.

²barro m (en la cara) bouton m.

barroco, a a/m baroque.

barrote m barreau.

barruntar t pressentir.

bartola (a la) loc adv **tumbarse a la ~,** se la couler douce.

Bartolomé n p m Barthélemy.

bártulos m pl affaires.

barullo m 1. (confusión) remue-ménage. 2. (ruido) raffut, potin.

basalto m basalte.

basamento m soubassement.

basar t baser; **basarse en,** se fonder sur.

basca f nausée; haut-le-cœur m.

báscula f bascule | ~ **de baño,** pèse-personne m.

base f 1. base; **a ~ de,** à base de, moyennant. 2. INFORM ~ **de datos,** base de données.

básico, a a fondamental, e, de base.

Basilea n p Bâle.

basílica f basilique.

basilisco m FAM **hecho un ~,** dans une colère noire.

¡basta! ⇒ **bastar.**

bastante a assez de. ■ adv assez: **bastantes cosas,** assez de choses; **~s,** assez de. **¿has comido ~?,** as-tu assez mangé?

bastar i suffire: **basta con que avises a tiempo,** il suffit que tu préviennes à temps. | **basta de cumplidos,** trêve de compliments; **¡basta!, ¡basta ya!,** assez!; ça suffit!

bastardo/a, a a/s bâtard, e. **-illa** f italique.

bastidor m châssis. ■ pl coulisses f: **entre bastidores,** dans les coulisses.

basto, a a grossier, ère.

bastón m 1. canne f. 2. (de esquí) bâton. 3. **~ de mando,** bâton de commandement. **-oncillo** m bâtonnet.

basura f ordures pl: **prohibido arrojar ~,** défense de déposer des ordures. | **bolsa de ~,** sac-poubelle m. **-ero** m éboueur, boueux.

bata f 1. robe de chambre. 2. (de enfermera, etc.) blouse.

batacazo m chute f.

batahola f brouhaha m, raffut m.

batalla f 1. bataille. 2. **traje de ~,** costume de tous les jours; **-ador, a** a/s batailleur, euse. **-ón** m bataillon.

batán m foulon.

batata f patate douce.

batería f 1. batterie. 2. (teatro) rampe.

batiburrillo m méli-mélo.

batida f battue.

batido m (bebida) milk-shake.

batidora f mixer m, batteur m.

batín m veste f d'intérieur.

batintín *m* gong.

batir *t* battre: **nuestro equipo fue batido**, notre équipe a été battue.

batista *f* batiste.

batuta *f* baguette. | **llevar la ~**, faire la pluie et le beau temps.

baúl *m* malle *f*.

baut/ismo *m* baptême. **-ismal** *a* baptismal, e. **-izar** *t* baptiser.

bauxita *f* bauxite.

Baviera *n p f* Bavière.

baya *f* baie.

bayeta *f* 1. flanelle. 2. *(para fregar)* serpillière.

bayoneta *f* baïonnette.

baza *f* 1. *(naipes)* levée, pli *m*. | **meter ~**, dire son mot. 2. *FIG* atout *m*.

bazar *m* bazar.

bazo, a *a* bis, e. ■ *m* rate *f*.

bazofia *f* cochonnerie.

beatitud *f* béatitude.

beato, a *a (muy devoto)* bigot, e.

bebé *m* bébé.

beb/er *t/i* boire: **sólo bebe agua**, il ne boit que de l'eau; **bebo a su salud**, je bois à votre santé. ■ *pr* boire: **se bebió tres cervezas una tras otra**, il a bu trois bières l'une après l'autre. **-edor, a** *s* buveur, euse. **-ida** *f* boisson. **-ido, a** *a* ivre.

beca *f* bourse.

becada *f* bécasse.

becario, a *s* boursier, ère.

becerr/a *f* génisse. **-ada** *f* course de jeunes taureaux. **-o** *m* veau.

bedel *m* appariteur.

befa *f* moquerie.

begonia *f* bégonia *m*.

beige *a/m* beige.

béisbol *m* base-ball.

bejuco *m* liane *f*.

Belén *n p* Bethléem.

belén *m* crèche *f* (de Noël).

belga *a/s* belge.

Bélgica *n p f* Belgique.

bélico, a *a* de guerre. | **conflicto ~**, conflit armé.

belicoso, a *a* belliqueux, euse.

beligerante *a/s* belligérant, e.

bellaco, a *a/s* coquin, e.

bell/o, a *a* beau, bel, belle: **el ~ sexo**, le beau sexe; **un ~ edificio**, un bel édifice; **la vida es bella**, la vie est belle. **-eza** *f* beauté. **-ísimo, a** *a* très beau, très belle, de toute beauté.

bellota *f* gland *m*.

bemol *m* bémol.

bencina *f* benzine.

bend/ecir° *t* bénir: **¡Dios le bendiga!**, Dieu vous bénisse! **-ición** *f* bénédiction. **-ito, a** *a* bénit, e: **agua bendita**, eau bénite. ■ *m* 1. *(bienaventurado)* bienheureux. 2. *(bonachón)* bonne pâte *f*.

benedictino, a *a/s* bénédictin, e. ■ *m (licor)* bénédictine *f*.

beneficencia *f* 1. bienfaisance. 2. assistance publique.

benefic/iar *t* faire du bien, être profitable à. ■ *pr* bénéficier: **beneficiarse de un descuento**, bénéficier d'une ristourne. **-iado, a** *a/s* bénéficiaire. **-iario, a** *s* bénéficiaire. **-io** *m* bénéfice. | **en ~ de**, au profit de. **-ioso, a** *a* profitable.

benéfico, a *a* bienfaisant, e. | **establecimiento ~**, établissement de bienfaisance.

benemérito, a *a* estimable. ■ *f* la **Benemérita**, la Garde civile.

beneplácito *m* accord, approbation *f*.

benevolencia *f* bienveillance.

benévolo, a *a* bienveillant, e.

bengala *f* feu *m* de Bengale.

benigno, a *a* **1.** (*clima*) doux, douce. **2.** (*enfermedad*) bénin, igne.

Benito *n p m* Benoît.

benjamín *m* benjamin.

berberecho *m* coque *f*.

berbiquí *m* vilebrequin.

bereber *a/s* berbère.

berenjena *f* aubergine.

Berlín *n p* Berlin.

berlina *f* berline.

berlinés, esa *a/s* berlinois, e.

berme/jo, a *a* **1.** rouge. **2.** (*cabellos*) roux, rousse. **-llón** *m* vermillon.

bermudas *m/f pl* bermuda *m*.

Bernardo *n p m* Bernard.

berr/ear *i* beugler. **-ido** *m* beuglement.

berrinche *m* FAM **1.** rogne *f*. **2.** (*disgusto*) chagrin.

berro *m* cresson.

berza *f* chou *m*.

besar *t* **1.** embrasser: ~ en las mejillas, en la boca, embrasser sur les joues, sur la bouche. **2.** ~ la mano, los pies, baiser la main, les pieds. ■ *pr* se besaron con ternura, ils s'embrassèrent tendrement.

bes/o *m* baiser. **-ito** *m* bise *f*.

besti/a *f* **1.** bête. **2.** FAM un ~, une brute. **-al** *a* bestial, e.

besugo *m* daurade *f*.

besuquear *t* bécoter.

betún *m* **1.** bitume. **2.** (*para el calzado*) cirage.

bezo *m* lippe *f*.

biberón *m* biberon.

Biblia *f* Bible.

bíblico, a *a* biblique.

bibli/ófilo, a *s* bibliophile. **-ografía** *f* bibliographie. **-oteca** *f* bibliothèque. **-otecario, a** *s* bibliothécaire.

bicarbonato *m* bicarbonate.

bíceps *m* biceps.

bichero *m* gaffe *f*.

bicho *m* **1.** bête *f*. **2.** (*muy pequeño*) bestiole *f*. **3.** FIG mal ~, sale bête; todo ~ viviente, tout un chacun.

bici *f* FAM vélo *m*.

bicicleta *f* bicyclette: en ~, à bicyclette. | ~ de carreras, vélo *m* de course; ~ de montaña, vélo tout terrain.

bicoca *f* **1.** bagatelle. **2.** (*ganga*) occasion.

bidé *m* bidet.

bidón *m* bidon.

biela *f* bielle.

bieldo *m* fourche *f*.

bien *m* bien. ■ *pl* bienes muebles e inmuebles, biens meubles et immeubles. ■ *adv* bien: ¿has dormido ~?, as-tu bien dormi?; ~ podías haberme avisado, tu aurais dû pu me prévenir. | estar ~ de salud, aller bien; tener a ~, vouloir bien; tomar a ~, bien prendre; ¡está ~!, d'accord!; ¡qué ~!, chic!; ¡... ~, soit... soit.

bienal *a/f* biennal, e.

bienaventur/ado, a *a/s* bienheureux, euse. **-anza** *f* béatitude.

bienestar *m* bien-être.

bienhechor, a *s* bienfaiteur, trice.

bienquisto, a *a* bien vu, e, apprécié, e.

bienvenid/a *f* dar la ~, souhaiter la bienvenue. **-o, a** *a/s* bienvenu, e: sea usted ~, soyez le bienvenu.

biés *m* biais.

bife *m* AMER bifteck.

biftec *m* bifteck, steak.

bifurc/arse *pr* bifurquer: la carretera se bifurca, la route bifurque. **-ación** *f* bifurcation.

bigamia *f* bigamie.

bígaro *m* bigorneau.

bigot/e *m* moustache *f*. | FAM **de ~**, terrible, fantastique. **-udo, a** *a* moustachu, e.

bigudí *m* bigoudi.

bikini *m* bikini.

bilingüe *a* bilingue.

bilis *f* bile.

billar *m* billard.

billete *m* **1.** billet: **~ de banco, de avión, de lotería**, billet de banque, d'avion, de loterie. **2. ~ de autobús, de metro, de andén**, ticket d'autobus, de métro, de quai. **3. no hay billetes**, complet. **-ra** *f* porte-billets *m*, portefeuille *m*.

billón *m* billion.

bimensual *a* bimensuel, elle.

bimotor *a/m* bimoteur.

binar *t* biner.

biodegradable *a* biodégradable.

biogr/afía *f* biographie. **-áfico, a** *a* biographique.

biol/ogía *f* biologie. **-ógico, a** *a* biologique.

biólogo, a *s* biologiste.

biombo *m* paravent.

biopsia *f* biopsie.

bípedo, a *a/s* bipède.

biquini *m* bikini.

birlar *t* FAM piquer, barboter.

birrete *m* toque *f*.

birria *f* FAM horreur.

bis *adv* bis.

bisabuelo, a *s* arrière-grand-père, arrière-grand-mère. ■ *m pl* arrière-grands-parents.

bisagra *f* charnière.

bisanual *a* bisannuel, elle.

bisiesto *a* **año ~**, année bissextile.

bismuto *m* bismuth.

bisnieto, a *s* arrière-petit-fils, arrière-petite-fille. ■ *m pl* arrière-petits-enfants.

bisonte *m* bison.

bisoño *a/s* débutant, e. ■ *m (solda-do)* nouvelle recrue *f*.

bisté *m* bifteck, steak.

bistre *a* bistre.

bisturí *m* bistouri.

bisutería *f* bijouterie de fantaisie. | **pulsera de ~**, bracelet en imitation.

bizantino, a *a* byzantin.

bizarr/o, a *a* vaillant, e. **-ía** *f* bravoure.

bizc/o, a *a* louche. ■ *s* loucheur, euse. | FAM **dejar ~**, souffler, couper le souffle; **quedarse ~**, en rester baba. **-ar** *i* loucher.

bizcocho *m* biscuit. | **~ borracho**, baba.

bizquear *i* loucher.

blanc/o, a *a/s* blanc, blanche. ■ *m* **1.** blanc. **2.** cible *f*: **apuntar al ~**, viser la cible. | FIG **dar en el ~**, viser juste, faire mouche. ■ *f* **1.** MÚS blanche. **2.** FAM **estar sin blanca**, ne pas avoir un rond, être fauché, e. **-ura** *f* blancheur.

blandir *t* brandir.

bland/o, a *a* **1.** mou, molle. **2.** *(suave)* doux, douce. **3.** FIG faible, indulgent, e. **-engue** *a* mollasse. **-ura** *f* **1.** mollesse. **2.** douceur.

blanquear *t/i* blanchir.

blanquecino, a *a* blanchâtre.

blanqueo *m (del dinero)* blanchiment.

blasfem/ar *i* blasphémer. **-ia** *f* blasphème *m*.

blas/ón *m* blason. **-onar** *i* **~ de**, se vanter de.

bledo *m* blette *f*. | FAM **me importa un ~**, je m'en fiche.

blind/ar *t* blinder. **-aje** *m* blindage.

bloc *m* bloc-notes.

blocao *m* blockhaus.

bloque *m* bloc.

bloque/ar t bloquer. **-o** m 1. (de un puerto, una ciudad) blocus. 2. (de los precios) blocage.

blusa f chemisier m, corsage m.

boa f boa m.

boato m faste.

bobada f bêtise, sottise.

bobina f bobine.

bobo, a a/s sot, sotte, idiot, e. | a lo ~, bêtement.

boca f 1. bouche. | ~ abajo, à plat ventre; ~ arriba, sur le dos; a ~ de jarro (disparar) à bout portant; (decir) à brûle-pourpoint; a pedir de ~, à souhait; hacer la ~ agua, mettre l'eau à la bouche; no decir esta ~ es mía, ne pas ouvrir la bouche. 2. (de los carnívoros, de horno, cañón) gueule.

bocacalle f entrée d'une rue. | tuerza a la segunda ~ a la izquierda, tournez à la deuxième rue à gauche.

bocadillo m 1. sandwich. 2. (de historieta) bulle f.

bocado m 1. bouchée f. | tomar un ~, manger un morceau. 2. (mordisco) coup de dent. 3. (del caballo) mors.

bocal m bocal.

bocanada f bouffée f.

bocata m FAM sandwich.

boceto m esquisse f.

bocha f boule.

bochinche m tapage, chahut.

bochorn/o m 1. chaleur f étouffante. 2. FIG honte f. **-oso, a** a 1. étouffant, e. 2. FIG honteux, euse.

bocina f corne, klaxon m.

bocio m goitre.

boda f 1. (ceremonia) mariage m. 2. (fiesta) noce. ■ pl noces: bodas de oro, noces d'or.

bodeg/a f 1. (para el vino) cave. 2. dock m. 3. (en los barcos) cale. 4. (de un avión) soute. **-ón** m 1. (taberna) gargote f. 2. (pintura) nature morte f.

bodrio m ratatouille f.

bofe m mou.

bofet/ada f gifle. **-ón** m bonne gifle f.

boga f estar en ~, être en vogue, à la mode.

bogar i ramer.

bogavante m homard.

bohemio, a a/s bohémien, enne. | vida bohemia, vie de bohème.

bohío m AMER case f, hutte f.

boicot m boycottage, boycott. **-ear** t boycotter.

boina f béret m.

boj m buis.

bol/a f 1. boule. 2. rodamiento de bolas, roulement à billes. 3. (embuste) mensonge m, bobard m. **-eadoras** f pl arme de jet des gauchos (lanières terminées par des boules). **-ear** t AMER lancer. **-era** f bowling m.

bolero m boléro.

boletería f AMER guichet m.

boletín m bulletin. | ~ oficial, Journal officiel.

boleto m billet.

boli m FAM stylo-bille.

boliche m AMER épicerie-buvette f.

bólido m bolide.

bolígrafo m stylo à bille.

Bolivia n p f Bolivie.

boliviano, a a/s bolivien, enne.

bollería f viennoiserie.

bollo m 1. (alargado) petit pain au lait; (redondo) brioche f. 2. (bulto) bosse f.

bolo m quille f.

¹bolsa f 1. (para el dinero) bourse. 2. sac m: ~ **de papel, de plástico, de viaje,** sac en papier, en plastique, de voyage. 3. (debajo de los ojos, de pus, de gas natural) poche.

²Bolsa f Bourse.

bolsillo m poche f.

bolsita f sachet m.

bolso m 1. (de mujer) sac à main. 2. (sin asa) pochette f.

bomba f 1. (para el dinero) pompe: ~ **de incendios,** pompe à incendie. 2. (explosivo) bombe. | ~ **de mano,** grenade à main; **coche ~,** voiture piégée. FAM **pasarlo ~,** s'en payer, bien s'amuser.

bombachas f pl AMER pantalons m bouffants.

bombarde/ar t bombarder. **-o** m bombardement. **-ro** m bombardier.

bombear t (agua) pomper.

bombero m pompier.

bombilla f 1. (eléctrica) ampoule. 2. AMER (para el mate) pipette.

bombín m chapeau melon.

bombo m 1. grosse caisse f. 2. FIG battage, bruit. | **a ~ y platillos,** à grands sons de trompe.

bombón m bonbon au chocolat.

bombona f 1. bonbonne. 2. (para gas) bouteille.

bombonera f bonbonnière.

bonachón, ona a débonnaire, bon enfant. ■ s brave homme, brave femme.

bonaerense a/s de Buenos Aires.

bonancible a calme.

bondad f bonté. **-oso, a** a bon, bonne.

bonete m bonnet.

bonetero m fusain.

bonito, a a joli, e: **una chica bonita,** une jolie fille. ■ m (pez) thon.

bono m bon: ~ **del Tesoro,** bon du Trésor.

boñiga f bouse.

boqueadas f pl **dar las últimas ~,** agoniser.

boquerón m anchois.

boquete m trou.

boquiabierto, a a bouche bée.

boquilla f 1. (de un instrumento de viento) embouchure. 2. (de ciertos cigarrillos) bout filtre m. 3. (de bolso) fermoir m.

borbollón ⇒ **borbotón**.

Borbón n p m Bourbon.

borbot/ear i bouillonner. **-eo** m bouillonnement. **-ón** m bouillonnement. | **a borbotones,** à gros bouillons.

borceguí m brodequin.

borda f **echar por la ~,** jeter par-dessus bord.

bord/ar t broder. **-ado** m broderie f.

borde m bord: **al ~ de,** au bord de. **-ar** t côtoyer.

bordelés, esa a/s bordelais, e.

borderó m bordereau.

bordillo m **el ~ de la acera,** la bordure, le bord du trottoir.

bordo m bord: **subir a ~,** monter à bord.

boreal a boréal, e.

Borgoñ/a n p f Bourgogne. **-ón, ona** a/s bourguignon, onne.

borla f 1. (de pasamanería) gland m. 2. (del gorro) pompon m. 3. (para polvos) houppette.

borrach/o, a a ivre, soûl, e. ■ s ivrogne, esse. **-era** f ivresse.

borr/ar t 1. effacer. 2. (tachar) biffer. **-ador** m 1. (escrito) brouillon. 2. gomme f.

borrasc/a f tempête. **-oso, a** a orageux, euse.

borrego, a s agneau, agnelle.

borrico m âne.

borrón m (de tinta) pâté. | **~ y cuenta nueva**, tournons la page.

borroso, a a flou, e.

bosnio, a a/s bosniaque.

bosque m bois, forêt f (forêt más extenso que bois).

bosquej/ar t ébaucher. **-o** m ébauche f, esquisse f.

bostez/ar i bâiller. **-o** m bâillement.

bota f 1. botte. 2. ~ **de esquí**, chaussure de ski. 3. (para vino) gourde en cuir. 4. (cuba) barrique.

botadura f MAR lancement m.

botánico, a a/f botanique. ■ s botaniste.

botar t 1. (un barco) lancer. 2. AMER (tirar) jeter. ■ i 1. (pelota) rebondir. 2. (saltar) bondir. ■ pr AMER se jeter.

botarate m écervelé.

¹bote m (salto) bond.

²bote m 1. (para la sal, el té, etc.) boîte f. 2. (tarro) pot.

³bote m canot: ~ **salvavidas**, canot de sauvetage.

⁴bote en bote (de) adv plein, e à craquer.

botell/a f bouteille. **-ín** m canette f.

botica f pharmacie. **-rio, a** s pharmacien, enne.

botijo m cruche f, gargoulette f.

¹botín m (calzado) bottillon.

²botín m (de guerra) butin.

botina f bottine.

botiquín m 1. (caja) trousse f à pharmacie. 2. (armario) armoire f à pharmacie. 3. (sala) infirmerie f.

bot/ón m bouton. **-ones** m groom, chasseur.

bóveda f voûte.

bovino, a a/m bovin, e.

boxe/o m boxe f. **-ador** m boxeur.

boya f bouée.

boyante a prospère.

bozal m muselière f.

bozo m duvet.

bracero m manœuvre.

brag/as f pl 1. (de mujer) culotte sing, slip m sing. 2. (de niño) couche-culotte sing. **-ado, a** a FAM culotté, e, gonflé, e. **-azas** m FAM lavette f.

bragueta f braguette.

bramante m ficelle f.

bram/ar i mugir. **-ido** m mugissement.

branquias f pl branchies.

bras/a f braise: **a la ~**, sur la braise. **-ero** m brasero.

Brasil n p m Brésil.

brasileño, a a/s brésilien, enne.

bravata f bravade.

brav/o, a a 1. sauvage. 2. (toro) de combat. ■ interj bravo! **-ucón, ona** a fanfaron, onne.

braza f brasse.

brazada f (de leña, etc.) brassée.

brazal m brassard.

brazalete m bracelet.

brazo m bras: **entró del ~ de su novio**, elle entra au bras de son fiancé; **iban cogidos del ~**, ils allaient bras dessus, bras dessous; **con los brazos abiertos**, à bras ouverts.

brebaje m breuvage.

brécol m brocoli.

brecha f brèche.

breg/ar i lutter, se battre. **-a** f lutte.

breña f broussaille.

Bretaña n p f Bretagne.

bretón, ona a/s breton, onne.

breva f 1. figue-fleur. 2. FAM (suerte) veine, chance.

breve a bref, brève. | **en ~**, bientôt. **-dad** f brièveté. **-mente** adv brièvement.

brezo m bruyère f.

brib/ón, ona *a/s* coquin, ine. **-onada** *f* friponnerie.

bricolaje *m* bricolage.

brida *f* bride.

bridge *m* jugar al ~, jouer au bridge.

brigada *f* brigade. ■ *m* adjudant.

Brígida *n p f* Brigitte.

brill/ar *i* briller. **-ante** *a/m* brillant, e. **-antez** *f* éclat *m*. **-o** *m* éclat. | dar ~ a, faire briller.

brinc/ar *i* bondir. **-o** *m* bond. | dar brincos, faire des bonds, bondir.

brind/ar *i* 1. porter un toast, boire à: brindemos por el éxito de..., buvons au succès de... 2. brindo por los recién casados, je bois à la santé des jeunes mariés. ■ *t* offrir. ■ *pr* se brindó a acompañarme, il m'a offert de m'accompagner. **-is** *m* hacer un ~, porter un toast.

brío *m* 1. entrain, allant: tener bríos, avoir de l'entrain. 2. énergie *f*.

brisa *f* brise.

británico, a *a/s* britannique.

brizna *f* brin *m*.

broca *f* (*para taladrar*) mèche.

brocal *m* margelle *f*.

broch/a *f* 1. brosse, gros pinceau *m*. 2. ~ de afeitar, blaireau *m*. **-azo** *m* coup de pinceau.

broche *m* broche *f*.

brom/a *f* plaisanterie, blague: ~ pesada, mauvaise plaisanterie. | en ~, pour rire; echar a ~, prendre à la blague, faire une blague, jouer un tour à quelqu'un; ¡vaya una ~!, c'est malin!, c'est fin! **-azo** *m* plaisanterie *f* de mauvais goût. **-ear** *i* plaisanter, blaguer. **-ista** *a/s* blagueur, euse.

bronca *f* 1. (*riña*) bagarre. 2. (*represión*) engueulade. | echar una

~ a, passer un savon à, engueuler. 3. (*abucheo*) huées *pl*.

bronce *m* bronze. **-arse** *pr* ~ al sol, se bronzer au soleil. **-ado** *m* bronzage. **-ador** *m* crème *f*, huile *f* solaire.

bronco, a *a* rauque.

bronqu/ios *m pl* bronches *f*. **-itis** *f* bronchite.

broqueta *f* brochette.

brot/ar *i* 1. (*planta*) pousser. 2. (*líquido*) jaillir. **-e** *m* 1. pousse *f*. 2. FIG poussée *f*.

broza *f* (*maleza*) broussaille.

bruces (de) *loc adv* caer de ~, tomber à plat ventre.

bruj/a *f* sorcière. **-ería** *f* sorcellerie. **-o** *m* sorcier.

Brujas *n p* Bruges.

brújula *f* boussole.

brum/a *f* brume. **-oso, a** *a* brumeux, euse.

bruñir *t* polir.

brusco, a *a* brusque.

Bruselas *n p* Bruxelles.

brusquedad *f* brusquerie.

brutal *a* brutal, e. **-idad** *f* brutalité.

bruto, a *a* 1. (*necio*) bête, stupide. 2. peso ~, poids brut. | en ~, brut, e. ■ *m* brute *f*.

buce/ar *i* plonger. **-ador, a** *s* plongeur, euse. **-o** *m* plongée *f*.

buche *m* (*de las aves*) jabot.

bucle *m* boucle *f*.

bucólico, a *a/f* bucolique.

budín *m* pudding.

bud/ismo *m* bouddhisme. **-ista** *a/s* bouddhiste.

buen, o, a *a* 1. bon, bonne: bueno de comer, bon à manger; un ~ actor, un bon acteur; ¡~ viaje!, bon voyage! | eso sí que está bueno, en voilà une bonne. 2. beau, belle: hace ~ tiempo, il fait beau; ~ susto

me has dado, tu m'as fait une belle peur; **un ~ día**, un beau jour. **3.** (de salud) en bonne santé. **4. de buenas a primeras**, de but en blanc; **por las buenas o por las malas**, de gré ou de force. ■ interj bon!, bien!; **¡bueno está!**, bon!, ça va comme ça!; **¡muy buenas!**, salut! **-aventura** f bonne aventure.

buey m bœuf.

búfalo m buffle.

bufanda f cache-nez m.

bufé m buffet.

bufete m (de abogado) cabinet.

bufido m **1.** mugissement. **2.** grognement.

bufón, ona a/s bouffon, onne.

buhardilla f **1.** (desván) mansarde. **2.** (ventana) lucarne.

búho m hibou.

buhonero m colporteur.

buitre m vautour.

bujía f bougie.

bulb/o m bulbe. **-oso, a** a bulbeux, euse.

buldog m bouledogue.

bulevar m boulevard.

Bulgaria n p f Bulgarie.

búlgaro, a a/s bulgare.

bulla f **meter ~**, faire du raffut, du tapage.

bullici/o m **1.** agitation f. **2.** (ruido) brouhaha. **-oso, a** a **1.** remuant, e. **2.** (ruidoso) bruyant, e.

bullir i **1.** (un liquido) bouillonner. **2.** (insectos, muchedumbre de personas) grouiller. **3.** (peces) frétiller. **4.** (moverse) remuer.

bulo m bobard.

bulto m **1.** volume. | **a ~**, au jugé. **2.** (hinchazón) bosse f, grosseur f. **3.** paquet. **4.** silhouette f, forme f vague. | **escurrir el ~**, s'esquiver.

buñuelo m beignet.

buque m bateau, navire. | **~ de carga**, cargo.

burbuj/a f bulle. **-ear** i pétiller.

burdel m bordel.

Burdeos n p Bordeaux. ■ m (vino) bordeaux.

burgu/és, esa a/s bourgeois, e. **-esía** f bourgeoisie.

buril m burin.

burl/a f **1.** (mofa) moquerie. | **hacer ~ de**, se moquer de. **2.** (chanza) plaisanterie. **-adero** m TAUROM refuge dans l'arène. **-ador** m séducteur. **-ar** t tromper. ■ **burlarse de**, se moquer de.

burlesco, a a burlesque.

burlete m bourrelet.

burlón, ona a/s moqueur, euse.

buró m bureau.

burocracia f bureaucratie.

burócrata s bureaucrate.

burr/a f ânesse. ■ a bête. **-ada** f (tontería) ânerie, sottise.

burro m âne. ■ a (necio) bête.

bursátil a boursier, ère.

burujo m boule f.

bus m bus.

busc/ar t chercher. **-a** f recherche. | **en ~ de**, à la recherche de, en quête de. **-ador, a** a/s chercheur, euse.

busilis m **ahí está el ~**, voilà le hic.

búsqueda f recherche.

busto m buste.

butaca f fauteuil m. | **~ de patio**, fauteuil d'orchestre.

butano m (gas) butane.

butifarra f saucisse.

buzo m **1.** plongeur. **2.** scaphandrier. **3.** (traje) bleu de travail.

buzón m boîte f aux lettres: **echar una carta al ~**, mettre une lettre à la boîte.

C

c f c m: una c, un c.

¡ca! *interj* allons donc!

cabal *a* juste. ■ *m pl* no estar en sus cabales, être tombé sur la tête.

cábalas *f pl* pronostics m.

cabalgar *i* chevaucher. **-ada** f chevauchée, défilé m. **-adura** f monture. **-ata** f cavalcade.

caballa f maquereau m.

caballar *a* chevalin, e.

caballería f 1. monture. 2. MIL cavalerie. 3. ~ **andante**, chevalerie errante. **-esco, -a** *a* chevaleresque.

caballeriza f écurie.

caballero, a *a* 1. ~ en una mula, monté sur une mule. ■ *m* 1. (noble) chevalier. 2. monsieur: señoras y caballeros, mesdames et messieurs. | portarse como un ~, se conduire en gentleman. 3. homme: zapatos de caballeros, chaussures pour hommes. **-osidad** f noblesse, générosité.

caballete *m* chevalet.

caballitos *m pl* (tiovivo) chevaux de bois.

caballo *m* 1. cheval: montar a ~, monter à cheval. | ~ **de vapor**, cheval-vapeur: un dos caballos, une deux chevaux. 2. (del ajedrez) cavalier. | ~ **-uno**, a chevalin.

cabaña f 1. cabane. 2. (ganado) cheptel m.

cabecear *i* 1. hocher la tête. 2. (al dormir) dodeliner de la tête. 3. MAR tanguer. 4. (fútbol) faire une tête. **-o** *m* 1. hochement de tête, dodelinement de la tête. 2. MAR tangage.

cabecera f 1. la ~ de la cama, le chevet, la tête du lit. 2. (capital) chef-lieu m.

cabecilla *m* chef de file, meneur.

cabellera f chevelure. **-o** *m* cheveu: con el ~ alborotado, les cheveux en bataille. **-udo, -a** *a* chevelu, e.

caber *i* 1. tenir: esto no cabe en la maleta, ça ne tient pas dans la valise: cabremos los seis en el coche, nous tiendrons bien à six dans la voiture. | FIG no ~ en sí de contento, ne pas se sentir de joie. 2. y avoir: no cabe duda, il n'y a pas de doute. 3. être possible. | en lo que cabe, si cabe, dans la mesure du possible. 4. no cabe más gracioso, on ne peut plus drôle.

cabestrillo *m* écharpe f: brazo en ~, bras en écharpe.

cabestro *m* licou.

cabeza f 1. tête. 2. ~ de partido, chef-lieu m d'arrondissement. 3. FIG ir de ~, être sur les dents. sentar la ~, se ranger, s'assagir, traer de ~, rendre fou, folle. | ~ **de familia**, chef de famille. **-ada** f 1. coup m de tête. 2. (al dormir) dodelinement m de la tête. 3. salut m de la tête. | dar, echar una ~, una cabezadita, faire un petit somme, piquer un roupillon. **-azo** *m* coup de tête.

cabezón, ona, cabezota, cabezudo, a a/s (terco) têtu, e, cabochard, e.

cabida f capacité.

cabildo m 1. (iglesia) chapitre. 2. (ayuntamiento) conseil municipal.

cabina f cabine.

cabizbajo, a a tête basse.

cable m 1. câble. 2. (de pequeño diámetro) fil.

cabo m 1. (extremidad, pedacito) bout. | al ~ de cinco minutos, au bout de cinq minutes; de ~ a rabo, d'un bout à l'autre; llevar a ~, mener à bien, réaliser. 2. (lengua de tierra) cap. 3. (cuerda) cordage. 4. MIL caporal.

cabotaje m cabotage.

cabra f chèvre.

cabre/ar t FAM foutre en rogne. -o m rogne f.

cabrero, a s chevrier, ère.

cabrestante m cabestan.

cabrillas f pl (olas) moutons m.

cabrille/ar i (el mar) moutonner. -o m moutonnement.

cabrío, a a caprin, e. | macho ~, bouc.

cabriola f cabriole.

cabrit/illa f chevreau m. -o m chevreau.

cabrón m 1. bouc. 2. FAM cocu. 3. VULG salaud.

caca f 1. caca m. 2. crotte.

cacahuete m cacahouète f.

cacao m cacao.

cacare/ar i 1. caqueter. 2. FIG vanter. -o m caquetage.

cacatúa m cacatoès m.

cacería f partie de chasse.

cacerola f 1. (con asas) faitout m. 2. (con mango) casserole.

cachalote m cachalot.

cacharro m 1. (vasija) pot. 2. FAM (cosa) truc; (coche) guimbarde f, tacot; (bicicleta) clou; (barco) rafiot.

cachas f pl manche m sing (de couteau).

cachazudo, a f flegmatique.

cachear t fouiller.

cachemir m, **cachemira** f cachemire m.

Cachemira n p f Cachemire m.

cacheo m fouille f.

cachet/e m (bofetada) gifle f, claque f. -ada f AMER gifle.

cachetero m poignard.

cachimba f AMER pipe, bouffarde.

cachiporra f massue.

cachivache m truc.

cacho m FAM bout, morceau.

cachond/o, a a POP (divertido) marrant, e. -earse pr POP 1. (burlarse) se ficher de. 2. (reírse) se marrer.

cachorro, a s petit m.

cacique m 1. cacique. 2. FIG gros bonnet, manitou.

caco m FAM voleur.

cacofonía f cacophonie.

cacto m cactus.

cada a 1. chaque. | ~ cual, uno, una, chacun, e. 2. (+ pluriel) ~ dos meses, horas, tous les deux mois, toutes les deux heures. | 60 de ~ 100, 60 sur 100; una de ~ tres personas, une personne sur trois.

cadalso m échafaud.

cadáver m cadavre, corps.

cadena f chaîne. | trabajo en ~, travail à la chaîne.

cadencia f cadence.

cadenilla f chaînette.

cadera f hanche.

cadete m 1. cadet. 2. AMER apprenti.

Cádiz n p Cadix.

caduc/o, a a caduc, uque. -ar i expirer.

caer i 1. tomber. 2. comprendre. | **¡ya caigo!**, j'ai compris!, j'y suis! 3. (estar) se trouver. 4. (sentar) aller: **este abrigo le cae bien**, cette veste coiffe... FIG deviner. ■ pr **caerse**, tomber: **se ha caído**, il est tombé; **se le cayó el bolso**, son sac est tombé.

café m café: ~ **con leche**, café au lait, café crème; ~ **solo**, café noir; la **terraza de un** ~, la terrasse d'un café. | ~ **cantante**, café-concert. -**eína** f caféine. -**etera** f cafetière. -**etería** f cafétéria, snack-bar. -**etín** m bistrot. -**etero, era** m bistrot.

cagar t VULG chier. -**arruta** f crotte. -**ueta** f trouillard, e.

caída f chute.

caído, a p p de **caer**. ■ m pl **monumento a los caídos**, monument aux morts.

caiga, etc. ⇒ **caer**.

caimán m caïman.

caja f 1. (pequeña) boîte. | ~ **de cambios**, boîte de vitesses. 2. (grande) caisse. | ~ **registradora**, caisse enregistreuse; ~ **de caudales, fuerte, de ahorros**, coffre-fort m. 3. ~ **de ahorros**, caisse d'épargne. 4. (de reloj) boîtier m. 5. (ataúd) cercueil m. 6. (de escalera) ~. -**ero, era** a/s caissier. | ~ **automático**, distributeur de billets de banque. -**etilla** f paquet m.

cajón m 1. (de mueble) tiroir. 2. ~ **de sastre**, fouillis, fourbi. 3. es de ~, c'est évident, cela va de soi.

cal f chaux.

cala f 1. (de un barco) cale. 2. (ensenada) crique.

calaba/za f 1. courge, citrouille. 2. (recipiente) calebasse. 3. **dar calaba-zas**, (examen) coller, recaler; (preten-diente) éconduire. -**cín** m courgette f.

calabobos m pluie f fine.

calabozo m cachot.

calado m 1. broderie f à jour. 2. MAR tirant d'eau.

calafate t calefater.

calamar m calmar.

calambre m crampe f.

calamidad f calamité.

calandra f (de coche) calandre.

calaña f espèce, acabit m.

calar t 1. transpercer, traverser. 2. enfoncer son chapeau. 2. FIG deviner. ■ pr. calarse, se... 2. caler: **se me cala el motor**, mon moteur se cale.

calavera f tête de mort. ■ m noceur. -**ada** f folie.

calcar t calquer.

calcáreo, a a calcaire.

calce m 1. coin. 2. cale f.

calceta f hacer ~, tricoter.

calcetín m chaussette f.

calcinar t calciner.

calcio m calcium.

calco m calque.

calcul/ar t calculer. -**ador, a** a/s calculateur, trice. ■ f machine à calculer, calculatrice: **calculadora de bolsillo**, calculatrice de poche, calculette.

cálculo m calcul.

caldas f pl eaux thermales.

caldear t chauffer.

caldera f chaudière.

calderilla f (menue) monnaie.

caldero m chaudron.

caldo m bouillon. -**s** pl vins, crus.

calefacción f chauffage m: **la ~ cen-tral**, le chauffage central.

calendario m calendrier.

calent/ar t 1. ~ **agua**, faire chauffer l'eau. 2. ~ **los ánimos**, échauffer les esprits. ■ pr. 1. se réchauffer. 2. chauffer: **la sopa se calienta**, la soupe chauffe. 3. (los

músculos, los ánimos) s'échauffer. **-ador** m chauffe-eau, chauffe-bain. **-amiento** m. 1. échauffement. 2. (climático) réchauffement. **-ito, a** a tout chaud, toute chaude. **-ura** f fièvre, température. **-uriento, a** a fiévreux, euse.

caletre m FAM jugeote f.

calibre m calibre. **-ar** t calibrer.

calicó m calicot.

calidad f qualité.

cálido, a a 1. (clima) chaud, e. 2. FIG chaleureux, euse: cálidos aplausos, applaudissements chaleureux.

caliente a chaud, e.

calificar t qualifier. **-ación** f 1. qualification. 2. (en un examen) mention, note. **-ativo, a** a/m qualificatif, ive.

caligrafía f calligraphie.

cáliz m calice.

calizo, a a calcaire. ■ **caliza** f calcaire m.

callar i/pr se taire: ¡callad!, taisez-vous!; ¡cállate!, tais-toi! ■ t taire.

callado, a a silencieux, euse, réservé, e.

calle f 1. rue: ~ mayor, grand-rue. | abrirse ~, se frayer un passage; poner en la ~, mettre à la porte. 2. (de árboles) allée. **-eja** f flanc- **-ejear** i flâner. **-ejero, a** de la rue. ■ m indicateur des rues. **-ejón** m ruelle f. | ~ sin salida, impasse f. **-ejuela** f ruelle.

callo m (en los pies) cor; (en las manos) durillon. ■ pl (guiso) tripes f.

calma f calme m. | en ~, calme; perder la ~, perdre son calme. **-ante** a/m calmant, e. **-ar** t calmer. ■ pr se calmer, s'apaiser.

caló m argot des gitans.

calor m chaleur f: un ~ agobiante, une chaleur accablante. | entrar en ~, se réchauffer; hace ~, mucho ~, il fait chaud, très chaud; tengo ~, j'ai chaud.

calórico, a a calorique. **-ífico, a** a calorifique.

caloría f calorie.

calumnia f calomnie. **-ar** t calomnier. **-oso, a** a calomnieux, euse.

caluroso, a a 1. chaud, e. 2. FIG chaleureux, euse: una acogida calurosa, un accueil chaleureux.

calvario m calvaire.

calvicie f calvitie.

calvinismo m calvinisme. **-ista** s calvinista.

calvo, a a/s chauve. ■ a (terreno) dénudé, e, pelé, e.

calza f (cuña) cale.

calzada f chaussée.

calzado m la chaussure. | la industria del ~, l'industrie de la chaussure. 2. chaussures pl: nueva colección de ~ para el verano, nouvelle collection de chaussures pour l'été.

calzador m chausse-pied.

calzar t chausser: calzo un 40, je chausse du 40; calzado con alpargatas, chaussé d'espadrilles.

calzón m culotte f. **-onazo** m FAM chiffe f. **-oncillos** m pl caleçon sing, slip sing.

cama f lit m: ~ de matrimonio, lit à deux places; guardar ~, garder le lit.

camada f portée.

camafeo m camée.

camaleón m caméléon.

cámara f 1. chambre: ~ de comercio, de diputados, chambre de commerce, des députés; ~ de aire, chambre à air. 2. (cine) caméra. | ~ lenta, ralenti m. 3. ~ fotográfica, appareil m photo. ■ s caméraman m.

camarada s camarade. **-ería** f camaradería.

camarancón m soupente f.

camarera f 1. (en un café) serveuse. 2. (en hoteles) femme de chambre.

camarero m 1. (en un bar, restaurante) serveur, garçon. 2. (en hoteles) valet de chambre.

camarín m (de actor) loge f.

camarón m crevette f grise.

camarote m cabine f.

cambalache m troc.

cambiar t 1. ~ un neumático, chan-ger un pneu; ~ pesetas en euros, changer des pesetas contre des euros. 2. (trocar) échanger; ¿me puede ~ este libro por otro?, pou-vez-vous m'échanger ce livre con-tre un autre? ■ i changer: ■ pr 1. (de ropa) se changer. 2. (mudarse) nos cambiamos de domicilio el año pasado, nous avons changé de domicile l'an dernier.

cambio m 1. (modificación) change-ment. | ~ de velocidades, change-ment de vitesse. 2. échange: ~ de impresiones, échange de vues. | a ~ en revan-che. 3. oficina de ~, bureau de change. 4. monnaie f: ¿tiene usted ~?, avez-vous de la monnaie? 5. com cours du change.

Camboya n p f Cambodge m.

camelar t FAM 1. baratiner. 2. (adu-lar) faire du plat a.

camelia f camélia m.

camello m 1. chameau. 2. FAM déa-ler.

camelo m FAM esto es un ~, c'est de la fumisterie, du baratin.

camilla f civière, brancard m: transportar en ~, transporter sur une civière. **-ero** m brancardier.

camino m chemin: | errar el ~, faire fausse route; ir por buen ~, être sur la bonne voie. **-ante** s voyageur, euse. **-ar** i marcher: **-ata** f longue promenade, balade. **-ero** m camionneur.

camión m camion. **-onero** m/on ~, cantonnier.

camioneta f camionnette. **-oneta** m camionneur.

camisa f chemise. **-ero, a** a chemi-sier, ère. **-eta** f 1. (ropa interior) gilet m de corps, tricot m de corps; (de mangas cortas) tee-shirt m. 2. (de deportista) maillot m. 3. (camisa corta) chemisette. **-ón** m chemise f de nuit.

camorra f dispute, bagarre.

campamento m campement.

campana f 1. cloche. 2. (de chime-nea) hotte. **-ada** f coup de cloche. **-ario** m clocher. **-ero** m carillon-neur. **-illa** f 1. clochette. 2. (para llamar a la puerta) sonnette. **-illeo** m 1. tintement. 2. carillon.

campante a tan ~, très décontrac-té, e.

campaña f campagne.

campar i apparaître.

campechano, a a bon enfant. **-ía** f bonhomie.

campeón, ona s champion, onne. **-ato** m championnat.

campesino, a a/s paysan, anne, campagnard, e.

campestre a champêtre.

camping m camping.

campiña f campagne.

campista s campeur, euse.

campo m 1. campagne f: vive en el ~, il vit à la campagne. 2. champ: un ~ de maíz, un champ de maíz; ~ de batalla, champ de bataille. | a ~ traviesa, à travers champs. 3. (de deportes) terrain. 4. (terreno militar) terrain.

partido) camp. **5.** ~ magnético, visual. champ magnétique, visuel.

camposanto m cimetière.

camuflar t camoufler. **-je** m camouflage.

cana f cheveu m blanc. | echar una ~ al aire, faire une folie, s'amuser.

Canadá n p m Canada.

canadiense a/s canadien, enne.

canal m **1.** canal: canales de riego, canaux d'irrigation. **2.** (en puerto) chenal. **3.** (de televisión) chaîne f.

canalizar t canaliser. **-ación** f canalisation.

canalla m canaille f, fripouille f. **-ada** f canaillerie.

canalón m **1.** (conducto vertical) tuyau de descente. **2.** (horizontal) gouttière f.

canana f cartouchière f.

canapé m canapé.

Canarias n p f pl Canaries.

canario, a/s canarien, enne. ■ m (pájaro) canari, serin.

canasta f (con dos asas) corbeille: (con una) panier m. **-illa** f **1.** corbeille. **2.** (de recién nacido) layette. **-o** m corbeille f.

cancela f grille.

cancelar t annuler. **-ación** f annulation.

cáncer m **1.** cancer. **2.** ASTR Cancer.

cancerígeno, a a cancérigène.

canceroso, a a cancéreux, euse.

cancha f terrain m.

canciller m chancelier. **-ía** f chancellerie.

canción f chanson | ~ de cuna, berceuse. **-onero** m recueil de poésies lyriques.

candado m cadenas.

candela f chandelle. **-abro** m candélabre. **-ero** m chandelier.

candente a **1.** incandescent. **2.** FIG brûlante, e.

candidato, a m candidat. **-ura** f candidature.

cándido, a a candide.

candil m lampe f à huile. **-ejas** f pl (teatro) rampe sing.

candor m candeur. **-oso, a** a candide.

canela f cannelle.

canelones m pl cannellonis.

cangilón m (de noria) godet.

cangrejo m **1.** ~ de río, écrevisse f. **2.** ~ de mar, crabe.

canguelo m POP trouille f.

canguro m kangourou. ■ f FAM baby-sitter.

caníbal a/s cannibale. **-ismo** m cannibalisme.

canica f bille.

canícula f canicule. **-icular** a caniculaire.

canijo, a a malingre.

canilla f **1.** os m long. **2.** AMER (grifo) robinet m.

canillita m AMER crieur de journaux.

canino m canine f.

canje m échange. **-ar** t ~ por, échanger contre.

cannabis m cannabis.

cano, a a blanc, blanche.

canoa f **1.** (piragua) canoë m. **2.** (de motor) canot m.

canon m **1.** canon. **2.** (renta) redevance f.

canónigo m chanoine.

canonizar t canoniser.

canoso, a a aux cheveux blancs.

canotié m canotier.

cansar t fatiguer. **-ado, a** a **1.** fatigué, e. las, lasse. **2.** (que cansa) fati-

caótico, a *a* chaotique.

capa *f* 1. (*prenda*) cape. | ir de ~ caída, aller de mal en pis. 2. (*de pintura, nieve, social, etc.*) couche. 3. (*de agua*) nappe. 4. so ~ de, sous prétexte de.

capacho *m* cabas.

capacidad *f* capacité.

capacitar 1. qualifier, habiliter. 2. former.

caparazón *m* 1. (*de crustáceo, tortuga*) carapace. 2. (*de ave*) carcasse. *f*

capataz *m* contremaître.

capaz *a* 1. capable. 2. aparcamiento ~ para mil vehículos, parking pouvant contenir mille véhicules.

capellán *m* chapelain, aumônier: ~ castrense, aumônier militaire.

caperuza *f* 1. capuchon *m*. 2. (*de pluma*) capsule.

capilar *a/m* capillaire.

capilla *f* chapelle.

capirotazo *m* chiquenaude *f*.

capirote *m* 1. (*de penitente*) cagoule *f*. 2. tonto de ~, idiot fini.

capital *a* 1. capital, e: invertir capitales, investir des capitaux. ■ 1. (*de un estado*) capitale: (*de provincia*) chef-lieu *m*. 2. (*tierra*) capitale.

capitalismo *m* capitalisme. -ista *s* capitaliste.

capitán *m* capitaine.

capitel *m* chapiteau.

capitular *i* capituler. -ación *f* capitulation.

capítulo *m* chapitre.

capó *m* capot.

capón *m* 1. (*pollo*) chapon. 2. coup sur la tête.

capot *m* capot.

capota *f* capote.

capote *m* 1. capote *f*. | para mí ~, dans mon for intérieur. 2. TAUROM cape *f*.

gant, e. -ancio *m* fatigue *f*. -ino, a *a* lent, e, endormi, e.

cantábrico, a *a* cantabrique.

cantar *i/t* chanter. ■ *m* chanson *f*. -ante *s* chanteur, euse.

cántaro *m* cruche *f*. | llueve a cántaros, il pleut à verse, à torrents; il tombe des cordes.

cantata *f* cantate.

cantatriz *f* cantatrice.

cante *m* chant populaire. | ~ jondo, chant flamenco.

cantera *f* carrière.

cántico *m* cantique.

cantidad *f* 1. quantité. 2. (*de dinero*) somme: abonar la ~ de cien euros, payer la somme de cent euros.

cantimplora *f* gourde, bidon *m*.

cantina *f* 1. cantine. 2. (*en una estación*) buvette.

¹canto *m* chant.

²canto *m* 1. (*de libro, moneda*) tranche *f*. 2. (*de esqui*) carre *f*. 3. ~ rodado, galet.

cantón *m* canton.

cantor, a *a/s* chanteur, euse. ■ *m* (*poeta*) chantre.

canturrear *i* chantonner, fredonner.

caña *f* 1. tige. 2. (*planta*) roseau *m*. | ~ de azúcar, canne à sucre; ~ de pescar, canne à pêche. 3. (*del timón*) barre. 4. (*de cerveza*) demi *m*.

cañada *f* vallon *m*.

cañamazo *m* canevas.

cáñamo *m* chanvre.

cañería *f* conduite.

caño *m* 1. (*tubo*) tuyau. 2. canon.

cañón *m* 1. canon. 2. (*tubo*) tuyau. 3. (*garganta profunda*) cañón. -onazo, -onaza ■ oneo ~ o coup de canon.

caoba *f* acajou *m*.

caolín *m* kaolin.

caos *m* chaos.

caprich/o *m* caprice. **-oso, a** *a* capricieux, euse.

Capricornio *m* ASTR Capricorne.

cápsula *f* 1. capsule. 2. (*medicamento*) gélule.

capt/ar *t* capter. ■ captarse el cariño de alguien, gagner l'affection de quelqu'un. **-ación** *f* captage *m*.

captur/ar *t* capturer. **-a** *f* capture.

capucha *f* capuche, capuchon *m*.

capuchina *f* capucine.

capuchón *m* capuchon *m*.

capullo *m* 1. (*de gusano de seda*) cocon. 2. (*de flor*) bouton.

caqui *m* kaki.

cara *f* 1. visage *m*, figure: una ~ ovalada, risueña, un visage ovale, souriant. 2. face: huesos de la ~, os de la face; ~ oculta de la Luna, face cachée de la Lune; ~ o cruz, pile ou face. | ~ a ~, face à face; de ~, en face; de ~ a, vis-à-vis de; hacer ~ a, faire face, front à. 3. mine renfrognée; poner ~ de susto, de asco, prendre un air affolé, dégoûté. 4. FAM (*desfachatez*) toupet *m*, culot *m*: ¡qué ~ más dura!, quel culot!; tener la ~ dura, avoir du culot.

carabela *f* caravelle.

carabin/a *f* carabine. **-ero** *m* carabinier (douanier).

caracol *m* 1. escargot. | escalera de ~, escalier en colimaçon. 2. (*del oído*) limaçon. 3. ¡caracoles!, sapristi!

carácter *m* 1. caractère: caracteres tipográficos, caractères typographiques; buen, mal ~, bon, mauvais caractère. 2. con ~ de, en qualité de.

caracter/izar *t* caractériser. **-ístico, a** *a/f* caractéristique.

caradura *a* FAM culotté, e, gonflé, e. ■ *s* personne culottée. ■ *f* culot *m*.

carajillo *m* café arrosé.

caramañola *f* AMER gourde.

¡caramba! *interj* (*sorpresa*) mince!, ça alors!; (*disgusto*) zut!; ¡qué ~!, quand même!

carámbano *m* glaçon.

caramelo *m* 1. bonbon: ~ ácido, relleno, bonbon acidulé, fourré. 2. (*azúcar fundido*) caramel.

carátula *f* masque *m*.

caravana *f* 1. caravane. 2. file: una ~ de coches, une file de voitures; en ~, à la file.

¡caray! *interj* diable!; ¡~ con el pelmazo ese!, au diable ce raseur!

carb/ón *m* 1. charbon: ~ vegetal, charbon de bois. 2. papel ~, papier carbone. **-oncillo** *m* fusain. **-onero, a** *a/m* charbonnier, ère.

carbónico, a *a* carbonique.

carbon/o *m* carbone. **-izar** *t* carboniser.

carbur/ador *m* carburateur. **-ante** *m* carburant. **-ar** *i* carburer. **-o** *m* carbure.

carcajada *f* éclat *m* de rire. | reír a carcajadas, rire aux éclats; soltar la ~, éclater de rire.

carcamal *m* FAM vieux birbe.

cárcel *f* prison: meter en la ~, mettre en prison; ir a la ~, aller en prison.

carcelero *m* gardien de prison, geôlier.

carcom/er *t* ronger. **-ido, a** *a* vermoulu, e.

cardar *t* ~ el pelo, crêper les cheveux.

cardenal *m* 1. cardinal: cardenales, des cardinaux. 2. (*equimosis*) bleu.

cardenillo *m* vert-de-gris *m*.

cardíaco, a *a/s* cardiaque.

cardigán *m* cardigan.

cardinal a cardinal, e: puntos cardinales, points cardinaux.

cardiología f cardiología, **-ólogo,
a** s cardiologue. **-ovascular** a cardio-vasculaire.

cardo m 1. chardon. 2. (comestible)
cardon.

carear t confronter.

carecer i ~ de, manquer de.

carena f carène.

carencia f 1. manque m. 2. MED
carence. **-te** a ~ de, dépourvu e de,
dénué e de.

careo m confrontation f.

carestía f 1. cherté 2. (escasez)
pénurie.

careta f masque m.

carey m (concha) écaille f.

carga f 1. (acción) chargement m. 2.
(peso, obligación, de un arma de juego)
charge | **cargas sociales**, charges
sociales | (de pluma estilográfica)
recharge. 4. MIL charge | **volver a la
~**, revenir à la charge.

cargar t 1. charger. 2. COM ~ una
cantidad en su cuenta, débiter son
compte d'une somme. 3. (molestar)
assommer ■ i 1. ~ con, (llevarse)
emporter. 2. ~ con, se charger de:
yo cargo con todo, je me charge de
tout. | ~ con las consecuencias,
endosser, assumer les conséquences ; ~ con alguien, avoir quelqu'un
sur les bras. ■ pr FAM (matar) bousiller. (matar) descendre. **-ado, a** a
1. chargé, e. 2. café muy ~, café très
fort, bien tassé. **-ador** 1. (de puerto)
docker. 2. AMER porteur. **amento**
m chargement, **-ante** a FAM assommant, e.

cargo m 1. charge f. | estar a ~ de,
être à la charge de; hacerse ~ de, se
charger de. 2. ~ de conciencia, cas
de conciencia. 3. testigo de ~,
témoin à charge. 4. (empleo) charge
f, poste | un alto ~, un haut res-
ponsable.

carguero m cargo.

cariacontecido, a a penaud, e.

cariar t carier: diente cariado, dent
cariée.

Caribe n p m el ~, les Caraïbes.

caricatura f caricature. **-ista** s
caricaturiste. **-izar** t caricaturer.

caricia f caresse.

caridad f charité. | ¡por ~, de
grâce!

caries f carie.

carillón m carillon.

cariño m 1. affection f: tener ~ a,
avoir de l'affection pour | le tengo
mucho ~ a mi vieja bici, je suis très
attaché à mon vieux vélo. 2. (esmero) amour. **-oso, a** a affectueux,
euse.

carisma m charisme.

caritativo, a a charitable.

cariz m aspect, tournure f.

carlinga f carlingue.

Carlos n p m Charles.

carmelita f carmélite.

carmesí a cramoisi, e.

carmín a carmín. | ~ de labios,
rouge à lèvres.

carnal a charnel, elle.

carnaval m carnaval.

carne f chair: en ~ y hueso, en
chair et en os, estar metido en ~,
être bien en chair. tener ~ de galli-
na, avoir la chair de poule. 2. (alimento) viande: ~ de vaca, viande de
boeuf. | ~ de membrillo, pâte de
coing.

carné ⇒ **carnet**.

carnero m mouton.

carnet m 1. (librillo) carnet. 2. ~ de
identidad, carte f d'identité; ~ de
conducir, permis de conduire.

carnicería *f* boucherie. **-o, a** *a* boucher, ère. ■ *a/s* (*animal*) carnassier, ère.

carnívoro, a *a/s* carnivore.

carroso, a *a* charru, e.

caro, a *a* cher, chère. ■ *adv* cher: *estos zapatos cuestan* ~, ces chaussures coûtent cher; *salir* ~, revenir cher.

²carpa *f* (*de circo*) chapiteau *m*. 2. AMER tente.

¹carpa *f* (*pez*) carpe.

carpe *m* charme.

carpeta *f* 1. (*para escribir*) sous-main *m*. 2. (*para guardar papeles*) chemise. 3. (*con anillas, muelle*) classeur *m*.

carpintería *f* 1. menuiserie. 2. (*de armar*) charpenterie. **-o** *m* 1. menuisier. 2. (*de armar*) charpentier.

carraca *f* crécelle.

carrasca *f* yeuse.

carraspear *i* se racler la gorge, s'éclaircir la voix. **-ra** 1 *tener* ~, être enroué, e.

carrera *f* 1. course: ~ *pedestre*, course à pied | *en una* ~, en vitesse. 2. études *pl*: *estudia la* ~ *de ingeniero*, il fait ses études d'ingénieur. 3. (*profesión*) carrière. **-illa** *f de* ~, d'un trait.

carreta *f* charrette.

carrete *m* 1. bobine *f*: *un* ~ *de hilo, de pelicula*, une bobine de fil, de film. 2. (*de caña de pescar*) moulinet.

carretera *f* route. | *red de carreteras*, réseau routier.

carretero *m* charretier.

carretilla *f* 1. brouette. 2. **-elevadora**, chariot *m* élévateur.

carricoche *m* carriole *f*.

carril *m* 1. (*huella*) ornière *f*. 2. (*de vía férrea*) rail. 3. voie *f carretera de cuatro carriles*, route à quatre voies. 4. ~-*bici*, piste *f* cyclable: ~-*bus*, couloir d'autobus.

carrillo *m* joue *f* | *comer a dos carrillos*, manger goulûment, **-udo, e** *a* joufflu, e.

carro *m* 1. chariot. 2. (*de combate*) char. 3. AMER voiture *f*. **-ito** *m* 1.

carroza *f* 1. carrosse *m*. 2. (*de carnaval*) char *m*.

carruaje *m* voiture *f*.

carta *f* 1. lettre: ~ *certificada, de crédito*, lettre recommandée, de crédit. 2. (*ley*) charte. 3. (*naipe*) carte. | *dar* ~ *blanca a*, donner carte blanche à. 4. (*en un restaurante*) *comer a la* ~, manger à la carte.

cartabón *m* équerre *f*.

cartapacio *m* 1. (*de colegial*) cartable. 2. (*para dibujos*) carton (à dessins).

cartearse *pr* correspondre.

cartel *m* 1. affiche *f*. | *fijar carteles*, afficher. *comedia que continua en* ~, comédie qui tient l'affiche. *tener buen* ~, avoir bonne presse. 2. (*asociación*) cartel. **-era** *f* rubrique des spectacles. **-ero** *m* colleur d'affiches.

cárter *m* carter.

cartera *f* 1. (*de bolsillo*) portefeuille *m*. 2. (*de mano*) serviette. 3. (*de colegial*) cartable. 4. (*cargo de un ministro, valores comerciales*) portefeuille *m*. 5. COM ~ *de pedidos*, carnet *m* de commandes. **-ista** *m* pickpocket.

cartero *m* facteur.

cartilla *f* **-militar, de ahorros**, livret militaire, de caisse d'épargne.

cartón m carton.

cartucho m 1. cartouche f. 2. (cucurucho) cornet. -era f cartouchière.

cartujo/a f chartreuse. -o m chartreux.

cartulina f bristol m.

casa f 1. maison. | ~ de huéspedes, pension de famille; echar la ~ por la ventana, jeter l'argent par les fenêtres; poner ~, s'installer; a ~ de, chez; a, en ~, à la maison, chez moi, toi, etc.; volvimos a ~ muy tarde, nous sommes rentrés chez nous, à la maison très tard; Pedro no está en ~, Pierre n'est pas chez lui. 2. (urbana y de varios pisos) immeuble m. | ~ de vecindad, maison de rapport.

casaca f casaque.

casación f cassation.

cas/ar t marier. ■ i/pr 1. se marier: se casó con una prima suya, il s'est marié avec une de ses cousines. 2. FIG s'harmoniser. -adero/a a en âge d'être marié. -ado, a a/s marié: los recién casados, les nouveaux mariés. -amiento m mariage.

cascabel m grelot.

cascada f cascade.

cascado, a voz cascada, voix cassée; éraillée.

cascajo m 1. (guijo) gravier, cailloutis. 2. FAM vieillerie f. | estar hecho un ~, être décati.

cascanueces m casse-noisettes.

cascar t 1. (un vaso, etc.) fêler. 2. (romper) casser. ■ i FAM 1. (charlar) bavarder. 2. (morir) claquer.

cáscara f 1. (de huevo, nuez, etc.) coquille. 2. (de naranja, limón) écorce.

casco m 1. casque. 2. (de las caballerías) sabot. 3. (de un barco) coque f. 4. bouteille f. (tonel) fût. 6. (de una vasija rota) tesson. 7. (de obus) éclat. 8. (de una población) centre: el ~ urbano, le centre-ville. ■ pl ligero de cascos, écervelé.

cascote m gravats pl.

caserío m hameau.

casero, a a 1. pastel ~, gâteau maison; mermelada casera, confiture maison. 2. domestique. 3. (aficionado a estar en su casa) casanier, ère. ■ s 1. (dueño) propriétaire. 2. (arrendatario) locataire.

caseta f 1. (de baño) cabine. 2. (de feria) baraque, stand m.

casete f cassette. ■ m magnétophone.

casi adv 1. presque: comió ~ todo, il a presque tout mangé. 2. pour un peu: ~ se me olvida, pour un peu j'allais oublier. | ¡~ nada!, une paille!

casilla f 1. (casa pequeña) maisonnette. 2. (de un tablero de damas, crucigrama, etc.) case. | salirse de sus casillas, sortir de ses gonds. -ero m casier.

casino m 1. casino. 2. cercle, club.

casis f cassis m.

casita f maisonnette.

caso m 1. cas: en ~ de necesidad, en cas de besoin; en ese ~, dans ce cas-là; en todo ~, en tout cas. | (en) ~ de que no puedas venir, au cas où tu ne pourrais pas venir; hacer al ~, venir à propos; hacer ~ omiso de, ne pas faire attention à; haz ~ de lo que te digo, fais attention à ce que je dis; no me hace ~, il ne m'écoute pas; ¡no hagas ~!, ne fais pas attention!; llegado el ~, le cas éch...

l'occasion; pongamos por ~, suppo-sons. **2.** fait: vamos al ~, venons-en au fait.

caspa f pellicules pl.

casquete m calotte f.

casquillo m **1.** (de bombilla) culot. **2.** (cartucho) douille f.

cassette ⇒ **casete.**

casta f **1.** race. **2.** (en la India) caste.

castaña f châtaigne, marron m: ~ confitada, marron glacé.

castañetear 1. le castañetean los dientes, il claque des dents. **2.** (hue-sos) craquer.

castañuela f castagnette.

castaño, a a/m châtain, marron. ■ m (árbol) châtaignier, marronnier: ~ de Indias, marronnier d'Inde.

castellano, a a/s castillan, e. ■ m **1.** (idioma) castillan, espagnol. **2.** (señor) châtelain.

casticismo m **1.** (en el lenguaje) purisme. **2.** respect des usages.

castidad f chasteté.

castigar t **1.** punir, châtier. **2.** éprouver: zona fuertemente castigada por un seísmo, zone durement éprouvée par un séisme. **-o** m châtiment, punition f: ~ ejem-plar, châtiment exemplaire; infligir un ~ a un niño, infliger une puni-tion à un enfant.

Castilla n p f Castille.

castillo m **1.** château, château fort. | castillos en el aire, châteaux en Espagne. **2.** mar gaillard.

castizo, a a **1.** typique, bien de chez nous. **2.** vrai, e, pur, e, authentique.

casto, a a chaste.

castor m castor.

castrar t châtrer, castrer.

castrense a militaire.

casual a fortuit, e, accidentel, elle. **-idad** f hasard m | por ~, par hasard; da la ~ que~, il se trouve que. ~mente adv par hasard.

casuca f bicoque.

casucha f bicoque.

casu/ista s casuiste | **-ística** f casuistique.

casulla f chasuble.

cata f dégustation.

cataclismo m cataclysme.

catacumbas f pl catacombes.

catadura f (aspecto) tête, gueule.

catalán, ana a/s catalan, e.

catalejo m longue-vue f.

Catalina n p f Catherine.

catálisis f catalyse.

catalizador m (de coche) pot cataly-tique.

catálogo m catalogue. **-logar** t cataloguer.

Cataluña n p f Catalogne.

catamarán m catamaran.

cataplasma m cataplasme m.

¡cataplum! interj patatras!, pata-pouf!

catapulta f catapulte.

catar t goûter, déguster.

catarata f cataracte. | las cataratas del Niágara, les chutes du Niagara.

catarro m rhume.

catastro m cadastre.

catástrofe f catastrophe. **-astrófi-co, o** a a catastrophique.

cate m fam me han dado un ~, je me suis fait étendre. **-ar** t recaler.

catch m catch.

catecismo m catéchisme.

catedral f cathédrale.

cátedra f chaire.

catedrático, a s professeur (d'Université, de lycée).

categoría *f* 1. catégorie. 2. classe. 3. gente de ~, des gens d'un rang élevé; puesto de ~, poste élevé.

categóric/o, a *a* catégorique. **-amente** *adv* catégoriquement.

catequizar *t* catéchiser.

caterva *f* tas *m*, foule.

cateto *m* FAM péquenaud.

catolicismo *m* catholicisme.

católico, a *a/s* catholique.

cator/ce *a/m* quatorze. | el siglo ~, le quatorzième siècle. **-zavo, a** *a/s* quatorzième.

catre *m* lit de sangle.

cauce *m* (de río) lit.

caucho *m* caoutchouc.

caución *f* caution.

caudal *m* 1. (de un río) débit. 2. fortune *f*. **-oso, a** *a* (río) abondant, e.

caudillo *m* chef.

caus/a *f* cause. | a ~ de, à cause de; por esta ~, pour cette raison. **-ante** s el, la ~ de, la cause de. **-ar** *t* causer.

cáustico, a *a* caustique.

cautel/a *f* précaution, prudence. **-oso, a** *a* prudent, e.

cauterizar *t* cautériser.

cautiv/ar *t* captiver. **-ador, a** *a* captivant, e.

cautiv/o, a *a/s* captif, ive. **-erio** *m*, **-idad** *f* captivité *f*.

cauto, a *a* prudent, e.

cava *m* vin blanc mousseux.

cavar *t* creuser.

cavern/a *f* caverne. **-oso, a** *a* caverneux, euse.

caviar *m* caviar.

cavidad *f* cavité.

cavil/ar *i* réfléchir. **-ación** *f* réflexion. **-oso, a** *a* 1. songeur, euse. 2. (preocupado) soucieux, euse.

cayado *m* (de obispo) crosse *f*.

cayendo, cayera, cayó ⇒ **caer**.

caz/a *f* 1. chasse: ir de ~, aller à la chasse; la ~ del tigre, la chasse au tigre. 2. ~ mayor, menor, gros, petit gibier *m*. ■ *m* avion de chasse, chasseur. **-ador, a** *a/s* chasseur. | ~ furtivo, braconnier. ■ *f* (chaqueta) blouson m: una cazadora de tejano, un blouson en jean. **-ar** *t* 1. chasser. 2. FAM (conseguir) décrocher; (coger) prendre, attraper: cazado en falta, pris en faute.

caz/o *m* 1. casserole *f*. 2. (cuchara) louche *f*. **-uela** *f* 1. terrine. 2. (guiso) ragoût *m*. 3. (teatro) poulailler *m*.

cazurro, a *a* 1. sournois, e. 2. têtu, e.

cebada *f* orge.

cebar *t* 1. (animales) engraisser, gaver. 2. (un anzuelo, una bomba) amorcer. ■ cebarse en su víctima, s'acharner sur sa victime.

cebellina *f* zibeline.

cebo *m* 1. (pesca) appât. 2. (explosivo) amorce *f*.

cebolla *f* oignon *m*. **-eta** *f* 1. ciboulette, 2. oignon *m* nouveau.

cebr/a *f* zèbre *m*. | paso de ~, passage pour piétons. **-ado, a** *a* zébré, e.

cecear *i* zézayer.

Cecilia *n p f* Cécile.

cedazo *m* tamis.

ceder *t/i* céder.

cedilla *f* cédille.

cedro *m* cèdre.

cédula *f* 1. billet *m*. 2. AMER ~ de identidad, carte d'identité.

ceg/ar° *t* aveugler. **-ato, a** *a* myope.

ceguedad, ceguera *f* 1. cécité. 2. FIG aveuglement *m*.

ceiba *f* fromager *m*.

ceja *f* sourcil *m*.

cejar *i* 1. reculer. 2. ~ en, ren à.

celada f (trampa) piège m.
celd/a f cellule. **-illa** f cellule.
celebérrimo, a a très célèbre.
celebr/ar t **1.** célébrer. **2.** fêter. **3.** (reunión, asamblea) tenir. **4.** (alegrarse) se réjouir de: **celebro tu éxito**, je me réjouis de ton succès. ■ pr avoir lieu: **la entrevista se celebró ayer**, l'entrevue a eu lieu hier. **-ación** f célébration.
célebre a célèbre.
celebridad f célébrité.
celeridad f rapidité.
celeste a céleste.
¹celo m zèle: **huelga de ~**, grève du zèle. ■ pl jalousie f sing. | **dar celos**, rendre jaloux, ouse. | **tener celos**, être jaloux, ouse.
²celo m (marca registrada) Scotch.
celofán m cellophane f.
celosía f jalousie.
celoso, a a **1.** zélé, e. **2.** (que tiene celos) jaloux, ouse.
célula f cellule.
celular a cellulaire.
celulitis f cellulite.
celuloide m celluloïd.
celulosa f cellulose.
cementerio m cimetière.
cemento m ciment: **~ armado**, ciment armé.
cena f dîner m, souper m. **2.** (de Jesucristo) cène.
cenador m tonnelle f.
cenag/al m bourbier. **-oso, a** f bourbeux, euse.
cenar i dîner, souper. | **estoy cenado**, j'ai déjà dîné. ■ t manger pour le dîner.
cencerro m sonnaille f.
cenefa f bordure f.
cenicero m cendrier.
cénit m zénith.

ceniza f cendre. | **miércoles de Ceniza**, mercredi des Cendres.
cenizo m FAM **ser un ~**, porter la poisse.
cenotafio m cénotaphe.
censo m **1.** (de la población, etc.) recensement. **2.** corps électoral. **3.** (tributo) charge f, redevance f.
censor m censeur.
censur/a f censure. **-ar** t **1.** censurer. **2.** reprocher.
centavo a centième. ■ m centime.
centella f **1.** (rayo) éclair m. **2.** (chispa) étincelle.
centelle/ar i scintiller. **-o** m scintillement.
centena f, **centenar** m centaine f. | **a centenares**, par centaines.
centenario, a a/s centenaire.
centeno m seigle.
centésimo a/s centième.
centígrado m centigrade.
centi/gramo° m centigramme. **-litro** m centilitre.
centímetro m centimètre.
céntimo m centime.
centinela m/f sentinelle f.
centollo m araignée f de mer.
central a central, e. ■ f **1.** (eléctrica, nuclear) centrale. **2.** (telefónica) central m. **-ita** f standard m.
centraliz/ar t centraliser. **-ación** f centralisation.
centrar t centrer. ■ pr être axé, e.
céntrico, a a central, e: **barrios céntricos**, quartiers centraux.
centrífugo, a a centrifuge.
centro m **1.** centre. | **estar en su ~**, être dans son élément. **2.** **~ de mesa**, surtout.
Centroamérica n p f Amérique centrale.
centroamericano, a a/s de l'Amérique centrale.

céntuplo, a a/m centuple.

ceñir t 1. (rodear) entourer, ceindre. 2. (apretar) serrer: vestido que ciñe el talle, robe qui moule la taille. ■ pr 1. se borner, se limiter: me ceñiré a los hechos, je m'en tiendrai aux faits. 2. ceñirse al bordillo de la acera, serrer le bord du trottoir: cíñase a la derecha, serrez à droite. **-ido, a** a vestido ~, robe ajustée, moulante.

ceño m froncement de sourcils. | poner ~, prendre un air mauvais. **-udo, a** a renfrogné, e.

cepa f 1. (de vid) cep m. 2. (de árbol, de una familia) souche.

cepillo m 1. brosse f: ~ de dientes, brosse à dents; ~ para la ropa, brosse à habits. 2. (carpintería) rabot. 3. (para las limosnas) tronc. **-ado** m brossage. **-ar** t 1. brosser. 2. (la madera) raboter.

cepo m (trampa) traquenard, piège.

cera f cire.

cerámica f céramique. **-o, a** a céramique.

cerbatana f sarbacane.

¹cerca f clôture.

²cerca adv près: muy ~, tout près, très près; ~ de mil huelguistas, près de mille grévistes; ~ de las once, il est environ onze heures; intervino ~ del director, il est intervenu auprès du directeur.

cercado m 1. enclos. 2. (cerca) clôture f.

cercanía f proximité. ■ pl 1. environs m, alentours m. 2. banlieue sing: tren de cercanías, train de banlieue.

cercano, a a proche: ~ a, proche de.

cercar t 1. entourer. 2. MIL assiéger.

cercén (a) loc adv ras.

cercenar t réduire, rogner.

cerciorarse pr ~ de que, s'assurer que.

cerco m 1. (aro) cercle. 2. (de una mancha) auréole f. 3. halo. 4. MIL siège.

cerda f 1. (del cerdo, jabalí) soie. 2. (del caballo) crin m. 3. (hembra del cerdo) truie.

Cerdeña n p f Sardaigne.

cerdo m 1. porc, cochon: carne de ~, viande de porc. 2. FIG cochon.

cereal m céréale f.

cerebro m cerveau. **-al** a cérébral, e.

ceremonia f cérémonie. **-al** m cérémonial. **-oso, a** a cérémonieux, euse.

cereza f cerise. **-o** m cerisier.

cerilla f (fósforo) allumette.

cerner t tamiser. ■ bruiner: pr (las aves) planer.

cernícalo m 1. buse f. 2. FAM butor, abruti.

cero m zéro: ser un ~ a la izquierda, être une nullité.

cerquita adv tout près.

cerrado, a a 1. fermé, e. 2. (espeso) touffu, e. 3. (el cielo) couvert, e. 4. es noche cerrada: il fait nuit noire. 5. (torpe) bouché, e. 6. (acento) marqué ■ m oler a ~, sentir le renfermé.

cerradura f serrure.

cerrajero m serrurier.

cerrar t 1. fermer. 2. (un conducto) boucher. 3. (un debate, una suscripción) clore. ■ i fermer: esta ventana cierra mal, cette fenêtre ferme mal. ■ pr 1. se fermer, se refermer. 2. FIG s'obstiner.

cerril a grossier, ère, rustre.

cerro m colline f, butte f.

cerrojo m verrou.

certamen m concours.

certero, a a 1. sûr, e. 2. adroit, e.

certeza, certidumbre f certitude.

certific/ar t 1. certifier. 2. (carta, paquete) recommander. **-ado, a** a carta certificada, lettre recommandée. ■ m 1. (documento) certificat. 2. (carta, paquete) envoi recommandé.

cerval a miedo ~, peur bleue.

cervato m faon.

cerve/za f bière: ~ negra, de barril, bière brune, à la pression. **-cería** f brasserie.

cerviz f nuque.

cesación f cessation.

cesante a 1. dejar ~ a, mettre à pied, relever de ses fonctions. 2. AMER au chômage.

cesar i cesser. | sin ~, sans cesse.

cesárea f césarienne.

cese m 1. cessation f, arrêt. 2. ordre de cessation de paiement.

cesión f cession.

césped m gazon, pelouse f.

cest/a f panier m. | la ~ de la compra, le panier de la ménagère. **-ería** f vannerie. **-o** m panier, corbeille f: ~ de los papeles, corbeille à papier; echar al ~ de los papeles, mettre au panier.

cetro m sceptre.

ch [tʃe] f ch m.

chabacano, a a vulgaire, grossier, ère.

chabol/a f cahute, baraque. | barrio de chabolas, bidonville. **-ista** s habitant, e d'un bidonville.

chacarero, a s AMER fermier, ère.

chacha f FAM bonne.

cháchara f papotage m.

chacina f charcuterie.

chacota f tomar a ~, prendre à la blague.

chacra f AMER ferme.

chafar t 1. écraser. 2. (arrugar) froisser. 3. FIG déprimer, abattre.

chaflán m pan coupé.

chal m châle.

chalado, a a 1. FAM cinglé, e. 2. ~ por, toqué, e de.

chalán m maquignon.

chalana f chaland m.

chalé ⇒ **chalet**.

chaleco m gilet: ~ antibalas, gilet pare-balles.

chalet [tʃalet] m 1. pavillon, villa f. 2. (en la montaña) chalet. 3. maison f de campagne.

chalote m échalote f.

chalupa f chaloupe.

chamarilero, a s brocanteur, euse.

chamb/a f 1. FAM chance. | por ~, par hasard. 2. AMER (trabajo) boulot m. **-ón, ona** a/s veinard, e.

champán, champaña m champagne.

champiñón m champignon (de Paris).

champú m shampooing.

chamus/car t roussir. **-quina** f oler a ~, sentir le roussi.

chance/ar i plaisanter, blaguer. **-ro, a** a blagueur, euse.

chancho m AMER porc, cochon.

chanchullo m manigance f, trafic.

chancl/a f 1. savate. 2. (para la playa) tong. **-eta** f savate, pantoufle.

chándal m survêtement.

chantaje m chantage.

chanza f plaisanterie.

chap/a f 1. plaque. 2. (de metal) tôle: ~ ondulada, tôle ondulée. 3. (de botella) capsule. **-ado, a** a 1. ~ de oro, plaqué or. 2. FIG ~ a la antigua, vieux jeu. **-ar** t plaquer.

chaparrón m averse f.

chapotear i barboter.

chapucear t (hablar mal) baragouiner.

chapuza f bricole.

chapuzar t/i plonger. ■ pr se baigner. **-ón** m plongeon. | darse un ~, faire trempette.

chaqué m jaquette f.

chaqueta f veste, veston m: ~ cruzada, recta, veste croisée, droite. **-ón** m grande veste f, trois-quarts.

charada f charade.

charanga f fanfare.

charca f mare. **-o** m flaque f.

charcutería f charcuterie.

charlar t/i bavarder. **-a** f 1. bavardage m. 2. (conferencia) causerie, (conversación) conversation. **-atán, ana** a/s bavard, e. ■ m (curandero) charlatán. **-atanismo** m charlatanisme.

charol m 1. vernis. 2. cuir verni: zapatos de ~, souliers vernis. **-ar** t vernir.

charrán m mufle. **-anada** f muflerie.

charretera f épaulette.

charro, a 1. de Salamanque. 2. de mauvais goût. ■ m cavalier mexicain.

chárter a/m (vuelo) ~, charter.

chascar t faire claquer: chascó la lengua, il fit claquer sa langue. ■ i craquer.

chascarrillo m plaisanterie f.

chasco m 1. dar un ~, jouer un tour. 2. decepción. | llevarse un ~, être déçu, c. 3. ratage, fiasco.

chasis m chássis.

¹**chascar** ⇒ chascar.

²**chasquear** t duper. | quedarse chasqueado, être déçu.

chasquido m 1. claquement. 2. (de la madera) craquement.

chatarra f ferraille. **-ero** m ferrailleur.

chato, a a 1. nariz chata, nez camus. 2. plat, e. ■ m (de vino) verre.

chaval, a s gamin, e.

chaveta f 1. goupille. 2. FAM estar ~, être cinglé, e; perder la ~, perdre la boule.

checo, a a/s tchèque.

Checoslovaquia n p f Tchécoslovaquie.

chelín m shilling.

cheque m chèque: ~ cruzado, sin fondos, chèque barré, sans provision.

chequeo m check-up, bilan de santé.

chequera f carnet m de chèques, chéquier m.

chica ⇒ chico.

chicharra f cigale.

chicharrones m pl rillons.

chicle m chewing-gum.

chico, a a petit, e. ■ m garçon. ■ f 1. jeune fille, fille: una chica bonita, une jolie fille. 2. (criada) bonne. ■ s enfant.

chicote m AMER fouet.

chicuelo, a s gamin, e.

chiflar t/i (silbar) siffler. ■ FAM chiflarse por (alguien), se toquer de, flairse por (algo) raffoler de. **-ado, a** a toqué, e, cingle, e. **-adura** f toquade. **-ido** m AMER sifflement.

chile m AMER chili, piment rouge.

chileno, a a/s chilien, enne.

chillar i crier, piailler. **-ido** m cri perçant. **-on, ona** a criard, e.

chimenea f cheminée.

chimpancé m chimpanzé.

China n p f Chine.

¹china f petit caillou m.

²china ⇒ **chino**.

chinar f FAM empoisonner, enquiquiner. ■ pr ¡**chínchatel**; bien fait!

chinche m punaise f ■ a/s FAM enquiquineur, euse. **-ta** f punaise.

chinchorrero/a a s 1. chicaneur, euse. 2. (chismoso) cancanier, etc.

chinela f mule.

chino, a a/s chinois, e. 2. AMER indien, enne, métis, isse. ■ AMER servante, compagne.

chip m INFORM puce f.

chipirón m petit calmar, encornet.

chiquero m toril.

chiquillo/a, a s gosse. **-ada** f gaminerie. **-ería** f marmaille.

chiquito, a a tout petit, toute petite.

chiribitil m galetas.

chirigota f plaisanterie.

chirimoya f annone.

chiringuito m buvette f, kiosque.

chiripa f por ~, par hasard, par miracle.

chirle a fade, insipide.

chirlo m estafilade f, balafre f.

chirona f FAM taule.

chirriar/ f grincer. **-ido** m grincement.

¡chis! interj chut!

chisme m 1. ragot, racontar, cancan. 2. FAM (cosa) machin, truc. **-orrear** f cancaner. **-oso, a** a/s cancanier, etc.

chispa f 1. étincelle. 2. goutte. 3. (poco) miette. 4. (gracia) esprit m. **-azo** m étincelle f. **-eante** a FIG pétillant d'esprit, brillant, e. **-ear** i 1. pétiller. 2. (lloviznar) pleuvoter. **-o, a** a (bebido) éméché, e.

chisporrote/ar i pétiller. **-o** m 1. crépitement. 2. (en un micrófono) grésillement.

chistar i ouvrir la bouche. | sin ~, sans mot dire, sans répliquer.

chiste m 1. (dicho gracioso) bon mot, plaisanterie f. 2. (cuento gracioso) histoire f drôle, blague f. | tener ~, être drôle.

chistera f (sombrero) haut-de-forme m.

chistoso, a a drôle, spirituel, elle.

chita f a la ~ callando, en douce.

¡chito!, ¡chitón! interj chut!

chivato m 1. chevreau. 2. FAM mouchard, e.

chivarse pr cafarder, moucharder.

chivo, a s chevreau, chevrette. | ~ expiatorio, bouc émissaire.

chocante a 1. choquant, e. 2. étonnant, e.

chocar i 1. heurter: el coche chocó con un camión, la voiture a heurté un camion. 2. se heurter, entrer en collision: han chocado dos trenes, deux trains sont entrés en collision; ~ contra un poste, se heurter à un poteau. 3. (sorprender) choquer.

chocarrero, a a grossier, ère.

chocha f bécasse.

chocho/a, a a gâteux, euse. | ~ con, fou de. **-ear** i radoter. **-era, ez** f gâtisme.

chocolate m chocolat: ~ con leche, chocolat au lait. **-ina** f barre f chocolatée.

chófer m chauffeur.

chola f FAM caboche. ■ a/s AMER métis, isse.

chollo m AMER épi de maïs.

chopo m peuplier noir.

choque m 1. choc. 2. (de trenes) tamponnement. 3. FIG heurt.

chorizo m 1. chorizo. 2. FAM voleur, voyou.

chorlito m pluvier. | **cabeza de ~**, tête de linotte.

chorrada f FAM bêtise.

chorrear i 1. couler. 2. dégouliner, ruisseler: **abrigo chorreando agua**, manteau ruisselant d'eau, manteau trempé.

chorrera f jabot m.

chorr/o m 1. *(de líquido)* jet. 2. **beber a ~**, boire à la régalade. | **a chorros**, à la pelle. **-illo** m jet.

chote/arse pr FAM se payer la tête de. **-o** m rigolade f, moquerie f.

choto m cabri.

chovinismo m chauvinisme.

choza f cabane, hutte.

chubas/co m averse f. **-quero** m coupe-vent.

chuchería f babiole, bibelot m.

chucho m chien.

chueco, a a AMER tordu, e.

chufa f souchet m.

chuleta f *(pequeña)* côtelette; *(mayor)* côte.

chulo, a a 1. *(descarado)* effronté, e. 2. *(presumido)* crâneur, euse. | **ponerse ~**, jouer les durs. ■ m type.

chumbera f figuier m de Barbarie.

chunga f FAM plaisanterie, blague. | **estar de ~**, blaguer.

chupada f **dar una ~**, tirer une bouffée.

chupado, a a très amaigri, e, très maigre.

chupar t 1. sucer. 2. FAM absorber. ■ pr **¡chúpate ésa!**, attrape!

chupatintas m gratte-papier.

chupete m tétine f. **-ar** i suçoter.

chupi a FAM super.

chupón, ona s parasite.

churrasco m AMER grillade f.

churretoso, a a crasseux, euse.

churro m 1. beignet allongé. 2. FAM *(película mala)* navet. 3. ratage: **un ~ de pintura**, une peinture ratée.

chusco, a a drôle, marrant, e.

chusma f populace.

chutar i 1. shooter, tirer. 2. FAM **¡y va que chuta!**, et ça va comme ça!

chuzo m. | FIG **aunque caigan chuzos de punta**, même s'il tombe des cordes.

cianuro m cyanure.

ciático, a a/f sciatique.

ciber/nética f cybernétique. **-café** m cybercafé. **-nauta** s cybernaute.

cicate/ro, a a/s pingre. **-ar** i lésiner sur tout.

cicatriz f cicatrice. **-ar** t cicatriser. ■ pr **la llaga se ha cicatrizado**, la plaie s'est cicatrisée.

cicl/o m cycle. **-ismo** m cyclisme. **-ista** s cycliste. **-omotor** m cyclomoteur.

ciclón m cyclone.

cíclope m cyclope.

cieg/o, a a/s aveugle. | **a ciegas**, à l'aveuglette; **~ de ira**, aveuglé par la colère. **-amente** adv aveuglément.

cielo m 1. ciel: **el reino de los cielos**, le royaume des cieux; **a ~ abierto**, à ciel ouvert. | **~ raso**, plafond. 3. **~ de la boca**, palais.

cien a cent. | **~ por ~**, cent pour cent.

ciénaga f marécage m.

ciencia f science. | **~ ficción**, science-fiction.

cieno m vase f.

científico, a a/s scientifique.

ciento a/m cent. | **el cincuenta por ~**, cinquante pour cent.

cierne (en) loc adv en fleur; FIG en herbe, en devenir.

cierre m 1. fermeture f. | **~ me*** rideau métallique. 2. *(de ur*

etc.) clôture f. 3. ~ patronal, lock-out.

cine m cinéma: ~ sonoro, cinéma parlant. **-asta** s cinéaste. **-mateca** f cinémathèque.

cínico, a a/s cynique.

cinismo m cynisme.

cinta f 1. ruban m. 2. ~ magnetofó-nica, bande magnétique; ~ de video, bande vidéo. 3. (cinematográ-fica) bande, film m.

cintura f ceinture | FAM meter en ~ a alguien, visser quelqu'un. **-ón** m 1. ceinture f: ~ salvavidas, de segu-ridad, ceinture de sauvetage, de sécurité; ~ negro, ceinture noire (judo). 2. (para la espada) ceintu-ron.

cina, etc. ⇒ **ceñir.**

ciprés m cyprès.

circo m cirque.

circuito m circuit.

circulación f circulation.

circular t circuler | carta ~, cir-culaire.

¹circular t circuler: ¡circulen!, circu-lez!

circulo m cercle. ■ pl milieux.

circuncisión f circoncision.

circunferencia f circonférence | **circunflejo** a acento ~, accent cir-conflexe.

circunscribir t circonscrire. ■ cir-cunscribirse a, se limiter, se borner a. **-pción** f circonscription.

circunspecto, a a circonspect, e. **circunstancia** f circonstance.

circunstante s personne présente.

circunvalación f via de ~, rocade, périphérique m.

cirio m cierge.

ciruela f prune. | ~ pasa, pruneau **-o** m prunier.

cirugía f chirurgie. **-jano** m chi-rurgien.

cierto, a a 1. (seguro) certain, e. 2. (precediendo al sustantivo) un cer-tain, une certaine: de cierta edad, d'un certain âge. 3. vrai, e: eso no es ~, ce n'est pas vrai | por ~, cer-tes; si, por ~, oui, bien sûr, certai-nement.

cervio, a s cerf, biche.

cierzo m bise f.

cifra f chiffre m | **-ar** t 1. chiffrer. 2. ~ su ideal en el progreso, placer son ideal dans le progreso.

cigala f langoustine.

cigarra f cigale.

cigarrillo m cigarette f.

cigarro m ~ puro, cigare; cigar-ro m ~ puro, cigare.

cigüeña f 1. cigogne. 2. (manubrio) manivelle.

cigüeñal m vilebrequin

cilindrada f cylindrée: gran ~, grosse cylindrée. **-índrico, a** a cylindrique.

cima f cime, sommet m, faîte m.

cimarrón, ona a AMER sauvage.

cimbra f cintre m.

cimbrear t faire vibrer. **-ante** a flexible.

cimiento m 1. fondation f: los cimientos, les fondations. 2. FIG echar los cimientos de..., jeter les bases de...

cinc m zinc.

cincel m ciseau. **-ador** m ciseleur. **-adura** f ciselure. **-ar** t ciseler.

cincha f sangle.

cinco a/m cinq | son las ~, il est cinq heures.

cincuenta a/m cinquante: ~ y dos, cincuenta-deux. **-ena** f cinquan-taine. **-ón, ona** s quinquagénaire.

cisco m 1. hacer ~, démolir. 2. armar ~, faire du chambard.

cisma m schisme.

cisne m cygne.

cisterna f citerne, réservoir m.

cit/a f 1. rendez-vous m: **tengo ~ con...** j'ai rendez-vous avec... 2. (de un autor) citation. **-ar** t 1. donner rendez-vous. 2. convoquer. 3. (mencionar) citer. 4. TAUROM provoquer (le taureau). ■ pr **nos hemos citado a las seis**, nous nous sommes donné rendez-vous à six heures.

cítiso m cytise.

cítrico, a a citrique. ■ m pl agrumes.

ciudad f 1. ville: **mi ~ natal**, ma ville natale. 2. **~ universitaria**, cité universitaire. **-ano, a** a 1. (de una ciudad) citadin, e. 2. (de un estado) citoyen, enne. **-ela** f citadelle.

cívico, a a civique.

civil a civil, e. **casarse por lo ~**, se marier civilement. ■ m FAM gendarme.

civiliz/ar t civiliser. **-ación** f civilisation. **-ador, a** a/s civilisateur, trice.

civismo m civisme.

cizalla f cisaille.

cizaña f 1. ivraie. 2. **meter ~**, semer la zizanie.

clam/ar i/t crier: **~ venganza**, crier vengeance. **| ~ al cielo**, implorer le ciel. **-or** m clameur f. **-oroso, a** a 1. **éxito ~**, succès retentissant. 2. (aplausos) chaleureux, euse, enthousiaste.

clan m clan.

clandestino, a a clandestin, e.

clara f 1. **~ de huevo**, blanc m d'œuf. 2. (cerveza) panaché m.

Clara n p f Claire.

claraboya f lucarne.

clarear i 1. commencer à faire jour. **| al ~ el día**, au point du jour. 2. s'éclaircir. ■ pr (tejido) être transparent, e.

claridad f clarté.

clarificar t clarifier.

clarín m clairon.

clarinete m clarinette f.

clarividen/te a clairvoyant, e. **-cia** clairvoyance.

claro, a a 1. clair, e. **| a las claras**, clairement. 2. (ralo) clairsemé, e. ■ m 1. **~ de luna**, clair de lune. **| poner, sacar en ~**, tirer au clair. 2. (en un cielo nuboso) éclaircie f. 3. (en un bosque) clairière f. 4. espace. ■ adv **ver ~**, voir clair. ■ interj bien sûr!; **¡~ está!**, évidemment!; **¡~ que sí!**, mais oui!

claroscuro m clair-obscur.

clase f 1. classe: **vagón de primera ~**, wagon de première classe; **~ media**, classe moyenne. 2. (alumnos, aula) classe. 3. cours m: **clases particulares**, cours particuliers. 4. sorte, genre m: **de toda ~**, de toutes sortes.

clásico, a a classique.

clasific/ar t classer. **-ación** f classement m.

claudicar i céder.

Claudio, a n p Claude.

claustro m 1. cloître. 2. (de profesores) conseil.

claustrofobia f claustrophobie.

cláusula f 1. clause. 2. phrase.

clausur/a f 1. clôture. 2. (cierre) fermeture. **-ar** t 1. clore, clôturer. 2. fermer.

clava f massue.

clavado, a a FAM **es ~ a su padre** c'est son père tout craché.

clavar t 1. clouer. 2. **~ un clavo**, planter un clou. 3. (la mira/ `

clave f clef, clé. ∎ m clavecin.
clavel m œillet.
clavetear t clouter.
clavicordio m clavecin.
clavícula f clavicule.
clavija f cheville. | FIG apretar las clavijas a, serrer la vis à.
clavo m **1.** clou. | FIG dar en el ~, tomber juste. **2.** (especia) clou de girofle.
claxon m klaxon. | tocar el ~, klaxonner.
clemátide f clématite.
clemen/te, a a clément, e. **-cia** f clémence.
clerical a clérical, e. **-ismo** m cléricalisme.
clérigo m **1.** clerc. **2.** (sacerdote) prêtre.
clero m clergé.
clic m INFORM clic. | hacer ~, cliquer.
cliente s client, e. **-la** f clientèle.
clim/a m climat. **-ático, a** a climatique. **-atizar** t climatiser.
clínico, a a/f clinique.
clip m **1.** (para sujetar papeles) trombone. **2.** (para el pelo) pince f. **3.** (vídeo) clip.
clisé m cliché.
cloaca f égout m.
clon m BIOL clone. **-ación** f clonage m. **-ar** t cloner.
cloquear i glousser.
clor/o m chlore. **-hídrico, a** a chlorhydrique.
clorofila f chlorophylle.
cloroform/o m chloroforme. **-izar** t chloroformer.
cloruro m chlorure.
club m club.
clueca f poule couveuse.
coacción f contrainte.
coagul/ar t coaguler. **-ación** f coa-
ᵎᵘlation.

coágulo m caillot.
coalición f coalition.
coartada f alibi m.
coba f FAM darle ~ a alguien, faire de la lèche, du plat à quelqu'un.
cobalto m cobalt.
cobard/e a lâche, poltron, onne. **-ía** f lâcheté.
cobaya m cobaye.
cobertizo m **1.** (saledizo) auvent. **2.** (sitio cubierto) hangar.
cobertor m **1.** (colcha) couvre-lit. **2.** (manta) couverture f de lit.
cobertura f couverture.
cobij/a f couverture. **-ar** t **1.** héberger. **2.** FIG protéger. **-o** m **1.** gîte. **2.** hospitalité f.
cobista s FAM lèche-bottes.
cobra f cobra m.
cobr/ar t **1.** encaisser, percevoir. **2.** toucher, être payé, e: ~ tanto al mes, toucher tant par mois. **3.** prendre: ¿cuánto te ha cobrado el garajista?, combien t'a pris le garagiste?; cobra muy caro, il prend très cher. **4.** prendre: ~ una trucha, prendre une truite; ~ cariño a alguien, prendre quelqu'un en affection. ∎ pr se payer. **-ador** m **1.** (en un autobús) receveur. **2.** (recaudador) encaisseur. **-anza** f encaissement m, recouvrement m.
cobr/e m cuivre. **-izo, a** a cuivré, e.
cobro m encaissement.
coca f coca. **-ína** f cocaïne.
Coca Cola f (marca registrada) Coca-Cola m.
cocaína f cocaïne.
cocción f cuisson.
cocear i ruer.
cocer° t cuire, faire cuire. ∎ i/pr cuire: estas lentejas no se cuecen, ces lentilles cuisent mal; no están

aún cocidas, ellas ne sont pas enco- re cuites. ■ *pr* FAM *(tramar)* mijoter.

coces *pl de* coz.

cochambre *f* cochonnerie, saleté.

coche *m* 1. voiture *f*. | ~ celular, fourgon cellulaire; ~ **fúnebre**, cor- billard, fourgon mortuaire; ~ **bomba** ⇒ **bomba**. 2. ~ **cama**, wagon-lit; ~ **litera**, wagon-couchet- te; ~ **restaurante**, wagon-restau- rant. **-cito** *m* ~ de niño, voiture *f* d'enfant. **-ra** *f* garage *m*, remise. **-ro** *m* cocher.

cochinada *f* FAM vacherie.

cochinilla *f* 1. cloporte *m*. 2. *(roja)* cochenille.

cochino, a *a* 1. *(sucio)* sale. 2. misérable. ■ *m* cochon. **-illo** *m* cochon de lait.

cocido *m* pot-au-feu.

cociente *m* quotient.

cocina *f* 1. cuisine. 2. *(aparato)* cui- sinière. **-ar** *i* cuisiner, faire la cuisi- ne. **-ero, a** *s* cuisinier, ère. **-illa** *f* réchaud *m*.

coco *m* 1. noix *f* de coco. 2. *(fantas- ma)* un ~, le croquemitaine. 3. *(mueca)* grimace *f*, mines *f pl*.

cocodrilo *m* crocodile.

cocotero *m* cocotier.

cóctel *m* cocktail.

codazo *m* coup de coude.

codearse *pr* ~ con, coudoyer.

codicia *f* convoitise. **-ar** *t* convoi- ter. **-oso, a** *a* avide, cupide.

codificar *t* 1. codifier. 2. INFORM coder. 3. crypter.

código *m* code: ~ de circulación, code de la route; ~ de barras, code- barres; ~ postal, code postal.

codillo *m* épaule *f*.

codo *m* coude.

codorniz *f* caille.

coeficiente *m* coefficient.

coexistencia *f* coexistence.

cofa *f* MAR hune.

cofia *f* coiffe.

cofradía *f* confrérie.

cofre *m* coffre. **-cillo** *m* coffret.

coger /*r* 1. prendre: ~ del brazo, el avión, prendre par le bras; l'avion; ¿cogiste los billetes? as-tu pris les billets? 2. *(alcanzar)* attraper, rat- traper. 3. *(frutas)* cueillir. 4. sur- prendre: la panne l'a surpris pendant qu'il se rasait. 5. *(una enfermedad, costumbre)* attraper. ■ *i* 1. *(planta, vacuna)* prendre. 2. coja la derecha, prenez à droite. **-ida** *f* 1. *(de frutas)* cueillette, récolte. 2. TAU- ROM coup *m* de corne.

cogollo *m* cœur.

cogote *m* nuque *f*.

cohabitar *i* cohabiter.

cohecho *m* corruption *f*.

coherente *a* cohérent, e. **-sión** *f* cohésion.

cohete *m* fusée *f*.

cohibir *t* intimider.

cohombro *m* concombre.

coincidir *i* 1. coïncider. 2. se ren- contrer. 3. ~ en lo esencial, être d'accord sur l'essentiel; ~ en afir- mar, s'accorder pour affirmer.

cojear *i* boiter.

cojín *m* coussin. **-ete** *m* coussinet.

cojo, a *a/s* boiteux, euse.

col *f* chou *m*: coles, des choux.

cola *f* 1. queue. 2. hacer ~, faire la queue.

²**cola** *f (para pegar)* colle.

colaborar *i* collaborer. **-ación** *f* collaboration. **-ador, a** *s* collabora- teur, trice.

colación f 1. collation. 2. sacar a ~, faire mention de, parler de.

colada f lessive.

colador m passoire f.

colapsar t paralyser. **-o** m paralysie f.

colar t 1. (un liquido) passer. 2. (moneda falsa) passer. ■ 1. pr se faufiler, se glisser. 2. resquiller. 3. FAM (equivocarse) se ficher dedans, se gourer.

colcha f couvre-lit, dessus-de-lit m. **-ón** m matelas. | ~ de muelles, sommier métallique. **-oneta** f (de playa) matelas m pneumatique.

cole m FAM lycée, collège, bahut.

colear t FAM rester d'actualité.

colección f collection. **-cionar** t collectionner. **-cionista** s collectionneur, euse.

colecta f 1. collecte. 2. quête.

colectivo/a a collectif, ive. ■ transportes colectivos, transports en commun. ■ m AMER microbus.

colega s collègue.

colegio m 1. collège. 2. école f privée. 3. ~ de abogados, ordre des avocats. **-al, a** s 1. collégien, enne.

colegir t déduire.

coleóptero m coléoptère.

cólera f colère. ■ m choléra.

colérico/a a coléreux, euse.

colesterol m cholestérol.

coleta f natte. | FIG cortarse la ~, se retirer.

colgar t 1. ~ de, pendre, suspendre à, accrocher à. 2. (teléfono) raccrocher. 3. FAM (en un examen) coller. ■ i pendre; una lámpara cuelga del techo, une lampe pend au plafond. **-adura** f tenture. **-ante** m pendentif.

colibrí m colibri.

cólico m colique f.

coliflor f chou-fleur m: coliflores, des choux-fleurs.

coligarse pr se coaliser, s'allier.

colilla f mégot m.

colina f colline.

colisión f 1. collision. 2. FIG choc m. **-ionar** i ~ con, heurter.

collado m coteau.

collar m collier.

colmar t 1. remplir à ras bord. 2. FIG combler.

colmena f ruche.

colmillo m 1. canine f. 2. (de perro, lobo) croc. 3. (de elefante) défense f.

colmo m comble: para ~ de desgracias, pour comble de malheur; ¡es el ~!, c'est un comble!

colocar t 1. placer. 2. (primera piedra, moqueta, bomba, etc.) poser. ■ pr se placer. **-ación** f 1. (acción de colocar) pose f. 2. (sitio, empleo) place. | oficina de ~, bureau de placement.

colofón m FIG point final.

Colombia n p f Colombie.

colombiano, a a/s colombien, enne.

Colón n p m Colomb.

colon m côlon.

colonia f 1. colonie. 2. eau de Cologne. **-al** a colonial, e. ■ m colonialisme. **-alista** a/s colonialiste. **-alismo** m colonialisme.

colonizar t coloniser. **-ación** f colonisation.

colono m colon.

coloquio m colloque. **-al** a parlé, e, familier, ère.

color m couleur f: foto en ~, photo en couleurs; los colores nacionales, les couleurs nationales. **-ación** f coloration. **-ado, a** a rouge. **-ante**

a/m colorant, e. **-ear** *t* colorer. **-ido** *m* coloris. **-ines** *f pl* couleurs criardes.

colos/o *m* colosse. **-al** *a* colossal, e.

columbrar *t* 1. apercevoir. 2. entrevoir.

columna *f* colonne. **-ta** *f* colonnade.

columpi/arse *pr* se balancer. **-o** *m* balançoire *f*.

colza *f* colza *m*.

¹coma *f* virgule.

²coma *m* entrar en ~, entrer dans le coma.

comadr/e *f* commère. **-ear** *i* cancaner. **-eo** *m* commérage.

comadreja *f* belette.

comadrona *f* sage-femme.

comandante *m* commandant.

comandit/ar *t* commanditer. **-ario, a** *a/m* commanditaire.

comando *m* commando.

comarc/a *f* région, contrée. **-al** *a* régional, e. | carretera ~, route départementale.

comb/a *f* 1. courbure. 2. saltar a la ~, sauter à la corde. **-ar** *t* courber.

combat/ir *i/t* combattre. **-e** *m* combat. **-iente** *a/m* combattant, e.

combinación *f* 1. combinaison. 2. cocktail *m*.

combinado *m* cocktail.

combinar *t* 1. combiner. 2. (colores) assortir. ■ *i* s'harmoniser.

combus/tión *f* combustion. **-tible** *a/m* combustible.

comedi/a *f* comédie. **-ante** *s* comédien, enne.

comedido, a *a* mesuré, e, posé, e.

comedor *m* 1. salle *f* à manger. 2. restaurant, cantine *f*.

comején *m* termite.

coment/ar *t* commenter. **-ario** *m* commentaire. **-arista** *t* commentateur, trice.

comenzar° *t/i* commencer.

comer *i/t* 1. manger. 2. (almorzar) déjeuner; (cenar) dîner. | ¡a ~!, à table! ■ *pr* se lo ha comido todo, il a tout mangé. | FIG comerse las palabras, manger ses mots.

comerci/o *m* commerce. **-al** *a* commercial, e. **-ante** *a/s* commerçant, e. **-ar** *i* commercer.

comestible *a/m* comestible.

cometa *m* comète *f*. ■ *f* cerf-volant *m*.

comet/er *i* commettre: ha cometido un error, il a commis une erreur. **-ido** *m* mission *f*.

comezón *f* démangeaison.

comible *a* mangeable.

comic *m* bande *f* dessinée.

comicios *m pl* élections *f*.

cómico, a *a* comique. ■ *s* 1. (actor) comédien, enne. 2. comique.

comid/a *f* 1. nourriture: una ~ muy sana, une nourriture très saine. 2. repas *m*: hacer tres comidas al día, faire trois repas par jour. 3. (almuerzo) déjeuner *m*. **-illa** *f* sujet *m* de conversation, fable. **-o, a** *a* ya vengo ~, j'ai déjà mangé. | ~ y bebido, nourri.

comienzo *m* commencement.

comilón *m* gros mangeur.

comilona *f* festin *m*, gueuleton *m*.

comillas *f pl* guillemets *m*.

comino *m* cumin. | FAM me importa un ~ que..., je me fiche royalement que...

comisar/ía *f* commissariat *m*. **-io** *m* commissaire.

comisi/ón *f* commission. **-onista** *m* commissionnaire.

comité *m* comité. ■

comitiva f suite, cortège m.

¹como adv/conj **1.** comme: negro ~ el carbón, noir comme le charbon. | ~ si, comme si (+ indicativo): ~ si estuviera..., comme s'il était... **2.** que: tan alto ~ yo, aussi grand que moi. **3.** si (jamais): ~ vuelvas aquí, te mato, si jamais tu reviens ici, je te tue. **4.** hace ~ que no oye, il fait semblant de ne pas entendre.

²cómo adv **1.** comment: ¿~ está usted?, comment allez-vous?; ¿~ dices?, comment dis-tu?; ¿~ de grande?, grand comment?; ¿~ qué no sabes?, comment tu ne sais pas? **2.** comme: ¡~ llueve!, comme il pleut! **3.** ¡~ no!, bien sûr!

cómoda f commode.

comodidad f **1.** commodité. **2.** confort m.

cómodo, a a **1.** commode. **2.** confortable. **3.** (a gusto) à l'aise: póngase ~, mettez-vous à l'aise.

comoquiera adv **1.** n'importe comment. **2.** ~ que..., comme..., étant donné que...

compacto, a a compact, e.

compadecer° t plaindre. ■ compadecerse de, compatir à.

compadre m compère.

compaginar t faire concorder.

compañer/o, a s **1.** compagnon, compagne. **2.** camarade. **3.** (en el juego) partenaire. **-ismo** m camaraderie f.

compañía f **1.** compagnie. | hacer ~, tenir compagnie. **2.** (de actores) troupe, compagnie.

compar/ar t comparer. **-able** a comparable. **-ación** f comparaison. | en ~ con, en comparaison de. **-ativo, a** a/m comparatif, ive.

comparec/er° i comparaître. **-encia** f comparution.

comparsa s figurant, e.

compartimento, compartimiento m compartiment.

compartir t partager.

compás m **1.** compas. **2.** mesure f: llevar el ~, battre la mesure. | al ~ de, au rythme de; ~ de espera, délai de réflexion.

compas/ión f compassion, pitié. **-ivo, a** a compatissant, e.

compatible a compatible.

compatriota s compatriote.

compeler t forcer, obliger.

compendio m abrégé, résumé.

compens/ar t compenser. **-ación** f **1.** compensation. **2.** dédommagement m.

competencia f **1.** concurrence: hacerse la ~, se faire concurrence. **2.** (aptitud) compétence.

competente a compétent, e.

compet/ición f compétition. **-idor, a** a/s concurrent, e. **-ir** t **1.** être en concurrence. **2.** rivaliser. **-itivo, a** a compétitif, ive, concurrentiel, elle.

compil/ar t compiler. **-ación** f compilation.

compinche m copain.

complac/er° t **1.** faire plaisir. **2.** être utile. ■ pr avoir le plaisir: me complazco en informarle..., j'ai le plaisir de vous informer... **-encia** f **1.** plaisir m. **2.** complaisance. **-iente** a complaisant, e.

complej/o, a a/m complexe. **-idad** f complexité.

complement/o m complément. ■ pl (de vestir) accessoires. **-ario, a** a complémentaire.

completar t compléter.

complet/o, a a complet, e. | por ~, complètement. **-amente** adv complètement.

complic/ar *t* **1.** compliquer. **2.** *(a alguien)* impliquer. **-ación** *f* complication.

cómplice *s* complice.

complicidad *f* complicité.

complot *m* complot.

componente *a/m/f* composant, e. ■ *m* los componentes de una asamblea, les membres d'une assemblée.

componer° *t* **1.** composer. **2.** *(arreglar)* arranger. **3.** réparer. ■ *pr* **1.** componerse de, se composer de. **2.** componérselas, s'arranger.

comportamiento *m* comportement.

comportar *t* comporter. ■ *pr* se comporter, se conduire.

composición *f* composition.

compositor, a *s* compositeur, trice.

compostura *f* **1.** *(remiendo)* réparation. **2.** *(modales)* tenue. **3.** *(recato)* réserve, retenue.

compot/a *f* compote. **-era** *f* compotier *m*.

compr/ar *t* acheter. **-a** *f* achat *m*. | ir a la ~, aller faire les commissions, son marché; ir de compras, faire ses courses. **-ador, a** *a/s* acheteur, euse.

comprender *t* comprendre: ¿comprende?, vous comprenez?; ¡comprendido!, compris!

compren/sión *f* compréhension. **-sible** *a* compréhensible. **-sivo, a** *a* compréhensif, ive.

compresa *f* **1.** compresse. **2.** serviette hygiénique.

compresión *f* compression.

comprim/ir *t* comprimer. **-ido, a** *a* comprimé, e. ■ *m* comprimé.

comprob/ar° *t* **1.** vérifier. **2.** confirmer, prouver. **-ación** *f* vérification. **-ante** *m* reçu.

comprometer *t* **1.** *(exponer a algún peligro)* compromettre. **2.** engager. ■ *pr* **1.** se compromettre. **2.** s'engager: se ha comprometido a ayudarme, il s'est engagé à m'aider; escritor comprometido, écrivain engagé.

compromiso *m* **1.** engagement: sin ~ alguno por su parte, sans aucun engagement de votre part. **2.** *(apuro)* embarras.

compuerta *f* *(de esclusa)* vanne.

compuesto, a *a/m* composé, e.

compulsar *t* **1.** compulser. **2.** confronter.

compungido, a *a* triste, contrit, e.

comput/ar *t* calculer, compter. **-ador** *m*, **-adora** *f* ordinateur *m*.

comulgar *i* communier.

común *a* commun, e: lugares comunes, lieux communs. | por lo ~, généralement.

comunic/ar *t* **1.** communiquer. **2.** faire communiquer. ■ *i/pr* estas habitaciones se comunican, ces deux chambres communiquent. **-ación** *f* communication. **-ado, a** *a* barrio bien ~, quartier bien desservi. ■ *m* **1.** communiqué. **2.** ~ médico, bulletin de santé. **-ativo, a** *a* communicatif, ive.

comunidad *f* communauté.

comunión *f* communion.

comun/ismo *m* communisme. **-ista** *s* communiste.

con *prep* **1.** avec: atar ~ cuerdas, attacher avec des cordes; ~ gusto, avec plaisir. **2.** à, au: café ~ leche, café au lait. **3.** de, du: ~ voz fuerte, d'une voix forte; seguir ~ la mirada, suivre du regard. **4.** *(exprimant une attitude, ne se traduit pas)* ~ los ojos bajos, les yeux baissés; ~ la sonrisa en los labios, le sourire aux lèvres. **5.** *(+ infinitivo)* bien que; rien

que. **6.** ~ (tal) que, pourvu que; ~
todo, malgré tout; ~ tanto, à force
de.

conato m **1.** début. **2.** tentative f.

cóncavo, a a concave.

conceb/ir° t concevoir. **-ible** a con-
cevable.

conceder t **1.** accorder. **2.** ~ importancia, attacher, accorder de l'importance.

concej/o m conseil municipal. **-al**
m conseiller municipal.

concentr/ar t concentrer. **-ación** f
1. concentration. **2.** (de gente) rassemblement m. **-ado** m concentré.

concéntrico, a a concentrique.

concepción f conception.

concepto m **1.** idée f, concept. **2.**
opinion f. **3.** (en un presupuesto)
poste. | en ~ de, à titre de.

conceptuar t considérer, juger.

concernir° i concerner: en lo que
concierne a..., en ce qui concerne...

concertar° t ~ el alquiler de un piso,
convenir du prix de la location
d'un appartement. ■ i concorder. ■
pr se mettre d'accord.

conce/sión f concession. **-siona-
rio, a** a/s concessionnaire.

concha f **1.** coquille. **2.** (de tortuga)
carapace. **3.** (carey) écaille.

conchabar t AMER engager. ■ pr
s'aboucher.

concien/cia f conscience. | a ~,
consciencieusement. **-zudo, a** a
consciencieux, euse.

concierto m MUS **1.** concert. **2.**
(obra) concerto.

conciliábulo m conciliabule.

concili/ar t concilier. ■ pr se concilier. **-ación** f conciliation. **-ador, a**
a conciliant. -

concilio m concile.

concis/o, a a concis, e. **-ión** f con-
cision.

conciudadano, a s concitoyen,
enne.

conclu/ir° t **1.** (acabar) finir, terminer. **2.** (deducir) conclure. ■ i/pr
finir, se terminer: palabra que con-
cluye en vocal, mot qui se termine
par une voyelle. **-sión** f conclusion: en ~, en conclusion.

concord/ar i **1.** concorder. **2.** (gramática) s'accorder. **-ancia** f **1.** concordance. **2.** (entre palabras) accord
m. **-ia** f concorde.

concretar t préciser. ■ pr **1.** concre-
tarse a, se borner, se limiter à. **2.** se
concrétiser.

concreto, a a concret, ète. | en ~,
concrètement. ■ m AMER (hormigón)
béton.

concubina f concubine. **-to** m con-
cubinage.

concurr/ir i **1.** assister. **2.** (ir) se
rendre. **3.** ~ al éxito, concourir au
succès. **-encia** f assistance. **-ido, a**
a fréquenté, e.

concurs/o m concours. **-ante** s
participant, e.

cond/e m comte. **-ado** m comté. **-al**
a la Ciudad ~, Barcelone.

condecor/ar t décorer. **-ación** f
décoration.

conden/ar t **1.** condamner. **2.** (al
infierno) damner. **-a** f **1.** condamna-
tion. **2.** ~ eterna, damnation, peine
éternelle. **-ado, a** a/s **1.** condamné,
e. **2.** (al infierno) damné, e.

condens/ar t condenser. | leche
condensada, lait condensé. **-ación**
f condensation. **-ador** m condensa-
teur.

condesa f comtesse.

condescend/er° *i* condescendre. **-encia** *f* condescendance. **-iente** *a* condescendant, e.

condi/ción *f* 1. condition. | con la ~ de, à condition de; en estas condiciones, dans ces conditions. 2. caractère *m*. 3. estar en condiciones de, être en état de. **-cional** *a* conditionnel, elle. **-cionar** *t* ~ a, faire dépendre de.

condiment/ar *t* assaisonner. **-o** *m* condiment, assaisonnement.

condolencia *f* condoléances *pl*.

condón *m* préservatif, capote *f*.

cóndor *m* condor.

conduc/ir° *t/i* conduire: conduce con prudencia, il conduit prudemment. ■ *i* mener, conduire: eso no conduce a nada, cela ne mène à rien. **-ción** *f* conduite.

conducta *f* conduite.

conducto *m* conduit. | por ~ de, par l'intermédiaire de.

conductor, a *s* conducteur, trice. ■ *m* (de autobús) chauffeur.

conectar *t* 1. ~ un aparato eléctrico, brancher un appareil électrique. 2. relier. ■ conectarse a Internet, se connecter à Internet.

conej/o *s* lapin, e: ~ de monte, lapin de garenne. **-ar** *m* clapier. **-illo** *m* ~ de Indias, cochon d'Inde.

conexión *f* 1. (eléctrica) connexion. 2. (cañerías) branchement *m*. 3. (enlace) liaison.

confec/ción *f* confection. **-cionar** *t* confectionner.

confederación *f* confédération.

conferenci/a *f* 1. conférence. 2. ~ telefónica interurbana, communication téléphonique interurbaine. **-ante** *s* conférencier, ère. **-ar** *i* s'entretenir.

conferir° *t/i* conférer.

confes/ar° *t* 1. confesser. 2. avouer: confieso que me he equivocado, j'avoue que je me suis trompé; ~ de plano, tout avouer. ■ *pr* se confesser. **-ión** *f* 1. confession. 2. aveu *m*: tengo que hacerte una ~, je dois te faire un aveu. **-ionario** *m* confessionnal. **-or** *m* confesseur.

confeti *m* confettis *pl*.

confiado, a *a* confiant, e.

confianza *f* 1. confiance. 2. familiarité.

confiar *t* confier. ■ *i* 1. avoir confiance: confío en él, j'ai confiance en lui. 2. avoir bon espoir, espérer: confío en que todo saldrá bien, j'espère que tout ira bien. 3. compter: confío en su ayuda, je compte sur votre aide. ■ *pr* se confier.

confiden/cia *f* confidence. **-cial** *a* confidentiel, elle. **-te** *s* 1. confident, e. 2. (espía) indicateur.

configuración *f* configuration.

confín *m* en los confines de, aux confins de.

confinar *i* ~ con, confiner à. ■ *t* confiner.

confirm/ar *t* confirmer. **-ación** *f* confirmation.

confisc/ar *t* confisquer. **-ación** *f* confiscation.

confit/e *m* sucrerie *f*. **-ado, a** *a* confit, e. **-ería** *f* confiserie. **-ero, a** *s* confiseur, euse. **-ura** *f* confiture.

conflicto *m* conflit.

confluencia *f* 1. (de dos ríos) confluent *m*. 2. (de caminos) embranchement *m*, jonction.

conformar *t* conformer. ■ *pr* se contenter: me conformo con poco, je me contente de peu.

conforme *a* 1. conforme. 2. estoy ~ con usted, je suis d'accord avec vous. ■ *adv* 1. ~ con, a, conformé-

ment à. **2.** au fur et à mesure que: **~ pasaba el tiempo**, à mesure que le temps passait.

conformidad f accord m, conformité. | **en ~ con**, conformément à.

conformista a/s conformiste.

confort m confort. **-able** a confortable.

confortar t réconforter.

confront/ar t confronter. **-ación** f confrontation.

conf/undir t confondre. **-usión** f confusion. **-uso, a** a confus, e.

congel/ar t **1.** congeler. **2.** (a temperatura muy baja) surgeler. **3.** (salarios, precios) bloquer. **-ación** f **1.** congélation. **2.** bloquage m. **-ador** m congélateur.

congeniar i sympathiser.

conges/tión f **1.** congestion. **2.** (atasco) embouteillage m. **-tionar** t congestionner.

congoja f angoisse.

congratular t féliciter.

congreg/ar t rassembler. **-ación** f congrégation.

congres/o m congrès. **-ista** s congressiste.

congrio m congre.

cónico, a a conique.

conífera f conifère m.

conjetura f conjecture.

conjug/ar t conjuguer. **-ación** f conjugaison.

conjunción f conjonction.

conjuntivitis f conjonctivite.

conjunto m ensemble. | **en ~**, dans l'ensemble.

conjur/ar t conjurer. **-a, -ación** f conjuration. **-ado, a** s conjuré, e.

conmemor/ar t commémorer. **-ación** f commémoration.

conmigo pron pers avec moi.

conminar t **~ con**, menacer de.

conmoción f commotion.

conmov/er° t émouvoir: **conmovido hasta las lágrimas**, ému aux larmes. **-edor, a** a émouvant, e, touchant, e.

conmutador m commutateur.

connivencia f connivence.

cono m cône.

conoc/er° t **1.** connaître: **no conozco el alemán, a esta persona**, je ne connais pas l'allemand, cette personne. **2.** reconnaître: **ha cambiado tanto que ya no se le conoce**, il a tellement changé qu'on ne le reconnaît plus; **~ en la voz**, reconnaître à la voix. **3.** FAM **~ de**, s'y connaître en. ■ pr **se conocen de muchos años**, ils se connaissent depuis longtemps; **nos conocimos en Inglaterra**, nous nous sommes connus, nous avons fait connaissance en Angleterre. **-edor, a** a/s connaisseur, euse. **-ido, a** a connu, e. ■ m un **~ mío**, une de mes connaissances, une personne de connaissance. **-imiento** m connaissance f: **con ~ de causa**, en connaissance de cause. | **perder el ~**, perdre connaissance.

conque conj alors, ainsi donc: **~, ¿fumando a escondidas?**, alors, on fume en cachette?

conquist/a f conquête. **-ador, a** a/s conquérant, e. ■ m (de América) conquistador. **-ar** t conquérir.

consabido, a a classique, traditionnel, elle.

consagr/ar t consacrer. **-ación** f consécration.

consciente a conscient, e. **-mente** adv consciemment.

consecución f obtention.

consecuen/cia f conséquence. | **en ~**, en conséquence; **como ~ de**, par

suite de, à la suite de. **-te** *a* conséquent, e.

consecutivo, a *a* consécutif, ive.

conseguir° *t* **1.** obtenir. **2.** réussir à,
arriver à: **no conseguí abrir la puer-
ta,** je n'ai pas réussi, je ne suis pas
arrivé à ouvrir la porte.

conseja *f* fable, conte *m*.

consej/o *m* conseil. **-ero, a** *s* conseiller, ère.

consenso *m* consensus.

consent/ir° *i/t* ~ **en,** consentir à. ■ *t*
1. tolérer, permettre, admettre: **no
te consiento que hables así,** je ne
tolère pas que tu parles comme ça.
2. *(mimar)* gâter: **niño consentido,**
enfant gâté. **-imiento** *m* consente-
ment.

conserje *m* concierge.

conserva *f* conserve.

conservación *f* **1.** conservation. **2.**
(mantenimiento) entretien *m*.

conservador, a *a/s* conservateur,
trice.

conservar *t* conserver.

conservatorio *m* conservatoire.

conservería *f* conserverie.

considerable *a* considérable.

consider/ar *t* considérer: **conside-
rándolo bien,** tout bien considéré.
-ación *f* considération. | **de ~,**
important, e: **daños de ~,** des dommages importants.

consigna *f* **1.** *(orden)* consigne. **2.**
dejar una maleta en la ~, laisser une
valise à la consigne.

consignar *t* consigner.

¹**consigo** *pron pers* avec soi, lui,
elle, sur soi, etc.: **Elena lleva siempre ~ la foto de su novio,** Hélène a
toujours sur elle la photo de son
fiancé. | **hablar ~ mismo,** se parler à
soi-même.

²**consigo,** etc. ⇒ **conseguir.**

consiguiente *a* résultant, e. | **por
~,** par conséquent.

consisten/cia *f* consistance. **-te** *a*
consistant, e.

consistir *i* ~ **en,** consister en, dans.

consistori/o *m* **1.** *(de cardenales)*
consistoire. **2.** conseil municipal.
-al *a* **casa ~,** hôtel *m* de ville.

consola *f* console.

consol/ar° *t* consoler. **-ador, a** *a* **1.**
consolateur, trice. **2.** consolant, e.

consolid/ar *t* consolider. **-ación** *f*
consolidation.

consomé *m* consommé.

consonancia *f* **1.** consonance. **2.**
FIG accord *m*.

consonante *f* consonne.

consorcio *m* COM consortium.

consorte *s* conjoint, e. ■ *a* **príncipe
~,** prince consort.

conspicuo, a *a* illustre.

conspir/ar *i* conspirer. **-ación** *f*
conspiration. **-ador, a** *s* conspira-
teur, trice.

constan/cia *f* **1.** constance, persévérance. **2.** preuve, témoignage *m*:
dejar ~ de, laisser un témoignage
de, témoigner de. **-te** *a* constant, e.

constar *i* **1.** ~ **de,** se composer de,
comprendre. **2.** être certain, e, sûr,
e: **me consta que él se equivoca,** je
suis sûr qu'il se trompe. **3.** figurer.
| **hacer ~,** faire savoir, signaler,
mentionner.

constatar *t* constater.

constelación *f* constellation.

constern/ar *t* consterner. **-ación** *f*
consternation.

constip/arse *pr* s'enrhumer. **-ado**
m rhume.

constitu/ción *f* constitution. **-cio-
nal** *a* constitutionnel, elle.

constitu/ir° *t* constituer. **-yente** *a*
constituant, e.

constreñir° t contraindre, obliger.

construc/ción f construction. **-tivo, a** a constructif, ive.

construir° t construire.

consuelo m consolation f.

cónsul m consul.

consul/ado m consulat. **-ar** a consulaire.

consult/ar t consulter: ~ con un médico, consulter un médecin; ~ un asunto con alguien, consulter quelqu'un au sujet d'une affaire. **-a** f 1. consultation. | pasar ~, consulter. 2. cabinet m de consultation. **-ivo, a** a consultatif, ive. **-orio** m cabinet (de consultation).

consum/ar t consommer. **-ado, a** a consommé, e, accompli, e: un ~ artista, un artiste accompli.

consum/ir t 1. (comer, beber, gastar) consommer. 2. (destruir, debilitar) consumer. **-ición** f consommation. **-idor, a** s consommateur, trice. **-o** m consommation f: el ~ de gasolina de un coche, la consommation d'essence d'une voiture; sociedad de ~, société de consommation. ■ pl octroi sing.

conta/bilidad f comptabilité. **-ble** s comptable.

contact/o m contact: ponerse en ~ con alguien, entrer, se mettre en contact avec quelqu'un. **-ar** i ~ con alguien, contacter quelqu'un.

contado, a a 1. rare, peu nombreux, euse: en contadas ocasiones, en de rares occasions. 2. pagar al ~, payer comptant.

contador m 1. (aparato) compteur. 2. (persona) comptable.

contaduría f (teatro) bureau m de location.

contagi/ar t transmettre, communiquer. ■ pr se contagió de la exci-

tación general, il fut gagné par l'excitation générale. **-o** m contagion f. **-oso, a** a contagieux, euse.

contamin/ar t 1. contaminer. 2. (el aire, el agua) polluer: aire contaminado, air pollué. **-ación** f 1. contamination. 2. pollution. **-ante** a polluant, e.

contante a dinero ~, argent comptant.

contar° t 1. (calcular) compter. 2. (relatar) raconter, conter. | ¿qué cuentas?, quoi de neuf? ■ i 1. ~ con los dedos, compter sur ses doigts. 2. cuento contigo, con él, je compte sur toi, sur lui.

contempl/ar t 1. contempler. 2. envisager. **-ación** f contemplation. **-ativo, a** a contemplatif, ive.

contemporáneo, a a/s contemporain, e.

contencioso, a a/m contentieux, euse.

contend/er° i 1. se battre. 2. être en compétition. **-iente** a/s adversaire.

conten/er° t 1. contenir: este depósito contiene cien litros, ce réservoir contient cent litres; ~ la ira, contenir sa colère. 2. ~ la respiración, retenir sa respiration. ■ pr se contenir, se retenir: me contuve para no llorar, je me suis retenu pour ne pas pleurer. **-edor** m conteneur, container. **-ido** m contenu.

content/ar t contenter. ■ contentarse con, se contenter de. **-o, a** a content, e: ~ con, content de. ■ m contentement.

contera f bout m.

contest/ar t répondre: no ha contestado (a) mi carta, il n'a pas répondu à ma lettre; ~ una pregunta, répondre à une question. **-ación** f réponse. **-ador** m ~ (auto-

mático), répondeur. **-atario, a** *a/s* contestataire.

contexto *m* contexte.

contienda *f* conflit *m*.

contigo *pron pers* avec toi.

contiguo, a *a* contigu, ë.

continencia *f* continence.

continental *a* continental, e.

continente *a* continent, e. ■ *m* **1.** continent: **el Viejo ~**, l'Ancien continent. **2.** *(actitud)* contenance *f*, maintien.

contingencia *f* contingence.

contingente *a/m* contingent, e.

continuación *f* continuation, suite. | **a ~**, ensuite.

continuamente *adv* continuellement.

continuar *t/i* continuer: **~ leyendo**, continuer à lire. ■ *i* rester: **~ sentado**, rester assis. | **se continuará**, à suivre.

continu/o, a *a* **1.** continu, e. **2.** *(reiterado)* continuel, elle. **-idad** *f* continuité.

contone/arse *pr* se dandiner, tortiller des hanches. **-o** *m* dandinement.

contorno *m* contour. ■ *pl* alentours.

contorsión *f* contorsion.

contra *prep* contre. | **en ~**, contre; **en ~ de**, à l'encontre de. ■ *m* **el pro y el ~**, le pour et le contre.

contraalmirante *m* contre-amiral.

contraata/car *i* contre-attaquer. **-que** *m* contre-attaque *f*.

contrabajo *m* contrebasse *f*.

contraband/o *m* contrebande *f*. **-ista** *m* contrebandier.

contracción *f* contraction.

contraceptivo, a *a/m* contraceptif, ive.

contrachapado *m* contre-plaqué.

contra/decir° *t* contredire. **-dicción** *f* contradiction. **-dictorio, a** *a* contradictoire.

contraer° *t* **~ un músculo, una costumbre, una deuda**, contracter un muscle, une habitude, une dette.

contraespionaje *m* contre-espionnage.

contrafuerte *m* contrefort.

contrahecho, a *a* contrefait, e.

contraindicado, a *a* contre-indiqué, e.

contralmirante *m* contre-amiral.

contraluz *m* contre-jour: **a ~**, à contre-jour.

contramano (a) *loc adv* en sens interdit.

contraorden *f* contrordre *m*.

contrapartida *f* **como ~**, en contrepartie.

contrapelo (a) *loc adv* à rebrousse-poil.

contrapeso *m* contrepoids.

contraproducente *a* **1.** qui produit un effet contraire à celui qu'on recherchait, contre-productif, ive. **2.** contre-indiqué, e.

contraria ⇒ **contrario**.

contrari/ar *t* contrarier. **-edad** *f* contrariété.

contrario, a *a* contraire: **al ~**, au contraire. | **lo ~**, le contraire; **todo lo ~**, tout au contraire; **de lo ~**, autrement, sinon. ■ *f* **llevar la contraria a**, contredire.

contrarrestar *t* contrecarrer, compenser.

contrasentido *m* contresens.

contraseña *f* **1.** contremarque. **2.** MIL mot *m* de passe.

contrast/ar *i* contraster. **-e** *m* **1.** contraste. **2.** *(señal en el oro)* poinçon. **3.** étalonnage.

contrat/ar t **1.** (empleado, artista) engager. **2.** (obrero) embaucher. **-a** f contrat m. **-ación** f **1.** engagement m. **2.** embauche.

contratiempo m contretemps.

contratista m entrepreneur.

contrato m contrat.

contravención f contravention.

contraveneno m contrepoison.

contravenir° t contrevenir à.

contraventana f volet m.

contribu/ir° i contribuer. **-ción** f contribution. **-yente** s contribuable.

contrincante s concurrent, e, rival, e.

contrito, a a contrit, e.

control m contrôle. **-ador** m contrôleur. | ~ **aéreo,** aiguilleur du ciel. **-ar** t contrôler.

controversia f controverse.

contundente a indiscutable, décisif, ive.

contusión f contusion.

convale/cencia f convalescence. **-ciente** a/s convalescent, e.

convalidar t valider, homologuer.

convenc/er t convaincre: **estoy convencido de que no me equivoco,** je suis convaincu de ne pas me tromper. **-imiento** m conviction f.

conven/ción f convention. **-cional** a conventionnel, elle.

conveni/encia f **1.** convenance. **2.** opportunité. **-ente** a **1.** convenable. **2. ser ~,** convenir.

convenio m **1.** accord. **2.** ~ **colectivo,** convention f collective.

convenir° t **1.** convenir: **hemos convenido en...,** nous avons convenu de...; **esto me conviene,** cela me convient. **2.** se mettre d'accord. | **precio a ~,** prix à débattre. ■ pr se mettre d'accord.

convento m couvent.

converg/er i converger. **-ente** a convergent, e.

convers/ar i converser, bavarder. **-ación** f **1.** conversation: **trabar ~,** engager la conversation. **2.** (entrevista) entretien m.

conversión f conversion.

convert/ir° t **1.** convertir. **2.** transformer, changer. ■ **convertirse a,** se convertir à; **convertirse en,** devenir. **-idor** m convertisseur.

convexo, a a convexe.

convicción f conviction.

convid/ar t inviter. | **me convidó a un coñac,** il m'a offert un cognac. **-ado, a** s convive, invité, e. ■ f FAM tournée.

convincente a convaincant, e.

convite m **1.** invitation f. **2.** fête f.

conviv/ir i vivre ensemble. **-encia** f vie en commun.

convoc/ar t convoquer. **-atoria** f convocation.

convoy m convoi.

convul/sión f convulsion. **-sivo, a** a convulsif, ive. **-so, a** a convulsé, e.

conyugal a conjugal, e.

cónyuge s conjoint, e.

coñac m cognac.

coño m VULG con. | **¡~!,** merde!, bordel!

cooper/ar i coopérer. **-ación** f coopération. **-ativo, a** a coopératif, ive. ■ f coopérative.

coordin/ar t coordonner. **-ación** f coordination.

copa f **1.** (para beber, trofeo) coupe. **2.** (de vino, licor) verre m: **vamos a tomar una ~,** allons prendre un verre. **3.** (de árbol) tête f.

copal m copal.

copete m (de pelo) houppe f.

copi/a f **1.** copie. **2.** abondance. **-ar** t copier.

copiloto m copilote.

copioso, a a **1.** abondant, e. **2.** (comida) copieux, euse.

copista s copiste.

copla f chanson.

copo m ~ de nieve, de avena, flocon de neige, d'avoine.

copón m ciboire.

copra f coprah m.

copropietario, a s copropriétaire.

cópula f (unión sexual) copulation.

coque m coke.

coquet/a a/f coquette. **-ear** i flirter. **-ería** f coquetterie. **-ón, ona** a coquet, ette.

coraje m colère f.

¹**coral** m corail: corales, des coraux.

²**coral** a/m MUS choral, e. ■ f chorale.

coraza f cuirasse.

coraz/ón m cœur. | hablar con el ~ en la mano, parler franchement; querer de todo ~, aimer de tout son cœur. **-onada** f **1.** pressentiment m. **2.** impulsion.

corbata f cravate.

Córcega n p f Corse.

corchea f MUS croche.

corchete m **1.** agrafe f. **2.** (tipografía) crochet.

corcho m **1.** liège f. **2.** (tapón) bouchon.

cordada f cordée f.

cordel m **1.** corde f. **2.** (de albañil) cordeau.

cordero m **1.** agneau. **2.** (carne) mouton, agneau.

cordial a/m cordial, e. **-idad** f cordialité.

cordillera f cordillère.

Córdoba n p f (España) Cordoue.

cord/ón m **1.** cordon. | ~ umbilical, cordon ombilical. **2.** (de zapatos) lacet. **3.** (de policía, sanitario) cordon. **-oncillo** m cordonnet.

cordura f sagesse.

Corea n p f Corée.

coreografía f chorégraphie.

coriáceo, a a coriace.

corista s choriste.

corna/da f coup m de corne. **-menta** f cornes pl.

córnea f cornée.

corneja f corneille.

cornet/a f **1.** (militar) clairon m. **2.** (de llaves) cornet m. **-ín** m cornet à pistons.

cornisa f corniche.

cornucopia f corne d'abondance.

cornudo, a a cornu, e. ■ a/m FAM cocu, e.

cornúpeta m taureau.

coro m chœur.

corola f corolle.

corolario m corollaire.

coron/a f couronne. **-ación** f, **-amiento** m couronnement m. **-ar** t couronner.

coronel m colonel.

coronilla f sommet m de la tête. | estar hasta la ~, en avoir par-dessus la tête, en avoir ras le bol.

corpiño m corsage.

corporación f corporation.

corporal a corporel, elle.

corporativo, a a corporatif, ive.

corpulen/cia f corpulence. **-to, a** a corpulent, e.

Corpus n p m Fête-Dieu f.

corpúsculo m corpuscule.

corral m **1.** (para aves) basse-cour f. **2.** (para el ganado) enclos, parc. **3.** (patio) cour f.

correa f **1.** courroie. **2.** (de perro) laisse.

correc/ción f correction. **-cional** a correctionnelle, elle. ■ m centre d'éducation surveillée.

correct/o, a a correct, e. **-amente** adv correctement. **-or, a** a/s correcteur, trice.

corredera f coulisse. | puerta de ~, porte coulissante, à coulisse, à glissière.

corredizo, a a nudo ~, nœud coulant.

corredor, a s coureur, euse. ■ m 1. (de comercio) courtier. 2. (pasillo) corridor. 3. (aéreo) couloir.

corregir° t corriger.

correlación f corrélation.

correo m 1. courrier: a vuelta de ~, par retour du courrier; ~ electrónico, courrier électronique. 2. poste f: echar una carta al ~, mettre une lettre à la poste; ~ aéreo, poste aérienne. | voto por ~, vote par correspondance. ■ pl poste f sing, bureau sing de poste: ir a correos, aller à la poste.

correoso, a a 1. mou, molle. 2. coriace, raccorni, e.

correr i 1. courir. | a todo ~, à toute vitesse; corre el rumor, le bruit court. 2. (líquido) couler: la sangre corre por las venas, le sang coule dans les veines. 3. aller vite. 4. (vehículo) rouler vite. 5. ~ con, se charger de. ■ t tirer: ~ la cortina, tirer le rideau. ■ pr se pousser: córrete un poco, quiero pasar, pousse-toi un peu, je veux passer.

correría f incursion, raid m.

correspondencia f 1. correspondance. 2. rapport m.

correspond/er i 1. (estar conforme) correspondre. 2. (incumbir) incomber, être à: ahora, te corresponde hablar, à présent, c'est à toi de par-

ler. 3. ~ a una invitación, répondre à une invitation. 4. payer de retour. ■ pr 1. correspondre. 2. s'aimer mutuellement. **-iente** a/s correspondant, e.

corresponsal m correspondant.

corrida f course de taureaux, corrida.

corrido, a a 1. confus, e, honteux, euse. 2. (experimentado) averti, e. 3. long, longue.

corriente a courant, e. ■ m el 16 del ~, le 16 courant. | estar al ~, être au courant; salirse de lo ~, sortir de l'ordinaire. ■ f (de aire, eléctrica, etc.) courant m. | dejarse llevar por la ~, suivre le mouvement. **-mente** adv 1. couramment. 2. habituellement.

corrillo m petit groupe.

corrimiento m (de tierras) glissement.

corro m 1. cercle. 2. (de niños) ronde f.

corroborar t corroborer.

corroer° t ronger.

corromper t corrompre: hombre corrompido, homme corrompu.

corros/ión f corrosion. **-ivo, a** a corrosif, ive.

corrup/ción f corruption. **-to, a** a corrompu, e. **-tor, a** a/s corrupteur, trice.

corsario m corsaire.

corsé m corset.

corso, a a/s corse.

cortacésped m tondeuse f à gazon.

cortacircuitos m coupe-circuit.

cortado, a a sans voix, interdit, e. ■ m café crème, café noisette.

cort/ar t 1. couper. 2. (el césped) tondre. ■ pr 1. me he cortado en el dedo, je me suis coupé au doigt. 2. (la leche) tourner. **-adura** f coupure. **-ante** a coupant, e.

¹**corte** *m* **1.** (*incisión*) coupure *f.* **2.** (*filo*) tranchant. **3.** (*del pelo, de un traje, etc.*) coupe *f.*

²**corte** *f* cour. ■ *pl* **las Cortes**, les Cortès (assemblées législatives).

cortedad *f* **1.** petitesse. **2.** timidité.

cortej/ar *t* courtiser. **-o** *m* cour *f.*

cortés *a* poli, e.

Cortes ⇒ ²**corte**.

cortesano, a *s* courtisan, e.

cortesía *f* politesse.

corteza *f* **1.** (*árbol, melón*) écorce. **2.** (*del pan, queso*) croûte. **3.** (*del tocino*) couenne.

cortijo *m* ferme *f.*

cortina *f* rideau *m.* **-je** *m* rideaux *pl.*

cortisona *f* cortisone.

corto, a *a* **1.** court, e. **2.** timide. **3.** ~ **de vista**, myope.

cortocircuito *m* court-circuit.

cortometraje *m* court-métrage.

corv/a *s* jarret *m.* **-ejón** *m* jarret.

corzo *m* chevreuil.

cosa *f* chose. | ~ **de**, environ: **a ~ de un kilómetro**, à environ un kilomètre; **como quien no quiere la ~**, mine de rien; **como si tal ~**, comme si de rien n'était; **eso es ~ tuya**, c'est ton affaire; **no hay tal ~**, c'est faux. ■ *pl* **1.** affaires: **¡guarda tus cosas!**, range tes affaires! **2.** (*invenciones*) idées.

coscorrón *m* coup (sur la tête).

cosech/a *f* **1.** récolte. **2.** (*de cereales*) moisson. | FAM **de tu ~**, de ton cru. **-ar** *i/t* récolter.

cos/er *t* coudre. | **máquina de ~**, machine à coudre; **~ a máquina**, piquer à la machine. **-ido, a** *a* cousu, e.

cosmético, a *a/m* cosmétique.

cósmico, a *a* cosmique.

cosmonauta *s* cosmonaute.

cosmopolita *a* cosmopolite.

cosmos *m* cosmos.

coso *m* arènes *pl.*

cosquill/as *f pl* chatouillements *m.* | **hacer ~**, chatouiller. **-ear** *t* chatouiller. **-eo** *m* chatouillement. **-oso, a** *a* chatouilleux, euse.

¹**costa** *f* côte: **la Costa Azul**, la Côte d'Azur.

²**costa** *f* **a ~ de**, à force de; (*a expensas de*) aux dépens de; **a toda ~**, à tout prix.

costado *m* côté.

costal *m* sac.

costalada *f* coup *m.*

cost/ar° *i* coûter: **¿cuánto cuesta este reloj?**, combien coûte cette montre? | **cueste lo que cueste**, coûte que coûte; **me cuesta expresarme en francés**, j'ai du mal à m'exprimer en français. **-e** *m* coût: **el ~ de la vida**, le coût de la vie. | **precio de ~**, prix de revient.

¹**costear** *t/i* (*navegar*) côtoyer.

²**costear** *t* (*pagar*) financer.

costero, a *a* côtier, ère.

costilla *f* **1.** côte. **2.** (*chuleta*) côtelette.

cost/o *m* coût. **-oso, a** *a* coûteux, euse.

costra *f* croûte.

costumbre *f* **1.** habitude, coutume: **tiene ~ de dormir la siesta**, il a l'habitude, il a coutume de faire la sieste. **2.** (*en un pueblo*) coutume. ■ *pl* mœurs: **buenas costumbres**, bonnes mœurs.

costur/a *f* couture. **-era** *f* couturière. **-ero** *m* table *f*, corbeille *f* à ouvrage.

cota *f* (*en topografía*) cote.

cotej/ar *t* confronter, comparer. **-o** *m* confrontation *f*, comparaison *f.*

cotidiano, a *a* quotidien, enne.

cotille/ar i cancaner. **-o** m cancans pl.

cotiz/ar t (en la Bolsa) coter. ■ i (pagar) cotiser. ■ pr être coté, e: **una playa cotizadísima**, une plage très cotée. **-ación** f (en la Bolsa) cote, cours m, cotation.

coto m **1.** (de caza) réserve f de chasse. **2. poner ~ a**, mettre un terme à.

cotonada f cotonnade.

cotorr/a f perruche. **-ear** i jacasser.

coy m hamac.

coyuntura f **1.** (articulación) jointure. **2.** FIG conjoncture.

coz f ruade: **tirar coces**, lancer des ruades.

crac m krach.

cráneo m crâne.

craso, a a **1.** gras, grasse. **2. ~ error**, grave erreur. **3. ignorancia crasa**, ignorance crasse.

cráter m cratère.

cre/ar t créer. **-ación** f création. **-ador, a** a/s créateur, trice.

crec/er° i **1.** (aumentar) croître. **2.** (aumentar de estatura) grandir. **3.** (las plantas) pousser. ■ pr s'enhardir. **-es** f pl **con ~**, largement.

crecida f (de un río) crue.

crecido, a a grand, e.

creciente a croissant, e.

crecimiento m **1.** croissance f: **~ cero**, croissance zéro. **2.** (aumento) accroissement.

credencial a **cartas credenciales**, lettres de créance.

credib/le a crédible. **-ilidad** f crédibilité.

crédito m crédit. | **dar ~ a**, ajouter foi à, croire; **digno de ~**, digne de foi.

credo m credo.

credulidad f crédulité.

crédulo, a a crédule.

creencia f croyance.

cre/er° t/i **~ en Dios, en la magia**, croire en Dieu, à la magie; **creí que vendría**, j'ai cru qu'il viendrait; **¿no cree usted?**, vous ne croyez pas? | **¡ya lo creo!**, je pense bien!, je crois bien! ■ pr **1. se cree superior**, il se croit supérieur. | **¿qué te crees?**, qu'est-ce que tu crois? **2.** croire: **me creí que el coche iba a volcar**, j'ai cru que la voiture allait capoter. **-íble** a croyable.

creído, a a présomptueux, euse.

crema a/f crème. | **~ de afeitar**, crème à raser; **~ dental**, pâte dentifrice; **~ catalana**, crème brûlée.

cremallera f **1. ferrocarril de ~**, chemin de fer à crémaillère. **2.** (cierre) fermeture à glissière, fermeture Éclair.

crematorio a/m crématoire.

crencha f raie.

crêpe f crêpe.

crepé m crêpe.

crepitar i crépiter.

cre/púsculo m crépuscule. **-puscular** a crépusculaire.

crespo, a a crépu, e.

crespón m crêpe, crépon.

crest/a f crête. **-ería** f crête.

creta f craie.

Creta n p f Crète.

cretino, a a/s crétin, e.

cretona f cretonne.

creyente a/s croyant, e.

cría f **1.** élevage m. **2.** (animal) petit m. **3.** (niño) nourrisson m.

criada f bonne, domestique: **~ para todo**, bonne à tout faire.

criadero m **1.** élevage. **2.** (de plantas) pépinière f. **3.** (minería) gisement.

criadilla f rognon m blanc.

criado, a *a* élevé, e. ■ *s* domestique.

criador *m* éleveur.

crianza *f* **1.** (*de animales*) élevage *m*. **2.** (*de niños*) allaitement *m*. **3.** éducation.

cri/ar *t* **1.** allaiter, nourrir: ~ con biberón, nourrir au biberon. **2.** (*animal, niño*) élever. **3.** produire. **-atura** *f* **1.** créature. **2.** (*niño*) enfant *m*.

crib/a *f* crible *m*. **-ar** *t* cribler.

cric *m* cric.

crim/en *m* crime. **-inal** *a/s* criminel, elle.

crin *f* crin *m*. ■ *pl* crinière *sing*.

crío *m* gosse.

criollo, a *a/s* créole.

cripta *f* crypte.

crisantemo *m* chrysanthème.

crisis *f* crise.

crisma *f* FAM romper la ~, casser la figure.

crismas *m* carte *f* de Noël, de vœux.

crisol *m* creuset.

crispar *t* crisper. | ~ los nervios, taper sur les nerfs.

cristal *m* **1.** cristal: cristales de cuarzo, cristaux de quartz. **2.** (*vidrio*) verre. **3.** (*de ventana*) carreau, vitre *f*. **-ería** *f* service *m* de verres, verrerie.

cristalino, a *a/m* cristallin, e.

cristalizar *t/i* cristalliser.

cristian/o, a *a/s* chrétien, enne. **-dad** *f* chrétienté. **-ismo** *m* christianisme.

Cristina *n p f* Christine.

Cristo *n p m* Christ.

Cristóbal *n p m* Christophe.

criterio *m* **1.** critère. **2.** jugement. **3.** opinion *f*, avis: comparto tu ~, je partage ton opinion.

crítica *f* critique.

critic/ar *t* critiquer. **-able** *a* critiquable.

crítico, a *a/m* critique.

criticón, ona *s* critiqueur, euse.

Croacia *n p f* Croatie.

croar *i* coasser.

croissant *m* croissant.

crol *m* crawl.

cromar *t* chromer.

cromo *m* **1.** chrome. **2.** (*estampa*) chromo.

cromosoma *m* chromosome.

crónica *f* chronique.

crónico, a *a* chronique.

cronista *m* chroniqueur.

cronol/ogía *f* chronologie. **-ógico, a** *a* chronologique.

cron/ómetro *m* chronomètre. **-ometrar** *t* chronométrer.

croqueta *f* croquette.

croquis [krokis] *m* croquis.

cruce *m* croisement.

crucero *m* **1.** croisée *f* du transept. **2.** (*viaje*) croisière *f*. **3.** (*barco*) croiseur.

cruces *pl* de **cruz**.

crucifi/car *t* crucifier. **-jo** *m* crucifix. **-xión** *f* crucifixion.

crucigrama *m* mots *pl* croisés.

crudamente *adv* crûment.

crud/o, a *a* **1.** cru, e. **2.** petróleo ~, pétrole brut. **-eza** *f* **1.** crudité. **2.** (*del tiempo*) rigueur.

cruel *a* cruel, elle. **-dad** *f* cruauté.

cruj/ir *i* **1.** craquer. **2.** (*dientes, muelle*) grincer. **3.** (*arena, etc.*) crisser. **-ido** *m* craquement, grincement, crissement, e. **-iente** *a* (*pan*) croustillant, e.

crustáceo *m* crustacé.

cruz *f* **1.** croix. | la Cruz Roja, la Croix-Rouge. **2.** cara o ~, pile ou face. **3.** (*de un animal*) garrot *m*.

cruzado, a a croisé, e: **~ de brazos**, les bras croisés. ■ f croisade.

cruzamiento m croisement.

cruzar t **1.** croiser: **~ las piernas**, croiser les jambes. **2. ~ la calle**, traverser la rue. ■ pr **1.** se croiser: **cruzarse de brazos**, se croiser les bras. **2.** croiser: **me crucé con él en la escalera**, je l'ai croisé dans l'escalier.

cuadern/o m cahier. **-illo** m petit cahier, carnet.

cuadra f **1.** écurie. **2.** (en América) pâté m de maison.

cuadrado, a a/m carré, e.

cuadragenario, a a/s quadragénaire.

cuadragésimo, a a/s quarantième.

cuadrante m **1.** quart. **2.** cadran.

cuadrar i convenir. ■ pr **1.** (soldado) se mettre au garde-à-vous. **2.** (toro) s'arrêter net.

cuadr/icular t quadriller. **-ícula** f quadrillage m.

cuadrilátero m quadrilatère.

cuadrilla f **1.** équipe. **2.** (de ladrones) bande.

cuadro m **1.** (pintura, espectáculo) tableau. | **~ de mandos**, tableau de bord. **2.** (cuadrado) carré. **3.** (de bicicleta) cadre. **4.** carreau: **tejido de cuadros**, tissu à carreaux.

cuadrúpedo, a a/m quadrupède.

cuadruplicar t quadrupler.

cuádruplo, a a/m quadruple.

cuajada f caillé m.

cuaj/ar t **1.** cailler: **leche cuajada**, lait caillé. **2.** (sangre, aceite) figer. ■ i **1.** (nieve, crema) prendre. **2.** (realizarse) prendre corps, aboutir. ■ pr se remplir. **-ado, a** a (lleno) rempli, e, plein, e, chargé, e: **carta cuajada de faltas de ortografía**, lettre remplie de fautes d'orthographe. **-arón**

m caillot. **-o** m **1.** présure f. **2.** arrancar de **~**, déraciner.

¹cual pron rel **1.** el, la **~**, lequel, laquelle; los, las cuales, lesquels, lesquelles; al **~**, auquel; a la **~**, à laquelle; a los cuales, auxquels; del **~**, dont. **2.** a **~ más**, à qui mieux mieux; lo **~**, ce qui, ce que; por lo **~**, c'est pourquoi. ■ adv comme.

²cuál a/pron (interrogativo o exclamativo) quel, quelle, etc.: ¿**~ es su apellido?**, quel est votre nom?; ¡**~ fue su sorpresa!**, quelle ne fut pas sa surprise!; ¿**~ de los dos, las dos?**, lequel, laquelle des deux?

cualesquiera pl de **cualquiera**.

cualidad f qualité.

cualificar t qualifier.

cualquier, cualquiera a/pron indef **1. ~ día**, n'importe quel jour; a **~ hora**, à n'importe quelle heure; **~ cosa**, n'importe quoi. **2.** (después del sustantivo) **un libro cualquiera**, un livre quelconque. **3. cualquiera que sea su edad**, quel que soit votre âge. **4.** quiconque, n'importe qui: **cualquiera diga lo contrario**, quiconque dira le contraire. ■ m un cualquiera, un homme quelconque.

cuán adv combien, que: ¡**~ frágil es la felicidad!**, combien fragile est le bonheur!; ¡**~ bello es este país!**, que ce pays est beau!

cuando conj **1.** quand, lorsque: **~ yo era niño**, quand j'étais enfant. | **~ la guerra**, pendant la guerre. **2.** (puesto que) puisque. **3. ~ más**, tout au plus; **~ no**, sinon; **de ~ en ~**, de temps en temps. ■ adv quand: ¿**cuándo se marcha usted?**, quand partez-vous?

cuant/ía f **1.** quantité. **2.** (importe) montant m. **3.** importance. **-ioso, a** a important, e.

cuanto, a *adv/a/pron* **1.** combien: ¿~ es?, c'est combien; ¿cuánto le **debo**?, combien vous dois-je?; ¿cuánto **estamos**?, le combien sommes-nous?; ¿cuántos **hermanos tienes**?, combien de frères as-tu?; ¿cuántas **veces**?, combien de fois? | ¡cuánta **gente**!, que de monde! **2.** ~ **antes**, le plus tôt possible; ~ **más**, à plus forte raison; ~ ... **más** ..., en ~ **a**, quant à; unos **cuantos**, quelques. **3.** **cree** ~ le **dicen**, il croit tout ce qu'on lui dit.

cuarenta *a/m* quarante. **-ena** *f* quarantaine. **-ón, -ona** *a* quadragénaire.

cuaresma *f* carême *m*.

cuartearse *pr* se crevasser.

cuartel *m* **1.** (*alojamiento de la tropa*) caserne *f*. **2.** ~ **general**, quartier général. **-ada** *f* putsch *m*.

cuartilla *f* copie, feuille.

cuarto, a *a* quatrième. | la **cuarta parte**, le quart. ■ *m* **1.** quart: **dentro de un** ~ **de hora**, dans un quart d'heure. **2.** (*habitación*) pièce *f*, chambre *f*. | ~ **de dormir**, chambre à coucher; ~ **de aseo**, cabinet de toilette; ~ **de baño**, salle *f* de bains; ~ **de estar**, salle *f* de séjour. **3.** (*piso*) appartement. ■ *pl* (*dinero*) sous. | **no andar bien de cuartos**, ne pas être en fonds.

cuarzo *m* quartz.

Cuasimodo *m* Quasimodo *f*.

cuatro *a/m* quatre; **son las** ~, il est quatre heures. **-cientos** *a* quatre cents.

cuba *f* **1.** tonneau *m*. | FAM **estar como una** ~, être complètement rond. **2.** (*tina*) cuve.

cubano, a *a/s* cubain, e.

cubeta *f* **1.** petit tonneau m (*de un barco*). **2.** (*de un metro*) cube.

cúbico, a *a* **1.** cubique. **2. metro** ~ mètre cube.

cubierta *f* **1.** couverture. **2.** (*de un barco*) pont *m*.

cubierto, a *p p de* **cubrir** ■ *a* couvert, e. ■ *m* **1.** (*tenedor, cuchara, cuchillo*) couvert. **2.** menu à prix fixe. **3. estar a** ~, être à l'abri cubisme.

cubismo *m* cubisme. **-ista** *a/s* cubiste.

cubito *m* ~ **de hielo**, glaçon.

¹cubo *m* **1.** (*recipiente*) seau. | ~ **de la basura**, poubelle *f*, boîte *f* à ordures. **2.** (*de una rueda*) moyeu.

²cubo *m* (*geometría*) cube.

cubrecama *m* dessus-de-lit.

cubrecadena *m* carter.

cubrir *t* **1.** couvrir. **2.** ~ **las necesidades de**, pourvoir aux besoins de; **escaño a** ~, siège à pourvoir. ■ *pr* se couvrir: **se cubrieron de gloria**, ils se sont couverts de gloire.

cucaña *f* mât *m* de cocagne.

cucaracha *f* cafard *m*.

cuchara *f* cuiller, cuillère. **-ada** *f* cucharilla *f* petite cuiller, cuillère. **-illa** *f* petite cuiller, cuiller à café. **-ón** *m* louche *f*.

cuchichear *i* chuchoter. **-eo** *m* chuchotement.

cuchilla *f* **1.** (*hoja*) lame. **2.** (*de carnicero*) couperet *m*, couteau *m*.

cuchillo *m* **1.** couteau. | **pasar a** ~, passer au fil de l'épée. **-ería** *f* coutellerie.

cuchitril *m* taudis, galetas.

cuchufleta *f* plaisanterie.

cuclillas (en) *loc adv* accroupi, e.

cuclillo *m* coucou.

cuco, a a 1. (bonito) joli, e, mignon, onne. 2. (astuto) malin, igne. ■ m (ave) coucou.

cucurucho m 1. cornet. 2. (capirote) cagoule f.

cuelga etc. ⇒ **colgar**

cuello m 1. cou. 2. col: ~ alto, cisne, col roulé; ~ postizo, faux col. 3. (de botella) goulot. 4. (del fémur, etc.) col.

cuenca f 1. écuelle. 2. (del ojo) orbi-te. 3. bassin m: la ~ del Ebro, le bas-sin de l'Ebre. ~ hullera, bassin houiller.

cuenco m terrine f.

¹cuenta f 1. compte m: ~ atrás, compte à rebours; ~ bancaria, corriente, compte en banque, cou-rante. | en resumidas cuentas, en fin de compte. 2. (en un restaurante) note, addition: pedir la ~, deman-der l'addition. 3. caer en la ~, com-prendre; darse ~, se rendre compte; entrar en ~, entrer en ligne de compte; hazte ~ de que..., dis-toi que...; tener en ~, tenir compte de; teniendo en ~, compte tenu de... 4. corre por mi ~ hacerlo, je me charge de le faire.

²cuenta, etc. ⇒ **contar**

cuentagotas m compte-gouttes.

cuentakilómetros m compteur kilométrique.

cuentarrevoluciones m compte-tours.

cuentista a/s 1. conteur, euse. 2. (chismoso) cancanier, ère. 3. (actuan-cioso) baratineur, euse.

cuento m 1. ~ de hadas, conte de fée. | el ~ de nunca acabar, une his-toire à n'en plus finir; eso no viene a ~, ça ne rime à rien: venir con cuentos, raconter des histoires. 2. sin ~, sans nombre.

cuerd/a f 1. corde: ~ floja, corde raide; cuerdas vocales, cordes voca-les. 2. dar ~ a un reloj, remonter une montre. 3. por debajo de ~, en cachette. **-ecita** f cordelette.

cuerdo, a a sage, prudent, e.

cuerno m 1. corne f. 2. (instrumento de música) cor. 3. FAM mandar al ~, envoyer promener; ¡vete al ~!, va-t'en au diable!; va te faire foutre!

cuero m 1. cuir. 2. en cueros, tout nu, toute nue.

cuerpo m corps: a ~, corps à corps; a ~ descubierto, à corps perdu; | a ~ de taille; desnudarse de medio ~ para arriba, se mettre torse nu; en ~ y alma, corps et âme.

cuervo m corbeau.

¹cuesta f côte. | camino en ~, che-min en pente; ir ~ arriba, abajo, monter, descendre; 2. a cuestas, sur le dos; ric sur les épaules.

²cuesta, etc. ⇒ **costar**

cuestación f quête.

cuestión f 1. question. | en ~, en question. 2. (lío) no quiero cuestio-nes con él, je ne veux pas d'histoi-res avec lui. **-onario** m question-naire.

cueva f 1. caverne, grotte. 2. (sóta-no) cave.

cuévano m hotte f.

cuidado m 1. soin: prodigar sus cuidados, prodiguer ses soins; cui-dados intensivos, soins intensifs. | estar de ~, être gravement malade. 2. estar con ~, être inquiet, ète. | no pase ~, ne vous inquiétez pas, ne vous en faites pas. 3. atten-tion: ¡~ al fuego!, attention au feu!; ¡mucho ~ con lo que dices!, fais très attention à ce que tu dis! **-oso, a** a soigneux, euse.

cuidar t **1.** soigner. **2.** ~ (de) su salud, prendre soin de sa santé. **3.** s'occuper de. ■ i ~ de, veiller à: **cuidaré de que no te falte nada**, je veillerai à ce qu'il ne te manque rien. ■ pr **1.** se soigner. **2.** cuidarse de, faire attention à, veiller à.

cuita f peine, souci m.

culat/a f **1.** (de fusil, pistola) crosse. **2.** (de cañón) culasse. **-azo** m **1.** coup de crosse. **2.** (retroceso) recul.

culebr/a f **1.** couleuvre. **2.** serpent m. **-ear** i serpenter. **-ón** m feuilleton télévisé.

culinario, a a culinaire.

culminante a culminant, e.

culo m cul.

culp/a f faute: **no tengo la ~**, ce n'est pas ma faute. | **echar la ~ a alguien**, rendre quelqu'un responsable. **-abilidad** f culpabilité. **-able** a/s coupable. **-ar** i accuser, rendre responsable.

cultiv/ar t cultiver. **-o** m culture f.

culto, a a **1.** cultivé, e. **2.** (palabra) savant, e. ■ m culte: **rendir ~ a**, rendre un culte à; **el ~ a...**, le culte de...

cultur/a f culture. **-al** a culturel, elle.

cumbre f sommet m.

cumpleaños m anniversaire.

cumplido, a a **1.** accompli, e. **2.** (cortés) poli, e. ■ m **1.** compliment. **2.** politesse f: **visita de ~**, visite de politesse; **por ~**, par politesse.

cumpli/mentar t **1.** (felicitar) complimenter. **2.** (una orden) exécuter. **3.** (un cuestionario) remplir. **-miento** m **1.** exécution f. **2.** en ~ del reglamento, en application du règlement.

cumplir t/i ~ (con) su deber, accomplir, faire, remplir son devoir; ~ (con) una misión, s'acquitter d'une

mission; ~ los deseos, satisfaire aux désirs; ~ (con) su promesa, tenir sa promesse. | por ~, par politesse. ■ t avoir: **hoy cumple doce años**, il a aujourd'hui douze ans. ■ i **1.** tenir parole, tenir ses promesses. **2.** (plazo) expirer, échoir. ■ pr se réaliser: **se cumplieron tus previsiones**, tes prévisions se sont réalisées.

cúmulo m tas, masse f.

cuna f **1.** berceau m. | **canción de ~**, berceuse. **2.** de humilde, ilustre ~, de basse, de haute extraction.

cundir i **1.** se répandre: **cundió el rumor**, le bruit s'est répandu. **2.** (dar de sí) profiter. | **hoy, me ha cundido el trabajo**, aujourd'hui, j'ai avancé dans mon travail.

cunear t bercer.

cuneta f fossé m.

cuña f **1.** coin m. **2.** (de publicidad) spot m.

cuñado, a s beau-frère, belle-sœur.

cuño m (señal) empreinte f.

cuota f **1.** (en un club, etc.) cotisation. **2.** (parte) quote-part. **3.** quota m.

cupe, etc. ⇒ **caber**.

Cupido n p m Cupidon.

cuplé m chanson f.

cupo m **1.** contingent. **2.** quote-part f.

cupón m **1.** coupon. **2.** bon. **3.** (de lotería) billet.

cúpula f **1.** coupole. **2.** FIG la ~, l'état-major m.

¹**cura** m **1.** (sacerdote) prêtre, curé: **el señor ~**, monsieur le curé. | ~ párroco, curé. **2.** (saliva) postillon.

²**cur/a** f **1.** cure: ~ de reposo, cure de repos. **2.** soins m pl: **primera ~**, premiers soins. **3.** pansement m: **hacer una ~ provisional**, faire un pansement provisoire. **-able** a guérissa-

...ble. **-ación** f 1. traitement m. 2. (efecto de curarse) guérison. **-ande-ro, a** s guérisseur, euse. **-ar** t 1. (tratar) soigner. 3. (alimentos) sécher, fumer; (queso) affiner: jamón curado, jambon sec. 4. (pipa) culotter. ■ i/pr espero que curará pronto, j'espère qu'il guérira bientôt: me he curado, je suis guéri.

curato m cure f.

curda f FAM cuite f.

curioso, a a/s curieux, euse; ~ por saber, curieux de savoir. ■ a (cuidadoso) soigneux, euse. **-ear** t fureter; ■ t examiner. **-idad** f curiosité. | tener ~ por saber, être curieux de savoir.

currar i FAM bosser. **-ante** a/s bosseur, euse. **-o** m boulot, job.

currículo m curriculum.

curruca f fauvette.

cursar t 1. suivre un cours de. 2. ~ el bachillerato, faire ses études secondaires. 3. transmettre. 4. envoyer: ~ un telegrama, envoyer un télégramme.

cursi a/s (persona) snob. ■ a (cosa) de mauvais goût. **-lería** f 1. prétention. 2. chose de mauvais goût.

cursillo m 1. cours. 2. stage. **-ista** s stagiaire.

cursiva f italique.

curso m 1. cours: dar ~ a, donner cours à; seguir su ~, suivre son curso: el año en ~, l'année en cours. 2. année scolaire: último ~ de derecho, dernière année de droit. 3. (transcurso) courant.

curtir t 1. tanner. 2. (la piel) hâler, basaner. 3. FIG endurcir, aguerrir. **-idor** m tanneur. **-iduría** f tannerie.

curva f 1. courbe. 2. (en una carretera) tournant m, virage m. 3. FAM (del cuerpo) rondeur. **-atura** f courbure.

-o, a a courbe.

cuscurro m (de pan) croûton.

cúspide f 1. sommet m. 2. FIG en la ~ del poder, au sommet du pouvoir.

custodia f 1. surveillance, garde. 2. (liturgia) ostensoir m. **-ar** t surveiller.

cutis m peau f. **-áneo, a** a cutané, e.

cutre a FAM minable.

cuyo, a pron rel 1. dont le, la, les: mi vecino, cuya hija es enfermera, mon voisin, dont la fille est infirmière. 2. (después de una preposición) de qui, duquel, etc.: la casa en ~ último piso vive mi amigo, la maison au dernier étage de laquelle habite mon ami. | a ~ efecto, en vue de quoi. en ~ caso, auquel cas.

cuzcuz m couscous.

D

d f d m: una ~, un d.

dable a possible.

dactilar a huellas dactilares empreintes digitales.

dádiva f présent m, don m.

dadivoso, a a généreux, euse.

dado ■ m dé. | ~ que, étant donné que. ■ a p p de dar.

dador m 1. (de una carta) porteur. 2. (de una letra) tireur.

daga f dague.

dalia f dahlia m.

dama f dame. | pl juego de damas jeu de dames.

damajuana f dame-jeanne.

Damasco n p Damas.

damasco m abricot.

damnificado, a a/s sinistré, e.

danés, esa a/s danois, e.

Danubio n p m Danube.

danzar i danser. **-a** f danse. **-ante** s danseur, euse.

dañar t 1. ~ endommager, abîmer. 2. (fruta) gâter. 3. (moralmente) nuire à. **-ino, a** a nuisible.

daño m 1. dommage y per- juicios, dommages et intérêts. 2. dégât: daños materiales, dégâts matériels. 3. mal: hacer ~, faire du mal; hacerse ~, se faire mal.

dar t 1. ~ de beber, que pensar, donner à boire, à penser; se lo doy, je vous le donne. 2. ~ un paseo, un salto, faire une promena- de, un bond. ~ lástima, faire pitié. 3. ~ los buenos días, el pésame, souhaiter le bonjour, présenter ses condoléances. 4. le dio un ataque, il a eu une attaque. | me va a ~ algo, je vais piquer une crise. 5. ¡y dale!, encore! ■ i 1. ~ a la manivela, a la radio, tourner la manivelle, allu- mer, mettre la radio. 2. (horas) aca- ban de ~ las seis, six heures vien- nent de sonner. 3. ~ con, trouver. 4. ~ de espaldas en el suelo, tomber à la renverse. 5. ~ a, donner sur: ven- tana que da al mar, fenêtre qui donne sur la mer. 6. que más da, peu importe; me da lo mismo, ça m'est igual. ■ pr 1. se da a sus hijos, elle se donne à ses enfants. 2. darse a la bebida, s'adonner à la boisson. 3. darse por satisfecho, s'estimer satisfait. 4. se las da de indiferente, il la joue à de indiferente. 5. (plantas) pousser.

dardo m fléchette f.

dársena f bassin m.

datar i dater.

dátil m datte f.

datilera f dattier m.

dato m 1. donnée f. 2. (información) renseignement.

de prep 1. al salir ~ la iglesia, en sortant de l'église; el coche ~ Pablo, la voiture de Paul. ~ un tu bon, d'un bond. el imbécil ~ tu primo, ton imbécile de cousin. 2. d: es ~ Jaime, c'est à Jacques. difícil ~ explicar, difficile à expliquer: la muchacha ~ los ojos azules, la fille aux yeux bleus; helado ~ vainilla, glace à la vanille. 3. en: camisa ~

algodón, chemise en coton: ~ amarillo, en jaune. **4.** colocarse ~ criada,
se placer comme bonne. **5.** (tiempo)
~ día, le jour: ~ niño, soñó con...,
étant enfant, lorsqu'il était enfant,
il rêva de... **6.** ~ (lo) que, dont. **7.** (+
infinitif) si.

debajo adv dessous. | ~ de, sous;
por ~ de la rodilla, au-dessous du
genou.

debate m débat. **-ir** t débattre.

debe m com doit.

deber t devoir: me debe cien euros,
il me doit cent euros; deberías
haberlo dicho antes, tu aurais dû le
dire avant; debo de tener un poco
de fiebre, je dois avoir un peu de
fièvre. ■ m devoir. **-ido, a** a dû, e.
| como es ~, comme il faut. **-ida-
mente** adv dûment.

débil a/s **1.** faible. **2.** ~ mental, débile mental.

debilidad f faiblesse.

debilitar t affaiblir. ■ pr s'affaiblir.
-ación f affaiblissement m.

débito m débit.

debut m début. **-ar** i débuter.

década f décade.

decadencia f décadence. **-ente** a
décadent, e.

decaer i **1.** (bajar de categoría)
déchoir. **2.** (debilitarse) décliner,
s'affaiblir, baisser. **-ído, a** **1.** affai-
bli. **2.** (moralmente) abattu, e. **-
imiento** m affaiblissement, abattement.

decámetro m décamètre.

decano m doyen.

decantar t décanter. ■ **decantarse**
por, pencher pour. **-ación** f décan-
tation.

decapitar t décapiter.

decena f dizaine.

decencia f décence.

decenio m décennie f.

decente a décent, e. **-mente** adv
décemment.

decepción f déception. **-cionado,
a** a déçu, e. **-cionante** a décevant,
e. **-cionar** t décevoir.

deceso m décès.

dechado m modèle.

decibel, decibelio m décibel.

decidir t décider: ha decidido marcharse, il a décidé de partir. **-ido, a**
a **1.** décidé, e. **2.** ~ propósito, ferme
intention.

decigramo m décigramme.

decimal a décimal, e.

decímetro m décimètre.

décimo, a a/s dixième. **-octavo/a**
a/s dix-huitième. **-cuarto, a**
a/s quatorzième. **-nono, a** a/s dix-neuvième. **-quin-
to, a** a/s quinzième. **-séptimo, a**
a/s dix-septième. **-sexto, a** a/s sei-
zième. **-tercero, a** a/s treizième.

decir t **1.** dire: dígale que se calle,
dites-lui de se taire; dímelo, dis-le-
moi. | a ~ verdad, à vrai dire; como
quien dice, como si diéramos,
comme qui dirait; es ~, c'est-à-dire;
lo que se dice, ce qu'on appelle...; ni
que ~ tiene que..., inutile de dire
que...; ¡no me digas!, pas possible!;
¿diga?, ¡dígame!, allô! **2.** (teléfono)
allô! ■ m: al ~ de, au dire de.

²decir m parole f. | al ~ de, au dire
de: es un ~, disons, c'est une façon
de parler.

decisión f décision.

decisivo, a a décisif, ive.

declamar t/i déclamer. **-ación** f
déclamation.

declarar t déclarer. ■ pr se déclarer. **-ación** f déclaration.

declinar t décliner. **-ación** f décli-
naison.

declive m déclivité f, pente f.

decolor/ar t décolorer. **-ación** f décoloration.

decomisar t JUR saisir.

decor/ar t décorer. **-ación** f décoration. **-ado** m (teatro) décor. **-ador, a** s décorateur, trice. **-ativo, a** a décoratif, ive.

decor/o m 1. dignité f. 2. décence f. | vivir con ~, vivre correctement. **-oso, a** a 1. convenable. 2. décent, e.

decrecer° i décroître.

decr/épito, a a décrépit, e. **-epitud** f décrépitude.

decret/o m décret. **-ar** t décréter.

dedal m dé (à coudre).

dedalera f digitale.

dédalo m dédale.

dedic/ar t 1. (tiempo, etc.) consacrer. 2. (sonrisa, mirada) adresser. 3. (a una divinidad) dédier, consacrer. 4. (un libro, una foto) dédicacer. ■ dedicarse a, se consacrer à. **-ación** f 1. trabajar con ~ completa, travailler à plein temps. 2. (liturgia) dédicace. **-atoria** f dédicace.

ded/o m doigt. | ~ del pie, orteil; ~ gordo, pouce; ~ del corazón, majeur; FIG no tiene dos dedos de frente, il n'a pas deux sous de jugeote. **-illo** m saber al ~, savoir sur le bout du doigt.

deduc/ir° i déduire. **-ción** f déduction.

defección f défection.

defect/o m 1. défaut. 2. ~ de forma, vice de forme. **-uoso, a** a défectueux, euse.

defen/der° t défendre. **-dible** a défendable. **-sa** f défense. **-sivo, a** a défensif, ive. ■ f estar a la defensiva, se tenir sur la défensive. **-sor, a** a/s défenseur.

deferen/cia f déférence. **-te** a déférent, e.

deficien/cia f déficience. **-te** a déficient, e.

déficit m déficit.

deficitario, a a déficitaire.

defin/ir t définir. **-ición** f définition.

definitivo, a a définitif, ive. | en definitiva, en définitive.

deflación f déflation.

deflagración f déflagration.

deform/ar t déformer. **-ación** f déformation.

deform/e a difforme. **-idad** f difformité.

defraud/ar t 1. (cometer un fraude) frauder. 2. décevoir: me ha defraudado la película, le film m'a déçu. **-ador, a** s fraudeur, euse.

defunción f décès m.

degener/ar i dégénérer. **-ado, a** a/s dégénéré, e. **-ación** f dégénérescence.

deglut/ir t/i déglutir. **-ición** f déglutition.

degoll/ar° t 1. égorger. 2. (una obra literaria, musical) massacrer. **-ación** f égorgement m, massacre m. **-adero** m abattoir. **-ina** f tuerie.

degrad/ar t dégrader. **-ación** f dégradation. **-ante** a dégradant, e.

degüello m égorgement, massacre.

degustación f dégustation.

dehesa f pâturage m.

dejadez f 1. laisser-aller m. 2. indolence.

dejado, a a 1. négligent, e. 2. (decaído) abattu, e.

dejar t 1. laisser. 2. déjele que hable, laissez-le parler; ¿me deja que le pregunte algo?, vous me permettez de vous poser une question? 3. ~ de, cesser de: ¡deja de

gritar; cesse de crier! **4.** no ~ de, ne pas manquer, oublier de: no **dejes de teléfonearme**, n'oublie pas de me teléphoner. □ *pr* **1.** se laisser. **2.** (*abandonarse*) se laisser aller.

dejo *m* **1.** accent, intonation *f*. **2.** (*sabor*) arrière-goût.

del *art* (= de el) du: ~ **tren**, du train; (*ante vocal o h muda*) de l': ~ **avión**, de l'avion.

delantal *m* tablier.

delante *adv* devant. | ~ de, por ~ de, devant.

delantera *f* **1.** (*de un vestido, etc.*) devant *m*. **2.** (*de coche*) avant *m*. **3.** (*primera fila*) premier rang *m*. **4.** (*fútbol*) la ~, la ligne d'attaque, les avants. **5.** tomar la ~, devancer. gagner de vitesse.

delantero, a *a* de devant. ■ *m* (*fútbol*) avant.

delatar *t* dénoncer.

delegación *f* délégation.

delegar *t* déléguer. **-ado, -a** *a/s* délégué, e.

deleitar *t* charmer. ■ *pr* se délecter. ■ *m* délectation *f*, plaisir. **-oso, a** *a* délectable.

deletéreo, a *a* délétère.

deletrear *t* épeler.

deleznable *a* **1.** friable. **2.** *fig* fragile.

delfín *m* dauphin.

delgado, a *a* **1.** (*cosa, persona*) mince. **2.** (*flaco*) maigre | ponerse ~, maigrir. **-ez** *f* minceur, maigreur. **-ucho, a** *a* maigrichon, onne.

deliberación *f* délibération. **-adamente** *adv* délibérément. **-ar** *t* délibérer. **-ación** *f*

delicado, a *a* délicat, e. **-eza** *f* délicatesse.

delicia *f* délice. **-oso, a** *a* délicieux, euse.

delimitar *t* délimiter.

delincuen/te *a/s* délinquant, e. **-cia** *f* délinquance.

delinear *t* dessiner. **-ante** *m* dessinateur industriel.

delirar *i* délirer. **-ante** *a* délirant, e. **-io** *m* délire. | ~ de grandezas, folie *f* des grandeurs.

delito *m* délit.

delta *m* delta.

demacrado, a *a* émacié, e.

demagogia *f* démagogie. **-ógi-co, a** *a* démagogique. **-ogo** *m* démagogue.

demanda *f* demande. **-ar** *t jur* attaquer en justice.

demarcación *f* démarcation.

demás *a/pron indéf* autre, autres: los ~, les autres, **lo** ~, le reste; por ~, inutile; **por lo** ~, à part cela; y ~, et caetera.

demasía *f* excès *m*: en ~, à l'excès.

demasiado, a *a* trop de: ~ **dinero**, trop d'argent, demasiadas faltas, trop de fautes. ■ *adv* trop.

demen/te *a/s* dément, e. **-cia** *f* démence.

democra/cia *f* démocratie. **-cra-ta** *a/s* démocrate. **-crático, a** *a* démocratique.

demografía *f* démographie. **-áfico**

demoler *t* démolir. **-ición** *f* démolition.

demonio *m* démon, diable. | ¡qué **demonios!** que diable! **-íaco, a** *a* démoniaque.

demora *f* retard *m*. | sin ~, sans retard, sans délai.

demorar *t* retarder. **-a** *f* retard *m*.

demostra/ción *f* démonstration. **-ador, -a** *s* démonstrateur, trice. **-ativo, a** *a/m* démonstratif, ive.

demudarse *pr* changer de visage.

denegar *t* refuser. **-ación** *f* **1.** refus *m*. **2.** dénégation.

dengue *m* chichi, simagrée *f*.

denigrar t dénigrer.

denodado, a a intrépide.

denominar t dénommer. **-ación** f 1. dénomination. 2. (de un vino) appellation. **-ador** m dénominateur.

denotar t dénoter.

denso/a, a a dense. **-idad** f densité.

dentado, a a 1. rueda dentada, roue dentée. 2. dentelé, e.

dentadura f denture. | ~ postiza, dentier m.

dental a 1. dentaire. 2. (fonética) dental, e.

dentellada f coup m de dent.

dentera f 1. dar ~, faire grincer des dents. 2. FIG envie.

dentífrico, a/m dentifrice.

dentista s dentiste.

dentro adv 1. dedans. | por ~, à l'intérieur, en dedans. 2. ~ de, dans: ~ del armario, dans l'armoire; ~ de un mes, dans un mois. | ~ de poco, d'ici peu.

denuedo m vaillance f.

denunciar t dénoncer. **-a** f 1. dénonciation. 2. JUR plainte. **-ador, a** a/s dénonciateur, trice.

deontología f déontologie.

deparar t procurer, offrir.

departamento m 1. (de un territorio, una administración) département, service. 2. (de un local) compartiment.

departir i s'entretenir, converser.

depender i ~ de, dépendre de. **-encia** f 1. dépendance. 2. succursale.

dependiente, -a 1. a dépendant, e. ● m vendeur, employé. ● **-ienta** f vendeuse.

depilar t épiler. **-able** a dépilable.

deplorar t déplorer. **-able** a déplorable.

deponer t déposer.

deportar t déporter. **-ación** f déportation.

deporte m sport: hacer ~, faire du sport. **-ivo, -iva** 1. a sportif, ive. | coche ~, voiture de sport; artículos deportivos, articles de sport. 2. m sport.

deposición f déposition. ■ pl selles.

depositar t 1. déposer: ~ valores en el Banco, déposer des valeurs à la Banque. 2. (la confianza) placer. ■ pr se déposer. **-ario, -aria** s dépositaire.

depósito m 1. dépôt. 2. (para líquidos) réservoir.

depravado, a a/s dépravé, e.

depre f FAM déprime, cafard m.

depreciar t déprécier. **-ación** f dépréciation.

depresión f dépression. **-vo, a** a/s dépressif, ive.

deprimir t déprimer. **-ente** a déprimant, e.

deprisa adv vite.

depurar t épurer. **-ación** f épuration.

derecho/a, a a droit, e. ● f 1. la derecha, à droite. ● m droit: estar en su ~, être dans son droit; los derechos humanos, les droits de l'homme; no tienes ~ a quejarte, tu n'as pas le droit de te plaindre. | ¡no hay ~!, ce n'est pas juste! **-ista** s partisan de la droite. **-ura** f droiture, rectitude.

deriva f ir a la ~, aller à la dérive.

derivar i dériver. ● derivarse de, dériver de. **-ación** f dérivation. **-ativo** m dérivatif.

dermatólogo, a s dermatologue.

derram/ar t répandre, verser. **-amiento** m épanchement. **-e** m épanchement.

derrapar f déraper.

derredor m en ~, autour.

derrengar t éreinter.

derretir° t faire fondre. ■ pr fondre: **el hielo se derrite con el calor**, la glace fond à la chaleur.

derrib/ar t **1.** (un edificio) démolir, abattre. **2.** (un avión) abattre. **3.** (a una persona, animal, ministerio) renverser. **-o** m **1.** démolition f. **2.** (obra) chantier de démolition.

derrocar t renverser.

derroch/ar t gaspiller. **-ador, a** s gaspilleur, euse. **-e** m **1.** gaspillage. **2.** (abundancia) profusion f, débauche f.

derrot/a f **1.** défaite: **sufrir una ~**, essuyer une défaite. **2.** MAR route. **-ar** t battre: **derrotó a su rival**, il a battu son rival. **-ero** m chemin.

derruir° t démolir.

derrumb/ar t abattre. ■ pr s'écrouler. **-amiento** m écroulement, effondrement.

desaborido, a a fade, insipide.

desabotonar t déboutonner.

desabrido, a a **1.** (alimento) fade. **2.** (tiempo) changeant. **3.** (persona) acariâtre.

desabrigarse pr se découvrir.

desabrimiento m **1.** fadeur f. **2.** dureté f.

desabrochar t **1.** déboutonner. **2.** dégrafer.

desacato m manque de respect.

desa/certar° i se tromper. **-certado, a** a maladroit, e. **-cierto** m **1.** erreur f. **2.** maladresse f.

desacorde a discordant, e.

desacostumbr/ar t déshabituer. **-ado, a** a inhabituel, elle.

desacreditar t discréditer.

desactivar t désamorcer.

desacuerdo m désaccord: **estar en ~ con...**, être en désaccord avec...

desafiar t défier.

desafinar i chanter faux, jouer faux.

desafío m défi.

desaforado, a a **1.** démesuré, e, excessif, ive. **2.** effréné, e.

desafortunado, a a malheureux, euse.

desafuero m excès.

desagrad/ar t déplaire. **-able** a désagréable.

desagradecido, a a ingrat, e.

desagravio m dédommagement.

desag/uar t vider. ■ i **1.** s'écouler. **2.** (río) ~ **en**, se jeter dans. **-üe** m tuyau d'écoulement.

desaguisado m bêtise f.

desahog/ar t épancher. ■ pr se soulager, s'épancher, se défouler. **-ado, a** a (económicamente) à l'aise. **-o** m **1.** soulagement. **2.** (económico) aisance f. **3.** (descaro) effronterie f, sans-gêne.

desahuci/ar t **1.** (a un enfermo) condamner. **2.** (a un inquilino) expulser. **-o** m expulsion f.

desair/ar t **1.** (humillar) blesser. **2.** éconduire. **-e** m affront.

desajust/ar t dérégler. **-e** m dérèglement.

desal/entar° t décourager. **-entador, a** a décourageant, e. **-iento** m découragement.

desaliñ/ado, a a négligé, e. **-o** m **1.** laisser-aller. **2.** négligence f.

desalmado, a a cruel, elle. ■ s scélérat, e.

desalojar t **1.** déloger, expulser. **2.** (un lugar) évacuer.

desamor m indifférence f.

desampar/ar t abandonner. **-o** m abandon.

desandar° t ~ **lo andado**, rebrousser chemin.

desangelado, a a sans charme.

desangrar t saigner. ■ pr saigner abondamment.

desanimar t décourager, démoraliser.

desanudar t dénouer.

desapacible a désagréable.

desapa/recer i disparaître: **el dolor ha desaparecido**, la douleur a disparu. **-rición** f disparition.

desapego m détachement, indifférence f.

desapercibido, a a coger ~, prendre au dépourvu; **pasar ~**, passer inaperçu.

desapren/sión f manque m de scrupule. **-sivo, a** a sans scrupules, indélicat, e. ■ m fripouille f.

desaprob/ar° t désapprouver. **-ación** f désapprobation.

desaprovech/ar t mal employer, ne pas profiter de. **-ado, a** a gaspillé, e.

desarm/ar t **1.** désarmer. **2.** (una máquina, un mueble, etc.) démonter. **-e** m **1.** désarmement. **2.** démontage.

desarraigar t déraciner.

desarrapado, a a déguenillé, e.

desarregl/ar t **1.** (desordenar) déranger, mettre en désordre. **2.** (descomponer) dérégler. **-o** m **1.** désordre. **2.** dérèglement.

desarroll/ar t **1.** développer. **2.** (lo enrollado) dérouler. ■ pr **1.** se développer. **2.** (suceder) se produire, se dérouler. **-o** m **1.** déroulement. **2.** (progreso) développement. | **país en pleno ~**, pays en plein essor. **3.** (de un niño) croissance f.

desarrugar t défroisser.

desarticular t **1.** désarticuler. **2.** FIG ~ **una banda de falsificadores**, démanteler une bande de faussaires.

desase/ado, a a sale, négligé, e. **-o** m malpropreté f.

desasirse° pr se dégager, se détacher.

desasosiego m inquiétude f.

desastrado, a a malpropre, négligé, e.

desastr/e m désastre. **-oso, a** a désastreux, euse.

desatar t détacher, dénouer. ■ pr **1. desatarse los zapatos**, délacer ses chaussures. **2. desatarse a hablar**, se mettre à parler.

desatascar t (conducto, lavabo) déboucher.

desaten/der° t **1.** (descuidar) négliger. **2.** ne pas faire cas de. **-to, a** a **1.** distrait, e. **2.** (descortés) impoli, e.

desatin/ar i déraisonner. **-ado, a** a **1.** étourdi, e. **2.** déraisonnable. **-o** m sottise f, bêtise f.

desautorizar t (desaprobar) désavouer.

desaven/encia f désaccord m, différend m. **-ido, a** a en désaccord, brouillé, e. | **matrimonio ~**, ménage désuni.

desayun/o m petit déjeuner. **-ar** i/t/pr prendre son petit déjeuner: **desayuno (con) café**, je prends du café au petit déjeuner.

desazón f **1.** souci m, inquiétude. **2.** malaise m.

desbandada f débandade.

desbarajust/ar t mettre sens dessus dessous. **-e** m désordre, pagaille f.

desbaratar t 1. détruire, défaire.
2. (estropear) abîmer. 3. (planes, etc.)
détruire, faire échouer. 4. (malgastar) gaspiller. **-amiento** m désordre.

desbastar t dégrossir.

desbloquear/desbloque/ar t débloquer. **-o** m
déblocage.

desbocarse pr (caballo) s'emballer.

desbordar/desbord/ar i/pr déborder. **-ante** a
~ de alegría, débordant de joie.
-amiento m débordement.

desbrozar t débroussailler.

descabellar t tuer (le taureau)
d'un coup d'épée à la nuque. **-ado,
-ada** a a absurde, insensé, c, saugrenu,
e.

descabezar t étêter.

descafeinado a café ~, café décaféiné.

descalabrar t 1. blesser à la tête.
2. FIG salir descalabrado, s'en tirer
mal. **-o** m désastre, revers, défaite, f.

descalificar t disqualifier.

descalzar t déchausser. ■ pr se
déchausser. **-o, -a** a a nu-pieds.

descaminado, -a a ir ~, se tromper,
faire fausse route, se fourvoyer.

descamisado, -a a sans chemise.
2. (desharrapado) déguenille, c.

descampado m terrain vague,
terrain découvert. | en ~, en rase
campagne.

descansar i 1. se reposer: ¿ha descansado usted bien?, vous êtes-
vous bien reposé? | ¡qué descanse!,
dormez bien!; que en paz descanse,
qu'il repose en paix. 2. ~ sobre,
reposar. **-ado, a** a 1. reposé, c. 2. (fácil)
reposant, c. **-illo** m palier. **-o** m 1.
repos. 2. pause. 3. (en un partido de
fútbol) mi-temps, f. ■ pl (botas)
après-ski.

descapotable a décapotable. ■ m
décapotable f.

descarado, -a a effronté, e.

descargar t 1. décharger. 2. (golpe)
asséner. ■ i (tormenta, etc.) s'abattre.
descarga f 1. déchargement m. 2.
(eléctrica, de arma de fuego) décharge.

descargo m décharge f.

descarnarse pr (diente) se
déchausser.

descaro m effronterie f, aplomb.

descarriar t égarer, fourvoyer.
descarriar/descarril/ar t dérailler. **-amiento**
m déraillement.

descartar t écarter.

descascarillarse pr s'écailler.

descastado, -a a ingrat, e.

descender/der i 1. descendre. 2. (temperatura, etc.) baisser. **-dencia** f
descendance. **-diente** s descen-
dant, f. **-dimiento** m descente f. **-so**
m 1. (de la temperatura) baisse f.
2. diminution f. 3. (esquí) descente
f.

descentralizar t décentraliser.
-ación f décentralisation.

descifrar t déchiffrer.

desclavar t 1. déclouer. 2. (un
clavo) arracher.

descodificar t décoder.

descolgar t décrocher: descuelga
el auricular, il décroche le récepteur. ■ pr 1. (bajar) descendre, se
laisser glisser. 2. FAM débarquer,
s'amener.

descollar i 1. ~ sobre, se dresser
au-dessus de, dominer. 2. se distinguer.

descolorido, a a décoloré, e.

descombrar t déblayer.

descomedido, a a **1.** insolent, e. **2.** excessif, ive, démesuré, e.

descom/poner° t **1.** (separar los elementos) décomposer. **2.** (un mecanismo) détraquer. **3.** (desordenar) déranger. ■ pr FIG **se le descompuso la cara,** son visage se décompose. | **cara descompuesta,** visage défait. **-posición** f **1.** décomposition. **2.** ~ **intestinal,** dérangement m intestinal. **-postura** f (descaro) effronterie.

descomunal a énorme, monstre.

descon/certar° t déconcerter. **-certante** a déconcertant, e. **-cierto** m désordre, confusion f.

desconchar t écailler. | **pared desconchada,** mur décrépi.

desconectar t débrancher, couper, déconnecter. ■ i FAM décrocher.

desconfi/ar i se méfier. **-ado, a** a méfiant, e. **-anza** f méfiance.

descongel/ar t **1.** (un alimento) décongeler. **2.** (una nevera) dégivrer. **3.** (créditos) dégeler. **-ador** m dégivreur.

descongestionar t décongestionner.

desconoc/er° t **1.** ne pas connaître, ignorer: **se desconocen las causas del incendio,** on ignore les causes de l'incendie. **2.** ne pas reconnaître. **-ido, a** a/s inconnu, e. ■ a (muy cambiado) méconnaissable. **-imiento** m ignorance f.

desconsiderado, a a inconsidéré, e.

descon/solar° t désoler. **-solado, a** a inconsolable. **-solador, a** a désolant, e. **-suelo** m peine f, chagrin.

descontar° t **1.** déduire. **2.** COM escompter.

descontent/ar t mécontenter. **-adizo, a** a difficile à contenter. **-o, a** a mécontent, e. ■ m mécontentement.

descorazonar t décourager.

descorchar t (botella) déboucher.

descorrer t ~ **la cortina, el cerrojo,** tirer le rideau, le verrou.

descort/és a impoli, e. **-esía** f impolitesse.

descos/er t découdre. **-ido, a** a décousu, e.

descoyuntar t démettre, déboîter, disloquer. ■ pr me **descoyunté el tobillo,** je me suis démis la cheville.

descrédito m discrédit.

descre/ído, a a/s mécréant, e. **-imiento** m incroyance f.

descri/bir t décrire. **-pción** f description. **-ptivo, a** a descriptif, ive. **-to, a** a décrit, e.

descuajaringar t FAM (romper) démantibuler. ■ **descuajaringarse de risa,** se tordre de rire.

descuartizar t dépecer.

descubierto, a a découvert, e. ■ m (banco) découvert: **estar en ~,** être à découvert.

descubr/ir t découvrir: **he descubierto un tesoro, el secreto,** j'ai découvert un trésor, le secret. ■ pr se découvrir. **-imiento** m découverte f.

descuento m **1.** COM escompte. **2.** (rebaja) remise f, rabais.

descuid/ar t **1.** négliger. **2.** **descuide,** soyez tranquille, soyez sans crainte. ■ pr **1. en cuanto uno se descuida,** si on ne fait pas attention, au premier moment d'inattention. **2.** (en la salud, el vestir) se négliger. **-ado, a** a **1.** (desaliñado)

négligé, e. **2.** négligent, e. **-o** m **1.**
négligence f. **2.** moment d'inattention.

desde prep **1.** (lugar) depuis, de: ~
la terraza, de la terrasse. **2.** (tiempo)
depuis, dès: ~ hace un año, depuis
un an; ~ ahora, dès à présent. **3.** ~
luego, bien entendu, évidemment.

desdecirse° pr **1.** se dédire. **2.** (no
armonizar) ne pas aller ensemble.

desdén m dédain, mépris.

desdeñ/ar t dédaigner. **-oso, a** a
dédaigneux, euse.

desdich/a f malheur m. **-ado, a** a/s
malheureux, euse.

desdoblar t **1.** (extender) déplier. **2.**
(duplicar) dédoubler.

desdoro m déshonneur.

dese/ar t **1.** désirer. **2.** souhaiter: le
deseo un feliz Año Nuevo, je vous
souhaite une bonne année. **-able** a
désirable.

desec/ar t dessécher. **-ación** f des-
sèchement m.

desech/ar t **1.** rejeter, repousser. **2.**
(una cosa inútil) mettre au rebut.
-able a jetable. **-o** m rebut, déchet.

desembalar t déballer.

desembaraz/ar t débarrasser. **-o** m
désinvolture f, aisance f.

desembarc/ar t/i débarquer.
-adero m débarcadère. **-o** m débar-
quement.

desemboc/ar i **1.** déboucher. **2.** FIG
~ en, aboutir à. **-adura** f **1.** (río)
embouchure. **2.** sortie.

desembols/ar t débourser. **-o** m
versement.

desembrag/ar i débrayer. **-ue** m
débrayage.

desembrollar t débrouiller.

desempacar t déballer.

desempaquetar t dépaqueter.

desempat/ar t départager. **-e** m el
~, la belle.

desempeñ/ar t **1.** (un cargo) exercer. **2.** ~ un papel, jouer un rôle. **3.**
(lo empeñado) dégager. **-o** m **1.** (de
un cargo) exercice. **2.** exécution f.

desemple/o m chômage. **-ado, a** s
sans-emploi.

desencaden/ar t déchaîner.
-amiento m déchaînement.

desencajar t déboîter.

desencallar t renflouer.

desencanto m déception f.

desenchufar t débrancher.

desenfad/ar t calmer. **-ado, a** a
désinvolte. **-o** m désinvolture f.

desenfren/ado, a a effréné, e. **-o**
m débauche f.

desenfundar t (pistola) dégainer.

desenganchar t décrocher.

desengañ/ar t détromper. ■ pr desengáñese usted, détrompez-vous.
-o m déception f, désillusion f,
déconvenue f.

desenlace m dénouement.

desenmarañar t débrouiller.

desenmascarar t démasquer.

desenredar t débrouiller.

desenrollar t dérouler.

desenroscar t dévisser.

desentend/erse° pr se désintéresser. **-ido, a** a hacerse el ~, faire
semblant de ne pas comprendre,
feindre l'étonnement.

desenterrar° t déterrer.

desentonar i **1.** détonner. **2.** chanter faux.

desentorpecer t dégourdir.

desentumecer° t dégourdir.

desenvainar t dégainer.

desenvoltura f **1.** aisance. **2.** (descaro) désinvolture.

desen/volver° t développer. ■ pr
se développer. **2.** (arreglárselas) se

débrouiller. **-vuelto, a** a désinvol-te.

deseo m 1. désir. 2. (voto) souhait, vœu. **-oso, a** a désireux, euse.

desear t 1. désirer. 2. (voto) souhaiter.

desequilibrar t déséquilibrer. **-ado, a** a/s déséquilibré, e. **-io** m déséquilibre.

desertar t déserter. **-ción** f désertion.

desértico, a a désertique.

desertor m déserteur.

desescombrar ⇒ descombrar.

desesperar t/i désespérer, être au désespoir. ■ pr se desesperar, e. **-ación** f désespoir m. **-ado, a** a/s désespéré, e. | a la desesperada, en catastrophe. **-ante** a désespérant, e.

desfachatez f FAM culot m, sans-gêne m.

desfalco m détournement de fonds.

desfallecer i défaillir. **-imiento** m défaillance f.

desfasado, a a déphasé, e.

desfavorable a défavorable.

desfavorecer t défavoriser, désavantager.

desfigurar t défigurer. ■ pr changer.

desfiladero m défilé.

desfilar t défiler. **-e** m défilé.

desfogarse pr se défouler.

desfondar t défoncer. **-amiento** m effondrement.

desgaire m laisser-aller. | al ~, négligemment.

desgajar t arracher.

desgalichado, a a dégingandé, e.

desgana f 1. manque m d'appétit. 2. manque m d'enthousiasme. dégoût m.

desgañitarse pr s'égosiller.

desgarbado, a a dégingandé, e.

desgarrar t déchirer. **-ador, a** a déchirant, e. **-amiento** m déchire-ment, e.

desgastar t user. **-e** m usure f.

desglosar t détacher.

desgracia f 1. malheur m, mal-chance. | por ~, malheureusement, par malheur. 2. caer en ~, tomber en disgrâce. **-adamente** adv mal-heureusement. **-ado, a** a/s mal-heureux, euse. ■ m FAM pauvre type. **-ar** t 1. abîmer. 2. (lisiar) estropier. ■ pr s'abîmer, s'estropier.

desgravación f détaxe.

desgreñado, a a échevelé, e.

desguace m démolition f, casse f. ébouillé, e.

desguazar t démolir.

deshabitado, a a inhabité, e.

deshacer t 1. (derretir) faire fondre. (aguarse) se défaire ■ pr 1. 2. deshacerse de, se défaire de. 3. deshacerse en, se répandre en. | se deshizo en excusas, il se confondit en excuses.

desharrapado, a a déguenillé, e.

deshecho, a p p de deshacer ■ a 1. défait, e. 2. abattu, e, déprimé, e.

deshelar t dégeler.

deshederar t déshériter.

deshice, etc. ⇒ deshacer.

deshidratado, a a déshydraté, e.

deshielo m dégel.

deshilachar t effilocher.

deshinchar t dégonfler. ■ pr désen-fler.

deshojar t effeuiller.

deshollinar t ramoner. **-ador** m ramoneur.

deshonr/ar f déshonneur m. **-ar** t déshonorer. **-oso, a** a déshonorant, e.

deshora (a) loc adv à une heure indue.

deshuesar t 1. désosser. 2. (frutas) dénoyauter.

desidia f négligence, apathie.

desierto, a a/m désert, e. ■ a (sin solicitantes) vacant, e.

design/ar t désigner. **-ación** f désignation.

designio m dessein.

desigual a inégal, e. **-dad** f inégalité.

desilus/ión a déception, désillusion. | llevarse una ~, avoir une déception, être déçu, e. **-ionar** t décevoir.

desinfec/tar t désinfecter. **-ción** f désinfection. **-tante** a/m désinfectant, e.

desinflar t dégonfler. ■ pr se dégonfler.

desintegr/ar t désintégrer. **-ación** f désintégration.

desinter/és m 1. manque d'intérêt. 2. (altruismo) désintéressement. **-esarse** pr se désintéresser.

desintoxicación f désintoxication.

desistir i ~ de, renoncer à.

deslavar t délaver.

desleal a déloyal, e. **-dad** f déloyauté.

desle/ír t délayer. **-imiento** m délayage.

deslenguado, a a grossier, ère, insolent, e.

desligar t délier, détacher. ■ pr (de una obligación) se dégager.

desliz m (falta) faute f, faux-pas.

desliz/ar t/i glisser. ■ pr se glisser. **-amiento** m glissement.

deslomar t éreinter.

desluc/ir° t 1. (estropear) abîmer. 2. la lluvia deslució la procesión, la pluie a gâché la procession. **-ido, a** a peu brillant, e, terne.

deslumbr/ar t éblouir. **-ador, a, -ante** a éblouissant, e. **-amiento** m éblouissement.

deslustrar t ternir.

desmadejar t affaiblir.

desmán m excès.

desmandarse pr 1. désobéir, se rebeller. 2. se séparer.

desmaquillador m démaquillant.

desmay/arse pr s'évanouir, tomber en défaillance. **-ado, a** a 1. alangui, e. 2. voz desmayada, voix mourante. 3. (color) éteint, e. **-o** m défaillance f, évanouissement.

desmedido, a a démesuré, e.

desmedrado, a a chétif, ive.

desmejorarse pr s'affaiblir.

desmembr/ar° t démembrer. **-ación** f démembrement m.

desmemoriado, a a estar ~, perdre la mémoire.

desmentir° t démentir.

desmenuzar t émietter.

desmerecer° i 1. ~ de, être inférieur, e à. 2. baisser.

desmesurad/o, a a démesuré, e. **-amente** adv démesurément.

desmigajar t émietter.

desmilitarizar t démilitariser.

desmirriado, a a chétif, ive.

desmont/ar t 1. démonter. 2. (cortar árboles) déboiser. 3. (roturar) défricher. **-able** a démontable. **-e** m 1. déboisement. 2. défrichement.

desmoraliz/ar t démoraliser. **-ación** f démoralisation. **-ador, a** a démoralisant, e.

desmoronar t miner. ■ pr s'écrouler, s'effondrer.

desmovilizar t démobiliser. **-ación** f démobilisation.

desnatar t écrémer: leche desnata-da, lait écrémé.

desnaturalizar t (falsificar) déna-turer.

desnivel m dénivellation f.

desnudar/se pr se déshabiller. **-ez** f nudité. **-ismo** m nudisme. **-o, a** a/m nu, e.

desobe/decer t désobéir à. **-dien-cia** f désobéissance. **-diente** a désobéissant, e.

desocupar t débarrasser. **-ado, a** a (vacío) libre, inoccupé, e. a/s oisif, ive, désœuvré, e.

desodorante m déodorant.

desoír t ne pas écouter, ne pas tenir compte de, faire fi de.

desola/ción f désolation f. **-do, a** a désolé.

deso/llar t 1. écorcher. 2. (criticar) esquintar, débiner. **-adura** f écor-chure.

desorbitado, a a ojos desorbita-dos, yeux exorbités.

desorden m désordre. **-ado, e** a désordonné, e. **-ar** t déranger, met-tre en désordre.

desorganizar t désorganiser.

desorientar t désorienter.

despabilar t FIG (avivar el ingenio) dégourdir. ■ pr FIG se réveiller, se secouer. **-ado, a** a éveillé, e, vif, vive.

despachar t 1. terminer. 2. expé-dier, envoyer. 3. ~ a un cliente, ser-vir un client. 4. vendre. 5. (despe-dir) renvoyer. 6. FAM (matar) zigouil-ler. ■ tpr (darse prisa) se dépêcher. **-o** m 1. (oficina) bureau. 2. (comuni-cación) dépêche f. 3. envoi. 4. débit, vente f.

despachurrar t écraser, écrabouil-ler.

despacio adv lentement. ■ interj doucement! **-ito** adv tout tout douce-ment, très lentement.

despampanante a FAM terrible, sensationnel, elle, du tonnerre.

despanzurrar t FAM éventrer.

desparpajo m (soltura) aisance f.

desparramar 1. éparpiller. 2. (verter) répandre. ■ pr se répandre.

despavorido, a a effrayé, e.

despecho m dépit. a ~ de, en dépit de.

despectivo, ive. a a 1. méprisant, e. 2. péjoratif, ive.

despedazar t 1. mettre en pièces, dépecer. 2. (animal) déchiqueter.

despedida f adieux pl.

despedir t 1. (acompañar) recon-duire, accompagner. 2. (al que mar-cha) faire ses adieux. 3. (a un criado) renvoyer. 4. (a un obrero) licencier. 5. (lanzar) jeter, lancer. 6. (un olor) dégager, exhaler, répandre. ■ pr se dire au revoir, se quitter, prendre congé: nos despe-dimos en el andén, nous nous som-mes quittés, dit au revoir sur le quai. ■ despedirse a la francesa, filer à l'anglaise.

despegar t 1. décoller. 2. no ~ los labios, ne pas desserrer les dents. ■ i (avión) décoller. ■ pr se détacher. **-ue** m décollage.

despeinar t décoiffer, dépeigner.

despejar t 1. dégager. ■ ¡despejen!, déguerpissez! 2. déblayer. ■ pr (cielo) se dégager. **-ado, a** a 1. cielo ~, ciel dégagé. 2. frente despejada, front dégagé. 3. (listo) éveillé, e.

despellejar t écorcher.

despensa f garde-manger m.

despeñ/ar t précipiter. **-adero** m précipice.

desperdici/ar t gaspiller, perdre. **-o** m 1. gaspillage. 2. (residuo) déchet, reste.

desperdigar t disperser. ■ pr se disperser.

desperezarse pr s'étirer.

desperfecto m 1. (deterioro) dommage, dégât. 2. défaut.

despert/ar° t 1. réveiller. 2. (provocar) éveiller. ■ pr me desperté a las seis, je me suis réveillé à six heures. ■ m éveil. **-ador** m réveil.

despiadado, a a impitoyable.

despido m 1. renvoi. 2. (de asalariados) licenciement.

despierto, a a 1. réveillé, e. 2. FIG (vivo) éveillé, e.

despilfarr/ar t gaspiller. **-o** m gaspillage.

despist/ar t dérouter, désorienter. **-ado, a** a/s estar ~, être complètement perdu, paumé; **un ~,** un ahuri. **-e** m distraction f.

desplante m impertinence f, insolence f.

desplaz/ar t déplacer. **-amiento** m déplacement.

despl/egar° t 1. (bandera, tropas) déployer. 2. (papel) déplier. **-iegue** m déploiement.

desplomarse pr s'écrouler, s'effondrer.

desplumar t plumer.

despobl/ar° t dépeupler. **-ación** f dépeuplement m. **-ado** m lieu désert. | **en ~,** en rase campagne.

despoj/ar t dépouiller. **-os** m pl 1. (de animales) abats. 2. (cadáver) dépouille f sing mortelle.

desportillar t ébrécher.

despos/ar t marier. **-ado, a** s jeune marié, e.

desposeer t déposséder.

desposorios m pl mariage sing.

déspota m despote.

desp/ótico, a a despotique. **-otismo** m despotisme.

despotricar i parler à tort et à travers, déblatérer.

despreci/ar t mépriser. **-able** a méprisable. **-ativo, a** a méprisant, e. **-o** m mépris.

desprend/er t détacher. ■ pr 1. se défaire. 2. (olor) se dégager. 3. (deducirse) se dégager, ressortir, découler: de nuestro análisis, se desprende que..., il se dégage de notre analyse que... **-ido, a** a généreux, euse. **-imiento** m 1. (de gases, etc.) dégagement. 2. (de tierras) éboulement. 3. (generosidad) désintéressement.

despreocup/ación f insouciance. **-ado, a** a insouciant, e.

desprestigi/ar t discréditer, dénigrer. **-o** m dénigrement.

desprevenido, a a coger ~, prendre au dépourvu.

desproporci/ón f disproportion. **-onado, a** a disproportionné, e.

desprovisto, a a dépourvu, e, démuni, e.

después adv 1. après. | ~ de las diez, après dix heures; ~ de todo, après tout; **un año ~,** un an plus tard. 2. (a continuación) ensuite.

despuntar i 1. (sobresalir) briller, se distinguer. 2. (el día) poindre, commencer à se lever.

desquiciar t FIG bouleverser, ébranler.

desquit/ar t dédommager. ■ pr 1. se rattraper. 2. (vengarse) prendre sa revanche. **-e** m revanche f.

desironar t éteindre.

destacado, a a remarquable, marquant, e.

destacamento m détachement.

destacar t faire ressortir, souligner, mettre en relief; el informe destaca que..., le rapport fait ressortir que... ■ i/pr 1. se détacher. 2. se distinguer.

destajo m a ~, à forfait.

destapar t 1. découvrir. 2. (botella) déboucher. ■ pr se découvrir.

destartalado, a a 1. délabré, e. 2. disproportionné, e.

destellar i scintiller, étinceler. **-o** m 1. scintillement. 2. (chispa) éclair.

destemplado, a a 1. discordant, e. 2. désagréable. 3. légèrement fiévreux, euse.

desteñirse° pr déteindre: esta tela se ha desteñido, cette étoffe a déteint.

desternillarse pr ~ de risa, se tordre de rire.

desterrar° t exiler, bannir.

desterro m exil.

destetar t sevrer.

destiempo (a) loc adv à contretemps.

destierro m exil.

destilar t 1. distiller. 2. secréter. **-ación** f distillation. **-ería** f distillerie.

destinar t destiner: **-atario, a** s destinataire. **-o** m 1. (hado) destin, destinée f. 2. destination: con ~ a, à destination de; llegar a su ~, arriver à destination. 3. (empleo) place f, affectation, emploi.

destituir° t destituer.

destornillar t dévisser. **-ador** m tournevis.

destreza f 1. dextérité. 2. adresse.

destripar t éventrer.

destronar t détrôner.

destrozar t 1. déchirer, mettre en pièces. 2. (estropear) abîmer. 3. FIG briser. **-o** m dégât.

destrucción f destruction. **-tor, -tora** a/s destructeur, trice.

destruir° t détruire: la tormenta destruyó las cosechas, l'orage a détruit les récoltes.

desunir t 1. désunir. 2. diviser.

desusado, a a 1. (anticuado) désuet, ète. 2. (raro) inusité, e.

desuso m caer en ~, tomber en désuétude.

desvaído, a a pâle, terne.

desvalido, a a/s déshérité, e.

desvalijar t dévaliser.

desvalorizar t 1. dévaloriser. 2. (moneda) dévaluer.

desván m grenier.

desvanecerse° pr s'évanouir. **-imiento** m évanouissement.

desvariar t délirer, divaguer. **-ío** m 1. délire, absurdité. 2. (de la chasse, péché).

desvelarse pr ~ por, se donner du mal pour. **-o** m 1. souci, préoccupation f. 2. effort, peine f.

desvencijar t démantibuler, déglinguer.

desventaja f désavantage m. **-oso, a** a désavantageux, euse.

desventura f malheur m. **-ado, a** a malheureux, euse.

desvergonzado, a a effronté, e. **-güenza** f effronterie.

desviar t 1. dévier. 2. détourner. ■ pr s'écarter. **-iación** f déviation. **-ío** m déviation f.

desvirtuar t dénaturer.

desvivirse pr se mettre en quatre: se desvive por sus hijos, elle se met en quatre pour ses enfants.

detall/ar t détailler. **-e** m 1. détail: con detalles, con todo ~, en détail. 2. FIG (delicadeza) attention f. **-ista** m détaillant.

detective m détective.

detención f 1. (parada) arrêt m. 2. (dilación) retard m. 3. attention. 4. (prisión) détention provisoire.

detener° t arrêter. ■ pr me detuve en el café, je me suis arrêté au café.

detenid/o, a a minutieux, euse. ■ a/s (preso) détenu, e. **-amente** adv minutieusement.

detenimiento m soin, attention f.

detergente a/m détergent, e. ■ m (para la ropa) lessive f.

deterior/ar t détériorer. ■ pr se détériorer. **-o** m détérioration f.

determin/ar t 1. déterminer. 2. causer, occasionner. **-ación** f détermination.

detest/ar t détester. **-able** a détestable.

deton/ar i détoner. **-ación** f détonation. **-ador** m détonateur. **-ante** a détonant, e.

detrás adv 1. derrière. 2. ~ de, derrière: ~ de los visillos, derrière les rideaux.

detrimento m en ~ de, au détriment de.

detrito, detritus m détritus.

deud/a f 1. dette. 2. perdónanos nuestras deudas, pardonne-nous nos offenses. **-or, a** a/s débiteur, trice.

devalu/ar t dévaluer. **-ación** f dévaluation.

devanar t dévider. ■ devanarse los sesos, se creuser la cervelle.

devast/ar t dévaster. **-ación** f dévastation.

devengar t 1. toucher. 2. (intereses) rapporter.

devoci/ón f dévotion. **-onario** m missel, paroissien.

devol/ver° t 1. rendre: me ha devuelto mi libro, il m'a rendu mon livre. 2. (carta, etc.) retourner. 3. (dinero) rembourser. 4. (vomitar) rendre. **-ución** f 1. restitution. 2. remboursement m.

devorar t dévorer.

devot/o, a a/s dévot, e. ■ a 1. pieux, euse. 2. su ~ amigo, votre tout dévoué. **-ería** f bigoterie.

devuelto ⇒ **devolver**.

día m 1. jour: es de ~, il fait jour. | ~ a ~, jour après jour; buenos días, bonjour; el ~ de mañana, plus tard; un buen ~, un beau jour; estar al ~, être à la page; vivir al ~, vivre au jour le jour. 2. journée f: todo el ~, toute la journée. | hace buen, mal ~, il fait beau, mauvais. 3. fête f: el ~ de la Madre, la fête des Mères.

diab/etes f diabète m. **-ético, a** a diabétique.

diab/lo m diable. | ¡qué diablos!, que diable! **-lillo** m diablotin. **-lura** f espièglerie. **-ólico, a** a diabolique.

diácono m diacre.

diadema f diadème m.

diafragma m diaphragme.

diagnóstico m diagnostic.

diagonal f diagonale.

diagrama m diagramme.

dialectal a dialectal, e.

dialéctico, a a/f dialectique.

dialecto m dialecte.

dialogar i dialoguer.

diálogo m dialogue.

diamante m diamant.

diámetro m diamètre.

Diana n p f Diane.

diana f 1. MIL diane. 2. mouche: hacer ~, faire mouche.

diapasón m diapason.

diapositiva f diapositive.

diario/a, a a quotidien, enne, journalier, ère ; a ~, (tous les jours, chaque jour; journellement) ; de ~, cinq minutes par jour; de ~, tous les jours ■ m journal. **-amente** adv quotidiennement, journellement.

diarrea f diarrhée.

dibujar/ar t dessiner. **-ante** s dessinateur, trice. **-o** m dessin.

dicción f diction.

diccionario m dictionnaire.

dice, etc. ⇒ **decir.**

dicha f bonheur m.

dicharacho/a m grossièreté f. **-ero, a** a/s blagueur, euse.

dicho, a p p de **decir** dit, e. | ~ y hecho, aussitôt dit, aussitôt fait; lo ~, ce qui est dit, est dit; mejor ~, ou plutôt; a dem ce, cette ■ m 1. mot, propos. 2. (refrán) dicton.

dichoso, a a heureux, euse.

diciembre m décembre; 2 de ~, 2 décembre.

dictado m 1. dictée f. 2. ■ pl préceptes.

dictador/a m dictateur. **-ura** f dictature.

dictamen m 1. (informe) rapport. 2. (opinión) avis. **-inar** i faire son rapport, se prononcer, donner son avis. ■ t établir, édicter.

dictar t 1. dicter. 2. (ley) établir.

didáctico, a a didactique.

diecinueve a/m dix-neuf. | siglo ~, dix-neuvième siècle.

dieciocho a/m dix-huit. | siglo ~, dix-huitième siècle.

dieciséis a/m seize. | siglo ~, seizième siècle.

diecisiete a/m dix-sept. | siglo ~, dix-septième siècle.

Diego n p m Jacques.

diente f 1. dent f. 2. ~ de ajo, gousse d'ail. 3. ~ de león, pissenlit.

diera, diese ⇒ **dar.**

diéresis f tréma m.

diestro, a a 1. droit, e. 2. habile, adroit, e. ■ f main droite. ■ m matador.

dieta f diète, régime m: estar a ~, être à la diète, au régime; ~ equilibrada, régime équilibré. ■ pl indemnités.

dietario m agenda.

dietético, a a/f diététique.

diez a/m dix: el ~ de marzo, le dix mars; son las ~, il est dix heures.

diezmar/ar t décimer.

difamar/ar t diffamer. **-ación** f diffamation.

diferencia f 1. différence: a ~ de, à la différence de. 2. (desacuerdo) différend.

diferenciar t différencier. **-mente** adv différemment.

diferente a différent, e. **-mente** adv différemment.

diferir t/i différer. | en diferido, en différé.

difícil a difficile. | ~ de hacer, difficile à faire.

dificultad f difficulté. | poner dificultades, faire des difficultés. **-ar** t 1. rendre difficile. 2. gêner. **-oso, a** a difficile.

difteria f diphtérie.

difuminar t estomper.

difundir t 1. diffuser. 2. (noticia) répandre.

difunto, a a/s défunt, e.

difusión f diffusion.

diga, etc. ⇒ **decir**.

digerir t digérer; **-ible** a digestible.

digestión f digestion; **-ivo, a** a/m digestif, ive.

digital adj digitale; ■ a INFORM numérique; **-izar** t numériser.

dignarse pr daigner; se dignó por fin a escucharme, il a enfin daigné m'écouter.

dignatario m dignitaire.

digno/a a digne, **-idad** f dignité.

digo ⇒ **decir**.

digresión f digression.

'**dije** m breloque f.

'**dije, díjiste**, etc. ⇒ **decir**.

dilación f retard m.

dilapidar t dilapider.

dilatación f dilatation.

dilatado, a a vaste, étendu, e.

dilatar t 1. dilater. 2. (diferir) retarder. ■ pr 1. se dilater. 2. s'étendre.

dilema m dilemme.

diletante s dilettante.

diligencia f 1. diligence. 2. (gestion) démarche.

diligente a diligent, e.

diluir t diluer.

diluvio m déluge.

dimanar i émaner.

dimensión f dimension.

diminutivo, a a/m diminutif, ive.

dimisión f démission.

dimitir t/i démissionner, se démettre; ha dimitido de su cargo, il s'est démis de ses fonctions, il a démissionné.

Dinamarca n p f Danemark m.

dinamarqués, esa a/s danois, e.

dinámico, a a dynamique.

dinamismo m dynamisme.

dinamita f dynamite.

dínamo f dynamo.

dinastía f dynastie.

dinero m argent; ~ suelto, monnaie f. **-al** f somme f folle, fortune f.

dinosaurio m dinosaure.

dintel m linteau.

diócesis f diocèse.

Dios n p m Dieu; ¡~ mío!, mon Dieu!; a ~ gracias, Dieu merci; a la buena de ~, au petit bonheur; como ~ manda, comme il faut; ¡por ~!, voyons!; ¡vaya por ~!, ça alors!; ¡bien! ⇒ pl los dioses paganos, les dieux païens.

diosa f déesse.

diploma m diplôme.

diplomacia f diplomatie. **-ático, a** a diplomatique. ■ m diplomate.

diptongo m diphtongue f.

diputado m député. ~ provincial, conseiller général.

dique m digue f. ~ seco, cale f sèche.

dirá, etc. ⇒ **decir**.

directivo, a a junta directiva, comité directeur. ■ m dirigeant, directeur. ■ f 1. (orden) directive 2. (junta) direction.

directo, a a/m direct, e. | retransmisión en ~, retransmission en direct.

directriz adj directrice. ■ pl las directrices del partido, les directives du parti.

dirigente a/s dirigeant, e.

dirigible m dirigeable.

dirigir t 1. diriger. 2. (la palabra, una carta) adresser. ■ pr 1. **dirigirse**

a la puerta, se dirige vers la porte. **2.** **me dirijo a usted,** je m'adresse à vous. **-ismo** m dirigisme.

discapacitado, -a a/s handicapé, e.

discernir i discerner. **-imiento** m discernement.

disciplin/a f discipline. **-ar** t discipliner.

discípulo, -a s **1.** disciple. **2.** (en un colegio) élève.

disco m disque: **~ compacto, duro,** disque compact, dur.

díscolo, -a a rebelle, turbulent, e.

disconforme a en désaccord.

discordancia f discorde.

discordante a discordant, e.

discordia f discorde.

discoteca f discothèque.

discreción f discrétion. **-cional** a **1.** facultatif, ive. **2.** (autocar) spécial.

discrepar i **1.** diverger. **2.** ne pas être du même avis. **-ante** a divergent, e.

discreto, -a a **1.** (reservado) discret, ète. **2.** judicieux, euse.

discriminación f discrimination.

disculp/a f excuse. **-ar** t excuser. | **le ruego me disculpe,** je vous prie de m'excuser, je vous fais mes excuses. ■ pr **1.** **disculparse con alguien,** s'excuser auprès de quelqu'un. **2.** (justificarse) se disculper.

discurrir i **1.** (andar) aller. **2.** (un líquido) couler. **3.** (el tiempo) s'écouler. **4.** (una acción) se passer. **5.** (pensar) réfléchir, penser.

discurso m discours.

discusión f discussion.

discut/ir t/i discuter. | **1.** **~ un precio,** débattre un prix. **2.** contredire. **-ible** a contestable.

disecar t **1.** disséquer. **2.** (conservar un animal muerto) empailler.

disemin/ar t disséminer. **-ación** f dissémination.

disensión f dissension.

disentería f dysenterie.

disentimiento m dissentiment.

disentir i dissentir.

diseñ/ador, -a s **1.** (industrial) designer. **2.** (de modas) styliste.

diseño m **1.** dessin, esquisse f. **2.** création f. **3.** (industrial) design.

disert/ar i disserter. **-ación** f **1.** dissertation. **2.** exposé m.

disfraz m déguisement. | **baile de disfraces,** bal masqué, costumé. **-ar** t déguiser.

disfrutar t/i **1.** **~ del fresco del atardecer,** jouir de, profiter de la fraîcheur du soir; **~ de buena salud,** jouir d'une bonne santé. **2.** **~ una beca,** bénéficier d'une bourse. ■ i s'amuser, bien profiter. **-e** m jouissance f.

disfunción f dysfonctionnement m.

disgust/ar t **1.** déplaire: **tu conducta me disgusta,** ta conduite me déplaît. **2.** (enojar) fâcher. ■ pr se fâcher. **-ado, -a** a **1.** **estar ~ con alguien,** être fâché avec quelqu'un. **2.** (pesaroso) contrarié, e. **-o** m **1.** ennui, désagrément; **dar disgustos,** causer des ennuis. **2.** contrariété f. **3.** (pesadumbre) chagrin. **4.** **sentirse a ~,** se sentir mal à l'aise. **5.** (disputa) dispute.

disidente a/s dissident, e.

disimul/ar t dissimuler. **-ación** f dissimulation. **-o** m dissimulation f.

disip/ar t dissiper. **-ación** f dissipation.

dislate m absurdité f, sottise f.

disloca/r t disloquer. ■ pr se déboîter, se démettre: **se ha dislocado el**

hombro, il s'est déboîté l'épaule.
-ación f dislocation.
disminuir t/i diminuer. **-ción** f
diminution.
disociar t dissocier.
disolución f dissolution.
disoluto, a a dissolu, e.
disolvente a/m dissolvant, e.
disolver t dissoudre. **-ente** a/m
dissolvant, e.
disonancia f dissonance.
disparar t 1. ~ a alguien, tirer sur
quelqu'un. 2. (flecha) décocher. 3.
(mecanismo) déclencher. ■ i faire
feu. | salir disparado, partir comme
une flèche. ● pr (precios) s'envoler,
monter en flèche. **-ador** m 1. (de un
arma) détente f. 2. (de una máquina
fotográfica) déclencheur.
disparate m bêtise f, sottise f. **-a-
do, a** a absurde. **-ar** i déraisonner.
disparo m 1. coup de feu. 2.
déclenchement. 3. (fútbol) shoot,
tir. 4. (de los precios) flambée f.
dispensa f dispense.
dispensar t 1. dispenser. 2. (otorgar) accorder. 3. excuser, pardonner: dispense usted, excusez-moi,
pardon.
dispensario m dispensaire.
dispersar t disperser. **-ión** f dis-
persion.
displicencia f 1. manque m d'enthousiasme. 2. (en el trato) froideur.
-te a grognon, onne.
disponer t/i disposer. ■ disponerse
a, para marchar, se disposer, s'apprêter à partir.
disponible a disponible. **-bilidad**
f disponibilité.
disposición f disposition. | ~ de
ánimo, état m d'esprit.
dispositivo m dispositif.

dispuesto, a a 1. disposé, e. 2.
prêt, e: ¿está todo ~?, tout est
prêt?; ~ a, para salir, prêt à partir.
disputar t/i disputer. ● a dispute
f.
disquete m disquette f.
distancia f distance. **-ciar** t éloigner. **-te** a distant, e.
distar i 1. être éloigné, e. 2. FIG ~
de, être loin de.
distender t distendre. ● pr (relajarse) se détendre. **-ción** f, distensión f.
distinción f distinction.
distinguir t 1. distinguer. 2. décorer. ● pr se distinguer. **-ido, a** a
distingué.
distintivo, a a distinctif, ive. ■ m
insigne, signe distinctif.
distinto, a a 1. distinct, e. 2. différent, e: ~ a, différent, e de.
distraer t 1. distraire. 2. pr se distraire. **-ción** f distraction. **-ído, a** a
distrait, e.
distribuir t distribuer. **-ción** f distribution. **-idor** m distributeur.
distrito m district, circonscription
f.
disturbio m trouble.
disuadir t dissuader. **-sión** f dis-
suasion.
disuelto, a a dissous, oute.
disyuntiva f alternative.
DIU m (dispositivo intrauterino) stérilet.
diurno, a a diurne.
divagación f divagation.
diván m divan.
divergir i diverger. **-encia** f diver-
gence. **-ente** a divergent, e.
diversidad f diversité.
diversificar t diversifier.
diversión f 1. distraction, divertis-
sement m. 2. MIL diversion.

diverso, a *a* divers, e. ■ *pl* plusieurs, divers, e.

divert/ir° *t (entretener)* amuser, divertir. ■ *pr* **nos hemos divertido mucho,** nous nous sommes bien amusés. **-ido, a** *a* amusant, e, drôle.

divid/ir *t* 1. diviser. 2. partager: **las opiniones están divididas,** les avis sont partagés. **-endo** *m* dividende.

divieso *m* furoncle.

divin/o, a *a* divin, e. **-idad** *f* divinité.

divisa *f* 1. *(moneda, lema)* devise. 2. *(señal)* insigne *m*.

divisar *t* distinguer, apercevoir.

división *f* division.

divisor *m* diviseur.

divorci/o *m* divorce. **-arse** *pr* divorcer: **se han divorciado,** ils ont divorcé.

divulgar *t* divulguer.

DNI ⇒ **documento.**

do *m* MÚS do.

dobladillo *m* ourlet.

dobladura *f* pli *m*.

doblaje *m* doublage.

doblar *t* 1. plier: **~ el mantel, la rodilla,** plier la nappe, le genou. 2. replier. 3. **~ la esquina,** tourner au coin de la rue. 4. *(duplicar)* doubler. 5. *(película cinematográfica, actor)* doubler. ■ **i ~ a muerto,** sonner le glas. ■ *pr* plier, se courber.

doble *a* double. | **~ de alto, ancho que...,** deux fois plus haut, large que... ■ *m* 1. double. 2. *(actor)* doublure *f*.

doblegar *t* plier, soumettre.

doblez *m* 1. pli. 2. FIG duplicité *f*.

doce *a/m* douze. | **son las ~,** il est midi; **las ~ de la noche,** minuit. **-na** *f* douzaine: **media ~,** demi-douzaine.

docente *a/s* enseignant, e: **personal ~,** corps enseignant.

dócil *a* docile.

docilidad *f* docilité.

doctor *m* docteur. **-a** *f* docteur *m*, doctoresse. **-ado** *m* doctorat.

doctrina *f* 1. doctrine. 2. catéchisme *m*.

documentación *f* 1. documentation. 2. **~ personal,** papiers *m pl* d'identité; **¡la ~!,** vos papiers!

documental *a/m* documentaire.

documentar *t* documenter.

documento *m* 1. document. 2. **~ Nacional de Identidad, DNI,** carte *f* d'identité.

dogm/a *m* dogme. **-ático, a** *a* dogmatique.

dogo *m* dogue.

dólar *m* dollar.

dolencia *f* maladie, infirmité.

dol/er *i* 1. avoir mal, faire mal: **me duele la cabeza,** j'ai mal à la tête; **todavía me duele el esguince,** mon entorse me fait encore mal. 2. **duele verle así,** ça fait de la peine, c'est triste de le voir dans cet état. 3. *(sentir)* regretter: **ahora me duele haberle dicho que no,** je regrette maintenant de lui avoir dit non. ■ *pr* se plaindre. **-ido, a** *a* peiné, e, chagriné, e. **-iente** *a* souffrant, e.

dolor *m* 1. douleur *f*: **calmar el ~,** calmer la douleur. | **~ de costado,** point de côté. 2. mal: **sentir ~,** avoir mal; **~ de cabeza,** mal de tête; **tener ~ de muelas,** avoir mal aux dents. **-ido, a** *a* endolori, e. **-oso, a** *a* douloureux, euse.

dom/ar *t* 1. dompter. 2. dresser. **-a** *f* 1. domptage *m*. 2. dressage *m*. **-ador, a** *s* dompteur, euse.

domesticar *t* apprivoiser.

doméstico, a *a/s* domestique.

domicilio m domicile. **-ado, a** a domicilié, e. **-ario, a** a a domicile.

dominar t 1. dominer. 2. (un incendio, etc.) maîtriser. **-ador, a** a/s dominateur, trice. **-ante** a/s dominant, e.

domingo m dimanche. ~ de Resurrección, dimanche de Pâques.

Domingo, a n p Dominique.

dominical a dominical, e.

dominicano, a a/s dominicain, e.

dominico, a a/s dominicain, e.

dominio m 1. domaine: ~ público, domaine public. 2. (de si mismo) maîtrise. 3. (de un idioma) maîtrise. | ~ del inglés, parfaite connaissance, maîtrise de l'anglais.

dominó m domino.

don¹ m 1. (devant le prénom) ~ Pedro López, monsieur Pierre López.

don² m don: ~ para las lenguas, don pour les langues. | ~ de gentes, entregent.

donación f donation, don.

donaire m 1. grâce, aisance. 2. (chiste) mot d'esprit.

donante s 1. donateur, trice. 2. ~ de sangre, donneur de sang.

donar t faire don de. **-ativo** m don.

doncella f 1. demoiselle. 2. (criada) femme de chambre.

donde adv 1. où: la casa ~ vive, la maison où il habite; ¿dónde está el comedor?, où est la salle à manger? | ~ sea, n'importe où; ¿a dónde vas?, où vas-tu? 3. voy ~ mi tío, je vais chez mon oncle. **-quiera** adv n'importe où.

donoso, a a drôle, spirituel, elle.

donostiarra a/s de Saint-Sébastien.

doña f madame.

dopar t doper. ■ pr se doper. **-aje** m dopage.

dorada f daurade.

dorar t dorer. **-ado, a** a doré, e. ■ doture f.

dormir i 1. dormir: el niño duerme, l'enfant dort; ¿has dormido bien?, as-tu bien dormi? 2. coucher: ~ al raso, coucher à la belle étoile. ■ t endormir. | ~ la siesta, faire la sieste. ■ pr me he dormido, je me suis endormi. **-ido, a** a endormi, e. **-ilón, ona** a/s dormeur, euse. **-itar** i somnoler. **-itorio** m 1. chambre f à coucher. 2. (común) dortoir.

dorso/o m 1. dos. 2. (de una página) verso. **-al** a dorsal, e. ■ m (de deportista) dossard.

dos a/m deux. | son las ~, il est deux heures; en un ~ por tres, en moins de deux. **-cientos, as** a/m deux cents.

dosel m dais.

dosis f dose. **-ificar** t doser.

dotación f 1. (tripulación) équipage m. 2. (de una oficina, etc.) personnel m. 3. rétribution.

dotar t 1. doter. 2. (de una cualidad) douer: dotado de imaginación, doué d'imagination. 3. (proveer) equipar, doter: barco dotado de un radar potente, bateau équipé d'un radar puissant.

dote m/f dot f. ■ f pl (aptitudes) dons m.

doy ⇒ **dar**.

dozavo, a a/m douzième.

draga f drague. **-ar** t draguer.

drama m drame. **-ático, a** a dramatique. **-atizar** t dramatiser. **-aturgo** m dramaturge.

dril m coutil.

droga f drogue. **-adicto, a** s drogué, e, toxicomane. **-arse** pr se droguer. **-odependencia** f toxicomanie. **-ota** s FAM toxico.

droguería f droguerie.

dromedario m dromadaire.

ducado m (territorio) duché.

ducha f douche: darse una ~, prendre une douche. **-arse** pr se doucher.

ducho, a a expert, e.

dudar i 1. douter: no dudo de ello, je n'en doute pas. 2. se demander: dudo si tomaré el avión, je me demande si je prendrai l'avion. 3. hésiter: no duden en consultarnos, n'hésitez pas à nous consulter. □ t douter de: lo dudo, j'en doute. **-a** f doute m: no cabe ~, no hay ~, il n'y a pas de doute; sin ~, sans doute; sin ~ alguna, sans aucun doute. | para salir de dudas, pour en avoir le cœur net. **-oso, a** a 1. douteux, euse. 2. (vacilante) hésitant, e.

duelo ⇒ **doler**.

¹**duelo** m (combate) duel.

²**duelo** m (luto) deuil.

duende m lutin.

dueño, a s 1. maître, esse. | ser ~ de sí mismo, être maître de soi. 2. proprietaire, patron: el ~ del restaurante, le patron du restaurant.

duerma, etc. ⇒ **dormir**.

duermevela f demi-sommeil m.

dulce a 1. doux, douce, e. 2. sucré, e. □ m confiture f, pâté. □ m pl sucreries f.

dulcificar t adoucir.

dulzón, ona a douceâtre.

dulzor m, **dulzura** f douceur f.

duna f dune.

duodécimo, a a/s douzième.

dúplex m duplex.

duplicar t doubler. □ pr doubler. **-ado** m duplicata. | **por** ~, en double.

duque, esa s duc, duchesse.

duración f durée.

duradero, a a durable.

durante prep/adv pendant, durant.

durar i durer.

durazno m (melocotón) pêche f.

dureza f dureté.

durmiente, e a (de ferrocarril) traverse f.

duro, a a dur, e. | ser ~ de oído, être dur d'oreille. □ m (= 5 pesetas) douro. □ adv fort, dur: **pegar** ~, frapper fort.

E

e [e] f e m: **una ~, un e.** ■ conj (devant i ou hi) et: **madre ~ hija,** mère et fille.

¡ea! interj allons!

ebanista m ébéniste.

ébano m ébène f.

ebrio/a, a ivre. **-edad** f ébriété.

Ebro n p m Èbre.

ebullición f ébullition.

eccema m eczéma.

echar t **1.** (arrojar) jeter. **2. ~ vino en un vaso,** verser du vin dans un verre. **3.** (expulsar) chasser. **4.** (despedir) congédier. **5.** (el cerrojo) tirer, pousser. **6.** faire: **~ una partida de damas,** faire une partie de dames. **7** (poner) mettre: **8 ~ a,** se mettre à. **9 ~ abajo,** démolir. ■ pr **1.** se jeter. **2.** (acostarse) s'allonger, s'étendre. **3.** echarse a, se mettre à: se echó a llorar, elle se mit à pleurer.

echarpe m écharpe f.

eclesiástico, a a/m ecclésiastique.

eclipse m éclipse f. **-ar** t éclipser.

eco m écho.

ecografía f échographie.

ecología f écologie. **-ógico, a** a écologique. **-ogista** a/s écologiste.

economía f économie. **-ómico, a** a 1. économique. 2. (que gasta poco) économe. **-omista** t économiste. **-omizar** t économiser.

económo m économe.

ecuación f équation.

ecuador m équateur. **-torial, -torial, a** équatorial, e. **-toriano, e** a/s équatorien, enne.

ecuestre a équestre.

ecuménico, a a œcuménique.

eczema m eczéma.

edad f âge m: **niño en ~ escolar,** enfant d'âge scolaire; **de poca ~,** en bas âge; **la tercera ~,** le troisième âge; **la Edad Media,** le Moyen Âge. | **un hombre de ~,** un homme âgé; **de 70 años de ~,** âgé de 70 ans.

edema m œdème.

edición f édition.

edicto m édit.

edificar t **1.** bâtir, édifier. **2.** fig édifier. **-ación** f édification. **-io** m édifice, bâtiment.

Edimburgo n p Édimbourg.

editar t éditer. **-or, -a** s éditeur, trice. **-orial** m éditorial. f maison d'édition.

edredón m édredon.

educar t **1.** éduquer. **2.** élever: **bien, mal educado,** bien, mal élevé. **-ación** f éducation. **-ador, a** s éducateur, trice. **-ando, a** s élève. **-ativo, a** a éducatif, ive.

efectivo, a a/m effectif, ive. | **pagar en ~,** payer en espèces.

efecto m effet. | **en ~,** en effet; **causar ~,** faire de l'effet; **surtir ~,** produire son effet; (entrar en vigor) prendre effet.

efectuar t effectuer.

efervescente a effervescent, e. **-cia** f effervescence.

eficaz a efficace. **-acia** f efficacité. **-iente** a efficace.

efigie f effigie.

efímero, a a éphémère.

efusión f effusion.

egipcio, a a/s égyptien, enne.

Egipto n p m Égypte f.

egoís/ta a/s égoïste. **-mo** m égoïsme.

egregio, a a illustre.

egresar i AMER sortir (d'une école, etc.).

¡eh! interj eh! | ¿eh?, hein?

eje m 1. axe. 2. (que une las ruedas) essieu.

ejecución f exécution.

ejecut/ar t exécuter. **-ante** s exécutant, e. **-ivo, a** a/m exécutif, ive. ■ s cadre supérieur. ■ f direction.

ejemplar a/m exemplaire.

ejemplo m exemple: **por ~,** par exemple.

ejerc/er t exercer. **-icio** m exercice. **-itarse** pr ~ en, s'exercer à.

ejército m armée f.

ejote m AMER haricot vert.

'el art le, l': ~ **tren,** le train; ~ **avión,** l'avion. | ~ **de,** celui de; ~ **que,** celui que, qui (el se traduit souvent par le possessif: **se quitó ~ abrigo,** il ôta son manteau).

'él pron pers 1. il. 2. lui: **iré con ~,** j'irai avec lui; **según ~,** d'après lui; **es ~,** c'est lui.

elabor/ar t élaborer. **-ación** f élaboration.

elasticidad f élasticité.

elástico, a a/m élastique.

elección f 1. (votación) élection. 2. choix m: **a ~,** au choix.

elector, a s électeur, trice. **-al** a électoral, e.

electric/idad f électricité. **-ista** m électricien.

eléctrico, a a électrique.

electrificar t électrifier.

electrizar t électriser.

electrocardiograma m électro-cardiogramme.

electrocu/tar t électrocuter. **-ción** f électrocution.

electrodo m électrode f.

electrodoméstico m appareil électroménager.

electrófono m électrophone.

electroimán m électroaimant.

electrón m électron. **-ico, a** a/f électronique.

elefante m éléphant.

elegan/te a/s élégant, e. **-temente** adv élégamment. **-cia** f élégance.

elegia f élégie.

eleg/ir° t 1. élire: **el presidente ha sido elegido,** le président a été élu. 2. (escoger) choisir. | **a ~,** au choix. **-ible** a éligible.

element/o m élément. **-al** a élémentaire.

Elena n p f Hélène.

elenco m (de actores) troupe f.

elev/ar t élever. **-ación** f élévation. **-ador, a** a élévateur, trice.

elimin/ar t éliminer. **-ación** f élimination. **-atorio, a** a/f éliminatoire.

elipse f ellipse.

elipsis f ellipse.

Elíseo m Élysée.

élite f élite.

ella, as pron pers elle, elles.

ello pron pers 1. cela, ça. 2. **de ~,** en: **estoy seguro de ~,** j'en suis sûr. 3. **en ~,** y: **no pienses más en ~,** n'y pense plus. 4. **por ~,** c'est pourquoi.

ellos pron pers 1. ils. 2. eux: ~ **mismos,** eux-mêmes.

elocuen/te a/s éloquent, e. **-cia** f éloquence.

elogi/o m éloge. **-ar** t faire l'éloge de. **-oso, a** a élogieux, euse.

elucidar t élucider.

eludir t éluder.

emanar i émaner.

emancip/ar t émanciper. **-ación** f émancipation.

embadurnar t barbouiller.

embajad/a f ambassade. **-or, a** s ambassadeur, drice.

embal/ar t emballer. **-aje** m emballage.

embaldosar t daller, carreler.

embalsamar t embaumer.

embalse m barrage, retenue f d'eau.

embaraz/ar t embarrasser. **-ada** a (mujer) enceinte: **quedarse ~,** tomber enceinte. **-o** m (de la mujer) grossesse f. **-oso, a** a embarrassant, e.

embarcación f embarcation.

embarc/ar t embarquer. ■ pr s'embarquer. **-adero** m embarcadère. **-o** m embarquement.

embarg/ar t saisir. **-o** m 1. saisie f. 2. MAR embargo. 3. **sin ~,** cependant, néanmoins.

embarque m embarquement.

embarrado, a a boueux, euse.

embarrancar i (barco) échouer. ■ pr s'embourber.

embarullar t FAM embrouiller.

embate m assaut.

embaucar t 1. (engañar) leurrer. 2. (seducir) enjôler.

embeber t 1. absorber. 2. imbiber. ■ pr 1. (tela) rétrécir. 2. FIG s'imprégner. 3. (enfrascarse) se plonger.

embelesar t ravir, charmer.

embellec/er° t embellir. **-imiento** m embellissement.

embest/ir° f ~ a, contra, se jeter sur. **-ida** f attaque.

emblema m emblème.

embobado, a a ébahi, e.

emboc/ar t ~ una calle, s'engager dans une rue. **-adura** f 1. embouchure. 2. devant m de la scène.

embolia f embolie.

émbolo m piston.

embolsarse pr empocher.

emborrachar t enivrer. ■ pr se soûler.

emborronar t barbouiller, gribouiller.

emboscada f embuscade, guetapens m.

embotar t émousser.

embotell/ar t 1. ~ vino, mettre du vin en bouteilles. 2. (una calle) embouteiller. **-ado** m mise f en bouteilles. **-amiento** m embouteillage.

embozarse pr se couvrir le bas du visage.

embra/gar t/i embrayer. **-gue** m embrayage.

embravecer° t rendre furieux, euse.

embria/gar t enivrer. **-guez** f ivresse.

embrión m embryon.

embroll/o m imbroglio. **-ar** t embrouiller.

embrujar t ensorceler.

embrutec/er° t abrutir. **-imiento** m abrutissement.

embuchado m charcuterie f.

embudo m entonnoir.

embust/e m mensonge. **-ero, a** s menteur, euse.

embut/ir t 1. (rellenar) bourrer. 2. (una chapa de metal) emboutir. **-ido** m (embuchado) charcuterie f.

emerg/er i émerger. **-encia** f urgence: **en caso de ~,** en cas d'urgence. | **salida de ~,** sortie de secours.

emigr/ar i émigrer. **-ación** f émigration. **-ado, a** s émigré, e. **-ante** s émigrant, e.

eminen/te a éminent, e. **-cia** f éminence.

emir m émir. **-ato** m émirat.

emisario m émissaire.

emisor, a a émetteur, trice. ■ f station émettrice, émetteur m.

emitir t émettre: **el banco ha emitido nuevos billetes,** la banque a émis de nouveaux billets.

emo/ción f émotion. **-cionante** a émouvant, e. **-cionar** t émouvoir. ■ pr être ému, e. **-tivo, a** a 1. (sensible) émotif, ive. 2. (emocionante) émouvant, e.

empacar t emballer.

empacho m indigestion f.

empadron/ar t recenser. **-amiento** m recensement.

empalag/ar t écœurer. **-oso, a** a 1. écœurant, e. 2. (persona) collant, e.

empalizada f palissade.

empalm/ar i 1. (trenes, autobuses) correspondre. 2. (carreteras) s'embrancher, se raccorder. **-e** m 1. correspondance f. 2. embranchement. 3. (entre cables, etc.) raccord.

empan/ar t paner. **-ada** f friand m.

empantanar t 1. inonder. 2. FIG **dejar empantanado,** laisser en plan.

empañar t 1. ternir. 2. (un cristal) embuer.

empapar t 1. absorber. 2. (mojar) tremper. | ~ **en agua,** imbiber d'eau.

empapelar t (las paredes) tapisser (avec un papier peint).

empaque m 1. (aspecto) allure f. 2. air guindé, raideur f.

empaquetar t empaqueter.

emparedado m sandwich.

emparejar t assortir. ■ i rattraper, rejoindre: **corrí para ~ con él,** je courus pour le rattraper.

emparentado, a a apparenté, e.

emparrado m treille f.

empast/ar t (una muela) plomber. **-e** m plombage.

empat/ar i 1. (deportes) égaliser. | **estar empatados,** être à égalité. 2. faire match nul. **-e** m 1. égalité f, match nul. | ~ **a uno,** un partout. 2. (votación) ballotage.

empedernido, a a endurci, e, invétéré, e.

empedr/ar° t 1. ~ **con adoquines,** paver. 2. empierrer. **-ado** m pavage.

empellón ⇒ empujón.

empeñ/ar t engager. ■ pr 1. s'endetter. 2. **empeñarse en,** s'obstiner à, s'acharner à, se mettre en tête de. **-o** m 1. (afán) ardeur f, empressement, acharnement. 2. vif désir. | **tener ~ en,** tenir à, avoir à cœur de.

empeor/ar i s'aggraver, empirer. | **el enfermo ha empeorado,** l'état du malade s'est aggravé. **-amiento** m aggravation f.

empequeñecer° t rapetisser.

empera/dor m empereur. **-triz** f impératrice.

emperrarse pr FAM ~ **en,** s'entêter à.

empezar° t/i commencer. | ~ **de nuevo, volver a ~,** recommencer.

empin/ar t dresser. ■ pr se dresser (sur la pointe des pieds). **-ado, a** a (cuesta) raide, en pente.

empírico, a a empirique.

emplasto m emplâtre.

emple/ar t employer: **no emplea esta palabra,** n'emploie pas ce mot. **-ado, a** s employé, e. **-o** m 1.

emploi: pleno ~, plein emploi. **2.** (*cargo*) emploi, situation *f.*

empobrec/er° *t* appauvrir. **-imiento** *m* appauvrissement.

empoll/ar *t* **1.** couver. **2.** FAM (*estudiar*) potasser, bûcher. **-ado, a** *a* está muy **~ en física**, il est très calé en physique. **-ón, ona** *a/s* bûcheur, euse.

emporio *m* AMER grand centre commercial.

empotrar *t* **1.** encastrer. | **armario empotrado**, armoire encastrée, placard. **2.** (*con cemento*) sceller.

emprend/er *t* entreprendre. | **~ la marcha**, prendre le départ. **-edor, a** *a* entreprenant, e.

empres/a *f* entreprise. **-ariado** *m* patronat. **-ario** *m* **1.** entrepreneur. **2.** chef d'entreprise. **3.** (*teatro*) imprésario.

empréstito *m* emprunt.

empuj/ar *t* pousser. **-e** *m* **1.** poussée *f.* **2.** FIG allant, énergie *f.* **-ón** *m* **1.** poussée *f.* **2.** coup. | **darse empujones**, se bousculer; **a empujones**, brutalement, par à-coups.

empuñ/ar *t* tenir: **el desconocido empuñaba una pistola**, l'inconnu tenait un pistolet. **-adura** *f* poignée.

emulación *f* émulation.

en *prep* **1.** dans: **~ la calle, el cajón**, dans la rue, le tiroir. **2.** en, à: **~ España**, en Espagne; **~ Barcelona**, à Barcelone; **~ el Brasil**, au Brésil. **3.** (*sobre*) sur: **~ la mesa, la acera**, sur la table, le trottoir. **4.** (*tiempo*) **~ 1900**, en 1900; **~ el siglo XX**, au xxᵉ siècle. | **~ una mañana triste de invierno**, par une triste matinée d'hiver. **5.** **~ que**, où: **el día ~ que yo me case**, le jour où je me marierai. **6.** (*modo*) **me contestó ~ catalán**, il

me répondit en catalan; **~ camisón**, en chemise de nuit. **7.** de: **aumentar, reducir ~ un 10%**, augmenter, réduire de 10%. **8.** (*entre*) chez: **~ los poetas**, chez les poètes. **9.** (*televisión*) **~ Canal +**, sur Canal +. **10.** (*+ gerundio*) **~ entrando**, dès qu'il fut entré, aussitôt entré.

enaguas *f pl* jupon *m sing.*

enajen/ar *t* **1.** rendre fou, folle. **2.** (*cautivar*) griser, charmer. **-ación** *f* aliénation.

enaltecer° *t* exalter.

enamor/ar *t* faire la cour. ■ **enamorarse de**, tomber amoureux, euse de, s'éprendre de. **-ado, a** *a/s* amoureux, euse. **-iscarse** *pr* s'enticher.

enano, a *a/s* nain, e.

enarbolar *t* arborer.

enardecer° *t* échauffer, enflammer, exciter.

encabez/ar *t* **1.** être en tête de. **2.** (*una lista*) ouvrir. **3.** prendre la tête de. **-amiento** *m* (*de una carta, etc.*) en-tête.

encabritarse *pr* se cabrer.

encaden/ar *t* enchaîner. **-amiento** *m* enchaînement.

encajar *t* **1.** emboîter. **2.** FAM (*asestar*) flanquer. ■ **i 1.** (*dentro de una cosa*) rentrer, s'emboîter. **2.** (*ser adecuado*) aller, convenir, cadrer.

encaj/e *m* dentelle *f.* **-era** *f* dentellière.

encajonado, a *a* encaissé, e.

encalar *t* chauler.

encallar *i* échouer.

encaminarse *pr* **1.** **~ a la salida**, se diriger vers la sortie. **2.** **medidas encaminadas a...**, mesures destinées à...

encandilarse *pr* **1.** (*ojos*) s'allumer. **2.** s'exciter.

encanecer° *i* blanchir, grisonner.

encant/ar *t* enchanter, ravir. | **encantado de conocerle**, enchanté de faire votre connaissance; **aceptar encantado**, accepter avec plaisir; **me encanta leer**, j'adore lire; **me encantan los niños**, j'adore les enfants. **-ador, a** *a/s* enchanteur, eresse. ■ *a* charmant, e. **-o** *m* **1.** enchantement. **2.** *(atractivo)* charme.

encapotarse *pr* se couvrir: **cielo encapotado**, ciel couvert.

encapricharse *pr ~ con*, s'enticher de.

encapuchado, a *a* masqué, e, encagoulé, e. ■ *m* homme masqué, individu encagoulé.

encaramarse *pr* grimper.

encarar *t* affronter. ■ *pr* **1.** dévisager: **se encaró con su interlocutor**, il dévisagea son interlocuteur. **2.** encararse con, affronter.

encarcel/ar *t* emprisonner, incarcérer. **-amiento** *m* emprisonnement.

encarec/er° *t* **1.** *(alabar)* vanter, faire l'éloge de. **2.** demander avec insistance. ■ *i* augmenter. **-idamente** *adv* instamment. **-imiento** *m* insistance *f*.

encarg/ar *t* **1.** charger: **me ha encargado que te dé las gracias**, il m'a chargé de te remercier. **2.** commander: **he encargado una pizza**, j'ai commandé une pizza. **3.** ~ **un traje**, faire faire un costume. **-o** *m* commission *f*. | **de ~**, sur commande.

encariñarse *pr ~ con*, s'attacher à.

encarn/ar *t* incarner. **-ación** *f* incarnation.

encarniz/arse *pr* s'acharner. **-ado, a** *a* acharné, e. **-amiento** *m* acharnement.

encartonar *t* cartonner.

encasillado *m* quadrillage.

encasquillarse *pr* s'enrayer.

encáustico *m* encaustique *f*.

encauzar *t* canaliser.

encéfalo *m* encéphale.

encend/er° *t* allumer. ■ *pr* s'enflammer, prendre feu. **-edor** *m* briquet. **-ido, a** *a* rouge. | **mejillas encendidas**, joues en feu. ■ *m* allumage.

encer/ar *t* cirer. **-ado** *m* **1.** toile *f* cirée. **2.** *(pizarra)* tableau noir. **-adora** *f* cireuse.

encerrar° *t* **1.** enfermer. **2.** *(guardar)* ranger. **3.** *(contener)* renfermer. ■ *pr* s'enfermer.

enchuf/ar *t* **1.** *(un aparato eléctrico)* brancher. **2.** FAM pistonner. | **un enchufado**, un type qui a du piston. **-e** *m* **1.** prise *f* de courant. **2.** FAM *(influencia)* piston; *(empleo)* planque *f*.

encía *f* gencive.

enciclopedia *f* encyclopédie.

encierro *m* **1.** retraite *f*. **2.** mise *f* au toril (des taureaux).

encima *adv* **1.** dessus. | **por ~**, par-dessus; FIG superficiellement. **2.** ~ **de**, sur: ~ **de la mesa**, sur la table; **por ~ de los tejados**, au-dessus des toits. **3.** *(además)* en outre, en plus. | ~ **de que**, en plus du fait que. **4.** **llevar dinero ~**, avoir de l'argent sur soi.

encin/a *f* chêne *m* vert, yeuse. **-ar** *m* bois de chênes verts.

encinta *a* enceinte.

enclave *m* enclave *f*.

enclenque *a* chétif, ive, malingre.

encog/er *t* replier, contracter. ■ *i/pr* *(tela)* rétrécir. ■ **encogerse de hombros**, hausser les épaules. **-ido, a** *a* timide. **-imiento** *m* timidité *f*.

encolerizarse *pr* se mettre en colère, s'emporter.

encomendar° *t* charger de. ■ **encomendarse a**, se recommander à.

encomi/ar *t* faire l'éloge de. **-o** *m* éloge.

encomienda *f* AMER colis *m*, paquet-poste *m*.

encon/ar *t* envenimer. **-o** *m* animosité *f*.

encontrar° *t* **1.** *(hallar)* trouver: **la encuentro simpática**, je la trouve sympathique. **2.** *(topar)* rencontrer. ■ *pr* **1.** *(dos o más personas)* se rencontrer. **2. me encontré con ella en la escalera**, je l'ai rencontrée dans l'escalier. **3.** se trouver, se sentir: **encontrarse a gusto**, se sentir à l'aise.

encopetado, a *a* huppé, e.

encorvar *t* courber.

encrespar *t* **1.** *(pelo)* friser. **2.** FIG irriter.

encrucijada *t* carrefour *m*.

encuadern/ar *t* relier. **-ación** *f* reliure. **-ador, a** *s* relieur, euse.

encuadrar *t* encadrer.

encubr/ir *t* **1.** cacher. **2.** JUR receler. **-idor, a** *s* receleur, euse.

encuentro *m* rencontre *f*.

encuest/a *f* **1.** enquête. **2.** *(de opinión)* sondage *m*. **-ado, a** *s* sondé, e. **-ador, a** *s* enquêteur, trice.

encumbrado, a *a* élevé, e.

encurtidos *m pl* cornichons confits dans du vinaigre.

endeble *a* faible.

endemoniado, a *a/s* possédé, e. ■ *a* FIG maudit, e, horrible.

enderezar *t* redresser. ■ *i* ~ **a**, se diriger vers.

endeudarse *pr* s'endetter.

endiablado, a *a* **1.** endiablé, e. **2.** horrible.

endibia *f* endive.

endilgar *t* FAM **1.** *(un discurso, etc.)* faire avaler. **2.** *(una cosa molesta)* refiler.

endomingado, a *a* endimanché, e.

endosar *t* COM endosser.

endrina *f* prunelle.

endulzar *t* adoucir.

endurec/er° *t* endurcir. **-imiento** *m* endurcissement.

enebro *m* genévrier.

enemi/go, a *a/s* ennemi, e. **-stad** *f* inimitié. **-starse** *pr* se brouiller.

energ/ía *f* énergie. **-ético, a** *a* énergétique.

enérgico, a *a* énergique.

enero *m* janvier: **el día primero de** ~, le premier janvier.

enfad/ar *t* fâcher, mettre en colère. ■ *pr* se fâcher. **-adizo, a** *a* irritable. **-o** *m* **1.** fâcherie *f*. **2.** colère *f*. | **causar** ~, agacer, mettre en colère. **-oso, a** *a* ennuyeux, euse.

énfasis *m* **1.** emphase *f*. **2. poner** ~ **en**, mettre l'accent sur.

enfático, a *a* emphatique.

enfermar *i* tomber malade.

enfermedad *f* maladie.

enfermer/ía *f* infirmerie. **-o, a** *s* infirmier, ère.

enferm/o, a *a/s* malade: **ponerse** ~, tomber malade. **-izo, a** *a* maladif, ive.

enfilar *t* **1.** *(un telescopio, etc.)* braquer. **2.** ~ **una calle**, enfiler une rue. ■ *i* (*ir*) se diriger.

enflaquec/er° *i* maigrir. **-imiento** *m* amaigrissement.

enfo/car *t* **1.** *(foto)* mettre au point. **2.** *(un asunto)* envisager. **-que** *m* **1.** mise *f* au point. **2.** FIG point de vue, approche *f*, optique *f*.

enfrascarse *pr* s'absorber, se plonger.

enfrentar *t* mettre en présence, opposer. ■ *pr* **1. enfrentarse con un adversario,** affronter un adversaire. **2.** se rencontrer.

enfrente *adv* en face: **la acera de ~,** le trottoir d'en face; **~ de mí,** en face de moi.

enfri/ar *t* refroidir. ■ *pr* **1. se ha enfriado el tiempo,** le temps s'est refroidi. **2.** *(acatarrarse)* attraper froid. **-amiento** *m* refroidissement.

enfundar *t* mettre dans une housse.

enfurecer° *t* mettre en fureur. | **mar enfurecida,** mer démontée.

engalanar *t* orner, décorer.

enganch/ar *t* **1.** accrocher. **2.** *(un caballo)* atteler. **3.** *(soldado)* enrôler, recruter. **-e** *m* **1.** accrochage. **2.** MIL recrutement.

engañ/ar *t* tromper. ■ *pr* se leurrer. **-o** *m* **1.** tromperie *f.* **2.** *(estafa)* escroquerie *f.* **3.** erreur *f.* **-oso, a** *a* trompeur, euse.

engastar *t* enchâsser, sertir.

engatusar *t* enjôler, embobiner.

engendr/ar *t* engendrer. **-o** *m* avorton.

engolfarse *pr* s'absorber, se plonger.

engordar *t* **1.** engraisser. **2.** *(persona)* faire grossir. ■ *i* grossir: **ha engordado mucho,** il a beaucoup grossi.

engorr/o *m* FAM ennui, corvée *f.* **-oso, a** *a* rasoir.

engranaje *m* engrenage.

engrandecer° *t* FIG grandir.

engras/ar *t* graisser. **-e** *m* graissage.

engreído, a *a* suffisant, e, présomptueux, euse.

engrosar° *t/i* grossir.

engullir° *t* engloutir.

enhebrar *t* enfiler.

enhorabuena *f* félicitations *pl.* | **dar la ~,** féliciter; **estar de ~,** être en joie. ■ *adv* à la bonne heure.

enigm/a *m* énigme *f.* **-ático, a** *a* énigmatique.

enjabonar *t* savonner.

enjaezar *t* harnacher.

enjalbegar *t* badigeonner à la chaux, chauler.

enjambr/e *m* essaim. **-ar** *i* essaimer.

enjuag/ar *t* rincer. **-ue** *m* rinçage.

enjugar *t* **1.** sécher. **2.** *(el sudor, las lágrimas)* essuyer. ■ **enjugarse la frente,** s'éponger le front.

enjuiciar *t* juger, émettre un jugement sur.

enjundia *f* **1.** graisse. **2.** FIG substance.

enjuto, a *a* sec, sèche.

enlace *m* **1.** liaison *f.* **2.** *(de trenes)* correspondance *f.* | **carretera de ~,** bretelle, voie de raccordement. **3. ~ matrimonial,** mariage. **4. ~ sindical,** délégué syndical.

enlazar *t* relier: **carretera que enlaza una ciudad con otra,** route qui relie une ville à une autre.

enlodar *t* crotter.

enloquec/er° *t* rendre fou, folle. **-edor, a** *a* affolant, e. **-imiento** *m* affolement.

enlosado *m* dallage.

enluc/ir *t* crépir. **-ido** *m* crépi.

enmarañar *t* **1.** emmêler. **2.** FIG embrouiller.

enmascarar *t* masquer.

enm/endar° *t* **1.** corriger. **2.** *(texto oficial)* amender. **-ienda** *f* **1.** correction. **2.** amendement *m.*

enmohecerse° *pr* moisir.

enmudecer° i rester muet, ette.
ennegrecerse° pr noircir.
ennoblecer° t **1.** anoblir. **2.** FIG ennoblir.
enojar t fâcher, mettre en colère. **-o** m **1.** colère f. **2.** contrariété f. **-oso, a** a fâcheux, euse.
enorgullecerse° pr s'enorgueillir.
enorm/e a énorme. **-emente** adv énormément. **-idad** f énormité.
enramada f feuillage m.
enranciarse pr rancir.
enrarecer° t raréfier.
enredadera f liseron m.
enred/ar t **1.** emmêler. **2.** embrouiller. ■ i faire des bêtises. ■ pr s'embrouiller, s'empêtrer. **-o** m **1.** imbroglio. **2.** intrigue f.
enrejado m **1.** grillage. **2.** (de madera) treillage.
enrevesado, a a compliqué, e.
Enrique n p m Henri.
enriquec/er° t enrichir. ■ pr s'enrichir. **-imiento** m enrichissement.
enrojecer° t/i rougir.
enrolar t enrôler.
enrollar t enrouler. ■ pr FAM (hablar) discourir.
enronquecerse° pr s'enrouer.
enroscar t **1.** enrouler. **2.** visser.
ensaimada f gâteau m en forme de spirale.
ensalad/a f salade. **-era** f saladier m. **-illa** f macédoine de légumes, salade russe.
ensalzar t chanter les louanges de.
ensambl/ar t assembler. **-adura** f assemblage m.
ensanch/ar t élargir. **-e** m **1.** élargissement. **2.** agrandissement. **3.** (barrio nuevo) quartier neuf.
ensangrentar° t ensanglanter.
ensañ/arse pr ~ con, en, s'acharner sur. **-amiento** m acharnement.

ensartar t **1.** ~ perlas, enfiler des perles. **2.** FIG débiter.
ensay/o m **1.** essai. **2.** (de una obra teatral) répétition f. **-ar** t **1.** essayer. **2.** (obra teatral) répéter. **-ista** m essayiste.
enseguida adv **1.** (acto continuo) aussitôt. **2.** (pronto) tout de suite.
ensenada f anse.
enseñanza f enseignement m: ~ media, superior, enseignement secondaire, supérieur.
enseñar t **1.** apprendre: ella me enseñó a leer, elle m'a appris à lire. **2.** (mostrar) montrer. ■ t/i (dar clases) enseigner: enseña desde hace diez años, il enseigne depuis dix ans.
enseres m pl affaires f.
ensillar t seller.
ensimism/arse pr se concentrer, s'absorber. **-ado, a** a ~ en un libro, plongé dans un livre.
ensombrecer° t assombrir.
ensordec/er t assourdir. **-edor, a** a assourdissant, e.
ensortijado, a a bouclé, e.
ensuciar t salir.
ensueño m rêve: de ~, de rêve.
entablado m plancher.
entablar t (discusión, debate, etc.) entamer, engager.
entallar t (una prenda) cintrer, ajuster.
entarimado m plancher.
ente m **1.** (ser) être. **2.** société f, organisme.
enteco, a a chétif, ive.
entendederas f pl FAM comprenette sing.
entend/er° t comprendre: no entiendo lo que usted dice, je ne comprends pas ce que vous dites; no entendiste bien, tu n'as pas bien

compris. | **dar a ~**, laisser entendre; **ya entiendo**, je comprends, je vois. ■ *i* s'y connaître: **poco entiendo de mecánica**, je ne m'y connais pas beaucoup en mécanique. ■ *pr* s'entendre: **no se entiende con su suegra**, il ne s'entend pas avec sa belle-mère. **-ido, a** *a* **1.** bien ~ que..., étant bien entendu que... **2.** ~ en, connaisseur en. **3.** ¡entendido! compris!, d'accord! **-imiento** *m* intelligence *f*, entendement.

enterado, a *a* au courant.

enteramente *adv* entièrement.

enterar *t* informer. ■ *pr* **1.** s'informer, se renseigner: **enterarse del precio de...**, se renseigner sur le prix de... **2.** se rendre compte: **no se entera nunca de nada**, il ne se rend jamais compte de rien. **3.** apprendre: **me enteré de que se había casado**, j'ai appris qu'il s'était marié. | FAM **¿se entera?**, compris?

entereza *f* énergie, force de caractère.

enteritis *f* entérite.

enternec/er° *t* attendrir. **-edor, a** *a* attendrissant, e.

entero, a *a* **1.** entier, ère. | **por ~**, entièrement. **2.** ferme, énergique.

enterr/ar° *t* enterrer. **-ador** *m* fossoyeur.

entibiarse *pr* tiédir.

entidad *f* **1.** importance. **2.** organisme *m*, société, entreprise. | **~ bancaria**, établissement *m* bancaire.

entierro *m* enterrement.

entoldar *t* couvrir d'un vélum.

enton/ar *t* **1.** entonner. **2.** (*fortalecer*) ragaillardir, revigorer. **-ación** *f* intonation.

entonces *adv* alors. | **en aquel ~, por aquel ~**, à cette époque-là.

entontecer° *t* abêtir.

entorn/ar *t* **1.** (*puerta*) entrebâiller. **2.** entrouvrir. | **ojos entornados**, yeux mi-clos. **-o** *m* environnement, entourage.

entorpec/er° *t* **1.** engourdir. **2.** (*estorbar*) gêner, paralyser. **-imiento** *m* **1.** engourdissement. **2.** retard.

entrada *f* **1.** entrée: **prohibida la ~**, entrée interdite. **2.** billet *m*: **¿has sacado las entradas?**, as-tu pris les billets? **3.** (*cantidad recaudada*) recette. **4. de ~**, de but en blanc.

entrambos, as *a* tous les deux, toutes les deux.

entramparse *pr* s'endetter.

entrante *a* prochain, e. ■ *m* (*plato*) entrée *f*.

entrañ/as *f pl* entrailles. **-able** *a* **1.** cher, chère, intime. **2.** attendrissant, e, touchant, e. **-ablemente** *adv* tendrement.

entrar *i* **1.** entrer. | **entrado en años**, âgé. **2.** (*encajar*) rentrer. **3.** (*empezar*) commencer. **4.** être pris, e: **le entró pánico**, il a été pris de panique. ■ *t* (*introducir*) faire entrer, rentrer.

entre *prep* **1.** ~ **Madrid y Toledo**, entre Madrid et Tolède. **2.** ~ **mis amigos**, parmi mes amis. **3.** (*en una colectividad*) ~ **los musulmanes**, chez les musulmans. **4.** ~ **se perdió ~ la muchedumbre**, il s'est perdu dans la foule. **5.** ~ **las risas**, au milieu des rires. | **por ~**, parmi. **6.** ~ **alegre y triste**, mi-gai, mi-triste. **7.** **llevar una cosa ~ dos**, porter une chose à deux. **8.** ~ **mí, sí**, à part moi, lui.

entreabrir *t* entrouvrir: **puerta entreabierta**, porte entrouverte.

entreacto *m* entracte.

entrecejo *m* **fruncir el ~**, froncer les sourcils.

entrecortar *t* entrecouper.

entrecot *m* entrecôte *f.*

entrecruzar *t* entrecroiser.

entreg/ar *t* **1.** remettre. **2.** (*una mercancía*) livrer. ■ *pr* **1.** (*al enemigo*) se livrer. **2.** (*dedicarse*) se livrer, s'adonner. **-a** *f* **1.** remise: ~ **de la copa al vencedor**, remise de la coupe au vainqueur. **2.** (*de una mercancía, fascículo*) livraison.

entrelazar *t* entrelacer.

entremedias *adv* au milieu.

entremés *m* **1.** hors-d'œuvre: **entremeses variados**, hors-d'œuvre variés. **2.** (*teatro*) intermède.

entremeterse ⇒ **entrometerse**.

entremezclar *t* entremêler.

entren/ar *t* entraîner. ■ *pr* s'entraîner. **-ador** *m* entraîneur. **-amiento** *m* entraînement.

entresuelo *m* entresol.

entretanto *adv* pendant ce temps. | **en el** ~, dans l'intervalle.

entretejer *t* entrelacer.

entreten/er° *t* **1.** (*divertir*) amuser. **2.** faire perdre son temps. **3.** (*dar largas*) retarder, faire traîner en longueur. ■ **entretenerse** *pr* s'amuser à. **-ido, a** *a* amusant, e. **-imiento** *m* **1.** distraction *f*, amusement. **2.** (*conservación*) entretien.

entretiempo *m* demi-saison *f.*

entrever° *t* entrevoir.

entrevist/a *f* **1.** entrevue, entretien *m*. **2.** (*de periodista*) interview. **-ar** *t* interviewer. ■ *pr* **1.** avoir une entrevue, un entretien: **el ministro se entrevistó con...**, le ministre a eu un entretien avec... **2.** interviewer.

entristecer° *t* attrister.

entromet/erse *pr* ~ **en**, se mêler de, s'immiscer dans. **-ido, a** *a/s* indiscret, ète.

entuerto *m* tort.

entumec/erse° *pr* s'engourdir. | **dedos entumecidos**, doigts engourdis. **-imiento** *m* engourdissement.

enturbiar *t* troubler.

entusi/asmo *m* enthousiasme. **-asmar** *t* enthousiasmer. **-asta** *a/s* enthousiaste. **-ástico, a** *a* enthousiaste.

enumer/ar *t* énumérer. **-ación** *f* énumération.

enunci/ar *t* énoncer. **-ado** *m* énoncé.

envanecerse° *pr* s'enorgueillir, être fier, ère.

envas/ar *t* **1.** (*un líquido*) mettre en bouteille. **2.** (*un producto*) conditionner. **-e** *m* **1.** (*acción*) conditionnement. **2.** (*botella*) bouteille *f*. **3.** (*recipiente*) emballage, boîte *f.*

envejec/er° *t/i* vieillir. **-imiento** *m* vieillissement.

envenen/ar *t* empoisonner. **-amiento** *m* empoisonnement.

envergadura *f* envergure.

envés *m* envers.

envi/ar *t* envoyer: **le enviaré una postal**, je vous enverrai une carte postale. | ~ **por**, envoyer chercher. **-ado** *m* envoyé.

envidi/a *f* envie: **dar** ~, faire envie. **-ar** *t* envier. **-oso, a** *a/s* envieux, euse.

envilec/er° *t* avilir. **-edor, a** *a* avilissant, e. **-imiento** *m* avilissement.

envío *m* envoi.

enviudar *i* devenir veuf, veuve.

envol/ver° *t* envelopper: **envuelto en un papel**, enveloppé dans un papier. **-torio** *m* **1.** emballage. **2.** paquet. **-tura** *f* emballage *m.*

enyesar *t* plâtrer.

enzarzarse *pr* **1.** FIG s'empêtrer. **2.** s'embarquer.

épico, a a épique.

epid/emia f épidémie. **-émico, a** a épidémique.

epidermis f épiderme m.

epil/epsia f épilepsie. **-éptico, a** a/s épileptique.

epílogo m épilogue.

epis/odio m épisode. **-ódico, a** a épisodique.

epístola f épître.

epistolar a épistolaire.

epitafio m épitaphe f.

epíteto m épithète f.

época f époque: **en la ~ de,** à l'époque de. | **hacer ~,** faire date.

epopeya f épopée.

equidad f équité.

equilibr/io m équilibre: **en ~,** en équilibre. **-ista** s équilibriste. **-ar** t équilibrer.

equimosis f ecchymose.

equinoccio m équinoxe.

equipaje m bagages pl: **mi ~ está en la consigna,** mes bagages sont à la consigne.

equipar t équiper.

equiparar t comparer.

equipo m **1.** (conjunto de cosas) équipement: **~ de esquí,** équipement de ski. **2.** (de novia) trousseau. **3.** (hi-fi) chaîne f. **4.** (grupo de obreros, jugadores) équipe f: **un ~ de futbolistas,** une équipe de football.

equis f x m: **rayos ~,** rayons x.

equitación f équitation.

equitativo, a a équitable.

equival/er° i équivaloir, valoir: **su respuesta equivale a una negativa,** votre réponse équivaut à un refus, vaut un refus. **-ente** a/m équivalent, e.

equivoc/arse pr se tromper: **me he equivocado,** je me suis trompé. | **estar equivocado,** se tromper.

-ación f erreur. **-adamente** adv par erreur.

equívoco, a a équivoque. ■ m équivoque f, malentendu.

¹**'era** f (periodo) ère.

²**'era** f (para trillar) aire.

³**'era, eras,** etc. ⇒ **ser.**

erario m trésor public.

erección f érection.

erguir° t lever, dresser. ■ pr se dresser.

erial m terrain en friche.

erigir t ériger.

erizar t hérisser.

erizo m **1.** hérisson. **2. ~ de mar,** oursin.

ermit/a f ermitage m, chapelle isolée. **-año** m ermite.

erosi/ón f **1.** érosion. **2.** (herida) écorchure. **-onar** t éroder.

erótico, a a érotique.

erotismo m érotisme.

errabundo, a a errant, e.

errado, a a (falso) erroné, e.

errante a errant, e. | **andar ~,** errer.

errar° t manquer, rater: **~ el blanco,** manquer la cible. | **~ el camino,** faire fausse route.

erre f r m. | **~ que ~,** obstinément.

erróneo, a a erroné, e.

error m erreur f: **estar en un ~,** être dans l'erreur.

eructo m renvoi, éructation f.

erudi/to, a a/s érudit, e. **-ción** f érudition.

erupción f éruption.

es ⇒ **ser.**

esa ⇒ **ese.**

esbelto, a a svelte.

esboz/o m ébauche f, esquisse f. **-ar** t ébaucher, esquisser.

escabech/e m marinade f. | **sardinas en ~,** sardines marinées. **-ar** t **1.** mariner. **2.** FAM (en un examen).

collier, recaler. **-ina** f FAM hécatombe.

escabel m escabeau.

escabroso, a a scabreux, euse.

escabullirse pr 1. glisser des mains. 2. (marcharse) s'éclipser, s'esquiver.

escafandra f scaphandre m.

escala f 1. échelle. en gran ~, sur une grande échelle. a ~ mundial, à l'échelle mondiale. 2. (barco, avión) escale: hacer ~, faire escale. 3. MÚS gamme.

escalada f escalade.

escalafón m tableau d'avancement.

escalar t escalader.

Escalda n p m Escaut.

escaldar t échauder.

escalera f 1. escalier m: ~ mecánica, escalier mécanique. 2. ~ de mano, échelle. ~ de tijera, échelle double. 3.

escalfar t pocher: huevo escalfado, œuf poché.

escalinata f perron m.

escalofrío m frisson. **-iante** a effrayant.

escalón m 1. échelon. 2. (de escalera) marche f, degré m. **-onar** t échelonner.

escalope m escalope f. •

escalpelo m scalpel.

escama f 1. écaille. 2. (jabón) paillette. **-ar** t 1. écailler. 2. FIG rendre méfiant.

escamondar t émonder.

escamotear t escamoter.

escampar impers cesser de pleuvoir.

escanciar t verser (à boire).

escandalizar t scandaliser. ■ pr être scandalisé, e.

escándalo m 1. scandale: causar ~, faire scandale. 2. (ruido) tapage.

Escandinavia n p f Scandinavie.

escandinavo, a a/s scandinave.

escáner m scanner.

escaño m 1. banc. 2. (de diputado) siège.

escapar/se i ~ de un peligro, échapper à un danger. ■ pr el prisionero se ha escapado, le prisonnier s'est échappé. **-ada** f 1. escapade. 2. (ciclista) échappée.

escaparate m vitrine f, devanture f, étalage.

escapatoria f 1. (solución) issue. 2. (excusa) échappatoire.

escape m 1. échappement: tubo de ~, tuyau d'échappement. 2. (de un gas, líquido) fuite f. 3. a ~, en vitesse, dare-dare.

escarabajo m scarabée.

escaramujo m églantier.

escaramuza f escarmouche.

escarapela f cocarde.

escarbar t gratter, fouiller.

escarcha f gelée blanche, givre m. **-ado, a** a givré, e.

escardar t sarcler.

escariar t aléser.

escarlata adj écarlate.

escarlatina f scarlatine.

escarmentar t 1. corriger, donner une leçon. ■ i se corriger. 2. tirer la leçon. | en cabeza ajena, profiter de l'expérience d'autrui, en prendre de la graine. **-iento, a** leçon f.

escarpa/do, a a escarpé, e. **-ura** f escarpement m.

escasamente adv 1. pauvrement. 2. à peine. 3. faiblement.

escasear i manquer. **-ez** f 1. manque m, pénurie: ~ de petróleo, pénurie de pétrole. 2. gêne, pauvreté.

escaso, a 1. faible: *escasa altura* faible hauteur. 2. (*poco frecuente, poco abundante*) rare. 3. juste, à peine: *una semana escasa,* juste une semaine; *escaso de dinero,* à court d'argent, un peu gêné.

escatimar *t* lésiner sur.

escayola *f* 1. plâtre *m.* 2. stuc *m.* **-ar** *t* plâtrer.

escena *f* 1. scène *f.* *salir a ~,* entrer en scène. **-ario** *m* 1. scène *f.* 2. (*lugar*) cadre *m.* 3. (*marco*) cadre lieu.

escéptico, a *a* sceptique. **-epti-cismo** *m* scepticisme.

esclarecer° *t* éclaircir. **-ido, a** *a* illustre.

esclava ⇒ **esclavo.**

esclavina *f* pèlerine.

esclavo, a *a/s* esclave. **-a** *f* (*pulsera*) esclave. **-ista** *a* esclavagiste. **-itud** *f* esclavage *m.* **-izar** *t* réduire en esclavage.

esclerosis *f* sclérose.

esclusa *f* écluse.

escoba *f* balai *m.* **-illa** *f* 1. balayer-te. 2. (*cepillo*) brosse.

escocer° *i* 1. brûler. 2. fig blesser.

escocés, esa *a/s* écossais, e.

Escocia *n p f* Écosse.

escofina *f* râpe.

escoger *t* choisir: *escoja usted,* choisissez; *a ~,* au choix. **-ido, a** *a* choisi.

escolar *a* scolaire: *s* élève. **-idad** *f* scolarité.

escollo *m* écueil. **-era** *f* jetée.

escolta *f* escorte. ■ *m* garde du corps. **-ar** *t* escorter.

escombros *m pl* décombres, déblais.

esconde/r *t* cacher. ■ *pr* se cacher. **-idas (a)** *loc adv* en cachette. **-ite** *m* (*juego*) cache-cache. **-rijo** *m* cachette *f.*

escopeta *f* fusil *m* (de chasse). **-azo** *m* coup de fusil.

escoplo *m* ciseau.

escorbuto *m* scorbut.

Escorpio, Escorpión *m* ASTR Scorpion.

escorpión *m* scorpion.

escorzo *m* raccourci.

escotar *t* échancrer, décolleter: *vestido escotado,* robe décolletée.

¹escote *m* décolleté.

²escote *m* écot. *pagar a ~,* partager les frais.

escotilla *f* MAR écoutille. **-ón** *m* trappe *f.*

escozor *m* brûlure *f.*

escriba/no *m* greffier.

escribir° *t/i* écrire: *he escrito una carta a mi tío,* j'ai écrit une lettre à mon oncle. | *~ a máquina,* taper à la machine. ■ *pr* *se escriben todos los días,* ils s'écrivent tous les jours. **-to** *m* écrit: *por escrito,* par écrit. *a s* écrivain. **-orio** *m* bureau. **-tura** *f* 1. écriture. 2. JUR acte *m.*

escrúpulo *m* scrupule. **-uloso, a** *a* 1. scrupuleux, euse. 2. (*aprensivo*) délicat, e.

escrutar *t* scruter. **-inio** *m* dépouillement du scrutin.

escuadra *f* 1. (*instrumento triangular*) équerre. 2. (*de soldados*) escouade. 3. (*de barcos*) escadre. 4. AMER revólver *m.* **-illa** *f* escadrille. **-ón** *m* escadron.

escuálido, a *a* maigre.

escualo *m* squale.

escuchar *t* écouter. **-a** *f* écoute. **-itas** *f pl* messes basses.

escudero m écuyer.

escudilla f écuelle.

escudo m 1. (arma) bouclier. 2. (emblema) écusson. 3. (moneda) écu.

escudriñar t fouiller du regard, scruter.

escuela f école: ~ de párvulos, école maternelle. | formar ~, faire école.

escueto, a a 1. concis, e. 2. dépouillé, e, sobre.

esculcar t AMER fouiller.

escul/pir t sculpter. **-tor, a** s sculpteur. **-tura** f sculpture.

escup/ir i/t cracher. **-itajo** m crachat.

escurreplatos m égouttoir à vaisselle.

escurridizo, a a glissant, e.

escurridor m, **escurridora** f passoire f.

escurrir t égoutter, faire égoutter. ■ i/pr s'égoutter. ■ pr (resbalar) glisser.

¹**ese** f s m. | hacer eses, zigzaguer.

²**ese, a, os, as** a dem ce, cet, cette, ces... (-là): ~ niño, cet enfant; ~ libro, ce livre-là; el tío ~, ce type-là (sens péjoratif).

³**ése, a, os, as** pron dem 1. celui-là, celle-là, ceux-là, celles-là. 2. ésa es la verdad, c'est la vérité; ésa es mi opinión, voilà mon avis, tel est mon avis.

esenci/a f essence. **-al** a essentiel, elle. | lo ~, l'essentiel.

esf/era f 1. sphère. 2. (de reloj) cadran m. **-érico, a** a sphérique.

esfinge f sphinx m.

esf/orzarse° pr ~ en, por, s'efforcer de. **-uerzo** m effort.

esfumar t estomper. ■ pr FIG disparaître.

esgrim/a f escrime. **-idor** m escrimeur.

esgrimir t 1. manier. 2. FIG employer, brandir, faire valoir.

esguince m 1. écart. 2. (torcedura) foulure f, entorse.

eslabón m maillon.

eslavo, a a/s slave.

eslogan m slogan.

Eslovaquia n p Slovaquie.

esmalt/e m 1. émail: unos esmaltes, des émaux. 2. ~ para uñas, vernis à ongles. **-ar** t émailler.

esmerado, a a soigné, e.

esmeralda f émeraude.

esmerarse pr s'appliquer.

esmeril m émeri.

esmero m soin.

esmirriado, a a chétif, ive.

esnob a/s snob. **-ismo** m snobisme.

eso pron dem 1. cela, ça, c': ¿qué es ~?, qu'est-ce que c'est que ça?; ¡~ es!, c'est ça!; ~ te preguntaba, c'est ce que je te demandais; ~ te va a pasar a ti, c'est ce qui va t'arriver; por ~ no acepté, c'est pourquoi je n'ai pas accepté; por ~ mismo, c'est justement pour ça. 2. voilà: ~ es hablar con juicio, voilà qui est parler avec discernement; ~ es todo, voilà tout. 3. a ~ de, vers; y ~ que, et pourtant.

esófago m œsophage.

esos ⇒ **ese**.

espabilar ⇒ **despabilar**.

espacial a spatial, e.

espaciar t espacer.

espaci/o m 1. espace. 2. place f: ocupar ~, prendre de la place. 3. por ~ de una hora, en l'espace d'une heure. 4. (televisión) émission f. **-oso, a** a spacieux, euse.

espada f épée. ■ m matador.

espagueti m spaguetti.

espalda f dos m. ■ pl dos m sing: de espaldas al fuego, le dos au feu. |

caerse de espaldas, tomber à la renverse; **cargado de espaldas**, voûté.
-razo m consécration f.

espantadizo, a a ombrageux, euse.

espantajo, espantapájaros m épouvantail.

espant/ar t effrayer, épouvanter, faire peur. **-o** m frayeur f, effroi. | **estar curado de ~**, en avoir vu bien d'autres. **-oso, a** a effrayant, e, épouvantable.

España n p f Espagne.

español, a a/s espagnol, e: **los españoles**, les Espagnols.

esparadrapo m sparadrap.

esparc/ir t répandre. ■ pr **1.** se répandre. **2.** (distraerse) se distraire, se détendre, se délasser. **-imiento** m (recreo) distraction f, détente f.

espárrago m asperge f. | FAM mandar a freír espárragos, envoyer paître.

esparto m sparte, alfa.

espasmo m spasme.

espátula f spatule.

especia f épice.

especial a spécial, e. | **en ~**, spécialement. **-idad** f spécialité. **-ista** a/s spécialiste. **-izarse** pr se spécialiser.

especie f **1.** espèce. **2.** una ~ de, une sorte de, une espèce de. **3.** pagar en especies, payer en nature.

especificar t spécifier.

específico, a a/m spécifique.

espécimen m spécimen.

espect/áculo m spectacle. **-acular** a spectaculaire. **-ador, a** s spectateur, trice.

espectro m spectre.

especul/ar i **1.** (traficar) spéculer. **2.** penser. **-ación** f spéculation. **-ador, a** s spéculateur, trice.

espejear i miroiter.

espejismo m mirage.

espejo m miroir, glace f: **mirarse al ~**, se regarder dans la glace.

espeleología f spéléologie.

espeluznante a à faire dresser les cheveux sur la tête, épouvantable.

espera f **1.** attente: **sala de ~**, salle d'attente; **a la ~ de, en ~ de**, dans l'attente de. **2.** (plazo) délai m.

esperanza f **1.** espoir m: **tengo pocas esperanzas de que...**, j'ai peu d'espoir que... **2.** (virtud) espérance. **-dor, a** a encourageant, e.

esperar t **1.** (aguardar) attendre: **estamos esperando que llegue el médico**, nous attendons que le médecin arrive. | FAM ¡espérate sentado!, tu peux te fouiller! **2.** espérer: **espero que no lloverá mañana**, j'espère qu'il ne pleuvra pas demain. ■ pr **me lo esperaba**, je m'y attendais.

esperma m/f sperme m.

esperpento m horreur f.

espes/o, a a épais, aisse. **-ar** t/pr épaissir. **-or** m, **-ura** f épaisseur f.

esp/ía s espion, onne. **-iar** t espionner.

espig/a f **1.** épi m. **2.** chevron m: **tejido de ~**, tissu à chevrons. **-ado, a** a élancé, e, grand, e. **-ar** t glaner. **-ón** m jetée f.

espina f **1.** épine. **2.** (de pez) arête. **3.** eso me da mala ~, ça ne me dit rien qui vaille, ça me rend méfiant.

espinaca f épinard m.

espinazo m épine f dorsale.

espingarda f FAM grande perche.

espinilla f **1.** tibia m. **2.** (grano) point m noir.

espin/o m ~ albar, aubépine f; ~ artificial, fil de fer barbelé. **-oso, a** a épineux, euse.

espionaje *m* espionnage.

espiral *f* 1. spirale. 2. *(anticonceptivo)* stérilet *m*.

espirar *i/t* expirer.

espiritismo *m* spiritisme.

espíritu *m* esprit. | **el ~ Santo**, le Saint-Esprit.

espiritual *a* spirituel, elle.

espirituoso, a *a* **licor ~**, spiritueux.

espita *f* cannelle.

espléndido, a *a* splendide.

esplendor *m* splendeur *f*.

espliego *m* lavande *f*.

esplín *m* spleen.

espolear *t* éperonner.

espolón *m* 1. *(de gallo)* ergot. 2. *(de barco, montaña)* éperon. 3. *(malecón)* jetée *f*.

espolvorear *t* saupoudrer.

esponj/a *f* éponge. **-arse** *pr* 1. se gonfler. 2. *(envanecerse)* se rengorger. **-oso, a** *a* spongieux, euse.

esponsales *m pl* fiançailles *f*.

espont/áneo, a *a* spontané, e. **-aneidad** *f* spontanéité.

esporádico, a *a* sporadique.

esportilla *f* petit cabas *m*.

esposar *t* passer les menottes à.

esposas *f pl* menottes *f*.

esposo, a *s* époux, ouse.

espuela *f* éperon *m*.

espuerta *f* cabas *m*. | **a espuertas**, à foison, à la pelle.

espulgar *t* FIG éplucher.

espum/a *f* 1. *(del agua)* écume. 2. *(de la cerveza, etc.)* mousse: **~ de afeitar**, mousse à raser. **-adera** *f* écumoire. **-ar, -ear** *i* 1. écumer. 2. *(hacer espuma)* mousser. **-oso, a** *a* 1. écumeux, euse. 2. *(vino, etc.)* mousseux, euse.

esputo *m* crachat.

esqueje *m* bouture *f*.

esquela *f* 1. billet *m*. 2. faire-part *m*: **~ mortuoria**, faire-part de décès.

esquel/eto *m* squelette. **-ético, a** *a* squelettique.

esquem/a *m* schéma. **-ático, a** *a* schématique.

esquí *m* ski: **un par de esquís**, une paire de skis; **~ de fondo, acuático**, ski de fond, nautique. **-iador, a** *s* skieur, euse. **-iar** *i* skier.

esquife *m* esquif.

esquila *f* *(campanilla)* clochette.

esquil/ar *t* tondre. **-eo** *m* tonte *f*.

esquimal *a/s* esquimau, aude.

esquin/a *f* coin *m*, angle *m*: **el café de la ~**, le café du coin; **~ a Serrano**, à l'angle de la rue Serrano; **en la misma ~**, juste à l'angle. | **hacer ~**, faire l'angle. **-azo** *m* coin. | **dar ~ a alguien**, éviter quelqu'un.

esquirol *m* jaune, briseur de grève.

esquisto *m* schiste.

esquivar *t* 1. esquiver. 2. éviter.

esquiv/o, a *a* revêche. **-ez** *f* dédain *m*.

esta ⇒ **este**.

estabilidad *f* stabilité.

estabiliz/ar *t* stabiliser. **-ación** *f* stabilisation.

estable *a* stable.

establec/er° *t* établir. **-imiento** *m* établissement.

establo *m* étable *f*.

estaca *f* piquet *m*, pieu *m*. **-da** *f* palissade.

estación *f* 1. *(del año)* saison. 2. *(de ferrocarril)* gare. 3. *(de metro, meteorológica, etc.)* station: **~ de esquí**, station de sports d'hiver. | **~ emisora**, poste émetteur, station émettrice.

estacion/arse *pr* stationner. **-amiento** *m* stationnement.

estacionario, a *a* stationnaire.

estadía f séjour m.

estadio m stade.

estadista m homme d'État.

estadístico, a a/f statistique. ■ s statisticien, enne.

estado m 1. état: **en buen, mal ~, en** bon, mauvais état; **~ mayor**, état-major. 2. **jefe de ~**, chef d'État.

Estados Unidos n p m pl États-Unis.

estadounidense a/s américain, e.

estaf/a f escroquerie. **-ador, a** s escroc. **-ar** t escroquer.

estafeta f bureau m de poste secondaire.

estalactita f stalactite.

estalagmita f stalagmite.

estall/ar i 1. (bomba) éclater, exploser. 2. (incendio, guerra, ira, etc.) éclater. **-ido** m éclatement. | **dar un ~**, éclater.

Estambul n p m Istanbul.

estampa f 1. image. 2. (artística) estampe. | **dar a la ~**, faire imprimer. 3. FIG (aire) allure, aspect m. 4. (símbolo) image.

estampar t 1. estamper. 2. (tejido) imprimer. | **un estampado**, un imprimé.

estampía (de) loc adv précipitamment, en quatrième vitesse.

estampido m détonation f.

estampilla f 1. estampille. 2. AMER (de correos) timbre m.

estanc/ar t laisser en suspens. ■ pr stagner. | **aguas estancadas**, eaux stagnantes. **-amiento** m stagnation f.

estancia f 1. séjour m. 2. (poesía) stance. 3. (en América) grande propriété agricole.

estanciero m AMER fermier, éleveur.

estanco, a a étanche. ■ m bureau de tabac.

estándar a/m standard.

estandarizar t standardiser.

estandarte m étendard.

estanque m 1. étang. 2. (en un parque) bassin.

estanquero, a s buraliste.

estanqueidad f étanchéité.

estante m étagère f. **-ría** f rayonnage m.

estaño m étain.

estar° t 1. être: **no está en casa**, il n'est pas chez lui; **estamos en verano**, nous sommes en été. 2. (exprime un état, une caractéristique accidentelle) être: **estoy de mal humor**, je suis de mauvaise humeur; **está preciosa con su traje nuevo**, elle est ravissante avec sa robe neuve; **~ de viaje, de vacaciones, de luto**, être en voyage, en vacances, en deuil; **está de secretaria**, elle est secrétaire. 3. aller: **¿cómo está usted?**, comment allez-vous?; **este abrigo te está bien**, ce manteau te va bien. 4. (+ participe passé, exprime un état résultant) **el coche está arreglado**, la voiture est réparée. 5. (+ gérondif, exprime la durée) **estábamos comiendo**, nous étions en train de manger, nous mangions; **¿qué estás haciendo?**, que fais-tu? 6. **~ para**, être sur le point de: **no está para bromas**, il n'est pas d'humeur à plaisanter; **~ por**, rester à: **la cama está por hacer**, le lit reste à faire; **estoy por renunciar**, je suis tenté de renoncer. 7. **está sin afeitar**, il n'est pas rasé. 8. **está bien**, c'est bien, ça va; **¿estamos?**, d'accord?; **ya está**, ça y est. ■ pr rester: **se estuvo charlando con nosotros una hora**, il est resté à bavarder avec nous pendant une

heure; ¡estaos quietos!, restez tranquilles! ⇒ **ser** ⇒ **être**.

estatal *a* de l'État, public, que.

estático, a *a* statique.

estatua *f* statue. | **estatuilla**, statuette.

estatura *f* stature. | **por orden de ~**, par rang de taille.

estatuto *m* statut.

¹**este** *m* est: **al ~ de**, à l'est de.

²**este, a, os, as** *a dem* ce, cet, cette, ces... (-ci): **~ hombre**, cet homme; **el libro ~**, ce livre-ci.

³**éste, a, os, as** *pron dem* celui-ci, celle-ci, ceux-ci, celles-ci: **~ es el recibo**, voici le reçu; **éstos son mis hijos**, voici mes enfants; **ésta es la cuestión**, telle est la question.

Esteban *n p m* Étienne.

estela *f* 1. (*de un barco*) sillage *m*. 2. (*piedra*) stèle.

estenografía *f* sténographie.

estepa *f* steppe.

estera *f* natte.

estéreo *a/m* (*equipo*) stéréo *f*.

estereofonía *f* stéréophonie.

estereotipado, a *a* stéréotypé, e.

est/éril *a* stérile. **-erilizar** *t* stériliser.

esterlina *a* sterling.

estero *m* AMER marais.

estertor *m* râle.

esteta *s* esthète.

estético, a *a/f* esthétique.

estib/ar *t* MAR arrimer. **-ador** *m* docker.

estiércol *m* fumier.

estigma *m* stigmate.

estilarse *pr* se porter, être à la mode.

estilo *m* 1. style. 2. manière *f*, façon *f*. | **por el ~**, dans le genre.

estilográfica *f* stylo *m*.

estim/ar *t* estimer. **-a** *f* estime. **-able** *a* estimable. **-ación** *f* 1. estimation. 2. (*aprecio*) estime.

estimul/ar *t* stimuler. **-ante** *a/s* stimulant, e.

estímulo *m* stimulant.

estío *m* été.

estipendio *m* rémunération *f*.

estipular *t* stipuler.

estir/ar *t* 1. étirer. 2. allonger, tendre. | **~ las piernas**, se dégourdir les jambes. ■ *pr* s'étirer. **-ado, a** *a* 1. (*orgulloso*) prétentieux, euse, guindé, e. 2. (*tacaño*) pingre.

estirpe *f* souche.

estival *a* estival, e.

esto *pron dem* 1. ceci, cela, ça, c': **hace de ~ diez años**, il y a de cela dix ans; **~ es la pura verdad**, c'est la pure vérité. | **~ es**, c'est-à-dire; c'est ça; **no hay como ~**, il n'y a rien de tel. 2. **en ~**, sur ces entrefaites, sur ce.

Estocolmo *n p* Stockholm.

estofa *f* de baja ~, de bas étage.

estofado, a *a* à l'étouffée. ■ *m* daube *f*.

estoic/o, a *a* stoïque. **-ismo** *m* stoïcisme.

estómago *m* estomac. | **revolver el ~**, soulever le cœur.

estorb/ar *t* 1. gêner, embarrasser. 2. (*impedir*) empêcher. 3. (*planes*) entraver. **-o** *m* gêne *f*.

estornino *m* étourneau.

estornud/ar *i* éternuer. **-o** *m* éternuement.

estos ⇒ **este**.

estoy ⇒ **estar**.

estrafalario, a *a* extravagant, e, farfelu, e.

estrago *m* ravage.

estragón *m* estragon.

estrambótico, a *a* farfelu, e.

estrangul/ar t étrangler. **-ación** f étranglement m.

estraperlo m marché noir.

Estrasburgo n p Strasbourg.

estratagema m stratagème.

estrat/egia f stratégie. **-égico, a** a stratégique.

estrech/ar t 1. rétrécir. 2. ~ la mano, serrer la main. 3. FIG (un lazo, una amistad) resserrer. **-amiento** m 1. rétrécissement. 2. FIG resserrement.

estrechez f 1. étroitesse. 2. (apuro) gêne. | pasar estrecheces, avoir des ennuis d'argent.

estrecho, a a étroit, e. ■ m détroit.

estregar° t frotter.

estrell/a f 1. étoile: ~ fugaz, étoile filante. | FIG ver las estrellas, en voir trente-six chandelles. 2. ~ de cine, star. **-ado, a** a 1. (cielo) étoilé, e. 2. (huevo) sur le plat. **-amar** f étoile de mer. **-ar** t casser, briser. ■ estrellarse contra un árbol, s'écraser contre un arbre; el avión se ha estrellado, l'avion s'est écrasé.

estremec/er° t faire trembler, faire frémir. ■ pr trembler, frémir. **-imiento** m tremblement, frémissement.

estren/ar t 1. étrenner. 2. (piso) occuper pour la première fois. 3. (obra de teatro) jouer pour la première fois. **-o** m 1. (obra de teatro) première f; (película) sortie f. | cine de ~, cinéma d'exclusivité. 2. début.

estreñ/ir° t constiper. **-imiento** m constipation f.

estr/épito m fracas. **-epitoso, a** a bruyant, e.

estr/és m stress. **-esante** a stressant, e. **-esar** t stresser.

estr/ía f strie. **-iar** t strier.

estribación f contrefort m.

estribar i ~ en, s'appuyer sur, reposer sur.

estribillo m 1. refrain. 2. rengaine f.

estribo m étrier. | FIG perder los estribos, s'emporter, perdre patience.

estribor m tribord.

estricto, a a strict, e.

estridente a strident, e.

estrofa f strophe.

estropajo m 1. lavette f. 2. (metálico) tampon à récurer.

estrop/ear t 1. abîmer. 2. (un aparato) détraquer. 3. (un plan) faire échouer. **-icio** m dégât.

estructura f structure.

estruendo m fracas.

estrujar t 1. (un limón) presser. 2. (aplastar) écraser. 3. (un papel) froisser, chiffonner. 4. FIG (explotar) pressurer.

estuario m estuaire.

estuche m 1. étui. 2. (para joyas, copas, etc.) coffret, écrin. 3. (de aseo, de cirujano, etc.) trousse f. 4. boîte f.

estuco m stuc.

estudiant/e s étudiant, e. **-il** a d'étudiants, étudiant, e.

estudiar t étudier. | ~ para médico, faire sa médecine.

estudi/o m 1. étude f. 2. (de radio, piso pequeño) studio. 3. (de pintor) atelier. ■ pl tener estudios, avoir fait des études. **-oso, a** a studieux, euse.

estufa f 1. poêle m. 2. (para plantas) serre f. 3. (para baños de vapor) étuve.

estupefac/ción f stupéfaction. **-iente** a stupéfiant, e. **-to, a** a stupéfait, e.

estupendo, a a magnifique, formidable, épatant, e.

est/úpido, a _a_ stupide. **-upidez** _f_ stupidité.

estupor _m_ stupeur _f._

esturión _m_ esturgeon.

estuve, etc. ⇒ **estar.**

etapa _f_ étape.

etarra _a/s_ de l'ETA.

éter _m_ éther.

etern/o, a _a_ éternel, elle. **-idad** _f_ éternité. **-izar** _t_ éterniser.

ético, a _a/f_ éthique.

etimología _f_ étymologie.

etíope _a/f_ éthiopien, enne.

Etiopía _n p f_ Éthiopie.

etiqueta _f_ 1. étiquette. 2. **traje de ~**, tenue _f_ de soirée; **se ruega ~**, tenue de soirée de rigueur.

étnico, a _a_ ethnique.

etn/ología _f_ ethnologie. **-ólogo, a** _s_ ethnologue.

eucalipto _m_ eucalyptus.

eucar/istía _f_ eucharistie. **-ístico, a** _a_ eucharistique.

eufemismo _m_ euphémisme.

euforia _f_ euphorie.

eurodiputado, a _s_ eurodéputé, e.

Europa _n p f_ Europe.

europeo, a _a/s_ européen, enne.

eutanasia _f_ euthanasie.

Eva _n p f_ Ève.

evacu/ar _t_ évacuer. **-ación** _f_ évacuation.

evadir _t_ éviter, éluder. ■ _pr_ s'évader.

evalu/ar _t_ évaluer. **-ación** _f_ évaluation.

evangélico, a _a_ évangélique.

Evangelio _n p m_ Évangile.

evangel/ista _m_ évangéliste. **-izar** _t_ évangéliser.

evapor/arse _pr_ s'évaporer. **-ación** _f_ évaporation.

evasión _f_ évasion.

evasivo, a _a_ évasif, ive. ■ _f_ échappatoire.

evento _m_ évènement.

eventual _a_ éventuel, elle. **-idad** _f_ éventualité.

eviden/cia _f_ évidence. **-ciar** _t_ mettre en évidence, faire ressortir. **-te** _a_ évident, e.

evitar _t_ éviter.

evoc/ar _t_ évoquer. **-ación** _f_ évocation. **-ador, a** _a_ évocateur, trice.

evoluc/ión _f_ évolution. **-ionar** _i_ évoluer.

ex _prep_ ancien, ex: **~ ministro**, ancien ministre, ex-ministre.

exact/o, a _a_ exact, e. **-amente** _adv_ exactement. **-itud** _f_ exactitude.

exager/ar _t/i_ exagérer. **-ación** _f_ exagération.

exalt/ar _t_ 1. _(a mayor dignidad)_ élever. 2. _(realzar el mérito)_ exalter. **-ación** _f_ 1. élévation, accession. 2. exaltation. **-ado, a** _a_ exalté, e.

exam/en _m_ examen. **-inador, a** _s_ examinateur, trice. **-inando, a** _s_ candidat, e. **-inar** _t_ 1. examiner. 2. faire passer un examen. ■ _pr_ passer un examen.

exasper/ar _t_ exaspérer. **-ación** _f_ exaspération. **-ante** _a_ exaspérant, e.

excavación _f_ 1. excavation. 2. _(arqueológica)_ fouille.

exced/er _t_ dépasser, excéder. ■ _pr_ exagérer, dépasser les bornes. **-encia** _f_ congé _m._ **-ente** _m_ excédent.

excelen/te _a_ excellent, e. **-cia** _f_ excellence.

exc/éntrico, a _a_ excentrique. **-entricidad** _f_ excentricité.

excep/ción _f_ exception: **con ~ de**, à l'exception de. **-cional** _a_ excep-

tionnel, elle. **-to** adv excepté, sauf. **-tuar** t excepter.

exces/o m excès. **-ivo, a** a excessif, ive.

excit/ar t exciter. **-able** a excitable. **-ación** f excitation. **-ante** a/m excitant, e.

exclam/ar i s'exclamer, s'écrier. **-ación** f exclamation.

exclu/ir° t exclure. **-sión** f exclusion. **-siva** f exclusivité. **-sive** adv non compris. **-sivo, a** a exclusif, ive.

excomu/lgar t excommunier. **-nión** f excommunication.

excrecencia f excroissance.

excremento m excrément.

excursi/ón f excursion. **-onista** s excursionniste.

excusa f excuse.

excusado m cabinets pl.

excusar t 1. excuser. 2. éviter.

execr/ar t exécrer. **-able** a exécrable.

exento, a a exempt, e.

exequias f pl obsèques.

exhal/ar t exhaler. **-ación** f (rayo) éclair m.

exhausto, a a épuisé, e.

exhib/ir t 1. (ostentar) exhiber. 2. (modelos, mercancías, billete, película, etc.) présenter: ~ **el carnet de identidad**, présenter sa carte d'identité. 3. (en un escaparate) exposer. ■ pr s'exhiber. **-ición** f 1. exhibition. 2. présentation. **-icionista** s exhibitionniste.

exhortar t exhorter.

exhumar t exhumer.

exig/ir t exiger. **-encia** f exigence. **-ente** a exigent, e.

exig/uo, a a exigu, ë. **-üidad** f exiguité.

exili/o m exil. **-ado, a** a/s exilé, e. **-arse** pr s'exiler.

eximio, a a illustre.

eximir t exempter.

existencia f existence. ■ pl stock m sing.

exist/ir i exister. **-ente** a existant, e.

éxito m succès: **llevarse un gran ~**, remporter un vif succès. | **tener ~ en la vida**, réussir dans la vie; **tener mal ~**, échouer.

éxodo m exode.

exonerar t exonérer.

exorbitante a exorbitant, e.

exorc/izar t exorciser. **-ismo** m exorcisme.

exótico, a a exotique.

expans/ión f expansion. **-ivo, a** a expansif, ive.

expatriarse pr s'expatrier.

expectación f attente, curiosité. | **ambiente de gran ~**, atmosphère fébrile.

expectativa f expectative.

expedición f expédition.

expediente m 1. (documentos) dossier. | ~ **académico**, diplômes universitaires. 2. JUR procédure.

exped/ir° t 1. (una carta) expédier. 2. (un documento) délivrer. **-ito, a** a libre, dégagé, e.

expeler t rejeter, cracher.

expend/er t vendre, débiter. **-edor, a** a 1. débitant, e. 2. (de tabaco) buraliste. 3. ~ **automático**, distributeur automatique. **-eduría** f 1. ~ **de tabacos**, bureau m de tabac. 2. (taquilla) guichet m.

expensas f pl **a ~ de**, aux dépens de.

experiencia f expérience.

experiment/ar t 1. (sensación, sentimiento) éprouver. 2. (científicamente)

experimenter. **-ado, a** a *(persona)* expérimenté, e. **-o** m expérience f.

experto, a a/m expert, e.

expi/ar t expier. **-ación** f expiation.

expirar i expirer.

explanada f esplanade.

expl/icar t expliquer. **-icación** f explication. **-ícito, a** a explicite.

explor/ar t explorer. **-ación** f exploration. **-ador, a** s explorateur, trice. ■ m scout.

explos/ión f explosion. **-ionar** i exploser. ■ t faire exploser. **-ivo, a** a/m explosif, ive.

explotación f exploitation.

explotar t exploiter. ■ i *(bomba)* exploser.

expon/er° t exposer. ■ pr s'exposer. **-ente** m 1. exposant. 2. exemple.

export/ar t exporter. **-ación** f exportation. **-ador, a** a/s exportateur, trice.

exposición f 1. exposition. 2. tiempo de ~, temps de pose. 3. *(narración)* exposé m.

expósito, a s enfant trouvé.

expositor, a s exposant, e.

exprés a *(tren, café)* express.

expres/ar t exprimer. ■ pr s'exprimer. **-ión** f expression. **-ivo, a** a expressif, ive.

expreso, a a exprès, esse. ■ m *(tren)* express.

exprim/ir t presser, exprimer: ~ un limón, presser un citron. **-idor** m presse-fruits.

expropi/ar t exproprier. **-ación** f expropriation.

expuesto, a p p de **exponer**. | **según lo ~,** d'après ce qui vient d'être exposé.

expuls/ar t expulser. **-ión** f expulsion.

exquisito, a a exquis, e.

extasiarse pr s'extasier.

éxtasis m extase f.

extender° t 1. étendre. 2. *(un acta)* dresser, rédiger, libeller. | ~ un cheque, faire un chèque. ■ pr 1. **la llanura se extiende hasta el horizonte,** la plaine s'étend jusqu'à l'horizon. 2. se répandre: **creencia muy extendida,** croyance très répandue.

extensamente adv amplement.

extensible a extensible.

extensión f 1. étendue. 2. **por ~,** par extension.

extenso, a a *(amplio)* étendu, e, vaste.

extenuar t exténuer.

exterior a/m extérieur, e.

extermin/ar t exterminer. **-ación** f, **-io** m extermination f.

extern/o, a a 1. externe. 2. extérieur, e. ■ a/s *(alumno)* externe. **-ado** m externat.

extin/guir t éteindre. **-to, a** a éteint, e. ■ a/s défunt, e. **-tor** m extincteur.

extirpar t extirper.

extra a extra. ■ m 1. supplément. 2. *(plus)* gratification f. 3. *(comparsa)* figurant.

extracción f 1. extraction. 2. *(lotería)* tirage m.

extracto m extrait.

extradición f extradition.

extraer° t extraire.

extralimitarse pr dépasser les bornes.

extranjero, a a/s étranger, ère. ■ m **viajar por el ~,** voyager à l'étranger.

extrañar t 1. étonner, surprendre, être étonné, e: **me extraña que digas eso,** ça me surprend, je suis étonné que tu dises cela; **le extrañó mi presencia,** ma présence l'a surpris. 2. *(echar de menos)* regretter:

extraño su ausencia, je regrette son absence. ■ *pr* s'étonner.

extrañeza *f* **1.** étrangeté. **2.** *(asombro)* étonnement *m*.

extraño, a *a (raro)* étrange, étonnant, e: **es ~ que...**, il est étonnant que... ■ *a/s* étranger, ère.

extraordinario, a *a* **1.** extraordinaire. | **horas extraordinarias**, heures supplémentaires. **2.** *(edición)* spécial, e.

extrarradio *m* banlieue *f*.

extravagan/te *a* extravagant, e. **-cia** *f* extravagance.

extravi/ar *t* égarer. ■ *pr* **1. nos hemos extraviado**, nous nous sommes égarés. **2.** *(pervertirse)* se fourvoyer. **-ado, a** *a* **1.** perdu, e, égaré, e. **2. ojos extraviados**, yeux hagards.

extrem/ar *t* **1.** pousser à l'extrême. **2. ~ la amabilidad**, redoubler d'amabilité. **-ado, a** *a* extrême. **-adamente** *adv* extrêmement.

extremidad *f* extrémité.

extremista *a/s* extrémiste.

extremo, a *a/m* extrême. | **en ~**, à l'extrême. ■ *m* **1.** extrémité *f*: **en el ~ del ala**, à l'extrémité de l'aile. **2.** *(deporte)* ailier.

Extremo Oriente *n p m* Extrême-Orient.

exuberan/te *a* exubérant, e. **-cia** *f* exubérance.

exultar *i* exulter.

exvoto *m* ex-voto.

eyectable *a* éjectable.

F

f [efe] f: **una** ~, un f.
fa m mús fa.
fabada f cassoulet m asturien.
fábrica f 1. usine; ~ **de hilados**, filature. 2. fabrique: **marca de** ~, marque de fabrique. 3. (edificio) bâtiment m. 4. **pared de** ~, mur en maçonnerie.
fabricar t fabriquer; **-ación** f fabrication, c. **-ante** s fabricant, e.
fabril a manufacturier, ère.
fábula f fable.
fabuloso, a a fabuleux, euse.
faca f couteau m.
facción f faction. ■ **pl traits** m (du visage): **enérgicas facciones**, des traits énergiques.
faceta f facette.
facha f 1. allure: **buena** ~, belle allure. 2. FIG **viene hecho una** ~, il est affreux. ■ s FAM facho.
fachada f façade.
fachenda/o, -oso, a a/s vantard, e.
fácil a facile: ~ **de limpiar**, facile à nettoyer.
facilidad f facilité. ■ **pl facilidades de pago**, facilités de paiement.
facilitar t 1. facilitar. 2. ~ **datos**, fournir, procurer des renseignements; **agradeceremos nos facilite su dirección**, nous vous serons reconnaissants de nous donner, communiquer votre adresse.
facistol m lutrin.
factible a faisable.
facticio, a a factice.

factor m facteur.
factura f facture.
facturar t 1. ~ **su equipaje**, faire enregistrer ses bagages. 2. COM facturer. **-ación** f 1. (de equipaje) enregistrement m. 2. facturation. 3. COM chiffre m d'affaires.
facultad f faculté.
facultar t autoriser, habiliter: ~ **a alguien para hacer algo**, autoriser quelqu'un à faire quelque chose.
facultativo, iva a 1. facultatif, ive. 2. **cuerpo** ~, corps médical; e: **parte** ~, bulletin de santé. 3. technique. ■ m médecin, chirurgien.
facundia f faconde.
faena f 1. travail m: **las faenas del campo**, les travaux des champs. 2. **gastar una mala** ~, jouer un sale tour, faire une crasse.
fagot m basson.
faisán m faisan.
faja f 1. (de terreno, de periódico) bande. 2. (que rodea el cuerpo) ceinture. 3. (de una mujer) gaine. 4. (insignia) écharpe f.
fajo m (de billetes) liasse f.
falange f phalange.
falda f 1. jupe: ~ **recta, plisada**, jupe droite, plissée. 2. (de una montaña) flanc m. **-ón** m pan.
falible a faillible.
falla f faille.
fallar t 1. JUR juger; se prononcer. 2. ~ **un premio**, décerner un prix.

fallar 1. (*fracasar*) échouer, rater. | le falló la puntería, le coup a manqué, ses nerfs ont lâché, cédé, cra-

fallas f pl fêtes de la Saint-Joseph, à Valence (Espagne).

falleba f espagnolette.

fallecer i décéder, mourir. **-imiento** m décès.

fallido, a a manqué, e. | esperanza fallida, espoir déçu.

fallo m JUR sentence f, jugement, arrêt.

¹**fallo** m 1. défaillance f. 2. faute f, erreur f. 3. (de un motor) raté.

falsario, a s menteur, euse.

falsear t fausser, dénaturer. **-dad** f fausseté.

falsificar t falsifier. **-ación, -ador, a** s falsification, contrefaçon. a s falsificateur, trice.

falso, a a faux, fausse: una noticia falsa, une fausse nouvelle; nota falsa, fausse note. | dar un paso en ~, faire un faux pas.

falta f 1. (error) faute: ~ de ortografía, faute d'orthographe. 2. ~ de dinero, manque m d'argent; ~ de escrúpulos, absence f de scrupules. | a ~ de, faute de, à défaut de; echar en ~, regretter; hacer ~, manquer, faire défaut; (ser necesario) falloir: para eso, hace ~ dinero, pour ça, il faut de l'argent; sin ~, sans faute.

faltar i 1. manquer: faltan dos vasos en la mesa, il manque deux verres sur la table; ¡no faltaba más!, il ne manquait plus que cela!; ~ a su palabra, manquer à sa parole; | poco faltó para que se aho-gara, il a failli se noyer. 2. falta un mes para Navidad, il reste un mois avant Noël; faltan dos kilómetros

para mi casa, il reste deux kilomè-tres avant d'arriver chez moi.

falúa f vedette.

fama f renommée, réputation. | de ~, réputé; tiene ~ de mentiroso, il a la réputation d'être menteur.

familia f famille. **-ar** a 1. (sencillo) familier, ère. 2. familial, e, de famil-le: reunión ~, réunion familiale. ■ m membre de la famille. **-aridad** f familiarité. **-arizarse** pr se familia-riser.

famoso, a a célèbre, renommé, e, fameux, euse. s célébrité f.

fan s FAM fan.

fanal m 1. fanal. 2. (campana de cris-tal) globe.

fanático, a a/s fanatique. **-ismo** m fanatisme.

fanfarrón, ona a/s fanfaron, onne.

fango m fange f, boue f. **-oso, a** a boueux, euse.

fantasear i fantasier.

fantasía f fantaisie.

fantasma m (aparecido) fantôme.

fantasmón, ona a/s FAM frimeur, euse.

fantástico, a a fantastique.

faquir m fakir.

fantoche m fantoche.

fardar i FAM frimer.

farfullar t bredouiller.

faringe f pharynx m.

faringitis f pharyngite.

farmacia f pharmacie. **-éutico, a** a/s pharmaceutique. s pharmacien, enne.

fármaco m médicament.

faro m phare.

farol m 1. lanterne f. 2. (en las calles) réverbère. 3. FAM épate f, bluff, esbroufe f. **-a** f lampadaire m, réverbère m.

farol/ear i FAM faire de l'esbroufe, bluffer, crâner. **-eo** m FAM esbroufe f. **-ero, a** a/s esbroufeur, euse.

farolillo m lampion. | ~ **veneciano,** lanterne f vénitienne.

farra f noce, bringue.

fárrago m fatras.

farragoso, a a compliqué, e, chargé, e.

fars/a f farce. **-ante** a/s comédien, enne.

fascículo m fascicule.

fascin/ar t fasciner. **-ación** f fascination. **-ante** a fascinant, e.

fasc/ismo m fascisme. **-ista** a/s fasciste.

fase f phase.

fastidiar t 1. ennuyer, embêter, assommer. | ¡no fastidies!, la paix! 2. (una fiesta, etc.) gâcher. 3. (un motor, etc.) abîmer. ■ pr FAM endurer. | ¡fastídiate!, tant pis pour toi!, va te faire foutre!

fastidi/o m ennui. | ¡qué ~!, quelle barbe! **-oso, a** a ennuyeux, euse.

fasto, a a faste.

fastuoso, a a fastueux, euse.

fatal a 1. fatal, e. 2. FAM **la corrida resultó** ~, la corrida a été très mauvaise; **a ella los pantalones le sientan** ~, les pantalons lui vont très mal. **-idad** f fatalité. **-ismo** m fatalisme. **-ista** a/s fataliste.

fatig/ar t fatiguer. **-a** f fatigue.

fatu/o, a a 1. fat, e. 2. (necio) sot, sotte. **-idad** f fatuité.

fauces f pl gosier m sing.

fauna f faune.

fausto, a a heureux, euse. ■ m faste.

favor m 1. faveur f. | **a** ~ **de,** en faveur de; (merced a) à la faveur de; **en** ~ **de,** en faveur de; **tres votos a** ~, trois voix pour. 2. **hacer el** ~ **de,**

faire le plaisir de; **hagan el** ~ **de...,** ayez l'obligeance de...; ¿me hace el ~ de decirme dónde está la estación?, pourriez-vous me dire, auriez-vous l'amabilité de me dire où se trouve la gare?; **por** ~, s'il te (vous) plaît.

favorable a favorable.

favorecer° t 1. favoriser. 2. (sentar bien) avantager.

favorito, a a/s favori, e.

fax m fax: **mandar un** ~, envoyer un fax.

faz f face.

fe f 1. foi: **de buena** ~, de bonne foi. | **dar** ~, témoigner. 2. confiance: **tener** ~ **en un médico,** avoir confiance en un médecin. 3. acte m, extrait m, certificat m: ~ **de bautismo,** extrait de baptême. | ~ **de vida,** fiche d'état civil.

fealdad f laideur.

febrero m février: **5 de** ~, 5 février.

febril a fébrile.

fech/a f 1. date: **poner la** ~ **en una carta,** mettre la date sur une lettre; ~ **tope,** date butoir. | **a estas fechas,** actuellement; **hasta la** ~, jusqu'à présent; **por aquellas fechas,** à cette époque. 2. (día) jour m: **este paquete tardará al menos cinco fechas,** ce colis mettra au moins cinq jours. **-ar** t dater.

fechoría f mauvais tour m, méfait m.

fécula f fécule.

fecund/o, a a fécond, e. **-ación** f fécondation. **-ar** t féconder. **-idad** f fécondité.

federación f fédération.

federal a fédéral, e. **-ismo** m fédéralisme.

Federico n p m Frédéric.

felicidad f 1. bonheur m. 2. ¡felicidades! (Año Nuevo, cumpleaños)

meilleurs vœux!; (*acontecimiento feliz*) mes félicitations!; (*santo*) bonne fête!; le deseo muchas felicidades, je vous présente mes meilleurs vœux.

felicitación f félicitation ■ pl compliments, souhaits m, vœux m.

felicitar t 1. féliciter. 2. ~ las Pascuas, el Año Nuevo, souhaiter un joyeux Noel, la bonne année. ■ pr se féliciter.

feligrés, esa s paroissien, enne.

Felipe n p m Philippe.

feliz a 1. heureux, euse: hacer felices a los demás, rendre les autres heureux. -**mente** adv heureusement.

felp/a f 1. peluche. 2. FAM (*paliza*) raclée; (*reprensión*) savon m. -**udo** m paillasson.

femenino, a a/m féminin, e.

feminista a/s féministe.

fémur m fémur.

fen/ómeno m phénomène. ■ a FAM drôlement bien. ■ interj super! -**omenal** a phénoménal, e.

feo, a a 1. laid, e. 2. el asunto se está poniendo ~, l'affaire prend une mauvaise tournure. 2. vilain, e: ¡qué tiempo más ~!, quel vilain temps! ■ m affront.

feraz a fertile.

féretro m cercueil.

feri/a f 1. foire: ~ de muestras, foire-exposition. 2. (*verbena*) fête foraine. -**ado, a** a día ~, jour férié. -**al** m champ de foire. -**ante** s forain. -**ación** f

fermentar i fermenter. -**o** m fermentation.

Fernando n p m Ferdinand.

feroz a féroce. -**cidad** f férocité.

férreo, a a vía férrea, voie ferrée; voluntad férrea, volonté de fer.

ferretería f quincaillerie.

ferrocarril m chemin de fer. -**ario, a** a ferroviaire. ■ m cheminot.

fértil a fertile. -**tilidad** f fertilité. -**zar** t fertiliser.

ferv/or m ferveur. -**iente, -oro-so, a** a fervent, e.

festejar t fêter. -**os** m pl réjouissances, festivités f.

festín m festin.

festival m festival: festivales taurinos, des festivals taurins.

festivo, a a 1. de fête; día ~, jour férié. 2. amusant, e, gai, e.

feto m fœtus.

fétido, a a fétide.

fetiche m fétiche.

festón m feston.

feúcho, a a pas très joli, e, moche.

feudal a féodal, e.

fiable a fiable.

fiado (al) adv à crédit.

fiador, a a salir ~, se porter garant. ■ m f (*fianza*) caution f. 2. verrou de sûreté.

fiambre m plat froid. | fiambres variados, assiette anglaise. -**ra** f gamelle.

fianza f caution.

fiar t vendre à crédit. ■ i esta persona no se de ~, on ne peut pas faire confiance, on ne peut pas se fier à cette persone; pr no me fío de él, je n'ai pas de confiance en lui.

fiasco m fiasco.

fibra f fibre.

ficción f fiction.

ficha f 1. (*de teléfono*) jeton m. 2. (*tarjeta*) fiche. 3. domino m. 4. ~ técnica, générique m.

fich/ar t (a un jugador de fútbol) engager. ■ i (en una fábrica) pointer. **-ero**
m fichier.

ficticio, a a fictif, ive.

fidedigno, a a digne de foi.

fidelidad f fidélité.

fideo m vermicelle.

fiebre f fièvre: **tengo ~**, j'ai de la fièvre.

fiel a/m fidèle. | **los fieles**, les fidè-
les. ■ m **1.** contrôleur. **2.** aiguille f.

fieltro m feutre.

fier/a f fauve m, bête féroce. **-eza** f
sauvagerie.

fiesta f fête. | **estar de ~**, être en
fête.

figón m gargote f.

figur/a f **1.** figure. **2.** silhouette.
-ación f idée, imagination. **-ado, a**
a en sentido ~, au sens figuré.
-ante s figurant, e. **-ar** t figurer. ■
pr se figurer, s'imaginer. **-ativo, a**
a figuratif, ive.

figurín m gravure f de mode.

fijación f fixation.

fijar t fixer. | **~ carteles**, poser des
affiches, afficher. ■ **fijarse en**,
remarquer. | **fíjate en lo que digo**,
fais attention à ce que je dis; **¡fíjese
usted!**, rendez-vous compte!; **¡fíja-
te qué sorpresa!**, rends-toi compte
d'une surprise!

fijo, a a **1.** fixe. **2.** certain, e. | **de ~**,
sûrement.

fila f **1.** file: **en ~**, à la file; **en ~ india**,
en file indienne; **en doble ~**, en
double file. **2.** (en los cines, de soldados, etc.) rang m: **en primera ~**, au
premier rang. | **llamar a filas**, appe-
ler sous les drapeaux.

filamento m filament.

fil/ántropo m philanthrope.
-antropía f philanthropie.

filatel/ia f philatélie. **-ista** s phila-
téliste.

filete m filet.

filiación f **1.** filiation. **2.** (señas)
signalement m.

filial a filial, e. ■ f filiale.

filigrana f filigrane m.

Filipinas n p f pl Philippines.

film, film/e m film. **-ación** f tournage m. **-ar** t filmer.

filo m tranchant, fil.

filología t philologie.

filón m filon.

fil/osofía f philosophie. **-ósofo, a**
a/s philosophe.

filtr/o m filtre. **-ar** t/i filtrer. ■ pr filtrer.

fin m fin f: **el ~ del mundo**, la fin du
monde. | **~ de semana**, week-end; a
~ de que, afin que; a **fines del mes**,
à la fin du mois; **al ~, en ~, por ~**,
enfin; **al ~ y al cabo**, en fin de compte; **¿con qué ~?**, dans quel but?

finado, a s défunt, e.

final a final, e. ■ m fin f. ■ f (deporte) finale. **-idad** f but m. **-ista** s
finaliste.

finalizar t terminer, achever. ■ i
prendre fin, finir: **el plazo finaliza
en abril**, le délai prend fin en avril.

financi/ar t financer. **-ación** f
financement m. **-ero, a** a/s finan-
cier, ère.

finanzas f pl finances.

finca f propriété: **~ rústica**, propriété rurale.

fineza f gentillesse, attention délicate.

fingir t feindre: **dolor fingido**, douleur feinte. ■ pr se faire passer
pour: **se fingió enfermo**, il se fit
passer pour malade.

finlandés, esa a/s finlandais, e.

Finlandia n p f Finlande.

fino, a *a* 1. fin, e. 2. poli, e, courtois, e. ■ *m* (*vino*) xérès sec.

finta *f* feinte.

finura *f* 1. finesse. 2. délicatesse. 3. (*cortesía*) politesse.

fiordo *m* fjord.

firma *f* signature.

firmamento *m* firmament.

firmar *t* signer.

firme *a* 1. ferme. | de ~, ferme. 2. MIL ¡firmes!, garde-à-vous! ■ *m* revêtement. | ~ en mal estado en 2 kilómetros, chaussée en mauvais état sur 2 kilomètres.

firmeza *f* fermeté.

fiscal *a* fiscal, e. ■ *m* procureur.

fiscalizar *t* contrôler.

fisco *m* fisc.

fisg/ar *t* épier. **-ón, ona** *s* curieux, euse. **-onear** *t* fouiner.

físico, a *a/f* physique. ■ *s* physicien, enne. ■ *m* un ~ agradable, un physique agréable.

fisiol/ogía *f* physiologie. **-ógico, a** *a* physiologique.

fisión *f* fission.

fisonomía *f* physionomie.

fisura *f* fissure.

flac/o, a *a* 1. maigre. 2. faible: punto ~, point faible. **-ura** *f* maigreur.

flagrante *a* flagrant, e. | en ~, en flagrant délit.

flamante *a* flambant neuf: muebles flamantes, meubles flambant neufs.

flamear *t* flamber. ■ *i* ondoyer.

flamenco, a *a/s* 1. flamand, e. 2. cante ~, chant flamenco. ■ *m* (*ave*) flamant.

flan *m* 1. flan, crème *f* caramel. 2. ~ de arena, pâté de sable.

flanco *m* flanc.

Flandes *n p m* Flandre *f*.

flaque/ar *i* faiblir. **-za** *f* 1. maigreur. 2. (*debilidad*) faiblesse.

flash *m* flash.

flaut/a *f* flûte. **-ista** *s* flûtiste.

flech/a *f* flèche. **-azo** *m* (*amor*) coup de foudre.

fleco *m* frange *f*.

flem/a *f* flegme *m*. **-ático, a** *a* flegmatique.

flequillo *m* frange *f*.

flet/e *m* fret. **-ar** *t* affréter.

flexib/le *a* 1. flexible. 2. (*persona*) souple. **-ilidad** *f* 1. flexibilité. 2. ejercicios de ~, exercices d'assouplissement.

flexión *f* flexion.

flexo *m* lampe *f* de bureau.

flipper *m* flipper.

flirte/ar *i* flirter. **-o** *m* flirt.

floj/o, a *a* 1. (*no apretado*) lâche. 2. (*blando*) mou, molle. 3. (*débil*) faible: viento ~, vent faible; ~ en cálculo, faible en calcul. **-ear** *i* faiblir. **-edad** *f* faiblesse.

flor *m* 1. fleur *f*: un ramo de flores, un bouquet de fleurs. | a ~ de agua, à fleur d'eau. 2. FIG la ~ y nata, la fine fleur. 3. compliment *m*. **-a** *f* flore. **-ación** *f* floraison. **-al** *a* floral, e.

florec/er° *i* fleurir. **-iente** *a* florissant, e.

Florencia *n p f* Florence *f*.

florero *m* vase (à fleurs).

florido, a *a* fleuri, e.

florista *s* fleuriste.

flota *f* flotte.

flot/ar *i* flotter. **-ación** *f* flottement *m*. **-ador** *m* 1. flotteur. 2. (*para nadar*) bouée *f*.

flote *m* sacar a ~, remettre à flot; salir a ~, se tirer d'affaire.

flotilla *f* flotille.

fluctuación *f* fluctuation.

fluir i couler, s'écouler. **-ido, a** a/m fluide.

flujo m flux.

fluorescente a fluorescent, e.

fluvial a fluvial, e.

fluxión f fluxion.

fobia f phobie.

foca f phoque m.

foco m 1. foyer. 2. (lámpara) projecteur.

fofo, a a mou, molle, spongieux, euse, flasque.

fogata f flambée.

fogón m 1. fourneau. 2. (de caldera) foyer.

fogonazo m éclair.

fogoso, a a fougueux, euse. **-idad** f fougue.

foie-gras m pâté, foie gras.

folclore m folklore. **-órico, a** a folklorique.

folio m feuillet.

follaje m feuillage.

folletín m feuilleton. **-o** m brochure, dépliant.

follón m FAM 1. se armó un ~ terrible, il y a eu un chahut, une pagaille, le monstre; armar ~, faire du chahut. 2. histoire f.

fomentar t 1. fomenter. 2. encourager, stimuler, développer. **-o** m encouragement, développement.

fondear t MAR jeter l'ancre, mouiller. **-adero** m mouillage.

fondillos m pl fond sing (de culotte).

fondista s aubergiste.

fondo m 1. fond; en el ~, au fond, dans le fond. 2. (de una biblioteca, de erudición, etc.) fonds. ■ pl 1. fonds: fondos públicos, fonds publics. | cheque sin fondos, chèque sans provision; estar mal de fondos, ne pas être en fonds, être gêné, e. 2. bajos fondos, bas-fonds.

fonético, a adj phonétique.

fonógrafo m phonographe.

fontanería f plomberie. **-o** m plombier.

foque m MAR foc.

forajido m bandit.

forastero, a a/s étranger, ère.

forcejear i 1. se débattre. 2. lutter.

forense a des tribunaux. | médico ~, médecin légiste. | forestal a forestier, ère. | incendio forestal, incendie de forêt.

forja f forge. **-ar** t forger.

forma f 1. forme: en ~ de, en forme de; estar en plena ~, être en pleine forme. 2. façon: no se en qué forma decírselo, je ne sais pas de quelle façon le lui dire; de todas formas, de toutes façons. | no hay ~ de..., il n'y a pas moyen de... 3. hostie.

formación f formation.

formal a 1. formel, elle. 2. (serio) sérieux, euse. **-idad** f 1. formalité. 2. sérieux.

formalizar t 1. régulariser. 2. (un contrato, etc.) valider, ratifier.

formar t 1. former. 2. MIL rassembler. ■ i former les rangs.

formato m format. **-ear** t formater.

formidable a formidable.

fórmula f 1. formule. 2. por ~, pour la forme.

formular t formuler.

formulario m formulaire.

fornido, a a robuste.

foro m 1. (plaza, debate) forum. 2. (tribunal) barreau. 3. (abogacía) tribunal. 3. (teatro) fond de la scène.

forofo s FAM fan.

forrado, a *a fam* **estar ~**, avoir du fric.

forrar *t* **1.** (*un vestido*) doubler. **2.** (*con pieles*) fourrer. **3.** (*un libro*) couvrir. ■ *pr fam* s'en mettre plein les poches. **~o** *m* **1.** (*de ropa*) doublure *f*. **2.** (*de un libro*) couverture *f*.

fortalecer *t* fortifier.

fortaleza *f* **1.** force. **2.** (*recinto fortificado*) forteresse.

fortificar *t* fortifier. **-ación** *f* fortification.

fortín *m* fortin.

fortuito, a *a* fortuit, e.

fortuna *f* fortune. | **por ~**, heureusement.

forúnculo *m* furoncle.

forzado, a *a* forcé, e. ■ *m* forçat.

forzar *t* forcer.

forzoso, a *a* forcé, e. **-amente** *adv* forcément.

forzudo, a *a* très fort, e, costaud.

fosa *f* fosse.

fosfato *m* phosphate.

fosforescente *a* phosphorescent, e.

fósforo *m* **1.** phosphore. **2.** (*cerilla*) allumette *f*.

fósil *a/m* fossile.

foso *m* **1.** fosse *f*. **2.** (*fortificación*) fossé.

foto *f* photo: **sacar una ~**, prendre une photo. | **~ de carné**, photo d'identité. | **hacerse una ~**, se faire photographier.

fotocopia *f* photocopie. **-adora** *f* photocopieuse. **-ar** *t* photocopier.

fotografía *f* photographie. **-iar** *t* photographier.

fotógrafo, a *s* photographe.

frac *m* frac, habit.

fracasar *i* échouer. **-ado, a** *a/s* raté, e. ■ **o** *m* échec.

fracción *f* fraction.

fractura *f* fracture. **-ar** *t* fracturer.

fragancia *f* parfum *m*.

fragata *f* frégate.

frágil *a* fragile. **-idad** *f* fragilité.

fragmento *m* fragment.

fragor *m* fracas.

fragoso, a *a* accidenté, e.

fragua *f* forge. **-ar** *t* forger.

fraile *m* moine.

frambuesa *f* framboise. **-o** *m* framboisier.

francachela *f* bombe, ripaille.

Francia *n p f* France.

francés, esa *a/s* français, e: **los franceses**, les Français.

francamente *adv* franchement.

Francisco, a *n p* François, e.

franciscano, a *a/s* franciscain, e.

francmasón, a *s* franc-maçon, onne.

franco, a *a* franc, franche. ■ *adv* **de porte, franco**. ■ *m* (*moneda*) franc.

francófono, a *a/s* francophone.

francotirador *m* franc-tireur.

franela *f* flanelle.

frangollar *t fam* bâcler.

franja *f* **1.** bande. **2.** (*borde*) frange.

franquear *t* **1.** (*esclavo, carta*) affranchir. **2.** (*el paso*) dégager. | **le franqueó el paso al salón**, il le fit entrer dans le salon. **3.** (*salvar*) franchir. **-o** *m* affranchissement.

franqueza *f* franchise: **con toda ~**, en toute franchise.

franquía (en) *loc adv* en partance.

franquicia *f* franchise: **~ postal**, franchise postale.

frasca *f* (*de vino*) carafe.

frasco *m* flacon.

frase *f* phrase. | **~ hecha**, expression toute faite.

fraternal a fraternel, elle.
fratern/izar i fraterniser. **-idad** f fraternité. **-o, a** a fraternel, elle.
fraud/e m fraude f. **-ulento, a** a frauduleux, euse.
fray m frère.
frazada f couverture (de lit).
frecuencia f fréquence. | ~ modulada, modulation de fréquence; **con ~**, fréquemment.
frecuent/ar t fréquenter. **-ación** f fréquentation.
frecuente a fréquent, e. **-mente** adv fréquemment.
fregadero m évier.
freg/ar° t 1. frotter. 2. récurer. 3. laver. | ~ **los platos**, faire la vaisselle. 4. AMER (fastidiar) embêter, emmerder. **-ado** m 1. lavage. 2. FIG (lio) histoire f. **-ona** f (utensilio) balai m à frange.
freír° t 1. frire, faire frire. 2. FAM énerver, exaspérer. ■ pr frire.
fren/ar i/t freiner. **-azo** m coup de frein.
fren/esí m frénésie f. **-ético, a** a frénétique.
freno m frein: ~ **de mano**, frein à main.
frente f/m front m. | ~ **a**, en face de; ~ **a ~**, face à face; ~ **por ~ a**, juste en face de; **al ~ de**, à la tête de; **chocar de ~**, se heurter de front; **hacer ~**, faire face.
fresa f 1. fraise. 2. (planta) fraisier m.
fresca f fraîche: **por la mañana, con la ~**, le matin, à la fraîche.
fresc/o, a a 1. frais, fraîche. 2. FAM (descarado) culotté, e. 3. **se quedó tan ~**, il s'est fait avoir. ■ s **ser un ~**, être culotté. ■ m 1. **tomar el ~**, prendre le frais. 2. (pintura) fresque

f. **-or** m fraîcheur f. **-ura** f 1. fraîcheur. 2. FIG toupet m, culot m.
fresno m frêne.
fresón m fraise f.
fresquera f garde-manger m.
friable a friable.
frialdad f froideur.
fricci/ón f friction. **-onar** t frictionner.
friega f friction.
frigidez f frigidité.
frigorífico, a a frigorifique. ■ m réfrigérateur.
frijol m AMER haricot.
frío, a a/m froid, e: **agua fría**, eau froide; **hace mucho ~**, il fait très froid; **en ~**, à froid.
¹friolera f bagatelle.
²friolero, a a frileux, euse.
frisar i ~ **en los cincuenta años**, friser la cinquantaine.
friso m frise f.
fritada f friture.
frit/o, a a 1. frit, e. 2. FIG **me tiene ~**, il m'énerve, il m'enquiquine. **-ura** f friture.
frivolidad f frivolité.
frívolo, a a frivole.
frond/a f feuillage m. **-oso, a** a touffu, e.
fronter/a f frontière. **-izo, a** a frontalier, ère, frontière.
frontispicio m frontispice.
frontón m fronton.
frot/ar t frotter. **-amiento, -e** m frottement.
fructífero, a a fructueux, euse.
fruct/ificar i fructifier. **-uoso, a** a fructueux, euse.
frugal a frugal, e. **-idad** f frugalité.
fruición f délectation, vif plaisir m.
frunc/ir t froncer. **-e** m fronce f.
fruslería f vétille.

frustr/ar t 1. frustrer. 2. décevoir. 3. faire échouer. ■ pr échouer. | **atentado frustrado**, attentat manqué. **-ación** f frustration.

frut/a f fruit m, fruits m pl: ¿tiene ~?, avez-vous des fruits?; ~ **del tiempo**, fruits de saison. | ~ **de sartén**, mets en pâte à frire (beignets). **-al** a árboles frutales, arbres fruitiers. ■ m arbre fruitier. **-ero, a** s fruitier, ère. ■ m coupe f à fruits.

frutilla f AMER grosse fraise.

fruto m fruit.

fue ⇒ ir, ser.

fuego m feu: **armas de** ~, armes à feu. | **fuegos artificiales**, feu d'artifice; **a** ~ **lento**, à petit feu; **jugar con** ~, jouer avec le feu; **¡fuego!**, (incendio) au feu!

fuelle m soufflet.

fuel-oil m fioul.

fuente f 1. fontaine. 2. (manantial) source. 3. (plato) plat m. 4. FIG source: **de buena** ~, de bonne source.

¹**fuera** adv 1. dehors. | **por** ~, de l'extérieur, en apparence, du dehors. 2. au-dehors. 3. ~ **de serie**, hors série; ~ **de peligro**, hors de danger; **estar** ~ **de sí**, être hors de soi; **¡~ de aquí!**, hors d'ici! | ~ **de eso**, à part ça; ~ **de que...**, en dehors du fait que...

²**fuera**, etc. ⇒ ir, ser.

fueraborda m hors-bord.

fuero m 1. privilège. 2. **en mi** ~ **interno**, dans mon for intérieur.

fuerte a/m fort, e. ■ adv **hablar** ~, parler fort.

fuerza f force: **a** ~ **de**, à force de; **a la** ~, **por la** ~, de force.

fuese, etc. ⇒ ir, ser.

fuga f 1. fuite. | **darse a la** ~, prendre la fuite. 2. MUS fugue. **-arse** pr s'échapper, s'enfuir.

fugitivo, a a/s fugitif, ive.

fui, etc. ⇒ ir, ser.

fulano, a s un tel, une telle. | **un** ~, un type; **una fulana**, une prostituée.

fular m foulard.

fulg/or m éclat. **-urante** a fulgurant, e.

fullero, a a/s tricheur, euse.

fulmin/ar t foudroyer. **-ante** a foudroyant, e. ■ m amorce f.

fum/ar i/t fumer. ■ pr 1. fumer. 2. (gastar) manger. **-ador, a** s fumeur, euse.

función f 1. fonction: **en** ~ **de**, en fonction de. 2. fête. 3. spectacle m. | ~ **de tarde**, matinée; ~ **de noche**, soirée.

funcional a fonctionnel, elle.

funcion/ar i fonctionner. | "no funciona", "hors service". **-amiento** m fonctionnement.

funcionario, a s fonctionnaire.

funda f 1. housse. 2. (de almohada) taie. 3. (de paraguas) fourreau m. 4. (de gafas, etc.) étui m. 5. ~ **nórdica**, couette.

funda/ción f fondation. **-dor, a** s fondateur, trice.

fundamental a fondamental, e.

fundamento m fondement.

fundar t fonder. ■ **fundarse en**, se fonder sur, s'appuyer sur.

fundición f 1. (acción, hierro colado) fonte. 2. (fábrica) fonderie.

fundir t 1. fondre. 2. ~ **los plomos**, faire sauter les plombs. ■ pr 1. (bombilla) griller. 2. **se fundieron los plomos**, les plombs ont sauté.

fúnebre a funèbre.

funerales *m pl* funérailles *f*, obsèques *f*.

funerario, a *a* funéraire. ■ *f* entreprise de pompes funèbres.

funesto, a *a* funeste.

funicular *m* funiculaire.

furg/ón *m* fourgon. **-oneta** *f* fourgonnette.

fur/ia *f* furie. | hecho una ~, furieux. **-ibundo, a** *a* furibond, e. **-ioso, a** *a* furieux, euse. **-or** *m* fureur *f*. | hacer ~, faire fureur.

furtivo, a *a* furtif, ive. | cazador ~, braconnier.

furúnculo *m* furoncle.

fusa *f* MÚS triple croche.

fuselaje *m* fuselage.

fusible *a/m* fusible.

fusil *m* fusil (de guerre). **-amiento** *m* exécution *f*. **-ar** *t* fusiller.

fusi/ón *f* fusion. **-onarse** *pr* fusionner.

fusta *f* cravache.

fuste *m* **1.** (*de columna*) fût. **2.** de ~, important, e.

fútbol *m* football.

futbolín *m* baby-foot.

futbolista *m* footballeur.

fútil *a* futile.

futilidad *f* futilité.

futuro, a *a/m* futur, e. ■ *m* futur, avenir.

G

g [xe] ʃ g *m*: una ~, un g.

gabán *m* pardessus.

gabardina ʃ gabardine.

gabinete *m* cabinet.

gacela ʃ gazelle.

gacet/a ʃ **1.** gazette. **2.** journal *m* officiel. **-illa** ʃ petit article *m*.

gachas ʃ *pl* bouillie *sing*.

gachí ʃ POP fille, nana.

gacho, a *a* **1.** con las orejas gachas, l'oreille basse. **2.** a gachas, à quatre pattes.

gachó *m* POP type.

gaditano, a *a/s* de Cadix.

gafas ʃ *pl* lunettes: ~ de sol, de bucear, lunettes de soleil, de plongée.

gafe *m* FAM ser ~, porter la guigne, la poisse.

gag *m* gag.

gaita ʃ **1.** (*gallega*) musette, cornemuse. **2.** FAM histoire, corvée.

gaje *m* gage. | los gajes del oficio, les inconvénients du métier.

gajo *m* (*de naranja, etc.*) quartier.

gala ʃ **1.** con traje de ~, en grande tenue; función de ~, soirée de gala. **2.** hacer ~ de, faire étalage de. **3.** (*fiesta*) gala *m*. ■ *pl* atours *m*, bijoux *m*.

gal/án *m* **1.** galant. **2.** (*teatro*) jeune premier. **-ano, a** *a* élégant, e. **-ante** *a* galant, e. **-antería** ʃ galanterie.

galantina ʃ galantine.

galanura ʃ élégance.

galápago *m* tortue ʃ aquatique.

galard/ón *m* récompense ʃ, prix. **-onar** *t* récompenser. | ha sido galardonado con el primer premio, on lui a décerné le premier prix.

galaxia ʃ galaxie.

galbana ʃ FAM flemme, cosse.

galeote *m* galérien.

galera ʃ galère.

galería ʃ galerie.

Gales *n p* país de ~, pays de Galles.

galés, esa *a/s* gallois, e.

galgo *m* lévrier.

Galia *n p* ʃ Gaule.

gálibo *m* gabarit.

Galicia *n p* ʃ Galice.

galicismo *m* gallicisme.

Galilea *n p* ʃ Galilée.

galimatías *m* galimatias.

gallardete *m* MAR flamme ʃ.

gallard/o, a *a* élégant, e, qui a de l'allure. **-ía** ʃ bravoure.

gallear *i* crâner, faire le malin.

gallego, a *a/s* galicien, enne.

galleta ʃ biscuit *m*.

gallin/a ʃ **1.** poule. **2.** ~ ciega, colin-maillard. ■ *m* FAM ese chico es un ~, ce garçon est une poule mouillée. **-azo** *m* urubu. **-ero** *m* poulailler.

gallo *m* **1.** coq. | en menos que canta un ~, en un clin d'œil. **2.** (*nota falsa*) soltar un ~, faire un couac. **3.** alzar el ~, hausser le ton.

galo, a *a/s* **1.** (*de la Galia*) gaulois, e. **2.** français, e.

galocha ʃ galoche.

¹galón *m* (*cinta*) galon.

²galón *m* (*medida*) gallon.

galope/e *m* galop: a ~, au galop**-péda**de galopade: **-ar** *i* galopar.

galpón *m* AMER hangar.

galvanizar *t* galvaniser.

gama *f* gamme.

gamba *f* gamba, grosse crevette.

gamberro/o *m* voyou. **-ismo** *m* délinquance *f*, vandalisme.

gamo *m* daim.

gamuza *f* 1. chamois *m*. 2. (*piel*) peau de chamois.

gana *f* 1. envie: **tengo ganas de dormir,** j'ai envie de dormir. | hace lo que le da la ~, il n'en fait qu'à sa tête; no me da la (real) ~, je n'en ai pas envie; de buena ~, de bon gré, volontiers; de mala ~, de mauvais gré, à contrecœur. 2. (*apetito*) appétit *m*.

ganadería *f* 1. élevage *m*. 2. (*toros*) troupeau *m*. **-o, -a** *a* de l'élevage. ■ *m* éleveur.

ganado *m* betail: ~ **mayor, menor,** gros, petit bétail; ~ **de cerda,** porcs *pl*; ~ **lanar, ovino** *pl*; ~ **vacuno,** bovins *pl*.

ganador, a *a/s* gagnant, e.

ganancia *f* gain *m*.

ganar *t/i* 1. gagner. 2. (*aventajar*) surpasser. ■ **ganarse la vida, ganarse el pan,** gagner sa vie, son pain.

gancho *m* 1. crochet. 2. FAM chien. **-udo, -a** *a* crochu, e.

ganchillo *m* crochet: **gorro de ~,** bonnet au crochet.

gandul, a *a/s* FAM flemmard, e, fainéant, e.

ganga *f* aubaine, bonne affaire, occasion.

Ganges *n p m* Gange.

gangoso, a *a* nasillard, e.

gangrena *f* gangrène.

gángster *m* gangster.

ganguear *i* nasiller.

ganso, a *a* désireux, euse.

ganso *m* 1. oie *f*. 2. FIG **hacer el ~,** faire l'idiot. **-ada** *f* bêtise.

Gante *n p* Gand.

ganzúa *f* rossignol *m*, crochet *m*.

gañán *m* 1. valet de ferme. 2. rustre.

gañir *i* glapir.

garabato *m* gribouillage. **-ear** *i* gribouiller.

garaje *m* garage. **-ista** *s* garagiste.

garante *a/s* garant, e. **-ía** *f* garantie. **-izar** *t* garantir.

garapiñado, a *a* **almendra garapiñada** *f* praline.

garbanzo *m* pois chiche.

garbeo *m* FAM **darse un ~,** faire une balade.

garbo *m* 1. grâce *f*. 2. élégance *f*. **-oso, a** *a* gracieux, euse.

gardenia *f* gardénia *m*.

garduña *f* fouine.

garfio *m* crochet.

garganta *f* gorge. **-illa** *f* collier *m*.

gargajear *i* cracher. **-o** *m* crachat.

gárgaras *f pl* gargarisme *m sing*. | hacer ~, se gargariser; FAM **mandar a hacer ~,** envoyer balader, envoyer paître.

gárgola *f* gargouille.

garita *f* guérite. **-o** *m* tripot.

garlito *m* piège.

Garona *n p m* **el ~,** la Garonne.

garra *f* 1. (*de león, etc.*) griffe. 2. (*de aves de rapiña*) serre. 3. FIG **caer en las garras de,** tomber sous la griffe de.

garrafa *f* dame-jeanne.

garrapatear *t* griffonner. **-o** *m* gribouillage.

garrapata *f* pique.

garrote *m* 1. bâton, gourdin. 2. (*para estrangular*) garrot. **-azo** *m* coup de bâton.

garrucha f poulie.

garúa f AMER bruine.

garza f héron m.

gas m gaz. | agua con ~, sin ~, eau gazeuse, non gazeuse.

gascón, ona a/s gascon, onne.

Gascuña n p f Gascogne.

gaseoso, a a gazeux, euse. ■ f limonade.

gasóleo m gazole.

gasolina f essence. **-era** f 1. (lancha) canot m automobile. 2. poste m d'essence.

gastar t 1. ~ dinero, el tiempo, las fuerzas, dépenser de l'argent, son temps, ses forces. 2. consommer. 3. (llevar) porter. 4. (deteriorar) user: jersey gastado en los codos, pull usé aux coudes; FIG un hombre gastado, un homme usé. | pila gastada, pile usagée. ■ pr s'user. **-ador, -a** a/s dépensier, ère.

gasto m 1. dépense f. 2. (de un fluido) débit. ■ pl frais: gastos de viaje, frais de déplacement.

gástrico, a a gastrique.

gastronomía f gastronomie. **-ónomo, a** s gastronome.

gata f chatte. | a gatas, à quatre pattes.

gatillo m (armas) détente f.

gato m 1. chat. | FIG cuatro gatos, quatre pelés et un tondu. 2. (para levantar pesos) cric. 3. FAM madrileño. **-ito** m chaton.

gatuperio m imbroglio.

gaucho, a a/m gaucho.

gavanza f églantine.

gaveta f tiroir m.

gavilán m épervier.

gavilla f gerbe.

gaviota f mouette.

Gaza n p f la franja de ~, la bande de Gaza.

gazapo m 1. lapereau. 2. erreur f, lapsus.

gazmoño, a a/s prude.

gaznate m gosier, gorge f.

gazpacho m soupe f froide.

gazuza f FAM fringale.

gel m gel.

gelatina f 1. (de carne) gélatine. 2. gelée. **-oso, a** a gélatineux, euse.

gema f germe. | sal ~, sel gemme.

gemelo, a a/s jumeau, elle. ■ pl 1. (anteojos) jumelles f. 2. (de camisa) boutons de manchette. ■ f triple gemela, tiercé m.

Géminis m ASTR Gémeaux.

gemir° i gémir. **-ido** m gémissement.

gen m BIOL gène.

gendarme m gendarme. **-ría** f gendarmerie.

genealogía f généalogie. **-ógico, a** a généalogique.

generación f génération.

generador, a a/m générateur, trice.

general a/m général, e. | en ~, por lo ~, en général. **-a** f générale. **-idad** f généralité.

Generalitat n p f Gouvernement autonome (Catalogne, Valence).

generalizar t généraliser. **-ación** f généralisation.

generalmente adv généralement.

genérico, a a générique.

género m 1. genre. 2. sorte f. 3. (mercancía) article, marchandise f. 4. (tela) tissu. | ~ de punto, tricot.

generos/o, a a généreux, euse. **-idad** f générosité.

genesis f genèse.

genética f génétique.

genial a génial, e. **-idad** f originalité.

génico, a *a* génique.

geni/o *m* **1.** génie. **2.** caractère: **mal ~,** mauvais caractère. **-azo** *m* caractère de cochon.

genital *a* génital, e.

genocidio *m* génocide.

genoma *m* BIOL génome.

genovés, esa *a/s* génois, e.

Genoveva *n p f* Geneviève.

gente *f* **1.** gens *m pl:* **la ~ se atropella en el metro,** les gens se bousculent dans le métro; **buena ~,** de braves gens. **| la ~ menuda,** les enfants. **2.** monde *m:* **¡cuánta ~ hay aquí!,** que de monde ici!

gentil *a* gentil, ille. **-eza** *f* gentillesse, amabilité.

gentilhombre *m* gentilhomme.

gentío *m* foule *f.*

genuflexión *f* génuflexion.

genuino, a *a* authentique.

ge/ografía *f* géographie. **-ográfico, a** *a* géographique. **-ógrafo, a** *s* géographe.

ge/ología *f* géologie. **-ológico, a** *a* géologique. **-ólogo, a** *s* géologue.

geo/metría *f* géométrie. **-métrico, a** *a* géométrique.

geranio *m* géranium.

gerente *s* gérant, e.

germanía *f* argot *m.*

germ/ano, a *a/s* germain, e. **-ánico, a** *a* germanique.

germ/en *m* germe. **-inar** *i* germer.

gerundio *m* gérondif.

gestación *f* gestation.

gesticular *i* **1.** *(hacer muecas)* grimacer. **2.** *(ademanes)* gesticuler.

gest/ión *f* **1.** *(diligencia)* démarche. **2.** *(administración)* gestion. **-ionar** *t* **1.** faire des démarches en vue d'obtenir. **2.** *(administrar)* gérer.

gesto *m* **1.** grimace *f:* **torcer el ~,** faire une grimace. **2.** *(ademán)* geste.

gib/a *f* bosse. **-oso, a** *a* bossu, e.

gigant/e *a/m* géant, e. **-esco, a** *a* gigantesque.

Gil *n p m* Gilles.

gilí *a* POP idiot, e.

gilipoll/as *a/s* POP con, conne. **-ez** *f* connerie.

gimnas/ia *f* gymnastique. **-io** *m* gymnase. **-ta** *s* gymnaste.

gimotear *i* pleurnicher.

ginebra *f* gin *m,* genièvre *m.*

Ginebra *n p* Genève.

ginebrino, a *a/s* genevois, e.

ginec/ología *f* gynécologie. **-ólogo, a** *s* gynécologue.

gira *f* **1.** *(de artistas, políticos)* tournée. **2.** excursion.

girar *i/t* tourner: **~ alrededor de,** tourner autour de. ■ *t* **1.** *(dinero)* virer. **2.** *(letra)* tirer.

girasol *m* tournesol.

giratorio, a *a* giratoire, tournant, e.

giro *m* **1.** *(movimiento)* tour. **2.** *(frase, aspecto que toma un asunto)* tournure *f.* **3.** COM virement. **4. ~ postal,** mandat.

gitano, a *a/s* gitan, e.

glacial *a* glacial, e.

glaciar *m* glacier.

glándula *f* glande.

glicerina *f* glycérine.

glicina *f* glycine.

global *a* global, e. **-ización** *f* mondialisation, globalisation.

globo *m* **1.** globe. **2.** *(aerostático, juguete)* ballon.

glóbulo *m* globule.

glori/a *f* **1.** gloire. **2.** ciel *m,* paradis *m.* **| FIG estar en la ~,** être aux anges. **-arse** *pr* **~ de,** se glorifier de.

glorieta f 1. (*de jardín*) tonnelle. 2. (*plaza*) rond-point m.

glorificar t glorifier.

glorioso, a a glorieux, euse.

glosa f glose.

glosario m glossaire.

glotón, ona a/s glouton, onne. **-onería** f gloutonnerie.

glucosa f glucose m.

gnomo m gnome.

goberna/ción f gouvernement m. | ministerio de la ~, ministère de l'intérieur. **-dor** m gouverneur. | ~ civil, préfet.

gobernantes m pl gouvernants.

gob/ernar° t gouverner. **-ierno** m gouvernement. | ~ civil, préfecture f.

gobio m (*de río*) goujon.

goce m jouissance f.

gol m but.

goleta f goélette.

golf m golf.

golfo m 1. (*en la costa*) golfe. 2. (*pilluelo*) voyou.

gollete m goulot.

golondrina f hirondelle.

golos/ina f friandise, gourmandise. **-o, a** a gourmand, e.

golpe m coup. | ~ de Estado, coup d'État; de ~, soudain, tout d'un coup; no dar ~, tirer sa flemme. **-ar** t frapper.

goma f 1. gomme. | ~ de borrar, gomme; ~ de pegar, colle. 2. (*cima*) caoutchouc m; ~ elástica m, caoutchouc; botas de ~, bottes en caoutchouc.

gomaespuma f caoutchouc mousse.

góndola f gondole.

gordinflón, ona a grassouillet, ette, joufflu, e.

gordo/a, a a gros, grosse: un gato ~, un gros chat; una mujer gorda, une grosse femme. 2. (*con grasa*) gras, grasse. ■ m (*lotería*) gros lot. **-ura** m embonpoint m.

gorila m gorille.

gorjear i gazouiller.

gorra f casquette. | de ~, gratis, à l'œil.

gorrino m goret.

gorrión m moineau.

gorro m bonnet. | estar hasta el ~, en avoir ras le bol.

gorrón, ona a/s parasite.

gota f goutte. | ~ a ~, goutte à goutte: no veo ni ~, je n'y vois goutte. **-ear** i tomber goutte à goutte. **-era** f gouttière. **-ero** m goutte-à-goutte.

gótico, a a/m gothique.

gotita f gouttelette.

gozar° t/i jouir de: goza de buena salud, il jouit d'une bonne santé. ■ gozarse en, s'amuser à, prendre un malin plaisir à.

gozne m gond.

gozo m joie f. **-oso, a** a joyeux, euse.

grabación f enregistrement m.

grabado m gravure f: ~ en cobre, gravure sur cuivre. **-or, a** s graveur, euse. ■ f magnétophone m.

grabar t graver. (*discos, cintas*) enregistrer.

gracejo m badinage.

gracia f 1. grâce. | caer en ~, plaire. 2. (*chiste*) plaisanterie. | tener ~, être drôle; no me hace ninguna ~, ça ne m'amuse pas du tout; ¡vaya una ~!, c'est malin! ■ pl 1. merci: muchas gracias, merci beaucoup; gracias por su acogida, merci de votre accueil. | dar las gracias, remercier, dire merci; dale gracias a, remercie. 2. gracias a, grâce à. | rendre grâce à.

gracioso, a a 1. gracieux, euse. 2. (*divertido*) drôle, amusant, e.

¹grada f (instrumento de labranza) herse.

²grad/a f 1. marche. 2. (de anfiteatro) gradin m. **-ería** f gradins m pl.

grado m 1. degré: un ~ bajo cero, un degré au-dessous de zéro; **parientes en primer ~**, parents au premier degré. 2. (de curso escolar) année f. 3. (título) grade. 4. gré: de **buen ~**, de bon gré; **mal de mi ~**, contre mon gré.

gradua/ción f 1. graduation. 2. MIL grade m. **-ble** a réglable.

gradu/ar t graduer. ■ **graduarse de bachiller**, être reçu, e au baccalauréat. **-ado, a** a/s diplômé, e.

gráfico, a a 1. graphique. 2. FIG vivant, e, imagé, e. ■ m graphique. ■ f courbe, graphique m.

grafito m graphite.

grafología f graphologie.

gragea f dragée.

grajo m freux.

grama f chiendent m.

gram/ática f grammaire. **-atical** a grammatical, e. **-ático, a** s grammairien, enne.

gramo m gramme.

gramola f phonographe m.

gran a grand, e: **un ~ pintor**, un grand peintre. ⇒ **grande**.

grana f (color) écarlate.

Granada n p Grenade.

granad/a f grenade. **-ero** m grenadier.

Gran Bretaña n p f Grande-Bretagne.

grand/e a 1. grand, e: **sala ~**, grande salle; **este traje me está ~**, ce costume est trop grand pour moi. | **a lo ~**, en grand; **vivir a lo ~**, vivre sur un grand pied. 2. gros, grosse: **moto ~**, grosse moto. **-eza** f grandeur.

grandioso, a a grandiose.

granel (a) loc adv 1. COM en vrac. 2. en abondance.

granero m grenier.

granito m granit.

graniz/ar impers grêler. **-ada** f grêle. **-ado** m boisson f à la glace pilée, granité. **-o** m 1. grêle f. 2. (grano de hielo) grêlon.

granja f ferme.

granjearse pr **~ la simpatía**, gagner, s'attirer la sympathie.

grano m 1. grain. 2. (semilla) graine f. 3. (en la piel) bouton. 4. FIG **ir al ~**, aller au fait.

granuja m voyou, vaurien.

granujoso, a a granuleux, euse.

granulado m granulé.

grapa f 1. TÉCN crampon m. 2. (para papeles, quirúrgica) agrafe. **-dora** f agrafeuse.

grasa f graisse.

gras/o, a a gras, grasse. **-iento, a** a graisseux, euse.

gratén m al ~, au gratin.

gratific/ar t 1. récompenser. 2. gratifier. **-ación** f 1. récompense. 2. (plus) gratification. **-ante** a gratifiant, e.

gratis adv gratis.

grat/o, a a agréable. **-itud** f gratitude.

gratuito, a a gratuit, e.

grava f gravier m.

grav/ar t grever, taxer. **-amen** m charge f.

grav/e a 1. grave. 2. gravement malade. **-edad** f gravité.

gravilla f gravillon m.

gravitar i graviter.

graznar i croasser.

Grecia n p f Grèce.

greda f glaise.

Gregorio n p m Grégoire.

gremio m corporation f.

greña *f* tignasse.

grès *m* gris.

gresca *f* (*riña*) bagarre.

grey *f* troupeau *m*.

griego, a *a/s* grec, grecque.

grieta *f* 1. crevasse. 2. (*en una pared*) lézarde.

grifo *m* robinet.

grillete *m* fer.

grillo *m* grillon.

grima *f* dégoût *m*. | esto da ~, ça vous dégoûte, écœure.

gringo *m* yankee.

gripe *f* grippe: | está con ~, il est grippé.

gris *a/m* gris, e: pintar de ~, peindre en gris. **-áceo, a** *a* grisâtre.

grisú *m* grisou.

gritar *i* crier. **-ería** *f* brouhaha *m*. **-o** *m* cri: dar gritos, pousser des cris. | a gritos, à grands cris. | a ~ pelado, à tue-tête.

Groenlandia *n p f* Groenland.

grosella *f* 1. groseille. 2. ~ negra, cassis. ■ **-ero** *m* groseillier.

grosero, a *a* grossier, ère. **-ía** *f* grossièreté.

grosor *m* grosseur, épaisseur *f*.

grotesco, a *a* grotesque.

grúa *f* 1. grue. 2. (*municipal*) véhicule d'enlèvement de la fourrière.

grueso, a 1. gros, grosse; un árbol, un gros arbre. 2. épais, aisse. ■ *m* grosseur, épaisseur *f*.

grulla *f* grue.

grumete *m* mousse.

grumo *m* grumeau.

gruñir *i* grogner. **-ido** *m* grognement. **-ón, ona** *a* grognon, onne; bougon, onne.

grupa *f* croupe.

grupo *m* groupe.

gruta *f* grotte.

Guadalupe *n p f* Guadeloupe.

guadaña *f* faux.

guagua *f* AMER 1. autobus *m*. 2. bébé *m*.

guante *m* gant. **-azo** *m* FAM balle *f*. **-era** *f* boîte à gants.

guapo/a *a* beau, belle: es guapísima, elle est très belle. **-etón, ona, -ote, a** *a* bien fait, bien faite.

guarda *s* 1. garde. | ~ rural, garde champêtre; ~ jurado, garde assermenté. 2. (*de jardín, museo*) vigile, gardien, enne.

guardabarrera *s* garde-barrière.

guardabarros *m* garde-boue.

guardabosque *m* garde forestier.

guardacantón *m* borne *f*.

guardacostas *m* garde-côte.

guardaespaldas *m* garde du corps, gorille.

guardagujas *m* aiguilleur.

guardameta *m* gardien de but.

guardamuebles *m* garde-meuble.

guardapolvo *m* blouse *f*.

guardar *t* 1. garder: ~ cama, silencio, garder le lit, le silence. 2. (*colocar en su sitio*) ranger: ~ los vestidos en el armario, ranger ses vêtements dans l'armoire. 3. (*conservar*) garder. ■ *pr* 1. (*conservar*) garder. 2. me guardaré de contestarle, je me garderai bien de lui répondre.

guardarropa *m* 1. (*en los establecimientos públicos*) vestiaire. 2. (*armario, prendas*) garde-robe *f*.

guardería *f* ~ infantil, garderie, crèche.

guardia *f* garde. | la Guardia civil, la gendarmerie. ■ *m* 1. garde. | ~ civil, ~ urbano, gardien de la paix. 2. (*del tráfico*) agent. | ~

guardián, ana *s* gardien, enne.

guarecer *t* protéger. ■ **guarecerse del sol,** se protéger du soleil.

guarida *f* repaire *m*, tanière.

guarismo m chiffre.

guarnecer t garnir. **-ición** f 1. (adorno) garniture. 2. **plato de carne con** ~, plat de viande garni. 3. (tropa) garnison. ■ pl harnais m.

guarro, a a/s cochon, onne.

guasa f plaisanterie, blague | **estar de** ~, plaisanter, blaguer. **-ón, ona** a/s plaisantin, moqueur, euse.

guata f ouate.

guatemalteco, a a/s guatémaltè-que.

guateque m surprise-partie f, sur-boum f.

guay a FAM super, génial, e.

Guayaba f goyave.

Guayana n p f Guyane.

gubernamental a gouvernemen-tal, e.

guedeja f longue chevelure.

guerra f guerre: ~ **civil**, guerre civi-le. | **dar** ~, donner du mal. **-ear** i guerroyer. **-ero, a** a/s guerrier, ère. ■ f vareuse. **-illa** f guérilla. **-illero** m guérillero.

gueto m ghetto.

guía s guide m: **una** ~ **turística**, un guide touristi-que. ■ f 1. (libro) guide m: ~ (de ferrocarriles) indicateur m. 2. (de teléfono) annuaire m. 3.

guiar t 1. guider. 2. conduire.

guija f caillou m. **-arro** m caillou, galet.

guillado, a a FAM toqué, e.

guillotina f 1. guillotine. 2. (para cortar papel) massicot m.

Guinea n p f Guinée.

guindilla f piment m rouge.

guinda f griotte, cerise aigre.

guiñapo m loque f, haillon, guenil-le f.

guiñar t ~ **el ojo**, faire un clin d'œil, cligner de l'œil. **-o** m clin d'œil.

guiñol m guignol.

guión m 1. (de una película) scéna-rio. 2. (raya horizontal) tiret, script. 3. (en las palabras compuestas) trait d'union. **-onista** s scénariste.

guirigay m brouhaha.

guirlanda f guirlande.

guisa f guise, manière | **a** ~ **de**, en guise de.

guisado m ragoût.

guisante m 1. pois. 2. (legumbre) petit pois.

guisar t cuisiner, préparer. ■ i cui-siner, faire la cuisine. **-ote** m ratatouille f.

guita f 1. ficelle. 2. FAM (dinero) fric m, pognon m, galette f.

guitarra f guitare. **-ista** s guitaris-te.

gula f gourmandise.

gurú m gourou.

gusano m ver: ~ **de seda**, ver à soie.

gustar t goûter. ■ i aimer, plaire: **me gusta el jazz**, j'aime le jazz; **a mi padre le gustan mucho las corridas**, mon père aime beaucoup les corridas; **no me gustó la película**, je n'ai pas aimé le film, le film ne m'a pas plu. | ~ **de**, aimer à.

gustillo m arrière-goût.

gusto m 1. goût. **mal** ~, mauvais goût. 2. plaisir: **tengo el** ~ **de infor-marle**, j'ai le plaisir de vous infor-mer. | **dar** ~, faire plaisir | **con mucho** ~, avec plaisir, très volontiers. | **estar a** ~, se trouver bien. **tanto** ~ **en haberle conocido**, enchanté d'avoir fait votre connaissance. **-oso, a** a savoureux, euse. | **lo haré** ~, je le ferai très volontiers.

gutural a guttural, e: sonidos gutu-rales, sons gutturaux.

H

h [aʧe] f h m: una ~, un h.

ha ⇒ **haber.**

haba f fève. | en todas partes cuecen habas, c'est partout pareil.

Habana (La) n p f La Havane.

habanero/a, a/s La Havane. c. **-o, a** a/m havane.

haber auxil 1. avoir: he comprado, j'ai acheté. 2. (con ciertos verbos intransitivos o pronominales) être: ha llegado, il est arrivé; nos hemos levantado, nous nous sommes levés. 3. ~ de, devoir: he de salir, je dois partir. 4. (reproche) haberlo dicho, il fallait le dire! ■ impers 1. y avoir: mañana habrá huelga, il y aura grève demain; no había nadie, il n'y avait personne; hay mucha gente aquí, il y a beaucoup de monde ici; ¿hay aquí un intérprete? y a-t-il ici un interprète?; no hay más que..., il n'y a qu'à... | ¿qué hay?, comment ça va? 2. ~ que, falloir: hay que darse prisa, il faut se dépêcher; no hay que exagerar, il ne faut pas exagérer. ■ m com avoir, crédit. □ pl (paga) émoluments, appointements.

habichuela f haricot m.

hábil a 1. habile, adroit. 2. días hábiles, jours ouvrables.

habilidad f habileté, adresse. **-oso, a** a habile, adroit.

habilitar t 1. habiliter. 2. (local) aménager. **-ación** f 1. habilitation. 2. aménagement m.

habitable a habitable.

habitación f 1. pièce. | piso de cuatro habitaciones, appartement de quatre pièces. 2. (cuarto de dormir) chambre.

habitar t/i habiter. **-ante** s habitant, e.

hábito m 1. (costumbre) habitude f. 2. (de religioso) habit.

habitual t habituer. **-ación** f accoutumance. **-al** a habituel, elle.

habla f 1. parole: perder el ~, perdre la parole. 2. (idioma) langue. 3. (dialecto) parler m. 4. al ~, en comunicación.

hablador/a, a bavard, e. **-uría** f bavardage m, cancan m.

hablar i 1. parler. | ~ bien, mal de alguien, dire du bien, du mal de quelqu'un. FAM ¡ni ~!, pas question! **-illa** f cancan m, bobard m.

habón m cloque f.

hacendado m propriétaire.

hacendoso, a a actif, ive.

hacer t 1. faire: haré esto mañana, je ferai ça demain, haz lo que yo, fais como moi. | hace como que no oye, il fait semblant de ne pas entendre. 2. creer: yo te hacía en Madrid, je te croyais à Madrid. ■ i 1. faire: has hecho bien en..., tu as bien fait de... 2. aller, convenir: ¿te hace que nos vayamos al cine?, ça te va que nous allions au cinéma?; ¿hace?, ça va?, d'accord? 3. por lo que hace a..., en ce qui concerne... ■ impers 1. faire: hace frío, il fait

froid. **2.** y avoir: **hace un mes**, il y a un mois. ■ *pr* **1.** se faire. **2. el día se me ha hecho muy largo**, la journée m'a semblé très longue. **3.** devenir: **nos hicimos muy amigos**, nous sommes devenus très amis. **4. hacerse el indiferente**, faire l'indifférent, jouer les indifférents.

haces *pl* de **haz**.

¹**hacha** *f* (*herramienta*) hache. | FAM **ser un ~**, être un as.

²**hacha** *f* (*antorcha*) torche.

hachazo *m* coup de hache.

hachís *m* haschisch.

hacia *prep* vers.

hacienda *f* **1.** ferme, propriété rurale. **2.** (*bienes*) fortune. **3. ministerio de Hacienda**, ministère des Finances.

hacin/ar *t* entasser. ■ *pr* s'entasser. **-amiento** *m* entassement.

hada *f* fée.

hado *m* sort.

haga, etc. ⇒ **hacer**.

Haití *n p* Haïti.

halag/ar *t* flatter. **-o** *m* flatterie *f*. **-üeño, a** *a* **1.** flatteur, euse. **2.** (*prometedor*) encourageant, e.

halar *t* haler.

halcón *m* faucon.

hálito *m* souffle.

hall/ar *t* trouver. ■ *pr* se trouver, être. **-azgo** *m* trouvaille *f*, découverte *f*.

halo *m* halo.

hamaca *f* hamac *m*.

hambr/e *f* **1.** faim: **tengo mucha ~**, j'ai très faim. **2.** famine. | **pasar ~**, souffrir de la faim. **-iento, a** *a* affamé, e.

Hamburgo *n p* Hambourg.

hamburguesa *f* hamburger *m*.

hampa *f* **el ~**, la pègre.

hangar *m* hangar.

hará, etc. ⇒ **hacer**.

haragán, ana *a/s* fainéant, e.

harap/o *m* haillon. **-iento, a** *a* déguenillé, e.

harin/a *f* farine. **-ero** *m* minotier.

harmonía, etc. ⇒ **armonía**, etc.

harnero *m* crible.

harpillera *f* serpillière.

hart/ar *t* **1.** rassasier. **2.** (*fastidiar*) assommer. **3.** (*de insultos, etc.*) couvrir. ■ *pr* **1.** se gaver. **2.** FIG se lasser. **-azgo** *m* indigestion *f*. **-o, a** *a* **1.** rassasié, e. **2.** FIG las, lasse. | **estoy ~ de**, j'en ai assez, marre, soupé de. ■ *adv* **1.** assez. **2.** trop.

hasta *prep* **1.** jusque, jusqu'à, à: **~ aquí**, jusqu'ici; **~ que vuelvas**, jusqu'à ce que tu reviennes. | **~ luego**, à tout à l'heure; **~ mañana**, à demain. **2.** avant: **no llegará ~ las once**, il n'arrivera pas avant onze heures. ■ *conj* (*incluso*) même.

hast/iar *t* fatiguer, écœurer. **-ío** *m* **1.** dégoût. **2.** (*tedio*) ennui.

hatajo *m* **1.** troupeau. **2.** tas.

hato *m* **1.** (*de ropa*) balluchon. **2.** (*rebaño*) troupeau. **3.** (*de personas*) bande *f*.

hay, haya ⇒ **haber**.

haya *f* hêtre *m*.

Haya (La) *n p* La Haye.

¹**haz** *m* **1.** (*de rayos luminosos*) faisceau. **2.** (*de hierba*) botte *f*. **3.** (*de leña*) fagot.

²**haz** *f* (*cara*) face.

³**haz** ⇒ **hacer**.

hazaña *f* exploit *m*.

hazmerreír *m* **el ~**, la risée.

he *adv* **~ aquí**, voici; **~ allí**, voilà; **heme aquí**, me voici; **helo aquí**, le voici. ⇒ **haber**.

hebdomadario, a *a* hebdomadaire.

hebilla *f* boucle.

hebra f 1. fil. 2. fibre. 3. FAM pegar la ~, tailler une bavette.

hebraico, a a hébraïque.

hebreo, a a/m hébreu.

hecatombe f hécatombe.

heces pl de hez.

hechicer/ía f sorcellerie. **-o, a** s sorcier, ère. ■ a ensorceleur, euse.

hechizar t ensorceler. **-o** m 1. sortilège. 2. FIG charme.

hecho/a p p de hacer fait, e. | carne poco hecha, viande saignante. ■ m fait. | de ~, en fait. **-ura** f 1. façon. 2. (persona) créature.

hectárea f hectare m.

hectómetro m hectomètre.

hed/er i puer. **-iondo, a** 1. puant, e. 2. répugnant, e. **-or** m puanteur.

helada f gelée.

helad/ero, a s marchand, e de glaces. ■ m AMER réfrigérateur m.

helado m glace f: un ~ de vainilla, une glace à la vanille.

helar t glacer. ■ pr se gelar, geler: aquí se hiela uno, on gèle ici.

helecho m fougère f.

helénico, a a hellénique.

hélice f hélice.

helicóptero m hélicoptère.

helvético, a a helvétique.

hematoma m hématome.

hembra f 1. femelle. 2. (mujer) femme.

hemiciclo m hémicycle.

hemiplejía f hémiplégie.

hemisf/erio m hémisphère. **-érico, a** a hémisphérique.

hemorragia f hémorragie.

hemorroides f pl hémorroïdes.

henchir t 1. remplir. 2. (inflar) gonfler. ■ pr (de comida) se bourrer.

hend/er t fendre. **-idura** f fente.

heno m foin.

henequén m agave.

heráldico, a a/f héraldique.

heraldo m héraut.

herbario m herbier.

herbazal m herbage.

Hércules n p m Hercule.

hered/ar t/i hériter: ~ una casa, hériter d'une maison. **-ad** f propriété. **-ero, a** s héritier, ère. **-itario, a** a héréditaire.

herej/ía f hérésie. **-e** s hérétique.

herencia f 1. héritage. 2. (en biología) hérédité.

herida f blessure.

herir t 1. blesser. 2. (el sol) frapper. **-ido, a** a/s blessé, e.

hermana f sœur.

hermanar t 1. unir, lier. 2. (ciudades) jumeler.

hermanastro, a s demi-frère, demi-sœur.

hermandad f confrérie.

hermano m frère. | ~ político, beau-frère.

hermético, a a hermétique.

hermosear t embellir.

hermoso/a a beau, belle: una mujer hermosa, une belle femme. ■ (bel delante de vocal o h muda: un ~ edificio, un bel édifice): **-ura** f beauté.

hernia f hernie.

héroe m héros.

hero/ico, a a héroïque. **-ína** f héroïne. **-ísmo** m héroïsme.

herrador m maréchal-ferrant.

herradura f fer m à cheval.

herramienta f 1. outil m. 2. (conjunto) outils m pl, outillage m.

herrar *t* ferrer. **-ería** f forge. **-ero** m forgeron.

herrumbre f rouille.

hervir *i* **1.** bouillir: el agua está **hirviendo**, l'eau bout. **2.** grouiller, fourmiller: la calle hervía de gente, la rue grouillait de monde. ■ t faire bouillir. **-idero** m **1.** grouille-ment. **2.** (sitio) foyer. **-idor** m bouil-loire f. **-or** m ebullition f. | dar un ~ a, faire bouillir.

heteroclítico, a a hétéroclite.

heterogéneo, a a hétérogène.

hexágono m hexagone.

hez f **1.** lie sing. **2.** las heces, les selles, les excréments m.

hiato m hiatus.

hibernar t hiberner.

hice, etc. ⇒ **hacer.**

híbrido, a a hybride.

hidalgo, a a noble. ■ m gentilhom-me, hidalgo.

hidra f hydre.

hidratante a hydratant, e.

hidráulico, a a/f hydraulique.

hidroavión m hydravion.

hidroeléctrico, a a hydroélectri-que.

hidrófilo, a a hydrophile.

hidrógeno m hydrogène.

hiedra f lierre m.

hiel f fiel m.

hielo m **1.** glace f. **2.** placas de ~, plaques de verglas.

hiena f hyène.

hierba f herbe: mala ~, mauvaise herbe.

hierbabuena f menthe.

hierro m fer: ~ **forjado**, fer forgé. | ~ **colado**, fonte f.

hígado m foie. ■ pl courage sing.

higiene f hygiène. **-énico, a** a hygiénique.

higo m figue f: ~ **chumbo**, figue de Barbarie. | ~ **seco**, figue séchée. | FAM no se me da un ~, je m'en fiche. **-uera** f figuier m.

hijastro, a s beau-fils, belle-fille.

hijo, a s **1.** fils, fille: mi ~ **mayor**, mon fils aîné; ~ **de papá**, fils à papa. **2.** enfant m: matrimonio sin ~hijos, ménage sans enfants.

hila f file.

hilada f **1.** file, rangée. **2.** (de pie-dras) assise.

hilar v/i filer. | **-ado** m fil. | fábrica de hilados, filature.

hilaridad f hilarité.

hilera f **1.** file, rangée. **2.** (para meta-les) filière.

hilo m **1.** fil. **2.** (de un líquido) filet. **3.** ~, hililllo de voz, filet de voix.

hilvanar t faufiler.

himno m hymne.

hincapié m hacer ~ en, insister sur, mettre l'accent sur.

hincar t planter, enfoncer.

hincha f FAM me tiene ~, il ne peut pas me sentir. ■ m FAM supporter, fan.

hinchar t gonfler, enfler. ■ pr se me ha hinchado el tobillo, ma che-ville a enflé. **-azón** f enflure.

hindú a/s hindou, e.

hinojo m fenouil.

²**hinojo** m de hinojos, à genoux.

hipermercado m hypermarché.

hipertensión f hypertension.

hipertexto m INFORM hypertexte.

hipertrofia f hypertrophie.

hípico, a a hippique. ■ f hippisme m.

hipnosis f hypnose. **-tismo** m hypnotisme. **-tizar** t hypnotiser.

hipo m hoquet: tener ~, avoir le hoquet.

hipo/cresía f hypocrisie. **-ócrita** a/s hypocrite.

hipódromo m hippodrome.

hipopótamo m hippopotame.

hipoteca f hypothèque. **-ar** t hypothéquer.

hipo/tesis f hypothèse. **-tético, a** a hypothétique.

hiriente a blessant, e.

hirsuto, a a hirsute.

hirviente a bouillant, e.

hisopo m goupillon.

hispán/ico, a a hispanique. **-ismo** m hispanisme. **-ista** s hispanisant, e. **-oamericano, a** a/s hispano-américain, e.

histeria f hystérie. **-érico, a** a hystérique.

historia f histoire. **-dor, -a** s historien, enne.

historial m 1. (profesional) curriculum vitae. 2. (proyecto) a historique.

histórico, a a historique.

historieta f 1. historiette. 2. (comic) bande dessinée.

hito m 1. borne f. 2. ric jalon 3. **mirar de ~ en ~,** regarder fixement, droit dans los ojos.

hizo ⇒ **hacer.**

hocico m 1. museau. 2. **poner ~,** faire la moue. 3. pop **darse de hocicos,** se casser la gueule.

hockey m hockey.

hogar m foyer.

hogaza f miche.

hoguera f 1. bûcher m. 2. feu m de joie.

hoja f 1. feuille. 2. page. 3. (de cuchillo, etc.) lame: **~ de afeitar,** lame de rasoir. 4. (de puerta) battant m.

hojalata f fer-blanc m.

hojaldre m pâte f feuilletée.

hojarasca f feuilles pl mortes.

hojear t feuilleter.

¡hola! interj bonjour!, bonsoir!, salut!

holuela f crêpe.

Holanda n p f Hollande.

holandés, esa a/s hollandais, e.

holgado, a a 1. (ancho) ample. 2. ir **~,** être à l'aise.

holgar i (sobrar) être inutile. | **¡huelgan los comentarios!,** sans commentaire!

holgazán, ana a/s paresseux, euse. **-anería** f paresse.

holgura f 1. ampleur. 2. aisance: **vivir con ~,** vivre dans l'aisance. 3. (mecánica) jeu m.

hollar t fouler.

hollejo m peau f.

hollín m suie f.

hombre m 1. homme: **un buen ~,** un brave homme. | **~ rana,** homme-grenouille. 2. (señor) monsieur. 3. **¡hombre!,** voyons!, allons!: (sorpresa) ¡hombre!; (cariño) mon vieux!

hombrera f épaulette.

hombro m épaule f: **al ~,** le fusil sur l'épaule; **a hombros,** sur les épaules.

hombruno, a a hommasse.

homenaje m hommage: **-ar** t rendre hommage.

Homero n p m Homère.

homeo/patía f homéopathie. **-ático, a** a homéopathique.

homicida a/s homicide. **-io** m homicide.

homilía f homélie.

homogéneo, a a homogène.

homólogo, a a homologue.

homónimo, a a/m homonyme.

homosexual a/s homosexuel, elle.

honda f fronde.

hondo/o, a a profond, e. | **en lo ~ de,** au fond de. **-onada** f creux m, dépression. **-ura** f profondeur.

hondureño, a a/s hondurien, enne.

honesto/a, a a 1. décent, e. 2. honnête. **-idad** f 1. décence. 2. honnêteté.

hongo m 1. champignon. 2. (sombrero) melon.

honor m honneur: palabra de ~, parole d'honneur; en ~ de, en l'honneur de. ■ pl rendir honores, rendre les honneurs.

honorable a honorable. **-ilidad** f honorabilité.

honorario, a a honoraire. ■ m pl honoraires.

honorífico, a a honorifique.

honra f honneur m. | tener a mucha ~, être très flatté, e; ¡y a mucha ~!, et j'en suis fier! ■ pl honras fúnebres.

honrado/a, a a honnête. **-ez** f honnêteté.

honrar t honorer. ■ **honrarse con, en,** s'honorer de: **-illa** f amour-propre m. **-oso, a** a honorable.

hora f 1. heure: cien kilómetros por ~, cent kilomètres à l'heure; horas extraordinarias, heures supplémentaires; ¿qué ~ es?, quelle heure est-il?; horas punta, heures de pointe; a última ~, au dernier moment; ya es ~ de..., il est temps de...; 2. pedir ~, demander un rendez-vous; dar ~, fixer un rendez-vous.

horadar t percer.

horario, a a horaire. ■ m 1. (escolar, ferrocarriles) horaire. 2. (de reloj) petite aiguille f.

horca f 1. fourche. 2. (suplicio) potence.

horchata f orgeat m. **-ería** f buvette.

horda f horde.

horizonte m horizon. **-al** a horizontal, e.

horma f forme.

hormiga f fourmi.

hormigón m béton.

hormiguear i fourmiller. **-eo** m fourmillement. **-illo** f (para la hormiguera) ⇒ oso.

hormona f hormone.

hornacina f niche.

hornada f fournée.

hornillo m 1. fourneau: ~ de gas, fourneau à gaz. 2. (transportable) réchaud.

horno m 1. four. 2. alto ~, haut-fourneau.

Hornos (cabo de) n p m cap Horn.

horóscopo m horoscope.

horquilla f 1. fourche. 2. (para el pelo) épingle à cheveux.

horrendo, a a affreux, euse.

hórreo m grenier (sur pilotis).

horrible a horrible.

horripilar t horrifier, faire frémir.

horror m 1. horreur f: dar ~, faire horreur; tengo ~ a los hipócritas, j'ai horreur des hypocrites; ¡qué ~!, quelle horreur! 2. fam un ~ de turistas, plein de touristes; la quiere horrores, il l'aime à la folie. **-izar** t horrifier, faire horreur. **-oso, a** a horrible, affreux.

hortaliza f légume m.

hortelano, a s jardinier, ère, maraîcher, ère. **-ense** a potager, ère.

hortensia f hortensia m.

hortera s fam a ringard, e.

horticultor m horticulteur. **-ura** f horticulture.

hosco, a a renfrogné, e, bourru, e.

hospedar t loger, héberger. ■ pr loger, héberger. **-aje** m logement.

hospicio m hospice.

hospital m hôpital.

hospitalario/a, a hospitalier, ère.

hospitalidad f hospitalité. **-idad**

hospitalizar t hospitaliser. ■ pr se faire hospitaliser.

hosquedad f humeur acariâtre.

hostal m hôtellerie f.

hostelería f hôtellerie.

hostelero/a, a/s hôtelier, ère.

hostia f 1. hostie. 2. POP (bofetada) baffe.

hostigar t harceler.

hostil a hostile. **-idad** f hostilité.

hotel m hôtel. **-ero/a, a/s** hôtelier, ère. **-ito** m pavillon, villa f.

hoy adv aujourd'hui. | de ~ en adelante, désormais; ~ día, de nos jours, aujourd'hui; por ~, actuellement.

hoya f fosse. **-o** m trou. **-uelo** m fossette.

hoz f 1. faucille. 2. (desfiladero) gorge.

hube, etc. ⇒ **haber**.

hucha f tirelire.

hueco, a a 1. creux, euse: árbol ~, arbre creux; voz hueca, voix creuse. 2. vide. 3. (orgulloso) vaniteux, euse; fier, ère. ■ m 1. creux: sonar a ~, sonner creux. 2. vide. 3. (espacio libre) place f (vide).

huelga f grève: declararse en ~, se mettre en grève; ~ de hambre, de celo, grève de la faim, du zèle. **-uista** s gréviste.

huella f 1. trace. 2. huellas dactilares, empreintes digitales.

huérfano, a/s orphelin, e.

huerta f 1. jardin m potager. 2. (de regadío) huerta, plaine f irriguée. 3. (de árboles frutales) verger m. **-o** m 1. jardin potager. 2. verger.

hueso/a m 1. os: calado hasta los huesos, mouillé jusqu'aux os. | dar con sus huesos en un hospicio, échouer dans un hospice. 2. (de una fruta) noyau. 3. FAM (persona) tosse. **-oso/a** a osseux, euse. | vache f.

huésped, a s hôte, esse. | casa de huéspedes, pension de famille.

huesudo, a a osseux, euse.

huevo m œuf: ~ duro, pasado por agua, œuf dur, à la coque; ~ frito, al plato, œuf sur le plat; huevos revueltos, œufs brouillés. **-era** f (recipiente) coquetier m.

Hugo n p m Hugues.

huida f fuite.

huidizo, a a fuyant.

huir i 1. fuir: ~ del peligro, fuir le danger. 2. s'enfuir, prendre la fuite: el ladrón ha huido, le voleur s'est enfui.

hule m toile f cirée.

hulla f houille. **-ero/a, a/f** houiller, ère.

humanidad f 1. humanité. 2. (corpulencia) embonpoint m.

humanismo m humanisme. **-ista** s humaniste.

humanitario, a a humanitaire.

humano, a/s humain, e.

humareda f grande fumée.

humazo m fumée f épaisse.

humear i fumer. **-ante** a fumant, e.

humed/ad f humidité. **-ecer** t humecter.

húmedo, a a humide.

húmero m humérus.

humild/e a humble. **-ad** f humilité.

humill/ar t 1. humilier, abaisser. 2. **- la cabeza**, baisser la tête. **-ación** f humiliation. **-ante** a humiliant, e.

humo m fumée f. | echar ~, fumer. ■ pl prétention f sing, suffisance f.

sing. | **bajar los humos a**, faire baisser le ton à.

humor m **1.** humeur f: **estar de buen, mal ~**, être de bonne, mauvaise humeur. **2.** humour: **tener sentido del ~**, avoir le sens de l'humour; **~ negro**, humour noir. **-ada** f caprice m, fantaisie.

humor/ista s humoriste. **-ístico, a** a humoristique.

humus m humus.

hund/ir t **1.** enfoncer. **2.** (un barco) couler. **3.** FIG ruiner. ■ pr **1.** (el suelo) s'affaisser. **2.** (un edificio) s'écrouler, s'effondrer. **3.** (un barco) couler, sombrer: **el petrolero se ha hundido**, le pétrolier a coulé. **4.** FIG **se hundieron nuestros proyectos**, nos projets se sont effondrés. **-imiento** m **1.** enfoncement. **2.** (suelo) affaissement. **3.** FIG effondrement, écroulement.

húngaro, a a/s hongrois, e.

Hungría n p f Hongrie.

huracán m ouragan.

huraño, a a sauvage, farouche, peu sociable.

hurg/ar t **1.** remuer. **2.** (fisgonear) fouiller. **-ón** m tisonnier.

hur/ón m **1.** furet. **2.** (persona huraña) sauvage, ours. **-onear** t fureter.

¡hurra! interj hourra!

hurtadillas (a) loc adv en cachette, à la dérobée.

hurt/ar t **1.** voler. **2.** **~ el cuerpo**, se dérober. **-o** m vol, larcin.

husmear t **1.** flairer, renifler. **2.** (curiosear) fouiner.

huso m fuseau. | **~ horario**, fuseau horaire.

¡huy! interj **1.** oh!: **¡~, qué raro!**, oh!, comme c'est curieux! **2.** **¡~, qué frío hace!**, brrr, ce qu'il fait froid!

huya, etc. ⇒ **huir**.

I

i f i m: una ~, un i.

iba, etc. ⇒ **ir.**

ibero, a a/s ibère.

ibis f ibis m.

iceberg m iceberg.

icono m icône f.

ida f aller m: ~ **y vuelta,** aller et retour. | **idas y venidas,** allées et venues.

idea f **1.** idée. | **¡ni ~!,** aucune idée! **2.** (propósito) intention: llevaba ~ **de marcharme a las cinco,** j'avais l'intention de partir à cinq heures.

ideal a/m idéal, e: **lo ~,** l'idéal. **-ismo** m idéalisme. **-ista** a/s idéaliste.

idear t imaginer, inventer.

idéntico, a a identique.

identidad f identité.

identific/ar t identifier. **-ación** f identification.

ideología f idéologie.

id/ilio m idylle f. **-ílico, a** a idyllique.

idioma m langue f, idiome.

idiot/a a/s idiot, e. **-ez** f idiotie.

idiotismo m idiotisme.

ido p p de **ir.** ■ a FAM (chiflado) timbré, e.

idólatra a/s idolâtre.

idolatría f idolâtrie.

ídolo m idole f.

idóneo, a a approprié, e, indiqué, e.

iglesia f église.

iglú m igloo.

ignífugo, a a ignifuge.

ignominia f ignominie.

ignor/ar t ignorer. **-ancia** f ignorance. **-ante** a/s ignorant, e.

igual a/s **1.** égal, e: **dos números iguales,** deux nombres égaux. **2.** (semejante) pareil, eille. | **al ~ que, ~ que,** comme; **es ~,** ça ne fait rien; **me da ~,** ça m'est égal; **por ~,** de la même façon.

igual/ar t **1.** égaler. **2.** (allanar) égaliser. ■ pr **1.** être égal, e. **2.** igualarse con alguien, égaler quelqu'un. **-atorio** m mutuelle f.

igual/dad f égalité. **-itario, a** a égalitaire. **-mente** adv également.

iguana f iguane m.

ijada f, **ijar** m flanc m.

ilación f enchaînement m, liaison.

ilegal a **1.** illégal, e. **2.** (inmigrante) clandestin, e. **-idad** f illégalité.

ilegible a illisible.

ilegítimo, a a illégitime.

ileso, a a sain et sauf, saine et sauve, indemne.

iletrado, a a/s illettré, e.

ilícito, a a illicite.

ilimitado, a a illimité, e.

ilógico, a a illogique.

ilumin/ar t **1.** (adornar con luces) illuminer. **2.** éclairer. **3.** (estampas) enluminer. **-ación** f **1.** illumination. **2.** (alumbrado) éclairage m.

ilusi/ón f **1.** illusion: forjarse ilusiones, se faire des illusions. **2.** (esperanza) espoir m. **3.** (ensueño) rêve m. | le hacía ~ tomar el avión, il rêvait de prendre l'avion. **4.** (ale-

gría) joie. **-onar** *t* faire rêver. ■ *pr*
1. s'illusionner. **2.** me ilusionaba ir
al cine contigo, je me faisais fête, je
me réjouissais d'avance d'aller au
cinéma avec toi.
iluso, a *a/s* utopiste, naïf, ïve.
ilusorio, a *a* illusoire.
ilustr/ar *t* **1.** illustrer. **2.** instruire.
3. *(informar)* éclairer. **-ación** *f* illus-
tration. **-ador** *m* illustrateur.
ilustre *a* illustre.
imagen *f* **1.** image. **2.** *(escultura)*
statue.
imagin/ar *t* imaginer. ■ *pr* s'imaginer. **-ación** *f* imagination. ■ *pl*
idées. **-ativo, a** *a* imaginatif, ive.
imán *m* aimant.
imb/écil *a/s* imbécile. **-ecilidad** *f*
imbécillité.
imberbe *a* imberbe.
imbuído, a *a* imbu, e.
imit/ar *t* imiter. **-ación** *f* imitation.
-ador, a *s* imitateur, trice.
impacien/cia *f* impatience. **-tar** *t*
impatienter. ■ *pr* s'impatienter. **-te**
a/s impatient, e: ~ **por**, impatient
de. **-temente** *adv* impatiemment.
impact/o *m* impact. **-ar** *t* frapper.
impalpable *a* impalpable.
impar *a* impair, e.
imparcial *a* impartial, e. **-idad** *f*
impartialité.
impartir *t* ~ **clases**, donner des
cours.
impasib/le *a* impassible. **-ilidad** *f*
impassibilité.
impávido, a *a* impavide, impassible.
impecable *a* impeccable.
imped/ir° *t* empêcher. **-ido, a** *a/s*
infirme. **-imiento** *m* empêche-
ment.
impeler *t* pousser.
impenetrable *a* impénétrable.

impenitente *a* impénitent, e.
impensado, a *a* imprévu, e.
imperar *i* régner.
imperativo, a *a/m* impératif, ive.
imperceptible *a* imperceptible.
imperdible *m* épingle *f* de nourrice.
imperdonable *a* impardonnable.
imperecedero, a *a* impérissable.
imperfección *f* imperfection.
imperfecto, a *a* imparfait, e. | **pre-
térito** ~, imparfait.
imperial *a/f* impérial, e.
imperial/ismo *m* impérialisme.
-ista *a/s* impérialiste.
imperio *m* empire.
imperioso, a *a* impérieux, euse.
impermeab/le *a/m* imperméable.
-ilizar *t* imperméabiliser.
impersonal *a* impersonnel, elle.
impertérrito, a *a* imperturbable.
impertinen/te *a/s* impertinent, e.
■ *m pl* face-à-main *sing*. **-cia** *f*
impertinence.
imperturbable *a* imperturbable.
ímpetu *m* impétuosité *f*.
impetuoso, a *a* impétueux, euse.
impío, a *a/s* impie.
implacable *a* implacable.
implantar *t* implanter.
implicar *t* impliquer.
implícito, a *a* implicite.
implorar *t* implorer.
imponderable *a/m* impondérable.
imponente *a* imposant, e.
imponer° *t* **1.** imposer. **2.** *(una condecoración)* remettre. **3.** *(un nombre)*
donner. ■ **i** en imposer: **el abuelo
imponía a todos**, le grand-père en
imposait à tous. ■ *pr* s'imposer.
impopular *a* impopulaire. **-idad** *f*
impopularité.
importa/ción *f* importation. **-dor,
a** *a/s* importateur, trice.

import/ancia f importance. | **de ~,** important, e. **-ante** a important, e.

¹**importar** t (introducir en un país) importer.

²**importar** i **1.** importer. | **no importa,** ça ne fait rien, peu importe; **no me importa,** ça m'est égal; **¿y a ti qué te importa?,** qu'est-ce que ça peut te faire? **2.** gêner, ennuyer: **¿te importaría prestarme diez euros?,** ça ne t'ennuierait pas de me prêter dix euros? ■ t s'élever à, monter à: **la factura importa mil pesos,** la facture s'élève à mille pesos.

importe m montant.

importun/o, a a/s importun, e. ■ a inopportun, e. **-ar** t importuner.

imposibilidad f impossibilité.

imposibilit/ar t empêcher. **-ado, a** a (tullido) impotent, e.

imposible a impossible. | **hacer lo ~,** faire l'impossible.

imposición f **1.** imposition. **2.** (en un banco) dépôt m.

impost/or, a s imposteur. **-ura** f imposture.

impoten/cia f impuissance. **-te** a/m impuissant, e.

impracticable a **1.** irréalisable. **2.** (camino) impraticable.

imprecación f imprécation.

imprecis/o, a a imprécis, e. **-ión** f imprécision.

impregnar t imprégner.

imprenta f imprimerie. | **dar a la ~,** faire imprimer; **libertad de ~,** liberté de la presse.

imprescindible a indispensable.

impresión f impression: **me ha causado buena ~,** il m'a fait bonne impression.

impresion/ar t **1.** impressionner. **2.** (un sonido) enregistrer. ■ pr être impressionné, e. **-able** a impressionnable. **-ante** a impressionnant, e.

impresionismo m impressionnisme.

impreso, a a/m imprimé, e.

impresor m imprimeur. **-a** f INFORM imprimante.

imprevisible a imprévisible.

imprevi/sión f imprévoyance. **-sor, a** a imprévoyant, e.

imprevisto, a a imprévu, e. ■ m pl dépenses f imprévues.

imprimir t imprimer.

improbab/le a improbable. **-ilidad** f improbabilité.

improbo, a a (trabajo) opiniâtre.

improcedente a déplacé, e, inopportun, e, malvenu, e.

improductivo, a a improductif, ive.

impronta f empreinte.

improperio m injure f.

impropi/o, a a impropre. **-edad** f impropriété.

improvis/ar t improviser. **-ación** f improvisation, impromptu m.

improviso (de) loc adv à l'improviste.

impruden/te a imprudent, e. **-cia** f imprudence. **-temente** adv imprudemment.

impudencia f impudence.

impúdico, a a impudique.

impuesto, a p p de **imponer**. ■ m impôt. | **~ sobre el valor añadido, IVA,** taxe f sur la valeur ajoutée, TVA.

impugnar t **1.** attaquer. **2.** réfuter, contredire.

impulsar t **1.** pousser. **2.** inciter. **3.** stimuler.

impulsivo, a a impulsif, ive.

impulso m 1. impulsion f. 2. élan: ~ de generosidad, élan de générosité; tomar ~, prendre son élan.

impune a impuni, e. **-mente** adv impunément.

impur/o, a a impur, e. **-eza** f impureté.

imput/ar t imputer. **-able** a imputable.

imputrescible a imputrescible.

inabordable a inabordable.

inacabable a interminable.

inaccesible a inaccessible.

inacción f inaction.

inaceptable a inacceptable.

inactiv/o, a a inactif, ive. **-idad** f inactivité.

inadaptado, a a/s inadapté, e.

inadecuado, a a non approprié, e, déplacé, e, inadéquat, e.

inadmisible a inadmissible.

inadvertencia f por ~, par inadvertance.

inadvertid/o, a a pasar ~, passer inaperçu. **-amente** adv par inadvertance.

inagotable a inépuisable, intarissable.

inaguantable a insupportable.

inalámbrico, a a sans fil.

inalterable a inaltérable.

inamovible a inamovible.

inanición f inanition.

inanimado, a a inanimé, e.

inaplicable a inapplicable.

inapreciable a inappréciable.

inarrugable a infroissable.

inarticulado, a a inarticulé, e.

inasequible a inaccessible.

inaudible a inaudible.

inaudito, a a inouï, e.

inaugur/ar t inaugurer. **-ación** f 1. inauguration. 2. (de una exposición de pintura) vernissage m. **-al** a inaugural, e.

inca s Inca. **-ico, a** a inca.

incalculable a incalculable.

incandescente a incandescent, e.

incansable a infatigable.

incapa/z a/s incapable. **-cidad** f incapacité. **-citar** t déshabiliter, déclarer incapable.

incaut/arse pr ~ de, saisir. **-o, a** a naif, ive.

incendi/ar t incendier. **-ario, a** a/s incendiaire. **-o** m incendie.

incensar° t encenser.

incentiv/o t stimuler. **-o** m 1. stimulant, attrait. 2. prime f.

incertidumbre f incertitude.

incesante a incessant, e. **-mente** adv sans cesse.

incesto m inceste.

incidentalmente adv incidemment.

incidente m incident.

incienso m encens.

incierto, a a incertain, e.

inciner/ar t incinérer. **-ación** f incinération.

incipiente a naissant, e, qui commence. ■

incisión f incision.

incisivo, a a incisif, ive. ■ m (diente) incisive f.

incit/ar t inciter. **-ación** f incitation.

inclin/ar t 1. incliner. 2. pencher: la torre inclinada, la tour penchée. ■ pr se pencher, pencher. **-ación** f 1. inclinaison. 2. FIG penchant m, inclination.

ínclito, a a illustre.

incluir° t 1. inclure. 2. comprendre: vino incluido, vin compris.

inclusa f hospice m des enfants trouvés.

inclusive *adv* y compris. | hasta el jueves ~, jusqu'à jeudi inclus.

incluso, a *a* inclus, e. ■ *adv* y compris, même. ■ *prep (hasta)* même: ~ **él se niega a ayudarme**, même lui refuse de m'aider.

incógnito, a *a* inconnu, e. ■ *m* incognito: **viajar de ~**, voyager incognito. ■ *f* inconnue.

incoheren/te *a* incohérent, e. **-cia** *f* incohérence.

incoloro, a *a* incolore.

incólume *a* indemne, sain et sauf, saine et sauve.

incombustible *a* incombustible.

incomible *a* immangeable.

incomodar *t* incommoder.

incomodidad *f* incommodité.

incómodo, a *a* **1.** inconfortable, incommode. **2. sentirse ~**, se sentir mal à l'aise.

incomparable *a* incomparable.

incompatib/le *a* incompatible. **-ilidad** *f* incompatibilité.

incompeten/te *a* incompétent, e. **-cia** *f* incompétence.

incompleto, a *a* incomplet, ète.

incompren/sible *a* incompréhensible. **-sión** *f* incompréhension.

incomunicado, a *a* isolé, e.

inconcebible *a* inconcevable.

inconciliable *a* inconciliable.

inconcluso, a *a* indubitable.

incondicional *a/s* inconditionnel, elle.

inconfesable *a* inavouable.

inconformista *a* non conformiste. ■ *s* non-conformiste.

inconfundible *a* caractéristique.

incongruen/cia *f* incongruité. **-te** *a* incongru, e.

inconmensurable *a* incommensurable.

inconmovible *a* inébranlable.

inconscien/cia *f* inconscience. **-te** *a/s* inconscient, e. **-temente** *adv* inconsciemment.

inconsistente *a* inconsistant, e.

inconsolable *a* inconsolable.

inconstan/te *a* inconstant, e. **-cia** *f* inconstance.

incontable *a* innombrable.

incontestable *a* incontestable.

incontinencia *f* incontinence.

inconveniencia *f* **1.** inconvenance. **2.** *(inconveniente)* inconvénient *m*.

inconveniente *a* inconvenant, e. ■ *m* **1.** inconvénient: **no tengo ningún ~ en...**, je ne vois aucun inconvénient à... **2. poner algún ~**, faire des difficultés.

incordiar *t* FAM enquiquiner, faire suer, casser les pieds.

incorporación *f* incorporation.

incorporar *t* **1.** incorporer. **2.** redresser, asseoir. ■ *pr* **1.** *(el que está echado)* se redresser, s'asseoir. **2. incorporarse a su regimiento**, rejoindre son régiment.

incorrec/to, a *a* incorrect, e. **-ción** *f* incorrection.

incorregible *a* incorrigible.

incorruptible *a* incorruptible.

incr/édulo, a *a* **1.** incrédule. **2.** *(falto de fe)* incroyant, e. **-edulidad** *f* **1.** incrédulité. **2.** incroyance.

increíble *a* incroyable.

increment/o *m* **1.** augmentation *f*, accroissement: **~ de las tarifas, del desempleo**, augmentation des tarifs, du chômage. **2.** développement. **-ar** *t* augmenter, accroître.

increpar *t* réprimander, invectiver.

incriminar *t* incriminer.

incrust/ar *t* incruster. **-ación** *f* incrustation.

incub/ar t couver. **-ación** f incubation. **-adora** f couveuse, incubateur m.

inculcar t inculquer.

inculp/ar t inculper. **-ación** f inculpation. **-ado, a** s inculpé, e.

inculto, a a inculte.

incumbir t incomber. **-encia** f eso no es de mi ~, cela n'est pas de mon ressort.

incumpl/ir t ne pas respecter, enfreindre, faillir à. **-imiento** m non-exécution f.

incurable a/s incurable.

incuria f incurie.

incurrir i 1. ~ en error, tomber dans l'erreur. 2. ~ en, encourir.

incursión f incursion.

indag/ar t rechercher. **-ación** f 1. investigation, recherche. 2. (policiaca) enquête.

indebido, a a indu, e.

indecen/te a 1. indécent, e. 2. (asqueroso) dégoûtant, e. **-cia** f indécence.

indecible a indicible.

indeciso, a a/s indécis, e.

indecoroso, a a indécent, e, malséant, e.

indefenso, a a sans défense.

indefinible a indéfinissable.

indefinido, a a indéfini, e.

indeleble a indélébile.

indelicad/o, a a indélicat, e. **-eza** f indélicatesse.

indemne a indemne.

indemniz/ar t indemniser. **-ación** f 1. (acción) indemnisation. 2. (cantidad) indemnité.

indepen/diente a indépendant, e. **-dencia** f indépendance. **-dentista** a/s indépendantiste.

indescifrable a indéchiffrable.

indescriptible a indescriptible.

indeseable a/s indésirable.

indesmallable a indémaillable.

indestructible a indestructible.

indeterminado, a a indéterminé, e.

India n p f Inde.

indiano, a s émigrant, e, qui revient riche d'Amérique.

indic/ar t indiquer. **-ación** f indication. **-ador, a** a/s indicateur, trice. **-ativo, a** a/m indicatif, ive.

índice m 1. (dedo, lista) index. 2. (número) indice: ~ de precios, indice des prix.

indicio m indice.

índico, a a indien, enne.

indiferen/te a/s indifférent, e. **-cia** f indifférence.

indígena a/s indigène.

indigen/te a/s indigent, e. **-cia** f indigence.

indiges/tarse pr mal digérer, avoir une indigestion. **-tión** f indigestion. **-to, a** a indigeste.

indign/ación f indignation. **-ante** a révoltant, e. **-ar** t indigner. **-idad** f indignité. **-o, a** a indigne.

índigo m indigo.

indio, a a/s indien, enne.

indirecto, a a indirect, e. ◼ f allusion.

indisciplinado, a a indiscipliné, e.

indiscre/to, a a/s indiscret, ète. **-ción** f indiscrétion.

indiscutible a indiscutable.

indisoluble a indissoluble.

indispensable a indispensable.

indispo/ner° t indisposer: **el calor me ha indispuesto,** la chaleur m'a indisposé. ◼ **indisponerse con,** se fâcher avec. **-sición** f indisposition.

indistinto, a a indistinct, e.

individu/o *m* individu. **-al** *a* indivi-
duel, elle. ◾ *m (tenis)* simple. **-ali-
dad** *f* individualité. **-alista** *a/s*
individualiste.

indivisible *a* indivisible.

Indochina *n p f* Indochine.

indocumentado, a *a* sans pièces
d'identité.

índole *f* **1.** nature, caractère *m*: de ~
tímida, timide de nature. **2.** genre
m.

indolen/te *a* indolent, e. **-cia** *f*
indolence.

indoloro, a *a* indolore.

indomable, indómito, a *a*
indomptable.

Indonesia *n p f* Indonésie.

indubitable *a* indubitable.

inducción *f* induction.

inducir° *t* **1.** *(incitar)* pousser. **2.** ~
en error, induire en erreur.

indulgen/te *a* indulgent, e. **-cia** *f*
indulgence.

indult/ar *t* gracier. **-o** *m* grâce *f.*

indumentaria *f* vêtement *m*, habillement *m.*

industri/a *f* industrie. **-al** *a/m*
industriel, elle.

inédito, a *a* inédit, e.

inefable *a* ineffable.

ineficaz *a* inefficace.

inelegante *a* inélégant, e.

ineluctable *a* inéluctable.

ineludible *a* inévitable, incontournable.

inep/to, a *a* inepte. ◾ *s* incapable.
-titud *f* incapacité.

inequívoco, a *a* évident, e.

iner/te *a* inerte. **-cia** *f* inertie.

Inés *n p f* Agnès.

inesperado, a *a* inespéré, e.

inestab/le *a* instable. **-ilidad** *f* ins-
tabilité.

inestimable *a* inestimable.

inevitable *a* inévitable.

inexact/o, a *a* inexact, e. **-itud** *f*
inexactitude.

inexcusable *a* inexcusable.

inexistente *a* inexistant, e.

inexorable *a* inexorable.

inexper/to, a *a* inexpérimenté, e.
-iencia *f* inexpérience.

inexplicable *a* inexplicable.

inexplorado, a *a* inexploré, e.

inexpresivo, a *a* inexpressif, ive.

inextricable *a* inextricable.

infalib/le *a* infaillible. **-ilidad** *f*
infaillibilité.

infam/e *a* infâme. **-ia** *f* infamie.

infancia *f* enfance: amigo de la ~,
ami d'enfance.

infant/e *m* **1.** *(hijo del rey)* infant. **2.**
(soldado) fantassin. **-a** *f* infante.

infantería *f* infanterie.

infantil *a* **1.** infantile. **2.** *(ingenuo)*
enfantin, e. **3.** *(alimento, ropa, libro,
etc.)* pour enfants. **-ismo** *m* infanti-
lisme.

infarto *m* infarctus.

infatigable *a* infatigable.

infausto, a *a* malheureux, euse.

infecc/ión *f* infection. **-ioso, a** *a*
infectieux, euse.

infectar *t* infecter. ◾ *pr* **la llaga se
ha infectado,** la plaie s'est infectée.

infecto, a *a* infect, e.

infel/iz *a/s* malheureux, euse. **-ici-
dad** *f* malheur *m.*

inferior *a/s* inférieur, e. **-idad** *f*
infériorité.

inferir° *t* **1.** déduire. **2.** causer.

infernal *a* infernal, e.

infestar *t* **1.** infester. **2.** *FIG* envahir.

infi/el *a/s* infidèle. **-delidad** *f* infi-
délité.

infiernillo *m* réchaud à alcool.

infierno *m* enfer.

infiltr/arse *pr* s'infiltrer. **-ación** *f* infiltration.

ínfimo, a *a* infime.

infinidad *f* infinité.

infinitivo, a *a/m* infinitif, ive.

infinito, a *a/m* infini, e. | **hasta lo ~**, à l'infini; **infinitas veces**, un nombre infini de fois. ■ *adv* infiniment, beaucoup.

infla/ción *f* inflation. **-cionista** *a* inflationniste.

inflam/ar *t* enflammer. **-able** *a* inflammable. **-ación** *f* inflammation. **-atorio, a** *a* inflammatoire.

infl/ar *t* 1. gonfler: **~ un neumático**, gonfler un pneu. 2. FIG (*una cifra, etc.*) gonfler, enfler. **-ado** *m* gonflage.

inflexible *a* inflexible.

infligir *t* infliger.

influenci/a *f* influence. ■ *pl* relations. **-ar** *t* influencer: **dejarse ~**, se laisser influencer.

influ/ir° *i* influer: **el clima influye en la vegetación**, le climat influe sur la végétation. **-yente** *a* influent, e.

información *f* 1. information: **informaciones deportivas**, informations sportives. 2. (*informe*) renseignement *m*, information: **a título de ~**, à titre de renseignement; **pedir ~**, demander des renseignements.

informal *a* peu sérieux, euse, fantaisiste.

informar *t* 1. informer, renseigner. 2. faire savoir. ■ *i* rapporter, communiquer. ■ *pr* se renseigner.

informátic/a *f* informatique. **-o, a** *a* informatique. ■ *s* informaticien, enne.

informativo, a *a* d'information. ■ *m* **el ~**, les informations *f*.

informe *a* informe. ■ *m* 1. renseignement, information *f*. 2. (*de una comisión, etc.*) rapport. ■ *pl* (*sobre una persona*) références *f*.

infortun/ado, a *a* infortuné, e. **-io** *m* infortune *f*.

infracción *f* infraction.

infraestructura *f* infrastructure.

in fraganti *loc adv* en flagrant délit.

infranqueable *a* infranchissable.

infrarrojo, a *a/m* infrarouge.

infrascrito, a *a* yo el **~**, je soussigné.

infravalorar *t* sous-estimer.

infringir *t* enfreindre.

infructuoso, a *a* infructueux, euse.

ínfulas *f pl* prétention *sing*.

infundado, a *a* sans fondement, non fondé, e.

infundio *m* bobard.

infundir *t* 1. **~ respeto**, inspirer le respect. 2. **~ ánimo**, donner du courage.

infusión *f* infusion.

ingeniárselas *pr* **~ para**, s'ingénier à, s'arranger pour, se débrouiller pour.

ingenier/o, a *s* 1. ingénieur. 2. **arma de ingenieros**, génie. **-ía** *f* génie *m*.

ingeni/o *m* 1. génie. 2. (*agudeza*) esprit. 3. (*máquina*) engin. 4. (*de azúcar*) raffinerie *f*. **-osidad** *f* ingéniosité. **-oso, a** *a* ingénieux, euse.

ingente *a* énorme.

ingenu/o, a *a* ingénu, e. **-idad** *f* ingénuité.

ingerencia ⇒ **injerencia**.

Inglaterra *n p f* Angleterre.

ingle *f* aine.

inglés, esa *a/s* anglais, e.

ingrat/o, a *a* ingrat, e. **-itud** *f* ingratitude.

ingrediente *m* ingrédient.

ingres/ar *i* ~ **en la Universidad,** entrer à l'Université; ~ **en el hospital,** être admis, e à l'hôpital. ■ *t* ~ **dinero en el banco,** déposer de l'argent à la banque; ~ **una cantidad en una cuenta,** verser une somme à un compte. **-o** *m* entrée *f*, admission *f*: **examen de** ~, examen d'entrée. ■ *pl* (*dinero*) revenus.

inhábil *a* **1. día** ~, jour férié; **hora** ~, heure de fermeture. **2.** (*torpe*) malhabile. **3.** (*no apto*) inhabile, incapable.

inhabilitar *t* déshabiliter, déclarer incapable.

inhabit/able *a* inhabitable. **-ado, a** *a* inhabité, e.

inhal/ar *t* inhaler. **-ación** *f* inhalation.

inherente *a* inhérent, e.

inhibirse *pr* s'abstenir.

inhóspito, a *a* inhospitalier, ère.

inhumación *f* inhumation.

inhumano, a *a* inhumain, e.

inhumar *t* inhumer.

iniciación *f* **1.** initiation. **2.** commencement *m*, début *m*.

iniciado, a *a/s* initié, e.

inicial *a/f* initial, e.

iniciar *t* **1.** commencer. **2.** ~ **en,** initier à. ■ **iniciarse en,** s'initier à.

iniciativa *f* initiative.

inicio *m* début.

inimaginable *a* inimaginable.

inimitable *a* inimitable.

ininflamable *a* ininflammable.

ininteligible *a* inintelligible.

ininterrumpido, a *a* ininterrompu, e.

iniquidad *f* iniquité.

injerencia *f* ingérence. | **no** ~, non-ingérence.

injert/ar *t* greffer. **-o** *m* greffe *f*.

injuri/a *f* injure. **-ar** *t* injurier. **-oso, a** *a* injurieux, euse.

injusticia *f* injustice.

injustific/able *a* injustifiable. **-ado, a** *a* injustifié, e.

injusto, a *a* injuste.

inmaculado, a *a* immaculé, e. ■ *n p* **la Inmaculada,** l'Immaculée Conception.

inmediaciones *f pl* environs *m*.

inmediato, a *a* **1.** immédiat, e. | **de** ~, tout de suite. **2.** contigu, ë.

inmejorable *a* excellent, e, exceptionnel, elle, parfait, e: ~ **estado,** parfait état.

inmens/o, a *a* immense. **-idad** *f* immensité.

inmersión *f* immersion.

inmigr/ar *i* immigrer. **-ación** *f* immigration. **-ante** *a/s* immigrant, e.

inminen/te *a* imminent, e. **-cia** *f* imminence.

inmiscuirse *pr* s'immiscer.

inmobiliario, a *a* immobilier, ère. ■ *f* société immobilière.

inmoderado, a *a* immodéré, e.

inmolar *t* immoler.

inmoral *a* immoral, e.

inmortal *a* immortel, elle. **-idad** *f* immortalité. **-izar** *t* immortaliser.

inm/óvil *a* immobile. **-ovilidad** *f* immobilité. **-ovilización** *f* immobilisation. **-ovilizar** *t* immobiliser.

inmueble *a/m* immeuble.

inmund/o, a *a* immonde. **-icias** *f pl* immondices.

inmun/e *a* (*contra ciertas enfermedades*) immunisé, e. **-idad** *f* immunité. **-izar** *t* immuniser.

inmut/arse pr se troubler. **-able** a immuable.

innato, a a inné, e.

innecesario, a a inutile, superflu, e.

innegable a indéniable.

innoble a ignoble.

innov/ación f innovation. **-ar** t innover.

innumerable a innombrable.

inocen/te a innocent, e. **-cia** f innocence. **-tada** f plaisanterie faite le jour des Saints-Innocents.

inocular t inoculer.

inocuo, a a inoffensif, ive.

inodoro, a a inodore. ■ m water-closet.

inofensivo, a a inoffensif, ive.

inolvidable a inoubliable.

inopia f indigence.

inopinado, a a inopiné, e.

inoportuno, a a inopportun, e.

inoxidable a inoxydable.

inquebrantable a inébranlable.

inquiet/o, a a 1. inquiet, ète. 2. (agitado) remuant, e. **-ante** a inquiétant, e. **-ar** t inquiéter. **-ud** f inquiétude.

inquilino, a s locataire.

inquina f tomarle ~ a, prendre en grippe; tenerle ~ a alguien, ne pas pouvoir sentir quelqu'un.

inqui/rir° t s'enquérir de, se renseigner sur. **-sición** f inquisition. **-sidor, a** a/m inquisiteur, trice.

insaciable a insatiable.

insalubre a insalubre.

insatisfecho, a a insatisfait, e.

inscri/bir° t inscrire. **-pción** f inscription. **-to, a** a inscrit, e.

insect/o m insecte. **-icida** m insecticide.

insegur/o, a a 1. qui n'est pas sûr, e. 2. (situación, etc.) incertain, e. 3.

(persona) peu sûr, e de soi. **-idad** f ~ ciudadana, insécurité urbaine.

inseminación f ~ artificial, insémination artificielle.

insensat/o a/s insensé, e. **-ez** f bêtise.

insensib/le a insensible. **-ilidad** f insensibilité. **-ilizar** t insensibiliser.

inseparable a inséparable.

inser/tar t insérer. **-ción** f insertion.

inservible a inutilisable.

insidioso, a a insidieux, euse.

insigne a insigne, éminent, e.

insignia f 1. insigne m. 2. (de cofradía) bannière.

insignificante a insignifiant, e.

insinu/ar t insinuer. ■ pr s'insinuer. **-ación** f insinuation.

insípido, a a insipide.

insist/ir i insister: ~ en, insister sur; ~ a alguien para que..., insister auprès de quelqu'un pour que... **-encia** f insistance. **-entemente** adv avec insistance.

insociable a insociable.

insolación f insolation, coup m de soleil.

insolen/te a insolent, e. **-cia** f insolence. **-tarse** pr être insolent, e.

insólito, a a insolite.

insoluble a insoluble.

insolvente a insolvable.

insomnio m insomnie f.

insondable a insondable.

insoportable a insupportable.

insoslayable a inévitable.

insospechado, a a insoupçonné, e.

inspec/ción f 1. inspection. 2. ~ técnica, contrôle m technique. **-cionar** t inspecter. **-tor, a** s inspecteur, trice.

inspir/ar t inspirer. ■ **inspirarse en,** s'inspirer de. **-ación** f inspiration.

instal/ar t installer. ■ **pr se ha instalado en mi casa,** il s'est installé chez moi. **-ación** f installation.

instancia f instance.

instantáneo, a a instantané, e. ■ f (foto) instantané m.

instante m instant: **a cada ~,** à chaque instant. | **al ~,** immédiatement; **por instantes,** rapidement.

instar t ~ a alguien para que..., presser quelqu'un de..., prier instamment quelqu'un de...

instaurar t instaurer.

instig/ar t inciter. **-ación** f instigation. **-ador, a** a/s instigateur, trice.

instint/o m instinct. **-ivo, a** a instinctif, ive.

institu/ir° t instituer. **-ción** f institution.

instituto m 1. institut. 2. (de enseñanza media) lycée.

institutriz f précepteur, institutrice (dans une famille).

instru/ción f instruction. **-tor** m instructeur. **-tivo, a** a instructif, ive.

instruir° t 1. instruire. 2. former.

instrument/o m instrument: ~ **de cuerda, de viento,** instrument à cordes, à vent. **-al** m instruments pl.

insubordin/arse pr se rebeller. **-ación** f insubordination. **-ado, a** a/s insubordonné, e, rebelle.

insubstancial ⇒ **insustancial**.

insuficien/te a insuffisant, e. **-cia** f insuffisance.

insufrible a insupportable.

insular a insulaire.

insulso, a a fade, insipide.

insult/ar t insulter. **-o** m insulte f.

insuperable a 1. **dificultad ~,** difficulté insurmontable. 2. **calidad ~,** qualité incomparable.

insurgente a/s insurgé, e.

insurrec/ción f insurrection. **-to, a** a/s insurgé, e.

insustancial a fade.

insustituible a irremplaçable.

intacto, a a intact, e.

intachable a irréprochable.

integral a/f intégral, e.

integrar t composer, constituer. ■ pr s'intégrer.

integridad f intégrité.

íntegr/o, a a 1. (completo) intégral, e. 2. (probo) intègre. **-ista** a/s intégriste.

intelectual a/s intellectuel, elle.

intelig/ente a intelligent, e. **-encia** f intelligence. **-ible** a intelligible.

intemperie f intempéries pl. | **a la ~,** en plein air, dehors.

intempestivo, a a intempestif, ive.

intenci/ón f intention: **mala ~,** mauvaise intention; **con ~ de,** dans l'intention de. | **segunda ~,** arrière-pensée. **-onado, a** a 1. volontaire, intentionnel, elle. 2. **bien, mal ~,** bien, mal intentionné, e. **-onal** a intentionnel, elle.

inten/dencia f intendance. **-te, a** s intendant, e.

intens/idad f intensité. **-ificar** t intensifier. **-ivo, a** a intensif, ive. **-o, a** a intense.

intent/ar t tenter de, essayer de: **intentaré convencerle,** j'essaierai de le convaincre. **-o** m 1. tentative f. 2. intention f, dessein. **-ona** f tentative risquée.

interac/ción f interaction. **-tivo, a** a interactif, ive.

intercalar t intercaler.
intercambi/able a interchangeable. **-ar** t échanger. **-o** m échange.
interceder t intercéder.
interceptar t intercepter.
intercesión f intercession.
interdicción f interdiction.
inter/és m intérêt: en ~ tuyo, dans ton intérêt. | **ser de mucho ~**, être très intéressant, e. **-esante** a intéressant, e. **-esar** t intéresser. ■ **interesarse por**, s'intéresser à: no se interesa por nada, il ne s'intéresse à rien.
interfaz f INFORM interface.
interferencia f interférence.
ínterin m intérim.
interin/idad f intérim m. **-o, a** a/s 1. intérimaire. | **presidente ~**, président par intérim. 2. (cosa) provisoire.
interior a/m intérieur, e. | **ministro de Interior**, ministre de l'Intérieur. **-idades** f pl vie sing privée, secrets m.
interjección f interjection.
interlocutor, a s interlocuteur, trice.
intermedi/o, a a intermédiaire. ■ m 1. intervalle, intermède. 2. (en el cine) entracte. 3. (baile, música) intermède. **-ario, a** a/m intermédiaire.
interminable a interminable.
intermiten/te a intermittent, e. ■ m (luz) clignotant. **-cia** f intermittence.
internacional a international, e: organismos internacionales, organismes internationaux.
internar t 1. interner. 2. (a un enfermo) hospitaliser. ■ pr pénétrer, s'enfoncer: se internó en el bosque, il s'enfonça dans le bois.
internauta s internaute.

internista a/m généraliste.
interno, a a/s interne.
interpelar t interpeller.
interplanetario, a a interplanétaire.
interponer° t interposer. ■ pr s'interposer: se interpuso entre ellos, il s'interposa entre eux.
interpret/ar t interpréter. **-ación** f interprétation.
intérprete s interprète.
interrog/ar t interroger. **-ación** f interrogation. | **signo de ~**, point d'interrogation. **-ante** m point d'interrogation, inconnue f. **-ativo, a** a interrogatif, ive. **-atorio** m interrogatoire.
interr/umpir t interrompre. ■ pr se interrumpió, il s'est interrompu. **-upción** f interruption. **-uptor** m interrupteur.
intersección f intersection.
intersticio m interstice.
interurbano, a a interurbain, e.
intervalo m intervalle: a intervalos, par intervalles.
interven/ir° t 1. intervenir: la policía intervino rápidamente, la police est intervenue rapidement. 2. participer. ■ t 1. contrôler. 2. MED opérer. **-ción** f 1. intervention. 2. contrôle m. **-tor** m contrôleur.
inter/viú m interview f. **-viuvar** t interviewer.
intestin/o m intestin: ~ delgado, intestin grêle; ~ grueso, gros intestin. **-al** a intestinal, e.
intimar t ~ a que, sommer de. ■ i se lier.
intimidad f intimité: en la ~, dans l'intimité.
intimidar t intimider.
íntimo, a a intime.
intolerable a intolérable.

intoleran/te *a* intolérant, e. **-cia** *f* intolérance.

intoxic/ar *t* intoxiquer. **-ación** *f* intoxication.

intranquilo, a *a* inquiet, ète, anxieux, euse, nerveux, euse.

intransigen/te *a* intransigeant, e. **-cia** *f* intransigeance.

intransitable *a* impraticable.

intransitivo, a *a/m* intransitif, ive.

intratable *a* intraitable.

intrépido, a *a* intrépide.

intrig/a *f* intrigue. **-ar** *i* intriguer. **-ante** *a/s* intrigant, e.

intrincado, a *a* embrouillé, e.

intríngulis *m* FAM complication *f*, difficulté *f*, point sensible.

introduc/ir° *t* introduire. ■ *pr* se introdujo en el salón, il s'est introduit dans le salon. **-ción** *f* introduction.

intromisión *f* ingérence.

intruso, a *a/s* intrus, e.

intu/ición *f* intuition. **-ir°** *t* deviner. **-itivo, a** *a* intuitif, ive.

inund/ar *t* inonder. **-ación** *f* inondation.

inusitado, a *a* inusité, e.

inútil *a/s* inutile.

inutili/dad *f* inutilité. **-zar** *t* mettre hors d'état.

invadir *t* envahir.

inválido, a *a/s* invalide.

invariable *a* invariable.

invas/ión *f* invasion. **-or, a** *s* envahisseur.

invectiva *f* invective.

invencible *a* invincible.

invención *f* invention.

invendible *a* invendable.

inventar *t* inventer. ■ *pr* no me invento nada, je n'invente rien.

inventario *m* inventaire.

invent/o *m* invention *f*. **-or, a** *s* inventeur, trice.

invernadero *m* serre *f*. | el efecto ~, l'effet de serre.

invern/al *a* hivernal, e. **-ar°** *i* hiverner.

invero/símil *a* invraisemblable. **-similitud** *f* invraisemblance.

inversión *f* 1. inversion. 2. (de dinero) placement *m*, investissement *m*: una buena ~, un bon placement.

inverso, a *a* inverse.

inversor, a *s* COM investisseur, euse.

invertir° *t* 1. ~ el sentido de la corriente, inverser le sens du courant. 2. (volcar) renverser. 3. (alterar el orden) intervertir. 4. ~ dinero, investir, placer de l'argent. 5. (tiempo) passer, mettre.

investig/ar *t* 1. faire des recherches, une enquête sur. 2. ~ las causas de un incendio, rechercher les causes d'un incendie. **-ación** *f* 1. (policiaca) enquête. 2. (científica) recherche. **-ador, a** *s* chercheur, euse.

inveterado, a *a* invétéré, e.

invidente *s* aveugle, non-voyant, e.

invierno *m* hiver.

inviolable *a* inviolable.

invisible *a* invisible.

invit/ar *t* inviter. | los invitados, les invités. **-ación** *f* invitation.

invoc/ar *t* invoquer. **-ación** *f* invocation.

involuntario, a *a* involontaire.

invulnerable *a* invulnérable.

inyec/tar *t* injecter. | ojos inyectados de sangre, yeux injectés de sang. **-ción** *f* 1. injection. 2. MED piqûre: poner una ~, faire une piqûre.

ir° *i* 1. aller: voy a la estación, je vais à la gare; ~ de paseo, aller se promener; ¿cómo va su trabajo?, comment va votre travail?; ¿cómo le va?, comment ça va? | ¡qué va!, allons donc! 2. ~ a (+ infinitivo), aller: voy a dor-

mir, je vais dormir. **3.** (= *estar*) être: **va furioso**, il est furieux; **iba vestida de negro**, elle était habillée en noir. **4.** (+ *gerundio*) indique que l'action se réalise progressivement: **iba tomando notas**, il prenait des notes; **va cayendo la tarde**, le soir tombe. **5.** **~ por**, aller chercher. | FAM **¡ve a por pan!**, va chercher le pain! **6.** **¡vaya!**, allons!; **¡vaya tiempo!**, quel temps!; **¡vaya una ocurrencia!**, en voilà une idée! ▪ *pr* **1.** s'en aller, partir: **¡vete!**, va-t'en!; **no te vayas**, ne t'en va pas; **¡vámonos!**, allons-nous-en; **se han ido**, ils sont partis. **2.** aller: **se fueron a almorzar**, ils sont allés déjeuner. **3.** (*líquido*) s'échapper.

ira *f* colère. **-cundo, a** *a* coléreux, euse.

Irak *n p m* Irak.

Irán *n p m* Iran.

iraní *a/s* iranien, enne.

iraquí *a/s* irakien, enne.

irascible *a* irascible.

iris *m* **1.** iris. **2.** (*arco iris*) arc-en-ciel.

irisación *f* irisation.

Irlanda *n p f* Irlande.

irlandés, esa *a/s* irlandais, e.

ironía *f* ironie.

irónico, a *a* ironique.

irracional *a* irrationel, elle.

irradi/ar *t/i* irradier. **-ación** *f* irradiation, rayonnement *m*.

irreal *a* irréel, elle,

irrealizable *a* irréalisable.

irrebatible *a* irréfutable.

irreconciliable *a* irréconciliable.

irrecuperable *a* irrécupérable.

irreductible *a* irréductible.

irreflexivo, a *a* irréfléchi, e.

irrefutable *a* irréfutable.

irregular *a* irrégulier, ère. **-idad** *f* irrégularité.

irremediable *a* irrémédiable.

irreparable *a* irréparable.

irreprochable *a* irréprochable.

irresistible *a* irrésistible.

irresolu/to, a *a* irrésolu, e. **-ción** *f* irrésolution.

irrespetuoso, a *a* irrespectueux, euse.

irrespirable *a* irrespirable.

irresponsable *a* irresponsable.

irrevocable *a* irrévocable.

irrig/ar *t* irriguer. **-ación** *f* irrigation.

irris/ión *f* dérision. **-orio, a** *a* dérisoire.

irrit/ar *t* irriter. **-able** *a* irritable. **-ación** *f* irritation. **-ante** *a* irritant, e.

irrompible *a* incassable.

irru/mpir *i* faire irruption: **los manifestantes irrumpieron en la sala**, les manifestants firent irruption dans la salle. **-pción** *f* irruption.

Isabel *n p f* Isabelle, Élizabeth.

isla *f* île.

isl/am *m* islam. **-ámico, a** *a* islamique.

Islandia *n p f* Islande.

isleño, a *a/s* insulaire.

isleta *f* (*en medio de una calle, plaza*) refuge *m*.

islote *m* îlot.

Israel *n p m* Israël.

israel/í *a/s* israélien, enne. **-ita** *a/s* israélite.

istmo *m* isthme.

Italia *n p f* Italie.

italiano, a *a/s* italien, enne.

itinerario *m* itinéraire.

IVA ⇒ **impuesto**.

izar *t* hisser.

izquierd/o, a *a/f* gauche. | **a la izquierda, a mano izquierda**, à gauche. **-ista** *a* de gauche.

J

j [xota] *f* j *m*: **una ~**, un j.

¡ja! ⇒ **¡ja, ja, ja!**

jabalí *m* sanglier.

jabalina *f* (*deporte*) javelot *m*.

jabato *m* marcassin.

jab/ón *m* savon. | **pastilla de ~**, savonnette. **-onoso, a** *a* savonneux, euse.

jaca *f* petit cheval *m*.

jacarandoso, a *a* joyeux, euse.

jacinto *m* jacinthe *f*.

jact/ancia *f* vantardise. **-ancioso, a** *a/s* vantard, e. **-arse** *pr* se vanter.

jade *m* jade.

jade/ar *i* haleter. **-ante** *a* haletant, e. **-o** *m* halètement.

jaez *m* **1.** los **jaeces**, les harnais. **2.** FIG espèce *f*, acabit.

jaguar *m* jaguar.

Jaime *n p m* Jacques.

¡ja, ja, ja! *interj* ha, ha!

jalar *t* **1.** tirer. **2.** FAM (*comer*) bouffer.

jalea *f* gelée.

jale/ar *t* applaudir, encourager. **-o** *m* FAM **1.** (*ruido*) boucan. **2.** (*alboroto*) chahut: **armar ~**, faire du chahut. **3.** (*enredo*) histoire *f*.

jal/ón *m* jalon. **-onar** *t* jalonner.

Jamaica *n p f* Jamaïque.

jamás *adv* jamais. | **nunca ~**, jamais, au grand jamais; **para siempre ~**, à tout jamais.

jamelgo *m* rosse *f*, canasson.

jamón *m* **1.** jambon: **~ serrano**, jambon cru. **2.** FAM **¡y un ~!**, et puis quoi encore!

jamona *f* FAM grosse dondon.

Japón *n p m* Japon.

japonés, esa *a/s* japonais, e.

jaque *m* échec: **tener en ~**, tenir en échec.

jaqueca *f* migraine.

jarabe *m* sirop.

jaran/a *f* FAM **1.** **irse de ~**, faire la foire, la fête. **2.** (*ruido*) raffut *m*. **-ero, a** *a/s* noceur, euse.

jarcia *f* MAR manœuvres *pl*.

jard/ín *m* **1.** jardin (d'agrément). **2.** **~ de la infancia**, jardin d'enfants. **-inera** *f* jardinière. **-inería** *f* jardinage *m*. **-inero** *m* jardinier.

jareta *f* coulisse.

jarr/a *f* **1.** carafe. **2.** (*de cerveza*) chope. **3.** **en jarras**, les mains sur les hanches. **-o** *m* pichet.

jaspe *m* jaspe.

Jauja *n p* pays de cocagne.

jaula *f* cage.

jauría *f* meute.

javanés, esa *a/s* javanais, e.

Javier *n p m* Xavier.

jazz [xaθ] *m* jazz.

¡je! *interj* ha!

jeep *m* jeep *f*.

jef/e *m* chef. **-atura** *f* direction.

Jehová *n p m* Jéhovah.

jengibre *m* gingembre.

jerarquía *f* hiérarchie.

jerárquico, a *a* hiérarchique.

jerez *m* xérès.

jerg/a *f* **1.** jargon *m*, argot *m*. **2.** charabia *m*.

jergón *m* paillasse *f*.

jerigonza f 1. charabia m, galimatias m. 2. (jerga) jargon m, argot m.

jering/a f seringue. **-ar** t FAM assommer, faire suer. **-uilla** f seringue.

jeroglífico m 1. hiéroglyphe. 2. (acertijo) rébus.

Jerónimo n p m Jérôme.

jersey m pull-over, pull.

Jerusalén n p Jérusalem.

Jesucristo n p m Jésus-Christ.

jesuita a/s jésuite.

Jesús n p m Jésus. | **en un decir ~**, en un clin d'œil.

jeta f 1. (del cerdo) groin m. 2. POP gueule.

jibia f seiche.

jícara f tasse.

jilguero m chardonneret.

jindama f POP trouille, pétoche.

jinete m cavalier.

jipijapa m (sombrero) panama.

jirafa f girafe.

jirón m 1. (de una tela) lambeau. 2. AMER avenue f.

jocoso, a a drôle.

jod/er t VULG baiser. **-ido, a** a fichu, e.

jofaina f cuvette.

jolgorio m fête f, noce f.

jondo a cante ~, chant flamenco.

jónico, a a ionique.

Jordania n p f Jordanie.

Jorge n p m Georges.

jorn/ada f journée: ~ laboral, journée de travail; ~ intensiva, journée continue. | trabajar media ~, travailler à mi-temps. **-al** m salaire journalier. **-alero** m journalier.

jorob/a f 1. bosse. 2. FAM corvée. **-ado, a** a/s bossu, e. **-ar** t FAM casser les pieds, faire suer.

José n p m Joseph.

jota f 1. (letra) j m. 2. (baile) jota. 3. FAM no sabe ni ~ de la lección, il ne

sait pas un traître mot de la leçon; **no veo ni ~**, je n'y vois rien.

joven a jeune. ■ s jeune homme, jeune fille. | **los jóvenes**, les jeunes, les jeunes gens. **-cito, a** a tout jeune, toute jeune. ■ s petit jeune homme, petite jeune fille.

jovial a jovial, e. **-idad** f jovialité.

joy/a f bijou m. **-ería** f bijouterie. **-ero, a** s bijoutier, ère, joaillier, ère. ■ m coffret à bijoux.

Juan n p m Jean. | **un ~ Lanas**, une chiffe.

Juana n p f Jeanne.

juanete m oignon (au pied).

jubil/ar t mettre à la retraite. ■ pr prendre sa retraite: **se jubiló el año pasado**, il a pris sa retraite l'année dernière. **-ación** f 1. mise à la retraite. 2. (pensión) retraite: ~ **anticipada**, préretraite. **-ado, a** a/s retraité, e. **-eo** m jubilé.

júbilo m grande joie f.

jubiloso, a a joyeux, euse.

judaísmo m judaïsme.

judía f haricot m: ~ **verde, blanca**, haricot vert, blanc.

judicial a judiciaire.

judío a/s juif, juive.

judo m judo.

jueces pl de **juez**.

juego m 1. jeu: **juegos Olímpicos**, jeux Olympiques. | ~ **de palabras**, jeu de mots, calembour. 2. service: **de café**, service à café. 3. (de útiles) jeu, assortiment. 4. (de cama, ropa interior) parure f. 5. **hacer ~**, aller ensemble. | **blusa haciendo ~ con la falda**, chemisier assorti à la jupe; **a ~**, assorti, e. 6. (holgura, movimiento) jeu.

juerg/a f FAM bringue, riboulдingue, noce: **estar de ~**, faire la brin-

gue. **-uista** s fêtard, e, noceur, euse.

jueves m jeudi.

juez, jueza s juge.

jugada f **1.** coup m. **2. mala ~**, mauvais tour m, entourloupette.

jug/ar° i/t jouer. ■ pr jouer: **jugarse el todo por el todo**, jouer le tout pour le tout. **-ador, a** s joueur, euse. **-arreta** f entourloupette.

juglar m jongleur.

jug/o m **1.** jus. **2.** (secreción) suc. **-oso, a** a juteux, euse.

juguet/e m jouet. **-ear** i jouer. **-ón, ona** a joueur, euse.

juici/o m **1.** jugement: **~ final**, jugement dernier. | **a mi ~**, à mon avis; **a ~ de**, d'après. **2.** raison f. | **perder el ~**, perdre la tête, la raison. **-oso, a** a sage, judicieux, euse.

Julio, a n p Jules, Julie.

julio m juillet: **el 14 de ~**, le 14 juillet.

jumento, a s âne, ânesse.

junco m jonc.

jungla f jungle.

junio m juin: **el 18 de ~**, le 18 juin.

junquillo m (planta) jonquille f.

junta f **1.** assemblée. **2.** conseil m, comité m. **3.** (militar, insurreccional) junte. **4.** (entre dos piezas) joint m.

juntamente adv ensemble, conjointement.

juntar t **1.** joindre: **juntó las manos**, elle joignit les mains. **2.** assembler, rassembler. ■ pr (congregarse) s'assembler, se rassembler.

junt/o, a a **1.** joint, e. **2.** réuni, e. **3.** ensemble: **vivir juntos**, vivre ensemble; **todos juntos**, tous ensemble. | **en, por ~**, en tout. **4. ~ a**, à côté de, près de. **-ura** f jointure.

jur/a f serment m. **-ado, a** a juré, e, assermenté, e. ■ m **1.** (tribunal) jury. | **~ de empresa**, comité d'entreprise. **2.** (miembro) juré.

juramento m **1.** serment. **2.** (blasfemia) juron.

jurar t/i jurer: **¡se lo juro!**, je vous le jure! | **el nuevo ministro jurará su cargo mañana**, le nouveau ministre prêtera serment demain.

jurídico, a a juridique.

jurisdicción f juridiction.

jurisprudencia f jurisprudence.

justicia f justice: **administrar ~**, rendre la justice; **hacer ~ a**, rendre justice à.

justific/ar t justifier. **-ación** f justification. **-ante** m justificatif.

just/o, a a/adv juste. **-amente** adv justement.

juvenil a juvénile. | **el paro ~**, le chômage des jeunes.

juventud f jeunesse.

juzg/ar t juger. | **a ~ por**, à en juger par. **-ado** m tribunal.

k ʃ k m: una ~, un k.
karate m karaté.
kayac m kayak.
kermese ʃ kermesse.
kilo(gramo) m kilo(gramme).
kil/ómetro m kilomètre. **-ómetra-**
je m kilométrage. **-ométrico, a** a
kilométrique.

kilovatio m kilowatt.
kinesiterapeuta s kinésithérapeute.
kiosco = **quiosco.**
kiwi m kiwi.
Kuwait n p m Koweit.

L

l [ele] ƒ l m: **una ~**, un l.

¹la *art* la. | **~ de**, celle de; **~ que**, celle
que, celle qui. (**la** traduit sou-
vent par le possessif: **se quitó la
americana**, il ôta sa veste). ■ *pron
pers* la, l': **~ veo**, je la vois; **oírla**,
l'entendre.

²la *m* MÚS la.

laberinto *m* labyrinthe.

labia ƒ bagou *m*, faconde.

labio *m* lèvre ƒ. | **no despegar los
labios**, ne pas desserrer les dents.

labor ƒ **1.** travail *m*: **labores domés-
ticas, del campo**, travaux domesti-
ques, des champs. | **sus labores**,
sans profession. **2.** activité. **3.** (*de
costura*) ouvrage *m*.

laborable *a* **día ~**, jour ouvrable.

laboral *a* **1. accidente ~**, accident
du travail; **jornada ~**, journée de
travail. **2.** (*enseñanza*) technique.

laborar *i* travailler, œuvrer.

laboratorio *m* laboratoire.

laborioso, a *a* laborieux, euse.

labrador, a *s* cultivateur, trice,
paysan, anne.

labranza ƒ labourage *m*.

labr/ar *t* **1.** travailler. **2.** cultiver.
-iego, a *s* paysan, anne.

lac/a ƒ laque. **-ar** *t* laquer.

lacayo *m* laquais.

lacerar *t* blesser.

lacio *a* (*cabello*) plat et mou.

lacón *m* épaule ƒ de porc salée.

lacónico, a *a* laconique.

lacr/a ƒ **1.** trace, marque. **2.** FIG fléau
m, plaie. **-ar** *t* **1.** rendre malade. **2.**
FIG nuire.

lacre *m* cire ƒ à cacheter.

lacrimógeno, a *a* **gas ~**, gaz lacrymogène.

lactan/cia ƒ allaitement *m*. **-te** *m*
nourrisson.

lacteado, a *a* lacté, e.

lácteo, a *a* lacté, e. | **productos lác-
teos**, laitages.

ladear *t* pencher, incliner. ■ *pr* se
pencher.

ladera ƒ versant *m*.

ladino, a *a* malin, igne.

lado *m* côté: **al ~ de**, à côté de; **al
otro ~ de**, de l'autre côté de. | **dejar
a un ~**, laisser de côté; **por otro ~**,
d'un autre côté, d'autre part; **por
todos los lados**, de tous côtés.

ladr/ar *i* aboyer. **-ido** *m* aboiement.

ladrillo *m* brique ƒ.

ladrón, ona *s* voleur, euse. | **¡ladro-
nes!**, au voleur!

lagar *m* pressoir.

lagart/o *m* lézard. **-ija** ƒ petit lézard
m.

lago *m* lac.

lágrima ƒ larme. | **llorar a ~ viva**,
pleurer à chaudes larmes.

lagrime/ar *i* larmoyer. **-o** *m* lar-
moiement.

laguna ƒ **1.** lagune. **2.** (*omisión*)
lacune.

laic/o, a *a/s* laïque. **-ismo** *m* laïcité
ƒ.

lamentar

lament/ar t **1.** regretter: **lamento molestarle**, je regrette de vous déranger. **2. ~ la muerte de alguien**, déplorer la mort de quelqu'un. ■ pr se lamenter. **-able** a lamentable. **-ación** f, **-o** m lamentation f. **-oso, a** plaintif, ive.

lamer t lécher.

lámina f **1.** plaque. **2.** (hoja) feuille. **3.** (grabado) planche.

lamin/ar t laminer. **-ado** m laminage. **-ador** m laminoir.

laminilla f lamelle.

lámpara f lampe: **~ de petróleo**, lampe à pétrole. | **~ de pie**, lampadaire m.

lamparilla f veilleuse.

lamparón m tache f d'huile.

lampiño, a a imberbe.

lamprea f lamproie.

lana f laine.

lance m **1.** circonstance f. **2.** incident. **3.** péripétie f. **4. de ~**, d'occasion.

lancha f canot m. | **~ motora**, vedette.

lancinante a lancinant, e.

landa f lande.

lanero, a a lainier, ère.

langost/a f **1.** (crustáceo) langouste. **2.** (insecto) sauterelle. **-ino** m grosse crevette f.

languid/ecer° i languir. **-ez** f langueur.

lánguido, a a langoureux, euse, languissant, e.

lanoso, a a laineux, euse.

lanz/a f lance. **-ada** f coup m de lance. **-adera** f navette.

lanz/ar t **1. ~ el disco, un cohete**, lancer le disque, une fusée; **~ una moda, un producto al mercado**, lancer une mode, un produit sur le marché. **2.** (paracaidistas) lâcher,

larguer. **3.** (suspiros) pousser. ■ pr s'élancer, se jeter. **-amiento** m **1.** (de un cohete, producto nuevo, etc.) lancement. **2.** (del disco, de la jabalina, etc.) lancer.

lapicera f AMER stylo m.

lapicero m porte-mine.

lápida f **1.** (conmemorativa) plaque. **2. ~ sepulcral**, pierre tombale, dalle.

lapidar t lapider.

lápiz m crayon: **una caja de lápices**, une boîte de crayons. | **~ de labios**, bâton de rouge à lèvres.

lapón, ona a/s lapon, onne.

lapso m **1.** lapsus. **2. ~ de tiempo**, laps de temps.

lares m pl (hogar) foyer sing.

larga ⇒ **largo**.

largar t **1.** (un cable) larguer. **2.** FAM (bofetada, etc.) flanquer. ■ pr FAM filer, se tailler. | **¡lárgate!**, file!, tire-toi!, fous le camp!

largo, a a long, longue: **~ y ancho**, long et large. | **a lo ~ de**, le long de; **~ y tendido**, longuement; **un mes ~**, un bon mois; **¡~ de aquí!**, ouste! ■ m longueur f, long. ■ f **1. a la larga**, à la longue. **2. dar largas a un asunto**, faire traîner une affaire en longueur.

largometraje m long métrage.

larguero m **1.** montant. **2.** (fútbol) barre f transversale.

largueza f largesse.

largura f longueur.

laringitis f laryngite.

larva f larve.

las art les. | **~ de**, celles de; **~ que**, celles que, celles qui. ■ pron pers les: **~ veo**, je les vois.

lascivo, a a lascif, ive.

láser m laser.

lasitud f lassitude.

lástima f **1.** pitié: dar ~, faire pitié. **2.** es una ~, c'est dommage; ¡qué ~!, quel dommage!

lastim/ar t blesser. **-adura** f blessure. **-ero, a** a plaintif, ive. **-oso, a** a pitoyable.

lastre m lest.

lata f **1.** fer-blanc m. **2.** boîte: una ~ de sardinas, une boîte de sardines. **3.** FAM embêtement m. | dar la ~, casser les pieds; ¡qué ~!, ¡vaya una ~!, quelle barbe!

latente a latent, e.

lateral a latéral, e.

latido m battement. | corazón que da latidos, cœur qui bat.

latifundio m grande propriété f rurale.

latigazo m coup de fouet.

látigo m fouet.

latín m latin. | FIG saber mucho ~, être malin.

latino, a a/s latin, e. **-americano, a** a/s latino-américain, e.

latir i battre: corazón que late, cœur qui bat.

latitud f latitude.

lato, a a en sentido ~, au sens large.

latón m laiton.

latoso, a a assommant, e, rasoir.

laúd m luth.

laureado, a a/s lauréat, e.

laurel m laurier.

Lausana n p Lausanne.

lava f lave.

lavable a lavable.

lavabo m **1.** lavabo. **2.** (retrete) toilettes f pl.

lavadero m **1.** lavoir. **2.** (en una casa) buanderie f.

lavado m lavage.

lavador, a a s laveur, euse. ■ f machine à laver, lave-linge m.

lavanda f lavande.

lavander/ía f blanchisserie, laverie. **-o, a** s blanchisseur, euse.

lavaparabrisas m lave-glace.

lavaplatos m **1.** plongeur. **2.** (máquina) lave-vaisselle.

lavar t laver. ■ pr se laver.

lavativa f lavement m.

lavavajillas m lave-vaisselle.

laxante a/m laxatif, ive.

laxo, a a FIG relâché, e.

laya f **1.** espèce, acabit m. **2.** (pala) bêche.

lazada f nœud m.

Lázaro n p m Lazare.

lazo m **1.** nœud. **2.** (cuerda con nudo corredizo) lasso. **3.** (vínculo) lien. **4.** (trampa) piège.

le pron pers **1.** le, l': ~ veo, je le vois; oírle, l'entendre. **2.** (con usted) vous: ~ aseguro a usted, je vous assure. **3.** (dativo) lui: ~ tendió la mano, il lui tendit la main.

leal a **1.** loyal, e: unos súbditos leales, des sujets loyaux. **2.** fidèle. **-tad** f loyauté.

lección f leçon: tomar la ~, faire réciter la leçon.

lech/e m **1.** lait m: ~ desnatada, condensada, en polvo, lait écrémé, condensé, en poudre. **2.** POP estar de mala ~, être de mauvais poil. **-ada** f lait m de chaux. **-ería** f laiterie. **-ero, a** a/s laitier, ère: vaca lechera, vache laitière.

lech/o m lit. **-igada** f portée.

lechón m cochon de lait.

lechoso, a a laiteux, euse.

lechuga f laitue.

lechuza f chouette.

lect/or, a s lecteur, trice. **-ura** f lecture.

leer t lire: leyendo el periódico, en lisant le journal; leí en su cara lo

que pensaba, j'ai lu sur son visage ce qu'il pensait.

legación f légation.

legado m 1. (enviado) légat. 2. (herencia) legs.

legajo m liasse f, dossier.

legal a légal, e. **-mente** adv légalement. **-idad** f légalité. **-izar** t légaliser.

légamo m vase f, limon.

leg/ar t léguer. **-atario, a** s légataire.

legendario, a a légendaire.

legible a lisible.

legi/ón f légion. **-onario** m légionnaire.

legisla/ción f législation. **-dor, a** a/s législateur, trice. **-tivo, a** a législatif, ive. **-tura** f législature.

legista m légiste.

leg/ítimo, a a 1. légitime. 2. véritable. **-itimidad** f légitimité.

lego, a a 1. laique. 2. profane. ■ m frère lai.

legua f lieue.

legumbre f légume m. ■ pl légumes secs.

leído, a a (culto) instruit, e.

lejan/ía f 1. éloignement m. 2. **en la ~,** dans le lointain. **-o, a** a lointain, e.

lejía f eau de Javel.

lej/os adv loin. | **a lo ~,** au loin; **~ de,** loin de. **-ísimos** adv très loin.

lelo, a a abruti, e, ahuri, e.

lema m devise f.

lencería f lingerie.

lengua f 1. langue: **sacar la ~,** tirer la langue. | **hacerse lenguas de,** ne pas tarir d'éloges sur. 2. **~ viva, materna,** langue vivante, maternelle.

lenguado m sole f.

lenguaje m langage.

lenguaraz a insolent, e.

lengüeta f languette.

lente f 1. (óptica) lentille. 2. (de gafas) verre m: **lentes de contacto,** verres de contact. ■ m pl lorgnon sing.

lenteja f lentille.

lentejuela f paillette.

lent/o, a a lent, e. **-itud** f lenteur.

leñ/a f 1. bois m (à brûler). | FIG **echar ~ al fuego,** jeter de l'huile sur le feu. 2. (paliza) raclée. **-ador** m bûcheron. **-era** f bûcher m. **-o** m bûche f.

Leo m ASTR Lion.

león, ona s lion, onne.

leonado, a a fauve.

leonera f FAM foutoir m, bazar m.

leopardo m léopard.

leotardo m collant.

lepr/a f lèpre. **-oso, a** a/s lépreux, euse.

lerdo, a a lourd, e, lourdaud, e.

les pron pers 1. leur. 2. (con ustedes) vous: **~ afirmo a ustedes,** je vous affirme.

lesbiana f lesbienne.

lesi/ón f 1. lésion. 2. (herida) blessure. **-onado, a** a/s blessé, e. **-onar** t blesser. ■ pr se blesser.

letanía f litanie.

let/argo m léthargie f. **-árgico, a** a léthargique.

letra f 1. lettre: **escriba su nombre con todas las letras,** écrivez votre nom en toutes lettres. 2. écriture: **tener una ~ muy clara,** avoir une écriture très claire. 3. caractère m: **~ de imprenta, de molde,** caractère d'imprimerie. 4. **la ~ de una canción,** les paroles d'une chanson. 5. COM traite, lettre de change. ■ pl 1. **bellas letras,** belles lettres. 2. **dos, cuatro, unas letras,** un mot.

letrado m avocat.

letrero m 1. écriteau. 2. enseigne f: un ~ de neón, une enseigne au néon.

letrina f latrines pl.

leucemia f leucémie.

leva f 1. (mecánica) came. 2. (de soldados) levée.

levadura f 1. (pan) levain m. 2. (cerveza, pasteles) levure.

levantamiento m 1. levée f. 2. (sublevación) soulèvement. 3. ~ de la veda, ouverture f (de la chasse, pêche).

levantar t 1. lever. 2. (peso, etc.) soulever. 3. (algo caído o inclinado) relever. 4. élever. 5. ~ un chichón, una ampolla, faire une bosse, une ampoule. 6. (quitar) enlever. | ~ la casa, déménager. ■ pr 1. se lever: me levanto temprano, je me lève tôt; levántate, lève-toi. 2. (sobresalir) se dresser, s'élever. 3. (en armas) se soulever.

levante m levant.

levantisco, a a turbulent, e.

levar t ~ anclas, lever l'ancre.

leve a léger, ère.

levita f redingote.

léxico m lexique.

ley f 1. loi. | con todas las de la ~, en règle. 2. (de un metal) titre m. | oro de ~, or véritable.

leyenda f légende.

leyendo, etc. ⇒ **leer.**

liana f liane.

liar t 1. attacher. 2. ~ un cigarrillo, rouler une cigarette. 3. FIG compliquer.

Líbano n p m Liban.

libar t (abejas) butiner.

libelo m pamphlet.

libélula f libellule.

liberación f libération.

liberal a libéral, e. **-idad** f libéralité. **-ismo** m libéralisme.

liberar t libérer.

libert/ad f liberté: con toda ~, en toute liberté; me tomo la ~ de..., je prends la liberté de... **-ador, a** a/s libérateur, trice. **-ar** t libérer.

libertino, a a/s libertin, ine.

Libia n p f Libye.

libra f livre.

Libra f ASTR Balance.

libraco m bouquin.

libramiento m COM ordre de paiement.

libranza f COM ordre m de paiement.

librar t 1. délivrer: líbranos del mal, délivre-nous du mal. 2. libérer. 3. (una letra de cambio) tirer. ■ **librarse de**, échapper à.

libre a libre: ¡taxi!, ¿está ~?, taxi!, vous êtes libre? | ir por ~, être indépendant, e, à son compte.

librea f livrée.

librecambio m libre-échange.

librer/ía f 1. librairie. 2. (mueble) bibliothèque. **-o, a** s libraire.

libreta f 1. carnet m. 2. ~ de ahorros, livret m de caisse d'épargne.

libreto m livret, libretto.

libro m 1. livre: ~ de bolsillo, livre de poche. 2. ~ de familia, livret de famille. **-te** m FAM bouquin.

licenci/a f 1. licence. 2. (de caza, pesca) permis m. 3. ~ a a/s licencié, e. | MIL ~ por inútil, réformé. **-ar** t licencier. ■ **licenciarse en derecho**, passer sa licence en droit. **-atura** f licence.

licencioso, a a licencieux, euse.

liceo m 1. société f littéraire. 2. (instituto) lycée.

licitar i enchérir.

lícito, a a licite.

licor m liqueur f. **-oso, a** a liquoreux, euse.

licu/ar t liquéfier. **-adora** f mixeur m.

lid f **1.** combat m. | **en buena ~, de** bonne guerre. **2.** FIG controverse.

lider m leader.

lidi/a f combat m. **-ador** m torero. **-ar** i/t combattre.

liebre f lièvre m.

Lieja n p Liège.

lienzo m **1.** (tela, cuadro) toile f. **2.** (de pared) pan (de mur).

liga f **1.** (para medias) jarretelle, jarretière. **2.** (materia viscosa) glu. **3.** (aleación) alliage m. **4.** (confederación) ligue. **5.** (en deportes) championnat m.

ligado m liaison f.

ligadura f ligature.

ligamento m ligament.

lig/ar t lier. ■ i FAM **1. ~ con,** draguer. **2.** faire une touche, sympathiser. **-azón** f liaison.

liger/o, a a léger, ère. | **a la ligera,** à la légère. **-eza** f légèreté.

lignito m lignite.

lija f roussette. | **papel de ~,** papier de verre.

lila f lilas m. ■ a (color) lilas.

liliputiense a/s lilliputien, enne.

¹**lim/a** f lime: **~ de uñas,** lime à ongles. **-aduras** f pl limaille sing. **-ar** t limer.

²**lima** f (fruta) limette, citron m vert.

limbo m (de las almas) limbes pl.

limeño, a a/s de Lima.

limitación f limitation.

limitar t limiter.

límite m limite f: **rebasar los límites,** dépasser les limites.

limítrofe a limitrophe.

limo m limon, boue f.

lim/ón m citron. **-onada** f citronnade. **-onero** m citronnier.

limosna f aumône: **pedir ~,** demander l'aumône.

limpia f nettoyage m. ■ m FAM cireur.

limpiabotas m cireur.

limpiadientes m cure-dent.

limpiamente adv proprement.

limpiaparabrisas m essuie-glace.

limpiar t **1.** nettoyer. **2.** FAM (robar) barboter. ■ i faire le ménage.

limpiauñas m cure-ongles.

limpidez f limpidité.

límpido, a a limpide.

limpieza f **1.** propreté, netteté. **2.** nettoyage m: **~ en seco,** nettoyage à sec. **3.** (de la calle) nettoiement m. **4. ~ de sangre,** pureté de sang.

limpio, a a **1.** propre: **una toalla limpia,** une serviette propre. **2.** net, nette. | **poner en ~,** mettre au propre; **sacar en ~,** tirer au clair. ■ adv **jugar ~,** jouer franc jeu.

linaje m lignage.

lince m lynx.

linchar t lyncher.

lind/e f **1.** limite. **2.** (de un bosque) lisière. **-ante** a **~ con,** contigu, ë à. **-ar** i **~ con,** être contigu, ë à, toucher à. **-ero** m limite f. | **en los linderos de...,** au bord de...

lind/o, a a **1.** joli, e. | **de lo ~,** joliment, beaucoup. **2.** gentil, ille. **-eza** f gentillesse.

línea f ligne: **~ recta, telefónica,** ligne droite, téléphonique; **guardar la ~,** garder la ligne. | **en toda la ~,** sur toute la ligne, complètement; INFORM **en ~,** en ligne.

linfático, a a lymphatique.

lingote m lingot.

lingü/ista s linguiste. **-ística** f linguistique.

lino m lin.

linóleo m linoléum.

linotipista m linotipiste.

linterna f 1. lanterne. 2. (de bolsillo) lampe de poche.

lío m 1. paquet. 2. FAM histoire f: armar un ~, faire toute une histoire; no quiero líos con la policía, je ne veux pas d'histoires avec la police. 3. (desorden) pagaille f. 4. (relación ilícita) liaison f.

liofilizado, a a lyophilisé, e.

lioso, a a embrouillé, e.

liquen m lichen.

liquid/ar t liquider. **-ación** f liquidation.

líquido, a a/m liquide.

¹lira f MUS lyre.

²lira f (moneda) lire.

lírico, a a/f lyrique.

lirio m 1. iris. 2. ~ blanco, lis.

lirismo m lyrisme.

lirón m loir.

Lisboa n p Lisbonne.

lisi/ar t estropier. **-ado, a** a/s estropié, e.

liso, a a 1. lisse. 2. (llano) plat, e. 3. (de un solo color) uni, e: **tela lisa**, étoffe unie.

lisonj/a f flatterie. **-ear** t flatter. **-ero, a** a/s flatteur, euse.

list/a f 1. rayure. 2. (enumeración) liste. | **pasar ~**, faire l'appel. 3. **~ de correos**, poste restante. 4. (en un restaurante) carte. **-ado, a** a rayé, e. **-ín** m ~ **de teléfonos**, annuaire du téléphone.

listo, a a 1. intelligent, e. 2. vif, vive, rapide. 3. malin, igne: **echárselas de ~**, faire le malin; **pasarse de ~**, vouloir faire le malin. 4. prêt, e: **todo está ~**, tout est prêt; **¡listo!**, prêt!

listón m 1. baguette f. 2. (para el salto) barre f.

litera f (en un barco, tren) couchette.

literal a littéral, e.

literario, a a littéraire.

literato, a s homme, femme de lettres.

literatura f littérature.

litig/ar i plaider. **-ante** s plaideur, euse. **-io** m litige. **-ioso, a** a litigieux, euse.

litografía f lithographie.

litoral a/m littoral, e.

litro m litre.

lit/urgia f liturgie. **-úrgico, a** a liturgique.

livian/o, a a léger, ère. **-dad** f légèreté, inconstance.

lívido, a a livide.

ll [ếye] f double l m: **una ~**, un double l, un l mouillé.

llaga f plaie.

¹llama f flamme.

²llama f (animal) lama m.

llamada f 1. appel m. | **~ telefónica**, coup m de téléphone. 2. **~ al orden**, rappel m à l'ordre. 3. (en un libro) renvoi m.

llamador m 1. (aldaba) heurtoir. 2. bouton de sonnette.

llamamiento m appel.

llamar t 1. appeler. | **~ por teléfono**, appeler au téléphone, téléphoner. 2. **~ la atención**, attirer l'attention. ■ i 1. (a una puerta) frapper. 2. (con timbre) sonner. ■ pr s'appeler, se nommer: **¿cómo se llama esto?**, comment ça s'appelle?; **¿cómo se llama usted?**, comment vous appelez-vous?; **me llamo Antonio**, je m'appelle Antoine.

llamarada f 1. grande flamme. 2. FIG rougeur.

llamativo, a *a* **1.** criard, e. **2.** voyant, e.

llamear *i* flamboyer.

llana *f* (*de albañil*) truelle.

llanamente *adv* simplement.

llaneza *f* simplicité.

llano, a *a* **1.** plat, e: **plato ~,** assiette plate. **2.** simple. ■ *m* (*llanura*) plaine *f*.

llanta *f* **1.** jante. **2.** pneu *m*.

llant/o *m* larmes *f pl,* pleurs *pl*: **al borde del ~,** au bord des larmes; **deshacerse en ~,** fondre en larmes. | **prorrumpir en ~,** éclater en sanglots. **-ina** *f* FAM pleurnicheries *pl*.

llanura *f* plaine.

llares *f pl* crémaillère *sing*.

llav/e *f* **1.** clef, clé: **cerrar con ~,** fermer à clef; **~ inglesa,** clef anglaise. **2.** (*grifo*) robinet *m*. **3.** (*electricidad*) interrupteur *m*: **darle a la ~ de la luz,** presser l'interrupteur, allumer l'électricité. **4.** (*de judo*) prise. **5.** (*signo ortográfico*) accolade. **-ero** *m* porte-clefs. **-ín** *m* clef *f*.

lleg/ar *t* **1.** arriver: **ha llegado ayer,** il est arrivé hier. **2.** (*alcanzar*) atteindre. **3. ~ a ser presidente,** devenir président; **~ a saber,** arriver à, finir par savoir. ■ *pr* **1.** (*acercarse*) s'approcher. **2.** (*ir*) aller, se rendre. **-ada** *f* arrivée.

llen/ar *t* **1.** remplir. **2.** (*colmar*) combler. ■ *pr* se remplir. **-azo** *m* affluence *f,* foule *f*. **-o, a** *a* plein, e, rempli, e. | **~ hasta la bandera,** plein à craquer, archicomble. ■ *m* **hubo un ~ en el estadio,** le stade était comble; **~ absoluto en el teatro,** salle absolument comble. | **de ~,** en plein, complètement.

llevadero, a *a* supportable.

llevar *t* **1. ~ una maleta, un jersey,** porter une valise, un pull. **2.** (*a lo*

lejos) emporter: **pizza para ~,** pizza à emporter. **3.** emmener: **la llevó al restaurante,** il l'a emmenée au restaurant. **4.** conduire: **lléveme a la estación,** conduisez-moi à la gare. **5. ~ una vida tranquila,** mener une vie tranquille; **~ a cabo,** mener à bien. **6.** (*soportar*) supporter. **7.** (*cierto tiempo*) **llevo dos días sin comer,** je n'ai pas mangé depuis deux jours; **lleva una hora leyendo,** il lit depuis une heure; **llevo aquí mucho rato,** je suis ici depuis longtemps; **esto lleva mucho tiempo,** ça prend beaucoup de temps. **8.** me **lleva cinco años,** il a cinq ans de plus que moi. **9.** escribo **6** y **llevo 2,** je pose 6 et je retiens 2. ■ *pr* **1.** llevarse la cuchara a la boca, porter la cuillère à sa bouche. **2.** (*quitar, arrancar*) emporter: **se lo llevó todo a casa,** il a tout emporté chez lui. **3.** (*un premio*) remporter. **4.** (*estar de moda*) se porter. **5. llevarse bien, mal,** s'entendre bien, mal.

llor/ar *i/t* pleurer. **-ica** *a/s* pleurnicheur, euse. **-iquear** *i* pleurnicher. **-iqueo** *m* pleurnicherie *f*. **-o** *m* pleurs *pl*. **-ón, ona** *a/s* pleureur, euse. **-oso, a** *a* en larmes, larmoyant, e.

llov/er° *impers* pleuvoir: **llueve a cántaros,** il pleut à torrents; **ha llovido mucho,** il a beaucoup plu. | FIG **como quien oye ~,** sans faire attention; **llovido del cielo,** tombé du ciel. **-izna** *f* bruine, pluie fine. **-iznar** *impers* bruiner.

lluvi/a *f* pluie. **-oso, a** *a* pluvieux, euse.

lo *art neutro* **1. ~ difícil,** ce qui est difficile; **~ mío,** ce qui est à moi. **2. ~ que yo quiero,** ce que je veux; **~ que es peor,** ce qui est pire. **3. ~**

lo *art* ... que tú quieras, comme tu voudras; con ~ listo que es, malin comme il es. | ~ mucho que, combien que. **4.** a ~ la manière de, à la: ~ bigote a ~ Chaplot, moustache à la Charlot. ■ *pron* **1.** le, l': ~ haré, je le ferai; hay que hacerlo, il faut le faire; dímelo, dis-le-moi. **2.** y: no quiero pensarlo, je ne veux pas y penser; piénselo, pensez-y. ■ en: te ~ agradezco, je te remercie.

loa *f* louange.

loable *a* louable. -r *t* remercier: te ~ agradezco, je t'en remercie.

loar *t* louer.

lobanillo *m* (tumor) loupe *f*.

lobato, lobezno *m* louveteau.

lobina ⇒ **lubina**.

lobo *m* loup.

lóbrego, a *a* sombre, ténébreux, euse.

lóbulo *m* lobe.

local *a* local, e. ■ *m* local: locales comerciales, locaux commerciaux.

localidad *f* **1.** localité. **2.** (en un espectáculo) place.

localizar *t* localiser.

loción *f* lotion.

loco, a *a/s* fou, folle: ~ de alegría, fou de joie; volver ~, rendre fou.

locomotora *f* locomotive.

locuaz *a* loquace.

locución *f* locution.

locura *f* folie: con ~, à la folie.

locutor, a *s* speaker, speakerine.

locutorio *m* **1.** parloir. **2.** cabine *f* téléphonique.

lodo *m* boue *f*. -azal *m* bourbier.

logia *f* loge.

lógico, a *a/m* logique.

logística *f* logistique.

logo(tipo) *m* logo.

lograr *t* **1.** obtenir. **2.** réussir à, parvenir à: he logrado encontrarle, j'ai réussi, je suis parvenu à le rencontrer. -ado, a *a* réussi, e. -ero, a, s usurier, etc. -o *m* (éxito) succès. | logros sociales, acquis sociaux.

Loira *n p m* el ~, la Loire.

loma *f* coteau *m*, hauteur.

lombriz *f* ver *m* de terre.

lomo *m* **1.** dos. **2.** (carne de vaca) aloyau. **3.** (de cerdo) échine *f*. ■ *pl* (del cuerpo humano) reins, lombes *f*.

lona *f* toile.

loncha *f* tranche.

londinense *a/s* londonien, enne.

Londres *n p* Londres.

longaniza *f* saucisse.

longitud *f* **1.** longueur. **2.** (geografía, astronomía) longitude.

lonja *f* **1.** ~ de jamón, tranche de jambon. **2.** bourse *f* de commerce.

lontananza *f* lointain *m* | en ~, au loin.

loor *f* louange.

Lorenzo *n p m* Laurent.

loro *m* perroquet.

los *art* les. | ~ de, ceux de; ~ que, ceux que, ceux qui. ■ *pron pers* les.

losa *f* **1.** dalle. **2.** ~ sepulcral, pierre tombale. -eta *f* carreau *m*.

lote *m* lot. -ría *f* **1.** loterie. **2.** (juego casero) loto *m*.

loto *m* (planta acuática) lotus.

Lovaina *n p* Louvain.

loza *f* **1.** faïence. **2.** (vajilla) vaisselle.

lozano, a *a* **1.** vigoureux, euse. **2.** frais, fraîche. -ía *f* **1.** vigueur. **2.** fraîcheur.

lubina *f* bar *m*, loup *m*.

lubricar *t* lubrifier. -ante *m* lubrifiant.

Lucas *n p m* Luc.

lucero *m* étoile *f* | ~ del alba, de la tarde, étoile du matin, du Berger.

luces *pl* de luz.

lucha/s ƒ lutte. **-ar** i lutter; se battre. **-eus?** (euse)

lucidez ƒ lucidité.

lúcido, a a **1.** brillant, e. **2.** ¡está-mos lúcidos! nous voilà propres!; me quedé ~, j'avais l'air ahuri; estás ~ si... tu te fais des illusions si...

lucidón m orvet.

lucir i **1.** briller. **2.** ~ **mucho**, faire beaucoup d'effet. ■ t **1.** (llevar) por-ter, arborer. **2.** exhiber. ■ pr **1.** se montrer. **2.** se distinguer. | ⇒ **luci-do, a.**

lucrativo, a a lucratif, ive.

lucro m lucre.

lucubración ƒ élucubration.

luctuoso, a a triste, douloureux, euse.

luego adv **1.** (después) ensuite, après. **2.** bientôt: hasta ~, à bien-tôt, au revoir. **3.** (en seguida) tout de suite, aussitôt que, dès que. **4.** desde ~, bien entendu, évidem-ment. ■ conj donc.

lugar m **1.** lieu, endroit: ~ de naci-miento, lieu de naissance; en este ~, à cet endroit | en ~ de, au lieu de; en primer ~, en premier lieu, d'abord. **2.** place ƒ: cada cosa en su ~, chaque chose à sa place. **3.** (aldea) village. **4.** ~ común, lieu commun. ■ pl los Santos Lugares, les Lieux saints.

lugareño, a a villageois, e.

lugarteniente m lieutenant.

lúgubre a lugubre.

Luis, a n p Louis, Louise.

lujo m luxe. **-oso, a** a luxueux, euse.

lujuria ƒ luxure. **-ante** a luxuriant, e.

lumbre ƒ **1.** feu m: al amor de la ~, au coin du feu. **2.** (luz) lumière. **-ra** ƒ lumière.

luminoso, a a lumineux, euse.

luna ƒ **1.** lune: ~ llena, pleine lune; ~ nueva, nouvelle lune. | ~ de miel, lune de miel; media ~, croissant m. **2.** glace: armario de ~, armoire à glace.

lunar a lunaire. ■ m **1.** grain de beauté. **2.** (en un tejido) corbata de lunares, cravate à pois.

lunch m lunch.

lunes m lundi.

luneta ƒ ~ trasera, lunette arrière.

lupa ƒ loupe: mirar con la ~, regar-der à la loupe.

lupanar m argot de Buenos Aires.

lúpulo m houblon.

luso, a a/s portugais, e.

lustre m lustre, éclat: sacar ~ a..., faire briller. **-ar** t **1.** lustrer. **2.** (zapatos) cirer. **-oso, a** a **1.** luisant, e. **2.** robuste.

luterano, a a/s luthérien, enne.

luto m deuil: estar de ~, être en deuil.

Luxemburgo n p m Luxembourg.

luz ƒ **1.** lumière. **2.** électricité. **3.** jour m: | dar a luz una niña, donner le jour à, mettre au monde une fille; salir a ~, paraître. | en ~, feu m: ~ de Bengala, feu de Bengale; luces de posición, trase-ras, feux de position, arrière. | ~ intermitente, clignotant m; luces de cruce, codes m; feux de croisement; luces de población, lanternes; FIG dar ~ verde, donner le feu vert. ■ pl **1.** el siglo de las luces, le siècle des lumières. **2.** a todas luces, de toute évidence.

M

m [eme] ∫ m m: una ~, un m.

maca ∫ tavelure.

macabro, a *a* macabre.

macadam *m* macadam.

macan/a ∫ **1.** massue. **2.** AMER *(broma)* blague. **3.** *(mentira)* mensonge m. **-ear** i AMER **1.** blaguer. **2.** mentir. **-udo, a** *a* FAM formidable.

macarrones *m pl* macaroni.

macedonia ∫ macédoine.

macerar *t* macérer, faire macérer.

maceta ∫ pot m à fleurs.

machac/ar *t* **1.** piler, broyer. **2.** *(bombardear)* pilonner. ■ i FIG rabâcher. **-ón, ona** *a* insistant, e. assommant, e. **-onamente** *adv* avec insistance.

machete *m* machette ∫, sabre d'abattis.

mach/o *a/m* **1.** mâle. **2.** FAM macho. ■ *m* mulet. **-ista** *a/s* machiste. **-ote** *m* FAM dur.

machucar *t* écraser, écrabouiller.

macilento, a *a* hâve, émacié, e.

macizo, a *a* massif, ive. ■ *m* massif.

macrobiótico, a *a/∫* macrobiotique.

mácula ∫ tache.

macuto *m* sac à dos.

Madeira *n p* Madère.

madeja ∫ écheveau *m*.

madera ∫ **1.** bois m. | tocar ~, toucher du bois. **2.** tiene ~ de jefe, il a l'étoffe d'un chef.

maderamen *m* charpente ∫.

madero *m* madrier.

madona ∫ madone.

madrastra ∫ belle-mère.

madre ∫ **1.** mère. | ~ **política**, belle-mère; ~ **soltera**, mère célibataire, fille mère. **2.** *(de un río)* lit m. | **salir de ~**, déborder. **3.** FIG ésa es la ~ del cordero, voilà la vraie raison.

madreperla ∫ huître perlière.

madriguera ∫ **1.** terrier *m*. **2.** *(de malhechores)* repaire m.

madrileño, a *a/s* madrilène.

madrina ∫ marraine.

madroño *m* **1.** *(arbusto)* arbousier. **2.** *(fruto)* arbouse ∫.

madrug/ar i se lever de bon matin. **-ada** ∫ aube, petit jour m. | **de ~**, à l'aube. **-ador, a** *a/s* matinal, e. **-ón** *m* darse un ~, se lever à l'aube.

madur/o, a *a* mûr, e. **-ar** t/i mûrir. **-ez** ∫ maturité.

maestr/o, a *a/s* maître, esse. **-ía** ∫ maîtrise.

mafia ∫ mafia.

Magallanes *n p m* Magellan.

magdalena ∫ madeleine.

magia ∫ magie.

mágico, a *a* magique.

magistr/ado *m* magistrat. **-al** *a* magistral, e. **-adura** ∫ magistrature.

magnánimo, a *a* magnanime.

magnesi/a ∫ magnésie. **-o** *m* magnésium.

magn/ético, a *a* magnétique. **-etismo** *m* magnétisme. **-etizar** *t* magnétiser.

magnetófono *m* magnétophone.

magn/ífico, a *a* magnifique. **-ificencia** *f* magnificence.

magnitud *f* grandeur, importance.

magnolia *f* magnolia *m*.

mago, a *s* magicien, enne. ■ *a* Reyes Magos, Rois mages.

magro, a *a/m* maigre. ■ *f* tranche de jambon.

maguey *m* agave.

magull/ar *t* meurtrir. **-adura** *f* meurtrissure.

Maguncia *n p* Mayence.

Mahoma *n p m* Mahomet.

mahonesa ⇒ **mayonesa.**

maillot *m* maillot.

maíz *m* maïs.

majada *f* bergerie.

majader/ía *f* sottise. **-o, a** *a/s* sot, sotte.

majar *t* piler.

majest/ad *f* majesté. **-uoso, a** *a* majestueux, euse.

maj/o, a *a/s* élégant, e. ■ *a* **1.** (*bonito*) joli, e. **2.** (*mono*) mignon, onne. **3.** sympathique, sympa. **-eza** *f* élégance.

mal *a* (apocope de **malo** devant un substantif) mauvais, e: un ~ consejo, un mauvais conseil; ~ olor, mauvaise odeur. ■ *m* mal: del ~ el menos, de deux maux, il faut choisir le moindre. | ir de ~ en peor, aller de mal en pis; un ~ menor, un moindre mal. ■ *adv* **1.** mal: oigo ~, j'entends mal. | ~ que bien, tant bien que mal; hablar ~ de, dire du mal de; salir ~, échouer. **2.** oler ~, sentir mauvais.

malabar/es *a pl* juegos ~, jongleries *f*. **-ista** *s* jongleur, euse.

málaga *m* (*vino*) malaga.

malandanza *f* malheur *m*, infortune.

malayo, a *a/s* malais, e.

malbaratar *t* (*derrochar*) gaspiller.

malcriado, a *a* mal élevé, e.

maldad *f* méchanceté.

mal/decir° *t* maudire. ■ *i* médire, dire du mal de: maldice de todos, il médit de tout le monde. **-diciente** *a* médisant, e. **-dición** *f* malédiction. **-dito, a** *a/s* maudit, e. ■ *a* maudit, e, satané, e: un ~ embustero, un satané menteur.

maleable *a* malléable.

maleante *m* malfaiteur.

malecón *m* jetée *f*.

maleducado, a *a/s* mal élevé, e.

maléfico, a *a* malfaisant, e.

malentendido *m* malentendu.

malestar *m* malaise.

malet/a *f* valise. **-ero** *m* coffre à bagages. **-ín** *m* **1.** mallette *f*, petite valise *f*. **2.** attaché-case.

malevolencia *f* malveillance.

malévolo, a *a* malveillant, e.

maleza *f* broussailles *pl*.

malformación *f* malformation.

malgastar *t* gaspiller.

malhablado, a *a* grossier, ère. ■ *s* un ~, un grossier personnage.

malhechor *m* malfaiteur.

malherir° *t* blesser grièvement.

malhumorado, a *a* de mauvaise humeur.

malici/a *f* **1.** malice. **2.** (*maldad*) méchanceté. **-arse** *pr* soupçonner. **-oso, a** *a* malicieux, euse.

maligno, a *a* **1.** malin, igne: tumor ~, tumeur maligne. **2.** (*malo*) méchant, e.

malla *f* **1.** maille. **2.** (*red*) filet *m*. **3.** (*de alambre*) grillage *m*. **4.** AMER maillot *m* de bain. ■ *pl* maillot *m* sing, justaucorps *m* sing.

Mallorca *n p* Majorque.

malmirado, a *a* mal vu, e.

malo, a *a* **1.** (*no bueno*) mauvais, e: ser ~ para la salud, être mauvais pour la santé; **mala reputación**, mauvaise réputation. **2.** (*propenso al mal*) méchant, e. **3.** (*enfermo*) **estar** ~, être malade, souffrant. **4.** (*travieso*) vilain, e. **5. lo ~ es que...**, ce qui est ennuyeux c'est que... **6. estar de malas**, avoir la guigne; (*malhumorado*) être de mauvais poil; **por las malas**, de force.

malograr *t* perdre, rater. ■ *pr* **1.** (*fracasar*) échouer. **2.** mourir prématurément.

maloliente *a* malodorant, e.

malparado, a *a* **dejar ~**, mettre dans un drôle d'état; **salir ~ de**, se mal tirer de.

malpensado, a *s* mauvais esprit.

malquerencia *f* antipathie.

malquistarse *pr* se brouiller, se fâcher.

malsano, a *a* malsain, e.

malsonante *a* malsonnant, e, grossier, ère.

malta *f* malt *m*.

Malta *n p* Malte.

maltr/atar *t* maltraiter, malmener. **-echo, a** *a* en piteux état.

malucho, a *a* FAM mal fichu, e.

malva *f/a/m* mauve.

malvado, a *a* méchant, e.

malvarrosa *f* rose trémière.

Malvinas (islas) *n p f pl* îles Maloines.

mam/a *f* **1.** mamelle. **2.** (*pecho*) sein *m*. **3.** (*mamá*) maman. **-á** *f* maman. **-ado, a** *a* POP paf. **-ar** *t* téter.

mamarrach/o *m* **1.** (*persona*) polichinelle. **2.** crétin, pauvre type. **3.** (*cuadro malo*) croûte *f*. **-ada** *f* ânerie.

mamífero *m* mammifère.

mampara *f* paravent *m*.

mampostería *f* maçonnerie.

manada *f* **1.** troupeau *m*. **2.** bande.

manantial *m* source *f*.

manar *i* jaillir.

manaza *f* grosse main. ■ *m* **un manazas**, un brise-tout.

manceba *f* concubine.

mancebo *m* jeune homme.

manch/a *f* tache. **-ar** *t* tacher.

manchego, a *a/s* de la Manche (région d'Espagne).

mancill/a *f* souillure. **-ar** *t* souiller.

manco, a *a/s* manchot, e.

mancomunidad *f* association.

manda *f* legs *m*.

mandadero, a *s* commissionnaire.

mandamás *m* FAM grand manitou.

mandamiento *m* commandement.

mandar *t* **1.** ordonner: **le mando que se levante**, je vous ordonne de vous lever. | **este traje, lo mandé hacer el año pasado**, ce costume, je l'ai fait faire l'an dernier. **2.** (*dirigir*) commander. **3.** envoyer: **ahí le mando una foto**, je vous envoie, ci-joint, une photo. | ~ **por**, envoyer chercher; ~ **a paseo**, envoyer promener. ■ *i* commander: **en casa mando yo**, chez moi, c'est moi qui commande. | **¡usted manda!**, à vos ordres!

mandarina *f* mandarine.

mandatario *m* mandataire.

mandato *m* **1.** ordre. **2.** (*de un diputado, soberanía*) mandat.

mandíbula *f* mandibule.

mandil *m* tablier.

mandioca *f* manioc *m*.

mando *m* **1.** commandement. **2.** (*dispositivo*) commande *f*. | ~ **a distancia**, télécommande *f*. ■ *pl* (*jefes*) cadres.

mandolina *f* mandoline.

mandón, ona *a* autoritaire.

mandria *a/m* FAM froussard.
manduc/a *f* FAM bouffe. **-ar** *t* bouffer. **-atoria** *f* boustifaille.
manecilla *f (de reloj)* aiguille.
manej/ar *t* 1. manier. 2. AMER *(un coche)* conduire. ■ *pr (arreglárselas)* se débrouiller. **-able** *a* maniable. **-o** *m* 1. maniement. 2. manejos turbios, manigances *f*. 3. AMER conduite *f*.
manera *f* manière, façon. | de ~ que, de manière à ce que; de cualquier ~, n'importe comment; de ninguna ~, en aucune façon; no hay ~, il n'y a pas moyen; sobre ~, extrêmement. ■ *pl (modales)* manières.
manga *f* 1. manche: blusa de mangas cortas, chemisier à manches courtes. | en mangas de camisa, en bras de chemise; FIG tener ~ ancha, être coulant, e. 2. ~ de riego, tuyau *m* d'arrosage. 3. *(de agua)* trombe.
¹mango *m* 1. manche. 2. *(de una sartén)* queue *f*.
²mango *m (fruto)* mangue *f*.
mangonear *i* se mêler de tout.
manguera *f* tuyau *m* d'arrosage.
manguito *m* manchon.
maní *m* arachide *f*, cacahuète *f*.
man/ía *f* 1. manie. 2. me ha cogido ~, me tiene ~, il m'a pris en grippe. **-iático, a** *a/s* maniaque.
manicomio *m* asile d'aliénés.
manicuro, a *s* manucure.
manido, a *a* 1. faisandé, e. 2. FIG usé, e, rebattu, e.
manifest/ación *f* manifestation. **-ante** *s* manifestant, e. **-ar°** *t/i* manifester. ■ *pr* 1. se manifester. 2. manifester: más de mil parados se han manifestado, plus de mille chômeurs ont manifesté.

manifiesto *m* manifeste. | poner de ~, mettre en évidence.
manigua *f* AMER maquis *m*.
Manila *n p* Manille.
manillar *m* guidon.
maniobr/a *f* manœuvre. **-ar** *i* manœuvrer.
manipul/ar *t* manipuler. **-ación** *f* manipulation.
maniquí *m* mannequin.
manirroto, a *a/s* dépensier, ère, panier percé.
manivela *f* manivelle.
manjar *m* mets, plat.
mano *f* 1. main: cogidos de la ~, la main dans la main; hecho a ~, fait à la main. | a ~, sous la main, à portée de la main; a manos llenas, à pleines mains; echar ~ de, se servir de; echar una ~ a, donner un coup de main à; llegar a las manos, en venir aux mains; traer entre manos, manigancer, comploter; ~ a ~, en tête à tête; ~ sobre ~, les bras croisés, sans rien faire. 2. ~ de obra, main-d'œuvre. 3. influence. | hombre de mucha ~, homme très influent. 4. *(de cuadrúpedo)* patte de devant. 5. *(carnicería)* pied *m*. 6. *(de pintura)* couche *f*. 7 *(en el juego)* partie.
manojo *m* 1. *(hacecilla)* botte *f*. 2. *(puñado)* poignée *f*. | FIG **- de nervios**, paquet de nerfs.
manómetro *m* manomètre.
manopla *f* 1. moufle. 2. *(para lavarse)* gant *m* de toilette.
manose/ar *t* tripoter. **-ado, a** *a* FIG rebattu, e. **-o** *m* tripotage.
manotada *f*, **manotazo** *m* tape *f*.
mansedumbre *f* douceur, mansuétude.
mansión *f* demeure.
manso, a *a* doux, douce.

manta ∫ **1.** couverture. **2.** ~ de palos, volée.

mantec/a ∫ **1.** graisse. **2.** (de cerdo) saindoux m. **3.** (mantequilla) beurre m. **-ado** m glace ∫ à la crème. **-oso, a** a gras, grasse.

mantel m nappe ∫. **-ería** ∫ linge m de table.

mantener° t **1.** maintenir: mantengo mi punto de vista, je maintiens mon point de vue. **2.** ~ una rueda de prensa, tenir une conférence de presse. **3.** (a alguien) entretenir. ■ mantenerse en pie, rester debout. **-imiento** m **1.** entretien: gastos de ~, frais d'entretien. **2.** (de material) maintenance ∫. **3.** (del orden, etc.) maintien. **4.** (alimento) nourriture ∫.

mantequ/illa ∫ beurre m. **-ería** ∫ crémerie. **-ero** m beurrier.

mantilla ∫ **1.** (de señora) mantille. **2.** (de niño) lange m.

mantillo m terreau.

mant/o m **1.** cape ∫. **2.** manteau. **-ón** m châle.

manual a/m manuel, elle.

manubrio m manivelle ∫.

Manuel, a n p Emmanuel, elle.

manufactur/a ∫ manufacture. **-ar** t manufacturer.

manumitir t affranchir.

manuscrito, a a/m manuscrit, e.

manutención ∫ entretien m.

manzan/a ∫ **1.** pomme. **2.** (grupo de casas) pâté m de maisons. **-illa** ∫ (infusión) camomille. **-o** m pommier.

maña ∫ adresse, habileté. ■ pl **1.** ruses, manœuvres. **2.** mauvaises habitudes.

mañan/a ∫ **1.** matin m: las ocho de la ~, huit heures du matin; de ~, de bon matin. **2.** matinée: una hermosa ~, une belle matinée. ■ adv demain: hasta ~, à demain; ~ por la ~, demain matin; pasado ~, après-demain. ■ m el ~, l'avenir, a a matinal, e: nieblas mañaneras, brouillards matinaux.

mañoso, a a adroit, e, habile.

mapa m carte ∫: un ~ de carreteras, une carte routière.

mapamundi m mappemonde ∫.

maqueta ∫ maquette.

maquiavelismo m machiavélisme.

maquill/ar t maquiller. ■ pr se maquiller. **-aje** m maquillage.

máquina ∫ machine: ~ de coser, de escribir, machine à coudre, à écrire; ~ herramienta, machine-outil. | ~ de afeitar, rasoir m; ~ fotográfica, appareil m photo.

maquinal a machinal, e.

maquinilla ∫ ~ de afeitar, rasoir m; ~ eléctrica, rasoir électrique.

maquinista m machiniste, mécanicien.

mar m/∫ mer ∫: el ~ Mediterráneo, la mer Méditerranée. | en alta ~, au large; hacerse a la ~, gagner le large. **2.** FAM la ~ de trabajo, énormément de travail; la ~ de bonito, drôlement joli; la ~ de bien, drôlement bien; un ~ de, beaucoup de, un tas de.

maraña ∫ **1.** broussaille. **2.** enchevêtrement m.

marasmo m marasme.

maratón m marathon.

maravill/a ∫ **1.** merveille. | a las mil maravillas, de ~, à merveille. **2.** (planta) souci m. **-ar** t émerveiller. **-oso, a** a merveilleux, euse.

marbete m étiquette ∫.

marca ∫ **1.** marque: ~ de fábrica, marque de fabrique. **2.** (deporte) record m.

marcado *m* mise *f* en plis.

marcador *m* tableau d'affichage.

marcapasos *m* stimulateur cardiaque.

marcar *t* 1. marquer. 2. ~ un número de teléfono, composer un numéro de téléphone. 3. (*cabello*) faire une mise en plis.

marcha *f* 1. marche: dar ~ atrás, faire marche arrière; poner en ~, mettre en marche. | en ~ lenta, au ralenti. 2. (*acción de marcharse*) départ *m*.

marchamo *m* plomb.

marchar *i* marcher. ■ *pr* s'en aller, partir: me marcho, je m'en vais; se marchó de vacaciones, il est parti en vacances.

marchit/ar *t* faner, flétrir. ■ *pr* s'étioler. **-o, a** *a* fané, e, flétri, e.

marcial *a* martial, e.

marciano, a *a/s* martien, enne.

marco *m* 1. cadre. 2. (*moneda alemana*) mark.

Marcos *n p m* Marc.

marea *f* marée: en la ~ alta, baja, à marée haute, basse; ~ negra, marée noire.

marear *t* 1. (*aturdir*) étourdir, faire tourner la tête. 2. (*fastidiar*) assommer. ■ *pr* 1. (*en un barco*) avoir le mal de mer. 2. me mareo, la tête me tourne.

marejada *f* 1. houle. 2. FIG effervescence.

maremoto *m* raz de marée.

mareo *m* 1. (*en un barco*) mal de mer. 2. (*náusea*) mal au cœur. 3. étourdissement, vertige.

marfil *m* ivoire.

marga *f* marne.

margarina *f* margarine.

margarita *f* marguerite.

marg/en *m/f* 1. marge *f*: al ~, en marge. 2. bord *m*. **-inado, a** *a/s* marginal, e: los marginados, les marginaux. **-inalizar** *t* (*excluir*) marginaliser.

María *n p f* Marie.

maricón *m* FAM pédé.

marido *m* mari.

marimacho *m* FAM virago *f*.

marin/a *f* marine. **-era** *f* 1. (*de marinero*) vareuse. 2. (*blusa*) marinière. **-ero** *m* marin, matelot. **-o, a** *a* marin, e: corrientes marinas, courants marins.

marioneta *f* marionnette.

mariposa *f* 1. papillon *m*. 2. (*lamparilla*) veilleuse.

mariquita *f* coccinelle.

marisabidilla *f* bas-bleu *m*.

mariscal *m* maréchal.

marisco *m* coquillage. ■ *pl* fruits de mer.

marisma *f* marais *m*.

marítimo, a *a* maritime.

marmita *f* marmite.

mármol *m* marbre.

marmota *f* marmotte.

maroma *f* corde.

marqu/és, esa *s* marquis, e. **-esina** *f* marquise.

marquetería *f* marqueterie.

marran/o *m* cochon. **-ada** *f* POP saloperie.

marrar *t/i* manquer, rater.

marras (de) *loc* en question.

marrón *a/m* marron.

marroquí *a/s* marocain, e.

marroquinería *f* maroquinerie.

Marruecos *n p m* Maroc.

marrullero, a *a/s* roublard, e, finaud, e.

Marsella *n p* Marseille.

marsellés, esa *a/s* marseillais, e.

marsopa *f* marsouin *m*.

marta *f* martre.

Marte *n p m* Mars.

martes *m* mardi: ~ de Carnaval, mardi gras.

martill/o *m* marteau. **-ar** *t* marteler. **-azo** *m* coup de marteau. **-eo** *m* martèlement.

martingala *f* 1. martingale. 2. (*ardid*) truc *m*, astuce.

mártir *s* martyr, e.

martir/io *m* martyre. **-izar** *t* martyriser.

marx/ismo *m* marxisme. **-ista** *a/s* marxiste.

marzo *m* mars: el 6 de ~, le 6 mars.

mas *conj* mais.

más *adv* 1. plus: ~ de uno, plus d'un. | a lo ~, tout au plus; de ~, en trop, de trop; por ~ ~ bien, plutôt; sin ~ ni ~, comme ça, sans raison; por ~ que yo haga, j'ai beau faire, quoi que je fasse. 2. (*delante de un sustantivo*) plus de, davantage de: ¿quieres ~ sopa?, veux-tu davantage de potage? 3. le, la, les plus: el avión ~ rápido, l'avion le plus rapide; las cosas ~ diversas, les choses les plus variées. 4. mieux: me gusta ~, j'aime mieux; ~ vale no insistir, mieux vaut ne pas insister. 5. ¡qué nene ~ mono!, quel mignon bébé!, qu'il est mignon ce bébé! ■ *m* plus.

masa *f* 1. mase: en ~, en masse. 2. (*de harina*) pâte.

masacr/ar *t* massacrer. **-e** *f* massacre *m*.

masaj/e *m* massage: dar masajes, faire des massages. | hacerse dar un ~, se faire masser. **-ista** *s* masseur, euse.

mascar *t* mâcher.

máscara *f* masque *m*. | baile de máscaras, bal masqué.

mascarada *f* mascarade.

mascarilla *f* masque *m*.

mascarón *m* ~ de proa, figure *f* de proue.

mascota *f* mascotte.

masculino, a *a/m* masculin, e.

mascullar *t* 1. (*mascar*) mâchonner. 2. (*decir*) marmonner, marmotter.

masilla *f* mastic *m*.

masivo, a *a* massif, ive.

mas/ón *m* franc-maçon. **-onería** *f* franc-maçonnerie.

masoquista *a/s* masochiste.

mastic/ar *t* mâcher, mastiquer. **-ación** *f* mastication.

mástil *m* 1. mât. 2. (*de la guitarra*) manche.

mastuerzo *m* 1. cresson. 2. FIG crétin.

mata *f* 1. (*de hierba*) touffe. 2. plantation.

matadero *m* abattoir.

matador, a *s* tueur, euse. ■ *m* (*torero*) matador.

matanza *f* 1. massacre *m*, tuerie. 2. (*del cerdo*) abattage *m*.

matar *t* 1. tuer. | estar a ~ con alguien, être à couteaux tirés avec quelqu'un. 2. (*la cal*) éteindre. 3. (*los colores*) adoucir. 4. ~ un sello, oblitérer un timbre.

matarife *m* boucher (d'abattoir).

matasellos *m* 1. oblitérateur. 2. (*marca*) cachet, tampon.

¹**mate** *a* mat, e.

²**mate** *m* (*planta, infusión*) maté.

matemático, a *a/f* mathématique: las matemáticas, les mathématiques. ■ *s* (*persona*) mathématicien, enne.

Mateo *n p m* Matthieu.

materia *f* matière: ~ prima, matière première; ~ grasa, matière grasse; entrar en ~, entrer en matière.

material *a* matériel, elle. ■ *m* **1.** matériel: ~ **para el camping**, matériel de camping. **2.** ~ **plástico**, matière *f* plastique. **-ismo** *m* matérialisme. **-ista** *a/s* matérialiste. **-izar** *t* matérialiser.

matern/al *a* maternel, elle. **-idad** *f* maternité. **-o, a** *a* maternel, elle.

matiz *m* nuance *f*. **-ar** *t* nuancer.

matojo *m* buisson.

matón *m* FAM dur.

matorral *m* buisson.

matraca *f* crécelle.

matr/ícula *f* **1.** *(lista)* matricule. **2.** *(de estudiantes)* inscription. **3.** *(de un coche)* immatriculation. **4.** plaque d'immatriculation. **5.** numéro *m* minéralogique. **-icular** *t* **1.** *(coche)* immatriculer. **2.** inscrire. ■ pr s'inscrire: **me he matriculado en la facultad de derecho**, je me suis inscrit à la faculté de droit.

matrimoni/o *m* **1.** *(sacramento)* mariage. **2.** *(marido y mujer)* ménage. **-al** *a* matrimonial, e. | **enlace ~**, mariage.

matriz *f* **1.** matrice. **2.** *(de un libro talonario)* souche. ■ *a* **casa ~**, maison mère.

matute *m* contrebande *f*: **de ~**, en contrebande.

matutino, a *a* matinal, e: **nieblas matutinas**, brouillards matinaux.

maula *f* vieux machin *m* inutile.

maull/ar *t* miauler. **-ido** *m* miaulement.

Mauricio *n p m* Maurice.

mausoleo *m* mausolée.

maxilar *a/m* maxillaire.

máxim/o, a *a/m* maximum: **como ~**, au maximum. | **el ~ responsable**, le plus haut responsable. **-e** *adv* surtout, à plus forte raison.

maya *f* *(flor)* pâquerette.

mayo *m* mai: **el 2 de ~**, le 2 mai.

mayonesa *a/f* *(salsa)* mayonnaise.

mayor *a* **1.** plus grand, e. | **al por ~**, en gros. **2.** majeur, e: **Pedro es ~ de edad**, Pierre est majeur. **3.** *(hermano, hijo)* aîné, e. **4.** âgé, e: **las personas mayores de 40 años**, les personnes âgées de plus de 40 ans. | **las personas mayores**, les grandes personnes. **5.** MUS majeur, e. ■ *m* **1.** *(antepasados)* aïeux. **2. los mayores**, les grandes personnes.

mayoral *m* *(capataz)* contremaître.

mayoría *f* majorité. | ~ **de edad**, majorité.

mayorista *m* grossiste.

mayoritario, a *a* majoritaire.

mayormente *adv* surtout.

mayúscul/o, a *a/f* *(letra)* majuscule. ■ *a* **error, susto ~**, erreur monumentale, peur bleue.

maza *f* masse.

mazacote *m* chose *f* compacte.

mazapán *m* massepain.

mazmorra *f* oubliette.

mazo *m* **1.** maillet. **2.** *(de cartas, etc.)* paquet.

mazorca *f* épi *m* (de maïs).

me *pron pers* **1.** me, m': ~ **da**, il me donne; ~ **dio**, il m'a donné. **2.** *(con imperativo)* moi: **dame**, donne-moi.

meandro *m* méandre.

mear *i* VULG pisser.

Meca (la) *n p f* La Mecque.

mecánic/a *f* mécanique. **-o, a** *a* mécanique. ■ *s* *(obrero)* mécanicien, enne.

mecanismo *m* mécanisme.

mecanograf/ía *f* dactylographie. **-iar** *t* dactylographier.

mecanógrafo, a *s* dactylographe, dactylo.

mecedora *f* rocking-chair *m*, fauteuil *m* à bascule.

mecenas m mécène.

mecer t 1. (a un niño) bercer. 2. (la cuna) balancer. ■ pr se balancer.

mech/a f 1. mèche. 2. (de tocino) lardon m. 3. FAM a toda ~, à toute pompe. **-ero** m 1. (encendedor) briquet. 2. brûleur. 3. ~ **Bunsen**, bec Bunsen. **-ón** m 1. (de cabellos) mèche f. 2. (de lana) touffe f.

medall/a f médaille. **-ón** m médaillon.

médano m dune f.

media f 1. bas m: un par de medias, une paire de bas. | **hacer ~**, tricoter. 2. (matemáticas) moyenne.

mediación f médiation.

mediado, a a à moitié plein, e. | a **mediados del mes, del año**, vers le milieu du mois, de l'année; **media-da la semana**, vers le milieu de la semaine.

mediador, a a/s médiateur, trice.

median/o, a a moyen, enne. **-ía** f médiocrité.

medianoche f minuit m.

mediante prep au moyen de.

mediar i 1. intervenir. 2. (ocurrir) survenir. 3. s'écouler: **mediaron dos semanas**, deux semaines s'écoulèrent.

medias (a) loc adv à moitié.

mediatizar t influencer.

medicamento m médicament.

medicarse pr prendre des médicaments.

medicin/a f 1. médecine. 2. médicament m. **-al** a médicinal, e.

medición f mesure.

médico, a a médical, e. ■ m médecin: ~ **de cabecera**, médecin traitant. ■ f médecin m.

medida f mesure. | **a ~ que**, au fur et à mesure que; **traje a la ~**, costume sur mesure.

mediev/al a médiéval, e. **-o** m Moyen Âge.

medio, a a 1. demi, e: **media botella**, une demi-bouteille. 2. moyen, enne: **clase media**, classe moyenne. 3. a ~ **camino**, à mi-chemin; a **media pierna**, à mi-jambe. ■ m 1. milieu: **el justo ~**, le juste milieu; **en ~ de**, au milieu de. | ~ **ambiente**, environnement. 2. (para conseguir algo) moyen: **no hay ~ de...**, il n'y a pas moyen de...; | **por ~ de**, au moyen de, par l'intermédiaire de. 3. (mitad) demi. ■ pl 1. (recursos) moyens. 2. **medios de transporte**, moyens de transport. 3. **los medios (de comunicación)**, les médias. 4. **en los medios autorizados**, dans les milieux autorisés.

medioambiental a environnemental, e.

mediocr/e a médiocre. **-idad** f médiocrité.

mediodía m midi.

medioeval a médiéval, e.

medir° t mesurer: **¿cuánto mide esta tabla?**, combien mesure cette planche? ■ **medirse con alguien**, se mesurer avec quelqu'un.

medit/ar i/t méditer. **-abundo, a** a méditatif, ive. **-ación** f méditation.

mediterráneo, a a méditerranéen, enne. | **el mar Mediterráneo, el Mediterráneo**, la mer Méditerranée, la Méditerranée.

médium m médium.

medrar i 1. croître. 2. FIG prospérer.

medroso, a a/s peureux, euse.

médula f moelle: ~ **espinal**, moelle épinière.

medusa f méduse.

megalómano, a a/s mégalomane.

mejicano, a a/s mexicain, e.

Méjico n p m **1.** (país) Mexique. **2.** (ciudad) Mexico.

mejilla f joue.

mejillón m moule f.

mejor a meilleur, e: **mi ~ amiga**, ma meilleure amie; **mucho ~**, bien meilleur. | **a lo ~**, peut-être. ■ a/adv mieux: **me encuentro ~**, je me sens mieux; **~ que no se entere**, il vaut mieux qu'il ne le sache pas. | **a cual ~**, à qui mieux mieux; **~ dicho**, ou plutôt; **¡tanto ~!**, **¡mejor!**, **¡~ que ~!**, tant mieux!; **¡~ para ti!**, tant mieux pour toi!

mejora f amélioration.

mejor/ar t améliorer. ■ i/pr **1.** aller mieux: **el enfermo está muy mejorado**, le malade va beaucoup mieux. **2.** (el tiempo) s'améliorer. **-ía** f amélioration.

melancol/ía f mélancolie. **-ólico, a** a mélancolique.

melaza f mélasse.

melen/a f **1.** cheveux m pl longs. **2.** (del león) crinière. **-udo, a** a chevelu, e.

melindr/e m minauderie f. | **hacer melindres**, minauder. **-oso, a** a minaudier, ère.

mell/ar t ébrécher. **-a** f **1.** brèche. **2.** FIG **hacer ~**, faire impression, de l'effet.

mellizo, a a/s jumeau, elle.

melocot/ón m pêche f. **-onero** m pêcher.

mel/odía f mélodie. **-ódico, a** a mélodique. **-odioso, a** a mélodieux, euse.

melodrama m mélodrame.

melómano, a a/s mélomane.

melón m melon.

melopea f FAM cuite.

meloso, a a mielleux, euse, douce-reux, euse.

membrana f membrane.

membrete m en-tête.

membrillo m **1.** coing: **carne, dulce de ~**, pâte de coing. **2.** (árbol) cognassier.

mem/o, a a idiot, e, niais, e. **-ez** f niaiserie.

memorable a mémorable.

memorándum m mémorandum, agenda.

memoria f **1.** mémoire. | **en ~ de**, à la mémoire de; **de ~**, par cœur; **traer a la ~**, rappeler. **2.** (escrito) mémoire m. **3.** INFORM mémoire.

menaje m ustensiles pl de cuisine, de ménage.

menci/ón f mention. **-onar** t mentionner.

mend/igo, a a/s mendiant, e. **-icidad** f mendicité. **-igar** i/t mendier.

mendrugo m croûton, morceau de pain dur.

menear i remuer. ■ pr FAM **1.** se remuer. **2.** (darse prisa) se grouiller.

menester m besoin. | **ser ~**, falloir, être nécessaire: **es ~ que vengáis**, il faut que vous veniez. ■ pl occupations f. **-oso, a** a/s nécessiteux, euse.

menestra f **~ de verduras**, jardinière de légumes.

mengano, a s un tel, une telle.

mengu/a f **1.** diminution. **2.** **en ~ de**, au détriment de. **-ante** a décroissant, e. ■ m (mar) reflux. **-ar** i diminuer.

meningitis f méningite.

menopausia f ménopause.

menor a **1.** plus petit, e. **2.** (en cantidad) moindre. | **al por ~**, au détail. **3.** plus jeune. | **hermano, hijo ~**, cadet; **es un año ~ que yo**, il est mon cadet d'un an. **4.** MÚS mineur, e. ■ a/s (de edad) mineur, e.

Menorca *n p f* Minorque.

menos *adv* **1.** moins: **~ frío,** moins froid; **seis años ~,** six ans de moins; **a ~ que,** à moins que. **2.** *(delante de un sustantivo)* moins de: **~ viento,** moins de vent. **3.** *(con articulo)* **el hotel ~ caro,** l'hôtel le moins cher. **4.** echar de **~,** regretter; **¡~ mal!,** heureusement!, c'est heureux!; **ni mucho ~,** loin de là, tant s'en faut; **por lo ~,** au moins; **venir a ~,** déchoir. **5.** *(salvo)* sauf: **todos ~ él,** tous sauf lui.

menoscab/ar *t* **1.** diminuer. **2.** porter atteinte à. **-o** *m* **1.** diminution *f*. **2.** *(daño)* dommage. **3.** détriment.

menospreci/ar *t* **1.** mépriser. **2.** sous-estimer. **-o** *m* mépris.

mensaje *m* message. **-ria** *f* messagerie. **-ro, a** *s* messager, ère.

menstruación *f* menstruation.

mensual *a* mensuel, elle. **-idad** *f* mensualité.

menta *f* menthe.

mental *a* mental, e. **-idad** *f* mentalité. **-izar** *t* préparer psychologiquement.

mentar° *t* mentionner, nommer.

mente *f* **1.** esprit *m*: **una ~ clara,** un esprit clair. **2.** *(propósito)* intention.

mentecato, a *a* sot, sotte, imbécile.

ment/ir° *i* mentir: **miente más que habla,** il ment comme il respire. **-ira** *f* mensonge *m*. **| parece ~,** c'est incroyable, on a peine à le croire. **-iroso, a** *a/s* menteur, euse. **-is** *m* démenti.

menú *m* menu.

menudear *t* multiplier. **■** *i* se multiplier, abonder.

menudillos *m pl* *(de ave)* abattis.

menudo, a *a* **1.** petit, e, menu, e. **2.** FAM drôle de, fichu, e: **¡~ lío!,** drôle

d'histoire!, quelle histoire!; **~ gandul es,** c'est un drôle de flemmard. **3.** **a ~,** souvent. **■** *pl* abats.

meñique *m* petit doigt.

meollo *m* FIG fond, substance *f*.

mequetrefe *m* freluquet.

meramente *adv* simplement.

mercader *m* marchand.

mercadillo *m* petit marché aux puces.

mercado *m* marché.

mercan/cía *f* marchandise. **-te** *a* marchand, e: **marina ~,** marine marchande. **■** *m* navire marchand. **-til** *a* commercial, e.

merced *f* **1.** grâce. **| ~ a,** grâce à. **2.** **estar a ~ de,** être à la merci de.

mercenario *m* mercenaire.

mercer/ía *f* mercerie. **-o, a** *s* mercier, ère.

mercurio *m* mercure.

merec/er *t/i* **1.** mériter. **2.** **~ la pena,** valoir la peine. **-edor,** *a* *a* se **~ de,** être digne de. **| ~ de una multa,** passible d'une amende. **-ido, a** *a/m* se lo tiene bien **~,** il l'a bien mérité; **ha llevado su ~,** il a eu ce qu'il méritait.

merendar° *i* goûter. **■** *t* manger à son goûter.

merendero *m* guinguette *f*.

merengue *m* *(dulce)* meringue *f*.

meridi/ano, a *a/s* méridien, enne. **-onal** *a* méridional, e.

merienda *f* goûter *m*.

merino *m* mérinos.

mérito *m* mérite. **| de ~,** de valeur.

meritorio, a *a* méritoire.

merluza *f* colin *m*, merlu *m*.

merm/ar *t/i* diminuer. **-a** *f* diminution.

mermelada *f* **1.** marmelade. **2.** confiture.

¹mero, a a simple, seul, e: **el ~ hecho**, le simple fait.

²mero m (pez) mérou.

merode/ar i rôder, traîner. **-ador, a** s rôdeur, euse, flâneur, euse.

mes m mois: **doce meses**, douze mois; **en el ~ de...**, au mois de...

mesa f 1. table: **sentarse a la ~**, se mettre à table; **poner, quitar la ~**, mettre, desservir la table; **~ redonda**, table ronde. 2. (de una asamblea) bureau m: **~ electoral**, bureau de vote.

mesarse pr s'arracher.

mesero, a s AMER serveur, euse.

meseta f 1. plateau m. 2. (de escalera) palier m.

Mesías m Messie.

mesilla f **~ de noche**, table de nuit.

mes/ón m auberge f. **-onero, a** s aubergiste.

mestizo, a a/s métis, isse.

mesur/a f mesure. **-ado, a** a mesuré, e.

meta f 1. but m: **alcanzar la ~**, atteindre le but. 2. (en una carrera) ligne d'arrivée. 3. (en fútbol) buts m pl.

metafísico, a a/f métaphysique.

metáfora f métaphore.

met/al m métal: **metales preciosos**, métaux précieux. **-álico, a** a métallique. ■ m **pagar en ~**, payer en espèces. **-alurgia** f métallurgie. **-alúrgico, a** a métallurgique. ■ m métallurgiste.

metamorfos/is f métamorphose. **-ear** t métamorphoser.

metedor m (de niño) lange, couche f.

metedura f FAM **~ de pata**, gaffe.

meteoro m météore.

meteor/ología f météorologie. **-ológico, a** a météorologique:

parte ~, bulletin météorologique. **-ólogo, a** s météorologiste.

meter t 1. mettre: **metió su collar en el joyero**, elle mit son collier dans l'écrin. 2. **~ un coche en el garaje**, rentrer une voiture au garage. 3. **~ miedo, ruido**, faire peur, du bruit. ■ pr 1. entrer: **se metieron en un bar**, ils entrèrent dans un bar. 2. s'engager: **se metió por una calle desierta**, il s'engagea dans une rue déserte. 3. se mêler: **¿por qué te metes?**, de quoi te mêles-tu? 4. **métetelo en la cabeza**, fourre-toi ça dans la tête.

meticuloso, a a méticuleux, euse.

metido, a a **~ en carnes**, bien en chair. ■ m FAM coup.

metódico, a a méthodique.

método m méthode f.

metralleta f mitraillette.

métrico, a a métrique.

¹metro m mètre: **~ cuadrado, cúbico**, mètre carré, cube.

²metro m (ferrocarril) métro.

metrópoli f métropole.

mexicano, a a/s mexicain.

México n p m 1. (país) Mexique. 2. (ciudad) Mexico.

mezcal m eau-de-vie f d'agave.

mez/clar t mélanger. ■ **mezclarse en la muchedumbre**, se mêler à la foule. **-cla** f mélange m. **-colanza** f mélange m.

mezquin/o, a a mesquin, e. **-dad** f mesquinerie.

mezquita f mosquée.

¹mi m MÚS mi.

²mi, mis a pos mon, ma, mes: **~ hijo, ~ hija, mis hijos**, mon fils, ma fille, mes enfants.

³mí pron pers moi: **¡a ~!**, à moi!; **para ~**, pour moi.

miaja f miette.

mica f mica m.

michelines *m pl* FAM bourrelets.

mico *m* singe.

micro *m* 1. micro. 2. AMER minibus.

microbio *m* microbe.

microchip *m* puce *f*.

microfibra *f* microfibre.

microfilm *m* microfilm.

micrófono *m* microphone.

microinformática *f* micro-informatique.

microondas *m pl* **(horno de)** ~, (four à) micro-ondes.

microordenador *m* micro-ordinateur.

micros/copio *m* microscope. **-cópico, a** *a* microscopique.

microsurco *m* microsillon.

mida, etc. ⇒ **medir**.

mied/o *m* peur *f*: **tiene** ~ **al trueno**, il a peur du tonnerre; **dar** ~, faire peur. **-itis** *f* FAM frousse, trouille. **-oso, a** *a/s* peureux, euse.

miel *f* miel *m*.

miembro *m* membre.

mientes *f pl* parar ~ **en**, réfléchir à, s'arrêter à; **traer a las** ~, rappeler.

mientras *conj/adv* 1. *(simultaneidad)* pendant que: ~ **está durmiendo**, pendant qu'il dort. 2. tant que: ~ **viva**, tant que je vivrai. 3. ~ **que**, tandis que. 4. ~ **tanto**, pendant ce temps.

miércoles *m* mercredi: ~ **de ceniza**, mercredi des Cendres.

mierda *f* VULG merde.

mies *f* moisson.

miga *f* 1. *(parte interior del pan)* mie. 2. *(trocito)* miette. ■ *pl* **hacer buenas migas**, faire bon ménage. **-ja** *f* miette.

migra/ción *f* migration. **-torio, a** *a* migratoire.

Miguel *n p m* Michel.

mijo *m* millet.

mil *a/m* mille. | **miles**, des milliers; **a miles**, par milliers.

milagr/o *m* miracle. **-oso, a** *a* miraculeux, euse.

Milán *n p* Milan.

milen/ario, a *a/m* millénaire. **-io** *m* millénaire.

milésimo, a *a/s* millième.

milhojas *m* mille-feuille.

mili *f* FAM service *m* (militaire).

milici/a *f* 1. milice. 2. service *m* militaire. **-ano, a** *a/s* milicien, enne.

milímetro *m* millimètre.

militante *a/s* militant, e.

militar *a/m* militaire. ■ *i* militer. **-izar** *t* militariser.

milla *f* mille *m*.

millar *m* millier. | **a millares**, par milliers.

mill/ón *m* million. | **mil millones**, un milliard. **-onario, a** *a/s* millionnaire. **-onésimo, a** *a/s* millionième.

mimar *t* 1. gâter: **niño mimado**, enfant gâté. 2. choyer. 3. *(teatro)* mimer.

mimbre *m/f* osier *m*.

mímica *f* mimique.

mimo *m* 1. *(teatro)* mime. 2. caresse *f*, câlinerie *f*, cajolerie *f*. 3. *(con los niños)* gâterie *f*.

mimosa *f* mimosa *m*.

mimoso, a *a* 1. *(afectuoso)* câlin, e. 2. *(melindroso)* minaudier, ère.

min/a *f* mine. **-ar** *t* miner.

miner/al *a/m* minéral, e: **agua** ~, eau minérale; **los minerales**, les minéraux. ■ *m* minerai. **-ía** *f* exploitation des mines. **-ero, a** *a* minier, ère. ■ *m* mineur.

miniatur/a *f* miniature. **-izar** *t* miniaturiser.

minicadena *f* minichaîne.

minifalda *f* minijupe.

minifundio *m* petite propriété *f*.

minigolf *m* golf miniature.

mínim/o, a *a* minime. | **el ~ esfuerzo**, le moindre effort. ■ *m* minimum: **como ~**, au minimum. | **lo más ~**, le moins du monde. **-um** *m* minimum.

ministeri/o *m* ministère. **-al** *a* ministériel, elle.

ministro *m* ministre.

minoría *f* minorité. | **~ de edad**, minorité.

minorista *m* détaillant.

minoritario, a *a* minoritaire.

minuci/a *f* petit détail *m*. **-osidad** *f* minutie. **-oso, a** *a* minutieux, euse.

minúsculo, a *a/f* minuscule.

minusvalía *f* (*física*) handicap *m*.

minusválido, a *a/s* handicapé, e.

minuta *f* 1. (*de una comida*) menu *m*. 2. (*escrito*) minute. 3. (*cuenta*) note d'honoraires.

minut/o *m* minute *f*. **-ero** *m* aiguille *f* des minutes.

mí/o, a *a pos* 1. à moi: **este coche es ~**, cette voiture est à moi. 2. **mon, ma, mes**: **¡Dios ~!**, mon Dieu! | **un amigo ~**, un de mes amis. ■ *pron pos* **el ~**, le mien; **la mía**, la mienne; **los míos**, les miens.

miocardio *m* myocarde.

miop/e *a/s* myope. **-ía** *f* myopie.

mira *f* 1. mire. 2. intention. | **con miras a**, en vue de.

mirada *f* 1. regard *m*. 2. **echar una ~**, jeter un coup d'œil à.

mirado, a *a* 1. vu, e: **bien, mal ~**, bien, mal vu. 2. **bien ~**, en y regardant de près.

mirador *m* 1. mirador. 2. belvédère, point de vue.

miramientos *m pl* FIG égards, ménagements.

mirar *t* 1. regarder. 2. réfléchir, faire attention à. | **mirándolo bien, si bien se mira**, tout bien considéré, en y regardant de près; **¡mira!**, écoute! ■ **mirarse en el espejo**, se regarder dans la glace.

mirlo *m* merle.

mirón, ona *a/s* curieux, euse, badaud, e.

mis ⇒ **'mi**.

mis/a *f* messe: **ir a ~**, aller à la messe; **~ del gallo**, messe de minuit. **-al** *m* missel.

misántropo *a/s* misanthrope.

miserable *a/s* misérable.

miseria *f* misère.

misericordi/a *f* miséricorde. **-oso, a** *a* miséricordieux, euse.

mísero, a *a* misérable.

misil *m* missile.

mis/ión *f* mission. **-ionero, a** *a/m* missionnaire.

misiva *f* missive.

mismo, a *a* même: **al ~ tiempo**, même temps; **el ~ Juan**, Jean lui-même; **ellos mismos**, eux-mêmes. | **lo ~**, la même chose; **es lo ~**, cela revient au même, c'est tout comme; **lo ~ da**, peu importe; **por lo ~**, pour cette raison même.

misterio/o *m* mystère. **-oso, a** *a* mystérieux, euse.

místico, a *a/f* mystique.

mitad *f* 1. moitié: **reducir a la ~**, réduire de moitié. 2. (*centro*) milieu *m*.

mitigar *t* 1. calmer. 2. mitiger. 3. **~ el paro**, diminuer, ralentir le chômage.

mitin *m* meeting.

mito *m* mythe. **-logía** *f* mythologie.

mitra *f* mitre.

mixto, a *a* mixte.

mobiliario, a *a/m* mobilier, ère.

moblaje *m* ameublement.

mocasín *m* mocassin.

moce/dad *f* jeunesse. **-tón, ona** *s* grand gaillard, belle fille.

mochales *a* FAM dingue, cinglé, e.

mochila *f* sac m à dos.

mocho, a *a* 1. émoussé, e. 2. (*animal*) écorné, e. 3. (*árbol*) étêté, e.

mochuelo *m* 1. chouette *f*. 2. FIG corvée *f*.

moción *f* 1. (*proposición*) motion. 2. mouvement *m*.

moc/o *m* 1. morve *f*. 2. (*del pavo*) caroncule *f*. | **no es ~ de pavo**, ce n'est pas de la blague. **-oso, a** *a/s* morveux, euse.

moda *f* mode: **una playa de ~**, une plage à la mode; **estar de ~**, être à la mode. | **pasado de ~**, démodé.

modales *m pl* manières *f*, tenue *f sing*: **buenos ~**, bonnes manières; **no tener buenos ~**, manquer de tenue.

model/ar *t* modeler. **-ado** *m* 1. (*acción*) modelage. 2. (*aspecto*) modelé.

modelo *a/m* modèle. ■ *f* (*de modas*) mannequin *m*.

módem *m* INFORM modem.

moder/ar *t* modérer. ■ *pr* se modérer. **-ación** *f* modération.

modern/o, a *a* moderne. **-ismo** *m* modernisme. **-ización** *f* modernisation. **-izar** *t* moderniser.

modest/o, a *a* modeste. **-ia** *f* modestie.

módico, a *a* modique.

modific/ar *t* modifier. **-ación** *f* modification.

modismo *m* idiotisme.

modist/a *s* couturier, ère. **-o** *m* couturier.

modo *m* 1. manière *f*, façon *f*. | **a ~ de**, en guise de; **de ~ que**, en sorte que; **de ningún ~**, en aucune façon; **de todos modos**, de toute façon. 2. **mode: ~ de vida**, mode de vie. ■ *pl* (*modales*) manières *f*.

modorra *f* torpeur, assoupissement *m*.

modoso, a *a* sage, bien élevé, e.

modul/ar *t* moduler. **-ación** *f* modulation.

mof/a *f* moquerie. | **hacer ~ de**, se moquer de. **-arse** *pr* se moquer.

moflet/e *m* grosse joue *f*. **-udo, a** *a* joufflu, e.

mogollón *m* FAM **~ de**, plein de.

mohín *m* moue *f*. **-o, a** *a* boudeur, euse, fâché, e.

moh/o *m* 1. moisissure *f*. 2. (*del hierro*) rouille *f*. **-oso, a** *a* 1. moisi, e. 2. rouillé, e.

Moisés *n p m* Moïse.

mojar *t* mouiller. ■ *pr* se mouiller.

mojigat/o, a *a* prude. **-ería** *f* pruderie.

mojón *m* borne *f*.

¹**molar** *m* (*diente*) molaire *f*.

²**molar** *t* FAM plaire.

mold/e *m* moule. **-ear** *t* mouler. **-ura** *f* moulure.

mole *f* masse.

mol/écula *f* molécule. **-ecular** *a* moléculaire.

moler° *t* 1. moudre. 2. FIG (*cansar*) éreinter. 3. **~ a palos**, rouer de coups.

molestar *t* 1. gêner, déranger: **perdone que le moleste**, excusez-moi de vous déranger. 2. ennuyer, embêter: **me molesta tener que pedirle este favor**, ça m'ennuie de devoir te demander cette faveur. ■ *pr* **no se moleste usted**, ne vous dérangez pas.

molest/ia f **1.** gêne, dérangement m. | **no es ninguna ~**, ça ne me dérange pas; **si no es una ~ para usted**, si cela ne vous gêne pas. **2. tomarse la ~ de**, se donner la peine de. **-o, a** a **1.** gênant, e. **2.** (incómodo) mal à l'aise. **3.** (resentido) fâché, e.

molido, a a moulu, e.

molinero, a s meunier, ère.

molinete m moulinet.

molin/o m moulin: **~ de viento**, moulin à vent. **-illo** m **~ de café**, moulin à café.

molleja f **1.** (de las aves) gésier m. **2.** (de reses) ris m.

mollera f FAM cervelle. | **cerrado de ~**, bouché.

molusco m mollusque.

momentáneo, a a momentané, e.

momento m moment: **de un ~ a otro**, d'un moment à l'autre. | **de ~, por el ~**, pour l'instant; **dentro de un ~**, dans un instant; **en el ~ de**, au moment de.

momia f momie.

mona f **1.** guenon. **2.** FAM (borrachera) cuite. | **dormir la ~**, cuver son vin.

Mónaco n p Monaco.

monada f **ser una ~**, être joli, e comme tout, être mignon, onne tout plein.

monaguillo m enfant de chœur.

mon/arca m monarque. **-arquía** f monarchie. **-árquico, a** a monarchique. ■ s monarchiste.

mon/asterio m monastère. **-ástico, a** a monastique.

Moncloa (La) n p f résidence du chef du Gouvernement, à Madrid.

monda f **1.** épluchage m. **2.** (piel que se quita) épluchure. **3.** FAM **ser la ~**,

être incroyable; **¡esto es la ~!**, c'est incroyable!

mondadientes m cure-dent.

mondaduras f pl épluchures.

mondar t **1.** (frutas, legumbres) éplucher. **2.** (limpiar) nettoyer. ■ FAM **mondarse de risa**, se tordre de rire.

mondongo m tripes f pl.

moned/a f **1.** monnaie: **~ falsa**, fausse monnaie. **2.** pièce de monnaie. **-ero** m **1.** porte-monnaie. **2. ~ falso**, faux-monnayeur.

monegasco, a a/s monégasque.

monetario, a a monétaire.

mongol a/s mongol, e.

Mónica n p f Monique.

monigote m **1.** pantin, polichinelle. **2.** (dibujo) bonhomme.

monín, ina a mignon, onne.

monises m pl FAM picaillons, fric sing.

monitor, a s moniteur, trice.

monja f religieuse, bonne sœur.

monje m moine.

mono, a a joli, e, mignon, onne. ■ m **1.** (animal) singe. **2.** (traje) salopette f, bleu; (de esquiar) combinaison f. **3.** TAUROM **~ sabio**, valet.

monóculo m monocle.

monograma m monogramme.

monolito m monolithe.

mon/ólogo m monologue. **-ologar** i monologuer.

monopatín m skateboard.

monopol/io m monopole. **-izar** t monopoliser.

monosabio m valet.

monosílabo m monosyllabe.

mon/ótono, a a monotone. **-otonía** f monotonie.

monseñor m monseigneur.

monserga f discours m, histoire.

monstru/o m monstre. **-osidad** f monstruosité. **-oso, a** a monstrueux, euse.

monta f valeur, importance.

montacargas m monte-charge.

montaje m montage.

montante m montant.

montañ/a f montagne. **-ero, a** s alpiniste. **-és, esa** a/s montagnard, e. **-ismo** m alpinisme. **-oso, a** a montagneux, euse.

montar i ~ a caballo, en bicicleta, monter à cheval, à bicyclette. ■ t monter.

montaraz a sauvage.

monte m 1. montagne f. 2. mont: el Monte Blanco, le mont Blanc. 3. (bosque) bois. | ~ bajo, taillis. 4. ~ de piedad, mont-de-piété.

montepío m caisse f de secours.

montera f bonnet m.

montería f 1. vénerie. 2. chasse à courre.

montés a sauvage.

montículo m monticule.

montón m tas. | a montones, à foison; del ~, quelconque.

montura f monture.

monument/o m monument. **-al** a monumental, e.

moña f nœud m de rubans.

moño m (de pelo) chignon. | FAM estar hasta el ~, en avoir ras le bol.

moqueta f moquette.

mora f mûre.

morada f demeure.

morado, a a/m violet, ette.

morador, a s habitant, e.

moral a moral, e. ■ f 1. morale. 2. (estado de ánimo) moral m: levantar la ~, remonter le moral. **-eja, -idad** f moralité. **-ista** s moraliste.

morapio m FAM gros rouge.

morar i demeurer.

mórbido, a a délicat, e.

morboso, a a morbide.

morcilla f boudin m.

mordaz a mordant, e.

mordaza f bâillon m.

mord/er° t mordre: me ha mordido un perro, un chien m'a mordu. **-edura** f morsure. **-isco** m coup de dent. **-isquear** i mordiller.

moreno, a a/m brun, e: tiene el pelo ~, il a les cheveux bruns. ■ a (por el sol) bronzé, e: se ha puesto morena este verano, elle a bronzé cet été.

morera f mûrier m.

morfina f morphine.

morfología f morphologie.

morgue f morgue.

moribundo, a a/s moribond, e.

morillo m chenet.

morir° i mourir: murió en la guerra, il est mort à la guerre. | ¡muera!, à mort! ■ pr mourir: me muero de hambre, de sed, je meurs de faim, de soif; morirse de risa, mourir de rire.

morisco, a a mauresque.

moro, a a/s maure.

morral m musette f.

morriña f cafard m, mal m du pays.

morro m 1. (hocico) mufle. 2. (de persona) lippe f. | FAM estar de morros, faire la gueule; beber a ~, boire au goulot. 3. (de coche) avant. 4. (monte) colline f, mamelon. 5. (peñasco) rocher.

morrocotudo, a a FAM formidable, terrible.

morsa f morse m.

mortaja f linceul m.

mortal a/s mortel, elle. **-idad** f mortalité.

mortandad f 1. mortalité. 2. hécatombe.

mortecino, a *a* blafard, e.

mortero *m* mortier.

mortificar *t* mortifier.

mortuorio, a *a* mortuaire.

morueco *m* bélier.

moruno, a *a* mauresque.

mosaico *m* mosaïque *f*.

mosc/a *f* 1. mouche. | *FIG* **por si las moscas,** au cas où. 2. *FAM* **aflojar la ~,** abouler le fric, les lâcher. **-ardón** *m* mouche *f* à viande.

moscatel *a/m* muscat.

moscovita *a/s* moscovite.

Moscú *n p* Moscou.

mosquearse *pr* prendre la mouche, se piquer.

mosquita *f* *FIG* **~ muerta,** sainte-nitouche.

mosquit/o *m* moustique. **-ero** *m* moustiquaire *f*.

mostacera *f* moutardier *m*.

mostacho *m* moustache *f*.

mostacilla *f* cendrée.

mostaza *f* moutarde.

mostrador *m* comptoir.

mostrar° *t* montrer: **muestra su sorpresa,** il montre sa surprise.

mota *f* 1. (*mancha*) tache. 2. (*partícula*) poussière. 3. défaut *m*. 4. (*eminencia*) butte.

mote *m* (*apodo*) sobriquet.

motear *t* moucheter, tacheter.

motel *m* motel.

motín *m* 1. émeute *f*. 2. (*de tropas*) mutinerie *f*.

motiv/ar *t* motiver. **-ación** *f* motivation.

motivo *m* motif. | **con ~ de,** à l'occasion de.

moto *f* moto. **-cicleta** *f* motocyclette. **-ciclista** *s* motocycliste, motard.

motonave *f* bateau *m* à moteur.

motor, a *a* moteur, trice. ■ *m* moteur: **~ de explosión,** moteur à explosion. ■ *f* (*lancha*) vedette. **-ista** *s* motard. **-izar** *t* motoriser.

motriz *a* motrice.

movedizo, a *a* mouvant, e.

mov/er° *t* 1. remuer. 2. (*accionar*) mouvoir. 3. *FIG* (*incitar*) pousser. ■ *pr* 1. bouger: **¡no se mueva!,** ne bougez pas! 2. (*hacer gestiones*) se remuer. **-ible** *a* mobile. **-ido, a** *a* 1. ~ **por la envidia,** mû par l'envie. 2. agité, e, mouvementé, e: **sesión movida,** séance mouvementée. 3. **foto movida,** photo floue.

móvil *a/m* 1. mobile. 2. (*teléfono*) portable, mobile.

movilidad *f* mobilité.

moviliz/ar *t* mobiliser. **-ación** *f* mobilisation.

movimiento *m* mouvement.

moza *f* jeune fille. | **una buena ~,** une belle fille.

mozalbete *m* gamin, jeune garçon.

moz/o, a *a* jeune. ■ *m* 1. jeune homme. | **un buen ~,** un beau garçon. 2. (*camarero*) serveur, garçon. 3. (*criado*) domestique. | **~ de equipajes,** porteur. **-uelo, a** *s* jeune garçon, petite jeune fille.

mucamo, a *s* *AMER* domestique.

muchacho, a *s* enfant. ■ *m* garçon. ■ *f* 1. fille. 2. (*criada*) bonne, domestique.

muchedumbre *f* foule.

¹**mucho, a** *a* 1. beaucoup de: **~ viento,** beaucoup de vent; **mucha gente,** beaucoup de monde. | **~ tiempo,** longtemps; **son muchos los que...,** nombreux sont ceux qui... 2. (+ *frío, sueño, etc.*) très.

²**mucho** *adv* 1. beaucoup: **come ~,** il mange beaucoup. 2. bien: **~ antes,** bien avant; **~ mejor,** bien meilleur.

| ni con ~, tant s'en faut; **ni ~ menos**, loin de là; **~ que sí**, bien sûr; **por ~ que grites...**, tu as beau crier...

muda *f* **1.** *(de la piel, de la voz)* mue. **2.** *(ropa)* linge *m* de rechange: **tráigame una ~ limpia**, apportez-moi du linge propre.

mudable *a* changeant, e.

mudanza *f* **1.** changement *m.* **2.** *(cambio de domicilio)* déménagement *m.*

mudar *t* changer. ■ *i (la piel, la voz)* muer. ■ *pr* **1.** mudarse de ropa, changer de vêtements. **2.** mudarse de casa, déménager: **nos mudamos de casa el mes pasado**, nous avons déménagé le mois dernier.

mudo, a *a/s* muet, ette.

mueble *a/m* meuble.

mueca *f* grimace.

muela *f* **1.** *(piedra)* meule. **2.** *(diente)* dent: **~ del juicio**, dent de sagesse; **dolor de muelas**, mal aux dents. **3.** *(diente molar)* molaire.

¹**muelle** *m* ressort.

²**muelle** *m (de puerto, estación)* quai.

muera, etc. ⇒ **morir**.

muérdago *m* gui.

muert/e *f* **1.** mort. | **de mala ~**, de rien du tout, minable. **2.** *(homicidio)* meurtre *m.* **-o, a** *p p* de **morir**: **ha ~**, il est mort. ■ *a/s* **1.** mort, e. | **en punto ~**, au point mort. **2.** *(matado)* tué, e.

muesca *f* encoche.

muestra *f* **1.** échantillon *m.* **2.** preuve, témoignage *m.* | **dar muestras de**, faire preuve de; **muestras de cansancio**, signes *m* de fatigue. **3.** exposition. **-rio** *m* échantillonnage.

mueva, etc. ⇒ **mover**.

mug/ir *i* mugir. **-ido** *m* mugissement.

mugr/e *f* crasse. **-iento, a** *a* crasseux, euse.

muguete *m* muguet.

mujer *f* femme. **-il** *a* féminin, e.

mújol *m* mulet.

mula *f* mule.

muladar *m* fumier.

mulato, a *a/s* mulâtre, esse.

mulero *m* muletier.

muleta *f* **1.** béquille. **2.** TAUROM muleta.

muletilla *f* **1.** *(estribillo)* tic *m* de langage. **2.** TAUROM muleta.

muletón *m* molleton.

mullido, a *a* moelleux, euse.

mulo *m* mulet.

mult/a *f* **1.** amende: **so pena de ~**, sous peine d'amende. **2.** **poner ~ por exceso de velocidad**, mettre une contravention pour excès de vitesse. **-ar** *t* condamner à une amende.

multicolor *a* multicolore.

multicopista *f* machine à polycopier. | **tirar a ~**, polycopier.

multimedia *s* multimédia.

multimillonario, a *a* multimillionnaire.

multinacional *f* multinationale.

múltiple *a* multiple.

multiplic/ar *t* multiplier. **-ación** *f* multiplication. **-idad** *f* multiplicité.

múltiplo, a *a/m* multiple.

multitud *f* multitude.

mundano, a *a/s* mondain, e.

mundial *a* mondial, e. **-ización** *f* mondialisation.

mundillo *m* **el ~ teatral**, le monde du théâtre.

mundo *m* monde. | **correr, ver ~**, voir du pays; **había medio ~ en la conferencia**, il y avait un monde

fou à la conférence. **-logía** f savoir-vivre m.

munición f munition.

municip/al a municipal, e. **-alidad** f municipalité. **-io** m **1.** commune f. **2.** (ayuntamiento) municipalité f.

munificencia f munificence.

muñec/a f **1.** (juguete) poupée. **2.** (parte del brazo) poignet m. **-o** m bonhomme.

muñón m moignon.

mur/al a mural, e. ■ m peinture f murale. **-alla** f **1.** muraille. **2.** (defensiva) rempart m.

Murcia n p Murcie.

murciélago m chauve-souris f.

murga f FAM dar la ~, casser les pieds.

murmullo m murmure.

murmur/ar i/t **1.** murmurer. **2.** ~ de alguien, médire de quelqu'un. **-ación** f médisance. **-ador, a** a/s médisant, e.

muro m mur.

murria f cafard m.

musa f muse.

musaraña f musaraigne. | FIG pensar en las musarañas, être dans les nuages, rêvasser.

muscul/ar a musculaire. **-atura** f musculature.

músculo m muscle.

musculoso, a a musclé, e.

muselina f mousseline.

museo m musée.

musgo m mousse f.

música f musique. | FIG irse con la ~ a otra parte, filer.

musical a **1.** musical, e. **2.** instrumento ~, instrument de musique. ■ m comédie f musicale.

músico, a a musical, e. | instrumento ~, instrument de musique. ■ s musicien, enne.

musitar i marmonner, marmotter.

muslo m cuisse f.

mustio, a a **1.** (planta) fané, e. **2.** (persona) triste, morne, cafardeux, euse.

musulmán, ana a/s musulman, e.

mutación f **1.** (teatro) changement m de décors. **2.** BIOL mutation.

mutil/ar t mutiler. **-ación** f mutilation.

mutis m hacer ~, sortir de scène; (callarse) se taire. **-mo** m mutisme.

mutualidad f **1.** mutualité. **2.** (asociación) mutuelle.

mutu/o, a a mutuel, elle. **-amente** adv mutuellement.

muy adv très: ~ lejos, très loin; ~ a menudo, très souvent; ~ de mañana, de très bon matin. | por ~ inteligente que sea, aussi intelligent soit-il, il a beau être intelligent; FAM el ~ idiota, cette espèce d'idiot.

N

n [ene] *f* n *m*: una ~, un n.

nabo *m* navet.

nácar *m* nacre *f*.

nacarado, a *a* nacré, e.

nac/er° *i* naître: nació en Sevilla, il est né à Séville. **-ido, a** *a* né, e. | recién ~, nouveau-né. **-iente** *a* sol ~, soleil levant. **-imiento** *m* **1.** naissance *f*. **2.** (*belén*) crèche *f*.

nación *f* nation.

nacional *a* national, e. **-idad** *f* nationalité. **-ismo** *m* nationalisme. **-ización** *f* nationalisation. **-izar** *t* nationaliser. ■ *pr* se faire naturaliser.

nada *pron indef* rien: no he dicho ~, je n'ai rien dit; ~ que ver, rien à voir; por ~ del mundo, pour rien au monde. | como si ~, comme si de rien n'était; ~ más entrar, à peine entré, e. ■ *adv* ~ difícil, pas difficile du tout; no canta ~ bien, il ne chante pas bien du tout. ■ *f* néant *m*: sacar de la ~, tirer du néant.

nad/ar *i/t* nager. **-ador, a** *a/s* nageur, euse.

nadería *f* rien *m*, bricole *f*.

nadie *pron* personne: ~ lo sabe, personne ne le sait. ■ *m* un ~, une nullité.

nado (a) *loc adv* à la nage.

nafta *f* **1.** naphte *m*. **2.** AMER (*gasolina*) essence *f*.

naftalina *f* naphtaline.

naipe *m* carte *f* à jouer.

nalga *f* fesse.

nana *f* (*canción*) berceuse.

Napoleón *n p m* Napoléon.

Nápoles *n p* Naples.

napolitano, a *a/s* napolitain, e.

naranj/a *f* orange. | FIG mi media ~, ma moitié. **-ada** *f* orangeade. **-al** *m* orangeraie *f*. **-o** *m* oranger.

narciso *m* narcisse.

narcótico, a *a/m* narcotique.

narcotr/áfico *m* trafic de stupéfiants. **-aficante** *s* narcotrafiquant, e.

nardo *m* tubéreuse *f*.

nariz *f* nez *m*. | hablar por la ~, parler du nez. ■ *pl* nez *m sing*. | dar de narices con, se cogner le nez contre; estar hasta las narices, en avoir ras le bol; reírse en las narices de, rire au nez de; romper las narices, casser la figure. **-otas** *f pl* FAM grand pif *m sing*.

narr/ar *t* raconter. **-ación** *f* narration, récit *m*. **-ador, a** *s* narrateur, trice.

nasal *a* nasal, e.

nata *f* crème.

natación *f* natation.

natal *a* natal, e. **-icio** *m* **1.** jour de la naissance. **2.** anniversaire. **-idad** *f* natalité.

natillas *f pl* crème *sing* aux œufs, crème *sing* renversée.

natividad *f* nativité.

nativo, a *a/s* natif, ive.

nato, a *a* né, née.

natural *a* **1.** naturel, elle. **2.** nature: tamaño ~, grandeur nature. ■ *m* naturel, nature *f*. | al ~, au naturel;

pintar del ~, peindre d'après nature. ■ m pl (de un país) natifs.

naturaleza f nature.

naturalidad f naturel m, simplicité.

naturalista s naturaliste.

naturaliz/ar t naturaliser. ■ pr se faire naturaliser. **-ación** f naturalisation.

naturalmente adv naturellement.

naufrag/ar i faire naufrage. **-io** m naufrage.

náufrago, a s naufragé, e.

náusea f nausée.

nauseabundo, a a nauséabond, e.

náutico, a a nautique.

navaj/a f couteau m (à lame pliante). **-azo** m coup de couteau.

naval a naval, e: **combates navales**, combats navals.

Navarra n p f Navarre.

nave f 1. vaisseau m. | ~ **espacial**, vaisseau spatial. 2. (en una iglesia) nef. | ~ **lateral**, bas-côté m. 3. (cobertizo) hangar m.

naveg/ar i 1. naviguer. 2. INFORM ~ **por Internet**, surfer sur Internet. **-able** a navigable. **-ación** f navigation. **-ante** m navigateur.

Navidad f Noël m. ■ pl Noël m sing: **por las Navidades**, vers Noël.

navideño, a a de Noël: **vacaciones navideñas**, vacances de Noël.

naviero m armateur.

navío m navire, vaisseau.

nazareno m pénitent.

nazi a/s nazi, e.

neblina f brouillard m.

nebuloso, a a/f nébuleux, euse.

necedad f sottise.

necesario, a m nécessaire. | **hacer lo ~**, faire le nécessaire.

neceser m ~ **de tocador**, nécessaire de toilette.

necesidad f 1. nécessité. 2. besoin m: **en caso de ~**, en cas de besoin.

necesitado, a a/s nécessiteux, euse. | **estar ~ de**, avoir besoin de.

necesitar t avoir besoin de: **necesito tu ayuda**, j'ai besoin de ton aide. | **se necesita chica para todo**, on demande bonne à tout faire.

necio, a a sot, sotte.

néctar m nectar.

neerlandés, esa a/s néerlandais, e.

nefasto, a a néfaste.

nefritis f néphrite.

negación f 1. négation. 2. (negativa) refus m.

neg/ar° t 1. nier: **niega los hechos**, il nie les faits. 2. refuser. ■ pr refuser: **se negó a ayudarme**, il a refusé de m'aider; **se niega a salir**, il refuse de sortir. **-ativo, a** a négatif, ive. ■ m (foto) négatif. ■ f 1. (acción de rehusar) refus m: **negativa rotunda**, refus catégorique. 2. négative.

negligen/te a/s négligent, e. **-cia** f négligence.

negociación f négociation.

negociado m bureau.

negociador, a s négociateur, trice.

negociante s négociant, e.

negociar i/t négocier.

negocio m 1. affaire f: **buen, mal ~**, bonne, mauvaise affaire; **hombre de negocios**, homme d'affaires. 2. (comercio) négoce.

negra ⇒ **negro**.

negrita, negrilla f caractère m gras.

negr/o, a a/s noir, e: **raza negra**, race noire; **los negros de África**, les Noirs d'Afrique. | FAM **poner ~ a alguien**, exaspérer quelqu'un; **verse ~ para...**, avoir un mal de chien pour... ■ f FAM **tener la negra**, avoir

la poisse, la guigne. **-ura** ƒ noirceur. **-uzco, a** a noirâtre.

nene, a s 1. bébé m. 2. petit, e.

nenúfar m nénuphar.

neófito, a s néophyte.

neologismo m néologisme.

neón m néon: **tubo de ~**, tube au néon.

nervi/o m nerf: **ataque de nervios**, crise ƒ de nerfs; **poner los nervios de punta**, porter sur les nerfs, mettre les nerfs en boule. **-osidad** ƒ 1. nervosité. 2. (irritación) énervement m. **-oso, a** a/s 1. nerveux, euse. 2. (irritado) énervé, e. | **poner ~**, énerver.

neto, a a net, ette.

neumático, a a pneumatique. ■ m pneu, pneumatique: **inflar un ~**, gonfler un pneu.

neumonía ƒ pneumonie.

neuralgia ƒ névralgie.

neurast/enia ƒ neurasthénie. **-énico, a** a/s neurasthénique.

neurólogo m neurologue.

neur/osis ƒ névrose. **-ótico, a** a/s névrosé, e.

neutral a neutre. **-idad** ƒ neutralité. **-ización** ƒ neutralisation. **-izar** t neutraliser.

neutro, a a neutre.

nevada ƒ chute de neige.

nev/ar° impers neiger. **-ado, a** a enneigé, e, neigeux, euse: **paisaje ~**, paysage enneigé.

nevera ƒ 1. réfrigérateur m. 2. (portátil) glacière.

nevisca ƒ légère chute de neige.

nexo m lien.

ni conj 1. ni: **~ uno ~ otro**, ni l'un ni l'autre. 2. ne... pas même: **no quiero ~ pensarlo**, je ne veux même pas y penser. | **¡~ que...!**, comme si...!,

même si...!; **~ ... siquiera**, ne... pas même.

nicaragüense a/s nicaraguayen, enne.

nicho m niche ƒ.

Nicolás n p m Nicolas.

nicotina ƒ nicotine.

nido m nid.

niebla ƒ brouillard m.

nieto, a s petit-fils, petite fille. ■ pl petits-enfants.

nieve ƒ 1. neige. 2. AMER (helado) glace.

Nilo n p el **~**, le Nil.

nilón m nylon.

nimi/o, a a insignifiant, e, minime. **-edad** ƒ (pequeñez) bagatelle.

ninfa ƒ nymphe.

ningún, uno, a a aucun, e: **~ otro**, aucun autre; **de ninguna manera**, en aucune manière. | **en ninguna parte**, nulle part; **no es ~ sabio**, il n'a rien d'un savant. ■ pron 1. aucun, e. 2. personne: **no ha venido ninguno**, personne n'est venu.

niña ƒ 1. petite fille. 2. (del ojo) pupille.

niñ/o, a a/s enfant: **los niños**, les enfants. | **de ~**, dès l'enfance. ■ m petit garçon. **-era** ƒ bonne d'enfant. **-ería** ƒ enfantillage m, gaminerie. **-ez** ƒ enfance.

nipón, ona a/s nippon, onne.

níquel m nickel.

niquelar t nickeler.

níspero m 1. (árbol) néflier. 2. (fruto) nèfle ƒ.

nitidez ƒ netteté.

nítido, a a net, nette.

nitrato m nitrate.

nitrógeno m azote.

nivel m niveau: **~ de vida**, niveau de vie. **-ación** ƒ nivellement m. **-ar** t niveler.

Niza *n p* Nice.

no *adv* **1.** *(en respuestas)* non: ¿sí o ~?, oui ou non? **2.** *(delante de un verbo)* ne... pas: ~ duerme, il ne dort pas. **3.** *(con otra negación)* ne: esto ~ vale nada, cela ne vaut rien. **4.** *(en frases sin verbo)* pas: ¿por qué ~?, pourquoi pas?; todavía ~, pas encore. | ~ bien, aussitôt que; ~... más que, ne... que. **5.** ¡cómo ~!, bien sûr! ■ *m* non: un ~ rotundo, un non catégorique.

nobl/e *a/s* noble. **-eza** *f* noblesse.

noche *f* **1.** nuit: es de ~, il fait nuit. | de la ~ a la mañana, du jour au lendemain; hacer ~ en, passer la nuit à; pasar la ~ en claro, ne pas fermer l'œil de la nuit; trabajar por la ~, travailler de nuit. **2.** *(principio de la noche)* soir: las diez de la ~, dix heures du soir. | baile de ~, soirée dansante. **3.** ¡buenas noches!, bonsoir!, bonne nuit!

nochebuena *f* nuit de Noël.

nochevieja *f* nuit de la Saint-Sylvestre.

noción *f* notion.

nocivo, a *a* nocif, ive.

nocturno, a *a* nocturne. | partido ~, match en nocturne; tren ~, train de nuit.

nodriza *f* nourrice.

nogal *m* noyer.

nómada *a/s* nomade.

nombradía *f* renom *m*, renommée.

nombr/amiento *m* nomination *f*. **-ar** *t* nommer.

nombre *m* **1.** nom: ~ propio, nom propre; en ~ de, au nom de. | ~ de pila, nom de baptême, prénom. **2.** prénom.

nomenclatura *f* nomenclature.

nómina *f* **1.** liste, état *m* du personnel. **2.** feuille de paie. **3.** paie.

nominación *f* nomination.

nominal *a* nominal, e.

non *a* impair, e. ■ *m pl* pares o nones, pair ou impair. | decir que nones, refuser catégoriquement.

nonada *f* vétille.

nonagésimo, a *a/s* quatre-vingt-dixième.

nones ⇒ **non**.

nordeste *m* nord-est.

nórdico, a *a* nordique.

noria *f* **1.** noria. **2.** *(de feria)* grande roue.

norm/a *f* norme. **-al** *a* normal, e. **-alidad** *f* normale, état *m* normal. | volver a la ~, redevenir normal, e, revenir à la normale. **-alizar** *t* normaliser.

normando, a *a/s* normand, e.

noroeste *m* nord-ouest.

norte *m* nord.

norteamericano, a *a/s* américain, e du Nord.

Noruega *n p f* Norvège.

noruego, a *a/s* norvégien, enne.

nos *pron pers* nous.

nosotros, as *pron pers* nous.

nost/algia *f* nostalgie. **-álgico, a** *a* nostalgique.

nota *f* note: ~ falsa, fausse note; tomar ~ de, prendre note de.

nota/bilidad *f* notabilité. **-ble** *a* remarquable, notable. ■ *m* notable.

notar *t* **1.** *(advertir)* remarquer. **2.** te noto una voz extraña, je te trouve une drôle de voix; no noto frío, je ne trouve pas qu'il fasse froid.

notario *m* notaire.

noticia *f* nouvelle: ~ falsa, fausse nouvelle. | estar atrasado de noticias, ne pas être à la page; las noticias, les nouvelles, les informations. **-rio** *m* **1.** *(cine)* actualités *f pl*. **2.** *(radio)* informations *f pl*.

notificar *t* notifier.

notori/o *a* notoire. **-edad** *f* notoriété.

novat/o, a *a/s* nouveau, elle. **-ada** *f* brimade, bizutage *m*.

novecientos *a/m* neuf cents.

noved/ad *f* 1. nouveauté. | hay ~, il y a du nouveau; **llegar sin ~**, arriver sans encombre; **sin ~**, rien de nouveau. 2. *(noticia)* nouvelle. **-oso, a** *a* nouveau, elle.

novel/a *f* roman *m*. | ~ **corta**, nouvelle. **-esco, a** *a* romanesque. **-ista** *s* romancier, ère.

noveno, a *a/s* neuvième.

noventa *a/m* quatre-vingt-dix.

novia ⇒ **novio**.

noviazgo *m* fiançailles *f pl*.

novicio, a *a/s* novice.

noviembre *m* novembre: **el 11 de ~**, le 11 novembre.

novill/o *m* 1. jeune taureau. 2. **hacer novillos**, faire l'école buissonnière. **-ada** *f* course de jeunes taureaux. **-ero** *m* torero qui combat les jeunes taureaux.

novio, a *s* 1. *(prometido)* fiancé, e. 2. *(amigo)* petit ami, petite amie. 3. *(recién casado)* jeune marié, e. | **traje de novia**, robe de mariée; **viaje de novios**, voyage de noces.

novísimo, a *a* tout nouveau, toute nouvelle.

nub/e *f* 1. nuage *m*. | FIG **caerse de las nubes**, tomber des nues; **estar por las nubes**, être hors de prix; **poner por las nubes**, porter aux nues. 2. *(afluencia)* nuée. **-arrón** *m* gros nuage.

nubl/arse *pr* **se está nublando**, le temps se couvre. **-ado, a** *a* nuageux, euse.

nuboso, a *a* nuageux, euse.

nuca *f* nuque.

nuclear *a* nucléaire.

núcleo *m* noyau.

nudillo *m* **llamar con los nudillos**, frapper.

nudis/mo *m* nudisme. **-ta** *s* nudiste.

nud/o *m* nœud. **-oso, a** *a* noueux, euse.

nueces *pl* de **nuez**.

nuera *f* belle-fille, bru.

nuestro, a, os, as *a pos* 1. notre, nos: **nuestra casa**, notre maison. 2. à nous: **esta casa es nuestra**, cette maison est à nous. | **un primo ~**, un de nos cousins. ▪ *pron pos* nôtre, nôtres: **los nuestros**, les nôtres.

nueva *f* nouvelle.

Nueva York *n p* New York.

Nueva Zelanda *n p f* Nouvelle-Zélande.

nueve *a/m* neuf. | **son las ~**, il est neuf heures.

nuevo, a *a* 1. *(reciente)* nouveau, nouvelle (nouvel *delante de masculino que empieza por vocal o h muda*: **el año ~**, le nouvel an). | **de ~**, de nouveau: **¿qué hay de ~?**, quoi de neuf? 2. *(no o poco gastado)* neuf, neuve: **un coche ~**, une voiture neuve.

nuez *f* 1. noix. 2. *(en la garganta)* pomme d'Adam.

nul/o, a *a* nul, nulle. **-idad** *f* nullité.

numeración *f* 1. numération. 2. *(acción de numerar)* numérotage *m*.

numeral *a/m* numéral, e.

numerar *t* 1. numéroter. 2. *(contar)* dénombrer.

numérico, a *a* numérique.

número *m* 1. nombre: **un ~ incalculable**, un nombre incalculable. 2. *(en una serie, un sorteo, de un periódico, de teléfono)* numéro. 3. *(cifra)*

chiffre. **4.** *(medida de los zapatos, etc.)* pointure f.

numeroso, a a nombreux, euse.

nunca adv jamais: **no la he visto ~**, je ne l'ai jamais vue; **casi ~ viene**, il ne vient presque jamais. | **~ jamás**, jamais, au grand jamais.

nuncio m nonce.

nupci/as f pl noces. **-al** a nuptial, e.

nutria f loutre.

nutr/ir t nourrir. **-icio, a** a nourricier, ère. **-ición** f nutrition. **-ido, a** a nourri, e. **-itivo, a** a nutritif, ive.

nylon m Nylon.

Ñ

ñ [ene] ʃ ñ *m.*

ñandu *m* nandou.

ñoño, a *a* **1.** (soso) miévre. **2.** délicat, e, douillet, ette. **3.** (quejumbroso) geignard, e. **4.** timide. **-ería,
-ez** ʃ miévrerie.

O

¹o ʃ o m: una ~, un o.

²o conj ou.

oasis m oasis f.

obce/ar t aveugler. **-ación** f aveuglement m.

obed/ecer° i obéir. **-iencia** f obéissance. **-iente** a obéissant, e.

obelisco m obélisque.

obertura f MUS ouverture.

obes/o, a a obèse. **-idad** f obésité.

óbice m obstacle.

obisp/o m évêque. **-ado** m évêché.

óbito m décès.

obje/ción f objection. **-tar** t objecter.

objetivo, a a/m objectif, ive.

objeto m objet. | **con ~ de**, afin de, en vue de, dans le but de.

objetor m ~ **de conciencia**, objecteur de conscience.

oblicuo, a a oblique.

oblig/ar t obliger. **-ación** f obligation. **-atorio, a** a obligatoire.

oblongo, a a oblong, gue.

oboe m hautbois.

óbolo m obole f.

obra f 1. œuvre. 2. (libro) ouvrage m. 3. (de teatro) pièce. 4. ~ **maestra**, chef-d'œuvre m. 5. (edificio en construcción) chantier m. ■ pl travaux m: **obras públicas**, travaux publics; **¡atención, obras!**, attention, travaux!

obrar i 1. agir. 2. se trouver, être: **el expediente obra en poder del juez**, le dossier se trouve entre les mains du juge.

obrero, a a/s ouvrier, ère.

obscen/o, a a obscène. **-idad** f obscénité.

obscuro, etc. ⇒ oscuro.

obsequi/o m cadeau. **-ar** t ~ a **alguien con algo**, offrir quelque chose à quelqu'un: **los invitados fueron obsequiados con un cóctel**, un cocktail a été offert aux invités. **-oso, a** a 1. (cortés) obligeant, e. 2. (con exceso) obséquieux, euse.

observ/ar t observer. **-ación** f observation. **-ador, a** a/s observateur, trice. **-atorio** m observatoire.

obses/ión a obsession. **-ionar** t obséder. **-ivo, a** a obsédant, e. **-o, a** a/s obsédé, e.

obst/áculo m obstacle. **-aculizar** t 1. ~ **la circulación**, gêner, entraver la circulation. 2. faire obstacle à.

obstante (no) adv cependant, néanmoins.

obstin/arse pr ~ **en**, s'obstiner à. **-ación** f obstination.

obstru/ir° t obstruer. **-cción** f obstruction.

obtener t obtenir: **¿cómo obtuviste este resultado?**, comment as-tu obtenu ce résultat?

obtur/ar t obturer. **-ación** f obturation. **-ador** m obturateur.

obtuso, a a obtus, e.

obús m (proyectil) obus.

obvio, a a évident, e.

oca f oie.

ocasi/ón f occasion: **con ~ de**, à l'occasion de; **de ~**, d'occasion.

-onal a occasionnel, elle. **-onar** t occasionner, causer.

ocaso m 1. crépuscule. 2. FIG déclin.

occidente m occident. **-al** a occi-dental, e.

océano m océan.

Oceanía n p f Océanie.

ochenta a/s quatre-vingts. **-ón,** **ona** a/m huit. | son las ~, il est huit heures. **-cientos,** as a huit cents.

ocho a/m huit.

ocio m 1. désœuvrement. 2. (tiem-po libre) loisir. en sus ratos de ~, à ses moments de loisir. **-osidad** f oisiveté. **-oso,** a a 1. (inactivo) oisif, ive. 2. (inútil) oiseux, euse.

octava f MUS octave.

octavilla f (de propaganda) tract m.

octavo, a a/s huitième.

octogenario, a a/s octogénaire.

octogésimo, a a/s quatre-vingtié-me.

octógono m octogone.

octubre m octobre. el 10 de ~, le 10 octobre.

ocular a/m oculaire. **-ista** s oculis-te.

ocultar t cacher. **-o,** a a 1. caché, e. 2. (secreto) occulte.

ocupar t occuper. ■ pr s'occuper. **-ación** f occupation. **-ante,** a/s 1. occupant, e. 2. passager, etc.

ocurrencia f 1. idée: ¡qué ~!, quel-le drôle d'idée! 2. (dicho agudo) trait m d'esprit. 3. circonstance. **-te** a spirituel, elle.

ocurrir i arriver, se passer: me ha ocurrido algo raro, il m'est arrivé quelque chose de curieux; ¿qué ocurre?, que se passe-t-il?; ¿cuándo ocurrió?, c'est arrivé quand? ■ pr venir à l'idée, à l'esprit: se me ocu-rre que podríamos ir al restaurante, je pense que nous pourrions aller au restaurant; se me ocurre una idea, j'ai une idée; no se me ocurre otra explicación, il ne me vient pas à l'esprit, je ne vois pas d'autre explication.

oda f ode.

odio m haine f. | tomar ~ a, prendre en haine. **-ar** t haïr, détester. **-oso,** a a odieux, euse, détestable.

odisea f odyssée.

odontólogo, a s dentiste.

odre m outre f.

oeste m ouest.

ofender t offenser. **-sa** f offense. **-sivo,** a a 1. offensif, ive. 2. (inju-rioso) offensant, e. ■ f offensive. **-sor,** a s offenseur.

oferta f 1. offre: ofertas de empleo, offres d'emploi. 2. COM (rebaja) pro-motion: de ~, en promotion.

oficial a officiel, elle. ■ m 1. ouvrier, e. 2. (militar) officier. 3. employé. **-a** f 1. ouvrière. 2. em-ployée. **-idad** f officiers m pl.

oficiar t officier. ■ i célébrer.

oficina f bureau m. | ~ de turismo, office m du tourisme. **-ista** s employé, e de bureau.

oficio m 1. métier: cada uno a su ~, chacun son métier. 2. (función, rezo) office.

oficioso, a a officieux, euse.

ofrecer t offrir: me ofreció su ayuda, il m'a offert son aide. ■ ofre-cerse de guía, s'offrir, se proposer comme guide. **-imiento** m offre f.

ofrenda f offrande.

oftalmología f ophtalmologie. **-ólogo,** a s ophtalmologue.

ofuscar t aveugler.

ogro m ogre.

¡**oh!** interj 1. oh! 2. (vocativo) ô!

oíble a audible.

oídas (de) loc adv par oui-dire.

oído m 1. (sentido) ouïe f, oreille f; tener el ~ fino, avoir l'ouïe fine; aguzar el ~, tendre l'oreille; duro de ~, dur d'oreille; ser todo oídos, être tout ouïe. 2. (órgano) oreille f.

oír t 1. entendre: oigo pasos, j'entends des pas; he oído decir que..., j'ai entendu dire que... 2. écouter: ¡oiga usted!, écoutez! | ¡oye!, dis donc!; (teléfono) ¡oiga!, allô!

ojal m boutonnière f.

¡**ojalá!** interj plaise à Dieu! | ¡~ venga!, pourvu qu'il vienne!; ¡~ fuera verdad!, si seulement c'était vrai!

ojeada f echar una ~, jeter un coup d'œil.

ojera f cerne m.

ojeriza f aversion. | tener ~ a, avoir une dent contre.

ojete m œillet.

oji/va f ogive. **-al** a ogival, e.

ojo m 1. œil: tiene los ojos azules, elle a les yeux bleus; a ~ de (buen cubero), à vue de nez; a ojos vistas, à vue d'œil; andarse con ~, avoir l'œil; costar un ~ de la cara, coûter les yeux de la tête; en un abrir y cerrar de ojos, en un clin d'œil; ¡ojo!, ¡mucho ~!, attention! 2. (de la cerradura) trou. 3. (de puente) arche f.

oleaginoso, a a oléagineux, euse.

oleaje m houle f.

oleada f 1. (ola) lame. 2. paquet m de mer. 3. FIG vague.

¡**olé!** interj bravo!, olé!

oleo m vague.

ojota f AMER sandale.

okupa f FAM squatter.

óleo m huile f: pintura al ~, peinture à l'huile.

oleoducto m oléoduc, pipeline.

oler °/t/i sentir: ~ a, sentir le, la; huele a gasolina, ça sent l'essence; le brûle; huele bien, mal, ça sent bon, mauvais.

olfa/to m 1. odorat. 2. (de animal) flair. ■ FIG flair. **-ear** t flairer, reniffler. **-ivo, a** a olfactif, ive.

oliente a odorant, e. | mal ~, malodorant, e.

Olímpico, a a olympique.

Olimpo n p m Olympe.

oliv/a f olive. **-ar** m oliveraie. **-o** m olivier.

olla f 1. marmite. | ~ a presión, autocuiseur m. 2. (guiso) pot-au-feu m. | ~ podrida, potée, ragoût m.

ollar m naseau.

olmo m orme.

olor m odeur f: un ~ a fritura, une odeur de friture. **-oso, a** a odo-rant, e. ■ m (vino) xérès.

olvidadizo, a a ser ~, ne pas avoir de mémoire.

olvid/ar t oublier: se me ha olvidado tu dirección, j'ai oublié ton adresse; se ha olvidado de avisarme, il a oublié de me prévenir. **-o** m oubli: caer en el ~, tomber dans l'oubli.

ombligo m nombril.

ominoso, a a abominable.

omitir t omettre: omitió escribir la fecha, j'ai oublié d'écrire la date.

omisión f ⇒ caso.

ómnibus m omnibus.

omnipotente a omnipotent, e.

omoplato m omoplate.

once m onze. | son las ~, il est onze heures.

ond/a f onde: ~ larga, grandes ondes. | FAM estar en la ~, être dans

le vent. **-ear** *i* ondoyer, flotter. **-ulación** *f* ondulation. **-ulante** *a* ondoyant, e. **-ular** *i* onduler.

oneroso, a *a* onéreux, euse.

onza *f* once.

opaco, a *a* 1. opaque. 2. *FIG* terne.

ópalo *m* opale *f*.

opalino, a *a/f* opalin, e.

opción *f* option, choix *m*: no hay ~, il n'y a pas le choix.

ópera *f* opéra *m*.

operación *f* opération.

operador, a *s* opérateur, trice. | ~ turístico, voyagiste.

operar *t* opérer. ■ *pr (cirugía)* se faire opérer.

operario, a *s* ouvrier, ère.

opereta *f* opérette.

opinar *i/t* 1. penser: ¿qué opinas de este actor?, qu'est-ce que tu penses de cet acteur? 2. donner son avis.

opinión *f* 1. opinion. 2. avis *m*: en mi ~, à mon avis.

opio *m* opium.

opíparo, a *a* somptueux, euse.

opon/er° *t* opposer. ■ *pr* s'opposer. **-ente** *s* adversaire.

oporto *m* porto.

oportun/o, a *a* opportun, e. **-idad** *f* 1. occasion: aprovechar la ~, profiter de l'occasion. 2. *(conveniencia)* opportunité. ■ *pl COM* promotions. **-ista** *s* opportuniste.

oposición *f* 1. opposition. 2. concours *m*: oposiciones a un cargo, concours en vue d'obtenir un poste.

oposit/ar *t* ~ a un cargo, passer un concours en vue d'obtenir un poste. **-or, a** *s* candidat, e, concurrent, e.

opres/ión *f* oppression. **-ivo, a** *a* oppressif, ive. **-or** *m* oppresseur.

oprimir *t* 1. ~ el botón, presser le bouton. 2. *(apretar)* serrer. 3. *(ahogar)* oppresser. 4. *(tiranizar)* opprimer.

opt/ar *i* ~ por, opter pour, choisir de: optó por marcharse, il choisit de partir. **-ativo, a** *a* asignatura optativa, matière à option.

óptico, a *a/f* optique. ■ *s* opticien, enne.

optim/ismo *m* optimisme. **-ista** *a/s* optimiste.

optimizar *t* optimiser.

óptimo, a *a* 1. optimal, e. 2. idéal, e, excellent, e.

opuesto, a *p p* de **oponer**. ■ *a* opposé, e.

opulen/te *a* opulent, e. **-cia** *f* opulence.

opúsculo *m* opuscule.

opuse, etc. ⇒ **oponer**.

oquedad *f* creux *m*, vide *m*.

ora *conj* tantôt.

oración *f* 1. *(rezo)* prière. 2. *(frase)* proposition.

oráculo *m* oracle.

orador, a *s* orateur, trice.

oral *a* oral, e: exámenes orales, examens oraux.

orar *i/t* prier: ~ a Dios, prier Dieu.

oratorio, a *a* oratoire. ■ *m MUS* oratorio. ■ *f* art *m* oratoire.

orbe *m* sphère *f*, globe.

órbita *f* orbite: en ~, sur orbite.

órdago (de) *loc adv FAM* terrible.

orden *m* 1. ordre: ~ alfabético, ordre alphabétique; llamar al ~, rappeler à l'ordre; poner en ~, mettre en ordre; | sin ~ ni concierto, à tort et à travers. 2. domaine. ■ *f* 1. ordre *m*: la ~ del día, l'ordre du jour. | ¡a la ~!, à vos ordres!; dar ~ de, donner l'ordre de; páguese a la

~ de detención, mandat m d'arrêt. 2. ~ de ..., payez à l'ordre de.

ordenación f ordonnance.

ordenado, a a ordonné, e.

ordenador m ordinateur.

ordenanza f ordonnance. ■ m 1. (militar) ordonnance. 2. garçon de bureau.

ordenar 1. mettre de l'ordre dans, mettre en ordre, ranger. 2. (mandar) ordonner: te ordeno que te calles, je t'ordonne de te taire.

ordeñar t traire. **-o** m traite f.

orear t aérer.

orégano m origan.

oreja f oreille | con las orejas gachas, l'oreille basse.

oreo m 1. brise f. 2. aération f.

orfanato m orphelinat.

orfebre s orfèvre. **-ría** f orfèvrerie.

orgánico, a a organique.

organillo m orgue de Barbarie.

organismo m organisme.

organista s organiste.

organizar t organiser. **-ación** f organisation. **-ador, a** a/s organisateur, trice.

órgano m 1. organe. 2. (instrumento de viento) orgue.

orgasmo m orgasme.

orgía f orgie.

orgullo m 1. (soberbia) orgueil. 2. (sentimiento legítimo de satisfacción) fierté f. **-oso, a** a 1. orgueilleux, euse. 2. fier, fière.

orientación f orientation.

oriental a oriental, e.

orientar t orienter. ■ pr s'orienter.

oriente m orient. | Cercano Oriente, Proche-Orient; Extremo Oriente, Extrême-Orient; Oriente Medio, Moyen-Orient.

orificio m orifice.

origen m origine f: en su ~, à l'origine.

original a 1. (relativo al origen) originel, elle. 2. original, e: se viste de manera ~, elle s'habille d'une façon originale. ■ s (persona) original, e. ■ m (texto) original. **-idad** f originalité.

originar t causer, provoquer, donner naissance à. ■ pr provenir.

originario, a a originaire.

orilla f bord m: a orillas del mar, au bord de la mer. **-ar** t 1. border. 2. fig régler. **-o** m lisière f.

orín m 1. rouille f. 2. (orina) urine f.

orina f urine. **-al** m pot de chambre. **-ar** t/i uriner. **-es** m pl urine f sing.

oriundo, a a originaire.

ornamentación f ornementation. **-al** a ornemental, e. **-o** m ornement.

ornar t orner. **-ato** m ornement.

ornitología f ornithologie.

oro m or: joyas de ~, bijoux en or. | fig apalear el ~, rouler sur l'or; como ~ en paño, précieusement.

oropel m fig clinquant.

orondo, a a (ufano) fier, fière.

oropéndola f loriot m.

orquesta f orchestre. **-ción** f orchestration.

orquídea f orchidée.

ortiga f ortie.

ortodoxo, a a orthodoxe. **-ia** f orthodoxie.

ortografía f orthographe.

orto/pedia f orthopédie. **-pédico, a** a orthopédique. ■ s orthopédiste.

oruga f chenille.

orujo m marc.

orza f MAR dérive.

orzuelo m orgelet.

os pron pers vous: **¡sentaos!**, asseyez-vous!

osa f ourse: | la **Osa Mayor, Menor**, la Grande, Petite Ourse.

osadía f audace, hardiesse.

osado, a a audacieux, hardi.

osamenta f squelette m, ossature.

osario m ossuaire.

oscilar i osciller. **-ación** f oscillation. **-atorio, a** a oscillatoire.

oscuro, a a 1. obscur, e; sombre: un pasillo ~, un couloir obscur | a oscuras, dans l'obscurité, dans le noir; FIG dans l'ignorance. 2. (color) foncé, e: verde ~, vert foncé. 3. lenguaje ~, langage obscur. **-ecer** t 1. obscurcir; i faire nuit. ■ pr (cielo) s'obscurcir, se couvrir. **-idad** f obscurité.

óseo, a a osseux, euse.

ozezno m ourson.

oso m ours. | ~ hormiguero, fourmilier; FAM hacer el ~, faire l'andouille, l'idiot.

ostensible a ostensible.

ostentar t 1. montrer. 2. (hacer alarde) étaler. 3. (lucir) arborer. | ~ un título, porter un titre. **-ación** f ostentación. **-oso, a** a magnifique.

ostra f huître. **-icultura** f ostréiculture.

otaria f otarie.

otear t 1. observer. 2. ~ el horizonte, scruter l'horizon. **-ro** m coteau.

otitis f otite.

otoño m automne. **-al** a automnal, c.

otorgar t 1. accorder, octroyer. 2. ~ un premio, décerner un prix.

otorrino, a s FAM oto-rhino.

otro, a a/pron autre: ~ deme ~ pastel, donnez-moi un autre gâteau; volveré ~ día, je reviendrai un autre jour; otros dos, tres, deux autres, trois autres. | ~ tanto, autant; ¡otra!, bis!, encore!

ovación f ovation.

óvalo m ovale.

oval, ovalado, a a ovale.

ovario m ovaire.

oveja f 1. (hembra del carnero) brebis. 2. (carnero) mouton m. 3. FIG la ~ negra, la brebis galeuse.

overol m AMER salopette f.

ovillo m pelote f. | hacerse un ~, se pelotonner, se ramasser en boule.

oxidar t oxyder. ■ pr s'oxyder, se rouiller.

óxido m oxyde.

oxígeno m oxygène. **-igenar** t oxygéner. | agua oxigenada, eau oxygénée.

oye, etc. ⇒ **oír**.

oyente s auditeur, trice.

ozono m ozone: la capa de ~, la couche d'ozone.

P

p ∫ p m: **una** ~, un p.

pabellón m pavillon.

pabilo m mèche ∫.

Pablo n p m Paul.

pábulo m pâture ∫. | **dar** ~ **a**, alimenter.

pacer° i paître.

paces pl de **paz**.

pachón a/m basset.

pachorra ∫ FAM flegme m, placidité.

pachucho, a a 1. (fruta) blet, ette. 2. (persona) patraque, vaseux, euse.

pacien/cia ∫ patience. **-te** a/s patient, e. **-temente** adv patiemment.

pacific/ación ∫ pacification. **-ador, a** a/s pacificateur, trice. **-ar** t pacifier.

pacífico, a a pacifique. | Océano Pacífico, océan Pacifique.

pacotilla ∫ pacotille.

pact/o m pacte. **-ar** t/i négocier.

padecer° t/i 1. ~ sed, del estómago, souffrir de la soif, de l'estomac; **padecimos mucho**, nous avons beaucoup souffert. 2. (aguantar) endurer. 3. ~ serias dificultades, connaître de sérieuses difficultés. **-imiento** m souffrance ∫.

padrastro m beau-père.

padre m 1. père: **de** ~ **a hijos**, de père en fils. 2. **el Santo Padre**, le Saint-Père. ■ pl (el padre y la madre) parents. **-nuestro** m Pater, Notre Père.

padrino m 1. parrain. 2. (en una boda) témoin.

padrón m liste ∫ des habitants. | **hacer el** ~, faire le recensement.

paella ∫ paella.

pag/a ∫ paie, paye. **-adero, a** a payable. **-ado, a** a ~ **de sí mismo**, imbu, e de sa personne. **-ador, a** a/s payeur, euse. **-aduría** ∫ trésorerie, paierie.

pagan/o, a a/s païen, enne. ■ m FAM lampiste, pigeon. **-ismo** m paganisme.

pagar t payer: **¿quién paga?**, qui paie? | **¡me las pagarás!**, tu me le paieras! **-é** m billet à ordre.

página ∫ page.

pago m 1. paiement, versement: ~ **al contado**, paiement comptant. | **de** ~, payant, e. 2. récompense ∫. 3. (heredad) propriété ∫, domaine.

pagoda ∫ pagode.

país m pays.

paisaje m paysage.

paisano, a a/s compatriote. ■ m civil: **vestido de** ~, habillé en civil.

Países Bajos n p m pl Pays-Bas.

paj/a ∫ 1. paille. | **echar pajas**, tirer à la courte paille; **por un quítame allá esas pajas**, pour un oui pour un non. 2. (en un texto) remplissage m. **-ar** m hangar à paille.

pajarera ∫ volière.

pajarita ∫ (de papel) cocotte (en papier).

pajarito m petit oiseau.

pájaro m 1. oiseau. | ~ **mosca**, oiseau-mouche; FIG **matar dos pájaros de un tiro**, faire d'une pierre

deux coups. **2.** ~ **de cuenta,** drôle d'oiseau.

pajarraco m FIG drôle d'oiseau.

paje m page.

pajizo, a a (color) jaune paille.

pala ƒ **1.** pelle. **2.** (de remo, hélice) pale. **3.** (de ping-pong) raquette. **4.** (de béisbol) batte.

palabr/a ƒ **1.** mot m: **en una ~,** en un mot; **te tomo la ~,** je te prends au mot. **2.** parole: **cumplir su ~,** tenir parole; **bajo ~,** sur parole. **3.** ~ **de matrimonio,** promesse de mariage. **-ería** ƒ bavardage m. **-ota** ƒ gros mot m.

palacete m hôtel particulier.

palaci/o m **1.** (real, de Justicia) palais. **2.** château. **-ego, a** a/s courtisan, e.

palad/ar m **1.** palais. **2.** goût. **-ear** t savourer.

palanca ƒ levier m.

palangana ƒ cuvette.

palanqueta ƒ pince-monseigneur.

palastro m tôle ƒ.

palco m loge ƒ. | ~ **de platea,** baignoire ƒ.

palenque m **1.** (recinto) arène ƒ. **2.** AMER poteau.

Palestina n p ƒ Palestine.

palestino, a a/s palestinien, enne.

palestra ƒ arène. | **salir a la ~,** entrer en lice.

paleta ƒ **1.** petite pelle. **2.** (de pintor) palette. **3.** (de ventilador) pale. **4.** (de albañil) truelle.

paletilla ƒ **1.** omoplate. **2.** (carne) épaule.

paleto, a a/s croquant, e, péquenaud, e.

pali/ar t pallier. **-ativo** m palliatif.

palid/ecer° i pâlir. **-ez** ƒ pâleur.

pálido, a a pâle.

paliducho, a a pâlot, otte.

palillero m **1.** porte cure-dents. **2.** porte-plume.

palillo m **1.** (mondadientes) cure-dents. **2.** (de tambor, para el arroz) baguette ƒ. ■ pl castagnettes ƒ.

palio m dais.

palique m FAM **estar de ~,** faire la causette; **tener ~,** être bavard, e.

paliza ƒ raclée, rossée.

palizada ƒ palissade.

palm/a ƒ **1.** (hoja) palme. **2.** (árbol) palmier m. **3.** (de la mano) paume. ■ pl applaudissements m. | **batir palmas,** applaudir. **-ada** ƒ claque, tape. | **dar palmadas,** battre des mains. **-ar** m palmeraie ƒ. **-arla** i FAM claquer, casser sa pipe.

palmario, a a évident, e.

palmatoria ƒ bougeoir m.

palmeado, a a palmé, e.

palmera ƒ palmier m.

palmiche m palmier royal.

palmito m **1.** palmier nain. **2.** cœur de palmier. **3.** FAM (cara) minois, frimousse ƒ.

palmo m empan m. | ~ **a ~,** pas à pas; **en détail,** à fond.

palmote/ar i battre des mains. **-o** m applaudissement.

palo m **1.** bâton. **2.** (madera) bois: ~ **de rosa,** bois de rose. **3.** (mástil) mât: ~ **mayor,** grand mât. **4.** coup de bâton. | **moler a palos,** rouer de coups. **5.** (de la baraja) couleur ƒ.

palom/a ƒ **1.** pigeon m: ~ **mensajera,** pigeon voyageur. **2.** colombe: ~ **de la paz,** colombe de la paix. **-ar** m pigeonnier.

palomitas ƒ pl pop-corn m.

palomo m pigeon.

palote m (escritura) bâton.

palpar t palper.

palpit/ar i palpiter. **-ación** ƒ palpitation. **-ante** a palpitant, e.

palta f AMER (fruto) avocat m.
paludismo m paludisme.
palurdo, a a/s rustre.
pamela f capeline.
pamema f 1. niaiserie. 2. (melindre) simagrée.
pampa f pampa.
pámpano m pampre.
pamplina f FAM bêtise.
Pamplona n p Pampelune.
pan m 1. pain: ~ tierno, sentado, pain frais, rassis; ~ integral, pain complet; ~ de molde, pain de mie; a ~ y agua, au pain sec. | ~ rallado, chapelure f; a falta de ~, buenas son tortas, faute de grives, on mange des merles. 2. tierra de ~ llevar, terre à blé.
pana f velours m côtelé.
panacea f panacée.
panader/ía f boulangerie. **-o, a** s boulanger, ère.
panadizo m panaris.
panal m rayon, gâteau de miel.
Panamá n p Panama.
pancarta f 1. pancarte. 2. (de tela) banderole.
Pancho n p m FAM François.
pancista a/s opportuniste.
páncreas m pancréas.
pande/arse pr 1. (viga) s'incurver, fléchir. 2. (pared) bomber. **-o** m gauchissement, bombement.
pandereta f, **pandero** m tambour m de basque.
pandilla f bande.
panecillo m petit pain.
panegírico m panégyrique.
panel m panneau.
pánfilo, a a/s idiot, e.
panfleto m pamphlet.
pánico m panique f.
panoli a/s FAM crétin, e.
panoplia f panoplie.

panor/ama m panorama. **-ámico, a** a panoramique.
pantalla f 1. (de lámpara) abat-jour m. 2. (de cine, televisión) écran m. | la pequeña ~, le petit écran. 3. ~ acústica, enceinte acoustique.
pantalón m 1. pantalon: ~ bombacho, pantalon bouffant; ~ tubo, pantalon fuseau. | ~ vaquero, jean. 2. culotte f: pantalones cortos, culottes courtes.
pantan/o m 1. marais. 2. (de una presa) réservoir, lac de barrage. **-oso, a** a marécageux, euse.
panteón m 1. panthéon. 2. (sepultura) caveau de famille.
pantera f panthère.
pantomima f pantomime.
pantorrilla f mollet m.
pantufla f pantoufle.
panty m collant.
panz/a f panse. **-udo, a** a ventru, e.
pañal m lange, change. ■ pl 1. couches f. 2. FIG estar en pañales, en être à ses débuts.
pañería f magasin m de draps, draperie.
paño m 1. (de lana) drap. 2. (de cocina) torchon. ■ pl paños menores, sous-vêtements.
pañol m MAR soute f.
pañoleta f fichu m.
pañolón m châle.
pañuelo m 1. mouchoir. 2. (para el cuello) foulard.
¹papa m 1. (sumo pontifice) pape. 2. FAM (papá) papa.
²papa f (patata) pomme de terre. ■ pl (papilla) bouillie sing.
papá m papa. | ~ Noel, le père Noël.
papada f double menton m.
papado m papauté f.
papagayo m perroquet.
papanatas m niais, jobard.

papaya f papaye.
papel m **1.** papier: ~ de cartas, de fumar, higiénico, papier à lettres, à cigarettes, hygiénique. **2.** rôle: desempeñar un ~, jouer un rôle. | hacer buen ~, faire bonne figure. ■ pl papiers: tengo mis papeles en regla, j'ai mes papiers en règle. **-eo** m paperasserie f. **-era** f corbeille à papier. **-ería** f papeterie.
papeleta f **1.** (de rifa) billet m. **2.** (para votar) bulletin m de vote: una ~ en blanco, un bulletin blanc.
papelucho m papelard.
paperas f pl oreillons m.
papila f papille.
papilla f bouillie. | hacer ~ a, réduire en bouillie.
papirotazo m chiquenaude f.
papista s papiste. | ser más ~ que el papa, être plus royaliste que le roi.
paquebote m paquebot.
paquete m **1.** paquet. **2.** ~ bomba, colis piégé.
Paquistán n p m Pakistan.
par a **1.** pair, e: días pares, jours pairs. | sin ~, sans pareil, eille. **2.** a la ~, en même temps; abierto de ~ en ~, grand ouvert; abrir de ~ en ~, ouvrir en grand. ■ m paire f: un ~ de guantes, une paire de gants.
para prep **1.** pour: trabajar ~ vivir, travailler pour vivre; alto ~ su edad, grand pour son âge. | ~ con, envers; ¿~ qué?, pourquoi? **2.** (hacia) vers, à. **3.** à: ¿~ qué sirve esto?, à quoi ça sert? **4.** estar ~ salir, être sur le point de partir.
parabién m félicitation f: le doy mis parabienes por..., je vous présente mes félicitations pour...
parábola f parabole.
parabólico, a a parabolique.
parabrisas m pare-brise.

para/caídas m parachute. **-caidista** s parachutiste.
parachoques m pare-chocs.
parada f **1.** arrêt m: la ~ del autobús, l'arrêt de l'autobus. **2.** (de taxis) station. **3.** (en esgrima) parade.
paradero m **1.** domicile. **2.** ¿quién sabe el ~ de...?, qui sait où se trouve...? **3.** ¿cuál será nuestro ~?, quel sera notre sort? **4.** AMER arrêt.
parado, a a **1.** arrêté, e. **2.** salir bien, mal ~, s'en bien, mal tirer. **3.** AMER (de pie) debout. ■ s (sin empleo) chômeur, euse.
parad/oja f paradoxe m. **-ójico, a** a paradoxal, e.
parador m **1.** auberge f. **2.** parador, hôtel géré par l'État.
parafina f paraffine.
paráfrasis f paraphrase.
paraguas m parapluie.
paraguayo, a a/s paraguayen, enne.
paraíso m paradis.
paraje m endroit.
paralelo, a a/s parallèle.
par/álisis f paralysie. **-alítico, a** s paralytique. **-alizar** t paralyser.
paramento m parement.
páramo m lande f.
parangonar t comparer.
paraninfo m grand amphithéâtre.
paranoico, a a paranoïaque.
parapente m parapente.
parapet/o m parapet. **-arse** pr tras, se retrancher derrière.
parar i **1.** s'arrêter: el tren para en todas las estaciones, le train s'arrête à toutes les gares. | sin ~, sans arrêt. **2.** arrêter: ¡paren de gritar!, arrêtez de crier! **3.** (alojarse) loger. **4.** ~ en el hotel, descendre à l'hôtel; siempre paramos en el mismo hotel, nous descendons toujours au

même hôtel. **5. ir a ~**, échouer: hemos ido a ~ a un autoservicio, nous avons échoué dans un self-service. **6. ir a ~ en**, aboutir à. ■ **t 1.** arrêter. **2.** (esquivar) parer. ■ **pr 1. el reloj se ha parado**, la pendule s'est arrêtée. **2.** AMER se lever, se mettre debout.

pararrayos m paratonnerre.

parásito, a a/s parasite.

parasol m **1.** parasol. **2.** (foto) pare-soleil.

parcela f parcelle.

parche m **1.** (remiendo) pièce f. **2.** (en un neumático) rustine f. **3.** (de tambor) peau m.

parcial a **1.** (no completo) partiel, elle. **2.** (no justo) partial, e: **juicios parciales**, jugements partiaux. ■ a/s partisan, e. **-idad** f **1.** partialité. **2.** (grupo) parti m, faction.

parco, a a sobre.

pardillo m linotte f.

pardo/o, a a brun, e: **oso ~**, ours brun. **-usco, a** a brunâtre.

parear t apparier.

¹parecer m **1.** avis: **a mi ~**, à mon avis. | **al ~**, apparemment. **2. buen ~**, physique agréable.

²parec/er i/impers **1.** paraître, sembler: **me parece que...**, il me semble que...; **parece (ser) que...**, il paraît que...; **parece increíble**, cela semble incroyable. | **¿qué le parece?**, qu'en pensez-vous?; **según parece**, à ce qu'il paraît; **si a usted le parece bien**, si cela vous va. **2. parece que va a llover**, on dirait qu'il va pleuvoir. ■ **pr** ressembler: **se parece mucho a su padre**, il ressemble beaucoup à son père. **-ido, a** a ressemblant, e. ■ m ressemblance f.

pared f **1.** mur m: **~ medianera**, mur mitoyen. **2.** (tabique) paroi. **-ón** m gros mur. | **¡al ~!**, au poteau!

parej/a f **1.** couple m. | **por parejas**, deux par deux. **2.** (en el baile) cavalier, ère. **3. correr parejas con**, aller de pair avec. **-o, a** a semblable.

parentesco m parenté f.

paréntesis m parenthèse f.

pariente s parent, e.

parir i **1.** (los animales) mettre bas. **2.** (una mujer) accoucher.

París n p m Paris.

parisiense, parisino, a a/s parisien, enne.

parka f parka.

parlamentar i parlementer.

parlament/o m **1.** (asamblea) parlement. **2.** discours. **3.** (de un actor) tirade f. **-ario, a** a/s parlementaire.

parlanchín, ina a/s bavard, e.

parné m POP fric.

¹paro m **1.** (huelga) grève f, débrayage. **2.** (forzoso) chômage: **estar en ~**, être au chômage. **3.** MED **~ cardíaco**, arrêt cardiaque.

²paro m (pájaro) mésange f.

parodi/a f parodie. **-ar** t parodier.

paroxismo m paroxysme.

parpade/ar i **1.** cligner des yeux, ciller. **2.** (luz) clignoter. **-o** m clignotement.

párpado m paupière f.

parque m parc.

parque/ar t AMER garer. **-o** m parking.

parquímetro m parcmètre.

parra f treille.

párrafo m paragraphe.

parral m treille f.

parranda f FAM **ir de ~**, faire la fête.

parrill/a f gril m: **bistec a la ~**, bifteck sur le gril. **-ada** f grillade.

párroco m curé.

parroqui/a f 1. paroisse. 2. (de una tienda) clientèle. **-al** a paroissial, e. **-ano, a** s client, e.

parsimoni/a f parcimonie. **-oso, a** a parcimonieux, euse.

parte f 1. partie: formar ~ de, faire partie de; **en gran ~,** en grande partie. | **la mayor ~,** la plupart. 2. part: **tomar ~ en,** prendre part à. | **de ~ de,** de la part de; **en ninguna ~,** nulle part; **por otra ~,** d'autre part; **por todas partes,** partout. 3. (lado) côté m. 4. (papel) rôle m. ■ m 1. (telegrama) dépêche f. 2. **~ facultativo,** bulletin de santé; **~ meteorológico, de nieve,** bulletin météorologique, d'enneigement.

partera f sage-femme.

partición f partage m.

particip/ar i ~ **en,** participer à. ■ t communiquer, faire part de. **-ación** f 1. participation. 2. **~ de boda,** faire-part m de mariage. **-ante** a/s participant, e.

participio m participe.

partícula f particule.

particular a 1. particulier, ère. 2. (no oficial) privé, e. ■ m sujet. **-idad** f particularité.

partida f 1. (juego) partie. 2. **~ de nacimiento, de defunción,** acte m de naissance, de décès. 3. (copia) extrait m. 4. (de mercancías) lot m. 5. (cuadrilla) bande. 6. (salida) départ m. 7. **mala ~,** mauvais tour m.

partidario, a a/s partisan, e.

partido m 1. parti: **~ político,** parti politique. | **sacar ~ de,** tirer parti, profit de. 2. équipe f. 3. match: **un ~ de fútbol,** un match de football. 4. **~ judicial,** arrondissement.

partir t 1. diviser. 2. (repartir) partager. 3. (romper) casser. 4. (cortar)

couper. ■ i partir. | **a ~ de,** à partir de.

partitura f partition.

parto m 1. accouchement. 2. (de un animal) mise bas f.

parvulario m école f maternelle.

párvulo m enfant.

pasa f raisin m sec.

pasada f 1. passage m. | **de ~,** en passant. 2. **mala ~,** mauvais tour m.

pasadizo m couloir, corridor.

pasado, a a 1. passé, e. 2. dernier, ère: **la semana pasada,** la semaine dernière. ■ m passé.

pasador m 1. (broche) épingle f, agrafe f. 2. (para el pelo) barrette f. 3. (pestillo) targette f.

pasaj/e m 1. passage. 2. billet. **-ero, a** a/s passager, ère.

pasamanería f passementerie.

pasamanos m (de escalera) rampe f.

pasant/e m 1. stagiaire. 2. (de notario) clerc. **-ía** f stage m.

pasaporte m passeport.

pasar i 1. passer: **el cartero ha pasado por mi casa,** le facteur est passé chez moi; **¡cómo pasa el tiempo!,** comme le temps passe!; **~ por rico,** passer pour riche. | **ir pasando,** vivoter. 2. entrer: **¡pase!,** entrez! 3. **~ de,** dépasser. | **la cosa no pasó de ahí,** ça n'a pas été plus loin; **~ adelante,** continuer. ■ impers se passer, arriver: **¿qué pasa?,** que se passe-t-il?; **pase lo que pase,** quoi qu'il arrive. ■ t 1. passer. 2. (aventajar) dépasser. 3. faire entrer. 4. **~ frío, hambre,** souffrir du froid, de la faim. 5. **pasarlo bien,** s'amuser. ■ pr 1. passer: **me pasé el día escribiendo,** j'ai passé ma journée à écrire. 2. (olvidarse) oublier: **se me pasó decírtelo,** j'ai oublié de te le dire. 3. **pasarse de,** être trop.

pasarela f **1.** passerelle. **2.** (para desfiles) podium m.

pasatiempo m passe-temps.

Pascua n p **1.** (de Resurrección) Pâques. **2.** (Navidad) Noël: ¡felices Pascuas!, joyeux Noël!

pascual a pascal, e.

pase m **1.** permis, laissez-passer. **2.** (de magnetizador, en fútbol, tauromaquia) passe f.

paseante a/s promeneur, euse.

pase/ar t promener. ■ i/pr se mener. **-illo** m défilé (des toreros). **-o** m promenade f: dar un ~, faire une promenade. | FIG mandar a ~, envoyer promener.

pasillo m couloir.

pasión f passion.

pasiv/o, a a/m passif, ive. | clases pasivas, retraités m. **-idad** f passivité.

pasm/ar t (asombrar) stupéfier, ébahir. **-ado, a** a **1.** stupéfait, e. | dejar ~, stupéfier. **2.** (atontado) ahuri, e. **-arote** m FAM ahuri. **-o** m stupéfaction f. **-oso, a** a stupéfiant, e.

paso m **1.** pas: aligerar el ~, hâter le pas; dar un ~ atrás, faire un pas en arrière; dar un ~ en falso, faire un faux pas; a buen ~, d'un bon pas. | a cada ~, à chaque instant; salir del ~, se tirer d'affaire. **2.** passage: abrirse ~, se frayer un passage; ceda el ~, cédez le passage; ~ a nivel, passage à niveau; ~ de peatones, de cebra, passage pour piétons. **3.** scène f de la Passion.

pasota a/s je-m'en-foutiste.

pasta f **1.** pâte: pastas alimenticias, pâtes alimentaires; ~ dentífrica, pâte dentifrice. **2.** (de un libro) reliure. **3.** FAM la ~, le fric. ■ pl (dulces) gâteaux m secs, petits fours m.

pastar i paître.

pastel m **1.** gâteau: unos pasteles con crema, des gâteaux à la crème. **2.** (de carne) pâté. **3.** (color) pastel. **-ería** f pâtisserie. **-ero, a** s pâtissier, ère.

pasteurizar t pasteuriser.

pastilla f **1.** pastille. | ~ de café con leche, caramel m. **2.** (de chocolate) morceau m. **3.** ~ de jabón, savonnette. **4.** FAM a toda ~, à toute pompe.

pasto m **1.** pâturage. **2.** ser ~ de las llamas, être la proie des flammes. **3.** a todo ~, en abondance.

pastor, a s berger, ère. | el buen Pastor, le bon Pasteur. ■ m (sacerdote) pasteur. **-al** a/f pastoral, e. **-il** a pastoral, e.

pastoso, a a pâteux, euse.

¹**pata** f **1.** patte. | a la ~ coja, à cloche-pied; FAM a ~, à pied, pedibus; estirar la ~, casser sa pipe. **2.** (de mueble) pied m. **3.** FAM mala ~, déveine, poisse, manque m de pot; meter la ~, faire une gaffe, gaffer.

²**pata** f (hembra del pato) cane.

patada f **1.** coup m de pied. **2.** FIG a patadas, à la pelle.

patagón, ona a/s patagon, onne.

patale/ar i trépigner. **-o** m trépignement. **-ta** f crise de nerfs.

patán m rustre.

patata f pomme de terre. | patatas fritas, frites.

patatús m le dio un ~, il s'est trouvé mal.

paté m pâté.

patear t donner des coups de pied à. ■ i trépigner, piétiner.

patent/e a évident, e. | hacer ~, mettre en évidence. ■ f **1.** (de invención) brevet m. **2.** patente. **-ado, a** a breveté, e. **-izar** t mettre en évidence, témoigner.

patera f barque à fond plat.

patern/al a paternel, elle. **-idad** f paternité. **-o, a** a paternel, elle.

patético, a a pathétique.

patíbulo m échafaud.

patidifuso, a a FAM pantois, e.

patilla f 1. (barba) favori m. 2. (de gafas) branche.

patín m 1. ~ de cuchilla, de ruedas, patin à glace, à roulettes. 2. trottinette f. 3. (embarcación) pédalo.

pátina f patine.

patin/ar i 1. patiner. 2. (un vehículo) déraper. 3. FAM gaffer, se gourer. **-ador, a** s patineur, euse. **-aje** m patinage. **-azo** m 1. dérapage. 2. FAM dar un ~, faire une gaffe. **-ete** m patinette f.

patio m 1. cour f. 2. (en una casa española) patio. 3. ~ de butacas, orchestre.

patitas f pl FAM poner de ~ en la calle, flanquer à la porte, virer.

patitieso, a a figé, e.

pato m canard. | FAM pagar el ~, trinquer, payer pour les autres.

patochada f ânerie.

patol/ogía f pathologie. **-ógico, a** a pathologique.

patoso, a a lourdaud, e.

patraña f bobard m.

patria f patrie.

patriarc/a m patriarche. **-al** a patriarcal, e.

patrimonio m patrimoine.

patri/ota a/s patriote. **-ótico, a** a patriotique. **-otismo** m patriotisme.

patrocin/ar t 1. patronner. 2. (una empresa) parrainer, sponsoriser. **-ador, a** a/m sponsor. **-io** m patronage, parrainage. | con el ~ de, sous le patronage de.

patr/ón, ona s patron, onne. **-onal** f la ~, le patronat. **-onato** m 1. (asociación benéfica) patronage. 2. (conjunto de patronos) patronat. 3. office. **-ono** m patron.

patrull/a f patrouille. **-ar** i patrouiller.

paupérrimo, a a très pauvre.

paus/a f pause. **-ado, a** a lent, e.

pauta f règle.

pava f 1. dinde. 2. AMER bouilloire.

pavesa f flammèche.

paviment/o m 1. (de adoquines) pavage. 2. (de losas) carrelage. **-ar** t 1. paver. 2. carreler.

pavipollo m dindonneau.

pavo m 1. dindon. 2. (culinario) dinde f. 3. ~ real, paon.

pavonearse pr se pavaner.

pavor m frayeur f. **-oso, a** a effrayant, e.

payaso m clown.

paz f paix. | ¡déjame en ~!, laisse-moi tranquille!, fiche-moi la paix!; hacer las paces, faire la paix.

peaje m péage: autopista de ~, autoroute à péage.

peana f socle m.

peat/ón m piéton. **-onal** a piétonnier, ère.

pebetero m brûle-parfum.

peca f tache de rousseur.

pec/ado m péché. **-ador, a** a/s pécheur, eresse. **-ar** i pécher.

pecera f aquarium m.

peces pl de **pez**.

pecoso, a a criblé, e de taches de rousseur.

pectoral a/m pectoral, e.

pecuario, a a de l'élevage.

peculiar a particulier, ère.

pecuniario, a a pécuniaire.

pechera f plastron m.

pech/o m 1. poitrine f. | sacar el ~, bomber le torse; tomar a ~, prendre

à cœur. **2.** sein: **dar el ~ a un niño**, donner le sein à un enfant. | **niño de ~**, nourrisson. **3.** *(de animal)* poitrail. **-uga** *f (de ave)* blanc *m* (de volaille).

pedag/ogía *f* pédagogie. **-ógico, a** *a* pédagogique.

pedal *m* pédale *f*. **-ear** *i* pédaler.

pedante *a/s* pédant, e. **-ría** *f* pédanterie.

pedazo *m* morceau: **hacer pedazos**, mettre en morceaux.

pederasta *m* pédéraste.

pedernal *m* silex.

pedestal *m* piédestal.

pedestre *a* pédestre. | **carrera ~**, course à pied.

pediatra *s* pédiatre.

pedicuro, a *s* pédicure.

pedido *m* COM commande *f*.

pedigüeño, a *a/s* quémandeur, euse.

pedir° *t* **1.** demander: **le pido que se calle**, je vous demande de vous taire. **2.** commander: **he pedido un bistec**, j'ai commandé un bifteck. **3.** **~ dinero prestado**, emprunter de l'argent.

pedófilo, a *a/s* pédophile.

pedregoso, a *a* pierreux, euse.

pedrisco *m* grêle *f*.

Pedro *n p m* Pierre.

■ **pega** *f* **1.** difficulté. **2.** *(pregunta difícil)* colle.

pegajoso, a *a* collant, e.

pegamento *m* colle *f*.

pegar *t* **1.** *(con cola)* coller. **2.** *(coser)* coudre. **3.** *(comunicar)* passer. **4.** **~ fuego**, mettre le feu. **5.** *(golpear)* battre, frapper. | **~ una bofetada**, donner, flanquer une gifle. **6.** **~ un grito**, pousser un cri; **~ un salto**, faire un bond. ■ **i 1.** *(armonizar, sentar)* aller. **2.** *(el sol)* taper.

pegatina *f* autocollant *m*.

pego (dar el) *loc* donner le change.

pegote *m* emplâtre.

pein/ar *t* **1.** peigner, coiffer. **2.** *(una zona)* ratisser. **-ado** *m* coiffure *f*. **-e** *m* peigne. **-eta** *f* peigne *m* (d'ornement).

pejiguera *f* FAM empoisonnement *m*, corvée.

Pekín *n p* Pékin.

peladilla *f* **1.** *(almendra)* dragée. **2.** petit caillou *m*.

pelado, a *a* **1.** *(piel, terreno)* pelé, e. **2.** *(sin pelo)* tondu, e. **3.** FAM *(sin dinero)* fauché, e.

peladura *f* épluchure.

pelagatos *m* pauvre diable.

pelaje *m* pelage.

pelambre *m* **1.** toison *f*. **2.** *(pelo revuelto)* tignasse *f*. **-ra** *f* tignasse.

pelar *t* **1.** *(el pelo)* tondre. **2.** *(las aves)* plumer. **3.** *(fruta)* peler, éplucher. **4.** *(un crustáceo)* décortiquer. **5.** FAM **duro de ~**, pas commode. ■ *pr* **1.** **se le está pelando la nariz**, son nez pèle. **2.** FAM **pelarse una clase**, sécher un cours.

peldaño *m* **1.** marche *f*. **2.** *(de escalera de mano)* échelon.

pele/a *f* **1.** combat *m*, lutte. | **~ de gallos**, combat de coqs. **2.** dispute. **-ar** *i pr* **1.** se battre. **2.** *(reñir)* se disputer.

pelele *m* **1.** pantin. **2.** *(de niño)* grenouillère *f*.

peleón, ona *a* bagarreur, euse. | **vino ~**, pinard.

peletería *f* pelleterie.

peliagudo, a *a* difficile, ardu, e.

pelícano *m* pélican.

película *f* **1.** pellicule. **2.** film *m*: **~ de terror**, film d'épouvante. | **~ del Oeste**, western *m*.

peligrar i être en danger: su vida **peligra**, sa vie est en danger. **-oso, a** a dangereux, euse.

peligrillos m pl FIG no pararse en ~, ne pas y aller par quatre chemins.

pelirrojo, a a/s roux, rousse.

pella f motte, boule.

pellejo m 1. (cabello) cheveu. | poil, 2. (adro) outre f.

pelliza f pelisse.

pellizcar t pincer. **-o** m 1. pincement. 2. (huella) pinçon. 3. (porción) pincée f.

pelma, pelmazo a/s FAM casse-pieds, raseur.

pelo m 1. poil, 2. (cabello) cheveu. | FIG tomar el ~ a alguien, se payer la tête de quelqu'un; venir al ~, tomber à pic. 3. **cheveux** pl: tiene el ~ negro, il a les cheveux noirs. | de medio ~, très ordinaire; no tener pelos en la lengua, ne pas mâcher ses mots; poner los pelos de punta, faire dresser les cheveux sur la tête.

pelota f 1. balle. 2. (de fútbol) ballon m. 3. ~ vasca, pelote basque. 4. FAM en pelotas, à poil. **-illa** f FAM hacer la ~, faire de la lèche. **-illero, a** a/s FAM lèche-bottes.

pelotón m peloton.

peluca f perruque.

peluche m peluche f.

peludo, a a 1. poilu, e. 2. chevelu, e.

peluquería f salon m de coiffure. **-o, a** s coiffeur, euse.

pelusa f (vello) duvet m.

pelvis f bassin m.

pena f 1. peine: faire de la pena; a duras penas, à grandpeine; merecer, valer la ~, valoir la peine; no vale la ~, ça ne vaut pas la peine; so ~ de, sous peine de. 2.

pentágono m pentagone.

pentagrama m MÚS portée f.

(lástima) pitié: dar ~, faire pitié. | ¡qué ~!, quel dommage!

penacho m panache.

penado, a s condamné, e.

penal a pénal, e. ■ m pénitencier.

penalidad f souffrance, peine.

penco m rosse f.

pendejo m AMER crétin.

pendencia f bagarre. **-ero, a** s bagarreur, euse.

pender i ~ de, pendre à. **-iente** a 1. ~ del teléfono, pendu au téléphone. 2. (en declive) en pente. 3. (a la espera) dans l'attente. 4. (por resolver) *en suspens.* ■ m (adorno) boucle f d'oreille, pendant d'oreille. ■ f (declive) pente f.

péndulo m pendule.

pendón m (bandera) bannière f.

pene m pénis.

penetrar t/i pénétrer. **-ación** f pénétration. **-ante** a pénétrant, e.

penicilina f pénicilline.

península f 1. péninsule. 2. presqu'île. **-insular** a péninsulaire.

penitencia f pénitence. **-te** a/s pénitent, e.

penoso, a a 1. pénible. 2. douloureux, euse.

pensar° t/i 1. penser: pienso marcharme mañana, je pense m'en aller demain; ~ en, penser à; lo pensaré, j'y pensaré; ¡ni pensarlo!, pas question!; pensándolo bien, tout bien considéré. **-ado, a** a ser mal ~, avoir mauvais esprit. **-amiento** m pensée f. **-ativo, a** a pensif, ive. penseur, euse.

pensión f pension. **-onado** m pensionnat. **-onar** t pensionner. **-onista** s 1. pensionnaire. 2. (jubilado) retraité, e.

Pentecostés m Pentecôte f.
penúltimo, a a avant-dernier, ère.
penumbra f pénombre.
penuria f pénurie.
peñ/a f 1. rocher m. 2. (de amigos) cercle m. **-asco** m rocher. **-ascoso, a** a rocheux, euse. **-ón** m rocher. | **el Peñón**, Gibraltar.
peón m 1. manœuvre. 2. ouvrier agricole. | ~ **caminero**, cantonnier. 3. (damas, ajedrez) pion. 4. (juguete) toupie f.
peonía f pivoine.
peonza f toupie.
peor a pire. | **cada vez** ~, de pire en pire; **es lo** ~ **de todo**, c'est la pire des choses. ■ adv pis. | **de mal en** ~, de mal en pis; **tanto** ~, tant pis; ~ **para ti**, tant pis pour toi.
Pepe n p m FAM Joseph.
pepin/o m 1. concombre. 2. FAM (no) me importa un ~ **de**, je m'en contrefiche de. **-illo** m cornichon.
pepita f 1. (de fruta) pépin m. 2. (de oro) pépite f.
pepitoria f fricassée.
pequeñ/o, a a/s petit, e. **-ez** f 1. petitesse. 2. (cosa de poca importancia) bagatelle. **-uelo, a** a/s petit, e.
pequinés, esa a/s pékinois, e.
per/a f poire. **-al** m poirier.
peraltar t relever.
perca f perche.
percal m percale f.
percance m contretemps.
percatarse pr s'apercevoir.
percebe m pouce-pied.
percepción f perception.
perceptible a perceptible.
percha f 1. (para los vestidos) portemanteau m. 2. (varilla con gancho) cintre m. 3. perche. 4. (para aves) perchoir m.
percibir t percevoir.

percusión f percussion.
perdedor, a a/s perdant, e.
perd/er° t 1. perdre. 2. ~ **el tren, la ocasión**, rater, manquer son train, l'occasion. 3. **echarse a** ~, s'abîmer, se gâter. ■ pr se perdre: **nos hemos perdido**, nous nous sommes perdus. | **tú te lo pierdes**, tant pis pour toi. **-ición** f perte.
pérdida f perte.
perdido, a a perdu, e. ■ m vaurien.
perdigón m 1. (ave) perdreau. 2. (plomo) plomb de chasse.
perdiz f perdrix.
perdón m pardon: **pedir** ~, demander pardon.
perdon/ar t 1. pardonner. 2. excuser: **¡perdone!**, excusez-moi!; **perdona**, je m'excuse, excuse-moi. 3. faire grâce de. **-able** a pardonnable.
perdurar i durer, demeurer.
perec/er° i périr, mourir. **-edero, a** a périssable.
peregrinación f (a un santuario) pèlerinage m.
peregrino, a s pèlerin, e. ■ a (raro) bizarre, drôle: **una idea peregrina**, une idée bizarre, une drôle d'idée.
perejil m persil.
perenne a 1. perpétuel, elle. 2. (hoja) persistant, e.
perentorio, a a 1. péremptoire. 2. urgent, e.
perez/a f paresse. | **me da** ~ **salir**, j'ai la flemme de sortir. **-oso, a** a/s paresseux, euse.
perfec/ción f perfection: **a la** ~, à la perfection. **-cionamiento** m perfectionnement. **-cionar** t perfectionner.
perfecto, a a parfait, e.
pérfido, a a perfide.

perfil m profil. **-ar** t parfaite, parachever, fignoler. ■ pr se profiler.

perforar t 1. (pozo) forer. 2. (papel) perforer. **-ación** f 1. perforation. 2. (de pozo) forage m. **-ador, a** a/s perforateur, trice.

perfumar t parfumer. **-e** m parfum. **-ería** f parfumerie.

pergamino m parchemin.

pericia f habileté.

periclitar i péricliter.

perico m (ave) perruche f.

periferia f périphérie. **-érico, a** a/m périphérique.

perifollo m cerfeuil. ■ pl colifichets.

perífrasis f périphrase.

perilla f barbiche. | FAM de perillas, à pic, à point.

perímetro m périmètre.

periódico, a a périodique. ■ m journal.

periodismo/mo m journalisme. **-ta** s journaliste.

período m période f.

periscopio m périscope.

perito, a a/m expert, e. **-aje** m expertise f.

peritonitis f péritonite.

perjudicar t nuire à, faire du mal à : el tabaco perjudica la salud, le tabac nuit à la santé. **-ial** a nuisible, préjudiciable.

perjuicio m préjudice.

perjurio m parjure.

perjuro, a s parjure.

perla f 1. perle. 2. de perlas, on ne peut mieux, à merveille.

permanecer i 1. rester. **-encia** f 1. permanence. 2. (en cierto sitio o estado) maintien m. **-ente** a/f permanent, e.

permeable a perméable.

permiso m 1. permission f. pedir ~ para, demander, donner la permission de: soldado de ~, soldat en permission. 2. (escrito) permis: ~ de conducir, permis de conduire.

permitir t permettre: ¿me permite?, vous permettez? ■ pr me permito recordarle, je me permets de vous rappeler.

permutar t permuter.

pernicioso, a a pernicieux, euse.

pernil m jambon.

perno m boulon.

pernoctar i passer la nuit.

pero conj mais. ■ m objection f, mais.

perorar i pérorer. **-ata** f discours m, laïus m.

perogrullada f lapalissade.

perpendicular a/f perpendiculaire.

perpetrar t perpétrer.

perpetuo, a a perpétuel, elle. | nieves perpetuas, neiges éternelles. **-ar** t perpétuer. **-idad** f perpétuité.

perplej/o, a a perplexe. **-idad** f perplexité.

perra f 1. chienne. 2. (moneda) sou m. **-era** f chenil m.

perro m chien. | ~ de aguas, caniche; ~ lobo, chien-loup; un tiempo de perros, un temps de chien. **-ito** m ~ caliente, hot dog.

persa a/s persan, e.

persecución f 1. poursuite. 2. (malos tratos) persécution.

perseguir t 1. poursuivre: el perro persigue al ladrón, le chien pour-

suit le voleur. 2. (molestar) persécu-
ter.

perseverar i persévérer. **-ancia** f
persévérance. **-ante** a/s persévé-
rant, e.

Persia n p f Perse

persiana f 1. persienne. 2. (enrolla-
ble) store m.

persignarse pr se signer.

persistir i persister. **-encia** f per-
sistance. **-ente** a persistant, e.

persona f personne: las personas
mayores, les grandes personnes; en
persona, en personne. **-aje** m personnage.

personal a/m personnel, elle.

personalidad f personnalité.

personarse pr se présenter, se rendre.

personificar t personnifier. **-ación**
f personnification.

perspectiva f perspective.

perspicaz a/s perspicace. **-acidad** f
perspicacité.

persuadir t persuader: **-sión** f persuasión. **-sivo, a** a persuasif, ive.

pertenecer i appartenir. **-encia** f
1. appartenance 2. possession f pl
biens m.

pértiga f perche: salto de ~, saut à
la perche.

pertinaz a 1. persistant, e. 2. (terco)
obstiné, e.

pertinente a pertinent, e.

pertrechos m pl 1. munitions f. 2.
equipement sing. 3. attirail sing.

pertrechar t ...

perturbar t perturber; troubler.
-ación t perturbation.

Perú n p m Pérou.

peruano, a a/s péruvien, enne.

perverso, a a/s pervers, e. **-sidad**
f perversion.

pervertir t pervertir. **-tir** t pervertir.

pesa f poids m. ■ pl haltères m.

pesabebés m pèse-bébé.

pesacartas m pèse-lettre.

pesadez f 1. lourdeur. 2. FIG ennui
m. | es una ~, c'est assommant.

pesadilla f cauchemard m.

pesado, a a 1. lourd, e. 2. (aburrido) ennuyeux, euse; assommant, e.

pesadumbre f peine, chagrin m.

pésame m condoléances f pl: dar el
~, présenter ses condoléances.

¹pesar m 1. chagrin, peine f. 2.
(arrepentimiento) regret. | a ~ de,
malgré; a ~ suyo, malgré lui; a ~ de
que, bien que. **-oso, a** a peiné, e,
chagriné, e.

²pesar t/i peser: ■ i regretter: me
pesa que no hayas venido, je
regrette que tu ne sois pas venu. |
pese a, malgré; pese a que, bien
que.

pescadería f poissonnerie. **-dero, a**
m poissonnier, etc.

pescadilla f merlan m.

pescado m poisson.

pescador, a s pêcheur, euse.

pescar t 1. pêcher: ~ con caña,
pêcher à la ligne. 2. FIG (coger) attraper: pescó un catarro, il a attrapé un
rhume. 3. (lograr) décrocher.

pescozón m taloche f.

pescuezo m cou.

pesebre m crèche f.

pese a ⇒ **pesar.**

pesimismo m pessimisme. **-ista**
a/s pessimiste.

pésimo, a a très mauvais, e.

peso m 1. poids. | caerse de su ~,
aller de soi. 2. (moneda) peso.

pespuntear t piquer.

pesquero, a a de pêche. ■ m
(barco) bateau de pêche.

pesquisa f recherche, enquête.

pestaña f cil m. -ear i cligner les yeux. | sin ~, sans sourciller. -eo m clignement d'œil.

peste f peste. ▪ pl décir pestes de, dire pis que pendre de.

pestilente a pestilentiel, elle.

pestillo m targette.

petaca f blague à tabac.

pétalo m pétale.

petardo m 1. pétard. 2. FAM (mujer fea) horreur f, mocheté f. 3. FAM (estafa) escroquerie f.

petate m natte f. | FIG liar el ~, plier bagage.

petición f 1. demande: a ~ de, à la demande de. | previa ~ de hora, sur rendez-vous. 2. (escrita) pétition.

petirrojo m rouge-gorge.

peto m 1. plastron. 2. (de delantal) bavette f. 3. (prenda) salopette f.

petrificar t pétrifier.

petróleo m pétrole. -olero, a a/m (de petróleo) pétrolier. -olífero, a a pétrolifère.

petulante a fier, fière, prétentieux, euse. -cia f fierté, arrogance.

petunia f pétunia m.

¹**pez** m 1. poisson: peces de colores, poissons rouges. | ~ espada, espadon. 2. FAM ~ gordo, gros bonnet.

²**pez** f poix.

pezón m mamelon.

pezuña f sabot m.

piadoso, a a pieux, euse.

piano m piano. -ista s pianiste.

piar i 1. piailler, pépier. 2. FAM râler: no las pies más, cesse de râler.

piara f troupeau m.

pibe, a s AMER gamin, e.

pica f pique.

picacho m pic.

picadero m manège.

picadillo m hachis.

picado, a a 1. piqué, e. 2. carne ~, viande hachée; hielo ~, glace pilée. 3. diente ~, dent gâtée. ■ m (avión) en ~, en pique.

picador m TAUROM picador.

picadura f piqûre.

picaflor m oiseau-mouche.

picante a/m piquant, e.

picapica f poil m à gratter.

picaporte m 1. loquet. 2. (para accionar el picaporte) poignée f, bec-de-cane.

picar t 1. piquer. 2. ~ el anzuelo, mordre à l'hameçon. 3. (las aves) picoter. 4. (dar comezón) démanger, gratter. 5. (billete) poinçonner. 6. (carne) hacher. ■ i 1. (el sol) taper. 2. (peces) mordre. 3. ~ alto, viser haut. ■ pr 1. se piquer. 2. (dientes, frutas) se gâter. 3. (mar) s'agiter.

picardía f 1. friponnerie. 2. (travesura) espièglerie.

pícaro, a a/s 1. coquin, e. 2. malin, igne. ■ m (en la literatura española) picaro.

picatoste m rôtie f, croûton frit.

picaza f pie.

picazón f démangeaison f, picotement m.

pichón m pigeonneau.

pico m 1. (de ave, vasija, etc.) bec. 2. pointe f: cuello en ~, col en pointe. 3. (montaña) pic, piton. 4. (herramienta) pic, piton. 5. y ~, et quelques: son las tres y ~, il est trois heures et quelques.

picor m démangeaison f: dar ~, démanger.

picota f pilori m.

picotazo m coup de bec.

picotear i becqueter, picorer.

pida, etc. ⇒ **pedir.**

pídola f saute-mouton m.

pie m 1. pied. | a ~ enjuto, à pied sec; a ~ juntillas, à pieds joints; creer a ~ juntillas, croire dur comme fer; de ~, en ~, debout; de pies a cabeza, de la tête aux pieds; hacer ~, avoir pied; no tener pies ni cabeza, n'avoir ni queue ni tête; dar ~, donner l'occasion. 2. bas: al ~ de la página, au bas de la page. 3. (de foto, dibujo) légende f.

piedad f 1. pitié: ten ~ de mí, aie pitié de moi; por ~, par pitié. 2. (devoción) piété.

piedra f 1. pierre. 2. (granizo) grêlon m.

piel f 1. peau. 2. abrigo de pieles, manteau de fourrure. 3. la ~ de toro, la péninsule ibérique.

pierna f 1. jambe. | dormir a ~ suelta, dormir à poings fermés. 2. (de aves) cuisse. 3. (de carnero) gigot m.

pieza f pièce.

pifia f gaffe.

pigmento m pigment.

pijama m pyjama.

pila f 1. pile. 2. (de fuente) bassin m, vasque. 3. (bebedero) auge f. 4. (fregadero) évier m. 5. (de agua bendita) bénitier m. 6. (para bautizar) fonts m pl baptismaux.

pilar m pilier.

píldora f pilule: tomar la ~, prendre la pilule; la ~ del día siguiente, la pilule du lendemain.

pileta f AMER piscine.

pillaje m pillage.

pillar t 1. piller. 2. FAM (coger) attraper. | ~ un resfriado, attraper, choper un rhume. 3. ~ un dedo, pincer, coincer un doigt. 4. (atropellar) renverser: le pilló un coche, une voiture l'a renversé.

pill/o, a s coquin, e. **-ín, -uelo** m garnement, chenapan.

pilón m (de fuente) vasque f, bassin.

pilot/ar t piloter. **-aje** m pilotage.

pilote m pieu. ■ pl pilotis sing.

piloto m 1. pilote. 2. ~ de pruebas, pilote d'essai. 2. (luz roja) feu arrière. 3. ~ de situación, feu de position. 4. voyant lumineux.

piltrafa f 1. déchet m de viande. 2. ~ humana, loque.

pimentón m piment rouge moulu.

pimient/a f poivre m. **-o** m poivron.

pimpollo m 1. rejeton, pousse f. 2. bouton de rose.

pinar m pinède f.

pincel m pinceau. **-ada** f coup m de pinceau, touche.

pinch/ar t piquer. ■ pr 1. se piquer: cuidado con no pincharte, attention de ne pas te piquer. 2. (neumático) crever. **-azo** m 1. piqûre f. 2. (de un neumático) crevaison f.

pinche m marmiton.

pincho m pointe f.

pingaj/o m loque f. **-os** m pl nippes f.

pingüe a 1. gras, grasse. 2. abondant, e.

pingüino m pingouin.

pinitos m pl premiers pas.

¹**pino** m (árbol) pin.

²**pino, a** a raide.

pinta f 1. tache. 2. (aspecto) allure, air m, aspect m.

pintada f pintade. ■ pl graffiti m, tag m.

pintar t 1. ~ de verde, peindre en vert; papel pintado, papier peint. 2. dessiner. ■ i FAM ¿qué pintas tú aquí?, qu'est-ce que tu fais, fiches ici? ■ pr (el rostro) se maquiller.

-rajear *t* barbouiller. **-rajo** *m* barbouillage.

pintiparado, a *a* tout à fait semblable. | **venir que ni ~**, aller à merveille.

pintor, a *s* peintre: **~ de brocha gorda**, peintre en bâtiment.

pintoresco, a *a* pittoresque.

pintura *f* peinture: **~ al óleo**, peinture à l'huile.

pinzas *f pl* pince *sing*: **~ de depilar**, pince à épiler.

pinzón *m* pinson.

piña *f* **1.** pomme de pin. **2.** ananas *m*.

piñón *m* pignon.

pío *m* (*de las aves*) pépiement. | **no decir ni ~**, ne pas souffler mot.

Pío *n p m* Pie.

piojo/o *m* pou. **-oso, a** *a* pouilleux, euse.

piola *f* AMER ficelle.

pionero *m* pionnier.

pipa *f* **1.** pipe: **fumar en ~, la ~**, fumer la pipe. **2.** (*semilla*) pépin *m*. **3.** (*de girasol*) graine de tournesol. **4.** (*tonel*) fût *m*. ■ *a* FAM **pasarlo ~**, bien s'amuser.

pipí *m* pipi.

pipiolo *m* novice, bleu.

pipirigallo *m* sainfoin.

pique *m* **1.** (*disgusto*) brouille *f*, brouillerie *f*. **2. a ~ de**, sur le point de. **3. irse a ~**, couler, sombrer.

piqué *m* piqué.

piqueta *f* pic *m*, pioche *f*.

piquete *m* piquet.

pira *f* bûcher *m*.

pirag/ua *f* **1.** pirogue. **2.** (*deporte*) canoë *m*, kayac *m*. **-üista** *s* canoëiste.

pirámide *f* pyramide.

pirarse *pr* FAM **se las ha pirado**, il s'est taillé.

pirata *m* pirate.

pirenaico, a *a* pyrénéen, enne.

Pirineos *n p m pl* **los ~**, les Pyrénées *f*.

pirómano, a *s* pyromane.

piropo *m* galanterie *f*, compliment.

pirrarse *pr* FAM **~ por**, raffoler de.

pirueta *f* pirouette.

pirulí *m* sucette *f*.

pis *m* FAM pipi.

pisada *f* pas *m*.

pisapapeles *m* presse-papiers.

pisar *t* **1.** marcher sur: **~ una alfombra**, marcher sur un tapis; **me has pisado**, tu m'as marché sur le pied. **2.** (*la uva*) fouler. **3.** (*un pedal*) appuyer sur: **~ el acelerador**, appuyer sur l'accélérateur. **4. nunca pisó la iglesia**, il n'avait jamais mis les pieds à l'église. **5.** FIG **no dejarse ~**, ne pas se laisser marcher sur les pieds.

piscina *f* piscine.

Piscis *m* ASTR Poissons *pl*.

piso *m* **1.** étage: **tercer ~**, troisième étage. **2.** (*vivienda*) appartement: **~ piloto**, appartement témoin. **3.** (*suelo*) sol. **4.** (*de los zapatos*) semelle *f*.

pisot/ear *t* piétiner, fouler aux pieds. **-eo** *m* piétinement. **-ón** *m* **dar un ~ a alguien**, marcher sur le pied de quelqu'un.

pista *f* **1.** piste. **2. ~ de tenis**, court *m* de tennis.

pistacho *m* pistache *f*.

pisto *m* **1.** (*guiso*) ratatouille *f*. **2. darse ~**, faire l'important.

pistol/a *f* pistolet. **-ero** *m* **1.** bandit. **2.** tueur à gages.

pistón *m* **1.** piston. **2.** (*de armas de fuego*) amorce *f*.

pita *f* **1.** agave *m*. **2.** (*abucheo*) sifflets *pl*.

pit/ar i/t siffler. | FAM **salir pitando,** filer. **-ido** m coup de sifflet.

pitillo m cigarette f.

pito m 1. sifflet. | FAM **no se me da un ~,** je m'en fiche éperdument; **esto no vale un ~,** ça ne vaut rien. 2. (sonido) coup de sifflet.

¹**pitón** m (serpiente) python.

²**pitón** m 1. corne f. 2. (de vasija) bec.

pitorro m bec.

pivote m pivot.

pizarra f 1. ardoise. 2. (encerado) tableau m noir.

pizca f miette. | **ni ~ de,** pas du tout; **no tiene ni ~ de amor propio,** il n'a pas le moindre amour-propre.

placa f plaque.

pláceme m félicitation f.

placentero, a a agréable.

¹**placer** m plaisir.

²**placer** m (de oro) placer.

plácido, a a placide.

plag/a f 1. plaie. 2. fléau m, calamité. **-ar** t (llenar) remplir.

plagi/ar t plagier. **-ario, a** s plagiaire. **-o** m plagiat.

plan m 1. plan. 2. projet. 3. MÉD régime. 4. FAM flirt.

plana f 1. page. 2. MIL ~ **mayor,** état-major m.

plancha f 1. plaque. 2. (para planchar) fer m à repasser. 3. (para asar) fer m à repasser. 3. a la ~, sur le gril. 4. FAM **tirarse una ~,** faire une gaffe.

planch/ar t repasser. **-ado** m repassage.

planeador m planeur m.

planear t projeter. ■ i planer.

planeta f planète.

planicie f plaine.

planific/ar t planifier. **-ación** f planification.

planisferio m planisphère.

plano, a a 1. plat, e. 2. (en geometría) plan, e. ■ m plan. | **de ~,** carrément.

planta f 1. (vegetal, del pie) plante. 2. (plano) plan m. 3. étage m: **vivo en la ~ cuarta,** j'habite au quatrième étage. | ~ **baja,** rez-de-chaussée m. 4. (fábrica) usine. 5. **buena ~,** belle prestance.

plantación f plantation.

plantar t 1. planter. 2. ~ **en la calle,** mettre à la porte. 3. (abandonar a uno) lâcher, plaquer. ■ pr 1. se planter. 2. (llegar) débarquer, se pointer.

plantear t 1. ~ **un problema,** poser un problème. 2. proposer. 3. établir.

plantel m 1. pépinière f. 2. troupe f.

plantilla f 1. (del zapato) semelle. 2. (de una empresa) personnel m, effectif m: **reducir la ~,** réduire le personnel.

plantío m plantation f.

plantón m FAM **dar un ~,** poser un lapin.

plañido m gémissement m.

plasmar t concrétiser, refléter.

plástico, a a plastique. ■ m 1. plastique: **bolsa de ~,** sac en plastique. 2. (explosivo) plastic.

plata f argent m.

plataforma f plate-forme.

plátano m 1. (árbol) platane. 2. (fruto) banane f. 3. (planta tropical que produce este fruto) bananier.

platea f parterre m, orchestre m.

plateado, a a argenté, e.

plater/o m orfèvre. **-ía** f orfèvrerie.

plática f 1. conversation. 2. causerie.

platicar i parler, converser.

platija f carrelet m, limande.

platillo m 1. soucoupe f. | ~ volan-
te, soucoupe volante. 2. (de balanza) plateau. ■ pl MUS cymbales f.
platina f platine.
platino m platine.
plato m 1. assiette f: ~ llano, sopero,
assiette plate, à soupe. 2. plat: ~
con guarnición, plat garni.
plató m (cine, televisión) plateau.
platónico, a a platonique.
plausible a plausible.
play/a f plage. **-ero, a** a de plage.
plaza f 1. place: ~ mayor, grand-
place. 2. ~ de toros, arènes pl. 3.
marché m. 4. (sitio, empleo) place.
plazo m 1. délai: en el ~ de un mes,
dans un délai d'un mois. 2. terme:
a corto, largo ~, à court, long
terme. 3. (vencimiento) échéance f.
4. COM a plazos, à tempérament, à
crédit.
plazoleta, plazuela f petite place.
pleamar t pleine mer.
plebiscito m plébiscite.
pleg/ar° t 1. plier. 2. (hacer tablas)
plisser. ■ pr se plier. **-able** a plia-
ble, pliant, e.
plegaria f prière.
pleit/o m procès. **-ear** i plaider.
plenamente adv pleinement.
plenipotenciario, a a/s plénipotentiaire.
plenitud f plénitude.
pleno, a a plein, e. ■ m séance f
plénière.
pleonasmo m pléonasme.
pliego m 1. pli. 2. feuille f de
papier, papier.
pliegue m pli.
plisar t plisser.
plom/o m plomb. **-ada** f fil m à
plomb.
plum/a f plume. | dibujo a ~, dessin
à la plume. **-aje** m plumage. **-ero**

m 1. (para el polvo) plumeau. 2.
(cajita) plumier. **-ífero** m (prenda)
doudoune f. **-illa** f plume. **-ón** m
(de ave) duvet.
plural m pluriel. **-izar** t généraliser.
plus m 1. supplément. 2. prime f,
gratification f.
plusvalía f plus-value.
poblacho m trou, bled.
población f 1. (habitantes) population. 2. (ciudad) ville, agglomération. 3. (lugar) localité. 4. (acción de
poblar) peuplement m.
poblado m localité f.
poblar° t 1. peupler. 2. (con árboles)
boiser.
pobr/e a/m pauvre. **-eza** f pauvreté.
pocilga f porcherie.
pocillo m tasse f.
poción f potion.
poco, a a peu de: ~ tiempo, peu de
temps; pocas cosas, peu de choses.
■ adv 1. peu. | ~ a ~, peu à peu; ~
más o menos, à peu près; por ~ me
ahoga, pour un peu il se noyait; a
~ que, pour peu que. 2. hace ~, il
n'y a pas longtemps; dentro de ~,
sous peu; desde hace ~, depuis
peu. | a ~ de marcharse él, peu de
temps après qu'il fut parti.
pod/ar t tailler, élaguer: ~ un rosal,
tailler un rosier. **-a** f taille. **-adera**
f sécateur m.
podenco m épagneul.
¹poder° t pouvoir: no pude venir, je
n'ai pas pu venir; ya no puedo más,
je n'en peux plus. | no ~ con, ne pas
pouvoir venir à bout de. ■ impers
se pouvoir, être possible: puede
que venga, il se peut qu'il vienne;
no puede ser, ce n'est pas possible;
¿se puede?, on peut entrer?
²poder m pouvoir: caer bajo el ~ de,
tomber au pouvoir de; plenos

poderes, pleins pouvoirs. | **obrar en ~ de**, se trouver entre les mains de. **-ío** m puissance f. **-oso, a** a/s puissant, e.

podio m podium: **subir al ~**, monter sur le podium.

podredumbre f pourriture.

podrido, a a pourri, e.

poe/ma m poème. **-sía** f poésie. **-ta** m poète.

poético, a a poétique.

poetisa f poétesse.

polaco, a a/s polonais, e.

polaina f guêtre.

polar a polaire.

polarizar t polariser.

polea f poulie.

polémico, a a/f polémique.

polen m pollen.

poli/cía f police. ■ m policier, agent (de police). **-íaco, a** a policier, ère.

polígloto, a a/s polyglotte.

polígono m 1. polygone. 2. **~ industrial**, zone f industrielle.

polilla f mite.

Polinesia n p f Polynésie.

polio(mielitis) f polio(myélite).

politécnico, a a polytechnique.

polític/a f politique. **-o, a** a 1. politique. 2. **padre ~**, beau-père; **tío ~**, oncle par alliance. ■ m homme politique.

polivalente a polyvalent, e.

póliza f 1. police. 2. (sello) timbre m fiscal.

polizón m passager clandestin.

polla f 1. poulette. | **~ de agua**, poule d'eau. 2. FAM jeune fille.

pollera f AMER (falda) jupe.

pollino m ânon.

pollita f FAM jeune fille, minette.

pollito m poussin.

poll/o m 1. poulet. 2. (de cualquier ave) petit. 3. FAM jeune homme. **-uelo** m poussin.

polo m 1. **~ norte, sur**, pôle Nord, Sud. 2. (juego, camisa) polo. 3. (helado) Esquimau.

Polonia n p f Pologne.

poltrón, ona a paresseux, euse. ■ f (sillón) fauteuil m.

polución f pollution.

polvareda f nuage m de poussière.

polvera f poudrier m.

polvo m 1. poussière f: **levantar ~**, faire de la poussière. | FIG **estoy hecho ~**, je suis claqué; **hacer ~**, démolir. 2. poudre f: **leche en ~**, lait en poudre. | **nieve en ~**, neige poudreuse. ■ pl poudre f sing.

pólvora f (explosivo) poudre.

polvoriento, a a poudreux, euse.

polvorín m poudrière f.

polvorón m sablé.

pomada f pommade.

pomelo m pamplemousse.

pómez a **piedra ~**, pierre ponce.

pomo m 1. (de puerta, cajón, etc.) bouton. 2. (frasco) flacon.

pomp/a f 1. pompe: **con gran ~**, en grande pompe. 2. **~ de jabón**, bulle de savon. **-oso, a** a pompeux, euse.

pómulo m pommette f.

pon ⇒ **poner**.

ponche m punch.

poncho m poncho.

ponder/ar t (alabar) vanter, faire l'éloge de. **-ado, a** a pondéré, e.

ponen/te m 1. rapporteur. 2. conférencier. **-cia** f (informe) rapport m, communication.

poner² t 1. mettre: **~ la mesa, la radio**, mettre la table, la radio. 2. (colocar) poser. 3. (+ adjetivo) **~ triste, furioso**, rendre triste, furieux. 4.

(*en el teatro, cine*) donner, jouer. **5.** (*una tienda*) ouvrir, monter. **6. pongamos que sea verdad**, mettons que ce soit vrai. **7.** (*huevos*) pondre. ■ *pr* **1.** se mettre: **se puso de rodillas, a hablar**, il s'est mis à genoux, à parler; **ponte aquí**, mets-toi ici. **2.** mettre: **se puso la gabardina**, il mit sa gabardine. **3.** devenir: **se puso pálido**, il devint pâle. | **ponerse enfermo**, tomber malade. **4.** (*un astro*) se coucher. **5. con el avión, en hora y media usted se pone en París**, avec l'avion, vous êtes à Paris en une heure et demie.

poni *m* poney.

poniente *m* couchant.

pont/ífice *m* sumo ~, souverain pontife. **-ifical** *a* pontifical, e.

ponzoña *f* poison *m*, venin *m*.

popa *f* poupe.

popelín *m* popeline *f*.

populacho *m* populace *f*.

popular *a* populaire. **-idad** *f* popularité.

populoso, a *a* populeux, euse.

poquito, a *a* très peu de. | **un ~**, un tout petit peu.

por *prep* **1.** (*modo, lugar, etc.*) par: ~ **avión**, par avion; **mirar ~ la ventana**, regarder par la fenêtre. **2.** (*destino, causa, precio, etc.*) pour: **hazlo ~ mí**, fais-le pour moi; ~ **eso he venido**, c'est pour ça que je suis venu; ~ **cien pesos**, pour cent pesos. **3.** à: **cien kilómetros ~ hora**, cent kilomètres à l'heure. **4.** (*movimiento*) dans: **pasearse ~ el campo**, se promener dans la campagne; sur: **se pasó la mano ~ la frente**, il passa sa main sur son front. **5.** vers: ~ **Alicante**, vers Alicante. **6.** (*tiempo*) ~ **la mañana**, le matin; ~ **ahora**, pour le moment; ~ **el mes de junio**,

vers le mois de juin. **7.** (*multiplicación*) **dos ~ dos...**, deux fois deux... **8.** ~ **qué**, pourquoi. **9.** ~ **si (acaso)...**, au cas où...

porcelana *f* porcelaine.

porcentaje *m* pourcentage.

porche *m* porche.

porción *f* **1.** portion. **2.** (*parte*) part. **3. una ~ de anécdotas, de gente**, une foule d'anecdotes, de gens.

pordiosero, a *s* mendiant, e.

porf/ía *f* **1.** obstination, entêtement *m*. **2. a ~**, à qui mieux mieux, à l'envi. **-iado, a** *a* obstiné, e. **-iar** *i* s'entêter, s'obstiner.

pormenor *m* détail.

porno *a* FAM porno.

pornogr/afía *f* pornographie. **-áfico, a** *a* pornographique.

por/o *m* pore. **-oso, a** *a* poreux, euse.

poroto *m* AMER haricot.

porque *conj* **1.** parce que. **2.** (*= para que*) pour que. **-é** *m* el ~, le pourquoi.

porquería *f* cochonnerie, saleté.

porr/a *f* **1.** massue. **2.** (*de caucho*) matraque. **3.** FAM **mandar a la ~**, envoyer balader. **-ada** *f* (*montón*) tas *m*. **-azo** *m* coup.

porrillo (a) *loc adv* à foison, à la pelle.

porro *m* FAM joint.

porrón *m* cruche *f* à bec.

porta *f* MAR sabord *m*.

portaaviones *m* porte-avions.

portada *f* **1.** page de titre. **2.** (*de revista*) couverture.

portador, a *a/s* porteur, euse.

portaequipajes *m* **1.** porte-bagages. **2.** (*interior*) coffre à bagages.

portal *m* **1.** vestibule. **2.** ~ **de Belén**, crèche *f*. **3.** INFORM portail.

portalón *m* MAR coupée *f*.

portamaletas m AMER coffre à bagages.

portamonedas m porte-monnaie.

portaplumas m porte-plume.

portarse pr 1. se conduire, se comporter, se tenir. 2. (niño) **¡pórtate bien!**, tiens-toi bien!, sois sage!

portátil a portatif, ive, portable: **ordenador ~**, ordinateur portable.

portavoz m (persona) porte-parole.

portazo m claquement de porte. | **dar un ~**, claquer la porte.

porte m 1. port, transport. 2. (aspecto) allure f.

portear t porter.

portent/o m prodige. **-oso, a** a prodigieux, euse.

porteño, a a/s de Buenos Aires.

porter/ía f 1. loge de concierge. 2. (fútbol) but m. **-o, a** s concierge. ■ m 1. **~ automático**, interphone. 2. (fútbol) gardien de but.

portezuela f (de coche) portière.

pórtico m 1. portique. 2. (de iglesia) portail.

portilla f MAR hublot m.

portillo m 1. brèche f. 2. (en una puerta) guichet. 3. (entre dos montañas) col.

portón m grande porte f.

portorriqueño, a a/s de Porto Rico.

portuario, a a portuaire.

portugués, esa a/s portugais, e.

porvenir m avenir.

posada f auberge.

posaderas f pl fesses.

posadero, a s aubergiste.

posar i poser. ■ pr se poser.

posdata f post-scriptum m.

pose f pose.

pose/er t posséder. **-edor, a** s possesseur. **-sión** f possession. **-sivo, a** a/m possessif, ive.

posguerra f après-guerre.

posibilidad f possibilité. ■ pl moyens.

posible a possible. | **a ser ~**, autant que possible; **hacer todo lo ~ por**, faire tout son possible pour; **¡no es ~!**, pas possible! ■ pl moyens.

posición f 1. position. 2. (social) situation.

positivo, a a positif, ive. ■ f (foto) positif m.

poso m dépôt, lie f.

posponer° t 1. faire passer après. 2. (aplazar) remettre.

post/a f poste. | **a ~**, exprès. **-al** a postal, e: **tarjeta ~**, carte postale. ■ f **una ~**, une carte postale.

poste m 1. poteau. 2. pylône.

póster m poster.

postergar t ajourner.

posteridad f postérité.

posterior a postérieur, e.

postigo m volet.

postilla f croûte.

postín m FAM **darse ~**, se vanter; **de ~**, chic: **un hotel de ~**, un hôtel chic.

postizo, a a faux, fausse. ■ m postiche.

postor m **al mejor ~**, au plus offrant.

postrar t abattre.

postre m 1. dessert: **de ~**, comme dessert. 2. **a la ~**, finalement.

postrero, a a dernier, ère.

postul/ar t réclamer. ■ i (con un fin benéfico) quêter. **-ante** a/s postulant, e.

póstumo, a a posthume.

postura f 1. posture, position. 2. FIG position, attitude. 3. (en el juego) mise.

postventa, posventa f aprèsvente.

potable a potable.

potaje m 1. potage. 2. plat de légumes secs.

potasa f potasse.

pote m 1. pot. 2. *(olla)* marmite.

poten/cia f puissance. | en ~, en puissance. **-cial** a/m potentiel, elle. ■ m *(modo)* conditionnel. **-ciar** t renforcer, promouvoir. **-te** a puissant, e.

potra f 1. pouliche. 2. FAM tener ~, avoir du pot.

potranca f pouliche.

potro m 1. *(caballo)* poulain. 2. *(de tormento)* chevalet. 3. *(gimnasia)* cheval de bois.

poyo m banc de pierre.

poza f mare.

pozo m puits.

práctica f pratique. ■ pl 1. travaux m pratiques. 2. *(periodo)* stage m sing.

practicable a praticable.

practicante a/s *(en religión)* pratiquant, e. ■ s 1. infirmier, ère. 2. préparateur, trice en pharmacie.

practicar t 1. pratiquer. 2. *(hacer)* faire.

práctico, a a pratique.

prad/o m pré. **-era** f prairie.

Praga n p Prague.

preámbulo m préambule.

precario, a a précaire.

precaución f précaution.

precav/erse° pr se prémunir. **-ido, a** a prévoyant, e.

preced/er i précéder. **-ente** a/m précédent, e.

precept/o m précepte. **-or, a** s précepteur, trice. **-uar** t établir.

preces f pl prières.

preciado, a a précieux, euse.

preciarse pr ~ de, se vanter de.

precinto m bande f, cachet: ~ de garantía, bande de garantie.

precio m prix: ~ de coste, prix de revient.

precios/o, a a 1. précieux, euse. 2. *(bonito)* très joli, e, ravissant, e. **-idad** f chose ravissante, merveille: esta pulsera es una ~, ce bracelet est une merveille.

precipicio m précipice.

precipit/ar t précipiter. ■ pr se précipiter. **-ación** f précipitation. **-adamente** adv précipitamment.

precisamente adv précisément, justement.

precisar t 1. *(fijar)* fixer. 2. *(necesitar)* avoir besoin de. 3. demander: se precisan dos secretarias bilingües, on demande deux secrétaires bilingues.

precisión f 1. précision. 2. *(necesidad)* besoin m.

preciso, a a 1. précis, e. 2. ser ~, être nécessaire, falloir: es ~ que vengas, il faut que tu viennes.

preclaro, a a illustre.

precocidad f précocité.

precolombino, a a précolombien, enne.

preconcebido, a a préconçu, e.

preconizar t préconiser.

precoz a précoce.

precursor a/m précurseur.

predecesor, a s prédécesseur.

predecir° t prédire.

predestinado, a a prédestiné, e.

prédica f prêche m.

predica/ción f prédication. **-dor** m prédicateur.

predicamento m influence f.

predicar t prêcher.

predicción f prédiction.

predilec/ción f prédilection. **-to, a** a préféré, e.

predio m propriété f.
predispo/ner° t prédisposer. **-sición** f prédisposition.
predomin/ar t prédominer. **-ante** a prédominant, e. **-io** m prédominance f.
preeminencia f prééminence.
prefabricado, a a préfabriqué, e.
prefacio m préface f.
prefecto m préfet.
preferen/cia f 1. préférence. 2. ~ de paso, priorité; **tener ~**, avoir la priorité. **-te** a préférentiel, elle, de choix.
prefer/ir° t préférer: **prefiero esto**, je préfère ça. **-ible** a préférable.
prefijo m 1. préfixe. 2. (telefónico) indicatif.
preg/ón m annonce f. **-onar** t 1. annoncer publiquement. 2. (alabar) vanter.
pregunt/a f question, demande. | **hacer una ~**, poser une question. **-ar** t demander: **le pregunté si necesitaba algo**, je lui ai demandé s'il avait besoin de quelque chose.
prehist/oria f préhistoire. **-órico, a** a préhistorique.
prejubilación f préretraite.
prejuicio m préjugé, parti pris.
prelado m prélat.
preliminar a/m préliminaire.
preludio m prélude.
prematuro, a a prématuré, e.
premedit/ar t préméditer. **-ación** f préméditation.
premi/ar t récompenser. **-ado, a** s gagnant, e.
premio m 1. prix. 2. (lotería) lot: ~ **gordo**, gros lot. 3. (incentivo) prime f.
premioso, a a 1. lourd, e, maladroit, e. 2. urgent, e.

prenda f 1. (garantía) gage m. 2. (ropa) vêtement m. ■ pl qualités.
prendarse pr s'éprendre.
prendedor m agrafe f.
prender t 1. (sujetar) attacher, accrocher. 2. ~ **a un ladrón**, arrêter un voleur. 3. (encender) allumer. ■ i prendre: **el fuego prendió en un montón de paja**, le feu a pris dans un tas de paille.
prend/ería f friperie. **-o, a** t fripier, ère.
prendimiento m arrestation f.
prens/a f presse. | **dar a la ~**, faire imprimer; **poner en ~**, mettre sous presse. **-ar** t presser.
preñ/ado, a a 1. (mujer) enceinte. 2. (animal) pleine. 3. FIG plein, e, chargé, e. **-ez** f (de mujer) grossesse.
preocup/ar t préoccuper. ■ preocuparse por, se soucier de; **no te preocupes**, ne t'en fais pas. **-ación** f 1. préoccupation. 2. (inquietud) souci m. **-ado, a** a inquiet, ète.
prepar/ar t préparer. **-ación** f préparation. **-ado** m préparation f. **-ativos** m pl préparatifs. **-atorio, a** a préparatoire.
preponderan/cia f prépondérance. **-te** a prépondérant, e.
preposición f préposition.
prerrogativa f prérogative.
presa f 1. prise. 2. proie: **ser ~ de**, être en proie à. 3. (a través de un río) barrage m.
presagi/o m présage. **-ar** t annoncer.
présbita a/s presbyte.
presbítero m prêtre.
prescindir i ~ **de**, se passer de; (omitir) faire abstraction de. | **prescindiendo de...**, abstraction faite de...

prescr/ibir t prescrire. **-ipción** f prescription. | ~ **médica**, ordonnance.

presencia f 1. présence. | ~ **de ánimo**, présence d'esprit. 2. (figura) aspect m, tournure, prestance. | **buena** ~, bonne présentation.

presenciar t 1. ~ **una corrida**, assister à une corrida. 2. être témoin de.

present/ar t présenter. ■ pr se présenter. **-able** a présentable. **-ación** f présentation. **-ador, a** s présentateur, trice.

presente a/m présent, e. | **tener** ~, se rappeler.

present/ir° t pressentir. **-imiento** m pressentiment.

preserv/ar t préserver. **-ación** f préservation. **-ativo** m préservatif.

presid/encia f présidence. **-encial** a présidentiel, elle. **-ente, a** s président, e.

presidi/o m 1. bagne. 2. travaux pl forcés. **-ario** m forçat.

presidir t présider.

presilla f bride.

presi/ón f pression. **-onar** t faire pression sur.

preso, a a pris, e. ■ a/s prisonnier, ère, détenu, e.

prestación f prestation.

prestado, a a prêté, e. | **pedir** ~, emprunter.

prestamista s prêteur, euse.

préstamo m 1. prêt. 2. (empréstito) emprunt.

prestar t 1. prêter. 2. ~ **atención, oídos**, prêter attention, l'oreille. ■ **prestarse a confusión**, prêter à confusion.

prestidigita/dor m prestidigitateur. **-ción** f prestidigitation.

prestigi/o m prestige. **-oso, a** a prestigieux, euse.

presum/ir t présumer. ■ i 1. crâner. 2. **presume de guapa**, elle se croit belle; **presume de rico, de imparcial**, il se vante d'être riche, se flatte d'être impartial. **-ido, a** a/s prétentieux, euse.

presun/ción f présomption. **-to, a** a présumé, e. **-tuoso, a** a présomptueux, euse.

presupuesto m 1. budget. 2. (de una obra) devis.

presurizar t pressuriser.

presuroso, a a rapide, empressé, e.

preten/der t 1. essayer de. 2. (un empleo) solliciter, briguer. 3. (afirmar) prétendre. **-diente** a/s prétendant, e. **-sión** f prétention.

pretérito, a a/m passé, e: **verbo en el** ~, verbe au passé. | ~ **imperfecto**, imparfait; ~ **indefinido, perfecto**, passé simple, composé.

pretexto m prétexte: **con el** ~ **de que**, sous prétexte que; **con cualquier** ~, sous un prétexte quelconque.

pretil m garde-fou, parapet.

pretina f ceinture.

prevalecer° i prévaloir.

prevención f 1. disposition. 2. précaution. 3. (prejuicio) prévention. 4. poste m de police.

prevenir° t 1. préparer. 2. prévenir. ■ pr 1. se préparer. 2. prendre ses précautions, se prémunir.

preventivo, a a préventif, ive.

prever° t prévoir: **todo está previsto**, tout est prévu.

previo, a a 1. préalable. 2. après: **previa entrega del cupón**, après remise du coupon.

previs/ión f prévision. **-ible** a prévisible. **-or, a** a prévoyant, e. **-to, a** a prévu, e.

prieto, a a 1. (carne) ferme. 2. (apretado) serré, e.

¹prima *f* (*cantidad*) prime.

²prima ⇒ **primo**.

primario, a *a* primaire.

primaver/a *f* printemps *m*. **-al** *a* printanier, ère.

primer *a* premier: ~ **piso**, premier étage. **-o, a** *a/s* premier, ère. | **a primeros de marzo**, au début mars. ■ *adv* **1.** d'abord, premièrement. **2.** (*más bien*) plutôt.

primicia *f* (*noticia*) primeur.

primitivo, a *a* primitif, ive.

primo, a *a* premier, ère. ■ *s* **1.** cousin, e: ~ **hermano**, cousin germain. **2.** FAM idiot, e, poire *f*.

primogénito, a *s* premier-né, première-née, aîné, e.

primor *m* **1.** délicatesse *f*. **2.** merveille *f*.

primordial *a* primordial, e.

primoroso, a *a* **1.** ravissant, e. **2.** délicat, e. **3.** habile.

princesa *f* princesse.

principado *m* principauté *f*.

principal *a* principal, e. | **lo ~ es ganar**, le principal est de gagner. ■ *m* **1.** (*jefe*) patron. **2.** (*piso*) premier (étage).

príncipe *m* prince.

principi/ar *i/t* commencer. **-ante** *a/s* débutant, e. **-o** *m* **1.** commencement, début. | **a principios de semana**, au début de la semaine. **2.** (*máxima, fundamento*) principe. | **en ~**, en principe. **3.** (*comida*) entrée *f*.

pring/ar *t* graisser. **-oso, a** *a* graisseux, euse. **-ue** *f* graisse *f*.

prior *m* prieur. **-ato** *m* prieuré *f*.

prioridad *f* priorité.

prisa *f* hâte. | **a toda ~**, à toute vitesse; **corre ~**, c'est urgent; **¡dáte ~!**, dépêche-toi!; **tengo mucha ~**, je suis très pressé; **tener ~ por**, avoir hâte de.

prisi/ón *f* **1.** prison. **2.** (*encarcelamiento*) détention. **-onero, a** *a/s* prisonnier, ère.

prism/a *m* prisme. **-áticos** *m pl* jumelles *f*.

privación *f* privation.

privado, a *a* privé, e. ■ *m* favori.

privar *t* priver. ■ *i* **1.** être en faveur. **2.** être en vogue. ■ *pr* se priver.

privativo, a *a* ser ~ **de**, être propre à, l'apanage de.

privatizar *t* privatiser.

privilegi/o *m* privilège. **-ar** *t* privilégier.

pro *m* **1. el ~ y el contra**, le pour et le contre. **2. en ~ de**, en faveur de.

proa *f* proue.

probabilidad *f* probabilité.

probable *a* probable. **-mente** *adv* probablement.

probador *m* salon d'essayage, cabine *f* d'essayage.

probar° *t* **1.** (*demostrar*) prouver. **2.** (*un vestido, coche, etc.*) essayer. **3.** (*un manjar*) goûter. **4. ¡pruebe su suerte!**, tentez votre chance! ■ *i* **1.** convenir, réussir: **no me prueba el clima**, le climat ne me convient pas. **2. ~ a**, essayer de. ■ *pr* essayer.

probeta *f* éprouvette. | **bebé ~**, bébé-éprouvette.

probidad *f* probité.

problem/a *m* problème. **-ático, a** *a/f* problématique.

probo, a *a* probe.

proceden/cia *f* **1.** origine, provenance. **2.** bien-fondé *m*. **-te** *a* **1. barco ~ de Las Palmas**, bateau en provenance de Las Palmas. **2.** opportun, e, pertinent, e.

proced/er *i* **1.** provenir, venir. **2.** (*obrar*) procéder. **3.** (*ser conveniente*) convenir. **4. ~ a**, commencer à. ■ *m*

conduite *f*. **-imiento** *m* **1.** procédé. **2.** (*derecho*) procédure *f*.

prócer *m* personnage illustre.

procesado, a *a/s* inculpé, e.

proces/ar *t* **1.** *JUR* inculper. **2.** *INFORM* traiter. **-ador** *m* *INFORM* processeur. **-amiento** *m* *INFORM* traitement.

procesión *f* procession.

proceso *m* **1.** (*pleito*) procès. **2.** (*transcurso*) cours. **3.** (*desarrollo*) processus: ~ **de paz**, processus de paix. **4.** *INFORM* traitement.

proclam/ar *t* proclamer. **-ación** *f* proclamation.

procre/ar *t* procréer. **-ación** *f* procréation.

procurador *m* **1.** procureur. **2.** (*abogado*) avoué. **3.** ~ **en Cortes**, député.

procurar *t* **1.** essayer de, tâcher de. | procura que nadie te vea, fais en sorte que, veille à ce que personne ne te voie. **2.** (*proporcionar*) procurer. ■ *pr* se procurer.

prodigalidad *f* prodigalité.

prodigar *t* prodiguer.

prodigi/o *m* prodige. **-oso, a** *a* prodigieux, euse.

pródigo, a *a/s* prodigue.

producción *f* production.

produc/ir° *t* produire. **-tividad** *f* productivité. **-tivo, a** *a* productif, ive. **-to** *m* produit. **-tor, a** *a/s* producteur, trice.

proemio *m* préface *f*.

proeza *f* prouesse, exploit *m*.

profan/ar *t* profaner. **-ación** *f* profanation.

profano, a *a/s* profane.

profe *s* *FAM* prof.

profecía *f* prophétie.

proferir° *t* proférer.

profesar *t* professer. ■ *i* prononcer ses vœux.

profesi/ón *f* profession. **-onal** *a/s* professionnel, elle.

profesor, a *s* professeur: **es profesora de francés**, elle est professeur de français. **-ado** *m* **1.** professorat. **2.** corps enseignant, les professeurs *pl*.

prof/eta *m* prophète. **-ético, a** *a* prophétique. **-etizar** *t* prophétiser.

profilaxis *f* prophylaxie.

prófugo *m* insoumis, déserteur.

profund/o, a *a* profond, e. **-idad** *f* profondeur. **-izar** *t* approfondir. ■ *i* ~ **en una cuestión**, approfondir, creuser une question.

profusión *f* profusion.

progenie *f* descendance.

program/a *m* programme. **-ación** *f* programmation. **-ador, a** *s* programmeur, euse. **-ar** *t* programmer.

progres/ar *i* progresser. **-ión** *f* progression. **-ivo, a** *a* progressif, ive. **-o** *m* progrès.

prohib/ir *t* défendre, interdire. | se prohibe el paso, passage interdit; prohibido aparcar, fijar carteles, défense de stationner, d'afficher. **-ición** *f* interdiction, prohibition. **-itivo, a** *a* prohibitif, ive.

prohijar *t* adopter.

prohombre *m* grand homme.

prójimo *m* **1.** prochain. **2.** *FAM* individu.

prole *f* progéniture.

proletari/o, a *a/s* prolétaire. **-ado** *m* prolétariat.

proliferar *i* proliférer.

prolífico, a *a* prolifique.

prolijo, a *a* prolixe.

prólogo *m* préface *f*, prologue.

prolong/ar *t* prolonger. **-ación** *f* prolongation. **-amiento** *m* prolongement.

promedio m 1. milieu. 2. (*término medio*) moyenne f.

promesa f promesse.

promet/er t/i promettre: me ha prometido ayudarme, il m'a promis de m'aider. ■ pr se promettre. **-edor, a** a prometteur, euse. **-ido, a** a/s promis, e.

prominen/te a proéminent, e. **-cia** f proéminence.

promiscuidad f promiscuité.

promoción f promotion.

promontorio m promontoire.

promotor m promoteur.

promover° t 1. promouvoir. 2. causer, occasionner, provoquer.

promulgar t promulguer.

pronom/bre m pronom. **-inal** a pronominal, e.

pron/óstico m pronostic. **-osticar** t pronostiquer.

prontitud f promptitude.

pronto, a a 1. prompt, e, rapide. 2. (*listo*) prêt, e. ■ adv 1. vite: ~ está dicho, c'est vite dit. 2. tôt: aún es ~ para juzgar, il est encore trop tôt pour juger. | **al** ~, de prime abord, sur le coup; **de** ~, soudain; **hasta** ~, à bientôt. ■ m mouvement d'humeur.

pronunciación f prononciation.

pronunciamiento m soulèvement militaire, pronunciamiento.

pronunciar t prononcer. ■ pr 1. se prononcer. 2. se soulever.

propagación f propagation.

propaganda f propagande.

propagar t propager. ■ pr se propager.

propalar t divulguer.

propano m propane.

propasarse pr dépasser les bornes.

propen/der i ~ a, tendre vers. **-sión** f propension. **-so, a** a enclin, e.

propiamente adv ~ dicho, proprement dit.

propicio, a a propice.

propie/dad f propriété. **-tario, a** a/s propriétaire.

propina f pourboire m.

propinar t administrer.

propio, a a 1. propre: nombre ~, nom propre; **con sus propios medios**, par ses propres moyens. 2. **el** ~ **director**, le directeur lui-même; no tiene nada ~, il n'a rien à lui. 3. (*adecuado*) approprié, e. 4. **lo** ~, la même chose. ■ m messager.

proponer° t proposer. ■ pr se proposer de.

proporci/ón f proportion. **-onal** a proportionnel, elle. **-onar** t 1. proportionner. 2. (*facilitar*) procurer, fournir: me ha proporcionado un piso, il m'a procuré un appartement.

proposición f proposition.

propósito m 1. intention f, dessein. | **a** ~, à propos; (*adrede*) exprès. 2. (*objeto*) but.

propuesta f proposition.

propuesto, a p p de **proponer**.

propugnar t défendre, plaider pour.

propuls/ar t propulser. **-ión** f propulsion. **-or** m propulseur.

prorrata f a ~, au prorata m.

prórroga f 1. prorogation. 2. MIL sursis m.

prorrogar t proroger.

prorrumpir i ~ en risa, en sollozos, éclater de rire, en sanglots.

prosa f prose. **-ico, a** a prosaïque.

proscenio m avant-scène f.

proscri/bir t proscrire. **-to, a** s proscrit, e.

prose/guir° t poursuivre, continuer. **-cución** f poursuite.

prosista s prosateur.

prospecto m prospectus.
prosper/ar i prospérer. **-idad** f prospérité.
próspero, a a prospère.
prosternarse pr se prosterner.
prostíbulo m maison f close.
prostitu/ción f prostitution. **-ta** f prostituée.
protagon/ista s 1. protagoniste. 2. héros, héroïne. **-izar** t/i jouer le rôle principal dans, interpréter.
protec/ción f protection. **-tor, a** a/s protecteur, trice. **-torado** m protectorat.
proteg/er t protéger. **-ido, a** s protégé, e.
proteína f protéine.
prótesis f prothèse.
protesta f protestation.
protestant/e a/s protestant, e. **-ismo** m protestantisme.
protestar i/t protester.
protocolo m protocole.
prototipo m prototype.
protuberan/te a protubérant, e. **-cia** f protubérance.
provech/o m profit: en ~ de, au profit de. | sacar ~ de, tirer profit, profiter de; ¡buen ~!, bon appétit! **-oso, a** a profitable.
prove/er t pourvoir, fournir. ■ pr se pourvoir. **-edor, a** s fournisseur, euse.
provenir° i provenir.
provenzal a/s provençal, e.
proverbi/o m proverbe. **-al** a proverbial, e.
providenci/a f providence. **-al** a providentiel, elle.
provinci/a f 1. province. 2. (división territorial) département m. **-al** a provincial, e. **-ano, a** a/s provincial, e.
provisión f provision.
provisional a provisoire.

provisorio, a a AMER provisoire.
provisto, a a pourvu, e.
provoc/ar t provoquer. **-ación** f provocation. **-ativo, a** a provocant, e.
próximamente adv prochainement.
proximidad f proximité.
próximo, a a 1. proche: hotel ~ a la estación, hôtel proche de la gare. 2. prochain, e: el mes ~, le mois prochain. 3. estoy ~ a, je suis sur le point de.
proyec/tar t projeter. **-ción** f projection. **-til** m projectile. **-to** m projet. **-tor** m projecteur.
pruden/te a prudent, e. **-cia** f prudence.
¹prueba f 1. preuve: dar pruebas de, faire preuve de. 2. (ensayo) épreuve: a ~ de, à l'épreuve de. 3. essai m: televisor a ~ por diez días, téléviseur à l'essai pendant dix jours. | la ~ del sida, le test du sida. 4. (de un vestido) essayage m. 5. (imprenta, foto, deporte) épreuve.
²prueba, etc. ⇒ **probar**.
prurito m 1. prurit. 2. FIG envie f.
Prusia n p f Prusse.
psicoan/álisis f psychanalyse. **-alista** s psychanalyste.
psic/ología f psychologie. **-ológico, a** a psychologique. **-ólogo, a** s psychologue.
psico/sis f psychose. **-terapia** f psychothérapie.
psiquiatr/ía f psychiatrie. **-a** s psychiatre.
psíquico, a a psychique.
púa f 1. piquant m. 2. (de peine) dent.
pubertad f puberté.
public/ar t publier. **-ación** f publication.

publici/dad *f* publicité. **-tario, a** *a/s* publicitaire.

público, a *a* public, publique. | hacer ~, publier, rendre public. ■ *m* public: en ~, en public. | dar al ~, publier.

puchero *m* 1. marmite *f*. 2. (*cocido*) pot-au-feu. ■ *pl* hacer pucheros, faire la moue.

pucho *m* AMER mégot.

pude ⇒ **poder**.

pudibundo, a *a* pudibond, e.

púdico, a *a* pudique.

pudiente *a/s* riche.

pudiese, pudo, etc. ⇒ **poder**.

pudor *m* pudeur *f*. **-oso, a** *a* pudique.

pudrir° *i* pourrir. ■ *pr* pourrir.

pueblo *m* 1. (*nación*) peuple. 2. (*población pequeña*) village.

puedo, etc. ⇒ **poder**.

puente *m* 1. pont: ~ colgante, pont suspendu. 2. MAR passerelle *f*. 3. (*dientes*) bridge. 4. hacer ~, faire le pont.

puerco, a *a* sale. ■ *s* 1. cochon, truie. 2. ~ espín, porc-épic.

puericultura *f* puériculture.

pueril *a* puéril, e. **-idad** *f* puérilité.

puerro *m* poireau.

puerta *f* 1. porte. 2. a ~ cerrada, à huis clos.

puerto *m* 1. port. 2. (*entre dos montañas*) col.

Puerto Rico *n p* Porto Rico.

pues *conj* 1. (*puesto que*) puisque. 2. (*porque*) car. 3. (*conclusión*) donc: decíamos ~, nous disions donc; así ~, ainsi donc. 4. eh bien: ~, quizá, eh bien, peut-être. 5. comment? 6. ¡~ claro!, bien sûr!

puesta *f* 1. la ~ del sol, le coucher du soleil. 2. ~ al día, en marcha, en escena, mise à jour, en marche, en scène. 3. (*en el juego*) mise.

puesto, a *p p* de **poner**. ■ *a* mis, e. ■ *m* 1. (*lugar*) place *f*. 2. (*empleo*) poste, situation *f*: ~ de trabajo, emploi. 3. (*en un mercado*) étal, étalage. | ~ de helados, marchand de glaces. 4. poste: ~ de socorro, poste de secours. ■ *conj* ~ que, puisque.

pugn/a *f* lutte. **-ar** *i* lutter.

puja *f* enchère.

pujan/te *a* puissant, e. **-za** *f* force.

pujar *t* enchérir.

pulcr/o, a *a* soigné, e. **-itud** *f* 1. propreté. 2. (*esmero*) soin *m*.

pulga *f* puce. | FAM tener malas pulgas, avoir mauvais caractère.

pulgar *m* pouce.

pulgón *m* puceron.

pulido, a *a* soigné, e.

pulimentar *t* polir.

pulir *t* polir.

pulla *f* quolibet *m*, raillerie.

pulm/ón *m* poumon. **-onar** *a* pulmonaire. **-onía** *f* pneumonie.

pulpa *f* pulpe.

pulpería *f* AMER épicerie.

púlpito *m* chaire *f*: en el ~, en chaire.

pulpo *m* poulpe, pieuvre *f*.

pulsación *f* pulsation.

pulsar *t* ~ el botón, appuyer sur le bouton.

pulsera *f* bracelet *m*.

pulso *m* 1. tomar el ~, prendre le pouls. 2. a ~, à la force du poignet. 3. un ~, un bras de fer.

pulular *i* pulluler.

pulveriz/ar *t* pulvériser. **-ación** *f* pulvérisation. **-ador** *m* pulvérisateur.

puma *m* puma.

pundonor *m* point d'honneur.

punta *f* 1. pointe. 2. bout *m*: con la ~ de los dedos, du bout des doigts.

3. estar de ~, être brouillé, e. **4. tecnologías ~**, technologies de pointe.

puntada ƒ point *m*.

puntal *m* étai.

puntapié *m* coup de pied.

punteado *m* (*conjunto de puntos*) pointillé.

puntería ƒ **1.** visée. | **dirigir la ~ hacia**, viser. **2. tener buena ~**, être bon tireur.

puntero, a *a* de premier plan. ■ ƒ bout *m*.

puntiagudo, a *a* pointu, e.

puntilla ƒ **1.** (*encaje*) dentelle. **2.** poignard *m*. | **dar la ~ a**, donner le coup de grâce à, achever. **3. de puntillas**, sur la pointe des pieds.

puntilloso, a *a* pointilleux, euse.

punto *m* **1.** point: **~ y aparte**, point à la ligne; **~ y coma**, point-virgule; **~ de vista**, point de vue; **cocido en su ~**, cuit à point; **en un ~ muerto**, au point mort. | **al ~**, sur-le-champ; **a ~ de**, sur le point de; **hasta tal ~ que**, à tel point que. **2.** tricot. | **tejido de ~**, tricot; **hacer ~**, tricoter; **géneros de ~**, bonneterie ƒ *sing*. **3. las dos en ~**, deux heures juste, précises.

puntuación ƒ ponctuation.

puntual *a* ponctuel, elle. **-idad** ƒ ponctualité.

puntualiz/ar *t* **1.** préciser. **2.** donner plus de détails sur. **-ación** ƒ mise au point.

punz/ada ƒ **1.** piqûre. **2.** (*dolor*) élancement *m*. **-ante** *a* **1.** piquant, e. **2.** (*dolor*) lancinant, e. **3.** FIG poignant, e. **4.** mordant, e. **-ar** *t* **1.** piquer. **2.** (*dolor*) élancer, lanciner. **-ón** *m* poinçon.

puñado *m* poignée ƒ.

puñal *m* poignard. **-ada** ƒ coup *m* de poignard.

puñetazo *m* coup de poing.

puño *m* **1.** poing. **2.** (*de camisa*) poignet, manchette ƒ. **3.** (*mango*) poignée ƒ. **4. escribir de ~ y letra**, écrire de sa propre main.

pupa ƒ **1.** bouton *m*. **2.** FAM bobo *m*: **hacer ~**, faire bobo.

pupila ƒ pupille.

pupilo, a *a s* **1.** pupille. **2.** pensionnaire.

pupitre *m* pupitre.

puré *m* purée ƒ. | FAM **estoy hecho ~**, je suis claqué.

pureza ƒ pureté.

purg/a ƒ purge. **-ante** *a/m* purgatif, ive. **-ar** *t* purger. **-atorio** *m* purgatoire.

purific/ar *t* purifier. **-ación** ƒ purification.

purista *a/s* puriste.

puritano, a *a/s* puritain, e.

puro, a *a* pur, e: **aire ~**, air pur; **ésta es la pura verdad**, c'est la pure vérité. | **a ~ de**, à force de; **de ~ tímido, no se atreve a hablar**, il n'ose pas parler, tant il est timide, il est tellement timide qu'il n'ose pas parler. ■ *m* (*cigarro*) cigare.

púrpura ƒ **1.** (*color*) pourpre *m*. **2.** (*tinte, tela*) pourpre.

purulento, a *a* purulent, e.

pus *m* pus.

puse, etc. ⇒ **poner**.

pusilánime *a* pusillanime.

puso ⇒ **poner**.

pústula ƒ pustule.

puta ƒ putain.

putrefac/ción ƒ putréfaction. **-to, a** *a* putréfié, e.

puy/a ƒ fer *m*, pointe. **-azo** *m* coup de pique.

Pyme ƒ petite et moyenne entreprise, P.M.E.

Q

q [ku] ʃ ʃ m : una ~, un q.

¹que pron **1.** (sujeto) qui : el niño ~ llora, l'enfant qui pleure. **2.** (complemento) que : el reloj ~ he comprado, la montre que j'ai achetée. **3.** (precedido de preposición) contra el ~, la ~, contre lequel, laquelle ; de ~, del ~, etc ; dont, en ~, où.

²que conj **1.** que : dudo ~ venga, je doute qu'il vienne ; me alegro de ~ hayas venido, je suis content que tu sois venu. | dile ~ venga, dis-lui de venir. **2.** car : ábreme ~ no tengo la llave, ouvre-moi car je n'ai pas la clef. **3.** (no se traduce pas) i~ vuelves pronto!, reviens vite!

³qué adj quel, quelle, quels, quelles : i~ hora es?, quelle heure est-il? | i~ pena!, quel dommage! | i~ chica más simpática!, quelle fille sympathique! i~ bueno!, que c'est bon!, comme c'est bon! ■ pron **1.** ¿~ quiere usted?, que voulez-vous? | ¿~ le pasa?, qu'est-ce qui vous arrive? | ¿y ~?, et alors? **2.** quoi : no sé ~ hacer, je ne sais pas quoi faire ; ¿de ~ se trata?, de quoi s'agit-il? | ¿en ~ piensas?, à quoi penses-tu? | ¿para ~?, à quoi bon? **3.** el ~ dirán, le qu'en-dira-t-on.

quebrada ƒ ravin m, gorge.

quebradizo, a a cassant, e, fragile.

quebrado, a a **1.** (color) brisé, e. **2.** (terreno) accidenté, e. ■ a/s com failli, e.

quebradura ƒ fente, cassure.

quebrantar t **1.** casser, briser. **2.** FIG ~ la resistencia, briser la résistance ; ~ la moral, briser, ébranler le moral. **3.** (una ley, etc.) enfreindre, violer. ■ -o m **1.** (debilitamiento) affaiblissement. **2.** peine ƒ, perte ƒ.

quebrar t casser, briser. ■ com faire faillite. ■ **quebrarse** la cabeza, se casser la tête ; se le quiebra la voz, sa voix se brise.

queda ƒ couvre-feu m.

quedar i **1.** rester : me quedan diez euros, il me reste dix euros ; queda mucho por hacer, il reste beaucoup à faire. **2.** (estar) être : queda lejos, c'est loin ; queda roto nuestro contrato, notre contrat est rompu. | quedó muerto en el acto, il est mort sur-le-champ ; ~ bien, faire bien, décider, convenir : hemos de ~ en un día, nous devons convenir d'un jour. ■ pr **1.** rester : quédate quieto, reste tranquille. **2.** garder : quédese con la vuelta, gardez la monnaie ; me lo quedo, je le garde. **3.** devenir : se quedó sordo, il est devenu sourd. **4.** me quedé sin trabajo, je me suis retrouvé sans travail. ■ **quedo, a** a **1.** calme. **2.** voz queda, voix basse. ■ adv doucement, tout bas.

quehacer m travail, occupation ƒ : los quehaceres domésticos, les travaux ménagers.

queja ƒ plainte. ■ **-arse** pr se plaindre. **-ido** m plainte ƒ, gémissement.

quema f feu m, incendie m.

quemado m brûleur.

quemadura f brûlure.

quemador m brûleur.

quemar vt/i brûler; piel quemada del sol, peau brûlée par le soleil. ■ pr 1. se brûler. 2. brûler: el asado se quemal, le rôti brûle! **-arropa (a)** loc adv 1. à bout portant. 2. (bruscamente) à brûle-pourpoint. **-azón** f brûlure.

quena f AMER flûte indienne.

quepa, etc. ⇒ **caber.**

quepis m képi.

querella f JUR plainte.

querencia f 1. attachement m. 2. (lugar) endroit m préféré.

querer* vt 1. vouloir: ¿qué quiere usted?, que voulez-vous?; no quiero, je ne veux pas; quisiera saber, je voudrais savoir; como quiera, comme vous voudrez; sin ~, sans le vouloir. 2. aimer: quiero mucho a mi sobrino, j'aime beaucoup mon neveu. □ pr se quieren mucho, ils s'aiment beaucoup. **-ido, a** a 1. voulu, e. 2. aimé, e. 3. cher, chère: ~ amigo, cher ami. 4. chéri, e: su hija querida, sa fille chérie. ■ m ami, f maîtresse.

queroseno m kérosène.

querubín m chérubin.

queso m fromage: ~ de bola, fromage de Hollande; RAM darla con ~ a alguien, rouler quelqu'un; FAM mi no me la dan con ~, on ne me la fait pas! **-ero, a** a/s fromager, ère.

¡quia! interj allons donc!

quicio m penture f; FIG sacar de ~ a alguien, faire sortir quelqu'un de ses gonds.

quiebra f COM faillite.

quiebro m 1. inflexion f du corps. 2. (canto) roulade f.

quien pron rel 1. qui | como ~ dice, comme qui dirait; de ~, dont. 2. (alguien) quelqu'un. ■ pron interr qui: ¿quién es?, qui est-ce?; ¿quiénes son ustedes?, qui êtes-vous?

quienquiera pron indéf quiconque.

quiera, etc. ⇒ **querer.**

quieto, etc. a tranquille: estarse ~, rester tranquille.

quijada f mâchoire.

Quijote (Don) n p m Don Quichotte.

quilate m carat.

quilla f quille.

quilo ⇒ **kilo.**

quimera f chimère. **-érico, a** a chimérique.

química f chimie. **-o, a** a chimique ■ s chimiste.

quimioterapia f chimiothérapie.

quina f quinquina m.

quincalla f quincaillerie. **-o, a** a s quincaillier, etc.

quince a/m quinze | el siglo ~, le quinzième siècle. **-ena** f quinzaine. **-enal** a bimensuel, elle.

quincuagenario, a a/s quinquagénaire.

quincuagésimo, a a cinquantième.

quinielas f pl sorte de pari mutuel.

quinientos, as a cinq cents.

quinta f 1. (casa) maison de campagne. 2. MIL classe. 3. MUS quinte. ■ pl entrar en quintas, atteindre l'âge du service militaire; llamar a quintas, appeler sous les drapeaux.

quintal m quintal.

quinto, a a/s cinquième; en el ~ piso, au cinquième étage. ■ m (sol-dado) recrue f, conscrit.

quíntuplo, a a/m quintuple.

quinzavo, a a/s quinzième.

quiosco m kiosque: ~ de periódi-cos, kiosque à journaux.

quiquiriquí m cocorico.

quirófano m bloc opératoire, salle f d'opérations. | FAM pasar por ~, passer sur le billard.

quiromancia f chiromancie.

quirúrgico, a a chirurgical, e.

quise, etc. ⇒ **querer**.

quisque (cada) loc FAM (tout un) chacun.

quisquilla f 1. vétille. 2. (camarón) crevette. ■ a pointilleux, euse.

quiste m kyste.

quitaesmalte m dissolvant.

quitamanchas m détachant.

quitanieves m chasse-neige.

quitar t 1. ôter, enlever. ■ ~ la vida, ôter la vie. 2. (hurtar) prendre. 3. de quita y pon, amovible. ■ pr 1. enlever, ôter, retirer: quítate el abrigo, enlè-ve ton manteau; ¡quítate de ahí!, ôte-toi de là! 2. quitarse a alguien de encima, se débarrasser de quel-qu'un.

quitasol m parasol.

quite m parade f.

quizá, quizás adv peut-être: ~ ten-gas razón, peut-être as-tu raison.

R

r [ere] *f* r *m:* **una ~**, un r.

rabadilla *f* (*de ave*) croupion *m*.

rábano *m* radis.

rabi/a *f* rage. | **me da ~**, ça me fait rager. **-ar** *i* **1.** rager. **2. ~ por**, avoir une envie folle de. **-eta** *f* colère, rogne.

rabillo *m* **1.** queue *f*. **2. con el ~ del ojo**, du coin de l'œil.

rabino *m* rabbin.

rabioso, a *a* **1.** enragé, e. **2.** furieux, euse.

rabo *m* queue *f*.

racha *f* **1.** (*de viento*) rafale *f*. **2.** série: **una ~ de atentados**, une série d'attentats. **3. buena ~**, veine, bonne passe.

racial *a* racial, e.

racimo *m* **1.** grappe *f*: **~ de uvas**, grappe de raisin. **2.** (*de plátanos*) régime.

raciocin/ar *i* raisonner. **-io** *m* raisonnement.

ración *f* **1.** ration. **2.** (*en una fonda*) portion.

racional *a* rationnel, elle.

racion/ar *t* rationner. **-amiento** *m* rationnement.

racis/mo *m* racisme. **-ta** *a/s* raciste.

rada *f* rade.

radar *m* radar.

radiación *f* radiation.

radiactiv/o, a *a* radioactif, ive. **-idad** *f* radioactivité.

radiador *m* radiateur.

radiante *a* rayonnant, e, radieux, euse.

radiar *i/t* irradier. ■ *t* radiodiffuser, retransmettre: **mensaje radiado**, message radiodiffusé.

radical *a/m* radical, e.

radicar *i* **1.** être situé, e. **2.** FIG **~ en**, résider dans.

¹radio *m* rayon: **~ de acción**, rayon d'action.

²radio *f* radio. **-aficionado, a** *a* radioamateur, trice. **-casete** *m* radiocassette *f*. **-difusión** *f* radiodiffusion. **-escucha** *s* auditeur, trice. **-fónico, a** *a* radiophonique.

radiograf/ía *f* radiographie. **-iar** *t* radiographier.

radi/ología *f* radiologie. **-ólogo, a** *s* radiologue.

radioscopia *f* radioscopie.

radioyente *s* auditeur, trice.

raer° *t* racler.

Rafael *n p m* Raphaël.

ráfaga *f* rafale.

raído, a *a* râpé, e, usé, e.

raigambre *f* racines *pl*.

raigón *m* racine *f*.

raíl, rail *m* rail.

raíz *f* **1.** racine. | **echar raíces**, prendre racine. **2. a ~ de**, aussitôt après.

raj/a *f* **1.** (*hendidura*) fente. **2.** (*en un plato, etc.*) fêlure. **3.** (*de salchichón, melón, etc.*) tranche. **-ar** *t* **1.** fendre. **2.** fêler. ■ *pr* FAM se dégonfler.

ralea *f* **1.** espèce. **2.** engeance.

ralent/í *m* ralenti. **-ización** *f* ralentissement *m*.

rall/ar t râper: **queso rallado,** fromage râpé. | **pan rallado,** chapelure f. **-ador** m râpe f.

ralo, a a clairsemé, e.

rama f branche. | **en ~,** brut. **-je** m branchage.

ramal m 1. embranchement. 2. ramification f.

rambla f 1. ravin m. 2. avenue.

rameado, a a à ramages.

ramera f prostituée.

ramific/arse pr se ramifier. **-ación** f ramification.

ramillete m bouquet.

ramo m 1. rameau. 2. **~ de flores,** bouquet de fleurs. 3. FIG branche f, secteur. ■ pl **el domingo de Ramos,** les Rameaux.

rampa f (plano inclinado) rampe.

rampl/ón, ona a vulgaire. **-onería** f vulgarité.

rana f grenouille.

rancho m 1. (comida) soupe f. | **hacer ~ aparte,** faire bande à part; FAM **hacer el ~,** faire la popote. 2. campement. 3. (choza) cabane f.

rancio, a a 1. rance. 2. **vino ~,** vin vieux.

rango m rang.

ranking m classement.

ranura f 1. rainure. 2. (de teléfono público, etc.) fente.

rapacidad f rapacité.

rapapolvo m FAM savon.

rapar t raser, tondre.

¹**rapaz** a rapace. ■ f rapace m.

²**rapaz, a** s gamin, e. **-uelo, a** s mioche.

¹**rape** m **al ~,** ras.

²**rape** m (pez) lotte f.

rapidez f rapidité.

rápido, a a/m rapide. ■ adv vite.

rapiña f rapine. | **ave de ~,** oiseau de proie.

raposo, a s renard, e. ■ f (zorro) renard m.

rapt/ar t enlever, kidnapper. **-o** m 1. enlèvement, rapt. 2. extase f. **-or** m ravisseur.

raqueta f raquette.

raquítico, a a rachitique.

rareza f 1. rareté. 2. (extravagancia) bizarrerie.

rarificar t raréfier.

raro, a a 1. rare. 2. (extraño) bizarre, curieux, euse, étrange, drôle: **¡qué idea más rara!,** quelle drôle d'idée!

ras m a **~ de,** au ras de. **-ante** a rasant, e. | **cambio de ~,** haut d'une côte. **-ar** t raser, effleurer.

rascacielos m gratte-ciel.

rascar t 1. gratter. 2. racler. ■ pr se gratter.

rasgar t déchirer.

rasgo m trait. | **a grandes rasgos,** à grands traits.

rasgón m déchirure f.

rasguñ/ar t égratigner. **-o** m égratignure f.

raso, a a 1. plat, e. | **al ~,** à la belle étoile; **en campo ~,** en rase campagne. 2. **soldado ~,** simple soldat. 3. (cielo) dégagé. ■ m (tela) satin.

raspa f arête.

rasp/ar t 1. gratter. 2. (rasar) raser. **-ador** m grattoir.

rastra f 1. (grada) herse. 2. **llevar a rastras,** traîner.

rastrear t 1. suivre à la trace. 2. (una zona) ratisser.

rastrero, a a 1. rampant, e. 2. FIG vil, e.

rastrill/ar t ratisser. **-o** m râteau.

rastro m trace f.

rastrojo m chaume.

rasurar t raser.

rata f rat m.

ratear i voler, chaparder.

ratero m voleur, pickpocket.

ratificar t ratifier.

rato m **1.** moment: *pasamos un buen ~ juntos,* nous avons passé un bon moment ensemble. | *al poco ~ de,* peu de temps après; *a ratos,* par moments; *¡hasta otro ~!,* à bientôt!; *matar el ~,* tuer le temps. **2.** FAM *un ~,* drôlement; *un ~ de cosas, de gente,* plein de choses, de monde.

rat/ón m *(animal, de ordenador)* souris f. **-onera** f souricière.

raudal m torrent.

ray/a f **1.** raie. | *pasarse de la ~,* dépasser les bornes. **2.** rayure: *corbata a rayas,* cravate à rayures. **3.** *(de la mano)* ligne. **4.** *(guión)* tiret m. **5.** *(pez)* raie. **-ado, a** a rayé, e, à rayures.

rayano, a a ~ en, proche de.

rayar t rayer. ■ i **1.** ~ con, confiner à. **2.** ~ en, friser. **3.** al ~ el alba, à l'aube.

rayo m **1.** *(de sol, ultravioleta, etc.)* rayon. **2.** *(chispa eléctrica)* éclair. **3.** *(meteoro)* foudre f.

rayón m rayonne f.

rayuela f marelle.

raza f race.

raz/ón f **1.** raison: *tiene usted ~,* vous avez raison. | *dar ~ de,* renseigner sur; *dar la ~ a,* donner raison à. **2.** ~, *enfrente,* s'adresser en face. **-onable** a raisonnable.

razon/ar i raisonner. **-amiento** m raisonnement.

re m MUS ré.

reacci/ón f réaction. **-onar** i réagir. **-onario, a** a/s réactionnaire.

reacio, a a réticent, e.

reactor m réacteur.

readaptación f réadaptation.

reagrupar t regrouper.

reajustar t rajuster.

¹real a réel, elle.

²real a **1.** *(del rey)* royal, e. **2.** superbe. ■ m **1.** camp. | *sentar los reales,* s'installer. **2.** *(moneda)* réal.

realce m relief.

realeza f royauté.

realidad f réalité.

real/ismo m **1.** réalisme. **2.** *(monarquismo)* royalisme. **-ista** a/s **1.** réaliste. **2.** royaliste.

realiz/ar t **1.** réaliser. **2.** effectuer. **-ación** f réalisation. **-ador, a** s réalisateur, trice.

realzar t rehausser.

reanim/ar t ranimer, réanimer. **-ación** f réanimation.

reanud/ar t **1.** renouer. **2.** *(la conversación, etc.)* reprendre. ■ pr reprendre. **-ación** f reprise.

reapar/ecer° i réapparaître, reparaître. **-ición** f *(de un actor)* rentrée.

reapertura f réouverture, rentrée.

rearme m réarmement.

reata f file.

rebaba f bavure.

rebaj/a f **1.** rabais m: *vender con ~,* vendre au rabais. **2.** *(descuento)* remise. ■ pl soldes m: *rebajas de invierno,* soldes d'hiver. **-ar** t **1.** rabaisser. **2.** *(un precio)* rabattre. **3.** COM solder. | *modelo rebajado,* modèle soldé, en solde. ■ pr s'abaisser.

rebanada t tranche.

rebaño m troupeau.

rebasar t dépasser.

rebatir t réfuter.

rebato m *tocar a ~,* sonner le tocsin.

rebel/arse pr se rebeller. **-de** a/s rebelle. **-día** f rébellion. | JUR *en ~,* par contumace. **-ión** f rébellion.

rebenque m fouet.

reblandec/er° *t* ramollir. **-imiento** *m* ramollissement.

reborde *m* rebord.

rebosar *i* déborder.

rebot/ar *i* **1.** *(pelota)* rebondir. **2.** *(piedra, bala)* ricocher. **-e** *m* **1.** rebond. **2.** ricochet: **de ~**, par ricochet.

rebozar *t* *(una fritura)* paner, enrober de pâte à frire.

rebusc/ar *t* chercher, rechercher. **-ado, a** *a* recherché, e.

rebuznar *i* braire.

recad/o *m* **1.** commission *f*: ¿quiere usted darle un ~ a su padre?, voudriez-vous faire une commission à votre père? **2.** ~ **de escribir**, écritoire *f*. **-ero** *m* commissionnaire, garçon de courses.

reca/er° *i* retomber. **-ída** *f* rechute.

recalar *i* **1.** aborder. **2.** *(ir a parar)* ~ **en**, échouer à, dans.

recalcar *t* appuyer sur, insister sur.

recalcitrante *a* récalcitrant, e.

recalentar° *t* réchauffer.

recámara *f* chambre.

recambio *m* rechange: **piezas de ~**, pièces de rechange.

recapacitar *t* se remémorer, réfléchir à.

recapitul/ar *t* récapituler. **-ación** *f* récapitulation.

recarg/ar *t* **1.** recharger. **2.** *(cargar demasiado)* surcharger. **-o** *m* majoration *f*, augmentation *f*.

recato *m* réserve *f*, modestie *f*.

recaud/ar *t* percevoir. **-ación** *f* **1.** *(acción, oficina)* perception. **2.** *(cantidad)* recette *f*. **-ador** *m* percepteur, receveur.

recel/ar *t* **1.** soupçonner. **2.** *(temer)* craindre. **-o** *m* **1.** méfiance *f*. **2.** crainte *f*. **-oso, a** *a* méfiant, e.

recepci/ón *f* réception. **-onista** *s* réceptionniste.

receptor, a *a/m* récepteur, trice.

recet/a *f* **1.** ordonnance: **vendido con ~ médica**, vendu sur ordonnance. **2.** ~ **de cocina**, recette de cuisine. **-ar** *t* prescrire.

rechaz/ar *t* **1.** repousser. **2.** FIG rejeter. **-o** *m* **1.** contrecoup. | **de ~**, par contrecoup. **2.** MED rejet. **3.** FIG ~ **a**, rejet, refus de.

rechifla *f* huées *pl*.

rechin/ar *i* grincer. **-amiento** *m* grincement.

rechistar *i* murmurer, broncher.

rechoncho, a *a* trapu, e.

rechupete (de) *loc* FAM excellent, e.

recibidor *m* vestibule.

recibimiento *m* **1.** accueil. **2.** réception *f*. **3.** vestibule. **4.** salon.

recib/ir *t/i* recevoir: **recibí tu carta**, j'ai reçu ta lettre. ■ **recibirse de doctor**, recevoir le titre de docteur. **-o** *m* **1.** reçu, quittance *f*. **2.** acusar ~, accuser réception.

recicl/ar *t* recycler. **-ado, -aje** *m* recyclage.

recién *a* **1.** récemment. | ~ **nacido**, nouveau-né; ~ **casados**, jeunes mariés; ~ **llegado**, nouveau venu. **2.** AMER ~ **entró**, à peine entré, il venait juste d'entrer.

reciente *a* récent, e. **-mente** *adv* récemment.

recinto *m* enceinte *f*.

recio, a *a* fort, e. ■ *adv* fort.

recipiente *m* récipient.

rec/íproco, a *a/f* réciproque. **-iprocidad** *f* réciprocité.

recitación *f* récitation.

recital *m* récital: **recitales de violín**, des récitals de violon.

recitar *t* réciter.

reclam/ar t/i réclamer. **-ación** f réclamation. **-o** m **1.** (pito) appeau. **2.** (publicidad) réclame f.

reclin/ar t incliner. ▪ pr s'appuyer. **-atorio** m prie-Dieu.

reclu/ir° t enfermer. **-sión** f réclusion. **-so, a** a/s reclus, e.

reclut/a m recrue f. **-amiento** m recrutement. **-ar** t recruter.

recobrar t **1.** retrouver. **2.** (ánimo, fuerzas) reprendre.

recodo m coude.

recog/er t **1.** reprendre: recoja su tiquet, reprenez votre ticket. **2.** (juntar, dar asilo) recueillir. **3.** (algo por el suelo) ramasser. **4.** ha venido a recogerme en coche, il est venu me prendre en voiture. **5.** (la falda) relever. **6.** (fruncir) resserrer. **7.** (una noticia) relever, noter. ▪ pr se recueillir. **-ida** f **1.** (del correo) levée. **2.** (de basuras, etc.) ramassage m. **-ido, a** a retiré, e. **-imiento** m recueillement.

recolección f récolte.

recomend/ar° t recommander. **-able** a recommandable. **-ación** f recommandation.

recompens/a f récompense. **-ar** t récompenser.

recomponer° t réparer.

reconcentrar t concentrer.

reconcili/ar t réconcilier. **-ación** f réconciliation.

recóndito, a a caché, e.

reconfortar t réconforter.

reconoc/er° t **1.** reconnaître. **2.** (a un enfermo) examiner. ▪ **reconocerse culpable**, s'avouer coupable. **-imiento** m **1.** reconnaissance f. **2.** ~ **médico**, visite f médicale, examen.

reconquist/a f reconquête. **-ar** t reconquérir.

reconstitu/ir° t reconstituer. **-ción** f reconstitution. **-yente** m fortifiant, reconstituant.

reconstru/ir° t reconstruire. **-cción** f reconstruction.

reconvenir° t faire des reproches.

recopilación f **1.** compilation. **2.** (compendio) résumé m.

récord m record.

recordar° t **1.** se rappeler: recuerdo muy bien nuestro primer encuentro, je me rappelle fort bien notre première rencontre. | si mal no recuerdo, si je me souviens bien. **2.** rappeler: este pueblo me recuerda mi niñez, ce village me rappelle mon enfance.

recorr/er t parcourir. **-ido** m parcours.

recort/ar t **1.** découper. **2.** FIG réduire. **-able** m découpage. **-e** m **1.** découpage. **2.** (trozo cortado) découpure f. | ~ **de prensa**, coupure f de presse.

recos/er t recoudre. **-ido** m raccommodage.

recostar° t appuyer. ▪ pr se recuesta en el pretil, il s'appuie sur le parapet.

recoveco m **1.** détour. **2.** recoin.

recreo m **1.** récréation f. **2.** viaje de ~, voyage d'agrément. **3.** casa de ~, maison de plaisance.

recrimin/ar t récriminer. **-ación** f récrimination.

recrudec/erse° pr redoubler, s'intensifier: se recrudecen los combates, les combats redoublent de violence. **-imiento** m recrudescence f.

recta ⇒ **recto, a**.

rect/ángulo m rectangle. **-angular** a rectangulaire.

rectificar t rectifier.

rectilíneo, a *a* rectiligne.
rectitud *f* rectitude.
recto, a *a* droit, e. ■ *adv* **siga todo ~**, continuez tout droit. ■ *m* (*anatomía*) rectum. ■ *f* **la recta final**, la dernière ligne droite.
rector, a *a* directeur, trice. ■ *m* (*de universidad*) recteur.
recua *f* troupeau *m*.
recuadro *m* entrefilet.
recubrir *t* recouvrir.
recuento *m* **1.** dénombrement. **2.** (*de votos*) dépouillement.
recuerda, etc. ⇒ **recordar**.
recuerdo *m* souvenir. ■ *pl* **recuerdos a tu hermana**, mon bon souvenir à ta sœur.
recular *i* reculer.
recuper/ar *t* récupérer. ■ *pr* (*recobrar la salud*) se remettre. **-ación** *f* **1.** récupération. **2. clase de ~**, cours de rattrapage. **3.** (*económica*) redressement *m*, reprise. **4.** (*de la salud*) rétablissement *m*.
recur/rir *i* **~ a**, recourir à, avoir recours à. **-so** *m* recours. ■ *pl* (*recursos*) ressources *f pl*, moyens. | **recursos humanos**, ressources humaines.
red *f* **1.** filet *m*. **2.** FIG **caer en la ~**, tomber dans le piège. **3.** (*de vías de comunicación, etc.*) réseau *m*. **4.** (*electricidad*) secteur *m*. **5.** INFORM **la ~**, le réseau, le net.
redac/ción *f* rédaction. **-tar** *t* rédiger. **-tor, a** *s* rédacteur, trice.
redada *f* **1.** coup *m* de filet. **2.** (*de policía*) rafle, coup *m* de filet.
redecilla *f* filet *m*.
redención *f* rédemption.
redil *m* bercail.
redimir *t* racheter.
rédito *m* intérêt.
redobl/ar *t* **1.** redoubler. **2.** (*un clavo*) river. ■ *i* (*el tambor*) rouler. **-e**

m **1.** redoublement. **2.** (*de tambor*) roulement.
redoma *f* fiole.
redomado, a *a* fieffé, e: **embustero ~**, fieffé menteur.
redonda *f* ronde. | **a la ~**, à la ronde.
redondear *t* arrondir.
redondel *m* TAUROM arène *f*.
redondez *f* rondeur.
redondo, a *a* **1.** rond, e. **2.** catégorique. | **caerse ~**, tomber raide.
reducción *f* réduction.
reducido, a *a* réduit, e, petit, e.
reducir° *t* réduire: **~ a cenizas**, réduire en cendres. ■ *pr* **1.** (*resultar*) se ramener, se réduire. **2.** (*limitarse*) se borner.
redundar *i* **~ en beneficio, perjuicio de**, tourner à l'avantage, au désavantage de.
reduplicar *t* redoubler.
reedificar *t* reconstruire.
reeducación *f* rééducation.
reelegir° *t* réélire.
reembols/ar *t* rembourser. **-o** *m* remboursement.
reemplaz/ar *t* remplacer. **-o** *m* **1.** remplacement. **2.** MIL classe *f*.
reenganchar *t* MIL rengager.
refajo *m* jupon.
refectorio *m* réfectoire.
referencia *f* référence. | **con ~ a**, en ce qui concerne.
referéndum *m* référendum.
referente *a* relatif, ive. | **(en lo) ~ a...**, en ce qui concerne...
referir° *t* rapporter. ■ *pr* se rapporter. | **en lo que se refiere a...**, en ce qui concerne...
refilón (de) *loc adv* **1.** de biais. **2.** en passant.
refin/ar *t* raffiner. **-ación** *f* raffinage *m*. **-amiento** *m* raffinement. **-ería** *f* raffinerie.

reflector m réflecteur.

reflejar t 1. réfléchir, refléter. 2. FIG refléter.

reflejo m 1. (imagen reflejada) reflet. 2. (reacción involuntaria) réflexe.

reflex/ionar i réfléchir. **-ión** f réflexion.

reflu/ir i refluer. **-jo** m reflux.

refocilarse pr se réjouir.

reforestación f reboisement m.

reform/a f 1. réforme. 2. (de un local) rénovation, transformation. **-ador, a** s réformateur, trice. **-ar** t 1. réformer. 2. rénover, transformer. **-atorio** m centre d'éducation surveillée.

reforzar t renforcer.

refrac/ción f réfraction. **-tario, a** a réfractaire.

refrán m proverbe.

refregar t frotter.

refrenar t refréner.

refrend/ar t 1. contresigner. 2. (un pasaporte) viser. 3. (una ley) ratifier. **-o** m ratification f.

refresc/ar t rafraîchir. **-ante** a rafraîchissant, e. **-o** m rafraîchissement.

refriega f combat m, engagement m.

refriger/ar t réfrigérer. **-ador** m réfrigérateur.

refrigerio m collation f.

refrito m FAM nouvelle mouture f, resucée f.

refuerzo m renfort.

refugi/o m refuge. **-ado, a** a/s réfugié, e. **-arse** pr se réfugier.

refund/ir t refondre. **-ición** f refonte.

refunfuñar i bougonner, grommeler, ronchonner.

refutar t réfuter.

regadera f arrosoir m.

regadío m 1. irrigation f. | zona de ~, zone irrigable. 2. terrain irrigable.

regal/ar t offrir, faire cadeau de: **me ha regalado un reloj**, il m'a offert une montre. **-ado, a** a 1. donné, e. 2. agréable.

regaliz m 1. réglisse f. 2. (pasta) réglisse.

regalo m cadeau.

regalón, ona a qui aime ses aises.

regañadientes (a) loc adv à contrecœur, en rechignant.

regañ/ar i se disputer. ■ t gronder, attraper. **-o** m réprimande f, gronderie f.

regar t arroser.

regata f régate.

regate m 1. écart, feinte f. 2. (con el balón) dribble.

regate/ar t marchander. | **no ~ esfuerzo para**, ne pas ménager sa peine pour. **-o** m marchandage.

regazo m giron.

regencia f régence.

regenerar t régénérer.

regentar t (un almacén, etc.) gérer, tenir.

regente m régent.

régimen m régime.

regimiento m régiment.

regio, a a royal, e.

reg/ión f région. **-onal** a régional, e.

regir t régir. ■ i être en vigueur: **la ley que rige**, la loi qui est en vigueur.

registr/ar t 1. (anotar) enregistrer. 2. **marca registrada**, marque déposée. 3. (en la aduana, etc.) fouiller. 4. (en los domicilios) perquisitionner. **-ador, a** a **caja registradora**, caisse enregistreuse. **-o** m 1. (inscripción) enregistrement. 2. (libro) registre. |

~ **civil**, état civil. **3.** (en la aduana) fouille f. **4.** (domiciliario) perquisition f.

regla f **1.** règle. **2.** (una mujer) tener la ~, avoir ses règles.

reglaje m réglage.

reglament/ar t réglementer. **-ación** f réglementation. **-ario, a** a réglementaire. **-o** m règlement.

regocij/ar t réjouir. **-o** m réjouissance f.

regode/arse pr se réjouir. **-o** m plaisir, délectation f.

regordete a grassouillet, ette.

regres/ar i revenir, rentrer. **-o** m retour.

regüeldo m POP rot.

reguera f rigole.

reguero m traînée f.

regulación f contrôle m.

regulador m régulateur.

¹**regular** t régler.

²**regular** a **1.** régulier, ère. | por lo ~, généralement. **2.** (mediano) moyen, enne, comme ci, comme ça.

regularidad f régularité.

regularizar t régulariser.

rehabilit/ar t réhabiliter. **-ación** f (médica) rééducation.

rehacer° t refaire. ■ pr se remettre.

rehén m otage.

rehogar t (freír) faire revenir.

rehuir° t **1.** fuir, éviter: rehúye mi compañía, il fuit ma compagnie. **2.** refuser.

rehusar t refuser.

reimpresión f réimpression.

reina f reine.

rein/ar i régner. **-ado** m règne.

reincid/encia f récidive. **-ente** s récidiviste. **-ir** i récidiver.

reincorporar t réincorporer. ■ reincorporarse a su puesto, rejoindre son poste.

reino m **1.** royaume. **2.** (animal, vegetal) règne.

reintegr/ar t **1.** (devolver) rendre, restituer. **2.** rembourser. ■ reintegrarse a su destino, rejoindre son poste. **-o** m remboursement.

reír° i rire. ■ pr **1.** rire: se reía a carcajadas, il riait aux éclats. **2.** reírse de, se moquer de, rire de.

reiterar i réitérer.

reivindic/ar t revendiquer. **-ación** f revendication.

rej/a f **1.** grille. | entre rejas, derrière les barreaux. **2.** (del arado) soc m. **-illa** f **1.** grillage m. **2.** silla de ~, chaise cannée. **3.** (de hogar) grille. **4.** (ferrocarril) filet m.

rejón m pique f courte.

rejuvenec/er° t/i rajeunir. **-imiento** m rajeunissement.

relaci/ón f **1.** relation. | con ~ a, par rapport à. **2.** (relato) récit m. **3.** liste. ■ pl relations. **-onar** t **1.** (cosas) relier. **2.** (personas) mettre en rapport. | estar bien relacionado, avoir de bonnes relations.

relaj/ar t **1.** relâcher. **2.** (músculo) décontracter. **3.** (el ánimo) détendre. ■ pr se détendre. **-ación** f **1.** relaxation. **2.** (moral) relâchement m.

relámpago m éclair.

relatar t raconter, rapporter.

relativo, a a relatif, ive.

relato m récit.

relé m relais.

releer t relire.

relegar t reléguer.

relente m fraîcheur f nocturne.

relevante a remarquable, éminent, e.

relev/ar t **1.** (revocar) relever. **2.** (sustituir a una persona) relayer. ■ pr

se relayer. **-o** m 1. MIL. relève f. 2. carrera de relevos, course de relais.

relicario m reliquaire.

relieve m relief: poner de ~, mettre en relief. | bajo ~, bas-relief.

religi/ón f religion. **-oso, a** a/s religieux, euse.

relinch/ar i hennir. **-o** m hennissement.

reliquia f relique.

rellano m palier.

rellen/ar t 1. remplir. 2. (cocina) farcir. **-o, a** a 1. rempli, e. 2. tomates rellenos, tomates farcies. ■ m 1. remplissage. 2. (cocina) farce f.

reloj m 1. (de torre) horloge f. 2. (de pared) pendule f. 3. (de bolsillo) montre f. | ~ de pulsera, montre-bracelet; contra ~, contre la montre. 4. ~ de sol, cadran solaire; ~ de arena, sablier. **-ería** f horlogerie. **-ero, a** s horloger, ère.

reluc/ir° i 1. briller, reluire. 2. sacar a ~, faire ressortir. **-iente** a brillant, e.

relumbrante a étincelant, e.

relumbrón m de ~, en toc.

remachar t 1. river. 2. FIG insister sur.

remangar t retrousser.

remanso m eau f dormante.

remar i ramer.

rematado, a a achevé, e. | loco ~, fou à lier.

remat/ar t 1. achever. 2. (en una subasta) adjuger. **-e** m 1. fin f. 2. (de un edificio) couronnement. 3. (en una subasta) adjudication f. 4. loco de ~, fou à lier.

remedar t imiter.

remediar t 1. remédier à. 2. no pude ~ el echarme a gritar, je n'ai pas pu m'empêcher de crier; no lo

puedo ~, je n'y peux rien, c'est plus fort que moi.

remedio m 1. remède. 2. no hay ~, on n'y peut rien; no hay otro ~ que, il n'y a pas d'autre solution que de.

remedo m imitation f.

remendar° t 1. raccommoder. 2. (poner un remiendo) rapiécer.

remero, a s rameur, euse.

remes/a f envoi m. **-ar** t envoyer.

remiendo m 1. raccommodage. 2. (trozo) pièce f.

remilg/o m minauderie f. **-ado, a** a minaudier, ère.

reminiscencia f réminiscence.

remisión f 1. rémission. 2. (en un escrito) renvoi m.

remiso, a a réticent, e.

remitente a/s expéditeur, trice.

remitir t 1. remettre. 2. (enviar) envoyer. 3. (en un texto) renvoyer. ■ i faiblir, diminuer. ■ pr 1. remitirse a lo decidido, s'en remettre à ce qui a été décidé. 2. remítanse a la página dos, reportez-vous à la page deux.

remo m rame f.

remoj/ar t 1. mettre à tremper. 2. FAM arroser. **-o** m poner a, en ~, faire tremper.

remolacha f betterave.

remolc/ar t remorquer. **-ador** m remorqueur.

remolino m 1. tourbillon. 2. (de pelo) épi.

remolón, ona a/s lambin, e.

remolque m remorque f.

remontar t (dificultades) surmonter. ■ pr 1. s'élever. 2. remontarse al siglo doce, remonter au douzième siècle.

remonte m remontée f mécanique.

remoquete m (apodo) sobriquet.

rémora f FIG obstacle m.

remordimiento m remords.

remot/o, a a lointain, e, éloigné, e. **-amente** adv vaguement.

remover t 1. remuer: ¡remueva el café!, remuez votre café! 2. (trasladar) déplacer.

remozar t rajeunir, rafraîchir.

remuner/ar t rémunérer. **-ación** f rémunération.

renac/er i renaître. **-imiento** m renaissance f.

renacuajo m têtard.

rencilla f discorde, querelle.

rencor m rancune f. | **guardar ~,** en vouloir; **no me guardes ~,** ne m'en veux pas. **-oso, a** a rancunier, ère.

rendición f reddition.

rendido, a a 1. soumis, e, empressé, e. 2. (cansado) épuisé, e, fourbu, e, à plat.

rendija f fente.

rendimiento m 1. (de un motor, una fábrica) rendement. 2. soumission f.

rendir° t 1. rendre. 2. soumettre. 3. (cansar) épuiser, mettre à plat. ■ i (producir) rendre, rapporter: **tierra que rinde poco,** terre qui rend peu. ■ pr se rendre: ¡**ríndete!,** rends-toi!

reneg/ar° i 1. **~ de su fe,** renier sa foi. 2. jurer. **-ado, a** a/s renégat, e.

renglón m 1. ligne f. | FAM **a ~ seguido,** aussitôt après, aussi sec. 2. chapitre.

reniego m juron.

reno m renne.

renombr/e m renom. **-ado, a** a renommé, e.

renov/ar° t 1. renouveler. 2. rénover. **-able** a renouvelable. **-ación** f renouvellement m.

rent/a f 1. rente: **~ vitalicia,** rente viagère. 2. revenu m: **~ per cápita,** revenu par habitant. 3. (arrenda-

miento) loyer m. **-able** a rentable. **-ar** t rapporter. **-ario, a** s rentier, ère.

renuevo m pousse f.

renunci/ar i renoncer. **-a** f renonciation. **-amiento** m renoncement.

reñ/ir° t 1. se disputer: **ha reñido con su hermana,** il s'est disputé avec sa sœur. 2. se brouiller, se fâcher: **riñó con su mejor amigo,** il s'est brouillé avec son meilleur ami. ■ t **~ a un niño,** gronder un enfant. **-ido, a** a 1. **estamos reñidos,** nous sommes fâchés, brouillés. 2. (batalla, etc.) disputé, e, acharné, e. 3. incompatible.

reo m/f accusé, e.

reojo (de) loc adv du coin de l'œil; de travers.

reorganiz/ar t réorganiser. **-ación** f réorganisation.

reóstato m rhéostat.

repantigarse pr se caler, se vautrer.

reparable a réparable.

reparación f réparation.

reparador, a s réparateur, trice.

repar/ar t réparer. ■ i 1. (notar) remarquer. 2. **~ en,** faire attention à. **-o** m 1. objection f. | **poner reparos,** faire des objections, des réserves. 2. gêne f, doute.

repartidor m livreur.

repart/ir t 1. répartir. 2. (naipes, correo) distribuer. 3. livrer: **~ el vino a domicilio,** livrer le vin à domicile. **-o** m 1. répartition f. 2. (del correo) distribution f. 3. **~ a domicilio,** livraison f à domicile. 4. (teatro, cine) distribution f.

repas/ar t 1. repasser. 2. (la ropa) raccommoder. **-o** m révision f. | **dar un ~ a,** jeter un coup d'œil sur.

repujar

repatriar t rapatrier.

repecho m côte f, raidillon.

repel/er t **1.** repousser. **2.** FIG dégoûter. **-ente** a repoussant, e.

repent/e m de ~, soudain, tout à coup. **-ino, a** a soudain, e.

repentizar t déchiffrer.

repercu/tir i se répercuter. **-sión** f répercussion.

repertorio m répertoire.

repetición f répétition.

repetidor m (radio, televisión) relais.

repetir° t **1.** répéter. **2.** ~ curso, redoubler une classe. ■ i **1.** este alumno repite, cet élève redouble. **2.** el ajo repite, l'ail revient. ■ pr se répéter.

repicar t sonner. ■ i carillonner.

repintar t repeindre.

repipi a FAM bêcheur, euse.

repiquetear i (campanas) carillonner.

repisa f **1.** console. **2.** (estante) tablette.

replantear t reconsidérer.

replegar° t replier.

repleto, a a **1.** plein, e: bar ~ de gente, bar plein de monde. **2.** (ahíto) repu, e.

réplica f réplique.

replicar t répliquer.

repliegue m repli.

repobl/ar° t **1.** repeupler. **2.** (de árboles) reboiser. **-ación** f **1.** repeuplement m. **2.** ~ forestal, reboisement m.

repollo m chou pommé.

reponer° t **1.** remettre. **2.** rétablir. **3.** répliquer, répondre. **4.** (obra de teatro) rejouer. ■ pr se remettre.

reportaje m reportage.

reportar t (proporcionar) apporter. ■ pr se calmer.

reportero, a s reporter.

repos/ar i reposer, se reposer. **-ado, a** a calme.

reposición f **1.** remise en place. **2.** (teatro, cine) reprise.

reposo m repos.

repostar i **1.** se ravitailler. **2.** ~ (gasolina), prendre de l'essence.

reposter/ía f pâtisserie. **-o, a** s pâtissier, ère.

repren/der t réprimander. **-sible** a répréhensible. **-sión** f réprimande.

represa f barrage m.

represalia f représaille.

representación f représentation.

representante s représentant, e.

represent/ar t **1.** représenter. **2.** representa tener unos cuarenta años, il semble avoir, il fait dans les quarante ans. **-ativo, a** a représentatif, ive.

represión f **1.** répression. **2.** (instinto, pasión) refoulement m.

reprimenda f réprimande.

reprimir t **1.** réprimer. **2.** (instinto, pasión) refouler.

reprise m/f reprise f.

reprob/ar° t réprouver. **-ación** f réprobation.

reproch/ar t reprocher. **-e** m reproche.

reproduc/ir° t reproduire. **-ción** f reproduction. **-tor, a** a/m reproducteur, trice.

rept/ar i ramper. **-il** m reptile.

re/pública f république. **-publica-no, a** a/s républicain, e.

repudiar t répudier.

repuesto m **1.** provisions f pl. **2.** pièce f de rechange. | de ~, de rechange; **rueda de ~,** roue de secours.

repugn/ar t répugner. **-ancia** f répugnance. **-ante** a répugnant, e.

repujar t repousser.

repuls/a f **1.** rejet m. **2.** réprobation, désapprobation. **-ión** f répulsion. **-ivo, a** a répugnant, e.

repuse, etc. ⇒ **reponer.**

reput/ar t juger, tenir pour. **-ación** f réputation.

requebrar° t courtiser.

requemar t **1.** brûler. **2.** (la tez) hâler.

requer/ir° t requérir, demander: *eso requiere tiempo,* cela demande du temps. **-imiento** m JUR sommation f.

requesón m fromage blanc.

requiebro m propos galant.

réquiem m requiem.

requis/a f **1.** inspection. **2.** réquisition. **-ar** t réquisitionner. **-ición** f réquisition.

requisito m **1.** condition f requise. **2.** formalité f.

res f bête: ~ *vacuna,* bête à cornes.

resabio m **1.** (sabor desagradable) arrière-goût. **2.** mauvaise habitude f.

resaca f **1.** ressac m. **2.** FAM tener ~, avoir la gueule de bois.

resalt/ar i ressortir. **-o** m saillie f.

resarc/ir t dédommager. **-imiento** m dédommagement.

resbal/ar i glisser. ■ pr me resbalé con una piel de plátano, j'ai glissé sur une peau de banane. **-adizo, a** a glissant, e. **-ón** m **1.** glissade f. **2.** (desliz) faux pas.

rescat/ar t **1.** racheter. **2.** (libertar) délivrer. **3.** sauver. **4.** (a un náufrago) repêcher. **-e** m **1.** rachat. **2.** (de personas en peligro) sauvetage: operación de ~, opération de sauvetage. **3.** (dinero) rançon f.

rescindir t résilier.

rescoldo m braise f.

resecar t dessécher.

resent/irse° pr **1.** se ressentir. **2.** ~ con alguien, en vouloir à quelqu'un. **-ido, a** a amer, ère, aigri, e. **-imiento** m ressentiment.

reseña f **1.** notice. **2.** compte rendu m.

reserva f **1.** réserve: de ~, en réserve. **2.** (en el tren, avión) réservation.

reservar t **1.** réserver. **2.** (habitación en un hotel, mesa, etc.) retenir.

resfr/iarse pr s'enrhumer. **-iado** m rhume: coger un ~, attraper un rhume. **-ío** m AMER rhume.

resguard/ar t garantir. **-o** m **1.** garantie f. **2.** (recibo) reçu, récépissé.

resid/ir i résider. **-encia** f **1.** résidence. **2.** permiso de ~, carte f de séjour. **-encial** a résidentiel, elle. **-ente** a/s résident, e.

residuo m résidu. ■ pl (radiactivos, etc.) déchets.

resign/arse pr se résigner. **-ación** f résignation.

resin/a f résine. **-oso, a** a résineux, euse.

resist/ir i résister. ■ t **1.** résister à. **2.** (aguantar) supporter. ■ pr me resisto a creerlo, je me refuse à, j'ai du mal à le croire. **-encia** f résistance. **-ente** a résistant, e.

resma f rame.

resolución f résolution.

resolver° t **1.** résoudre. **2.** résoudre de, décider de: resolví hacerlo, j'ai résolu de le faire.

reson/ar° i résonner. **-ancia** f **1.** résonance. **2.** FIG retentissement m.

resoplar i souffler, haleter.

resorte m ressort.

respaldo m **1.** dossier. **2.** FIG appui, soutien.

respectivo, a a respectif, ive.

respecto m al ~, à ce sujet; ~ **a, con ~ a,** en ce qui concerne.

respet/o m respect. **-able** a respectable. **-ar** t respecter. **-uoso, a** a respectueux, euse.

resping/o m sursaut. | **dar un ~,** sursauter. **-ona** a nariz ~, nez retroussé, en trompette.

respirable a respirable.

respiración f respiration.

respiradero m **1.** soupirail. **2.** bouche f d'aération.

respir/ar i/t respirer. **-atorio, a** a respiratoire. **-o** m répit.

respland/ecer° i resplendir. **-eciente** a resplendissant, e. **-or** m éclat.

responder t/i répondre.

responsab/le a/s responsable. **-ilidad** f responsabilité. **-ilizarse** pr assumer la responsabilité.

respuesta f réponse.

resquebraj/arse pr **1.** se fendiller. **2.** (barniz) se craqueler. **-adura** f craquelure.

resquemor m amertume f.

resquicio m fente f.

resta f soustraction.

restablec/er° t rétablir. ■ pr se rétablir. **-imiento** m rétablissement.

restallar i claquer.

restañar t (sangre) étancher.

restar t soustraire. ■ i (quedar) rester.

restauración f restauration.

restaurante m restaurant.

restaurar t restaurer.

restitu/ir° t restituer. **-ción** f restitution.

resto m reste. ■ pl restos mortales, dépouille f sing mortelle.

restregar° t frotter.

restr/ingir t restreindre. **-icción** f restriction. **-ictivo, a** a restrictif, ive.

resucitar i ressusciter.

resuello m souffle.

resuelto, a a résolu, e, décidé, e.

resultado m résultat.

resultar i **1.** résulter. | resulta que, il se trouve que. **2.** être: resultó elegido, il a été élu; tres obreros resultaron muertos, trois ouvriers sont morts, ont trouvé la mort. **3.** revenir: el viaje me ha resultado caro, le voyage m'est revenu cher.

resultas (de) loc de ~ de, à la suite de.

resum/ir t résumer. **-en** m résumé: en ~, en résumé.

resurrección f résurrection.

retablo m retable.

retahíla f chapelet m, litanie.

retal m (de tela) coupon.

retama f genêt m.

retar t provoquer, défier.

retardar t retarder.

retazo m morceau.

retención f **1.** (en el sueldo) retenue. **2.** (de tráfico) embouteillage m, bouchon m.

retener° t retenir.

reticen/cia f réticence. **-te** a réticent, e.

retina f rétine.

retintín m **1.** tintement. **2.** ton moqueur.

retirada f **1.** retraite. **2.** (del carnet de conducir, etc.) retrait m.

retirado, a a retiré, e. ■ a/s retraité, e.

retir/ar t retirer. ■ pr **1.** se retirer. **2.** (teléfono) ¡no se retire!, ne quittez pas! **-o** m retraite f.

reto m défi.

retocar t retoucher.

retoño *m* pousse *f*, rejeton.

retoque *m* **1.** retouche *f*. **2.** (*del cabello*) coup de peigne.

retorcer° *t* **1.** tordre. **2.** (*dando muchas vueltas*) tortiller.

retórica *f* rhétorique.

retorno *m* retour.

retorta *f* cornue.

retortijón *m* tortillement.

retozar *i* s'ébattre, batifoler.

retractar *t* rétracter.

retra/erse° *pr* se retirer. **-ído, a** *a* (*poco comunicativo*) renfermé, e.

retransmitir *t* retransmettre.

retras/ar *t/i* retarder. ■ *pr* **1.** s'attarder, se retarder, se mettre en retard: **me he retrasado en el camino**, je me suis attardé en route. **2.** disculpe, **me he retrasado**, excusez-moi, je suis en retard. **-ado, a** *a* estar, ir ~, être en retard. ■ *a/s* **1.** retardataire. **2.** ~ **mental**, arriéré. **-o** *m* retard: **llegar con** ~, arriver en retard.

retrat/ar *t* **1.** faire le portrait de. **2.** photographier. **-o** *m* portrait.

retreparse *pr* se renverser en arrière.

retrete *m* el ~, les cabinets *pl*, les toilettes *f pl*.

retribu/ir° *t* rétribuer. **-ción** *f* rétribution.

retroactivo, a *a* rétroactif, ive.

retroce/der *i* reculer. **-so** *m* recul.

retrógrado, a *a* rétrograde.

retrospectivo, a *a/f* rétrospectif, ive.

retrovisor *m* rétroviseur.

retruécano *m* calembour.

retumb/ar *i* retentir. **-ante** *a* retentissant, e.

reuma, reúma, reumatismo *m* rhumatisme.

reunificar *t* réunifier.

reunión *f* réunion.

reunir *t* réunir, rassembler. ■ *pr* **1.** se réunir. **2.** rejoindre: **me reuniré con ustedes a las seis**, je vous rejoindrai à six heures.

revólida *f* examen *m* de fin d'études.

revalorizar *t* revaloriser.

revancha *f* revanche.

revel/ar *t* **1.** révéler. **2.** (*foto*) développer. **-ación** *f* révélation. **-ado** *m* (*foto*) développement. **-ador, a** *a/m* révélateur, trice.

revender *t* revendre.

revent/ar° *i* **1.** crever, éclater. **2.** ~ **de risa**, mourir de rire. ■ *t* crever. ■ *pr* **1.** crever, éclater. **2.** FAM (*de cansancio*) se crever, se claquer. **-ado, a** *a* (*cansado*) crevé, e, pompé, e. **-ón** *m* éclatement.

reverberación *f* réverbération.

reverbero *m* réverbère.

reverdecer° *i* reverdir.

reveren/cia *f* révérence. **-ciar** *t* révérer. **-do, a** *a/s* révérend, e.

reversible *a* réversible.

revés *m* revers. | al ~, del ~, à l'envers.

revest/ir° *t* revêtir. **-imiento** *m* revêtement.

revis/ar *t* **1.** réviser. **2.** (*billetes*) contrôler. **-ión** *f* **1.** révision. **2.** (*médica*) examen *m*. **-or** *m* (*de billetes*) contrôleur.

revista *f* revue. | pasar ~ a, passer en revue.

revivir *i* revivre.

revoc/ar *t* **1.** JUR révoquer. **2.** (*pared*) recrépir, ravaler. **-ación** *f* révocation.

revolcar° *t* renverser. ■ *pr* se vautrer, se rouler.

revolotear *i* voltiger.

revoltijo *m* méli-mélo, fatras.

revoltoso, a *a* turbulent, e.

revoluci/ón *f* révolution. **-onar** *t* révolutionner. **-onario, a** *a/s* révolutionnaire.

revolver° *t* 1. remuer. 2. *(registrar)* fouiller dans. 3. ~ **la casa**, mettre la maison sens dessus dessous. ■ *pr* se retourner.

revólver *m* revolver.

revoque *m* crépi.

revuelo *m* 1. vol. 2. FIG agitation *f*, trouble.

revuelta *f* 1. *(vuelta)* détour *m*. 2. sédition.

revuelto, a *a* 1. *(tiempo, huevo)* brouillé. 2. agité, e. ■ *m* œufs *pl* brouillés aux champignons, etc.

rey *m* roi: **día de Reyes**, jour des Rois. | **ni quito ni pongo** ~, ce n'est pas mon affaire, ça ne me regarde pas.

reyerta *f* rixe.

reyezuelo *m* roitelet.

rezagado, a *s* traînard, e.

rez/ar *t* dire: ~ **sus oraciones**, dire ses prières. ■ *i* prier. **-o** *m* prière *f*.

rezongar *i* ronchonner.

rezumar *i* suinter: **el agua rezuma por las paredes**, l'eau suinte le long des murs.

ría *f* estuaire *m*, ria.

riachuelo *m* ruisseau.

riada *f* 1. crue. 2. inondation.

ribazo *m* talus.

ribera *f* rive, rivage *m*.

ribete *m* bordure *f*. ■ *pl* **tiene ribetes de artista**, il est un peu artiste. **-ar** *t* border.

ricacho, a *s* richard, e.

ricino *m* **aceite de** ~, huile de ricin.

rico, a *a* 1. riche. 2. *(sabroso)* délicieux, euse. 3. *(expresión de cariño)* mignon, onne. ■ *s* riche: **nuevo** ~, nouveau riche.

rid/ículo, a *a/m* ridicule. **-iculizar** *t* ridiculiser.

riego *m* 1. arrosage. 2. irrigation *f*.

riel *m* rail.

rienda *f* rêne. | **a** ~ **suelta**, à bride abattue.

riesgo *m* risque: **con** ~ **de**, au risque de; **de** ~, à risque.

rifa *f* tombola, loterie.

rige ⇒ **regir**.

rigidez *f* rigidité.

rígido, a *a* rigide.

rig/or *m* rigueur *f*. | **en** ~, en réalité. **-uroso, a** *a* rigoureux, euse.

rim/a *f* rime. **-ar** *i* rimer.

rimbombante *a* pompeux, euse.

rimero *m* tas.

Rin *n p m* **el** ~, le Rhin.

rinc/ón *m* coin. **-onera** *f* encoignure.

rinde ⇒ **rendir**.

rinoceronte *m* rhinocéros.

riña *f* 1. bagarre. 2. dispute.

riñón *m* 1. rein. 2. *(cocina)* rognon: **riñones de cerdo**, des rognons de porc. 3. FAM **costar un** ~, coûter une petite fortune; **tener el** ~ **bien cubierto**, avoir de quoi.

riñonera *f* sac *m* banane.

río *m* 1. *(que desemboca en otro río)* rivière *f*. 2. *(que desemboca en el mar)* fleuve. | ~ **arriba, abajo**, en amont, en aval.

rioplatense *a/s* du Río de la Plata.

ripio *m* 1. *(escombros)* gravats. 2. *(palabrería)* remplissage.

riqueza *f* richesse.

risa *f* rire *m*: **me dio la** ~, le fou rire m'a pris. | **morirse de** ~, mourir de rire.

risco *m* rocher.

risible *a* risible.

risotada *m* éclat *m* de rire.

ristra *f* chapelet *m*.

risueño, a *a* riant, e.

ritmo *m* rythme.

rit/o *m* rite. **-ual** *a/m* rituel, elle.

rival *a/s* rival, e. **-idad** *f* rivalité. **-izar** *i* rivaliser.

riz/ar *t* 1. friser: *pelo rizado*, cheveux frisés. 2. *(el agua)* rider. ■ *pr* friser. **-o** *m* boucle *f*. | **tela de ~**, tissu-éponge.

róbalo *m* bar.

robar *t* voler.

roble *m* chêne.

roblón *m* rivet.

robo *m* vol.

robot *m* robot.

robust/o, a *a* robuste. **-ez** *f* robustesse.

roca *f* 1. roche. 2. *(peñasco)* roc *m*, rocher *m*.

roce *m* 1. frôlement. 2. *(rozamiento)* frottement.

roci/ar *t* 1. arroser. 2. asperger. **-ada** *f* 1. aspersion. 2. FIG grêle.

rocín *m* rosse *f*.

rocío *m* rosée *f*.

rocoso, a *a* rocheux, euse.

roda *f* MAR étrave.

rodaballo *m* turbot.

rodada *f* ornière.

rodaja *f* tranche, rondelle.

rodaje *m* 1. *(de un automóvil)* rodage. 2. *(de una película)* tournage.

rodamiento *m* ~ de bolas, roulement à billes.

Ródano *n p m* el ~, le Rhône.

rodar° *i* 1. rouler. 2. andar rodando, traîner. ■ *t* 1. *(un automóvil)* roder. 2. *(una película)* tourner.

rode/ar *t* entourer. ■ **rodearse de**, s'entourer de. **-o** *m* 1. dar un ~, faire un détour. 2. andar con rodeos, tergiverser. 3. *(reunión de ganado)* rodéo.

rodilla *f* genou *m*: de rodillas, à genoux.

rodillo *m* rouleau.

rododendro *m* rhododendron.

rodrigón *m* tuteur.

roedor, a *a/s* rongeur, euse.

roer° ronger.

rogar° *t* prier: *le ruego que se calle*, je vous prie de vous taire; *se lo ruego*, je vous en prie; **hacerse ~**, se faire prier. | *se ruega llamen a la puerta*, prière de frapper.

roj/o, a *a* 1. rouge. 2. *(pelo)* roux, rousse. ■ *m* rouge. **-ez** *f* rougeur. **-izo, a** *a* rougeâtre.

rol *m* rôle.

rolliz/o, a *a (persona)* dodu, e, potelé, e.

rollo *m* 1. rouleau. 2. FAM *la conferencia era un ~*, la conférence était assommante; *nos soltó un ~ sobre los incas*, il nous a sorti un blabla sur les Incas; *no seas ~*, ne sois pas casse-pieds.

Roma *n p f* Rome.

romadizo *m* rhume de cerveau.

romana *f* romaine.

romance *m* 1. roman, espagnol. 2. romance, poème en vers octosyllabes. 3. idylle *f*.

románico, a *a* roman, e.

romano, a *a/s* romain, e.

romántico, a *a/s* romantique.

rombo *m* losange.

romería *f* 1. pèlerinage *m*. 2. fête.

romero *m (planta)* romarin.

romo, a *a* émoussé, e.

rompecabezas *m* 1. casse-tête. 2. *(juego)* puzzle.

rompeolas *m* brise-lames.

romp/er *t* 1. casser, briser: *~ un cristal*, casser un carreau. 2. *(tela, papel)* déchirer. 3. *(interrumpir)* rompre. | *¡rompan filas!*, rompez

les rangs! **4.** ~ **el fuego,** ouvrir le feu. ■ *i* **1.** ~ **a,** se mettre à: **rompió a reír,** il se mit à rire. **2.** rompre: **ha roto con su novia,** il a rompu avec sa fiancée. ■ *pr* se casser. **-iente** *m* brisant. **-imiento** *m* rupture *f*.

ron *m* rhum.

roncar *i* ronfler.

roncha *f* bouton *m*.

ronco, a *a* **1.** rauque. **2.** *(que padece ronquera)* enroué, e.

rond/a *f* **1.** ronde. **2.** *(del cartero, convidada)* tournée. **3.** *(turno)* tour *m*. **-ar** *i* faire des rondes. ■ *t* **1.** ~ **la calle,** faire les cent pas. **2.** FIG guetter. **3.** *(rayar en)* tourner autour de, avoisiner: ~ **el millón de dólares,** avoisiner le million de dollars.

ronquera *f* enrouement *m*.

ronquido *m* ronflement.

ronrone/ar *i* ronronner. **-o** *m* ronronnement.

ronzal *m* licou.

roñ/a *f* **1.** crasse. **2.** *(avaricia)* ladrerie, pingrerie. **-ica, -oso, a** *a* ladre, pingre, radin, e.

ropa *f* **1.** vêtements *m pl.* **2.** linge *m*: ~ **blanca, de casa,** linge de maison; ~ **interior,** linge de corps, sousvêtements *m pl*; *(femenina)* lingerie, dessous *m pl*. | ~ **de cama,** literie; ~ **hecha,** confection. **3. a quema** ~, ⇒ **quemarropa.**

ropavejero, a *s* fripier, ère.

ropero *m* **1.** armoire *f*. **2.** penderie *f*.

ros/a *f* rose. | **verlo todo color de** ~, voir tout en rose. **-ado, a** *a* rosé, e. **-al** *m* rosier.

rosario *m* **1.** chapelet. **2.** rosaire.

rosbif *m* rosbif.

rosc/a *f* **1.** vis. | FIG **pasarse de** ~, dépasser les bornes. **2.** *(pan)* couronne. **3.** *(carnosidad)* bourrelet *m*.

4. FAM **hacer la** ~ **a,** faire de la lèche à. **-o** *m* FAM zéro. **-ón** *m* ~ **de Reyes,** galette *f* des Rois.

rosetón *m* rosace *f*.

rosquilla *f* petit gâteau *m* en forme de couronne.

rostro *m* visage.

rota/ción *f* rotation. **-tivo, a** *a* rotatif, ive. ■ *m* journal.

roto, a *p p de* **romper.**

rotonda *f* rotonde.

rotor *m* rotor.

rótula *f* rotule.

rotulador *m* crayon-feutre, marqueur.

rótulo *m* **1.** *(de tienda)* enseigne *f*. **2.** *(placa)* panonceau *m*.

rotund/o, a *a* catégorique. **-amente** *adv* catégoriquement, formellement.

rotura *f* **1.** *(tubería, etc.)* rupture. **2.** *(parabrisas)* bris *m*. **3.** *(tela)* déchirure.

roturar *f* défricher.

roulotte *f* caravane.

rozadura *f* **1.** éraflure. **2.** *(en la piel)* écorchure.

rozagante *a* fringant, e.

rozar *t* **1.** frôler. **2.** *(raspar ligeramente)* érafler. ■ *i* frotter.

Ruán *n p* Rouen.

rubéola *f* rubéole.

rubí *m* rubis.

rubio, a *a/s* blond, e.

rubor *m* rougeur *f*. **-izarse** *pr* rougir.

rúbrica *f* **1.** rubrique. **2.** *(de firma)* paraphe *m*.

rubricar *t* **1.** parapher. **2.** signer.

rucio, a *a* gris, e. ■ *m* âne.

rudeza *f* rudesse.

rudiment/o *m* rudiment. **-ario, a** *a* rudimentaire.

rudo, a *a* rude.

rueda *f* **1.** roue: ~ de repuesto, roue de secours. **2.** (*corro*) ronde. **3.** (*tajada*) tranche, rondelle. **4.** (*de molino*) meule. **5.** ~ de prensa, conférence de presse.

ruedo *m* **1.** bord. **2.** (*plaza de toros*) arène *f.* **3.** (*estera*) paillasson.

ruega, etc. ⇒ **rogar**.

ruego *m* prière *f.*

rugby *m* rugby.

rug/ir *i* rugir. **-ido** *m* rugissement.

rugos/o, a *a* rugueux, euse. **-idad** *f* rugosité.

ruibarbo *m* rhubarbe *f.*

ruid/o *m* bruit: meter ~, faire du bruit. **-oso, a** *a* bruyant, e.

ruin *a* **1.** vil, e. **2.** mesquin, e.

ruin/a *f* ruine. **-oso, a** *a* **1.** (*edificio*) délabré, e, en ruine. **2.** (*que arruina*) ruineux, euse.

ruiseñor *m* rossignol.

ruleta *f* roulette.

rulo *m* rouleau.

Rumanía *n p f* Roumanie.

rumano, a *a/s* roumain, e.

rumbo *m* **1.** route *f,* cap: hacer ~ a, mettre le cap sur. **2.** direction *f*: con ~ a, en direction de. **3.** (*ostentación*) faste. **4.** largesse *f,* générosité *f.*

rumi/ar *i/t* ruminer. **-ante** *m* ruminant.

rumor *m* **1.** rumeur *f.* **2.** corre el ~, le bruit court. **-ear** *impers* se rumorea que..., le bruit court que... **-oso, a** *a* murmurant, e.

runrún *m* rumeur *f.*

rupestre *a* rupestre.

ruptura *f* rupture.

rural *a* rural, e: los medios rurales, les milieux ruraux.

Rusia *n p f* Russie.

ruso, a *a/s* russe.

rústico, a *a* **1.** rustique. **2.** (*libro*) en rústica, broché, e.

ruta *f* **1.** route. **2.** itinéraire *m.* **3.** FIG chemin *m,* voie.

rutilante *a* rutilant, e.

rutin/a *f* routine. **-ario, a** *a* routinier, ère.

S

s [ese] ∫ s m: **una ~**, un s.

sábado m samedi.

sábana ∫ drap m.

sabana ∫ savane.

sabandija ∫ bestiole.

sabañón m engelure ∫.

sabedor, a a ser ~ **de**, être au courant de.

¹saber° t savoir: **no sé**, je ne sais pas; **¿quién sabe?**, qui sait?; **nunca lo supo**, il ne l'a jamais su. | **a ~**, à savoir. ■ i **1. ~ a**, avoir un goût de: **este jarabe sabe a frambuesa**, ce sirop a un goût de framboise. **2. ~ de alguien**, avoir des nouvelles de quelqu'un. **3. ~ de**, connaître: **sé de gente que...**, je connais des gens qui... ☞ pr **me sé tu dirección de memoria**, je sais, je connais ton adresse par cœur.

²saber m savoir.

sabido, a a **es ~ que**, il est bien connu que.

sabiduría ∫ **1.** savoir m. **2.** (ciencia) sagesse.

sabiendas (a) loc adv sciemment.

sabihondo, a a/s pédant, e.

sabio, a a/s savant, e.

sabl/e m sabre. **-azo** m **1.** coup de sabre. **2.** FAM **dar un ~ a un amigo**, taper un ami. **-ista** s tapeur, euse.

sabor m saveur ∫, goût: **un ~ a menta**, un goût de menthe. **-ear** t savourer.

sabot/ear t saboter. **-aje** m sabotage.

Saboya n p ∫ Savoie.

sabroso, a a savoureux, euse.

sabueso m (policía) fin limier.

saca ∫ extraction.

sacacorchos m tire-bouchon.

sacamanchas m détachant.

sacamuelas m charlatan.

sacapuntas m taille-crayon.

sacar t **1.** tirer: **~ la lengua, una conclusión**, tirer la langue, une conclusion. **2.** sortir: **~ el coche del garaje**, sortir la voiture du garage. **3.** (quitar) ôter. **4.** (muela) arracher. **5.** (foto, billete) prendre: **saqué una foto de la catedral**, j'ai pris une photo de la cathédrale. **6.** (premio) gagner. **7.** (un problema) résoudre. **8. ~ a bailar**, inviter à danser; **~ de sí**, mettre hors de soi. **9.** (tenis) servir; (fútbol) botter. ■ **sacarse una muela**, se faire arracher une dent.

sacarina ∫ saccharine.

sacerdo/cio m sacerdoce. **-tal** a sacerdotal, e. **-te** m prêtre.

saci/ar t rassasier. **-edad** ∫ satiété: **hasta la ~**, à satiété.

saco m **1.** sac. | **~ de dormir**, sac de couchage. **2.** AMER (chaqueta) veste ∫.

sacramento m sacrement.

sacrific/ar t sacrifier. **-io** m sacrifice.

sacrilegio m sacrilège.

sacrílego, a a sacrilège.

sacrist/án m sacristain. **-ía** ∫ sacristie.

sacro, a a sacré, e.

sacudida ∫ secousse.

sacudir t **1.** secouer. **2.** (golpear) battre. **3.** FAM ~ un golpe, flanquer un coup.

sádico, a a/s sadique.

sadismo m sadisme.

saeta f flèche.

sag/az a sagace. **-acidad** f sagacité.

Sagitario m ASTR Sagittaire.

sagrado, a a **1.** sacré, e: Sagrado Corazón, Sacré-Cœur. **2.** saint, e: la Sagrada Familia, la sainte Famille.

sagrario m tabernacle.

Sáhara n p m el ~, le Sahara.

sahariano, a a/f saharien, enne.

sainete m saynète f.

saíno m pécari.

sajar t inciser.

sajón, ona a/s saxon, one.

Sajonia n p f Saxe.

¹sal f **1.** sel m. **2.** (garbo) charme m.

²sal ⇒ **salir**.

sala f **1.** salle: ~ de espera, salle d'attente. | ~ de fiestas, cabaret m. **2.** salon m.

saladero m saloir.

salado, a a **1.** salé, e. **2.** FIG drôle.

Salamanca n p Salamanque.

salar t saler.

salari/o m salaire. **-al** a salarial, e.

salaz a lascif, ive.

salazón f salaison f.

salchich/a f saucisse. **-ería** f charcuterie. **-ero, a** s charcutier, ère. **-ón** m saucisson.

sald/ar t solder. **-o** m solde.

saledizo, a a en saillie. ■ m encorbellement.

saler/o m **1.** salière f. **2.** FIG charme. **3.** esprit. **-oso, a** a **1.** charmant, e. **2.** spirituel, elle.

salga, etc. ⇒ **salir**.

salida f **1.** sortie: ~ de emergencia, sortie de secours. **2.** (de un tren, una carrera) départ m. **3.** (de un astro) lever m. **4.** FIG (solución) issue f. **5.** (venta) débouché m. | **producto que tiene una gran ~**, produit qui se vend bien. **6.** (ocurrencia) mot m d'esprit.

saliente a **1.** saillant, e. **2.** (presidente, etc.) sortant, e. ■ m saillie f.

salina f marais m salant.

salino, a a salin, e.

salir° i **1.** sortir: ~ a la calle, al balcón, sortir dans la rue, sur le balcon; **sal de aquí**, sors d'ici. **2.** partir: **el tren sale dentro de cinco minutos**, le train part dans cinq minutes. **3.** (un astro) se lever. **4.** paraître: **esta revista sale el lunes**, cette revue paraît le lundi; ~ **en la tele**, passer à la télé. **5.** ~ **bien, mal**, réussir, échouer. **6.** ~ **caro**, revenir, coûter cher; **la cena me ha salido a 35 euros**, le dîner m'est revenu à 35 euros. **7.** ~ **a alguien**, ressembler à quelqu'un. **8.** ~ **adelante**, s'en tirer. ■ pr **1.** sortir. **2.** (rebosar) déborder. **3.** fuir: **este cántaro se sale**, cette cruche fuit. **4. salirse del tema**, sortir, s'écarter du sujet; **salirse con la suya**, arriver à ses fins. **5. salirse de la carretera**, quitter la route.

salitre m salpêtre.

saliv/a f salive. **-ar** i **1.** saliver. **2.** (escupir) cracher. **-azo** m crachat.

salmo m psaume. **-diar** t psalmodier.

salmón m saumon.

salmonete m rouget.

salmuera f saumure.

salobre a saumâtre.

salón m **1.** salon. **2.** salle f: ~ de actos, salle des fêtes.

salpicadero m tableau de bord.

salpic/ar t éclabousser. **-adura** f éclaboussure. **-ón** m viande f ou poisson haché en salade.

sals/a f sauce: ~ de tomate, sauce tomate. **-era** f saucière.

saltador, a a/s sauteur, euse.

saltamontes m sauterelle f.

saltar i 1. sauter. 2. (brincar) bondir. ■ t/pr 1. sauter: me salté una página, j'ai sauté une page. 2. saltarse un semáforo en rojo, brûler un feu rouge.

salteador m brigand.

saltear t 1. attaquer. 2. (cocina) faire sauter: patatas salteadas, pommes de terre sautées.

saltimbanqui m saltimbanque.

salto m 1. saut: ~ de altura, de longitud, mortal, saut en hauteur, en longueur, périlleux. 2. bond: pegar un ~, faire un bond. | dar saltos, bondir, sauter. 3. ~ de agua, chute f d'eau.

saltón, ona a saillant, e.

salubr/e a salubre. **-idad** f salubrité.

salud f santé: ¡a su ~!, à votre santé!

saludable a 1. sain, e. 2. (provechoso) salutaire.

salu/dar t saluer. | salude de mi parte a, mon bon souvenir à. **-do** m 1. salut. 2. saludos cordiales, sincères salutations f; con los atentos saludos de, avec les compliments de. **-tación** f salutation.

salva f salve.

salvación f salut m.

salvado m son.

salvador m 1. sauveur: el Salvador, le Sauveur. 2. sauveteur.

Salvador (El) n p m (país) le Salvador.

salvaguard/ia f sauvegarde. **-ar** t sauvegarder.

salvaj/e a/s sauvage. **-ada** f acte m de sauvagerie. **-ismo** m sauvagerie.

salvamanteles m dessous-de-plat.

salvamento m sauvetage.

salvar t 1. sauver. 2. (un obstáculo) franchir. 3. (una dificultad) contourner. ■ pr se sauver. | ¡sálvese quien pueda!, sauve qui peut!

salvavidas m bouée f de sauvetage. ■ a bote ~, canot de sauvetage; chaleco ~, gilet de sauvetage.

salvedad f réserve.

salvia f sauge.

salvo, a a sauf, sauve. | poner a ~, mettre en lieu sûr. ■ adv sauf: todos ~ él, tous sauf lui.

salvoconducto m sauf-conduit.

san a saint: ~ Pedro, saint Pierre; el día de ~ Juan, la Saint-Jean.

sanar t/i guérir.

sanatorio m 1. sanatorium. 2. clinique f.

sanci/ón f sanction. **-onar** t sanctionner. | ~ con una multa, frapper, punir d'une amende.

sancocho m AMER sorte de pot-au-feu.

sandalia f sandale.

sandez f sottise.

sandía f pastèque.

sandio, a a/s sot, sotte.

sandunga f charme m.

sane/ar t assainir. **-amiento** m 1. assainissement. 2. los saneamientos, le sanitaire.

sangrar t/i saigner: le sangra la nariz, il saigne du nez.

sangre f sang m. | ~ fria, sang-froid; a ~ fría, de sang-froid; encender, freír la ~, exaspérer.

sangría f 1. saignée. 2. sangría, boisson rafraîchissante au vin rouge.

sangriento, a a sanglant, e.

sanguijuela f sangsue.

sanguina f sanguine.

sanguinario, a a sanguinaire.

sanguíneo, a *a* sanguin, e.

sanidad *f* service *m* de santé.

sanitario, a *a* sanitaire.

sano, a *a* sain, e: ~ **y salvo**, sain et sauf.

Santiago *n p m* Jacques.

santiamén (en un) *loc adv* en un clin d'œil.

santidad *f* sainteté.

santificar *t* sanctifier.

santiguarse *pr* se signer.

santísimo, a *a* très saint, e.

santo, a *a/s* saint, e. | ¿a ~ de qué?, en quel honneur?; ~ **y bueno**, d'accord; **fiesta de todos los Santos**, Toussaint. ■ *m* **1.** fête *f*: **hoy es mi ~**, c'est aujourd'hui ma fête. **2.** ~ **y seña**, mot de passe.

Santo Domingo *n p* Saint-Domingue.

santoral *m* vie *f* des saints, martyrologe.

santuario *m* sanctuaire.

santurrón, ona *a/s* bigot, e.

sañ/a *f* **1.** acharnement *m*. **2.** fureur. **-udo, a** *a* furieux, euse.

sapo *m* crapaud.

saque *m* **1.** (*tenis*) service. **2.** (*fútbol*) dégagement. | ~ **de esquina**, corner. **3.** FAM **tener buen ~**, avoir un joli coup de fourchette.

saque/ar *t* piller. **-o** *m* pillage.

saquito *m* sachet.

sarampión *m* rougeole *f*.

sarao *m* soirée *f* dansante.

sarc/asmo *m* sarcasme. **-ástico, a** *a* sarcastique.

sardina *f* sardine: **sardinas en aceite**, sardines à l'huile.

sardónico, a *a* sardonique.

sarga *f* serge.

sargento *m* sergent.

sarmiento *m* sarment.

sarn/a *f* gale. **-oso, a** *a/s* galeux, euse.

sarpullido *m* éruption *f* cutanée.

sarro *m* tartre.

sarta *f* chapelet *m*.

sartén *f* poêle.

sastre *m* tailleur.

Satanás *n p m* Satan.

satánico, a *a* satanique.

satélite *a/m* satellite.

satén *m* satin.

sátira *f* satire.

satírico, a *a* satirique.

sátiro *m* satyre.

satisfacción *f* satisfaction.

satisfacer° *t* satisfaire.

satisfactori/o, a *a* satisfaisant, e. **-amente** *adv* d'une façon satisfaisante.

satisfecho, a *a* satisfait, e. | ~ **de sí**, content de soi.

satur/ar *t* saturer. **-ación** *f* saturation.

sauce *m* saule: ~ **llorón**, saule pleureur.

saúco *m* sureau.

saudí *a/s* saoudien, enne.

sauna *f* sauna *m*.

savia *f* sève.

saxófono *m* saxophone.

saya *f* jupe.

saz/ón *f* **1.** maturité. | **en ~**, mûr, e. **2. a la ~**, alors. **3.** goût *m*. **-onar** *t* assaisonner.

se *pron* **1.** se, s': ~ **levanta**, il se lève; ~ **quieren**, ils s'aiment. **2.** (+ *usted, ustedes*) vous: **siéntese usted**, asseyez-vous. **3.** (*delante de lo, la, los, las*) lui, leur: ~ **lo diré**, je le lui dirai. **4.** on: ~ **oían ruidos**, on entendait des bruits; **cuando ~ está cansado**, quand on est fatigué.

sé ⇒ **saber, ser**.

sea, etc. ⇒ **ser**.

sebo m 1. suif. 2. graisse f.

secador m 1. séchoir. 2. sèche-cheveux. **-a** f sèche-linge m.

secano m terrain sec.

secante a/m siccatif, ive. | papel ~, buvard.

secar t 1. sécher. 2. ~ los platos, essuyer la vaisselle. 3. dessécher. ∎ pr 1. sécher. 2. (pozo, fuente) tarir.

sección f 1. section. 2. (dibujo) ~ de un motor, coupe d'un moteur. 3. (en un almacén) rayon m: la ~ de perfumería, le rayon de parfumerie. 4. département m, service m.

secesión f sécession.

seco, a a sec, sèche. | a secas, tout court; en ~, à sec; pararse en ~, s'arrêter net.

secreción f sécrétion.

secretari/o, a s secrétaire. ∎ f (oficina) secrétariat m. **-ado** m secrétariat.

secretear i faire des messes basses, chuchoter.

secreter m secrétaire.

secreto, a a/m secret, ète.

secta f secte.

sector m secteur.

secuaz s partisan.

secuela f séquelle.

secuencia f séquence.

secuestr/ar t 1. séquestrer. 2. (periódico, libro) saisir. 3. (raptar) enlever, kidnapper. 4. (un avión) détourner. **-ador** m 1. ravisseur. 2. ~ aéreo, pirate de l'air. **-o** m 1. séquestration f. 2. saisie f. 3. (rapto) enlèvement. 4. (de rehenes) prise f d'otages. 5. ~ aéreo, détournement d'avion.

secular a 1. séculaire. 2. (seglar) séculier, ère.

secundar t seconder.

secundario, a a secondaire.

¹**sed** f soif: tengo mucha ~, j'ai très soif.

²**sed** ⇒ ser.

sed/a f soie. **-al** m ligne f.

sedante m sédatif.

sede f siège m: la Santa Sede, le Saint-Siège.

sedentario, a a sédentaire.

sedici/ón f sédition. **-oso, a** a séditieux, euse.

sediento, a a assoiffé, e.

sediment/o m sédiment. **-ario, a** a sédimentaire.

sedoso, a a soyeux, euse.

seduc/ir° t séduire. **-ción** f séduction. **-tor, a** a séduisant, e, séducteur, trice. ∎ m séducteur.

seg/ar° t faucher. **-ador** m faucheur. **-adora** f moissonneuse.

seglar a séculier, ère.

segmento m segment.

segreg/ar t 1. séparer. 2. (una secreción) sécréter. **-ación** f ségrégation.

seguida f en ~, tout de suite; aussitôt après. **-mente** adv aussitôt après.

seguido, a a 1. continu, e. 2. cinco días seguidos, cinq jours de suite. ∎ adv tout droit: ir todo ~, aller tout droit.

seguidor m supporter.

seguir° t 1. suivre: sígame, suivez-moi. 2. poursuivre. ∎ i ~ leyendo, continuer à lire; sigue lloviendo, il continue de pleuvoir; ~ en la misma postura, rester dans la même position; sigue en el hospital, il est toujours à l'hôpital; seguimos sin noticias de él, nous sommes toujours sans nouvelles de lui.

según prep 1. selon, d'après: ~ él, d'après lui; ~ dijo el médico, d'après ce qu'a dit le médecin. 2. comme. 3. à mesure que: ~ iban llegando, à

mesure qu'ils arrivaient. **4.** (*en respuestas*) c'est selon, ça dépend.

segundo, a *a* deuxième, second, e. ■ *m* **1.** (*jerarquia*) second. **2.** (*tiempo*) seconde *f*: **vuelvo en un ~,** je reviens dans une seconde. ■ *f* seconde.

segundón *m* cadet.

seguramente *adv* sûrement.

seguridad *f* **1.** sécurité: **cinturón de ~,** ceinture de sécurité; **~ social,** sécurité sociale. **2.** **cerradura de ~,** serrure de sûreté.

seguro, a *a* sûr, e. ■ *m* **1.** assurance *f*: **~ contra accidentes,** assurance contre les accidents; **~ de vida,** assurance-vie. **2.** (*dispositivo*) cran de sûreté. **3. a buen ~,** sûrement, à coup sûr.

seis *a/m* six. | **son las ~,** il est six heures. **-cientos** *a/m* six cents.

seísmo *m* séisme.

selec/ción *f* **1.** sélection. **2.** choix *m*. **-cionar** *t* sélectionner. **-to, a** *a* choisi, e.

sellar *t* **1.** sceller. **2.** (*una carta*) cacheter.

sello *m* **1.** (*de correos*) timbre. **2.** (*de documento oficial*) sceau. **3.** (*marca, medicina*) cachet.

selva *f* forêt: **~ virgen,** forêt vierge.

semáforo *m* **1.** sémaphore. **2.** (*en las calles*) feu de signalisation: **un ~ en rojo,** un feu rouge.

seman/a *f* semaine. | **fin de ~,** week-end. **-al** *a* hebdomadaire. **-ario** *m* hebdomadaire.

semántico, a *a/f* sémantique.

semblante *m* **1.** visage, mine *f*. **2.** aspect.

semblanza *f* notice biographique.

sembr/ar *t* semer. **-ado** *m* champ ensemencé, semis. **-ador, a** *s* semeur, euse.

semejante *a/s* semblable. | **no creo ~ mentira,** je ne crois pas un tel mensonge.

semejanza *f* ressemblance.

semen *m* sperme.

semental *m* étalon.

semestr/e *m* semestre. **-al** *a* semestriel, elle.

semicírculo *m* demi-cercle.

semicorchea *f* double croche.

semifinal *f* demi-finale.

semill/a *f* graine, semence. **-ero** *m* pépinière *f*.

seminar/io *m* séminaire. **-ista** *m* séminariste.

semita *a/s* sémite.

sémola *f* semoule.

Sena *n p m* el **~,** la Seine.

senad/o *m* sénat. **-or** *m* sénateur.

sencill/o, a *a* simple. **-ez** *f* simplicité.

senda *f*, **sendero** *m* sentier *m*.

senderismo *m* randonnée *f*.

sendos, as *a* chacun, e, un, une: **llevaban sendas maletas,** ils portaient chacun une valise.

senil *a* sénile. **-idad** *f* sénilité.

seno *m* **1.** sein. **2.** FIG **en el ~ de,** au sein de. **3.** (*matemáticas*) sinus.

sensaci/ón *f* **1.** sensation: **causar ~,** faire sensation. **2.** impression. **-onal** *a* sensationel, elle.

sensat/o, a *a* sensé, e. **-ez** *f* bon sens *m*.

sensib/le *a* sensible. **-ilidad** *f* sensibilité.

sensual *a* sensuel, elle. **-idad** *f* sensualité.

sentado, a *a* **1. pan ~,** pain rassis. **2. dar por ~,** considérer comme acquis. ■ *f* sit-in *m*.

sentar° *t* asseoir. ■ *i* (*comida, etc.*) **~ bien, mal,** faire du bien, du mal; (*vestido, etc.*) aller bien, mal: **este**

peinado te sienta bien, cette coiffure te va bien; (agradar o no) plaire, ne pas plaire. ■ se sentó a la mesa, il s'est assis à table; siéntese, asseyez-vous.

sentenci/a ∫ 1. sentence. 2. JUR sentence, jugement m. **-ar** t 1. juger. 2. condamner. **-oso, a** a sentencieux, euse.

sentido, a a sincère, ému, e. ■ m 1. sens: buen ~, bon sens; ~ del humor, sens de l'humour. 2. perder el ~, perdre connaissance.

sentimental a sentimental, e.

sentimiento m 1. sentiment. 2. (pena) peine ∫, chagrin, douleur ∫. 3. (pesar) regret.

¹sentir° t 1. sentir. 2. (oír) entendre. 3. (experimentar) éprouver, avoir: ~ miedo, avoir peur. 4. (lamentar) regretter: siento que te vayas, je regrette que tu t'en ailles; lo siento mucho, je le regrette beaucoup, je suis désolé, e. ■ pr se sentir: se siente desgraciado, il se sent malheureux.

²sentir m opinion ∫, avis.

seña ∫ signe m: le hace señas de que venga, il lui fait signe de venir. ■ pl 1. (dirección) adresse sing: mis señas son calle..., mon adresse est rue... 2. (filiación) signalement m sing.

señal ∫ 1. signe m: ~ de la cruz, signe de croix; en ~ de, en signe de. 2. marque. 3. preuve. 4. (para avisar) signal m: señales acústicas, signaux acoustiques. | señales de tráfico, panneaux de signalisation. 5. (teléfono) tonalité. 6. (dinero) arrhes pl.

señalado, a a remarquable, exceptionnel, elle.

señalar t 1. marquer. 2. ~ con el dedo, montrer du doigt. 3. signaler, indiquer. ■ pr se distinguer.

señor m 1. seigneur. | Nuestro Señor, Notre-Seigneur. 2. monsieur: el ~ Gómez, monsieur Gómez; el ~ director, cura, monsieur le directeur, monsieur le curé; muy ~ mío, cher monsieur. 3. señores, messieurs. **-a** ∫ 1. dame. | Nuestra Señora, Notre-Dame. 2. madame: la ~ de Gómez, madame Gómez; la ~ directora, madame la directrice; muy ~ mía, chère madame. 3. señoras, mesdames.

señorear t dominer.

señorial a seigneurial, e, noble.

señorío m distinction ∫.

señorita ∫ 1. jeune fille. 2. mademoiselle: la ~ Ana, mademoiselle Anne. 3. demoiselle: dos viejas señoritas, deux vieilles demoiselles.

señorito m 1. monsieur. 2. FAM fils à papa.

señuelo m leurre ∫.

sepa, etc. ⇒ **saber.**

separ/ar t séparer. **-ación** ∫ séparation. **-adamente** adv séparément. **-atista** a/s séparatiste.

sepelio m inhumation ∫.

sepia ∫ 1. (jibia) seiche. 2. (color) sépia.

septentrional a septentrional, e.

séptico, a a septique.

septiembre m septembre.

séptimo, a a/m septième.

septuagenario, a a/s septuagénaire.

sepulcr/o m sépulcre, tombeau. **-al** a sépulcral, e.

sepult/ar t ensevelir. **-ura** ∫ sépulture.

sequedad ∫ sécheresse.

sequía f sécheresse.

séquito m 1. suite f. 2. cortège.

¹ser m être.

²ser° i 1. être: **soy español**, je suis espagnol; **¿quién es?**, qui est-ce?; **soy yo**, c'est moi; **somos cinco**, nous sommes cinq; **hoy es lunes**, c'est aujourd'hui lundi; **son las tres**, il est trois heures; **aquí es**, c'est ici. 2. (+ de) **esta pulsera es de oro**, ce bracelet est en or; **es de mi madre**, il est à ma mère; **¿qué ha sido de él?**, qu'est-il devenu? 3. (auxiliaire, sert à former la voix passive) être: **su discurso fue muy aplaudido**, son discours a été très applaudi. 4. (suceder) avoir lieu, se produire, arriver: **a las tres fue el entierro**, l'enterrement a eu lieu à trois heures; **¿cómo fue eso?**, comment cela est-il arrivé? 5. **a no ~ que**, à moins que; **eso es**, c'est ça; **o sea**, autrement dit; **o sea que**, c'est-à-dire que; **sea... sea**, soit... soit; **sea lo que sea, sea lo que fuere**, quoi qu'il en soit. ⇒ **estar**. ⇒ **être**.

sera f couffin m.

serafín m séraphin.

Serbia n p f Serbie.

serbio, a a/s serbe.

serenar t calmer.

serenata f sérénade.

serenidad f sérénité.

sereno, a a/m serein, e. ■ m veilleur de nuit.

serial m feuilleton.

serie f série: **en ~**, en série.

seri/o, a a sérieux, euse. | **en ~**, sérieusement; **tomar en ~**, prendre au sérieux. **-edad** f sérieux m.

serm/ón m sermon. **-onear** t sermonner.

seropositivo, a a/s séropositif, ive.

serpentear i serpenter.

serpentina f serpentin m.

serpiente f serpent m.

serrano, a a montagnard, e.

serr/ar° t scier. **-ín** m sciure f. **-ucho** m égoïne f.

servible a utilisable.

servicial a serviable.

servicio m service: **prestar un ~**, rendre un service. ■ pl (aseo) toilettes f.

servid/or, a s serviteur, domestique. ■ m INFORM serveur. **-umbre** f 1. servitude. 2. domestiques m pl.

servil a servile. **-ismo** m servilité f.

servillet/a f serviette. **-ero** m rond de serviette.

servir° t/i 1. servir: **~ para**, servir à; **¿para qué sirve esto?**, à quoi ça sert?; **no sirve de nada lamentarse**, ça ne sert à rien de se lamenter. | **no ~ para**, ne pas être fait pour. 2. **¿en qué puedo servirle?**, en quoi puis-je vous être utile? ■ pr 1. se servir: **me sirvo de un bolígrafo**, je me sers d'un stylo à bille; **sírvase usted más**, servez-vous mieux. 2. **sírvase entrar**, veuillez entrer.

sesent/a a/m soixante. **-ón, ona** a/s sexagénaire.

seseo m défaut qui consiste à prononcer le **c** et le **z** comme un **s**.

sesera f FAM cervelle.

sesg/ar t couper en biais. **-o** m 1. al ~, en biais. 2. FIG tournure f.

sesión f 1. séance. | **~ continua los domingos**, cinéma permanent le dimanche. 2. (período) session.

ses/o m cervelle f. ■ pl cervelle f sing. **-udo, a** a sage.

seta f champignon m.

setecientos, as a/m sept cents.

setent/a a/m soixante-dix. **-ón, ona** a/s septuagénaire.

setiembre ⇒ **septiembre**.

seto m haie f.

seudónimo m pseudonyme.

Seúl n p Séoul.

sever/o, a a sévère. **-idad** f sévérité.

Sevilla n p f Séville.

sevillano, a a/s sévillan, e.

sexagenario, a a/s sexagénaire.

sexagésimo, a a/s soixantième.

sexo m sexe.

sexto, a a/s sixième.

sexual a sexuel, elle. **-idad** f sexualité.

¹si m MUS si.

²si conj si, s': ~ **yo fuera más joven,** si j'étais plus jeune. | ~ **bien,** bien que; ~ **no,** sinon.

³sí pron pers **1.** soi: **volver en** ~, revenir à soi; **de por** ~, en soi. **2.** lui, elle, eux, elles: **lo quiere todo para** ~, il veut tout pour lui.

⁴sí adv **1.** oui: **ni ~ ni no,** ni oui ni non. **2.** (respondiendo a una negación o duda) si. | **claro que** ~, mais oui, mais si. ■ m oui.

siamés, esa a/s siamois, e.

Siberia n p f Sibérie.

siberiano, a a/s sibérien, enne.

Sicilia n p f Sicile.

sico... ⇒ **psico...**

sicomoro m sycomore.

sida m sida.

sideral a sidéral, e.

siderurgia f sidérurgie.

sido p p de **ser.**

sidra f cidre m.

siega f moisson.

siembra f semailles pl.

siempre adv toujours: **para** ~, pour toujours. | ~ **que,** du moment que; (cada vez) chaque fois que.

siempreviva f immortelle.

sien f tempe: **las sienes,** les tempes.

siento, etc. ⇒ **sentar, sentir.**

sierra f **1.** scie. **2.** (cordillera) chaîne de montagne. **3.** montagne.

siervo, a s serf, serve.

siesta f sieste: **dormir la** ~, faire la sieste.

siete a/m sept. | **son las** ~, il est sept heures.

sifón m **1.** siphon. **2.** eau f de Seltz.

siga, etc. ⇒ **seguir.**

sigil/o m secret. **-oso, a** a discret, ète.

sigla f sigle m.

siglo m siècle: **en el** ~ **veintiuno,** au vingt-et-unième siècle.

signific/ar t signifier. **-ación** f, **-ado** m signification f. **-ativo, a** a significatif, ive.

signo m **1.** signe. **2.** ~ **de admiración, de interrogación,** point d'exclamation, d'interrogation.

sigo, sigue ⇒ **seguir.** |

siguiente a suivant, e. | **al día** ~ **de morir,** le lendemain de sa mort.

silb/ar i siffler. **-ato** m sifflet. **-ido** m sifflement.

silenciador m silencieux.

silenciar t passer sous silence, taire.

silenci/o m silence: **guardar** ~, garder le silence. **-oso, a** a silencieux, euse.

sílex m silex.

silla f **1.** chaise. | ~ **de ruedas,** fauteuil m roulant. **2.** ~ **de montar,** selle.

sillar m pierre f de taille.

sillín m selle f.

sillón m fauteuil.

silo m silo.

silueta f silhouette.

silvestre a sauvage.

sima f abîme m, gouffre m.

simbólico, a a symbolique.

simbolizar t symboliser.

símbolo m symbole.
sim/etría f symétrie. **-étrico, a** a symétrique.
simiente f semence.
símil m comparaison f.
simil/ar a similaire. **-itud** f similitude.
simio m singe.
simp/atía f sympathie. **-ático, a** a sympathique. **-atizar** i sympathiser.
simpl/e a 1. simple. 2. (bobo) naïf, naïve. **-eza** f naïveté, sottise. **-icidad** f simplicité. **-ificar** i simplifier.
simulacro m simulacre.
simular i simuler.
simultáneo, a a simultané, e.
sin prep 1. sans. 2. (+ infinitivo) zona ~ edificar, zone non bâtie; mercancías ~ vender, marchandises invendues; está ~ afeitar, il n'est pas rasé.
sinagoga f synagogue.
sincer/o, a a sincère. **-idad** f sincérité.
síncopa f syncope.
síncope m syncope f: padecer un ~, avoir une syncope.
sincronizar t synchroniser.
sindical a syndical, e. **-ismo** m syndicalisme. **-ista** s syndicaliste.
sindicarse pr se syndiquer.
sindicato m syndicat.
síndrome m syndrome.
sinecura f sinécure.
sinfín m infinité f.
sinfonía f symphonie.
singular a/m singulier, ère. **-idad** f singularité. **-izarse** pr se singulariser.
siniestr/o, a a 1. (funesto) sinistre. 2. (izquierdo) gauche. ■ m sinistre. **-ado, a** s sinistré, e.

sinnúmero m nombre incalculable.
¹sino m sort, destin.
²sino conj 1. (pero) mais. 2. (salvo) sauf, si ce n'est. 3. no quiero ~ que digas sí o no, je veux simplement que tu dises oui ou non.
sinónimo, a a/m synonyme.
sinsabor m ennui.
sintaxis f syntaxe.
síntesis f synthèse.
sintético, a a synthétique.
síntoma m symptôme.
sinton/ía f 1. (radio) indicatif m. 2. FIG harmonie, entente. **-izar** i FIG s'entendre, être en phase.
sinuos/o, a a sinueux, euse. **-idad** f sinuosité.
sinusitis f sinusite.
sinvergüenza s 1. voyou m. 2. crapule f.
siquiera adv au moins: dame ~ tu número de teléfono, donne-moi au moins ton numéro de téléphone | ni ~, pas même. ■ conj même si.
sirena f sirène.
sirga f halage m.
Siria n p f Syrie.
sirio, a a/s syrien, enne.
sirva, etc. ⇒ **servir**.
sirviente, a s serviteur, servante.
sis/a f 1. emmanchure. 2. (de dinero) menus profits m pl. **-ar** t soutirer, carotter.
sisear i siffler.
sistem/a m système. **-ático, a** a systématique.
sitiar t assiéger.
sitio m 1. place f: hay ~, il y a de la place. 2. endroit: un ~ tranquilo, un endroit tranquille. | en cualquier ~, n'importe où. 3. INFORM site. 4. MIL siège: estado de ~, état de siège.
situación f situation.

situar t **1.** situer. **2.** (colocar) placer.

slogan m slogan.

¹so prep sous.

²so interj FAM espèce de: ¡~ **idiota!**, espèce d'idiot!

soba f FAM (paliza) volée.

sobaco m aisselle f.

sob/ar t **1.** pétrir. **2.** (manosear) tripoter. **-ado, a** a **1.** tema ~, sujet rebattu. **2.** traje ~, costume élimé.

soberan/o, a a/s souverain, e. **-ía** f souveraineté.

soberbia f orgueil m.

soberbio, a a superbe.

soborn/ar t soudoyer, acheter. **-o** m (dádiva) pot-de-vin.

sobra f reste m. | **de** ~, plus qu'il n'en faut, de trop.

sobrado, a a estar ~ **de dinero**, avoir de l'argent plus qu'il n'en faut.

sobrante a restant, e.

sobrar i **1.** avoir en trop. **2.** être en trop. **3.** (quedar) rester.

sobrasada f gros saucisson m pimenté.

¹sobre prep **1.** sur. **2.** (por encima de) au-dessus de. **3.** (aproximadamente) environ. **4.** ~ **las seis**, vers six heures. **5.** ~ **todo**, surtout.

²sobre m **1.** (de carta) enveloppe f. **2.** (de sopa, etc.) sachet.

sobreabundancia f surabondance.

sobrealimentar t suralimenter.

sobrecama f dessus-de-lit m.

sobrecarg/ar t surcharger. **-a** f surcharge.

sobrecito m sachet.

sobrecoger t saisir, surprendre.

sobredosis f overdose.

sobreentender° t sous-entendre.

sobreexcitar t surexciter.

sobrehumano, a a surhumain, e.

sobrellevar t supporter, endurer.

sobremanera adv extrêmement.

sobremesa f temps m passé à table après le repas.

sobrenadar i surnager.

sobrenatural a surnaturel, elle.

sobrenombre m surnom.

sobrentender° t sous-entendre.

sobrepasar t dépasser.

sobreponer° t superposer. ■ **sobreponerse a**, surmonter.

sobrepujar t surpasser, dépasser.

sobresaliente m (en los exámenes) mention f très bien.

sobresalir° i **1.** dépasser. **2.** FIG se distinguer.

sobresalt/arse pr sursauter. **-o** m **1.** soubresaut. **2.** (temor) alarme f, frayeur f.

sobretodo m pardessus.

sobrevenir° i survenir.

sobreviv/ir i survivre. **-iente** a/s survivant, e.

sobrevolar° t survoler.

sobriedad f sobriété.

sobrino, a s neveu, nièce.

sobrio, a a sobre.

socaliña f ruse.

socarr/ón, ona a sournois, e. **-onería** f sournoiserie.

socav/ar t **1.** creuser. **2.** FIG saper. **-ón** m **1.** excavation f. **2.** (hundimiento) affaissement.

sociable a sociable.

social a social, e. **-ismo** m socialisme. **-ista** a/s socialiste.

sociedad f société.

socio, a s **1.** associé, e. | ~ **capitalista**, associé. **2.** (de un club, etc.) membre, adhérent, e, sociétaire.

sociología f sociologie.

socorrer t secourir.

socorrido, a a passe-partout.

socorr/o m secours. | ¡socorro!, au secours! **-ista** s secouriste.

soda f soda m: una ~, un soda.

soez a grossier, ère.

sofá m canapé, sofa: ~ **cama**, canapé-lit.

Sofía n p f Sophie.

sofisticado, a a sophistiqué, e.

sofoc/ar t 1. suffoquer. 2. (apagar) étouffer. **-ación** f étouffement m. **-ante** a étouffant, e, suffocant, e. **-o** m contrariété f.

sofr/eír° t faire revenir. **-ito** m coulis.

software m logiciel.

soga f corde.

soja f soja m.

¹sol m soleil. | de ~ a ~, du lever au coucher du soleil.

²sol m MÚS sol.

solador m carreleur.

solana f véranda.

solapa f revers m.

solapado, a a sournois, e.

¹solar a solaire.

²solar m terrain à bâtir, terrain vague.

solariega a casa ~, manoir m.

solazar t distraire.

soldado m soldat.

sold/ar° t souder. **-adura** f soudure.

soleado, a a ensoleillé, e.

soledad f solitude.

solemn/e a solennel, elle. **-idad** f solennité.

soler° i 1. avoir l'habitude, coutume de: **suelo acostarme temprano**, j'ai l'habitude de me coucher tôt. 2. **aquí suele llover mucho**, ici, il pleut généralement beaucoup.

solera f FIG tradition. | **vino de ~**, vin vieux.

solf/a f solfège m. **-eo** m solfège.

solicit/ar t 1. demander. 2. (por escrito) solliciter. **-ante** a/s demandeur, euse.

solícito, a a empressé, e.

solicitud f 1. (escrito) demande. 2. (amabilidad) sollicitude.

solidari/dad f solidarité. **-o, a** a solidaire. **-zarse** pr se solidariser.

solidez f solidité.

solidificar t solidifier.

sólido, a a/m solide.

solista s soliste.

solitario, a a/s solitaire.

solito, a a tout seul, toute seule.

soliviantar t exciter, irriter.

solloz/ar i sangloter. **-o** m sanglot.

solo, a a seul, e. | **a solas**, tout seul, toute seule. ■ m MÚS solo.

sólo adv seulement: no ~... sino, non seulement... mais. | **tan ~**, seulement; **con ~ pensarlo**, rien que d'y penser.

solomillo m faux-filet, aloyau.

soltar° t 1. lâcher: ¡suéltame!, lâchez-moi!; ~ **una tontería**, lâcher une bêtise. 2. (lo atado) détacher. 3. (un preso) relâcher. ■ pr 1. se détacher. 2. lâcher. 3. FIG se dégourdir, se débrouiller. 4. soltarse a, se mettre à.

solter/o, a a/s célibataire. **-ón, ona** s vieux garçon, vieille fille.

soltura f aisance.

soluble a soluble.

soluci/ón f solution. **-onar** t résoudre.

solven/cia f 1. solvabilité. 2. compétence, sérieux m. **-te** a 1. solvable. 2. sûr, e, digne de foi. ■ m solvant.

sombr/a f 1. ombre: **dar ~**, faire de l'ombre; **no hay ni ~ de duda**, il n'y a pas l'ombre d'un doute. 2. (suerte) **buena ~**, chance; ¡qué mala ~!,

quelle malchance! **-eado, a** *a* ombragé, e.

sombrer/o *m* chapeau. **-era** *f* modiste. **-ero** *m* chapelier.

sombrilla *f* 1. ombrelle. 2. *(quitasol)* parasol *m*.

sombrío, a *a* sombre.

somero, a *a* superficiel, elle.

somet/er *t* soumettre. ■ *pr* se soumettre. **-imiento** *m* soumission *f*.

somier *m* sommier.

somnífero *m* somnifère.

somnolencia *f* somnolence.

somos, son ⇒ **ser**.

son *m* 1. son. 2. ¿a ~ de qué?, sous quel prétexte?, au nom de quoi?

sonado, a *a* 1. fameux, euse. 2. qui fait du bruit.

sonajero *m* hochet.

sonámbulo, a *s* somnambule.

sonar° *i* 1. sonner: **suena el teléfono**, le téléphone sonne. 2. *(una letra)* se prononcer. 3. **me suena ese apellido**, ce nom me dit quelque chose. ■ **sonarse**, se moucher.

sonata *f* sonate.

sond/ar *t* sonder. **-a** *f* sonde. **-ear** *t* FIG sonder. **-eo** *m* sondage.

soneto *m* sonnet.

sonido *m* son.

sonor/o, a *a* sonore. **-idad** *f* sonorité. **-ización** *f* sonorisation. **-izar** *t* sonoriser.

son/reír *i* sourire. ■ *pr* sourire. **-riente** *a* souriant, e. **-risa** *f* sourire *m*.

sonrojar *t* faire rougir. ■ *pr* rougir.

sonrosado, a *a* rose.

sonsacar *t* 1. soutirer. 2. *(hacer hablar)* tirer les vers du nez à.

sonsonete *m* ton monotone.

soñ/ar° *t/i* rêver: **he soñado contigo esta noche**, j'ai rêvé de toi cette nuit; **sueña con una guitarra**, il rêve

d'une guitare. | **¡ni lo sueñes!**, n'y songe pas!, pas question! **-ador, a** *s* rêveur, euse.

soñol/iento, a *a*. somnolent, e. **-encia** *f* somnolence.

sopa *f* soupe: **~ de cebolla**, soupe à l'oignon. | **comer la ~ boba**, vivre aux frais d'autrui.

sopapo *m* FAM gifle *f*, claque *f*.

sopera *f* soupière.

sopero *a* **plato ~**, assiette creuse.

sopesar *t* soupeser.

sopetón (de) *loc adv* à l'improviste.

soplamocos *m* taloche *f*.

soplar *i/t* souffler.

soplete *m* chalumeau.

sopl/o *m* 1. souffle. 2. FAM *(delación)* mouchardage. **-ón, ona** *a/s* mouchard, e, rapporteur, euse.

soponcio *m* évanouissement.

sopor *m* assoupissement. **-ífero, a**, **-ífico, a** *a/m* soporifique.

soportable *a* supportable.

soportal *m* porche. ■ *pl* arcades *f*.

soport/ar *t* supporter. **-e** *m* support.

sor *f* sœur.

sorber *t* 1. boire. 2. absorber.

sorbete *m* sorbet.

sorbo *m* gorgée *f*.

sordera *f* surdité.

sórdido, a *a* sordide.

sordina *f* **con ~**, en sourdine.

sordo, a *a/s* sourd, e. **-mudo, a** *a/s* sourd-muet, sourde-muette.

sorna *f* ton *m* goguenard.

soroche *m* AMER mal des montagnes.

sorprend/er *t* surprendre. ■ *pr* être surpris, e. **-ente** *a* surprenant, e.

sorpresa *f* surprise: **dar una ~**, faire une surprise; **por ~**, par surprise.

sorte/ar t 1. tirer au sort. 2. esquiver. **-o** m tirage au sort.

sortija f bague.

sortilegio m sortilège.

sosa f soude.

sosegar° t calmer, apaiser. ■ pr 1. se calmer. 2. (descansar) se reposer.

sosia m sosie.

sosiego m calme, tranquillité f.

soslay/ar t éluder, esquiver. **-o** m de ~, de travers.

soso, a a fade, insipide.

sospecha f soupçon m.

sospech/ar t/i 1. soupçonner: ~ de alguien, soupçonner quelqu'un. 2. lo sospechaba, je m'en doutais. **-oso, a** a/s suspect, e.

sostén m 1. soutien. 2. (prenda de mujer) soutien-gorge.

sostener° t soutenir.

sostenido, a a/m MUS dièse.

sota f valet m (cartes).

sotabanco m mansarde f.

sotana f soutane.

sótano m sous-sol: en el ~, au sous-sol.

soto m bois, fourré.

sovi/et m soviet. **-ético, a** a/s soviétique.

soy ⇒ **ser**.

spray m bombe f.

stock m stock.

su, sus a pos 1. son, sa, ses. 2. (varios poseedores) leur, leurs. 3. (de usted, ustedes) votre, vos: deme ~ dirección, donnez-moi votre adresse; ~ sobrino de usted, votre neveu.

suav/e a doux, douce. **-idad** f douceur. **-izar** t adoucir.

subalterno, a a/s subalterne.

subarrend/ar° t sous-louer. **-atario, a** s sous-locataire.

subasta f 1. vente aux enchères. 2. adjudication.

subconsciente m subconscient.

subdesarroll/ado, a a sous-développé, e. **-o** m sous-développement.

subdirector m sous-directeur.

súbdito, a s 1. sujet, ette. 2. (de un país) ressortissant, e.

subdividir t subdiviser.

subida f 1. montée. 2. (de precios, temperatura) hausse.

subido, a a 1. (color) vif, vive. 2. (precio) élevé, e.

subir i 1. monter: ~ al desván, al tren, al coche, monter au grenier, dans le train, en voiture. 2. augmenter: ha subido la gasolina, l'essence a augmenté. ■ t 1. ~ una cuesta, monter une côte. 2. (precio) augmenter. 3. relever. ■ pr 1. monter, grimper: se subió al árbol, il grimpa à l'arbre. 2. remonter.

súbito, a a subit, e. ■ adv soudain.

subjefe m sous-chef.

subjetivo, a a subjectif, ive.

subjuntivo m subjonctif.

sublev/ar t soulever, révolter. ■ pr se soulever. **-ación** f soulèvement m.

sublime a sublime.

submarin/o, a a/m sous-marin, e. **-ismo** m plongée f sous-marine.

subnormal a/s anormal, e.

suboficial m sous-officier.

subordin/ar t subordonner. **-ado, a** a/s subordonné, e.

subrayar t souligner.

subrepticio, a a subreptice.

subsanar t réparer.

subscribir ⇒ **suscribir**.

subsidio m 1. subside. 2. (de paro, familiar, etc.) allocation f.

subsist/ir i subsister. **-encia** f subsistance.

substanci/a f substance. **-al** a substantiel, elle.

substantivo m substantif.

substituir ⇒ **sustituir**.

substraer ⇒ **sustraer**.

subsuelo m sous-sol.

subterráneo, a m souterrain, e.

subtítulo m sous-titre.

suburbio m faubourg.

subvenci/ón f subvention. **-onar** t subventionner.

subvenir i ~ a, subvenir à.

subversivo, a a subversif, ive.

subyugar t subjuguer.

sucedáneo m succédané, ersatz.

suced/er i ~ a, succéder à. ■ impers (ocurrir) arriver: no ha sucedido nada, il n'est rien arrivé. **-ido** m événement.

sucesión f succession.

sucesiv/o, a a successif, ive. | en lo ~, à l'avenir. **-amente** adv successivement.

suceso m 1. événement. 2. (en los periódicos) fait divers.

sucesor, a s successeur.

suciedad f saleté.

sucinto, a a succinct, e.

sucio, a a sale.

suculento, a a succulent, e.

sucumbir i succomber.

sucursal f succursale.

sudadera f (prenda) sweat-shirt m.

Sudáfrica n p f Afrique du Sud.

sudamericano, a a/s sud-américain, e.

sudar i/t suer. **-io** m suaire.

sudeste m sud-est.

sudoeste m sud-ouest.

sudor m sueur f.

Suecia n p f Suède.

sueco, a a a/s suédois, e. | FIG hacerse el ~, faire semblant de ne pas comprendre.

suegro, a s beau-père, belle-mère.

suela f semelle.

sueldo m 1. salaire: ~ base, salaire de base. 2. a ~ de, à la solde de.

suele, etc. ⇒ **soler**.

suelo m 1. sol. | caer al ~, por los suelos, tomber par terre. 2. (piso) plancher.

suelto, a p p de **soltar**. ■ a 1. libre. 2. dépareillé, e. 3. rapide. 4. hoja suelta, feuille volante. 5. dinero ~, petite monnaie f. ■ m 1. ¿tiene usted ~?, avez-vous de la monnaie? 2. (de periódico) entrefilet. ■ f lâcher m. | dar ~ a, mettre en liberté.

sueño m 1. sommeil: tengo ~, j'ai sommeil. 2. rêve: en sueños, en rêve. | su ~ dorado, son rêve.

suero m 1. petit-lait. 2. MED sérum.

suerte f 1. sort m. 2. chance f: tener ~, avoir de la chance; ¡pruebe su ~!, tentez votre chance!; ¡suerte!, bonne chance! | mala ~, malchance; por ~, heureusement; traer ~, porter bonheur. 3. sorte: toda ~ de, toutes sortes de; de ~ que, de sorte que.

suéter m pull.

suficien/te a 1. suffisant, e. 2. ~ gasolina, assez d'essence, suffisamment d'essence. **-cia** f suffisance.

sufijo m suffixe.

sufrag/ar t payer. ■ i AMER voter. **-io** m suffrage.

sufrido, a a 1. endurant, e. 2. (color) peu salissant, e.

sufr/ir t 1. souffrir de. 2. (accidente) être victime de. 3. subir. 4. (desengaño) éprouver. ■ i souffrir: ha sufrido mucho, il a beaucoup souffert. **-imiento** m souffrance f.

suge/rir t suggérer. **-rencia** f suggestion. **-rente** a suggestif, ive.

-stión f suggestion. **-stivo, a** a suggestif, ive.

suicid/io m suicide. **-a** a suicidaire. **-arse** pr se suicider.

Suiza n p f Suisse.

suizo, a a/s suisse. ■ m brioche f.

sujeción f 1. assujettissement m. 2. (atadura) fixation.

sujetador m soutien-gorge.

sujetar t 1. (mantener asido) tenir. 2. (para que no se caiga, mueva, etc.) retenir. 3. (atar) attacher. 4. (someter) assujettir.

sujeto m sujet.

sulfurar t faire rager. ■ pr se mettre en colère, se monter, s'énerver.

sulfúrico, a a sulfurique.

sultán m sultan.

suma f 1. somme. 2. addition.

sumamente adv extrêmement.

sumar t additionner. ■ sumarse a, se joindre à.

sumaria f JUR instruction.

sumario, a a/m sommaire. ■ m (judicial) instruction f.

sumerg/ir t submerger. ■ pr plonger. **-ible** a/m submersible. ■ a (reloj) étanche.

sumidero m bouche f d'égout.

suministr/ar t fournir. **-ador** m fournisseur. **-o** m fourniture f.

sumir t ~ en, plonger dans.

sumis/o, a a soumis, e. **-ión** f soumission.

sumo, a a 1. suprême, extrême. | con ~ cuidado, avec le plus grand soin. 2. a lo ~, tout au plus.

suntuoso, a a somptueux, euse.

supe ⇒ saber.

supeditar t soumettre, subordonner, faire dépendre.

súper f (gasolina) super m. ■ adv FAM super.

superar t 1. dépasser. 2. surpasser. 3. (una dificultad, etc.) surmonter. ■ pr se surpasser.

superávit m COM excédent.

supercarburante m supercarburant.

superchería f supercherie.

superficial a superficiel, elle.

superficie f 1. surface. 2. (extensión) superficie.

superfluo, a a superflu, e.

superior, a a/s supérieur, e: calidad ~, qualité supérieure. **-idad** f 1. supériorité. 2. la ~, les autorités.

superlativo, a a/m superlatif, ive.

supermercado m supermarché.

superpoblado, a a surpeuplé, e.

superponer° t superposer: estantes superpuestos, étagères superposées.

supersónico, a a supersonique.

superstici/ón f superstition. **-oso, a** a superstitieux, euse.

superviv/encia f 1. survie. 2. (de una tradición) survivance. **-iente** a/s survivant, e.

supiera, etc. ⇒ saber.

suplantar t supplanter.

suplement/o m supplément. **-ario, a** a supplémentaire.

suplente a/s suppléant, e, remplaçant, e.

supletorio, a a d'appoint.

súplica f 1. supplique. 2. prière.

suplic/ar t 1. supplier: te lo suplico, je t'en supplie. 2. (rogar) prier. 3. (pedir) demander. **-ación** f supplication.

suplicio m supplice.

suplir t suppléer, remplacer.

supo ⇒ saber.

supo/ner° t 1. supposer: supongo que..., je suppose que... 2. la supo-

nía mayor, je la croyais plus âgée. ■ *pr* supposer. **-sición** *f* supposition.

supositorio *m* suppositoire.

supremacía *f* suprématie.

supremo, a *a* suprême.

suprimir *t* supprimer. **-esión** *f* suppression.

supuesto, a *a* supposé, e. ■ *m* supposition *f*. | **en el ~ de que,** à supposer que; **por ~,** évidemment, bien sûr.

supurar *i* suppurer.

sur *m* sud.

surcar *i* sillonner. **-o** *m* sillon.

surf *m* surf: **hacer ~,** faire du surf, surfer.

surgir *i* **1.** surgir. **2.** *(agua)* jaillir.

surmenaje *m* surmenage.

surrealismo *m* surréalisme.

surtido, a *a* **1. galletas surtidas,** gâteaux secs assortis. **2. estar bien ~ de,** être bien fourni en. ■ *m* assortiment.

surtidor *m* **1.** jet d'eau. **2.** *(gasolina)* pompe *f* à essence.

surtir *t* **~ de,** fournir en.

susceptible *a* susceptible. **-ilidad** *f* susceptibilité.

suscitar *t* susciter.

suscribir *t* souscrire. ■ **suscribirse a un periódico,** s'abonner à un journal. **-pción** *f* **1.** *(a una publicación)* abonnement *m*. **2.** souscription. **-ptor, a** *s* abonné, e.

suspender *t* **1.** suspendre. **2.** *(examen)* **le han suspendido en junio,** il s'est fait recaler en juin. **-sión** *f* **1.** suspension. **2.** *(de empleo)* mise à

pied. **3.** *(de pagos)* cessation. **-sivo, a** *a* **puntos suspensivos,** points de suspension. **-so, a** *a* **1.** suspendu, e. **2.** *(en un examen)* recalé, e. ■ *m* **1.** note *f* éliminatoire. **2. en ~,** en suspens.

suspicacia *f* méfiance. **-az** *a* soupçonneux, euse.

suspirar *i* soupirer. **-o** *m* soupir: **dar un ~,** pousser un soupir.

sustancia ⇒ **substancia.**

sustantivo *m* substantif.

sustentar *t* **1.** soutenir. **2.** nourrir. **-o** *m* nourriture *f*.

sustituir *t* remplacer: **sustituye al director,** il remplace le directeur. **-ción** *f* remplacement *m*. **-to, a** *s* remplaçant, e.

susto *m* peur *f*: **dar un ~,** faire peur; **llevarse un ~,** avoir peur; **buen ~ me llevé,** j'ai eu joliment peur.

sustraer *t* **1.** soustraire. **2.** *(robar)* voler. **-cción** *f* **1.** soustraction. **2.** *(robo)* vol *m*.

susurrar *i* chuchoter. **-o** *m* chuchotement.

sutil *a* subtil, e. **-eza** *f* subtilité.

sutura *f* suture.

suyo, a, os, as *a pos* **1.** à lui, à elle, à eux, à elles: **esta maleta es suya,** cette valise est à lui. | **un amigo ~,** un de ses amis. **2.** *(= de usted)* à vous. ■ *pron pos* **1. el ~, la suya,** le sien, la sienne, le leur, la leur; *(= de usted)* le vôtre, la vôtre. **2. de ~,** en soi, par nature. ■ *m (parientes)* **los suyos,** les siens. ■ *f* **hacer de las suyas,** faire des siennes.

T

t ∫ t *m*: una ~, un t.

tabas *f pl* osselets *m*.

tabaco *m* tabac.

tábano *m* taon.

taberna *f* café *m*, bistrot *m*.

tabernáculo *m* tabernacle.

tabique *m* cloison *f*.

tabla *f* 1. planche: ~ de planchar, planche à repasser; ~ de windsurf, planche à voile. | hacer ~ rasa, faire table rase. 2. (*en un vestido*) pli *m* plat. 3. table: ~ de multiplicar, table de multiplication. ■ *pl* pisar las **tablas**, monter sur les planches.

tablado *m* 1. estrade *f*. 2. (*de teatro*) scène *f*, planches *f pl*.

tableado, a *a* plissé, e.

tablero *m* 1. panneau *m*. 2. (*encerado*) tableau noir. 3. ~ de dibujo, planche *f* à dessin. 4. (*de ajedrez*) échiquier. 5. (*de damas*) damier. 6. ~ de mandos, tableau de bord.

tableta *f* 1. tablette. 2. comprimé *m*.

tablilla *f* planchette.

tablón *m* ~ de anuncios, tableau d'affichage.

tabú *m* tabou.

tabuco *m* réduit, cagibi.

taburete *m* tabouret.

tacañ/o, a *a/s* avare. **-ería** *f* pingrerie, ladrerie.

tacha *f* défaut *m*, tache.

tachar *t* 1. biffer, barrer. 2. ~ a alguien de roñoso, accuser quelqu'un d'être pingre.

tacho *m* AMER 1. chaudron *f*. 2. (*de la basura*) poubelle *f*.

tachón *m* clou (à tête dorée).

tacita *f* petite tasse.

tácito, a *a* tacite.

taciturno, a *a* taciturne.

taco *m* 1. (*de madera, plástico*) cheville *f*. 2. (*billar*) queue *f*. 3. (*calendario*) bloc. 4. (*bota de fútbol*) crampon. 5. (*de jamón, etc.*) petit cube. 6. (*palabrota*) gros mot.

tacón *m* talon.

táctica *f* tactique.

táctil *a* tactile.

tacto *m* 1. toucher. 2. (*delicadeza*) tact, doigté.

tafetán *m* taffetas.

tafilete *m* maroquin.

tahalí *m* baudrier.

tahona *f* boulangerie.

tahúr *m* joueur, tricheur.

Tailandia *n p f* Thaïlande.

taimado, a *a/s* rusé, e, fourbe.

tajada *f* tranche.

tajante *a* tono ~, ton cassant, catégorique.

tajar *t* trancher, couper.

Tajo *n p m* el ~, le Tage.

tajo *m* 1. coupure *f*. 2. (*barranco*) ravin. 3. (*para cortar la carne*) billot. 4. FAM (*trabajo*) boulot.

tal *a* 1. tel, telle: ~ día, a ~ hora, tel jour, à telle heure; ~ grosería es inadmisible, une telle grossièreté est inadmissible. | ~ como, tel que; ~ cual, comme ci, comme ça; ¿qué ~?, comment ça va?; un ~ Puig, un

dénommé Puig. **2. con ~ que,** pourvu que. ■ *pron* cela, une pareille chose.

tala *f* abattage *m*.

talabartero *m* bourrelier.

taladr/o *m* perceuse *f*. **-adora** *f* perceuse. **-ar** *t* percer, forer.

talante *m* humeur *f*.

¹talar *t* couper, abattre.

²talar *a* long, longue.

talco *m* talc.

talego *m* sac.

talento *m* talent.

talla *f* **1.** sculpture. **2.** (*estatura, medida*) taille.

tall/ar *t* **1.** (*piedras preciosas*) tailler. **2.** (*madera*) sculpter. **-ado** *m* **1.** taille *f*. **2.** sculpture *f*.

tallarines *m pl* nouilles *f*.

talle *m* **1.** taille *f*: ~ esbelto, taille fine. **2.** silhouette *f*, tournure *f*.

taller *m* atelier.

tallo *m* tige *f*.

tal/ón *m* **1.** talon. **2.** chèque: ~ bancario, chèque bancaire. **-onario** *m* ~ de cheques, carnet de chèques, chéquier.

talud *m* talus.

tamal *m* AMER crêpe *f* de maïs farcie.

tamaño *m* grandeur *f*, taille *f*, dimensions *f pl*. | de ~ natural, grandeur nature.

tambale/arse *pr* chanceler, vaciller, tituber. **-o** *m* chancellement.

también *adv* aussi.

tambo *m* AMER **1.** auberge *f*. **2.** laiterie *f*.

tambor *m* tambour. **-il** *m* tambourin.

Támesis *n p m* el ~, la Tamise.

tamiz *m* tamis. **-ar** *t* tamiser.

tampoco *adv* non plus: no iré y ~ mi mujer, je n'irai pas et ma femme non plus.

tampón *m* tampon.

tan *adv* aussi, si: es ~ alto como yo, il est aussi grand que moi; no vaya usted ~ de prisa, n'allez pas si vite. | de ~, tellement.

tanda *f* **1.** tour *m*. **2.** série. **3.** (*de obreros*) équipe.

tangente *a/f* tangent, e.

tangible *a* tangible.

tango *m* tango.

tanino *m* tanin.

tanque *m* **1.** citerne *f*. **2.** MIL tank.

tante/ar *t* **1.** mesurer. **2.** examiner, sonder. **-o** *m* **1.** examen, essai. **2.** (*deporte*) score, marque *f*.

tanto, a *a* **1.** tant de: tantas flores, tant de fleurs. **2.** (*comparación*) tantas sillas como invitados, autant de chaises que d'invités. ■ *adv* no grites ~, ne crie pas tant; ¿llueve ~?, il pleut tellement?; hace ya ~, il y a si longtemps. | ~ mejor, tant mieux; ~ peor, tant pis; ~ más cuanto que, d'autant plus que; otro ~, autant; entre ~, pendant ce temps; por lo ~, par conséquent; ¡y ~!, et comment!, pour sûr! ■ *m* **1.** ~ por ciento, tant pour cent. **2.** (*en el juego*) point. **3.** estar al ~ de, être au courant de. ■ *pl* **1.** veinte y tantos, vingt et quelques. **2.** las tantas, une heure avancée.

tañ/er° *t* jouer de. ■ *i* sonner. **-ido** *m* son.

tapa *f* **1.** couvercle *m*. **2.** (*de libro*) couverture. **3.** (*aperitivo*) amuse-gueule *m*, tapa.

tapacubos *m* enjoliveur.

tapadera *f* couvercle *m*.

tapado *m* AMER manteau.

tapar *t* **1.** (*agujero, botella, etc.*) boucher. **2.** (*olla, etc.*) couvrir. ■ *pr* **1.** se couvrir: **tápate,** couvre-toi. **2.**

taparse los oídos, se boucher les oreilles.

taparrabos m 1. pagne. 2. slip, cache-sexe.

tapete m tapis.

tapi/a f mur. **-ar** t murer.

tapicer/ía f 1. tapisserie. 2. (de coche) garniture. **-o, a** s tapissier, ère.

tapioca f tapioca m.

tapiz m tapisserie f.

tap/ón m bouchon. **-onar** t boucher.

tapujo m dissimulation f, cachotterie f.

taquigrafía f sténographie.

taquill/a f guichet m. **-ero, a** s guichetier, ère. ■ a qui fait recette.

taquimecanógrafo, a s sténodactylo.

tara f tare.

taracea f marqueterie.

tarambana a/s écervelé, e.

tararear t fredonner.

tardanza f retard m.

tardar i 1. tarder: **tardé en contestarle**, j'ai tardé à vous répondre. | a **más ~**, au plus tard. 2. mettre: **¿cuánto (tiempo) tardará en cambiar las bujías?**, combien de temps mettrez-vous à changer les bougies? 3. **tardaré diez minutos**, j'en ai pour dix minutes.

tarde f après-midi, soir m: **por la ~**, dans l'après-midi; **sólo trabajo por la ~**, je ne travaille que l'après-midi. | **¡buenas tardes!**, bonjour!, bonsoir! ■ adv tard. | **(más) ~ o (más) temprano**, tôt ou tard; **de ~ en ~**, de loin en loin.

tardío, a a tardif, ive.

tardo, a a lent, e.

tarea f tâche, travail m.

tarifa f tarif m.

tarima f estrade.

tarjeta f 1. carte: **~ de visita, postal, de crédito, de abono**, carte de visite, postale, de crédit, d'abonnement. 2. **~ amarilla, roja**, carton m jaune, rouge.

tarro m pot.

tarta f tarte.

tartaje/ar i bégayer, bredouiller. **-o** m bégaiement.

tartamud/ear i bégayer. **-eo** m bégaiement. **-o, a** a/s bègue.

tartera f gamelle.

tarugo m morceau de bois, cale f.

tarumba FAM **volver ~ a**, faire tourner la tête à; **volverse ~**, perdre la tête, devenir dingue.

tasa f 1. taxe. 2. (índice) taux m: **~ de inflación, de mortalidad**, taux d'inflation, de mortalité. 3. mesure, limite.

tas/ar t 1. taxer. 2. évaluer. 3. rationner. **-ación** f taxation.

tasca f bistrot m.

tatarabuelo, a s trisaïeul, e.

tatú m tatou.

tatu/ar t tatouer. **-aje** m tatouage.

taurino, a a taurin, e.

tauromaquia f tauromachie.

tax/i m taxi. **-ista** s chauffeur de taxi.

taz/a f 1. tasse. 2. (de fuente) vasque. 2. (del retrete) cuvette. **-ón** m bol.

te pron pers 1. te, t'. 2. (en imperativo) toi: **¡levántate!**, lève-toi!

té m thé.

tea f torche.

teatr/o m théâtre. **-al** a théâtral, e.

tebeo m (revista) illustré.

techado m toit.

tech/o m 1. (interior) plafond. 2. (tejado) toit. **-umbre** f toiture.

tecl/a f touche. **-ado** m clavier. **-ear** i 1. (máquina de escribir) taper. 2. pianoter.

técnica f technique.

tecnicismo m terme technique.

técnico, a a technique. ■ s technicien, enne.

tecnócrata m technocrate.

tecnología f technologie.

tedio m ennui.

teja f tuile. **-do** m toit.

tejano, a a/s texan, e. ■ m (tejido) jean. ■ m pl (pantalón) blue-jeans, jeans.

tejar m tuilerie f.

Tejas n p m Texas.

tejedor, a s tisserand, e.

tejemaneje m FAM manigances f pl, combines f pl.

tej/er t 1. tisser. 2. FIG tramer, ourdir. **-ido** m tissu.

tejo m 1. (para jugar) palet. 2. (árbol) if.

tejón m blaireau.

tel/a f 1. étoffe, tissu m. | ~ de rizo, tissu-éponge. 2. toile: ~ de saco, toile à sac. 3. FIG tener ~ para rato, avoir du pain sur la planche; poner en ~ de juicio, mettre en doute. 4. ~ de cebolla, pelure d'oignon. 5. FAM (dinero) fric m. **-ar** m 1. métier à tisser. 2. (teatro) cintre. **-araña** f toile d'araignée.

tele f FAM télé.

telecomunicación f télécommunication.

telediario m journal télévisé.

teledirigir t télécommander, téléguider.

teleférico m téléphérique.

telefonazo m FAM coup de fil.

telefonear t/i téléphoner.

telefonía f ~ móvil, téléphonie mobile.

telefónico, a a téléphonique. | llamada telefónica, coup m de téléphone.

telefonista s standardiste, téléphoniste.

teléfono m téléphone: ~ móvil, téléphone mobile, portable; llamar por ~, appeler au téléphone, téléphoner.

telegrafiar t télégraphier.

telegráfico, a a télégraphique.

telégrafo m télégraphe.

telegrama m télégramme.

telémetro m télémètre.

telenovela f feuilleton m télévisé.

teleobjetivo m téléobjectif.

telepatía f télépathie.

telescópico, a a télescopique.

telescopio m télescope.

telesilla f télésiège m.

telespectador, a s téléspectateur, trice.

telesquí m téléski.

televidente s téléspectateur, trice.

televis/ión f télévision. **-ar** t téléviser. **-ivo, a** a pour la télévision, télévisé, e, télévisuel, elle. **-or** m téléviseur.

telilla f pellicule.

telón m rideau. | el ~ de acero, le rideau de fer.

tema m 1. thème. 2. sujet: ~ de conversación, sujet de conversation. 3. (manía) marotte f, idée f fixe. **-rio** m programme.

tembl/ar° i trembler. **-adera** f AMER bourbier m. **-or** m 1. tremblement. 2. AMER tremblement de terre. **-oroso, a** a tremblant, e.

temer t/i/pr craindre, avoir peur: teme a su padre, il craint son père; me temo que lleguemos tarde, je crains que nous n'arrivions en retard; no temáis, ne craignez rien, n'ayez pas peur.

temer/ario, a a téméraire. **-idad** f témérité.

temeroso, a *a* peureux, euse, craintif, ive.

temible *a* redoutable.

temor *m* crainte *f*, peur *f*: **el ~ al desconocido**, la peur de l'inconnu.

témpano *m* glaçon.

temperamento *m* tempérament.

temperatura *f* température.

tempestad *f* **1.** tempête. **2.** (*tormenta*) orage *m*.

templado, a *a* **1.** (*clima, zona*) tempéré, e. **2. agua templada**, eau tiède. **3.** (*sobrio*) tempérant, e.

templanza *f* tempérance.

templar *t* **1.** tempérer. **2.** (*suavizar*) adoucir. **3.** (*un liquido*) tiédir. **4.** (*metales*) tremper. **5.** MUS accorder. ■ *pr* **el tiempo se ha templado**, le temps s'est adouci.

temple *m* **1.** trempe *f*. **2.** humeur *f*: **mal ~**, mauvaise humeur.

templo *m* **1.** temple. **2.** église *f*.

temporada *f* **1.** (*turística, teatral, etc.*) saison. **2.** époque. **3.** séjour *m*: **pasar una larga ~ en el campo**, faire un long séjour à la campagne.

tempor/al *a* **1.** temporel, elle. **2.** (*no permanente*) temporaire. ■ *m* **1.** tempête *f*. **2.** mauvais temps. **-ero, a** *a/s* saisonnier, ère.

tempran/o, a *a* précoce. | **frutas, hortalizas tempranas**, primeurs. ■ *adv* tôt, de bonne heure: **me levanto ~**, je me lève de bonne heure. **-ito** *adv* de très bonne heure.

ten ⇒ **tener**.

tenacidad *f* ténacité.

tenacillas *f pl* (*para rizar el pelo*) fer *m sing* à friser.

tenaz *a* tenace.

tenazas *f pl* **1.** tenailles. **2.** (*para el fuego*) pincettes.

tenca *f* tanche.

tendedero *m* séchoir à linge.

tendenci/a *f* tendance. **-oso, a** *a* tendancieux, euse.

tender *t* **1. ~ la ropa**, étendre le linge. **2. tendre: ~ la mano**, tendre la main. **3.** (*un cable, etc.*) poser. ■ *i* **~ a**, tendre à: **la situación tiende a mejorar**, la situation tend à s'améliorer. ■ *pr* s'étendre, se coucher.

tenderete *m* étalage, éventaire.

tendero, a *s* commerçant, e.

tendido, a *a* **1.** (*de un cable*) posé *f*. **2.** TAUROM gradins *pl*.

tendón *m* tendon.

tenducho *m* petite boutique *f*.

tenebroso, a *a* ténébreux, euse.

tenedor *m* **1.** fourchette *f*. **2.** (*de una letra de cambio*) porteur.

tenencia *f* (*de armas*) détention.

tener° *t* **1.** avoir: **tengo hambre**, j'ai faim; **¿tiene usted cambio de diez euros?**, avez-vous la monnaie de dix euros?; **tengo decidido marcharme**, j'ai décidé de m'en aller; **me tiene prometida una recompensa**, il m'a promis une récompense. | **~ a bien**, bien vouloir; **~ en mucho**, avoir en grande estime; **aquí me tiene**, me voici. **2. ~ que**, devoir, falloir: **me tengo que marchar**, je dois m'en aller, il faut que je m'en aille; **tuve que sentarme**, j'ai dû m'asseoir. **3. ~ por cierto**, tenir pour certain. ■ *pr* se tenir.

teniente *m* **1.** lieutenant. **2. ~ de alcalde**, adjoint au maire.

tenis *m* tennis. **-ta** *s* joueur, joueuse de tennis.

tenor *m* **1.** teneur *f*. | **a ~ de**, en raison de, d'après; **a este ~**, de cette façon. **2.** MUS ténor.

tenorio *m* don Juan.

tensión *f* tension.

tenso, a *a* tendu, e.

tentación *f* tentation.

tentáculo m tentacule.

tentador, a a/s tentateur, trice. ■ a tentant, e.

tentar t **1.** (palpar) tâter. **2.** (seducir) tenter.

tentativa f tentative.

tentempié m crasse-croûte.

tenue a **1.** ténu, e, fin, e. **2.** (luz) faible.

teñir t teindre: **teñido de azul**, teint en bleu. ■ pr **se tiñe el pelo de negro**, elle se teint les cheveux en noir.

teología f théologie.

teólogo m théologien.

teorema m théorème.

teoría f théorie.

teórico, a a théorique. ■ s théoricien, enne.

terapéutico, a a/f thérapeutique.

terapia f thérapie.

tercer a troisième: **en el ~ piso**, au troisième étage. **-o, a** a/s troisième: **tercera solución**, troisième solution. ■ a tiers, tierce. | **el ~ mundo**, le tiers-monde; **la tercera parte**, le tiers. ■ m tiers, tierce personne f.

terciar t mettre en bandoulière, en travers. ■ i intervenir. ■ pr **si se tercia**, si l'occasion se présente, à l'occasion.

tercio m **1.** tiers. **2.** (de una corrida) phase f.

terciopelo m velours.

terco, a a têtu, e.

Teresa n p f Thérèse.

tergiversar t fausser, dénaturer, déformer.

termal a thermal, e.

terminación f **1.** achèvement m. **2.** extrémité. **3.** (gramática) terminaison.

terminal a terminal, e. ■ f aérogare, terminal m. ■ m INFORM terminal.

terminante a catégorique, formel, elle.

terminar t terminer, finir. ■ i finir: **~ por**, finir par.

término m **1.** terme, fin f: **poner ~ a**, mettre un terme à, mettre fin à. **2.** (de una linea de transportes) terminus. **3.** limite f. **4.** territoire. **5.** plan: **en primer ~**, au premier plan. **6.** **por ~ medio**, en moyenne. **7.** (gramática, matemáticas) terme.

termita f termite m.

termo m thermos f.

termómetro m thermomètre.

termostato m thermostat.

terner/a f **1.** génisse. **2.** (carne) veau m. **-o** m veau.

terneza f **1.** tendresse. **2.** gentillesse.

terno m **1.** (traje) complet. **2.** (voto) juron.

ternura f tendresse.

terquedad f entêtement m, obstination.

terracota f terre cuite.

terrado m terrasse f.

terrapl/én m **1.** terre-plein. **2.** (de vía de ferrocarril) remblai. **-enar** t remblayer.

terrateniente s propriétaire foncier.

terraza f terrasse.

terremoto m tremblement de terre.

terrenal a terrestre.

terreno m **1.** terrain. **2.** FIG domaine. **3.** **ganar, perder ~**, gagner, perdre du terrain.

terrestre a terrestre.

terrible a terrible.

territori/o m territoire. **-al** a terri-torial, e.

terrón m **1.** (de tierra) motte f. **2.** ~ de azúcar, morceau de sucre.

terror m terreur f. **-ífico, a** a terri-fiant, e. **-ismo** m terrorisme. **-ista** s terroriste.

terroso, a a terreux, euse.

terruño m **1.** terroir. **2.** pays natal.

ters/o, a a **1.** poli, e. **2.** (piel) lisse. **-ura** f poli m.

tertulia f réunion (entre amis).

tes/is f thèse. **-ina** f mémoire m de maîtrise.

tesón m fermeté f, ténacité f.

tesor/o m trésor. **-ería** f trésorerie. **-ero, a** s trésorier, ère.

test m test.

testamento m testament.

testarud/o, a a/s têtu, e. **-ez** f entê-tement m.

testículo m testicule.

testificar t attester. ■ i témoigner.

testigo m témoin: poner por ~, prendre à témoin.

testimoni/ar t/i témoigner. **-o** m témoignage.

testuz m front, nuque f.

teta f mamelle.

tétanos m tétanos.

tetera f théière.

tetina f tétine.

tétrico, a a sombre.

textil a/m textile.

texto m texte.

tez f teint m: la ~ curtida, le teint hâlé.

ti pron pers toi.

tía f **1.** tante. | FAM no hay tu ~, il n'y a rien à faire; ¡cuéntaselo a tu ~!, à d'autres! **2.** FAM la ~ Juana, la mère Jeanne. **3.** (mujer cualquiera) bonne femme, nana.

tibia f (hueso) tibia m.

tibi/o, a a tiède. **-eza** f tiédeur.

tiburón m requin.

tic m tic.

tiempo m **1.** temps: no tengo ~ para divertirme, je n'ai pas le temps de m'amuser; perder el ~, perdre son temps; hacer ~, passer le temps; mal ~, mauvais temps; al mismo ~, en même temps. **2.** long-temps: hace mucho ~, il y a très longtemps. **3.** (deportes) mi-temps f. ■ pl époque f sing. | en mis tiem-pos, de mon temps.

tienda f **1.** boutique, magasin m. | ~ de comestibles, magasin d'alimen-tation, épicerie. **2.** ~ de campaña, tente.

tiene, etc. ⇒ **tener**.

tient/a f a tientas, à tâtons. **-o** m **1.** adresse f. **2.** con ~, prudemment.

tierno, a a tendre.

tierra f **1.** terre. | echar ~ a un asun-to, enterrer une affaire; echar por ~, ruiner, mettre par terre; tomar ~, se poser, atterrir. **2.** pays m. ■ n pr Tierra del Fuego, Terre de Feu.

tieso, a a raide.

tiesto m **1.** (maceta) pot (à fleurs). **2.** (pedazo) tesson.

tifoidea a/f typhoïde.

tifón m typhon.

tifus m typhus.

tigre m tigre. **-sa** f tigresse.

tijer/a f **1.** unas tijeras, des ciseaux m, une paire de ciseaux. **2.** cama de ~, lit de sangles; silla de ~, chaise pliante. **-etazo** m coup de ciseaux.

tila f tilleul m.

tild/e f **1.** tilde m. **2.** accent m. **-ar** t ~ de, taxer de, traiter de.

tilín m FAM hacer ~, taper dans l'œil.

tilo m tilleul.

tim/ar t **1.** escroquer. **2.** (engañar) rouler. **-ador** m escroc.

timbal m timbale f.

timbrar t timbrer.

timbr/e m **1.** sonnette f. | **tocar el ~,** sonner. **2.** (sonido, sello) timbre. **-azo** m coup de sonnette.

timidez f timidité.

tímido, a a timide.

¹**timo** m escroquerie f.

²**timo** m (glándula) thymus.

tim/ón m **1.** gouvernail. | **caña del ~,** barre f. **2.** FIG barre f. **3.** AMER volant. **-onel** m timonier, barreur.

timorato, a a timoré, e.

tímpano m tympan.

tina f cuve. **-ja** f jarre.

tinglado m **1.** (cobertizo) hangar. **2.** (tablado) estrade f.

tinieblas f pl ténèbres.

tino m **1.** adresse f. **2.** (cordura) sagesse f, bon sens. **3.** mesure f.

tinta f **1.** encre: **~ china,** encre de Chine. | FIG **de buena ~,** de bonne source. **2.** (color) teinte.

tinte m **1.** teinture f. **2.** teinturerie f.

tintero m encrier.

tintineo m tintement.

tinto, a a **1.** teint, e. **2. vino ~,** vin rouge.

tintorer/ía f teinturerie. **-o, a** s teinturier, ère.

tintura f teinture.

tío m **1.** oncle. **2.** FAM **el ~ Paco,** le père François. **3.** (individuo) type, mec: **un ~ raro,** un drôle de type.

tiovivo m chevaux pl de bois, manège.

típico, a a typique.

tiple s (voz) soprano.

tipo m **1.** type. **2.** (figura) allure f. **3.** COM taux: **~ de interés,** taux d'intérêt.

tip/ografía f typographie. **-ógrafo** m typographe.

tíquet m ticket.

tira f **1.** bande. **2.** (de cuero) lanière. ■ m **~ y afloja,** marchandage.

tirabuzón m tire-bouchon.

tirachinas m lance-pierre.

tirada f **1.** (imprenta) tirage m. **2.** (de versos) tirade. **3.** (distancia) trotte.

tirado, a a **1.** (barato) bon marché. **2.** (fácil) très facile, simple comme bonjour.

tirador, a s tireur, euse: **~ de élite,** tireur d'élite. ■ m **1.** bouton. **2.** (de campanilla) cordon. **3.** (juguete) lance-pierre. **4.** ceinture f de gaucho.

tir/anía f tyrannie. **-ánico, a** a tyrannique. **-anizar** t tyranniser. **-ano, a** s tyran.

tirant/e a tendu, e. ■ m pl (de pantalón, etc.) bretelles f. **-ez** f tension.

tirar t **1.** jeter: **~ al suelo,** à la basura, jeter par terre, à la poubelle. **2.** **~ una piedra,** lancer, jeter une pierre. **3.** (atraer) attirer. **4.** (imprimir) tirer. ■ i **1.** **~ de un remolque,** tirer une remorque; **~ de una cuerda,** tirer sur une corde. **2.** (chimenea) tirer. **3.** (dirigirse) aller. | FAM **tira por el atajo,** il prend le raccourci; **tira a la derecha,** il tourne à droite. **4.** ir **tirando,** aller comme ci, comme ça, se maintenir. **5.** **~ a verde,** tirer sur le vert. **6.** **~ con arco,** tirer à l'arc. ■ **tirarse al agua,** se jeter à l'eau.

tirita f pansement m adhésif.

tiritar i grelotter.

tiro m **1.** tir: **~ con pistola,** tir au pistolet; **~ al blanco,** tir forain. **2.** (disparo) coup de feu. | **un ~ en la cabeza,** une balle dans la tête. **3.** animal **de ~,** animal de trait. **4.** (de una chimenea) tirage. **5.** (fútbol) shoot, tir.

6. de tiros largos, sur son trente et un.

tirolés, esa a/s tyrolien, enne.

tirón m **1.** dar un ~, tirer brusquement; dar tirones, tirailler; **de un** ~, d'un seul coup. **2.** (muscular) crampe f.

tirote/ar t tirer sur. **-o** m fusillade f, échange de coups de feu.

tirria f FAM antipathie. | **me tiene** ~, il ne peut pas me pifer, il m'a pris en grippe.

tisana f tisane.

títere m marionnette f, pantin.

titiritero m montreur de marionnettes.

titubear i **1.** tituber. **2.** FIG hésiter.

titulado, a s diplômé, e.

¹titular a/s titulaire. ■ m (de un periódico) manchette f, gros titre.

²titular t intituler.

título m **1.** titre. **2.** diplôme.

tiza f craie.

tizn/ar t tacher. **-e** m/f suie f.

tizón m tison.

toall/a f **1.** serviette de toilette. **2.** (para las manos) essuie-mains m. **3.** FIG tirar la ~, jeter l'éponge. **-ero** m porte-serviettes.

tobera f tuyère.

tobillo m cheville f.

tobogán m toboggan.

toca f coiffe.

tocadiscos m tourne-disque.

tocado m coiffure f.

tocador m (cuarto) cabinet de toilette.

tocante a loc prep en ce qui concerne, concernant.

tocar t **1.** toucher, toucher à: no toques este jarrón, ne touche pas à ce vase. **2.** jouer de: ~ el piano, el arpa, jouer du piano, de la harpe. **3.** (tambor) battre. **4.** (campana) sonner. ■ i **1.** ~ a su fin, toucher à

sa fin. **2. a mí me toca pagar,** c'est mon tour de, c'est à moi de payer. **3. en lo que toca a,** en ce qui concerne. **4.** gagner: me tocó el gordo, j'ai gagné le gros lot.

tocin/o m lard. **-ería** f charcuterie.

tocólogo m médecin accoucheur.

tocón m souche f.

todavía adv **1.** encore: ~ no ha llegado, il n'est pas encore arrivé; ~ no, pas encore. **2.** (encima) en plus.

todo, a a/pron **1.** tout, e: toda Europa, toute l'Europe; todos los días, tous les jours. | con ~, malgré tout; del ~, tout à fait; sobre ~, surtout. **2.** vrai, e: es ~ un sabio, c'est un vrai savant; ~ un acierto, une vraie réussite. ■ m tout.

todopoderoso, a a tout-puissant, toute-puissante.

todoterreno a/m tout-terrain.

toldo m **1.** (de tienda) banne f. **2.** (de ventana) store. **3.** (de camión) bâche f. **4.** (en una calle) vélum.

toler/ar t tolérer. **-able** a tolérable. **-ancia** f tolérance. **-ante** a tolérant, e.

toma f prise.

tomar t/i prendre: ~ el avión, en serio, prendre l'avion, au sérieux; ¿por quién me tomas?, pour qui me prends-tu?; tome a la izquierda, prenez à gauche. | ¡toma!, tiens! ■ pr prendre: me tomé las vacaciones en junio, j'ai pris mes vacances en juin.

Tomás n p m Thomas.

tomate m tomate f.

tomavistas m caméra f.

tómbola f tombola.

tomillo m thym.

tomo m tome.

ton m sin ~ ni son, sans rime ni raison.

tonada f air m, chanson.

tonalidad f tonalité.

tonel m tonneau, fût. **-ada** f 1. (peso) tonne. 2. MAR (de arqueo) tonneau m. **-ero** m tonnelier.

tónico, a a/m tonique. ■ f FIG tendance.

tono m ton. | a ~ con, en harmonie avec; darse ~, faire l'important.

tontada f sottise.

tontear i 1. faire, dire des bêtises. 2. flirter.

tontería f bêtise, sottise.

tonto, a a/s idiot, e, bête: ¡qué ~ eres!, que tu es bête! | a tontas y a locas, à tort et à travers.

topacio m topaze f.

topar t/i 1. heurter. 2. ~ con un amigo, rencontrer un ami. ■ toparse con un poste, se heurter contre un poteau.

tope m 1. butoir. 2. (de vagón) tampon. 3. precio ~, prix plafond; fecha ~, date limite, date butoir; a ~, à fond, au maximum.

tópico m lieu commun.

topo m taupe f.

topografía f topographie.

¹**toque** m 1. (golpecito) léger coup. 2. (pintura) touche f. 3. (de campanas) sonnerie f. | ~ de difuntos, glas; ~ de atención, mise f en garde.

²**toque**, etc. ⇒ **tocar**.

toquilla f fichu m.

tórax m thorax.

torbellino m tourbillon.

torcaz a paloma ~, pigeon ramier.

torc/er° t 1. tordre. 2. dévier. 3. ~ el gesto, faire la grimace. ■ i ~ a la izquierda, tourner à gauche. ■ pr 1. me torcí el tobillo, je me suis tordu la cheville. 2. FIG mal tourner. **-ida** f mèche.

tordo, a a gris, e. ■ m (ave) grive f.

tore/ar i toréer. **-o** m tauromachie f. **-ro** m torero.

torment/a f 1. (en la tierra) orage m. 2. (en el mar) tempête. **-oso, a** a orageux, euse.

tornadizo, a a changeant, e.

tornado m tornade f.

tornar i 1. (regresar) revenir. 2. ~ a, recommencer à. | ~ a subir, remonter. ■ pr devenir.

tornasol m tournesol. **-ado, a** a chatoyant, e.

tornear t façonner au tour.

torneo m tournoi.

tornero m tourneur.

tornillo m vis f.

torniquete m 1. tourniquet. 2. MED garrot.

torno m 1. tour. 2. (para levantar pesos) treuil. 3. en ~ a, autour de.

toro m taureau. ■ pl courses f de taureaux, corrida f sing.

toronja f pamplemousse m.

toronjil m mélisse f.

torpe a 1. maladroit, e, gauche. 2. lent, e, lourd, e.

torped/o m torpille f. **-ear** t torpiller. **-ero** m torpilleur.

torpeza f 1. maladresse, gaucherie. 2. lourdeur. 3. (necedad) bêtise.

torre f tour. | ~ del homenaje, donjon m. 2. maison de campagne. 3. MAR tourelle.

torrefacto, a a torréfié, e.

torren/te m torrent. **-cial** a torrentiel, elle. **-tera** f ravin m.

torreón m grosse tour f.

torreta f tourelle.

torrezno m lardon m.

tórrido, a a torride.

torsión f torsion.

torso m torse.

tort/a f **1.** galette. **2.** FAM (bofetada) gifle, calotte. **-azo** m FAM (bofetada) baffe f.

torticolis m torticolis.

tortilla f omelette: ~ a la francesa, omelette nature.

tórtola f tourterelle.

tortuga f tortue.

tortuoso, a a tortueux, euse.

tortur/a f torture. **-ar** t torturer.

tos f **1.** toux. **2.** ~ ferina, coqueluche.

tosco, a a grossier, ère.

toser i tousser.

tósigo m poison.

tosquedad f grossièreté.

tostada f tranche de pain grillé, toast m.

tostador m (de pan) grille-pain.

tostar° t **1.** griller, rôtir: pan tostado, pain grillé. **2.** (café) torréfier. **3.** (la piel) hâler, bronzer. ■ pr se faire bronzer.

tostón m **1.** (de pan) croûton. **2.** cochon de lait rôti. **3.** FAM este libro es un ~, ce livre est barbant, rasoir.

total a/m total, e. ■ adv bref. **-idad** f totalité. **-itario, a** a totalitaire. **-izar** t totaliser.

totora f AMER roseau m.

tóxico, a a/m toxique.

toxicómano, a a/s toxicomane.

tozudo, a a têtu, e.

traba f entrave.

trabaj/ar i/t travailler. **-ador, a** s travailleur, euse. **-o** m **1.** travail. | trabajos forzados, travaux forcés. **2.** peine f: me cuesta ~ creerlo, j'ai peine à le croire. **-oso, a** a pénible.

trab/ar t **1.** (un animal) entraver. **2.** (salsa, etc.) lier, épaissir. **3.** (amistad, etc.) lier, nouer. **4.** (batalla, etc.) engager. ■ pr (los pies) s'empêtrer. **-azón** f liaison.

trabucar t confondre.

tracción f traction.

tractor m tracteur.

tradici/ón f tradition. **-onal** a traditionnel, elle.

traducción f traduction. | ~ directa, inversa, version, thème m.

traduc/ir° t traduire: ~ al inglés, traduire en anglais. **-tor, a** s traducteur, trice.

traer° t **1.** apporter, amener: tráigame mi desayuno, apportez-moi mon petit déjeuner; trae a tu hermano, amène ton frère. **2.** (llevar) porter. **3.** (de un viaje) rapporter. **4.** (tener) avoir. **5.** (incluir) contenir. **6.** ~ a mal ~, malmener; ~ a la memoria, rappeler; ~ loco, rendre fou. ■ pr FAM este trabajo se las trae, ce travail n'est pas marrant, pas commode.

tráfago m agitation f.

trafic/ar i trafiquer. **-ante** s trafiquant, e.

tráfico m **1.** trafic. **2.** circulation f. | accidente de ~, accident de la circulation, de la route; policía de ~, police de la route.

tragaluz m **1.** vasistas. **2.** (de sótano) soupirail.

tragaperras a/f máquina ~, machine à sous.

tragar t/pr **1.** avaler. | FIG no ~ a alguien, ne pas pouvoir encaisser quelqu'un. **2.** engloutir.

tragedia f tragédie.

trágico, a a tragique. | actor ~, tragédien; tomar por lo ~, prendre au tragique.

trago m gorgée f. | beber de un ~, boire d'un trait; echar un ~, boire un coup.

tragón, ona a glouton, onne.

traici/ón f trahison. **-onar** t trahir.
-onero, a s traître, esse.

traído p p de **traer**.

traidor, a a/s traître, esse.

traiga, etc. ⇒ **traer**.

traílla f laisse.

¹**traje** m **1.** costume. | ~ **de baño,**
maillot de bain. **2.** | ~ **de ceremonia,**
habit de gala; ~ **de etiqueta,** tenue f
de soirée. **3.** (de mujer) robe f: ~ **de
noche,** robe du soir. **4.** ~ **de chaqueta,** ~ **sastre,** tailleur.

²**traje** ⇒ **traer**.

traj/ín m **1.** besogne f, occupations
f pl. **2.** allées et venues f pl. **-inar** i
s'activer.

tram/a f trame. **-ar** t tramer.

tramitar t s'occuper de, faire les
démarches nécessaires pour.

trámite m **1.** formalité f. **2.** (diligencia) démarche f.

tramo m **1.** (de carretera, etc.) tronçon. **2.** (de escalera, cohete) étage.

tramoy/a f machinerie f. **-ista** m
machiniste.

tramp/a f **1.** trappe. **2.** (para cazar,
ardid) piège m. **3.** (en el juego) tri-
cherie. **-illa** f trappe.

trampolín m **1.** tremplin. **2.** (de piscina) plongeoir.

tramposo, a a (en el juego) tricheur, euse.

tranca f **1.** (palo) trique f. **2.** (de
puerta) barre.

trance m **1.** moment critique. | **en ~
de,** sur le point de. **2. a todo ~,** à
tout prix.

tranco m enjambée f.

tranquera f AMER barrière.

tranquilidad f tranquillité.

tranquiliz/ar t tranquilliser, rassu-
rer. **-ante** a tranquillisant.

tranquilo, a a tranquille.

transacción f transaction.

transar i AMER transiger, céder.

transatlántico, a a/m transatlantique.

transbordador m transbordeur. | ~
espacial, navette f spatiale.

transbord/ar t transborder. **-o** m **1.**
transbordement. **2.** (de tren, etc.)
changement. | **hacer ~,** changer.

transcendente ⇒ **trascendente**.

transcri/bir° t transcrire. **-pción** f
transcription.

transcur/rir i s'écouler. **-so** m **1.**
cours: **en el ~ del almuerzo,** au
cours du déjeuner. **2. en el ~ del
año,** dans le courant de l'année.

transeúnte s passant, e.

transfer/ir° t transférer. **-encia** f
transfert m. | ~ **bancaria,** virement
m bancaire.

transfigurar t transfigurer.

transform/ar t transformer.
-ación f transformation. **-ador** m
transformateur.

transfusión f transfusion.

transgénico, a a BIOL transgénique.

transgredir° t transgresser.

transición f transition.

transigir° t transiger.

transistor m transistor.

transitar i passer, circuler.

transitivo, a a transitif, ive.

tránsito m **1.** circulation f, passage.
| ~ **rodado,** circulation routière. **2.**
(paso) passage. **3.** (de mercancías)
transit.

transitorio, a a transitoire.

translúcido, a a translucide.

transm/itir t transmettre. **-isión** f
transmission. **-isor** m transmet-
teur.

transparen/cia f transparence.
-tarse pr **1.** transparaître. **2.** être
transparent, e. **-te** a transparent, e.

transpir/ar i transpirer. **-ación** f transpiration.

transponer° t transposer.

transport/ar t transporter. **-ador, a** a/m transporteur, euse. **-e** m transport: **transportes colectivos**, transports en commun. **-ista** m transporteur.

transvasar t transvaser.

transversal a transversal, e.

tranvía m tramway.

trapacero, a a/s roué, e.

trapec/io m trapèze. **-ista** s trapéziste.

trapense a trappiste.

trapero, a s chiffonnier, ère.

trapiche m moulin (à huile, à sucre).

trapicheos m trafics, manigances f.

trapío m prestance f, allure f.

trapo m 1. chiffon. 2. (de cocina) torchon. 3. TAUROM muleta f.

tráquea f trachée.

traquetear i cahoter.

tras prep 1. (detrás) derrière: ~ un árbol, derrière un arbre. 2. après: ~ una vacilación, après une hésitation. 3. (además) non seulement: ~ ser feo es caro, non seulement c'est laid mais c'est cher.

trascendente a transcendant, e.

trasegar° t transvaser.

trasero, a a arrière. ■ m derrière, postérieur.

traslad/ar t 1. transférer, transporter. 2. (a un empleado) déplacer, muter. 3. (a otra página, columna) reporter. 4. ~ al italiano, traduire en italien. ■ pr se déplacer. **-o** m 1. (de un empleado) déplacement, mutation f. 2. transfert, transport. 3. copie f.

traslucirse° pr se laisser deviner, transparaître, percer.

trasluz m al ~, en transparence.

trasmano (a) loc adv hors de portée, loin.

trasnoch/ar i se coucher tard. **-ador, a** a/s noctambule.

traspapelar t égarer.

traspas/ar t 1. traverser. 2. transpercer. 3. (un negocio) céder. 4. (a un jugador) transférer. **-o** m 1. cession f. 2. (precio) reprise f, pas-de-porte. 3. (de jugador) transfert.

traspié m dar un ~, faire un faux pas.

trasplant/ar t transplanter. **-e** m transplantation f.

traspunte m régisseur.

traspuntín m strapontin.

trasquilar t tondre.

trastada f mauvais tour m.

trastazo m FAM coup, choc.

traste m (de guitarra) touchette f. | dar al ~ con, anéantir, mettre à mal. **-ar** t TAUROM faire des passes.

trastero m débarras.

trastienda f arrière-boutique.

trasto m 1. meuble. 2. (cosa inútil) cochonnerie f, vieux machin. ■ pl (utensilios) engins.

trastorn/ar t 1. bouleverser. 2. FIG faire perdre la tête à. **-o** m 1. bouleversement. 2. (de la salud, del carácter) trouble.

trasunto m copie f.

trata f traite.

tratado m traité.

tratamiento m 1. traitement. 2. (título) titre.

tratar t/i 1. (un asunto, una enfermedad) traiter. 2. ~ a, con alguien, fréquenter quelqu'un. 3. ~ de tú, de usted, tutoyer, vouvoyer. 4. ~ de, (intentar) essayer, tâcher de: **trataré de convencerle**, j'essaierai de le convaincre. ■ pr 1. (personas) se

fréquenter. **2.** ¿de qué se trata?, de quoi s'agit-il?; **se trata de...**, il s'agit de...

trato m **1.** traitement. **2.** fréquentation f, rapports pl. **3.** (convenio) marché.

trauma, traumatismo m traumatisme.

través m travers: **de ~**, en travers; **a ~ de los cristales**, à travers la vitre. | **a ~ de una agencia**, par l'intermédiaire d'une agence.

travesaño m traverse f.

travesía f traversée.

travestí, travestido m travesti.

travesura f espièglerie.

traviesa f traverse. | **a campo ~**, à travers champs.

travieso, a a espiègle, turbulent, e.

trayecto m trajet. **-ria** f trajectoire.

traza f **1.** plan m. **2.** air m, aspect m. | **llevar trazas de**, sembler.

traz/ar t **1.** tracer. **2.** (línea, plano) tirer. **-o** m trait.

trébedes f pl trépied m sing.

trébol m trèfle.

trece m treize. | **el siglo ~**, le treizième siècle; **mantenerse en su ~**, rester sur ses positions, ne pas céder.

trecho m distance f. | **a trechos**, çà et là; de temps à autre.

tregua f trève. | **sin ~**, sans relâche.

treint/a a/m trente. **-ena** f trentaine.

tremebundo, a f épouvantable.

tremendo, a a terrible.

trementina f térébenthine.

tremolar i ondoyer, flotter.

tremolina f FAM vacarme m, chambard m.

trémulo, a a frémissant, e.

tren m **1.** train: **viajar por ~**, voyager par le train. | **¡al ~!**, en voiture! **2.** **~ de vida**, train de vie.

trencilla f galon m.

trenz/a f **1.** tresse. **2.** (pelo) natte. **-ar** t tresser, natter.

trepado m pointillé.

trepador, a a grimpant, e. ■ s arriviste.

trepanar t trépaner.

trepar i grimper.

trepid/ar i trépider. **-ación** f trépidation.

tres a/m trois. | **son las ~**, il est trois heures.

tresbolillo (al) loc adv en quinconce.

trescientos, as a/m trois cents.

tresillo m ensemble d'un canapé et de deux fauteuils.

treta f ruse.

trezavo, a a/m treizième.

tri/ángulo m triangle. **-angular** a triangulaire.

triar t trier.

tribu f tribu.

tribulación f tribulation.

tribuna f tribune.

tribunal m **1.** tribunal. **2.** cour f: **~ de casación**, cour de casation. **3.** (examen) jury.

tribut/ar t **~ respecto**, témoigner du respect. **-ario, a** a fiscal, e. **-o** m tribut.

tricolor a tricolore.

tricornio m tricorne.

tricota f AMER pull m.

trigal m champ de blé.

trigésimo, a a/s trentième.

trigo m blé.

trigonometría f trigonométrie.

trigu/eño, a a brun, e. **-ero, a** a **1.** de blé, à blé. **2.** qui pousse dans les blés.

trilla ƒ battage m.

trillado, a a FIG rebattu, e, banal, e. | camino ~, sentier battu.

trill/ar t battre. **-adora** ƒ batteuse. **-o** m herse ƒ à dépiquer.

trimestr/e m trimestre. **-al** a trimestriel, elle.

trinar i 1. faire des roulades. 2. FIG enrager.

trinchar t découper.

trinchera ƒ (zanja) tranchée.

trineo m traîneau.

trinidad ƒ trinité.

trinitaria ƒ (planta) pensée.

trino m roulade ƒ, trille ƒ.

trinquete m 1. cliquet. 2. MAR misaine ƒ; (palo) mât de misaine.

trío m trio.

trip/a ƒ 1. boyau m, tripe. 2. FAM ventre m, tripe: **dolor de tripas**, mal au ventre; echar ~, prendre du ventre. **-ería** ƒ (tienda) triperie. **-icallos** m pl tripes ƒ.

tripl/e a/m triple. **-icar** t tripler.

trípode m trépied.

tripul/ar t 1. former l'équipage de. 2. (conducir) piloter. **-ación** ƒ équipage m. **-ante** m membre de l'équipage.

triquiñuela ƒ truc m, artifice m, astuce.

triquitraque m 1. bruit saccadé, cliquetis. 2. (cohete) pétard.

tris m estuvo en un ~ que..., il s'en est fallu d'un rien que...

triste a 1. triste. 2. misérable. **-za** ƒ tristesse.

triturar t triturer, broyer.

triunf/ar i triompher. **-ador, a** a/s triomphateur, trice. **-al** a triomphal, e. ■ m 1. triomphe. 2. (en naipes) atout.

trivial a banal, e, insignifiant, e. **-idad** ƒ banalité.

triza ƒ petit morceau m. | hacer trizas, réduire en miettes, en morceaux.

trocar t 1. troquer, échanger. 2. (convertir) ~ en, changer en.

trocha ƒ sentier m.

trocito m petit morceau.

trofeo m trophée.

troj ƒ grenier m.

trola ƒ FAM bobard m.

trolebús m trolleybus.

tromba ƒ trombe.

trombón m trombone.

tromp/a ƒ 1. trompe. 2. ~ de caza, trompe de chasse. 3. FAM (borrachera) cuite. | estar ~, être rond, paf.

trompada ƒ, **trompazo** m 1. coup m de poing. 2. coup m.

trompet/a ƒ trompette. **-azo** m coup de trompette.

trompicón m faux pas. | a trompicones, par à-coups.

trompo m toupie ƒ.

tronar i 1. tonner. 2. FAM estar tronado, être fauché.

troncar t tronquer.

tronch/ar t briser. ■ FAM troncharse de risa, se tordre de rire, se fendre la pipe. **-o** m trognon.

tronco m 1. tronc. 2. dormir como un ~, dormir comme une souche.

tronera ƒ (fortificación) meurtrière.

trono m trône.

tropa ƒ troupe.

tropel m foule ƒ. | en ~, en désordre.

tropelía ƒ violence, abus m.

tropez/ar i 1. ~ con una piedra, buter contre, trébucher sur une pierre. 2. ~ con una dificultad, se heurter à une difficulté. ■ pr se rencontrer. **-ón** m dar un ~, faire un faux pas.

tropical a tropical, e.

trópico m tropique.

tropiezo m faux pas: **dar un ~**, faire un faux pas.

tropilla f petit troupeau m.

troquel m coin.

trot/ar i trotter. **-e** m trot.

trozo m morceau.

trucaje m trucage, truquage.

trucha f truite.

truco m 1. truc. 2. (cinematográfico) truquage.

truculento, a a terrifiant, e, effrayant, e.

trueno m 1. tonnerre. 2. coup de tonnerre. 3. (estampido) détonation f.

trueque m échange.

truf/a f truffe. **-ar** t truffer.

truncar t 1. tronquer. 2. FIG briser.

¹tú pron pers 1. tu: **~ eres**, tu es. 2. toi: **¡~ cállate!**, toi, tais-toi!; **otro que ~**, un autre que toi; **empiezas ~**, c'est toi qui commences. | FAM **¡más eres ~!**, tu ne t'es pas regardé!

²tu, tus a pos ton, ta, tes: **~ tío y ~ tía**, ton oncle et ta tante.

tubérculo m tubercule.

tubercul/osis f tuberculose. **-oso, a** a/s tuberculeux, euse.

tubería f 1. tuyauterie. 2. (tubo) conduite.

tub/o m 1. tube. 2. (de agua, etc.) tuyau: **~ de escape**, tuyau d'échappement. **-ular** a tubulaire.

tuerca f écrou m.

tuerto, a a/s borgne.

tuétano m moelle f.

tufarada f bouffée.

tufo m (olor) odeur f forte.

tugurio m taudis.

tul m tulle.

tulipán m tulipe f.

tullido, a a/s impotent, e, perclus, e.

tumba f tombe.

tumb/ar t renverser, faire tomber. ■ pr s'étendre, s'allonger, se coucher. **-o** m cahot. | **dando tumbos**, cahin-caha. **-ona** f chaise longue.

tumefacto, a a tuméfié, e.

tumor m tumeur f.

tumult/o m tumulte, bousculade f. **-uoso, a** a tumultueux, euse.

tuna f orchestre m d'étudiants.

tunante, a s coquin, e, canaille.

tunda f raclée, volée.

tunecino, a a/s tunisien, enne.

túnel m tunnel.

Túnez n pr 1. (país) Tunisie f. 2. (ciudad) Tunis.

túnica f tunique.

tupé m toupet.

tupido, a a serré, e.

turba f 1. (carbón) tourbe. 2. (muchedumbre) foule.

turbación f trouble m.

turbante m turban.

turbar t troubler.

turbina f turbine.

turbio, a a 1. trouble. 2. (sospechoso) louche.

turbión m grosse averse f.

turborreactor m turboréacteur.

turbulen/cia f turbulence. **-to, a** a turbulent, e.

turco, a a/s turc, turque.

tur/ismo m 1. tourisme. 2. (coche) voiture f de tourisme. **-ista** s touriste. **-ístico, a** a touristique.

turn/ar i alterner. ■ pr se relayer. **-o** m 1. (vez) tour: **a mí me toca el ~**, c'est mon tour. | **farmacia, médico de ~**, pharmacie, médecin de garde; **el bombero de ~**, le pompier de service; **por ~**, à tour de rôle, par roulement. 2. (cuadrilla) équipe f.

turón m putois.

turquesa f turquoise.

Turquía n p f Turquie.

turrón m touron.

turulato, a a FAM ebahi, e, baba.

tute m 1. (naipes) mariage. 2. **darse un ~,** donner un coup de collier, en mettre un coup.

tutear t tutoyer.

tutela f tutelle.

tuteo m tutoiement.

tutor, a s tuteur, trice.

tuve, etc. ⇒ **tener.**

tuyo, a *pron pos* el ~, le tien; la tuya, la tienne; los tuyos, les tiens. ■ *a toi:* este bolso es ~, ce sac est à toi. | la casa tuya, ta maison; un amigo ~, un ami à toi, un de tes amis.

U

u₁ f u m: ~ un, una ~, un n.

u₂ conj (devant o, ho) ou: siete ~ ocho, sept ou huit.

ubicar i être situé, e. ■ t AMER situer, localiser. **-ación** f place.

ubre f 1. mamelle. 2. (de vaca) pis m.

Ud. abreviation de usted.

¡uf! interj oh, la, la!

ufano, a a fier, ère.

ujier m huissier.

úlcera f ulcère m: ~ de estómago, ulcère à l'estomac.

ulcerar t ulcérer, e.

ulterior a ultérieur, e.

últimamente adv dernièrement.

ultimar t 1. mettre la dernière main à, parachever. 2. (un tratado) conclure. 3. AMER tuer.

ultimátum m ultimatum.

último, a a/s dernier, ère. | por ~, enfin; ¡sería lo ~!, ce serait le bouquet!; a la última, à la dernière mode.

ultracongelado, a a surgelé, e.

ultrajar t outrager: **-e** m outrage.

ultramar m outre-mer. **-inos** m pl tienda de ~, épicerie f sing.

ultranza (a) loc adv à outrance.

ultravioleta a ultraviolet, ette.

umbral m seuil.

un, una art indef un, une. ⇒ **uno.**

unánime a unanime. **-idad** f unanimité.

unción f onction.

uncir t atteler.

undécimo, a a/s onzième.

ungir t oindre. **-üento** m onguent.

únicamente adv uniquement.

único, a a 1. unique. 2. seul, e. | lo ~, la seule chose.

unidad f unité.

unido, a a uni, e.

unificar t unifier.

uniformar t 1. uniformiser. 2. pourvoir d'un uniforme.

uniforme a uniforme. ■ m 1. uniforme. 2. de gala, grande tenue f. **-idad** f uniformité.

unilateral a unilatéral, e.

unión f union.

unir t 1. unir. 2. joindre. 3. (ciudades, etc.) relier. ■ pr se joindre: se nos unieron, ils se sont joints à nous.

unisex a unisexe.

unísono m al ~, à l'unisson.

universal a universel, elle.

universidad f université. **-tario, a** a universitaire.

universo m univers.

uno, a a un, une. ■ pl 1. des, quelques: unas cartas, des lettres; unos días después, quelques jours plus tard. 2. (aproximadamente) nous cien kilómetros, environ cent kilomètres. ■ pron 1. ~ de ellos, l'un d'eux; una tras otra, l'une après l'autre. | cada ~, chacun. 2. (yo) on: aquí se aburre ~, on s'ennuie ici. | ~ por un, una de dos, de dos cosas l'une; ~ mismo, soi-même. | ■ es la una, il est une heure.

unt/ar t **1.** ~ con, enduire de. **2.** (con grasa) graisser. **3.** (manchar) tacher. **4.** FAM (sobornar) graisser la patte. **-uoso, a** a onctueux, euse.

uña/a f **1.** ongle m. **2.** (garra) griffe. | a ~ de caballo, à bride abattue. **-ero** m panaris.

Ural n p m Oural.

uranio m uranium.

urbanidad f courtoisie.

urbaniz/ar t urbaniser, aménager. **-ación** f ensemble m résidentiel.

urbano, a a urbain, e.

urd/ir t ourdir. **-imbre** f chaîne.

urea f urée.

urgen/cia f urgence: con toda ~, de toute urgence. **-te** a urgent, e. **-temente** adv d'urgence.

urgir i être urgent, e, presser: el asunto urge, l'affaire presse, est urgente. | me urge tu respuesta, j'ai besoin de ta réponse tout de suite.

urinario, a a urinaire. ■ m urinoir.

urna f urne.

urraca f pie.

urticaria f urticaire.

uruguayo, a a/s uruguayen, enne.

usado, a a **1.** (que ha servido) usagé, e. | papel ~, vieux papiers. **2.** (gastado) usé, e. **3.** (en uso) usité, e.

usanza f usage m, mode.

us/ar t **1.** utiliser, se servir de. **2.** (llevar) porter: uso gafas, je porte des lunettes. ■ i ~ de, user de, faire usage de. **-o** m **1.** usage: fuera de ~, hors d'usage; hacer ~ de, faire usage de; para ~ de, à l'usage de. **2.** el ~ del casco, le port du casque.

usted, es pron pers vous: ~ es, ustedes son, vous êtes; ¿cómo está ~?, comment allez-vous?; se lo juro a ~, je vous le jure.

usual a usuel, elle.

usuario, a s usager, ère.

usur/a f usure. **-ero** m usurier.

usurp/ar t usurper. **-ador, a** s usurpateur, trice.

utensilio m ustensile.

útero m utérus.

útil a utile. ■ m (herramienta) outil. | útiles de labranza, instruments aratoires.

utilidad f utilité.

utilitario, a a utilitaire.

utilizar t utiliser.

ut/opía f utopie. **-ópico, a** a utopique.

uva f raisin m: la ~, le raisin.

V

v [ube] f v m: una ~, un v.

va ⇒ **ir**.

vaca f 1. vache. 2. (carne) bœuf m.

vacaciones f pl 1. vacances: irse de ~, partir en vacances. 2. vacaciones pagadas, congés m payés.

vacante a vacant, e. ■ f poste m vacant.

vaciar f 1. vider. 2. (dejar hueco) évider. 3. (metal derretido) couler; (yeso) mouler. 4. (cuchillo) aiguiser. 5. (un escrito) dépouiller. -ado m moulage.

vacilar i 1. vaciller. 2. FIG ~ en, hésiter à. 3. (presumir) frimer. -ación f 1. vacillement m, vacilla- tion. 2. FIG hésitation.

vacío, a a/m vide.

vacuna f vaccin m. -ación f vacci- nation. -ar t vacciner: ~ar se faire vacciner.

vacuno, a a/m bovin, e.

vado m 1. gué. 2. ~ permanente, sortie f de voitures, stationnement interdit.

vagabundo/o, a a/s vagabond, e. -ear i vagabonder. -eo m vagabon- dage.

vagar i errer, traîner.

vagido m vagissement.

vagina f vagin m.

vago, a a vague. ■ a/s fainéant, e.

vagón m wagon: ~ restaurante, wa- gon-restaurant; -oneta f wa- gonnet m.

vaguedad f imprécision.

vaho m 1. vapeur f. 2. (en los crista- les) buée f. 3. haleine f. -arada f bouffée.

vaina f 1. (de espada) fourreau m. 2. (estuche) gaine. 3. (de guisantes) cosse. ■ m FAM imbécile.

vainilla f vanille.

vaivén m va-et-vient.

vajilla f vaisselle.

vale m bon.

¹vale ⇒ **valer**.

valedero, a a valable.

valedor a s protecteur, trice.

Valencia n p Valence.

valentón a/m fanfaron.

valentía f vaillance, bravoure.

valer⁰ t 1. valoir: ¿cuánto vale este libro?, combien vaut ce livre?; más valdría marcharse, il vaudrait mieux partir. | ¡vale!, ça va!, d'ac- cord!; ¡ya vale!, ça suffit! 2. servir: no ~ para nada, ne servir à rien. ■ t 1. su franqueza le ha valido muchos disgustos, sa franchise lui a valu bien des ennuis. ■ valerse de, se servir de.

valeroso, a a courageux, euse, vaillant, e.

valga ⇒ **valer**.

valía f valeur.

validez f validité.

válido, a a valable, valide.

valiente a 1. courageux, euse, vail- lant, e, brave. 2. FAM drôle de, fameux, euse: i~ mentiroso eres!, tu es un fameux menteur! ■ **valija** f valise.

valioso, a *a* précieux, euse, d'une grande valeur.
valla *f* **1.** clôture. **2.** palissade, barrière. **3.** panneau *m* ~ **publicitaria**, panneau publicitaire. **4.** (*deporte*) haie. **-do** *m* clôture *f*.
valle *m* vallée *f*.
vallón, ona *a/s* wallon, onne.
valor *m* **1.** valeur *f*. **2.** (*ánimo*) courage. ▢ *pl* COM valeurs *f*.
valorar *t* estimer, évaluer: ~ **en un millón de dólares**, évaluer à un million de dollars.
vals *m* valse *f*.
válvula *f* **1.** soupape: ~ **de seguridad**, soupape de sûreté. **2.** valve.
vamos ⇒ **ir**.
vampiro *m* vampire.
vanagloria *f* gloire. **-arse** *pr* se vanter.
vandalismo *m* vandalisme.
vándalo, a *s* vandale.
vanguardia *f* avant-garde. **-sta** *a/s* avant-gardiste.
vanidad *f* vanité. **-oso, a** *a/s* vaniteux, euse.
vano, a *a* vain, e: **en** ~, en vain. ▢ *m* baie *f*.
vapor *m* vapeur *f*: **máquina de** ~, machine à vapeur, **cocer al** ~, cuire à la vapeur.
vaporizar *t* vaporiser. **-ador** *m* vaporisateur.
vaquero, a *s* vacher, ère. | **pantalones vaqueros**, jeans.
vaqueta *f* vachette.
vaquilla *f* AMER génisse.
vara *f* **1.** baguette, bâton *m*. **2.** (*palo largo*) gaule, perche. **3.** TAUROM pique.
varar *i* échouer.
varear *t* (*frutos*) gauler.

variar *i/t* varier, changer. **-able** *a* variable. **-ación** *f* variation. **-ante** *f* variante.
varice *f* varice.
varicela *f* varicelle.
variedad *f* variété.
varilla *f* **1.** baguette. **2.** (*de cortina*) tringle. **3.** (*de paraguas*) baleine. **4.** (*de gafas*) branche.
vario, a *a* divers, e, différent, e. ▢ *pl* plusieurs: **varias personas**, plusieurs personnes.
varita *f* ~ **mágica**, baguette magique.
varón *m* **1.** homme. **2.** garçon. | **hijo** ~, enfant de sexe masculin. **-onil** *a* viril, e.
Varsovia *n p* Varsovie.
vas ⇒ **ir**.
vasallo, a *a/s* vassal, e.
vasco, a, vascongado, a *a/s* basque. **-uense** *a/m* basque.
vaselina *f* vaseline.
vasija *f* pot *m*.
vaso *m* **1.** verre: **un** ~ **de vino**, un verre de vin. **2.** vase. **3.** vaisseau: ~ **sanguíneo**, vaisseau sanguin.
vástago *m* **1.** rejeton. **2.** (*del émbolo*) tige *f*.
vasto, a *a* vaste.
vate *m* poète.
Vaticano *n p m* **el** ~, le Vatican.
vatio *m* watt.
vaya, etc. ⇒ **ir**.
Vd. abreviación de **usted**.
ve ⇒ **ir, ver**.
veces *pl* de **vez**.
vecinal *a* vicinal, e.
vecindad *f* voisinage *m*. **-rio** *m* **1.** habitants *pl*. **2.** voisinage, voisins *pl*.
vecino, a *a/s* voisin, e. ▢ *s* (*de una población, un barrio*) habitant, e.

veda f fermeture. | levantamiento de la ~, ouverture (de la chasse).

vedado m chasse f gardée. | ~ de caza, réserve de chasse.

vedar t défendre, interdire.

vedija f rouelle (de poils, etc.).

vega f plaine cultivée.

vegetación f végétation. -**al** a végétal. ■ m los vegetales, les végétaux. -**ar** i végéter. -**ariano, a** a/s végétarien, enne.

vehemente a véhément, e. -**cia** f véhémence.

vehículo m véhicule.

veinte a/m vingt. | el siglo ~, le vingtième siècle. -**ena** f vingtaine. -**idós, tres, icuatro**, etc. a/m vingt-deux, vingt-trois, vingt-quatre, etc.: **veinticuatro horas**, vingt-quatre heures. -**iún** a vingt et un. -**iuno, a** a/m vingt et un, une.

vejar t vexer. -**ación** f vexation. -**atorio, a** a vexatoire.

vejestorio m vieux birbe, vieille bonne femme.

vejete m petit vieux.

vejez f vieillesse.

vejiga f vessie.

vela[1] f 1. (para alumbrar) bougie. 2. en ~, sans pouvoir dormir.

vela[2] f voile: **barco de ~**, bateau à voiles; **practicar ~**, faire de la voile.

velada f veillée.

velamen m voilure f.

velador m guéridon.

velar[1] i/t veiller.

velar[2] t 1. (cubrir con un velo) voiler. 2. **foto velada**, photo voilée. ■ pr se voiler.

veleidad f velléité f. -**oso, a** a inconstant, e.

velero m voilier.

veleta f girouette.

vello m duvet. -**ón** m toison f. -**oso, a** a duveteux, euse. -**udo, a** a velu, e.

velo m voile.

velocidad f vitesse: alta ~, grande vitesse.

velódromo m vélodrome.

velomotor m vélomoteur.

veloz a rapide.

ven ⇒ venir.

vena f veine.

venablo m javelot.

venado m cerf.

venal a vénal, e.

vencedor, a a/s vainqueur.

vencejo m martinet.

vencer t 1. vaincre. 2. ~ por 6-2, battre par 6-2. 3. (superar) surmonter. ■ i (plazo, etc.) échoir, arriver à échéance, expirer. □ pr (doblarse) ployer, se courber. -**ido, a** a/s vaincu, e. ■ a (plazo) échu, e. | m 1. (de un pago, etc.) échéance f. 2. (de un plazo) expiration f d'un délai.

vendaje m 1. bandage m. 2. (para los ojos) bandeau m. -**ar** t bander.

vendaval m ouragan.

vendedor, a s 1. vendeur, euse. 2. marchand, e: ~ de periódicos, marchand de journaux.

vender t vendre: se vende, à vendre. -**ible** a vendable.

vendimia f vendange. -**ador, a** s vendangeur, euse. -**ar** t vendanger.

Venecia n p Venise.

veneciano, a a/s vénitien, enne.

veneno m 1. poison. 2. (de algunos animales) venin. -**oso, a** a 1. vénéneux, euse. 2. (animal) venimeux, euse.

venera f coquille Saint-Jacques.

vener/ar *t* vénérer. **-able** *a* vénérable. **-ación** *f* vénération.

venéreo, a *a* vénérien, enne.

venero *m* **1.** (*mina*) gisement. **2.** (*manantial*) source *f*.

venezolano, a *a/s* vénézuélien, enne.

venga, etc. ⇒ **venir**.

veng/ar *t* venger. ■ *pr* se venger. **-ador, a** *a/s* vengeur, eresse. **-anza** *f* vengeance. **-ativo** *a* vindicatif, ive.

venia *f* **1.** permission, autorisation. **2.** AMER salut *m* militaire.

venial *a* véniel, elle.

venida *f* venue.

venidero, a *a* futur, e. | **en lo ~**, à l'avenir.

venir° *i* **1.** venir: vino ayer, il est venu hier; ¡ven aquí!, viens ici! | el mes que viene, le mois prochain; ~ a menos, déchoir. **2.** (= estar) être: vengo muy contento, je suis très content; viene en el periódico, c'est dans le journal; ~ diciendo, pensando, dire, penser. **3.** ¿a qué viene eso?, à quoi ça rime?; sin ~ a qué, sans raison. **4.** ~ bien, aller bien: este café me ha venido bien, ce café m'a fait du bien. ■ *pr* venir. | venirse abajo, s'écrouler.

venoso, a *a* veineux, euse.

venta *f* **1.** vente: estar, poner a la ~, être, mettre en vente; de ~, en vente. **2.** (*posada*) auberge.

ventaj/a *f* avantage *m*. **-oso, a** *a* avantageux, euse.

ventan/a *f* **1.** fenêtre. **2.** (*de la nariz*) narine. **-illa** *f* **1.** (*de tren*) fenêtre. **2.** (*de coche*) glace. **3.** (*de avión*) hublot *m*. **4.** (*taquilla*) guichet *m*.

ventarrón *m* vent violent.

ventilador *m* ventilateur.

ventilar *t* **1.** ventiler, aérer. **2.** FIG examiner, tirer au clair.

ventisca *f* tempête de neige.

ventisquero *m* glacier.

ventorrillo *m* guinguette *f*.

ventosa *f* ventouse.

ventoso, a *a* venteux, euse.

ventrílocuo, a *a s* ventriloque.

ventrudo, a *a* ventru, e.

ventur/a *f* **1.** bonheur *m*. **2.** (*casualidad*) hasard *m*. **3.** a la ~, à l'aventure. **-oso, a** *a* heureux, euse.

Venus *n p f* Vénus.

¹ver° *t/i* voir: yo no había visto al guardia, je n'avais pas vu l'agent; a ~, voyons; ¿lo está usted viendo?, vous voyez bien?; ¡ya veremos!, on verra bien! | volver a ~, revoir; ~ la televisión, regarder la télévision. ■ *pr* se voir. | véase página 40, voir page 40; ya se ve, ça se voit.

²ver *m* **1.** (*aspecto*) allure *f*. **2.** a mi ~, à mon avis.

vera *f* **1.** bord *m*. **2.** (*lado*) a la ~ de, à côté de.

veracidad *f* véracité.

veranda *f* véranda.

verane/ar *i* passer ses vacances d'été. **-ante** *a/s* estivant, e. **-o** *m* villégiature *f*. | ir de ~, aller en villégiature, en vacances.

veran/o *m* été. **-iego, a** *a* estival, e, d'été.

veras (de) *loc adv* vraiment. | ~ que lo siento, je le regrette sincèrement.

veraz *a* véridique.

verbal *a* verbal, e.

verbena *f* **1.** (*planta*) verveine. **2.** fête populaire.

verbigracia *loc* par exemple.

verb/o *m* verbe. **-orrea** *f* verbiage *m*. **-oso, a** *a* verbeux, euse.

verdad *f* vérité. | a decir ~, à vrai dire; de ~, vraiment; es ~, c'est vrai;

la ~, en vérité; ¿**verdad?**, n'est-ce pas?; cantarle a uno las verdades, dire à quelqu'un ses quatre vérités. **-eramente** adv vraiment. **-ero, a** a vrai, e, véritable.

verde a 1. vert, e. 2. (licencioso) leste, grivois, e. ■ m 1. vert. | FIG poner ~ a alguien, traiter quelqu'un de tous les noms. 2. los Verdes, les Verts.

verde/ar i verdir. **-ante** a verdoyant, e.

verdoso, a a verdâtre.

verdugo m 1. bourreau. 2. (capucha) cagoule f.

verdulera f 1. marchande de légumes. 2. FAM poissarde.

verdura f légume m, légume m vert: comer ~, manger des légumes.

vereda f 1. sentier m. 2. AMER (acera) trottoir m.

veredicto m verdict.

verga f MAR vergue.

vergel m verger.

vergonzoso, a a honteux, euse.

vergüenza f 1. honte: dar ~, faire honte; me da ~ decírtelo, j'ai honte de te le dire. | **¡es una ~!**, c'est une honte!, c'est honteux!; **¡qué poca ~!**, quel toupet! 2. honneur m.

vericueto m chemin scabreux.

verídico, a a véridique.

verificación f vérification.

verificar° t 1. vérifier. 2. effectuer. ■ pr 1. avoir lieu. 2. se réaliser.

verja f grille.

vermífugo m vermifuge.

vermut m 1. vermouth. 2. AMER (cine, teatro) matinée f.

Verónica n p f Véronique.

vero/símil a vraisemblable. **-similitud** f vraisemblance.

verruga f verrue.

versado, a a ~ en, versé e dans.

versal a/f (letra) capitale.

Versalles n p Versailles.

versar i ~ sobre, traiter de.

versátil a 1. (inconstante) versatile. 2. polyvalent, e.

versificación f versification.

versión f version.

¹**verso** m (poesía) vers.

²**verso** m (reverso) verso.

vértebra f vertèbre.

vertebral a vertébral, e.

vertedero m décharge f.

verter° t 1. verser. 2. (dejar caer un líquido) renverser. 3. ~ al francés, traduire en français.

vertical a vertical, e.

vértice m sommet.

vertido m rejet.

vertiente f versant m.

vertiginoso, a a vertigineux, euse.

vértigo m vertige: producir ~, donner le vertige; tener ~, avoir le vertige.

vesícula f vésicule.

vestíbulo m 1. vestibule. 2. hall.

vestido, a a habillé, e, vêtu, e. ■ m 1. vêtement, habillement. 2. (de mujer) robe f: ~ de noche, robe du soir.

vestigio m vestige.

vestir° t 1. habiller. 2. porter: viste un traje azul, il porte un costume bleu. ■ i siempre viste de negro, elle est toujours habillée en noir. | de mucho ~, très habillé, e. ■ i/pr s'habiller: voy a vestirme, je vais m'habiller; (se) viste con elegancia, elle s'habille élégamment.

vestuario m 1. garde-robe f. 2. (local) vestiaire. 3. (vestidos empleados en el teatro) costumes pl.

vet/a f veine. **-eado, a** a veiné, e.

veterano m vétéran.

veterinario, a a/s vétérinaire.

veto m veto.

vetusto, a *a* vétuste.

vez *f* **1.** fois: una ~ al año, une fois par an; cien veces, cent fois. | a veces, parfois; de ~ en cuando, de temps en temps; de una ~ para siempre, une fois pour toutes; érase una ~, il était une fois; muchas veces, souvent; gracias otra ~, merci encore; tal ~, peut-être. **2.** tour *m*: a mi ~, à mon tour. **3.** en ~ de, au lieu de; hacer las veces de, tenir lieu de, faire fonction de.

vía *f* **1.** voie: ~ férrea, voie ferrée; ~ muerta, voie de garage; estar en vías de, être en voie de. **2.** Vía Láctea, Voie lactée. ■ *prep* ~ satélite, par satellite.

viable *a* viable.

via crucis *m* chemin de croix.

viaducto *m* viaduc.

viajante *m* voyageur de commerce.

viaj/ar *i* voyager. **-e** *m* voyage: ir de ~, partir en voyage; estar de ~, être en voyage; ~ de recreo, de bodas, organizado, voyage d'agrément, de noces, organisé. **-ero, a** *s* voyageur, euse.

vial *a* seguridad ~, sécurité routière.

vianda *f* aliment *m*.

viandante *s* voyageur, euse.

viario, a *a* red viaria, réseau routier.

víbora *f* vipère.

vibr/ar *i* vibrer. **-ación** *f* vibration. **-ante** *a* vibrant, e. **-atorio, a** *a* vibratoire.

vicario *m* vicaire.

vicealmirante *m* vice-amiral.

Vicente *n p m* Vincent.

vicesecretario *m* sous-secrétaire.

viceversa *adv* vice versa.

viciar *t* **1.** vicier: aire viciado, air vicié. **2.** pervertir.

vici/o *m* **1.** vice. **2.** mauvaise habitude *f*. | de ~, sans raison. **3.** défaut. **-oso, a** *a* vicieux, euse.

vicisitud *f* vicissitude.

víctima *f* victime.

victori/a *f* victoire. **-oso, a** *a* victorieux, euse.

vicuña *f* vigogne.

vid *f* vigne.

vida *f* vie. | darse la gran ~, mener la belle vie, se la couler douce; de por ~, pour toujours; en ~ de, du vivant de; en mi ~, de ma vie; ¡~ mía!, mon amour!; quitarse la ~, se donner la mort.

vidente *a/s* voyant, e.

vídeo *m* **1.** vidéo *f*. **2.** (*aparato*) magnétoscope. **3.** bande *f* vidéo.

vídeo/cámara *m* Caméscope. **-casete** *m* cassette *f* vidéo. **-juego** *m* jeu vidéo.

vidriado, a *a* vernissé, e.

vidriera *f* **1.** (*puerta*) porte vitrée. **2.** vitrail: las vidrieras de la catedral, les vitraux de la cathédrale. **3.** AMER (*escaparate*) vitrine.

vidriero *m* vitrier.

vidri/o *m* **1.** verre. **2.** carreau, vitre *f*. **-oso, a** *a* **1.** (*ojos*) vitreux. **2.** fragile. **3.** délicat, e.

vieira *f* coquille Saint-Jacques.

viejo, a *a* vieux, vieil, vieille: un hombre ~, un vieil homme. ■ *s* vieux, vieille, vieillard.

Viena *n p* Vienne.

vienés, esa *a/s* viennois, e.

viento *m* vent.

vientre *m* **1.** ventre. | bajo ~, bas-ventre. **2.** hacer de ~, aller à la selle.

viernes *m* vendredi: ~ santo, vendredi saint.

vietnamita *a/s* vietnamien, enne.

viga *f* poutre.

vigen/te *a* en vigueur. **-cia** *f* validité. | en ~, en vigueur.

vigésimo, a *a* vingtième.

vigía *m* vigie *f*.

vigilan/te *a* vigilant, e. ■ *m* surveillant. | ~ **nocturno**, veilleur, gardien de nuit. **-cia** *f* surveillance, vigilance.

vigilar *t* surveiller.

vigilia *f* 1. veille. 2. abstinence.

vigor *m* vigueur *f*. | entrar, estar en ~, entrer, être en vigueur. **-izar** *t* fortifier. **-oso, a** *a* vigoureux, euse.

vihuela *f* guitare.

vil *a* vil, e. **-eza** *f* bassesse.

villa *f* 1. ville. 2. (*casa*) villa. 3. AMER ~ **miseria**, bidonville *m*.

Villadiego *n p m* FAM **tomar las de** ~, prendre la poudre d'escampette.

villancico *m* noël, chant de Noël.

villano, a *a/s* rustre.

villorrio *m* petit village, trou.

vilo (en) *loc adv* en l'air; FIG en haleine.

vinagr/e *m* vinaigre. **-era** *f* vinaigrier *m*. ■ *pl* huilier *m sing*. **-eta** *f* vinaigrette.

vinajera *f* burette.

vinatero *m* négociant en vins.

vincapervinca *f* pervenche.

vincular *t* lier.

vínculo *m* lien.

vindic/ar *t* 1. venger. 2. défendre. **-ativo, a** *a* vindicatif, ive.

vinícola *a* vinicole.

viniera, etc. ⇒ **venir**.

vinílico, a *a* vinylique.

vinillo *m* petit vin.

¹vino *m* vin: ~ **tinto, blanco, clarete**, vin rouge, blanc, rosé.

²vino ⇒ **venir**.

viñ/a *f* vigne. **-ador** *m* vigneron. **-edo** *m* vignoble.

viñeta *f* vignette.

violáceo, a *a* violacé, e.

violación *f* 1. (*de las leyes*) violation. 2. (*de una mujer*) viol *m*.

violado, a *a/m* violet, ette.

violar *t* violer.

violencia *f* violence.

violentamente *adv* violemment.

violentar *t* forcer. ■ *pr* se forcer.

violento, a *a* 1. violent, e. 2. **me es** ~ **hablar de esas cosas**, ça me gêne de parler de ces choses-là. 3. (*cohibido*) gêné, e, mal à l'aise.

violeta *f* violette. ■ *m* (*color*) violet.

viol/ín *m* violon. **-inista** *s* violoniste.

violoncel/o *m* violoncelle. **-ista** *s* violoncelliste.

vir/ar *i* virer. **-aje** *m* virage.

virgen *a/f* vierge. | **la Virgen Santísima**, la Sainte Vierge.

Virgo *m* ASTR Vierge *f*.

viril *a* viril, e. **-idad** *f* virilité.

vir/rey *m* vice-roi. **-reinato** *m* vice-royauté *f*.

virtual *a* virtuel, elle.

virt/ud *f* vertu. | **en ~ de**, en vertu de. **-uoso, a** *a* vertueux, euse. ■ *s* (*músico*) virtuose.

viruela *f* variole, petite vérole.

virulen/to, a *a* virulent, e. **-cia** *f* virulence.

virus *m* virus.

viruta *f* copeau *m*.

visado *m* visa.

visaje *m* grimace *f*.

visar *t* viser.

víscera *f* viscère *m*.

viscoso, a *a* visqueux, euse.

visera *f* 1. visière. 2. (*de automóvil*) pare-soleil *m*.

visib/le *a* visible. **-ilidad** *f* visibilité.

visillo *m* rideau.

visi/ón f vision. **-onar** t visionner. **-onario, a** a/s visionnaire.

visit/a f visite: **estar de ~**, être en visite. **-ante** s visiteur, euse. **-ar** t 1. visiter. 2. **~ a alguien**, rendre visite à quelqu'un. 3. examiner: **ser visitado por un médico**, être examiné par un médecin.

vislumbr/ar t entrevoir. **-e** f 1. lueur. 2. indice m, soupçon m.

viso m 1. reflet, moiture f. | **hacer visos**, chatoyer. 2. FIG apparence f. 3. (debajo de un vestido) fond de robe.

visón m vison.

visor m viseur.

víspera f veille: **en vísperas de...**, à la veille de... ■ pl (oficio religioso) vêpres.

vist/a f 1. vue: **bien a la ~**, bien en vue; **pagadero a la ~**, payable à vue. | **a primera ~**, à première vue; **a ~ de pájaro**, vu, e d'en haut; **en ~ de**, en raison de, vu; **en ~ de que**, étant donné que; **hasta la ~**, au revoir; **saltar a la ~**, sauter aux yeux. 2. (mirada) regard m. **-azo** m coup d'œil: **echar un ~**, jeter un coup d'œil.

viste, etc. ⇒ **vestir, ver.**

visto, a p p de **ver.** ■ a vu, e: **ni ~ ni oído**, ni vu ni connu. | **por lo ~**, apparemment; **~ bueno**, visa.

vistoso, a a voyant, e.

visual a visuel, elle. **-ización** f INFORM affichage m.

vital a vital, e. **-icio, a** a 1. **renta vitalicia**, rente viagère, viager m. 2. **senador ~**, sénateur à vie. **-idad** f vitalité.

vitamina f vitamine.

vitela f vélin m.

vit/ícola a viticole. **-icultor** m viticulteur. **-icultura** f viticulture.

vitola f (de cigarros puros) bague.

vitorear t acclamer.

vítores m pl vivats.

vitrificar t vitrifier.

vitrina f vitrine.

vitriolo m vitriol.

vituallas f pl victuailles.

vituperar t blâmer.

viudo, a a/s veuf, veuve.

vivacidad f vivacité.

vivaque m bivouac.

vivaracho, a a vif, vive, éveillé, e.

vivaz a vivace.

víveres m pl vivres.

vivero m 1. pépinière f. 2. (de peces) vivier. 3. **~ de ostras**, parc à huîtres.

viveza f vivacité.

vivido, a a vécu, e.

vividor, a s profiteur, euse.

vivienda f 1. logement m: **la crisis de la ~**, la crise du logement. 2. habitation. 3. résidence: **segunda ~**, résidence secondaire. 4. (morada) demeure, logis m.

viviente a/s vivant, e.

vivificar t vivifier.

vivir i 1. vivre: **aún vive**, il vit encore; **ha vivido mucho tiempo en Australia**, il a longtemps vécu en Australie. 2. habiter: **vivo en Sevilla**, j'habite (à) Séville. 3. **¿quién vive?**, qui vive?; **¡viva el rey!**, vive le roi! ■ m vie f.

vivo, a a 1. vivant, e: **lengua viva**, langue vivante. 2. vif, vive: **colores vivos**, couleurs vives; **de viva voz**, de vive voix. | **herir en lo ~**, piquer au vif. 3. (astuto) malin, igne. ■ m vivant: **los vivos**, les vivants.

Vizcaya n p f Biscaye.

vizconde, esa s vicomte, vicomtesse.

vocablo m mot.

vocabulario m vocabulaire.

vocación f vocation.

vocal a vocal, e. ■ f (letra) voyelle. ■ m membre d'un bureau, d'un conseil.

voce/ar i/t crier. **-río** m cris pl.

voces pl de **voz**.

vociferar i/t vociférer.

vodka m vodka f.

voladizo, a a saillant, e. ■ m saillie f.

volador, a a volant, e.

voladura f destruction.

volandas (en) loc adv en vitesse.

volante a volant, e. ■ m volant.

volapié m TAUROM a ~, en s'élançant vers le taureau arrêté.

volar° i 1. voler: el avión vuela, l'avion vole. | echarse a ~, s'envoler; ¡volando!, vite!, tout de suite! 2. (elevarse) s'envoler. ■ t (con un explosivo) faire sauter. ■ pr s'envoler.

vol/átil a volatile. **-atilizar** t volatiliser.

volatinero, a s danseur, euse de corde.

volcán m volcan. **-ico, a** a volcanique.

volcar° t renverser. ■ i 1. (un vehiculo) verser, capoter, se retourner. 2. (un barco) chavirer. ■ pr 1. se renverser. 2. FIG se mettre en quatre.

volea f volée.

voleibol m volley-ball.

volquete m tombereau.

voltaje m voltage.

volte/ar t 1. faire tourner, faire voltiger. | ~ las campanas, sonner les cloches. 2. retourner. 3. (derribar) renverser. 4. AMER (la cabeza, espalda) tourner. **-reta** f culbute, cabriole.

voltio m volt.

volub/le a versatile. **-ilidad** f versatilité.

volum/en m volume. **-inoso, a** a volumineux, euse.

volunt/ad f volonté: poner mala ~ en..., mettre de la mauvaise volonté à... **-ario, a** a/s volontaire. **-arioso, a** a volontaire.

voluptuos/o, a a voluptueux, euse. **-idad** f volupté.

voluta f volute.

volver° t 1. ~ la cabeza, los ojos hacia, tourner la tête, les yeux vers. 2. (al revés) retourner. 3. rendre: ~ loco, rendre fou; ~ a la vida, rendre à la vie. ■ i 1. revenir: volveré mañana, je reviendrai demain; volvamos a nuestro asunto, revenons à notre sujet; ~ en sí, revenir à soi. 2. retourner: vuelvo al dentista mañana, je retourne chez le dentiste demain. 3. rentrer, revenir: no ha vuelto de vacaciones todavía, il n'est pas encore rentré de vacances. 4. (torcer) tourner. 5. ~ a (+ infinitivo): ~ a llorar, se remettre à pleurer; ~ a probar, goûter de nouveau; ~ a empezar, a hacer, a poner, a ser, etc., recommencer, refaire, remettre, redevenir, etc.; vuelve a llover, il recommence à pleuvoir. ■ pr 1. se retourner, se tourner. 2. (regresar) rentrer. | volverse atrás, revenir en arrière. 3. volverse triste, devenir triste.

vomitar i vomir.

vómito m vomissement.

voracidad f voracité.

vos pron pers 1. vous. 2. AMER tu. **-otros, as** pron pers vous.

vot/ar t/i voter: ~ a, por un candidato, voter pour un candidat; ~ en blanco, voter blanc. **-ación** f vote m, scrutin m. **-ante** a/s votant, e.

voz *f* 1. voix: *hablar con ~ aguda,* parler d'une voix aiguë; *en ~ alta, baja* à voix haute, basse; *a media ~,* à mi-voix. | *corre la ~ que,* le bruit court que. 2. (*grito*) cri *m: dar voces,* pousser des cris; *a voces,* à grands cris. 3. (*vocablo*) mot *m.* **-arrón** *m* grosse voix *f.*

voy ⇒ **ir.**

vuelco *m* culbute *f.* | *dar un ~,* se retourner; culbuter; *le dio un ~ el corazón,* ça lui a fait un choc.

vuelo *m* 1. vol: *~ a vela, sin motor,* vol à voile. | *alzar el ~,* s'envoler. 2. (*de un vestido*) ampleur *f.* 3. (*saledizo*) saillie *f.*

vuelta *f* 1. tour *m: dar la ~ al mundo,* faire le tour du monde; *media ~,* demi-tour; *dar una ~,* faire un tour. | *dar una ~ de campana,* faire un tonneau; FIG *no hay que darle vueltas,* il n'y a rien à faire. 2. retour *m: estaré de ~ a las ocho,* je serai de retour à huit heures; *a ~ de correo,* par retour du courrier; | *~ al colegio,* rentrée des classes; FIG *estar de ~ de todo,* être blasé. 3. (*de un pantalon, etc.*) revers *m.* 4. (*de una página*) verso *m.* | FIG *no tener ~ de hoja,* être indiscutable. 6. (*dinero que se devuelve*) monnaie *f.* 7. *a la ~ de dos meses,* au bout de deux mois. **vuelto, a** *p p de* **volver.** ■ *m* AMER monnaie *f.*

vuestro, a, os, as *a pos* votre, vos. ■ *pron pos* vôtre, vôtres: *los vuestros,* les vôtres.

vulgar *a* vulgaire. **-idad** *f* vulgarité. ■ *pl* banalités. **-izar** *t* vulgariser.

vulgo *m el ~,* le peuple.

vulnerar *t* 1. (*ley*) violer. 2. porter atteinte à. **-able** *a* vulnérable. **-ación** *f* violation.

vulpeja *f* renard *m.*

w [ube doble] ʃ w m: una ~, un w.

walkman m baladeur.

wat [bat] m (vatio) watt.

water [bater] m el ~, les waters.

Web ʃ la ~, le Web, la Toile.

whisky [(g)wiski] m whisky.

windsurf, windsurfing m plan-che ʃ à voile.

x [ekis] ƒ x m: una ~, un x.

xenofobia ƒ xénophobie.

xenófobo, a a/s xénophobe.

xilófono m xylophone.

Y

¹y [igrjega] ∫ y m: **una ~**, un y.

²y conj et.

ya adv **1.** déjà: **~ he visto esta película**, j'ai déjà vu ce film. **2.** (ahora) maintenant. **3.** (pronto) tout de suite. | **¡~ voy!**, j'arrive! **4.** voici, voilà: **~ llega el tren**, voilà le train qui arrive; **~ hemos llegado**, nous voici arrivés. **5.** bien: **~ ves**, tu vois bien. | **¡~ está!**, ça y est!; **¡ya!**, je sais!; **¡~ caigo!**, j'y suis!; **~ lo sé**, je le sais. ■ conj **1.** **~...~**, soit... soit. **2.** **~ que**, puisque.

yacer° i gésir: **aquí yace**, ci-gît.

yacimiento m gisement.

yapa ∫ AMER supplément m, pourboire m.

yate m yatch.

yedra ∫ lierre m.

yegua ∫ jument.

yema ∫ **1.** (brote) bourgeon m. **2.** (del huevo) jaune m. **3.** (dulce) confiserie aux jaunes d'œuf. **4.** (del dedo) bout m.

yendo ⇒ **ir**.

yerba ∫ **1.** herbe. **2.** AMER maté m.

yergo, etc. ⇒ **erguir**.

yermo, a a/m désert, e.

yerno m gendre.

yerro m erreur ∫.

yerto, a a raide.

yesca ∫ amadou m.

yeso m plâtre.

yo pron **1.** je: **~ soy**, je suis. **2.** (forma tónica) moi: **tú y ~**, toi et moi; **soy ~ el que manda**, c'est moi qui commande; **~ mismo**, moi-même. | **~ que usted**, si j'étais vous, à votre place. ■ m **el ~**, le moi.

yodo m iode.

yoga m yoga.

yogur m yaourt, yoghourt.

yuca ∫ **1.** yucca m. **2.** manioc m.

yudo ⇒ **judo**.

yugo m joug.

Yugoslavia n p ∫ Yougoslavie.

yugoslavo, a a/s yougoslave.

¹yugular a jugulaire.

²yugular t juguler.

yunque m enclume ∫.

yunta ∫ attelage m, paire.

yute m jute.

yuxtapo/ner° t juxtaposer. **-sición** ∫ juxtaposition.

Z

z [θeta] f z m: **una ~**, un z.

zafarrancho m branle-bas.

zafarse pr **de**, échapper à.

zafio, a a grossier, ère.

zafiro m saphir.

zafra f récolte.

zaga f arrière m. | **en ~**, en arrière.

zagal, a s garçon, jeune fille.

zaguán m entrée f, vestibule.

zaherir° t blesser, mortifier.

zahorí m devin.

zalamer/ía f flatterie, cajolerie. **-o, a** a/s flatteur, euse.

zamarra f veste en peau de mouton.

zamarrear t secouer.

zambo, a a/s **1.** cagneux, euse. **2.** AMER métis de Noir et d'Indienne.

zambomba f instrument m cylindrique à membrane frottée. ■ interj sapristi!

zambull/ir° t plonger. ■ pr plonger. **-ida** f plongeon m.

zamparse pr avaler, engloutir.

zampoña f flûte de Pan.

zanahoria f carotte.

zanc/a f **1.** patte (d'échassier). **2.** FAM longue guibolle. **-ada** f enjambée. **-adilla** f poner la ~, faire un croc-en-jambe, un croche-pied. **-ajo** m talon.

zanc/o m échasse f. **-udas** f pl échassiers m.

zángano m **1.** faux bourdon. **2.** FAM (vago) fainéant.

zangolotear i s'agiter. ■ pr branler.

zanj/a f tranchée, fossé m. **-ar** t **1.** résoudre, régler. **2.** trancher.

zapa/dor m sapeur. **-pico** m pioche f.

zapallo m AMER courge f.

zapate/ar t frapper du pied. **-o** m danse f espagnole.

zapater/ía f cordonnerie. **-o** m cordonnier.

zapat/o m chaussure f. **-illa** f **1.** pantoufle. **2.** (de baile) chausson m. **3.** ~ de deporte, de baloncesto, de tenis, chaussure de sport, de basket, de tennis.

zapear i zapper.

zapote m sapotier.

zapping m zapping.

zaquizamí m galetas.

zar m tsar.

zarabanda f sarabande.

Zaragoza n p Saragosse.

zarand/a f crible m. **-ear** t **1.** cribler. **2.** secouer.

zarco a bleu clair.

zarpa f patte (armée de griffes).

zarpar i MAR appareiller, lever l'ancre.

zarpazo m coup de griffe.

zarz/a f ronce. **-al** m roncier, ronceraie f. **-amora** f (fruto) mûre sauvage.

zarzuela f **1.** sorte d'opérette. **2.** sorte de bouillabaisse.

¡zas! interj vlan!, pan!

zeta f lettre z.

zigzag m zigzag. **-uear** i zigzaguer.

zinc [θiŋk] m zinc.

zipizape m FAM bagarre f.

zócalo m 1. soubassement. 2. plin-the f. 3. (pedestal) socle.

zodíaco m zodiaque.

zona f zone | ~ verde. espace m vert.

zonzo, a a/s AMER bête; sot, sotte.

zoo m zoo.

zoología f zoologie. **-ógico, a** a zoologique.

zoom m zoom.

zopenco, a a/s idiot, e; abruti, e.

zopilote m urubu.

zopo, a a contrefait; e. | pie ~, pied bot.

zoquete m 1. morceau de bois. 2. FAM gourde f, empoté.

zorra f 1. (macho) renard m. 2. (hembra) renarde. **-o** m 1. renard. 2. FIG fin renard.

zozobra f 1. naufrage m. 2. FIG angoisse. **-ar** i sombrer; couler.

zueco m sabot.

zulo m cache f.

zumbar i 1. (insecto) bourdonner | me zumban los oídos. mes oreilles bourdonnent. 2. (motor) ronfler, vrombir. | FAM ir zumbando. filer, **-ido** m bourdonnement; ronfle-ment, vrombissement. **-ón, ona** a moqueur, euse.

zumo m jus: ~ de naranja, jus d'orange.

zurcir t 1. repriser, raccommoder. 2. FAM ¡que te zurzan!, débrouille-toi, va te faire foutre! **-ido** m reprise f.

zurdo, a a/s gaucher, ère.

zurra f FAM raclée. **-ar** t FAM rosser.

zurriago m fouet.

zurrón m gibecière f.

zutano, a s un tel, une telle.

Appendice

III

D'où vient cette voiture ?

¿De dónde viene este coche?

Álava (Vitoria)	VI	Lérida	L
Alicante	A	Logroño	LO
Albacete	AB	Lugo	LU
Almería	AL	Madrid	M
Ávila	AV	Málaga	MA
Badajoz	BA	Melilla	ML
Barcelona	B	Murcia	MU
Burgos	BU	Navarra (Pamplona)	NA
Cáceres	CC	Orense	OR
Cádiz	CA	Oviedo	O
Castellón	CS	Palencia	P
Ceuta	CE	Pontevedra	PO
Ciudad Real	CR	Salamanca	SA
Córdoba	CO	Santander	S
Coruña	C	Segovia	SG
Cuenca	CU	Sevilla	SE
Gerona	GE	Soria	SO
Granada	GR	Tarragona	T
Gran Canaria	GC	Tenerife	TF
Guadalajara	GU	Teruel	TE
Guipúzcoa (San Sebastián)	SS	Toledo	TO
Huelva	H	Valencia	V
Huesca	HU	Valladolid	VA
Islas Baleares	IB	Vizcaya (Bilbao)	BI
Jaén	J	Zamora	ZA
León	LE	Zaragoza	Z

La cuisine espagnole
La cocina española

A

aceite de oliva huile d'olive
aceitunas negras olives noires
aceitunas rellenas olives farcies
aceitunas verdes olives vertes
ajillo; al ajillo cuisiné à l'ail
aguacate avocat
agua mineral con gas / sin gas eau minérale gazeuse / plate
ahumado fumé
albahaca basilic
albóndigas boulettes de viande
albóndigas de lomo boulettes de viande de porc
alcachofas (con jamón) artichauts (au jambon)
alcaparras câpres
alioli aïoli
aliñado avec assaisonnement marinière
almejas a la marinera paloudes marinière
almejas a la valenciana paloudes dans une sauce au vin blanc
almejas al natural paloudes au naturel
alubias haricots
ancas de rana cuisses de grenouille
anchoas anchois
anchoas a la barquera anchois marinés avec des câpres
angula (ahumada) anguille (fumée)
angulas civelles
apio céleri en branches
arenque hareng
arroz riz ; **arroz a la valenciana** paella ; **arroz a la cubana** riz accompagné de sauce tomate, d'un œuf au plat et d'une banane plantain frite ; **arroz blanco** riz nature ; **arroz con leche** riz au lait
asado rôti
atún thon
aves volaille
azafrán safran

B

bacalao al pil pil morue préparée avec une sauce à l'huile et à l'ail
bacalao a la catalana morue accompagnée d'une sauce à base de tomates, de safran et de paprika
bacalao a la vizcaína morue accompagnée de sauce tomate et de poivrons
batido milk-shake
becada a la vizcaína bécasse servie avec une sauce au lard, aux oignons et au xérès
berenjenas aubergines
berza chou
besugo daurade
bien hecho bien cuit
bistec bifteck ; **bistec de ternera** escalope de veau
bizcocho génoise, biscuit
bocadillo sandwich
bogavante homard
bonito thon
boquerones fritos / en vinagre anchois frits / au vinaigre
brandada de bacalao brandade de morue
brasa: a la brasa à la braise
brazo de gitano gâteau roulé
brevas figues
brocheta de riñones brochette de rognons
buey bœuf
buñuelos beignets
butifarra saucisse catalane

cabello de ángel filaments de poitron au sirop servant à fourrer des pâtisseries

cabracho sorte de rascasse

cabrito asado chevreau rôti

cachelos pommes de terre bouillies

calabacines courgettes; courges

calabaza citrouille

calamares a la romana calmars en beignets ; **calamares en su tinta** calmars à l'encre ; **calamares fritos** calmars frits (à la romaine)

caldereta soupe de poissons ; **caldereta de cordero o cabrito** ragoût d'agneau ou de chevreau

caldo bouillon, potage léger ; **caldo gallego** soupe aux légumes

callos a la madrileña tripes aux tomates, oignons et piments

camarones crevettes grises

canela cannelle

canelones cannelonis

cangrejo crabe

cangrejos (de río) écrevisses

caracoles escargots

carbonada de buey carbonade de bœuf

cardo cardon

carnero viande de mouton

carnes viandes

caza gibier

cava vin blanc mousseux

cazuela de chichas ragoût de viande

cebolletas oignons nouveaux

centollo araignée de mer

champiñones champignons (de couche)

chanfaina ragoût d'abats et de boudin noir

changurro araignée de mer en sauce

chanquetes petits poissons translucides dont on fait des fritures

chilindrón sauce à base d'oignons, de tomates et de poivrons

chipirones petits calmars

chocos con habas calmars aux fèves

chuleta de buey / cerdo / cordero / ternera côte de bœuf / porc / agneau / veau

chuletas de cordero côtelettes d'agneau

chuletón de buey / ternera grosse côte de bœuf / veau

churrasco viande grillée

churros sorte de longs beignets

cigalas langoustines

ciruela prune

cochinillo asado cochon de lait rôti

cocido madrileño pot-au-feu de pois chiches, porc, poulet et légumes

cocochas (de merluza) joues de colin à l'ail et au persil

cóctel de gambas / mariscos cocktail de crevettes / fruits de mer

codorniz caille

coles de Bruselas choux de Bruxelles

coliflor chou-fleur

compota compote

conejo asado / estofado lapin rôti / en civet

consomé (al jerez) consommé (au xérès)

cordero asado agneau rôti

corvina poisson méditerranéen, semblable au bar

costillas de cerdo côtelettes de porc

crema catalana crème brûlée

crema de cangrejos / esparragos crème d'écrevisses / d'asperges

crep(e)s imperiales crêpes suzette

criadillas de ternera testicules de veau ; **criadillas de tierra** truffes

crocanti glace enrobée d'amandes pilées

croquetas croquettes

cuajada dessert de lait caillé

D

dátiles dattes : dátiles de mar coquillages

E

embutidos charcuterie
empanada gallega tourte au poisson
empanadillas friands
empanado pané
endibias endives
ensaimada mallorquina sorte de grosse brioche en spirale
ensalada salade : ensalada de fruta salade de fruits : ensalada mixta salade mixte
ensaladilla (rusa) macédoine de légumes
entrantes entrées
entremeses variados assortiment de hors-d'œuvre
escabeche marinade à base d'huile, de vinaigre, de laurier, etc
escalope a la milanesa escalope panée : escalope de ternera escalope de veau
escalope escalope de veau
escalopines de ternera petites escalopes de veau
espaguetis spaghettis
espárragos asperges
espinacas a la crema épinards à la crème
estofado ragoût
estragón estragon

F

fabada ragoût de haricots blancs aux saucisses, boudin, etc., typique des Asturies
faisán faisan
fiambres charcuterie
filete de cerdo / ternera filet de porc / escalope de veau
flan crème caramel
fresas (con nata) fraises (à la crème)
fritanga al modo de Alicante plat de poivrons frits, thon et ail
frito frit
fruta (del tiempo) fruits (de saison)
frutas en almíbar fruits au sirop
fuet sorte de saucisson catalan

G

galletas gâteaux secs
gambas (grosses crevettes) : gambas al ajillo / a la plancha (grosses crevettes) à l'ail / grillées
garbanzos pois chiches
gazpacho andaluz potage de légumes glacé
gratén: al gratén au gratin
guarnición garniture
guisantes con jamón petits pois au jambon

H

helado de chocolate / fresa / mantecado glace au chocolat / à la fraise / à la vanille
higado foie
higos figues
hornazo pain fourré au chorizo et au jambon et décoré avec des œufs
horno: al horno au four
huevos duros œufs durs : huevos escalfados œufs pochés : huevos fritos (con jamón) œufs au plat (au jambon) : huevos pasados por agua œufs à la coque : huevos revueltos œufs brouillés

J

jamón serrano / York jambon cru / cuit
jarra de vino pichet de vin
jeta museau de porc
judías (verdes) haricots (verts)
jugo de naranja / piña / tomate jus d'orange / d'ananas / de tomate

L

lacón con grelos jarret de porc servi avec des feuilles de jeunes navets, plat galicien

langosta langouste

langostinos a la plancha grosses crevettes grillées

laurel laurier

leche frita dessert préparé avec de la farine imbibée de lait et frite

lechuga laitue

lengua de cerdo / cordero langue de porc / d'agneau

lenguado a la plancha / a la romana sole grillée / frite

lentejas lentilles

licores liqueurs

liebre estofada civet de lièvre

lomo de cerdo échine de porc

lonchas de jamón tranches de jambon cru

longaniza sorte de chorizo que l'on fait en général cuire au four

lubina al horno bar au four

M

macarrones macaronis

macedonia de fruta salade de fruits

magdalena madeleine

mahonesa mayonnaise

maíz maïs

mandarinas mandarines

manos de cerdo pieds de porc

mantecadas petites génoises

mantecado glacé à la vanille

mantequilla beurre

manzanas asadas pommes au four

manzanilla camomille

mariscada plateau de fruits de mer

mariscos fruits de mer

marmitako ragoût de thon, de pommes de terre et de poivrons

mazapán massepain (pâte d'amandes)

medallón médaillon

mejillones a la marinera moules marinière

melocotón pêche ; **melocotones en almíbar** pêches au sirop

melón (con jamón) melon (au jambon)

menestra de legumbres / verdura jardinière de légumes

menú del día plat du jour

merluza a la plancha colin grillé ; **merluza a la romana** colin pané ; **merluza a la vasca** colin aux poivrons et à l'ail ; **merluza en salsa verde** colin à la sauce au vin et au persil

mermelada de fresas / limón / melocotón / naranja confiture de fraise / citron / pêche / orange

mero mérou

migas mie de pain frite

moje sauce d'accompagnement, habituellement à base de légumes

mollejas de ternera ris de veau

morcilla boudin

morros de cerdo museau de porc

mortadela mortadelle

mostaza moutarde

N

naranja orange

natillas crème renversée

nueces noix

O

orejas de cerdo oreilles de porc

ostras huîtres

P

paella de mariscos / de pollo paella aux fruits de mer / au poulet ; **paella valenciana** paella aux fruits de mer et au poulet

paletilla de cordero lechal épaule d'agneau

pan pain ; **pan integral** pain complet ; **pan de higos** gâteau de figues à la cannelle

panaché de verduras ragoût de légumes

panceta lard

parrillada de mariscos grillade de fruits de mer

pasas raisins secs

pastel gâteau

patatas asadas pommes de terre au four ; **patatas bravas** pommes de terre en sauce piquante ; **patatas fritas** frites ; **patatas fritas (en bolsa)** chips

pato a la naranja canard à l'orange

pavo relleno dinde farcie

pechugas de pollo blancs de poulet

pepinillos cornichons

pepino concombre

percebes pouces-pieds

perdiz perdrix

perejil persil

pescaditos fritos friture de poissons de mer

pescado poisson

pestiños con miel sorte de pets de nonne à l'anis et au miel

pimentón paprika

pimienta (negra) poivre (noir)

pimientos fritos / rellenos poivrons frits / farcis

piña ananas

pinchos morunos brochettes de viande

piñones pignons

piperrada vasca piperade aux œufs et au jambon

pisto sorte de ratatouille composée de tomates, courgettes, oignons, etc.

plancha: a la plancha grillé

plátanos bananes

plato combinado plat garni ; **plato del día** plat du jour

pollo al ajillo poulet à l'ail ; **pollo asado** poulet rôti

polvorones sorte de sablés sucrés aux amandes très sucrés servis à Noël

postre dessert

pulpo poulpe

puré de patatas purée de pommes de terre

Q

queso fromage ; **queso de oveja** fromage de brebis ; **queso manchego** fromage à pâte dure, assez fort

quisquillas crevettes grises

R

rábanos radis

ración portion ; **ración pequeña para niños** menu enfant

rape a la plancha lotte grillée

rebozado enrobé de pâte à frire

redondo de ternera rôti de veau

remolacha betterave

repostería de la casa pâtisseries de la maison

requesón fromage blanc

revuelto de ajos / angulas / gambas œufs brouillés à l'ail / aux angulies / aux crevettes

riñones al jerez rognons au xérès

rodaballo turbot

S

salchichas saucisses

salchichón saucisson

salmón ahumado saumon fumé

salmonete rouget

salsa sauce

sandía pastèque
sanjacobo deux fines tranches de viande ou de jambon avec une tranche de fromage au milieu, enrobées de pâte et frites
sardinas a la brasa sardines grillées
sesos cervelle
sobrasada saucisson mou et pimenté de Majorque
solomillo de cerdo / ternera aloyau de porc / veau
sopa de ajo / legumbres / mariscos soupe à l'ail / de légumes / aux fruits de mer
sopa juliana julienne de légumes

T

tabla de quesos plateau de fromages
tarta de chocolate gâteau au chocolat ; **tarta de fresas / manzana** tarte aux fraises / pommes ; **tarta helada** vacherin
ternera veau

tocino de cielo petit flan aux jaunes d'œuf et au sirop
tortilla a su gusto omelette au choix ; **tortilla de patatas** omelette aux pommes de terre ; **tortilla francesa** omelette nature
tostón cochon de lait
trucha truite ; **trucha a la navarra** truite farcie au jambon cru
turrón sorte de nougat (dur ou mou)

V

vaca estofada ragoût de bœuf
verduras légumes
vieiras coquilles Saint-Jacques

Z

zanahorias a la crema carottes à la crème
zarzuela plat de poissons et de fruits de mer cuits en sauce
zumo de limón / naranja jus de citron / d'orange

Imprimé en Italie en septembre 2003 par

LA TIPOGRAFICA VARESE

Società per Azioni

Varese (Italie)

Dépôt légal : Mars 2002

Dépôt légal de la 1ʳᵉ édition : 3ᵉ trimestre 1980

N° de projet : 10108389